Walter Wangerin
Das Buch von Gott

WALTER WANGERIN

DAS BUCH VON GOTT

Die Bibel als Roman

Deutsch von Wolfgang Schrödter
und J. Guthrie Thomson

R. BROCKHAUS VERLAG WUPPERTAL

VERLAG STYRIA GRAZ

Die englische Originalausgabe erschien
unter dem Titel: »The Book of God«
bei Lion Publishing, Oxford, England
© 1996 by Walter Wangerin

Die vorliegende deutsche Ausgabe
berücksichtigt die neuen
amtlichen Rechtschreibregeln.

© 1997 der deutschen Ausgabe:
R. Brockhaus Verlag Wuppertal
Umschlag: Dietmar Reichert, Dormagen
Gesamtherstellung: Ebner Ulm
ISBN 3-417-24673-3 (Brockhaus)
ISBN 3-222-12542-2 (Styria)

Der Priester Esra steigt mit den Schriftrollen den alten Palastberg hinab. Er betritt den Platz vor dem Wassertor und durchquert eine große Versammlung von Menschen, die sich überall auf dem Boden niedergelassen haben. Auf der gegenüberliegenden Seite ist eine hölzerne Tribüne errichtet worden, eine Kanzel für seine Lesung.

Esra steigt auf die Plattform, tritt an ihren Rand und öffnet die Buchrolle.

Plötzlich stehen die Menschen auf.

Esra singt ein Loblied auf den Herrn. »Amen! Amen!«, ertönt die vielstimmige Antwort.

Und dann, nachdem seine Zuhörer sich wieder gesetzt haben, beginnt Esra zu lesen.

»Am Anfang schuf Gott Himmel und Erde.
Die Erde war wüst und leer, es war finster,
und Wasserfluten bedeckten alles;
und über dem Wasser schwebte der Geist Gottes.
Und Gott sprach: ›Es werde Licht.‹
Und es ward Licht.«

INHALT

Erster Teil: Die Ahnen 9

Zweiter Teil: Der Bund 111

Dritter Teil: Die Kriege des Herrn 179

Vierter Teil: Könige 253

Fünfter Teil: Propheten 437

Sechster Teil: Briefe aus dem Exil 557

Siebter Teil: Die Sehnsucht 571

Achter Teil: Der Messias 619

Epilog 955

Erster Teil

Die Ahnen

1

Abraham

Der alte Mann ging in sein Zelt und ließ die Eingangsklappe hinter sich zufallen. Er war sehr müde. Schwerfällig kniete er sich vor einem irdenen Kohlenbecken auf den Boden und blies so lange auf ein Stück Kohle, bis es glühte; dann trug er den Funken zum Docht einer Tellerlampe, und ein warmes, flackerndes Licht flammte auf. Das Gesicht des Mannes war hager und von den Mühen einer noch nicht lange zurückliegenden Reise gezeichnet. Er begann eine Strohmatte zu entrollen, um sich darauf schlafen zu legen, doch dann hielt er gedankenverloren inne.

Das rechteckige Zelt bestand aus Ziegenfellen und war hier und da mit neueren Stücken geflickt. Das Innere wurde in der Mitte von einem an drei Stangen hängenden Schirm aus Schilfrohr in zwei Kammern geteilt, wobei die eine dem Mann, die andere seiner Frau gehörte. Das Zelt wurde nur von den beiden bewohnt, weder Kinder noch Enkel lebten darin. Es hatte auch nie welche hier gegeben.

Eine Windbö drückte von außen gegen die Zeltwand, doch der Mann achtete nicht weiter darauf. Er starrte nur in die Flamme.

Er war etwa achtzig Jahre alt; seine gegenwärtige Müdigkeit rührte jedoch nicht vom Alter her. Genau betrachtet hatte der Mann einen kleinen, drahtigen Körper, der leicht und widerstandsfähig wie Leder war. Sein Blick war fest und seine Augen waren nicht alt, sondern geduldig.

Das Alter war es also nicht. Vielmehr war der Mann erschöpft von dem gestrigen Kampf und der Reise dieses Tages.

Sein einziger Angehöriger im ganzen Land Kanaan – vom Euphrat im Osten bis zum Nil in Ägypten – war ein Neffe, der das sorgenfreiere Leben gewählt hatte. Während der alte Mann selbst in Zelten lebte, wohnte sein Neffe Lot in den Städten des Jordantals, an bewässerten, fruchtbaren Orten, dort wo es angenehm, lieblich und grün war. Doch vor kurzem waren fünf Städte des Tals von vier Königen aus dem Norden angegriffen und eingenommen worden, unter ihnen auch Sodom, die Stadt, die Lot sich zum Wohnort erkoren hatte. Bei den Gefangenen, die von den Königen aus dem Norden verschleppt worden waren, war auch Lot gewesen.

Als der alte Mann vernommen hatte, dass sein Verwandter gefangen worden war, hatte er dreihundertachtzehn seiner eigenen Leute bewaffnet und mit Eseln ausgestattet, um mit ihnen dem Feind nachzusetzen. Bei Nacht hatte er seine Streitmacht in zwei Gruppen geteilt und die Nordkönige überrascht, indem er sie von zwei Seiten zugleich angriff. Er hatte sie in die Flucht geschlagen und dann ihre gesamte Beute und alle ihre Gefangenen zurück in die eroberten Städte gebracht: Sodom, Gomorra, Adma, Zebojim und Zoar. Lot war wieder frei und hatte erneut Sodom als seinen Wohnsitz gewählt – obwohl die Bewohner der Stadt den Ruf äußerster Verdorbenheit hatten.

Das war gestern gewesen.

Heute hatte der König von Sodom dem alten Mann die gesamte Beute, die dieser ihm zurückgebracht hatte, zum Dank angeboten, aber der Alte hatte abgelehnt.

Heute war auch der Priesterkönig Melchisedek mit Brot und Wein zu dem alten Mann gekommen, um ihn zu ehren, und er ehrte ihn mit den Worten:

Gepriesen seist du!
Gepriesen sei auch der höchste Gott,
denn er hat dir den Sieg über deine Feinde gegeben!

Und nun war der alte Mann erschöpft wieder zu seinen Zelten bei den Eichen von Mamre zurückgekehrt.

Am Abend hatte seine Frau ihm einen Gerstenkuchen gebacken, doch er hatte kaum davon gegessen. Sie selbst hatte ihn überhaupt nicht angerührt.

»Ist der junge Mann also wieder außer Gefahr?«, hatte sie ihn gefragt.

»Ja«, hatte er geantwortet.

»Und seine Kinder?«, hatte sie weiter wissen wollen und ihrem Mann dabei in die Augen geblickt. »Was ist mit den Kindern dieses Mannes, der in seinem sicheren Haus sitzt?«

»Außer Gefahr«, hatte der Alte erwidert.

»Sind sie also wieder zu Hause? Lot sitzt also zufrieden zwischen seinen Kindern? Und schaut den Trost seines Alters an, weil er einen Onkel hat, der ihn rettet, wenn er durch eigenes Verschulden in Schwierigkeiten gerät?«

Der alte Mann hatte geschwiegen, während seine Frau fortfuhr: »Weil er einen treu sorgenden Onkel hat? Einen großzügigen Onkel? Einen, dessen Frau keine eigenen Kinder zu versorgen hat?«

Da war der alte Mann aufgestanden, ohne sein Mahl zu beenden. Er war durch die Dämmerung zum Zelt gestapft, war hineingegangen, hatte die Lampe angezündet und dann begonnen, die halb ausgerollte Matte vor sich, starr in die Flamme zu blicken.

Er war sehr müde. Er kniete, saß auf seinen Fersen. So blieb er starr die erste Nachtwache hindurch sitzen. Draußen war längst jeder Laut verklungen. Das Lager schlief. Auch seine Frau hatte sich schließlich auf der anderen Seite, in ihrem Teil des Zeltes, schlafen gelegt. Sie schlief allein.

Doch mitten in der Nacht sprach Gott zu dem alten Mann.

Fürchte dich nicht, Abram, sagte Gott. *Ich bin dein Schild. Dein Lohn wird sehr groß sein.*

Abram blieb regungslos sitzen, wandte den Blick nicht von der Flamme.

Abram, alles Land nach Norden, Süden, Westen und Osten, soweit dein Auge blicken kann – das alles gebe ich dir und deinen Nachfahren.

Noch immer regte er sich nicht. Dann hauchte er so leise, dass der Wind, der ums Zelt ging, die Worte vor seinen eigenen Ohren verbarg: »Das habe ich wohl verstanden – was aber, oh Herr, mein Gott, kannst du uns geben, wenn wir weiter kinderlos bleiben?«

Ein Luftzug erfasste die Ziegenhaut über dem Zelteingang und hob sie an, als sei sie ein Stück Leinen. Die Lampe flackerte kurz auf und verlosch dann.

Komm, Abram, komm nach draußen.

Der alte Mann gehorchte und kroch auf allen Vieren hinaus.

Hebe deinen Blick zum Himmel empor. Sieh die Sterne. Zähle sie. Kannst du sie zählen?

Der alte Mann sagte: »Nein. Es geht nicht, es sind zu viele.«

Ebenso unzählbar werden deine Nachkommen auf Erden sein, sprach Gott, der Herr.

Mit dem gleichen Blick, mit dem er zuvor die Flamme betrachtet hatte, sah Abram jetzt zum Himmel hinauf. Der Wind hatte sich gelegt, die Luft stand vollkommen still. Nichts regte sich im Land; allein das Seufzen seiner alten Frau konnte der Mann aus dem Zelt vernehmen.

»Soll also ein in meinem Haushalt geborener Sklave mein Erbe werden?«, fragte er.

Dein eigener Sohn wird dein Erbe sein.

»Wie soll das geschehen? Wie kann ich es glauben, wo du uns doch kein Kind geschenkt hast?«

Da versicherte der Herr dem alten Mann:

Abram, hast du schon einmal gesehen, wie ein König mit einem Bund sein Versprechen gegenüber seinem Diener befestigt? Morgen, Abram, morgen bereite die Tiere vor. Ich bin der Herr, der dich hierher geführt hat, um dir dieses Land zu geben. Morgen werde ich meinen Bund mit dir schließen – und auf diese Weise kannst du dir meines Versprechens ganz sicher sein!

Am folgenden Morgen erhob sich der alte Mann in aller Frühe. Ohne ein erklärendes Wort – weder an seine Frau noch an seine Bediensteten – holte er aus seiner Herde eine Kuh, eine Ziege, einen Schafbock, alle dreijährig, sowie eine Turteltaube und eine junge Taube.

Diese Tiere führte er sodann auf eine Anhöhe, eine kahle und einsame Stelle, wo er sie festband.

Abram knotete sich den Umhang um die Taille, wobei er die Ärmel an seinen Ellbogen befestigte, damit sie nicht lose herabhingen. Er nahm ein langes Kupfermesser und schlachtete die Tiere mit beherzten Schnitten an beiden Seiten ihrer Hälse. Sie sanken ohne Widerstand zu Boden. Dann stach der alte Mann das Messer oberhalb des Brustbeines in die Kuh. Mit einer kraftvollen Bewegung zog er die Klinge herunter, Knochen brechend, das Fleisch zertrennend – und zerlegte so das Tier in zwei Hälften. Das gleiche tat er mit der Ziege und dem Schafbock: nur die Vögel zerteilte er nicht.

Er legte die Tiere so auf den Boden, dass ihre jeweiligen Hälften gegeneinander zu liegen kamen, wobei ein Pfad mitten durch ihre Leiber entstand.

Als es später Nachmittag geworden war, waren Raubvögel am Himmel über der einsamen Stelle zu sehen, vom Blut und rohen Fleisch angelockt. Immer tiefer kreisten sie auf wachsamen Schwingen. Schließlich stießen sie hungrig herab um sich auf den Kadavern niederzulassen. Abram aber stürzte schreiend und gestikulierend zu ihnen hin. Es kostete ihn alle Kraft, die großen Vögel von dem Aas zu vertreiben und so die Tiere des Bundes mit Gott zu beschützen.

Doch als die Sonne unterging, war es nicht allein Erschöpfung, die ihn übermannte. Angst und eine seltsame Finsternis legten sich auf ihn, und so sank er hilflos zu Boden. Er fiel in einen tiefen Schlaf.

Als das letzte Sonnenlicht verloschen und die ganze Welt in vollkommenes Dunkel getaucht war, waren plötzlich ein rauchender Ofen und eine lodernde Fackel da, die zwischen den Tierhälften hindurchfuhren. Dann schloss Gott, der Herr, mit folgenden Worten einen Bund mit Abram: *Dieses Land gebe ich deinen Nachkommen, vom Flusse Ägyptens bis an den großen Strom, den Euphrat; das Land der Keniter, der Kenasiter und Kadmoniter, der Hetiter, Perisiter und Rafaïter, der Amoriter, Kanaaniter, Girgaschiter und Jebusiter.*

Als Abram am darauf folgenden Tag zu seinen Zelten zurückkehrte, wusch er sich sorgfältig und vergrub seine Kleider.

Doch wohin er gegangen war, was er dort getan hatte oder warum er mit blutverkrusteten Kleidern zurückgekommen war, das erzählte er niemandem.

Was die Versprechen Gottes anging, so waren Sarais Zweifel noch größer als die ihres Mannes. Abram hatte bald sein fünfundachtzigstes Lebensjahr vollendet und sie selbst war fünfundsiebzig.

Und siehe, o Herr: Wir sind so kinderlos wie an dem Tag, als du meinem Mann und mir die Hoffnung gegeben hast!

Ein volles Jahrzehnt war es nun her, dass diese Hoffnung in ihr gepflanzt worden war. Und Sarai war sich der Zeit eindringlich bewusst. Jeden unfruchtbaren Monat, der seit Gottes Versprechen verstrichen war, hatte sie gelitten. Denn der Herr hatte zu Abram gesagt: *Ich werde euch zu einem großen Volk machen.* Die Geburt eines Volkes aber nimmt ihren Anfang in der Geburt eines Kindes.

Wo ist dieses Kind? Oft legte die alte Frau die Hände auf ihren eingefallenen Bauch und dachte dabei: *Wo ist mein Kind?*

Sarai musste zugeben, dass sie ausgelassen gelacht und getanzt hatte, als Gott, der Herr, ihr stilles Leben unterbrochen hatte. In der ganzen Stadt erzählte man sich davon – »Sarai glaubt, sie bekäme noch ein Kind!« – und normalerweise wäre es Abram sicher peinlich gewesen. Doch zu diesem Zeitpunkt war es längst beschlossene Sache, dass sie fortgehen würden.

Sie hatten damals in Haran gewohnt, an einem Fluss namens Balik, weit nördlich der trockenen Gegend, die jetzt ihre Heimat war. Dort hatten sie nicht in Zelten, sondern in Häusern gelebt. Sie waren von Familie und Freunden umgeben, und obgleich sie keine Kinder hatten, schienen sie ein zufriedenes Leben zu führen. Sarai hatte bereits vor langer Zeit aufgehört von Kindern zu sprechen. Sie hatte aufrichtig geglaubt, dass sie ihr trauriges Schicksal hingenommen hätte.

Eines Nachts aber war Abram zu ihr gekommen und hatte sie geweckt; sein Gesicht war aschfahl gewesen, seine Augen weit aufgerissen, seine Stimme geisterhaft.

»Sarai, Sarai«, hatte er geflüstert, »mach dich bereit zum Gehen.«

»Gehen? Wohin? Ist dein Vater wieder krank?«

Terachs Kräfte hatten in jenen Jahren immer mehr nachgelassen und er rief oft nach seinem Sohn.

Abram hatte ihre Frage gar nicht wahrgenommen. »Gott, der Herr, hat mir befohlen, in ein Land zu ziehen, das er mir zeigen will, Sarai«, sagte er, und seine Stimme schien aus einer Höhle zu kommen. »Der Herr hat mir wunderbare Dinge versprochen. Er sagt, er will mich zu einem großen Volk machen, mich segnen und meinen Namen groß machen, sodass ich ein Segen sein werde. *Ich werde jene segnen, die dich segnen,* hat er gesagt. *Wer dich aber verflucht, der wird von mir verflucht werden. Durch dich sollen alle Familien der Erde gesegnet sein.* Sarai, mach dich bereit. Wir müssen fort...«

Und als Abram wieder in die Nacht hinausgegangen war, da hatte Sarai vor Freude zu schluchzen begonnen. Sie hatte das Gesicht in den Händen vergraben und war in Tränen ausgebrochen. *Die Geburt eines großes Volkes beginnt mit der Geburt eines einzigen Kindes!*

Sarai, die Frau Abrams, würde ein Kind haben.

Sie hatte das Gefühl des Glücks kaum ertragen können. Ein Kind! Sollten die Leute doch über ihr seltsames Gebaren, ihre unerfüllbare Hoffnung klatschen – nichts konnte Sarai jetzt mehr behelligen.

Und so war sie ohne zu klagen von Haran fortgezogen – zusammen mit Abram, seinem Neffen Lot, ihren Sklaven und ihrem Vieh. Es war gleichgültig, dass niemand wusste, wohin sie gingen. Der Gott ihres Mannes führte sie. Und die frohe Erwartung hatte die alte Frau wieder jung gemacht, ließ jugendliche Röte auf ihren Wangen schimmern. Gleichgültig, dass sie nun zu Wanderern wurden, die in Zelten lebten. Egal auch, dass, als Abram und sein Neffe ihre Herden und ihre Familien trennen mussten, Lot sich Häuser in den Städten des Jordantals erwählte, während ihr Mann weiter in Zelten umherzog. Nichts von dem kümmerte sie – denn ihr war das Versprechen Gottes zuteil geworden: Sie, die unfruchtbar gewesen war, würde ein Kind bekommen.

Doch das war vor zehn Jahren gewesen.

Und die rosige Farbe war längst wieder aus ihrem Gesicht gewichen.

Überdies war ihr Schoß leblos wie ein Stück Leder – ja, das Wunder selbst schien verdorrt zu sein.

Doch Gott hatte das Verlangen in ihr geweckt, und dieses Verlangen ließ sich nicht so einfach wieder auslöschen. Jede Nacht zehrte es an ihrem Herzen: *Wo ist es? Wo ist das Kind, das ich geboren habe?* Nein, nie mehr würde Sarai mit ihrem Los zufrieden sein – nicht nach dem Lachen, Tanzen, Vertrauen und all den Veränderungen, die das Versprechen bewirkt hatte.

Und so nahm sie die Sache selbst in die Hand.

Sarai fiel ein Brauch ein, mit dem man in Haran das Problem der Kinderlosigkeit einer Frau löste. Abram mochte ja den Großteil *seiner* Vergangenheit dort zurückgelassen haben; die Versprechen Gottes aber durften nicht vergessen werden, und deshalb beschloss Sarai diese letzte Möglichkeit zu wählen, um ein eigenes Kind zu haben.

»Abram?«, sagte sie. »Mir ist ein Gedanke gekommen.«

Sie saßen vor ihrem Zelt und aßen zu Abend; der Morgen, an dem Abram blutverschmiert von irgendeinem Ritual, das nur ihn anging, zurückgekehrt war, lag inzwischen einige Tage zurück. Er hatte keine Erklärung für das Blut abgegeben und sie hatte auch nicht nachgefragt.

Sie waren bereits bei der Nachspeise angekommen – Sarai hatte für Abram eine Melone in Scheiben geschnitten, die er nun bedächtig verzehrte.

»Was denn?«, fragte er.

Sie wandte den Blick von ihm ab und schnitt ein Stück Melone für sich selbst ab. »Ich würde es gut heißen, wenn meine Idee dir zusagt und du sie ausführen willst. Eine andere Frau hätte vielleicht etwas dagegen. Ich aber nicht. Genau genommen wäre ich sogar dankbar.«

»Was denn für eine Idee?«, fragte er und leckte seine klebrigen Finger.

»Du kennst doch meine Magd.« Sarai löste vorsichtig die Schale von ihrer Melonenscheibe ab.

»Ja.«

»Hagar. Die robuste Frau, die wir aus Ägypten mitgebracht haben. Die meine ich. Sie ist noch jung. Eine gute Magd.«

»Ja, ich weiß, wen du meinst. Was hast du denn nun für eine Idee gehabt?«

»Hast du deine Melone aufgegessen? Möchtest du noch mehr?«

Abram antwortete nicht, sondern betrachtete nur weiter seine Frau.

Schließlich legte sie die Reste ihres Stückes beiseite. Dann wischte sie sich die Hände ab, faltete sie im Schoß und blickte zu ihrem Mann auf.

»Wenn eine Frau nicht in der Lage ist, Kinder zu bekommen, kommt es vor, dass sie ihrem Mann eine ihrer Mägde gibt. Sie bittet dann ihren Mann mit der Magd zu schlafen, damit sie, die unfruchtbare Frau, auf diese Weise ein eigenes Kind bekommt. Denn wenn die Magd auf den Knien ihrer Herrin ein Kind zur Welt bringt, dann wird diese zur Mutter des Kindes. Abram, wenn du dies mit meiner Magd Hagar tun möchtest ... so hätte ich nichts dagegen einzuwenden.«

Lange Zeit ruhte der starre Blick des alten Mannes auf seiner Frau. Schließlich senkte sie den Blick.

»War nur so ein Gedanke von mir«, murmelte sie.

»Bring sie zu mir«, sagte Abram. Dann stand er auf und zog sich in seinen Teil des Zeltes zurück.

Schön war die Ägypterin Hagar nicht. Doch Sarai behauptete stets von ihr, sie sei hübsch. Ursprünglich hatte sie sich die Frau ausgesucht, weil sie kräftig war, mit großen Händen und Füßen und Knochen wie Zeltstangen. Erst kürzlich war Sarai auch aufgefallen, wie breit ihre Hüften waren. Das Kind würde viel Platz haben. Hagar war natürlich nicht sehr gebildet – aber sie war stark und und für das Austragen eines Kindes bestens geeignet.

Am Morgen nach der Nacht, die Hagar bei Abram verbracht hatte, sah Sarai zum ersten Mal, dass ihr Haar lang, glänzend und pechschwarz war. Man konnte es durchaus als schön bezeichnen. Noch am selben Morgen befahl sie der Magd, ihr Haar kurz schneiden zu lassen. »Es hat dich schon immer bei deiner Arbeit behindert«, sagte sie.

Es dauerte nicht lange, bis sie an dem Gesicht der Ägypterin sah, dass ihre Magd Hagar tatsächlich schwanger war. Und als sie immer öfter lächelte und dabei ihre strahlend weißen Zähne sehen ließ, da war sich Sarai sicher, dass auch Hagar wusste, dass sie ein Kind in ihrem Schoß trug.

Bald gab es ein weiteres Anzeichen für Hagars Schwangerschaft und ihr Wissen darum: Sie stolzierte. Sie schwang beim Gehen ihre Hüften; sie blickte ihrer Herrin fest in die Augen und leistete ihren Befehlen einfach nicht mehr Folge. Die Haare ließ sie sich auch nie abschneiden.

Eines Tages sagte Sarai zu ihr: »Hagar, du gehst heute Morgen Wasser holen.« Hagar aber seufzte und sagte, sie fühle sich schwach. Dann machte sie auf dem Absatz kehrt, ging zu Abrams Zelthälfte und ließ sich dort nieder, um Feigen zu essen.

Immer deutlicher konnte man Hagars Zustand erkennen.

Einmal zeigten Sarai und eine Hebamme ihr, wie eine Magd auf den Knien ihrer Herrin gebären konnte. Sarai rollte ihre Schlafmatte als Rückenstütze zusammen und streckte die Beine vor sich aus. Dann setzte Hagar sich auf ihre Oberschenkel, lehnte sich an ihre Brust und zog die Beine an, soweit sie konnte; die Hebamme hockte, das Gesicht zu der Schwangeren gewandt, über Sarais Füßen und legte die Hände zwischen Hagars Schenkel.

»Siehst du?«, sagte Sarai. »Das Kind wird auf meinen Knien zu liegen kommen. Ich werde meine Arme um dich legen, Hagar, und so auf deinen Bauch drücken . . .«

Hagar stieß einen Schrei aus und schlug auf Sarais Hände. »Das tut weh«, sagte sie. Dann stand sie auf, stolzierte zum Zelt hinaus und ließ Sarai verblüfft sitzen. Die Hebamme senkte den Blick und schwieg.

Am nächsten Tag sah Sarai, wie Hagar mit einer Schüssel Feigen im Schatten von Abrams Zelt saß.

Sarai blieb vor ihr stehen. »Du hast mich geschlagen«, sagte sie.

»Ja«, entgegnete Hagar, »und ich habe meinem Herrn, deinem Mann, bereits gesagt, dass es mir Leid tut. Es tut mir wirklich Leid. Und ich habe ihm auch gesagt, dass du mir nicht absichtlich wehgetan hast. Es ist einfach nur so, dass mein Körper weich ist und deiner knochig. Ich glaube, er versteht den Unterschied, oder? Ich habe ihm gesagt, dass ich jetzt wahrscheinlich empfindlich bin, weil ich ein Kind erwarte, und dass du grob bist, weil du es nicht tust.«

Sarai wollte etwas antworten, doch die Ungeheuerlichkeit dieser

Bemerkungen Hagars verschlug ihr für einen Moment die Sprache. Aus ihrem Mund kam nur ein frustrierter Laut – es war erniedrigend! Doch dann schrie sie: »Du bist an der Reihe mit Wasserholen...!«

»Tut mir Leid«, entgegnete Hagar mit einem Achselzucken. »Dein Mann hat mir befohlen, ich soll mich ausruhen. Ich gehorche Abram.«

Als Sarai das nächste Mal die Geburt des Kindes auf ihren Knien üben wollte, sagte Hagar nur: »Vielleicht wird das gar nicht mehr nötig sein.«

Da raffte Sarai ihren Umhang und stürmte los um Abram zu suchen.

Die Gegend bestand aus zahlreichen grasbedeckten Hügeln, von denen aus der Blick weit ins Land ging. Sarai stieg auf eine kahle Kuppe, hielt zum Schutz gegen die Sonne die Hand über die Augen und suchte zuerst die Herden ihres Mannes und dann die Farben seiner Kleider. Er würde sich heute bei den Schäfern aufhalten, um mit ihnen ein Lamm auszusuchen, das er in den Städten gegen einen besonderen Luxusgegenstand tauschen wollte: eine Wiege.

Da war er. Dort stand Abram.

Noch bevor sie das Tal, wo seine Herden weideten, erreicht hatte, schrie Sarai schon: »Alter Mann! Alter Mann! Das Unrecht, das mir geschieht, soll über dich kommen, alter Mann!«

Ihre Haut war vom Alter und dem rauen Wetter voller brauner Flecken. Das ehemals volle Haar war dünn und grau geworden. Aber wenn ihr Körper sich vor Wut straffte und ihre Augen Funken sprühten, dann war Sarai wieder eine junge Frau, eine Kriegerin.

»Die Frau, mit der du geschlafen hast«, schrie sie, »die Frau, die in ihrem ägyptischen Schoß nun ein Kind trägt, deine Magd, meine Dienerin – sie schaut nun auf mich herab! Ich werde das nicht hinnehmen, Abram. Und deshalb soll der Herr urteilen, wer Recht hat, du oder ich!«

Abram sah ihr entgegen. Als sie stehen blieb, um wieder zu Atem zu kommen, sagte er: »Sie ist deine Sklavin. Mach mit ihr, was du willst. Ich werde mich nicht einmischen.« Dann kehrte er zu seiner Arbeit zurück.

Die Entscheidung lag nun bei Sarai. Sie fasste es als ihre Freiheit und Macht auf und war von nun an unnachsichtig.

Von diesem Tag an ließ sie Hagar, wenn diese sich weigerte Wasser zu holen, von zwei Männern an den Armen zum Brunnen und wieder zurück schleifen. Sollte sie doch zusehen, wie sie die Wasserschläuche trug! Es dauerte nicht lange, da fühlte sich die Magd wieder kräftig genug, allein Wasser holen zu gehen.

Die Zeit der Feigen war für Hagar vorbei. Ebenso die Zeit der Mittagsschläfchen. Sarai selbst schnitt ihr die Haare, und zwar so kurz, dass die empfindliche Kopfhaut von der Sonne verbrannte.

Als Sarai Hagar schließlich ihre schwarzen Locken zusammen mit einer steifen Leinenkappe zurückgab und von ihr verlangte, sie solle sich daraus eine Perücke machen, und dann verkündete, dass sie selbst zu besonderen Anlässen die Perücke tragen wolle, wenn sie mit ihrem Mann Abram zusammen war – da verschwand die Ägypterin Hagar.

Trotz ihres Zustandes lief sie fort von den Zelten Abrams – bis beinahe an die Grenze ihres Heimatlandes Ägypten. Erst einige Monate später sollte sie zurückkehren, erschöpft, ausgezehrt, aber noch immer schwanger.

Sie erzählte Abram, dass ihr bei einem Brunnen, an dem Weg nach Schur, der Engel des Herrn erschienen sei. Der Engel hatte ihr einen Sohn versprochen: *Gib ihm den Namen Ismael*, hatte der Engel gesagt, *denn der Herr hat deinen Hilferuf erhört. Ungezügelt wie ein Wildesel wird er leben, doch er wird so viele Nachfahren haben, dass man sie nicht zählen kann.*

So gebar Hagar Abram einen Sohn. Und er gab ihm den Namen Ismael.

Doch das Kind wurde nicht auf Sarais Knien geboren.

Die alte Frau war gezwungen, dies alles aus der Ferne mit anzusehen.

Doch sogar aus der Ferne sah sie den Blick ihres Mannes, als er das Kind in seinen Armen hielt: Zärtlichkeit! In seinen Augen standen Tränen.

Dann erschien der Herr Abram und sprach: *Ich bin El-Schaddai. Ich bin Gott, der Allmächtige. Wandle vor mir und sei rechtschaffen.*
Augenblicklich warf Abram sich zu Boden.
Gott sagte zu ihm: *Siehe, ich habe meinen Bund mit dir. Deshalb sollst du nicht mehr Abram heißen, sondern Abraham; denn ich habe dich zum Vater vieler Völker gemacht und ich werde meinen Bund ebenso mit deinen Nachkommen schließen – einen Bund für alle Zeiten!*

Ich gebe dir und deinen Nachkommen das ganze Land Kanaan – einen Besitz für alle Zeiten!

Alle Männer unter euch sollen beschnitten sein, als Zeichen für den Bund zwischen dir und mir.

Und was deine Frau Sarai betrifft: Sie soll von nun an Sara heißen. Ich werde sie segnen. Ich werde dir durch sie einen Sohn schenken; sie wird die Mutter ganzer Völker sein, Könige sollen von ihr abstammen.

Abraham sagte: »Soll Sara wirklich ein Kind bekommen? Ach, wenn nur Ismael Gnade vor deinen Augen findet, Herr!«

Gott sprach: *Nein! Deine Frau Sara soll dir einen Sohn gebären und ich werde meinen Bund mit ihm schließen, einen Bund für alle Zeiten!*

Als Gott geendet hatte, verließ er Abraham.

Darauf nahm Abraham noch am selben Tag seinen Sohn Ismael und alle seine Sklaven, jeden Mann seines Haushalts, und beschnitt ihre Vorhaut – so wie Gott es ihm aufgetragen hatte.

Obwohl Mamre, wo Abraham häufig die Zelte aufschlug, so hoch lag, dass es abends kühl wurde, konnte die Glut der Sonne an einem Sommertag doch unerträglich werden. Abraham hatte sich daher angewöhnt, drei Wände seines Zeltes mit Stangen anzuheben. So lag der Raum von allen Seiten im Schatten und außerdem konnte der Wind hindurchwehen. Hier ruhte er sich nachmittags an eine zusammengerollte Schlafmatte gelehnt aus.

Inzwischen war Abraham neunundneunzig Jahre alt. Die heißesten Stunden des Tages verbrachte er, indem er vor sich hin döste. Hin und wieder schlug er eines seiner alten Augen auf, um die Eichen in der Hitze flimmern zu sehen; manchmal hielt er die Augen geschlossen und träumte; bisweilen griff er nach einem im Wind kühlenden Wasserschlauch.

Und so geschah es eines Nachmittags, dass Abraham, als er ein träges Auge öffnete, nicht nur die Bäume erblickte, sondern auch drei Männer, die beim Zelt standen und auf ihn hintersahen. Fremde!

Der alte Mann sprang auf, verneigte sich bis zur Erde und sagte: »Bleibt eine Weile. Ruht euch eine Weile aus.«

Fremde waren immer auch Gäste. Deshalb sagte Abraham: »Man soll euch Wasser bringen, damit ihr eure Füße waschen könnt; ich will inzwischen etwas zu essen holen.«

»Wir danken dir«, erwiderten die Männer. »Tu, wie du gesagt hast.«

Also ging Abraham zu Saras Zelthälfte, um sie zu bitten, Fladenbrote aus Gerstenmehl zu backen. Er selbst lief zu den Herden hinab und suchte ein zartes Kalb aus, um es zubereiten zu lassen. Er weckte seinen Haushalt aus dem nachmittäglichen Schlummer und verursachte allgemeinen Aufruhr im Zeltlager.

Schließlich kehrte er zu seinen Gästen zurück, breitete Ziegenfelle unter einer Eiche aus und trug Fladenbrot, Fleisch, Quark und Milch auf, ein großzügiges Mahl.

Er stellte sich ein Stück abseits und sah ihnen beim Essen zu.

Als sie zu Ende gegessen hatten, fragten sie: »Wo ist Sara? Wo ist deine Frau?«

Woher wussten die Fremden ihren Namen? Noch dazu ihren neuen Namen! »Im Zelt«, antwortete er.

Einer der Männer tauchte seine Finger in Wasser, um sie zu waschen, dann lehnte er sich gegen die Eiche und sagte: »Wenn ich nächstes Frühjahr wieder hier vorbeikomme, wird deine Frau einen Sohn stillen.«

Abraham lief ein Schauer über den Rücken. Plötzlich war das Gespräch nicht mehr eine bloße Unterhaltung beim Essen. Es schien ihm vertraulich und gleichzeitig gefährlich.

Er wollte gerade etwas antworten, da wandte der Fremde sich dem Zelt zu und rief: »Sara! Sara, warum lachst du?«

Eine dünne Stimme im dunklen Zeltinneren antwortete: »Ich habe doch gar nicht gelacht.«

Der Fremde entgegnete: »Oh, doch. Als ich sagte, du würdest einen Sohn bekommen, da hast du insgeheim gelacht und gesagt: *Sollte ich jetzt, wo mein Mann und ich so alt sind, noch solche Leidenschaft erleben?*«

Und zu Abraham gewandt fuhr er fort: »Warum zweifelt deine Frau daran, dass sie ein Kind bekommen wird? Ist beim Herrn etwas unmöglich?«

Abraham stockte der Atem. Sein Herz hatte zu rasen begonnen. Seine Gedanken konnten mit den Geschehnissen kaum noch Schritt halten. *Der Herr!* Der Mann hier hatte *Ist beim Herrn etwas unmöglich?* gesagt.

Noch einmal sagte Sara, dieses Mal lauter, aber noch immer hinter dem Schirm aus Schilfrohr versteckt: »Ich habe *nicht* gelacht!«

Die drei Männer erhoben sich, um sich zur Weiterreise fertig zu machen. »Doch«, sagte der Fremde, »du hast gelacht.«

Dann brachen sie auf. Sie gingen die lange Straße hinunter, die nach Sodom führte.

Abraham hätte die Gründe, warum er ihnen folgte, nicht alle aufzuzählen vermocht. Einerseits gehörte es ganz sicher zur Gastfreundschaft, seine Gäste noch ein Stück des Weges zu begleiten. Doch er hatte in einer der Gestalten jemand Erhabeneren, Königlicheren als nur einen Gast erkannt. Er spürte, dass etwas Heiliges von diesem Mann und seinen Begleitern ausging. Schweigend folgte Abraham ihnen, und auch wenn er sich nicht traute mit ihnen zu sprechen, so konnte er sich doch nicht entschließen kehrtzumachen und wieder nach Hause zu gehen.

Als die Dämmerung über das Land hereinbrach, blieb der majestätische Fremde stehen, während die beiden anderen weitergingen. Er wandte sich zu Abraham um, und als seine Stimme erklang, wusste der alte Mann endgültig, dass es der Herr war, der nun zu ihm sagte: »Die Entrüstung über Sodom und Gomorra ist groß. Ihre Schuld ist schwer. Ich will sehen, ob man sie zu Recht beschuldigt. Deshalb bin ich hier entlang gekommen. Das ist der Grund, warum ich hier bin.«

Abraham blickte hinunter zu den im Tal gelegenen Städten. Ihre Bewohner entzündeten gerade die nächtlichen Feuer. Hundert winzige Feuer – und eines davon gehörte Lot.

Abraham schloss die Augen und versuchte nachzudenken. Wenn er etwas bewirken wollte, musste er seine nächsten Schritte gut abwägen.

Doch es wollte ihm nicht gelingen seine Gedanken zu ordnen. Stattdessen ließ er ihnen einfach freien Lauf: »Willst du etwa Gerechte wie Ungerechte ohne Unterschied vernichten?«

Die heilige Gestalt schwieg.

Abraham fuhr sich mit dem Handrücken über den Mund. »Angenommen, es leben fünfzig Gerechte dort. Würdest du die Stadt wegen dieser fünfzig verschonen? Der Richter der Welt würde doch sicherlich wegen der Schlechtigkeit anderer keine gerechten Menschen töten.«

Der Herr sagte: »Wenn ich in Sodom fünfzig Gerechte finde, will ich ihretwegen die ganze Stadt verschonen. Ja.«

Abraham senkte den Kopf, schloss die Augen, holte tief Luft und fuhr dann fort: »Ich weiß, ich bin nur Asche und Staub«, sagte er, »aber ich habe angefangen zu sprechen und nun muss ich auch weiterreden.«

Er hob den Blick wieder. »Was ist, wenn es nur fünfundvierzig Gerechte sind? Würdest du dann wegen der fehlenden fünf die ganze Stadt vernichten?«

»Ich verschone sie alle, wenn ich fünfundvierzig finde.«

»Oh, Herr, und angenommen, es sind nur vierzig?«

»Dann verschone ich sie wegen der vierzig.«

»Dreißig?«

»Wenn ich dreißig Gerechte finde, werde ich meine Strafe nicht vollstrecken.«

»Und was ist, wenn es nur zwanzig sind?«

»Auch für zwanzig werde ich Sodom verschonen.«

Abraham merkte, dass er vor Aufregung ganz außer Atem und schweißgebadet war. Doch er war noch nicht am Ende. »Bitte sei nicht zornig mit mir – ich will nur noch ein einziges Mal sprechen. Angenommen, oh, Herr, es finden sich nur zehn Gerechte in der Stadt. Was dann?«

»Ich verschone sie auch wegen der zehn.«

Dann ging der Herr fort. Abraham blieb dort stehen, wo der Wortwechsel stattgefunden hatte. Er starrte auf Sodom hinab und wachte über seinen Neffen Lot.

Am selben Abend, es war inzwischen spät geworden, kamen zwei Wanderer in Sodom an. Lot, der ebenso gastfreundlich wie sein Onkel Abraham war, lud sie in sein Haus ein, beköstigte sie und gab ihnen Decken, damit sie sich darauf schlafen legen konnten. Wie Abraham erkannte auch er nicht, dass die beiden Männer Engel des Herrn waren.

Doch es dauerte nicht lange, da umstellten die Männer aus der Stadt sein Haus. »Gib deine Besucher heraus!«, riefen sie. »Wir wollen unseren Spaß mit ihnen haben – zwei so hübsche Kerle!«

Lot trat vor das Haus und zog die Tür hinter sich zu. »Ich bitte euch, Brüder«, sagte er, »begeht doch kein solches Verbrechen. Diese Leute sind meine Gäste. Da würde ich euch noch eher meine Töchter geben, die noch Jungfrauen sind . . .«

Doch die Männer Sodoms schrien nur noch lauter: »Aus dem Weg, Hebräer!« Sie stürzten vor und machten Anstalten die Tür einzurennen.

Da zogen die Engel des Herrn Lot ins Haus zurück, verriegelten die Tür und schlugen die vor dem Haus versammelten Männer mit Blindheit.

Dann sagten sie: »Die Schuld dieser Stadt wiegt so schwer, dass der Herr uns geschickt hat, um sie zu vernichten. Wenn hier Menschen leben, die du liebst, dann geh jetzt zu ihnen und warne sie.«

Lots Töchter waren mit Männern verlobt, die er achtete. Er lief zu ihnen und berichtete ihnen vom Entschluss des Herrn. Doch als er sie zur Flucht bewegen wollte, lachten sie ihn nur aus und verspotteten ihn. Da wurde Lot traurig, weil er nicht verhindern konnte, dass auch sie vernichtet würden.

Bei Anbruch des Tages mussten die Engel ihn, seine Frau und seine Töchter förmlich aus dem Haus zerren und zum Stadttor hinaustreiben. »Lauft um euer Leben!«, riefen sie. »Schaut euch nicht um, macht nicht Halt im Tal und rettet euch ins Gebirge, sonst seid auch ihr verloren! Lauft!«

Am Morgen stand Abraham auf einem Hügel und beobachtete, wie Feuer, Pech und Schwefel auf die Städte Sodom und Gomorra herabregneten. Er musste mit ansehen, wie der Himmel über dem Tal schwarz wurde und alles verschlang, was dort lebte.

Als schließlich Rauch aus Sodom wie aus einem Schmelzofen aufstieg, fiel der alte Mann auf die Knie, schlug die Hände vors Gesicht und weinte. »Nicht einmal zehn!«, sagte er. »Ach, Lot, nicht einmal zehn Gerechte hat Gott in der Stadt, die du dir ausgesucht hast, gefunden. Wo bist du nun? Wo sind deine Töchter? Wo ist deine Frau?«

Lot und seine Töchter hatten sich in eine Höhle gerettet. Doch auf der Flucht vor dem Feuer war seine Frau stehen geblieben, um einen letzten Blick auf die Stadt zu werfen – und noch im selben Augenblick war sie in eine Salzsäule verwandelt worden.

Nicht lange nach der Zerstörung Sodoms brach Abraham seine Zelte ab, um nach Süden in den Negeb zu ziehen. In der Nähe der Stadt Gerar fand er neue Weiden für seine Herden und so blieb er eine Weile in jener Gegend.

Im Herbst schor er mit seinen Leuten die Schafe. Die Frauen säuberten anschließend die Wolle von Schmutz und Fett, kämmten sie aus und schnürten sie zu Ballen. Im Laufe des Winters brachten die Männer in Abrahams Haushalt diese Ballen dann nach Gerar, wo man sie gegen Kupfer- und Bronzewaren, Werkzeuge, Waffen und Töpferwaren – und vielleicht auch etwas Hübsches für die eigene Frau, wenn sie ein Kind erwartete – tauschte.

Im Frühling lammten die Schafe wieder.

Und im Frühling erfüllte der Herr auch sein Versprechen gegenüber Sara.

In den kühlen Stunden eines frühen Morgens gebar Sara Abraham einen Jungen. Die Hebamme trug den Kleinen vor das Zelt – und Abraham war sprachlos. Der alte Mann nahm den Säugling und betrachtete die zarte Kinderhaut, strich vorsichtig darüber, doch er konnte kein einziges Wort hervorbringen.

Acht Tage später beschnitt Abraham den Jungen mit einem

scharfen Messer aus Feuerstein. Dann gab er ein großes Fest, versammelte seinen ganzen Haushalt um sich, damit alle mit ihm aßen, tranken und feierten.

Es war ein fröhliches Fest, und Saras Freude war ebenso offensichtlich wie Abrahams Stolz auf seinen Sohn. Einmal wurde die alte Frau so von ihrem Glück überwältigt, dass sie anfing zu lachen, zuerst leise in sich hinein, dann immer lauter. Schließlich sprang sie auf, klatschte in die Hände und rief: »Gott hat dafür gesorgt, dass ich lachen kann! Ach, lacht mit mir! Jeder, der davon hört, soll mit mir lachen! Wer hätte gestern gedacht, dass Sara heute ein Kind stillen würde? Und doch habe ich meinem Mann auf seine alten Tage noch einen Erben geboren.«

Abraham hatte etwas abseits gestanden und seine Frau betrachtet. Jetzt aber ging er zu ihr hin, nahm ihre Hand und hielt sie so lange, bis sie still stehen blieb und seinen Blick erwiderte.

Dann schaute Abraham auf Saras knochige, sehnige Hand und berührte nacheinander jeden einzelnen der braunen Flecken auf dem Handrücken seiner Frau. »Kostbarer als Rubine«, murmelte er.

Dann hob er den Blick und sagte: »Der Junge soll ›Gelächter‹ heißen – Isaak.«

Sara war neunzig, Abraham hundert Jahre alt.

Nach der Geburt von Ismael hatte Abraham der Magd Hagar ein eigenes Zelt gegeben, damit sie den Jungen darin aufziehen konnte. Dieses Zelt hatte jedoch keinen Ehrenplatz, sondern stand in einiger Entfernung von dem Abrahams und Saras. Und im Laufe der Jahre hielt auch Hagar lieber Abstand zur Herrin des Haushalts.

Abraham bemerkte das und hatte Verständnis dafür.

Doch im Stillen beobachtete er, wie Ismael zu einem temperamentvollen und selbstständigen Knaben heranwuchs. Obwohl er es nie laut aussprach, freute es Abraham zu sehen, wie das Wesen des Kindes sich frei und lebhaft entfaltete. Gleichzeitig bereitete es ihm Kummer, dass eben jene unbändige Energie Hagar zermürbte. Noch immer war ihr Körper kräftig – ihr Herz aber war erschöpft und ihr Gemüt unruhig.

Eines Tages, kurz nachdem Isaak entwöhnt war und Saras Brüste wieder flach und für alle Zeiten versiegt waren, kam sie durch die Herden hindurch auf Abraham zu.

»Verstoße sie«, rief Sara schon von weitem, »verstoße diese Sklavin und ihren Sohn!«

Abraham sah auf und blickte seine Frau fragend an.

Als Sara dann vor ihm stand, ließ sie ihrer Entrüstung freien Lauf: »Ich habe gesehen, wie das Balg dieser Ägypterin mit unserem Sohn gespielt hat. Ohne jede Ehrfurcht vor dem Kind. Nichts! Ich habe die Zukunft gesehen, Abraham, und ich werde das nicht dulden! Mein Sohn Isaak soll nicht mit dem Sohn dieser Sklavin das Erbe teilen!«

»Er ist auch mein Sohn«, erwiderte Abraham.

Einen Moment lang stand Sara regungslos da und starrte ihn an. Nur ihr graues Haar bewegte sich leicht im Wind. Als sie wieder sprach, klang ihre Stimme heiser, und ihre Worte waren mit Bedacht gewählt: »Welchen von diesen Söhnen hat Gott, der Herr, versprochen? Und welchen hat Gott, der Herr, uns geschenkt?«

Und so stand Abraham am nächsten Morgen in aller Frühe auf und brachte Brot und einen Schlauch mit Wasser zu Hagars Zelt. Er sprach ein paar Worte mit ihr, dann reichte er ihr die Lebensmittelvorräte und schickte sie mit dem Kind fort.

Und so irrten Hagar und Ismael ziellos in der Wüste umher.

Isaak aber wuchs zu einem hübschen Knaben heran – ein gehorsamer und respektvoller Sohn und ein Segen in den alten Tagen seines Vaters.

Hin und wieder nahm der Mann Isaak auf die Berge mit und zeigte ihm von dort aus nicht allein die Zelte, die Mägde und Knechte und seine Herden, sondern auch das Land in alle Himmelsrichtungen, soweit das Auge des Jungen reichte.

»Wenn ich sterbe«, sagte Abraham dann, »werde ich dir die Zelte vermachen. Gott aber wird dir all das Land geben.«

Die Liebe des alten Mannes zu seinem Sohn war so stark, dass er sich oft wieder wie ein junger Mann fühlte. Sein Herz hing mit allen Fasern an dem Jungen.

Eines Tages aber sprach Gott ihn an: *Abraham.*

»Ja, ich höre«, erwiderte dieser.

Und Gott sprach: *Nimm deinen Sohn, geh mit ihm ins Land Morija auf einen Berg und bringe ihn mir dort als Brandopfer dar.*

Als es Abend geworden war, nahm Abraham seine Strohmatte, ging damit an eine einsame Stelle eines Berges und rollte sie dort aus. Die ganze Nacht lag er da und schaute zu den Sternen hoch.

Kurz nach Tagesanbruch kehrte er zu den Zelten zurück. Er spaltete Holz für das Opferfeuer und sattelte sodann einen Esel. Er bat zwei Knechte, ihn bei der bevorstehenden Reise zu begleiten, und schließlich betrat er Saras Zelthälfte und weckte vorsichtig seinen Sohn.

»Komm«, flüsterte er. »Und weck deine Mutter nicht.«

Dann verließen sie gemeinsam das Zeltlager.

Drei Tage lang gingen sie nach Norden.

Am dritten Tag erblickte der alte Mann vor sich in der Ferne die Stelle, wo Isaak geopfert werden sollte.

Er sagte zu seinen Knechten: »Wartet hier. Ich werde mit dem Jungen auf den Berg dort steigen, um zu Gott zu beten; danach kommen wir wieder zurück.«

Abraham nahm das Holz und packte es seinem Sohn auf den Rücken. In seiner Linken trug er das Becken mit den glühenden

Kohlen, in der Rechten das Messer. Und so gingen sie gemeinsam nach Morija.

»Vater?«, fragte Isaak.

»Ja, mein Sohn?«

»Feuer und Holz für das Opfer haben wir, aber wo ist das Lamm?«

»Ach, das Lamm«, sagte Abraham. Und dann setzte er hinzu: »Gott wird schon für ein Opferlamm sorgen.« Schweigend gingen die beiden weiter.

Als sie auf dem Gipfel ankamen, baute Abraham einen Altar. Wortlos schichtete er das Holz darauf. Und dann fesselte er Isaak, hob ihn hoch und legte auch ihn auf den Altar, oben auf das Holz.

Schließlich band er sich seinen Umhang um die Taille, legte die Linke auf das Brustbein des Jungen, nahm mit der anderen ein langes Kupfermesser und riss den Arm weit hoch, um den Jungen mit einem einzigen Stoß töten zu können.

Abraham! Abraham! Es war die Stimme des Herrn. *Abraham!*

»Ja, ich höre!«, rief der alte Mann.

Gott sagte: *Halt ein! Tu dem Jungen nichts zu Leide! Ich weiß jetzt, dass du Gott fürchtest, denn du warst bereit, mir sogar deinen einzigen Sohn zu opfern.*

Als Abraham aufblickte, entdeckte er einen Schafbock, der sich mit seinen Hörnern in einem Dickicht verfangen hatte. Abraham nahm das Tier und opferte es an Stelle seines Sohnes auf dem Altar. Den Ort nannte er »Der Herr sorgt vor«.

Und der Herr sprach: *Ich werde dich wirklich segnen. Deine Nachkommen werden so zahlreich sein wie die Sterne am Himmel, und alle Völker der Erde sollen durch sie gesegnet sein – weil du meiner Stimme gehorcht hast.*

Sara wurde hundertsiebenundzwanzig Jahre alt. Abraham wohnte wieder einmal bei den Eichen von Mamre, da starb seine Frau.

Bevor er es den anderen sagte, wachte Abraham eine Nacht und einen Morgen lang weinend an ihrem Bett.

Er hielt ihre Hand, bis alle Wärme daraus verschwunden war, und legte sie dann neben ihren schmächtigen Körper.

Gegen Mittag erhob er sich und ging hinaus, um eine Stelle zu suchen, wo er Sara begraben konnte.

Im Osten von Mamre, in Machpela, lag ein Feld, das einem Mann namens Efron gehörte. Dort befand sich auch eine Höhle. Abraham feilschte mit Efron, und schließlich erklärte sich dieser bereit, sein Feld für vierhundert Silberstücke zu verkaufen. Die Summe wurde in Gegenwart zahlreicher Zeugen abgewogen und der Handel öffentlich besiegelt.

So gehörte das Feld Abraham.

Er brachte Sara auf sein kleines Stück Land und bestattete sie dort in der Höhle.

2

Rebekka

Vor der Stadt, in der Abrahams Bruder Nahor gelebt hatte und in der er auch gestorben war, lag eine Quelle. Da sie zuverlässig und reichlich Wasser gab, bedienten sich aus ihr nicht allein die Bewohner der Stadt, sondern auch die vorbeiziehenden Reisenden – Karawanen, die kostbare Waren nach Osten wie Westen beförderten.

Um aus dieser Quelle Wasser schöpfen zu können, musste man ein paar unebene Steinstufen hinabsteigen, sich hinknien und einen Krug in das fließende Wasser tauchen. Dann musste man das gefüllte Gefäß auf die Schultern hieven und die Stufen wieder hinaufsteigen. Man brachte auch das Wasser für die Lasttiere in Krügen herauf und goss es dann in Steintröge, denn in die Grotte konnten die durstigen Tiere nicht hinabsteigen.

Rebekka war die Quelle ebenso vertraut wie die Prozedur des Wasserschöpfens. Jeden Tag begab sie sich bei Einbruch der Dunkelheit mit einer Gruppe Freundinnen – lebhafte junge Frauen, deren Lachen die abendliche Stille erfüllte – zu der Quelle, um für ihre Familie Wasser zu holen. Rebekka selbst war dabei stiller als die anderen. Sie war hoch gewachsen, ging mit längeren und anmutigeren Schritten als die anderen. Ihr kluges Gesicht zeugte von Entschlossenheit. Sie schien selbst dann, wenn sie von anderen Menschen umringt war, ein Stück abseits zu stehen.

Und so geschah es eines Abends, als die Frauen mit gefüllten

Krügen von der Quelle heraufstiegen, dass ein alter Mann zu ihr hintrat und sie ansprach, ohne die anderen auch nur zu beachten.

»Bitte«, fragte er, »kann ich einen Schluck Wasser aus deinem Krug haben?«

Rebekka konnte sehen, dass er eine Reise hinter sich hatte. Staubig und erschöpft sah er aus und sehr alt – so alt, dass er ihr Großvater hätte sein können. Rings um die Quelle lagerten mit erhobenen Köpfen zehn Kamele.

Die Freundinnen warteten noch einen Augenblick, dann machten sie sich auf den Heimweg. Es wurde langsam dunkel, und Rebbeka war durchaus in der Lage auf sich selber aufzupassen.

»Natürlich«, sagte sie und hob den Krug von der Schulter. »Trink nur.«

Er trank nur einen kleinen Schluck, wobei er den Blick nicht von ihrem Gesicht abwandte. Rebekka wurde rot.

»Ich will auch noch Wasser für deine Kamele holen«, bot sie dem Fremden an. Sie stieg die Stufen zum Brunnen hinab und wieder herauf und goss dann das Wasser in die Tröge. Der alte Mann stand schweigend dabei und schaute ihr zu. Dann versetzte sie einem der Tiere einen ordentlichen Stoß, worauf dieses sich erhob und gemächlich zur Tränke wankte. Die anderen taten es ihm nach. Rebekka füllte die Tröge so lange, bis die Kamele ihren Durst gestillt hatten.

Als sie fertig war, war es dunkel.

Und als der Alte erneut zu ihr hintrat, hielt er in den Händen einige Gegenstände, die so schön und glatt waren, dass sie sogar in der Finsternis glänzten: einen goldenen Ring und zwei Armreifen.

»Wer ist dein Vater?«, wollte er von ihr wissen.

»Ich bin die Tochter von Betuël«, antwortete sie, »dem Sohn von Nahor.«

»Nahor«, murmelte der Fremde, und es war offensichtlich, dass der Name heftige Gefühle in ihm weckte. »Ich kenne Nahor.« Er nahm Rebekkas Hand und steckte ihr den Ring an. »Ist in Betuëls

Haus vielleicht genügend Platz, dass ich mit meinen Leuten für eine Weile dort unterkommen kann?«

»Platz haben wir genug, ja, und auch Stroh und Futter für die Tiere.«

Da sank der alte Mann auf die Knie, streckte die Arme empor und sang leise: »Gepriesen sei der Herr, der Gott meines Herrn Abraham! Er hat mich geradewegs zum Haus seiner Verwandtschaft geführt.«

Ohne sich wieder zu erheben, streifte er Rebekka die Armreifen über. Dann sagte er:

»Geh! Bitte deinen Vater um ein Lager für mich.«

Rebekkas Vater war zu jener Zeit schon alt und gebrechlich, und die meisten Entscheidungen in der Familie wurden von ihrem Bruder Laban getroffen. Die Geschichte von einem Reisenden aus dem Westen ließ ihn anfangs ungerührt; gleichgültig nahm er weiter seine Abendmahlzeit zu sich. Dann aber legte Rebekka ihren Umhang ab – und als Laban das Gold erblickte, stand er augenblicklich auf und verließ das Haus.

Während er fort war, bereiteten Rebekka und ihre Mutter noch mehr Essen zu.

Bald darauf vernahmen sie vor dem Haus Labans Stimme. Er selbst zäumte die Kamele des Mannes ab, und seinen Knechten befahl er, Wasser für die Füße des Gastes zu holen. Und dann sagte er: »Komm herein, Gesegneter des Herrn. Komm herein und iss.«

Doch als sie im Haus waren und man dem alten Mann etwas zu essen vorgesetzt hatte, wollte er die Speise nicht anrühren.

»Nicht, bevor ich meinen Auftrag ausgerichtet habe«, sagte er.

»Sprich weiter, Freund«, forderte Laban ihn auf.

Da fuhr der Mann fort: »Ich bin ein Knecht Abrahams. Gott, der Herr, hat meinen Herrn mit Vieh, mit Silber und Gold, Knechten und Mägden sowie Kamelen und Eseln reich gesegnet.

Doch Abraham hat nur einen einzigen Sohn: Isaak. Und er hat

mich in Kanaan schwören lassen, dass ich hierher zurückkehre und zum Haus seiner Verwandten gehe, um dort für Isaak eine Frau zu suchen.

So bin ich heute zu dem Brunnen vor eurer Stadt gelangt und habe dort gebetet, dass Gott meine Reise gelingen lassen möge. *Oh, Herr,* habe ich gesagt, *wenn ich eine junge Frau bitte, mir einen Schluck aus ihrem Krug zu geben und sie dann sagt ›Trink, und ich will auch noch Wasser für deine Kamele holen‹, dann lass sie die Frau sein, die du für den Sohn meines Herrn bestimmt hast.*

Und siehe – noch bevor ich mein Gebet geendet hatte, kam deine Schwester, Rebekka. Diese schöne Frau kam und tat alles, was ich vom Herrn erbeten hatte.

Nun«, sagte der Alte zu Laban und Betuël, »sagt mir, ob ihr bereit seid, meinem Herrn Freundschaft und Treue zu erweisen. Und wenn nicht, so sagt es mir auch. Ich muss wissen, ob ich mich zur Rechten oder zur Linken wenden soll.«

»Das hat der Herr so gefügt!«, rief Laban. »Nimm meine Schwester und geh! Sie soll den Sohn deines Herrn heiraten, so wie Gott, der Herr, es bestimmt hat.«

Rebekka hörte all dem schweigend zu. Sie stand, während die Männer um die Öllampe herumsaßen und miteinander sprachen, ein wenig abseits im Dunkel.

Es war Abrahams Knecht, der schließlich zu ihr hochblickte und sie ansprach. »Rebekka, Tochter von Betuël«, sagte er. Sie trat ein paar Schritte vor, bis sie im Schein der Lampe stand. Dann fuhr er fort: »Hier, nimm dies von mir entgegen«, und reichte ihr Silber- und Goldschmuck sowie Gewänder aus festen Stoffen. Auch ihrem Bruder und ihrer Mutter schenkte er kostbaren Schmuck.

Dann endlich begann er zu essen.

Am darauf folgenden Morgen sagte er zu seinen Gastgebern: »Lasst mich nun bitte zu meinem Herrn zurückkehren. Er ist alt und wird nicht mehr lange zu leben haben.«

»Oh – so bald schon! Das Mädchen soll doch Zeit haben Abschied zu nehmen. Lass uns noch zehn Tage und sei in dieser Zeit unser Gast!«

»Bitte lasst sie gehen«, erwiderte der Knecht. »Die Reise ist weit und bald beginnt die Regenzeit.«

Laban überlegte kurz und sagte dann: »Rebekka soll selbst entscheiden.«

Ohne zu zögern sagte Rebbeka entschlossen: »Lass uns gehen!«

Und so änderte sich in nur einer Nacht und einem Tag Rebekkas Leben für immer.

Während des folgenden Monats reisten Rebekka und der alte Knecht den weiten Weg von Paddan-Aram nach Süden, auf derselben Straße, die vor über fünfundsechzig Jahren auch Abraham genommen hatte. Sie überquerten bei Sukkot den Jordan und zogen am Toten Meer vorbei bis in den Negeb.

Am Abend des dreizehnten Tages, die Kamele schritten träge dahin, schaute Rebekka auf und erblickte einen Mann, der in Gedanken versunken über die Felder wanderte.

»Wer ist das?«, wollte sie wissen.

Sie stieg von ihrem Kamel und ging zu Abrahams Knecht. »Siehst du den Mann da vorne?«, fragte sie. »Wer ist das?«

»Ah, das ist der Sohn meines Herrn. Das ist Isaak.«

Rebekka bedeckte ihr Gesicht mit einem Schleier und wartete darauf, dass ihr zukünftiger Mann sie erblickte.

Es geschah also im Negeb, dass Isaak Rebekka in sein Zelt führte. Sie wurde seine Frau und er liebte sie über alles. Bis zu seinem Tode sollte er keine andere lieben.

Später sagte er noch oft: »Kaum hatte ich die Frau am Feld stehen gesehen, da hatte ich mich auch schon in sie verliebt.«

Isaak war damals in seinem vierzigsten Lebensjahr.

Abraham war hundertfünfundsiebzig, als er seinen letzten Atemzug tat und starb. Er hatte ein erfülltes Leben gehabt.

Seine beiden Söhne bestatteten ihn in der Höhle von Machpela, auf dem Feld, das er als Begräbnisstätte für seine Frau erworben hatte.

So waren Abraham und Sara zum Schluss wieder vereint. Aber die Wege der Brüder Isaak und Ismael sollten sich nun für alle Zeit trennen.

Die Kinder Ismaels lebten in der Wüste Paran. Sie wurden zu einem wilden, kämpferischen Stamm, dessen junge Männer geschickt im Umgang mit Pfeil und Bogen waren und stets mit allen anderen Stämmen Streit suchten.

Doch auf Isaak ruhte nach Abrahams Tod Gottes Segen.

Die nächsten zwanzig Jahre durchwanderte er die Wüste von Negeb, er verweilte mit seinen Herden im Land anderer und lebte wie Abraham in Zelten.

Und wie Sara blieb Rebekka kinderlos.

Isaak, warum will der König uns sprechen?«

»Wer weiß schon, was Könige für Gründe haben etwas zu tun.«

»Aber du ahnst doch, warum. Irgendetwas verschweigst du mir!«

»Na ja, als wir gestern in dem Kornfeld gelegen haben, da hat Abimelech uns gesehen.«

»Na und? Was soll es den König kümmern, wenn zwei Menschen

sich lieben?« Es war weniger eine Frage als vielmehr ein lautes Nachdenken. Rebekka begann sich zu fragen, ob Isaak nicht besser seine Zelte abbrechen und von hier fortgehen sollte – wenn nötig auch noch vor der Ernte.

Ihr Mann hatte darauf bestanden, dass sie sich für die bevorstehende Unterredung verschleierte, und ein leiser Wind spielte nun mit ihrem Schleier. Der Esel, auf dem sie ritt, war der beste und hübscheste, den sie besaßen. Isaak, gründlich gewaschen und fein gekleidet, führte den Esel die lange Straße zu den weiß getünchten Mauern der Philisterstadt Gerar hinauf.

Sie lebten schon eine ganze Weile in dieser Gegend, und der Umgang mit dem König und seinem Volk war recht friedlich. Anfänglich war Isaak sogar häufiger in der Stadt gewesen, um mit den Bewohnern ein Schwätzchen zu halten.

Doch in letzter Zeit brachten seine Herden und Felder reicheren Ertrag als die der Leute von Gerar. Und als seine Knechte in einem alten Brunnen frisches Wasser entdeckten, kamen die Männer von Gerar, um die Wasserquelle für sich selbst zu verlangen. Isaak zuckte nur die Achseln, übergab ihnen den Brunnen und befahl dann seinen Knechten, einen weiteren Brunnen zu graben. Doch als aus diesem ebenfalls klares Wasser floss, da kamen die gleichen Männer erneut herbei und wollten ihm auch den zweiten Brunnen streitig machen – diesmal aber waren sie bewaffnet und zornig, bereit zum Kampf. Einen Kampf aber wollte Isaak unbedingt vermeiden – er war zwar ein guter Jäger, doch Streit und Ärger ging er lieber aus dem Weg. Also überließ er ihnen auch diese Quelle.

Und so dachte Rebekka nun, dass es Zeit für sie wäre, von hier fortzuziehen.

Plötzlich fuhr sie aus ihren Gedanken hoch. »Isaak«, erinnerte sie ihren Mann, »wolltest du mir nicht eine Frage beantworten?«

»Was für eine Frage denn?«

»Warum es Abimelech interessieren könnte, wenn wir uns lieben. Was kümmert es einen König, wenn eine Frau Kinder haben will?«

»Eine Frau«, murmelte Isaak. »Eine Frau, ja. Aber keine Schwester.«

»Bitte? Was hast du gesagt?«

»Ich sagte: ›keine Schwester‹.«

»Isaak, schau mich mal an! Was soll das heißen: *keine Schwester*?«

Isaak wandte sich um, ohne jedoch seine Frau anzublicken. Er sagte: »Als wir hier angekommen sind, da haben die Männer von Gerar gesehen, wie schön du bist, und sich bei mir nach dir erkundigt. Ich hatte Angst, sie könnten mich vielleicht umbringen wollen, umso an meine Frau zu kommen – für eine Schwester aber würden sie den Bruder in Ruhe lassen. Ich habe ihnen erzählt, du seist meine Schwester.«

Wortlos musterte Rebekka Isaak eine Weile, und ihr Blick sagte mehr, als Worte es hätten tun können. Dann nahm sie den Schleier ab, raffte ihren Umhang, riss ihrem Mann die Leine aus der Hand, ließ den Esel kehrtmachen und ritt allein zu den Zelten zurück. Sollte Isaak ruhig seine Unterredung mit dem König führen und ihm seine Dummheit selbst erklären; sollte er doch ihre Ehre wiederherstellen und sie mit einem Geständnis zum zweiten Mal zu seiner Frau machen – ihr Entschluss aber stand nun fest: Es war höchste Zeit weiterzuziehen.

Als ihr Mann sich seinem sechzigsten Lebensjahr näherte, hatten Rebekka und Isaak ihr Lager wieder bei Beer-Lachai-Roi, in der Nähe jenes Feldes, wo sie sich zum ersten Mal gesehen hatten, aufgeschlagen.

Sie war zwar jünger als er, doch inzwischen waren sie zwanzig Jahre kinderlos verheiratet, und Rebekka wünschte sich nichts mehr als Kinder.

Eines Abends vergoss sie laute, wütende Tränen wegen ihres Wunsches.

Am Morgen darauf kam Isaak in ihre Zelthälfte, nahm ihre Hand und führte sie auf einen felsigen Berg, wo er seine Hände zum Himmel emporstreckte und für seine Frau betete. Dann kehrten sie in ihr Zelt zurück, wo sie den Rest des Tages zusammen verbrachten. Bald darauf brauchte Rebekka nicht mehr zu weinen, weil sie sich ein Kind wünschte. Denn endlich war sie schwanger. Sie lächelte und strahlte wieder. Sie war schwanger.

Drei Monate vor dem errechneten Zeitpunkt der Entbindung begann Rebbeka heftige Schmerzen im Unterleib zu verspüren. Immer wieder musste sie aufschreien, wobei sie die Hände vor den Mund schlug, um den Laut zu ersticken.

Warum ich?, dachte sie. *Warum muss ich durch diese Qualen?*

Dieses Mal stieg sie allein auf den geheiligten Berg, auf dem Isaak zuvor gebetet hatte. Sie streckte die Hände empor und fragte: »Was ist das, Herr? Was geschieht mit mir?«

Und Gott, der Herr, sprach:

> *Zwei Völker trägst du jetzt in deinem Leib,*
> *und zwei Nationen gehen von dir aus.*
> *Die eine wird die andere unterwerfen:*
> *der Erstgeborene wird dem Zweiten dienen.*

Und als die Zeit der Entbindung kam, brachte Rebekka tatsächlich Zwillinge zur Welt. Zwei Jungen waren es, der Erste ganz rot und so behaart, dass es aussah, als trüge er einen Mantel. Der Zweite kam sofort hinterher, die kleine Hand an der Ferse des Bruders.

So nannten sie den ersten Sohn Esau, weil er so behaart war, und den zweiten nannten sie Jakob, weil er seinem Bruder bereits im Mutterleib auf den Fersen folgte.

Als er erwachsen wurde, verbrachte Esau seine Zeit am liebsten mit Jagen. Meistens streifte er in der Steppe umher, und genau wie sein Vater blieb er monatelang fort und ernährte sich dabei von dem, was das Land hergab. Er hatte ein gutes Auge und Gespür für seine Beute: Gazelle, Antilope, Steinbock, alle Arten der Wildziege, Bergschafe – Tiere, die stärker nach Wild schmeckten als die gemästeten Haustiere. Breitschultrig und rothaarig lebte Esau von der Kraft seiner Arme. Er war ein Mann der Tat, nicht der Worte. Selbst wenn er bei den Zelten saß, schwieg er meistens.

Jakob war ganz anders als sein Bruder: Er hielt sich fast immer im näheren Umkreis des Haushalts auf, bei den Herden, Feldern und Zelten. Er liebte kluge Gespräche, und sein Gesicht zeugte von jener Intelligenz, die auch seiner Mutter eigen war. Jakob war ein Mensch, der sich anstatt auf seine Körperkraft lieber auf seine Schläue verließ.

Der Vater Isaak liebte das Wild, das Esau mitbrachte und ihm zubereitete.

Die Mutter liebte Jakob.

Eines winterlichen Morgens kehrte Esau von einer langen und erfolglosen Jagd zurück. Er hatte schon etliche Tage nichts mehr gegessen und war nun die ganze Nacht hindurch zu Fuß unterwegs gewesen. Er war kurz vorm Verhungern.

Als er sich den väterlichen Zelten näherte, konnte er riechen, dass irgendwo ein Eintopf kochte. Sein Magen krampfte sich begierig zusammen. Er folgte dem Geruch, der ihn zu dem Zelt seines Bruders führte.

Dort saß Jakob und rührte in einem Topf mit dicker, brodelnder rötlicher Gemüsesuppe.

Esau vermochte kaum die Worte hervorzubringen: »Bitte«, krächzte er und zeigte auf den irdenen Topf. »Bitte, Jakob, ich sterbe...«

Einen Augenblick lang schwieg Jakob. Dann blickte er auf und lächelte. »Ich schlage dir einen Handel vor, Esau«, sagte er.

Esau fuhr sich mit der Hand über den trockenen Mund. »Einen Handel?«

Jakob grinste. Und die nächsten Worte sprudelten so rasch aus seinem Mund, dass Esau zuerst völlig verwirrt war, dann jedoch wütend wurde; zuletzt aber blieb nur noch der Hunger und alles andere war ihm gleichgültig.

»Kann ein toter Mann das Vermögen seines Vaters erben«, sagte Jakob, »selbst wenn er zufällig der ältere von nur zwei Brüdern ist? Nein, selbstverständlich nicht. Tote erben überhaupt nicht. Wenn du stirbst, Bruder, hast du jetzt nichts und wirst auch später nichts bekommen. Doch wenn ich dir zu essen gebe, schenke ich dir jetzt das Leben. Also musst du mir als Gegenleistung für dein Leben das geben, was dir ohne dein Leben gar nichts bedeuten kann: dein Erstgeburtsrecht. Ich schlage dir also folgenden Handel vor, Esau: Ich lasse dich leben und du lässt mir dein Erstgeburtsrecht. Dann sind wir quitt.«

Das war die Art und Weise, wie Jakob immer redete – zu schnell, als dass gewöhnliche Menschen ihm folgen konnten. Esau konnte nur noch an das Essen denken. »Gut«, sagte er und griff nach dem Topf.

Jakob jedoch zog ihn weg und musterte seinen Bruder mit festem Blick: »Schwör es mir, Esau.«

Esau schrie: »Ich schwöre!« Dann riss er mit Gewalt den Topf an sich und lief damit fort, um beim Essen nicht das Gerede seines Bruders hören zu müssen.

Mochte es einem jungen Mann auch nichts bedeuten, solange er Kraft hatte und sein Vater noch gesund war – so war es doch eine schreckliche Sache, sein Erstgeburtsrecht zu verlieren. Denn der Erstgeborene erbte das Doppelte dessen, was seine Geschwister bekamen.

Rebekka wusste das.

Mehr noch – Rebekka wusste auch von dem einzigartigen Segen, der von Abraham auf seinen Sohn, ihren Mann, übergegangen war.

Denn in einer Nacht war Gott, der Herr, auch Isaak erschienen. *Fürchte dich nicht, Isaak,* hatte er gesagt, *ich bin bei dir. Ich werde dich segnen und dir viele Nachkommen geben, wie ich es meinem Diener Abraham versprochen habe.*

Schon am Tag danach baute Isaak an der Stelle, an der Gott zu ihm gesprochen hatte, einen Altar und betete dort zum Gott seines Vaters. Rebekka hatte das alles beobachtet und wurde sich so erst über den Glauben und den Reichtum der Familie, zu der sie nun gehörte, bewusst.

Als Isaak alt und blind geworden war, rief er Esau zu sich. »Wann ich sterben werde, weiß ich nicht«, sagte er, »ich weiß nur, dass es bald sein wird. Nun, Esau: Nimm Pfeil und Bogen, jage ein Stück Wild und bereite es mir so zu, wie ich es gern habe. Ich will mich stärken, damit ich dich, bevor ich sterbe, segnen kann.«

Sobald Esau fortgegangen war, rief Rebekka Jakob zu sich in ihre Zelthälfte und flüsterte ihm zu: »Sag nichts, hör mir nur zu! Gerade hat dein Vater Esau auf die Jagd geschickt. Von seiner Beute soll er ihm eine ganz besondere Mahlzeit bereiten. Dann will Isaak ihm den Segen des Herrn weitergeben.« Rebekka nahm Jakobs Gesicht in beide Hände und blickte ihn durchdringend an. »Einen größeren Segen als den, den er deinem Bruder geben will, gibt es nicht«, fuhr sie fort. »Es ist jener Segen, den er von seinem Vater bekommen hat – der Segen Gottes, der demjenigen, der damit gesegnet ist, Kinder und Land verspricht!

Geh jetzt zur Ziegenherde und schlachte zwei junge Böcke. Den einen davon werde ich so zubereiten, wie dein Vater es am liebsten mag. Du wirst ihn dann deinem Vater bringen, sodass er dich zuerst segnet.«

Jakob flüsterte: »Aber Esau ist behaart und meine Haut ist glatt. Mein Vater wird den Unterschied doch merken.«

»Was ist behaarter als eine Ziege? Deshalb sollst du ja auch zwei Böcke schlachten – den anderen wegen seines Fells. Das werden wir um deinen Hals und deine Arme binden.«

»Und was ist, wenn mein Vater den Betrug entdeckt? Wenn er mich verflucht, statt mich zu segnen?«

»Sei leise«, mahnte ihn seine Mutter. Dann drückte sie ihn kurz an sich. »Der Fluch soll auf mich fallen. Und nun tu, was ich dir gesagt habe!«

Also lief Jakob hinaus, um eigenhändig zwei junge Ziegenböcke zu schlachten. Während Rebekka den einen zubereitete, häutete Jakob den anderen und schabte mit einem Messer das Fett aus. Dieses Fell banden sie sodann auf seine Hände, seinen Hals und seine Schultern. Zuletzt zog Rebekka ihm einen von den Umhängen über, die Esau beim Jagen trug.

Dann gab sie ihm das fertig gebratene Fleisch und flüsterte: »Geh!«

Zögernd betrat Jakob das Zelt seines Vaters.

»Mein Vater«, sagte er.

Isaak, der auf seiner Schlafmatte lag, erwiderte: »Hier bin ich. Welcher von meinen Söhnen bist du?«

»Esau, dein Erstgeborener. Ich habe deinen Wunsch erfüllt. Bitte setz dich auf und iss, damit du mich segnen kannst ...«

Isaak wandte Jakob seinen leeren Blick zu. »Schon?«, fragte er. »Wo hast du so schnell etwas gefunden?«

»Gott, der Herr, hat es mir geschickt.«

»Komm her, mein Sohn. Lass mich dich anfassen.«

Also ging Jakob zu ihm hin und Isaak strich über das Ziegenfell. »Der Haut nach ist es Esau, die Stimme ist jedoch die von Jakob. Bist du wirklich Esau?«

»Ja. Der bin ich.«

»Ich will dich küssen.«

Jakob beugte sich hinunter und verharrte regungslos, während sein Vater ihn auf den Hals küsste, um den sich Esaus Jagdumhang schloss.

Schließlich sagte Isaak: »Ja. Es riecht nach Esau. Also lass mich von deinem Wild essen, mein Sohn. Danach will ich dich segnen.«

Als er seine Mahlzeit beendet hatte, breitete der alte Mann die Hände über seinem Sohn aus und sprach den Segen, sich im Rhythmus seiner Worte wiegend:

Der Geruch meines Sohnes
ist wie der Geruch des Feldes, das der Herr gesegnet hat!
Möge der Himmel auch dir
fruchtbare Felder, Korn und Trauben,
sowie Wein und Brot in reichem Maße geben.
Völker sollen dir dienen,
die Söhne deiner Mutter sich vor dir verneigen!
Wer dich verflucht,
der soll auch verflucht sein,
doch wer dir, mein Sohn, wohl will, der soll gesegnet sein
für immer und ewig.

So hatte Isaak nun seinen Sohn Jakob gesegnet. Der alte Mann ließ sich erschöpft wieder auf die Matte sinken und Jakob verließ das Zelt.

Kaum war er hinausgegangen, da kehrte Esau mit einer guten Beute von der Jagd zurück. Er bereitete das Fleisch zu und ging damit in Isaaks Zelthälfte.

»Vater«, sagte er, »setz dich auf, iss von dem Fleisch, das du so magst, und dann segne mich.«

»Wie?«, fragte Isaak und hob den Kopf, wobei er heftig blinzelte.

»Ich soll essen? Und was soll das heißen – dich segnen? Wer ist denn da? Wer bist du?«

»Ich bin dein Sohn«, antwortete Esau. »Dein Erstgeborener ...«

»Esau?« Isaak riss die leeren Augen auf.

»Ja, Esau. Und ich habe getan, was du mir aufgetragen hattest.«

»Wer war dann der, der vor dir hier war?«, rief Isaak. »Von wessen Wild habe ich gegessen ...«

»Bitte?«, fragte Esau mit leiser Stimme.

»... und wen habe ich da gesegnet ...«

»Vater! Was soll das heißen?«

»... ja, und er wird gesegnet sein ...«

»Du hast an meiner Stelle einen anderen gesegnet? Oh, Vater!« Esau schrie voll Schmerz und Bitterkeit auf: »Vater, Vater, Vater«, klagte er, »segne mich auch, Vater!«

Isaak erwiderte betrübt: »Dein Bruder hat dir deinen Segen gestohlen, Esau.«

»Jakob!«, rief Esau. »Zu Recht haben sie dich Jakob genannt! Schon zum zweiten Mal hast du mich nun betrogen.«

»Und ich«, sagte Isaak leise, »ich habe ihn zum Herrscher über dich gemacht.«

Esau fiel auf die Knie und weinte: »Hast du denn keinen Segen mehr für mich übrig?«

Der alte Mann verstummte. Schließlich breitete er die Hände über seinem älteren Sohn aus und sprach leise:

Fern von fruchtbaren Feldern wirst du wohnen,
fern von Korn, Trauben und Wein;
von deinem Schwert musst du dich nähren,
der Sklave Jakobs sein.
Doch wenn du dich aus deines Bruders Joch befreist,
so wirst du, mein Sohn, befreit sein für immer und ewig!

So wurde der zweite Segen gegeben, ein geringerer als der erste.

Als Esau aus dem Zelt Isaaks trat, stieß er lautlose Drohungen gegen seinen jüngeren Bruder aus: »Ich werde warten, bis unser Vater stirbt. Doch dann werde ich Jakob töten.«

Am folgenden Morgen, als es noch dunkel war, schlüpfte Rebekka in das Zelt Jakobs und weckte ihn. »Steh auf«, flüsterte sie und strich ihm dabei über Kinn und Wangen. »Jakob, steh auf. Dein Bruder hat geschworen dich umzubringen. Flieh nach Haran zu meiner Familie. Lauf zu deinem Onkel Laban. Wenn Esaus Zorn sich gelegt hat, werde ich dich zurückrufen. Doch bis dahin: geh! Warum soll ich zwei Söhne an einem Tag verlieren?«

So stand Rebekka kurze Zeit später auf einem felsigen Berg und blickte der sich entfernenden Gestalt ihres Lieblingssohnes nach. Lautlos stahl er sich davon, während sich im Osten die erste Morgenröte zeigte.

Die Nachricht, dass Jakob zurückkommen könne, wurde von Rebekka nie abgeschickt, denn bevor sie glaubte, er könne wieder gefahrlos bei ihr leben, starb sie. Sie starb, ohne ihren Sohn wiederzusehen, und wurde in der Höhle von Machpela bestattet, in der auch die Eltern ihres Mannes, Abraham und Sara, begraben waren.

3

Jakob

Jakob floh nach Norden, über eine Kammstraße, die zu den Eichen von Mamre hinaufführte, dorthin, wo sein Großvater so lange gewohnt hatte. Es war eine steinige Straße, die ihm Sandalen und Füße aufriss – doch so konnte er steile Hänge und unüberwindliche Felsschluchten meiden. Der Fluch seines Bruders verfolgte ihn und er lief um sein Leben.

Gegen Mittag ruhte er sich unter einer Akazie aus, doch die Angst trieb ihn bald weiter und so lief er den verbleibenden Nachmittag hindurch, ohne noch einmal Halt zu machen. Als es Abend wurde, stand die Sonne tief im Westen zu seiner Linken, wodurch der heimtückische Berghang, der auf der rechten Seite zum Salzmeer hin abfiel, im Dunkeln lag.

Selbst als es vollkommen finster war, lief Jakob noch weiter; er spürte seine Füße nicht mehr und sein Atem ging keuchend.

Dann versagten plötzlich seine Beine. Er stürzte zu Boden und blieb liegen, unfähig sich zu bewegen. Er roch die Erde und den nackten Fels unter sich, und über ihm leuchteten zahllose Sterne am Himmel – er kam sich klein und verloren vor. Seine Kehle war trocken und er hatte ein Gefühl, als lägen eiserne Fesseln um seine Muskeln. Der Boden war kalt, doch er rührte sich nicht. Sein Kopf lag auf einem glatten Stein – sollte dieser eben sein Kissen sein.

Jakob schlief ein und träumte.

In seinem Traum war der nächtliche Himmel vollkommen leer

und schwarz, aller Sterne beraubt; und dennoch war da in seiner Nähe ein auf- und absteigendes Leuchten. Als er genauer hinsah, erblickte er eine breite Treppe, die von der Erde bis zum Himmel reichte. Auf ihr kamen Engel zur Erde herunter, andere wieder stiegen zum Himmel hinauf, ein Kommen und Gehen.

Dann erblickte Jakob hoch über der endlosen Treppe, den Engeln und der Erde Gott, den Herrn, selbst.

Und der Herr sprach zu ihm.

Ich bin der Herr, sagte er, *der Gott von Abraham und Isaak. Das Land auf dem du liegst, will ich dir und deinen Nachkommen geben. Und deine Nachkommen werden so unzählbar sein wie der Staub auf der Erde. Und alle Völker der Erde sollen durch dich gesegnet sein.*

Siehe, sprach der Herr, *ich bin mit dir. Ich werde dich behüten, wohin du auch gehst. Und ich werde dich in dieses Land zurückbringen. Ich werde dich nicht im Stich lassen, niemals, und alles was ich versprochen habe, werde ich tun . . .*

Unvermittelt fuhr Jakob aus diesem Traum auf, von Angst geschüttelt.

Die Nacht war wieder dunkel, die kalten, fernen Sterne waren wieder an ihrem Ort. Doch nichts war mehr wie zuvor.

»Der Herr wohnt an diesem Ort«, sagte Jakob leise, »und ich wusste es nicht!« Er setzte sich auf. »Hier ist wahrhaftig das Haus Gottes, das Tor des Himmels!«

Als die Morgensonne den Himmel im Osten auflodern ließ, nahm Jakob sein Steinkissen, stellte es als Denkmal auf und goss Öl darüber, um es zu weihen.

»Oh, Herr«, rief er, »wenn du mir beistehst und mich wohlbehalten zum Haus meines Vaters zurückbringst, so sollst du mein Gott sein – und der Stein hier soll dein Haus sein.«

Darum nannte er die Stätte Bethel, Haus Gottes. Als er seine Reise fortsetzte, fühlte er sich nicht mehr so verlassen.

Als Abraham hundert Jahre zuvor hier entlanggekommen war, hatte er Herden und einen ansehnlichen Haushalt mit sich geführt. Für eine Wegstrecke, die Jakob an einem Tag zurücklegte, hatte er drei gebraucht. Sogar Abrahams Knecht hatte, als er mit zehn Kamelen nach Haran zurückgeritten war, um eine Frau für Isaak zu suchen, länger gebraucht als dessen Sohn.

Jakob war schließlich jung, gesund und flink.

Nach zwanzig Tagen gelangte er zu einer großen Ebene, wo sein Blick ungehindert in die Ferne schweifen konnte. Jakob sah vor sich Schafe – drei Herden, die sich in der Mittagshitze niedergelassen hatten. Die Tiere lagen dicht beieinander anstatt, wie Jakob es mit seinen Herden gehalten hatte, weit verstreut zu grasen.

Dann erblickte er die Hirten. Auch sie hatten sich hingelegt, die Arme unter dem Kopf verschränkt. Neben ihnen befand sich ein Brunnen. Auf seinem Loch lag ein großer Stein. Es war merkwürdig: Die Schafe grasten nicht, sie tranken nicht – und das, obwohl genug Wasser für sie da war.

»Meine Brüder!«, rief Jakob, als er zu den Hirten gelangte. Sie ließen den Blick in seine Richtung wandern, doch keiner von ihnen erhob sich, um ihn zu begrüßen.

»Wo bin ich?«, wollte er wissen. »Wo kommt ihr her?«

»Aus Haran«, antwortete ein dünner Mann.

»Haran? Tatsächlich?«, lächelte Jakob. Er mochte seinem Glück kaum trauen. »Wo ist es? In welcher Richtung liegt Haran?«

Der Mann zeigte nach Norden. Als Jakob in die ihm gewiesene Richtung sah, erblickte er dort eine langsam sich nähernde Herde.

»Kennt ihr vielleicht Laban?«, fragte er. »Kennt irgendeiner von euch Laban, den Sohn von Betuël?«

Ein anderer Mann nickte. »Sicher.«

»Dann bin ich da!«, rief Jakob. »Genau hier soll ich sein.« Ein paar der Hirten blickten ihn schief an. Jakob sagte: »Wie geht es Laban? Geht es ihm gut?«

»Ja, selbstverständlich«, erwiderte der dünne Schäfer. »Wieso sollte es ihm nicht gut gehen? Der Mann hat so viele Söhne und Töchter, dass sie auf seine Herden aufpassen können. Da drüben kommt gerade eine von seinen Töchtern. Rahel.«

»Rahel«, sagte Jakob leise und betrachtete die Gestalt, die sich ihnen mit wehendem Mantel näherte.

Dann fragte er mit mehr Nachdruck in der Stimme: »Warum liegt ihr eigentlich alle hier herum? Es ist Mittag. Wieso tränkt ihr nicht eure Herden und treibt sie dann auf die Weide?«

Der dünne Schäfer hob die Augenbrauen und warf einen fragenden Blick auf Jakob, so als wolle er sich den Fremden nun zum ersten Mal richtig ansehen. Dann drehte er sich auf den Bauch. »So ist das nun einmal üblich«, sagte er. »Wir tränken hier unsere Tiere erst, wenn auch die anderen Herden alle da sind. Und abgesehen davon können selbst drei Männer den Stein gar nicht bewegen.«

Rahel. Als sie mit ihrer Herde näher kam, musste Jakob sie anstarren. Er konnte einfach nicht anders. Die junge Frau hatte große, schüchtern, aber freundlich dreinblickende Augen und in sanften Locken fallendes, dunkles Haar. Sie war klein und zierlich, aber ihr Gang war so kraftvoll und geschmeidig, dass sie alles andere als schwach und zerbrechlich wirkte.

Sie brauchte keinen Ton zu sagen. Ein Blick genügte und schon sprang Jakob herbei, um ihr zu helfen. Er allein fasste mit beiden Händen unter den Stein, hob ihn an und rollte ihn zur Seite. Dann lief er zu ihr hin, nahm ihr den Krug ab, den sie bei sich trug, und rannte mit diesem die Stufen des Brunnens so eilig hinab und hinauf, dass er einen großen Teil des Wassers verschüttete. Trotzdem füllten sich langsam die Tröge – und das alles tat Jakob nur für Rahel und ihre Herde.

Die Hirten, die zuvor so träge dagelegen hatten, kamen nun auch mit ihren Herden und Krügen unter lautem Fluchen herbeigeeilt. Für wen hielt sich dieser Bursche eigentlich, dass er sich so einfach über das, was üblich war, hinwegsetzte?

Doch der Bursche hatte jegliches Interesse an den Hirtenbrüdern verloren, hatte nur noch Augen für ihre Schwester, die schweigend daneben stand und abwartete, bis der Durst ihrer Schafe gestillt war. Dann lächelte sie und sagte mit klarer, heller Stimme: »Ich danke dir.«

Jakob war wie benommen. Der Klang ihrer Stimme allein reichte, um ihm Tränen in die Augen zu treiben.

»Rahel, Tochter von Laban«, sagte er leise, »ich bin Jakob, der Sohn von Rebekka, der Schwester deines Vaters.«

»Jakob?«, fragte sie. »Ein Verwandter meines Vaters?«

Er nickte, lächelte und küsste sie. »Jakob.«

Daraufhin lief Rahel nach Haran zurück und kurze Zeit später kam Laban selbst über die Ebene gelaufen. Er war ein kleinwüchsiger, rundlicher Mann mit schütterem Haar. Obwohl vom Laufen außer Atem, war er doch voller Aufmerksamkeiten und Komplimente für seinen Neffen. Er schlang die Arme um Jakob, küsste ihn und führte ihn am Ellbogen den ganzen weiten Weg zurück zu seinem Haus.

»Mein eigen Fleisch und Blut!«, verkündete er. »Einen Monat musst du wenigstens bei uns bleiben.«

Während dieses Monats arbeitete Jakob eifrig und unermüdlich für seinen Onkel. *Ich werde kein träger Hirte sein,* dachte er. *Nein, ich werde mich unentbehrlich machen.*

Und so machte er sich mit den Gegebenheiten des Landes rings um Haran vertraut – er fand heraus, wo die besten Weiden waren; wo es Höhlen gab, in denen er, wenn nötig, Schafe vor wilden Tieren oder Unwettern in Sicherheit bringen konnte; merkte sich die in der Wildnis verstreuten Quellen, Brunnen und Zisternen. Wohin ein Hirte seine Herde auch führte, niemals durfte sie weiter als einen Tag von der nächsten Wasserstelle entfernt sein.

Labans Familie wohnte in runden Steinhäusern. Ihre Dächer waren mit flachen Steinen gedeckt, die auf strahlenförmig von einer Mittelsäule ausgehenden Holzbalken lagen. Die Schindeln selbst waren mit Lehm bedeckt, damit kein Wasser hindurchgelangen konnte. Bis zu seiner Ankunft in Haran hatte Jakob stets in Zelten gewohnt.

Mehr noch: Laban hatte mit Hilfe zahlreicher niedriger Mauern ein ausgeklügeltes System von Schafhürden entwickelt. So konnten seine Herden abends alle wieder zurückgebracht werden und dennoch getrennt bleiben.

An den Abenden sah er dabei zu, wie Hunderte von Schafen und Ziegen heimgetrieben wurden.

Mit wachem Blick und schneller Auffassungsgabe entdeckte er das leiseste Hinken. Mit großem Geschick trennte er mit seinem Hirtenstab ein krankes Zicklein von den anderen Tieren, und was noch besser war: Er wusste, wie man eine Wunde verband oder eine Infektion heilte.

Am Ende des Monats kam Laban kopfschüttelnd und sich das Kinn reibend zu Jakob.

»Sohn meiner Schwester«, sagte er und klopfte dem jungen Mann auf den Rücken, »ich fürchte, ich werde ohne dich nicht mehr zurechtkommen. Ich habe natürlich eigene Söhne. Und, wie du wohl weißt, auch Töchter: Lea, meine ältere, und Rahel, die jüngere. Alle sind sie vortreffliche Kinder. Auch gute Arbeiter. Aber du! Du . . .« Er begann zu lachen. Auch Jakob lachte. Sie lachten gemeinsam.

»Willst du bleiben?«, fragte Laban. »Willst du für mich arbeiten? Ich werde dich bezahlen, Neffe. Sag mir, was du als Lohn haben willst und der Handel gilt.«

Jakob wusste genau, was er als Lohn haben wollte.

»Rahel.«

Labans Lächeln schien zu gefrieren. »Was? Wen?«

»Ich will sieben Jahre für dich arbeiten, wenn du mir Rahel, deine jüngere Tochter, gibst«, sagte er mit einem strahlenden Lächeln zu seinem Onkel. Plötzlich trat ein Ausdruck der Panik in sein Gesicht und er setzte hinzu: »Zur Frau natürlich.«

»Nun ja«, erwiderte Laban, »lieber gebe ich sie dir als irgendeinem Fremden. Abgemacht.«

Sieben Jahre lang ging Jakob jeden Morgen fröhlich singend an sein Tagwerk.

Wenn Jakob seine Ledersandalen anzog und seinen Mantel überstreifte, bekam jeder im Hause Laban es mit – denn er besang beides. Er besang auch den Gürtel, den er trug, und alles was er in seine Tasche packte: Brot, Käse, Datteln, Rosinen. Das Wasser in seinem Schlauch wurde in seinem Gesang zu Wein von geradezu krimineller Süße. Und angedickte Ziegenmilch war die Speise von Königen.

Dann schritt er vor seinen Herden her, bewaffnet mit einer Schleuder, einem dicken, mit Nägeln besetzten Knüppel und einer Stimme von so lärmender Selbstsicherheit, dass jedes wilde Tier, das ihn kommen hörte, schleunigst die Flucht ergriff.

»Welch lange, schwarze Wimpern die Lämmer haben!«, seufzte er. »Augen wie die von Rahel.«

Er lag inmitten der Herde auf der Weide und sagte leise vor sich hin: »Ich bin umringt von einer Schar von Rahels!«

Und die Zeit floss so schnell dahin wie ein Fluss zur Hochwasserzeit. Jakob, der Sohn Isaaks, war überglücklich.

An dem Tag, an dem die sieben Jahre vorüber waren, wusch Jakob sich, parfümierte sein Haar, legte frische Kleider und neue Sandalen an und ging dann zum Haus seines Onkels Laban.

»Es ist so weit«, sagte er zu ihm. »Meine Dienstzeit ist um und nun will ich deine Tochter heiraten.«

»Ja«, entgegnete Laban, »es ist zweifellos an der Zeit, dass du meine Tochter heiratest!«

Und so lud der Vater der Braut alle Menschen aus der Umgebung ein.

Am Tag der Hochzeit versammelten sich die Frauen in den Räumen von Labans Frau und ihren Töchtern, um dort die Braut zu schmücken. Als es Nachmittag geworden war, drängten sich in Labans Höfen die Männer. Man aß und vergnügte sich und Jakob saß strahlend und sprachlos vor Glück auf einem erhöhten Ehrenplatz.

Um Mitternacht schließlich führte Laban seine Tochter zu Jakob, dem Bräutigam. Sie war ganz verschleiert, nur ihre reich geschmückten Füße lugten unter dem prächtigen Hochzeitsgewand hervor.

Laban führte das Paar durch eine Gasse aus jubelnden Gästen zu einem neu errichteten Haus, in dessen Türsturz allerlei Verzierungen gemeißelt waren.

Zum Bräutigam sprach er: »Hier ist deine Frau. Mögest du Freude finden an ihr, mein Sohn.«

Dann gab er der Braut folgende Ermahnung: »Meine Tochter, hüte deine Zunge. Gehorche deinem Mann immer in demütigem Schweigen.«

Schließlich rief er, schon zum Gehen gewandt: »Keine Lampen heute Nacht! Nur Vergnügen, meine lieben Kinder!« Und dann schloss er die Tür hinter ihnen.

Es dauerte nicht lange und alle Gäste waren gegangen, während Knechte und Mägde alles forträumten, was auf eine Feier hingedeutet hatte.

Am Morgen drang aus dem neu erbauten Haus der Brautleute ein Schrei, der halb Haran weckte.

Dann stürzte Jakob heraus und lief über den Hof zur Tür seines Onkels. Ohne zu klopfen riss er sie auf, ging hinein und richtete einen Finger auf den Mann, der auf seiner Schlafmatte lag. »Was hast du mir da angetan?«, schrie er und schlug sich mit der Faust gegen die Stirn. »Ich habe dir wegen Rahel gedient! Rahel ist es, die ich liebe. Die ganze Nacht habe ich gedacht, ich läge bei Rahel. Rahel! Doch was sehe ich heute Morgen? Lea! Lea mit ihren glanzlosen Augen! Warum hast du mich betrogen, alter Mann?«

Laban setzte sich auf und machte ein gekränktes Gesicht. »Wie kannst du nur so etwas zu mir sagen?«, fragte er. »Man könnte meinen, du wärst mein Feind, nicht mein Neffe.«

»*Feind?*«, schrie Jakob. »Betrüger! Ein Betrüger bist du, kein Vater!«

»Bitte, Jakob. Bitte, wir wollen nicht streiten«, sagte Laban mit honigsüßer Stimme. »Grobe Worte tun mir weh. Das ist doch alles nur ein Missverständnis.«

Er stand auf und legte die Hand auf Jakobs Schulter. »Wir haben hierzulande einen bestimmten Brauch. Ich dachte, du hättest davon gewusst. Hier muss die Ältere zuerst heiraten, und erst dann darf auch die Jüngere vermählt werden – in der Reihenfolge also, die von der Natur vorgegeben ist. Aber«, fuhr Laban fort, wobei er die Arme ausbreitete und sie um seinen Schwiegersohn legte, »wenn du mir noch einmal sieben Jahre dienst, sollst du auch die Jüngere bekommen. Noch diese Woche! Diese Woche noch sollst du auch die schöne Rahel als deine Frau in das neue Steinhaus führen.« Der kleine Mann trat einen Schritt zurück und lächelte. »Was sagst du? Gilt der Handel?«

Jakobs Gesicht hatte sich verfinstert wie der Himmel bei Gewitter. Doch als er antwortete, war es nur ein kleinlautes Brummeln: »Ja.«

»Bitte? Was hast du gesagt, Neffe?«

»Ja. Der Handel gilt.«

Lea spricht

Ich konnte meinem Mann seine Wut nicht verübeln, als er entdeckte, dass ich nicht meine Schwester war. Ich hatte schon erwartet, dass er wütend sein würde. Ich hatte nur gehofft, er würde mich nicht schlagen – und das hat er auch nicht getan. Er hat mich kaum eines Blickes gewürdigt. Mich, als Frau, als Lea, meine ich damit. Er sah nur, dass ich nicht Rahel war.

Meine Hochzeit war als erste von beiden natürlich die aufwendigere – lauter, mit mehr Gästen und mehr zu essen.

Erst als er meine Schwester in das gleiche Zimmer führte, in das er eine Woche zuvor mich geführt hatte; erst als er mich bat, mein neues Haus zu verlassen und eine Zeit lang in das meiner Mutter zurückzukehren; erst als er mit meiner Schwester zusammen war, diesmal ihrer Person ganz sicher und daher in der Lage, sie beim Namen zu rufen – erst *da* stellte ich zu meiner Überraschung fest, dass ich traurig war.

Ich hatte gesagt, ich würde ihn nicht lieben. Doch ich habe es nicht geschafft.

Also kochte ich besonders gut und er lobte meine Mahlzeiten. Bei denen von Rahel jedoch verweilte er.

Bei der Schafschur bekamen wir beide den gleichen Anteil an der Wolle abgewogen. Beide Ballen wogen gleich schwer. Rahels Wolle aber zeigte nach dem Waschen keine Faser, die nicht weiß war.

Ich versuchte meinen Kummer zu verbergen. Dass ich Jakob lieben sollte, war nicht vorgesehen gewesen. Es war auch nicht seine Schuld, dass ich es doch tat. So konnte er nicht sehen, was mein Herz bewegte. Gott aber sah es.

Der Herr machte mich fruchtbar, ich empfing ein Kind, trug es neun Monate unter meinem Herzen und gebar meinem Mann seinen ersten Sohn. Ich nannte ihn Ruben, denn der Herr hatte meinen Kummer gesehen; ich dachte: *Nun wird auch mein Mann mir seine Aufmerksamkeit schenken.*

Bald darauf empfing ich wieder ein Kind und gebar einen zweiten Sohn; ich dachte: *Weil der Herr gehört hat, dass ich ungeliebt bin, hat er mir auch noch diesen Sohn gegeben.* Darum nannte ich ihn Simeon.

Wieder wurde ich schwanger und wieder gebar ich einen Sohn. Ich nannte ihn Levi. Ich dachte, dass mein Mann mich nun bestimmt lieben würde, jetzt, da ich ihm drei Söhne geboren hatte.

Nun, was Kinder betraf, so war ich zwar reich, in anderer Hinsicht jedoch war ich arm. Natürlich liebte Jakob seine Kinder. Und er hatte mich auch nie wieder voller Wut angeblickt. Er sah mich einfach mit überhaupt keiner Regung an – keinen Gedanken, kein Wort, kein Gefühl verschwendete er an mich. Er sah nur, dass ich nicht Rahel war.

Während ich all die Jahre Kinder gebar, blieb meine Schwester kinderlos. Sie war unglücklich. Und so war auch Jakob unglücklich.

Ich hörte, wie sie mitten in der Nacht miteinander flüsterten.

Rahel sagte: »Jakob, wenn du nicht dafür sorgst, dass ich wie Lea Kinder bekomme, dann werde ich sterben!«

Er erwiderte: »Ach, Rahel, meinst du denn, ich wäre Gott? Ich bin es doch nicht, der dich kinderlos bleiben lässt!«

Als ich noch einen Sohn empfing und gebar, versuchte ich nicht mehr die Liebe meines Mannes mithilfe meiner Kinder zu gewinnen, sondern rief laut: »Diesmal will ich den Herrn preisen!« Und ich nannte das Kind Juda.

Dieses vierte Kind aber war meiner Schwester eine Qual. Von da an sprach sie nicht mehr mit mir. Meine vier Söhne wurden von ihr einfach übergangen, und wenn sie sich mit Jakob unterhielt, hörte sie auf zu reden, sobald ich mich näherte, und funkelte mich wütend an.

Ich sah, dass Jakob langsam die Schultern hängen ließ und immer müder dreinblickte.

Dann sah ich, dass Rahels Magd Bilha ein Kind erwartete und ich begriff. Bilha gebar das Kind auf den Knien meiner Schwester, damit es als Rahels Kind gälte; und sobald sie sah, dass es ein Junge war, rief sie: »Gott hat mir zu meinem Recht verholfen, er hat meine Bitten erhört und mir einen Sohn geschenkt!« Sie nannte ihn zum Gedenken an dieses Handeln Gottes Dan.

Kaum ein Jahr später gebar Bilha erneut einen Sohn. Ich war zwar nicht dabei, doch die ganze Familie hat gehört, wie Rahel nach der Geburt ausrief: »Einen harten Kampf habe ich mit meiner Schwester ausgefochten und ich habe gesiegt.« Also nannte sie das Kind Naftali: Kämpfer.

Kann man es mir verübeln, dass auch ich danach meinem Mann meine Magd anbot? Durch Silpa hatte ich zwei weitere Söhne. Den ersten nannte ich Gad, denn durch ihn war mir Glück zuteil geworden; den zweiten nannte ich Asser, weil ich mich wirklich glücklich preisen durfte. Und wie hätte ich auch nicht glücklich sein sollen, jetzt wo ich sechs Söhne hatte?

Meine Schwester aber war noch immer nicht glücklich.

Eines Morgens fand mein ältester Sohn während der Weizenernte Alraunwurzeln. Man sagt, dass diese Wurzeln Frauen helfen, Söhne zu gebären. Rahel hatte offenbar bemerkt, dass mein Junge sie mir gebracht hatte, und noch am gleichen Nachmittag kam sie zu mir auf die Tenne, nahm einen Dreschflegel und begann damit auf den Weizen einzudreschen. Ich war erstaunt, dass sie mich ansprach.

»Gib mir ein paar von Rubens Alraunwurzeln«, sagte sie.

Es waren die ersten Worte, die meine Schwester seit über zehn Jahren mit mir sprach. Gott möge mir verzeihen, dass meine Antwort nicht minder unfreundlich war.

»Warum sollte ich?«, antwortete ich. »Will die Frau, die mir die Liebe meines Mannes gestohlen hat, nun auch noch meinem Sohn seine Wurzeln wegnehmen?«

»Jakob kommt doch auch zu dir.«

»Schon seit Jahren nicht mehr. Zu Silpa, ja. Aber nicht zu mir.«

»Nie?«

»Nun, nenn mir die Nacht, in der er nicht bei dir war, das war dann die Nacht, die er mit mir verbracht hat.«

»Nicht eine einzige?«

»Nein.«

Rahel schwieg und ließ den Dreschflegel auf den harten Boden niedersausen, peitschte die Weizengarben zu Korn und Spreu. Ich hatte mein Gesicht hinter meinem Rock verborgen, denn meine Schwester sollte nicht sehen, dass ich weinte.

Doch dann hielt sie inne und ich spürte ihre Hand in meinem Nacken.

»Lea«, sagte sie, »lass uns einen Tausch machen. Du bekommst von mir Nächte mit Jakob, die erste heute und später noch andere; und wir wollen wieder Schwestern statt Feindinnen sein. Wird meine Schwester mir dafür ein paar von den Alraunwurzeln ihres Sohnes geben?«

Das ist der Moment in meiner Geschichte, der mir am meisten bedeutet: Ich umarmte meine Schwester. Wir brachen in Tränen aus und hielten einander in den Armen. Da begriff ich, wie sehr ich sie liebte. Nein, ich hatte nie aufgehört, die schöne Rahel zu lieben.

Die Alraunwurzeln halfen ihr auch nicht. Doch sie halfen mir. Ich bekam danach noch zwei Söhne und eine Tochter, und bei beiden Geburten war meine Schwester auch meine Hebamme. Den ersten Jungen nannten wir Issachar, den zweiten Sebulon, und das Mädchen Dina. Sie war das letzte Kind, das ich bekommen sollte.

Ganz anders meine Schwester.

Gott erhörte schließlich doch noch die unablässigen Gebete, die wir für sie sprachen – er machte sie fruchtbar und zur Freude der gesamten Familie wurde Rahel schwanger und gebar einen Sohn.

An jenem Tag erinnerte Jakob sich wieder daran, wie man lächelt. Ach, sein Gesicht strahlte wie die Sonne selbst. Er war glücklich. Ich war glücklich.

Und Rahel fasste ihre Freude in wundervolle Worte. Sie sagte: »Gott hat meine Schande von mir genommen!«

Sie nannte ihren ersten Sohn Josef.

Wenn Laban sich freute, geriet er so in Erregung, dass sich Schweißperlen auf seinem kahlen Kopf bildeten. In jüngster Zeit kam der kleinwüchsige Mann gar nicht mehr aus dem Schwitzen heraus – ständig wiegte er ein neues Enkelkind auf seinen Knien.

Jakob, der Sohn seiner Schwester Rebekka, hatte sich als unerschöpfliche Quelle des Reichtums herausgestellt. Seit seiner Ankunft vor neunzehn Jahren hatten sich Labans Herden immer wieder verdoppelt. Mehr noch: Weil sein Neffe in seinem Haushalt nur den Status eines Knechtes einnahm, gaben die Gesetze des Landes Laban auch die Macht über Jakobs Frauen – seine Töchter – und über alle ihre Kinder.

Laban konnte eigentlich nicht behaupten, dass er damit gerechnet hatte, sein Alter in so großem Wohlstand zu verbringen. Ebenso wenig aber hatte er das Gefühl, dass er ihn nicht verdient hätte. Schließlich war es seine Schläue gewesen, die diesen Reichtum zu Wege gebracht hatte; ein dümmerer Mann säße nun nicht so sorglos da und könnte Enkel auf seinen Knien wiegen.

Doch dann stand eines Morgens, als Laban aus seinem Haus trat, Jakob vor seiner Tür, mit hängenden Schultern, sorgenvollem Blick, tief in Gedanken versunken.

»Mein Sohn, was ist mit dir?«, dröhnte Laban wohlwollend.

»Ich muss von Haran fort«, antwortete Jakob.

»Was hast du da gesagt?«

Jakob blickte nun Laban unverwandt in die Augen. »Ich bitte dich, mich gehen zu lassen.«

»Gehen? Wohin?«

»Nach Hause.«

»Ach, natürlich. Ein Besuch.«

»Nein, keineswegs.« Jakobs Bart war von der harten Arbeit bereits angegraut. Er hatte breite, kräftige Schultern, und es verging kein Tag, an dem er nicht mit gebeugtem Rücken schwere Arbeiten verrichtete. Allerdings war er während der letzten Jahre immer schweigsamer geworden. Warum nur verloren sprachgewandte junge Männer mit den Jahren die Lust am Reden? Laban selbst war stolz darauf, dass er sich seine Zungenfertigkeit bewahrt hatte.

»Sprich weiter, mein Sohn«, sagte er.

Jakob holte tief Luft. »Du weißt ja selbst, wie dein Vieh sich während all der Jahre, die ich dir gedient habe, vermehrt hat. Und du weißt auch, wie ehrlich ich gewesen bin. Ich bitte dich: Gib mir meine Frauen. Lass mich meine Kinder nehmen und ins Land meiner Väter zurückkehren. Ich will wieder umherziehen. Ständig an einem Ort zu bleiben...« Jakob schüttelte den Kopf. »So lange nur an einem Ort zu arbeiten... ich... Laban, ich war nicht einmal in der Lage, etwas für meine Familie auf die Seite zu legen!«

»Stimmt!«, rief Laban und nahm Jakob beim Arm. »Stimmt genau! Bevor du etwas anderes machst, musst du erst einmal für deine Familie vorsorgen! Bevor du auch nur einen weiteren Gedanken ans Gehen verschwendest, müssen wir erst einmal einen besseren Lohn für dich und die Kinder aushandeln. Sag mir, was du haben möchtest, und es soll dir gehören.«

Einen Moment lang musterte Jakob seinen Onkel. Dann wandte er sich um, schaute zu den Schafhürden und wieder zu seinem Onkel. »Gar nichts«, sagte er. »Ich verlange nichts von dir...«

»Jakob!«, rief Laban. »Neffe! Sei nicht so voreilig. Mir steht heute der Sinn danach, großzügig zu sein. Sag mir einfach, was ich dir geben soll.«

Mit leiser Stimme erwiderte Jakob: »Du brauchst mir nichts zu geben; ich will bloß jene Lämmer und Zicklein für mich behalten, die gefleckt, gesprenkelt oder gestreift geboren werden. Die weißen Schafe sollen alle dir gehören, ebenso alle Ziegen, die vollkommen schwarz oder braun sind.«

Auf Labans Glatze bildeten sich winzige Schweißtropfen, doch schaffte er es, seine freudige Erregung zu unterdrücken. Er legte die Stirn in Falten und murmelte: »Die bunten Tiere für dich, die anderen für mich. Hmmm.« Die meisten Lämmer waren weiß, und die kleinen Ziegen fast immer ganz schwarz oder braun, aber die Entscheidung schien Laban schwer zu schaffen zu machen: »Einverstanden«, sagte er schließlich. »Behalte jene, die gesprenkelt geboren worden sind.« Dann klatschte er in die Hände und rief: »Du bleibst also bei mir, ja? Um deine Herden aufzubauen. Um für mich zu arbeiten.«

»Ja.«

»Gut. Ein schöner Tag ist das heute. Lass uns an die Arbeit gehen.«

Sobald Jakob fort war, rief Laban seine Söhne zu sich und befahl ihnen, jedes Schaf, das den leisesten Anflug von Farbe hatte, und jede Ziege, die auch nur den winzigsten weißen Fleck aufwies, aus seinen Herden auszusondern und sie fortzutreiben, drei Tagesreisen weit.

Als er an jenem Abend von den Weiden zurückkehrte, fand Jakob nur noch Tiere von einer Farbe. Nicht eine Ziege, die einen weißen Stirnfleck hatte, kein Schaf mit auch nur einem braunen Haar.

Ein Jahr darauf – es war Frühling, und Laban, seine Söhne und sämtliche Hirten waren mit der Schafschur beschäftigt – kam Jakobs Knecht zu Lea und Rahel, die gerade mit den anderen Frauen die Wolle wuschen.

»Verschleiert eure Gesichter«, flüsterte er ihnen zu, »und dann folgt mir. Ich werde euch zu Jakob führen.«

Eigenartig. Beide Frauen hatten angenommen, ihr Mann sei bei den anderen, doch stattdessen wurden sie stracks nach Westen geführt. Sie gingen den ganzen Tag hindurch, aber dann tat sich plötzlich ein Tal vor ihnen auf, mit großen Herden und fremden Menschen, die diese bewachten – und mit Zelten! Männer, Frauen und Kinder, die hier in Zelten wohnten!

Jakob kam, mit einem leichten Leinentuch bekleidet, den Hang hinaufgeschritten, um sie zu begrüßen. Er legte ihnen die Hände auf die Schultern, zuerst Rahel und danach Lea, und sah sie so entschlossen an, dass die beiden ganz beunruhigt waren und sich fragten, was das wohl zu bedeuten hätte.

Dann schickte er den Knecht fort und führte die Frauen zu einem nahe gelegenen großen Stein. Er selbst ließ sich nicht nieder.

»Jakob«, sagte Lea, »die Tiere hier kenne ich nicht, oder?«

»Nein«, antwortete er.

»Sind es deine?«

»Ja.«

»Weiß mein Vater von ihnen?«

In den Augen ihres Mannes zeigte sich eine Erregung, die sie noch nie zuvor an ihm gesehen hatte. »Nein«, sagte er leise, »Laban weiß nichts von ihnen.«

Lea wandte sich zu Rahel um. »Siehst du das? Keines der Tiere hat eine gleichmäßige Farbe, alle sind sie gesprenkelt oder gefleckt. Aber kräftig sehen sie aus. Jakob, sie sind sehr groß und kräftig.«

»Ich muss euch etwas sagen«, meinte Jakob. »Hört mir erst einmal zu, und dann sagt mir bitte, was ihr davon haltet.«

Der Mann sprach leise. In seiner Stimme lag eine solche Dringlichkeit – so wichtig schien ihm zu sein, was sie nun antworten würden –, dass sie spürten, wie sie von einer merkwürdigen Stärke erfüllt wurden, aber auch von einer unbestimmten Furcht.

Jakob sagte: »Ich habe vor kurzem gehört, wie sich Labans Söhne über meine Anwesenheit hier beklagt haben. Sie sagten, ich hätte ihrem Vater seinen Reichtum weggenommen. Ich glaube, sie fürchten um ihr Erbe. Andererseits weiß ich ganz sicher, dass euer Vater keine Achtung mehr vor mir hat. In ebenso weiter Entfernung von Haran – nur nach Osten – befinden sich Herden, die genauso gesprenkelt sind wie die hier, nur dass sie schwächer sind als meine. Sie gehören eurem Vater. An dem Tag, als er mir versprach, mir die bunten Tiere zu geben, ließ er sie aus seinen Herden heraussuchen und nach Osten treiben.

Ihr wisst, dass ich ihm die letzten zwanzig Jahre mit ganzer Kraft gedient habe. Und dennoch hat er mich betrogen. Zehnmal hat er meinen Lohn verändert. Was soll ich in einer so schwierigen Lage tun?

Das Beste wird sein, wenn ich fortgehe.

Warte! Einen Augenblick noch, Rahel. Lass mich bitte zu Ende sprechen.«

Jakob kniete sich hin und zog eine Hirtentasche unter dem Stein hervor. Er öffnete sie und bot jeder Frau ein Stück Brot an. Rahel nahm einen kleinen Bissen davon, während Lea ihres bloß in Händen hielt. Ihr Mund war trocken, aber sie bat trotzdem nicht um einen Schluck Wasser.

Jakob fuhr fort: »Doch dann erschien mir Gott. Ich habe etwas geträumt und diesen Traum befolgt.

Ich nahm frische Zweige von Pappeln, Mandelbäumen und Platanen und schälte ihre Rinde ab. Wann immer die kräftigeren der Tiere sich paarten, habe ich ihnen diese weiß gestreiften Stöcke vor die Augen gelegt. Wenn aber die schwächeren Tiere sich paarten, habe ich die Äste versteckt. Und so wurden die gefleckten Zicklein und die gescheckten Lämmer kräftig – ich habe sie beiseite genommen und daraus die Herde gebildet, die ihr nun vor euch seht.

In dem Traum, von dem ich gerade sprach, hat der Engel des Herrn noch mehr zu mir gesagt. Er rief mich: ›Jakob.‹ Ich sagte: ›Hier bin ich.‹ Er sagte: ›Ich bin der Gott, der in Bethel wohnt; dort hast du mir einen Stein geweiht und ein Gelübde getan. Steh jetzt auf, geh fort aus diesem Land und kehre zurück in deine Heimat.‹

Das waren Gottes Worte, Rahel«, sagte er leise und blickte sie wieder flehend an. »Lea, Gott, der Herr, hat gesagt: *Geh!* Was sagt ihr nun dazu?«

»Lass Lea antworten«, sagte Rahel. »Sie ist die Ältere von uns beiden.«

Lea sagte: »Ich habe Durst.«

Sofort holte Jakob eine Lederflasche aus seiner Tasche. Sie trank daraus und stellte dankbar fest, dass es Wein war. Dann reichte sie die Flasche Rahel.

»Ich will dir die Wahrheit sagen«, meinte Lea dann. »Wir werden im Haus unseres Vaters wie Fremde behandelt. Als wir dich geheiratet haben, gab es keine Zusage, dass später irgendetwas von seinem Besitz uns oder unseren Kindern zufallen wird. Tu also, was Gott dir gesagt hat.«

Jakob küsste seine beiden Frauen, und beide waren hin und her gerissen zwischen Stolz und Furcht. Sie waren schließlich nicht mehr die Jüngsten.

Jakob sagte: »Macht die Kinder reisefertig. Morgen wird euer Vater mit euren Brüdern die Schafe scheren, die er drei Tagesreisen entfernt von Haran hält. Wenn sie fort sind, werden wir uns nach Westen davonstehlen.«

Und so setzte Jakob seine Familie auf Kamele, nahm sein ganzes Vieh und alles, was er im Lande Paddan-Aram erworben hatte, und machte sich damit auf den Weg nach Westen.

Wie sein Großvater Abraham vor ihm überquerte er auf aufgeblasenen Ziegenhäuten den Euphrat, dann wandte er den Blick nach Süden, dem Land Kanaan und seinem Vater Isaak zu.

Als Laban nach Hause zurückkam und seinen großen Verlust entdeckte, rief er seine Verwandten zusammen und jagte mit ihnen hinter Jakob her. Aber Gott erschien Laban nachts im Traum und sprach: *Hüte dich, mit Jakob anders zu reden als freundlich!*

Mehr noch: Als Laban seinen Neffen fast erreicht hatte, ritt dieser ihm entgegen und ließ einen wütenden Wortschwall auf Laban niederprasseln. So heftig war Jakobs Wutausbruch, dass der alte Mann Angst bekam.

Kleinlaut sagte Laban: »Dies sind meine Töchter. Ihre Kinder sind meine Kinder und die Herden sind meine Herden. Aber was kann ich jetzt noch für meine Töchter und ihre Kinder tun?

Sie gehören nun dir. Komm, lass uns einen Bund schließen, ich und du.«

So nahm Jakob einen Stein und stellte ihn als Denkmal auf.

Sie nannten es Mizpa, denn es war der Turm, der die Grenze zwischen den beiden überwachte. Und beide Männer sprachen: »Möge der Herr ein wachsames Auge auf uns haben, nachdem wir auseinander gegangen sind. Keiner von uns soll die Grenze zum anderen in böser Absicht überschreiten.«

Dann wanderte Jakobs ganzer Haushalt in einem langen Zug weiter nach Süden. Die Weiden waren saftig in jenem Frühling. In den Tälern aber donnerten die vom Regen angeschwollenen Flüsse, jeder schmale Bach war zu einem reißenden Fluss geworden.

Nach Süden, an Damaskus vorbei, über die Hochebene von Baschan und hinab nach Gilead. Nach Süden, durch das schöne Land, das in Jakob so viele Erinnerungen weckte. Immer mehr zog er sich in sich selbst zurück, als er zum ersten Mal wieder der Dinge gewahr wurde, die er ein halbes Leben nicht mehr gesehen hatte: Die Westhänge der Berge waren voll von Olivenhainen, Weingärten und Feldern mit jungem, grünem Getreide; die Berge selbst waren von dichten Wäldern bedeckt. Kanaans Reichtum östlich des Jordan überwältigte Jakob von neuem.

Dann gelangten sie an den Jabbokfluss, der durch seine Schluchten zum Jordan hinunterbrauste, und ein anderes Gefühl bemächtigte sich seiner, ließ ihn verstummen.

Er hatte Boten zu seinem Bruder Esau gesandt, um ihm auszurichten, er erwarte trotz seiner Rückkehr nicht, dass die Brüder sich träfen, und es gebe keinen Grund, dass einer sich in das Leben des anderen einmischte. Doch als die Boten eilig zurückgekehrt waren, hatten sie gerufen: »Er ist schon auf dem Weg zu dir! Er überquert gerade bei Jericho den Jordan und reitet dir mit vierhundert Mann entgegen!«

Sein Bruder wollte ihn also noch immer töten. Jakob hatte Angst.

Er führte seinen Haushalt über einen steilen Pfad ins Jabboktal hinab, zu dem schmalen Streifen Land, der am Nordufer des Flusses entlangführte. Dort begann er sein Vieh aufzuteilen und sandte einen Teil seiner Herden auf den Weg: zweihundertzwanzig Ziegen, zweihundertzwanzig Schafe, dreißig Kamele, fünfzig Kühe und dreißig Esel – alle unter der Obhut einiger Knechte, die Esau sagen sollten: »Die Herde hier gehört deinem Bruder Jakob. Er macht sie seinem Herrn Esau zum Geschenk und er selbst kommt hinterher.«

Kurz darauf schickte er eine zweite, dann eine dritte und vierte Herde los, geradezu eine Flut an Reichtum. Das Ganze war eine List, mit der er seinen Bruder zu besänftigen suchte; und wenn das nicht gelang, so sollte sie ihm zumindest Furcht einflößen.

Als all sein Vieh und seine Treiber fort waren, sorgte er dafür, dass seine Frauen, ihre Mägde, die elf Kinder und seine getreusten Knechte sicher über den Jabbok kamen.

Und dann stand Jakob ganz allein am Nordufer des Flusses: vor sich die tosenden Wasser, hinter sich eine Wand aus Sandstein, die von dem dichten, schwarzen Wald an ihrem Rand nach unten hin steil abfiel; rechts von ihm lag einzig ein steiniges, nasses Plateau, und links von ihm – nichts.

Die Nacht brach herein. Die Schlucht wurde immer finsterer, zurück blieb über ihm ein schmaler Streifen Himmel, dessen Dunkel nur von winzigen Sternen durchbrochen wurde. Er kam sich klein und verlassen vor.

Jakob hatte beabsichtigt, den Jabbok ganz allein zu überqueren. Doch vielleicht traute er seinen Schwimmzügen bei Tag eher als in der Nacht; vielleicht wurde es zwischen den Wänden der Schlucht auch schneller dunkel, als er erwartet hatte – was immer auch der Grund sein mochte: Er warf sich nicht ins Wasser. Regungslos stand er da, wie versteinert, umgeben vom Tosen des Flusses und bald auch von vollkommener Finsternis – und selbst die Sterne waren plötzlich verschwunden, so als wären sie von einem riesigen wilden Tier verschluckt worden.

Plötzlich fühlte Jakob einen kalten Lufthauch.

Irgendetwas kam über das Flussufer herangeflogen. Jakob spürte, was er nicht sehen konnte. Dann stürzte sich jemand auf ihn und er wurde zu Boden geworfen. Der andere begann mit ihm zu ringen. Sie kämpften, warfen einander gegen die Wand aus nacktem Fels. In atemloser Stille rangen sie, bis der Himmel sich grau zu färben begann, die ganze Nacht hindurch.

Dann gab Jakobs Widersacher ihm einen Schlag auf die Hüfte, so heftig, dass das Gelenk sich ausrenkte.

Jakob umklammerte mit seinem Arm den wuchtigen Körper des Anderen.

Sein mächtiger Gegner sagte: »Lass mich los! Es wird schon Tag.«

Doch Jakob schrie: »Ich lasse dich erst los, wenn du mich gesegnet hast.«

»Wie heißt du?«

»Jakob.«

»Von nun an sollst du nicht länger Jakob heißen, sondern Israel, denn du hast mit Gott und mit Menschen gekämpft und du hast gesiegt.«

»Wer bist du? Sag mir deinen Namen!«

Doch sein Widersacher antwortete: »Warum fragst du?« Dann segnete er ihn und war verschwunden.

Im selben Moment bemerkte Jakob, dass es Morgen war.

Jakob versuchte sich von den schrecklichen Anstrengungen der Nacht zu erheben: Da begriff er plötzlich, mit wem er die ganze Nacht – und nicht nur diese eine Nacht, sondern schon sein ganzes Leben lang – gerungen hatte. Er begann zu zittern.

»Ich habe Gott von Angesicht zu Angesicht gesehen«, sagte er mit leiser Stimme, »und doch lebe ich noch.«

Er nannte die Stelle Pnuël: Gesicht Gottes.

Und während er hinkend – wegen seiner Hüfte – von Pnuël fortging, da ging über ihm die Sonne auf.

Irgendwann an demselben Morgen, an dem Gott ihm den Namen Israel gegeben hatte, sah er auf und erblickte Esau, wie er mit seinen vierhundert Mann nahte.

Jakob blieb weder stehen, noch machte er kehrt. Unverwandt hielt er auf seinen Bruder zu, hinkte immer weiter. Und dann verneigte er sich in aufrichtiger Demut bis zum Boden.

Doch Esau war schon von seinem Esel gesprungen, als er Jakob in der Ferne erblickt hatte, und nun lief er seinem Bruder so schnell er konnte entgegen, fiel ihm um den Hals, umarmte ihn, küsste ihn.

Angesichts solcher Freundlichkeit kamen Jakob die Tränen.

Er legte Esau die Hände auf die Schultern und lächelte. »Als ich dich sah, war mir, als sähe ich das Angesicht Gottes, so freundlich bist du mir begegnet.«

Vorsichtig berührte Esau mit der Hand Jakobs übel zugerichteten Oberarm. »Du bist kräftiger geworden, kleiner Bruder, aber beim Kämpfen scheinst du ganz schön einzustecken.«

Jakob lachte. Er drängte Esau, die Geschenke, die er ihm gestern gesandt hatte, zu behalten. Und so hatten die Brüder am Ende doch wieder zueinander gefunden. Sie verbrachten den Tag zusammen und dann trennten sie sich wiederum, diesmal in Frieden und für immer.

Esau kehrte nach Seïr, das südöstlich von Kanaan lag, zurück, wo seine Familie auch in den folgenden Jahrhunderten noch wohnen sollte.

Jakob überquerte bei Sukkot den Jordan und zog weiter nach Sichem. Dort machte er den Namen bekannt, den Gott, der Herr, ihm gegeben hatte. Er erwarb ein Stück Land und errichtete darauf einen Altar. Diesem Altar gab er den Namen »Gott ist der Gott Israels«.

4

Josef

Josef war ein aufgeweckter Bursche mit lebhaftem Verstand und Rahels ganzer Stolz.

»Der Junge hat Köpfchen«, pflegte sein Vater Jakob zu sagen, wobei er den Finger an die Schläfe legte. »Levi, warum konntest du eigentlich nicht so früh zählen?«

Schon als er noch ganz klein war, hatte Josef herausgefunden, dass er jeden seiner Brüder aus der Haut fahren lassen konnte, wenn er nur die Stirn runzelte und sein Gegenüber scharf ins Auge fasste. »Hör auf damit!«, schrien seine Brüder dann. »Aufhören, du . . .«

Natürlich machte er das nur, wenn ihr Vater dabei war, denn der ermahnte sofort den beleidigten Bruder und lachte dann vor lauter Verblüffung über die Klugheit des Säuglings, bis ihm die Tränen über die Wangen liefen. »Ach, Juda, der Junge schikaniert dich ganz schön, stimmt's? Denk an meine Worte: Er wird eines Tages eine bedeutende Persönlichkeit sein.«

Es konnte zwar keiner von ihnen beweisen, doch die Brüder glaubten fest, dass es Josef war, der Ruben bei ihrem Vater angeschwärzt hatte. Wofür auch Beweise? Es war immer Josef. Stets schlich er sich davon um zu petzen.

Und so war Josef auch diesmal von den Weiden, auf die die Brüder ihre Herden gebracht hatten, verschwunden – und ganz wie erwartet kam Jakob noch am gleichen Nachmittag zu ihnen gelaufen.

»Oh, nein«, stöhnte Ruben.

Die Brüder blickten hoch und sahen ihren Vater wie einen Wirbelwind wutschnaubend über die Felder fegen. Er stapfte durch die Herden hindurch, als wären sie gar nicht vorhanden, stürzte sich auf Ruben, packte dessen Stab und hielt seinen Ältesten mit der Linken fest. Immer wieder ließ der kräftige Mann den Stab auf das Hinterteil seines Sohnes niedersausen – bis er schließlich zerbrach und Ruben in Richtung Berge flüchtete.

Als der Vater wieder gegangen war, ohne auch nur ein Wort gesagt zu haben, blickten die Brüder sich verständnislos an. Was hatte Ruben nur verbrochen?

Nun, Simeon wusste es. Simeon und Ruben schliefen im Zelt ihrer Mutter in einem Raum. Vor drei Tagen hatte er Simeon begeistert, mit Stolz und Angst zugleich, von seiner ersten sexuellen Erfahrung berichtet.

»Ruben hat mit einer Frau geschlafen?«, fragten die Brüder.

»Ja.«

»Hat Vater ihn deshalb so verprügelt?«

»Ja und nein. Es kommt noch schlimmer.«

»Wie das?«

Simeon senkte seine Stimme und sagte: »Es war Bilha, Vaters Nebenfrau und Rahels Magd – also eure leibliche Mutter, Dan und Naftali.«

Die Brüder schwiegen betroffen. Doch dann machte sich Ärger breit: Dieser verwöhnte kleine Josef spielte sich zum Herrn über seine älteren Brüder auf! Bestimmt war *er* es, der ihrem Vater die Sache gesteckt hatte! Ja, und wegen ihm hatte nun die ganze Familie zu leiden. Wahrscheinlich hatte er keinen Gedanken darauf verschwendet, welche Folgen sein Anschwärzen für Dan und Naftali haben würde!

Was konnten sie nur wegen Josef unternehmen? Was sollten die Brüder mit ihm machen?

Es war einfach nicht gerecht: Ruben hatte eine Tracht Prügel bekommen – und Josef einen neuen Umhang! Ein Gewand von so ausgefallener Länge, dass man es bei der Arbeit unmöglich tragen konnte. Aber eigentlich verrichtete der kleine Herr sowieso nie körperliche Arbeit.

Es gab zwar keinerlei Beweis, dass das edle Kleidungsstück eine Belohnung für den Verrat an Ruben war, aber alle nahmen es an – immerhin hatte der Mantel den ihr Vater seinem Lieblingssohn geschenkt hatte, Ärmel, wie sie sonst nur Könige trugen!

Und sofort fing dieses Bürschlein an, sich etwas einzubilden. Oft zog er seinen Königsmantel an und gab dann vor der ganzen Familie seine Träume zum Besten, wobei er in einer dramatischen Geste die Arme emporstreckte.

»Ich habe geträumt, dass meine Brüder und ich auf dem Feld waren und Garben banden«, sagte er einmal. »Und siehe!« – an dieser Stelle riss er die Arme hoch und wedelte mit den Ärmeln – »siehe, meine Garbe stand aufrecht da und die Garben meiner Brüder verbeugten sich vor ihr.«

Hatte er »verbeugten« gesagt? Seit wann verbeugten sich denn Garben wie Menschen? Und abgesehen davon – wann hatte der kleine Möchtegern-König denn jemals eine Garbe gebunden?

»Ich träumte auch von der Sonne, dem Mond und den elf Sternen«, fuhr Josef fort. »Und sie verneigten sich alle vor mir.«

Jakob räusperte sich. »Es scheint mir, dass die beiden Träume sich ergänzen, wenn auch der zweite etwas anders ist als der erste«, sagte er mit gerunzelter Stirn. »Könnte es sein, dass mit der Sonne und dem Mond deine Mutter und ich gemeint sind?«

Was die anderen nicht verstehen konnten, war, dass Jakob die Überheblichkeit des Jungen gar nicht zu stören schien – geschweige denn, dass er Josef deswegen ermahnt hätte. Und als sie sahen, dass er nichts unternahm, fragten die Brüder sich immer öfter und lauter: *Was sollen wir mit dem Träumer machen?*

Als Josef siebzehn war, wurde seine Mutter Rahel zum zweiten Mal schwanger. Es hätte ein Jahr voll freudiger Erwartung werden sollen. Doch Rahels Körperbau war schon immer zierlich gewesen, und eben jener feingliedrige Körper, der einst die Liebe in Jakob geweckt hatte, war nun schwach und zerbrechlich. Rahels große, schöne Augen waren nun glanzlos und von dunklen Ringen umgeben.

Die Schwangerschaft machte Rahel zur Invalidin.

Anstatt ein schützendes Polster für das Kind anzusetzen, verlor sie sogar an Gewicht. Dann hatte sie solche Schmerzen im Becken, dass sie sich hinlegen musste, und die letzten drei Monate der Schwangerschaft verbrachte sie auf dem Rücken liegend.

Der Anblick brach Josef das Herz. Wann immer ihr Erstgeborener in ihr Zelt kam, lächelte sie und streckte den Arm aus, um seine Wange zu streicheln.

»Sei ein guter Junge«, sagte sie dann. Oft fragte sie auch: »Josef, hilfst du auch deinen Brüdern? Und gehorchst du deinem Vater?«

»Ja«, antwortete er dann, »ja.«

Doch dann bewegte sich das Kind schon wieder und Rahel musste nach Luft schnappen. Josef taten ihre Schmerzen am eigenen Leibe weh. Schlimmer noch: Er fühlte sich schuldig, weil sie seinetwegen versuchte ihre Schmerzen zu verbergen. Seine Gegenwart machte ihr Leid so noch größer.

»Sei ein guter Junge«, sagte sie.

Er antwortete: »Ja«, und dann ließ er sie im dunklen Zelt allein.

Dann wurde Josef eines Nachts – während Jakobs ganzer Haushalt auf dem Weg nach Efrata war – von einem langen, unmenschlichen Schrei geweckt. Es war kein Klagelaut, sondern der Ausdruck von unvorstellbarem körperlichem Schmerz.

Als Josef hinausrannte, sah er gerade noch, wie seine Tante Lea in das Zelt seiner Mutter kroch.

Er ging durch die Dunkelheit zur Rückwand ihres Zeltes. Dort hockte er sich auf den Boden, zog die Knie an und schlang die Arme darum. Er kaute auf der Unterlippe, er senkte den Kopf und wiegte sich vor und zurück, denn er konnte die Laute hören, die seine Mutter von sich gab – fürchterliche Geräusche, die er noch nie gehört hatte und die ihm Angst machten.

Josef begann zu weinen, lautlos rannen die Tränen über sein Gesicht und auf seinen Umhang.

Als es Morgen wurde, hörte er Lea mit deutlicher Stimme sagen: »Freu dich, Rahel! Es ist wieder ein Sohn.«

Einen Augenblick lang wurde Josef beinahe schwindlig. Bald würde alles vorbei sein.

Dann aber vernahm er die leise Stimme seiner Mutter, ein geisterhaftes Ausatmen: *Ben-Oni*, hauchte sie. So sollte das Kind heißen: *Ben-Oni*. Und dann hörte er nichts mehr – keinen Atemzug.

Josef versuchte, seine Mutter allein durch seine Willensanstrengung wieder zum Atmen zu bringen. Er hielt sogar seinen eigenen Atem an. Doch dann berührte ihn jemand im Nacken. Er schreckte hoch. Es war Lea. Sie sagte: »Josef, geh für eine Weile wieder ins Bett. Ich muss mit deinem Vater sprechen.«

Jakob begrub Rahel an der Straße nach Efrata. Auf ihrem Grab errichtete er einen Stein – Rahels Grabstein. Noch heute steht er dort, in der Nähe des Dorfes Bethlehem.

Genau acht Tage nachdem er seine Frau begraben hatte, beschnitt Jakob seinen Sohn. In jener Nacht kroch er in die Finsternis von Rahels Zelt und kauerte dort neben Rahels Schlafmatte auf dem Boden.

Er stieß einen tiefen Seufzer aus. Und dann bemerkte er plötzlich ihren Geruch.

Er hatte gar nicht erwartet, hier Rahels Gegenwart zu spüren, doch ihr Geruch lag in der Luft, süßlich und sättigend wie Milch. Es war, als wäre sie selbst im Raum.

Dann hörte er die Worte: »Mutter hat den Jungen doch Ben-Oni genannt.«

Ah, nein, es war nicht Rahel. Zwar waren Tonfall und Klang gleich, doch die Stimme gehörte Josef.

Josef war bereits vor Jakob hierher gekommen, und nun lag er im Dunkeln auf seiner eigenen Matte. Möglich, dass er bereits seit acht Tagen hier schlief.

Jakob drehte sich zu seinem Sohn um und sagte: »Wie? Was hast du gesagt?«

Mit leicht erregter Stimme antwortete Josef: »Mutter hat den Jungen Ben-Oni genannt. Ich habe gehört, wie sie es gesagt hat. Doch als du ihn heute beschnitten hast, hast du ihm einen anderen Namen gegeben: *Benjamin.*«

»Ja, das stimmt.«

»Warum hast du den Wunsch meiner Mutter nicht erfüllt?«

»Was denkst du, wie lange ein Volk mit Kummer leben soll, Josef?«

»Ich weiß nicht.«

»Für immer? Meinst du, deine Mutter hätte gewollt, dass wir für immer trauern?«

»Nein.«

»Und dein Bruder, wie lange soll er traurig sein? Er wird sich nie an seine Mutter oder an seine Geburt erinnern können. Glaubst du, seine Mutter wollte, dass er für den Rest seines Lebens traurig ist?«

»Nein.«

»Nein, ganz sicher nicht. Ben-Oni aber bedeutet ›Sohn meines Unglücks‹. Und Benjamin heißt ›Sohn meines Glücks‹. Josef, deine Mutter war eine kurze Zeit traurig, doch das ist nun vorbei. Sie hat der Geburt einen Namen gegeben, ihren Schmerzen in diesem Augenblick und der Ankunft ihres Sohnes. Und wir werden diesen Namen in der Erinnerung behalten, du und ich. Das soll ein Bund zwischen uns sein, dass wir uns gemeinsam an den Namen Ben-Oni erinnern und an alles, wofür er steht. Sie gab der Geburt einen Namen; wir wollen dem Jungen einen Namen geben. Warum sollte dein Bruder nicht fröhlich aufwachsen und die Zuversicht seiner Mutter in diese Welt und in sein Leben tragen?

Ach, Josef«, fuhr er fort, »mein lieber Sohn. Nun ist alles gut. Der Herr ist bei uns. Still, still.«

Josef hatte die Hand seines Vaters genommen und sie an sein Gesicht gepresst; und so konnte der ältere Mann nun fühlen, dass die Wangen des Jungen feucht waren. Josef weinte.

Und dann hielten sie einander in den Armen, rochen den Geruch Rahels. Und Jakob sprach bis tief in die Nacht, erzählte seinem Sohn von früher, von seiner Liebe zu Rahel, seinem Ringen mit Gott, seinem Vertrauen auf den Herrn, dem Verhalten, das Gott gefällt – und von dem Bund, der sie all die Jahre beschützt hatte.

Eines Morgens rief Jakob Josef zu sich. Sie hielten sich gerade im Tal von Hebron auf. »Mein Sohn«, sagte er, »sogar dein jüngster Bruder lächelt heute. Es ist Zeit, dass du aufhörst zu trauern. Beschäftige dich. Sprich mit anderen Menschen. Hör ihnen zu. Nimm teil an dem, was sie tun.

Nun komm«, fuhr er aufmunternd fort. »Deine Brüder weiden die Herden in der Nähe von Sichem, einige Tagesreisen von hier entfernt. Geh dorthin, Josef, und sieh, ob mit ihnen und den Herden alles in Ordnung ist; und dann gib mir Bescheid.«

Es war gerade die Zeit, in der das Wetter am schönsten war – der Regen war vorbei, die Sommersonne noch erträglich. Jakob wusste aus eigener Erfahrung, wie angenehm ein Ausflug nach Norden jetzt sein konnte.

Er hoffte sehr, mit diesem Auftrag die Stimmung seines Sohnes heben zu können. Dass es ihm gelungen war, merkte er bald, als Josef zu ihm kam, um sich von ihm zu verabschieden. Er trug wieder seinen prächtigen Umhang. Seinen Sohn so gekleidet zu sehen, erfüllte Jakob jedesmal mit Dankbarkeit. Es stimmte, dass der Umhang übertrieben teuer und fein war – doch solange es den Jungen glücklich machte, war er sein Geld wert gewesen.

Er küsste seinen Sohn und wünschte ihm eine gute Reise, und zum ersten Mal bemerkte er, dass das Kind inzwischen ebenso groß war wie er selbst.

Josef dankte seinem Vater, dann rief er: »Wo ist denn mein großer Bruder Benjamin?«

Lea kam mit Benjamin aus ihrem Zelt und Josef bedeckte das Gesicht des Kleinen mit zahllosen Küssen. Jakob betrachtete die Szene voller Zärtlichkeit und Stolz. Er musste lachen, und bald lachten sie alle, Jakob, Josef, Benjamin und Lea.

Ja, die Zeit der Trauer neigte sich ihrem Ende entgegen.

»Auf Wiedersehen, Josef. Gott sei mit dir, mein Sohn. Auf Wiedersehen.«

»Und auch mit dir, Vater. Auf Wiedersehen.«

Als die zehn erwachsenen Söhne Jakobs eine Woche später aus Sichem zurückkehrten, war Josef nicht bei ihnen. Nein, er sei ihnen nicht begegnet. Sie schworen, sie hätten Josef nicht mehr gesehen, seit sie vor mehr als einem Monat aus Hebron fortgegangen waren.

Andererseits hätten sie aber einen Umhang gefunden. Einen Umhang mit langen Ärmeln, der dem von Josef doch sehr glich. Und völlig blutverkrustet. An drei Stellen war er gewaltsam zerrissen worden.

»Ob das wohl der Umhang von Josef ist, Vater?«

Jakob sah sich den Mantel an und schrie laut auf. »Mein Sohn! Mein Sohn!«, klagte er. Er versuchte den Stoff glatt zu streichen, dann nahm er ihn und vergrub sein Gesicht darin. »Mein Sohn ist von Löwen gefressen worden«, rief er. »Josef ist in Stücke gerissen worden!«

Jakob zerriss seinen Umhang, band sich ein Stück Sackleinen um die Hüften und trauerte lange Zeit.

Ruben, Simeon, Levi und Dina – alle seine Kinder – kamen

nacheinander in sein Zelt, um ihn zu trösten. Doch Jakob war untröstlich. »Nein, nein«, sagte er, »ich werde Josef, meinen geliebten Sohn, betrauern, bis ich ins Grab sinke.«

Doch zu derselben Zeit, als der alte Mann den Tod seines Sohnes zu beklagen begann, war Josef unterwegs in ein anderes Land. Zwischen lauter Kamelen lief er mit einer Karawane, die auf einem alten Handelsweg entlang der Küste des Großen Meeres und vorbei an Gaza nach Südwesten zog, und dann weiter durch den Nordteil des Sinai und durch Goschen westwärts nach Ägypten.

Um den Hals und an seinen Fußgelenken trug er Fesseln, und zwanzig Männer unterschiedlichster Sprache und Nation teilten, zusammengekettet, sein Schicksal. Seine Füße bluteten. Die Männer, die ihn gefangen hielten, waren nicht böse, doch sie hatten auch kein Mitleid. Es waren Kaufleute, die den hübschen jungen Mann zusammen mit anderen Waren – Kautschuk, Balsam und Myrrhe – Gewinn bringend verkaufen wollten. Sie hatten ihn für zwanzig Silberstücke erworben, was für einen gesunden Mann ein angemessener Preis war. Doch die Investition würde sich in ägyptischer Münze bezahlt machen – vorausgesetzt, er war, wenn sie dort ankamen, noch immer gesund. Deshalb geizten sie nicht mit Brot, und so wurden die Sklaven unterwegs alle kräftiger. Das waren die Händler ihrem Ruf schließlich schuldig.

Josef hatte sich gefreut, als er vor sich im Tal seine Brüder und ihre Herden erblickt hatte. Er hatte gerade eine grasbedeckte Anhöhe erstiegen und hatte die Männer gar nicht dahinter erwartet – und die Freude, die er bei ihrem Anblick verspürte, hatte ihn ebenfalls überrascht. Es stimmte, er war zu lange einsam gewesen, hatte seine Mutter zu lange betrauert.

»Brüder!«, rief er lachend und winkend. »Brüder, hier bin ich!«

Als er den Hang hinuntergelaufen kam, sah er, dass seine Brüder sich versammelten und in seine Richtung blickten.

Doch *sie* lachten nicht.

Naftali sagte: »Der Träumer.«

Josef war sich auf die Entfernung nicht sicher, doch er hatte das Gefühl, dass Naftalis Worte einen spöttischen Klang hatten. Auch sein Mund schien hämisch zu grinsen. Dann rief Dan: »Wir wollen mal sehen, was aus seinen Träumen wird!«, und seine Stimme klang so rachedurstig, dass Josef seinen Schritt verlangsamte.

Da lösten sich plötzlich zwei Brüder von der Gruppe, dann ein dritter, dann noch zwei, und schließlich folgten auch die letzten. Sie kamen so schnell sie konnten auf Josef zugelaufen. Inzwischen schrien und brüllten sie, alle zehn. Josef merkte, wie seine Kehle sich zuschnürte. Er glaubte zu träumen, konnte sich nicht mehr rühren, stand starr da und versuchte zu begreifen, was hier geschah.

Schon hatten seine Brüder ihn gepackt, herumgewirbelt, ihm den langen Umhang vom Leib gerissen. Irgendwer versetzte ihm einen harten Schlag an die Schläfe. Josef verfolgte den Stoß und den Schmerz mit Erstaunen – es war volle Absicht gewesen! Er wurde in den Rücken getreten und sackte zusammen. Dann schleiften sie ihn an den Beinen über Boden und Steine; plötzlich tat sich unter ihm die Erde auf und er fiel. Als er aufschlug, gab es einen kurzen, dumpfen Widerhall. Er stieß ein seltsames Krächzen aus, bekam keine Luft mehr. Als Josef nach oben blickte, sah er ein kleines Loch, doch an den Köpfen seiner Brüder vorbei gelangte kein Sonnenlicht herein. Dann verlor er das Bewusstsein. Er war in einer Zisterne. Der Gedanke begleitete ihn ins vollkommene Dunkel: Ich bin in einer Zisterne. *Aber ich bin nicht tot. Ich bin nur in einer Zisterne. Oh, Herr, hilf mir bitte!*

Josef war nicht ermordet, sondern stattdessen an Sklavenhändler verkauft worden. Und zwei Monate später fand er sich auf einer weiß gestrichenen Tribüne wieder, umgeben von fremden Menschen mit fremd klingenden Sprachen. Die Tribüne war von Männern umringt, deren gepflegte Bärte mit Öl eingerieben und am Kinn spitz zugeschnitten waren. Einige hatten einen Backenbart, und auch der war immer ordentlich gekämmt und glänzend. Überhaupt sahen die Leute hier ganz anders aus – und sie schienen alle häufig zu baden. Jedenfalls konnte Josef keinen Schweiß riechen. Die Menschen trugen weißes Leinen, einen Stoff, der glatt und geschmeidig wie menschliche Haut war, ganz anders als die grobe Wolle, die Josef von zu Hause kannte.

Er sah sich um. Augenscheinlich befand er sich auf einem Markt. Und wer auf der Tribüne war, stand zum Verkauf.

Links von dieser Tribüne sah Josef etwas, das ihn fesselte. Dort saß ein Mann auf einem Stuhl, und vor ihm auf einem Tisch lag ausgerollt etwas, das wie Leinen aussah, aber fester zu sein schien. Auf dieses Gewebe schrieb der Mann mit verblüffender Geschwindigkeit Zeichen. Bei jedem verkauften Sklaven tauchte er ein Gerät in eine schwarze Flüssigkeit und zeichnete damit eine Reihe feiner Figuren auf das Gewebe. Josef sah eine Weile zu und betrachtete das Gerät genauer: Es bestand aus einer schräg zugeschnittenen und an einem Ende ausgefransten Binse – ein Pinsel! Josef hatte schon vom Schreiben gehört. Sein Vater hatte ihm die von Unbekannten gemachten Zeichen auf Scherben und alten Steinen erklärt. Dies aber war ein Wunder an Schnelligkeit und Einfachheit, das ihn begeisterte.

Bevor die Leute anfingen, für ihn zu bieten, bemerkte Josef noch etwas an dem mit Binsen schreibenden Mann: Auch er war ein Sklave!

Und so antwortete Josef, als der Versteigerer ihn nach seinen Fähigkeiten fragte, indem er auf den Schreiber zu seiner Linken zeigte. »Das«, sagte er, »das kann ich.« Zu sich selbst sagte er: *Und wenn ich es nicht kann, so kann ich es doch wenigstens lernen.*

Hätte jemand nachgefragt und sich gewundert, woher er wusste, dass der Schreiber ein Sklave war, oder warum er den Mut hatte, sich selbst so geschickt ins rechte Licht zu rücken, so hätte er ohne zu zögern geantwortet: »Weil der Herr mit mir ist.«

Der Mann, der Josef kaufte, war eine wichtige Persönlichkeit in Ägypten. Sein Name war Potifar, »derjenige, den Re gegeben hat«: Re, der Sonnengott der Ägypter.

Potifar befehligte die Leibwache des Pharaos. Er trug – vielleicht nur ehrenhalber, vielleicht aber auch, weil er es tatsächlich war – den Titel »Eunuch«, und das, obwohl er mit einer Frau verheiratet war, die, so wollten es jedenfalls die Gerüchte am Hof, ebenso jung wie lebensfroh war. Potifar selbst war trotz seiner Macht nicht gerade eine eindrucksvolle Gestalt. Aber seine kleinen Augen waren aufmerksam und intelligent, seine Blicke schnell wie Pfeile und ebenso gefährlich. Er ritt mit feinen Ölen eingerieben, wohlriechend und mit Juwelen behängt durch die Stadt, und er wurde verehrt, wohin er auch kam.

Wenn er heimkehrte, empfing ihn ein hoch über dem Fluss erbautes Haus, ein stolzes, palastartiges Gebilde mit marmorweißen Mauern, Innenhöfen, zahlreichen Zimmern, Springbrunnen im Freien, Bädern im Inneren, Fenstergittern, um dem Licht Gestalt zu geben, und Böden mit gewagten Mosaiken. Doch die Schönheit des überirdischen Palastes verbarg eine darunter liegende Grausamkeit. Der Befehlshaber der pharaonischen Wache war zugleich auch Herr über dessen Gefängnis – und die Kellergewölbe von Potifars Haus waren die pharaonischen Gefängnisse.

Auf sein Drängen hin trugen sämtliche Sklaven und Knechte Leinenkleider, die ebenso kostbar waren wie seine eigenen. Sein Haushalt sollte ein Spiegel seines Standes und seiner offensichtlichen Großzügigkeit sein. Deshalb wusch Josef sich regelmäßig am ganzen Körper mit warmem Wasser und hatte zwei Kleidungsstücke. Das erste war ein zu allen Zeiten getragenes langes, weiches Hemd, das in der Taille zusammengebunden wurde; das zweite ein eleganter, eng anliegender Umhang, der in der Öffentlichkeit getragen wurde.

Doch diesen Umhang brauchte Josef nur selten. Da Potifar den Hebräer aufrichtig mochte, behielt er ihn meist in der Nähe seines Hauses.

Dieser Sklave war eine Ausnahme: Er hatte nichts Unterwürfiges oder Kriecherisches an sich, sondern pflegte seinem Herrn unverwandt in die Augen zu blicken und zu lächeln. Welcher andere Sklave in seiner Stellung war so ausgeglichen und selbstbewusst, dass er sich mit dem stolzen Potifar anfreundete? Keiner. Und außerdem war es ein hübsches, männliches Lächeln.

Bald konnte Josef die ägyptische Sprache gleichermaßen gut schreiben und sprechen, denn er lernte beides zur gleichen Zeit. Und es dauerte nicht lange – das erste Jahr im Dienste dieses Herrn war noch nicht vorüber –, bis offensichtlich wurde, dass der Hebräer ausgesprochen tüchtig war. Und doch: Tüchtig waren viele Wirtschafter, aber nur wenige waren auch vertrauenswürdig. Einer plötzlichen Regung folgend bat Potifar darum eines Tages Josef, er solle eine Bestandsliste vom beweglichen Vermögen seines Haushalts machen. Als er fertig war, fehlte nichts, nicht einmal ein Fingerbreit Mehl aus den Speichern; doch ans Licht kamen dabei Maße, die auf vorhergehenden Listen gefälscht worden waren. Der hebräische Sklave förderte diese Diebstähle ohne jegliche Kritik oder Selbstgerechtigkeit zu Tage. Sein Bericht war ordentlich, gründlich und korrekt.

So bestellte Potifar Josef zum Aufseher über seinen ganzen Haushalt. Und dann entdeckte er zu seiner Freude, dass seine Besitztümer, die Ernten und Investitionen, sogar alle einfachen Tätigkeiten im Haus, von Erfolg begleitet waren.

»Wie machst du es bloß, dass dir alles so gut gelingt?«, wollte er von dem Sklaven wissen. »Und wie kann dir nur so viel an *meinem* Wohlstand gelegen sein?«

Der Hebräer antwortete nur lächelnd: »Auf mir liegt der Segen Gottes.«

Gott war bei ihm. Der Beweis dafür war in seinen Augen folgendes: Sogar als Fremder in einem fremden Land hatte er Gefallen am Alltagstrott seines Lebens gefunden.

Früh morgens betrat er das Zimmer, von dem aus er die Geschäfte seines Herrn führte. Dort tat er, den Blick aus einem der Ostfenster gewandt, als erstes das, was er seinen Vater hatte tun sehen – er dankte Gott. Dann legte er seinen Umhang ab, ließ sich an einem ägyptischen Tisch auf einem ägyptischen Stuhl nieder, rührte die Tinten an und schnitt die zum Schreiben benötigten Binsen.

Im Laufe der nächsten Stunde traf dann für gewöhnlich Potifar ein, um mit ihm die Vorhaben des Tages zu besprechen, Berichte entgegenzunehmen, Rat zu geben und zu erbitten. Wenn die Unterredung beendet war, begab der Herr sich zum Hofe des Pharaos, während der Sklave daheim blieb und arbeitete. So verbrachte er seine Tage, so vergingen die Jahreszeiten, regenreiche wie trockene.

Bald kam auch Potifars Frau mit mancher kleineren Angelegenheit in Josefs Arbeitszimmer. Stets erhob er sich, um sie zu begrüßen. Stets blickte sie ihm tief in die Augen, wobei sie ihn anlächelte. Obgleich Potifar klein von Gestalt war, war seine Frau genauso groß wie Josef. Sie ließ ihre Finger immer einen Moment lang in seiner Hand liegen und sagte: »Na, warum so förmlich?«

Doch Josef wahrte beharrlich eine förmliche Distanz. Das lag nicht allein an seiner Natur – vielmehr noch war es eine ganz bewusst getroffene Entscheidung. Häufig ging er aus dem Haus um Besorgungen zu machen. »Hier ist mein Siegel«, hatte Potifar zu ihm gesagt. »Wenn wir deiner Meinung nach etwas brauchen, dann kauf es. Ich vertraue auf dein Urteil.« Und da er im Namen seines Herrn handelte, schien ihm förmliche Zurückhaltung geboten.

Mit eben jener Zurückhaltung wartete er immer, bis die Frau seines Herrn Platz genommen hatte, bevor er sich dann selber setzte, um weiterzuschreiben.

Sie war allerdings eine verwirrende Frau. In ihren Augen leuchteten Klugheit und Verstand, und sie konnte mit herrschaftlicher

Würde auftreten. Manchmal aber sprang sie in dem Augenblick, wenn Josef sich setzte, wie ein Kind wieder hoch – wodurch er sich gezwungen sah, auch wieder aufzustehen. Er konnte sich des Eindrucks nicht erwehren, dass sie versuchte seine Höflichkeit auf die Probe zu stellen. Er konnte diese Launen seiner Herrin zwar ohne weiteres geduldig ertragen, doch sie hielten ihn nun einmal von der Arbeit ab.

Eines Tages – sie saß einige Meter von seinem Tisch entfernt – begann die Frau Worte zu murmeln, die so leise waren, dass er sie kaum hören konnte. Er dachte, sie sänge in sich hinein. Doch dann verstand er plötzlich die Worte *Schlaf mit mir*, und sofort fingen seine Ohren an feuerrot zu glühen. Josef starrte weiter auf seinen Tisch. Vielleicht hatte er sich den Satz nur eingebildet, denn kaum, dass er ihn gehört hatte, war Potifars Frau in vollkommenes Schweigen verfallen. Und dann stand sie auf und ging aus dem Zimmer.

Josef stieß einen langen, bebenden Seufzer aus.

Drei Tage darauf waren sie wieder allein zusammen in dem Zimmer.

Potifars Frau fragte: »Josef?«

Er blickte auf.

Unter grün gefärbten Lidern hervor sah sie ihm unverwandt in die Augen. »Josef«, sagte sie, »schlaf mit mir!«

Ihm stockte der Atem. Ihr Hals war außergewöhnlich lang, ihre Kehle nackt.

Leise sagte sie: »Hast du mich verstanden? Weißt du, was ich gerade gesagt habe?«

Wortlos stand er auf, zog seinen Umhang über und ging aus dem Zimmer, durch den Hof, verließ das Haus.

Als sie am darauf folgenden Tag genau zur gewohnten Stunde in das Zimmer trat, stand Josef wie immer auf, um sie zu begrüßen, doch hielt er diesmal den Blick gesenkt und nahm auch nicht ihre Hand. Ebenso wenig streckte sie ihre nach seiner aus, und sie setzte sich auch nicht. An der Tür stand ein Knecht. Sie schickte ihn fort.

Nun standen sie allein da, er den Blick auf den Boden gerichtet, während ihrer ihm die Stirn zu versengen schien.

»Josef«, sagte sie, »du weißt, was ich will?«

»Ja.«

»Warum bist du dann gestern vor mir davongelaufen?«

Nun blickte er sie an. Es war ihm peinlich, dass er rot anlief und stammelte wie ein dummer Junge, doch er musste sprechen. »Mein Herr . . .« Er unterbrach sich, um Luft zu holen. »Mein Herr hat mir alles anvertraut, was er besitzt – alles, Herrin, außer dich, denn du bist seine Frau. Wie könnte ich da ein so großes Unrecht begehen und gegen Gott sündigen?«

Potifars Frau schwieg. Sie kniff die Lippen zusammen. Ihr Schweigen konnte fürchterlich sein. Vielleicht würde sie jetzt gehen. Doch stattdessen saß sie plötzlich. Auch Josef setzte sich hin. Er versuchte zu schreiben. Doch jedesmal, wenn er kurz hochblickte, sah er, dass sie ihn eisig schweigend musterte.

Dann war sie fort. Zehn Tage lang arbeitete Josef allein in seinem Zimmer.

Am Nachmittag des elften Tages jedoch stand die Frau plötzlich mit aufgelöstem Haar in der Tür; ihre ungeschminkten Augen funkelten wild. »Sklave!«, zischte sie, »Sklaven wissen nichts von Göttern und Sünde! Wage es niemals wieder so zu tun, als ob du etwas Besseres wärst als ich!« Dann kam sie mit energischen Schritten ins Zimmer. Josef wollte sich gerade erheben, da stürzte sie sich auf ihn und packte ihn bei den Schultern, riss an seinem Hemd. »Schlaf mit mir«, rief sie. »Hebräer, schlaf mit mir!«

Da stand Josef auf und stieß sie zur Seite. Sie fiel gegen ein Schränkchen mit Schriftrollen, und immer noch klammerte sie sich an sein Hemd. Die Naht riss und einen Augenblick lang stand er vollkommen nackt im Raum. Dann war er mit einem Satz aus dem Zimmer und lief blind vor Scham in den Innenhof.

»Lass mich los! Lass mich los!«, drang von drinnen die hysterische Stimme der Frau. »Hilfe! Hilfe! Der Sklave will mich vergewaltigen! *Hilfe!*«

Josef fuhr herum. Er sah, wie Potifars Frau seelenruhig aus der Tür kam, wobei sie allerdings aus Leibeskräften schrie. In der Hand hielt sie sein Hemd, ihr Blick war eisig und gefühllos.

Urplötzlich sprangen hinter ihr vier große, wutschnaubende Männer aus der Tür. Josef versuchte gar nicht erst zu fliehen. Wo sollte er auch hin, nackt wie er war? Er wehrte sich nicht, als er zu Boden geschlagen wurde. Dann wurde sein Hinterkopf von der flachen Seite einer Schwertklinge getroffen. Schließlich verlor er das Bewusstsein.

Als Josef erwachte, fand er sich in Potifars Keller wieder – dem Gefängnis des Befehlshabers der pharaonischen Leibwache.

Die Mauern waren dick, die Räume selbst eng, dunkel und weitgehend leer. Es gab viele dieser Räume, ein Labyrinth von Räumen, bewohnt von Männern aller Schichten. Josef entdeckte eine heimliche Gemeinschaft unglücklicher Männer, die alle nicht wussten, wann sie wieder freikommen würden. Festgelegte Strafen gab es nicht – und so war das Schicksal der Gefangenen allein von der Willkür und den Launen der Mächtigen im oberen Teil des Hauses abhängig.

Doch auch in dieser unterirdischen Welt galten die Regeln der Gesellschaft, die jenseits dieser Mauern lebte. Gefangene, die einst einen hohen Rang eingenommen hatten, machten sich andere, die niederer Herkunft waren, zu Untergebenen.

Als zwei Beamte vom Hofe des Pharaos in das Gefängnis geworfen wurden – beide für irgendein Vergehen, das ihr Herr bald vergessen haben würde –, behandelten sie Josef wie ihren Knecht. Der eine war der Mundschenk des Pharaos gewesen, der andere sein Bäcker. Josef aber war Hebräer, und so nahmen sie seine Dienste als selbstverständlich hin und schenkten ihm weiter keine Aufmerksamkeit.

Die Zeit verstrich, doch keiner der beiden Hofbeamten hörte etwas von oben, das auf ihre Entlassung hingedeutet hätte. Langsam fingen die zwei Männer an zu verzweifeln. Immer wieder litten sie unter Anfällen von Panik. Und weil ein Sklave ja ein Nichts war, vertrauten sie ihm ihre Gefühle an.

»Wie können wir das hier nur überstehen?«, fragten sie. »Sag uns doch, wie du dies Elend erträgst.«

Doch der Sklave antwortete nur: »Auf mir liegt der Segen des Herrn.«

Als Josef sich eines Morgens mit Wasser und Tüchern der Zelle seiner Herren näherte, um sie zu waschen, hörte er von drinnen ein eigenartiges, ersticktes Stöhnen. Als er hineinging, kauerten die beiden Ägypter zitternd auf dem Zellenboden, die Hände um die Ellbogen geschlungen, als ob sie frören. Mit leerem Blick starrten sie zu Boden.

»Was habt ihr?«, wollte Josef von ihnen wissen. Der Mundschenk sprang auf und presste sich die Hände gegen die Schläfen. »Hebräer, Hebräer, was weißt du schon von uns?«, rief er und drehte sich zur Wand. »Wir haben letzte Nacht einen Traum gehabt. Beide. Doch es gibt niemanden in diesem Loch, der ihn uns erklären kann. Du hast ja keine Ahnung, was wir für Qualen durchmachen! Aber es ist nicht deine Schuld. Du hast nie so gelebt wie wir. Komm, wasch mich und dann geh!«

Der kleine Mann setzte sich, hob den Kopf und schloss die Augen.

Josef machte ein Tuch nass und begann das Gesicht des Mundschenks zu waschen. »Ich habe auch Träume gehabt«, sagte er mit ruhiger Stimme. »Und auch meine Träume haben etwas bedeutet. Etwas sehr Gutes sogar – das dachte ich damals jedenfalls. Aber ich musste mir meine Träume nie deuten lassen.«

»Wie meinst du das?« Der Mundschenk öffnete ein Auge.

»Ich wusste, was sie bedeuteten – sobald ich wach war.«

Der Beamte machte nun beide Augen auf. »Wie das? Bist du ein Zauberer?«

»Ist nicht alles Deuten Sache Gottes? Und wo ist Gott nicht? Gott ist überall.«

Nun kam der Bäcker – er war noch kleiner als der Mundschenk und ein stiller, in sich zurückgezogener Mensch – zu Josef gekrochen und berührte ihn an der Schulter.

»Hier?«, fragte der Bäcker leise. »Gott ist ... hier?«

»Überall.«

»Was meinst du«, sagte er zögernd, »würde Gott vielleicht unsere Träume deuten?«

Unvermittelt packte der Mundschenk Josef bei den Handgelenken. »Also hör zu!«, zischte er und ließ dann einen hastigen Monolog los. »Ich habe einen Weinstock mit drei Ranken voller Knospen vor mir gesehen. Sie blühten auf und gleich darauf hing der Weinstock voller reifer Trauben. Ich hatte den Becher des Pharaos in der Hand. Ich nahm die Trauben, presste sie über dem Becher aus und reichte ihn dem Pharao. Was denkt dein Gott, hat das zu bedeuten?«

Josef löste seine Hände aus dem Griff des Mundschenks, feuchtete das Tuch erneut an und wandte sich dann dem Bäcker zu.

»Die drei Ranken bedeuten drei Tage«, sagte Josef und begann dabei das Gesicht des Bäckers zu waschen. »Heute in drei Tagen wird der Pharao dich über die anderen Menschen heben und dich wieder in dein Amt einsetzen.« Josef wandte den Kopf nach dem Mundschenk um. »Das ist die Bedeutung deines Traums. Denk an mich, wenn er in Erfüllung geht. Und erzähl dem Pharao von meiner Lage, wenn du wieder bei ihm bist. Bitte für mich um Gnade.«

Jetzt konnte nicht einmal mehr der scheue Bäcker still sitzen. Zappelnd saß er unter Josefs Händen, der jetzt das Gesicht des anderen wusch und sagte: »Und was hast du geträumt?«

Der Bäcker schloss die Augen. »Ich habe geträumt, ich trüge drei Körbe auf dem Kopf. Im obersten Korb war Gebäck für den Pharao. Da kamen Vögel und fraßen den Korb leer. Das ist alles.«

Der Mann verstummte. Josef schwieg wieder lange. Er wusch die Arme des Bäckers, doch als er zu seinen Händen gelangte, hielt er inne.

»Die drei Körbe bedeuten drei Tage«, sagte er. »Heute in drei Tagen wird der Pharao dich über die anderen heben und . . :«, er nahm die Hände des Bäckers, ». . . an einen Baum hängen. Dann werden die Vögel dein Fleisch fressen.«

Drei Tage später feierte der Pharao seinen Geburtstag. Er lud alle seine Hofbeamten zu einem Festmahl ein. Bei dieser Gelegenheit entsann er sich des Mundschenks und des Bäckers, die er ins Gefängnis hatte schaffen lassen. Den Mundschenk setzte er wieder in Amt und Würden ein. Den Bäcker aber hängte er.

Alles war also genauso eingetroffen, wie Josef es gesagt hatte. Aber der Mundschenk hatte in seinem Glück den Traumdeuter völlig vergessen.

So war Josef immer noch im Gefängnis. In dem finstern Loch lag er auf verrotteten Schilfmatten und so wurden aus Tagen Monate und aus Monaten Jahre.

Der Pharao schlief, umgeben von wachsamen Dienern, auf einer Art Liege aus Zedernholz und Gold und Silber. Tagsüber diente sie als Diwan, nachts war sie sein Bett. Sie war mit Leinen gepolstert und stand auf einem kleinen Podest, einem prächtigen Mosaik aus Porphyr, Marmor, Perlmutter und anderen kostbaren Materialien.

Und das Oberhaupt Ägyptens schlief bei Licht.

Öllampen brannten, während der Pharao schlief, und Wasser floss leise murmelnd an seinem Gemach vorbei, sofort zur Hand, um den Leib des Königs zu waschen und zu kühlen oder seinen Durst zu stillen.

Vorhänge aus einem besonderen dunklen Gewebe hielten jeden

Lufthauch fern, der durch den Palast zog; Teppiche dämpften die Schritte, und Musik konnte, wenn nötig, augenblicklich jeden Albtraum lindern – eine Harfe und eine Laute warteten darauf, von zarten Mädchenhänden gespielt zu werden. Auch ein Priester war nie weit. So war der Pharao, blutsverwandt mit den Göttern, im Schlaf bewacht und immer von Bediensteten umgeben. Und doch schlief diese heilige Person auf der prachtvollen Liege in einer Einsamkeit, wie sie größer nicht sein konnte – nicht freiwillig, sondern weil seine Position es erforderte. Er konnte nichts dagegen tun.

Eines Nachts fuhr der Pharao mit einem Schrei aus dem Schlaf, starrte wie blind in die Dunkelheit. Seine Laken fielen zu Boden.
    Sofort kamen zwei Diener mit feuchten Handtüchern herbeigelaufen. Junge Mädchen ließen ihre Instrumente ertönen, die Luft wurde von leisen Klängen erfüllt. Eine Frau ging durchs Zimmer und zündete alle Lampen an. Eine andere brachte frische Leinendecken für den Leib des Königs.
    Bald lehnte sich der Pharao wieder zurück und fiel erneut in einen unruhigen Schlaf.
    Er redete im Schlaf, schwitzte, warf die Arme herum, sodass er die Diener schlug, wenn sie ihm beim Zufächern frischer Luft zu nahe kamen.
    Und wieder fuhr der König aus dem Schlaf, nach Luft ringend und ins Leere starrend.
    »Wo ist der Priester?«, rief er. »Holt mir den Priester!«
    Der Priester stand bereits mit einer Flasche Wein und einem Silberbecher an seinem Bett.
    Mit angsterfülltem Blick griff der Pharao nach dem Arm des Priesters, sodass dieser etwas Wein über seinen Rock verschüttete.
    Dann sagte der Pharao: »Ich habe geträumt – einen schrecklichen Traum. Eigentlich waren es zwei Träume, die sich sehr ähnlich waren, und ich glaube, dass sie sehr bedeutsam sind . . .«

Ohne den Arm des Priesters loszulassen, erzählte der Pharao ihm seine Träume in allen Einzelheiten.

»Was bedeuten sie?«, fragte er.

Der arme Priester war während des Vortrags ganz blass geworden. Es stimmte, die Träume waren offensichtlich von tiefer Bedeutung. Was die Sache für den Priester noch ärger machte, da er nicht die leiseste Ahnung hatte, was sie bedeuten konnten.

»Dann holt mir die Gelehrten!«, befahl der König. »Bringt mir die Leute, die die Wissenschaften zu ihrem Beruf gemacht haben! *Sie* sollen die Sache untersuchen und erklären!«

Der Pharao wiederholte seine Träume vor einer Reihe von ernsten, nachdenklichen Männern, Erforschern des Universums. Einige der Männer, die sich einschmeicheln wollten, taten so, als wüssten sie die Deutung – und erzürnten so den König. »Haltet ihr mich für einen Toren?«, rief er. Andere, ehrwürdige Gelehrte senkten ihre Köpfe und gestanden ihr Versagen ein. Wieder andere näherten sich nur zögernd dem Pharao und standen stumm da, weil sie sich fürchteten.

»War es das? War jeder gelehrte Kopf des Reiches bei mir? Gibt es niemanden, der mir meine Träume deuten kann?«

Da erinnerte sich der Mundschenk daran, was im Gefängnis geschehen war. »Oh, Pharao«, sagte er. »Im Gefängnis gab es einen hebräischen Sklaven, der hat mir meinen Traum gedeutet. Er sagte mir, dass mein Traum von dir handelte – dass du mich wieder in mein Amt einsetzen würdest. Und was er sagte, ist eingetroffen.«

»Wie lautet der Name dieses Hebräers?«

»Ich weiß es nicht. Ich habe ihn nie danach gefragt.«

Es war der Befehlshaber der königlichen Leibwache, Potifar, der dem Pharao einen dreißigjährigen Hebräer vorführte. Der Mann war frisch gewaschen und rasiert, wenn auch wegen der Dunkelheit im Gefängnis blass, und sein Auftreten war selbstsicher, sein Blick fest.

Der Pharao betrachtete den Sklaven, der da vor ihm stand und lächelte.

»Hebräer, du deutest Träume?«

»Nein«, erwiderte der Sklave ohne Zögern und ohne jede Verlegenheit. »Das kann ich nicht, das kann nur Gott. Gott kann dem Pharao über seine Träume Auskunft geben.«

»Hebräer«, sagte der Pharao und musterte dabei den Mann langsam von Kopf bis Fuß, »wie heißt du?«

»Josef. Ich bin der Sohn von Jakob, genannt Israel.«

»Gut, Josef, dann höre meine Träume.

In meinem ersten Traum stand ich am Nil, und plötzlich stiegen sieben schöne, wohlgenährte Kühe aus dem Wasser und begannen vom Schilfgras zu fressen. Danach stiegen sieben andere Kühe heraus, ganz elend und bis auf die Knochen abgemagert. Die mageren Kühe fraßen die fetten und doch blieben sie so dürr wie zuvor. Darüber wurde ich wach. Doch dann schlief ich wieder ein und hatte einen zweiten Traum.

Ich sah sieben Ähren, prächtig und voll, die auf einem einzigen Halm wuchsen. Doch dann sprossen sieben weitere Ähren aus dem Boden, kümmerlich und vom Ostwind ausgedörrt. Genau wie es in meinem ersten Traum die Kühe getan hatten, so verschlangen jetzt die vertrockneten Ähren die vollen.

Josef, Sohn Jakobs, was hat das zu bedeuten?«

Der Hebräer war ernst geworden. Seine Worte waren ebenso bescheiden wie bestimmt: »Gott hat dem Pharao im Traum gezeigt, was er zu tun gedenkt. Die sieben fetten Kühe und die sieben vollen Ähren bedeuten sieben Jahre. Beide Träume bedeuten dasselbe. In den nächsten sieben Jahren wird in ganz Ägypten Überfluss herrschen. Die mageren Kühe und die kümmerlichen Ähren stehen für sieben Hungerjahre, die unmittelbar darauf folgen werden. Der Hunger wird das Land verzehren und die Zeit des Überflusses wird vergessen sein. Dass der Pharao zweimal das Gleiche geträumt hat, bedeutet: Gott ist fest entschlossen, seinen Plan unverzüglich auszuführen.«

Einen Moment lang herrschte in den Hallen des Pharaos Totenstille. Niemand sprach, weder Priester noch Mundschenk, Gelehrter, Eunuch oder Sklave. Der König und der Hebräer blickten einander an.

Es war Josef, der schließlich das Schweigen brach.

»Wenn der Pharao es wünscht, so hätte ich einen Vorschlag zu machen.«

»Sprich!«

»Der Pharao sollte jemanden bestellen, der zuverlässig, verschwiegen und verständig ist, und ihn damit beauftragen, während der sieben guten Jahre einen Getreidevorrat anzulegen. Lass Speicher bauen, um darin das Getreide für die sieben Hungerjahre zu lagern.«

Zwei Sätze. Der Hebräer hatte in zwei Sätzen so verständig gesprochen, dass der Pharao aufstand, von seinem Podium stieg und dem Mann unverwandt in die Augen blickte.

»Was meinst du, Josef – sollte mein Beauftragter nicht auch den Geist Gottes haben? Sollte er nicht zugleich kühn und ehrenwert sein?«

»Ja.«

»Ja. Ja, und da Gott mit dir ist, Träume deutet und unverzüglich hervorragenden Rat gibt, wähle ich dich für dieses Amt.«

Der König von Ägypten wandte sich zu einem Boten um und verfügte einen Erlass, der im ganzen Reich bekannt gemacht werden sollte: »Siehst du, Philopater, wie ich diesem Mann meinen Siegelring anstecke?«

Der Bote nickte.

»Ja, du hast es gesehen«, sagte der König. »Josef, der Sohn Jakobs, hat nun die Macht, im Namen des Königs Befehle zu erlassen und auch den Ring, um sie zu besiegeln. Er ist kein Sklave und auch kein Gefangener. Er untersteht allein mir und alle anderen unterstehen ihm. Merke dir: Er ist mein Stellvertreter.

Pass genau auf, Philopater. Siehst du, wie ich den Mann in königliche Gewänder wie die meinen kleide? Siehst du, wie ich ihm eine goldene Halskette umhänge? Ja, und er soll mit einem Wagen im Königreich umherreisen, der ebenso prachtvoll wie der meine ist. Und du, Philopater, sollst Läufer bestimmen, die vor ihm herlaufen und rufen: »Auf die Knie! Hier kommt der Stellvertreter des Königs!«

Und so geschah es.

Der Pharao gab seinem neuen Stellvertreter auch einen neuen Namen: Zafenat-Paneach. Unter diesem Namen verbreitete sich sein Ruhm in ganz Ägypten und noch darüber hinaus. Zafenat-Paneach: Der Mann, der lebt, wenn Gott spricht.

Gott war also mit Josef.

Der heiratete Asenat, die Tochter des Priesters von On, sodass er sich auch menschlicher Gesellschaft erfreuen konnte.

Darüber hinaus entledigte er sich mit Hilfe der Klugheit und Einsicht, die Gott ihm verliehen hatte, der Aufgabe, die er selbst dem König empfohlen hatte. Zuerst beaufsichtigte er den Bau geräumiger Getreidespeicher. Dann sammelte er während der reichen Jahre so viele Vorräte, dass sie nicht mehr zu messen waren.

In dieser Zeit gebar seine Frau ihm zwei Söhne.

Den ersten nannte Josef Manasse, dessen Name »vergessen machend« bedeutete. Denn er sagte: »Gott hat mich meine Not vergessen lassen.«

Das zweite Kind nannte er Ephraim, »fruchtbar werdend«. Denn abends pflegte Josef an ein Fenster seines Hauses zu treten und von dort das Flusstal und die Felder seiner neuen Heimat zu überschauen: sein Leben. Und was war dieses Land – mit Gottes Hilfe –, wenn nicht fruchtbar?

Doch bald, genau wie Gott es den Pharao hatte wissen lassen, trocknete das Land aus, die Erde wurde hart und riss auf. Ihr Reichtum ging zu Ende. Selbst der mächtige Nil konnte die Felder nicht bewässern, denn auch er zog sich immer weiter in sein Bett zurück. Die Hungersnot begann.

Aus Monaten der Trockenheit wurden Jahre. Die Menschen waren ohne Hoffnung auf Regen oder Ernte. Es war wirklich eine furchtbare Hungersnot.

Als Stellvertreter des Königs öffnete Josef die Getreidespeicher nur sparsam und allmählich, da ihr Inhalt, wie er wusste, für sieben Jahre reichen musste. Viel hatten die Ägypter daher nicht zu essen, doch hatten sie überhaupt etwas. Sie mussten nicht sterben.

Jakob stand auf einem Berg bei Hebron und spähte über eine felsige Schlucht zur Kammstraße hinüber, die dort nach Norden und Süden verlief.

»Siehst du das?«, fragte er. Er zeigte auf ein paar Reisende, die sich hintereinander den Kamm entlang mühten, Umrisse eines sich langsam nach Norden bewegenden Zuges. Seine Augen waren geblendet vom Licht der untergehenden Sonne.

»Siehst du die Leute dort?«, sagte er. »Sie sind müde, aber ihre Säcke sind gefüllt. Sie sind jetzt zwar ärmer, doch dafür haben sie für drei Monate zu essen.«

Jakob stand auf seinen Hirtenstab gestützt, während er mit Juda, seinem vierten Sohn, sprach, der stämmig und aufrecht neben ihm stand. Er war so wortkarg wie seine Mutter Lea. Früher hatte er dem schweigsamen Juda misstraut; inzwischen aber war er davon überzeugt, dass dessen Schweigen von innerer Überzeugung herrührte und nicht davon, dass er etwas zu verbergen gehabt hätte.

»Ich denke, es ist an der Zeit, dass auch wir es so machen«, fuhr er fort. »Wie viele unserer Ziegen geben denn noch Milch? Wir haben keine Milch und auch keinen Käse mehr. Die Böcke leben und die Mutterschafe sterben – und die neugeborenen Lämmer sterben mit ihren Müttern. Juda?«

»Ich bin hier, Vater.«

»Wann ist die letzte Händlerkarawane hier vorbeigekommen?«
»Vor mehr als drei Monaten.«
»Und wer reist sonst durch dieses öde, leblose Land?«
»Diebe. Räuberbanden. Die Verhungernden.«
»Genau, und Abordnungen der Städte, die in Ägypten Getreide kaufen sollen. Die Leute dort drüben beweisen, dass die Gerüchte wahr sind. In Ägypten gibt es zu essen. Es ist Zeit, dass auch wir dorthin gehen.« Der alte Mann wandte sich um und sah seinen Sohn an. »Nimm zum Schutz deine Brüder mit. Eure Frauen und Kinder lasst bei mir. Geht nach Ägypten und seht, dass ihr so viel bekommt wie möglich. Kauft Getreide und kehrt mit gefüllten Säcken nach Hause zurück.«

Juda blickte weiter in den Sonnenuntergang. Keine Gefühlsregung war in seinem Gesicht, das jetzt von der Abendsonne in bronzenes Licht getaucht war, zu sehen. Manchmal wünschte Jakob, besser in den Zügen seines Sohnes lesen zu können. Doch meist zeigten sie nur Zurückhaltung und Aufrichtigkeit.

»Vater?«

»Ja?«

»Alle Brüder?«

»Nein!«, schrie Jakob. Sein Magen krampfte sich zusammen. Er suchte Halt an seinem Stab. Dann fuhr er beherrschter fort: »Nein, Benjamin nicht. Alle bis auf Benjamin. Benjamin bleibt bei mir.«

Nicht lange danach zogen Juda und seine Brüder mit Eseln, Vorräten, Waffen und anderen Besitztümern ebenfalls zu der Kammstraße, wo sie sich nach Süden wandten und langsam davonritten. Jakob blickte ihnen nach, mit seinem jüngsten Sohn an seiner Seite.

Der alte Mann legte einen Arm um den Jungen. Benjamin war jetzt vierzehn – er war doch noch ein Kind.

Die Regenzeit verstrich, ohne dass es geregnet hätte. Nur ein paar kurze, wirkungslose Schauer gab es, und sie mussten den Stämmen Israels wie ein Hohn erscheinen.

Tag für Tag ging Jakob hinaus und wartete auf die Rückkehr seiner Söhne. Die Luft war klar und heiß, und er konnte weit in die Ferne blicken.

Und dann sah er eines Nachmittags in der Ferne ihre dunklen Umrisse. Er eilte zu den Zelten zurück, um ein Festmahl zu ihrer Rückkehr zu bereiten.

Sie aßen ernst und schweigend. Das Essen war wichtiger als das Erzählen. Immer wieder sprang Jakob auf, um nach Süden zu blicken. Zehn seiner Söhne waren nach Ägypten gereist, doch nur neun waren zurückgekehrt. Simeon war nicht wiedergekommen. Grimmig wich Juda den Blicken seines Vaters aus – und Jakob vermochte das Schweigen kaum zu ertragen.

Schließlich unterbrach er die Essenszeremonie. »Wo ist Simeon?«, rief er. »Was ist mit Simeon passiert? Warum ist mein zweitältester Sohn nicht zurückgekehrt?«

Die Brüder hörten auf zu essen und saßen wortlos da.

Dann sagte Juda: »Der Großwesir von Ägypten, der zweitmächtigste Mann im Staat, der Stellvertreter des Pharaos, der für die Getreidevorräte zuständig ist – Zafenat-Paneach persönlich –, hat verlangt, dass Simeon im Gefängnis zurückbleibt.«

Um nicht zusammenzubrechen, klammerte Jakob sich mit beiden Händen an seinen Stab. Er stand als einziger. Seine Söhne saßen mit hängenden Köpfen da, die Gesichter voller Kummer.

»Wieso? Juda, warum? Was hat der Großwesir ausgerechnet gegen Simeon? Was hat er denn verbrochen?«

»Er hat uns alle eines Verbrechens beschuldigt. Alle zehn. Wir seien Spione.«

»*Wie?* Spione? Was habt ihr denn gemacht?«

»Wir wissen es auch nicht.« Juda hob nun den Kopf und blickte seinen Vater hilflos an. »Es hat uns schon gewundert, dass der Mann uns überhaupt sprechen wollte.

Vater, es sind unglaubliche Menschenmassen in Ägypten, und alle wollen dort zu essen kaufen. Der Andrang wird von Beamten des Hofes geregelt. Doch zu uns kam der Stellvertreter des Pharaos persönlich um sich uns anzusehen. Er fragte, woher wir kämen. ›Aus Kanaan‹, haben wir geantwortet. Er wollte wissen, wer unser Vater sei. Wir sagten: ›Jakob, genannt Israel.‹ Da hat er gesagt: ›Also, ihr seid Spione.‹ Er behauptete, wir hätten spioniert. Wir haben gesagt: ›Nein, wir sind Brüder, einfache Hirten.‹ Und wir haben ihm erklärt, dass niemand von uns in Kanaan geblieben sei, außer unserem Vater und einem weiteren Bruder.

›Wie heißt euer Bruder?‹, hat er daraufhin gefragt.

›Benjamin.‹

Da wurde der Stellvertreter des Pharao plötzlich furchtbar wütend. Wir wissen auch nicht warum. Vater, wir verstehen nicht, was dieser Ägypter von uns wollte. ›Benjamin?‹, wiederholte er. Und wir: ›Ja, Benjamin.‹

Dann hat er gesagt: ›Holt Benjamin her, dann weiß ich, dass ihr keine Spione seid.‹«

Bei diesen Worten sank Jakob zu Boden. Ruben und Levi eilten zu ihm hin und Benjamin lief hinaus, um etwas Wasser holen. Juda saß regungslos da. In seinem Blick lag aufrichtiger Schmerz.

»Und weiter?«, flüsterte Jakob, während er sich von seinen Söhnen gestützt aufsetzte.

Juda fuhr mit besänftigender Stimme fort: »Wir haben ihm gesagt, wir könnten Benjamin nicht holen. Das würde dich umbringen. Du hättest schon einen Sohn verloren, und den Verlust eines zweiten würdest du nicht überleben. Der Großwesir schien dabei nur noch wütender zu werden, ganz blass wurde er im Gesicht. Seine Stimme war nur noch ein Flüstern. Er redete auf Ägyptisch, doch der Dolmetscher sagte: ›Dann werdet ihr so lange im Gefängnis bleiben, bis einer von euch Benjamin herschafft.‹

Also haben wir drei Tage lang im Gefängnis gesessen. Dann tauchte der Großwesir bei uns auf und sagte: ›Ich habe es mir anders überlegt.‹ Er zeigte auf Simeon. ›Er bleibt hier. Die anderen gehen und holen Benjamin. Die Säcke mit eurem Getreide sind bereits auf die Esel gepackt worden‹, sagte er. ›Geht!‹

Und so haben wir uns auf den Heimweg gemacht.«

Um zu zeigen, dass die Reise auch ihr Gutes gehabt hatte, holten die Brüder ihre Getreidesäcke und schnürten sie auf.

Doch als sie den Inhalt der Säcke untersuchten, brach Unruhe aus – denn Jakob entdeckte in den Säcken seiner Söhne das Geld, das er ihnen zum Bezahlen mitgegeben hatte. »Was tut ihr mir nur an?«, rief er. »Ihr habt den mächtigsten Mann Ägyptens bestohlen! Nein, nein, ich werde den Sohn meines Glücks nicht mit euch ziehen lassen und ihn der Gefahr aussetzen. Simeon tut mir von Herzen Leid – aber ihr werdet mich nicht gramgebeugt ins Grab bringen.«

Im darauf folgenden Jahr wuchs nichts mehr, das als Nahrung hätte dienen können. Juda sah die Herden seines Vaters krank werden und dahinsterben. Die Menschen hatten nicht einmal mehr die Kraft, die Kadaver fortzuschaffen.

Juda musste oft an seinen Bruder denken, der nun in einem ägyptischen Gefängnis schmachtete. Simeon. Er hatte vielleicht zu essen, aber er war nicht hier bei seiner Familie. Das eigene Versagen lag schwer auf seiner Seele, und der Schmerz seines Vaters verschloss seinen Mund. Er zog es vor zu schweigen.

Doch als die Getreidevorräte aufgebraucht waren, als seine Kinder, Jakobs Enkel, hager wurden, ihre Bäuche sich vor Hunger aufzublähen begannen, da kam sein Vater in sein Zelt. »Juda«, sagte er, »geh noch einmal. Versuch noch einmal, Ägypten ein wenig Getreide abzukaufen.«

»Vater, setz dich hin und hör mich an.«

Er schwieg so lange, bis Jakob seufzte und sich hinsetzte. Möglicherweise wusste der Alte, was nun kam.

Dann sagte Juda: »Der Großwesir hat ausdrücklich erklärt: ›Ihr dürft nicht ohne euren Bruder zurückkommen.‹ Wenn du uns Benjamin mitgibst, dann gehen wir. Doch ohne ihn dürfen wir uns nicht vor diesem Mann blicken lassen.«

»Warum musstet ihr dem Mann auch verraten, dass ich noch einen Sohn habe?«

»Er hat sich so genau nach uns und unserer Familie erkundigt. Wir haben nur seine Fragen beantwortet.«

Juda saß einen Moment lang schweigend da, dann fuhr er fort: »Vater, du weißt, dass wir alle sterben werden, wenn wir jetzt nichts unternehmen. Alle. Du, deine Kinder und unsere. Gib ihn mir mit, ich verbürge mich für ihn. Wenn ich ihn nicht zurückbringe, soll mich die ganze Schuld treffen.«

Jakob schwieg lange, lange Zeit.

Schließlich sagte er: »Nehmt ein wenig Balsam. Und wilden Honig.« Er zog sich an seinem Stab hoch und hinkte zum Ausgang des Zeltes. Dort wandte er sich noch einmal um. »Bringt dem Großwesir Harz mit, und Myrrhe, Pistazien und Mandeln. Nehmt auch die doppelte Menge an Geld mit, um für das Getreide vom vergangenen Jahr zu bezahlen.« Der alte Mann wandte sich ab. Er stand im Eingang und starrte in die Abenddämmerung hinaus, eine hochbetagte Gestalt, vom Kummer gebeugt. »Und«, flüsterte er, »auch euren Bruder Benjamin.«

Eines Tages um die Mittagszeit brachte der Hausverwalter des Großwesirs seinem Herrn die Nachricht, dass jene Brüder aus Kanaan, die letztes Jahr Getreide gekauft hatten, wiedergekommen waren.

»Du wolltest doch, dass man dir Bescheid gibt.«

»Ja.« Josef saß in seinem Arbeitszimmer im Palast des Pharaos. »Wie viele sind es denn?«

»Zehn, Herr.«

Josef spürte, wie sein Herz schneller schlug. »Warte auf dem Markt auf sie«, sagte er zu dem Verwalter. »Wenn sie kommen, führe sie geradewegs in mein Haus. Schlachte ein Tier. Bereite ein Festmahl zu. Ich will das Abendessen mit ihnen gemeinsam einnehmen.«

Unter Aufbietung aller ihm zur Verfügung stehenden Selbstbeherrschung gelang es ihm, den Tag über seinen normalen Geschäften nachzugehen.

Aber hin und wieder stellte er sich an ein Fenster, von dem aus er die Söhne Jakobs beobachten konnte. Er sah, wie sein Hausverwalter auf sie zuging und sie begrüßte. Und er sah ihre bekümmerten Gesichter, als sie aufgefordert wurden, dem Verwalter zu folgen. Zweimal versuchte dieser, die Männer zu dem auf einer Anhöhe gelegenen Haus des Wesirs zu führen; und beide Male musste er kehrtmachen und erneut auf sie einreden, damit sie ihm folgten. Plötzlich öffneten die Männer ihre kläglichen Säcke, holten daraus viel Geld hervor und breiteten es auf dem Boden aus. Lautstark und mit vielen Gesten schienen sie etwas erklären zu wollen. Doch der Verwalter legte das Geld einfach wieder zurück, nahm die Säcke dann selber und konnte sie so endlich dazu bewegen, ihm zu folgen.

Als Nächstes befahl Josef Simeons Freilassung. Auch er wurde zu den privaten Gemächern des Wesirs gebracht.

Schließlich ging Josef selbst zu seinem Haus.

Als er sich seinem Vorhof näherte, hörte er die hebräischen Stimmen durcheinander sprechen: »Simeon! Simeon, bist du's wirklich? Wie geht es dir? Oh, Simeon, wie hat man dich denn behandelt?«

Und dann die Stimme von Simeon: »Wie geht es Vater? Oh nein! Ruben, du hast Benjamin mitgebracht...«

Josefs Kehle schnürte sich so zusammen, dass er Angst hatte, er würde gleich kein Wort mehr herausbekommen. *Benjamin ist auch da!*

Er trat in den Hof und sagte mit barscher Stimme: »Wie geht es eurem Vater? Lebt er noch?«

Die Brüder sanken augenblicklich vor ihm in den Staub. Sein Dolmetscher wiederholte die Frage auf Hebräisch, doch die Brüder blieben regungslos liegen.

Josef donnerte: »Steht auf!« Das musste der Dolmetscher nicht wiederholen. Die Männer erhoben sich zögerlich und blickten Josef dabei ängstlich an. Wortlos streckten sie ihm Töpfe und Tiegel entgegen, Balsam, Honig, Harz und Mandeln.

»Der alte Mann, von dem ihr mir erzählt habt«, fragte Josef, »Jakob, Israel – ist er gesund?«

Auf Hebräisch murmelten die Brüder: »Unser Vater, dein ergebener Diener, lebt noch und es geht ihm gut.«

Josef schnürte sich die Brust zusammen: Plötzlich erblickte er den vierzehnjährigen Benjamin, das Ebenbild ihrer Mutter Rahel, die gleichen dunklen Haare – und sein Atem stockte. Er biss sich auf die Lippen und runzelte finster die Stirn. Unwillkürlich wichen die Brüder vor ihm zurück. Dann fragte Josef leise: »Das ist euer jüngster Bruder?«

Juda starrte den Großwesir an: »Ja. Das ist Benjamin.«

Josef sagte: »Benjamin . . .«

Doch als er den Namen aussprach, war es um seine Fassung geschehen. Er schlug die Hände vors Gesicht und lief ins Haus, wo er in Tränen ausbrach und weinte – *Benjamin.*

Während des nachfolgenden Mahls sah er, wie zögernd seine Brüder aßen. Sie mussten unbändigen Hunger haben, doch ihre Furcht war noch größer. Sie wagten kaum zu essen. Er ließ ihnen gewaltige Portionen bringen, und für Benjamin ließ er das Fünffache von dem auftragen, was die anderen bekamen. Und noch immer wagten sie kaum einen Bissen zu nehmen.

Seinem Hausverwalter aber flüsterte er zu: »Geh hinaus und fülle die Säcke der Hebräer mit Getreide, und das Geld lege wieder oben darauf. Alles.« Dann zeigte er auf Benjamin. »Und in den Sack des Jüngsten tust du meinen silbernen Becher.«

Mit Hilfe des Dolmetschers bat Josef die Hirten, die Nacht in seinem Haus zu verbringen, dann ließ er sie allein.

In jener Nacht fand er keinen Schlaf.

Bei Anbruch des folgenden Tages hörte er die Geräusche von Männern, die sich reisefertig machten. Er trat an das Fenster, von dem aus er den Hof überblicken konnte, und sah, wie sie eilig teils in Angst, teils in Hochstimmung davonzogen. Alle elf. Ohne sich umzuwenden sagte er zu seinem Hausverwalter, der hinter ihm stand: »Folge ihnen und halte sie auf. Frag sie, warum sie dem Wesir Gutes mit Bösem vergelten. Frag sie nach meinem Silberbecher. Lass sie ihre Säcke öffnen. Nenne den, der meinen Becher hat, einen Dieb und schaff ihn hierher.«

Josef beobachtete, wie der Hausverwalter in einem prächtigen Wagen davonfuhr, sich seinen Brüdern näherte, ihnen zu halten befahl und sie ihre Säcke öffnen ließ. Er sah den Schrecken auf ihren Gesichtern, als auf dem Getreide das Geld zum Vorschein kam. Und dann sah er, als der Silberbecher aus Benjamins Sack fiel, wie die zehn älteren Brüder entsetzt ihre Kleider zerrissen. Sie stimmten ein schreckliches Klagegeschrei an. Selbst hier oben auf dem Berg konnte er es noch vernehmen, in seinem Haus, hinter dem Gitter an seinem Fenster. Dann beobachtete er, wie sie kehrtmachten und zu seinem Haus zurückkamen.

Als man sie zu ihm brachte, saß er auf einem Podest auf seinem königlichen Stuhl.

»Was habt ihr mir diesmal angetan?«, wollte er auf Ägyptisch von ihnen wissen.

»Was sollen wir sagen, Herr?«, antwortete Juda, vom Kummer gebeugt. »Gott hat die Schuld deiner ergebenen Diener ans Licht gebracht – wir sind jetzt deine Sklaven. Alle.«

»Nein«, entgegnete Josef. »Nicht alle. Nur der, in dessen Sack sich mein Silberbecher befand. Nur er soll mein Sklave sein. Ihr anderen könnt ruhig zu eurem Vater heimkehren.«

Judas Gesicht verzerrte sich vor Leid. Josef blickte entschlossen drein. Juda trat auf ihn zu und verneigte sich bis zum Boden. »Oh, mein Herr«, sagte er, »erlaube mir, dass ich untertänigst das Wort an dich richte, und zürne mir deshalb nicht.«

Josef versuchte keinerlei Regung zu zeigen. Aber insgeheim kämpfte er mit den Tränen.

Juda aber konnte vor Angst kaum weitersprechen. Doch dann fasste er sich ein Herz: »Als wir das erste Mal hier waren, hast du dich nach unserem Vater erkundigt. Unsere ehrliche Antwort war: Er ist alt. Einen Sohn hat er bereits verloren. Wenn er noch einen verlieren soll, wird er sterben. Vor allem, wenn es Benjamin, sein jüngster Sohn, sein sollte. Doch er war derjenige, den du unbedingt sehen wolltest.«

Josef richtete den Blick zur Zimmerdecke und schloss die Augen.

»Unser Vater hat uns angefleht, den Jungen nicht hierher mitzunehmen«, fuhr Juda fort. »Er sagte, jedes Leid, das Benjamin geschehe, würde ihn töten; denn Benjamins Mutter hatte nur zwei Söhne, und der eine davon lebt bereits nicht mehr. Doch du hattest darauf bestanden, Herr, und so habe ich mit viel Mühe erreicht, dass Benjamin mitkommen konnte. Ich habe mich dafür verbürgt, dass ich die Schuld für alles, was ihn trifft, auf mich nehme. Ich habe es unserem Vater geschworen. Erlaube mir also, dass ich an Stelle meines Bruders hierbleibe und dein Sklave werde. Wie kann ich zu meinem Vater zurückgehen, wenn ich ohne seinen Sohn komme? Wie soll ich ihm entgegentreten? Ich kann es nicht, nein.«

Da konnte Josef nicht länger an sich halten.

»Geht hinaus!«, befahl er seinen Leuten. »Nur die Hebräer sollen hierbleiben.«

Als sie allein waren, schaute er seine Brüder an und brach in Tränen aus. Er kniete sich vor Juda hin und umarmte ihn. Auf Hebräisch sagte er dann: »Bruder, warum hast du mich nicht erkannt?«

Er stand auf, ging zu Benjamin und küsste ihn. »Ich bin Josef«, sagte er.

»Ruben«, schluchzte er. »Ruben, sieh mich an. Simeon, ich bin dein Bruder. Levi, sieh, ich bin nicht tot. Ich bin nicht gestorben. Ich lebe. Ich bin es. Dan! Asser! Gad! Naftali – ich bin es, Josef!«

Nacheinander fiel er jedem seiner Brüder um den Hals, drückte sie an sich – bis sie alle weinten.

»Ich bin, nachdem ihr mich meinem Vater genommen habt, in den Händen Gottes gewesen. Ach, mein Vater! Bitte! Geht zu meinem Vater! Berichtet ihm, wer ich bin. Sagt ihm, Ägypten ist bereit, ihn in königlichen Ehren zu empfangen. Issachar, Sebulon! Lauft zu unserem Vater und bringt ihn her, damit er den Rest seiner Tage in Frieden lebt, mit mir, mit uns, mit seiner ganzen Familie.«

Und so geschah es, dass Jakob mit seinen Kindern und Enkeln und all ihrem Hab und Gut nach Süden zog, ins Land Goschen, wo Josef ihn auf einem prächtigen Wagen erwartete.

Als sie dort ankamen, sprang Josef vom Wagen herunter.

Jakob kam auf ihn zugehinkt, ein alter Mann mit einem spärlichen weißen Bart. Sie fielen einander um den Hals.

Jakob sagte: »Nun, wo ich dich gesehen habe und weiß, dass du lebst – nun kann ich sterben.«

Doch er lebte noch weitere zwölf Jahre. Und bevor er starb, segnete er seine Kinder und auch die beiden Söhne Josefs, Ephraim und Manasse.

Und viel später, als Gott seine Versprechen erfüllt hatte und die Familie von Abraham, Isaak und Jakob hatte zahlreich und stark werden lassen; Jahrhunderte später, als der Herr die Kinder Israels aus Ägypten und zurück ins Gelobte Land geführt hatte – später erinnerten sie sich an ihre Ahnen mit einem Bekenntnis, das bei jeder Ernte gesprochen wurde, und dankten auf diese Weise ihrem Gott.

Sie sagten:

> *Mein Vater war ein heimatloser Aramäer;*
> *er zog nach Ägypten und lebte dort als Fremder.*
> *Mit einer Hand voll Leuten kam er dorthin,*
> *aber seine Nachkommen wurden*
> *zu einem großen und starken Volk.*
> *Und die Ägypter behandelten uns schlecht . . .*

Zweiter Teil

Der Bund

5

Mose

Der ägyptische König überquerte fern der Heimat – nordöstlich des Nils, nördlich von Kanaan, nördlicher noch als Tyrus und Sidon – den Orontes. Er marschierte den Hetitern entgegen, und sein Heer war so groß, dass es mehrere Tage dauerte, bis alle seine Truppen das andere Ufer des Flusses erreicht hatten.

Die ägyptische Streitmacht war in vier Abteilungen gegliedert, die nach verschiedenen Göttern benannt waren: Amun, Re, Ptah und Sutek. Und warum sollten die Truppen des Pharao nicht Götternamen tragen? War er nicht selbst ein Göttersohn? Herrschte und kämpfte er nicht in ihrem Namen, erneuerte er nicht Tag für Tag seine Stärke mit Hilfe der Sonne?

Die Abteilung namens Amun, die dem direkten Befehl des Königs unterstand, hatte den Fluss bereits hinter sich gelassen, da wurde dem Pharao mitgeteilt, dass zwei Nomaden um eine Audienz bei ihm baten. Re, die zweite Abteilung, war gerade dabei den Fluss zu überqueren, während Ptah am anderen Ufer lagerte und darauf wartete, dass die Furt frei würde. Die vierte Abteilung lag noch einige Tagesreisen weit zurück.

»Nomaden?«, fragte der Pharao.

»*Schasu*«, entgegnete der Bote, einen ägyptischen Begriff verwendend, der *Umherziehen* bedeutete. So nannte man dieses Volk ohne Land, das an den Rändern sesshafter Kulturen lebte, ein nomadisches Volk, das mit Zelten in der Wüste umherzog. Es stand unendlich weit unter der hoch entwickelten Lebensform der Ägypter.

»Was wollen sie denn?«

»Dem Machtbereich der Hetiter entkommen, indem sie Ägypten dienen.«

»So«, sagte der König. Er dachte einen Augenblick lang nach, dann fuhr er fort: »Stellt meinen Stuhl auf einen freien Platz. Sagt den beiden, dass ich sie anhören werde und dass ich ein Lächeln und einen Stock bereithalte – das eine für Wahrheiten und den anderen für Lügen. Dann führe sie zu mir.«

Gleichgültig, ob der Pharao stand oder saß – immer war er eine beeindruckende Gestalt. Seine von Armreifen umschlossenen Muskeln strotzten nur so vor Kraft, und sein Blick war fest und direkt. Sein Lendenschurz war im Gegensatz zu anderen in Falten gelegt und wurde von einem breiten Ledergürtel gehalten, in dessen Schnalle sein Name eingraviert war. Hinten am Gürtel hing der Schwanz eines Stiers, vorn ein Schurzfell. Nun setzte er sich für die bevorstehende Audienz noch einen blauen Helm auf, der an der Stirn mit der heiligen Espe geschmückt war und von dem hinten zwei Bänder herabhingen.

Er setzte sich auf seinen goldenen Stuhl.

Sein Löwe wurde gebracht und zu seinen Füßen angebunden. Königlich lag er da, den Blick in die Ferne gerichtet.

Dann wurden die beiden Nomaden gebracht, wild und entschlossen dreinblickende Männer mit langen Haaren, grauen Bärten und groben, wollenen Umhängen; sie rochen nach Ziege. Er kannte ihresgleichen – selbst in Ägypten wimmelte es mittlerweile von ihnen.

Die Männer verbeugten sich vor ihm.

»Was habt ihr vorzubringen?«, wollte er wissen.

Sie richteten sich wieder auf und erzählten mit schmeichlerischer Stimme, dass ihre Familien in den Fängen des hetitischen Königs seien – aber der halte sich in Aleppo versteckt, voller Angst vor den heranrückenden ägyptischen Truppen.

»*Schasu*«, sagte der Pharao, wobei er sie mit seinen Blicken wie mit Pfeilen durchbohrte, »ihr seid *Schasu*.«

»So nennt man uns.«

Der Pharao legte die Hand auf einen kurzen Stock, der auf seinen Knien lag, und sagte: »Warum sollte ich euch glauben?«

Sie warfen sich vor ihm zu Boden und jammerten: »Um unserer Kinder willen!«

Natürlich – solch niederträchtige Selbstsucht war typisch für Menschen dieser Schicht! Wahrscheinlich sagen sie die Wahrheit, dachte der Pharao.

Deshalb befahl er der Abteilung Amun, hier an dieser sicheren Stelle ihr Lager aufzuschlagen und zu warten, bis die anderen drei Abteilungen ebenfalls den Fluss überquert und sich zu ihnen gesellt hatten. Selbst Re, die zweite Abteilung, befand sich noch einen langen Tagesmarsch entfernt bei der Furt.

Also errichteten die Soldaten auf der Ebene eine Wand aus Schilden, sodass sie ein Quadrat bildete. In der Mitte des Gevierts wurde das königliche Zelt aufgebaut. Ochsenkarren mit Vorräten wurden hereingeholt; Öfen, Schemel, Matten und Wasserbecken sorgten für leidliche Bequemlichkeit in den Unterkünften; die Soldaten selbst markierten ihre persönlichen Lagerstellen mit Gepäck und Waffen.

Am nächsten Tag – die Esel traten auf der Stelle oder wälzten sich im Staub, die Wagenlenker schliefen tief und fest in ihren Streitwagen – kam von Süden ein Mann herangeritten. Das Pferd setzte über die Schildwand und galoppierte mit donnernden Hufen zum Zelt des Pharaos.

»Re!«, rief der Mann und schwang sich vom Sattel. »Die Soldaten von Re sind tot!«

Als der Pharao mit langen Schritten auf den Boten zuging, spürte er den Boden unter seinen Füßen beben. »Erklär dich!«, befahl er.

Der Bote sagte unter Tränen: »Die zweite Abteilung ist in der Nacht von den Hetitern umzingelt worden. Bei Sonnenaufgang haben sie uns dann angegriffen. Sie sind mir auf den Fersen. König, sie sind nicht mehr fern! Flieh!«

Die *Schasu* hatten gelogen! Sie waren also doch Spione gewesen. Doch der Pharao floh nicht.

Obgleich die Truppen der Hetiter immer näher kamen und jetzt schon in der Ferne zu sehen waren; obwohl seine eigenen Soldaten von plötzlicher Angst gepackt auseinanderstoben, griff der König eilig nach seiner Rüstung, legte Brustharnisch und Helm an, schlang einen Köcher um seine Schultern und sprang in seinen Streitwagen. Er hielt genau auf die Hetiter zu, hinter sich eine Staubfahne und seine besten Männer – seine Leibgarde.

Der Pharao band die Zügel an seinen Gürtel und ließ dann in vollem Galopp einen Pfeilhagel auf die Hetiter niederprasseln. An der Seitenwand seines Streitwagens hing ein Behälter mit Wurfspießen, die nun wie Raubvögel auf die feindlichen Truppen herabstießen, dabei zwei und auch drei Soldaten zugleich töteten. Der Pharao zeigte der Welt seine Macht! Furchtlos verbreitete er rings um seinen Streitwagen den Tod und öffnete so eine Gasse für seine Leibwache, die nachrückte und das Blutbad zu allen Seiten noch weiter vergrößerte.

Die Hetiter wichen angesichts solcher Tapferkeit zurück. Gedemütigt krochen sie zum Fluss zurück. Fünfmal griff der ägyptische König sie noch an, hell strahlend wie sein Vater Amun-Re. Er steckte das Land in Brand.

Die Nachricht erreichte die Heimat, noch bevor der Pharao selbst es tat. *Sieg! Der ruhmreiche, unerschrockene Krieger – er hat das Land der Hetiter in die Knie gezwungen und in Fesseln gelegt.*

Als der König selbst schließlich mit hochgestellten Gefangenen und unermesslichen Reichtümern die ägyptische Grenze überquerte, wurde er von den Priestern mit einem wahren Blumenmeer erwartet – und augenblicklich begannen die Siegesfeierlichkeiten und ehrfürchtigen Danksagungen.

Den wichtigsten Gefangenen wurden auf einem öffentlichen Platz vor der versammelten ägyptischen Menge befohlen, eine

Geste der Unterwerfung zu zeigen. Sie hielten dem Pharao ihre Handflächen hin. Der blickte gleichmütig darauf herab, nickte knapp und befahl dann, indem er sein Zepter hob, ihre Hinrichtung.

Als Nächstes wurden die Reichtümer der Hetiter in einen Tempel gebracht und dort vor den Göttern ausgebreitet, damit sie von ihnen geweiht würden: Becher und Amphoren, Gold- und Silberpokale mit kostbaren Steinen.

Als der Pharao selbst durch eine Privattür in den Tempel trat, war seine Pracht Furcht einflößend. Auf dem Kopf hatte er zwei Kronen, eine für die nördlichen und eine für die südlichen Königreiche seines Machtbereiches. Sein Kinn zierte ein langer, kunstvoll geflochtener Bart und um seinen Hals trug er eine schwere goldene Kette, an der Blumen aus Silber hingen. Als er zu seinem Platz schritt, blitzten drei Paar Reife auf, eines an den Oberarmen, eines an den Handgelenken, das dritte an den Knöcheln. Der Stoff seines Umhangs war so leicht, dass er beinahe transparent schien.

Die Gefangenen wurden hinter dem Pharao in den Tempel geführt. Ihre Hände waren gefesselt und sie trugen Stricke um den Hals. Wie ihre Anführer zuvor, gestanden auch sie sprachlos vor Angst ihre Niederlage ein. Doch diesmal befahl der Pharao nicht ihre Hinrichtung. Stattdessen wandte er sich den Bildern seiner Götter zu und stimmte einen monotonen Lobgesang an:

»Ich komme euch zu huldigen, ihr Götter und Göttinnen, den Herrschern von Himmel, Erde und Ozean, ihr Hohen im Schiff der Millionen Jahre.

Amun-Re! Du, dem ich Gold und Silber, Lapislazuli und Türkise darbringe! Ich bin dein Sohn, den deine beiden Arme geschaffen haben. Du hast mich zum Herrscher über alle Länder gemacht, hast mir Vollkommenheit auf Erden geschaffen. Ich erfülle meine Pflicht in Frieden.«

Auf diese Weise verkündete der Pharao, dass aller Sieg einzig ein Geschenk seines Gottes war, und dass diese Schätze nur eine Gegenleistung für das waren, was er erhalten hatte.

Als die Feier vorüber war und der Pharao in blendender Pracht, gefolgt von seinen Priestern und dem ganzen Tross, durch die Tempeltür ins Freie schritt, traten plötzlich zwei Männer vor ihn hin und musterten ihn mit wildem, stechendem Blick. Ihre Gesichter waren von der Sonne gegerbt und voller Fältchen. Der eine trug den gewöhnlichen ägyptischen Lendenschurz, der andere aber einen Umhang aus Wolle. Er hatte einen Vollbart und wirres Haar und roch nach Ziege.

Ein *Schasu*.

Der Pharao bremste seine Schritte nur einen kurzen Augenblick.

Doch in diesem kurzen Augenblick hatte der kleinere der beiden Männer auch schon das Wort ergriffen.

»So spricht der Herr, der Gott Israels.« Er sprach mit dem Akzent eines Sklaven aus dem Landesinneren. Tatsächlich, der Mann war nichts als ein hebräischer Sklave! »Der Herr spricht: *Lass mein Volk ziehen, damit es in der Wüste ein Fest für mich feiern kann.*«

Irgendetwas an dieser ersten Begegnung hatte das Interesse des Pharaos geweckt. Der *Schasu* war von einer eigenartigen Kultiviertheit gewesen, sein zerzaustes Äußeres schien genau das zu sein: eine Äußerlichkeit.

Aus diesem Grund gewährte der Pharao, als am Tag darauf dieselben beiden Männer um eine Audienz baten, ihnen ihre Bitte.

»Wer ist dieser kleine ›Herr‹, auf den ihr euch beruft?«, fragte er sie, als sie schließlich vor ihm standen.

Die Antwort darauf gab ihm der grauhaarige *Schasu*. »Der Gott der Hebräer hat sich mir offenbart«, sagte er in erstaunlich schnellem Redefluss. »Und in seinem Namen bitte ich dich, lass uns drei Tagesreisen weit in die Wüste gehen und ihm dort Opfer darbringen – andernfalls wird er uns mit Krankheit oder Krieg strafen.«

Leidenschaft blitzte in den Augen des Nomaden. Je länger er

sprach, desto interessierter wurde der Pharao. Er beugte sich vor. Es war seine Aussprache, seine Grammatik, sein Wortschatz. Aus dem Munde eines gewöhnlichen *Schasu* kam das eleganteste Ägyptisch, das der Pharao seit Jahren gehört hatte.

Daher stellte er dem *Schasu* eine zweite Frage: »Wie ist dein Name?«

Doch statt seiner antwortete der Sklave. »Sein Name ist Mose. Ich heiße Aaron. Wir sind Brüder.«

»Dich habe ich nicht gefragt«, sagte der König.

»Ich soll trotzdem für ihn sprechen.«

Zum *Schasu* gewandt sagte der König: »Wer sind deine Verwandten? Wo stammst du her?«

Wieder antwortete ihm der andere. »Er gehört zum Volk Israel. Seine Verwandten leben im Land Goschen. Die Männer stellen Ziegel für deine Bauten her, Majestät...«

»Schweig, Sklave!«

Der Mann namens Mose blickte den Pharao finster an. Es fiel ihm offensichtlich schwer sich zu beherrschen, doch er schwieg. Eigentlich eine erstaunliche Frechheit – eine Kühnheit, die gefährlich werden könnte, konnte sie doch manch einem Sklaven als Vorbild dienen.

Deshalb machte der Pharao der Unterredung ein jähes Ende.

»Faul«, erklärte er, »faul bist du, Sklave. Und dein Volk ist auch faul. Und nun wollt ihr eure Faulheit durch eine weite Reise zu einem kleinen Gott rechtfertigen. Auf keinen Fall. Los, geht wieder an eure Arbeit.«

Noch am gleichen Tag ließ der Pharao seinen Wesir in seine Gemächer rufen, um einen Befehl an die Sklavenaufseher zu erlassen:

»Dreierlei. Erstens: Die Leute sollen für die Ziegelherstellung kein Stroh mehr bekommen, sondern selbst Getreidestoppeln sammeln. Zweitens: Sag den hebräischen Vorarbeitern, die Herstellungsmengen bleiben gleich. Drittens: Und wenn die Leute die vorgegebenen Mengen nicht erreichen, bekommen die Vorarbeiter Schläge.«

Seine nächsten Worte jedoch galten allein dem Wesir. »Dieses Volk macht nicht zum ersten Mal Ärger. Schon vor mehr als achtzig Jahren haben meine Vorgänger mit allen möglichen blutigen Mitteln versucht, sie in ihre Schranken zu weisen. Ich werde sie mit Arbeit im Zaum halten. Sie werden so erschöpft sein, dass sie auf keinen Führer hören werden – außer auf mich natürlich.«

Die Städte Ägyptens waren alle von fünfzehn Meter breiten und achtzehn Meter hohen Ziegelmauern umgeben. Lediglich die Säulentore waren aus Stein, und auch die Gebäude der Städte bestanden zu einem großen Teil aus Ziegeln. Zu jener Zeit hatte der König außerdem in großem Stil im Nildelta zu bauen begonnen: prächtige Städte, zum Schutz gegen die Wüstenvölker im Westen und die Seevölker im Norden.

Die dafür benötigte Zahl von Ziegeln war astronomisch.

Und weil diese Ziegel von den hebräischen Sklaven hergestellt wurden, brauchte der Pharao diese Leute auch für seine Pläne.

Ich werde sie bis zur Erschöpfung arbeiten lassen.

In großen Wannen vermischten die Sklaven Nilschlamm mit Sand und Stroh. Wenn das Gemisch die richtige Konsistenz hatte, wurde es in eine Form geschüttet und glatt gestrichen. Dann wurde die Form abgenommen und der Ziegel musste anschließend volle acht Tage in der Sonne trocknen. So stellten sie einen Ziegel nach dem anderen her.

Bis zur Erschöpfung.

Da sie kein Stroh mehr zur Hand hatten, dauerte der ganze Vorgang nun viel länger. Die Sklaven mussten die Felder nach Strohresten absuchen.

Nein, sie konnten, obwohl jetzt sogar die Vorarbeiter mithalfen, die Ziegel unmöglich so schnell herstellen, wie der Pharao sie in seinen Städten verbrauchte.

Und so bekamen die Vorarbeiter vor den Augen ihrer Familien und Landsleute Schläge. Das Geräusch von ägyptischem Rohr auf hebräischen Rücken wurde eine regelmäßige, schreckliche Begleitmusik. Und so trieben sich die Männer immer härter zur Arbeit an. Kein Lachen war mehr aus den Häusern der Sklaven zu hören, wenn sie nachts von der Arbeit kamen.

Völlig verzweifelt begaben sich die Vorarbeiter schließlich zum König selbst. Konnte ihr Los denn noch schlimmer werden?

Der Pharao saß auf seinem goldenen Thron, ein Diadem und Federn auf dem Kopf, eine solch prächtige Erscheinung, dass die Hebräer die Erde küssten und ihre Augen abwandten.

Sie sagten: »Vielleicht weiß der König nichts davon, aber seine Aufseher geben uns, deinen Knechten, kein Stroh mehr, und wir sollen dennoch genauso viele Ziegel abliefern wie bisher. Aber das schaffen wir nicht, und dann schlagen sie uns, obwohl es doch ihre Schuld ist...«

»Ihre Schuld?«, unterbrach der Pharao sie, beugte sich vor und wiederholte leise: »*Ihre* Schuld?« Die Vorarbeiter begannen zu zittern.

»Eure Schuld ist es, Sklaven!«, brüllte der Pharao sie an. »Weil ihr faul seid! Faul und auch noch feige, habt ihr doch einen fremden *Schasu* zu mir gesandt, damit er mich fragt, ob ihr in die Wüste gehen könnt, um irgendeinen kleinen Gott, den ich nicht einmal kenne, anzubeten – und ich, der Sohn der Götter, ich kenne sie alle! Geht mir aus den Augen. Macht, dass ihr wieder an eure Arbeit kommt!«

Und damit waren die bedauernswerten Vorabeiter entlassen.

Als sie nun unverrichteter Dinge vor dem Palast standen, sahen sie Aaron und Mose, die den Ärger überhaupt erst angerichtet hatten. Da vergaßen sie ihre Angst und wurden stattdessen wütend.

»Für wen haltet ihr euch eigentlich«, riefen sie. »Wieso meint ihr, in unserem Namen sprechen zu können? Ihr habt uns beim König nur in Verruf gebracht! Ihr habt seinen Leuten eine Waffe in die Hand gegeben, mit der sie uns töten werden. Geht weg! Lasst uns in Frieden!«

Der Mann namens Mose hörte ungerührt zu. Da er nicht antwortete, wurden die Männer nur noch zorniger. Zu dritt mussten sie einen von ihnen zurückhalten, dem Störenfried den Hals zu brechen.

Dann ließen sie Mose dort im ägyptischen Staub stehen.

Die Betrübnis, mit der er ihnen nachblickte, sahen sie nicht.

Als er am folgenden Morgen erwachte, machte der König von Ägypten sich als erstes daran, die jüngsten Schriftwechsel durchzulesen. Danach badete er und legte seine Kleider und die königlichen Insignien an, alles mit Unterstützung beflissen murmelnder Diener. Dann kam der Hohe Priester des Amun, in dessen Gegenwart der Pharao seinem Gott ein Opfer darbrachte. Schließlich lauschte der Pharao den Gebeten und Ermahnungen des Priesters.

Dies war sein allmorgendliches Ritual.

Eher ungewöhnlich hingegen war sein Entschluss, in Begleitung von Priestern und Magiern zum Fluss hinunterzugehen, um dort dem Nilgott Hapi, der die Gestalt eines fetten Mannes hatte, zu huldigen.

Der Gang hinab zum Fluss war eine plötzliche Laune des Pharao gewesen, niemand hatte davon wissen können. Und dennoch sah er, als er zum Ufer kam, dort bereits diesen finster dreinblickenden Gesellen namens Mose. Abwartend stand er vor dem König, in seiner Rechten einen Stab, der ebenso groß war wie er selbst.

Doch ein Pharao bleibt für niemanden stehen und ganz sicher nicht für einen Nomaden. Von seinem Gefolge umgeben schritt er zum Wasser, in der Annahme, der *Schasu* würde von seiner kalten Miene und seiner Majestät eingeschüchtert werden und gehen.

Doch der Mann rührte sich nicht vom Fleck, sondern blickte den Pharao nur unverwandt an. Dann brüllte er plötzlich in seinem fließenden Ägyptisch los, sodass die anderen zusammenzuckten – alle bis auf den König.

»Der Herr«, schrie er, »der Gott der Hebräer, hat mich zu dir geschickt, um dir zu sagen: *Lass mein Volk in die Wüste ziehen, damit es mir dort Opfer darbringen kann. Aber du hast bis jetzt nicht gehorcht!«*

Da blieb der Pharao doch stehen. »*Was* habe ich nicht?«, fragte er.

Doch der Mann beachtete ihn gar nicht. Er gab seine eigenen Befehle: »Aber nun sollst du erkennen, dass mein Gott der Herr ist: In seinem Auftrag werde ich mit diesem Stab in das Wasser des Nils schlagen und es wird zu Blut werden. Alle Fische werden sterben und der Fluss wird so sehr stinken, dass niemand mehr von seinem Wasser trinken will.«

Mit diesen Worten trat er an den Fluss, hob seinen langen Stab in die Höhe und ließ ihn auf das Wasser niedersausen. Der Fluss begann dort, wo der Stab ihn berührt hatte, zu bluten, als wäre er ein lebendiges Wesen. Hellrote Strähnen zogen sich flussabwärts und breiteten sich immer weiter aus. Schließlich begann das Blut sogar gegen den Strom flussaufwärts zu kriechen.

Der Pharao raste vor Wut.

»Ein Zauberkunststück!«, donnerte er.

Er fuhr herum und warf einem der Magier sein Zepter zu: »Tu es ihm nach!«, befahl er. »Sofort! Bring den Fluss zum Bluten!«

Der Magier gehorchte. Er kletterte zum Ufer hinunter und tauchte das Zepter des Pharaos in Wasser, das noch sauber war, und tatsächlich – auch bei ihm wurde es zu Blut. Der Pharao warf dem Mann namens Mose einen kurzen, verächtlichen Blick zu, dann machte er kehrt und ging in seinen Palast zurück. Er würde Hapi später huldigen, wenn die Wunden des Flusses geheilt waren und sich keine Plagegeister mehr dort aufhielten.

In jener Nacht herrschte in den Häusern Israels eine andere Art Schweigen. Nicht Erschöpfung war der Grund, sondern Staunen. Auch die Kinder Israels hatten gesehen, wie das Wasser des Flusses zu Blut geworden war.

»Aaron«, fragten sie, »Aaron, wer ist dieser Mensch?«
»Er ist mein Bruder. Mose.«
»Er ist einer von uns?«
»Ja.«
»Aber er spricht doch wie ein Ägypter.«
»Er kommt aus dem Stamm Levi, genau wie ich und unsere Schwester Mirjam.«
»Er hat eine fremde Frau. Eine Midianiterin.«
»Mein Bruder ist vierzig Jahre lang fort gewesen. Wo er gelebt hat, gab es keine israelitischen Frauen. Aufgewachsen ist er allerdings in Ägypten, und erst mit vierzig ist er von hier fortgegangen.«
»Warum das?«
»Er musste fliehen, weil er einen Ägypter umgebracht hatte.«
»Aaron! Dein Bruder scheint ein ganz schöner Hitzkopf zu sein!«
»Deshalb ist das ja auch geschehen. Er hatte durch Zufall mit angesehen, wie einer von unseren Leuten von einem Ägypter geschlagen wurde. Als er sah, dass sonst niemand in der Nähe war, hat er sich auf den Ägypter gestürzt, ihm den Hals gebrochen und ihn an Ort und Stelle im Sand verscharrt.

Am Tag darauf sah er, wie zwei von uns sich stritten, wobei ein großer Hebräer einen kleineren verprügelte. Mose hat den großen gepackt und zu Boden geworfen. ›Wie kannst du deinen eigenen Bruder schlagen?‹, hat er ihn gefragt. Doch der Mann hat nur gelacht und geschrien: ›Ja und? Willst du mich etwa auch umbringen wie den Ägypter gestern?‹ Da wusste Mose, dass es doch bekannt geworden war. Er hat sich nicht einmal mehr von mir oder von Mirjam verabschiedet. Er ist geflohen. Das war vor vierzig Jahren.«

»Und seither hat er bei den Midianitern gelebt?«
»Ja. Und deshalb hat er auch eine Midianiterin geheiratet.«
»Und nach vierzig Jahren ist er trotzdem noch einer von uns?«
»Warum zweifelst du daran? Ja, er ist einer von uns. Er ist beschnitten und sein Sohn ist auch beschnitten – und das hat er seiner midianitischen Frau zu verdanken! Denn als sie einmal unterwegs übernachteten, wollte der Herr ihn töten. Da nahm Moses Frau einen scharfen Stein, schnitt die Vorhaut ihres kleinen Sohnes ab und berührte damit die Füße ihres Mannes. Dabei sagte sie: ›Du bist für mich ein Blutbräutigam!‹ Und da ließ der Herr von ihm ab. Er *ist* einer von uns!«
»Aber warum ist er nach vierzig Jahren plötzlich zurückgekehrt?«
Die folgenden Worte sprach Aaron so leise, dass seine Zuhörer sich vorbeugen mussten, um ihn zu verstehen: »Er sagt, dass Gott unser Stöhnen gehört hat. Er sagt, Gott erinnert sich des Bundes mit Abraham, Isaak und Jakob, unseren Vätern. Mose sagt, dass Gott begonnen hat, uns aus der Sklaverei zu befreien, uns mit erhobenem Arm und gewaltigem Gericht zu erretten. Er sagt, Gott hat ihn als seinen Knecht hierhergesandt, um all das zu vollenden.«

Sieben Tage nachdem das Wasser des Nils zu Blut geworden war – der König stieg gerade auf seinen goldenen Thron, um sich dem einfachen Volk zu zeigen –, erschien der Mann namens Mose an seiner Tür. Diesmal bat er nicht um eine Audienz, sondern kam, zur Verblüffung der beiden Wachen links und rechts der Tür, einfach hereingeschritten und fing augenblicklich an, in seinem ungestümen Ägytisch auf den Pharao einzureden:
»Der Herr spricht Folgendes: *Lass mein Volk gehen, damit es mir Opfer darbringen kann. Wenn du dich weigerst, werde ich über dein ganzes Land eine Froschplage hereinbrechen lassen. Im Nil wird es von Fröschen nur so wimmeln; sie werden das Wasser verlassen und das ganze Land überschwemmen. Aaron wird seinen Stab über die*

Wasser ausstrecken und die Wasser werden schäumen von unaufhörlich heraussteigenden Fröschen.«

Der Pharao schwieg und schüttelte den Kopf. Er gab mit der Linken den Wachen Zeichen, den Mann fortzuschaffen. Doch sie waren noch nicht ganz bei ihm, da hatte Mose schon kehrtgemacht, um mit wehendem Umhang die lange Straße hinunter zum königseigenen Schiffsanlegeplatz zu gehen. Dort wartete schon der Sklave Aaron auf ihn. Gemeinsam gingen sie die Mole entlang, wobei Aaron die Spitze seines Stabes durch das Wasser zog. Die kleinen Wellen, die der Stab verursachte, waren in Wirklichkeit Frösche, ein Schwarm von Fröschen, einzelnen schwimmenden Fröschen mit goldgelben Augen. Und die Frösche breiteten sich über die Flussufer aus und im ganzen Land, in den Häusern, in Teigschüsseln, Öfen, Schlafzimmern und Betten.

Der Pharao befahl seinen Magiern, es ihnen nachzutun. Doch da strömten nur noch mehr grüne, quakende Wesen aus dem Fluss, und so füllte sich der königliche Palast mit Fröschen, die er selbst gemacht hatte.

Es regnete Frösche von seinem Dach, in seinen Gemächern lag ein dicker Teppich aus feuchten Froschleibern. Er konnte keinen Schritt tun, ohne Frösche zu zertreten. Und als er seine Toilette betrat, sich auf den Kalkstein mit dem Loch setzte und ein Frosch aus dem Sand darunter hochschoss – da hatte der Pharao endgültig genug!

Der König befahl Mose zu sich.

Und Mose kam.

»Mach dem ein Ende!«, sagte der König.

»Warum lässt du das nicht deine Magier tun?«, entgegnete Mose.

»Sie können es nicht. Du musst es tun. Bitte deinen Herrn, dass er uns von den Fröschen befreit, dann werde ich deine Leute gehen lassen, damit sie ihm ihre Opfer darbringen können.«

»Dann sag mir – damit du erkennst, dass keiner es mit dem Herrn, unserem Gott, aufnehmen kann –, wann genau die Frösche verschwinden sollen.«

»Morgen«, antwortete der König. »Bei Sonnenaufgang.«

Genau bei Sonnenaufgang des nächsten Tages starben die Frösche dort, wo sie gerade saßen. Überall in den Häusern und Innenhöfen und auf den Feldern lagen die toten Frösche. Bergeweise kehrte man sie zusammen, und das ganze Land war voll von ihrem Gestank.

Doch als der Pharao sah, dass die Froschplage vorbei war, wurde er wieder hartherzig und nahm alle Zusagen zurück.

Tief in der Nacht flüsterten die Israeliten untereinander.

»Was gibt das? Was geht hier vor sich?«, fragten sie. »Hier geschieht irgendetwas Großes, Heiliges.«

»Mose weiß es.«

»Er sagt, es sei der Gott unserer Väter, der seine Macht zeigt. Er sagt, dass Gott unser Stöhnen gehört hat und uns nun zu seinem Volk machen will. Seinem eigenen Volk!«

»Mose.« Sie konnten noch immer nicht so recht glauben, dass er einer von ihnen war.

»Warum können wir uns dann nicht an ihn erinnern?«

»Aber er *war* hier«, sagte Mirjam, Moses Schwester. »Er hat in Ägypten gelebt, allerdings nicht bei uns. Ihr erinnert euch doch sicher noch an die Zeit, als unser Elend begann?«

»Ja.«

»Erinnert ihr euch an den König, der uns zu Sklaven gemacht hat, weil wir ihm zu zahlreich wurden?«

»Sicher. Wie könnten wir das vergessen?«

»Um uns zu zermürben, hat er Aufseher über uns eingesetzt. Von da an mussten wir unser Leben mit Fronarbeit verbringen und Ziegel brennen. Doch je mehr sie uns unterdrückten, desto zahlreicher wurden wir.«

Mirjams Zuhörer mussten bei dem Gedanken an ihre Widerstandskraft und den Misserfolg des Ägypters lächeln.

»Also schmiedete der König einen Plan. Er befahl den hebräischen Hebammen, unsere neugeborenen Jungen zu töten. Doch die Hebammen fürchteten Gott mehr. Sie ließen unsere Kinder am Leben, Mädchen wie Jungen. Sie sagten: ›Oh, König, die hebräischen Frauen sind so kräftig, dass sie ihre Kinder schon längst zur Welt gebracht haben, wenn wir eintreffen.‹«

Verbitterte Lacher waren zu hören. Sie lachten über den dummen Ägypter, der sich von Frauen überlisten ließ.

Mirjam hielt einen Augenblick lang inne. Dann fuhr sie mit leiserer, ernsterer Stimme fort: »Also ging der König von List und Tücke unmittelbar zu Mord und Totschlag über. Er schickte Soldaten zu uns, mit dem Befehl, alle kleinen Jungen ausfindig zu machen und sie im Nil zu ertränken.

Damals brachte meine Mutter einen schönen, gesunden Jungen zur Welt. Drei Monate lang hielt sie ihn im Haus versteckt, ohne dass die Soldaten ihn fanden. Dann aber wurde er zu groß und laut – also nahm meine Mutter einen Korb, dichtete ihn mit Pech ab, legte ihren Sohn hinein und setzte ihn dann ins Schilf am Ufer des Nils. Ich sollte dort bleiben und aus einiger Entfernung aufpassen. Noch am gleichen Tag kam die Tochter des Königs mit ihren Dienerinnen zum Fluss, um darin zu baden. Sie gingen zu der kleinen Bucht, in der mein Bruder trieb. Ich sah, wie die Prinzessin ihre Kleider ablegte und ins Wasser watete. Sie verschwand im Schilf. Plötzlich rief sie: ›Seht nur, was ich gefunden habe!‹ Sie kam aus dem Schilf und stieß dabei den Korb vor sich her ans Ufer. Dann schlug sie die Decken meiner Mutter zurück – und da lag mein Bruder und schüttelte wütend seine winzigen Fäuste. Er weinte.

Ich konnte es nicht ertragen und lief zum Ufer. ›Das ist eines von den hebräischen Kindern‹, sagte die Prinzessin zu den herbeigeeilten Dienerinnen. Ich sah, wie zärtlich sie das Kind im Arm hielt! Und wie sie es ansah! Da fragte ich sie: ›Soll ich eine hebräische Amme für das Kind holen?‹ Sie blickte zu mir hoch und antwortete: ›Ja, tu das.‹ Also lief ich schnell zu unserer Mutter und brachte sie zum Fluss. Als wir zurückkamen, hatte die Ägypterin dem Kind schon einen Namen gegeben. Mosche – Mose. Sie habe ihn so genannt, sagte sie, weil sie ihn aus dem Wasser gezogen habe. Die Tochter des Königs von Ägypten hat meinen Bruder adoptiert, und er ist am Hofe des Pharaos aufgewachsen. Deshalb könnt ihr euch auch nicht an ihn erinnern. Aber er ist mit hebräischer Milch großgezogen worden – er hat die Milch unserer Mutter getrunken, ihre Gebete angehört und er kennt unsere Sitten und Gebräuche –, deshalb ist er wirklich einer von uns, seit seiner Geburt. Glaubt mir! Mose wird immer einer von uns sein, mit Leib und Seele.«

Am Tag darauf gingen Mose und Aaron an einen einsamen Ort.
Auf Moses Geheiß ließ Aaron seinen Stab wie einen Dreschflegel auf die staubige Erde niederfahren, worauf der Staub sich in Stechmücken verwandelte. Überall in Ägypten stiegen ganze Wolken von Mücken vom Erdboden auf und setzten sich auf Menschen und Tiere.
Als der König in seinem Palast die Mückenplage sah, befahl er seinen Magiern erneut, es Mose nachzutun. Aber sie konnten es nicht. Und sie konnten die Mücken auch nicht verschwinden lassen.
Da sagten sie zum Pharao: »Das ist ein Zeichen Gottes.«
Der Pharao schürzte verächtlich die Lippen und schickte die nutzlosen Trottel von Magiern fort.

Der Pharao war noch ein junger Mann – und er war mächtig. Mit seiner Herrlichkeit und der Geschmeidigkeit und Kraft seiner Arme hatte er den König der Hetiter niedergestreckt.
Doch hier konnte seine Macht nichts ausrichten.
Als die Mückenplage vorbei gewesen war, war der Mann namens Mose erneut am Flussufer erschienen und hatte Fliegen angekün-

digt – und die Fliegen waren in großen Schwärmen gekommen. Überall waren sie mit ihrem infernalischen, allgegenwärtigen Brummen, auf den Gesichtern, in den Augen der Ägypter.

Nur die Häuser der Hebräer, berichtete man ihm, die waren verschont geblieben.

Irgendetwas schien Israel zu begünstigen.

Der Pharao war sein Leben lang ein frommer Mensch gewesen. Er hatte seine Vorfahren geehrt und den Göttern prächtige Tempel bauen lassen. Er verehrte Re, Atum und Thoth, und kein Jahr war seit seiner Thronbesteigung vergangen, in dem er nicht das große Opet-Fest gefeiert hätte.

Doch wo waren die Heiligen Ägyptens jetzt?

Und wer war diese lästige Wüstengottheit, die dieser Mose den »Herrn« nannte? Wie konnte ein unbekannter Gott nur so grausam zwischen Ägypten und einer Horde hilfloser Sklaven unterscheiden?

Denn als die Fliegen verschwunden waren – abermals ein Werk von diesem Gott von Mose –, da war das ägyptische Vieh von einer tödlichen Seuche befallen worden. Die ägyptischen Herden verendeten; die Herden der Hebräer aber blieben gesund! Alle ägyptischen Esel, Ziegen und Kamele verendeten, aber kein einziges Tier der Hebräer.

Der König von Ägypten begann nachts in seinen Gemächern umherzuirren und dabei um göttlichen Beistand zu flehen. Er war schließlich selbst ein Kind der Götter, da war es sein Recht sie anzurufen und ihre Pflicht zu antworten. Doch die Götter schwiegen. Alle bis auf einen. Als es in ihm am finstersten war, meinte der König plötzlich den Sonnengott Re sagen zu hören: »Ich werde morgen aufgehen.« Das Versprechen tröstete ihn.

Und am Morgen ging die Sonne wirklich auf.

Doch nicht lange und sie schien herunter auf eine neue, noch schrecklichere Plage. Uneingeladen erschien eine Gruppe von Magiern beim König. »Königliche Hoheit«, sagten sie – doch sie konnten kaum sprechen: Ihre Gesichter waren von roten Geschwüren übersät, ihre Augen zugeschwollen, ihre Hälse und Schultern voller Eiterbeulen. »Königliche Hoheit, der Mann namens Mose hat ein paar Handvoll Ruß aus einem Ziegelofen genommen und in die Luft geworfen. Der Wind hat den Ruß fortgetragen und dort, wo er sich auf uns gelegt hat, ist das hier geschehen ... Alles und jeder hat offene Geschwüre.«

»Und die Hebräer? Die Hebräer auch?«

»Nein, Herr. Die Hebräer nicht.«

Normalerweise machte es dem Pharao außerordentliches Vergnügen, die Abgesandten fremder Länder zu empfangen. Er blendete sie mit seinem Prunk, ließ öffentlich Zeltpavillons errichten, machte ihnen kostbare Geschenke.

Doch für diesen Abgesandten, den er selbst zu sich gerufen hatte, verzichtete er auf jeglichen Prunk. Nicht einmal seine Kleider wechselte er für ihn. Ungeduldig kauerte er auf seinem goldenen Thron, die Fäuste geballt, und wartete.

Als es Mittag war, trat der Mann namens Mose in wollenen Kleidern, in der Hand einen langen Stab, vor ihn hin. Seine Augen funkelten. Der Pharao stieß angesichts dieses abgerissenen, zerzausten Botschafters einen Seufzer aus. Wie verhandelte man nur mit einem so zornigen, leidenschaftlichen und offenbar sehr mächtigen Mann?

Seine Ratlosigkeit überspielend brummte er: »Geht, Mose! Geht und opfert eurem Gott. Aber tut es in Ägypten.«

»Nein«, erwiderte der *Schasu*. Weiter sagte er nichts.

Schweigen.

»Nein?«, fragte der Pharao schließlich. »Plötzlich wollt ihr ihm nicht mehr opfern?«

»O doch, wir wollen dem Herrn, unserem Gott, schon Opfer darbringen. Doch müssen wir dafür drei Tagesreisen weit in die Wüste ziehen, denn so hat er es uns befohlen.«

»In die Wüste?«
Mose blickte den Pharao an und schwieg.
Da seufzte der Pharao erneut: »Also dann, in die Wüste. Von mir aus. Es sei genehmigt. Sag mir, wer mitgehen soll.«
»Alle. Alle sollen mitgehen.«
»Nein, das geht nicht.«
»Wir alle und unser Vieh. Unsere Jungen und Alten, unsere Söhne und Töchter . . .«
Der Pharao wurde lauter: »Ich habe ›nein‹ gesagt! Nur eure Männer sollen gehen . . .«
». . . unsere Schafe, Ziegen und Rinder«, fuhr Mose fort, »denn wir müssen ein Festmahl halten zu Ehren des Herrn, unseres . . .«
»Hast du mich nicht verstanden?«, brüllte der Pharao. »Gott sei mit euch, wenn ich euch je mit euren Kindern ziehen lassen sollte. *Schasu! Schasu,* du führst doch etwas Böses im Schilde.«
Jetzt erhob auch Mose die Stimme und als er sprach, war der Geist Gottes in ihm zu spüren:
»Der Herr, der Gott der Hebräer, spricht: *Wie lange wirst du dich noch sträuben, meine Macht anzuerkennen? Ich hätte schon lange meine Hand ausstrecken und dich und dein Volk mit Seuchen vernichten können. Aber ich habe dich noch am Leben gelassen, um dir meine Macht zu zeigen und meinen Namen in der ganzen Welt bekannt zu machen. Doch du glaubst noch immer, mit meinem Volk nach deiner Willkür verfahren zu können. Aber morgen um diese Zeit werde ich einen so schweren Hagel schicken, wie man ihn seit Bestehen Ägyptens noch nie erlebt hat. Glaubst du meinen Worten, so lass all dein Vieh in Sicherheit bringen. Denn sonst werden sie mit den Menschen vom Hagel erschlagen.«*
Mit diesen Worten ging Mose.
Einen Augenblick lang verharrte der König sprachlos.
Dann gab er einen knappen, nicht für die Öffentlichkeit bestimmten Befehl, worauf bald ein Priester mit einem Lotos und einer goldenen Kugel, beides Zeichen des Sonnengottes Re, vor ihm stand.

Der Pharao sagte: »Sing das Lied, das mir so gut gefällt! Sing es mir noch einmal vor.«

Ohne zu zögern sang der Priester mit hoher Stimme: »Solange Re am Morgen aufgeht und Atum im Westen unter, solange werden Männer zeugen und Frauen empfangen und Menschen Atem schöpfen ...«

Als es Abend war, ließen einige seiner Ratgeber ihre Sklaven und ihr Vieh vor dem bevorstehenden Unwetter in Sicherheit bringen – nicht aber der Pharao.

Als die Sonne am Tag darauf aufging, herrschte *sie* über den Morgen.

Doch als es Mittag war, verfinsterte sie sich: Wind kam auf und mit ihm zog eine dunkle Wolke heran. Es blitzte und donnerte und dann prasselte der Hagel auf die Erde herab – Hagel, wie ihn Ägypten noch nie erlebt hatte. Er erschlug alles und jeden, der sich auf freiem Feld aufhielt, riss die Äste von den Bäumen. Nur die Sklaven und Tiere, die in Sicherheit gebracht worden waren, überlebten.

Dann kam der Abend. Und am nächsten Morgen ging die Sonne strahlend wie je auf. Sie ließ den Hagel zu Wasser werden. Re hatte wieder die Macht ergriffen. Daher ließ der König am Abend zu einem opulenten Mahl bitten. Nachts dankte er seinen Göttern mit vielen frommen Worten. Anschließend legte er sich schlafen.

Und die Sonne ging auch am nächsten Morgen auf.

Doch mit ihr kam erneut ein Wind auf. Ein steter, heftiger Ostwind, der unheilbringend übers Land fegte. Überall hielten Ägypter aus Furcht vor einem neuen drohenden Unheil den Atem an. Und dann begannen sie zu jammern – denn sie sahen, wie der Wind vom Norden des Königreichs bis zu seinem Süden eine riesige Wolke wie eine Decke über das Land zog.

Der Pharao dachte, es wäre ein Sandsturm; doch dann legte sich die Wolke auch über die Stadt und er hörte es: ein kauendes Geräusch und das Schlagen von Millionen Flügeln. Als er hinsah, musste er feststellen, dass die Wolke Millionen hungrige Mäuler hatte.

Heuschrecken! Ein endloser Schwarm von Heuschrecken, so laut, dass man sein eigenes Wort nicht mehr verstehen konnte. Er ließ sich überall auf dem Land nieder, sodass die Gärten Ägyptens unter ihm verschwanden. Alles was grünte und blühte, was kreuchte und fleuchte wurde von Heuschrecken gefressen.

Die Ratgeber des Pharaos stürmten in seine Gemächer. »Wie lange soll dieser Mose uns noch Verderben bringen?«, schrien sie. »Ägypten ist zu Grunde gerichtet. Ruf ihn her! Gib ihm alles, was er will. Lass ihn ziehen, damit wir am Leben bleiben!«

Der Pharao schob sein Kinn vor und nickte. Augenblicklich lief einer seiner Ratgeber hinaus, um kurz darauf mit Aaron und Mose zurückzukehren.

Der Pharao sagte: »Ich habe gesündigt. Der Herr, euer Gott, ist im Recht, und ich und mein Volk, wir sind im Unrecht. Bittet euren Gott, dass er diese furchtbare Strafe aufhören lässt!«

Die Hebräer wandten sich ohne ein Wort um und gingen. Kaum dass sie draußen waren, drehte sich der Wind nach Westen. Er fegte über das Land und wehte die Heuschrecken hinweg, fort ins Rote Meer.

Schließlich legten die Winde sich. In der folgenden Nacht wehte nur noch eine laue Brise.

Der König von Ägypten fand dennoch keinen Schlaf. Er kochte vor Wut wegen der Demütigungen, die ihm nun durch sein eigenes Volk, seine Diener, seine Ratgeber zuteil wurden. Sein einziges Gebet in jener Nacht war deshalb ein Gebet der Vergeltung:

»Bei meinem Leben«, rief er, »bei Re, bei meinem mich liebenden Vater Re, bei der strahlenden Gewalt des Sonnengottes über diese Erde schwöre ich: Meine Herrlichkeit soll am Morgen erstrahlen und alle in Angst und Schrecken versetzen!«

Der Morgen kam. Die Sonne aber ging nicht auf.

Und wenn es einen Tag gab, so konnte niemand in Ägypten ihn

sehen. Denn nun lag eine undurchdringliche Finsternis über dem Land, die fast mit Händen zu greifen war. Es war so dunkel, dass niemand mehr seinen Nachbarn sehen konnte, ja, nicht einmal seine eigene Familie. Die Ägypter rührten sich nicht mehr aus ihren Häusern.

Nur dort, wo die Israeliten wohnten, blieb es hell.

So verging ein Tag und dann ein zweiter in völliger Dunkelheit. Drei Tage. Doch wer konnte sie ohne das Aufgehen der Sonne zählen? Rastlos schritt der Pharao in seinem Palast auf und ab. Er konnte weder essen noch schlafen. Je länger die Nacht dauerte, desto mehr geriet er außer sich. Er war machtlos.

Schließlich befahl er Mose zu sich. »Geht!«, rief er. »Geht! Haltet das Opferfest für den Herrn. Ja, und eure Kinder nehmt auch mit. Geht alle. Nur eure Schafe, Ziegen und Rinder – die müsst ihr hierlassen.«

Der Mann namens Mose ließ angesichts dieser Kapitulation weder Siegesfreude noch Dank erkennen. Sein Gesichtsausdruck war der gleiche wie damals, als er am Ufer des Nils zum ersten Mal dem Pharao entgegengetreten war.

Und mit der gleichen Überheblichkeit wie zuvor sagte er wieder: »Wir werden alle gehen. Wir und unser Vieh.«

Der König fuhr von seinem Thron auf. »Raus mit dir! Raus!«, schrie er. Er hatte ein Messer gezogen und er zitterte am ganzen Körper vor Verlangen, es auch zu benutzen. »Komm mir nie mehr unter die Augen. Wenn ich dich noch einmal sehe, bist du ein toter Mann!«

»So soll es sein«, antwortete Mose. »Keiner von uns soll den anderen je wieder sehen.«

Dort, wo die Israeliten wohnten, war es noch immer hell. Und genau dort stellte sich Mose nun vor die versammelten Israeliten hin.

»Hört mir zu und glaubt meinen Worten«, sagte er zu ihnen. »Ich habe Gottes Heiligkeit gesehen.«

Kein Laut war in der Menschenmenge zu hören – zu viel war seit der Ankunft dieses Mannes geschehen.

Mose sagte: »Er hat mich aus einer Flamme in einem Dornbusch heraus angesprochen. Ich sah den Busch am Hang eines Berges brennen, doch er wurde von den Flammen nicht verzehrt. Als ich ihn mir näher ansah, sagte die Stimme Gottes: *Zieh deine Schuhe aus, denn du stehst auf heiligem Boden. Ich bin der Gott deiner Väter, der Gott Abrahams, Isaaks und Jakobs.*

Ich verbarg mein Gesicht, aus Furcht den lebendigen Gott anzusehen.

Gott aber sagte: *Ich habe das Elend meines Volkes gesehen und bin gekommen, es aus der Sklaverei zu befreien und in ein Land zu führen, in dem Milch und Honig fließen – in jenes Land, das ich vor langer Zeit deinen Vätern versprochen habe.*

Dann befahl mir Gott, seine Worte euch und dem Pharao zu überbringen. Er sagte, ich solle euch aus Ägypten herausführen.

Ich aber entgegnete: ›Wer bin ich denn schon, dass ich das tun könnte?‹

Aber Gott sagte: *Ich werde bei dir sein; du sollst meinen Namen wissen und im Munde führen.*

Dann verkündete die Stimme Gottes aus der Flamme heraus: *ICH BIN DER ICH-BIN! Sage den Israeliten: Ich-bin – Jahwe, der Herr, der Gott eurer Väter – hat mich zu euch geschickt.*

Vor Angst zitternd fiel ich auf die Knie. ›Herr‹, sagte ich, ›ich bin im Reden viel zu schwerfällig und unbeholfen.‹

Der Herr antwortete mir: Wer hat dem Menschen den Mund gegeben? War nicht ich es, der Herr? Also werde ich dein Mund sein.«

Plötzlich erhob Mose seine Stimme, um den versammelten Menschen zuzurufen: »Deshalb war nicht ich es, sondern JAHWE, der Herr, der Gott unserer Väter, der dem König von Ägypten gegenübergetreten ist und ihn durch zahlreiche Zeichen in die Knie gezwungen hat.

Und sogar jetzt, heute Abend, bin nicht ich es, sondern der Herr, euer Gott ist es, der euch befiehlt, dass ihr euch auf ein weiteres Zeichen vorbereiten sollt, das letzte, schrecklichste Zeichen, das er vollbringen wird.

Mach dich bereit, Israel!«, rief Mose. »Befolgt die Anweisungen, die ich euch jetzt geben werde. Beweist durch euren Gehorsam euer Vertrauen auf den Herrn. Denn morgen um Mitternacht wird er euch mit starker Hand und erhobenem Arm aus der Sklaverei in die Freiheit führen!«

Und so geschah es, dass das Volk Israel den folgenden Tag in sprachloser Erregung verbrachte und die Anweisungen des Herrn, seines Gottes, genau so befolgte, wie Mose es ihnen befohlen hatte.

Jeder Haushalt schlachtete ein Lamm, ein einjähriges männliches Tier ohne irgendwelche Makel. Sie fingen das Blut in Schalen auf und strichen es mit Ysop-Büscheln auf die Pfosten und Oberschwellen ihrer Haustüren. Das Fleisch der Lämmer brieten sie.

Am Abend aßen sie dann in ihren Häusern das Lammfleisch, zusammen mit ungesäuertem Brot und bitteren Kräutern. Sie aßen es ganz, ohne etwas davon bis zum anderen Morgen übrig zu lassen, so wie der Herr es befohlen hatte.

Und sie aßen in Reisegewändern, gegürtet, mit Sandalen an den Füßen und Stäben in der Hand – bereit zum Aufbruch. Sie aßen in großer Hast.

Um Mitternacht tat der Zerstörer sein Werk. Der Engel des Herrn ging in ganz Ägypten umher. Wenn er an ein Haus gelangte, dessen Türpfosten mit Lämmerblut bestrichen waren, so ging er daran vorüber. Jedes andere Haus aber stand ihm offen und er ging hinein – und wenn er heraustrat, lag ein erstgeborenes Kind tot da.

Der Herr tötete alle Erstgeborenen Ägyptens, vom ältesten Sohn des Pharaos an, bis hin zum ältesten Sohn des Gefangenen in seinem Kerker. Alle.

Und so erhob sich lautes Wehgeschrei im ganzen Land, denn es gab kein Haus, in dem nicht ein Toter war.

Noch in der gleichen Nacht befahl der Pharao Aaron und Mose in seiner Verzweiflung: »Auf! Geht fort von meinem Volk! Geht, ihr und eure Kinder! Bringt dem Herrn Opfer dar, mit allen euren Schafen, Ziegen und Rindern. Fort mit euch! Geht – und bittet auch um Segen für mich.«

Und so zogen die Israeliten in jener Nacht fort. Sie zogen zu Fuß von Ramses nach Sukkot, mehr als sechshunderttausend Männer, Frauen und Kinder.

Vierhundertunddreißig Jahre hatten sie in Ägypten gelebt; und nun, da sie aus der langen Sklaverei dieses Landes fortgingen, sprach der Herr zu Mose: *Für alle Zeiten sollt ihr dieses Festmahl so begehen, wie ihr es in der Nacht begangen habt, in der ich euch errettet habe – mit Lamm, ungesäuertem Brot, bitteren Kräutern. Von nun an soll dieser Monat für euch der erste Monat des Jahres sein. Am zehnten Tag dieses Monats soll es beginnen. Dieser Tag soll euch ein Gedenktag sein in allen kommenden Generationen. Dies ist das Passafest für mich, den Herrn.*

Mose gab die Worte an das Volk weiter.

Und als die Israeliten sie hörten, senkten sie die Köpfe und beteten.

6

Sinai

Am deutlichsten erinnerten sich später die Kinder – die kleinsten, die hinter ihren älteren Geschwistern herstolperten – an das befremdliche Schweigen in der Nacht ihrer Flucht. Niemand sprach auch nur ein Wort.

Mütter und Väter liefen mit angestrengten Gesichtern, blickten sich häufig nach hinten um. Sie gingen inmitten eines schier endlosen Menschenstroms. Zwar war das Knirschen tausender Sandalen auf Sand, das Quietschen von Leder, das Schnauben der Rinder, das Blöken erschöpfter Schafe zu hören – doch keine menschliche Stimme, die sie beruhigen konnte.

So liefen die Kinder mit weit aufgerissenen Augen, von Angst erfüllt.

Selbst als es dämmerte, eilten die Menschen unerbittlich weiter – immer weiter, ohne auch nur einmal Halt zu machen.

Doch Sonne und morgendliche Wärme schienen die Dinge zu verändern. Hier und da konnten die Kinder Flüstern vernehmen, erste leise Gespräche. Dann Kichern. Die jungen Frauen kicherten. Plötzlich lachte ein Mann laut auf, verstummte aber gleich wieder. Dann begann ein anderer zu lachen und konnte gar nicht wieder aufhören. Die ihn sahen, grinsten. Dann begannen auch sie zu glucksen und schließlich stimmten sie in das Gelächter ein. Sie lachten, bis ihnen Tränen über die Wangen liefen.

Jetzt, da die Anspannung nachließ, machte sich Freude im Volk

Israel breit. Überall erklang fröhliches Lachen, Lieder wurden angestimmt und wie ein Lauffeuer weitergetragen.

Und die kleinen Kinder lachten mit, wenngleich sie nicht wussten warum. Sie empfingen Küsse von strahlenden Müttern, und ihre Väter zwinkerten ihnen zu, stießen sie in die Seite, nahmen sie fest in den Arm.

Und so blieb ihnen in Erinnerung, dass der langen, schweigsamen Nacht ein Tag der Freude und des befreiten Lachens folgte – und als sie älter wurden, sehnten sie sich stets danach, dass noch einmal so ein Tag käme, nur ein einziger Tag solch reiner, kindlicher Unschuld. Doch vergeblich.

Israel zog nach Südosten, Richtung Sukkot, und immer am Rand der Wüste entlang weiter nach Etam, in dessen Nähe sie schließlich ihr Lager aufschlugen. Etam war eine nur spärlich mit Truppen besetzte Grenzfestung der Ägypter. Die Soldaten standen auf Ziegelmauern und sahen voller Erstaunen ein Volk, das meilenweit ringsum das Land verdunkelte – geradezu eine Menschenplage!

In jener Nacht schliefen die ägyptischen Soldaten nicht. Sie spähten hinaus in die Dunkelheit. Und dann wurden sie Zeugen eines Wunders: Plötzlich erschien mitten in der Menschenmenge, die vor den Toren der Festung lagerte, eine Feuersäule, die bis zum Himmel hinaufragte. Sie verlosch nicht mehr, sondern setzte sich langsam in Bewegung.

Noch vor Anbruch des Tages war die Feuersäule fort. Und mit ihr die Menschen. Sie waren in der Nacht dem Feuer gefolgt.

Jetzt erst erwachten die Soldaten aus ihrer Trance. Sie sprangen auf ihre Pferde und eilten zurück, um dem König zu berichten, was sie gesehen hatten.

Es war der Herr, der die Israeliten in der Dunkelheit als Feuersäule führte und ihnen leuchtete. Am Tag verwandelte sich die riesige Flamme in eine Wolkensäule. So war Gott, der Herr, immer bei ihnen.

Und Mose war Gottes Prophet. Er verkündete dessen Willen mit Worten, die die Menschen verstanden.
Vierzig Jahre lang hatte Mose als Nomade gelebt und er kannte die Wüste. Und der Herr kannte ihn – wie ein Mann mit seinem Freund spricht, so sprach er mit Mose.
Es geschah also nicht aus Unkenntnis, dass Mose das Volk auf verschlungenen Pfaden an der Ostgrenze Ägyptens entlangführte. Nein, Gott hatte es ihm so befohlen. Und auf Gottes Geheiß hin machte Israel schließlich zwischen dem Meer zu seiner Rechten und einer weiteren, in einiger Entfernung im Westen gelegenen Grenzfestung namens Migdol Halt und schlug dort sein Lager auf.

Während das Volk dort lagerte, bemerkte eine junge Frau, die gerade Feuerholz sammelte, plötzlich eine winzige Staubwolke in der Nähe der entfernt gelegenen Festung. *Soldaten*, dachte sie. Sie kniff die Augen zusammen.
Erst vor kurzem hatte sie geheiratet: Karmi, einen rechtschaffenen Mann aus dem Stamm Juda. Doch dann war das Wasser des Flusses zu Blut geworden und der Himmel in Aufruhr geraten, und die Frau hatte das neu gefundene Glück nie genießen können – bis jetzt. Jetzt waren sie endlich frei. In Gedanken verloren entfernte Karmis Frau sich immer weiter vom Lager, sorglos und glücklich, denn sie würde bald ihr erstes Kind bekommen.
Und nun sah sie in der kleinen Staubwolke am Horizont etwas aufblitzen. Sie hatte gerade im Knien ein paar vertrocknete Wurzeln aus dem Boden gerissen, aber jetzt stand sie auf und spähte nach Westen. Da! Wieder blitzte es auf, und sie dachte: *Die Ägypter reiten fort. Gut.*

Doch dann sah sie, wie der ganze Horizont in Staub gehüllt wurde, vom Norden bis in den Süden, überall wirbelte wütend der Sand auf. Dann noch ein Aufblitzen! Und wieder! Metall, das in der Sonne funkelte. Und dann hatte die Frau das Gefühl, dass die Erde selbst bebte; im Wind lag ein Geruch von Leder und Schweiß – und jetzt konnte die junge Frau auch erkennen, was da so metallisch glänzte! Das waren Waffen! Die Sonne brach sich an Helmen, Speerspitzen, den glänzenden Seitenwänden von Streitwagen!

Sie ließ die wenigen Äste fallen und rannte, so schnell sie es in ihrem Zustand konnte, zum Lager zurück. »Ägypter!«, rief sie. »Ägyptische Soldaten! Sie sind hinter uns her!«

Aus war es mit der Freiheit – sie war bloß Lug und Trug gewesen!

Heftig schluchzend gelangte sie zu ihrem Volk zurück. Wie ein Pfeil drang ihre Angst in die Herzen der Israeliten, und sie begannen lautstark zu klagen und zu jammern. Jetzt sahen auch sie das Heer der Ägypter. Sie sahen eine gelbe Staubwand, die sich über den ganzen Westen erstreckte. Im Osten aber wurde ihnen der Weg vom Wasser versperrt. Sie waren gefangen zwischen Schwertern und dem Meer – und obwohl Ägypten noch weit von ihnen entfernt war, spürten sie auf der Haut schon seine Peitschen der Sklaverei.

Sie liefen zu Mose und schrien ihn an: »Warum nur hast du uns hierhergeführt? Damit wir hier sterben? Gab es denn in Ägypten nicht genug Gräber für uns?«

Doch Mose wandte sich ab, stieg auf einen einzelnen Fels, streckte die Arme empor und rief: »Ruhe! Schweige, Israel! Seid still! Hört auf zu streiten! Wartet ab und seht zu, wie der Herr uns heute retten wird.«

»Abwarten?«, wetterte das Volk. »Abwarten und *nichts* tun?«

»Verhaltet euch ruhig!«, rief Mose. »Der Herr wird für euch kämpfen.«

»Der Herr! Wo ist der Herr denn? Allen Zeichen und Wundern zum Trotz – dort sind die Ägypter wieder...«

»Seht!«, rief Mose. »Seht!«

Er zeigte auf die Wolkensäule. Sie bewegte sich. Sie hatte sich über die Menschen erhoben und wanderte jetzt nach Westen. Gleichzeitig wurde sie immer breiter, ein dichter grauer Vorhang – höher und tiefer zugleich, wie eine Mauer zwischen Himmel und Erde. Der Anblick verschlug den Kindern Israels die Sprache.

Die Wolke Gottes hatte sich zwischen Israel und Ägypten gestellt.

Unterdessen hatte Mose seinen Stab genommen und war ans Meeresufer getreten. Dort wandte er sich um und rief Israel zu: »Brecht die Zelte ab und macht euch reisefertig!« Dann streckte er seinen Stab über das Meer aus, worauf sich ein starker Ostwind erhob. Er wehte bis zum Abend und die ganze Nacht hindurch, fuhr auf das Meer hinab und teilte schließlich die Wassermassen.

Israel, umringt von den Elementen des Herrn, seines Gottes – von Wolken, Wind und Wasser –, Israel schwieg. Die Menschen brachen ihre Zelte ab und stolperten nach Osten, dorthin, wo das Meer gewesen war. Trockenen Fußes liefen sie bis ans andere Ufer, von dem unablässigen Ostwind getrieben. Mose ging als Letzter.

Am Morgen stieg die Feuer- und Wolkensäule auf und so konnten die Ägypter nun sehen, wohin Israel gezogen war. Sie bestiegen ihre Streitwagen. Sie gaben ihren Pferden die Peitsche und verfolgten in wilder Jagd ihre entflohenen Sklaven, hinab auf den Meeresgrund und zwischen den Mauern aus Wasser hindurch.

Mose aber stieg auf der gegenüberliegenden Seite des Meeres ans Ufer und streckte wieder seinen Stab aus. Im gleichen Moment legte sich der Sturm und gab das Wasser wieder frei. Es stürzte schäumend über den Ägyptern zusammen und ließ sie in den riesigen Wogen versinken. Nur Holz trieb an die Oberfläche und hier und da ein in Todesangst brüllendes Pferd. Die Soldaten aber wurden von ihren Rüstungen hinabgezogen. Und so kamen alle Reiter und Wagenkämpfer des Pharaos um.

An jenem Tag errettete der Herr Israel aus den Händen der Ägypter.

Da nahm Mirjam, die älter als ihre Brüder Mose und Aaron war, ein Tamburin und begann zu singen. Eine Zeit lang sang sie alleine,

eine alte Frau, die mit klarer Stimme den Herrn pries und ihrem Glauben an ihn neuen Ausdruck gab.

Dann aber trat eine zweite alte Frau vor – die Mutter der Frau Karmis – und begann zum Klang des Tamburins zu tanzen, mit geschmeidigen und anmutigen Bewegungen. »Weil meine Tochter einen Sohn geboren hat«, sagte sie. »Mitten im Meer hat sie ein Kind geboren, und sie sind nicht gestorben.«

Andere Frauen, alt wie jung, weinten vor Glück über die Errettung. Sie konnten nicht länger an sich halten. Sie klatschten in die Hände. Sie schlossen sich der Mutter von Karmis Frau an und begannen ebenfalls zu tanzen. Bald tanzten alle Frauen, schlugen mit Mirjam die Tamburine. Und Mirjam sang dazu ihr Lied:

> *Oh, singt, singt dem Herrn,*
> *denn er hat einen herrlichen Sieg errungen:*
> *Ross und Reiter hat er ins Meer geworfen!*
>
> *Der Herr ist meine Stärke,*
> *mein Gott und der meines Vaters!*
> *Und er, mein Retter, hat mir seinen Namen gesagt:*
>
> *Sein Name ist Herr!*
> *Ich will ihn erheben, Tag und Nacht!*
> *Ewiglich will ich meinen Gott preisen,*
> *mein Lied und meine Stärke.*

Die Kinder Israels folgten Mose vom Meer aus in die Wüste Schur. Drei Tage lang wanderten sie durch die Wüste, ohne Wasser zu finden.

Karmi kümmerte sich um seine Frau, die ihr Kind stillte. Er sah, dass sie immer blasser und ängstlicher wurde.

»Elischeba?«, fragte er leise. »Bist du krank?«
»Ich sorge mich um das Kind«, erwiderte sie. »Meine Milch versiegt.«
»Wie kann ich dir helfen?«
»Ich muss etwas trinken.«
»Mose hat gesagt, dass wir morgen zu einem Teich kommen. Hab Geduld, Elischeba. Warte bis morgen.«

Doch als die Israeliten bei einer kärglichen Oase angelangt waren, mussten sie feststellen, dass das Wasser bitter und ungenießbar war.

Dann kam Mose durch die versammelten Menschen geschritten, einen seltsamen, dürren Baum, den er in der Wüste abgeschnitten hatte, hinter sich her schleifend – Mose, eifrig beschäftigt mit dem bitteren Teich.

Er erhob seine Stimme: »Wenn ihr auf das achtet, was der Herr, euer Gott, euch sagt, und danach handelt ...«, und mit diesen Worten warf er den Baum ins Wasser, »... dann wird der Herr euer Arzt sein. Trinkt!«

Karmi kniete als erster beim Wasser, um zu trinken. »Elischeba!«, rief er, »Elischeba, komm her! Das Wasser ist süß.«

Als Nächstes schlugen die Israeliten ihr Lager in einer Oase mit zwölf Quellen und siebzig Palmen auf. Voller Freude über die Fülle baten sie Mose, dort bleiben zu dürfen. Doch er führte sie unerbittlich weiter in die Wüste Sin.

Ihr Aufbruch aus Ägypten lag nun anderthalb Monate zurück. Sie wussten kaum, wie sie in der Wüste, fern jeder Zivilisation überleben sollten. Noch nie hatten sie bisher in trockener Gegend nach Nahrung suchen müssen. Sie hatten nicht gelernt, wie man jagt, sich in Felle kleidet, alte Zelte flickt und ständig mit all seiner Habe und seinen Vorräten umherzieht.

Abraham, Isaak und Jakob waren Nomaden gewesen. Ebenso die zwölf Väter der Stämme Israels. Doch dieses gewaltige Volk, die Nachfahren dieser Männer, kannten ein besseres Leben: Häuser, Gärten, Essen, das immer verfügbar war.

»Mose!«, sagten sie. »Wohin bringst du uns?«

Doch Mose gab ihnen keine Antwort. Mit entschlossener Miene ging er immer weiter und hörte nicht auf das Jammern der Menschen.

»Mose!«, schrien sie. »Wären wir doch gestorben, als wir noch in Ägypten waren. Dort saßen wir vor vollen Fleischtöpfen und konnten uns an Brot satt essen. Hier aber wirst du uns vor Hunger sterben lassen!«

Und Karmi, der zwar Ziegel brennen konnte, aber nicht wusste, wo er einen Bissen für seinen hungrigen Sohn finden sollte, nannte sein Kind – in einem Anfall von Verzweiflung – Achar, »Mann, der Sorge bringt«.

Seine Frau aber verbarg diese Bedeutung vor ihrem Kind, indem sie es stattdessen Achan nannte.

Schließlich blieb Mose stehen, um zu den Menschen zu sprechen. »Wer bin ich schon, dass ihr euch über mich beschwert? Eure Vorwürfe gelten nicht mir, sondern dem Herrn!«

Dem Herrn. Selbst der bange Karmi blickte zu Boden.

Mose sagte: »Doch der Herr hat euch erhört. Und um euch zu zeigen, dass er es war, der euch aus Ägypten geführt hat, werdet ihr heute Abend Fleisch zu essen bekommen und am Morgen so viel Brot, dass ihr satt werdet.«

Noch während er sprach, erblickten die Menschen in der Wüste die Herrlichkeit des Herrn: Eine große, schwarze Wolke kam auf sie zu, und als sie über den Zelten angekommen war, sahen die Menschen, dass sie aus Wachteln bestand: Die Wolke war ein riesiger Schwarm von Wachteln, die vom Flug erschöpft dicht über dem Boden flogen.

Karmi nahm einen Knüppel und erlegte damit einige Wachteln. Dann rannte er, die Arme mit Fleisch beladen, zu Elischeba.

Am nächsten Morgen geschah ein zweites Wunder: Schnee fiel sacht vom Himmel auf die ausgetrocknete Erde und legte sich über die Wüste. Die Kinder Israels traten vor ihre Zelte und starrten auf die feinen weißen Körner.

»Was ist das?«, flüsterten sie. »*Man hu?*«

Und Mose antwortete: »Das ist das Brot, das der Herr euch zu essen gibt. Er wird es uns so lange geben, wie wir es brauchen – selbst dann noch, wenn unsere Wanderschaft ein Ende hat. Sammelt davon so viel, dass es für jeden reicht: pro Kopf einen Krug voll. Jeder Familienvater soll die Menge sammeln, die seine Familie zum Leben braucht, nicht mehr und auch nicht weniger. Esst alles noch am heutigen Tag. Vertraut auf den Herrn. Morgen wird er euch mehr schicken.«

So gab es denn eine reiche, unverhoffte Ernte. Die meisten Menschen befolgten Moses Anweisungen. Sie nannten diese neue, süßliche Speise, die nach Koriander und Honigwaffeln schmeckte, *Manna*.

Aber Karmi war misstrauisch. Aus Sorge um sein Kind brachte er sechs Krüge heim, von denen sie drei im Verlaufe des Tages aßen. Karmi war froh, für den nächsten Tag vorgesorgt zu haben. Doch am nächsten Morgen war sein Vorrat voller Maden und stank. Und so musste Karmi wieder mit den restlichen Kindern Israels sammeln gehen.

Von einem Lagerplatz zum nächsten ziehend durchquerten die Israeliten die Wüste Sin. Mose ging an ihrer Spitze, vor sich immer die Wolkensäule des Herrn.

Eines Morgens aber stellten die Kinder Israels fest, dass die Wolke fort war und sie nur noch von Mose geführt wurden.

Als jemand wissen wollte, ob Gott sie im Stich gelassen hätte, wies Mose auf einen Punkt in der Ferne. »Seht ihr denn nicht, wohin wir gehen?«, sagte er.

Weit, weit vor ihnen, aus der Entfernung fast nicht zu erkennen, erblickten die Kinder Israels etwas, das aussah wie Rauch, der von einem steinigen Hügel aufstieg.

»Was ist das?«, fragten sie.

»Unsere Wolke auf dem Berg Gottes«, erwiderte Mose.

Als sie weiterzogen, wurde der steinige Hügel am Horizont immer größer. Jeden Tag konnten die Israeliten etwas mehr erkennen. Bald sahen sie die Felsspitze, eine graue, nackte Anhöhe – das runzlige Gesicht einer uralten steinernen Gestalt.

Der Berg Gottes.

Nach einer Woche füllte der Fels den ganzen südlichen Himmel aus. Und die Herzen der Menschen füllte er mit ängstlicher Beklemmung. Die Gespräche verstummten, so klein fühlten sich die Israeliten neben diesem riesigen Etwas, das sich da vor ihnen erhob – diesem grauen, leblosen, drohenden Berg, dessen Gipfel in einer Wolke lag.

Die Wolke aber lebte. In ihrem Inneren zuckten Blitze. Donner grollte.

Drei Monate nach ihrer Flucht aus Ägypten betraten die Kinder Israels nun die Wüste Sinai. Und dort, alles beherrschend, lag der Berg: *Sinai, der Berg Gottes.*

»Da!«, rief Mose, den Donner übertönend, »da ist der Hang, an dem ich den Busch sah, der nicht verbrannte. Dort ist Gott mir zum ersten Mal begegnet. Und dort, Israel, kommt der Herr, euer Gott, nun auch zu euch – in der dunklen Wolke, dem Donnerschlag, in Feuer und Rauch.

Denn er spricht: *Ihr habt gesehen, was ich mit den Ägyptern getan habe, wie ich euch auf Adlerschwingen davongetragen und zu mir gebracht habe. Und wenn ihr nun auf meine Stimme hört und meinen Bund haltet, so sollt ihr vor allen Völkern mein Eigentum sein; denn mein ist die ganze Erde. Ihr sollt mir ein Königreich von Priestern und ein heiliges Volk sein.*

Und deshalb«, fuhr Mose fort, »macht euch bereit für den Herrn! In drei Tagen wird er vor euren Augen auf den Berg herabkommen.

Wascht eure Kleider. Lasst keine Leidenschaft zwischen euch aufkommen, sondern seid enthaltsam. Errichtet rings um den Berg an seinem Fuß einen Zaun, damit alles, was lebt, von ihm fern bleibt. Denn wer den Berg betritt, wenn der Herr kommt, muss sterben.«

Der Morgen des dritten Tages brach unter heftigem Blitzen und Donnern an. Die Erde selbst begann zu beben. Vom Berg stieg Rauch wie aus einem Schmelzofen auf, denn der Herr hatte sich im Feuer darauf niedergelassen. Und dann erhob sich ein Lärm, wie von Posaunen, der immer lauter wurde, bis die Menschen schließlich vor Angst zurückwichen.

»Mose!«, schrien sie. »Sprich du zu uns, wir wollen auf dich hören – aber lass nicht Gott zu uns sprechen, sonst sterben wir!«

Mose rief: »Fürchtet euch nicht! Gott ist nur gekommen, um euch auf die Probe zu stellen, damit eure Furcht vor ihm euch davon abhält zu sündigen.«

Doch die Menschen liefen immer weiter davon.

Und so stieg Mose selbst über den Zaun und erklomm den steilen, steinigen Hang, der in das Dunkel führte, in dem Gott war. Ganz alleine stieg er auf den Berg.

Und als er in der schwarzen Wolke stand, sprach der Herr zu ihm und gab ihm die folgenden zehn Gebote:

Ich bin der Herr, dein Gott – ich habe dich aus Ägypten herausgeführt und dich aus der Sklaverei befreit. Du sollst außer mir keine anderen Götter verehren.

Du sollst dir kein Gottesbild machen und auch sonst kein Abbild von irgendetwas, das ich geschaffen habe. Wirf dich nicht vor solchen Bildern nieder um sie anzubeten. Denn ich, der Herr, dein Gott, dulde keinen anderen Gott neben mir! Wer mich hasst, den werde ich bestrafen, und seine Kinder werden es bis in die dritte und vierte Generation noch spüren. Aber denen, die mich lieben und die meine Gebote befolgen, denen bin ich gnädig – und auch ihren Kindern und tausenden von Generationen nach ihnen.

Du sollst den Namen des Herrn, meinen Namen, nicht missbrauchen, denn ich bin dein Gott.
Achte den Sabbattag als einen heiligen Tag. Sechs Tage lang sollst du all deine Arbeit verrichten, aber der siebte Tag ist ein Ruhetag, der mir, dem Herrn, gehört. An diesem Tag soll keiner von euch arbeiten – denn an sechs Tagen habe ich den Himmel und die Erde und alles, was darauf ist, geschaffen; am siebten Tag aber habe ich ausgeruht – und deshalb ist dieser Tag heilig.
Ehre deinen Vater, ehre deine Mutter, dann wirst du lange in dem Land leben, das ich dir geben werde.
Du sollst nicht töten.
Du sollst nicht ehebrechen.
Du sollst nicht stehlen.
Du sollst keine Lügen über deinen Nächsten verbreiten.
Du sollst nicht begehren, was deinem Nächsten gehört – weder sein Haus noch seine Frau, noch seine Knechte und Mägde, sein Vieh, noch irgendetwas anderes, das ihm gehört.

Als der Herr dies gesprochen hatte, stieg Mose vom Berg herab und stellte sich vor den versammelten Israeliten auf, um auch ihnen Gottes Wort mitzuteilen.

Die Menschen sagten: »Alles, was der Herr befohlen hat, wollen wir befolgen. Wir werden gehorsam sein.«

Und so errichtete Mose am Fuß des heiligen Berges einen Altar, um Gott zu ehren. Ebenso stellte er zwölf Steinmale auf, eins für jeden der zwölf Söhne Jakobs, des Vaters der Stämme Israels.

Dann brachte er Brand- und Versöhnungsopfer dar. Er fing das Blut eines Stieres in Schalen auf. Die eine Hälfte – während das Blut noch warm war – sprengte er auf den Altar des Herrn, die andere über die Menschen selbst.

Er rief: »Seht das Blut des Bundes, den der Herr mit euch geschlossen hat!«

Das blutige Opfer war ein Zeichen dafür, dass Gott und sämtliche Kinder Israels nun durch einen Bund zusammengehalten wurden. Er war ihr Gott. Sie waren sein Volk. Und der Bund würde so lange dauern, wie sie ihr Versprechen hielten und das Wort des Herrn befolgten, seine Gebote und Gesetze beachteten.

Denn das Volk hatte versprochen: »Alles was der Herr uns befiehlt, werden wir gehorsam tun.«

Und wieder sprach der Herr zu Mose: *Steig zu mir auf den Berg hinauf; ich werde dir Steintafeln geben, auf die ich selbst die Gesetze geschrieben habe, die die Menschen befolgen sollen.*

Also begab sich Mose erneut in die Wolke, in der sich der Herr auf dem Berg verbarg.

Doch sechs Tage lang geschah nichts. Der Herr schwieg und Mose wartete.

Am siebten Tag aber begann der Herr aus der Wolke zu Mose zu sprechen. Es war eine lange Rede: Vierzig Tage und Nächte lang gab Gott Mose seine Gebote und Gesetze.

Gesellschaftliche Verhaltensregeln wurden festgelegt und unterschiedliche Verbrechen benannt – solche, die mit dem Tod bestraft werden sollten, und andere, die geringere Strafen rechtfertigten. *Entsteht ein dauerhafter Schaden, so gilt: Leben um Leben, Auge um Auge, Zahn um Zahn, Hand um Hand, Fuß um Fuß, Brandwunde um Brandwunde, Verletzung um Verletzung, Strieme um Strieme ...*

Eigentumsrechte wurden gesichert und in allen Einzelheiten geregelt.

Glaubens- und moralischen Regeln kam dasselbe Gewicht wie allen anderen Gesetzen des Bundes zu.

Es wurde genau gesagt, wie Gerechtigkeit aussehen sollte. Der Geist der Gerechtigkeit sollte diejenigen leiten, die in Israel die Macht hatten.

Die großen Feste, durch die der Kalender bestimmt sein würde, wurden namentlich festgelegt.

Und dann sprach Gott, der Herr, über den Kern des Bundes: *Wenn ihr alles befolgt, was ich euch sage, so werde ich Feind eurer*

Feinde sein und Widersacher eurer Widersacher. Ich werde euer Brot und euer Wasser segnen. Ich werde alle Krankheit von euch wenden. Ich werde eure Feinde aus eurem Land vertreiben, bis es sich schließlich vom Roten Meer bis ans Philistermeer und von der Wüste bis zum Euphrat erstreckt.

Und damit ich bei euch sein kann, wohin ihr auch geht, fuhr der Herr fort, *sollen die Menschen mir ein Heiligtum errichten, in dem ich wohnen kann. Das Heiligtum soll wie folgt aussehen* ...

Und dann beschrieb er Mose die genaue Größe für ein heiliges Zelt, die Stiftshütte des Bundes, und welche Materialien für seine Errichtung zu verwenden waren – und auch, wie es auszustatten war. Es sollte eine Lade besitzen, in der die Gesetzestafeln aufbewahrt werden sollten und auf der der goldene Gnadenthron Gottes ruhen würde. Die Lade würde sich im innersten Raum des Zeltes befinden. In seinem Dunkel würde Gott den Menschen erscheinen, und seine Gegenwart würde es zum heiligsten Ort Israels machen.

Das Zelt sollte zwei Räume haben. Der äußere, vom Allerheiligsten durch schwere Vorhänge getrennt, sollte drei Dinge beherbergen: Einen Tisch für die geweihten Brote, einen Leuchter und einen Räucheraltar.

Außerhalb des Zeltes, aber innerhalb eines Vorhofes, sollte ein Brandopferaltar aus Bronzeblechen stehen.

Darüber hinaus beschrieb der Herr alle die Pflichten, die seine Priester haben würden und welche Kleider sie zu tragen hätten. Und er ernannte Aaron, Moses älteren Bruder, zu seinem ersten Priester.

Als er geendet hatte, gab Gott Mose zwei Steintafeln, auf die er selbst das Bundesgesetz geschrieben hatte.

Aaron machte die Herrlichkeit des Herrn, die in Rauch und Feuer sichtbar wurde, Angst.

Er hatte gesehen, wie sein Bruder von dem Volk weg und auf den Berg zugegangen war. Er hatte gesehen, wie Mose, der zwischen den Felsbrocken winzig gewirkt hatte, tief Luft geholt und sich dann an den Aufstieg gemacht hatte – ein mühseliger Weg für den winzigen, von braunen Felsen umgebenen Mann, der immer wieder in der schroffen Wand verschwand, um bald darauf wieder aufzutauchen.

Schließlich aber hatte Aaron seinen Bruder endgültig aus den Augen verloren.

In der ersten Woche von Moses Abwesenheit war Aaron zwischen den Zelten der Kinder Israels umhergegangen, voller Verwunderung darüber, wie rasch sie doch zu ihren alltäglichen Bedürfnissen zurückgekehrt waren. Während Mose ihretwegen dem Herrn gegenüberstand, kochten die Menschen Wachteln, buken auf Lehm harte Fladen, saßen ins Gespräch vertieft oder hielten im Schatten ein Mittagsschläfchen. Verheiratete stritten sich über banale Dinge. Alte kauerten vor ihren Zelten und vermissten Ägypten, und die Kinder streunten gelangweilt in den Gassen zwischen den Zelten umher.

Aaron hörte, wie die Kleinsten um Wasser baten; und dann hörte er zum ersten Mal, wie der Name seines Bruders erwähnt wurde. Mütter sagten: »Wir müssen sparsam mit dem Wasser umgehen. Wartet, bis Mose zurück ist.«

»Ich habe aber *jetzt* Durst.«

»Hab Geduld.«

»Wann kommt er denn zurück, Mama?«

»Bald, Raffi. Bald.«

So ging es eine Woche. Aaron schüttelte den Kopf über ein Volk, das so gleichgültig auf derartig umwälzende Ereignisse reagierte.

Während der folgenden Woche fiel Moses Name häufiger. »Wo bleibt er nur?«, fragten die Menschen. Langsam begannen sie sich Sorgen zu machen. Immer wieder sahen sie zu dem Berg hinauf.
»Was kann ihm passiert sein?«
»Wir haben bald kein Wasser mehr.«
»Was sollen wir jetzt machen?«
In der dritten Woche wurden die Menschen wütend. Sie begannen den Berg anzuschreien. »Mose! Was treibst du da droben? Kümmere dich lieber um uns! Schließlich warst du es, der uns hierhergeführt hat! Komm jetzt und hilf uns!«
Das andauernde Grollen des Donners machte sie nur noch zorniger. »Sind wir dir denn gleichgültig?«
Aaron hätte nicht zu sagen vermocht, ob die Frage Mose oder dem Herrn galt.
»Hast du uns vergessen?«
In der vierten Woche gerieten die Menschen in Panik.
»Er ist tot«, sagten sie. »Wir sind verlassen.«
Nun gab es Tränen in den Zelten Israels. Kleine Kinder sahen erstaunt, wie ihre Eltern laut klagten und weinten.
»Wo ist unser Gott? Wo ist seine Säule, die uns führt? Was ist nun mit seinen Versprechen?«
Ein paar von den Älteren resignierten, bedeckten ihre Gesichter und hofften, sie würden rasch sterben.
Niemand kochte. Niemand aß mehr. Niemand schlief oder wusch sich. Ihre Existenz war erschüttert. Himmel und Erde waren aufeinander geprallt und hatten die Kinder Israels unter dem Donner dieses einsamen Berges zurückgelassen; jetzt wussten sie nicht mehr weiter.
Aaron spürte, dass die Lähmung des Volkes nur die Ruhe vor dem Sturm war, der bald losbrechen würde. Er bekam Angst. Alle Gesetze hatten ihre Gültigkeit verloren. Aufwallende Gefühle würden dieses Volk bald an Ort und Stelle vernichten, hier am Fuß des Berges.
Als die Kinder Israels am Ende der fünften Woche zu ihm kamen

und ihn um Götter anflehten, die sie *sehen* könnten – anspruchslosere Götter, die ihnen mit ihrer freundlicheren, sichtbaren Gegenwart Trost spenden würden –, willigte Aaron ein.

Und so versuchte er das Volk Israel zu trösten: Er verlangte all ihren Goldschmuck – sie gehorchten ihm augenblicklich und häuften ihr Gold vor ihm auf –, schmolz es ein, goss es in eine Form und machte daraus das Bild eines glänzenden goldenen Kalbs. Dann hob er es hoch, damit alle es sehen konnten.

»Hier ist er!«, riefen da alle erleichtert. »Hier ist der Gott, der uns aus Ägypten geführt hat.«

Aaron selbst war von der aufrichtigen Dankbarkeit und der plötzlichen Wiederbelebung der Gemeinschaft gerührt. Deshalb errichtete er vor dem Kalb einen Altar und verkündete dann: »Morgen wollen wir dem Herrn zu Ehren ein Fest feiern!«

Und so wurde aus ihrer Erleichterung Jubel.

Am nächsten Morgen brachten sie in aller Frühe auf dem Altar Brandopfer dar. Dann ließen sie sich nieder, um ein rauschendes Fest zu feiern. Man trank Wein und vergnügte sich.

An jenem Tag – während der sechsten Woche, in der Mose fort war – fühlten die Kinder Israels sich nicht länger verlassen. Sie begannen wieder zu lachen und sangen wieder fröhliche Lieder. Und sie tanzten. Sie tanzten, wild und hemmungslos, klatschten in die Hände, wirbelten unter lautem Rufen im Kreis herum, sodass ihnen der Schweiß über die Stirn rann. Sie hatten den Berg vollkommen vergessen ...

... bis plötzlich ein Donner die Luft zerriss und den Himmel bersten ließ. Und da stand Mose hoch über ihnen auf einer Felsspitze. Er hielt eine flache, weiße Steintafel in Händen. Eine zweite lag in blendend weißen Stücken am Saum des Berges. *Das* war der Donner gewesen, der die Freude der Menschen ausgelöscht hatte – denn nun hob er die Steintafel, die noch ganz war, in die Höhe und schleuderte sie an den Fuß des Berges. Ein zweites Mal erbebte die Erde.

Obwohl sein Bruder noch weit entfernt war, konnte Aaron doch die Hitze seiner Wut spüren.

Dann kam Mose in die Mitte des Lagers geschritten. Die Menschen wichen vor ihm zurück, machten ihm stumm den Weg frei. Er nahm einen schweren Hammer, zerschlug damit das goldene Kalb, schmolz es ein und zermahlte es zu Pulver. Dieses Pulver vermischte er mit Wasser – und dann zwang er die Israeliten es zu trinken.

Aaron aber rief er zu: »Was hat das Volk dir getan, dass du es in so schwere Schuld gestürzt hast?«

»Stimmt, es war das Volk!«, entgegnete Aaron. Der Zorn des Propheten Gottes ließ ihn zittern. »Ein böses Volk! Es hat mich gedrängt, ihm einen Gott zu machen!«

Doch Mose hatte sich bereits von ihm abgewandt, und der bedauernswerte Mann sank zu Boden und verbarg sein Gesicht in beiden Händen. So verharrte er den Rest des Tages, gedemütigt vor Mose und dem Herrn. Was als nächstes geschah, sah er nicht, doch er konnte es hören.

Aaron hörte Mose ausrufen: »Wer hält zum Herrn? Her zu mir!«

Er spürte, wie der Boden unter den Füßen zahlloser Männer erbebte. Dann sagte Mose: »Söhne Levis, der Herr befiehlt euch: *Legt eure Schwerter an und geht durch das ganze Lager! Tötet alle, die sich von mir abgewandt haben . . .*«

Aaron kauerte am Boden, ein trauriges Knäuel, und hörte die Geräusche eines Gemetzels in der Wüste Sinai. Männer, die erschlagen und erdolcht wurden, verbluteten, starben.

Die Nacht verging in unnatürlicher Stille.

Regungslos lag Aaron da, ohne zu schlafen.

Am Morgen sprach Mose erneut. Seine Stimme klang leiser, war aber dennoch im ganzen Lager der Israeliten deutlich zu vernehmen: »Ich kehre noch einmal auf den Berg zurück. Ihr habt eine schwere Sünde begangen. Aber vielleicht kann ich vom Herrn Vergebung für euch erwirken.«

Kurz darauf spürte Aaron eine Hand in seinem Nacken. Dann flüsterte Mose ihm ins Ohr: »Steh auf, Bruder. Wasch dein Gesicht. Wenn ich zurückkehre, werde ich gute Nachrichten für dich haben.«

Noch einmal stand der Mann namens Mose auf dem Berg dem Herrn gegenüber, in Dunkelheit gehüllt, betend:

»Ach, Herr, das Volk hat sich schwer gegen dich versündigt. Götzenbilder, Götter aus Gold, kleine Gottheiten, über die sie meinen herrschen zu können – eine schwere Schuld.

Doch ich bitte dich, Herr: Vergib ihnen. Tilge ihre Schuld.«

Nein, sprach Gott, der Herr, auf seinem Berg, austilgen werde ich jene, die sich an mir versündigt haben. Ich habe das Volk gesehen. Ein halsstarriges Volk. Lass mich allein, damit mein Zorn sie vernichten kann!

»Oh, Herr, wenn du ihnen nicht vergibst, so bitte ich dich, tilge auch mich aus dem Buch, in dem die Namen der deinen eingetragen sind.«

Dich nicht, Mose! Nein, ich will jetzt aus dir ein großes Volk machen.

Mose begann verzweifelt die Hände zu ringen: »Was werden nur die Ägypter über dich sagen, wenn du dein Volk jetzt erschlägst? Sie werden sagen, dass dein starker Arm am Ende doch böse ist. Dass du Menschen errettest und sie anschließend umbringst! Ach, besänftige doch deinen Zorn! Erinnere dich an die Versprechen, die du unseren Vätern gegeben hast – dass ihre Nachfahren ein großes Volk sein würden und dass du ihnen Kanaan geben willst.«

Plötzlich herrschte Stille. Als der Herr wieder sprach, klang seine Stimme sanfter: *Sie sollen gehen. Sag diesem dickköpfigen Volk, es soll in das Land ziehen, das ich ihm versprochen habe. Doch es wird allein gehen. Denn wenn ich mitginge, würde mein Zorn sie unterwegs vernichten.*

»Ich soll also das Volk allein ins Gelobte Land führen? Wie kann ich das ganz allein bewerkstelligen? Ich dachte, ich hätte Gnade vor deinen Augen gefunden.«

Mose, du hast Gnade vor meinen Augen gefunden. Ich kenne dich und rufe dich mit Namen.

»Was für eine Gnade ist das, wenn du mich verlässt? Woran soll ich deine Gnade erkennen, wenn Israel allein ziehen muss? Ist es denn nicht gerade deine Gegenwart, Herr, die uns vor allen anderen Völkern der Erde auszeichnet?«

Mose, Mose. Der Donner war verhallt und die Finsternis wich langsam einem schwachen Licht. Und der Herr sprach: *Auch das, was du jetzt gesagt hast, will ich tun; denn du hast Gnade vor meinen Augen gefunden.*

Da schwieg Mose, ließ die Hände sinken und wandte sein Gesicht ab. Etwas hatte er noch auf dem Herzen.

Schließlich flüsterte er: »Ich bitte dich, Herr – lass mich deine Herrlichkeit sehen.«

Im gleichen Augenblick legte sich der Sturm. Die gelbe Luft stand unbeweglich. Der Berg verstummte.

Und unvermittelt hob Gott, der Herr, seinen Propheten auf und stellte ihn in eine Felsspalte. Er bedeckte Mose mit seiner Hand – damit er nicht beim unmittelbaren Anblick des heiligen Gottes stürbe. Dann zog die Herrlichkeit des Herrn an der Felsspalte vorüber und rief: *Der Herr! Der Herr!*

Erst als er schon vorbeigegangen war, nahm Gott seine Hand fort, sodass Mose ihm nur noch nachschauen konnte.

Und Mose senkte den Blick und betete.

Als Mose dieses Mal vom Berg herabstieg, in den Armen zwei neue Gesetzestafeln, lag auf seinem Gesicht ein strahlender Glanz – so hell, dass Aaron und alle Israeliten voller Angst vor ihm zurückwichen.

»Verhülle dein Gesicht!«, riefen sie, »sonst können wir nicht zu dir kommen!«

Da verhüllte Mose sein Gesicht mit einem Schleier.

Und für den Rest des Jahres, dem ersten seiner Befreiung, blieb Israel dem Herrn gehorsam. Als Mose dem Volk den Entwurf für die Stiftshütte darlegte, bauten die Menschen sie genau nach den Anweisungen des Herrn.

Und als sie fertig war, ließ sich die Wolke der Gegenwart Gottes darauf nieder, und die Herrlichkeit des Herrn erfüllte das ganze Zelt. Nicht einmal Mose konnte es betreten.

Zu Beginn des zweiten Jahres nach dem Auszug der Kinder Israels aus Ägypten versammelten sie sich in ihren Familien, um das Passafest zu feiern, genau wie der Herr, ihr Gott, es ihnen befohlen hatte. Ein Lamm ohne Makel. Sieben Tage ungesäuertes Brot. Bittere Kräuter.

Mirjam sang zwei Lieder, ein trauriges Lied der Erinnerung und ein heiteres, das die Freiheit besang.

Alles war gut.

So komm denn, sprach der Herr zu Israel, *komm, wir wollen gemeinsam heimkehren.*

7

Die Kinder Israels

Am zwanzigsten Tag des zweiten Monats, im zweiten Jahr nach der Befreiung aus Ägypten, erhob sich die Wolke von der Stiftshütte und die Kinder Israels brachen, nach Stämmen geordnet, aus der Wüste Sinai auf.

Die Wolke führte sie in die Wüste Paran.

An der Spitze ging die Abteilung unter dem Banner des Stammes Juda. Dann folgte Issachar und dahinter Sebulon.

Nachdem die Stiftshütte abgebaut war, nahmen die Leviten die Stangen und Zelttücher mit sich. Gefolgt wurden sie vom Stamm Ruben, dann kam Simeon und als Nächster der Stamm Gad.

In der Mitte des Zuges gingen Priester, die auf langen Stangen die Bundeslade trugen. Sobald sie im nächsten Lager ankamen, würde die Stiftshütte schon bereitstehen, um die Bundeslade aufzunehmen.

So wie sechs Stämme der Bundeslade vorangingen, so gingen auch sechs hinter ihr her: Ephraim, Manasse und Benjamin; Dan, Asser und Naftali.

Dies war, solange sie durch die Wüste zogen, die Marschordnung der Israeliten.

Wann immer von da an die Bundeslade sich in Bewegung setzte, rief Mose: »Steh auf, Herr! Lass deine Feinde vor dir in alle Winde zerstreut werden!«

Und wann immer die Lade abgesetzt wurde, betete er: »Kehre zurück, Herr, zu den zahllosen Scharen Israels.«

Als seine Mutter ihm neue Sandalen gab und sein Vater schließlich das Zelt der Familie abbrach, war Achan ein Jahr alt. Dann zogen sie gemeinsam weiter, fort von dem Berg. Sie waren mit unter den Ersten, die aufbrachen – sie, ihre Familie, die Serachiter, und ihr Stamm: Juda.

Die Namen seiner Blutsverwandten kannte Achan auswendig, sie waren seine Identität. Achan, der Sohn Karmis, Sohn von Sabdi, Sohn von Serach vom Stamme Juda – Achan war nicht nur einer, er war viele. Die Kinder Israels – sie waren eins; und Achan war ein Teil davon.

Das hatte seine Mutter ihm beigebracht.

Eine Weile ging er neben ihr her, aber bald nahm sie ihn hoch, wickelte ihn in die Falten ihres Umhangs und trug ihn auf dem Rücken weiter. Er wurde schläfrig. Bei jedem ihrer Schritte konnte er den Atem in ihrer Brust hören. Er liebte dieses Geräusch.

Sein Vater sagte: »Elischeba, du hast große Füße.«

Die Stimme seiner Mutter drang durch ihren Rücken an sein Ohr. »So wird mir das Gehen leicht fallen.«

»Warum ziehst du eigentlich keine Sandalen an?«

»Meine Zehen finden Halt und meine Fußsohlen können den steinigen Boden schon aushalten. Sie sind fest und hart geworden.«

»Schön, schön«, erwiderte sein Vater. »Aber hast du auch an mich gedacht?«

»Was ist denn mit dir?«

»Was wohl? Die Füße meiner Frau sind groß und fest. Das ist mir peinlich.«

Achans Mutter schwieg darauf. Er hörte nur noch das Atemgeräusch, jene beruhigenden Laute. Er schlief ein.

Jeden Morgen war die Erde von Manna bedeckt, und so fehlte es den Israeliten nie an Essen. Sie konnten das Manna zwischen Steinen mahlen oder in Mörsern zerstoßen; sie konnten es kochen oder Fladen daraus backen. Aber obwohl es eigentlich gut schmeckte, wie in Öl gebackene Kuchen, so schmeckte es doch immer gleich.

Als Elischeba daher Karmi eines Abends wieder Manna vorsetzte, sprang dieser auf und begann mit den Armen zu rudern.

»Ich hab mit Nachschon und Zuar geredet«, schrie er. »Willst du wissen, was sie sagen?«

Elischeba schwieg, aber ihr Mann erwartete offenbar gar keine Antwort, denn er redete sofort weiter: »Sie sagen, dass ihnen langsam die Kräfte schwinden – das sagen sie!« Achan saß kauend da und starrte seinen Vater mit großen Augen an.

»Und sie sind nicht die Einzigen – Eliab und sein Vater Helon sagen dasselbe. Und Elizur – mit ihm hab ich auch geredet. Und Schelumiël sagt es auch. Wir brauchen Fleisch! Richtiges Fleisch! Etwas Schmackhaftes! Wir haben den Fisch Ägyptens noch nicht vergessen! Gurken, Melonen, Lauch, Zwiebeln, Knoblauch! Hier aber gibt es tagein, tagaus nichts als . . . Manna!«

Achan sah nun auch auf sein Manna und schob es dann von sich. Augenblicklich spürte er ein Brennen wie von einem Bienenstich an seinem Ohrläppchen. Doch das Brennen kam nicht von einer Biene, sondern von den Fingernägeln seiner Mutter. Er zog das Manna wieder zu sich heran und aß weiter.

Mose führte die zwölf Stämme nordostwärts aus der Wüste Sinai durch die weite Wüste Paran bis in die Wüste Sin.

Eines Nachts hörte er, wie die Menschen in den Lagern Israels weinten und ihr Elend beklagten.

Mose war bestürzt. Er wandte sich an den Herrn und sagte: »Bin ich etwa die Mutter dieses Volkes? Habe ich es etwa geboren, damit du, oh Herr, mir den Auftrag gibst, es wie eine Amme zu stillen? Woher soll ich Fleisch nehmen für all diese ... diese ... *Kinder!* Sechshunderttausend hungrige Münder, Hälse und Bäuche!«

Da wurde der Herr zornig auf Israel. *Sag ihnen,* befahl er Mose, *sie werden morgen Fleisch essen. Und übermorgen. Und den folgenden Tag! Sag ihnen, sie werden Fleisch für einen ganzen Monat zu essen bekommen; Fleisch, bis es ihnen zum Halse heraushängt und sie sich davor ekeln. Fleisch – dafür, dass sie den Herrn, ihren Gott, verachtet haben!*

Und er ließ einen heftigen Sturm vom Meer her aufkommen, der riesige Scharen von Wachteln heranbrachte. Sie fielen rings um das Lager, zwei Ellen hoch, im Umkreis von einem Tagesmarsch.

Die Menschen fingen an sie einzusammeln. Sie hörten nicht eher auf, als bis jeder wenigstens so viel Fleisch hatte, wie zehn Esel tragen konnten. Doch kaum hatten sie den ersten Bissen Fleisch im Mund, da traf sie der Zorn des Herrn und sie wurden krank und viele starben.

Und man nannte den Ort Kibrot-Hattaawa: Gräber der Gier.

Am Südrand des Negeb, in der Nähe von Kadesch, kam die Wolke der Gegenwart Gottes herab und beendete so Israels Reise in den Norden.

»Kanaan befindet sich jenseits der Wüste dort«, sagte Mose zu ihnen. »Das Land, das Gott, der Herr, unseren Vätern und ihren

Nachkommen versprochen hat – unmittelbar hinter dieser Wüste liegt es.«

So schlugen die Kinder Israels dort ihr Lager auf. Nach den Anweisungen Gottes errichteten sie ihre Zelte in zwei weiten Kreisen und in der Mitte bauten sie die Stiftshütte auf. Aaron und seine Familie bildeten die östliche Seite des inneren Kreises – zu ihnen hin öffnete sich das heilige Zelt. Die anderen Zelte dieses Kreises gehörten den Leviten. Auf diese Weise waren die Priester und Diener des Herrn stets in dessen Nähe.

Der äußere Kreis setzte sich aus den anderen Stämmen zusammen. So wohnte der Herr genau in ihrer aller Mitte. Von dort aus rief er Mose zu sich, der die folgenden Worte an das Volk weitergeben sollte:

Ihr habt die Zeichen gesehen, die ich in Ägypten getan habe. Auf gleiche Weise werde ich nun mit euch in dieses Land gehen, damit ihr euch darin niederlasst. Du, mein Volk, sollst nun zweierlei tun: Zuerst sende Leute aus, damit sie das Land Kanaan erkunden; und wenn sie zurück sind, geht selbst hinein und macht es euch in meinem Auftrag zu eigen, denn es gehört euch!

Mose wählte zwölf Männer aus, aus jedem Stamm einen. Alle anderen kamen aus ihren Zelten und blickten der Handvoll Menschen nach, die dort nach Norden ging und schon bald aus ihrem Blick verschwunden war.

Dann kehrten die Menschen zu ihren Zelten zurück. Land! Sie brannten vor Erwartung.

Karmi lag in der Abendkühle vor seinem Zelt.

Elischeba, die drinnen gerade ihren Sohn mit dem vom Tag übrig gebliebenen Trinkwasser wusch, hörte seine Stimme. Es musste Besuch vorbeigekommen sein. Sie beeilte sich, damit auch sie vors Zelt gehen konnte, um sich an dem Gespräch beteiligen zu können.

»Ja, ja, ja«, hörte sie Karmi sagen. »Zwei Felder. Wenigstens. Eins um darauf Getreide anzupflanzen, das andere für die Herden.

Ich selbst werde die Herden hüten. Große Herden werde ich haben. Viele Schafe, da kannst du sicher sein. Die Zeit des Ziegelmachens ist für mich vorüber – ich werde ein reicher Mann sein. Und die Frau wird sich um den Getreideanbau kümmern. Sie soll pflügen und säen. Sie ist gut zu Fuß, hat große Füße. Ja, ja, ich werde mein eigenes Land haben. Vielleicht sogar drei Felder. Warum eigentlich nicht drei? Drei, natürlich! Und meine Knechte lasse ich große Speicher für die Ernte bauen.«

Als Elischeba Achan auf seine Schlafmatte legte, riss der Junge die Augen auf und sagte erstaunt: »Speicher, Mama?«

»Still, mach dir keine Gedanken darüber«, erwiderte seine Mutter. »Schlaf jetzt.«

Dann trat sie lächelnd vors Zelt. Elischeba war keine Frau vieler Worte, sie hörte lieber zu. Zu ihrem Bedauern musste sie daher nun feststellen, dass Karmi allein auf der Erde ausgestreckt lag, die Hände hinter dem Kopf verschränkt.

»Wo ist er?«, fragte sie leise.

»Wo ist wer?« Aus seinem Ton meinte sie heraushören zu können, dass er ihre Frage lächerlich fand. Da er aber mit einer Gegenfrage geantwortet hatte, konnte sie nicht mehr zurück.

»Er«, sagte sie so leise, wie sie nur konnte. »Unser Besucher. Er.«

»Also hier ist niemand gewesen, ich habe jedenfalls niemanden gesehen. Anscheinend sind deine Augen besser als meine, Frau.«

Elischeba blickte zu Boden und schwieg.

Aus dem Zeltinneren drang eine dünne Stimme: »Mama? Mama? Was ist das: Speicher? Krieg ich auch so was?«

Ein Ruf erscholl: »Sie kommen!«

Ganz Israel stürzte aus seinen Zelten. Sie rannten zur Nordseite des Lagers und hielten mit zusammengekniffenen Augen nach den Kundschaftern Ausschau, gespannt und voller Vorfreude auf das, was sie berichten würden.

Da waren sie!

Ja, dort – aber was war das? Und sie liefen einzeln, über den Negeb verstreut. Die Jungen rannten, während die Alten halbtot vor Erschöpfung auf das Lager zuwankten. Ihre Kleider waren zerrissen und ihre Gesichter waren von Anspannung und Angst gezeichnet.

Schafats Mutter begann zu schreien, als sie ihren Sohn, den jüngsten der Kundschafter, sah. Die Frauen der anderen schlugen entsetzt die Hand vor den Mund.

Schafat, der als Erster das Lager erreichte, fiel erschöpft zu Boden, rang um Atem. Er brachte kein Wort heraus, konnte nur den Kopf schütteln. Andere erreichten die Zelte mit blutenden Füßen. Man holte Wasser. Die Menschen umringten sie. Und dann begannen sie zu sprechen.

»Unmöglich«, sagten sie. »Es geht nicht!«

Das Entsetzen, das sich in ihren Gesichtern spiegelte, übertrug sich schnell auf die anderen, die hier, am Rand eines fremden Landes, von den Schrecken in Kanaan hörten.

»Die Städte dort sind groß und gut befestigt. Und die Menschen erst!« Die Kundschafter verdrehten bei der Erinnerung die Augen. »Wir haben die Nachkommen Anaks gesehen! Das ist ein Land, das seine Bewohner auffrisst! Die Menschen dort sind unglaublich groß – richtige Riesen! Wie Heuschrecken kamen wir uns neben ihnen vor!«

Mose hatte sich gerade noch rechtzeitig einen Weg durch die Menge gebahnt, um die letzten Worte der Kundschafter zu vernehmen: *Riesen! Heuschrecken!*

»Wie?«, fragte er erstaunt, »bringt ihr keine guten Nachrichten?«

Erst in diesem Augenblick kamen auch die letzten zwei Männer an. Kaleb und Josua. Die beiden bluteten nicht, sahen nicht verwahrlost aus. Sie waren nicht gerannt, sondern gegangen – und sie waren die Letzten, weil sie eine Weintraube dabei hatten, die so riesig war, dass sie sie gemeinsam an einer Stange auf ihren Schultern tragen mussten.

»Doch«, sagten sie lachend. »Wunderbare Nachrichten. Das ist ein Land, in dem Milch und Honig fließen. Seht ihr, was für Früchte es hervorbringt? Und Feigen und Granatäpfel gibt es dort, die sind genauso groß! Der Herr hat uns ein wunderbares Land gegeben.«

Kaleb hob den rechten Arm und sagte: »Lasst uns gleich aufbrechen und es besetzen.«

Da riefen die anderen Kundschafter entsetzt durcheinander: »Wie könnt ihr so etwas sagen? Was ist nur mit euch? Habt ihr denn nicht gesehen, was wir gesehen haben? Unsere Frauen und Kinder werden von diesen Riesen aufgefressen werden!«

Bei diesen Worten fingen die Menschen an zu jammern und zu klagen.

Kaleb und Josua waren fassungslos. Sie hatten erwartet, dass die anderen in ihre Begeisterung einstimmen würden. »Der Herr ist doch auf unserer Seite«, sagten sie. »Ihr braucht keine Angst vor den Bewohnern des Landes zu haben. Gott wird sie in unsere Hand geben! Der Herr ist bei uns, ihnen aber hat er den Schutz genommen . . .«

Die Kinder Israels aber ließen sich nicht beruhigen – immer lauter klagten sie: »Ach, warum sind wir nicht in der Wüste gestorben! Warum hat der Herr uns zu diesem Land geführt, wenn wir dann doch erschlagen werden? Wir wählen einen neuen Anführer und gehen wieder nach Ägypten zurück.«

Da zerrissen Kaleb, der Sohn Jefunnes, und Josua, der Sohn Nuns, ihre Kleider, so sehr schämten sie sich für ihr Volk. »Israel!«, riefen sie. »Lehnt euch nicht gegen den Herrn, unseren Gott, auf!«

Mose schwieg dabei. Er wusste bereits, wie der Herr nun über dieses Volk urteilen würde. Er wandte sich um und kehrte durch das Lager zu dessen Mitte, zum heiligen Zelt, zurück, um die Worte des Herrn zu hören:

Wie lange will mich dieses Volk noch verachten? Wie lange soll es denn noch dauern, bis sie an mich glauben – trotz all der Zeichen, die ich getan habe? Ich werde dieses treulose Volk enterben.

Mose warf sich vor dem Herrn auf den Boden. Er sprach so leise, dass nur Gott ihn hören konnte: »Aber ich habe es aus deinem eigenen Mund vernommen, Herr – du hast selbst von dir gesagt, du seist geduldig und von grenzenloser Güte. Und du würdest Schuld vergeben. Ich bitte dich deshalb: Vergib diesem Volk seine Schuld, weil deine Güte so groß ist. Bitte, Herr!«

Da antwortete Gott, der Herr, in der Dunkelheit der Stiftshütte: *Ich werde ihnen trotz allem verzeihen. Aber keiner von denen, die gesehen haben, wie herrlich ich in Ägypten gehandelt habe, wird das Land je betreten. Nur Kaleb und Josua sollen es betreten und dort leben, denn sie haben mir vertraut – sie und ihre Kinder, von denen Israel geglaubt hat, sie würden von den Riesen verschlungen werden.*

Mose, sag diesem Volk, dass es noch weitere vierzig Jahre in der Wüste umherziehen muss. Ich, der Herr, habe gesprochen.

Also stand Mose auf und ging hinaus, um den Menschen die Entscheidung des Herrn mitzuteilen.

An diesem Tag war kein Lachen in den Zelten Israels zu hören.

Auch in den folgenden Jahren wurde wenig gelacht, und bald sehnten sich die Kinder danach, dass es wieder so fröhlich würde wie früher.

Während die zwölf Stämme Israels in der Nähe von Kadesch lagerten, starb Mirjam, die Schwester von Mose und Aaron und die älteste der drei Geschwister.

Sie, die mit Zärtlichkeit und Klugheit das Kind Mose gehütet hatte; die bei der Errettung Israels gesungen und mit den anderen Frauen getanzt hatte – sie wurde dort begraben.

So wurden die Israeliten zu Nomaden, die ohne Ziel von Ort zu Ort zogen und abwarteten. Abwarteten, dass die Zeit des Sterbens vorüberging.

Wenn es ihnen an irgendetwas fehlte, beklagten sich die Menschen bei Mose, und Mose betete für sie.

Einmal befahl Gott Mose und Aaron, Wasser für die Menschen aus einem Felsen hervorsprudeln zu lassen, indem sie zu ihm sprachen. Doch den Brüdern schien es sicherer, mit Aarons Stab an den Felsen zu schlagen.

Tatsächlich kam Wasser heraus und die Menschen hatten zu trinken.

Zu Mose und Aaron aber sagte der Herr: *Ihr habt nicht an mich geglaubt – deshalb soll keiner von euch dieses Volk in das Land führen, das ich ihnen versprochen habe.*

Eines Nachts wurde Achan von einem eigenartigen Geräusch im Zelt geweckt – ein erstickter Laut, als bekäme jemand keine Luft mehr.

Achan war inzwischen siebzehn und hatte seinen eigenen Raum im Zelt. Das Geräusch kam aus dem Raum seines Vaters, und er wollte gerade aufstehen, um nachzusehen, was los war, als er die Stimme seiner Mutter hörte. Auch sie hatte das Geräusch vernommen und war sofort zu Karmi gegangen.

»Was ist denn?«, fragte sie mit ihrer sanften, leisen Stimme.

»Nichts!« Achans Vater rang nach Luft. »Geh!«

Seine Mutter sagte leise: »Wieso weinst du, Karmi?«

»Weil«, schluchzte der alte Mann, »weil ich Angst habe, dass ich nie mein eigenes Land besitzen werde.«

»Still, still.« Die Stimme seiner Mutter war so vertraut, so tröstlich. »Zerbrich dir nicht den Kopf über das Land. Schlaf jetzt lieber, Karmi.«

Als die Israeliten in der Nähe des Berges Hor lagerten, sagte der Herr zu Mose: *Geh mit Aaron auf den Berg. Sag ihm, er soll seine Priesterkleider anlegen, und dann führe ihn zusammen mit seinem*

Sohn Eleasar auf den Berg Hor, denn er soll nun zu seinen Vätern gehen.

Mose tat, was Gott ihm aufgetragen hatte. Zusammen mit seinem Bruder und seinem Neffen stieg er in den frühen Morgenstunden des nächsten Tages auf den Berg. Dort ließen sie sich nieder und blickten noch einmal gemeinsam über die Zelte der Menschen. Nach einer Weile zog Mose seinem Bruder die Kleider aus und hängte sie stattdessen Eleasar um.

Dann legte Aaron sich auf den Boden und starb, dort oben auf dem Gipfel des Berges.

Mose und Eleasar kehrten allein ins Lager zurück. Und als die Israeliten hörten, dass Aaron tot war, weinten sie dreißig Tage lang um ihn.

Mose sagte während dieser dreißig Tage kein Wort und weinte auch nicht. Er schwieg.

Vom Berg Hor brachen die Israeliten zum Roten Meer auf, wo sie bei Ezjon-Geber ihr Lager aufschlugen.

Danach führte ihr Weg nach Elat, von wo aus sie in Richtung Norden weiterzogen bis nach Punon.

Von Punon aus machten sie sich auf nach Obot, von Obot zum höher gelegenen Ije-Abarim und von dort zum Sered-Tal.

Unterwegs wurden die Menschen gereizt und ungeduldig. Immer häufiger lehnten sie sich gegen Gott und Mose auf.

Zwar führten sie ein von den zahllosen Geboten Gottes streng geregeltes Leben, aber Ziel und Zweck der Reise sahen sie nicht! Es war einfach lächerlich: Sie zogen nur weiter, immer weiter, nirgendwohin – aber mit starren Regeln und absoluter Genauigkeit!

Allmählich machte sich allgemeine Verbitterung im Volk breit. In der Überzeugung, dass sicher alle das Gleiche empfanden, wenn auch nur wenige den Mut hatten, es offen auszusprechen, ernannten einige sich selbst zu Sprechern der Israeliten und begannen voller Selbstgerechtigkeit sich öffentlich zu beklagen.

Karmi gehörte zu den lautesten.

Sechzig Jahre alt, hager und gebeugt, mit wettergegerbtem Gesicht und Altersflecken auf dem immer kahler werdenden Schädel ergriff Karmi eines Tages das Wort. Er stand vor seinem Zelt und rief: »Es gibt hier weder zu essen noch zu trinken!«

Sein Sohn Achan, der inzwischen dreißig war, betrachtete ihn mit spöttischer Gleichgültigkeit. Er war weder peinlich berührt, noch schämte er sich für seinen Vater. Genau genommen empfand er überhaupt nichts mehr für den enttäuschten alten Mann.

Karmis Frau hingegen war von dessen unbesonnenem Verhalten entsetzt. Sie flehte ihn an, still zu sein und ins Zelt zu kommen. Sie sagte: »Du weißt doch auch, dass das nicht stimmt, Karmi. Wenn wir Wasser brauchen, ist welches da, und es hat jeden Morgen Manna gegeben...«

Doch der Mann brüllte nur noch lauter: »Wenn ich mir ausmale, wie mein Leben hätte sein können...! Wenn ich daran denke, wozu ich es hätte bringen können! Ein bisschen Land! Ein paar Feigenbäume, Schafe – nein, Elischeba, das ist doch kein Essen. Mose!«, brüllte er, mit den Händen fuchtelnd. »Hörst du, Mose – jetzt bin ich die Stimme von Zehntausenden. Ich zeige auf einen Krug mit Manna! Manna, tagein, tagaus – seit dreißig Jahren Manna! Es widert mich an! Für Zehntausend sage ich: Wir hassen dieses nichtswürdige Essen!«

Noch in derselben Nacht starb Karmi, der Sohn Sabdis.

Der Biss einer Schlange rief eine Entzündung seines ganzen Körpers hervor, doch der Mann schwieg. Er sprach nicht, schrie nicht laut auf. Seine Frau wiegte ihn in ihren Armen und streichelte seine schweißnasse Stirn. Einmal schlug er die Augen auf und blickte zu ihr hoch. Seine geschwollenen Gesichtszüge schienen zu sagen: *Ich habe auch nichts anderes erwartet.* Und dann tat er seinen letzten Atemzug.

Doch aus den anderen Zelten Israels waren in jener Nacht zahllose Schreie zu vernehmen – das ganze Lager war voller Schlangen. Sie kamen leise und überraschten die Menschen mit ihren brennenden Bissen.

Als der Morgen dämmerte, waren die Schlangen überall. Sie lagen in den Ecken der Zelte, in den Falten der Kleider, glitten durch das dürre Gras – und töteten die Kinder Israels.

Und so gingen die Menschen mit verwundeten Leibern und gebrochenen Herzen zu Mose. Sie fanden ihn bei der Stiftshütte. »Wir haben gesündigt«, sagten sie. »Wir haben uns gegen den Herrn und gegen dich aufgelehnt. Mose, wir bereuen unsere Schuld. Bitte den Herrn, dass er uns von diesen Schlangen befreit!«

Mose hörte ihnen zu, wobei er die Umstehenden mit wildem Blick musterte; dann wandte er sich um, ging ins heilige Zelt und blieb dort eine Stunde.

Am gleichen Tag wurde auch Elischeba gebissen.

Als Achan den leisen Schmerzenslaut seiner Mutter hörte, ging er in ihren Raum und sah dort die stumpfen Augen der Schlange. Sofort zerschmetterte er ihren Kopf. Dann hob er seine Mutter hoch und lief mit ihr aus dem Zelt. Er rannte durch das weite Lager, von den Zelten Judas zum Mittelpunkt all der Zeltkreise – dem heiligen Zelt.

Als er dort ankam, sah er, wie eine Gruppe von Leviten eine Stange aufrichtete, an der oben eine mattgelbe Schlange befestigt war. Sie war aus Bronze.

Mose rief den Menschen zu: »Der Herr hat mir befohlen, diese Schlange vor euch aufzustellen. Wer gebissen wurde, soll dieses Bild ansehen, dann wird er nicht sterben.«

Achan setzte seine Mutter vor der Stange nieder. Ihr Atem ging schwer und ihr Gesicht war rot und geschwollen.

Mit Mühe öffnete sie die Augen, blickte nach oben und betrachtete einen kurzen Moment lang das bronzene Schlangenbild. Dann schloss sie die Augen wieder, ihr Körper entspannte sich und sie fiel in einen tiefen Schlaf.

Als sie daraus erwachte, war sie wieder gesund.

Vom Sered-Tal zogen die Kinder Israels zum anderen Ufer des Arnon.

Von dort gingen sie nach Beer, zu dem Brunnen, wo der Herr zu Mose gesagt hatte: *Ruf das Volk zusammen – ich will ihnen Wasser geben.*

Dort sangen die Israeliten:

> *Brunnen, lass das Wasser fließen;*
> *singend wollen wir's begrüßen!*
> *Unsere edlen Ahnen haben*
> *dich im Glauben einst gegraben.*

Aus der Wüste zogen sie nach Mattana, und von dort über Nahaliël und Bamot-Baal in das Tal auf der Hochebene von Moab, in der Nähe des Berges Pisga, von dem aus man die Wüste sehen kann.

Hier, am Rande der Wüste Kedemot, sandte Mose Boten zu Sihon, dem König der Amoriter, damit sie von ihm die Erlaubnis erbaten, sein Gebiet durchqueren zu dürfen. Die Amoriter lebten östlich des Jordan, zwischen dem Jabbok im Norden und dem Arnon, der ins Tote Meer fließt, im Süden.

»Wir bleiben immer auf der großen Straße des Königs«, sagte Mose. »Wir werden keines deiner Felder betreten, noch werden wir von einem deiner Brunnen trinken.«

Doch Sihon schlug ihnen die Bitte ab.

Im Gegenteil: Nachdem er Kundschafter ausgesandt hatte, um ihre Stärke festzustellen, begann er die Israeliten zu fürchten. Sie waren ihm zu zahlreich und zu nah. Eilig rief er seine Männer zusammen, um mit ihnen der Bedrohung aus der Wüste entgegenzureiten.

Aber auch Israel hatte eine Schar von Kriegern versammelt und zog nun nach Westen, Sihon entgegen.

Bei Jahaz trafen die beiden Heere dann aufeinander. Tagsüber schlugen sie eine staubige, blutige Schlacht, und bei Anbruch der

Nacht hatten die Heerscharen Israels Sihon mit dem Schwert erschlagen.

So nahmen die Kinder Israels das Land der Amoriter in Besitz. Und Mose siedelte einige von ihnen in Heschbon, der ehemaligen Residenz Sihons, als Befehlshaber an.

Als Nächstes zog Israel nordwärts gegen das Land Baschan.

Als Og, der König von Baschan, hörte, dass sie nahten, zog er von überall aus seinem Reich Männer zusammen, bewaffnete sie und ging mit ihnen den Israeliten entgegen.

Nun herrschte Og aber über alles Land nördlich des Jabbok, bis hinauf zum Berg Hermon, und über sechzig Städte, die mit hohen Mauern, Toren und Gittern befestigt waren. Er war ein mächtiger Feind.

Mose sah, dass er Ogs Heer bei Edreï, nördlich von Ramot in Gilead, würde entgegentreten müssen.

In der Nacht vor der Schlacht – die Männer Israels hörten schweigend zu, wie der Feind aß, sang und ihnen höhnische Worte zurief – sagte der Herr zu Mose: *Hab keine Angst vor ihnen. Ich habe ihn, sein Heer und sein ganzes Land in deine Gewalt gegeben. Du wirst ihm das gleiche Schicksal bereiten wie dem Amoriterkönig Sihon, der in Heschbon regiert hat.*

Und so geschah es auch: Um den Mittag des nächsten Tages hatte Israel Og eine so vernichtende Niederlage beigebracht, dass niemand mehr lebte, der den Städten die traurige Nachricht noch hätte übermitteln können – sie erfuhren erst davon, als die Kinder Israels die Städte selbst in Besitz nahmen.

Und so herrschte Israel auch über die ganze Hochebene von Gilead und Baschan, über das ganze Gebiet östlich des Jordan.

Und endlich, vierzig Jahre nachdem sie durch den Herrn, ihren Gott, als errettetes Volk aus Ägypten fortgezogen waren, schlugen die Kinder Israels im moabitischen Steppengebiet zwischen Bet-Jeschimot und Abel-Schittim, gegenüber von Jericho, östlich des Jordan, ihr Lager auf.

Als er Israel aus Ägypten geführt hatte, war Mose achtzig Jahre alt gewesen. Und jetzt, da der Herr den Israeliten erlaubte, wieder an der Grenze zu Kanaan – hier an den Ufern des Jordan – zu stehen, war er hundertzwanzig. Und obwohl seine Kräfte in all den Jahren nicht nachgelassen hatten, so war doch für ihn die Zeit gekommen zu sterben.
Er sollte das Land nicht mehr betreten.

Am ersten Tag des elften Monats, im vierzigsten Jahr nach ihrem Auszug aus Ägypten, rief Mose die Israeliten zusammen. Als sie in weitem Kreis um die Stiftshütte standen, erhob er die Stimme und sagte zu ihnen:
»Der Herr, euer Gott, wird nur sein Versprechen erfüllen und euch ins Land Kanaan führen, so wie er eure Eltern mit Zeichen und Wundern aus Ägypten herausgeführt hat.«
Der alte Mann ließ seinen Blick suchend über die Menschen schweifen. Sein Haar war weiß wie der Schnee auf dem Berg Hermon, seine Wangen zerfurcht wie die Wasserfälle, die sich über seine Hänge in den Jordan ergossen. Er war eine beeindruckende Erscheinung. Plötzlich streckte er die Hand aus und zeigte auf eine Gestalt in der Menge.
»Josua, Sohn Nuns!«, rief er. Ein kleinwüchsiger, unscheinbarer Mann schaute auf, dann blickte er um sich, als wäre es ihm peinlich, so herausgegriffen zu werden.
»Josua, du hast Vertrauen gehabt«, rief Mose. »Du und Kaleb,

der Sohn Jefunnes – ihr beiden habt als Einzige darauf vertraut, dass der Herr uns nach Kanaan führt, während der Rest Israels nur gejammert hat. Darum sollst du das Volk über den Jordan ins Gelobte Land führen.

Nun zu euch!« Wieder wanderte Moses Blick über die ganze Versammlung – eine junge, starke Nation, Menschen mit strahlenden Augen, kein Gesicht älter als fünfzig. »Was euch angeht, so vergesst niemals, was die Wüste euch gelehrt hat. Wenn ihr Kinder und Enkel bekommt, wenn ihr alt geworden seid, dann vergesst nicht, weiter den Herrn, euren Gott, zu suchen. Wenn ihr mit ganzem Herzen sucht, werdet ihr ihn auch finden!

Erinnert euch an die Vergangenheit, an die ganze Zeit, seit Gott den Menschen geschaffen hat! Durchforscht die ganze Erde von einem Ende zum anderen! Ist jemals etwas so Großes geschehen? Hat je ein Volk die Stimme Gottes aus dem Feuer heraus gehört und ist am Leben geblieben? Oder hat jemals ein Gott den Versuch gemacht, ein Volk aus einem anderen Volk herauszuholen, wie das der Herr, euer Gott, in Ägypten mit euch getan hat? Vor euren Augen hat er unerhörte Wunder vollbracht, er hat eure Unterdrücker in Angst und Schrecken versetzt, hat furchtbare Plagen über sie gebracht; ja, er hat selbst für euch gekämpft, mit starker Hand und erhobenem Arm hat er euch aus ihrer Mitte herausgeführt! Das alles hat der Herr euch erleben lassen, damit ihr erkennt, dass er wahrhaftig Gott ist und es außer ihm keinen anderen Gott gibt. Weil er eure Vorfahren liebte, hat er euch auserwählt und euch aus Ägypten herausgeführt.

Und er hat mit euch an seinem heiligen Berg einen Bund geschlossen! Nicht nur mit euren Eltern, sondern auch mit euch, die ihr heute hier seid. Er hat gesagt: *Ich bin der Herr, euer Gott, der euch aus Ägypten herausgeführt und aus der Sklaverei befreit hat. Ihr sollt keine anderen Götter neben mir haben* ...

Höre, Israel: Der Herr ist euer Gott, der Herr und sonst keiner! Und ihr sollt den Herrn, euren Gott, lieben von ganzem Herzen, mit ganzem Willen und mit aller Kraft. Vergesst nie seine Gebote, die ich euch heute verkünde. Schärft sie euren Kindern ein und sagt sie euch immer wieder vor – zu Hause und auf Reisen, wenn ihr euch schlafen legt und wenn ihr erwacht.«

Mose verstummte. Niemand regte sich. Sein Blick löste sich von den Menschen, schien über sie in eine andere Wirklichkeit zu sehen – doch niemand wurde unruhig, keiner rührte sich.

Dieser alte Mann hatte gelebt, solange sie zurückdenken konnten. Er hatte sie geführt, wütend, zurückhaltend, willig, aufrecht und manchmal auch freundlich. Wenn man ihn dabei überraschte, wie er abends die Menschen betrachtete, konnte man in seinen Augen die Liebe zu diesem Volk aufleuchten sehen.

Mit sanfterer Stimme fuhr Mose nun fort: »Denn ihr seid dem Herrn, eurem Gott, ein heiliges Volk. Er hat euch aus allen Völkern der Erde zu seinem Besitz erwählt.«

Sein Blick wurde finsterer. »Er hat euch nicht erwählt, weil ihr zahlreich, mächtig oder gerecht seid. Ihr seid ein unglaublich halsstarriges Volk gewesen. Nein, der Herr hat euch erwählt, weil er euch liebt! Er erfüllt das Versprechen, das er euren Eltern gegeben hat.

Morgen, Israel, wirst du den Jordan überschreiten und ein Land in Besitz nehmen, das jetzt noch anderen Völkern gehört, die größer und mächtiger sind als du. Der Herr, dein Gott, wird vor dir herziehen wie ein alles verzehrendes Feuer. Er wird auf deiner Seite kämpfen. Er wird diese Völker für euch unterwerfen.

Und nun: Was verlangt der Herr von euch, außer dass ihr ihn fürchtet, seinen Weisungen folgt, ihn liebt und ihm mit ganzem Herzen dient? Seid von jetzt an nicht mehr so halsstarrig. Denn der Herr, euer Gott, ist der Gott aller Götter und der Herr aller Herren, der große, der mächtige, der schreckliche Gott, der Gerechtigkeit übt, den Fremden liebt, dem Hungrigen zu essen gibt und dem Nackten Kleidung.

Darum liebt auch ihr den Fremden«, sagte Mose und hielt dann inne, um die Menschen zu betrachten.

»Bleibt dem Herrn treu.

Er ist euer Ruhm.
Er ist euer Gott.«
Mose sprach jetzt so leise, dass die meisten Israeliten ihn nicht mehr verstehen konnten. Doch sie wussten auch so, was er sagte. Er hatte diese Worte schon häufig gesprochen. Und die Menschen liebten es, sie zu hören und ihren Kindern weiterzuerzählen: *Als eure Vorfahren nach Ägypten zogen, waren sie nur siebzig Leute, und jetzt hat der Herr euch zu einem Volk gemacht, das so zahlreich ist wie die Sterne am Himmel*...
Zahlreich wie die Sterne am Himmel.
Wie die Sterne am Himmel.

Noch am gleichen Nachmittag ging Mose allein zum Berg Nebo, der in einiger Entfernung östlich vom Lager lag. Sein Gang war vorsichtig, seine Schritte kurz. Er musste sich schwer auf seinen Stab stützen. Doch als es Abend war, hatte er den Berg erstiegen. Er stand nun auf einem hohen Grat und blickte in das rötliche Licht der untergehenden Sonne.
Und der Herr sagte zu ihm: *Sieh, Mose! Sieh: Das ist das Land, von dem ich Abraham, Isaak und Jakob versprochen habe, dass ich es ihren Nachkommen geben werde. Sieh, Mose! Siehst du es?*
Der alte Mann blinzelte in das Licht hinein. Ja, er konnte es sehen. Es war wie ein Wunder: Er sah das ganze Gebiet von Dan im Norden bis nach Zoar im Süden zu seinen Füßen.
Ja. Ja, er konnte es sehen.

Und so starb Mose im Alter von hundertzwanzig Jahren – ohne dass seine Kräfte nachgelassen hatten – auf dem Berg Nebo.
Der Herr nahm den Körper seines Dieners auf, und Gott selbst beerdigte ihn. Niemand weiß, wo sein Grab ist, bis heute nicht.
Nie mehr gab es in Israel einen Propheten wie Mose, mit dem der Herr von Angesicht zu Angesicht gesprochen hat.

Dritter Teil

Die Kriege des Herrn

8

Josua

Die Könige Kanaans regierten kleine, auf Hügeln gebaute Städte, die aus etwa fünf bis zehn Hektar Land mit zusammengedrängten Häusern bestanden. Vor den Mauern der Städte erstreckten sich breite Gürtel aus Ackerland und Weiden. Die Menschen, über die die Könige herrschten, wohnten im oberen Stockwerk ihrer solide gebauten Häuser. Das Erdgeschoss brauchten sie für das Vieh, das sie Nacht für Nacht in die Mauern der Stadt trieben.

Zweimal in jedem Jahr erflehten die Könige Kanaans eine reiche Ernte von ihren Göttern. Es war jene Art von Ritual, das jedes sesshafte Volk kannte: Wenn man nicht hinausgehen konnte, um das Gute zu finden, musste man das Gute nach Hause locken. Von Baal, dem Gott der Gewitterwolken, erflehten die Könige Regen und von Astarte, seiner Gemahlin, erhofften sie sich Fruchtbarkeit und eine reiche Ernte.

In einem besonders ertragreichen Frühling jedoch, als rechtzeitig zur Ernte die Regenfälle im Norden und der dahinschmelzende Schnee den Jordanfluss sintflutartig hatten anschwellen lassen, betete der König von Jericho ein anderes Gebet. Eines der Verzweiflung.

»Du, der du auf Wolken reitest«, rief er. »Oh, Baal, großer Gott der Stürme!«

In letzter Zeit hatte er beobachtet, wie sich ein neues Volk am östlichen Ufer des Jordanflusses versammelte. Von der Wüste gestählt erschienen diese Fremdlinge fast wie Heuschrecken, die sich von der Erde ernährten. Schon jetzt hatten sie die Könige der Amoriter und der Moabiter verzehrt.

Vom Fluss beschützt hatte sich der König von Jericho zuvor stets in Sicherheit gewähnt. Bei Flut gab es einfach keine Furten durch den Jordanfluss. Ungeachtet dessen und entgegen dem, was seine Vorposten an diesem Morgen meldeten, hatte das Volk den Fluss durchquert. Plötzlich war es schon bei Gilgal am westlichen Ufer und errichtete Altäre. Männer, Frauen, Kinder! Alle zusammen!

»Ach, Baal, großer Gott der Stürme, durchschreite den Himmel, schleudere deinen Speer des Donners – und kämpfe für uns! Erlöse uns von dieser wilden, wimmelnden Pest der Wüste!«

Josua, der Sohn Nuns, ging vorsichtig durch die Dunkelheit auf die Stadt Jericho zu. Langsam ging er, Schritt für Schritt.

Es war nicht zufällig eine so finstere Nacht. Weil er sich bis zu den Mauern der Stadt vorschleichen und sie berühren wollte, hatte er diese mondlose Nacht gewählt.

Sollte Israel in Kanaan eindringen und das Land besiedeln wollen, musste zuvor Jericho eingenommen werden. Genau genommen wollte Josua nicht dorthin, um die Stadt auszukundschaften. Bereits vorher hatte er zwei Spione in die Stadt geschickt. Eine Dirne mit Namen Rahab hatte ihnen Unterschlupf gewährt, und so hatten sie mit erstaunlicher Genauigkeit Bericht erstatten können. Eine kühne Entscheidung, hatten sie lachend festgestellt, als sie zurückkamen. Eine Hure wird wohl kaum Fragen stellen, oder? – Aber niemand konnte besser auf Fragen Antwort geben als sie.

Nein, Spione brauchte er nicht. Josua kämpfte sich einsam vor, um den Geist der Stadt zu atmen und ihre Stärke zu beurteilen, bevor die Kinder Israels sich anschickten, jenes Land einzunehmen, das Gott ihren Vorfahren schon vor so langer Zeit versprochen hatte.

In diesem Land hatte Gott, der Herr, von Abraham verlangt, sich und alle männlichen Mitglieder seiner Familie zu beschneiden. Und in dem gleichen Land verband der Herr gewisse Versprechungen mit den Zeichen seines Bundes. Nun sollte Israel endlich mehr als nur Worte und Zeichen empfangen. Israel sollte das Land selbst empfangen!

Darum hatte Josua, sobald Israel den Jordanfluss durchquert hatte, ebenfalls von jedem in der Wildnis geborenen männlichen Mitglied seines Volkes verlangt, sich dem Bunde gemäß beschneiden zu lassen. Genauso wie Abraham es am Anfang getan hatte, hatten sie hierfür aus Feuerstein gefertigte Messer verwendet.

Danach hatte Josua befohlen, dass das Volk das Passafest feiern solle. Und das hatte es, am vierzehnten Tag des Monats, auch getan. Am darauf folgenden Tag dann hatten die Israeliten Früchte von den Feldern, ungesäuertes Brot und getrocknetes Getreide gegessen – und nach diesem Tag war nie wieder Manna vom Himmel herabgefallen.

Da! Ganz in der Nähe erblickte Josua nun den in die Höhe ragenden schwarzen Schatten der Stadt Jericho. Die Mauern hatten den Anschein einer hohen, weiten Lücke in der über ihm ausgebreiteten Sternenpracht. Josua hielt inne. Ach, Israel, wie willst du ein solches Bollwerk durchbrechen?

Das Volk Israel hatte das Rote Meer trockenen Fußes durchquert. Und erst vor kurzem war es durch das ausgetrocknete Flussbett des Jordan gegangen, nachdem der Herr die nördlichen Zuflüsse des Jordan verstopft hatte und das Wasser im Süden versickert war.

Warum also sollte Israel nicht in der Lage sein, diese harten Mauern zu überwinden?

Langsam ging Josua mit starr nach vorne gerichtetem Blick auf die Mauern zu, mit vor Anstrengung schmerzenden Augen. Schützend hob er die Hände, bereit, jene Steine, welche die Macht Kanaans verkörperten, zu berühren.

Urplötzlich und unerwartet klar erblickte Josua die Umrisse eines Mannes, der ihm mit gezogenem Schwert den Weg versperrte.

Josua ließ die Arme sinken und stand einen Augenblick lang wie angewurzelt da. Dann flüsterte er: »Bist du für uns – oder für unseren Feind?«

Der Mann mit dem Schwert antwortete: »Weder noch. Ich komme als Anführer der Armeen des Herrn.«

Sofort fiel Josua mit dem Gesicht zu Boden und betete den Herrn an.

Schließlich sprach er: »Was gebietet mein Herr seinem Diener?«

Der Anführer der Armeen des Herrn erwiderte: »Zieh deine Schuhe aus, denn du stehst auf heiligem Boden.«

Josua gehorchte.

Und dann erfuhr Josua, der Sohn Nuns und Nachfolger von Mose als Anführer der Streitkräfte Israels, wie die steinernen Mauern Jerichos zu durchbrechen waren.

Der König von Jericho hatte die Tore der Stadt schließen und mit Holzbalken verriegeln lassen. Bürger, Bauern und Soldaten, alle hatten sich innerhalb der Stadtmauern verschanzt. Schafe, Ziegen, Rinder, Breithacken, Harken und Waffen – alles was die Stadt besaß, war eingesammelt worden. Die Quelle, durch die Jericho mit Wasser versorgt wurde, die beste Quelle in ganz Kanaan, ließ unaufhörlich frisches Wasser sprudeln. Zudem war ein Großteil der reichen Gerstenernte bereits eingelagert. Nicht nur die neuen steinernen Kornkammern waren bis oben gefüllt, sondern auch die uralten unterirdischen Silos der ersten Bauern Jerichos.

Jericho war für die längste Belagerung seiner Geschichte gerüstet. Jericho würde ausharren.

Mitten in der Nacht bestieg der König von Jericho seine Mauern, um die Abwehrmaßnahmen für einen Frontalangriff zu begutachten.

Entlang der oberen Mauern waren in regelmäßigen Abständen Ölkrüge aufgestellt worden. Man hatte Rinnen in den Stein geschlagen, Schalen mit Feuer standen bereit, um das Öl zu entzünden und einen Flammenregen auf die Feinde der Stadt niederprasseln zu lassen. Unzählige der kurzen, spitzen Pfeile aus Bronze, die von den Bewohnern Jerichos benutzt wurden, lagen in den engen, in den Stein gehauenen Ausbuchtungen. Für jene Krieger, deren Arme genug Stärke und deren Augen genug Zielgenauigkeit besaßen, standen Speere in den Ecken bereit. An manchen Stellen waren Steine aufgehäuft worden, sodass ältere Männer und wütende Frauen sie auf die Köpfe der Israeliten hinabrollen konnten, wenn diese mit ihren Leitern zu dicht an die Mauern herankamen.

Gewissenhaft nahm der König alles selbst in Augenschein und konnte sich so vergewissern: Ob Angriff oder Belagerung – Jericho war bereit.

Die Mauer, auf der er stand, war eigentlich eine Konstruktion aus zwei Mauern, die ineinander gebaut worden und durch Zwischensteine und starke Holzlatten miteinander verbunden waren. Frühere Könige hatten erlaubt, dass die Räume zwischen den Mauern als Wohnung genutzt wurden. Dort hausten die Ärmsten des Volkes, die Ausgestoßenen und die Huren. Auch Lagerkammern waren dort. Und obgleich die von Hand gehauenen Steine in einen Mantel aus stärkstem Mörtel gelegt worden waren, hatte dieser König zusätzlich bis zu einer Höhe von fünfzehn Ellen eine dicke Schicht aus gelbem Putz an den Mauern anbringen lassen. Das war sein Beitrag zur Sicherung der Stadt. Nun würde man Leitern brauchen, um die Mauer zu erklimmen. Jericho war bereit.

Dennoch schritt der König die ganze Nacht hindurch auf den Mauern umher und betete: »Aschera, Mutter von siebzig Göttern und Baal...«

Der König hielt inne. Gerüchte über die Macht und die Wut jenes Wüstenvolkes, eines zähen, aus Ägypten hinausgezogenen Stammes, waren ihm zu Ohren gekommen. Sie beteten einen Gott der Berge an.

»... Oh, Aschera, ich bitte dich, dass das blutrünstigste deiner Kinder uns vor dieser Gottheit beschützen möge, die das Wasser vor den Füßen seines Volkes trocknen lassen kann!«

Irgendwann in dieser Nacht war es dem König einen Augenblick lang so, als vernähme er ein sanftes, kaum hörbares Murmeln von der anderen Seite der Mauern, fast wie das besorgte, stumme Klagen einer Frau. Doch waren die plötzlichen Geräusche ebenso schnell wieder verschwunden und dem König blieb nur ein noch tieferes Gefühl der Einsamkeit – als hätte Aschera sich davongeschlichen, um sich einen anderen Günstling zu suchen, einen, der besser war, als er selbst es je sein konnte.

Am Himmel des dämmernden Tages breitete sich allmählich ein gräuliches Licht aus. Nach und nach erkannte der König die Umrisse seiner Wachmänner, die in den Ecken und auf den Türmen neben dem Tor standen. Die Stadt erwachte zum Leben und der schwere Dunst des Schlafes hob sich. Prasselnd fingen ein paar Äste Feuer.

Menschen unterhielten sich mit gedämpften Stimmen.

Gerade hatte sich der König entschlossen, hinunterzugehen und sich zu waschen, als ein entferntes Geräusch ihn zögern ließ. Es kam aus dem Nordosten, ein sanftes, kaum hörbares rhythmisches Klopfen. Die Wachen aber regten sich nicht. Vielleicht gab es gar keine Geräusche. Und doch schien der König ein unvorstellbar mächtiges Pulsieren der Erde und seiner Knochen zu fühlen.

Dort!

»Wachen!«, rief der König von Jericho. »Offiziere!«, brüllte er in die Stadt hinab. »Weckt eure Krieger! Bogenschützen, steht auf! Steht auf! Bereitet euch vor!«

Etwas bewegte sich entlang des nordöstlichen Horizonts, aus der Richtung von Gilgal – eine Wolke aus Staub, die von der Erde aufstieg.

Plötzlich brach hektische Geschäftigkeit in Jericho aus. Entlang der Mauer erschienen Krieger, die hastig nach ihren Waffen griffen und zu ihren Posten eilten.

Rote Streifen zogen sich entlang des östlichen Himmels. Wie ein entzündetes Geschwür erschien die Sonne am Horizont und tauchte die aus dem Nordosten heranziehende Wolke in Feuer.

Es waren die Armeen Israels! In perfekter Formation marschierte das gesamte Heer jenes Volkes auf die Stadt zu. Niemand beeilte sich. Alle kamen in einer langen Reihe daher, ein breiter Streifen am Horizont.

Die Bewohner Jerichos warteten, angespannt, beobachtend. Stille legte sich über die Stadt. Die Menschen drängten sich auf den Mauern und sahen Israel entgegen.

Nun sollte der König endlich erfahren, welcher Taktik er sich würde stellen müssen. Er warf einen schnellen Blick zu seinen Bogenschützen und Speerwerfern hinüber. Sie kannten ihre tödliche Entfernung genau. Keinen einzigen Pfeil würden sie abschießen, bis der Feind in Reichweite war.

Doch dazu sollte es nicht kommen.

Als die Israeliten immer noch außer Reichweite waren, ertönten Posaunen und die Vorhutsoldaten wandten sich zur Seite. Dann setzten sie sich parallel zu den Stadtmauern in Bewegung. Unbeirrt und mit starr nach vorne gerichtetem Blick marschierten sie, einer nach dem anderen, ohne auch nur ein einziges Mal auf Jericho zu blicken! Und die anderen folgten. Bald marschierte die ganze Armee von Israeliten um die Stadt herum. Die Posaunen schmetterten und hallten unaufhörlich durch die Luft.

Die auf Jerichos Mauern kauernden Bogenschützen zitterten vor

Anspannung, so sehr sehnten sie sich danach, ihre Pfeile abzuschießen. Die Offiziere jedoch, die zum König blickten, geboten Geduld. Und die Augen des Königs zuckten nach links und rechts und folgten der seltsamen Prozession, die nun seine gesamte Stadt umzingelte.

Aus welcher Richtung sollte der Angriff kommen? Von allen Seiten zugleich?

Die Gesichter der Israeliten gaben nichts preis. Sie waren grimmig, beherrscht, unerschrocken und bar jeglichen Ausdrucks. Jeder Krieger starrte unverwandt nach vorne.

Dort, in der Mitte der Menschenkette, erkannte der König sieben in Priesterroben gekleidete Männer. Ihre atemberaubend kostbaren Gewänder waren aus goldenem und blauem, purpurnem und scharlachrotem fein geflochtenem Leinen. Jeder Mann hielt ein Widderhorn an den Lippen und alle zusammen bliesen sie in gellend schrägen Klängen. Kalte Schauer liefen den Menschen der Stadt über den Rücken. Das war es, woher die Befehle kamen – von diesen Klängen!

Und unmittelbar hinter diesen sieben Männern kamen weitere vier, zwischen sich zwei lange Stangen, auf denen eine Kiste aus gehämmertem Gold ruhte.

So umkreisten die Heerscharen Israels den ganzen langen Tag die Stadt. Kein einziger Pfeil flog zwischen den Feinden, kein Wort, ja nicht einmal Blicke wurden gewechselt. Und nachdem sie die Stadt einmal langsam umkreist hatten, wandte sich Israel um und kehrte nach Gilgal zurück. Die Widderposaunen ertönten nicht mehr. Die Scharen zogen still und leise ab.

Die Männer Jerichos waren erschöpft und der Schweiß, der von ihren Körpern strömte, fühlte sich an wie Säure. Nicht einmal der König vermochte ihnen Trost zu spenden. Er schickte sie von der Mauer hinunter, befahl, dass sie essen, schlafen und sich auf den Angriff vorbereiten sollten, der bestimmt am nächsten Tag folgen würde.

Doch noch immer wusste er nicht, welche Strategie die ausschwärmenden Wüstenbewohner gewählt hatten, um ihn zu besiegen. Wenn dies eine Belagerung sein sollte, so war darin kein Sinn zu erkennen. Vielleicht war es aber eine Art Ritual, um die Stärke und die Seele der Stadt zu zerstören. Dann würde der Angriff bei Sonnenaufgang am morgigen Tag erfolgen.

Also stand der König, von seinen Truppen begleitet, in der darauf folgenden Dämmerung erneut auf den Mauern.

Wie am Tage zuvor zog Israel von Gilgal herauf. Genau wie am vorigen Tag marschierte das Volk einmal um die Stadt herum, blies in sieben Hörner, die seltsame goldene Kiste zur Schau gestellt, und kehrte noch vor Sonnenuntergang zurück zu seinen Lagerstätten.

Ebenso verhielt es sich am dritten und am vierten Tag. Israel umkreiste die Stadt einmal und zog dann wieder ab.

Am fünften Tag fing der König von Jericho an, von den Mauern seiner Stadt hinunterzubrüllen. Den ganzen Morgen hindurch spottete er lautstark und schrie seine Verwünschungen. Eine Zeit lang konnte er so sein Volk bei Laune halten. Er verlieh seinen Worten den Biss bitterer Spottgedichte. Übelste Flüche stieß er gegen Israel aus. Aber die Blicke des Volkes Israel blieben reglos nach vorne gerichtet und die Hörner ertönten weiterhin unaufhörlich.

Bis zum Nachmittag hatte der König nicht nur von seinen Flüchen genug, sondern auch von seinen Göttern. Seine Stadt erstickte allmählich. Die Menschen zitterten. Sie konnten weder essen noch schlafen und die Kinder weinten schon lange nicht mehr.

Am sechsten Tag machte der König ein Tor in den Stadtmauern einen Spalt breit auf. Von vier Leibwächtern gesäumt ging er mutig auf die Spitze der marschierenden Reihe der israelitischen Soldaten zu, um Verhandlungen aufzunehmen. Dort erblickte er einen kleinen Mann, der vornüber gebeugt den Boden zwischen seinen Füßen anstarrte. Sein Gang war schleppend, das Gesicht nachdenklich. Vielleicht würde er sich als vernünftig erweisen. Der König versuchte ein Gespräch zu beginnen, doch sein Gegenüber gab keine Antwort. Furchtlos blickte der Mann zum König auf. Mit durchdringendem Blick starrte er den König an, als wäre dieser ein

Phantom. Unaufhaltsam ertönten die Hörner, während die Soldaten Israels an der hoch gestellten Persönlichkeit vorbeizogen. Er hätte genauso gut irgendein Bettler sein können.

Also kehrte der König Jerichos zu seiner Stadt und zu seinen Mauern, zu seiner Unwissenheit und zu seinem nutzlosen Wachposten zurück.

Der siebte Tag verlief jedoch anders.

An diesem Tag umkreiste Israel die Stadt nicht nur einmal, sondern siebenmal, von der Dämmerung bis in den späten Nachmittag hinein. Urplötzlich, während ihrer siebten Umkreisung, veränderte sich der Ton des Widderhorns. Er wurde höher und höher, bis er schließlich dem Kreischen des Adlers glich. Alle Kehlen taten sich auf und es erhob sich ein Geschrei aus allen Mündern der Krieger Israels. Zehntausend Soldaten wandten sich Jericho zu und erstürmten brüllend die Stadt. Die Stadtmauern selbst fingen an zu beben. In den Steinen, auf denen er stand, verspürte der König entsetzt ein Bröckeln. Seine Bogenschützen sprangen auf, die Speerwerfer griffen nach ihren Speeren. Die Frauen entfachten ein Feuer, um das Öl in den Töpfen zum Brennen zu bringen und es auf die Köpfe der anstürmenden Israeliten niederregnen zu lassen. Gerade als Israel jedoch in die Reichweite der Bogenschützen kam, schienen die Mauern wie von Geisterhand drei Ellen hoch in die Luft gehoben zu werden. Sie schrien wie ein lebendiges Wesen, alle Fugen krachten, der Mörtel platzte und die Steine stürzten mit entsetzlich vernichtender Kraft auf die Köpfe der darunter stehenden Menge hinab.

Der König von Jericho fiel kopfüber in seine untergehende Stadt. Das brennende Öl kippte nach hinten um. Feuer, Holz und Steine fielen zu Boden. Und das Letzte, was die trübe werdenden Augen des sterbenden Königs sahen, war ein übrig gebliebenes Stück Mauer, das weder zerbröckelt noch verbrannt war. Zwei Geschosse hoch, bis zu einem Fenster, aus dem ein scharlachrotes Seil hing, türmte sich der schmale Finger aus Stein.

In seinem letzten Augenblick erschien dem König die ganze Welt wie ein makabrer Witz – warum sollte ausgerechnet diese Eine leben, während die anderen starben? Das Fenster gehörte einer Ausgestoßenen! Einer Hure mit Namen Rahab.

Josua blickte in die Flammen hinein. Er hatte den Donnerschlag gehört, die Stimme des Herrn, welche die Mauern Jerichos hatte zusammenfallen und einem Kartenhaus gleich zu Boden stürzen lassen. Nun tänzelte der fließende Vorhang aus roten Flammen vor seinen Augen hin und her. Dunkle Gestalten eilten durch die Nacht. Die Heerscharen Israels legten die Stadt in Schutt und Asche.

Mit Ausnahme bestimmter Metallarten, die Gott für die Schatzkammer der Stiftshütte vorgesehen hatte, unterlag alles in Jericho einem heiligen Bann. Es sollte der Vernichtung durch Gott anheimfallen. Denn Gott, der Herr, hatte befohlen, dass weder die Einwohner noch die Besitztümer der Stadt je wieder zur Bereicherung der Menschen dienen sollten.

Josua beobachtete die restlose Vernichtung der Stadt, der gesamten Tiere, aller Bürger, jung und alt, die Vernichtung des über Generationen angesammelten Reichtums und der Kostbarkeiten, die eine andere Armee bereichert hätten – alles wurde zerstört.

Und als von Jericho nichts mehr übrig geblieben war außer beißendem Rauch, senkte Josua den Kopf und sprach mit leiser, ängstlicher Stimme: »Verflucht sei jeder, der sich erhebt, die Stadt neu zu errichten.«

Jene, die in der Nähe standen, hörten seine Worte. Doch waren die nächsten Sätze, die er sprach, von einer solchen Fürchterlichkeit, dass sie sich für immer in ihren Köpfen einprägten:

Auf Kosten seines Erstgeborenen
soll er den Grundstein legen;
auf Kosten seines Jüngsten
soll er die Tore bestellen.

So breitete sich Josuas Ruhm in ganz Kanaan aus, und die umliegenden Völker hatten große Angst vor ihm, weil Gott, der Herr, bei ihm war.

Wir werden Kanaan in der Mitte teilen, um dann jede Hälfte einzeln einzunehmen.«
Josua hockte auf dem Boden der Lichtung und malte mit seinem Finger Linien in den Staub. »Ich habe es genau studiert«, sagte er. Penibel änderte er einige Einzelheiten seines Bildes. »Hier ist der Jordan. Am südlichen Ende befindet sich das Salzmeer, in den nördlichen Gebieten liegt der See Kinneret. Hier sind wir, nordwestlich vom Salzmeer. Jericho.«

Josua starrte auf den Boden. Die Anführer Israels umringten ihn. Sie waren allesamt größer, stärker, robuster als er. Immer wieder reckten sie die Hälse, um einen Blick auf die Zeichnung zu werfen, doch der kleine Mann, der über die Karte gekauert saß, versperrte ihnen ständig die Sicht.

»Hier ist Ai«, sagte er mit sanfter Stimme, »und dort, westlich davon, liegt Bethel. Diese Städte liegen an der Klippenstraße, die von Beerscheba im Norden, hier, nach Sichem im Süden, dort, verläuft. Diese Straße ist das Rückgrat. Wenn wir das brechen, bricht Kanaan in zwei Teile.«

Josua schielte zu seinen Anführern hinauf. »Wir werden Kanaan spalten«, sagte er leise. Es waren weder Triumph noch Dringlichkeit in seiner Stimme zu erkennen. Er sprach lediglich von Tatsachen.« Als er mich auserwählt hat, sagte der Herr: *Kein Mann wird sich dir in den Weg stellen können. Ich werde bei dir sein. Ich werde dich weder enttäuschen noch allein lassen, denn durch dich wird das Volk jenes Land erben, das ich seinen Vätern versprochen habe.*«

Josua widmete seine Aufmerksamkeit erneut der Karte, markierte und benannte Städte, zuerst im Süden und anschließend im Norden. In dieser Reihenfolge sollte der Feldzug vonstatten gehen. Zuerst sollten die hügeligen, spärlich besiedelten Gegenden westlich des Salzmeeres gesichert werden, um dann die eher fruchtbaren Gefilde des Nordens einnehmen zu können.

Beginnen wollten sie mit Ai.

»Otniël«, fragte Josua, der sich bemühte, das Gesicht des Kundschafters in den Reihen der Umstehenden zu erkennen. »Was hast du über jene Stadt zu berichten?«

Ein junger Mann mit fröhlichem Gesicht, das von zahlreichen Lachfalten durchzogen war, erwiderte: »Sie liegt am Rande einer Klippe, aber die Menschen haben sich diese Lage kaum für ihre Verteidigung zunutze gemacht – und sie sind zahlenmäßig so unterlegen, dass du nicht mehr als zweitausend Mann hinschicken musst.« Er grinste breit. »Wenn ich nur meinen Speer schüttele, wird die Armee schon die Flucht ergreifen, soviel Angst haben sie vor uns!«

Josua nickte.

Am nächsten Morgen zogen dreitausend Krieger auf Josuas Befehl hin nach Ai, um die Stadt mit einem einzigen entschlossenen Angriff einzunehmen.

Zur gleichen Zeit traf Josua sich mit einigen verarmten Reisenden, die darum baten, bei den Israeliten leben zu dürfen. Sie sagten, sie seien aus einem weit entlegenen Land angereist, nachdem sie von den Wundern erfahren hatten, die der Herr in Ägypten vollbracht hatte.

Sie sagten: »Wir werden eure Diener sein. Kommt, schließt mit uns einen Bund...«

Aber bevor sie noch die Unterhaltung weiter führen oder gar einen Bund schließen konnten, hörte Josua aus den westlich gelegenen Zelten der Israeliten ein Geräusch. Es hörte sich an wie ein Aufschrei der Trauer.

Josua machte sich auf den Weg in die Richtung, aus der der Schrei gekommen war, aber bald schon begegnete ihm der junge Mann, der am Abend zuvor so zuversichtliche Reden geführt hatte und der nun durch das Lager auf ihn zugerannt kam.

Als er Josua erblickte, fiel er vor ihm zu Boden und schnappte nach Luft. »Wir sind geschlagen!« Man konnte den Angstschweiß auf dem Körper des Mannes förmlich riechen.

»Was sagst du da, Otniël?«, fragte Josua entsetzt. »Geschlagen?«

»Einem Bienenschwarm gleich stürzten sie aus den Toren und töteten zehn Mann von uns, bevor wir Zeit hatten, auch nur ein Wort zu sprechen«, keuchte er. »Wir sind geflohen. Wir rannten den Abhang hinab, doch sie folgten uns bis hinunter zu einem Steinbruch und töteten – ich weiß nicht – vielleicht dreißig, vierzig Mann. Ja, wir sind geschlagen.«

Josua war erstaunt. »Was sind schon vierzig, gemessen an viertausend! Warum habt ihr nicht standgehalten und gekämpft?«

»Unser Mut verließ uns.«

»Warum?«

»Ich weiß es nicht. Von der gesamten Armee Israels war der Kampfgeist gewichen!«

Josua kehrte zur Stiftshütte zurück, zerriss seine Kleidung, verbeugte sich vor der Bundeslade und flüsterte: »Allmächtiger Gott, es hat doch gerade erst angefangen! Und doch ist Israel schon jetzt vor dem Feind geflohen! Warum wurden wir geschlagen? Warum sollten wir schon am Anfang unseres Feldzuges aufgehalten werden?«

Und dann hörte Josua, wie die Stimme Gottes zu ihm sprach: *Israel hat sich versündigt. Kostbarkeiten sind aus Jericho entwendet worden, genau jene Gegenstände, denen ich einen heiligen Bann auferlegt hatte. Israel kann im Angesicht seiner Feinde nicht bestehen, weil das gesamte Volk dem Diebesgut gleich geworden ist. Das Volk wird dem Verderben anheimfallen.*

Josua sagte: »Was können wir denn tun?«

Der Herr erwiderte: *Finde und zerstöre das Gebannte, das gestohlen wurde.*

»Aber wie soll ich es finden?«, fragte Josua verzweifelt.

Und wieder hörte er die Antwort Gottes ganz deutlich: *Teile das Volk auf. Lass die Stämme vorbeiziehen, bis ich aus ihrer Mitte einen auswähle. Die Sippen dieses Stammes sollen dann vorbeiziehen, bis ich eine von ihnen auswähle. Nach den Sippen kommen die Haushalte, nach den Haushalten die Männer.*

Und so geschah es.

Nachdem das Volk durch eine Opfergabe zum Zwecke dieses feierlichen Gerichts geweiht worden war, bat Josua die Vertreter der zwölf Stämme zu sich. Sie versammelten sich vor der Stiftshütte.

Während die Lose des Urteils gezogen wurden, gingen die Stämme nacheinander an Josua vorbei. Der Stamm Juda wurde ausgewählt.

Danach gingen die Vertreter des Stammes von Juda an Josua vorbei. Die Lose wurden gezogen und die Entscheidung fiel auf die Sippe der Serachiter.

Aus der Sippschaft der Serachiter wurde wiederum der Haushalt Sabdis ausgewählt, von den Söhnen Sabdis ein Mann namens Karmi. Karmi aber war samt seiner ganzen Generation in der Wildnis gestorben. Also fiel das endgültige Los auf Achan, Karmis Sohn, Sohn des Sabdi, Sohn des Serach aus dem Stamme Juda.

Achan hatte die Kostbarkeiten aus Jericho gestohlen.

Traurig betrachtete Josua den Schuldigen, während er in das Sonnenlicht hineinblinzelte. Achan war vierzig Jahre alt, der Erstgeborene einer neuen Generation. Seine Mutter hatte ihn zur Welt gebracht, gerade in dem Moment, als Israel das Meer durchquert hatte und nun endlich in die Freiheit zog. Achan. Sohn seiner Mutter Elischeba, einer treuen Seele. Bei der zweiten Durchquerung der Wildnis und des Jordanflusses war sie gestorben, noch bevor sie dieses verheißungsvolle Land erblicken durfte.

»Achan«, sagte Josua leise. Seine Stimme war so sanft, dass sein Atem dem Wind über dem Sand glich. »Achan, mein Sohn, lobe den Herrn, den Gott Israels, und erzähle mir, was du getan hast. Halte nichts vor mir geheim.«

»Mein Vater wollte zwei Felder, bekam aber keines zugeteilt«, antwortete Achan. »Ich will nur eins, aber selbst das ist unsicher. Das Land ist voller Feinde, viele von uns werden sterben.«

»Achan«, wiederholte Josua, »was hast du getan?«

Der Mann seufzte und senkte den Kopf. »Ich habe bei der Beute Jerichos einen kostbaren Mantel aus Schinar gesehen. Er war eng gewoben und mit einer satten Purpurfarbe gefärbt. Den habe ich genommen. Und Silber im Gewicht von zweihundert Schekeln und eine Stange Gold von fünfzig Schekeln. Ich verscharrte sie in der Erde im Innern meines Zeltes. Ich wollte damit das Feld kaufen, das mein Vater nie besitzen durfte.«

Nun war es Josua, der seufzte. Er stand auf und ging langsam fort. Wie so oft hielt er den Kopf gesenkt und die Augen auf den Boden zwischen seine Füßen gerichtet.

Während er ging, erteilte er mit sanfter Stimme die Befehle. Die Befehle wurden ausgeführt und das ganze Volk war an diesem Tag sehr ernüchtert und nachdenklich.

Sie gruben in Achans Zelt und brachten die Gegenstände ans Tageslicht, die der Vernichtung anheimfallen sollten. Dann schleppten sie Achan und all sein Hab und Gut in ein abgelegenes Tal und verbrannten dort alles: seine Ochsen, seine Packtiere, seine Schafe, sein Zelt, seine Besitztümer, seine Söhne, seine Töchter, seine Frau und – schließlich auch ihn selbst. Sie verbrannten ihn mit Feuer, steinigten ihn mit Steinen und als nichts mehr von ihm übrig war, war auch die Nachkommenschaft Karmis von der Erde verschwunden.

Hinfort nannte man diese Stätte Tal von Achor – Tal des Unglücks.

Danach bezwangen die Israeliten Ai mit Leichtigkeit.
Josua, gestärkt nun durch seine beiden Siege, schloss Bündnisse mit den vier südlich von Ai gelegenen Städten: Gibeon, Kefira, Beerot, Kirjat Jearim. Dem Land Kanaan war das Rückgrat gebrochen worden.

Dann führte der kleine, kluge Mann seine Streitkräfte in Richtung Süden und folgte damit den Linien, die er einst in den Staub gezeichnet hatte.
Die Könige von fünf südlichen Städten stärkten sich, indem sie einen Bund schlossen und gemeinsam in den Norden zogen, mit einer großen Armee, bestehend aus den Truppen Jerusalems, Hebrons, Jarmuts, Lachischs und Eglons.
Josua jedoch erfuhr von ihrem Bündnis und trieb seine Truppen die ganze Nacht hindurch vorwärts. Sie marschierten von Gilgal hinauf zum Bet-Horon-Pass und überraschten in der Morgendämmerung den Feind schon durch ihre bloße Anwesenheit. Sie griffen an, zerschlugen die feindlichen Truppen und trieben sie in Richtung Süden zurück, bis in die Gebirgsausläufer hinein. Bei Aseka, bei Makkeda – immer wieder griffen Josuas Streitkräfte an. Und Gott, der Herr, kämpfte mit ihnen. So warf er einmal Hagelsteine vom Himmel herab, gebot ein anderes Mal dem Tag, stillzustehen und ließ Sonne und Mond regungslos am Himmel stehen, bis Josua jene Kämpfe zu Ende geführte hatte, die mehr als nur einen Morgen und einen Abend dauerten.
Auf ihrem Marsch in den Süden griff die Armee der Israeliten die Hauptfestungen in den Gebirgsausläufern an, Libna, Eglon und Lachisch. Dann wandte sie sich nach Osten, stieg geradewegs ins Herz des südlichen Hochlandes hinauf und eroberte Hebron und Debir.

Wie er es mit dem Süden tat, so erging es auch dem Norden.
Wieder schlossen die um ihre Städte bangenden Könige Bünd-

nisse, um den gemeinsamen Feind zu bekämpfen. Und wieder dirigierte Josua mit leisen Worten die Angriffe der Heerscharen Israels. Die Zeitpunkte jener Angriffe waren so gut gewählt und ihre Ausführung so genau und ausgewogen, dass die natürliche Schwäche in jedem Bündnis, die Spalte zwischen den Linien, stets aufbrach. Josua entzweite seine Feinde und zerschlug sie, einen nach dem anderen.

Insgesamt einunddreißig Könige besiegte Josua an der westlichen Seite des Jordan, von den Tälern des Libanon im Norden bis zum Berg Halak im Süden.

Josua, der Sohn Nuns, war sehr alt geworden, und nun rief er die Ältesten und Anführer Israels zu sich.

Als er zu sprechen begann, konnte er kaum noch den Kopf heben. Sein Körper war klein und gekrümmt wie ein Hirtenstab. Seine Zuhörer mussten sich dicht um ihn drängen, um etwas zu verstehen, denn Josuas Stimme war nicht mehr als ein dumpfes Flüstern. Es schien, als käme seine Stimme aus den Stätten der Vorfahren. Er allein konnte sich noch an Ägypten erinnern. Er allein hatte das Leid in Ägypten miterlebt.

»Seht her«, hauchte er, »wir haben das Land unter den Stämmen Israels aufgeteilt, so gut wir es konnten. Jeder Stamm hat sein Gebiet, jeder sein Erbe, seine Felder, seine Häuser und sein Land. So ist es und so soll es sein. Der Herr hat das Versprechen gehalten, das er einst Abraham und Sara, Isaak und Rebekka, Jakob und Rahel und Lea machte. Meine Kinder, blickt um euch. Wir sind zu Hause.«

Noch immer hatte Josua sich noch nicht gerührt. Er schwieg und allmählich dämmerte es den Anführern Israels, dass er es wörtlich gemeint hatte: Sie sollten ihre Blicke über das Land schweifen lassen, über den Boden, die prächtige Eiche, um die sie sich geschart hatten, über diese ihre Erde.

Doch Josua selbst sah nichts. Seine Augen waren geschlossen.

»Die Arbeit ist aber noch nicht ganz vollendet«, sagte er. »Es leben noch viele fremde Nationen unter uns. Mit der Zeit wird der Herr sie vor euch zurückdrängen.

Bis dahin jedoch dürft ihr euch weder unter diese Völker mischen noch die Namen ihrer Götter erwähnen, noch in ihrem Namen schwören, noch euch vor ihnen hinknien. Ihr müsst auf den Herrn harren, wie ihr an diesem Tag harrt. Ihr Söhne Israels, liebt den Herrn, euren Gott!«

Immer mehr Menschen versammelten sich, während Josua sprach. Mütter kamen mit ihren Säuglingen herbei, die jungen Männer und Frauen, die Bauern und die Hirten, Priester und Weber und Töpfer.

Sie befanden sich in Sichem, zwischen den Bergen Ebal und Garizim. Vielleicht war diese heilige Stätte des Herrn der Grund dafür, dass so viele kamen, um einem Mann zu lauschen, der so leise sprach. Sie hörten ebenso mit dem Geist wie mit ihren Ohren.

»Bald werde ich den Weg alles Irdischen gehen«, sagte Josua. »Aber bevor ich gehe, muss ich mich eurer Treue versichern.

Der Urvater unseres Landes und Vater von Abraham, Terach, wohnte jenseits des Euphrat und diente anderen Göttern. Der Herr jedoch nahm Abraham, führte ihn hierher und schenkte ihm Isaak; Isaak gab er Jakob; Jakob gab er zwölf Söhne und eine Tochter. Dann zogen Jakob und seine Kinder nach Ägypten. Der Herr, der gleiche Herr, der eure Eltern aus der Gefangenschaft Ägyptens führte, hat euch jetzt hierher gebracht. Gott hat sein Versprechen gehalten. Ihr Israeliten, ihr seid so unzählig viele geworden wie die Sterne des Himmels! Ihr seid die Kinder, die Gott Abraham, unserem Vater, trotz Saras Unfruchtbarkeit versprach! Ihr seid die Nation, die aus ihnen erwachsen sollte, und ihr seid zu Hause!

Deshalb«, fuhr Josua fort, »sollt ihr den Herrn fürchten. Dient ihm aufrichtig und beachtet seine Gebote, wie auch er sein Versprechen gehalten hat. Seid sein Volk, weil er euch auserwählt hat. Er ist euer Gott. Liebt ihn.«

Plötzlich hob Josua den Kopf. Er öffnete die Augen und erhob seine dünne Stimme.

»Wenn ihr ihm aber nicht dienen wollt, dann entscheidet euch heute, an diesem Tag, wem ihr stattdessen dienen wollt, seien es nun jene Götter, denen eure Vorfahren jenseits des Flusses dienten, oder die Götter der Kanaaniter, in deren Land ihr nun wohnt. Ich jedoch und meine Familie, wir werden dem Herrn dienen!«

Wieder kehrte Stille ein. Es war die gleiche abwartende Stille, in der Josua seine Abschiedsrede begonnen hatte. Doch wo er zuvor die Aufmerksamkeit seiner Zuhörer gesucht hatte, brauchte er nun ihre Bestätigung. Mit erhobenem Gesicht wartete er auf ein Wort seines Volkes.

Die Kinder Israels erwiderten beinahe einstimmig: »Nichts sei uns ferner, als den Herrn zu verlassen, um anderen Göttern zu dienen! Es war der Herr, unser Gott, der vor unseren Augen große Wunder vollbracht hat! Er hat uns sicher durch die Wildnis geführt, und ihm wollen wir deshalb dienen. Ja! Er ist unser Gott!«

Nun ergriff Josua wieder das Wort und sagte: »Wenn ihr ihm dient, könnt ihr keinem anderen dienen. Es reicht nicht, ihm lediglich mit Worten oder mit Gefühlen zu dienen. Denn er ist ein heiliger Gott – und er ist ein eifersüchtiger Gott. Wenn ihr euch von ihm abwendet, um fremden Göttern zu dienen, dann wird auch er sich abwenden und euch ausrotten, nachdem er euch so viel Gutes getan hat ...«

»Nein!«, schrie das Volk, und die vereinten Stimmen aller Männer und Frauen glichen einem Donnerschlag. Zu einem heiligen Fest hatte sich die gesamte Nation bei Sichem versammelt, und die gesamte Nation rief nun: »Nein, wir wollen dem Herrn dienen.«

Josua sagte zu ihnen: »Ihr seid Zeugen gegen euch selbst, dass ihr euch den Herrn auserwählt habt.«

Sie erwiderten: »Wir sind Zeugen.«

»Dann neigt eure Herzen ganz zu dem Herrn, dem Gott Israels.«

Sie riefen erneut: »Der Herr ist unser Gott – ihm werden wir dienen, seiner Stimme werden wir gehorchen.«

So schloss Josua an diesem Tag einen Bund mit dem Volk. Er befahl, dass unter der Eiche ein großer Stein als Heiligtum bei Sichem aufgestellt werde und sprach: »Seht her, dieser Stein soll ein Zeuge dessen sein, was gesagt wurde, sowohl für euch als auch für die kommenden Generationen.«

Nachdem das alles geschehen war, starb Josua, der Sohn Nuns, der Diener des Herrn. Er war einhundertundzehn Jahre alt geworden. Und man begrub ihn auf seinem eigenen Land, dem Gebiet seines Erbes in Timnat-Serach, im Hochland Ephraims, nördlich vom Berge Gaasch.

Auch die Gebeine Josefs, die das Volk aus Ägypten mitgebracht hatte, wurden in Sichem zu Grabe getragen. Endlich war Josef mit seinem Volk vereint in dem Land, das sein Vater Jakob für einhundert Geldstücke von den Söhnen Hamors gekauft hatte.

Nun besaß auch er, nach vielen Jahrhunderten, Land und Heimat.

9

Ehud

Dies sind die Nationen, die nach der Eroberung Kanaans durch die Israeliten im Lande übrig blieben: die fünf Herren der Philister, welche die im Südwesten gelegenen Küstengebiete und die von Gaza nach Ekron bis hin zu den Vorläufern Judas sich ausbreitenden Ebenen kontrollierten; die Kanaaniter, die kleine, in ganz Israel verstreute Enklaven und Städte bewohnten; die Sidonier der nordwestlichen Gebiete und der dort angrenzenden Küste; die Hiwiter, die an den Bergen des Libanon wohnten und deren weitere Dörfer sich vom Berg Baal-Hermon bis nach Hamat streckten; einige Hetiter und ferner noch Amoriter, Perisiter und Jebusiter.

Im Laufe der Zeit verblassten allmählich die Erinnerungen des Volkes an Mose und Josua. Sie vergaßen die mächtigen Zeichen, die Gott ihnen in der Wildnis gegeben hatte. Auch jene Wunder vergaßen sie, die Gott bei ihrem Einzug in dieses Land vollbracht hatte. Nach und nach entfernten sich die Israeliten immer weiter von dem Gesetz. So nahmen sie sich die Töchter fremder Nationen zu ihren Frauen und gestatteten ihren Töchtern, Söhne aus fremden Völkern zu heiraten. Die Folge davon war, dass fremde Götter in den Häusern einzogen, und das Volk begann sie anzubeten.

Sie dienten Baal und seiner Gefährtin Aschera.

Von diesem wolkenreitenden Gott Baal, dessen Antlitz dem eines Stiers glich und dessen Gabe die Fruchtbarkeit war, erflehten sie nun Beistand beim Säen der Felder, wann immer Regen für ihr Getreide nötig war oder wenn sie sich fruchtbare Felder wünschten.

Die Bewohner Kanaans hatten einen Brauch, mit dem sie Baal zu besänftigen suchten: Sie verkehrten mit den Prostituierten, die Aschera verkörperten, die Empfängerin von Saat und Regen. Was sie sich von Baal wünschten, brachten sie ihm als Opfergabe dar. Es war ein Tauschritual, gleich gegen gleich.

Die Kinder Israels taten es den Kanaanitern gleich, und der Zorn des Herrn wurde gegen sie entfacht. Gott ließ zu, daß sich Feinde gegen sein eigenes Volk erhoben.

In jenen Tagen begann Eglon, der König von Moab, sich die angrenzenden Länder zu unterwerfen. Zu diesem Zweck schloss er ein Bündnis mit den Ammonitern und stockte seine eigenen Armeen mit Kriegern aus dem Volk der Amalekiter auf. Dann überfiel er die von Israel kontrollierten Regionen. Er durchquerte den Jordan und annektierte Gebiete bis hin zu der weit im Westen gelegenen Stadt der Palmen in der Nähe des alten Jericho.

Achtzehn Jahre lang unterdrückte König Eglon das Volk Israel und verlangte, dass es ihm von allen Erträgen und Gütern einen jährlichen Tribut zollte. In den letzten sechs Jahren jener Zeit wurde König Eglon immer träger und fetter. Jedes Mal, wenn die Israeliten von der Steuererhebung zurückkehrten, beschrieben sie seinen Umfang als noch größer als beim letzten Mal. Es wurde berichtet, dass er sich nur noch selten außerhalb der Höfe seines eigenen Hauses bewegte.

Und die Israeliten klagten: »Er trinkt von unserem Schweiß. Er nagt das Fleisch von unseren Knochen ab und nimmt zu, während wir hier am Verhungern sind! Ach, Herr, unser Gott, befreie uns aus der Hand Eglons!«

Ihre Tränen und ihre Gebete rührten den Herrn. Deshalb ließ er einen Retter aus den Reihen seines Volkes stark werden: Ehud, den Sohn Geras aus dem Stamm Benjamin.

Im achtzehnten Jahr der Herrschaft Moabs wurde Ehud vom Volk ausgewählt, um König Eglon den Tribut zu bringen. Der Geist Gottes sagte ihm, was er tun sollte, und so fertigte Ehud ein zweischneidiges Schwert an, das so lang war wie sein Unterarm. Aus festem Stoff nähte er dafür eine Scheide und da er Linkshänder war, befestigte er sie unter seinem Gewand an der rechten Hüfte.

Danach führte Ehud siebzig Mann in Richtung Osten. Sie ritten auf Eseln und hatten Wolle und Wein, Feigen und frische Trauben und Getreidesäcke bei sich. Doch obwohl sie mit ihrer Karawane und den wertvollen Gütern ein lohnenswertes Objekt für jeden Räuber darstellten, verlief die Reise ruhig. Sie durchquerten den Jordan bei Ebbe und zogen weiter in den Südwesten hinein. Da das ganze Land Eglon gehörte, wagte niemand sie anzugreifen.

Der König nahm seinen Tribut in einem niedrigen, steinernen Haus entgegen. Er saß auf einer breiten, untersetzten Bank. Er erhob sich nicht und würdigte die vor ihm stehenden Israeliten kaum eines Blickes. Stattdessen gab er seinen Dienern den Befehl, die Packtiere von ihren Lasten zu befreien. Danach entließ er kurzerhand die ganze Delegation mitsamt ihren Eseln.

Gerade als die Israeliten sich anschickten, den Jordan auf dem Rückweg erneut zu durchqueren, drehte Ehud um und kehrte alleine nach Moab zurück.

Als er Eglons Haus erreichte, zog er einen der Wachleute zur Seite und flüsterte in verschwörerischem Ton: »Ich bin heimlich zurückgekehrt, um dem König eine Nachricht zu überbringen. Sie betrifft Israel und seine Loyalität.«

Ein Verräter ist einem Tyrannen stets willkommen. Also tastete der Wachmann Ehuds linke Seite nach Waffen ab und führte ihn anschließend über eine steinerne Treppe zum Dach des königlichen Hauses. Hier war ein kühles Zimmer errichtet worden, in dessen Schatten Eglon auf einer Holzlatte thronte. In dieser Holzlatte war ein Loch und darunter stand ein Nachttopf. Offensichtlich verbrachte der König einen beträchtlichen Teil seiner Zeit hier, ohne sich fortzubewegen. Er war von Hofleuten, Beratern, Dienern und einem Koch umgeben.

»Nun?«, fragte der König.

Ehud erwiderte: »Meine Botschaft ist geheim, mein König.«

Eglon brüllte einmal laut »Ruhe!« in die ihn umgebende Traube von Menschen hinein und bat dann Ehud allein in sein kleines Zimmer.

Ehud betrat den Raum und schloss die Tür hinter sich.

»Es geht um Leben und Tod«, sagte er und griff sich an die rechte Seite, wo Boten für gewöhnlich Briefe in ihrem Gewand aufbewahrten. König Eglon streckte seine rechte Hand aus, um die geschriebene Nachricht in Empfang zu nehmen.

Dann sagte Ehud: »Ich habe eine Botschaft des Herrn für dich.« Und mit der linken Hand zog er das doppelschneidige Schwert heraus und stieß es dem König mit solcher Gewalt in den Bauch, dass nach der Klinge auch noch der Griff hineinfuhr. So tief war der Stich, dass Ehud nicht in der Lage war, das Schwert wieder herauszuziehen. Die Eingeweide des fetten Königs traten heraus und ein fürchterlicher Gestank verpestete die Luft.

Ehud verließ das kleine Zimmer und schloss die Tür hinter sich.

»Der König ist sehr beschäftigt«, sagte er zu den Dienern und ging fort.

Eglons Diener erkannten an dem Geruch die Art des Geschäftes. Sie warteten höflich darauf, dass der König fertig wurde. Bis zum Abend warteten sie. Doch dann wurden sie unruhig und öffneten, trotz der Unschicklichkeit, die Tür zu seinem Gemach. Sie fanden ihren Herrn tot auf dem Boden liegend.

Während die Diener warteten und so die Zeit verstrich, rannte Ehud so schnell er nur konnte zum Jordan, durchquerte die Furt und machte sich weiter auf den Weg nach Seïra. Überall in den Bergen Ephraims stieß er in das Widderhorn des Krieges und verkündete den Tod des Königs Eglon. Auf dem Weg scharte Ehud Israels Truppen um sich, um die führungslosen Armeen ihrer Unterdrücker zu zerschlagen.

»Mir nach!«, rief er, vom Geist des Herrn beflügelt. »Gott hat euch eure Feinde, die Moabiter, ausgeliefert!«

Also folgten die Männer Israels ihm, nahmen die Furten des Jordan ein und schnitten den Besatzungsarmeen der Moabiter den Fluchtweg ab. Anschließend wandten sie sich um und vernichteten die Armeen, die über sie geherrscht hatten, bis auf den letzten Mann.

So besiegte Israel an jenem Tag die Moabiter.

Und das Land hatte achtzig Jahre lang Frieden.

10

Debora

Mit der Zeit jedoch taten die Menschen wieder das, was dem Herrn missfiel, und die Wut des Herrn wurde von neuem gegen sie entfacht.

Jabin, ein König in Kanaan, wurde stark und bezwang die nördlichen Stämme Israels. Sisera aus Haroschet ernannte er zum Feldhauptmann über seine mit Streitwagen ausgestatteten Armeen. Die mit ihren bronzenen Schwertern nur spärlich bewaffneten Fußsoldaten Israels hatten der betäubenden Macht von neunhundert eisernen Wagen nichts entgegenzusetzen; und so unterdrückten sie gemeinsam das Volk Israel, zwanzig Jahre lang.

Jabin und Sisera beherrschten das vom Fluss Kischon bewässerte, fruchtbare Tal Jesreel, das von der Küste östlich landeinwärts bis zum Berg Tabor reichte und die Stämme Israels somit fast in der Mitte teilte.

Aus Angst vor Jabin und Sisera mieden die Karawanen die Straßen der Israeliten. Um sich gegen Angriffe und Plünderer zu schützen, nahmen die Reisenden die verschlungenen Nebenstraßen. Der Handel brach zusammen und Israel verarmte.

Sogar die Bauern verschwanden. Auch sie hatten Angst, denn selbst am hellichten Tage waren sie in Gefahr. So wuchs auf diesen fruchtbaren Ebenen kein Getreide mehr und der Boden sah karg und verlassen aus.

Wie schon zuvor bereuten die Bewohner Israels ihre Missetaten. Sie schrien zum Herrn um Hilfe.

Und wieder schickte der Herr einen Retter aus ihren eigenen Reihen – oder vielmehr eine Retterin: Debora, die Frau von Lappidot, eine redegewandte Frau, vor deren Worten man sich besser in Acht nahm.

Durch den Geist Gottes wurde sie weise und bald kannte sie die Gesetze des Bundes so gut, dass sie den ganzen Tag unter einer Palme in der Nähe der Städte Rama und Bethel saß und die privaten Streitigkeiten des Volkes entschied. Ihr Name war in aller Munde und sie genoss große Bewunderung.

Der Geist Gottes war es auch, der ihr die Gabe der Prophetie verlieh. Und Debora ließ durch ganz Israel, in den Süden nach Benjamin in die Nähe von Ephraim, in den Norden nach Issachar, Sebulon und Naftali, folgende Botschaft tragen:

> *Auf! Erhebt euch!*
> *Sogar die Bauern müssen von ihren Feldern aufstehen!*
> *Der Herr zieht aus von Sinai!*
>
> *Seht her, wie der Himmel*
> *zerspringt und bebt, wenn er kommt!*
> *Die Erde bebt! Die Berge rufen vor dem Herrn!*
>
> *Erhebe dich, Barak!*
> *Komm und nimm Gefangene!*
> *Weil das Volk des Herrn über die Mächtigen herrschen wird,*
> *komm!*

So schickte Debora nach Barak, dem Sohn des Abinoam von Kedesch in Naftali.

Barak kam und als er vor ihr stand, streifte sie die Kapuze ihres Gewandes ab und sprach zu ihm ohne die übliche Kopfbedeckung. Ihr Haar war sehr lang, eisengrau und ungeschnitten – als Zeichen dafür, dass sie einen Bund mit dem Herrn geschlossen hatte und die Haare nicht mehr schneiden würde, bis das Gelübde erfüllt war.

Mit großem Selbstbewusstsein und absoluter innerer Überzeugung richtete die Frau nun den Blick fest auf Barak.

Sie sprach: »Der Herr befiehlt, dass du zehntausend Mann auf den dicht bewaldeten Hängen des Berges Tabor um dich scharst. Er selbst will Sisera in das Tal des Kischonflusses locken, wo du die Wagen angreifen sollst. Gott will die Armeen Kanaans in deine Hand geben. Geh.«

Als sie dies gesagt hatte, wandte Debora sich um und ließ sich im Schatten ihrer Palme nieder. Sie nahm die Kapuze, um ihren Kopf wieder zu bedecken. Doch als sie hochblickte, sah sie, dass Barak immer noch an der gleichen Stelle stand und sie anstarrte.

»Nun?«, fragte sie.

Barak presste die Lippen zusammen und senkte den Blick.

»Sisera verfügt über neunhundert Streitwagen.«

»Ja.«

»Sie sind aus Eisen gefertigt und werden jeder von einem oder zwei Pferden gezogen.«

»Ich weiß.«

»Wir sind zu Fuß. Im ganzen Land gibt es kaum einen Speer oder ein Schild.«

»Auch das weiß ich.«

»Nun«, sprach Barak und starrte verlegen auf seine Hände, »wenn du, Debora, mich begleitest, so gehe ich dorthin. Wenn du mich aber nicht begleitest, dann gehe ich nicht.«

Debora ließ die Kapuze hinter sich zu Boden fallen. Sie griff nach ihrem langen Haar und band es zu einem Zopf zusammen, den sie sich um den Kopf wickelte. Die ganze Zeit über starrte sie Barak an.

»Ich werde dich auf diesem Weg begleiten«, sagte sie. »Aber er wird dir keinen Ruhm bringen, Barak, noch einem anderen Mann.«

Und sie prophezeite:

Gelobt sei Jaël!
Unter den Frauen, gelobt sei Jaël.
Unter den in Zelten hausenden Frauen, gelobt sei Jaël,

deren linke Hand den Pfahl ihres Zeltes festhält,
deren rechte Hand eines Arbeiters Hammer packt,
deren Blick auf den Adern in der Schläfe ruht,
dessen, der eine Armee von Streitwagen befehligt –

er fährt neunhundert Streitwagen,
alle mit Eisen bewaffnet
und schwer.

So zogen Barak und Debora in den Norden nach Kedesch, wo sie Bauern und Väter, Schäfer, Winzer und Jungen um sich versammelten – die Armeen Israels. Sie machten kein Hehl aus ihrer Absicht, sondern ließen die Hörner des Krieges blasen. Und dann führten sie die lärmende Prozession zehn Meilen weit in Richtung Süden zum Berg Tabor.

Siseras Spionen entging das Geschehen nicht. Sie gaben Bericht, dass Barak, der Sohn Abinoams, sich mit zehntausend Kriegern an den bewaldeten, südlichen Hängen des Berges versteckt hatte. Möglich, dass ihnen die Wälder für eine gewisse Zeit Schutz bieten würden, doch waren sie schlecht ausgerüstet und damit verletzlich.

Sisera verschwendete keine Zeit. Er rief seine Streitwagen und Armeen aus der Küstenstadt Haroschet der Heiden zusammen und trieb kurze Zeit später die mächtigen Truppen den Kischonfluss entlang, über die Ebenen Jesreels auf Tabor zu.

Debora saß auf einem hohen Felsvorsprung. Ihre Augen, so steinern wie der Berg, auf dem sie saß, beobachteten den von Siseras heranrückenden Truppen aufgewirbelten Staub. »Warte«, flüsterte sie Barak zu. »Warte. Warte. Warte . . .«

Auf einmal erhob sich ein kalter, durchdringender Wind. Er zerrte an ihrem Gewand und stürmte dann westlich den Berg hinunter. Im gleichen Moment zog eine schwarze Wolke herauf und warf ihre Schatten auf den Fluss, das Tal, den Staub, die Armeen und den gesamten Berg.

»Dort«, sagte Debora und zeigte zum Himmel. »Dort: Das ist der Herr.« Und dann schrie sie plötzlich aus voller Kehle: »Los, jetzt! Greif an, Barak! Der Herr geht dir voraus, geh!«

Da führte Barak die zehntausend Männer aus ihrem Versteck heraus und hinunter in die Ebene. Sie stürmten direkt auf die heraneilenden Wagen zu.

Und Gott, der Herr, ließ die Naturgewalten los:

Vom Himmel herab warfen die Sterne ihre Speere
auf den Boden,
aus ihrer Umlaufbahn kämpften sie
gegen die Streitwagen –

und die schwarze Wolke entlud sich
und Blitze fielen
und Regen wie Pfeile
zerriss die Erde –

und der Fluß stieg an!

Er erhob sich wie ein Ochse,
um die Feinde zu durchbohren,
zermalmte ihre Wagen
und trieb sie zurück nach Megiddo!

Durch strömenden Regen und Massen von Schlamm, in dem die Wagen versanken, verfolgten Barak und seine Männer die Kanaaniter nach Westen, an Meggido vorbei, bis zu Siseras Stadt Haroschet und auf das Meer zu.

Doch Sisera selbst war nicht unter den Gefallenen.

Er war von seinem Wagen gesprungen und geradewegs nach Norden in Richtung Hazor, der Stadt Jabins, gerannt. Doch während er durch den schwarzen Regen und die wütenden Winde lief, wurde seine Erschöpfung immer größer. Dann sah er Zelte, und er erkannte das Lager von Heber, einem Keniter, der mit Jabin Frieden geschlossen hatte. Erleichtert wandte Sisera sich dem Lager zu um dort Zuflucht zu suchen.

In den Zelten fand er nur Frauen vor. Das tröstete ihn.

Mehr noch, nachdem Hebers Frau gehört hatte, dass Israels Truppen seine Armeen zerschlagen hatten und bald nach ihm suchen würden, lud sie ihn in ihr Zelt ein.

»Hab keine Angst«, sagte sie freundlich und tröstend.

»Was ist, wenn Barak hierher kommt, um mich zu suchen?«, fragte Sisera.

Die Frau dachte einen Augenblick nach. Dann blickte sie sich im Inneren ihres Zeltes um und sagte: »Leg dich dort auf den Boden. Ich werde dich zudecken und ihm sagen, ich sei allein.« Allmählich entspannte Sisera sich. »Kann ich etwas Wasser haben?«, fragte er.

Die Frau lächelte und schüttelte den Kopf. »Mein Herr, ich habe etwas Besseres als Wasser. Ich gebe dir Milch, damit du wieder zu Kräften kommst.«

Sie holte einen Schlauch mit Milch hervor und er trank, bis er satt war. Dann legte er sich hin und sie wickelte ihn in eine saubere, neue Decke, die behaglich und vertraut roch. Kurze Zeit später war Sisera eingeschlafen.

Aber in der Nacht schlich Jaël in das Zelt, nahm einen Pflock und einen Hammer und erschlug Sisera.

Dann ging sie Barak entgegen und brachte ihn zu ihrem Zelt, und Barak sah mit eigenen Augen, dass Sisera dort tot am Boden lag.

An diesem Tag stimmten Debora und Barak ein Lied an:

Gesegnet unter den Frauen ist Jaël,
die Frau eines Keniters!
Alle Frauen, die in Zelten wohnen,
loben sie, Jaël:

Als der Feind um Zuflucht bat,
gab sie ihm eine Decke;
als Sisera um Wasser bat,
gab sie ihm Milch;

süß geronnene Milch brachte sie ihm
in der Schale eines Königs,
und hieß ihn sich niederlegen in Sicherheit
und er schlief ein.

Jaël: Sie kniete neben ihm,
an seine Schläfe hielt sie einen Pfahl.
Jaël: Den Hammer erhob sie,
durchbohrte seine Schläfe.
Zu ihren Füßen krümmte sich Sisera und fiel.
Er krümmte sich und fiel – vernichtet.

Eine Frau schaut nun durch ihr Fenster,
Siseras Mutter ruft durch das Gitter:
»Warum bleibt er so lange? Wo ist sein Wagen?«

So sollen alle deine Feinde umkommen, Herr!
Aber die den Herrn lieben, sollen sein wie die Sonne,
die aufgeht in ihrer Kraft!

So wurden Jabin und Sisera an jenem Tage besiegt, und ihr Joch wurde von den Schultern Israels genommen.
    Debora kehrte zu ihrer Palme zwischen den Städten Rama und Bethel in der Hügellandschaft Ephraims zurück, bedeckte ihren Kopf und fuhr fort, über das Volk Recht zu sprechen.
    Und das Land hatte vierzig Jahre lang Frieden.

11

Gideon

Und wieder tat das Volk Israel das, was dem Herrn missfiel. Ein Bauer mit Namen Joasch vom Stamm Manasse baute einen Altar zu Ehren des Gottes Baal. Er wohnte kaum zwanzig Meilen südwestlich vom Berg Tabor. Neben dem Altar errichtete er einen hohen, hölzernen Pfahl, auf dessen Oberfläche das Bild Ascheras, der Göttin der Fruchtbarkeit, geschnitzt war. Joasch rief weiterhin zum Herrn, doch während der Saatzeit wandte er sich vorsichtshalber auch an Baal und Aschera, wie es auch die meisten anderen Mitglieder seiner Sippschaft, der Abiësriter, taten und mit ihnen viele Menschen im ganzen Volk Israel.

Doch dann, als die Saat, die unter heidnischen Ritualen ausgebracht worden war, auf den Feldern zur Ernte heranreifte, kam ein wildes Wüstenvolk aus den Gebieten östlich des Salzmeeres hergeritten: die Midianiter! Sie versetzten Israel in Angst und Schrecken. In Windeseile ritten sie in der Dämmerung auf riesigen Ungeheuern heran, plünderten das frisch geerntete Getreide, zertrampelten und verbrannten die Felder, töteten von den Rücken ihrer Angst einflößenden Tiere aus das Bauernvolk und verschwanden wieder, noch bevor die Abenddämmerung eintrat.

Kamele – sie ritten auf Kamelen! Von oben herab zertrümmerten sie die Schädel der Israeliten. Sie legten jeden Tag mehr als sechzig Meilen zurück und waren zudem in der Lage, riesige Mengen von Gütern über weite Strecken zu befördern. Die großen Entfernungen waren einst Israels Schutz gewesen. Nun hatten die Midianiter gelernt, auf Kamelen zu reiten.

In dem darauf folgenden Jahr kamen sie wieder zur Erntezeit. Diesmal schlachteten sie das Vieh und ließen kein Schaf und keinen Ochsen am Leben.

Als Nächstes kamen die Midianiter mit ihren Zelten. Einer Heuschreckenplage gleich schwärmten sie in Scharen durch den Jordan, ernährten sich von dem fruchtbaren Land und vertrieben viele Israeliten, sodass diese sich in Höhlen und Festungen verstecken mussten.

So ging es sieben Jahre lang.

Dann rief das Volk Israel in seiner Verzweiflung zum Herrn um Hilfe.

Eines Nachts, im Schutz der Dunkelheit, schlich sich jemand heran und riss den Altar, den Joasch, der Abiësriter, zu Ehren von Baal errichtet hatte, nieder. Am Morgen entdeckten die Bewohner des Dorfes die alten Steine, die auf dem Boden verstreut lagen. An ihrer Stelle waren jetzt andere Steine zu einem neuen Altar aufgeschichtet, und darauf war einer von Joaschs Stieren geopfert worden. Das Holz, auf dessen Feuer die Opfergabe verbrannt worden war, stammte von dem Pfahl mit dem Bild Ascheras. Von ihrem Gesicht war nur Asche übrig geblieben.

Und die Menschen flüsterten einander zu: »Wer hat das getan?«

Nun stand Gideon, ein Sohn von Joasch, bis zur Brust in einem großen, quadratischen Steintrog und drosch Weizen.

Er stand in der Kelter seines Vaters, und in besseren Zeiten hätte er an diesem Ort mit den anderen Männern gesungen und laut fröhliche Lieder gegrölt, während sie die Weintrauben zertrampelten und der süße Saft durch Rinnen in die darunter liegenden kühleren Behältnisse lief. In besseren Zeiten hätte er den Weizen auf den hoch gelegenen Feldern seines Gutes gedroschen, mit Hilfe seines Ochsen und zusammen mit seinen Kindern. Der Ochse hätte den

Pflug gezogen und die Kinder hätten ihr Gewicht dagegen gestemmt und fröhlich gelacht, während er sie immer wieder im Kreise um die Heuhaufen geführt hätte, um die guten, harten Körner von der Spreu zu trennen.

Doch dies waren schlechte Zeiten. Die Midianiter konnten jeden Augenblick über sie herfallen. Gideon versteckte sich. Er drosch die Ähren auf die herkömmliche, veraltete Art mit Stock und Flegel und duckte sich dabei tief in die Kelter, in der Hoffnung, dass niemand ihn bemerkte.

Plötzlich hörte er eine Stimme und er fiel wie erschlagen zu Boden.

Die Stimme klang wie ein Lied mit seltsam verwobenen, kraftvollen Melodien. Sie kam von einer in der Nähe der Kelter wachsenden Eiche und sagte: »Der Herr ist mit dir, du streitbarer Held!«

Streitbarer Held. Gideon hoffte inbrünstig, dass damit jemand anderes gemeint war, doch er war sich dessen keineswegs sicher. Er richtete sich langsam auf und blickte vorsichtig über den Rand der Kelter. Spreu klebte noch an seiner schweißnassen Brust.

Ja, er war tatsächlich gemeint.

Denn dort, unter dem Baum, saß ein Mann von königlicher Erscheinung und starrte Gideon unverwandt an. Er lächelte, offensichtlich ganz gelassen und zufrieden.

Gideon, der sich von den Augen abwärts immer noch hinter dem steinernen Rand der Kelter versteckt hielt, fragte: »Wovon redest du?«

»Geh«, sagte die prächtige Erscheinung zu Gideon; sonst befand sich niemand in Sichtweite. »Geh mit deiner Macht und errette Israel aus der Hand der Midianiter.«

Es dauerte einen Moment, bis Gideon verstand, was der Mann gesagt hatte. Doch dann sprang er auf und rief: »Hat irgendjemand gesagt, dass ich es war? Nun, ich war es nicht! Ich gehöre nicht zu denen, die ihre Väter missachten. Außerdem bin ich ein Nichts. Ein Niemand. Schau mich doch an: Gideon, der Unbedeutendste in der kleinsten Sippe des schwächsten Stammes ...«

»Bin ich es denn nicht, der dich schickt?«, sagte die lächelnde Erscheinung. Ihre Stimme hatte die Kraft einer sprudelnden Quelle. »Also werde ich mit dir sein.«

»Ich habe den Altar gehasst«, versuchte Gideon zu erklären. »Das Gesicht von Aschera macht mir Angst.«

»Ich werde mit dir sein«, wiederholte die Stimme, »und du wirst die Midianiter schlagen – du selbst, mit deinem eigenen Schwert.«

Gideon schluckte und schwieg.

Einen Moment lang starrten die beiden Männer einander an.

Doch dann sagte Gideon: »Ich werde dir etwas zu essen holen. Geh bitte nicht, während ich weg bin.«

Der Mann erwiderte: »Ich werde bleiben, bis du zurückkommst.«

Also ging Gideon in das Haus hinein und bereitete eine junge Ziege und ungesäuerte Brote zu. Das Fleisch legte er in einen Korb, die Brühe füllte er in einen Topf und brachte beides dem Mann, der noch immer unter der Eiche saß.

Der Mann sagte: »Leg das Fleisch und das Brot auf den Stein hier.«

Gideon gehorchte.

Der Mann fuhr fort: »Nun gieß die Brühe darüber.«

Wieder gehorchte Gideon.

Der Mann streckte sodann die Spitze seines Stabes aus und berührte das Essen. Da schoss Feuer aus dem Felsen und verzehrte das Fleisch und das Brot restlos – und der Mann war verschwunden.

»Hilfe!«, rief Gideon. »Oh, allmächtiger Gott! Ich habe den Engel Gottes von Angesicht zu Angesicht gesehen ...«

Doch die Stimme des Herrn sprach zu ihm: *Friede sei mit dir, Gideon. Du wirst nicht sterben. Aber du sollst gehen. Sind nicht die Midianiter, die Amalekiter und die Völker des Ostens zusammen über den Jordan gekommen? Doch, und nun haben sie ihre Zelte im Jesreeltal aufgeschlagen.*

In dieser Nacht kehrte Gideon nicht mehr zu seinem Haus zurück. Einsam saß er auf einer Mauer neben der Kelter seines Vaters und starrte auf einen Haufen Schaffelle, die genau dort, wo er am Tag noch Getreide gedroschen hatte, auf dem Boden lagen.

»Wenn du Israel durch meine Hand befreien willst«, betete Gideon, »dann gib mir doch ein Zeichen. Lass die Wolle am Morgen feucht, den Boden darum herum jedoch trocken sein.«

Und so war es. In der Morgendämmerung wrang Gideon genug Tau aus der Wolle, um eine Schale zu füllen. Den ganzen Morgen über jedoch starrte er diese Schale an. Am Nachmittag, als das Schaffell immer noch feucht war, überlegte er, dass die Wolle natürlich mehr Wasser aufsaugen würde als der Stein.

Also legte er das Fell an diesem Abend wieder an die gleiche Stelle.

»Sei nicht zornig mit mir«, betete Gideon. »Nur noch einmal will ich es versuchen mit der Wolle. Dieses Mal soll alleine das Schaffell trocken sein und der Boden rund herum von Tau bedeckt.«

Und Gideon wachte die gesamte zweite Nacht hindurch und am Morgen war die Wolle trocken, der Boden aber vom Tau nass.

Gideon spürte, wie der Herr ihn leitete. Er war ganz von dem Geist des Herrn erfüllt, wie ein Kleidungsstück von einem Körper ausgefüllt wird – und Gideon ließ die Hörner des Krieges ertönen und die Sippe der Abiësriter machte sich zum Kampf bereit.

Außerdem schickte Gideon Boten durch ganz Manasse, Asser, Sebulon und Naftali. Die Männer strömten mit Zelten und Waffen ausgerüstet aus allen vier Stämmen herbei, um ihm zu folgen.

Diese Armee führte Gideon zur Quelle von Harod, etwas südlich von dem Hügel, an dessen Fuß die Midianiter ihre Zelte aufgeschlagen hatten.

Noch am gleichen Tag sprach der Herr zu Gideon.

Du hast zu viele Menschen bei dir. So könnte sich Israel seines Sieges rühmen, sagte der Herr. *Darum sollst du denen, die Angst haben, sagen, dass sie nach Hause zurückkehren dürfen.*

Gideon gehorchte dem Herrn, und zweiundzwanzigtausend Männer kehrten nach Hause zurück. Es blieben zehntausend übrig.

Und noch einmal sprach der Herr: *Ihr seid immer noch zu zahlreich. Ihr werdet sonst der Meinung sein, die Errettung selbst herbeigeführt zu haben. Darum sollst du deine Armee zum Wasser bringen und sie trinken lassen.*

Gideon gehorchte, und während die Männer noch tranken befahl der Herr: *Diejenigen, die ihre Hände in das Wasser tauchen und es daraus lecken, wie Hunde es tun, die sollst du zählen und behalten. Diejenigen aber, die sich zum Trinken hinknien, die schick nach Hause.*

Neuntausendsiebenhundert Mann hatten sich zum Trinken hingekniet! Somit blieben nur dreihundert übrig! Gideon fühlte sich wie in die Kelter zurückversetzt, hilflos, klein und verängstigt.

Der Herr aber sprach zu ihm: *Mit diesen Dreihundert werde ich dir die Midianiter in deine Hand geben. Die anderen sollen ihre Krüge und Hörner zurücklassen und noch vor Anbruch der Dunkelheit abreisen.*

In dieser Nacht führte Gideon seine kleine Truppe zu der Klippe, die sich über dem Tal erhob, in dem die Midianiter lagerten. Die leuchtenden Feuer der Midianiter erfüllten die Dunkelheit wie die Sterne den Himmel. Ein ständiges Geräusch ging von ihnen aus, wie von krabbelnden Insekten in der Nacht, wie das Summen von Bienen im Bienenstock.

Und der Herr sprach: *Erhebe dich, du streitbarer Held, und greif das Lager an.*

Verwundert antwortete Gideon: »Aber es ist schon Nacht, Herr! Niemand kämpft in der Dunkelheit.«

Doch Gott, der Herr, erwiderte: *Ich habe den Feind in deine Hand gegeben.*

»Ach, Herr! Herr, mein Gott, du hast uns gegenüber dieser Horde auf ein Nichts geschwächt und ich bin kein streitbarer Held. Ich hatte schon immer Angst.«

Dann sieh her, kleiner Mann, antwortete der Herr. Und Gideon

sah in einer Vision einen Laib Gerstenbrot, der den Hügel zum Lager der Midianiter hinunterrollte. Er rollte auf ein Zelt zu und prallte mit solcher Wucht dagegen, dass das Zelt zu Boden gerissen wurde.
Du, Gideon, sprach der Herr, *bist das Gerstenbrot. Gehorche mir jetzt und geh.*

So gab Gideon in der Dunkelheit der Nacht jedem seiner Männer ein Widderhorn, einen leeren Krug und eine Fackel. Während die Männer noch um ihn standen, gab er ihnen ihre Befehle. »Was immer ich tue, tut das Gleiche«, sagte er. »Wenn ich in mein Horn blase, blast auch ihr, wo immer ihr gerade seid. Zerbrecht die Krüge, zündet die Fackeln an und ruft: *Ein Schwert für den Herrn und für Gideon.*«

Gideon teilte die dreihundert Männer in drei Gruppen auf und schickte sie weit hinaus in den Norden, den Westen und den Süden des Tales, bis man sie nur noch als kleines, dünnes Band in den Hügeln rund um die Midianiter erkennen konnte.

In den Zelten der Midianiter schliefen einhundertdreiundfünfzigtausend Krieger, die sich ihrer zahlenmäßigen Überlegenheit gewiss waren und sich in Sicherheit wähnten. Im ganzen Lager hatten die Wachen rot glühende Feuer entzündet, insgesamt zehntausend. Einhunderttausend Kamele waren in fünftausend Korralen zusammengepfercht, um sie leichter füttern zu können. Entlang der äußeren Umrandung standen Männer und blickten starr in die Dunkelheit hinein, ohne dass sie etwas erwarteten.

Dann, gerade als die Wachen zur dritten Schicht aufzogen, ertönte in den Hügeln westlich des Lagers ein einsam heulendes Widderhorn, ein unterdrücktes zorniges Geräusch, wie ein wildes Tier, das sich an seine Beute heranschleicht.

Die Wachen der Midianiter drehten sich um. *Wer schleicht denn da durch die Dunkelheit mit einem Widderhorn?*

Aber dann erklangen schon weitere Hörner, und einem Busch-

feuer gleich breiteten sich die Laute um die Hügel in alle Himmelsrichtungen aus. *Wer kämpft denn in der Nacht?* Nackte Midianiter stolperten aus ihren Zelten heraus. *Wer trotzt der vollkommenen Finsternis? Welcher Wahnsinn geht hier vor sich?*
   Und plötzlich schepperte und krachte es in den umliegenden Hügeln. *Was? Was?* schrien die Midianiter und griffen nach ihren Schwertern und Speeren. *Was ist das für eine Armee, die da den Hügel herunter auf uns zustürmt?*
   Nun wurden Fackeln hoch oben entfacht, ein Ring aus Flammen, der die Midianiter umzingelte, und vielstimmig ertönte der Ruf: »Ein Schwert für den Herrn und für Gideon!« Alle Krieger der Midianiter waren nun wach und schrien: »Sie haben uns den Fluchtweg abgeschnitten! Sogar ihre Nachhut rast nun den Berg herunter auf uns zu! Kämpft! Kämpft! Kämpft!«
   Doch diejenigen, die von den Kriegern Midians erschlagen wurden, waren nicht die Feinde, sondern ihre eigenen Brüder. In Panik vor dem nächtlichen Überfall, blind und voller Angst vor dem Eindringen der unsichtbaren Armeen, töteten sie jeden, der ihnen zu nahe kam – und so töteten sie sich gegenseitig. Gideon brüllte vom Hügel herab und beobachtete dann, wie die Midianiter sich selbst vernichteten, bis nur noch fünfzehntausend Mann übrig waren.

Diesen fünfzehntausend jagte er nach.
   Gideon verfolgte sie in den nächsten Tagen bis nach Karkor, ihrer eigenen Stadt. Dort wähnten sie sich in Sicherheit. Die erschöpften und verstörten Krieger warfen sich zu Boden, um sich auszuruhen, als plötzlich Gideon sogar hier über ihnen erschien und unter ihnen eine solche Panik verursachte, dass er sie mit seinem eigenen Schwert erschlagen konnte.
   Dort nahm Gideon zwei Könige der Midianiter, Zalmunna und Sebach, gefangen. Er legte sie in Ketten, verschleppte sie in seine Heimat und stellte sie vor seiner eigenen steinernen Kelter zur Schau.

»Hättet ihr meine Familie nicht getötet«, sagte Gideon zu ihnen, »dann würde ich euch jetzt auch nicht töten. An dem Tag jedoch, als ihr über Israel das Todesurteil verhängt habt, habt ihr euer eigenes Todesurteil gesprochen. Jeter!«, rief Gideon. »Jeter, komm her.«

Ein schlanker, schöner Jüngling trat vor, ernst und ängstlich zugleich.

Gideon sagte zu Zalmunna und Sebach: »Dies ist mein Erstgeborener.« Und zu dem Jungen gewandt: »Und diese Männer sind deine Aufgabe. Töte sie.«

Der junge Jeter ging langsamen Schrittes auf die Könige der Midianiter zu. Er nahm den Griff seines Schwertes in die rechte Hand und zog es aus der Scheide. Sein Arm war dünn und zitterte. Seine Miene blieb ernst, doch in seinen Augen standen Tränen. Er hob das wackelnde Schwert über seinen Kopf – und zögerte.

»Mein Herr!«, rief Sebach und man konnte sehen, dass auch er Qualen litt. »Mein Herr, wir sind doch Könige. Indem du uns in eine Kelter geworfen hast, sind wir bereits gedemütigt. Doch uns von einem bartlosen Jüngling hinrichten zu lassen ...«

Der arme Jeter hob den Blick zu seinem Vater mit Mitleid erregendem Flehen.

Sebach sagte: »Erhebe du dich und töte uns – denn so wie ein Mann ist, so erweist sich seine Kraft.«

Mit einem Furcht einflößenden Aufschrei sprang Gideon in die Kelter hinein und tötete Zalmunna und Sebach mit zwei Schwerthieben und vollendete so sein Werk.

Im Gedenken an jenen Augenblick seiner Macht behielt Gideon die zwei Amulette, die einst um die Hälse der Kamele der Könige Midians hingen.

Die Männer Israels bedrängten nun Gideon und sagten: »Herrsche über uns, du und dein Sohn und auch dein Enkelsohn. Du hast uns aus der Hand der Midianiter befreit. Warum sollst du nicht den Frieden für die nachkommenden Generationen sichern können?«

Doch Gideon antwortete: »Ich werde nicht über euch herrschen. Auch mein Sohn nicht. Der Herr allein herrscht über euch.«

So wurde Midian bezwungen. Weder die Könige noch deren Volk kehrten je wieder zurück, um Israel Schaden zuzufügen. Und das Land hatte Frieden, bis Gideon starb – vierzig Jahre, eine Generation.

12

Jeftah

Nach Gideon erhob sich Tola, der Sohn Puwas, ein Mann aus dem Stamme Issachar, um Israel zu erretten. Er wohnte in Schamir auf dem Gebirge Ephraim. Dreiundzwanzig Jahre lang war er Richter in Israel und als er starb, wurde er in Schamir, wo er gelebt hatte, zu Grabe getragen.

Nach Tola erhob sich Jaïr, ein Gileaditer, der zweiundzwanzig Jahre Richter in Israel war. Er ging als Mann von großem Reichtum in die Geschichte ein, denn er hatte dreißig Söhne, die auf dreißig Eseln ritten und dreißig Städte im Lande Gileads regierten. Jaïr starb und wurde in Kamon beerdigt.

Und wieder tat das Volk Israel Dinge, die dem Herrn missfielen. Das Verhalten der Menschen glich immer mehr einem sich stetig drehenden Rad. Immer wieder vergaßen sie, was Gott für sie getan hatte, sobald die Generation, die den Herrn kannte und ihm gehorchte, gestorben war. Dann suchten die Menschen die Macht eines anderen Gottes.

So drehte sich das Rad unweigerlich weiter und die Israeliten wurden von einem neuen Feind geplagt, der seine Kräfte gegen sie bündelte, sie quälte, sie unterdrückte und ihnen zeigte, wie zerbrechlich ihre Macht über das Land tatsächlich war.

Und wieder erinnerte sich das Volk Israel an den Herrn, seinen Gott, schrie zu ihm um Errettung und drehte das Rad ein Stück weiter. Und jedes Mal erwies sich der Herr als gnädig! Immer drehte er das Rad ein viertes Mal, vollendete die Umdrehung und schenkte seinem Volk erneut Frieden und Ruhe. Denn Gott, der Herr, empörte sich über das Leid Israels. Immer wieder erhörte er die Gebete der Menschen und brachte ihnen einen neuen Retter.

Nachdem Jaïr also gestorben war und das Land mehr als eine Generation in Frieden gelebt hatte, tat das Volk Israel erneut, was dem Herrn missfiel.

Da kamen die Ammoniter, die nach einer Gelegenheit suchten, das Land zurückzugewinnen, das der große König Og vor langer Zeit im Kampf gegen Mose an die Israeliten verloren hatte. Sie riefen eine mächtige Armee zusammen und marschierten nach Gilead, östlich des Jordan. Dort schlugen sie ihre Zelte auf und bereiteten den Angriff auf Israel vor.

Die Ältesten des Volkes Israel in Gilead trafen sich bei Mizpa. Es fand sich jedoch in ihren Reihen keiner, der fähig gewesen wäre, ein starker militärischer Führer zu sein.

»Welcher Mann kann gegen die Ammoniter bestehen?«, überlegten sie. »Er soll uns jetzt führen und wir werden ihm danach auf ewig die Herrschaft über die Bewohner Gileads übertragen!«

Nun war Jeftah tatsächlich ein mächtiger Krieger. Er durchstreifte mit einer Horde wilder Männer die südöstlichen Gebiete von Gilead. Sein Vater war ein Mann von großem Reichtum und gutem Ruf gewesen, aber seine Mutter eine Hure. Deshalb hatten ihn die ehelichen Kinder seines Vaters aus dem Haus getrieben und er hatte sich bald darauf den Ruf eines Freibeuters, Pferdekenners, Plünderers und Söldners erworben.

An diesen Mann wandten sich jetzt die Ältesten Gileads mit

ihrem Anliegen. »Komm und sei unser Anführer«, sagten sie. »Kämpfe in unserem Namen gegen die Ammoniter.«

Jeftah gefiel das Leben, das er führte. Er besaß ein Haus in Tob, östlich von Ramot-Gilead. Er hatte ein Kind – eine Tochter, die ihn liebte und für die er das Haus überhaupt gebaut hatte.

Die Ältesten jedoch hatten ihm gerade die lebenslange Herrschaft über alle Stämme Gileads angeboten.

Am Abend betrat er das Zimmer seiner Tochter und setzte sich neben sie. »Dieselben Menschen, die mich einst gehasst haben, demütigen sich jetzt vor mir«, sagte er. »Diejenigen, die mich als Bastard vertrieben haben, flehen mich an, ihr Richter zu sein. Wie kann ich da Nein sagen?«

Vater und Tochter saßen eine Zeit lang schweigend im schwachen Licht der Dämmerung. Sie war ein hübsches Mädchen mit schlanken Fingern.

»Du kannst nicht Nein sagen«, antwortete sie dann.

»Ich werde aber lange Zeit weg sein«, gab Jeftah zu bedenken.

Seine Tochter küsste ihn auf die Stirn und sagte: »Geh!«

Am Morgen ritt Jeftah mit seinen Männern nach Mizpa, von einer großen, unbändigen Freude erfüllt. Jeftah hatte nicht den geringsten Zweifel, dass es der Gott aller Stämme Israels gewesen war, der ihn auserwählt hatte und ihn aus seinem bisherigen erbärmlichen Leben herausgeholt und in diese gehobene Stellung gebracht hatte.

Und der Geist des Herrn erfüllte Jeftah und er rief Armeen aus Gilead, Manasse und Israel zusammen. Kurz bevor er mit ihnen in den Krieg gegen die Ammoniter zog, legte er ein feierliches Gelübde vor dem Herrn ab.

»Oh, Herr, ich will mein Bestes geben, wenn du dein Bestes tust«, betete er. »Wenn du mir den Sieg schenkst, werde ich dir zum Dank das erste Gute schenken, das mir bei meiner Rückkehr begegnet! Ich werde es dir als Brandopfer darbringen.«

Dann zog Jeftah mit seinen Truppen in den Kampf und seine Zuversicht, ja freudige Erwartung war so groß, dass keiner der Krieger mehr ängstlich war. Mit einem mächtigen Schrei führte der Abenteurer sie an.

Er stürzte sich auf die Ammoniter und der Herr lieferte sie ihm in die Hand. Er schlug sie mit viel Gewalt von Aroër an bis zur Gegend von Minnit, zwanzig Städte, und bis hin nach Abel-Keramim.

Danach kehrte Jeftah nach Hause zurück. Und als er unweit seines Hauses war, da kam ihm seine Tochter singend und tanzend aus dem Haus entgegengelaufen. Sie war sein einziges Kind.

Die Jungfrau spricht

Sieben Tage noch...

Heute ist mein Blut geflossen. Jetzt bin ich wie alle Frauen. Ich hatte in den letzten Wochen vergessen, dass es geschehen würde. Doch die Ereignisse der Zeit haben ja meinen Körper nicht verändert. Natürlich musste es geschehen.

Milka, denkst du, dass die Zeit das Gesetz für mich verändert hat? Werde ich in acht Tagen zwei Turteltauben opfern müssen, um mich zu reinigen?

Aber für mich wird es keinen achten Tag geben.

Sechs Tage noch...

Sie schreiben die Gesetze der Nationen auf Steintafeln und errichten Obeliske aus Marmor, auf denen sie die Geschichten der großen und blutigen Kämpfe festhalten. Siegreiche Könige verlangen, dass ihrer Siege gedacht wird.

So werden Bündnisse in Ton verewigt.
Sogar die Geschäfte der Reichen werden auf Steintafeln geritzt und für immer behalten.

Oh, ewiger Gott, lass auch dies in Stein geschrieben sein, denn es ist ein ebenso bedeutender Kampf wie alle Schlachten, die je von Männern geschlagen wurden – bis in den Tod. Jeftahs Tochter weint, weil ihr Vater gesprochen hat. Sein Reden hat ihren Mutterleib für immer verschlossen.

Jeftahs Tochter weint in den Bergen, weil kein Kind sie je Mutter nennen wird. Das sollt ihr schreiben und dessen sollt ihr gedenken – dass am Ende eines jeden eurer Kämpfe Jeftahs Tochter als Jungfrau stirbt.

Fünf Tage noch ...

Wie kann eine Tochter ihrem Vater etwas vorwerfen?

Es ist wahr: Ein Mann muss kein Gelübde ablegen. Durch nichts wird er gezwungen.

Wenn er sich aber dennoch entscheidet und ein Gelübde vor dem lebendigen Gott ablegt, so muss er es halten. Ist der Schwur getan, hat er keine Wahl mehr. Es gibt nur noch Gehorsam und die Tat selbst. Welchem Zweck soll sonst ein Bund dienen?

Doch die Welt ist stets größer als der Mann, stets größer als sein Wissen oder seine Fähigkeit zu wissen. Und sein Gelübde bindet ihn an das Universum. Es setzt Räder in Bewegung, die er nicht mehr aufzuhalten vermag.

Der Mann, der diese Größe vergisst, wird leiden, wenn sein Schwur sich mit unbekanntem Gesicht gegen ihn wendet.

Wie soll dann eine Tochter ihrem Vater etwas vorwerfen? Er ist doch ebenso traurig wie sie!

Ach, er war unwissend. Er wusste es nicht.

Vier Tage noch...

Er liebt mich! Er liebt mich! Er hat mich stets geliebt!
Er hat mir ein wunderschönes Haus gebaut.
Auf ein steinernes Fundament hat er es gebaut, genau dort, wo ich mit meinen eigenen Schritten die Wände ausgemessen habe. Ich wollte, dass mein Haus denen in ganz Israel gleicht, und das tut es!
Er fragte: »Wo soll ich es bauen?«
Und ich erwiderte: »Auf einem Hügel!«
Also baute er die Mauern aus gebrannten Lehmziegeln in vollkommenen Reihen. Er bedeckte die äußeren Mauern mit Putz und tünchte sie weiß. Mein Haus erstrahlt in Glanz, hell vom goldenen Licht der Abenddämmerung.
Geht man durch die Tür, betritt man einen wunderschönen Hof. Viel Platz für Blumen gibt es nicht, aber das Sonnenlicht scheint von oben herein, und ich habe meinen Ofen dort, wo ich für uns beide das Essen zubereite.
An der rechten Seite des Hofes sind vier starke Pfosten und ein offenes Zimmer. Auf der linken Seite ist die Tür zu meinem Zimmer. Ganz hinten ist seine Tür.
Ich hatte mich diesmal in seinem Zimmer angekleidet.
An dem Tag, als man sagte, er sei wieder heimgekehrt, ging ich in sein Zimmer und zog frische, weiße Leinentücher an – in seinem Zimmer, damit ich seinen Duft um mich hätte. Ich freute mich so und war so stolz auf ihn!
Ich wollte den alten Bräuchen folgen und tanzend hinausgehen, so wie Mirjam tanzte, als die Ägypter am Meer bezwungen wurden. Hat mein Vater denn nicht die Ammoniter bezwungen?
Als ich hörte, wie das Pferd meines Vaters die lange Straße zu unserem kleinen Haus heraufkam, lachte ich. Ich lachte vor lauter Freude, nahm meine Trommel und rannte nach draußen, um ihm entgegenzutanzen.

Drei Tage noch . . .

Die Mutter meines Vaters war eine Konkubine und Ausgestoßene. Doch sie hatte ein Kind, und ihr Kind liebte sie und sorgte für sie, bis sie starb.
　Ich bin keine Konkubine. Ich bin nicht ausgestoßen.
　Und doch werde ich kinderlos sterben.

Zwei Tage noch . . .

Schwestern, Schwestern, kommt und setzt euch eine Weile zu mir an den Fluss. Bald werden wir zu Hause sein.
　Der Herr hat über unser Gehen und nun über unser Kommen gewacht. Obwohl es keine anderen Wachen gab, die uns beschützt hätten, hat niemand uns Schaden zugefügt. Sieben Frauen, die zwei Monate lang sicher auf den Bergstraßen wandern – mein Vater hat dem Land Frieden gebracht. Nun sind die Straßen frei von Plünderern. Ja, Frieden.
　Ich habe Durst.
　Danke, Milka.
　Ach, weine nicht! Wir haben doch geweint. Sieben Wochen lang haben wir geweint und wenn du nun wieder beginnst, muss auch ich von neuem weinen.
　Hier, trink etwas Wasser aus meinem Becher.
　Es ist doch echte Trauer, die wir fühlen, oder? – obwohl niemand gestorben ist.
　Du sagst: »Aber du wirst sterben.«
　Ja, aber ich sage dir: »Darum weine ich nicht.«
　Schwestern, ich weine nicht anders als jene Frauen, denen die Kinder durch Krieg oder Hungersnot, durch Krankheit oder die blutigen Sünden der Männer entrissen wurden. Wir weinen um unsere Kinder. Sie weinen um die, die nicht mehr sind, und ich weine um die, die nie sein werden.

Ach, Schwestern, ich klage für uns alle! Ich bejammere, dass wir gebären! Die Mühe, die solche Freuden verspricht und solchen Kummer bringt. Das beweine ich, dass wir gebären können, gebären müssen – und doch das Gute nicht für immer in unseren Armen halten dürfen.

Ich weine, dass mit jeder Geburt der Tod beginnt.

Nein, nein, nein, es ist kein Frieden, den uns mein Vater hier im Lande gebracht hat, überhaupt kein Frieden.

Kommt. Lasst uns umhergehen, bevor meine Worte sich in Flüche wandeln.

Ein Tag noch...

Milka, wach auf! In einer Stunde wird es dämmern. Um zwei Dinge möchte ich dich bitten, bevor wir uns trennen müssen.

Gedenke meiner. Das ist die erste Bitte. Vielleicht kannst du in den kommenden Jahren deine Augen zu diesen Bergen heben und daran denken, dass wir hier zusammen wanderten und klagten. Milka, meine Freundin, ich liebe dich.

Ich muss gehen und baden, während es noch dunkel ist und ich alleine bin. Bleib du hier. Ich muss meine Kleidung waschen, meinen Körper salben und mich so vorbereiten, um meinen Vater zu treffen. Er ist dort. Er ist dort im kleinen Haus und wartet.

Und hier ist das Zweite, das ich von dir erbitte: Wirst du dich um meinen Vater kümmern, wenn ich es nicht mehr kann? Wenn du zustimmst, dann musst du schwören, dass du es nicht nur um meinetwillen tust, sondern auch um seinetwillen.

Denn er liebt mich, Milka. Da gab es niemals Zweifel. Von Anfang an hat mein Vater mich von ganzem Herzen geliebt und morgen wird er mich nur noch mehr lieben.

Deshalb musst du da sein, wenn die Sonne aufgeht und er hinausblickt um zu sehen, was sich in der Welt verändert hat.

Nachdem er die Ammoniter geschlagen hatte, war Jeftah, der Gileaditer, guter Dinge, und lachend näherte er sich seinem Haus. Schon aus einiger Entfernung hörte er ein leises, sanftes Lachen, das sich mit dem Seinigen vermischte. Sein Herz schlug schneller.

Und dann erblickte er voll Freude seine Tochter, wie sie in fließendes weißes Leinen gekleidet und fröhlich lachend aus dem Haus trat und ihm mit ihrer Trommel tanzend entgegenkam.

Fast hätte er sein Pferd zum Galopp angetrieben.

Doch in dem Moment sprach der Herr zu ihm: *Sie ist es. So wie ich dir den Sieg gegeben habe, sollst du mir dieses Kind geben, als Brandopfer für deinen Schwur.*

»Nein!«, schrie Jeftah. Das Lachen und das Tanzen starben im selben Augenblick. »Ach, meine Tochter, du vernichtest mich!«

Das Kind blieb wie angewurzelt stehen, als es das Entsetzen in der Stimme seines Vaters vernahm. Jeftah stieg von seinem Pferd ab und ging auf sie zu, und noch während er ging, erzählte er seiner Tochter jede traurige Einzelheit seines Gelübdes: *das erste Gute, das mir begegnet.*

Leise legte sie ihre Trommel zur Seite. »Vater, erfülle mir zuvor noch einen Wunsch«, sagte sie. »Lass mich zwei Monate lang mit meinen Freundinnen in den Bergen wandern, um meine Jungfräulichkeit zu beweinen.«

Jeftah nickte: »Geh!«

Und sie ging, um nach dieser festgelegten Zeit wieder zurückzukehren.

Jeftah richtete sechs Jahre über Israel. Als er starb, wurde er in einer Stadt in Gilead zu Grabe getragen.

Nach Jeftah richtete Ibzan von Bethlehem über Israel. Er hatte dreißig Söhne und dreißig Töchter. Er ließ seine Töchter außerhalb seiner Sippe heiraten und nahm für seine Söhne auch dreißig Frauen aus anderen Stämmen. Sieben Jahre lang richtete er über Israel, bis er starb.

Nach ihm richtete Elon der Sebuloniter über Israel. Zehn Jahre lang richtete er über Israel, bis er starb und bei Ajalon im Lande Sebulon zu Grabe getragen wurde.

Nach ihm richtete Abdon, der Sohn von Hillel dem Piratoniter, über Israel. Er hatte vierzig Söhne und dreißig Enkelsöhne, die auf siebzig Eseln ritten. Er war ein reicher Mann und richtete acht Jahre über Israel.

13

Simson

In jenen Tagen kursierten unter den Israeliten die ersten Gerüchte über einen mächtigen Mann, einen Daniter aus dem Dorf Zora. Man erzählte sich, dass er in seinem ganzen Leben noch nie seine Haarpracht abgeschnitten habe, weil er ein entsprechendes Gelübde vor dem Herrn abgelegt hatte. Im Gegenzug schenkte ihm der Herr mehr Kraft, als Löwen oder Ochsen hatten.

Dieser Mann hieß Simson, was so viel bedeutete wie »kleine Sonne«, und er war ebenso kühn wie stark. Ganz allein war er in der Lage, die Philister, die Feinde Israels, zu plagen.

Die Menschen liebten Simsons Abenteuer, und wann immer Geschichten darüber erzählt wurden, waren sie Anlass zu Stolz und dienten gleichzeitig zur Erheiterung.

Eines Tages machte sich Simson zu der Stadt der Philister mit Namen Timna auf. Dort erblickte er ein Mädchen von solcher Schönheit, dass sein Herz bei dem Gedanken an sie ganz krank wurde.

Er eilte zu seinem Haus in Zora und erzählte seinen Eltern: »Ich will, dass ihr sie mir zur Frau nehmt.«

Seine Eltern aber erwiderten: »Simson, nimm dir keine Frau von den unbeschnittenen Philistern. Schau dich doch in deinem eigenen Volk um.«

Aber Simson war so verliebt, dass er das Mädchen einfach nicht vergessen konnte. Also ging er allein zum Haus ihres Vaters nach Timna um ihn um ihre Hand zu bitten.

Auf dem Weg dorthin begegnete ihm ein brüllender Löwe, und der Geist des Herrn regte sich in seiner Brust und er zerriss den Löwen, wie man ein Ziegenböcklein zerreißt, und brach seine Knochen. Dann ließ er das tote Tier liegen und ging weiter.

Als Simson das Mädchen diesmal wiedersah, gefiel sie ihm sogar noch mehr als bei ihrem ersten Treffen. Mit Leidenschaft und Redegewandtheit brachte er ihren Vater dazu, der Ehe zuzustimmen.

Da er sich jedoch an die Einwände seiner Eltern erinnerte, schlug er vor, dass das Mädchen seine Frau würde, dann aber bei ihrer Familie bliebe und er sie hin und wieder besuchen käme – eine Lösung, die schon andere Ehepaare gewählt hatten. Und die Hochzeit sollte bald stattfinden.

An dem Tag, als er zum Hochzeitsfest von Zora nach Timna reiste, kam er an der Leiche des Löwen, den er zuvor getötet hatte, vorbei und sah, dass Bienen darum schwirrten. Er sah genauer hin und entdeckte einen Bienenstock mit Honig im Kadaver des Löwen. Simson nahm den Honig in seine Hand, ging weiter nach Timna und aß unterwegs davon.

Das Hochzeitsfest dauerte sieben Tage. Am Ende des Festes sollte die Ehe förmlich geschlossen werden, und die Zeit davor war ganz dem Tanz, dem Essen und dem Feiern gewidmet. Dreißig Philister kamen um mit der Familie zu feiern.

Am ersten Tag der Feierlichkeiten schlug Simson den Philistern ein Spiel vor.

»Ich gebe euch ein Rätsel auf«, sagte er. »Wenn ihr die Lösung vor dem Ende des siebten Tages erraten könnt, schenke ich euch dreißig Leinengewänder und dreißig Feierkleider. Könnt ihr es aber nicht erraten, so müsst ihr mir jeweils dreißig geben.«

Es war reichlich Wein da und alle waren ausgelassen und zu Späßen aufgelegt. Die Philister sagten: »Also gut, lass uns dein Rätsel hören!«

»Nun«, sagte Simson, »hier ist es: ›Aus dem Fresser kam Fraß und aus dem Starken kam Süße.‹«

Die dreißig Freunde lachten und wandten sich wieder dem Wein zu. Gemeinsam überlegten sie, was das Rätsel bedeuten könne, doch weder am ersten noch am zweiten noch am dritten Tag konnten sie die Lösung erraten.

Am vierten Tag fanden sie das Ganze nicht mehr so lustig. Sie nahmen die Braut zur Seite und drohten ihr: »Entweder findest du die Lösung für Simsons Rätsel oder wir brennen das Haus deines Vaters bis auf die Grundmauern nieder. Du willst uns doch nicht zu Feinden machen, oder?«

In Tränen aufgelöst ging die junge Frau am fünften Tag zu Simson. »Du liebst mich nicht«, jammerte sie. »Wie könntest du Geheimnisse vor mir haben, wenn du mich liebtest?«

»Welche Geheimnisse?«, fragte Simson. »Was meinst du?«

»Das Rätsel, das du meinen Landsleuten gestellt hast. Das meine ich.«

»Das war ein Rätsel, kein Geheimnis«, erwiderte Simson lächelnd.

Aber seine Frau jammerte nur noch mehr.

Am nächsten Tag weigerte sie sich sogar, mit Simson zu sprechen. Dies betrübte ihn so sehr, dass er ihr die Lösung des Rätsels verriet.

Am siebten Tag, bei Sonnenuntergang, als Simson und seine Frau sich anschickten, in ihre Kammer zu gehen, um die Ehe zu vollziehen, riefen dreißig Männer triumphierend: »Israelit! Wir kennen des Rätsels Lösung!«

»Wie lautet sie?«, fragte Simson.

Und die Philister antworteten: »Was ist süßer als die Bienen und was stärker als ein Löwe?«

Simson blickte seine verschleierte Frau an, die neben ihm stand. Mit leiser, kalter Stimme wandte er sich dann wieder an die Philister: »Wenn ihr nicht mit meinem Kalb gepflügt hättet, wäret ihr nie auf die Lösung gekommen! Aber ich werde mein Versprechen auf meine eigene Art halten!«

Und Simson rannte aus dem Haus seines Schwiegervaters fort. Am selben Abend gab der Geist des Herrn ihm ein, was er tun sollte, und er machte sich sofort auf nach Aschkelon, wo er dreißig Männer tötete und ihre Sachen als Beute nahm. Noch in der gleichen Nacht kehrte er mit den dreißig Festtagsgewändern nach Timna zurück, reiste aber gleich danach wutentbrannt nach Zora weiter.

Es gab fünf Herrscher über das Volk der Philister. Jeder von ihnen befehligte eine von mächtigen Mauern beschützte Stadt: Gaza, Aschkelon, Aschdod an der Küste des Großen Meeres, westlich von Dan; Gat in den Vorbergen Judas und Ekron, sechs Meilen landeinwärts.

Vor hunderten von Jahren, als das Volk Israel noch durch die Wüste zog, waren die Philister ein plünderndes, seefahrendes Volk gewesen, mutig genug, Ägypten zu überfallen, obwohl sie von dessen Armeen zurückgeworfen wurden. Zur gleichen Zeit, als Mose östlich des Jordan gegen Sihon und Og marschiert war, hatten die Philister nach und nach die nördlich der Negebwüste gelegenen Städte bezwungen und die darin lebenden Völker vernichtet. So hatten Israel und die Philister das Land Kanaan zur gleichen Zeit besiedelt, das eine Volk aus der Wildnis kommend, das andere vom Meer aus.

Nun waren die Kinder Israels darauf bedacht, die Felder zu bestellen, Vieh zu züchten und in einem losen Bündnis von Stämmen zu leben.

Die Philister dagegen versammelten sich in getünchten Städten, in denen sie militärische Aristokratien und Hierarchien der Macht aufbauten. Immer mehr wurden sie zu einem kriegerischen Volk, das seine Söhne bereits in frühester Jugend für den Kampf ausbildete.

Israel bestellte die Felder, wie es das Bauernvolk seit jeher getan hatte, hinter dem langsamen Ochsengespann mit einer hölzernen, mit Bronze überzogenen Pflugschar. Die Philister aber hatten im Laufe der Zeit eine neue Kunst erlernt: das Schmieden von Eisen. Und die Herrscher der Philister hatten bereits angefangen, Waffen aus Eisen herzustellen.

Die Weizenernte hatte gerade begonnen, als Simsons Leidenschaft und das Verlangen nach seiner Philisterfrau ihn erneut überkamen – nun wollte er endlich die vereitelte Hochzeitsnacht mit ihr nachholen. Also nahm er einen Ziegenbock, um ein Versöhnungsmahl zuzubereiten, und reiste zu ihrem Haus nach Timna.

Gerade als Simson das Haus betreten wollte, kam ihm ihr Vater entgegen und hielt ihn auf.

»Sie ist nicht da«, sagte er.

»Dann werde ich auf sie warten«, erwiderte Simson. Der alte Mann blickte verlegen zu Boden. »Das wird nichts nützen. Sie kommt nicht wieder zurück.«

»Wo kann ich sie dann finden? Ich will sie sehen – und nicht nur das!«

»Was sollte ich denn machen?«, fragte der alte Mann. »Ich hatte den Eindruck, dass du sie hassen würdest.«

»Ich hasse meine Frau nicht. Wo ist sie?«

»Sohn, es hätte Schande über uns gebracht, wenn es am Ende des Festes keine Ehe gegeben hätte.«

Simson runzelte die Stirn. Nur mit Mühe beherrschte er sich. »Was hast du gemacht?«, fragte er.

»Bitte, mein Sohn, ihre jüngere Schwester ist noch viel schöner als sie. Nimm doch ihre Schwester als Ersatz.«

»Sag mir endlich, was du mit ihr gemacht hast, alter Mann!«

»Ich habe sie dem Trauzeugen gegeben und er hat sie geheiratet.«

Simson flocht sein Haar langsam zu sieben Zöpfen zusammen und knotete sie so, dass sie ihm nicht ins Gesicht fallen konnten. »Diesmal«, sagte er, »bin ich frei von Schuld, wenn ich den Philistern etwas antue.«

Dann ging er hinaus, nahm Fackeln und fing dreihundert Füchse ein. Er band sie an den Schwänzen zusammen und befestigte zwischen zwei Schwänzen je eine Fackel. In der Nacht setzte er die Fackeln in Brand und ließ die Füchse durch die Kornfelder der Philister laufen. Die bereits gebündelten Garben gingen in Flammen auf und die Olivenhaine fingen ebenfalls Feuer.

Als sie die Flammen bemerkten, schrien die Philister: »Wer hat uns das angetan?«

Und sie sprachen: »Das war Simson! Der Schwiegersohn des Timniters, weil der Simsons Frau genommen und sie einem anderen gegeben hat!«

Also nahmen die Philister sie und ihren Vater gefangen und wollten sie verbrennen.

Simson aber, der sich mit einem weiteren Ziegenbock erneut auf den Weg nach Timna gemacht hatte, hörte die Schreie der Frau, die er geheiratet hatte, und schlug die Philister wutentbrannt in einem fürchterlichen Gemetzel nieder.

Danach floh er aus ihrem Land und versteckte sich in einer Felskluft in Etam, im Gebiet von Juda. Unterdessen suchte eine Armee von mehreren tausend Philistern nach ihm.

In jenen Tagen gab es keine Könige in Israel, nur Richter, die der Herr in Zeiten der Krise zu Anführern seines Volkes ernannte.

Ganz anders war es mit den fünf Städten der Philister. Sie wurden von je einem Tyrannen beherrscht, dessen Autorität unangefochten war. Diese fünf Herrscher hatten außerdem untereinander Abkommen geschlossen, dass sie sich in Zeiten des Krieges zu einer einzigen Armee zusammenschließen würden. Diese Möglichkeit schien immer wahrscheinlicher zu werden, da sie nun ein verzwicktes Netz von Handelsrouten zu beschützen hatten und ihre Bevölkerung von Jahr zu Jahr größer und hungriger wurde.

Israel verfügte über fruchtbare Täler, Weinberge, Fruchtgärten, Viehherden und Felder. Es verfügte jedoch nicht über eine Berufsarmee. Die Krieger waren eigentlich nur Bauern. Philistäa dagegen hatte Eisenwaffen. Und seine Bürger waren ausgebildete Soldaten. Inzwischen waren die Herrscher der Philister zu dem Schluss gekommen, dass es viel kostengünstiger wäre zu stehlen, als Handel zu treiben, und so fingen sie an, sich kampfbereit zu machen.

Währenddessen machten die Israeliten sich nachts, in der Abgeschiedenheit ihrer Häuser, gegenseitig Mut, indem sie Geschichten von ihrem Helden erzählten.

Es begab sich einmal, dass eine Armee von zehntausend Philistern in Juda einmarschierte und Kriegsdrohungen ausstieß.

Die Männer Judas hatten entsetzliche Angst.

»Warum erhebt ihr euch gegen uns?«, fragten sie.

Die Philister antworteten: »Wir kommen, um Simson, den Daniter, gefangen zu nehmen, ihn zurückzubringen und ihn genauso zu bestrafen, wie er uns bestraft hat.«

Da stellten die Männer Judas Nachforschungen an und stellten fest, dass Simson sich in Etam versteckt hielt.

Sie gingen zu ihm hin und fragten ihn: »Was ist mit dir los? Warum hast du uns in eine solche Gefahr gebracht? Du weißt, dass wir im Krieg gegen die Philister nicht bestehen können.«

Simson aber erwiderte: »Was ich ihnen zugefügt habe, ist nicht schlimmer als das, was sie mir angetan haben.«

Die Männer Judas antworteten: »Deine Privatangelegenheiten gehen uns nichts an. Wir sind gekommen, um dich zu fesseln und dich ihnen auszuliefern.«

Simson sagte: »Meine Brüder, bitte, tut mir einen Gefallen!«

»Und welchen?«

»Schwört, dass ihr nicht selbst über mich herfallt – egal was passiert!«

»Wir schwören, dass wir dich nicht umbringen werden«, antworteten sie.

Also trat er vor und erlaubte, dass sie ihm die Hände mit zwei neuen, starken Seilen fesselten, und sie brachten ihn zu den wartenden Philistern.

Dann, gerade als die Armee der Philister sich lachend und siegessicher auf ihren Gefangenen stürzen wollte, gab der Geist des Herrn Simson Kraft, und die Seile, mit denen er gefesselt worden war, waren wie angesengt und zerrissen. Noch bevor die Philister sich von ihrem Schrecken erholen konnten, erblickte er auf dem Boden den Kiefer eines Esels, und er nahm ihn und tötete mit dieser Waffe eine Tausendschaft, die ganze Armee.

Von da an wurde diese Stätte Ramat-Lehi genannt, »Hügel des Kiefers«.

Manche Israeliten empfanden die Geschichten von einem einsamen Helden jedoch nicht als tröstend. Sie hielten sie vielmehr für eine gefährliche Ablenkung, denn sie verliehen dem Volk falsche Hoffnungen, indem sie die tatsächliche Gefahr, welche die Philister nun für Israel darstellten, verdrängten.

Diese Israeliten fragten sich: »Wenn ihre Armeen angreifen, wer wird dann für uns kämpfen?«

»Der Herr«, lautete stets die Antwort. »Der Herr hat stets jemanden aus unserer Mitte zum Anführer gemacht.«

»Ja, und bis zu diesem Zeitpunkt bleiben wir zwölf zeitweilig miteinander verfeindete, zeitweilig miteinander befreundete Stämme. Wie häufig vermochte es ein Anführer schon, alle zwölf

Stämme zu einer einzigen, kämpfenden Armee zusammenzufügen? Nie! Es gab schon immer welche, die sich geweigert haben zu kämpfen.«

»Die wenigen, die trotzdem kämpften, haben doch immer den Sieg errungen, oder?«

»Bei diesem Feind ist es etwas anderes. Er kämpft mit Eisen. Er wird von Offizieren angeführt, die geboren wurden, um Israeliten zu töten.«

»Gott, der Herr, ist unser Anführer.«

»Ja, der Herr! Und hat der Herr nicht auch gesagt, er hätte uns zu einer Nation zusammengebracht? Schaut euch um, ihr Kindsköpfe. Wir sind doch keine Nation! Nichts vereint uns – nichts und niemand. Wir brauchen einen König.«

»Nein! Gideon hat es vor vielen Jahren gesagt: Der Herr muss als König in unserer Mitte regieren.«

»Wir brauchen einen König, der uns mit der Kunst des Krieges vertraut macht, der uns stets führt und uns eine Mitte gibt, wie sie auch andere Länder haben, sonst werden wir irgendwann an der Spitze eines eisernen Schwertes enden – tot!«

Eines Tages verliebte Simson sich in eine Philisterin namens Delila. Und er ging zu ihr und schlief mit ihr.

Als die Herren der Philister erfuhren, dass Simson regelmäßig die Nacht mit Delila verbrachte, gingen sie zu ihr und sagten: »*Wenn du uns sagen kannst, wo seine Stärke herkommt, damit wir ihn fesseln und uns gefügig machen können, geben wir dir elfhundert Silbertaler.*« *Eines Nachts, zu später Stunde, sagte Delila zu Simson:* »*Bitte, sag mir doch, woher deine große Stärke kommt.*«

Simson lächelte und antwortete: »*Wenn man mich mit sieben Bogensehnen, die noch nicht getrocknet sind, fesseln würde, dann würde ich schwach werden und wäre wie jeder andere Mensch.*«

Dann streckte er sich auf einer Liege aus und schlief ein.

Sofort erzählte Delila den Soldaten der Philister, was Simson ihr gesagt hatte. Sie brachten sieben neue Bogensehnen und banden Simson damit an Händen und Fußgelenken fest. Dann riefen sie laut: »Simson! Die Philister sind über dir!«

Doch als er aufwachte, zerriss er die Sehnen mit einem Ruck und schlug die Soldaten bewusstlos. Und das Geheimnis seiner Stärke blieb weiterhin verborgen.

In der darauf folgenden Nacht versuchte Delila erneut, ihm das Geheimnis seiner Stärke zu entlocken: »Bogensehnen vermögen nicht, dich zu schwächen, nicht wahr, Simson? Die Sehnen sind es nicht, oder?«

»Nein«, antwortete er.

»Was kann dich dann binden?«, fragte Delila.

Und Simson erwiderte: »Seile, Delila. Neue, unbenutzte Seile – dann würde ich schwach und wäre wie jeder andere Mensch.«

Nachdem er eingeschlafen war, nahm die Philisterin neue Seile und band ihn an den Armen und Beinen, am Hals und an den Schenkeln fest. Sie rief die Soldaten in ihr Gemach, und diese schrien erneut: »Simson! Die Philister sind über dir!«

Doch auch die Seile zerriss er wie Fäden und verprügelte die Soldaten, so wie er es mit den anderen getan hatte.

In der nächsten Nacht jedoch schluchzte Delila. Sie weinte jämmerlich und sagte: »Bislang hast du dich über mich lustig gemacht und mir Lügengeschichten erzählt. Erzähl mir doch endlich, Simson, wie du gebändigt werden kannst.«

Simson sagte zu ihr: »Also gut: Wenn du die sieben Zöpfe in meinen Haaren mit den Kettfäden deines Webstuhls verweben würdest, dann würde ich schwach wie jeder andere Mensch.«

Während er schlief, nahm Delila die sieben Zöpfe und verwob sie mit den Kettfäden. Dann befestigte sie das Ganze mit einem Pflock und rief: »Simson! Simson, die Philister sind über dir!«

Aber er wachte aus dem Schlaf auf und riss mit den geflochtenen Haaren den Pflock und die Kettfäden heraus.

Da schlug Delila ihn ins Gesicht und wurde wütend: »Wie kannst du behaupten, dass du mich liebst«, rief sie, »wenn dein Herz nicht bei mir ist? Dreimal hast du mich lächerlich gemacht. Dreimal hast du mir Lügen über deine Kraft erzählt. Wann wirst du mir die Wahrheit erzählen?«

Und von da an setzte sie ihm ständig mit Worten zu und bedrängte ihn, bis er es schließlich nicht mehr ertragen konnte und ihr sein Geheimnis verriet.

»Seit ich geboren wurde, ist noch nie ein Messer an mein Haar gekommen. Würde man es abschneiden, so würde meine Kraft von mir weichen und ich würde schwach und wäre wie alle anderen Menschen.«

Als Delila erkannte, dass er ihr tatsächlich sein Geheimnis preisgegeben hatte, schickte sie nach den Herrschern der Philister und sagte: »Kommt sofort her!«

Die Männer kamen und brachten das Geld mit.

In jener Nacht ließ sie Simson auf ihren Knien einschlafen und dann rief sie nach einem Mann, der kam und die sieben Zöpfe von seinem Kopf schnitt.

Da fiel die Kraft von seinem Körper ab und Delila fing an, ihn zu verspotten. Sie flüsterte in sein Ohr: »Die Philister, Simson. Die Philister sind über dir!«

Wie schon zuvor versuchte er, sich freizukämpfen, aber diesmal schaffte er es nicht.

Die Philister ergriffen ihn, stachen ihm die Augen aus und schleppten ihn zur Stadt Gaza, wo sie ihn in Ketten aus Bronze legten. Dort ließen sie ihn wie einen Ochsen die Mühle im Gefängnis drehen.

Im Laufe der Jahre jedoch wuchsen seine Haare wieder.

Dann kam der Tag, an dem die Herrscher der Philister sich zum Fest ihres Gottes Dagon versammelten. Und als sie vom Wein übermütig geworden waren, sagten sie: »Ruft nach Simson! Er soll uns mit Späßen die Zeit vertreiben!«

Also wurde Simson aus dem Gefängnis in das für Dagon gebaute, herrliche Haus gebracht. Sie befahlen ihm, sich zwischen die Säulen des Tempels zu stellen, dort, wo alle, die auf dem Boden und auf den

Balkonen standen oder auf dem Dach lagen – insgesamt dreitausend Menschen – ihn sehen konnten.
Simson hob seine erblindeten Augen, hörte das Brüllen aus dreitausend Kehlen und spürte ihren Atem schwer wie Blei auf seinem Körper. Er streckte seine Hände aus, bis er zwei Säulen ertastete und fragte den Burschen, der bei ihm stand: »Sind diese die beiden Säulen, auf denen das gesamte Gebäude liegt?«
»Ja«, erwiderte der Junge.
Und Simson betete: »Herr, mein Gott, entsinne dich deines Dieners und schenke mir ein letztes Mal Kraft, dass ich mich bei den Philistern für das eine meiner zwei Augen rächen mag.«
Dann rief er: »Lass mich mit den Philistern sterben!«
Gleichzeitig griff er nach den Säulen und stemmte sich mit gespreizten Armen und seinem ganzen Gewicht dagegen. Noch einmal entlud Simson seine gesamte Kraft und der Tempel fiel krachend auf die Herrscher und auf alle dort versammelten Menschen nieder.
So tötete er, während er starb, mehr Menschen, als er zu seinen Lebzeiten getötet hatte.

Dies sind die Geschichten von Simson, dem Helden der Israeliten.

14

Die Nebenfrau des Leviten

In jenen Tagen gab es in Israel keinen König. Die Menschen taten, was sie selbst für richtig hielten, und die Beziehungen zwischen den Stämmen waren gelegentlich alles andere als freundlich.

Nun geschah es, dass die junge Nebenfrau eines Leviten zornig auf ihren Mann war, und so lief sie fort zu dem Haus ihres Vaters in die in Juda gelegene Stadt Bethlehem. Dort blieb sie vier Monate lang und machte keine Anstalten zu dem Leviten zurückzukehren.

Obwohl sie nur eine von einer verarmten Familie gekaufte Nebenfrau war, hatte der Levit sie doch lieb. Also machte der gutmütige Mann sich auf und reiste ihr nach, in der Absicht mit ihr zu reden und sie wieder zu sich nach Hause zu holen.

Zwei Tage lange durchquerte er fremdes Gebiet, begleitet von einem Diener und zwei Eseln.

Als der Vater des Mädchens ihn sah, rannte er voller Freude hinaus und bat ihn, eine Weile bei ihm zu bleiben. Also aß, trank und wohnte der Mann dort. Nach drei Tagen hatte er die Nebenfrau davon überzeugt, aus freien Stücken zurückzukehren. Sie beschlossen, früh am vierten Tag aufzubrechen.

An dem Morgen der Abreise sprach der Vater zu seinem Schwiegersohn und sagte: »Stärke dich erst mit einem Stück Brot, dann kannst du gehen.«

Also aßen und tranken die beiden Männer zusammen und es wurde bald Nachmittag. Als der Levit und seine Nebenfrau sich erhoben, um zu gehen, wandte der Vater ein: »Der Tag ist bald zu Ende. Bleibt noch eine Nacht. Lasst uns zusammen fröhlich sein und morgen könnt ihr in der Frühe aufstehen und abreisen.«

Aber der Mann war entschlossen abzureisen, und so sattelte er seine Esel und verließ Bethlehem mit seiner Nebenfrau und seinem Diener in nördlicher Richtung. Als sie an Jerusalem vorbeiritten, schlug der Diener vor, dass sie in der Stadt übernachten sollten.

Der Levit erwiderte jedoch: »Die Stadt gehört den Jebusitern. Wir können nicht bei Fremdlingen bleiben.«

Also reisten sie weiter, bis sie Israel und die Gebiete der Benjaminiter erreichten und kamen in der Abenddämmerung in der Stadt Gibea an. Dort setzten sie sich auf einen offenen Platz, doch niemand bot ihnen ein Bett für die Nacht an.

Schließlich kehrte ein alter Mann vom Bestellen der Felder in die Stadt zurück. Er kam aus Ephraim und wohnte nun unter den Benjaminitern. Als er den Leviten und das Mädchen sah, fragte er: »Wohin geht ihr?«

Der Levit antwortete: »Wir sind unterwegs zur Hügellandschaft Ephraims, wo meine Heimat ist. Aber niemand hier will uns ein Bett für die Nacht geben – obwohl wir genug Brot und Wein für alle haben. Wir brauchen sonst nichts.«

Da sagte der alte Mann: »Friede sei mit euch! Ich werde mich um eure Bedürfnisse kümmern. Kommt, bleibt bei mir.«

Dann brachte er sie zu seinem Haus und gab den Eseln zu fressen. Die Reisenden wuschen sich die Füße, aßen und tranken.

Doch die jungen Männer Gibeas, allesamt üble Gesellen, umzingelten das Haus in der Nacht und klopften an die Tür.

»Alter Mann!«, riefen sie. »Schick deinen Besucher heraus, damit wir uns mit ihm vergnügen können!«

Der Mann aus Ephraim ging hinaus und flehte sie an, dass sie aufhören sollten. »Der Mann ist mein Gast«, sagte er. »Wie könnt ihr es wagen, um eine solche Abscheulichkeit zu bitten?«

Die Menge wurde aber nur noch lauter und brutaler. Sie schlugen den alten Mann nieder, brachen das Schloss auf, gingen hinein und packten den Leviten am Arm. Messer blitzten auf. Aber der Levit stemmte sich mit einer Hand gegen die Tür, hielt mit der anderen seine Nebenfrau fest, warf sie hinaus, schlug die Tür zu und lehnte sich dagegen.

Die jungen Männer Gibeas, die Söhne Belials, vergewaltigten das junge Mädchen die ganze Nacht hindurch. Erst als die Dämmerung allmählich hereinbrach, ließen sie von ihr ab.

So schleppte sich das Mädchen im Morgengrauen zurück und sank vor der Tür zu Boden, hinter der ihr Mann schlief.

Als der Levit am Morgen aufstand und die Tür aufmachte, lag seine Nebenfrau dort vor der Tür mit den Händen auf der Schwelle.

Er sprach zu ihr: »Steh auf. Lass uns gehen.«

Sie gab aber keine Antwort.

Er kniete sich neben sie und hörte, wie ihr Atem schwächer wurde und dann ganz aufhörte.

Der Levit stand auf, hob die junge Frau auf seine Arme und legte sie auf den Rücken eines seiner Esel. Er selbst ritt auf dem anderen und reiste mit ihr den ganzen Tag über ohne Rast und Halt, um sie nach Hause zu bringen. Als er sein Haus betrat, holte er ein Messer, nahm die Leiche seiner Nebenfrau und zertrennte die Gliedmaßen fein säuberlich in insgesamt zwölf Stücke. Diese Stücke schickte er durch alle Gebiete Israels. Und alle, die sie sahen, sagten: »So etwas ist noch nie geschehen, seit das Volk Israel herkam aus dem Land Ägypten! Denkt darüber nach! Was sollen wir tun?«

Da versammelte sich das Volk Israel bei Bethel und die Ältesten forderten den Leviten auf: »Erzähl uns, wie so etwas Schlimmes passieren konnte.«

Der Levit sagte: »Als die Männer Gibeas kamen und mein Haus in der Nacht angriffen, wusste ich, dass sie mir nach dem Leben trachteten! Meine Nebenfrau vergewaltigten und töteten sie. Sie haben eine Abscheulichkeit begangen. Männer Israels, alle die ihr hier versammelt seid, was sollen wir tun?«

Sie sagten: »Kein Einziger von uns wird zu seinem Haus zurückkehren, bis die Männer von Gibea aus dem Stamm Benjamin für das Verbrechen, das sie in Israel begangen haben, bezahlt haben.«

Also schickten sie eine Botschaft zum Stamm der Benjaminiter und sagten: »Gebt uns diese bösen Menschen aus Gibea, damit wir sie hinrichten und Israel von diesem Fluch reinigen.«

Doch die Benjaminiter weigerten sich, auf die übrigen Stämme zu hören. Stattdessen versammelten sie eine Armee aus ihren Städten und reisten nach Gibea, um die Stadt im Kampf gegen den Rest der Israeliten zu unterstützen. Und die Männer Benjamins waren hervorragende Bogenschützen und konnten einen Stein auf den kleinsten Gegenstand schleudern, ohne das Ziel zu verfehlen.

Das Volk Israel fragte den Herrn: »Wer von uns soll zuerst gehen, um gegen Benjamin zu kämpfen?«

Und der Herr sprach: *Juda soll zuerst gehen!*

Also stand das Volk am Morgen auf und schlug seine Zelte in der Nähe von Gibea auf. Dann zogen die Armeen der Israeliten in den Kampf, allen voran Juda.

Benjamin aber schlug die Männer Judas mit Macht zurück und tötete sie, während sie auf der Flucht waren. Anschließend vertrieb Benjamin die übrigen Stämme Israels.

Das Volk Israel weinte und klagte dem Herrn sein Leid bis zum Abend und dann fragte es erneut: »Herr, sollen wir unsere Brüder aus Benjamin angreifen?«

Und der Herr sprach: *Zieht gegen sie in den Kampf!*

Also fassten die Männer Israels sich ein Herz und bezogen ihre

Kampflinien genau an der gleichen Stelle wie am Tag zuvor. An diesem zweiten Tag kam Benjamin aus den Toren der Stadt Gibea und schlug die Männer Israels erneut. Da zogen sich die Armeen nach Bethel zurück und weinten noch lauter als vorher. Sie traten vor den Herrn, fasteten und brachten ihm Brand- und Friedensopfer dar. Pinhas, der Sohn Eleasars, nahm die Bundeslade des Herrn und das Volk fragte: »Sollen wir erneut hinausgehen, um gegen unsere Brüder, die Benjaminiter, zu kämpfen oder sollen wir aufgeben?«

Und der Herr sprach: *Zieht morgen in den Kampf und ich werde sie in eure Hände geben.*

Am dritten Tag legte sich ein Teil der Israeliten hinter der Stadt Gibea in einen Hinterhalt, während die anderen die gleichen Kampflinien wie an den zwei vorausgegangenen Tagen bezogen. Und die gesamte Macht Benjamins stürzte sich aus der Stadt und griff Israel an. Wie zuvor kämpfte Israel eine kurze Zeit, drehte sich dann aber um und floh. Benjamin jagte ihnen nach und tötete ungefähr dreißig Männer Israels.

Doch dann sprangen die Männer Israels aus ihrem Versteck und stürmten die Stadt Gibea. Sie schlugen die ganze Stadt mit ihren Schwertern.

Zwischen den Männern Israels und jenen, die sich versteckt hatten, war ein Zeichen vereinbart worden: Wenn Rauch aus Gibea emporsteigt, dreht euch um! Dreht euch um und kämpft!

Und so geschah es: Eine Rauchsäule stieg aus Gibea empor, die Armeen Israels sahen es und drehten um, bereit, ihre Brüder anzugreifen. Auch die Benjaminiter sahen, dass Rauch aus der Stadt quoll. Das raubte den Männern den Mut, sodass sie in Panik vor Israel flüchteten.

An diesem Tag fielen die Männer Benjamins und die Städte des Stammes wurden verbrannt. Frauen und Kinder starben in den Städten. Vom Stamm blieb fast nichts mehr übrig. Sechshundert Männer flohen zum Felsen Rimmon und hielten sich vier Monate lang im Schutz des Berges versteckt.

Danach versammelte sich ganz Jerusalem erneut in Bethel und saß bis zum Abend vor dem Angesicht Gottes und die Menschen weinten bitterlich. Sie sprachen: »Oh, Herr, warum ist das geschehen, sodass es nun einen Stamm weniger in Israel gibt?«

Und um ihrer Brüder willen gingen sie bewaffnet nach Jabesch in Gilead und entführten vierhundert unverheiratete Frauen. Mit ihnen als Gabe boten sie den Männern bei dem Felsen Rimmon Frieden an, und die Frauen von Jabesch-Gilead wurden Frauen und Mütter in Benjamin. Und der Stamm musste nicht aussterben.

In jenen Tagen gab es in Israel keinen König. Jeder tat, was er selbst für richtig hielt.

Vierter Teil

Die Könige

15

Saul

Neben den Toren von Jabesch stand eine Festung aus Stein, die um einige Stockwerke höher war als die übrigen Gebäude der Stadt. Wenn man in der nordwestlichen Ecke der Festung stand, konnte man in das Jordantal hinunterblicken, über einen der fruchtbarsten Landstriche östlich des Flusses. Von der Südwestecke aus waren die prächtigen Hügel von Gilead zu sehen, deren untere Hänge stufenförmig angelegt waren, um Olivenhainen und Weinbergen Platz zu bieten, und deren höchste Erhebungen ebenso dicht bewaldet waren wie die des Karmel oder des Libanon.

In der frühen Morgendämmerung schlichen drei Männer durch eine Außentür jener Festung hinaus und machten sich auf den Weg nach Westen, das verdorrte Flussbett entlang in Richtung Jordan. Außer ihnen war keine Menschenseele zu sehen. Die Häuser von Jabesch waren leer – alle Bewohner hatten sich in die Mauern der Festung zurückgezogen. Die Kinder schliefen noch.

Als die Männer sich – schon außerhalb der schützenden Reichweite der Bogenschützen – einer niedrigen Baumgruppe näherten, verlangsamten sie ihre Schritte und gingen vorsichtig weiter. Sie senkten ihre Köpfe und hoben die Arme, um zu zeigen, dass sie keine Waffen bei sich trugen. Eine kleine Abordnung von ammonitischen Soldaten trat aus dem Schatten des Windfangs heraus, umzingelte sie und zielte mit den Speeren auf die Köpfe der drei Männer.

»König Nahasch hat uns die Erlaubnis erteilt«, sagte der größte von den dreien. Er hielt den Kopf weiterhin gesenkt. »Wir haben sieben Tage Zeit. Am Ende dieser sieben Tage dürft ihr uns töten. Bis dahin aber gewährt uns die Anordnung des Königs eine sichere Durchreise.«

Einer der Soldaten packte ihn grob an den Haaren und riss seinen Kopf nach hinten. Als das Licht des frühen Morgens sein Gesicht erhellte, wurde erkennbar, dass der Mann aus Jabesch nur ein Auge hatte. Sein rechter Augapfel fehlte und das Lid hing nutzlos über der leeren Augenhöhle. Die ammonitischen Soldaten brachen in höhnisches Gelächter aus und besahen sich nun auch die Gesichter der anderen Männer. Auch ihnen fehlte das rechte Auge. Tränen der Angst liefen aus den leeren Augenhöhlen, während die Ammoniter sich köstlich amüsierten.

»Krieger!«, spotteten sie. »Krieger, die weder mit einem Bogen zielen noch mit dem Degen stoßen können! Geht! Geht nur weiter. Was für einen Schaden kann schon ein halber Soldat anrichten?«

Gedemütigt, aber erleichtert stolperten die Männer von Jabesch weiter, dem Flussbett folgend, bis das Lachen hinter ihnen verklungen war. Um den Jordan zu durchqueren, klammerten sie sich aneinander fest. Der Fluss war zwar seicht, aber die Strömung war schnell. Sie bahnten sich einen Weg durch die dichte Böschung an der westlichen Seite, durch Weiden, die am morastigen Ufer wuchsen, und durch Schilfrohr, so hoch wie die Männer selbst. Wilde Tiere streunten in diesem Dickicht herum: Löwen, Leoparden, Schakale. Aber auch für die Männer waren diese Tiere nichts im Vergleich zu den Ammonitern, die ihre Stadt belagerten.

König Nahasch hatte von den Schwächen Israels erfahren. Er wusste, dass die Philister die Armeen Israels bei Eben-Ezer angegriffen, in die Flucht geschlagen und anschließend bis Silo in den Osten verfolgt hatten. Dort vernichteten sie auch die Stiftshütte, das uralte heilige Zelt, das die Israeliten zweihundert Jahre zuvor aus der Wüste mitgebracht hatten. Nahasch wusste, dass sogar das Geweihteste aller Heiligtümer Israels, die Bundeslade, von den

Philistern erobert und als Beutekunst in ihre eigenen Städte verschleppt worden war. Erst kürzlich war sie wieder zurückgekehrt.

Also hatte Nahasch von Ammon seine Armeen versammelt und die Stämme Ruben und Gad angegriffen. Und jetzt belagerte er die Stadt Jabesch in Gilead. Er wollte sich einen Namen machen.

Als die Ältesten Jabeschs ihm einen Tribut als Gegenleistung für ein Friedensabkommen anboten, schlug König Nahasch vor Entzücken die Hände zusammen. »Nur unter dieser Voraussetzung werde ich mit euch ein Friedensabkommen abschließen«, sagte er, »dass ich euch allen das rechte Auge ausstechen darf.«

Die Ältesten zogen sich zur Beratung zurück und antworteten schließlich: »Gewähre uns sieben Tage Ruhe, sodass wir Israel um Hilfe bitten können. Wenn keine kommt, werden wir uns dir unterwerfen.«

»Ja, ja, bettelt ruhig bei Israel«, spottete Nahasch. »Lasst diese mächtige Nation kommen, um euch zu retten. Je größer die Anzahl der gepflückten Augäpfel ist, desto größer wird die Schande für meinen Nachbarn sein!«

Israel schien überall geschwächt zu sein, und so war König Nahasch sich seines Sieges gewiss. Deshalb wählte er drei Männer aus, stach ihnen als Zeichen seiner Drohung je ein Auge aus und gewährte ihnen bis jenseits des Jordan eine sichere Durchreise.

Es war schon spät am Tag. Die Männer aus Jabesch hatten die westlichen Hänge des Jordantals erklommen, das aus trockenem, bröckeligem Ton bestand, der ihre Knie und Ellbogen aufschürfte. Nun rannten sie den Bergkamm entlang nach Süden. Schon vor einer Stunde hatten sie Sichem passiert, und rechts und links zu ihren Füßen verloren sich die Hügel allmählich in den dichter werdenden Schatten der Abenddämmerung. Die drei Männer waren erschöpft, aber sie hielten nicht an. Sie waren auf dem Weg nach Gibea, denn die Ältesten Jabeschs hatten sie gesandt, um Saul, den Sohn Kischs, dort aufzusuchen. Wenn es überhaupt eine Rettung gab, dann nur durch Saul.

Die Stadt Gibea war der Ort, zu dem einige Generationen zuvor die jungen Mädchen von Jabesch gebracht worden waren. Mit diesen Frauen hatten die Söhne Benjamins neue Familien gegründet, nachdem Israel ihre Frauen und Kinder ausgemerzt hatte. So bestanden zwischen Saul von Gibea und den drei Boten familiäre Bande.

Entscheidender war jedoch, dass Saul bereits selbst südlich der Ammoniter in Moab gekämpft hatte. Er hatte seine eigenen Streitkräfte um sich geschart, griff an, wie und wo er wollte und legte niemandem Rechenschaft ab. Er selbst hatte den Grundstein für eine Festung in Gibea gelegt und sich trotz des von den Philistern ausgesprochenen Verbots seinen eigenen Schmied beschafft. Und nun kämpfte Saul mit Waffen aus Eisen, die härter, spitzer und tödlicher waren als die Waffen aus Bronze, die den anderen Israeliten zur Verfügung standen.

Um die Mittagsstunde des zweiten Tages ihrer Reise kamen die Boten in Gibea an. Erschöpft und schmutzig, wie sie waren, stellten sie sich sofort am Stadttor auf und berichteten von den Drohungen, die Nahasch ausgesprochen hatte. Als die Einwohner der Stadt die leeren Augenhöhlen ihrer Vettern erblickten und von den Greueltaten erfuhren, mit denen die Ammoniter Jabesch gedroht hatten, fingen sie laut an zu weinen und zu klagen.

Im gleichen Moment kam ein Mann mit einem Ochsengespann durch das Tor, der offensichtlich nach getaner Arbeit von den Feldern zurückkehrte. Er war hochgewachsen und kräftig und seine Gesichtszüge waren ebenmäßig. Seine dunklen Augen blickten in die Runde.

»Was ist los?«, rief er. »Warum jammert ihr denn?«

Die einäugigen Boten traten vor und sagten: »König Nahasch hat Jabesch in Gilead umzingelt. Und er hat gedroht, mit allen Bewohnern der Stadt das zu machen, was er mit uns gemacht hat. Also sind wir gekommen, um Saul zu suchen, den Sohn des ...«

Noch bevor sie ihre Bitte vorbringen konnten, verfinsterte sich die Miene des gut aussehenden Mannes. Plötzlich griff er nach einem eisernen Schwert, wirbelte es über seinem Kopf herum und tötete die Ochsen dort, wo sie standen. Dann fing er an, ihre Kadaver in riesige Stücke aus Fleisch und Knochen zu zerlegen.

Die Boten sahen staunend und schweigend zu. Der Mann, den sie gesucht hatten, war gefunden. Saul verteilte zwölf Brocken blutigen Fleisches unter seinen Dienern und sprach: »Bringt diese zu den Stämmen Israels und verbreitet die Nachricht, dass diejenigen, die sich weigern, Saul in den Krieg zu folgen, das gleiche Schicksal treffen wird wie diese Ochsen! Sagt den Kriegern, dass sie nach Besek kommen sollen! In vier Tagen! Bis zur Dämmerung des vierten Tages warte ich dort auf sie, mit Schwert und Helm bewaffnet und in ein Kettenhemd gekleidet. Geht!«

Zu den drei Männern aus Jabesch aber sagte er: »Kein König wird die Augen eurer Brüder ausstechen. Geht zurück zu euren Ältesten und überbringt ihnen folgende Botschaft: In fünf Tagen, wenn die Sonne hoch am Himmel steht, werden sie gerettet sein!«

Wie ein Lauffeuer breitete sich der Befehl und Aufruf von Gilead durch das ganze Land aus. Einige Tausend Krieger begaben sich nach Besek, das unmittelbar westlich des Jordan in der Nähe von Jabesch lag. Die Armeen wurden so schnell versammelt, dass Nahasch nicht gewarnt werden konnte.

Aber die drei einäugigen Boten schlichen in die Stadt zurück mit der Nachricht von Sauls Versprechen, und am sechsten Tag des Ultimatums ließen die Ältesten von Jabesch dem König der Ammoniter eine schriftliche Erklärung überbringen: »Morgen werden wir uns ergeben und dann kannst du mit uns machen, was du willst.«

In jener Nacht trieb Saul seine Armeen voran. Es war ein bemerkenswerter Marsch durch die Dunkelheit. Ihr Weg führte über Hügel ohne Wege, über tückische, steinige Hänge und unbefestigte Ton- und Gipsböden in das Jordantal hinein. Leise überquerten sie den Fluss, erklommen dann die östliche Seite und marschierten durch Weinberge und Obstgärten. Wie Raubkatzen schlichen sie sich an – Tausende von Kriegern aus Israel und Judäa.

An einer Stelle stand Saul und teilte wortlos die Krieger in drei Kompanien ein. Er wies jeder Gruppe die Richtung, bis die Lagerplätze der Ammoniter vollständig umzingelt waren.

Genau bei Sonnenaufgang stieß Saul einen Schrei der Wut und des Triumphs aus und ließ alle seine Krieger in das Lager von Nahasch einfallen. Speerspitzen und Pfeile schreckten die Soldaten der ammonitischen Armeen aus dem Schlaf hoch, um sie gleich darauf erneut niederzustrecken. Bis die Sonne ihren Zenit erreicht hatte, waren die Ammoniter ausgemerzt, und diejenigen, die das Massaker überlebten, waren in alle Himmelsrichtungen verstreut.

Die dramatische Befreiung Jabeschs durch Saul sollte Israel nachhaltig verändern. Von nun an war es nicht mehr nur ein loses Bündnis von Stämmen – mit demselben Gott, einer gemeinsamen Geschichte, aber jeder Stamm mit seinem eigenen, geerbten und von den übrigen Stämmen unabhängigen Territorium.

Seit mehr als vierzig Jahren hatten die Völker Israels den Herrn angefleht, einen König in Israel zu benennen. Aber Gott hatte es ihnen durch seinen Priester Samuel verweigert. Immer wieder hatte Samuel gesagt: »Gott ist euer König.«

Und das Urteilsvermögen Samuels hatte im ganzen Land viel Gewicht. Durch ihn sprach Gott zu den Menschen. Von Geburt an war sein Leben ganz Gott gewidmet gewesen: Als Kind hatte er im Tempel von Silo gedient, und später war er Priester geworden, weil Gott, der Herr, ihn persönlich berufen hatte.

In jenen Tagen sprach Gott nur selten zu seinem Volk. Deshalb war die Ernennung Samuels etwas ganz Besonderes.

Samuel!, hatte der Herr eines Nachts den Halbwüchsigen gerufen: *Samuel!* Und der Junge hatte geantwortet: »Hier bin ich.« Und Gott hatte zu ihm geredet: *Siehe, ich werde etwas Großes in Israel vollbringen, sodass jedem, der davon hört, die Ohren klingen werden.*

Später dann, als Samuel ein junger Mann war, überfielen die Philister Israel und richteten verheerenden Schaden und Verwüstungen an. Sie zerstörten Silo. Und sie verbrannten die wunderschöne Stiftshütte des Herrn, eroberten die Bundeslade und nahmen sie mit in ihre Städte.

Es war so, als wären dem Volk Hände und Füße abgeschlagen worden. Die Menschen verzweifelten und sprachen zu Samuel: »Wir brauchen einen König!«

Als Samuel älter wurde, hatten die Philister das Land praktisch entzweit. Sie hatten die Hügellandschaft von Manasse und die Stämme des Nordens von der Hügellandschaft Ephraims und den südlichen Stämmen abgeschnitten. Sie kontrollierten die Handelswege und verhinderten so, dass Israel Waren tauschte. Das Eisen schmolzen sie für Werkzeuge und Waffen ein, und in ganz Israel gab es keinen Schmied! Dieser Feind hatte sich verschanzt wie kein anderer, dem Israel je zuvor begegnet war.

Nachdem Samuel alt geworden war, kamen die Ältesten der Stämme zu ihm als offizielle Abgesandte und überbrachten ihm ihre oft wiederholte Bitte nun als einstimmige Forderung: »Ernenne einen König, damit er über uns regiert, so wie es in allen anderen Nationen ist!«

Aber immer noch hatte Samuel Einwände. »Ihr habt doch einen König«, sagte er. »Seit der Gefangenschaft in Ägypten habt ihr immer einen König gehabt! Wer, wenn nicht der Herr, hat Mose geschickt, damit er eure Väter durch die Wüste und zu diesem Ort führte? Und es war auch der Herr, der hier für euch Befreier fand, Barak und Debora, Gideon und Jeftah. Wie könnt ihr sagen: ›Ein König soll über uns regieren‹, wenn der Herr, euer Gott, bereits euer König ist?«

Dieses Mal aber waren die Ältesten auf die Weigerung des Priesters vorbereitet. »Samuel, du bist ein guter Mann und ein rechtschaffener Richter«, sagten sie. »Seit Hunderten von Jahren hat Israel nicht mehr einen Priester wie dich gehabt. Nun aber bist du alt – und deine Söhne gehen nicht den gleichen Weg wie du.«

»Meine Söhne? Warum erwähnt ihr meine Söhne?«

»Sie richten über die Völker Beerschebas.«

»Ich weiß, wo meine Söhne sind.«

»Aber du weißt nicht, was sie tun! Sie haben sich von Gott abgewandt und suchen stattdessen nur ihren eigenen Vorteil. Deine Söhne nehmen Bestechungsgelder an. Und sie verdrehen das Recht. Wer soll uns also dann mit Rechtschaffenheit führen? Bitte, gib uns einen König, der über uns regiert!«

Samuel fixierte die Ältesten mit festem Blick. »Wisst ihr eigentlich, was es bedeuten würde, einen König zu haben, der über euch richtet?«, fragte er. »Ein König wird eure Söhne nehmen und sie zu seinen Reitern machen, und dann müssen sie vor seinen Streitwagen herlaufen. Jetzt sind eure Kinder frei. Aber was wird dann sein? Ein König wird den einen befehlen, seine Felder zu bestellen, anderen, dass sie seine Ernte einbringen sollen, und wieder andere müssen Waffen für ihn schmieden. Hört mir zu! Er wird eure Töchter nehmen und sie zu seinen Dienerinnen machen, die für ihn kochen und backen. Er wird euch die besten Felder, Weinberge und Obstgärten wegnehmen und sie seinen Dienern geben. Habt ihr euch das überlegt? Heute gehören eure Güter euch; ihr seid niemandem zu etwas verpflichtet, außer dem Herrn, eurem Gott. Aber morgen wird ein König ein Zehntel von eurem Getreide und von euren Trauben nehmen. Er wird sich ein Zehntel von allem nehmen, was ihr herstellt. Er wird eure Diener und Dienerinnen und eure besten Rinder für seine Arbeit nehmen. Ihr werdet seine Sklaven sein. Und dann werdet ihr euch über den König, den ihr selbst verlangt habt, bitter beklagen – und warum sollte Gott, der Herr, euch dann erhören?«

Aber die Ältesten und die Bevölkerung gaben nicht nach. Erneut erwiderten sie: »Nein! Wir wollen wie alle Nationen einen König haben. Einen König, der uns regiert und der vor uns herzieht, um unsere Kämpfe für uns zu bestreiten!«

Schließlich zog Samuel sich an einen einsamen Ort zurück und redete mit Gott. Nachdem der Priester ihm die Forderung der Ältesten vorgetragen hatte, sprach der: *Gib ihnen, was sie wollen, Samuel. Ernenne einen König für sie!*

Es war genau in dieser Zeit, dass Saul, Sohn des Kisch, seinen Feldzug gegen Nahasch und die Ammoniter führte. Und es war in diesem Augenblick, dass der Geist des Herrn ihn um Jabeschs willen erfüllte.

Und in ihrer Freude über den Triumph fingen die Menschen an zu rufen: »Hier ist der richtige Mann! Dieser soll es sein! Lass Saul über uns regieren!«

Also sprach der Herr zu Samuel: *Salbe diesen Mann aus dem Stamm Benjamin zum Prinzen über mein Volk Israel, damit er es aus den Händen der Philister befreit.*

Gehorsam rief Samuel die Stämme Israels nach Gilgal, um das Königreich dort zu erneuern.

Und die Abgesandten aller zwölf Stämme kamen, glücklich, weil sie nun endlich einen König haben sollten. Samuel stellte sich vor sie hin und sagte: »Hier also ist der Mann, den der Herr auserwählt hat, um über euch zu regieren. Saul, Sohn des Kisch, tritt vor!«

Tosender Beifall brandete auf, als die Menschen diesen Namen hörten. Und als der große, leidenschaftliche Mann nun vor die Menge trat, gab es für die Zuschauer kein Halten mehr. Sie jubelten laut, während Saul dastand, einen ganzen Kopf größer als alle anderen in Israel und sich doch demütig vor Samuel verneigend. Erst nachdem der Priester Gottes feierlich das Öl über Sauls Kopf ausgegossen hatte, richtete dieser sich wieder zu voller Größe auf – der König von Israel.

Als Erstes rief Saul alle Steinmetze in Israel nach Gibea. Dort sollten sie auf dem von Saul bereits vorbereiteten Fundament eine Festung errichten. Die Männer, die kamen, waren schon recht betagt, aber die neu gewonnene Hoffnung gab ihnen Kraft. Und sie liebten den König, der durch ihre Reihen schritt, sie ermunterte und oft mit jungenhafter Begeisterung ihre Arbeit lobte. Bald hatten sie eine Zitadelle aus massivem, grob gehauenem Mauerwerk errichtet, mit vier gedrungenen Türmen an den Ecken und Fenstern in den Mauern. Die Festung war zwei Stockwerke hoch und schlicht, und es gab keine Verzierungen und lediglich eine spärliche Ausstattung – alles war zweckmäßig und widerstandsfähig. Aber Saul umarmte jeden der staubigen, erschöpften Männer, als hätten sie einen ägyptischen Palast gebaut.

Dann versammelte Saul einige hundert Männer mit viel Mut und Tatendrang in Gibea und schuf mit ihnen etwas Neues in Israel: eine ständige Armee.

Inzwischen hatten die Philister in den Städten westlich, nördlich und nordöstlich von Saul Garnisonen stationiert. Manche von ihnen waren nur drei Meilen entfernt. Sie kontrollierten die Bet-Horon-Straße, die nach Westen zur Küste führte, und konnten somit über die Route angreifen, die den Bergkamm entlang von Norden nach Süden verlief. Ein solches Manöver würde bedeuten, dass dann sämtliche Verbindungslinien zwischen den südlichen und den nördlichen Teilen Israels abgeschnitten wären.

Also stationierte Saul sehr kleine Divisionen seiner neuen Armee in den zentralen und östlichen Teilen Benjamins: in Michmas, in der hügeligen Gegend Bethels und in Gibea. Letztere unterstellte er der Führung seines leiblichen Sohnes Jonatan, der zwar nicht so groß und kräftig war wie sein Vater, aber von dem gleichen, entschlossenen Wagemut erfüllt.

Nun wollte Saul eine Zeit lang warten. Sein Plan war es, die Streitkräfte zu vergrößern und sie in aller Stille außerhalb der Reichweite der Philister Stellungen errichten zu lassen. Und er wollte sein Arsenal an aus Eisen gefertigten Waffen erweitern. Streitwagen besaß er nicht, aber seine Soldaten benötigten mehr als nur Schleudern, Degen aus Kupfer und Schilde aus Bronze. Sie brauchten kleine Schilde aus Leder und Holz, um beweglich zu sein und schnell angreifen zu können, und große, um die Kampflinien zu befestigen. Alles sollte gut vorbereitet und ausgeführt werden – doch Jonatan nahm die Sache selbst in die Hand und sofort befand sich Israel im Kriegszustand.

Eines Tages führte Jonatan ganz früh am Morgen seine kleine Division drei Meilen in nördliche Richtung und griff die kleine Garnison der Philister bei Geba an. Es dauerte nicht lange und die überraschten Soldaten flohen nach Gibeon. Und während sich der junge Mann noch im Triumph seines Sieges sonnte, eilte eine Botschaft zu den fünf Städten der Philister: *Israel hat einen König! Er hat Geba erobert! Er hat unsere Stellung in Benjamin geschwächt und den östlichen Teil der Bet-Horon-Straße abgeschnitten!*

Ein König in Israel?

Die Truppen der Philister reagierten sofort. Sie versammelten sich bei Afek, nordwestlich der Streitkräfte des neuen israelitischen Königs. Dann wandten sie sich nach Norden und marschierten, die Bet-Horon-Straße vermeidend, auf die Hügellandschaft Benjamins zu.

Diese Armee war sowohl groß als auch erfahren. Reiter zügelten ihre rastlosen Pferde; Streitwagen aus Korbgeflecht, in denen Kisten für Speere, Peitschen und Kampfäxte befestigt waren, wurden von je zwei Männern gelenkt; Viehtreiber schubsten die Lasttiere voran; Ochsengespanne zogen Wagen, schwer beladen mit eisernen Waffen und Belagerungsausrüstung – eine mehrere Meilen lange rote Staubwolke stieg unter den Füßen der Philister auf.

Als Saul von dem Aufmarsch der feindlichen Truppen erfuhr, berief er Krieger aus allen zwölf Stämmen, um seine Armee zu verstärken. Israel hatte einen König! Schäfer verließen ihre Herde, um dem Aufruf des Königs zu folgen. Bauern ließen ihre Hacken fallen und griffen zu den Schwertern. Zimmermänner tauschten Hämmer gegen Degen ein. Die einfache Bevölkerung des Königreiches eilte aus ihren Häusern, um Saul bei Gilgal zu treffen, und die Hundertschaften des Königs wurden zu Tausendschaften.

Die Armeen der Philister überrollten Bethel ohne Gegenwehr und scharten sich nun am Horizont nördlich von Michmas. Die kleine Garnison Sauls, die dort stationiert war, ergriff die Flucht und rannte schreiend den ganzen Weg bis nach Gilgal. »Die Philister stehen vor Michmas und sie sind so zahlreich wie die Sandkörner am Meer!«

Tatsächlich hatten die Philister einen geeigneten Platz auf einer höher gelegenen Ebene gefunden, der durch eine tiefe Schlucht im Süden geschützt war, und begannen aufwendige Anlagen für ihre Streitkräfte zu errichten. Gleichzeitig unternahmen sie von da aus Raubzüge in die Gegend, um Vorräte, Nahrung, Holz und Wasser zu beschaffen. Wo immer sie ritten, brannten sie die Häuser der Bauern nieder, setzten die Felder in Brand und schlachteten die Schafe, damit Saul nichts vorfinden würde, um seine eigenen Truppen zu versorgen.

Die Frauen und Kinder Israels hatten panische Angst. Diejenigen, die zu alt waren, um Widerstand zu leisten, erlitten furchtbare Qualen durch die Hände der plündernden Philister. Ihrer Häuser beraubt, versteckten sie sich in Höhlen, leeren Grabstätten und Zisternen.

Während Saul seine Armeen Richtung Michmas vorantrieb, sahen die Soldaten, dass die Philister alles zerstört hatten. Die Erde war verbrannt und stank entsetzlich, die Häuser waren verlassen. Jeder, der Zuflucht bei ihnen suchte, konnte eine Geschichte erzählen, und jede Geschichte handelte von einer neuen Gewalttat in Israel. Immer mehr Soldaten verschwanden plötzlich – Väter schlichen nach Hause, um nach ihren Familien zu sehen. Bauern warfen ihre Schwerter weg und flohen über den Jordan in die Länder von Gad und Gilead.

Als Saul in Geba angekommen war und seine Streitkräfte mit denen Jonatans vereinigt hatte, zählten sie zusammen nur noch sechshundert Männer.

Auch die Israeliten schlugen ihre Zelte auf einer Hochebene auf, südwestlich von Michmas. Auch sie benutzten die Schlucht, die sich nach Osten und Westen erstreckte, als Schutz – sie war zu tief, als dass man sie hätte überwinden können, und mit ihren steinigen und steil abfallenden Wänden zu gefährlich. Doch die Südseite hatte einen höheren Aussichtspunkt als die nördliche, und so konnte Israel auf die Lager der Philister herabblicken.

Jonatan war von dem Anblick fasziniert. Den ganzen Tag, bis in den Abend hinein, lag er zwischen den Dornenbüschen am Rande des Hangs und beobachtete die Feinde. Ihr Hauptlager hatten sie mit einigem Abstand zur Schlucht aufgeschlagen, aber eine kleine Wache war unmittelbar am Rand der Schlucht postiert worden.

Eines Morgens zog Jonatan sich in aller Frühe aus dem Dickicht zurück, seine Miene grimmig entschlossen, seine Augen funkelnd wie die seines Vaters. Er schlich durch die Reihen der schlafenden Krieger Israels zurück zu seinem Zelt.

»Etam«, flüsterte er, als er das Zelt betrat.

Der junge Mann schlug die Augen auf.

»Etam, ich habe einen Plan für uns beide – wenn du bereit bist.«

Jonatan fing an, seine Waffen einzusammeln. Schnell zog der Junge eine Tunika über und eilte ihm zu Hilfe.

»Einen Plan?«

»Vielleicht wird der Herr uns helfen. Warum sollte der Herr Israel nicht retten wollen?«

Etam flüsterte: »Ich bin dabei, Herr.«

Jonatan drehte sich zu dem Jungen um und grinste. »Eine weise Entscheidung, Etam. Du bist ein kluger Waffenträger! Schnell jetzt, hilf mir in die Rüstung!« Er streckte seine Arme aus. Etam hievte einen Harnisch über die Schultern seines Herrn. Während der Junge die Riemen am Rücken festband, erläuterte Jonatan seinen Plan: »Du und ich, wir werden diese Seite der Schlucht hinunterklettern. Unten angekommen werden wir uns der Wache der Philister an der anderen Seite zeigen. Wenn sie sagen: »Wartet, bis wir hinabgeklettert sind«, werden wir genau dort bleiben, wo wir sind. Falls sie aber sagen: »Kommt zu uns hinauf«, dann, Etam, werden wir genau das auch tun!«

»Aber Herr«, wandte Etam zögernd ein, »niemand kann die Wände der Schlucht bezwingen.«

»Ich weiß: Die Philister werden uns mit Worten verspotten – aber genau diese Worte werden ein Zeichen sein, dass der Herr sie uns ausgeliefert hat.«

Jonatan griff sich ein langes geflochtenes Seil. Dann führte er Etam durch die Dämmerung zu einem Dickicht am südlichen Rand der Schlucht.

Er band das eine Ende des Seils um eine kräftige Eiche, befestigte eine Tasche mit der schweren Ausrüstung am anderen Ende und ließ sie in die Schlucht hinab. Die Tasche schlug gegen den Fels und verschwand dann im morgendlichen Nebel. Nachdem er das gesamte Seil abgewickelt hatte, griff Jonatan es sich und kletterte wortlos daran hinunter bis zu dem trockenen Flussbett. Dann zog er drei Mal am Seil und spürte kurze Zeit später das Gewicht Etams, der ihm folgte.

Unten angekommen und zwischen den Felsbrocken versteckt, half Etam seinem Herrn Jonatan, den Rest seiner Kampfausrüstung anzuziehen. Und nachdem der aufkommende Wind den Nebelschleier vertrieben hatte, gingen sie zu einem offenen Platz. Jonatan fing an wie ein Wahnsinniger zu brüllen: »Hunde! Ihr Hunde! Philisterhunde, passt auf! Die Armeen Israels stehen vor euch!«

Gesichter erschienen, Augen schielten über den Rand des hohen Felsens. Die Philister zogen erstaunt die Augenbrauen hoch, dann brachen sie in Gelächter aus. »Ihr?«, johlten sie. »Ihr seid die Armeen Israels? Ja, lasst diese zwei großen Armeen zu uns herauffliegen, dann werden wir euch einiges zeigen!«

Die Wache zog sich lachend und spottend zurück.

Jonatan flüsterte: »Hast du gehört, was er gesagt hat?« Er umarmte seinen Waffenträger und machte einen Schritt zurück. Dann fuhr er mit einem siegessicheren Grinsen fort: »Gott hat sie uns in die Hände gegeben. Komm mit – ich klettere hinauf und du folgst mir.«

Während der heißesten Stunden des Tages schlummerte König Saul im Schatten eines Granatapfelbaumes.

Plötzlich bebte die Erde unter ihm. Er sprang auf, blinzelte in die Sonne und versuchte zu sehen, was da vor sich ging, als er plötzlich den Schrei eines Wachmannes vernahm: »Seht! Die Lager der Philister! Seht!«

Saul traute seinen Augen kaum, als er sah, wie die gesamte feindliche Armee ziellos auseinander lief.

»Wer ist weg?«, rief Saul. »Welcher meiner Anführer fehlt?«

Während der Tumult unter den Philistern immer größer wurde, rannten die Israeliten zu ihren Zelten und stellten fest, dass Jonatan mitsamt seinem Waffenträger, seinem Schwert und seiner gesamten Ausrüstung verschwunden war.

Da wandte König Saul sich an seine Soldaten und schrie: »Der Kampf hat begonnen! Lasst ihn uns zu Ende bringen!«

Dann schickte er die Hälfte seiner Streitkräfte los, um von Westen her anzugreifen, während er den Rest nach Osten führte, um die Schlucht an einer leichter passierbaren Stelle zu überqueren und dann die östliche Flanke der Philister zu überfallen. Während er sein Pferd im Galopp über die Felder trieb, sah er, dass Bauern und Schäfer überall aus ihren Verstecken hervorkrochen. Sie hatten die Furcht in den Stimmen des Feindes und die Stärke in denen Israels vernommen und je weiter sie kamen, desto größer wurden Sauls Truppen. Und Saul ritt an ihrer Spitze, lachend und triumphierend, ein wahrer König!

Als die Israeliten den Lagern der Philister bedrohlich nahe gekommen waren, sahen sie in dem Durcheinander etwas, das sie in Hochstimmung versetzte: Die Philister bekämpften sich untereinander! Jetzt gab es kein Zögern! König Saul ließ sein Pferd geradewegs in die Mitte der Feinde preschen, wirbelte sein eisernes Schwert durch die Luft und richtete ein Blutbad unter den Philistern an. Und während er rechts und links die Feinde niederstreckte, Bäuche durchbohrte und Schädel spaltete, verfluchte und verspottete er die Philister mit lauter Stimme, jagte sie auseinander und bahnte einen Weg für die Israeliten, die hinter ihm kamen. Als sein Pferd in dem Kampfgetümmel den Halt verlor und zu Boden ging, sprang Saul ab und kämpfte weiter, Mann gegen Mann, mit Degen und Schwert, hier vordringend, dort zurückweichend – bis er mit dem Rücken gegen einen anderen Kämpfer stieß. Blitzschnell fuhr er herum, um den Feind zu erschlagen, aber dann sah er in die Augen seines Gegenübers, und sein Gesicht hellte sich auf. »Jonatan, Jonatan!«, brüllte er, »was für ein herrlicher Tag!«

Vater und Sohn stellten sich Rücken an Rücken und kämpften weiter, gemeinsam unschlagbar.

»Jonatan!«, rief Saul. »Was hast du den Philistern angetan?«

Und während Jonatan alle erschlug, die den König töten wollten, schrie er: »Ich habe die Wand des Abgrunds erklommen! So überraschte ich die Wache und tötete zwanzig Mann in zwei Minuten. Die anderen rannten zu ihren Lagern zurück, laut jammernd, dass Israel, auf Flügeln getragen, über die Schlucht gestiegen sei. Dann bebte die Erde als Zeichen des Herrn, unseres Gottes – und das war mehr, als sie verkraften konnten.«

Und weiter kämpften sie, Vater und Sohn, Rücken an Rücken, und schlugen die feindliche Armee in die Flucht. Die Philister flohen von Michmas und wichen nach Westen zurück, und je weiter sie rannten, desto mehr Soldaten von den Truppen Sauls strömten die Hügel hinunter, wo sie sich versteckt gehalten hatten. Israel jagte die Philister bis nach Ajalon.

Dies ist die Familie von Saul, dem Sohn Kischs. Als er zum König Israels gesalbt wurde, hatte er drei Söhne: Jonatan, Jischwi und Malkischua. Seine beiden Töchter hießen Merab und Michal. Michal war die jüngste und bei der Krönung ihres Vaters noch ein Säugling. So konnte sie sich nicht an die Zeit erinnern, in der sie nicht die Tochter eines Königs gewesen war.

Sauls Frau, die Mutter dieser fünf, hieß Ahinoam – »Mein Bruder ist Freude«. Nachdem ihr Mann zum König ernannt worden war, bekam sie noch einen Sohn: Abinadab.

Später machte Saul Rizpa, die Tochter von Aja, zu seiner Nebenfrau. Sie gebar ihm zwei Söhne, Armoni und Mefi-Boschet. Ihr Name bedeutet »Glühende Kohle«. Sie war eine Frau von unendlicher Liebe und leidenschaftlicher Treue zu ihren Kindern.

Trotz des überwältigenden Sieges bei Michmas wurde Sauls Leben auch danach von schweren Kämpfen gegen die Philister bestimmt. Wann immer er einen starken oder kühnen Mann sah, bat er ihn, sich seiner ständigen Armee, die in seiner Festung in Gibea stationiert war, anzuschließen. So wuchs Sauls Heer zu einer schnellen, gehorsamen und stets bereiten Truppe heran, einer militärischen Macht, die allein dem König verpflichtet war. Und als Anführer dieser Einheit benannte er seinen Vetter Abner.

Samuel, der weißhaarige Priester Gottes, kam von Rama, um Saul in Gibea zu treffen. Dort begegneten sie sich vor dem Tor der Stadt. Bevor er sprach, setzte Samuel sich hin, um sich auszuruhen. Und Saul wartete und schwieg.

Schließlich blickte Samuel hoch und sagte: »Du erinnerst dich daran, dass es der Herr war, der mich geschickt hat, um dich zum König über Israel zu salben?« Es war mehr eine Feststellung als eine Frage.

»Ja, ich erinnere mich.«

»Dann höre auf die Worte des Herrn, der dich zum König gemacht hat: *Amalek bedrängt Juda. Er hat sich nicht verändert und ich habe auch nicht vergessen, wie er sich gegen Israel gestellt hat, als es aus Ägypten kam. Nun will ich ihn bestrafen. Saul, Sohn des Kisch, erhebe dich und vernichte Amalek! Zerstöre alles, was er hat – bis kein Stein mehr auf dem anderen steht. Verschone weder Menschen noch Tiere, töte Männer und Frauen, Kleinkinder und Säuglinge, Ochsen und Schafe, Kamele und Esel.*«

Als er diese Worte hörte, schien der König in sich zusammenzusacken und müde zu werden. »Der Bann des Herrn«, sagte er.

»Ja«, erwiderte Samuel, »der Bann. Der Herr hat Amalek zur Zerstörung auserwählt. Weder du noch dein Volk soll etwas von dem, was den Amalekitern gehört, behalten, damit es Israel nicht schlecht ergeht.«

Saul sagte: »Seit dem Einmarsch Josuas in Kanaan und der Zerstörung Jerichos wurde das nicht mehr von Israel verlangt.«

Samuel sah zu dem König auf und runzelte fragend die Stirn: »Warum sagst du das, Saul? Gibt es etwas daran, das du nicht verstehst?«

»Nein«, sagte der König. »Nein.«

Dennoch waren die Falten in seinem Gesicht tiefer als zuvor. In den Jahren seiner Herrschaft bis zu diesem Tag hatte Saul keinen Frieden erlebt. Er hatte mit großer Tapferkeit gegen die Philister Krieg geführt, und doch war es ihm nicht gelungen, sie zu besiegen. Gleichzeitig hatten sich die älteren Feinde Israels die ständigen Kämpfe zwischen den beiden Erzfeinden zunutze gemacht und König Saul gezwungen, Krieg gegen Moab, Ammon und Edom zu führen. Nur durch seine ungeheure Ausstrahlung hatte Saul die Männer seines Volkes immer wieder zum Kämpfen bewegen können.

Und nun hatte Samuel gesagt: »Geh und zerstöre Amalek, bis kein Stein mehr auf dem anderen steht!«

Also entfachte Saul erneut das Feuer in seinen Augen und blies zum Kampf. Dieses Mal versammelte er die Israeliten bei Telem in

Juda. Und wieder hatte der König Erfolg: Bauern verwandelten sich in Krieger, sie griffen nach ihren Waffen und machten sich auf, um jene Stämme anzugreifen, die einst ihre Vorfahren geplagt hatten.

In Telem gab König Saul dann seine Befehle: »Dieses Mal ist es der Bann! Nach diesem Kampf wird von Amalek nichts mehr übrig sein. Der Herr wird alles vernichten!«

Dann schwang er sich auf sein Pferd und ritt seinen Truppen voraus, dicht gefolgt von seinem persönlichen Leibwächter. Danach kamen Abner und seine Offiziere und schließlich das Heer Israels zu Fuß. Saul, Abner und Jonatan trugen Helme aus Bronze. Die Helme der anderen waren aus Leder, oben abgerundet und mit langen Klappen versehen, die die Ohren und Wangen schützten.

Israel hielt im Tal in der Nähe von Amalek an.

In der Nacht schickte Saul dann Jonatan hinaus, um die Lager der Nomaden auszukundschaften. Nachdem sein Sohn die nötigen Informationen gebracht hatte, sandte er – immer noch unter dem schützenden Mantel der Dunkelheit – Abner und sieben Fußsoldaten los, um die Achillessehnen der Kamele und Esel zu durchtrennen, während er selbst die Armeen Israels in einem großen Bogen um die Lager herumführte – wie eine Schlinge, die um den Hals des Todgeweihten lag.

Genau bei Sonnenaufgang gab Saul mit lauter Stimme den Befehl, und seine Offiziere nahmen ihn auf. Wie ein Lauffeuer umzingelten ihre Stimmen den Feind, und dann brach Israel von allen Seiten über die Amalekiter herein, wie eine Feuersbrunst, die alles vernichtete. Unzählige wurden getötet, ja, die meisten der feindlichen Soldaten kamen um – auch die, die zunächst fliehen konnten, denn sie wurden bis nach Schur in der Nähe von Ägypten verfolgt und dann ebenfalls getötet.

Dennoch wurde nicht jeder vernichtet. Saul verschonte Agag, den König der Amalekiter. Und einige von Sauls Soldaten behielten die besten Schafe und Ochsen, die gemästeten Tiere und die Lämmer für sich.

Dann hörte Samuel, der zu dieser Zeit wieder in Rama war, die Worte des Herrn, der sprach: *Ich bereue, dass ich Saul zum König gemacht habe, weil er meinen Weg verlassen hat. Er hat meine Befehle nicht befolgt.*

Samuel war außer sich vor Wut.

Am nächsten Morgen erhob er sich und machte sich auf den Weg, um den König zu treffen. Man erzählte ihm, dass Saul siegreich gewesen sei. Den Berichten zufolge marschiere er gerade triumphierend nach Norden. In Karmel habe er lange genug angehalten, um seinen Taten ein Denkmal zu errichten, bevor er weiter nach Gilgal gezogen sei, wo er dem Herrn Opfer bringen wolle. Weiter erfuhr Samuel, dass Saul Beweise und eine lebende Trophäe mitgebracht habe: den König der Amalekiter, Agag.

Also machte Samuel sich auf den Weg nach Gilgal, um mit Saul zu reden. Für den alten Mann war dies eine Tagesreise.

Als der König den Priester kommen sah, ging er ihm entgegen.

»Gesegnet seist du vor dem Herrn!«, rief er Samuel zu, während er grinsend auf ihn zuschritt. »Ich habe dem Gebot Folge geleistet: Amalek ist bestraft worden!«

Samuel wartete, bis der König ganz dicht an ihn herangetreten war. Dann fragte er: »Und was höre ich da blöken?«

Saul zögerte, immer noch grinsend.

Da stellte Samuel noch eine Frage, dieses Mal lauter: »Was soll dieses Muhen, das ich höre?«

»Ach so«, sagte Saul. »Die Menschen haben ein paar Schafe und Ochsen mitgebracht, um sie dem Herrn, deinem Gott, zu opfern, und ...«

»Schweig!«, fuhr Samuel ihn an.

»... den Rest«, versuchte Saul zu erklären, »den Rest haben wir vollkommen zerstört.«

»Schweig!« Der alte Priester brüllte jetzt. »Willst du die Worte hören, die der Herr heute Nacht zu mir gesprochen hat?«

Sauls Augenlider fingen an zu flattern. Der Ausdruck des Triumphs war plötzlich aus seinem Gesicht verschwunden. Er atmete tief ein und antwortete leise: »Sprich!«

Samuel sagte: »Du bist Herrscher über die Stämme Israels. Der Herr hat dich zum König gesalbt. Und der gleiche Gott hat dir befohlen, gegen die Amalekiter zu kämpfen, bis sie völlig ausgerottet sind, und sie so zu vernichten. Warum hast du der Stimme des Herrn nicht gehorcht?«

Saul erwiderte: »Das habe ich doch! Ich habe getan, was der Herr mir aufgetragen hat. Nur Agag habe ich am Leben gelassen, und meine Soldaten haben die besten Tiere mitgebracht, um sie hier in Gilgal zu opfern.«

»Meinst du, der Herr hat an Opfern genauso viel Freude wie an Gehorsam?«, zischte Samuel. Seine alten Augen sprühten Funken. »Ich sage dir: Es ist wohlgefälliger zu gehorchen als Opfer zu bringen, und auf das Wort des Herrn zu hören ist süßer als das Fett der Widder. Ungehorsam dagegen ist genauso schlimm wie Hexerei, und Sturheit kommt der Götzenanbetung gleich. Weil du das Wort des Herrn verworfen hast, verwirft der Herr jetzt dich als König.«

Nun gruben sich die Falten in Sauls Gesicht tiefer. Seine Schultern hingen herab und er sagte: »Ja, ich habe gesündigt. Ich habe gegen die Gebote des Herrn verstoßen. Samuel, Priester Gottes, ich flehe dich an, mir meine Sünde zu vergeben. Kehre mit mir zurück, damit ich den Herrn anbeten kann!«

Samuels Zorn aber war ungebrochen. »Ich werde nicht mit dir zurückkehren«, sagte er mit fester Stimme. »Der Herr hat dich verworfen.«

Der alte Mann wandte sich ab, um zu gehen.

»Warte!«, schrie Saul. Er stellte sich vor Samuel und versperrte ihm den Weg. »Warum kann ich nicht wie jeder andere auch Vergebung erfahren?«

»Weil du launisch bist, Saul. Weil du ungeduldig und arrogant bist. Weil du dir eine Autorität angemaßt hast, die dir nicht zusteht. Und weil du dem Herrn ein Brandopfer dargebracht hast, ohne auf mich, seinen Priester, zu warten!«

»Das Opfer?«, schrie Saul voller Verzweiflung. »Ja, ich habe ein Opfer dargebracht! Aber ich musste es tun, Samuel! Die Armeen Israels brauchten den Segen Gottes und du warst nicht da. Ich habe auf dich gewartet, aber du bist nicht gekommen!«

»Geh mir aus dem Weg!«, herrschte der alte Mann ihn an. »Da du keine Geduld mit deinem Gott hast, hat er auch keine Geduld mehr mit dir. Er hat dich als König von Israel verworfen.«

Dann stieß Samuel Saul zurück. Der hochgewachsene Mann stolperte, als wäre er von einem Knüppel niedergeschlagen worden. Samuel wollte sich gerade entfernen, doch da griff Saul nach ihm und packte ihn so heftig am Gewand, dass der Stoff riss. Er ließ das Gewand los, warf sich auf die Knie und faltete flehend die Hände. Samuel aber hielt Saul das zerrissene Kleidungsstück mit beiden Händen vor das Gesicht. »Das ist ein Zeichen«, sagte er. Seine alten Hände zitterten. »So wie du meine Kleidung zerrissen hast, so hat der Herr dir an diesem Tage das Königreich Israel entrissen und es einem Nachbarn anvertraut, der würdiger ist als du!«

»Ich habe gesündigt, ich habe gesündigt«, jammerte Saul. Seine mächtigen Schultern bebten von dem heftigen Schluchzen. »Priester, mein Priester, bitte gestatte mir wenigstens diese eine Ehre vor den Ältesten meines Volkes: Geh mit mir zurück, damit ich den Herrn, deinen Gott, loben kann!«

Samuel war traurig und erschöpft. Es schien, als wäre aller Zorn von ihm abgefallen. Zögernd streckte er seine Hand aus und berührte Sauls Kopf. Dann strich er langsam über das Haar des Mannes, der noch immer weinend vor ihm kniete. Eine Zeit lang verharrten die beiden Männer schweigend, regungslos.

Aber das Herz des alten Mannes wurde noch einmal weich und er ging einen Tagesmarsch mit dem König und Saul lobte den Herrn.

Danach kehrte Samuel nach Rama zurück und Saul reiste zu seiner Festung in Gibea, und die Männer sahen sich nicht wieder – bis zu dem Tag, als Samuel starb.

Die Philister hörten nie auf die Stärke des Königs von Israel und seine Armeen auf die Probe zu stellen.
Kein Jahr verging, in dem sie nicht disziplinierte Soldaten in Kampflinien aufstellten. Immer wieder trieben sie ihre breiten, rechteckigen Schilde nebeneinander in den Boden und schoben Lanzen durch die dazwischenliegenden Lücken.

Hinter diesen Befestigungen versteckt ließen sie Pfeile auf arme israelitische Dorfbewohner niederprasseln. Diese wiederum riefen den König an, er möge kommen und sie befreien.

Also sammelte Saul seine Kräfte, blies zum Kampf und rief die Menschen auf, für die in Not geratenen Bewohner seines Landes zu kämpfen. Doch die Bereitschaft der Israeliten, dem Ruf ihres Königs zu folgen, schwand immer mehr.

Manchmal trieb Saul die Philister mit den verzweifelten, wilden Schlägen seines eigenen Schwertes zurück, nur von seiner ständigen Armee unterstützt. Manchmal starben aber auch an seiner Seite die jungen Männer, die er selbst in seiner Festung in Gibea ausgebildet hatte und die er am meisten liebte. In diesen Augenblicken wurde der König von einem solchen Zorn ergriffen, dass er unbezwingbar wurde. Er zerschmetterte Holzschilde mit Schlägen seines Knüppels. Manchmal ereilte ihn auch der Schlaf in voller Kampfausrüstung, blutig und ungewaschen – voller Erschöpfung.

Aber mit den Zornesausbrüchen kamen auch neue Qualen. Saul litt immer häufiger unter Albträumen, nach denen er schweißgebadet und in panischer Angst aus dem Schlaf hochfuhr.

Es bedurfte seiner ganzen Willenskraft und Selbstbeherrschung, um nicht laut aufzuschreien.

Saul war nie ein ängstlicher Mensch gewesen. Und jetzt hatte er keine Ahnung, wie er mit seiner Angst fertig werden sollte. Sie dröhnte in seinem Kopf, und er fürchtete, sie könnte jeden Moment aus ihm herausbrechen. Also vergrub er sein Gesicht in Decken und versuchte, sein Leid geheim zu halten.

Manchmal gab es ganze Monate, in denen Saul sich den Aufgaben seines Amtes wie in vergangener Zeit gewachsen fühlte. Dann sah man wieder das alte Grinsen in seinem Gesicht. Er klopfte den jungen Männern auf den Rücken und aß mit ihnen. Und die Kriege Israels schienen dann nicht größer zu sein als die jedes anderen Landes.

Doch dann, urplötzlich, suchten ihn seine Ängste wieder heim und drei lange Nächte lang träumte er, wachte auf und träumte wieder.

In einer dieser Nächte fuhr er angsterfüllt von seinem Lager hoch. Da merkte er, dass Rizpa in seinem Zimmer saß und ihn beobachtete – eine Erscheinung vollkommener Ruhe.

Mit übermenschlicher Anstrengung unterdrückte er den Drang, seinen Gefühlen freien Lauf zu lassen, umschlang seine Knie mit den Armen und atmete tief ein.

Rizpa, seine Nebenfrau, war jung und still, und sie hatte ein unendlich sanftes Wesen und ein trauriges Gesicht. Er schämte sich, dass sie ihn so sah.

Da sagte sie leise: »Es ist nicht das erste Mal, nicht wahr?«

Und er verneinte kopfschüttelnd. Diese schweigsame Frau verstand mehr, als ihm bewusst gewesen war.

Rizpa erhob sich und kam zu ihm herüber. Er sah, dass sie barfuß war. Sie setzte sich neben seinem Bett auf den Boden, zog die Füße unter den Rock, nahm seinen Kopf in ihre kühlen Hände und legte ihn sanft in ihren Schoß. Sie fing an, ihm mit einer hohen, ungeübten Stimme vorzusingen – ein Wiegenlied. Sie sang, bis der Aufruhr in ihm sich legte, seine Augen zufielen und er in den Schlaf glitt.

Auf diese Weise lernte Saul, dass Musik seine Seele wiederbeleben konnte.

Einige Monate ging es so weiter: Rizpa, die die Zeichen erkannte, wenn die schwarzen Gedanken und bösen Träume ihn wieder heimsuchten, kam in der Nacht zu ihm und tröstete ihn mit Berührungen und Gesang.

Saul aber wurde sich bewusst, dass er niemanden hatte, der für ihn singen würde, wenn er im Krieg und weit weg von Zuhause sein würde.

Und dann wurde Rizpa schwanger. Bald würden ihre Nächte einem anderen Menschen gewidmet sein. Wer sollte dann zum König von Israel kommen, um ihm vorzusingen?

Zwischen der Hügellandschaft Judas und den flachen Küstenebenen der Philister lag ein unebenes Gebiet, das sich faltig und verbeult wie eine beiläufig zur Seite geworfene Decke auf der Landkarte ausbreitete. Es waren Gebirgsausläufer, ein schmales Stück mit einer Breite von zehn und einer Länge von siebenundzwanzig Meilen, das sich von Norden nach Süden zog und durch fünf fruchtbare Täler geteilt wurde. Die Hügel aus verkrustetem Stein waren nur von einer hauchdünnen Schicht Erde überzogen und deshalb für den Ackerbau ungeeignet. Das einzige, was dort wuchs, waren ein dichtes, bartähnliches Gestrüpp und die Bergahornbäume mit ihren kleinen, süßen, feigenähnlichen Früchten. Die Täler aber waren fruchtbar, und kleine Dörfer aus Kalksteinhäusern klammerten sich an den Hängen fest, damit die Täler der Landwirtschaft vorbehalten werden konnten.

Das Gebiet wurde Schefela, »Niedrigland«, genannt, da der Blick eines jeden Israeliten, der von den hohen Hügeln Judas zum Meer hinabblickte, über diese Täler streifte.

Eines Tages eroberten die Philister, die hin und wieder Angriffe im Osten der Schefela gestartet hatten, plötzlich die kleine Stadt Aseka am östlichen Ende des Ela-Tals. Ihre eigene Stadt Gat lag im gleichen Tal, im äußersten westlichen Teil. So griffen sie schnell an, um ihre strategische Position in Juda zu stärken. Mit einer mächtigen Armee marschierten sie das Tal entlang, eine Meile an Aseka vorbei, besetzten einen Hügel südlich der Stadt und errichteten dort ihre Stellungen. Ihre Zelte schlugen sie oben auf dem Hügel auf, während sie im Tal, eine Meile westlich von Socho, eine Kampflinie befestigten.

Als die Bewohner von Socho am nächsten Morgen aus dem Schlaf erwachten, sahen sie vor sich eine Mauer aus Schilden, die sich über die ganze Ebene des Ela-Tals zog. Und hinter dieser Mauer standen die Philister in Reih und Glied. Weitere Soldaten warteten auf dem hohen Hügel dahinter. Sofort schickten die Bewohner der Stadt Boten zu ihrem König nach Israel, die ihn anflehten zu kommen, um sie zu verteidigen.

Wieder einmal rief König Saul sein Volk zum Kampf.

Nur sehr wenige Männer von den nördlichen Stämmen Israels eilten herbei. Einige kamen vom Stamm Benjamin, und die meisten aus Juda. Mit diesen Männern und seiner Armee marschierte Saul in Richtung Süden nach Bethlehem. Dann wandte er sich nach Westen und ging am kleinen Fluss Ela entlang bis in das Tal hinein nach Socho. Er schlug seine Zelte auf der nördlichen Seite eines Hügels auf, ungefähr zwei Meilen von dem Lager der Philister entfernt.

Am Morgen griffen er, Abner und seine Soldaten die Reihen der Philister an. Sie stürmten über den flachen Boden des Tals, zertrampelten die Getreidefelder und liefen direkt auf die dünne Linie der feindlichen Soldaten zu. Doch plötzlich, kurz vor der Kampflinie, wurden die Männer von einem Hagel aus Pfeilen getroffen. Bogenschützen hatten sich an beiden Seiten der Hügel versteckt: ein Überfall! Abner blies zum Rückzug, aber Israel hatte bereits siebenundzwanzig Männer verloren. Und in jener Nacht erwachte Saul erneut zitternd aus seinen Albträumen.

Die nächsten Tage verliefen keineswegs besser.

Und am vierten Tag vernahm Israel, wie höhnisches Gelächter aus den Lagern der Philister ertönte.

Es war die dröhnende Stimme eines einzigen, kolossalen Mannes – eines wahren Riesen, dessen Stimme von Hügel zu Hügel getragen wurde, von einer Seite des Tals bis zur anderen. Verächtlich spottete er über die Bemühungen der Israeliten.

Fünf Wochen lang waren Saul und seine Soldaten dem Spott des Gegners ausgeliefert – eine solche Demütigung hatten sie nie zuvor ertragen müssen.

In den hellen Stunden des Tages hielt er seine königliche Würde aufrecht, die Nächte aber waren unerträglich. Kaum war er eingeschlafen, fuhr er schon voller Angst und mit unerträglichen Schmerzen aus dem Schlaf hoch. Er konnte weder denken noch planen, weder beten noch schlafen. Selbst das Atmen wurde ihm zur Qual. Dann versuchte er mit schier unmenschlicher Anstrengung, seine Schreie zu unterdrücken – und, wenn der Morgen nahte, wieder der mächtige König zu sein.

In seiner Verzweiflung befragte er seine Soldaten, ob sie nicht jemanden wüssten, der ihm nachts in seinem Zelt beruhigende Lieder vortragen könnte.

Eines Tages kam ein Mann namens Schamma auf ihn zu und sagte: »Ich kenne einen Jungen, der auf der Leier spielen kann und eine schöne Stimme hat.«

»Wer ist er?«, fragte der König.

»Mein jüngster Bruder«, erwiderte Schamma. »Er selbst besitzt eine Leier aus Holz mit sechs Saiten. Aber auch auf einer Leier mit drei oder zwölf Saiten kann er spielen.«

»Und wer bist du?«, wollte der König wissen.

»Ich bin Schamma, der drittälteste Sohn von Jesse aus Bethlehem im Lande Juda. Meine Brüder und ich sind dir in den Krieg gefolgt, mein König. David aber ist der Künstler in der Familie. Er ist noch ein Kind, das zu Hause wohnt und die Schafe unseres Vaters hütet.«

»Bring ihn her, Schamma! Bring ihn zu mir, so schnell es geht.«

Also ging Schamma nach Bethlehem, brachte seinen Bruder zu den Lagern im Ela-Tal zurück und stellte ihn dem König vor.

Als Saul aus seinem Zelt heraustrat, stand er einem schlanken Jungen gegenüber, der ihm gerade bis zur Schulter reichte. Die Bewegungen des Burschen waren elegant und seine Finger lang und schmal. Überhaupt war er ausgesprochen hübsch mit seinem noch recht kindlichen Gesicht, das von einer wilden, rötlich schimmernden Lockenpracht umrahmt wurde.

»David, Sohn Jesses?«
»Ja, Herr.«
»Hast du eine Schlafmatte und die Leier mitgebracht?«
»Ja, Herr.«
»Und dein Vater hat nichts dagegen, dass du hier bist?«
»Nein, Herr.«
»Dann werden wir für ein paar Nächte die folgende Vereinbarung treffen: Du schläfst in meinem Zelt. Wenn du merkst, dass ich aufgewacht bin, stellst du keine Fragen. Rede nicht mit mir. Versuch nicht zu verstehen, was ich tue. Nimm einfach deine Leier und sing, bis ich wieder eingeschlafen bin.«
»Ja, Herr.«
Also breitete der Junge seine Schlafmatte im Zelt des Königs aus.

Jeden Abend und jeden Morgen trat der Riese aus dem Lager der Philister hervor, stellte sich so auf, dass er das ganze Tal überblicken konnte, und verspottete lautstark die Armeen Israels: »Wählt einen Kämpfer aus!«, brüllte er. »Ich fordere Israel auf, einen Mann zu schicken, der sich traut gegen mich zu kämpfen!«

Allein wegen dieses einen Mannes hatten die Armeen Israels aufgehört, die Kampflinie, die sich quer durch das Ela-Tal zog, anzugreifen.

Wenn sie schon vor einem einzigen Philister Angst hatten, was konnten sie dann gegen tausend von ihnen ausrichten?

Er war wirklich eine Furcht einflößende Erscheinung. Mehr als neun Fuß groß stand er da, mit einem Helm aus Bronze und einem Harnisch, die zusammen mehr als zweihundert Pfund wogen. Er trug Reife aus Bronze an den Beinen und auf seinem Rücken hing ein bronzener Wurfspieß, der zwischen den Schultern von einem Riemen gehalten wurde. In seinen Händen hielt er einen Speer, dessen Stiel so stark war wie ein junger Baum. Der Mann stammte aus Gat und sein Name war Goliat.

Morgens und abends, Tag für Tag, stand er auf der Südseite des Tals und donnerte: »Bin ich nicht ein Philister? Seid ihr nicht die Soldaten Sauls? Wählt einen Mann aus, der gegen mich kämpfen soll! Wenn er mich tötet, werden wir eure Sklaven sein. Wenn er stirbt, werdet ihr uns dienen!«

In der fünften Woche jenes elenden Krieges erwachte Saul gegen Mitternacht aus dem Schlaf und brüllte laut seine Verzweiflung heraus. Ihm war, als würde ein Speer seine Brust durchbohren.

»David«, flüsterte er. Sein Gesicht glänzte vom Schweiß und er zitterte am ganzen Körper. »David. David, Sohn Jesses!«

Doch dann hörte er schon die Stimme des Jungen.

Saul hielt den Atem an.

Gott ist hier, hörte er. *Gott ist hier*, sang die volle und doch zarte Stimme, und die Töne klangen so rein wie poliertes Gold. Saul spürte, wie der Schmerz in seiner Brust nachließ, die Angst langsam wich. Er legte sich zurück und atmete tief durch. Seine Augenlider senkten sich ohne sein Zutun.

David ließ seine Finger über die Saiten gleiten und sang:

Ich bin nicht einsam. Gott ist hier.
Seine Hand auf meinen Schultern.
Sein Wort spricht zu mir.

Der Herr ist mein Hirte, er führet mich
zu sanften Gewässern und an grüne Weiden.
Er ernährt, erquickt und erleichtert mich,
zeigt mir den Weg und geht mir voran.

Ich bin nicht einsam. Gott ist hier.
Kraft für meinen Weg. Er singt zu mir.

Und wenn ich auch durch das Todestal schreiten muss,
fürchte ich mich nicht, ich werde nicht weinen.
Dein Stab gibt mir Schutz, er wird mich stützen.
Du bist mein Trost und meine Erlösung.

Du bist meine Gegenwart, Anfang und Ende.
Mit Öl salbst du mein Haupt, dem Feind zum Trotz.
Gutes und Barmherzigkeit folgen mir immer und ewig.
Deinen Tempel bereitest du mir, dass ich immer dort bleibe.

Oh Herr, einsam bin ich nun nicht,
denn du bist bei mir, mein Hirte, mein Licht!

Am fünften Tag der sechsten Woche, an dem Goliat wie gewohnt die Israeliten verspottet hatte, kam Schamma zum Zelt des Königs und bat um eine Audienz. Es war um die Mittagsstunde und die Armeen Israels lagerten niedergeschlagen und entmutigt rings umher. Selbst das Essen war ihnen vergangen.

Der König trat heraus und setzte sich in den Schatten des Zelteingangs. Neben Schamma stand sein jüngster Bruder David.

»Nun?«

Mit offensichtlichem Unbehagen sagte Schamma: »David will gegen den Riesen antreten.«

Einen Augenblick lang starrte Saul den Jungen ungläubig an. Dann brach er in schallendes Gelächter aus. Doch David sah dem König fest in die Augen, keineswegs eingeschüchtert.

»Du bist nur ein Kind«, sagte Saul. »Ein Hirtenjunge. Und Goliat ist, abgesehen von seinen anderen Vorteilen, ein Krieger, seit er so alt war wie du.«

Schamma warf seinem Bruder einen viel sagenden Blick zu. »Ich habe es dir ja gleich gesagt«, murmelte er. »Lass uns gehen!«

Aber David beachtete ihn gar nicht und ging auf den König zu. »Niemand sonst wird gegen Goliat antreten«, sagte er. »Keiner deiner Soldaten hat den Mut dazu, sie haben alle Angst vor diesem Mann.«

»Ja. Genau. Und wenn erwachsene Männer nicht gegen ihn kämpfen wollen, warum sollte ich dann zulassen, dass ein Junge wie du es tut?«

Doch Sauls Interesse war geweckt: Der Junge hatte Verstand. Die Augen halb zusammengekniffen, musterte er sein Gegenüber mit kritischem Blick. Mal sehen, wie geschickt und klug dieser David wirklich war.

»Ja«, erwiderte David, »wie du selbst gesagt hast, hüte ich die Schafe. Und das, Herr, spricht für meine Eignung.«

»So?« Der König sah den Jungen amüsiert an. »Wie das?«

»Wenn Löwen oder Bären die Lämmer aus meiner Herde fangen, laufe ich ihnen nach. Ich schlage sie mit meinem Stab und reiße ihnen die Lämmer wieder aus den Mäulern. Und wenn sie mich angreifen, töte ich sie. Der Herr ist es, der mich vor den Zähnen der Löwen und den Klauen der Bären beschützt! Und er wird mich auch vor der Hand eines unbeschnittenen Riesen beschützen.«

David hatte sich in Fahrt geredet und seine Augen funkelten vor Leidenschaft. Auch Sauls Miene hatte sich verändert – sein spöttisches Lächeln war echter Begeisterung gewichen und in ihm brannte wieder das alte Feuer.

Er sagte: »Niemand hat bislang mit mehr Wahrheit gesprochen, mein Junge! Es ist der Herr, der den Sieg schenkt. Warte hier!«

Saul verschwand in seinem Zelt und kam gleich darauf mit seinem eigenen Harnisch wieder heraus.

»Auch ich will dich dem Herrn anbefehlen. Hier.« Er legte David den Harnisch auf die Schultern und setzte ihm den königlichen Helm auf den Kopf. Unter so viel Metall vergraben sah der arme Junge wie eine Schildkröte aus, und Saul konnte sich bei diesem Anblick eines Lächelns nicht erwehren. Doch er wurde gleich wieder ernst, denn ihm war Angst und Bange um David. Die Rüstung war nicht zu gebrauchen. Der Junge musste beweglich, leichtfüßig zum Kampf antreten, und das bedeutete, dass er ungeschützt und verletzlich sein würde.

»Aber wenn du nicht mit dem Schwert umgehen kannst«, sagte Saul und erleichterte den schmächtigen David von seinem schweren Harnisch, »wie tötest du dann die wilden Tiere?«

»Hiermit.« David hob die rechte Hand. An seinem Mittelfinger war das Ende einer langen Schlinge aus Leder festgebunden. Die Aushöhlung der Schlinge, eine kleine Tasche, die aus zwei dünnen Schnüren geflochten war und in die man den Stein legte, war offensichtlich häufig benutzt worden, so glatt und glänzend war sie.

»Damit?«

»Ja, Herr.«

Der König Israels legte seine Hand auf das zerzauste Haar des Jungen. »Geh!«, sagte er mit ernster Stimme. »Und möge der Herr mit dir gehen.«

Also zog David los, die Schlinge wie den Ärmel eines Hemdes um seinen Unterarm gewickelt. Auf dem Rücken trug er seine Hirtentasche.

Während David den Nordhang des Tales hinabstieg, hielt Saul Wache, um die Geschehnisse im Auge zu behalten. Zu keiner Zeit wandte er den Blick von dem jungen Abenteurer ab.

Es war am frühen Abend, etwa um die Zeit herum, in der Goliat zum zweiten Mal an diesem Tag erscheinen sollte, um Israel herauszufordern.

Nun würde es unweigerlich zum Kampf kommen: Saul sah, wie der Riese zu der steinernen Plattform auf der südlichen Seite des Tals ging, dicht gefolgt von einem Diener, der den Panzer seines Herrn trug und, obwohl er ein erwachsener Mann war, unter dem Gewicht stöhnte.

Auf der riesigen Steintafel angekommen, warf Goliat den Kopf zurück und brüllte: »Ich fordere die Reihen der Israeliten heraus, einen Mann zu mir zu schicken, gegen den ich kämpfen kann!«

Saul hatte David für einen Moment aus den Augen verloren, als er den Feind beobachtet hatte. Auf der Suche nach dem Jungen ließ der König seinen Blick über das Tal schweifen. Da war er! Und er beachtete den Philister nicht einmal! In aller Seelenruhe kniete der Junge neben dem Flüsschen Ela, eine Hand im Wasser tastend. Die Steine! Während der Riese aus Gat mit seiner Stimme die Hügel zum Beben brachte, wählte David Steine aus und ließ sie in seine Tasche fallen. Vier davon zählte Saul. Fünf. Dann stand der Junge wieder auf, sprang über den Bach und ging auf Goliat zu – leichtfüßig wie ein Tänzer.

Da erblickte der Riese den Israeliten, der unbeirrt weiterging.

»Endlich!«, rief der Philister.

Dann befahl er seinem Diener, sich mit einem Schild vor ihm aufzustellen, während er selbst den Helm hochhob, um ihn sich aufzusetzen – doch plötzlich beugte er sich nach vorne und sein Gesicht verzog sich zu einer verächtlichen Grimasse. »Was?«, brüllte er. Er warf den Helm zu Boden, schob den Waffenträger zur Seite und trampelte schwerfällig auf David zu.

»Was! Bin ich denn ein Hund?«

Saul lief ein Stück vor, um eine bessere Sicht zu haben. Goliat war das Lachen vergangen. Jetzt spottete er nicht mehr – er war wütend und seine Miene hatte sich verfinstert.

»Bin ich ein Hund«, knurrte er, »dass du mit Kinderspielzeug zu mir kommst?«

Doch David ließ sich auch jetzt nicht beirren. Er ging mit sicheren Schritten und aufrechtem Gang weiter, den Blick fest auf seinen Widersacher gerichtet.

Goliat war stehen geblieben. »Nun gut, wie du willst!«, zischte er. Er zog sein Schwert und hob den mächtigen Speer.

»Ich werde dich an die Vögel und die wilden Tiere verfüttern!«

Noch immer zögerte David nicht. Saul beobachtete, wie er einen Stein aus der Tasche auf seinem Rücken nahm und ihn in die Aushöhlung seiner Schlinge legte. Dann ertönte die sanfte Stimme durch das Tal: »Du kommst mit Waffen aus Eisen. Ich komme im Namen des Herrn, den du verspottet hast. An diesem Tag wird der

Herr dich in meine Hand geben und ich werde dich niederstrecken und dann werden alle Völker der Erde wissen, dass es einen Gott in Israel gibt!«

Ein Kind! Goliat war sprachlos vor Wut. Plötzlich rannte er wutentbrannt und in großen Sätzen den Berg hinunter auf David zu, in seiner Linken den Speer, der auf die Brust des Jungen gerichtet war. In der rechten Hand hielt er sein Schwert.

Saul stand wie angewurzelt da, ebenso sprachlos wie der Riese.

David aber ging weiter. Er hatte angefangen, die Schlinge über seinem Kopf zu drehen, immer schneller wirbelte sie herum, sodass das Leder im Wind surrte.

Und dann ließ er los, ohne Vorwarnung. Der Stein schoss durch die Luft und genau auf Goliats Stirn zu.

Der mächtige Krieger der Philister verlangsamte seinen Schritt, zögerte, und auf seinem Gesicht lag ungläubiges Staunen. Er wandte sich zur Seite, als wollte er eine Frage stellen, und fiel plötzlich rückwärts zu Boden wie eine gefällte Zeder.

David aber blieb noch immer nicht stehen. Ohne Eile ging er den Berg hinauf zu der Stelle, an der Goliat ausgestreckt am Boden lag. Er nahm das Schwert aus dessen Hand, dann stützte er sich mit dem rechten Fuß auf der Schulter des Riesen ab und mit dem linken neben dessen Kopf. Schwerfällig hob er die eiserne Waffe in die Luft und ließ sie mit aller Kraft zu Boden krachen. Die Klinge durchtrennte Fleisch und Knochen und blieb dann in der Erde stecken.

Als der Kopf seines Feindes zur Seite rollte, stieß Saul einen lauten Triumphschrei aus. Dann fing er an zu lachen, wie er schon lange nicht mehr gelacht hatte.

Während David durch das Tal zurückkam, hielt er den Kopf des Riesen an den Haaren. Und genau in der Mitte der Stirn war ein kleines, rundes Loch zu sehen.

Bei diesem Anblick brach ganz Israel in Jubel aus! In einem wahren Freudentaumel griffen sie zu ihren Waffen und stürmten auf die Philister los, die panisch in alle Richtungen auseinander liefen.

Sofort fingen die Männer Israels und Judas an, sie zu jagen. Sie verfolgten den Feind durch das Tal bis nach Gat und sogar bis zu den Toren Ekrons und erschlugen auf dem Weg diejenigen, die versuchten sich zu verstecken. Dann kehrten sie zu den Lagerstätten der Philister zurück, um sie zu plündern, tauschten ihre stumpfen Waffen gegen die besseren aus Eisen aus.

Saul aber hielt sich etwas abseits und dachte über diesen ungewöhnlichen Sieg nach. Der Hirtenjunge David hatte in ihm das Feuer seiner früheren Jahre wieder entfacht und ihm die Freude am Leben zurückgegeben.

»Sohn des Jesse«, sagte er, »von jetzt an sollst du mein Waffenträger sein. Mehr noch, zieh mit mir in den Krieg. Kämpf mit mir, Seite an Seite! Und wenn du dich in Zukunft ebenso bewährst wie heute, dann werde ich dir ganze Tausendschaften unterstellen. Oh David, was für einen Sieg hat Gott heute für uns erkämpft!«

Plötzlich beugte der König sich nach unten und drückte David in einer heftigen Umarmung an sich.

Vielleicht hätte ein anderer Sohn Sauls angesichts einer solchen Zuneigung Neid und Missgunst verspürt – schließlich versprach sein Vater diesem einfachen Hirtenjungen Dinge, die eines Prinzen würdig waren. Jonatan aber beobachtete die Szene und lächelte. Er war glücklich. Saul war wieder stark! Er war wieder lebensfroh und ausgeglichen, und die Seele seines Vaters schien wieder geheilt. Das verdankten sie diesem Jungen – und dafür liebte er ihn.

»David, sieh mal! Mein Vater hat eine neue Waffe. Komm und sieh dir das an!«

Hinter der Festung Gibea hatte Saul einen Stall aus Stein errichtet. Er und seine Anführer zogen auf Pferden in den Krieg, und deswegen hatte er Diener abgestellt, die auch in friedlichen Zeiten seine Reittiere füttern und pflegen sollten. Und sie waren – obwohl Israel Pferde für die Spielzeuge von reichen Heiden hielt – für dringende Reisen durchaus nützlich. Und es war ein Vergnügen, mit ihnen über das Land zu jagen.

Deshalb hatte er Jonatan auch erlaubt, David das Reiten beizubringen. Davids Vater gefiel das nicht, aber sein Sohn war nun ein Mitglied des königlichen Hofes.

»Hier. Komm mit!«

Jetzt führte Jonatan David zu einem niedrigen Gebäude an der Rückseite des Stalles. Er entriegelte die Holztür und ließ sie aufschwingen. Auf seinen Wangen spürte Jonatan die kühle Luft des Morgens, aber innerlich glühte er vor Erregung. Er war immer begeistert, wenn er David etwas Neues zeigen konnte.

Die Bewunderung dieses einfachen Jungen vom Land war so aufrichtig, dass Jonatan sich in seiner Gegenwart immer wohl fühlte. Wenn David dabei war, war er selbst weise und geschickt. Er brachte David etwas bei, und nie herrschte Konkurrenz zwischen ihnen! Bis dahin hatten Jonatan und seine Freunde alles in einen Wettkampf verwandelt. Sein neuer Freund aber sah überhaupt nicht die Notwendigkeit, jemandem davonzulaufen; stattdessen versuchte er, die anderen in freundlichen Empfehlungen zu übertreffen. Und seine intelligenten Augen sprühten vor Dankbarkeit und Freude, wenn ein besonderer Freund wie Jonatan sich die Zeit nahm, ihn an seinem Wissen teilhaben zu lassen.

»Und? Was sagst du dazu?«, fragte Jonatan. Er trat zur Seite, damit David den Schatz, der im Inneren des Stalls verborgen war, sehen konnte.

Es war ein Streitwagen.

Jonatan konnte sich nicht mehr zurückhalten. Lachend tanzte er um den Wagen herum. David lächelte seinen Freund an und betrachtete neugierig das Gefährt. Langsam ging er einmal darum herum, berührte die Räder, die Deichsel, die unterhalb des Wagenkastens zur Achse führte, das Korbgeflecht des Kastens selbst, das Innere ebenso wie die harte, äußere Umhüllung aus Leder vorne und an den Seiten.

All dies tat David ohne zu sprechen. Es faszinierte Jonatan, wie zurückhaltend dieser junge Mann war. Er selbst wäre bei einer solchen Begutachtung ausgelassen gewesen und seine Gedanken wären regelrecht aus ihm herausgesprudelt. Was immer Jonatan tat, war von Lärm begleitet. Wenn er kämpfte, brüllte er. Wenn er mit seinem Vater diskutierte, fielen die beiden einander lautstark ins Wort. Und wenn er mit einer Frau schlief, lachte er laut. Es erstaunte Jonatan immer wieder, wie jemand so intensiv erleben und fühlen konnte, wie David es tat, und sich gleichzeitig nach außen so zurückhaltend und höflich geben. Angesichts der Schweigsamkeit, die zu Davids Natur gehörte, kam er sich oft viel jünger vor, unreif und wie jemand, der noch ziemlich viel zu lernen hatte.

David machte einen Schritt von dem Streitwagen zurück und sagte: »Es gibt keinen Grund, weshalb Israel diese Waffe nicht im Krieg einsetzen sollte.«

Jonatan sagte: »Lass uns jagen gehen!«

»Damit?«

»Ja!«

»Wo denn? Wir sind hier in den Bergen!«

»In den flachen Ebenen des Ajalontales!«

»Weißt du, wie lange man braucht, allein um zur *Stadt* Ajalon zu gelangen?«

»Komm schon! Komm! Im offenen Gelände werden wir schneller sein als ein Hirsch! Oder ein Rehbock! Schneller noch als die Gazelle, David!«

»Und du weißt, wie man das Ding festmacht?«

»Ja. Ich zeige es dir. Wir brauchen zwei Pferde. Also los!«

In jenen Tagen erfuhr Saul von den anhaltenden Übergriffen des Königs von Zoba auf die nördlichen Stämme von Manasse und Naftali. Erneut rief er die Israeliten zum Kampf. Wieder scharte er die Männer um sich, setzte sich an ihre Spitze und führte sie mit seiner Leidenschaft nach Norden, um zu kämpfen.

David ritt an seiner Seite. Auf einem Esel, den er geschickt lenkte, führte er seine Tausendschaft an, und während er ritt, blieb er still und nachdenklich. Der Wind fuhr ihm durch die Haare und seine Blicke wanderten über das vor ihnen liegende Gelände. Saul wusste, dass David Strategien für den Kampf überlegte und sie im Geiste ausprobierte.

Es erstaunte den König immer wieder, wie viel sich in dem Kopf seines Offiziers abspielte, ohne dass etwas davon nach außen drang. Wie David konnte auch Saul eine Schriftrolle lesen. Aber während er selbst die Worte laut vor sich her sagte, las der junge Mann schweigend.

David schlief auch weiterhin im Zelt des Königs. Und wenn keiner sonst im Volk Israel wusste, wann der König von seinen Depressionen geplagt wurde, David wusste es. Er wachte auf, strich die Saiten seiner Leier und sang dazu. Er sang mit einer Stimme, die die Seele beruhigte und die Schmerzen linderte. Langsam wurde Saul klar, dass er nicht nur für ihn sang – er sang auch um Sauls willen zu Gott:

Wir rufen zu dir, o Herr. Herr, erhöre unseren Schrei!
Du, der du Zuflucht bist für Hirten und Könige zugleich,
behalte uns immer in deinem Herzen,
und beschütze uns im Schatten deiner Flügel.

Der Gesang vermochte Saul stets zu beruhigen. Meist schlief er ein, noch bevor das Lied zu Ende war. Aber manchmal wachte er am nächsten Morgen beunruhigt auf. Irgendwo in seinem Hinterkopf war doch ein quälender Gedanke. Was war es bloß?

Saul, Abner, Jonatan und David besiegten den König von Zoba. Er war Aramäer, und seine Vorfahren waren mit Abraham und Israel verwandt gewesen. Saul befahl seine Hinrichtung, aber die Freude über diesen Sieg war gering. Das kleine Königreich würde sich wieder erheben – wie Moab es bereits getan hatte, und ebenso Ammon, Edom und Amalek. Dass es in dreien von ihnen verwandtschaftliche Beziehungen zu Israel gab, hinderte sie nicht daran.

In dieser Nacht erwachte Saul mit dem Namen Samuels auf den

Lippen. Seine Kehle war vom Schluchzen wie zugeschnürt. In seinem Kopf rauschte es wie in einem Wasserfall und er schrie: »Samuel, komm zurück! Samuel, Samuel, ich habe gesündigt! Komm zurück!«

Doch David hatte schon ein Lied angestimmt. Saul kämpfte gegen das Hämmern in seinem Kopf, um dem Lied zu lauschen.

Herr, bestrafe mich nicht mit Zorn,
züchtige mich nicht in deiner Wut!
Deine Pfeile haben mich getroffen! Ihre Spitzen stecken
in meinem Herzen, fordern Blut!

Vereitert sind schon jene Wunden,
nur durch Dummheit hervorgebracht;
Herr, vergib mir meine Sünden.
Meine Sünden! Dir, mein Gott, bekannt gemacht.

Verlaß mich nicht, mein treuer Gott!
Herr, erlöse mich!
Ich warte auf dein sanfteres Wort;
Herr, ich warte auf dich ...

Saul vergaß keines dieser Worte. Immer wieder flüsterte er sie am nächsten Morgen vor sich hin – dieses Lied war zum Ruf seines Herzens geworden. Es verlieh dem Feuer, das sein Inneres verzehrte, Ausdruck und spendete ihm so Trost.

Urplötzlich aber – gerade als er nach dem Halfter seines Pferdes greifen wollte – schrie der König auf, wirbelte herum und blickte voller Zorn zum Zelt zurück. Der Gedanke traf ihn wie ein Pfeil: Jetzt wusste er, was ihn die ganze Zeit beunruhigt hatte! David wusste zu viel! Vor ihm hatte der König keine Geheimnisse! David hatte sich angemaßt, den Sünden des Königs Ausdruck zu verleihen!

Wie konnte dieser Bursche es wagen, so über seine, Sauls, Sünden zu reden?

Nach der Jagd legte Jonatan den Pferden Fußfesseln an und ließ sie auf der grünen Weide grasen. Er nahm einen langen Schluck aus seiner ledernen Flasche – gefüllt mit einem guten, süßen Wein – und hielt sie dann David hin. Dann warf er sich in das Gras, lehnte sich zurück und seufzte vor Glück. David kam und legte sich neben ihn. Wortlos blickten sie in den blauen Himmel.

Drei Tage waren sie schon von Gibea fort. In den Dörfern konnten sie, da Jonatan als Kronprinz Israels erkannt wurde, um Brot bitten, aber die meiste Zeit hatten sie das auf der Jagd erbeutete Wild gegessen. Sie fühlten sich stolz und unabhängig.

Jonatan sagte: »Du kennst doch den alten Priester Samuel, oder?«

»Ja«, antwortete David. »Warum?«

Jonatan streckte sich und faltete die Hände hinter seinem Kopf.

»Die Menschen in Rama erzählen, dass er inzwischen bettlägerig ist. Man sagt, dass er bald sterben wird.«

»Er ist schon sehr alt.«

»Alt wie ein Skelett. Hast du ihn je gesehen?«

»Einmal.«

»Nun, bis zu dieser traurigen Nachricht hat mein Vater ihm regelmäßig Einladungen geschickt, aber er kam nie. Mein Vater bat um Erlaubnis, ihn persönlich aufsuchen zu dürfen. Er antwortete nie. Nun ist der alte Priester sterbenskrank und mein Vater hat aufgehört zu fragen.«

Einen Augenblick lang lag Jonatan still da und biss sich auf die Innenseite seiner Lippe. »Ich weiß nicht, weshalb Samuel sich geweigert hat zu kommen. Es hat meinen Vater verletzt. Nun ist die Wunde schlimmer denn je.«

Plötzlich drehte Jonatan den Kopf und blickte hinüber zu seinem Freund, der mit geschlossenen Augen dalag.

»Einmal?«, fragte Jonatan. »Wann hast *du* denn den Priester gesehen?«

David richtete sich auf. »Diese Geschichte habe ich bisher niemandem erzählt. Sogar meine Familie kennt nicht alle Einzelheiten«, sagte er. »Auch ich verstehe das Ganze nicht so recht. Es macht mich traurig.«

David griff nach Jonatans rechter Hand als Zeichen eines Gelöbnisses. »Du musst mir versprechen, dass es unter uns bleibt«, sagte er. »Du darfst es deinem Vater nicht erzählen.«

Davids Blick war so durchdringend und gleichzeitig so voller Mitgefühl, dass Jonatan feierlich antwortete: »Es bleibt unter uns.«

»Vor einigen Jahren, nachdem dein Vater die Amalekiter angegriffen hatte, reiste Samuel nach Bethlehem. Er sagte, dass er mit den Ältesten der Stadt dem Herrn eine Kuh als Opfer darbringen wollte. ›Weiht euch‹, sagte er zu ihnen, ›und begleitet mich zum Opferplatz.‹

Zu meinem Vater aber sagte er: ›Dich und deine Söhne werde ich selbst weihen.‹«

David legte sich zurück und schloss wieder die Augen. Jonatan beobachtete ihn genau. In der Stimme seines Freundes lag eine ungewohnte Eindringlichkeit.

»An dem Tage hütete ich gerade die Schafe auf unseren Weiden«, fuhr David fort, »während der Priester die rituelle Waschung meines Vaters vornahm. Dann wusch er der Reihe nach auch meine Brüder, Eliab, Abinadab, Schamma und die anderen – alle sieben. Mein Vater hat mir erzählt, dass, nachdem der letzte gewaschen worden war, der Priester gefragt hatte, ob dies alle Söhne seien, die Jesse hatte. Daraufhin riefen sie mich.

Jonatan, als ich dem alten Mann dann von Angesicht zu Angesicht gegenüberstand, packte er mich mit solcher Kraft am Kopf, dass ich dachte, er würde meinen Schädel zerdrücken. Dann flüsterte er so leise, dass niemand außer mir sie hören konnte, die folgenden Worte: *Der Herr sieht nicht, wie andere sehen. Die Menschen schauen auf das äußere Erscheinungsbild, aber der Herr sieht auf das Herz.*

Dann zog er unter seinem Gewand das Horn eines wilden Ochsen hervor. Er hielt es mir über den Kopf und goss es aus. Ich spürte, wie das Öl mein Haar durchnässte. Es lief meine Schläfen hinunter und über meine Stirn und mein Gesicht. Dann tropfte es von meinem

Kinn auf die Erde. Oh, Jonatan, es war so viel Öl, und der Priester erschien mir so erzürnt, dass mich die Angst packte. Ich roch Rauch und dachte, dass wir beide sterben müssten.

Aber dann war er auf einmal fertig. Er packte seine Sachen zusammen und ging fort. Das Dorf hat die Kuh niemals geopfert, obwohl die meisten im Dorf sich bereits geweiht hatten. Sie sagten, er sei alt und vergesslich und vergaben ihm.

Nun«, sagte David. Er stand auf und blickte hinauf zu den Hügeln. »Das war das eine Mal, dass ich Samuel gesehen habe.«

Jonatan folgte David mit seinem Blick. »Nein«, sagte er nach einer Weile, »ich werde diese Geschichte ganz bestimmt niemandem erzählen.« Er stand ebenfalls auf. »Ich denke aber, dass du den richtigen Zeitpunkt erkennen wirst, wann du selbst die Geschichte offen erzählen musst, und dann werden alle ihre Bedeutung erkennen.« Nachdenklich betrachtete er seinen Freund, der so zart und verletzlich aussah.

Plötzlich drehte Jonatan sich um und rannte zum Wagen. Er griff in den Wagenkasten und zog sein Schwert und seinen besten Bogen heraus. Dann ging er zu David zurück und rief leise seinen Namen.

Die beiden Männer standen sich gegenüber.

Jonatan sagte: »Du hast mir gerade ein Geschenk von unvorstellbarem Wert gemacht – ein Geschenk, wie ich es noch nie zuvor bekommen habe. Nun möchte ich dir auch etwas geben.« Jonatan hielt einen Augenblick lang inne. Er war mehr als zehn Jahre älter als sein Begleiter, auch größer, dunkler und kräftiger. Und doch wirkte er plötzlich unsicher. »David«, fragte er, »können wir mit diesen Geschenken einen Bund zwischen uns schließen?«

David senkte den Kopf.

Jonatan sagte: »Ich möchte, dass wir einen Bund schließen, du und ich. Eine Freundschaft, die unerschütterlich ist und niemals endet. Denn ich liebe dich, Sohn von Jesse, wie ich meine eigene Seele liebe . . .«

Jonatan hörte auf zu reden. Unvermittelt trat er auf David zu und streckte ihm sein Schwert und seinen Bogen entgegen.

David aber bewegte sich nicht. Er stand da mit gesenktem Kopf, sodass sein Gesicht verborgen blieb.

Doch plötzlich vernahm Jonatan ein Geräusch – sein Freund weinte!

Sofort ließ er die Waffen fallen, ging auf David zu und schloss ihn in seine Arme.

»Lass uns nach Hause gehen«, flüsterte er. »Es ist Zeit heimzukehren.«

Die Philister griffen die Dörfer im Guvrintal der Schefela an. Drei Dörfer, in schneller Abfolge. Saul versammelte die Israeliten zum Kampf.

Westlich von Keïla, wo sich das nächste Dorf befand, das angegriffen werden sollte, stürmten die Krieger der Israeliten von den Bergen und griffen die Philister in einem frontalen Gegenzug an. An dieser Stelle war das Tal sehr eng. Felsformationen türmten sich an beiden Seiten in die Höhe und bildeten einen tödlichen Korridor.

Saul, Jonatan und Abner stürmten dem Gegner auf Pferden entgegen.

David aber ritt auf einem Esel.

Saul hatte versucht ihn zu überzeugen, dass ein Pferd größer und stärker sei als alle anderen Reittiere. Er war der Ansicht, es sei von militärischem Vorteil, besonders für einen großen, langbeinigen Mann. Aber der Reiter konnte das Tier nur mit dem Zügel kontrollieren, und ein Krieger von impulsivem Gemüt und großer Kraft war nötig, die Vorzüge eines Pferdes im Krieg zu nutzen. Denn Pferde waren nicht nur schnell, sie waren auch eigenwillig und nervös.

Doch David ließ sich nicht beirren. Es mochte sein, dass Esel eher stur und kurzbeinig waren. Dennoch waren sie zähe Tiere, verlässlich bis zum Letzten – und in den Hügeln Judas waren sie trittsicher.

Also ritt David auf einem Esel und führte seine Division die schwierigen Felswege hinunter bis in das Tal hinein und überraschte den Feind an dessen linker Flanke. Es waren Davids Truppen, die den Ausgang des Kampfes entscheidend mitbestimmten – und David, im heißen Gefecht, erschlug die Philister mit solch atemberaubender Geschicklichkeit, dass die Menschen von Keïla, die den Kampf von den Felsformationen aus beobachtet hatten, anfingen zu applaudieren.

David tötete mit einem Minimum an Bewegung und Blut. Sein Schwert war kürzer und schärfer als die meisten. Er durchbohrte das Herz seines Gegners mit solcher Schnelligkeit, dass dieser fast augenblicklich tot zusammenbrach, während das Erstaunen noch in seinem Gesicht zu sehen war. Und er kämpfte schweigend. David lachte nicht, fluchte nicht und verspottete seinen Feind mit keinem Wort. Sein Blick war nicht wütend, sondern wachsam. Und weil es dort, wo er hinging, keinen Tumult gab, wussten die Philister nie, wie nahe sie dem Tode waren.

Aber die Menschen auf der Bergkuppe sahen es. Sie schrien ihre Begeisterung heraus, und als der Feind zum Rückzug blies, sprangen sie hoch und fingen an, im Chor zu jubeln. Saul vernahm den Rhythmus ihrer Stimmen, konnte aber bei dieser Entfernung die Worte nicht vernehmen.

Am nächsten Tag, nachdem Israel seine Zelte wieder abgebrochen hatte und die freiwillige Armee sich wieder aufgelöst hatte, stiegen Saul und seine Offiziere auf ihre Pferde und machten sich auf, zurück nach Gibea.

Während sie die auf dem Weg liegenden Städte durchquerten, kamen Frauen mit Tamburinen heraus, um König Saul zu begrüßen. Sie sangen und tanzten vor Freude. Überall aber beherrschte ein Refrain die Musik der Frauen – das gleiche Lied, das die Menschen von den Hügeln rund um den Schauplatz des Kampfes gesungen hatten. Auch Saul hatte es dort gehört. Aber diesmal verstand er den Text – und seine Miene verfinsterte sich.

Einen Schaden von tausend hat Saul angerichtet.
David aber hat Zehntausende vernichtet!

In jener Nacht wachte Saul in seiner Kammer auf. Depressionen hatten wieder von ihm Besitz ergriffen, er zerschlug, was ihm in die Hände fiel – einen Tisch, ein Tonbecken – und vermochte nicht, damit aufzuhören. Unbändiger Hass erfüllte sein Denken. Und wie immer, wenn Saul aufwachte, saß David auch diesmal singend in der Ecke des königlichen Schlafgemachs. Er klimperte auf seinem Instrument und sang ein sanftes Lied:

Tausend Feinde fallen zu deiner Rechten
und tausend mehr zu deiner Linken –
aber die Pest, die schleicht durch die Nächte.

Es war eine verdammte Unverschämtheit! Saul griff nach einem Wasserkrug und zerschlug ihn auf dem Boden. Dann griff er nach einem Speer, drehte sich um und warf ihn, begleitet von einem Wutschrei, auf David: »Ich werde dich an die Wand nageln!«

David duckte sich und der Speer zerbrach an der Mauer. Plötzlich wurde Saul von Reue überwältigt. Er stand wie angewurzelt da, starrte blind auf seine Hände und rang nach Luft, als könnte er nicht mehr atmen. Dann rannte er auf David zu und schrie: »Es tut mir Leid! Verzeih mir! Ich wollte dich nicht verletzen!«

Als David etwas sagen wollte, hielt Saul ihm die Hand vor den Mund. »Nein, nein«, weinte er, »es ist nicht deine Schuld. Es ist meine Schuld.« Dann torkelte er zurück, wandte sich um, streckte seine Hände in die Höhe und klagte: »Oh, Herr, mein Gott, wo bist du? Warum hast du deinen Geist von mir genommen?«

König Saul sackte zu Boden. Nun spürte er keinen Hass mehr, außer gegen sich selbst. Er zog die Knie an seine Brust heran, schlang seine mächtigen Arme darum und wiegte sich von Seite zu Seite.

»Warum, warum nur?«, jammerte er. Es klang wie ein Lied. »Warum bin ich von diesem bösen Geist heimgesucht worden? Oh, Gott, warum sagst du mir nicht, was ich tun soll?«

Eines Tages kam Sauls jüngste Tochter mit einer Bitte zu ihm.
»Worum geht es?«, fragte er.
Soweit sich Michal zurückerinnern konnte, hatte der König ihr seine Liebe durch Geschenke gezeigt.
»Um David«, sagte sie nur.
»Was?« Saul blickte seine Tochter ungläubig an. »Was willst du von ihm?«
»Ich will, dass David mein Mann wird.«
Saul stockte der Atem. Einen Augenblick lang zitterte er bei dem Gedanken, dass sein Blut sich mit dem von David vermischen sollte. Dann aber ging ein Lächeln über sein Gesicht. Er schloss Michal in seine Arme und sagte: »Ja. Ja, ich werde David deine Hand geben. Natürlich. Ja.«
Sie strahlte, küsste ihren Vater und rannte aus dem Zimmer.
Saul aber dachte: *Soll Michal doch die Falle sein, die David in die Hände der Philister lockt.*
Am gleichen Tag schickte er Diener zu David, um ihm zu sagen: »Der König hat Freude an dir. Alle seine Diener lieben dich. Und seine jüngste Tochter, Michal, liebt dich auch. David, Sohn des Jesse, erfülle die Bitte des Königs und werde sein Schwiegersohn.«
Innerhalb einer Stunde kehrten sie zurück und berichteten von Davids Antwort: »Er sagt, er sei ein armer Mann ohne Ruf. Er lässt fragen, ob es eine so geringe Sache sei, Schwiegersohn eines Königs zu werden.«
Saul erwiderte: »Sagt ihm, dass ich keine teuren Hochzeitsgeschenke erwarte – nur den Beweis, dass hundert Philister den Tod gefunden haben. Fragt ihn, ob er sich für mutig genug hält, das Gebiet der Philister zu betreten, um einhundert Vorhäute von ihnen zu holen.«
Erneut gingen die Diener zu David. In seinem Gemach schritt Saul hin und her. Es ging für ihn nicht so sehr um das Schicksal seiner Tochter als vielmehr um das seines Offiziers.
Am Abend kehrten die Diener zurück und berichteten: »David

hat das Angebot angenommen. Er ist mit einigen Männern zu den Städten der Philister aufgebrochen.«

»Jetzt schon?«, fragte der König und runzelte die Stirn. Das war gut, natürlich. Sein Plan war, David umzubringen – je eher, desto besser. Warum also hatte Saul das Gefühl, dass das alles zu schnell ging?

Drei Tage später hörte er, wie sich Jubel vor den Toren der Festung erhob. Es waren die Stimmen seiner Soldaten, die einen Helden begrüßten.

König Saul eilte nach draußen. Da kam David. Er führte einen Esel und einen schlichten Wagen, der mit zehn Säcken beladen war, und diese Säcke – das wusste jeder in Gibea – waren mit den Vorhäuten der Philister gefüllt.

Nicht nur Gibea – ganz Israel wusste es. Und jeder wusste, dass David das Doppelte von dem getan hatte, was ihm vom König aufgetragen worden war. Wie ein Lauffeuer verbreitete sich die Nachricht von Stadt zu Stadt, und die Israeliten sahen voll Stolz auf einen der ihren: *David überfiel die Festungen der Philister, tötete zweihundert Mann, nahm zweihundert Vorhäute und entkam unversehrt! David!*

In der allgemeinen Hochstimmung jenes Augenblicks geschah es, dass ein Soldat dem König in einer kameradschaftlichen Geste gratulierend auf den Rücken klopfte. Das war ein Fehler – mit einer heftigen Rückwärtsbewegung seines Ellbogens brach Saul den Kiefer des Mannes.

Natürlich hielt König Saul sein Versprechen und gab David seine jüngste Tochter zur Frau. Er ließ die beiden auch in einem der oberen Stockwerke seiner Festung wohnen. Aber die unbändige Zuneigung, die das Königreich David nun entgegenbrachte, ließ Saul um seinen Thron fürchten.

Etwa zur gleichen Zeit starb Samuel, und die Ältesten Israels versammelten sich, um zu trauern. Priester kamen aus dem Norden und aus dem Süden, Soldaten versammelten sich mit ihren Anführern, Männer und Frauen kamen, Alte und Junge.

Kurz vor seinem Tod war Samuel nur noch ein Schatten seiner selbst gewesen, seine Augen eingefallen und seine Knochen wie trockenes Schilfrohr. Sein Gesicht schien in einem Ausdruck der Trauer erstarrt zu sein.

Sie begruben ihn dort, wo er gelebt hatte: in Rama.

Wann immer eine Armee durch Israel zog, litt das Bauernvolk am meisten darunter. Die Truppen pflückten ihr Obst, aßen ihr Getreide, stahlen ihnen Käse und Sahne und schlachteten ihr Vieh. Die Kämpfe selbst fanden auf den Äckern statt, sodass die Ernte zerstört wurde, bevor sie eingeholt werden konnte. Die eigenen Armeen verlangten und die feindlichen stahlen – aber David, der Sohn Jesses, unterschied sich von beiden. Er ehrte den einfachen Bauer: Er bat um sein Essen.

Und nachdem seine Truppen zu essen bekommen hatten, segnete er seine Gönner und sprach: »Gelobt sei der Herr, der Gott Israels, und gesegnet seid ihr wegen eurer Güte – ihr, die ihr uns heute Hunger und Durst erspart habt.«

Bald kannte jeder den Anblick Davids. Es waren nicht nur die Frauen, die ihn besangen und mit Liedern ehrten. Auch die Männer, junge wie alte, die Bauern und die Hirten und die Geschäftsleute – das einfache Volk Israels rief:

Einen Schaden von tausend hat Saul angerichtet,
David aber hat Zehntausende vernichtet!

In letzter Zeit brauchte David immer länger, um nach Hause zurückzukehren. Es war nicht nur, dass man ihn überall feiern wollte; bei einigen Häusern hielt er von sich aus an, um die Beute des Sieges mit denen zu teilen, die ihn unterstützt hatten.

So passierte es, dass Saul sich nach einer kurzen Schlacht mit den Philistern auf den Weg nach Hause machte, während David noch zögerte.

Am dritten Tage fragte der König nach, weshalb David noch nicht zurückgekehrt sei. Ihm wurde berichtet, dass der Sohn des Jesse alle Städte Israels besuchte. »Er isst mit den Menschen und segnet sie dann. Die Freude ist groß, wenn er bei ihnen ist.«
Der König fragte: »Woher wisst ihr das?«
Die Leute sagten: »Wo immer David sich aufhält, singt und tanzt die Bevölkerung.«
In dieser Nacht saß Saul hinter der Tür zu seinem Gemach mit einem Speer auf seinen Knien. Er zündete die Lampe nicht an. Das einzige Geräusch, das zu hören war, war das seines rauhen, stockenden Atems. Nur mit Mühe konnte er sich beherrschen. Alle seine Muskeln waren angespannt. Er wartete darauf, dass die Tür aufging; wartete darauf, dass David heimkam.

Michal erwachte plötzlich. Irgendetwas hatte sie aus dem Schlaf gerüttelt. Dennoch konnte sie sich an kein Geräusch erinnern.
Doch dann hörte sie, wie etwas sich bewegte. Jemand stand über ihr – ein Mann, der vor ihrem Lager auf die Knie sank. David.
»Dein Vater«, flüsterte er, »hat gerade versucht mich umzubringen.«
»Was?«
»Ruhig, Michal. Es war nicht das erste Mal. Er hat seinen Speer nach mir geworfen.«
»Dich *umbringen*, David? Das muss ein Traum gewesen sein oder ein Missverständnis!«
»Er gab seinen Soldaten den Befehl, die Tür zu bewachen. Ich bin aus seinem Zimmer geflohen, aber er weiß, dass ich die Festung nicht verlassen habe.«
Plötzlich spürte Michal, dass die Laken nass waren. Die Feuchtigkeit war warm, und so hatte sie es nicht sofort bemerkt. Jetzt aber klebte die Decke an ihrem Körper.
»David! Du blutest!«
»Meine linke Seite, unter dem Arm.«

»Oh, David! Wenn du heute Abend dein Leben nicht rettest, wirst du es morgen verlieren!«

Michal sprang auf und fing an, die Leinentücher in Streifen zu reißen. »Binde sie fest zusammen«, sagte sie. Dann riss sie weitere Stofffetzen von den Laken, dieses Mal breitere. »Heb deine Arme.« Sie reinigte die Wunde, einen langen, waagerechten Schnitt. Dann verband sie ihm den Oberkörper mit den Leinentüchern. Anschließend ging sie zum Fenster und machte das Gitter weit auf.

»Schick mir eine Nachricht, wann ich nachkommen soll«, sagte sie.

David küsste sie, dann kletterte er aus dem Fenster und am Leinenstrang hängend die Mauern der königlichen Festung hinab.

Schick mir eine Nachricht, wann ich nachkommen soll, sagte sie, in dem Glauben, dass sie ihren Mann in ein paar Tagen wiedersehen würde.

Michal zog das Gitter zu und machte sich an die Arbeit. Sie legte ein Terafim, eine hölzerne Statue, auf ihr Bett. Dann stopfte sie eine kleine Tasche mit Ziegenhaar aus und legte sie an das Kopfende des Terafims. Beide Gegenstände bedeckte sie mit Kleidungsstücken und Decken. Schließlich ging sie in die Ecke des Raumes und stutzte den Docht ihrer Lampe, damit sie nur ein schwaches Licht verbreitete.

Gleich darauf stürmten die Wachmänner ihr Zimmer.

Michal schimpfte laut. »Könnt ihr denn nicht sehen, dass er krank ist?«, zischte sie.

Ihre Wut ließ die Wachmänner zurückschrecken. Dann aber betrat Saul mit Fackeln in den Händen das Zimmer.

»Ich werde mit ihm sprechen, egal, ob er krank ist oder nicht«, sagte er. »Und wenn der arme Mann zu viel Blut verloren hat, um sich zu bewegen, dann werden wir eben das ganze Bett hinuntertragen!«

Er riss die Decken zurück. Langsam rollte die Tasche mit dem Ziegenhaar zur Seite und das Terafim lag offen auf dem Bett.

Saul bedeckte mit beiden Händen seinen Haaransatz und schrie:

»Michal! Wie konntest du mich so betrügen? Wie konntest du dem Feind die Zeit geben zu entkommen?«

»Er hat es mir befohlen«, antwortete sie. Sie wich vor ihrem Vater zurück wie vor einem Wahnsinnigen. »Er hat zu mir gesagt: ›Warum sollte ich dich töten?‹, und dann sagte er: ›Lass mich fliehen.‹ Vater, was hätte ich denn tun sollen?«

»Für heute Abend hatte er die Tat geplant!« David kauerte außer Atem im Schatten des Hofes, der Jonatans Haus umgab. »Ich habe die Tür zu seinem Gemach geöffnet und dort saß er, von der Tür umrahmt, genau mir gegenüber. Den Speer hatte er zum Wurf angesetzt, und seine Augen brannten. Ich bin nach rechts gesprungen, aber sein Speer hat mich an meiner linken Seite getroffen.«

Jonatan berührte Davids Brust, fühlte die Verbände.

Als er nicht sprach, beteuerte David: »So wahr der Herr lebt und deine Seele lebt, mein Leben hängt an einem seidenen Faden!«

»Ich glaube dir«, sagte Jonatan mit trauriger Stimme. »Was soll ich für dich tun?«

»Morgen ist Neumond. Ich werde nicht mit deinem Vater zu dem Fest gehen. Stattdessen werde ich mich bei dem Steinhaufen in Ribais Feld verstecken. Wenn dein Vater mich vermisst, sag ihm, dass ich nach Bethlehem gereist bin, um das Fest mit meiner eigenen Familie zu feiern. Ich werde drei Tage wegbleiben. Wenn dein Vater das hinnimmt, dann war nur der böse Geist da und ist wieder verschwunden, also kann ich sicher zurückkehren. Sollte aber seine Wut anhalten, dann kommt das Böse aus ihm selbst. In diesem Fall, Jonatan, musst du einfach an mich glauben. Halte mir die Treue! Solltest du mich aber für schuldig befinden, dann töte mich selbst. Lass nicht zu, dass Saul es tut.«

»Oh, David!«, rief Jonatan. »Wie könnte ich auch nur ein Haar meines geliebten Freundes krümmen?«

David fragte: »Wer wird mir sagen, ob dein Vater in drei Tagen noch immer wütend antwortet?«

Jonatan antwortete: »Ich selbst werde es tun.«
»Wie willst du das machen? Ich werde mich nicht zeigen können. Und du wirst beobachtet werden.«
»Ich kenne den Steinhaufen«, sagte Jonatan. »Am dritten Tag werde ich mit meinem Bogen zu Ribais Feld gehen. Ich werde einen Burschen mitbringen, der die Pfeile, die ich abschießen werde, wieder einsammeln soll. Ich werde ihm laut zurufen, wo die Pfeile liegen. Wenn ich laut sage: ›Die Pfeile sind ganz in deiner Nähe‹, dann weißt du, dass alles in Ordnung ist und dass mein Vater sich wieder gefangen hat. Aber sollte ich sagen: ›Die Pfeile liegen weit hinter dir‹, dann halte dich weiter versteckt. Schleich dich davon. Denn der Herr hat dich weggeschickt.«

Nachdem sie diese Worte gewechselt hatten, schlich David davon und versteckte sich in der Dunkelheit der Nacht.

Jonatan stand verlassen in der Mitte seines Hofes. Vielleicht sollte er hineingehen und sich schlafen legen. Doch er tat es nicht. Bei Sonnenaufgang stand er immer noch im Hof.

Am nächsten Tag, dem Neumondfest, setzte Saul sich wie gewohnt zum abendlichen Mahl. Wie immer saß er auf dem Stuhl bei der Wand und Jonatan ihm gegenüber. Abner hatte an der Seite des Königs Platz genommen. Davids Stuhl blieb leer.

Die Mahlzeit verbrachten sie schweigend. König Saul erwähnte David mit keinem Wort.

Auch am nächsten Abend kam David nicht.

Da sagte Saul: »Gestern dachte ich, David sei vielleicht unrein und habe deshalb nicht an dem Fest teilnehmen können. Heute aber kann das ja kein Problem mehr sein. Warum ist er heute Abend nicht hier?«

Jonatan antwortete: »David bat um Erlaubnis, nach Bethlehem reisen zu dürfen. Er sagte, sein Bruder habe ihm befohlen zu kommen, damit er an dem Opfer teilnehmen kann, das seine Familie jedes Jahr zu dieser Zeit darbringt.«

Langsam erhob Saul sich. »Also gut. Ich werde dir sagen, was du bist, Jonatan«, sagte er, während er seinen Sohn über den Tisch hinweg ansah. »Du bist ein Bastard! Du bist der Nachkomme eines perversen, widerspenstigen, betrügerischen Weibes. Du bist nicht mein Sohn! Verstehst du das nicht? Solange der Sohn des Jesse lebt, wirst du nie den Thron erben. Dein Königreich wird niemals existieren! Jonatan, finde diesen Hochstapler! Hol ihn mir, damit ich ihn eigenhändig in den Tod schicken kann!«

In der Dämmerung des nächsten Tages stand Jonatan auf einer grünen Weide. Er beobachtete den Steinhaufen und das Gestrüpp, das ihn umgab. Aber er konnte keine Bewegung ausmachen. Und doch lag sein Freund irgendwo an diesem Ort versteckt.

Jonatan wandte sich an den Jungen, der neben ihm stand und sagte zu ihm: »Siehst du diese Pfeile?«

Das Kind nickte.

»Wie viele sind es?«

»Drei.«

»Ich werde mit allen drei Pfeilen auf eine Stelle zielen, die neben dem Steinhaufen liegt. Du gehst und bringst sie mir zurück. Verstanden?«

Das Kind nickte und stand still, abwartend.

»Junge!«, brüllte Jonatan plötzlich, sodass das arme Kind zusammenzuckte.

»Los! Geh! Und komm nicht zurück, bis du alle drei Pfeile gefunden hast! Eins, zwei, drei!«

Der Junge lief los, auf den Steinhaufen zu. Jonatan legte sich den ersten Pfeil zurecht. Mit grimmigem Gesichtsausdruck zog er den Pfeil an sein Ohr heran und ließ ihn los. Der Pfeil schoss an den Steinen vorbei. Der zweite Pfeil flog noch weiter. Der dritte, nachdem er ihn angezogen hatte, zitterte im Bogen; seine Arme zitterten; nun sah der Schütze nicht mehr grimmig aus, sondern nur noch traurig.

Jonatan ließ die Arme sinken. Er wusste, dass David einfach verschwinden sollte. Es war nicht klug, ihn zu treffen. Aber wie konnte er ihn gehen lassen, ohne ihn noch einmal gesehen zu haben?

Der Junge erreichte gerade den Steinhaufen. Jonatan rief ihm zu: »Die Pfeile sind hinter dir! Weiter hinter dir!«

Der Junge warf einen schnellen Blick hinter sich und rannte weiter.

»Weiter!«, brüllte Jonatan. Dann zog er den dritten Pfeil und schoss ihn viel zu kurz. Dann sagte er leise: »Ich helfe dir.« Dann ging er auf den Steinhaufen zu und spähte in das umliegende Dickicht.

Im Schutz der Sträucher ging er in die Hocke. »David?«, flüsterte er.

Bald kniete David ihm gegenüber.

Schweigend blickte Jonatan eine Zeit lang in das schmale Gesicht seines Freundes. »Nun weißt du es also«, sagte er traurig.

»Ja, ich weiß es.«

Plötzlich umarmte Jonatan den Freund und eine Zeit lang hielten sie einander eng umschlungen, sich aneinander klammernd.

»Nun verstehe ich einiges«, flüsterte Jonatan in Davids Ohr. »Als Samuel das Öl über deinem Kopf ausgoss, hat er dich gesalbt. Er hat dich darauf vorbereitet, der nächste König Israels zu sein.«

David zog sich zurück. Seine Miene verfinsterte sich. »*Du* bist doch der Sohn des Königs. Du wirst deinem Vater nachfolgen.«

»Nein ... nein, das werde ich nicht«, sagte Jonatan mit leiser Stimme. »Du wirst es tun. Mein Vater hat mir geholfen, das einzusehen. Ich glaube, dass es sein letztes Geschenk an dich ist – diese Erkenntnis. Ich bete nur, dass du, wenn du zu deinem Königreich kommst, mir die Liebe des Herrn erweisen wirst, David, und mich nicht tötest.«

»Dich töten, Jonatan, *dich*? Wie kannst du so etwas überhaupt denken?«

»Ich lebe am Hof eines Königs.«

»Oh, Jonatan, lieber würde ich mir die Augen in ihren Höhlen ausbrennen lassen!«

»Ruhig! Das glaube ich dir. Und ich segne dich, David. Möge der Herr mit dir gehen, wie er einst mit meinem Vater ging.«

Die beiden Männer sahen sich eine Weile schweigend an. Jonatan hörte das entfernte Herumstochern des Kindes, das noch immer nach den Pfeilen suchte. Langsam zog er sein königliches Gewand aus und gab es David.

Dann sagte er, während ihm die Tränen über das Gesicht liefen: »Nimm dieses Gewand als Zeichen und geh in Frieden. Haben wir nicht im Namen des Herrn geschworen: *Der Herr sei zwischen mir und dir und für immer zwischen unseren Nachkommen?* Ja, David, geh in Frieden.«

Er erhob sich und rief über das Gebüsch hinweg: »Hier ist er. Hier ist der dritte Pfeil, Junge!«

In den darauf folgenden Monaten erreichten Saul immer wieder Gerüchte über David.

»David war in Nob, bei Ahimelech, dem Priester. Der hat ihm das heilige Brot zu essen gegeben, das Brot des Angesichts. Und als er wieder ging, trug er das Schwert des Philisters Goliat bei sich.«

Oder: »David wurde in Gat, in der Stadt der Philister, gesehen. Er gebärdete sich wie ein Irrer, kratzte Zeichen in das Holz des Stadttores und redete wirres Zeug! Und Achisch, der König, sagte: *Fehlt es mir denn an Narren, dass ihr diesen Burschen gebracht habt, damit er durch mein Haus poltert?* Also jagten sie David zur Stadt hinaus.«

Und weiter: »David ist zu den Höhlen Adullams gegangen! Er versammelt eine Horde von mordlustigen Abenteurern um sich. Söldner! Und diejenigen, die ihm folgen, sind in Not geratene Männer, Verschuldete, Männer, die mit ihrem Los unzufrieden sind.«

Die Gerüchte breiteten sich im ganzen Land aus. David hatte

sich in die Fantasien des Volkes eingeschlichen und jeder kannte irgendeine Geschichte über ihn.

»David und seine Männer haben bei Keïla gegen die Philister gekämpft.«

Oder: »David schleicht sich durch die Befestigungen der Hügellandschaft und durch die Wüste von Sif.«

Und dann: »David und seine Männer sind in der Wüste von Maon!«

Und Saul konnte sich nicht beherrschen. Wie ein Besessener reagierte er auf diese Gerüchte.

Was Nob betraf und den Priester, der David zu essen und eine Waffe gegeben hatte, so führte Saul eine Armee dorthin, tötete Ahimelech, dessen Familie und alle fünfundachtzig Menschen, die an dem heiligen Ort ihren Dienst verrichteten. Die Stadt Nob legte er in Schutt und Asche, tötete alle Männer und Frauen, Kinder und Säuglinge, Ochsen, Esel und Schafe.

Als er das Gerücht über den Kampf bei Keïla hörte, ritt der König so schnell er konnte mit seiner eigenen Leibwache dorthin. Bis sie ankamen, war David jedoch längst verschwunden.

Und als Saul erfuhr, dass David in Maon gesichtet worden war, sprang er auf ein Pferd und ritt wutentbrannt durch die Nacht. Als er den Berg erreicht hatte, fing er an, darum herumzureiten – bis ein Bote aus dem Norden kam und berichtete: »Die Philister greifen uns an!« Also ritt Saul unverrichteter Dinge nach Norden.

Bald aber ging ein anderes Gerücht um: »Während du, König Saul, um die westliche Seite des Berges in Maon marschiert bist, haben David und seine Männer sich auf der östlichen Seite desselben Berges versteckt.«

In jenen Tagen versammelten sich die Armeen der Philister, um Israel ein für alle Mal zu vernichten.

Jede der fünf Städte schickte Hundert- und Tausendschaften ihrer Truppen in den Norden. Streitwagen fuhren über die flache, verdorrte Erde; Pferde, Esel und Soldaten ließen den Boden erbeben; etwas lag in der Luft, wie vor einem Sturm. Die Armeen versammelten sich bei Afek und marschierten durch die Ebenen von Scharon nach Norden, wechselten dann die Richtung und marschierten nach Osten in das Jesreeltal hinein.

Eine kleine Abteilung der Israeliten hatte ihre Zelte neben dem Jesreelbrunnen aufgeschlagen. Und diese Soldaten waren Vorwand und Ziel der feindlichen Demonstration militärischer Stärke. Die Herren der fünf Städte hatten behauptet, Israel bedrohe die Verbindungslinien zwischen ihnen und ihren Verbündeten in Bet-Schean.

Also schlugen die Philister Lagerplätze nördlich von Jesreel an den südlichen Hängen des Hügels More bei Schunem auf. Sie verwandelten das Erscheinungsbild des Berges in das einer Stadt – Zelte, Pavillons, Straßen und Wachtürme, die durch ein Netz von Gräben miteinander verbunden waren. Noch nie hatte sich eine solche militärische Macht versammelt, seit die Philister aufgebrochen waren, um Israel bei Michmas zu besiegen.

Als König Saul von der Mobilmachung der Philisterarmeen und von deren Besetzung des Jesreeltals erfuhr, stieg er auf sein Pferd und eilte mit seiner Armee nach Norden. Verzweifelt versuchte er die Männer Israels zu bewegen, sich ihm anzuschließen.

Doch das Heer von Israeliten wuchs nur langsam und bewegte sich dann nur widerwillig. Israel war müde. Diese Kriege konnte man nicht gewinnen: Dieser Feind hatte tiefe Wurzeln und magische Äste. Wenn man einen abschnitt, wuchsen zwei andere an seiner Stelle nach.

Auch wurden unter den Israeliten allmählich grundsätzliche Fragen und Zweifel laut, was Könige in Israel betraf. *Er wird euch eure Söhne wegnehmen –*

Seit Michmas hatte Sauls Führung an Feuer verloren. Der Mann war erschöpfter als alle anderen – sein Gesicht, so schien es, sah älter aus und mit seinen Gedanken war er oft nicht bei der Sache. Sein Herz schien von Qualen erfüllt, die sein Volk nicht beim Namen nennen konnte. Manchmal verließ er sein Zelt, wie er es früher getan hatte: wütend und voller Tatendrang. Dann strahlte er hell wie Mose auf dem Berg. Aber meist waren seine Augen wie tot, das Feuer von einst nur noch Asche.

In dieser Verfassung führte der König das Volk Israel zu den Ebenen Jesreels. Er schlug seine Zelte auf der nördlichen Seite des Berges Gilboa auf, mehr als zehn Meilen von den Armeen der Philister entfernt.

Dann, in jener Nacht, ritt Saul allein über die Ebene zu dem Hügel More. Er wollte sich selbst ein Bild davon machen, wie der Kampf sein würde.

Er sah einen brennenden Berg. Er sah die unzähligen Lagerfeuer der Philister. Er sah die Zehntausendschaften der Soldaten, die um die Feuer saßen und lachten oder schweigend in die Flammen blickten. Er sah, wie der Rauch emporstieg, den Mond verdunkelte und die Sterne des Himmels verschluckte. Bei diesem Anblick wurden Saul die Knie schwach. Er sank zu Boden und rief zu seinem Gott: »Oh, Herr, was soll ich nur tun?« Unzählige Male wiederholte er dieses Gebet: »Was soll ich nur tun?«

Aber der Herr gab ihm keine Antwort.

Da stieg Saul wieder auf sein Pferd und ritt zum Lager zurück. Dort betete er erneut zum Herrn und bat um eine Entscheidung durch das Los. Doch der Herr antwortete noch immer nicht.

Der König rief Propheten zu sich, und durch sie flehte er den Herrn an, ihm zu sagen, was er angesichts einer solchen Übermacht der Philister tun sollte. Die Propheten aber konnten nichts sagen und der Herr antwortete auch ihnen nicht.

Saul begann zu fasten und weigerte sich, sein Fasten zu brechen. In diesem Zustand flehte er durch seine Träume zum Herrn.

Aber Gott, der Herr, blieb weiterhin stumm und antwortete ihm nicht.

Dann ging der König zu seinen Dienern: »Sucht mir ein Medium! Findet mir eine Frau, die mit den Toten sprechen kann.«

Saul wirkte so abgehärmt und verstört, dass kein Diener ihm

diese Bitte abschlagen oder so tun konnte, als gäbe es in ihrem Land keine Zauberei.

Sie antworteten: »In Endor gibt es eine Frau ...«

Noch bevor sie mit ihrer Erklärung fortfahren konnten, war der König gegangen.

In seinen Gemächern kleidete Saul sich in grobe, lederne Gewänder, sodass er aussah wie ein Ziegenhirte. Zuletzt stülpte er eine Kapuze über seinen Kopf. Dann ritt er um den Hügel More und um die Horden der Philister herum in nördliche Richtung, unbemerkt im Dunkel der Nacht.

In der Nähe von Endor versteckte er sein Pferd in einem kleinen Waldstück und ging barfuß in die Stadt.

Er ging zu einem kleinen steinernen Häuschen und klopfte an die Tür.

Kurz darauf wurde im Inneren des Hauses eine Öllampe angezündet, und die Tür öffnete sich einen Spalt weit.

»Was willst du?«, fragte die Stimme einer Frau.

Saul sagte: »Ich will mit einem Verstorbenen reden! Hol mir den her, den ich dir nennen werde.«

»Was? Willst du mich umbringen?«, zischte die Stimme. »Du weißt doch, dass der König Zauberer und Totenbeschwörer verboten hat. Ist das vielleicht eine Falle?«

Saul stöhnte. Dann sagte er mit eindringlicher Stimme: »Bitte! Ich kenne den König. Ich kenne ihn gut und ich schwöre, dass du nicht bestraft werden wirst, wenn du mir diesen Dienst erweist.«

»Wie sollte das gehen? Ich bin schließlich kein Medium.«

»Doch, das bist du – sonst hättest du nicht sofort eine Falle vermutet.«

»Geh weg!«

»Um Gottes willen, Frau, hilf mir! Ich weiß nicht, was ich sonst machen soll!«

Langsam öffnete sich die Tür nach innen.

Saul duckte sich, zog die Kapuze weit ins Gesicht und betrat murmelnd das Häuschen. »Sei gesegnet, sei gesegnet, der Herr segne dich ...«

»Setz dich dort hin!«, sagte die Frau und deutete auf einen in der Ecke stehenden Stuhl. Sie war eine rundliche Frau mit mütterlichen Zügen. Jetzt stellte sie die Lampe in der Mitte des Raumes auf den Boden und nahm in der anderen Ecke Platz. Dann neigte sie den Kopf ein wenig und drückte die Finger in ihre Augenhöhlen.

»Wen soll ich für dich beschwören?«

Saul schluckte. Er beugte sich nach vorne und starrte der Frau ins Gesicht. »Beschwöre Samuel, den Priester, für mich«, flüsterte er.

Die Frau wiegte sich nicht hin und her. Sie redete nicht in fremden Sprachen, noch machte sie irgendwelche magischen Zeichen. Mit sanfter Stimme, wie eine Mutter, die ihrem Kind eine schwierige Aufgabe gibt, sagte sie: »Samuel, Samuel.« Dann war es still. Nur Sauls schwerer Atem war zu hören.

Wieder sprach die Frau: »Samuel.« Stille.

Dann rief sie ein drittes Mal: »Samuel! Samuel!« – und gleich darauf ertönte eine andere Stimme aus ihrem Mund, die sprach: *Saul, Saul, bist du es?*

Da schrie die Frau auf und blickte hoch, in ihren Augen nackte Angst. »Du bist der König! Warum hast du mich betrogen? Was willst du von mir?«

Saul konnte sich nicht mehr beherrschen. »Mach weiter! Mach weiter!«, brüllte er und warf die Kapuze nach hinten. »Der König garantiert dir Sicherheit, wenn du weitermachst: Was siehst du?«

Die Frau hatte angefangen zu zittern. Irgendetwas ging hier vor sich, etwas, das sie nicht verstand. Langsam senkte sie den Kopf und drückte die Faust tief in ihre Augenhöhlen.

»Ich sehe ...«, begann sie, von Schluchzen unterbrochen, »ich sehe, wie ein Gott aus der Erde aufsteigt.«

»Hab keine Angst«, flüsterte Saul. »Wie sieht er denn aus?«

»Wie ein alter Mann. Ein knochiger alter Mann, der aus der Erde emporsteigt. Er ist in ein zerrissenes Gewand gewickelt.«

»Samuel!«, rief Saul. »Samuel.« Er stand von dem Stuhl auf und verneigte sich.

Da sprach die seltsame Stimme: *Warum hast du mich gestört?*

Saul antwortete: »Oh, Samuel, ich bin verloren. Die Philister werden morgen angreifen, aber Gott hat sich von mir abgewandt! Der Herr weigert sich, mir Antwort zu geben! Samuel, sag mir, was ich tun soll!«

Und die Stimme sagte: *Warum fragst du mich? Du weißt, dass der Herr das Königreich bereits an David abgegeben hat.*

»Also gut, dann soll es so sein«, flüsterte Saul. Er richtete sich auf den Knien auf und faltete die Hände. »Ich werde mich nicht auflehnen gegen das, was bereits passiert ist. Erzähl mir nur, was morgen geschehen soll. Was kann ich tun, um Israel zu retten?«

Nichts.

»Ich bin zu allem bereit! Ich bringe jedes Opfer – sag mir nur, was ich tun soll!«

Es ist bereits getan.

»Was ist getan?«

Morgen wirst du mit deinen Söhnen bei mir sein. Das ist getan. Und der Herr wird die Armeen Israels in die Hände der Philister liefern. Das ist auch getan. Alles ist getan.

Wie erschlagen fiel Saul zu Boden und lag auf dem Rücken. Alle Kraft, die ihn noch vorangetrieben hatte, war mit einem Schlag von ihm gewichen.

Die Frau blickte auf. Dann stand sie auf, rannte zu Saul und kniete sich neben ihn.

»Herr«, rief sie. »Herr! Was ist los?«

Reglos lag der König da, und seine hochgewachsene Gestalt füllte die Hälfte der Hütte aus. Man konnte sehen, dass dieser Mann, der jetzt so hilflos dalag, einmal erhaben und schön gewesen war.

»Herr?«

Er antwortete nicht, sondern atmete nur langsam und gleichmäßig.

»Mein Herr, was haben wir getan, dass du nicht sprechen kannst?«

Die Augen des Königs waren geöffnet und starrten ins Leere. Seine Augenbrauen waren hochgezogen, fast so, als würde er eine traurige Frage stellen.

Die Frau legte einen Arm um seine Schultern. »Ruhig, ganz ruhig«, sagte sie sanft, und ihre Stimme klang jetzt wieder wie die einer Mutter. Dann legte sie den Kopf auf die Seite und fragte: »Wann hast du überhaupt das letzte Mal etwas gegessen? Kann ich dir etwas zu essen bringen?«

16

David

Es war dunkel. David, der Sohn des Jesse, saß am Eingang einer Höhle in der Nähe von Engedi. Seine Männer lagen schlafend im Inneren der Höhle.

Er selbst hielt die letzte Wache der Nacht – eine einsame, mondlose Nacht, die zu seiner Stimmung passte.

»Ich liege hier umgeben von Löwen«, murmelte er. Er seufzte. Dann legte er den Kopf in den Nacken und blickte eine Zeit lang hinauf zum sternenübersäten Himmel und begann sanft zu singen:

> *Erbarme Dich meiner, oh, mein Gott:*
> *Ich liege inmitten der Löwen.*
> *Beschütze mich mit deinen Flügeln*
> *vor dem hungrigen Biss der Löwen!*
>
> *Ihre Zähne sind den Lanzen und Pfeilen gleich,*
> *ihre Zungen wie das blutige Schwert.*

David wurde still und versank in Grübelei. Umherziehende Winde kamen vom Salzmeer herauf, das sich endlos, glatt und finster vor ihm ausdehnte. Links über ihm stürzte ein Wasserfall einige hundert Meter hinab in eine Oase.

Man nannte diese Gegend die Felsen der Wildziegen. Die Höhle, in der seine Männer schliefen, war früher eine Schafshürde gewesen, deren Eingang von einer niedrigen Mauer aus Steinen umgeben war. David hatte sie für eine gute Zufluchtsstätte gehalten.

Doch offenbar war sie nicht gut genug.

Seit beinahe einem Jahr war ihm der König Israels mit Pferden, Kriegern und dem festen Willen, ihn umzubringen, auf den Fersen. Schon manches Mal war David gerade noch entkommen: bei Keïla und bei dem Berg in der Wüste Maon.

Erst gestern aber, während er und seine Männer in den finsteren Nischen jener Höhle kauerten, waren Saul und seine Armeen am Eingang vorbeimarschiert. Sie hatten angehalten, und David hatte das Grölen und Gelächter der Truppen, die sich im Teich der Oase abkühlten, hören können.

Plötzlich hatte sich der Eingang verdunkelt – jemand war in die Höhle getreten. Dann hatte der Mann seinen Mantel abgelegt, hatte ihn von sich in die Höhle hineingeschleudert und anschließend auch sein Hemd und den Lendenschurz ausgezogen. Dann hatte er sich zwischen den Steinen niedergehockt.

Aufgrund der Größe der Gestalt und der Kraft ihrer Bewegungen wusste David, wer der Mann war, der dort seine Notdurft verrichtete: König Saul.

Nein, Engedi war nicht sicher genug. David würde diesen Ort morgen verlassen. Überhaupt musste er sich eine ganz andere Strategie überlegen. Er war ein Abtrünniger, ein Gesetzloser, mit dem die Menschen sich anfreunden oder den sie verraten würden. Das Fliehen und Plündern würde entweder zur Erschöpfung führen oder an der Spitze eines königlichen Speers enden.

»Mein Herz aber«, flüsterte David, »mein Herz ist unerschütterlich, Herr.« Er blickte hoch und stellte fest, dass sich der östliche Himmel erhellte und allmählich grau wurde. Der ebene Horizont jenseits des Meeres war ein schwarzer Strich unter dem blassen Licht der Dämmerung.

David seufzte. Plötzlich fing er laut an zu singen:

Mein Herz ist unerschütterlich,
mein Herz steht fest zu dir!
Und in der Dämmerung singe ich:
Herr, bleibe stets bei mir!

Er stand auf, stellte sich auf das Kalksteinriff oberhalb der Höhle und sang:

Wach auf und sing, du meine Leier!
Ach, Seele, sieh hinauf!
Mein Lied erhell die Nacht mit Feuer,
und sieh der Sonne Lauf!

Herr, mein Gott, ich will dich preisen,
hoch überm Himmelszelt.
Komm, lass mit sanften Schritten reisen
deine Ehre durch die Welt.

Den letzten Abschnitt sang er als Refrain, sieben Mal insgesamt. Als das Lied zu Ende war, war der Himmel im Osten rot gefärbt, das Meer war in einem glühenden Nebel versunken und Davids Gefährten erschienen an der Öffnung der Höhle, rieben sich die Gesichter und streckten sich.

David sah hinunter und erblickte unter den Männern einen mit bulliger Statur und mit borstigen, kurz geschorenen Haaren.

»Joab!«, rief er.

Der Mann wandte sich um und schaute hoch. Sein Gesicht war faltig und wettergegerbt. Obwohl er tatsächlich nicht älter war als David, erschien er so zeitlos wie die Steine um ihn herum.

»Lass uns zu den Philistern gehen!«, rief David hinunter. »Was denkst du? Wir könnten Achisch von Gat unsere Dienste anbieten.«

Der Mann namens Joab sah David eine volle Minute lang an, dann schüttelte er den Kopf, zuckte mit den Achseln und ging hinunter zum Teich.

»Was ist denn, Vetter?«, rief David. »Bist du mir böse?«

Die anderen Männer waren bereits am Teich angelangt und wuschen sich, standen unter dem Wasserfall an der Felswand oder bespritzten sich gegenseitig mit Wasser. Diese dreißig Männer bildeten den Kern jener, die David folgten – freiheitsliebende Männer, geschickt, mutig und stark. Helden eben.

Dort drüben saß Benaja neben dem Feuer. Er formte Gerstenfladen, um sie anschließend auf Steinen zu backen. Benaja, der selten sprach, dessen Loyalität und Gehorsam jedoch so sicher waren wie der Sonnenaufgang, hatte Schultern stark wie der Stützbalken eines Hauses. David wusste, dass dieser Mann einmal mit bloßen Händen einen Löwen getötet hatte, der in einem Schneesturm in eine Grube gefallen war. Benaja kannte keine Angst; nur mit einem Stab in den Händen lauerte er bewaffneten Soldaten auf, riss ihnen ihre Waffen aus den Händen und tötete sie damit.

»Benaja«, sagte David, »sobald du gegessen hast, such dir ein paar Männer aus und mach dich auf die Suche nach Getreide und Käse, Datteln und Rosinen. Wir gehen nach Gat.«

Dann stieg David von seinem Platz oberhalb der Höhle hinunter und ging auf einen hageren Mann zu. »Ich werde mich eine Weile mit deinem Bruder unterhalten«, sagte er. »Erzähl allen, dass wir in der Abenddämmerung weiterziehen werden.« Der Angesprochene, Abischai, war ein aalglatter, hohlwangiger Mann. Er war unbeschreiblich dünn, und wenn er lief, war er so geschmeidig und flink, dass man ihn unmöglich packen, verletzen oder gar töten konnte. »Sag ihnen, dass wir die schwierige Route durch die Täler nehmen werden. Sie ist zwar finster und uneben, dafür aber sicher.«

Während er durch die Reihen seiner Männer schritt, sprach David stets mit sanfter Stimme, so als wäre jedes Wort nur für denjenigen persönlich bestimmt, den er gerade ansprach.

Da stand Abiatar. Er kam gerade mit seiner Wäsche vom Teich zurück. David hielt ihn an und sagte: »Heute Morgen und heute Abend möchte ich, dass du dem Herrn ein Friedensopfer darbringst.« Abiatar nickte lächelnd. Er war die Gutmütigkeit in Person, und selbst in Zeiten der Trauer hatte er für die, die er liebte, ein strahlendes Lächeln übrig – besonders für David, der nun zu seiner Familie gehörte.

»Bereite uns auf eine Veränderung vor«, sagte David. »Flehe zu Gott, dass er diese Veränderung segnen möge. Ich habe mich entschlossen, dem Plündern ein Ende zu setzen.«

Abiatar war der Sohn von Ahimelech, dem Priester aus Nob, den Saul hatte ermorden lassen, weil er David zu essen gegeben hatte. Saul hatte jedes Mitglied von Ahimelechs Familie umgebracht – außer Abiatar, der mit dem Efod, dem Priesterschurz seines Vaters, zu David geflüchtet war. Mit diesem Gewand besaß David also auch die beiden Lossteine, mit dem er den Willen des Herrn erfragen konnte.

Und dann war da noch Joab, der Sohn von Davids Schwester, ein Krieger und Taktiker, der sich in Sekundenschnelle einen Überblick über die Lage eines Kriegsschauplatzes – das Terrain, den Feind, das Wetter – verschaffen konnte und der auch die politischen Folgen einer Handlung voraussah. David entdeckte Joab im Schatten der Zypressenbäume an der entlegenen Seite des Teichs.

»Also, was denkst du?«, fragte David.

Joab war kleiner und bulliger als David und seine Art war schroff. David sah ihm direkt in die Augen, obwohl sein Gegenüber ins Leere zu blicken schien.

»König Achisch von Gat«, sagte Joab.

»Ja«, erwiderte David.

»Warum?«

»Saul muss davon überzeugt werden, dass er aufhören soll, uns zu jagen. Denn sonst werden wir durch seine Hand sterben. Er hat sich immer nur gegen die Philister verteidigt. Er wird ihre Grenzen nicht mit einem feindlichen Angriff verletzen. Und Achisch weiß von der Feindschaft, die zwischen uns herrscht. Ich glaube, dass er uns in Gat Zuflucht bieten wird. Was denkst du?«

»Ist es nicht Verrat, sich mit dem Feind zusammenzutun?«

»Verrat? Das hat dich doch sonst nicht gestört. Außerdem: Wer ist denn der Feind? Derjenige, der uns zu töten versucht, oder?«

»In der Höhle des Löwen ist niemand des Löwen Feind. Nur dessen Fraß.«

»Ich bin der Ansicht, dass wir sowohl Saul als auch die Philister täuschen können, indem wir so tun, als würden wir Achisch dienen, während wir eigentlich nur uns selbst in Juda helfen. Wer kennt denn die Hügellandschaft und den Negeb besser als wir?«

»Mein Vetter läuft um den Fluss herum, den er mit einem Satz überspringen könnte.«

»Joab, hör mit diesen Aphorismen auf und rede deutlich!«

»Du Narr!«, schimpfte Joab.

»Also bist du doch böse auf mich!«

Nun war es Joab, der sein Gegenüber direkt ansah. »Wenn du den König gestern umgebracht hättest, müssten wir heute nicht ein solches Täuschungsmanöver planen.«

David stieg plötzlich die Hitze ins Gesicht. »Wie hätte ich den König umbringen können?«, fragte er.

»Er hockte so dumm wie ein Opferlamm in der Höhle. Wenn du nahe genug an ihn herankriechen konntest, um den Saum seines Gewandes abzutrennen, hättest du ihm auch die Kehle durchschneiden können.«

»Das habe ich nicht gemeint, Joab. Wie könnte ich den Gesalbten des Herrn umbringen? Wie könnte ich mit einer solchen Sünde leben?«

»Ist es denn Sünde, einen Mörder zu töten? Ist es Sünde, Israel von einem gefährlichen, wahnsinnigen Tyrannen zu befreien?«

»Joab!« Davids Stimme war wie ein Peitschenhieb. Sein Vetter zuckte zusammen, dann runzelte er die Stirn und blickte hinaus über das Salzmeer.

Als David weitersprach, war er wieder ganz ruhig: »Gottes Wille wird durch den Auserwählten Gottes mitten unter uns sichtbar gemacht. Saul ist Saul, der König aber gehört dem Herrn und ich werde mich nicht gegen den Herrn versündigen.«

Joabs Haar war borstig und eisengrau. Seine Augen hatten die gleiche Farbe, sein Körper war kräftig und seine Wangen vernarbt von den Kriegen. Seine Natur war so schroff wie die Felshänge von Engedi, und jetzt war er auch so still und reglos wie der graue Stein.

Obwohl David gerade seiner Wut freien Lauf gelassen hatte, war er sofort wieder von Zuneigung zu seinem Vetter erfüllt. Joabs versteinerter Gesichtsausdruck reizte David immer wieder, besonders munter und fröhlich zu sein.

Er legte seine Hand auf Joabs Schulter und sagte: »Während wir in Gat sind, möchte ich, dass du die Organisation der Philisterarmeen, ihre Größe und die Ziele der verschiedenen Einheiten beobachtest. Merk dir die Rangordnung und die Autorität ihrer Offiziere. Präge dir genau ein, welche Waffenausrüstung sie haben, ihre Methoden der Versorgung und des Transports, die Zuteilung von Pflichten, die Strategien in den verschiedenen Geländen und die effektivste Aufstellung der Streitwagen. Alles. Merk dir jede militärische Feinheit. Wir werden unsere Zeit in Gat nicht verschwenden, was immer auch passiert. Und ich habe mich bereits entschieden: Wenn wir eine Armee sind, Joab, wirst du sie anführen.«

Als alle sich versammelt hatten, für die er verantwortlich war, war David von mehr als sechshundert Menschen umgeben. Die Familien seiner Krieger waren ebenfalls von ihm abhängig, denn sie waren die Verwandten der Gesetzlosen. In welcher Stadt sollten sie in Sicherheit sein? Auch Davids Halbgeschwister waren auf der Flucht vor dem König, und mit ihnen auch ihre Ehepartner und Kinder – und seine Eltern Jesse und Nahasch.

Jesse und Nahasch waren schon sehr alt. Ihre Knochen waren spröde und ihre Augen trübe, und die Reise würde nicht sicher für sie sein, egal, wie eben die Straße oder wie friedlich die Gegend auch sein mochte.

In der Mittagsstunde saß David mit seinem Vater vor dessen Zelt im Schatten. Seine Mutter brachte ihnen gekühltes Wasser. Sie war vom Alter so gebeugt, dass sie den Kopf in den Nacken legen musste, um nicht unentwegt auf den Boden zu sehen.

David beobachtete, wie langsam sie sich setzte, und dann sagte er: »Wenn wir heute Abend die Zelte abbrechen und uns auf den Weg machen, können wir nicht die hohe Route nehmen. Wir müssen durch die Schluchten gehen und dabei die eine Seite hinab- und die andere Seite wieder hinaufklettern. Wir überqueren die Berge und reisen nach Gat.«

Jesse nickte. Nahasch blickte ihren Sohn prüfend an. »Was du eigentlich sagen willst, ist, dass wir nicht mitkommen können«, sagte sie.

»Ja«, erwiderte David, »du hast Recht. Es tut mir Leid. Ich glaube, dass es euch umbringen würde.«

Nahasch sagte leise: »Im Augenblick gibt es in ganz Israel keinen Platz, an dem wir nicht dem Tod ins Auge sehen müssen.«

David sah traurig zu Boden. »Ich habe euch auf eure alten Tage nichts als Kummer gemacht.«

Nahasch schüttelte den Kopf. »König Saul ist es, der Kummer über unsere alten Tage gebracht hat«, sagte sie. Ihre Stimme war fest, ihr Blick direkt. Nur ihr Körper war gebrechlich.

»Wo sonst könntet ihr hingehen?«, sagte David. »Wenn es in ganz Israel für meine Eltern lebensgefährlich ist, wo sollen sie dann Zuflucht finden?«

Nahasch sagte: »Schick uns nach Moab.«

»Nach Moab, Mutter? Moab ist ein Feind Israels.«

»Nein, ein Feind von Saul. Du stammst aus Moab, mein Sohn.«

»Was?«

»In deinen Adern fließt das Blut der Moabiter.«

»Wie?«

»Nicht jeder Krieg wird im Kampf gewonnen. Manche durch Verhandlungen. Und andere durch Liebe. Lass uns nach Moab gehen.«

Dann erzählte Nahasch ihrem Sohn eine Geschichte über seine Vorfahren.

Vor langer Zeit herrschte in Israel eine Hungersnot, die so schwer war, dass Elimelech von Bethlehem mit seiner Frau und seinen zwei Söhnen nach Moab reiste, um dort zu überleben, bis der Regen wieder nach Juda zurückkehrte.
Kurz nach ihrer Ankunft jedoch starb Elimelech, und Noomi, seine Frau, musste ihre Söhne alleine großziehen.
Mit der Zeit nahm sich jeder der Männer eine Frau aus dem Land Moab. Die eine hieß Orpa, die andere Rut.
Aber dann starben auch die Söhne und Noomi war nun alleine. Von Trauer erfüllt beschloss sie, zu ihrem eigenen Volk zurückzukehren.
Deshalb sagte sie zu ihren Schwiegertöchtern: »Kehrt zu den Häusern eurer Mütter zurück. Möge der Herr so gut zu euch sein, wie ihr zu den Toten und zu mir gewesen seid.«
Dann küsste Noomi sie und die beiden jungen Frauen fingen an zu weinen. »Wir werden mit dir zu deinem Volk gehen«, sagten sie.
Noomi aber antwortete: »Kann ich denn weitere Söhne gebären? Meine Töchter, ich bin zu alt, um noch einmal zu heiraten. Ihr aber sollt frei sein, es zu tun.«
Daraufhin küsste Orpa ihre Schwiegermutter und ging. Rut aber umarmte sie und bat: »Bitte mich nicht, dich zu verlassen! Hindere mich nicht daran, dir zu folgen. Denn dort wo du hingehst, werde auch ich hingehen, und dort wo du wohnst, werde auch ich wohnen. Dein Volk soll mein Volk sein und dein Gott auch mein Gott. Wo du stirbst, sterbe ich, und dort werde ich zu Grabe getragen werden.«
Noomi sah, dass Rut fest entschlossen war mit ihr zu gehen. Da sagte sie nichts mehr.

David beobachtete seine Mutter, während sie diese Geschichte erzählte. Uralt, gebeugt und faltig saß sie da, und die Erinnerung bewegte sie so sehr, dass ihre Stimme heiser klang.

Als die zwei Frauen in Bethlehem ankamen, fragten die Menschen dort: »Kann das Noomi sein?«

»Nein, nein, nennt mich nicht Noomi«, sagte sie. »Nennt mich Mara, die Verbitterte, weil der Allmächtige mir Bitteres angetan hat.«

Die Zeit der Getreideernte war gerade gekommen, und Noomi sagte zu Rut: »Der Vetter meines Mannes besitzt außerhalb der Stadt einige Felder. Sein Name ist Boas. Geh, Tochter! Lies dort Ähren auf und bring genug Getreide mit, dass wir es mahlen und Kuchen daraus backen können.«

Also ging Rut hin und las hinter den Schnittern die Ähren auf.

Als Boas an diesem Tag über seine Felder ging und Rut dort arbeiten sah, nahm er seinen Aufseher zur Seite und fragte ihn: »Wer ist die junge Frau, die da so alleine arbeitet? Wessen Tochter ist sie?«

Der Aufseher sagte: »Das ist die Moabiterin, die mit Noomi zurückgekehrt ist. Seit Tagesanbruch arbeitet sie ohne Unterbrechung.«

Boas ging zu ihr und fragte sie: »Wie heißt du?«

Sie verneigte sich und antwortete: »Rut.«

»Rut«, sagte er. »Rut, geh nicht zu den Feldern der anderen. Arbeite weiter hier bei meinen Schnittern. Sie werden dich beschützen. Und wenn du Durst hast, kannst du aus ihren Gefäßen trinken.«

Rut sah verlegen zu Boden und sagte leise: »Warum solltest du dich um mich, eine Fremde, kümmern?«

Boas erwiderte: »Für all das, was du für deine Schwiegermutter getan hast.«

»Du bist so großzügig zu mir, Herr.«

Am Abend klopfte sie die Ähren aus, die sie aufgelesen hatte. Die Ernte wog ungefähr ein Efa. Und Noomi rief: »Gesegnet sei Boas von dem Herrn, der seine Barmherzigkeit weder von den Lebenden noch von den Toten abgewendet hat.«

Als die Gerstenernte vorbei war, sagte Noomi zu Rut: »Was hältst du davon, wenn ich dir ein Zuhause suche, damit es dir gut geht? Tochter, heute Abend wird Boas auf seiner Tenne Gerste worfeln. Bade und mache dich schön mit wohlriechendem Öl. Dann zieh deine Festkleidung an und geh zu der Tenne. Und wenn Boas sich schlafen legt, zieh die Decke von seinen Füßen herunter und leg dich neben ihn hin. Er gehört zu unseren engsten Verwandten. Er wird dir sagen, was du tun sollst.«

Also ging Rut nach Anbruch der Dunkelheit zu Boas' Tenne.

Dieser legte sich, nachdem er gegessen und getrunken hatte und sein Herz guter Dinge war, neben einem Getreidehaufen nieder und schlief ein. Kurz darauf näherte sich Rut mit leisen Schritten, zog die Decke von seinen Füßen und legte sich hin.

Mitten in der Nacht schreckte der Mann hoch. Er drehte sich um und erblickte eine Frau, die an seinen Füßen lag.

»Wer bist du?«

»Ich heiße Rut. Herr, breite deine Decke schützend über deine Magd, denn du bist mein nächster Verwandter.«

»Ach, Tochter, gesegnet seist du«, sagte Boas. »Du hast all deine Güte noch übertroffen, indem du nicht den jungen Männern nachgegangen bist, weder den reichen noch den alten. Ja, ich werde versuchen, dir alles zu geben, was du wünschst. Aber du hast einen engeren Verwandten, als ich es bin. Wenn er dich heiraten will, muss ich dich gehen lassen. Aber bleib über Nacht hier und ich werde sehen, was ich tun kann.«

Den Rest der Nacht lag Rut wach, und noch vor dem Morgengrauen stand sie auf und verließ das Haus, sodass niemand sie erkennen konnte.

An diesem Tag ging Boas zu dem Verwandten von Noomi. »Ich muss etwas mit dir besprechen«, sagte er. »Wir brauchen zehn Männer als Zeugen für die Entscheidung, die du treffen musst.«

Der Mann dachte, dass es sich um eine wichtige Sache handeln musste, und so stimmte er Boas' Vorschlag zu.

Nachdem die zehn Männer sich eingefunden hatten, sagte Boas: »Noomi möchte einen Teil ihrer Felder verkaufen. Wenn du das Land willst, kauf es. Wenn nicht, werde ich es kaufen, weil ich der nächste Verwandte bin.«

Da erwiderte der Verwandte: »Ich will es kaufen.«

»Noch eine Sache«, fuhr Boas fort. »Wer immer das Land kauft, *bekommt auch Rut, die Moabiterin. Und er muss anstelle ihres ersten Mannes Kinder mit ihr haben, damit dessen Geschlecht weitergeht.«*

»Was?«, schrie der Verwandte auf. »Dann werden wohl die Kinder das Land erben?«

»Jedes Kind von Rut muss auch das Kind des ersten Mannes sein.«

»In diesem Fall«, sagte der Verwandte, »nimm du das Land.«

»Du verzichtest also auf eure Rechte?«, fragte Boas. »Auch auf deine Rechte an Rut, der Moabiterin?«

»Ja, selbstverständlich.«

Boas wandte sich zu den zehn Männern um und sprach: »Dann wird Rut meine Frau!«

Der älteste von ihnen sagte: »Wir sind Zeugen. Wir wünschen dir alles Gute in Bethlehem.«

Also heiratete Boas die schöne Rut und bald gebar sie ihm einen Sohn.

Und die Menschen aus Bethlehem sagten zu Noomi: »Gelobt sei der Herr! Denn deine Schwiegertochter, die dir mehr wert ist als sieben Söhne, hat dir einen Ernährer für eure alten Tage geboren.«

Noomi nahm das Kind auf den Arm und lächelte. »Jetzt sollt ihr mich wieder bei meinem richtigen Namen nennen«, sagte sie. »Noomi, ›Lieblichkeit‹.«

Dem Kind gaben sie den Namen Obed.

»David«, sagte Nahasch, »ich erinnere mich an Rut. Sie kam, um uns zu segnen, als ich Jesse heiratete, und damals erschien sie mir so alt, wie du dir jetzt vorkommen musst. Rut war die Großmutter deines Vaters. Und Obed kennst du – deinen Großvater. David?«

David stellte fest, dass er über der Geschichte seiner Mutter die Gegenwart völlig vergessen hatte.

»David?«, wiederholte Nahasch. Ihm war, als wäre er gerade aufgewacht.

»Was, Mutter?«

»Lass uns nach Moab gehen. Wir werden unsere restlichen Tage dort verbringen.«

»Und ich bin nur ein Gesetzloser«, flüsterte er.

Er ging auf seine Mutter zu und umarmte sie sanft. »Nach Moab also«, sagte er und küsste sie. Mit ihren krummen Fingern strich sie das Haar aus seiner Stirn.

Es war das letzte Mal, dass David seine Eltern sah.

Mit halsbrecherischer Geschwindigkeit näherte sich ein Reiter, und er machte keinerlei Anstalten, sich zu verstecken. Mühelos hätte man ihn vom Rücken seines Reittieres herunterschießen können. Und genau aus diesem Grunde ließ David ihn näher kommen.

Asaël, der jüngste Bruder von Joab und Abiatar, hatte in der Ferne eine Staubwolke gesehen und David daraufhin gebeten, zum Turm in der Nähe des Tores zu kommen. David war die Innentreppe nach oben gestiegen und blickte nun nach Norden. Der Esel war von der langen Reise schweißnass und trabte starren Blickes geradeaus. Auch sein Reiter war erschöpft und schwankte nach links und rechts. Seine Kleidung hing ihm in Fetzen vom Leib.

Als Asaël sah, dass es sich bei dem eiligen Besucher um einen Amalekiter handelte, brüllte er: »Ich werde ihn am Tor aufspießen!«

Die Drohung des jungen Mannes war verständlich. Während David und seine Armee fort gewesen waren, hatten die Amalekiter, ein umherziehendes, berittenes Volk aus dem Süden, die Stadt Ziklag, ihr Hauptquartier in den letzten zwei Jahren, in Schutt und Asche gelegt.

Der Philisterkönig Achisch hatte David die Stadt geschenkt. In letzter Zeit hatte dieser dann die Feinde Judas immer wieder überfallen und die Beute mit den Ältesten der Philister geteilt. So konnte David ihre Zuneigung für sich gewinnen und seine eigene

Machtposition in der Hügellandschaft Judas, in der westlich gelegenen Schefela und im nördlichen Negeb immer mehr festigen. Achisch selbst wusste nichts von den Erfolgen des jungen Abenteurers; die fünf Herrscher der Philister und alle ihre Armeen waren erst kürzlich nach Norden marschiert, um bei Jesreel gegen Saul zu kämpfen.

»Er ist Amalekiter«, zischte Asaël. »Ich gehe da raus und nagle ihn mit meiner Lanze am Boden fest!«

David aber hielt ihn auf: »Warte! Er kommt aus dem Norden, nicht aus dem Süden.«

Der Reiter hatte David bereits am Fenster des Turms erspäht. Er fuchtelte mit den Armen über dem Kopf und brüllte: »Herr! Mein Herr, eine Botschaft!«

David legte seine Hand besänftigend auf die Asaëls. »Wir werden ihn gemeinsam empfangen«, sagte er, »ohne deine Lanze.«

Also ließ Asaël seine Lanze zurück, behielt aber sein Schwert. Sie gingen hinunter und bezogen hinter dem Tor Stellung. In diesem Augenblick kam der Amalekiter auf seinem armen, vor Anstrengung zitternden Esel herein. Er sprang sofort ab und rannte, sich immer wieder verneigend, auf David zu. Dreck klebte in den Haaren des Boten. Auch sein Gesicht war staubig – und von Trauer gezeichnet.

David fragte: »Wo kommst du her?«

Der Amalekiter erwiderte atemlos: »Erst gestern bin ich aus dem Lager der Israeliten entkommen.«

Israel! David packte den Mann am Schopf und zwang ihn hochzuschauen. »Wie sind die Kämpfe verlaufen?«, wollte er wissen. »Sag es mir!«

Der Amalekiter setzte ein unterwürfiges Lächeln auf. »Möge der Herr, dein Gott, deinen Feinden das antun, was er am gestrigen Abend auf dem Berg Gilboa vollbracht hat.«

»Meine Feinde? Welche Feinde meinst du? Und was hat der Herr auf dem Berg Gilboa vollbracht?«

Der Bote zog eine Grimasse. Sein Kopf ähnelte mit seiner gebogenen Nase und den dicken Augenbrauen dem eines Habichts. Er sagte: »Das Volk Israel ist vor dem Kampf geflohen. Viele sind gefallen und tot. Auch König Saul ist tot. Sein Sohn Jonatan...«, der Nomade zögerte und zeigte seine winzigen, vergilbten Zähne, »...der ist auch tot.«

David wandte sich zur Seite. Ein unwillkürliches Zittern begann in seinem rechten Knie. Mit seiner gesamten Willenskraft zwang er sein Bein, ruhig zu bleiben.

Flüsternd fragte er: »Woher weißt du, dass Saul und Jonatan tot sind?«

Plötzlich wurde der Amalekiter geschwätzig. »Zufällig war ich selbst auf dem Berg«, sagte er. »Ich habe den König gesehen, der auf seinen Speer gestützt dastand und beobachtete, wie die Streitwagen und die Reiter der Philister auf ihn zurasten. Dann drehte er sich um, sah mich und brüllte: ›Wer bist du?‹ Ich sagte es ihm und er antwortete: ›Stell dich neben mich hin und töte mich.‹ Dann sagte er: ›Ich leide Todesqualen!‹ Ich sah, wie die Philister allmählich näher kamen, und ich war mir sicher, dass er nicht überleben würde, wenn sie ihn fassten, also erdolchte ich ihn, nahm ihm die Krone vom Kopf und die Spange von seinem Arm und – sieh, ich habe beides hier für dich, Herr, für dich, mein Gebieter.«

Der Amalekiter verneigte sich mehrere Male. David hingegen stand da wie eine Säule. Jetzt zitterte sein Knie nicht mehr. Neben ihm stand Asaël, ebenfalls völlig bewegungslos. Das Schweigen und die bedrückende Stille brachten den Amalekiter schließlich dazu, seine übertriebenen Huldigungen zu beenden. Er murmelte: »Herr?«, und lächelte zaghaft.

David sprach die nächsten Worte mit Furcht einflößender Ruhe: »Wie kommt es, dass dir nicht Angst und Bange war, deine Hand gegen den Gesalbten des Herrn zu erheben, um ihn zu vernichten?«

In gekonnt gespielter Demut senkte der Amalekiter den Kopf. Er sah nicht, wie David seinem Begleiter zunickte und sich entfernte. Er sah nicht das Aufblitzen, als Asaël sein Schwert aus der Scheide zog. Und er sah auch das Heranrücken des Todes nicht, der auf seinen freigelegten Nacken niederfuhr.

Bis zum Einbruch der Nacht war David durch die südlich von Ziklag gelegene Wildnis gewandert. Kaum waren ihm seine eigenen Bewegungen bewusst. Die Luft war kalt. Er ging über weiße Steine, die im Mondlicht leuchteten, und zögerte am Abgrund einer Schlucht, die sich wie ein schwarzer Riss durch die Erde zog.

Hier gab es weder eine Zeit des Pflanzens noch des Säens noch des Erntens.

Dann begann David laut zu sprechen.

»Jonatan, wo liegst du jetzt? Wo ist die Hand, die mir seinen schwarz lackierten Bogen gab? Einen Bogen so stark wie die Bande deines Herzens. In welche Sterne sehen die schwarzen Augen, die einst in die meinen gesehen und mich geliebt haben?«

Plötzlich schrie David: »Israel!« Er warf den Kopf nach hinten und heulte laut auf: »Israel, deine Ehre liegt tot in den Bergen!«

Wo immer Davids Stimme zu hören war, schreckten die wilden Ziegen aus dem Schlaf hoch. Dachse und andere Geschöpfe der Nacht verursachten ein kaum hörbares raschelndes Geräusch, während sie flohen.

David brüllte: »Ein Schild liegt vergessen auf dem Stein! Auf den grauen Felsen des Berges Gilboa liegt ein zerschlagener und vertrockneter Schild, der einst die Brust des Königs Saul beschützte!«

»Saul und Jonatan.« Davids Stimme klang wie eine Totenklage. Er ging in die Hocke und fuhr sich mit den Händen durch sein ungekämmtes Haar. Als er dann seine Stimme wieder erhob, klang sie viel höher und unendlich sanft. Er sang:

Saul und Jonatan!
Lieblich und geliebt!
Im Leben und im Tod vereint:

Schneller als der Adler!
Stärker als Löwen ...
Heute aber, o Töchter Israels,
weint um Saul,
der euch scharlachrot einkleidete.
Und auch um Jonatan ...

David sank zu Boden und presste seine Wange gegen den Stein. Er zog seine Knie an und umschlang sie fest mit beiden Armen. So kauerte er am Boden, und leise fing er an zu schluchzen. »Jonatan, ich bin krank vor Trauer. Hier lege ich mich hin in dieser Nacht, die irgendwo deine rechte Hand hält. Und hier flüstere ich, wie sehr ich dich geliebt habe, Bruder. Ich habe dich mehr geliebt, als ich je eine Frau lieben könnte.«

Ach, wie sind die Mächtigen gefallen!
Und jene süßen Waffen der Kriege des Herrn
sind tot.

Nachdem ein Monat vergangen war, rief David seine engsten Berater auf einem Hügel außerhalb von Ziklag zusammen: Joab, den Anführer seiner beweglichen, aber kleinen Armee; Benaja, seinen treuen Leibwächter; die Brüder von Joab: den dünnen Abischai und den flinken Asaël, und Abiatar, aus dessen Gesicht stets die Sonne schien.

Abiatar hatte das Efod, den Priesterschurz seines Vaters mit den Lossteinen, bei sich, damit David den Herrn fragen konnte, was sie tun sollten.

Die Männer setzten sich in einem Kreis hin.

»Joab«, sagte David, »was hast du zu sagen?«

Der Anführer blickte David nur kurz an und gab dann seinen knappen Bericht: »In aller Kürze: Abner ist weiterhin Anführer von Sauls ständiger Armee. Er hat Isch-Boschet in Mahanajim als

König von Israel eingesetzt. Isch-Boschet ist Sauls letzter noch lebender Sohn. Abner weiß von unseren Aktivitäten in Juda. Er will verhandeln. Er hat mich gebeten, mich mit ihm bei einem Teich in der Nähe von Gibeon zu treffen.«

David sagte: »Abischai, was ist mit Juda? Was sagen die Ältesten dort?«

Abischai richtete sich zu seiner vollen Größe auf und sagte: »Sie mögen dich. Besonders jetzt, da Saul tot ist, hoffen sie, dass du sie führen wirst.«

David neigte seinen Kopf zur Seite. »Und wie soll ich sie führen?«

Abischai zuckte mit den Achseln. »Du hast ihnen Güter und Sicherheit gegeben. Sie danken es dir mit Lob und Loyalität. Das verkünden sie in aller Öffentlichkeit, bei den Toren, auf den Feldern.«

David wandte sich an Abiatar und sagte mit plötzlich leiser Stimme: »Bitte den Herrn um etwas für mich!«

Abiatar nahm das Efod. Dann sagte David: »Frag ihn, was ich tun soll. Soll ich Ziklag verlassen und in die Berge und die Städte Judas ziehen?«

Der Herr sprach: *Geh!*

Und David fragte weiter: »In welche Stadt? Nach Hebron?«

Und der Herr antwortete: *Ja, geh hinauf nach Hebron.*

Also erhob sich David und wandte sich erneut an Abischai: »Sag den Ältesten Judas, dass ich dabei bin, mit meiner Armee und meinem gesamten Volk nach Hebron zu ziehen. Sag ihnen, dass es Gottes Wille ist!«

Und zu Joab sprach er: »Schick Abner eine Nachricht, dass du ihn wirklich treffen wirst – dass jenes Treffen aber nach einigen Feierlichkeiten in Hebron stattfinden soll. Sag Abner, dass diese Zeremonien ein Zeichen sein werden: ›Wenn sie vollbracht sind, dann komm zum Teich von Gibeon.‹«

Dann drehte David sich um und ging fort – nicht zurück nach Ziklag, sondern hinaus in die Wildnis.

Und so geschah es, dass David in das Hochland von Hebron zog, wo es eine Fülle von Quellen, Brunnen und natürlichen Befestigungen gab. Hebron erstreckte sich auf beiden Seiten der Route, die in nördlicher Richtung entlang dem Höhenzug verlief. An diesem Ort waren Davids Vorfahren allesamt vorbeigezogen: Abraham hatte sich hier ausgeruht, und hier, bei den Eichen von Mamre, hatte Gott Sara gesagt, dass sie einen Sohn gebären würde. Sara hatte gelacht, aber sie hatte dennoch einen Sohn bekommen, den sie Isaak nannte.

David liebte diese tausend Jahre alten Geschichten. Und nun sah er selbst die uralten Stätten. Tagsüber blickte er über das Jordantal und versuchte sich vorzustellen, wo Sodom wohl gewesen war. In der Nacht sah er in die Finsternis hinaus und flüsterte jene unvorstellbar alten Worte:

> *Sieh zum Himmel hinauf und zähl die Sterne,*
> *wenn du es kannst.*
> *So zahlreich werden deine Nachkommen sein.*
> *Und Abraham glaubte dem Herrn,*
> *und der Herr schenkte ihm Gerechtigkeit.*

Die Ältesten Judas kamen innerhalb eines Monats nach seiner Ankunft zu David. In einem ausgehöhlten Horn eines Ochsen brachten sie Öl mit, um die Zeremonien, die David Abner angekündigt hatte, auszuführen.

Mit feierlichen Bewegungen umwickelten die Ältesten Davids Kopf mit einem Turban. Um diesen herum legten sie einen schlichten Reif aus Gold, um die Herrschaft dieses Mannes über sie zu symbolisieren. Dann salbten sie ihn mit Öl und weihten David als Auserwählten und Bevollmächtigten Gottes.

Abiatar nahm ein Widderhorn und ließ es laut ertönen.

Spontan riefen einige aus der Menge: »Lang lebe König David!«, und die Übrigen taten es ihnen nach. Dann zogen sie alle jubelnd hinter David her, spielten auf Flöten und stimmten so laute Lobgesänge an, dass die Luft von Freude erfüllt schien.

Joab ging nun als Abgesandter eines Königs zu dem Reservoir in der Nähe von Gibeon, und mit ihm zwölf Offiziere, die ihre Waffen jedoch unauffällig bei sich trugen.

Auch Abner kam mit zwölf seiner Offiziere, und auch sie demonstrierten nicht Stärke, sondern begrüßten ihre früheren Kameraden mit viel Gelächter und Lärm, denn sie hatten sich seit mehr als vier Jahren nicht mehr gesehen. Am Ufer des von Sonnenlicht durchfluteten Teichs tauschten sie Erinnerungen an die Zeit aus, in der sie, allesamt starke Männer, Seite an Seite gegen die Philister gekämpft hatten. In der Zeit danach hatten sie sich gegenseitig bekämpft – bis Saul starb und David immer beliebter wurde. Nun freuten sie sich über das Wiedersehen und waren zu Späßen aufgelegt.

»Was wollen wir anstellen?«, fragten sie.

»Lasst uns einen Schaukampf veranstalten!«, schlug einer vor. »Während Abner und Joab miteinander reden, können wir mit Schwertern aus Holz und den stumpfen Enden der Speere unsere Kräfte messen.«

Von Witzen und Angeberei begleitet legten die Männer Israels und Judas die Obergewänder ab und stellten sich in zwei Reihen auf. Dann stürzten sie brüllend aufeinander los, rangen miteinander, schwangen kraftvoll die stumpfen Enden ihrer Speere und schlugen und stießen sich in dieser rauen Sportart der Krieger.

Währenddessen saßen sich Abner und Joab gegenüber. Joab hörte schweigend zu, während Abner von den Philistern erzählte. Oft redete dieser über Achisch, den König von Gat, und unterbrach dann kurz seinen Redefluss, sodass Joab die eine oder andere Bemerkung über den König hätte einfügen können.

Abner sagte: »... umso stärker ist er natürlich seit Gilboa! Allerdings ist König Achisch, wie du sicherlich weißt, nach Gat zurückgekehrt. Er scheint sich seiner Vormachtstellung in Jesreel und in den Gebieten zwischen Schefela und Juda sicher zu sein. Meinst du nicht auch? ... Sicher insofern, als er sich seiner Freundschaft zu David sicher sein kann ... Es ist keineswegs so, dass wir

David die Entscheidungen aus den alten Tagen noch ankreiden wollen, damals, als ihm der König auf den Fersen war ...«

Abner holte tief Luft und ließ diesmal eine lange Pause verstreichen. Joab saß da und sah ihn mit dem festen, wachsamen Blick einer Schlange an. Er gab nichts preis.

Dann fuhr Abner fort: »Nun, ich werde meine Karten auf den Tisch legen: Was ich brauche, ist eine Antwort. Wir wissen, dass David die Philister nicht immer gemocht hat und dass seine Überfälle in den letzten Jahren weder Gat noch dessen König einen Dienst erwiesen haben. Also bin ich hierher gekommen, um herauszufinden, inwieweit David beabsichtigt, diese alte Verbindung zu achten.«

Joab sagte nichts. Nicht einmal mit einem Lidschlag wollte er zu erkennen geben, was er dachte. Offenbar konnte die Spannung ihm nichts anhaben, und er scherte sich auch nicht darum, was zwischen den Abgesandten von Königen üblich war.

Also fragte Abner direkter: »Ist David ein Freund der Philister?«

Joab antwortete nicht.

Abner bohrte weiter: »Was aber wichtiger ist, wird David sich gegen Isch-Boschet, den Sohn von Saul und König über Israel, erheben?«

Joab starrte Abner direkt in die Augen.

»Wenn wir gezwungen sind, die Herrscher der fünf Städte zu bekämpfen, wird David überhaupt in den Krieg ziehen?«

Gerade in dem Moment veränderte sich der Lärm, der von den Soldaten zu ihnen herüberdrang. Das Spielerische war aus den Schaukämpfen gewichen, und die Krieger riefen sich Beleidigungen und Spott nun in vollem Ernst zu. Sie drehten ihre Speere um und zeigten deren Spitzen in mörderischer Absicht. Einer der Beteiligten musste in seiner Ehre getroffen worden sein.

Abner und Joab sprangen gleichzeitig auf und rannten auf das blutige Gemenge zu.

Abner griff sich einen Speer und wirbelte ihn wie eine Keule über dem Kopf herum und hieb auf die Rücken derer ein, die dabei waren, sich gegenseitig in Stücke zu reißen. Bald stellte sich heraus, dass seine Männer mehr abbekommen hatten als Davids Gefolgsleute. Sechs von ihnen waren tot, die anderen zwar am Leben, aber von Panik ergriffen.

Inzwischen versammelten sich Joabs Männer, von Zorn erfüllt, zu einem gemeinsamen Angriff.

Abner blies zum Rückzug und seine Männer rannten um ihr Leben.

Doch Joab und seine Brüder jagten ihnen nach. Der schlanke Abischai war ein guter Läufer, aber Asaël, der jüngste, war auch der schnellste von allen. Wie eine Gazelle lief er den anderen davon, hinter Abner her, den Blick auf seine erste Kriegsbeute gerichtet.

Da bemerkte Abner seinen Verfolger und schlug einen Haken nach links. Asaël folgte ihm und kam allmählich näher. Abner hielt seinen Speer mit festem Griff in der rechten Hand und rannte, so schnell er nur konnte, über zwei Felder hinweg. Asaël aber war ihm immer dichter auf den Fersen.

Abner warf einen Blick zurück über seine Schultern. »Bist du das, Asaël?«

Der junge Mann rief zurück: »Ich bin es.«

In der Absicht, seinen Verfolger von seiner Fährte abzubringen, rief Abner: »Geh und jage einem meiner Krieger nach und nimm ihm seine Beute weg!«

Doch Asaël legte nochmals an Schnelligkeit zu und rückte noch näher zu Abner auf. Plötzlich drehte dieser sich um und stellte sich dem jungen Mann entgegen. »Geh zurück!«, schrie er. »Warum sollte ich das Haus Joabs mit Blut beflecken?«

Asaël, der sein Schwert schon aus der Scheide gezogen hatte, sprang in mächtigen Schritten auf ihn zu. Fast schien er abzuheben und durch die Luft zu fliegen.

Um ihn nicht ernsthaft zu verletzen, drehte Abner den Speer um. Aber der junge Mann war so schnell, dass selbst das stumpfe Ende des Speers seinen Unterleib durchbohrte und an seinem Rücken wieder austrat.

Abner ließ den Speer fallen. Noch bevor Joab oder Abischai an der Stelle ankamen, hatte Abner bereits die Flucht ergriffen.

Entsetzt verlangsamte Joab seinen Schritt. Er ging auf seinen Bruder zu, der durchbohrt und gekrümmt am Boden lag, blieb vor ihm stehen und konnte die Augen nicht von dem grauenhaften Anblick abwenden.

Asaël sah zu ihm auf und flüsterte: »Ich bin froh dich zu sehen, Bruder. Könntest du mir bitte diesen Speer aus dem Bauch ziehen...«, er versuchte zu lächeln, »... damit ich wieder atmen...«

Doch bevor er noch den Satz beenden konnte, ging ein letztes Zucken durch seine Glieder und Asaël war tot.

Langsam setzte Joab sich in Bewegung. Er rannte nicht. Er ging Abner einfach nach, und mit ihm sein Bruder Abischai. Mit gleichmäßigen Schritten folgten sie Abner den Rest des Tages.

Am Abend dann sahen sie Abner auf einem Hügel stehen. Er war von einer Horde Benjaminiter umgeben.

»Soll uns das Schwert bis in alle Ewigkeit vernichten?«, brüllte er. »Joab, weißt du denn nicht, dass das ein bitteres Ende nehmen wird? Wie viel Zeit muss noch vergehen, bis deine Leute aufhören, ihre Brüder zu verfolgen?«

Einen Augenblick lang blickten Joab, Abischai und die Männer Davids zu den Männern, die auf dem Hügel standen, hoch. Dann kehrten sie schweigend um und gingen zurück zu Asaël. Sie nahmen seine Leiche mit und begruben sie in der Grabstätte seines Vaters in Bethlehem.

Das war der Beginn des Krieges zwischen den Häusern Sauls und Davids, der die nächsten fünf Jahre in Israel andauern sollte. Und Davids Macht wuchs stetig, während das Haus Sauls immer schwächer wurde.

Isch-Boschet von Israel war ein Jüngling, ein blasser Bursche, der sogar vor seinen eigenen Offizieren Angst hatte. Er hatte nicht die Persönlichkeit oder auch nur die Stärke eines Königs. Doch er war der letzte Mann in seiner Familie, nachdem alle Männer außer ihm ermordet worden waren.

Wann immer Abner ihn in offiziellen Angelegenheiten aufsuchte und um eine Entscheidung bat, zog sich der König zurück und starrte aus dem Fenster. Er tat nichts und war aufgedunsen und voller Selbstmitleid. Entscheidungen traf er nie.

Also bat Abner einige seiner treusten Männer zu sich und schickte sie mit einer Botschaft zu David nach Hebron: »Wem gehört das Land?«, ließ er David ausrichten. »Schließe einen Bund mit mir, David, und ich werde dir ganz Israel übergeben.«

David antwortete: »Gut. Ich werde einen Bund mit dir schließen. Eines aber mache ich zur Bedingung: Wenn du kommst, dann bring Michal, die Tochter Sauls, mit. Gib mir meine Frau zurück, die ich seit meiner Flucht vor den mörderischen Absichten ihres Vaters nicht mehr gesehen habe.«

Abner stimmte zu.

Doch in den Jahren der Trennung von David hatte Michal Paltiël, den Sohn Lajischs, geheiratet. Dessen ungeachtet schickte Abner Soldaten zu Michals Haus und ließ sie mit Gewalt zu sich bringen.

Als die Gruppe von zwanzig Soldaten sich auf den Weg nach Hebron machte, folgte ihnen Michals Mann zu Fuß und weinte um seine Frau.

In Bahurim ritt Abner zu dem Mann zurück und sagte: »Geh zurück zu deinem Haus, Paltiël. Es ist nichts zu machen. Michal ist nun wieder Davids Frau.«

Paltiël blieb zurück und sah der Gruppe traurig nach. Michal selbst zeigte ihre Gefühle nicht, aber ihre Lippen waren blutleer.

Während sie südwärts ritten, beriet Abner sich mit vielen der Ältesten in Israel und Benjamin. »Es ist an der Zeit, David zu unserem König zu machen«, sagte er. »Der Herr hat versprochen, dass David uns aus den Händen der Philister befreien wird. Ich bin unterwegs, um mit David zu reden. Seid ihr auf meiner Seite?«

Als sie in Hebron ankamen, empfing David sie mit einem aufwendigen, feierlichen Festessen.

Während alle aßen, saß Michal mit versteinerter Miene und eisigem Schweigen an Davids Seite. Sie war runder geworden und ihre Mundwinkel waren von kleinen Fältchen gesäumt.

Auch David hatte sich im Lauf der Jahre verändert. Seine Haut war von Wind und Wetter gegerbt, sein Gesicht und seine Arme von der Sonne verbrannt. Sein Haar war so voll wie früher, aber die ersten grauen Schimmer waren bereits darin zu sehen.

Und seine Augen waren von Schwermut erfüllt.

Nachdem alle gegessen hatten, erhob Abner sich und sagte: »Die Ältesten von Benjamin wollen einen Bund mit dir schließen, David. Sie wollen, dass du über sie herrschst. Das Gleiche gilt für alle Stämme von hier bis Mahanajim. Ich habe mit ihnen gesprochen. Wenn du es erlaubst, werde ich also nach Norden reisen und ganz Israel unter der Herrschaft meines Königs und Herrn versammeln.«

David starrte den Anführer Israels wie bei einem Verhör an. Abner behielt seine militärisch korrekte Haltung. Schließlich sagte David: »Geh! Du hast meine Erlaubnis.«

Am folgenden Morgen, als Abner durch die Tore der Stadt ging, begegnete er Joab, der gerade mit seinen Männern von einem Überfall zurückkehrte.

Die beiden Männer hielten an und standen einander gegenüber – Abner in der sauberen Kleidung eines Abgesandten, Joab schmutzig vom Schweiß und Staub des Krieges.

Joab musterte Abner argwöhnisch: »Was machst du hier?«

Abner antwortete höflich: »Ich bin hier, um deinen Herrn, David, zu ehren und um seine Einwilligung zu ersuchen, dass er auch mein Herr und König wird.«

Joab zog seine breiten Schultern hoch.

Plötzlich sprach er: »Komm. Ich muss dir etwas unter vier Augen erzählen.«

Joab führte Abner zu einem der kleinen Zimmer in der Nähe des Tores. Aber in dem Moment, als sie das Zimmer betreten wollten, drehte er sich um und stach mit einem Messer auf Abner ein. Die

Klinge war so groß, dass sie seinen Bauch durchstieß und durch seinen Rücken hindurch aus seinem Gewand wieder austrat.

Wortlos verließ Joab das Zimmer, um ein Bad zu nehmen.

Als David von dem Tod Abners erfuhr, zerriss er sein Gewand, kleidete sich in Sack und Asche und trauerte um ihn. Am nächsten Tag ging er den ganzen Weg zum Grab hinter Abners Bahre her und klagte mit lauter Stimme:

Sollte Abner vom Tod überrascht werden wie ein Narr?
Deine Hände waren frei!
Deine Füße ungefesselt!
Du fielst, wie jene fallen,
die durch die Messer der Gottlosen sterben.

Joab stand am Rand des Weges und hörte das Klagelied. Er beobachtete den Trauerzug ungerührt, ohne die leiseste Reue.

Das Volk wusste, dass Abners Tod nicht nach Davids Willen gewesen war. Dennoch erhob niemand Klage gegen Joab.

Abners Tod ließ Isch-Boschet, den König von Israel, noch tiefer in Verzweiflung verfallen. Sogar außerhalb des Hauses konnten die Menschen hören, wie er in seinem Zimmer umherschritt und sein Schicksal beklagte.

Eines Tages, in der Nachmittagshitze, betraten zwei Offiziere von Sauls ehemaliger Garde das Haus des jungen Königs. Der Türwächter war eingeschlafen, und so gingen die beiden Männer ungehindert hinein und sahen Isch-Boschet, der in seinem Bett lag und schlief. Ohne ihn zu wecken, schlugen sie ihm den Kopf ab.

Die ganze Nacht hindurch reisten Rechab und Baana, die Söhne des Beerotiters Rimmon, nach Hebron. Sie selbst wollten dem König Isch-Boschets Kopf vorlegen.

Als sie David gegenübertraten, sagten sie: »Er wollte dich umbringen. An diesem Tag aber hat der Herr in deinem Namen Rache genommen – an Saul und an seinen Nachfahren.«

David ging auf Rechab und Baana zu. Er streckte seine Finger aus und berührte Isch-Boschets ernste, aufgedunsene Gesichtszüge.

Dann sagte er mit leiser Stimme: »Gestern Nachmittag und Abend. Letzte Nacht, die ganze Nacht hindurch. Während der Dämmerung, bei Tagesanbruch oder an diesem Vormittag...« David blickte hoch und sah von Rechab zu Baana. »Auf der ganzen Reise, die euch von Mahanajim zu diesem Ort gebracht hat – ist es euch auch nur *einmal* in den Sinn gekommen, dass ich vielleicht etwas gegen den Mord an einem unschuldigen Mann in seinem eigenen Haus und in seinem eigenen Bett haben könnte?«

Plötzlich wandte David sich zu seinem Leibwächter Benaja um: »Töte sie!«

In der Hitze des gleichen Tages wurden die Leichen von Rechab und Baana am Teich von Hebron aufgehängt – ohne Hände und Füße.

Isch-Boschets Kopf aber wurde in der Grabstätte Abners beerdigt.

In jenen Tagen kamen die Ältesten der Stämme Israels nach Hebron, um David zu besuchen und sagten: »Sieh, wir sind dein Fleisch und Blut. In der Vergangenheit, als Saul über uns herrschte, bist du es gewesen, der Israel in den Krieg geführt hat. Und der Herr hat zu dir gesprochen, dass du der Hirte seines Volkes Israel sein sollst.«

Also schloss David vor dem Herrn einen Bund mit dem Volk Israel; jener, der einst König über Juda war, wurde nun zum König über alle Stämme gesalbt und vereinte Israel unter seiner Herrschaft.

Als David zu regieren begann, war er dreißig Jahre alt.

Jemand singt in den Straßen Hebrons. Am frühen Morgen, bevor die kleinen Geschäfte aufmachen, bevor das tägliche Brot gebacken wird oder die Händler angefangen haben, ihre Waren anzupreisen, geht jemand die Straße entlang, welche unter dem Fenster des Königs herführt. Mit der rauen Stimme eines Bettlers singt er diese Worte:

> *Der Herr spricht zu meinem Herrn:*
> *»Setz dich an meine rechte Seite,*
> *bis ich deine Feinde*
> *zu einem Schemel für deine Füße mache.«*

David wacht auf und hört die Worte des Liedes. Wer ist es, der da singt? Ist es ein Mann oder eine Frau? Einer der Propheten? Eines dieser fremdartigen Wesen, einer der herumwirbelnden Tänzer mit wilden Augen, die Saul einst so anziehend fand?

> *Der Herr spricht zu meinem Herrn:*
> *»Setz dich in deiner Macht!*
> *Zeige dein Zepter!«*

David wirft seine Decke zur Seite und erhebt sich in seinem Zimmer. Allmählich entfernt sich die Stimme, bis sie schließlich mit den Worten verhallt:

> *Denn Tag für Tag,*
> *wie der Tau aus dem Mutterleib des Tages,*
> *wird deine Jugend dich wieder stark machen –*

Die Stimme ist verklungen. Bis der König das Fenster erreicht hat, sind die dunklen Straßen Hebrons wieder menschenleer.

Es schneit, und die Luft ist sichtbar und still, gefüllt mit dem langsam herunterrieselnden Schnee. Die niedrige Mauer aus Stein an der anderen Straßenseite trägt jetzt eine weiße Haube.

Plötzlich wird David klar, dass die Fußstapfen des Sängers immer noch im Schnee zu sehen sein müssten.

Er wirft sich ein Gewand um die Schulter, eilt nach unten, stopft seine Füße in die Sandalen und rennt hinaus in die Kälte des frühen Morgens.

Als er jedoch an der Seite des Hauses mit seinem Fenster ankommt, findet er nur Rothem vor, eine uralte Hausdienerin, die, über ihren Besen gebeugt, den Schnee wegkehrt. Sie verwischt die Spuren des Sängers. Sie schielt hoch, erblickt den König und verzieht das Gesicht zu einer begrüßenden Grimasse.

»Für deine hübschen Füße, Herr«, krächzt sie. »Der Fuß des Königs soll nicht den Biss des Winters spüren.«

David kehrt zu seinem Gemach zurück und legt sich wieder hin. Doch er kann nicht mehr einschlafen. Seit sieben Jahren lebt er nun in Hebron und immer wieder beschäftigt ihn ein Gedanke: Das Haus ist zu klein. Er hat sieben Frauen, darunter auch Michal. Jede Frau hat ihr eigenes Zimmer und ihre eigenen Diener.

Außerdem hat er sechs Söhne – nur Michal ist unfruchtbar, doch auch sie hat eine Amme und Lehrer und sammelt Spielzeug, als hätte sie ein Kind. Davids Haus hat Kontore, einen Festsaal und einen Ort, an dem er den Herrn aufsuchen konnte – aber es hat weder Platz für die Beute, die er von seinen Raubzügen mit nach Hause bringt, noch Hallen, die ein König benötigt: einen Warteraum, einen Thronsaal und einen Ort der Rechtsprechung. Es gibt auch keinen Platz für die Minister, die ihm beim Regieren seines Landes helfen. Sein Haus ist zu klein.

Vor zwei Jahren hielt David sich eine Zeit lang in Jebus, der Stadt der Jebusiter, die auch Jerusalem genannt wird, auf, um deren Methoden der Verwaltung zu studieren. Noch bevor die Stämme Israels ihn zum König gesalbt hatten, hatte er sich heimlich in die Stadt begeben, um sich mit den einfachen Schreibern zu unterhalten. Diese waren Angestellte des Königs, deren niedere Stellung aber nicht seine Aufmerksamkeit verdiente. Von ihnen hatte er das Verwalten eines Königreiches gelernt.

In letzter Zeit hat David nun angefangen, das Gelernte umzusetzen. Er hat Offiziere und Berater ernannt, mit denen er Israel regiert. Jetzt hat der König ein königliches Kabinett – und doch keinen Platz für seine Mitglieder!

Seraja, sein Sekretär, kennt sieben Sprachen und ist für den gesamten Schriftverkehr des Königs zuständig. Seraja führt ein Protokoll über alle Verordnungen des Königs – doch auch er hat keinen Platz für die Unterlagen!

Joschafat ist der Kanzler des Königs. Er kümmert sich um die meisten offiziellen Angelegenheiten des Staates. Er wohnt in einiger Entfernung von Davids Haus, sollte aber eigentlich *im* Hause sein.

Benaja ist nun Herr über eine ganze Kompanie von starken Getreuen: Davids persönliche Leibgarde. Auch diese Männer benötigen dringend Platz im Hause des Königs.

Und Joabs Verpflichtungen als Oberbefehlshaber sind ebenfalls enorm gewachsen, seit er das Militär in verschiedene, voneinander getrennte Divisionen organisiert hat: Regimente mit tausend Mann, Kompanien mit hundert Mann, Züge mit fünfzig Mann und Einheiten mit jeweils zehn Mann. Alle, die gegen die Philister kämpfen, bewundern die effektive Hierarchie und Aufteilung der Befehlsgewalt. Sie ermöglichen eine bemerkenswerte Geschlossenheit auf dem Schlachtfeld, egal, wie unübersichtlich die Kämpfe tatsächlich sind.

David weiß wohl, was seinem leidenschaftslosen Oberbefehlshaber am meisten Freude bereitet: Wenn ein Wort aus einem Munde sich durch zehntausend Münder vervielfachen und zehntausend Truppen erreichen kann, um so ganze Armeen von Männern in einem geschlossenen, geradlinigen und tödlichen Angriff zu vereinen. Joab besitzt nicht nur den Verstand eines Taktikers – er hat auch die Arroganz eines Tyrannen und die Ungeduld eines Soldaten.

Doch David hat keinen Platz für seine Offiziere oder gar seine Truppen. Hebron liegt im Territorium Judas, und dessen Älteste wollen Kontrolle über Joabs Armee ausüben. Und die Bürger Hebrons wehren sich gegen die gebieterische Einstellung und die unantastbare Befehlsgewalt der Generäle.

Hebron liebt den König.

Den grimmigen Oberbefehlshaber toleriert es nur.

Aber die Menschen hassen die Armee, die in ihren Häusern schläft und ihr Essen verbraucht. Deshalb denkt David über Veränderungen nach. Nicht nur dieses Haus – die ganze Stadt ist ihm zu klein! Da! Da war es wieder! Der Gesang. Draußen, vor seinem Fenster, vom Schneefall gedämpft, hört David die raue Stimme:

> *Der Herr sitzt an deiner rechten Seite!*
> *Der Herr wird Könige vernichten!*
> *Er wird ganze Nationen zerstören, sodass du,*
> *wenn du diesen Weg gehst, mein schöner Herr,*
> *halt machen kannst, um aus den kleinen Bächen zu trinken.*
> *Friede.*

Dieses Mal rührt sich David nicht aus der Wärme seines Bettes. Stattdessen blickt er hinauf zu den Balken aus Eichenholz und dem grauen Stein dazwischen.

»Morgen wird meine Zimmerdecke aus Zedernholz sein. Und mein Haus...« David denkt eine Weile nach. Er verschränkt die Hände hinter dem Kopf, starrt grübelnd nach oben, und dann flüstert er: »Mein Haus wird in Jerusalem sein.«

Es war kein Geheimnis, dass David, der König von Israel, sich auf dem Vormarsch gegen Jerusalem, die Stadt der Jebusiter, befand.

Seine Armeen marschierten von Hebron aus den Bergkamm entlang nach Norden, sodass die Bewohner jedes Dorfes und jeder Stadt sie sehen konnten. Während die Truppen voranschritten, verhielten sie sich so diszipliniert und ruhig, dass die Israeliten, die den Wegrand säumten, beim Vorbeimarschieren der Soldaten gleichfalls still wurden.

David hatte weder Friedensgespräche einberufen noch auf die Abgesandten der Jebusiter reagiert. Tribut wollte er nicht. Er wollte die Stadt. Und er wollte sie mit solch Furcht erregender Gewalt einnehmen, dass niemand seinen Besitzanspruch in Frage stellen würde. Die Stadt sollte ihm und seinen Söhnen, die nach ihm kommen würden, gehören. Und weil die Welt von diesem herrlichen Ereignis erfahren sollte, lehnte David jede List ab. Jerusalem aber verfügte über Angst einflößende Befestigungen. Teile der Mauern waren mehr als fünfhundert Jahre alt. Und in den dreihundert Jahren, die seit dem Einmarsch Josuas in Kanaan vergangen waren, hatte Israel diese Stadt nicht einnehmen können.

Als David den Hügel südlich der Stadt erreichte, sandte der König von Jerusalem ihm einen Boten entgegen. Dieser ritt auf einem Pferd, während David ihm auf einem Esel entgegenkam. Als sie sich im offenen Gelände begegneten, rief ihm David zu: »Hat Jerusalem eine Botschaft für David?«

Der Bote antwortete: »Der König sagt: ›Es hat keinen Sinn, unsere Mauern anzugreifen.‹ Mein Herr, der König, sagt: ›Mit solch mächtigen Mauern könnten sogar die Blinden und Verkrüppelten den Hirten David zurücktreiben.‹«

David musterte den Boten der Jebusiter einen Moment lang und überraschte ihn dann mit einem strahlenden Lächeln, als hätte der Mann gerade ein wunderschönes Lied gesungen.

Der Bote räusperte sich: »Mein Herr«, sagte er, »hat Israel darauf eine Antwort?«

»Es ist gut, dass du fragst«, erwiderte David. »Ja, ich habe eine Antwort.« Er wandte sich gleichmütig zu Joab um und sagte: »Gib folgende Nachricht an die Truppen weiter: Wer den Brunnen zuerst erreicht und dort die Jebusiter, die von Natur aus blind und verkrüppelt sind, schlägt – der soll zu meinem Oberbefehlshaber ernannt werden.«

Joab nickte und gab den Befehl an einen Untergebenen weiter.

Dann drehte David sich wieder zum Boten um und sagte: »Am besten zögerst du nicht.« Der arme Bursche starrte ungläubig an

David vorbei, wo Joabs Befehl wie ein Lauffeuer durch die Truppen lief, immer weiter, mit jedem Mal leiser werdend. »Sonst wirst du bestimmt nicht als Erster nach Hause kommen.«

Der Mann wirbelte herum, peitschte sein Pferd voran und eilte nach Norden, über die Hügel nach Jerusalem. Die ganze Zeit über schrie er: »Der Brunnen! Schickt eine Garnison zum Brunnen!«

David beobachtete seinen Abgang. Nun glich sein Gesicht einer bleichen Maske. Mit sanfter Stimme sprach er zu Joab: »Geh!«

Joabs Befehl klang nicht so sanft. Das Horn des Krieges ertönte in den Reihen der Krieger und die Armeen setzten sich in Bewegung.

David lenkte seinen Esel zur Seite und ritt zu einer hohen Klippe, um von dort aus den Feldzug zu beobachten.

Joab lehnte sich nach vorne und galoppierte mit halsbrecherischer Geschwindigkeit vorwärts, dicht gefolgt von zehn Männern. Bald hatten sie die Fußsoldaten hinter sich gelassen, die ihnen in Hundertschaften folgten.

Tatsächlich war der Oberbefehlshaber derjenige, der zuerst in Gihon ankam. Hier lag die Quelle des Kidrontals, unmittelbar unterhalb von Jerusalem. Und hier befand sich auch der Brunnen, von dem David gesprochen hatte – ein Schacht, der bis in die Stadt hineinführte. Er war in den Stein gehauen worden, um den Bewohnern der Stadt in Zeiten der Belagerung die Möglichkeit zu geben, Wasser zu holen. Eine Truppe der Jebusiter war hier stationiert, doch der Angriff Joabs war von solch überwältigender Macht, dass die Wachen sofort flohen.

Feindliche Soldaten erschienen an der Öffnung des Brunnenschachts, doch kaum hatten sie die Lage erkannt, wurden sie auch schon von Joabs Pfeilen getroffen.

Dann strömten weitere Soldaten aus dem Brunnenschacht heraus.

Joab sprang von seinem Pferd, warf sich ihnen mit Urgewalt entgegen und tötete sie in schneller Abfolge mit zwei kurzen Degen. Dann stieg er selbst in den engen Schacht hinab. Jeden Jebusiter, der ihm den Weg versperrte, tötete er und stieg dann über ihre blutigen Leichen.

Die zehn Israeliten, die mit ihm geritten waren, folgten ihm schweigend. Jeder von ihnen kannte den Plan, den ihr Oberbefehlshaber bis ins kleinste Detail durchdacht hatte.

In der Stadt angekommen, brachen sie aus dem Schacht hervor wie eine Fontäne aus hell leuchtendem Eisen. Seite an Seite kämpften sie sich einen Weg frei zu den mächtigen Toren der westlich gelegenen Mauern. Zwei Israeliten starben, von den Pfeilen der Jebusiter getroffen. Ein weiterer Mann stolperte, wurde seitlich von einem Speer durchbohrt. Ein vierter rannte vor und zog damit die Aufmerksamkeit der Krieger Jerusalems auf sich, die alle ihre Pfeile auf ihn niederprasseln ließen.

So konnte Joab sich nach vorne stürzen und die letzten Meter bis zu den Toren sicher durchqueren. Von sechs in Lederpanzern gekleideten Israeliten umgeben, hievte Joab den Balken aus den metallenen Streben und machte die Tore der Stadt weit auf. Das wogende Heer der Israeliten strömte hinein, überflutete die Straßen und Häuser Jerusalems, erschlug die Soldaten und trieb die Bürger zurück in die Mauern.

Durch das westliche Tor hindurch ritt David auf seinem Esel ungehindert in die Stadt.

Dort wurde ihm der König der Jebusiter vorgeführt.

Und David sprach: »Ist es besser, als Blinder oder Verkrüppelter zu leben oder ganz zu sterben? Ein Hirte möchte es wissen.«

Der König funkelte David wütend an, sagte aber nichts.

David seufzte. »Also werde ich für dich wählen und dir einen ehrenhaften Tod schenken. Aber bevor du stirbst, sollst du wissen: Diese Stadt hat nun einen neuen Namen. Ich habe ihr den Namen ›Stadt Davids‹ gegeben.«

Zu später Stunde in derselben Nacht ging David die nördliche Mauer seiner neuen Festung entlang. Vor der Schlucht, die Jerusalem seit Jahrhunderten vor den feindlichen Angriffen aus dem Norden geschützt hatte, hielt er an. Von der kalten Luft der Nacht umgeben stand er dort und blickte hinüber zu einer noch höheren Erhebung. Doch Davids Gedanken drehten sich nicht um Befestigungen. Er dachte über die Geschichte dieser Hügel und über ihre Zukunft nach.

»Morija«, sagte er. Langsam ließ er die Worte auf der Zunge zergehen. Morija, der uralte Name des vor ihm liegenden, mächtigen Berges. Wild wuchs das Gestrüpp auf seinen steinernen, unvorstellbar alten Hängen. Es war der Ort, an dem Abraham Gott beinahe seinen Sohn Isaak geopfert hätte. Gott aber – Davids Gott, der Herr – hatte Isaak gerettet, indem er ihm stellvertretend einen Widder als Opfer geschenkt hatte.

»Und damit hast du auch uns gerettet, weil du den Nachkommen unseres Vaters verschont hast.« David sprach laut in die winterliche Nacht hinein. Und sein Atem erschien wie eine geisterhafte Wolke vor seinem Gesicht. »Genau dort, auf jenem Hügel, hat vor tausend Jahren der alte Mann seinen Sohn nicht getötet. O Herr, du Gott Israels, jetzt, da du ihn uns wieder zurückgegeben hast, will ich dir auf diesem Hügel, auf Morija, ein Haus bauen. Am Ort der Errettung!«

Einen Monat später erreichte David die Nachricht, dass die Philister ihre Armeen bei Geser versammelt hatten und gerade dabei waren, in das Refaimtal einzudringen.

David war nicht überrascht. Solange er in Hebron geblieben war, hatten die Herrscher der Philister in ihm nur einen Söldner gesehen, der die nutzlosen Hügel Judas plünderte. Nun aber war er König der nördlichen und südlichen Gefilde mit einer in der Mitte liegenden Stadt, die er sein Eigen nennen konnte. Nun trug eine Festung von uraltem Ruf seinen Namen und beschützte seine Person. In Israel herrschte ein größerer König, als es Saul je gewesen war!

David rief seine Berater zusammen. Sie trafen sich an dem Westtor der Stadt. Damit der König Gott um seinen Willen ersuchen konnte, brachte Abiatar das Efod mit.

David fragte: »Soll ich den Philistern entgegenreiten? Wirst du sie mir ausliefern?«

Und der Herr sprach zu David: *Reite hinaus. Ich werde dir die Philister ausliefern.*

Also versammelten sich David, Joab und ihre mächtigen Krieger in den östlich von Refaim gelegenen Hügeln. Sie teilten sich auf und versteckten sich zwischen den Felsen des zerklüfteten Terrains.

Als die Philister an der entfernten Öffnung zum Tal erschienen, flüsterte David seinen Befehlshabern zu: »Wartet.« Inzwischen suchten die Philister nach einem geeigneten Ort, um ihre Zelte aufzuschlagen, denn sie waren auf langwierige Kämpfe gefasst. Immer näher kamen sie. David aber blieb dabei: »Wartet.«

Erst als der größere Teil der Armeen den östlichen Eingang zum Refaimtal passiert hatte, rief David: »Erhebe dich, Israel!« Und dann brachen die Krieger der Israeliten von allen Seiten aus den felsigen Höhen Refaims hervor. Die Philister, von dem Angriff völlig überrascht, machten kehrt und rannten weg. In ihrer Panik ließen sie sogar ihre Wagen zurück, ihre Vorräte, alle Ausrüstung und Nahrung – selbst ihre Götter!

In dieser Nacht machte David ein großes Feuer. Er befahl seinen Männern, die Namen der Götter, die sie erbeutet hatten, laut zu rufen. Besonders Benajas Stimme war so gewaltig, dass die Feinde ihn sogar in ihren Lagern, weit entfernt auf den Hängen der umliegenden Hügel, hören konnten. »Dagon!«, brüllte Benaja. »*Dagon!*«, echoten die Armeen der Israeliten mit Tausenden von Stimmen.

David warf das Götzenbildnis ins Feuer und Benaja brüllte: »Seht her! Dagon steht in Flammen! Wie kann ein Gott, dessen Bildnis nur noch Asche ist, für sein Volk kämpfen?«

Um Mitternacht befragte David wieder das Los, ob er ein zweites Mal gegen die Philister in den Kampf ziehen sollte.

Und der Herr sprach: *Geh nicht hinaus. Geh im Schutz der Dun-*

kelheit und stell dich hinter dem Feind auf. Nähere dich dem Feind von der gegenüberliegenden Seite der Pappeln, die den Berg bedecken. Rege dich, sobald du das Geräusch von heranrückenden Soldaten in den Baumwipfeln hörst.

David tat genau das, was der Herr gesagt hatte. Die ganze Nacht über brachte er seine Armeen hinter den Herrschern der Philister in Stellung.

Am Morgen herrschte Windstille. Israel regte sich nicht. Jeder Soldat konnte hören, wie die Feinde sich auf den Kampf vorbereiteten, Kettenhemden anzogen, Halfter überstreiften und das Metall ihrer Schwerter erklingen ließen.

Wie von Geisterhand bewegt, fingen die losen Blätter der Pappelbäume an zu rascheln und zu flüstern. Die Philister zögerten. Ihnen war, als könnten sie Armeen aus allen Himmelsrichtungen hören – doch sicher waren sie sich nicht. Die Israeliten aber vernahmen deutlich die Engel des Herrn.

Sofort erhoben sie sich aus dem Wald und griffen die ungeschützte Nachhut des feindlichen Heeres an, schlugen die Philister in die Flucht und trieben sie in einem Grauen erregenden Durcheinander aus ihren eigenen Lagern hinaus. Dies war der Feind, den Saul niemals vollständig zu bezwingen vermochte – die Nation, die seit dem Tag, an dem Simson zwischen den Säulen ihres Tempels begraben worden war, die Mütter Israels mit Kummer gepeinigt hatte. An diesem Tag vertrieb David diesen Feind aus dem Refaimtal und jagte ihm bis zu den Toren Gesers nach.

Und an diesem Tag wurde David auch bewusst, dass er zum König unter den Königen aufgestiegen war, und dass der Herr sein Volk Israel über andere erhoben hatte: Hiram, der König von Tyrus, schickte königliche Abgesandte zu David, um ihm nach diesem Aufsehen erregenden Sieg über die Philister die Ehre zu erweisen. Außerdem bot Hiram ihm Geschenke an, die so wertvoll und zahlreich waren, dass alle Völker wussten, dass Tyrus diplomatische Beziehungen zu Israel wünschte. »Wenn du Zedern wünschst«, ließ Hiram ihm ausrichten, »dann sende ich dir so viele, wie du willst.

Und wenn du Zimmermänner und Steinmetze brauchst, werde ich auch sie zu dir schicken.«

Und David ließ dem König von Tyrus aus Jerusalem sagen: »Freundschaft ist stets ratsamer als der Krieg. Ja, ich habe tatsächlich etwas, das ich mit deinem Zedernholz bauen möchte, Hiram: ein Haus!«

Nun baute David auf dem Höhenzug über Jerusalem ein prächtiges Haus, das die Stadt wie eine Krone überragte. Die Wände waren mit Zedernholz getäfelt. Balken aus Zedernholz stützten die Decken. Die Dächer wurden mit grünen Gärten bepflanzt, und wenn der König durch diese Gärten schlenderte, konnte er in jeden Hof eines jeden Hauses der Stadt blicken.

Etwas tiefer als seine eigenen Zimmer, aber dennoch höher als der Rest des Hauses, ließ David ein Gemach für Michal, die Frau seiner Jugend, einrichten.

Einst hatte Saul sie im zweiten Geschoss seiner eigenen, rauen Festung einquartiert. David war aber der Meinung, dass ihr dieses wunderbare Haus auf dem Hügel besser gefallen würde. Er wollte die Freude in Michals Leben wieder erwecken. Seit er sie vor einem Jahr aus Hebron mitgebracht hatte, hatte sie kaum mit ihm gesprochen. Bei jedem Fest saß er an ihrer Seite, doch sie blieb in sich gekehrt, stumm. Er hatte ihr eine Brosche aus Onyx mit weißen Verzierungen auf schwarzem Hintergrund geschenkt. Doch getragen hatte sie das Schmuckstück nie.

David hatte dreißig Zimmer für seine übrigen Frauen, die alle Kinder hatten, einrichten lassen: drei Reihen, bestehend aus jeweils zehn Zimmern in einem separaten Flügel des zweiten Geschosses. Er hatte auch Frauen aus Jerusalem geheiratet und folgte damit der Tradition der umliegenden Nationen, nach der ein König seine eigene Stärke durch die Größe seines Harems und die Anzahl seiner Kinder kundtat.

Es war ein prächtiges, ein königliches Haus. Derjenige, der einst in steinernen Höhlen genächtigt hatte, lebte nun in einem Palast nach seinen eigenen Vorstellungen, mit Platz für die Verwaltungsräume, den Thronsaal, ein Wartezimmer, Arbeitszimmer für seine Offiziere, mit Platz auch für die Archive, eine Schatzkammer für die Reichtümer des Königs und mit Schlafplätzen für Benaja und seine persönliche Leibwache.

Platz – *Rehobot!*, dachte David voller Freude. *Isaak in der Wildnis, David in seiner Stadt: der Herr hat uns einen Platz bereitet – und ich werde auch in diesem Land Früchte tragen.*

Genau in diesem Moment, als sein Herz von Dank erfüllt war, kam ihm eine weitere Verpflichtung in den Sinn. *Die Bundeslade des Herrn ist in all diesen Jahren in Kirjat-Jearim vernachlässigt worden.*

Die Bundeslade – Zeichen für die Gegenwart des Herrn der Heerscharen, der auf dem Thron über den Cherubim sitzt!

In jenen Tagen ging David in Begleitung seiner Offiziere und der Ältesten der zwölf Stämme zum Haus Abinadabs, das auf dem Hügel in der Nähe von Kirjat-Jearim lag.

Mit sich brachten sie einen neuen Karren.

Dem Befehl des Königs folgend trugen die Söhne Abinadabs, Usa und Achjo, die Bundeslade aus dem Haus ihres Vaters hinaus und setzten sie mit ehrfürchtiger Vorsicht auf dem Karren ab. Dann trieben sie die Ochsen an. So fuhr der Karren voraus und die beiden Brüder gingen hinter ihm her.

David und die Bewohner Israels, die ihn begleitet hatten, fingen an zu singen. Der König sang eine Strophe vor und das Volk sang sie Wort für Wort nach. Plötzlich wurde David von einer solchen Freude ergriffen, weil sich die Bundeslade des Herrn allmählich seiner Stadt näherte, dass er laut lachte. Dann stimmte er ein Lied an und sang mit einer solchen Begeisterung, dass das Volk in den Gesang einfiel, immer schneller wurden die Lieder. Sie spielten auf Leiern, Harfen, Tamburinen und anderen Schlaginstrumenten –

und schließlich begannen die Ersten zu tanzen. Während sie auf dem Weg nach Jerusalem hinter der Bundeslade herliefen, bewegten sie ihre Füße immer schneller und wilder.

Als sie zu der Tenne Nachons kamen, rissen sich die Ochsen plötzlich los und Usa streckte eine Hand aus, um die Bundeslade festzuhalten. Kaum hatte er jedoch die Lade berührt, stolperte er, fiel zu Boden und prallte mit dem Kopf heftig gegen den steinernen Boden der Tenne. Er war sofort tot.

Die Nachricht von seinem Tod flog wie ein Pfeil zurück durch die Reihen und erfüllte jeden Tänzer mit Todesängsten. Sie standen wie angewurzelt da und sagten flüsternd: »Er muss die Bundeslade berührt haben! Usa hat die Bundeslade entweiht und der Zorn des Herrn hat ihn getötet!«

Niemand regte sich. Wer vermochte schon zu sagen, was Gott als Nächstes tun würde?

Der König hatte die Worte des Volkes vernommen und wurde ebenfalls ängstlich. »Wenn der Herr seine Hand gegen Usa erhoben hat«, sagte er, »wie soll ich dann von der Bundeslade Besitz nehmen?«

David befahl, dass der Karren, die Ochsen und die Bundeslade zum Haus von Obed-Edom gebracht werden sollten. Dieser war ein Mann aus Gat, ein Philister, der bei den Israeliten wohnte.

Die Ältesten und alle Israeliten, die den Umzug begleitet hatten, schlichen bedrückt nach Hause.

Und David kehrte ohne die Bundeslade in seine Stadt zurück.

Doch es waren keine drei Monate vergangen, als der junge Abiatar eines Tages lächelnd auf König David zutrat.

»Etwas Bemerkenswertes ist geschehen, Herr«, sagte er. »Ich ging hinaus, um die Bundeslade zu sehen, und ich sage dir, dass der Herr Obed-Edom gesegnet hat.«

David sprang auf: »Der Zorn des Herrn hat sich gelegt?«

Abiatar nickte. Da leuchteten die Augen des Königs und ein Lächeln ging auch über sein Gesicht. »Dann lass uns die Bundeslade in die Mauern dieser Zitadelle bringen!«

Unter seinen königlichen Gewändern trug David diesmal einen leinenen Priesterschurz.

Und dieses Mal trugen die Priester die Bundeslade auf Balken auf den Schultern, genauso, wie sie einst durch die Wildnis getragen worden war. Nachdem sie sich sechs Schritte vom Hause Obed-Edoms entfernt hatten, ohne dass der Herr sie gestraft hatte, schlachtete David einen Ochsen und ein gemästetes Lamm und brachte sie als Dankopfer dar.

Dann setzte sich der Umzug wieder in Richtung Jerusalem in Bewegung, und der König rannte allen voran und schrie seine Freude hinaus in die Welt. Der Herr war mit ihm! David klatschte in die Hände und lachte lauter, als er es je zuvor im Leben getan hatte. Er tanzte und alle folgten ihm in seinem Tanz. Bald riss sich der König die Kleider vom Leib, damit er sich freier bewegen konnte. Nur mit seinem Lendenschurz bekleidet tanzte er singend und jubelnd durch das Tor der Stadt.

Als die Bundeslade in die Stadt gebracht wurde, lehnten sich die Bürger aus ihren Fenstern hinaus und klatschten Beifall. Sie säumten die Straßen und lachten vor lauter Freude, vom Tanzen des Königs mitgerissen. Der Klang ihrer Stimmen folgte der Bundeslade bis zum Zelt, das David dafür vorbereitet hatte. Dort angekommen, brachte er dem Herrn Brandopfer und Friedensopfer dar. Er segnete die Menschen im Namen des Herrn und verteilte an jeden Mann und an jede Frau einen Laib Brot, ein Stück Fleisch und einen Rosinenkuchen.

Dann kehrten alle wieder nach Hause zurück.

Auch David ging zu seinem Haus, um seine Familie persönlich zu segnen. Alle versammelten sich im Hof: seine Frauen, seine Kinder, alle seine Bediensteten und Arbeiter, Mägde, Bäcker, Hirten – sogar die uralte Hausdienerin, die die Straßen mit ihrem Besen aus Dornenzweigen kehrte. Nur Michal hielt sich von der Feier fern. Diese Tatsache beunruhigte David.

Nachdem er über allen Anwesenden den Segen ausgesprochen hatte, stieg er die Treppe hinauf zur Wohnung seiner ersten Frau.

Michal saß am Fenster und blickte hinab auf die Straßen der Stadt.

»Michal«, fragte er, »bist du krank?«

Sie hatte ihr Gesicht abgewandt und auch jetzt drehte sie sich nicht um.

Er sprach: »Heute ist der Tag, an dem der Herr in die Stadt Davids zurückgekehrt ist. Hättest du es nicht schaffen können, an meiner Seite zu stehen?«

Michal blinzelte. In ihren Augen standen Tränen.

Mit zunehmender Strenge in der Stimme fragte David erneut: »Warum hast du mich heute im Stich gelassen? Warum hast du gerade meinen Segen verweigert?«

Langsam drehte sie sich zu ihm um. Ihre Lippen zitterten. »Aus Scham«, sagte sie mit heiserer Stimme. Kaum konnte sie ihre Gefühle verbergen.

»Scham?«, erwiderte David. »Scham, Michal? Was hat denn Scham mit dem Tag zu tun, der Heiligkeit in diese Stadt gebracht hat?«

Michal starrte ihren Mann mit wütendem Blick und Tränen in den Augen an. »Oh, wie der König von Israel sich heute mit Ehre überhäuft hat«, klagte sie. »Wie ein Bauernjunge hat er vor den Augen der versammelten Männer und Frauen seine Nacktheit zur Schau getragen.«

»Ach so«, sagte David. Er warf einen Blick aus Michals Fenster. »Meine Frau hat ihren Aussichtspunkt in einen Richterstuhl verwandelt.« Dann sah er sie an. Michal erwiderte wütend seinen Blick, und ihr Kinn zitterte.

Mit sanfter Stimme sagte David: »Heute habe ich vor dem Herrn getanzt. Ich war lustig und vergnügt vor den Augen dessen, der mich über deinen Vater zum Prinzen Israels erhoben hat. Und ich werde mich noch verachtenswerter in deinen Augen machen, Michal. Vielleicht ist es in deinen Augen eine Erniedrigung, aber die Männer und Frauen, von denen du sprichst – sie werden mich in Ehren halten.«

David wandte sich um und verließ das Zimmer.
Michal wohnte weiter in ihrer hoch über der Stadt erhobenen Wohnung. Doch bis zum Tag ihres Todes bekam sie keine Kinder.

König David stand in der Dunkelheit des uralten, felsigen Berges Morija. Sein Blick schweifte über die Schlucht zu seinem eigenen großzügigen Palast.
Die erleuchteten Fenster sahen in der Nacht aus wie Augen. Warm war es in seinem Haus, und die Zimmer waren hell und freundlich.
Doch dieser von Gestrüpp übersäte Hügel blieb ein dorniger Platz, finster und ungeschützt.
David betete in dieser Nacht. Er schritt auf dem Felsen umher und sagte: »Oh, Herr, mein Gott, ich bewohne ein Haus aus Zedernholz, während deine Bundeslade in einem Zelt stehen muss. Erlaube mir, dir ein Haus zu bauen – hier, auf diesem Berg. Mein Haus auf Zion, deines auf Morija . . .«
Der Herr aber sprach: *Seit dem Tag, an dem ich das Volk Israel aus Ägypten geführt habe, wohne ich in einem Zelt.*
Nein, David, bau mir kein Haus. Stattdessen werde ich dir ein Haus geben! Ich habe dich vom Hirten der Schafe zum König über Israel erhoben. Ich bin bei dir gewesen, wie ich immer bei dir sein werde – und wenn du dich zu deinen Vorfahren legst, werde ich deinen Sohn erheben und sein Königreich befestigen. Dessen Thron werde ich für die Ewigkeit schaffen. Er soll dann in meinem Namen ein Haus bauen, und ich werde sein Vater sein und er mein Sohn.
Bewegungslos stand David auf dem dunklen Hügel. »Oh, Herr, mein Gott«, flüsterte er, »ist das ein Versprechen?«
Und der Herr antwortete: *Es ist ein Versprechen.*
Doch David war noch nicht zufrieden. Er flüsterte: »Herr, aber ist es auch wie dein Versprechen an Abraham? Ist es wie dein Wort zu Mose auf Sinai? Ist es ein Bund?«

Der Herr erwiderte: *Es ist mein Bund mit dem Hause Davids. Es ist ein immer währender Bund, der in allem gefestigt und befestigt ist.*

Plötzlich kam ein Wind auf, zerrte an Davids Haaren und ließ sein Gewand aufbauschen und die Kälte über seinen Körper strömen. David aber war in dem Wissen, das der Herr ihm geschenkt hatte, völlig versunken. Seine hagere, blasse Gestalt stand aufrecht, sein Gesicht war zum Himmel erhoben. »Es ist ein Dekret des Herrn«, sagte er, »und ich werde vom Dekret des Herrn singen!«

*Gott sprach zu mir: »Du bist mein Sohn,
heute habe ich dich gezeugt.*

*Ich mache nun die Nationen zu deinem Erbe
bis zum Ende der Erde.«*

In jenen Tagen besiegte David die Philister im Westen und setzte ihrer Vorherrschaft ein Ende.

Er reiste zum König der Ammoniter in den Osten und bot ihm anstelle von Krieg die Freundschaft an. Der sehr alte und ebenso weise Nahasch nahm das Angebot an.

Als Moab sich gegen ihn erhob, besiegte David auch dieses Volk. Er teilte die Moabiter in drei Gruppen und zwang sie, sich in drei Reihen auf den Boden zu legen. Dann ließ er zwei Reihen hinrichten, während er die dritte verschonte. Die Moabiter wurden seine Diener und zollten ihm Tribut.

David machte sich einen Namen, indem er achtzehntausend Edomiter im Salztal tötete. Er stationierte Garnisonen im ganzen Königreich Edom und machte es sich untertan.

Mit der Zeit hörte er auf, mit seinen Armeen in den Krieg zu ziehen. Seine Kommandeure gingen in seinem Namen hinaus, und in seinem Namen erhoben sie einen jährlichen Zoll, um die Schatzkammer des Königs noch weiter zu füllen.

Als Nahasch, König der Ammoniter, in hohem Alter starb, regierte Hanun, sein Sohn, an seiner Stelle weiter. David schickte mehrere Botschafter nach Ammon, um den jungen König zu trösten und ihm zu seinem neuen Amt zu gratulieren. Aber noch bevor die Abgesandten der Israeliten in der Hauptstadt der Ammoniter, in Rabba, angekommen waren, nahm Hanun sie fest und beschuldigte sie der Spionage in seinem Land. Er rasierte ihnen die Hälfte ihrer Barthaare ab und riss ihnen die um ihre Hüften hängenden Gewänder weg, um ihre Genitalien zu entblößen. »Euren weichlichen Gesichtern nach zu urteilen, müsstet ihr Frauen sein«, spottete Hanun, »aber euren Lenden zufolge seid ihr eindeutig Männer. Geht nach Hause! Verschwindet von hier!«

Als David von der Demütigung seiner Boten erfuhr, schickte er Joab mit einem Regiment nach Rabba, um dem unreifen Narren eine Lektion zu erteilen: Ammon würde sich an Israel binden, ob es wollte oder nicht.

Joab durchquerte den Jordan bei der am nördlichen Ende des Salzmeeres gelegenen Furt. Der Weg führte die Truppen durch das offene Gelände Richtung Rabba.

Als sie sich der Stadt näherten, zogen die Armeen der Ammoniter aus und begannen ihre Kampfstellungen einzunehmen. Auf der gegenüberliegenden Seite tat Joab das Gleiche.

Plötzlich aber ging ein Geschrei in den hinteren Reihen der israelitischen Truppen los. Joab drehte sich um und sah eine riesige Armee, dreißigtausend Fußsoldaten mit Streitwagen, die aus dem Hinterhalt auf seine Armee zustürmte. Syrer! Söldner! Hanun musste ihre Unterstützung erkauft haben. Nun befand sich Israel zwischen Regen und Traufe. Im offenen Gelände konnten die Streitwagen ihren Vorteil voll ausspielen.

»Abischai!«, rief Joab seinem Bruder zu. »Teile die Truppen auf! Sofort! Wenn die Syrer zu nahe kommen, haben wir keinen Platz mehr, um uns zu bewegen. Nimm vier Kompanien und halte Hanun auf! Ich kümmere mich um den Überfall!«

Einen Augenblick lang konzentrierte Joab sich darauf, in den Süden zu blicken, um die Entfernungen und die Geschwindigkeiten sowie die Schwachstellen der heranrückenden Truppen zu beurteilen. Dann bellte er seine Befehle, teilte seine Truppen neu ein und blies urplötzlich zum Gegenangriff gegen die eigentlichen Angreifer.

Steinschleudern, Speere und niederprasselnde Pfeile, der kämpferische Mut der Streitkräfte Joabs und stampfende Schritte, so schnell wie Streitwagen – auf einmal geschah alles wie mit doppelter Geschwindigkeit. Plötzlich waren die Syrer in Gefahr, von den sich überschlagenden Ereignissen überrumpelt zu werden. Sie zögerten, Joab aber nicht. Sie hielten an, Joab stürmte um so heftiger weiter. Die Reihen der Syrer lösten sich auf und alle versuchten auf irgendeine Weise zu entkommen.

Als der junge Hanun sah, wie seine Verbündeten versagten, zog er sich in die Mauern seiner Stadt zurück. Joab erstattete David einen genauen Bericht über die Ereignisse bei Rabba. »Ich war mir meiner Sache zu sicher«, sagte er. »Und es kommt noch schlimmer. Weil einige Syrer gedemütigt wurden, bereiten sich nun mehrere syrische Städte darauf vor, gegen uns in den Krieg zu ziehen. Hadad-Eser von Zoba mustert Truppen aus Damaskus und sogar vom Euphrat.«

David sprach: »Ein zweites Mal werden wir nicht leichtsinnig sein. Ruf die Männer Israels zusammen. Ich selbst werde die Truppen anführen.«

Man konnte drei Furten benutzen, um den Jordan zu durchqueren. Die zweite war in der Nähe von Jericho. Die dritte, am weitesten im Norden gelegen, lag bei Adama und führte in das Sukkottal hinein.

David sagte: »Wir werden den Fluss bei Adama durchqueren. Alles wird ruhig und überlegt ablaufen, Joab – keine hastigen Aktionen. Wenn dies hier vorbei ist, wird es endgültig vorbei sein und es wird kein drittes Mal geben.« David sprach mit ruhiger, sachlicher Stimme. Es waren weder Anzeichen von Tadel in seiner Stimme zu erkennen, noch Scham in Joabs Gesicht. »Deswegen sollst du Versorgungslinien aus Sukkot und Mahanajim für unsere Armeen einrichten. Wenn wir das Tal betreten haben, werden wir nicht nach Süden in Richtung Rabba abbiegen, sondern weiter in den Norden nach Helam, Damaskus und Zoba marschieren. Ich muss mich zuerst um Hadad-Eser kümmern, bevor ich mich Hanun und den Ammonitern zuwende.«

Innerhalb von drei Wochen hatte König David von Israel den Jordan durchquert und marschierte nun den bei Helam stationierten Armeen Hadad-Esers entgegen. Israel und Syrien richteten aus Schilden und Speeren Kampflinien ein und bekämpften sich gegenseitig. David tötete siebenhundert Reiter der Syrer und zweiundvierzigtausend Fußsoldaten. Er trieb alle Pferde, die die Streitwagen zogen, in den Korral und schnitt ihnen die Achillessehnen durch. Einhundert Streitwagen behielt er für seine eigene Armee. Als die Offiziere und Kommandeure von Hadad-Eser erkannten, dass sie von David besiegt worden waren, boten sie ihm Frieden an und unterwarfen sich seiner Herrschaft. Danach sandte David Joab und die Armeen Israels in den Süden, um die befestigte Stadt Rabba zu belagern.

»Geduld«, sagte er zu Joab. »In solchen Angelegenheiten ist nie Eile geboten. Lass den jungen Hanun innerhalb seiner Mauern altern und die Ammoniter werden sich nie wieder gegen Israel erheben.«

König David selbst kehrte heim. Zusammen mit Benaja und seiner Leibgarde trug er dreißig goldene Schilde, die sie den Offizieren von Hadad-Eser abgenommen hatten, und große Mengen Bronze nach Hause.

In der Mittagsstunde eines Sommertages, während die Bauern ihre Ernte einbrachten und die Olivenhaine gerade angefangen hatten zu blühen, verschränkte David seine Hände hinter dem Rücken und ging in den Gärten auf dem Dach seines Hauses spazieren. Er schlenderte durch die roten Blüten, die Granatapfelbäume, die Rosen und den Oleander. Er trug einen leichten Leinenschurz und Sandalen aus Ägypten mit nach ober gebogener Spitze. Er war fast vierzig Jahre alt, ein schlanker Mann, leichtfüßig und ausgesprochen zufrieden.

Der Belagerungsring, den Joab östlich des Jordan um Rabba gezogen hatte, stand bereits seit mehr als einem Monat. Den Berichten zufolge führte Israel täglich Gefechte an den Stadtmauern, um die Streitkräfte Hanuns einzuschüchtern. Dennoch hatte Joab noch nicht versucht, die Mauern der Stadt zu durchbrechen. Dafür war noch genügend Zeit.

Mit Ausnahme des Krieges gegen die Ammoniter lebten Israel und Juda in Frieden mit den Völkern der Erde. Die Tribute füllten die Schatzkammern Jerusalems und David war der unangefochtene Herrscher. Er regierte über die Gebiete, die sich von Ägypten bis zum Euphrat erstreckten: Durch Gouverneure kontrollierte er die Aramäer, die Syrer, die Edomiter; er selbst war Anführer der moabitischen Stämme; er hatte Friedensabkommen mit Tyrus und Hamat geschlossen, und sobald Rabba gefallen war, würde er auch König der Ammoniter sein.

Seine Erfolge waren beinahe beängstigend.

David pflückte ein paar Ähren des Ziergetreides, das in den Beeten seiner Gärten wuchs. Er schlenderte zum südlichen Dachfirst, während er die Ähren zwischen den Handflächen zerrieb, die Körner in den Mund steckte und sie mit den Schneidezähnen knackte. Er warf einen Blick hinab auf die Stadt. Plötzlich sah er ein kurzes Aufblitzen, ein Aufleuchten des Sonnenlichts in einem der unter ihm liegenden Hinterhöfe. Es war das Wasser in der offenen Zisterne eines Hauses, das offensichtlich einem wohlhabenden Mann gehörte. David sah genauer hin. Dort badete eine Frau, alleine, abgeschirmt. Sie lag auf dem Rücken im Wasser, und die elfenbeinfarbene Haut ihres Körpers bildete einen atemberaubenden Kontrast zu dem pechschwarz schimmernden Haar, das ihr Gesicht umrahmte. In Gedanken versunken spielte ihr Fuß im Wasser – und verursachte so jenes Aufblitzen, das dem König aufgefallen war. Und nun konnte er sich nicht mehr von ihrem Anblick losreißen.

Kurze Zeit später drehte sie sich im Wasser um, erhob sich und ging hinauf zum Pavillon. Wie Regen lief das Wasser von ihrem Körper herab. Sie bedeckte sich mit einem blauen Mantel und verschwand im Haus.

David erwachte aus seinem tranceartigen Zustand. Das Getreide war auf seiner Zunge klebrig geworden. Er eilte in sein Haus und rannte die Treppe hinab zum Gemach seines Sekretärs, Seraja. Er beschrieb ihm das Haus mit der offenen Zisterne und nannte die angrenzende Straße. Dann fragte er: »Wer wohnt dort?«

Seraja sagte: »Tja, das Haus gehört Uria.«

»Uria? Uria, dem Hetiter? Das Haus gehört meinem Uria?«

»Seit den Tagen, als wir uns vor Saul verstecken mussten, ist er dein Soldat gewesen. Das ist er.«

»Ich habe ihn zum Stellvertreter Joabs ernannt«, sagte David. »Er ist äußerst loyal.«

»Und er kämpft gerade jetzt bei Rabba.«

»Aber dort war eine Frau bei der Zisterne, die ich noch nie zuvor gesehen habe.«

Seraja lächelte verschmitzt. »Der alte Uria hat eben eine junge Frau ergattert. Sie ist die Tochter eines anderen Kriegers von dir: Eliam – und ihr Großvater ist Ahitofel.«

»Ja, ja, das sind Freunde von mir – aber ich habe sie nie zuvor gesehen«, wiederholte der König gedankenversunken.

Sein Sekretär nickte.

Plötzlich verlangte David: »Wie ist ihr Name?«

Seraja antwortete: »Batseba. So hat Eliam sie genannt: Tochter der Fülle.«

»Batseba«, wiederholte David.

In dieser Nacht tat er kein Auge zu. Der Gedanke an die badende Frau ging ihm nicht aus dem Sinn. Ihr Bild rief eine größere Unruhe in ihm hervor, als er sie je zuvor erlebte hatte. Je mehr er in seiner Einsamkeit und in der Dunkelheit darüber nachgrübelte, desto mehr war er davon überzeugt, diese Qualen nicht ertragen zu können.

»Tobias!«, rief der König. »Tobias!«

Ein Diener erschien an der Türschwelle.

David sagte zu ihm: »Geh zum Haus von Uria, dem Hetiter, und richte seiner Frau aus, dass der König von Israel sie auf der Stelle sehen möchte.«

Tobias zündete zwei Öllampen in Davids Zimmer an und ging.

David lag regungslos auf seinem Bett. Er zwang sich, nicht nachzudenken. Er wartete. Immer wieder sagte er sich, dass er keinen Plan hatte, dass er nicht wusste, was passieren würde. Die Nacht würde fortschreiten und er würde einfach sehen, wo sie ihn hinbrachte.

Aber als die Frau, die er im Sonnenlicht hatte baden sehen, sein Schlafzimmer betrat und ihn im Schein der Öllampen ansah, wusste er es. Er wusste, was er tun würde.

»Batseba«, flüsterte David mit heiserer, stockender Stimme, »komm her.«

Als sie sich ihm näherte, erschien sie dem König wie eine weiße Wolke, in deren kühle Leichtigkeit er seine Hände tauchen konnte. Er zog Batseba sanft zu sich herunter auf das Bett, und als er sie nahm, war kein Aufhören mehr möglich, kein Denken oder Reden. Aber dann hörte David ein Schluchzen. Inständig hoffte er, dass er selbst es war, der da weinte. Er hoffte, dass es nicht Batseba war. Wie entsetzlich, wenn er Batseba zum Weinen gebracht hätte!

Die junge Frau verließ den Palast des Königs vor Anbruch der Morgendämmerung und kehrte nach Hause zurück.

Danach sah David sie nicht mehr.

Die Gelegenheit, ihr zu begegnen, schien nicht zu kommen. Und jedes Mal, wenn er zu ihrem Haus hinüberblickte, war der Hof leer und verlassen.

Zwei Monate später aber, am ersten Tag der Woche, schickte Batseba ihre Dienerin zum König mit einer Botschaft, die da lautete: »Ich trage ein Kind in mir.«

Am dritten Tag derselben Woche erhielt Joab bei Rabba einen kurzen Befehl: *Uria, der Hetiter, hat sich durch große Tapferkeit eine Zeit der Ruhe verdient. Mein Vetter, schick ihn nach Hause! Erinnere ihn daran, dass sein Bett weich und seine Frau sehr schön ist.*

König David hatte keinen besseren Diener als Uria. Keiner war ehrenhafter, keiner von größerer Treue als er. Es war also nicht weiter verwunderlich, dass Uria sofort bei seiner Rückkehr nach Jerusalem zum König ging, um ihn zu begrüßen. Dennoch schien David über den Besuch des Hetiters verblüfft zu sein. Uria begrüßte ihn mit dem Helm unter dem Arm, das Kettenhemd des Kriegers noch am Leib.

David sprach: »Du hast noch nicht gebadet.«

Uria grinste. Sein Gesicht war schwarz von Dreck und Staub. »Ich bin noch nicht zu Hause gewesen, Herr. Zuerst bin ich hierher gekommen, um meinen Herrn zu ehren.«

»Ach so«, sagte David. Es war der Vorabend des Sabbats. Sein eigenes Haar und sein Bart waren parfümiert. Der Kontrast erfüllte ihn mit Unbehagen. Doch auch er lächelte und fragte: »Wie geht es Joab?«

»Dem Amboss? Ach, der lacht und macht Witze und liebt uns alle.«

David runzelte die Stirn. »Eigentlich habe ich nach Joab gefragt.«

»Ich weiß.« Uria neigte den Kopf in einer entschuldigenden Geste. »Ich habe nur einen Scherz gemacht.«

»Ach ja, natürlich. Und, wie ergeht es den Truppen?«

»Wir gehen ohne Eile vor«, sagte Uria, jetzt mit ernsterer Miene. »Nur wenige sind gefallen. Joab hat mehr Geduld, als ich ihm zugetraut hatte.«

»Gut, gut«, sagte David. Dann setzte er ein strahlendes Lächeln auf und legte beide Hände auf die Schultern seines Offiziers. »Ich danke dir für die Nachrichten«, sagte er. »Geh jetzt zu deinem Haus und zu deiner neuen Frau, Uria. Wasch deine Füße. Ruh dich aus. Vergnüge dich. Los, geh schon!«

Uria verneigte sich zum Abschied und ging durch die Tür.

Auch König David zog sich zur Nacht zurück. Er schlief besser als in den vergangenen Nächten.

Aber als er am nächsten Morgen hinausging, um mit Benaja zu sprechen, fand er Uria schlafend auf den Stufen zum Palast, umgeben von dem Rest der königlichen Leibgarde.

»Uria!«, brüllte David, lauter als es eigentlich seine Absicht war. Der Mann wachte auf und sprang hoch.

»Was machst du noch hier?«, fuhr David ihn an. »Warum bist du nicht nach Hause gegangen?«

Der Hetiter erwiderte: »Während meine Brüder auf offenem Feld in Zelten hausen, soll ich essen und trinken und bei meiner Frau schlafen? Das kann ich nicht, wenn meine Brüder nichts von alledem haben!«

David runzelte die Stirn. Er warf einen kurzen Blick zu Benaja hinüber. »Du hast einen müden Soldaten hier schlafen lassen, als wäre er im Dienst?« Der arme Benaja hatte keine Ahnung, wie er auf eine solche Frage antworten sollte.

David starrte Uria einen Augenblick lang an. Dann sagte er versöhnlich: »Verbring den Tag mit mir. Iss und trink mit mir.« Er lächelte und fügte hinzu: »Das ist ein Befehl, Uria, dem du gehorchen musst.«

Uria tat, was sein Herr ihm befahl. Am ersten Tag der Woche reichte David ihm königliches Essen, und von der Mittagsstunde an bis in die Nacht hinein schenkte er ihm den teuersten Wein ein.

Als es draußen dunkel wurde, ging Uria zum König, schlang seine Arme um dessen Schulter und packte ihn in einer festen Umarmung.

David lachte. »Du hast zu viel getrunken, mein Freund«, scherzte er.

Uria warf den Kopf in den Nacken und brüllte vor Lachen.

David sprach: »Geh nach Hause! Geh zu deiner Frau, die darauf wartet, ihren Soldaten zu verwöhnen. Geh!«

Uria zwinkerte dem König zu. Er hob den Zeigefinger und deutete dem König an, vorsichtig zu sein. Dann torkelte er aus Davids Gemach hinaus, stolperte die Treppe nach unten und verließ schwankend den Palast.

In dieser Nacht war David wieder zu angespannt, um zu schlafen.

Sobald die Sonne den Horizont im Osten rötlich gefärbt hatte, zog er sich an und ging nach unten. Er öffnete die mächtigen Tore des Palastes und erschrak. Dort, inmitten seiner Leibgarde, lag die schnarchende, ungewaschene Gestalt Urias.

Also kehrte der König in sein Zimmer zurück. Eigenhändig schrieb er auf eine neue Tafel aus Ton: *Stell Uria an die Front, wo der Kampf am härtesten ist, und zieh dich hinter ihm zurück, sodass er erschlagen wird und stirbt.*

David versiegelte die Tafel mit seinem königlichen Siegel, trug sie hinaus zu Uria, dem Hetiter, und übergab sie ihm mit den Worten: »Geh zurück nach Rabba. Sobald du ankommst, übergibst du Joab diese Nachricht.«

Am Sabbat der zweiten Woche suchte ein Bote den König in seinem Palast auf und bat um eine Audienz. David ging mit seiner Leibgarde hinaus, um ihn zu treffen. Auch Benaja war zugegen.

»Deine Nachricht können ruhig alle hören«, sagte David.

Also überbrachte der Mann seine Botschaft: »Joab bat mich, so schnell wie möglich zu dir zu reiten. Er lässt dir ausrichten, dass er einen direkten Angriff auf die Stadt versucht hat. Die Bogenschützen auf den Mauern haben auf deine Diener geschossen. Vier Offiziere des Königs sind gefallen. Uria, der Hetiter, ist ebenfalls tot.«

David nickte traurig. »Sag Joab, dass er sich die Sache nicht zu sehr zu Herzen nehmen soll. Es lässt sich eben nicht voraussehen, wen das Schwert als Nächstes trifft.«

Als aber Benaja zu Batseba ging, um ihr die Nachricht vom Tod ihres Mannes und seines Freundes zu berichten, erhob sie ihre

Stimme zu einem lauten Klagelied. Sie ging hinaus zum Hof, schritt unaufhörlich auf und ab und klagte und weinte.

David beobachtete sie von seinen hoch gelegenen Gärten aus. Er beobachtete sie sieben Tage lang, eine angemessene Zeit des Trauerns.

Am ersten Tag der dritten Woche schickte König David seinen Diener Tobias mit sieben königlichen Dienerinnen zum Hause Urias. Sie brachten scharlachrote Kleider, eine goldene Halskette und eine schwarze Brosche aus Onyx mit weißen Verzierungen. Sie kehrten mit der zwar blassen, aber nun in herrlichem Staat gekleideten Batseba zum Palast zurück und sie wurde seine Frau.

Im späten Winter, während der Regenzeit, als die Mandelbäume in weißer Blütenpracht die Straßen Jerusalems säumten, gebar Batseba einen Sohn.

Davids Vaterherz war bei dem Anblick der zerbrechlichen Schönheit des winzigen Jungen und von seiner alabasterfarbenen, fast durchscheinenden Haut ganz gerührt. Gerade wollte er seinem Sohn einen Namen geben, der zu einem solchen Wesen passte, da wurde er gestört.

Ein Prophet namens Nathan bat um eine Audienz. Er sagte, dass er nicht warten könne, bis das Kind beschnitten sei. Die Angelegenheit verlange nach einer sofortigen Entscheidung.

»Herr, es ist so«, begann Nathan, als er vor dem König stand: »Zwei Männer liegen im Zwist. Der eine ist reich und hat viele Herden. Der andere ist so arm, dass er nur ein Lamm besitzt, das er mit seinen Kindern großgezogen hat. Früher aß es mit am Tisch und war ihm so teuer wie eine Tochter.

Nun kam eines Tages ein Reisender zu dem reichen Mann. Er aber war nicht bereit, eines seiner eigenen Schafe zu opfern. Also nahm er sich das Schaf des armen Mannes, schlachtete es und bereitete davon ein Essen für den Besucher.«

David war entsetzt über das Unrecht, das dem armen Menschen angetan worden war. »So wahr der Herr lebt«, sprach er, »jeder, der so etwas tut, verdient den Tod.«

»Das ist das Urteil des Königs?«, fragte Nathan.

David sagte: »Auf jeden Fall muss der reiche Mann dem armen Mann das Vierfache dessen, was er ihm gestohlen hat, zurückgeben.«

Nathan fragte: »Aber wie kann man ein Leben zurückgeben?«

David sah den Propheten entnervt an. »Du weißt so gut wie ich, dass sogar ein reicher Mann es nicht vermag, einem Toten wieder Leben einzuhauchen.«

»Genau«, sagte Nathan. Dann stellte er sich direkt vor den König hin und sagte: »David, du bist dieser reiche Mann. Was den armen Mann betrifft, so spricht der Herr: *Ich habe dich aus den Händen von Saul erlöst. Ich habe dir die Völker Judas und Israels gegeben. Auch Frauen habe ich dir gegeben – und wäre das zuwenig gewesen, hätte ich das Doppelte nachgelegt. Warum also hast du das Wort des Herrn missachtet? Warum hast du Uria, den Hetiter, mit den Waffen der Ammoniter ermordet – und dich dann seiner Frau bemächtigt, dass sie deine Frau wird?«*

Alle Farbe war aus Davids Gesicht gewichen, während der Prophet gesprochen hatte. Jetzt fasste er den Kragen seines Gewandes und fing an, es langsam von oben nach unten in Stücke zu reißen. In seinen Augen lagen tiefe Reue und unsägliche Trauer.

»Ich habe gesündigt«, flüsterte er. Er starrte Nathan an, und seine nackte Brust hob sich schwer. »Ich habe gegen den Gott Israels gesündigt.«

»Ja, Herr.«

»Nathan! Ich habe gesündigt!«

»Ja.«

In diesem Augenblick kam eine Amme zum König. Als sie seinen Zustand sah, wollte sie sich wieder zurückziehen. Er aber rief: »Warte!«

Sie verneigte sich ängstlich. »Herr«, sagte sie mit kaum hörbarer Stimme. »Dein Sohn ist krank.«

»Welcher meiner Söhne?«, rief David. »Welcher ist es?«

»Der Säugling.«

König David rannte durch die Gänge seines Palastes. Er lief zu den Zimmern, in denen seine Frauen und Kinder wohnten, und in die Räume von Batseba.

»Verschwindet!«, brüllte er die anwesenden Frauen an. Wortlos ließen sie Batseba und David mit dem Kind allein.

David sah seinen Sohn an. Er war sieben Tage alt, aber morgen würde es keine feierliche Beschneidung geben. Der winzige Körper des Jungen war heiß und trocken, sein Atem unregelmäßig und schwach. Das Kind weinte nicht – völlig teilnahmslos lag es da.

David konnte den Anblick nicht ertragen. Er drehte sich um und rannte hinaus, die Gänge entlang und zu seinem Zimmer. Dort angekommen, warf er sich auf den Boden und schrie: »Erbarme dich meiner, o Gott! Wasch mich rein von meiner Sünde! Ich kenne meine Sünde. Ich habe erkannt, dass ich gegen dich gesündigt habe, und es ist nur gerecht, dass du mich bestrafst. Mich, oh, mein Gott. Bestrafe mich – aber lass meinen Sohn am Leben!«

Den ganzen Tag über betete David so laut, dass Tobias und alle Diener es hören konnten. Er aß nichts. Er fastete. Auch am nächsten Tag betete er. Es war der achte Tag im Leben seines kleinen Sohnes.

»Wasch mich, dass ich rein wie der Schnee werde«, betete der König immer wieder.

»Oh, Herr, lass mich wieder Fröhlichkeit hören, dass der Körper, den du zerbrochen hast, wieder frohlocken kann . . .«

Einmal betrat Tobias Davids Schlafgemach, um ihm eine Nachricht von Joab vorzulesen:

Ich habe die Wasserversorgung Rabbas abgeschnitten. Wir sind bereit, die Stadt selbst zu erobern. Komm, o König, und führe uns zum Sieg, sodass er deinen Namen tragen wird.

Aber David antwortete nicht. Er erhob sich nicht vom Boden. Er betete und fastete weiter.

Zwei Tage später kam Tobias erneut und las eine zweite Botschaft vor: *Bist du König oder ich? Welcher von uns soll die Ammoniter im Namen des Herrn und im Namen Israels schlagen?*

David blieb regungslos sitzen. Tobias wusste nicht einmal, ob er die Worte verstanden hatte.

Auch Joab wusste es nicht. Als der Säugling vierzehn Tage alt war, kam der nächste Brief von Joab: *Ist der König von Israel tot, dass er seinem Oberbefehlshaber eine Antwort verweigert?*

Und am fünfzehnten Tag starb das namenlose Kind.

Tobias hatte Angst, es David zu erzählen. Vor den Türen zum königlichen Gemach sprach er mit den übrigen Dienern und sagte: »Selbst als das Kind noch lebte, war der König völlig verzweifelt. Wie kann ich jetzt sagen, dass es tot ist? König David könnte sich selbst etwas antun.«

David aber hörte das Geflüster und rief: »Ist mein Sohn tot?«

Tobias konnte keine Worte finden. Er stand stumm im Gang. Aber die alte Kehrfrau, die immer die Straßen vor dem Palast fegte, antwortete an seiner Stelle: »Er ist tot.«

David sagte nichts. Bald hörte Tobias jedoch, dass sich in den Zimmern des Königs etwas regte. Wasser wurde aus einem Krug in eine Wanne gegossen, Gewänder wurden raschelnd angezogen.

An diesem Abend erschien der König in den unteren Räumen des Palastes. Sein Haar war gekämmt, sein roter Bart war geschnitten und mit Parfüm eingerieben und er hatte frische Kleidung angezogen. Er ging hinaus in das Zelt der Bundeslade und lobte den Herrn. Dann kam er zurück, bat um Essen und stärkte sich.

Tobias starrte seinen Herrn verdutzt an. Er war ein hilfsbereiter Diener, aber er hatte nicht sehr viel Erfahrung. Es gab viel, was er nicht verstand.

David sah seine Verwunderung und erklärte: »Solange mein Sohn noch lebte, dachte ich, der Herr würde vielleicht gnädig sein und ihn leben lassen. Aber nun ist er tot. Kein Fasten kann ihn wieder zum Leben erwecken. Eines Tages werde ich zu ihm gehen. Er aber wird niemals zu mir zurückkehren.«

Am nächsten Tag ritt David in Begleitung von Benaja nach Rabba und schloss sich Joab im Kampf gegen die Ammoniter an. Mit ihrem Angriff eroberten sie Rabba, und die Bewohner der

Stadt krochen aus ihren Verstecken hervor, dünn wie Skelette. Der junge König Hanun fiel auf die Knie und winselte um Gnade. Mit dem rechten Fuß presste David das Gesicht des Königs zu Boden – als Zeichen der vollkommenen Unterwerfung. Dann brachte man ihm eine Krone, die fünfundsechzig Pfund wog und mit einem sehr seltenen Edelstein verziert war. David ging auf einen öffentlichen Platz in der Stadt, setzte sich die Krone auf und tat kund, dass er nun König der Ammoniter sei.

An dem Tag, an dem auch dieser Krieg zu Ende ging, erinnerte David sich an den Anblick seines kleinen, kranken Sohnes. Er sah den kleinen Körper vor sich, die eingefallene Haut, das teilnahmslose Gesicht. Und er erinnerte sich auch daran, wie verzweifelt er aus dem Zimmer gerannt war. Nun, nach so vielen Tagen fiel ihm ein, dass er und der Säugling nicht alleine im Zimmer gewesen waren. Hinter ihm hatte eine Frau gesessen und still vor sich hin geweint. Als er wegging, war sie geblieben. Es war Batseba, die Mutter des Kindes.

Jetzt, da Frieden in seinem Königreich herrschte, ging David also zu seiner Frau und tröstete sie mit sanften Worten, mit Gesang – und mit seiner Liebe. Bald wurde sie erneut schwanger, und im Winter, kurz nachdem der Weizen auf den Feldern ausgesät worden war, gebar Batseba ihren zweiten Sohn.

Am Tag seiner Beschneidung gaben sie ihm den Namen Salomo.

Dann kam Nathan, der Prophet, zu David und Batseba und erzählte ihnen, dass der Herr dieses Kind besonders liebte. Also fügten sie einen zweiten Namen hinzu: Jedidja, Geliebter des Herrn.

David hatte viele Söhne, die älter waren als Salomo. In seinem vierzigsten Lebensjahr hatte er bereits eine beachtliche Nachkommenschaft, aus deren Reihen ein König für Juda kommen sollte, um später an seiner Stelle zu regieren. Lautete das Versprechen des Herrn nicht so?

Denn er hat einen ewigen Bund mit mir geschlossen, der in allem geordnet und sicher ist.

In Hebron hatte David fünf Söhne gezeugt. Nun waren sie alle erwachsen, stark und jeder für sich ein gestandener Mann.

Amnon, der älteste, war ein Mann voller Verlangen und Leidenschaft, wie es auch sein Vater war.

Absalom, der zweitälteste, war schlicht und ergreifend schön. Er hatte die volle, schwarze Haarpracht, die David bei Saul und Jonatan so geliebt hatte. Bei dem bloßen Anblick Absaloms war das Herz seines Vaters von Freude erfüllt. Doch er hatte auch einen scharfen Verstand und war ein wortgewandter Mann mit einem Gespür für Diplomatie und Etikette. Ja, sein Auftreten war eines Königs würdig.

Adonija, der dritte Sohn, hatte die Angewohnheit, sehr launisch zu sein. Er war etwas unnahbar und verletzlich. Aber er war ein hervorragender Schüler, und er brauchte keinen Schreiber, der die Briefe für ihn verfasste. David war stolz auf die Wissbegier seines Sohnes.

Dem vierten und fünften Sohn aber schenkte der König kaum Beachtung. Möglicherweise lag es daran, dass beide zu einer Zeit geboren wurden, als er ausschließlich mit der Befestigung seines Landes beschäftigt war. So war es nur verständlich, dass Schefatja und Jitream eine stille Allianz schließen würden, und sie standen sich ihr ganzes Leben lang sehr nahe. Sie waren die letzten Kinder, die noch in Hebron zur Welt gekommen waren, kurz bevor David nach Jerusalem zog. Dort wurden ihm in weniger als zehn Jahren dreizehn Söhne geboren.

Als sie dreizehn und vierzehn Jahre alt waren, beobachteten sie wie alle anderen im Palast die dramatische Geburt eines blassen Kindes. Es war Batsebas Sohn, der Salomo hieß. Ihnen fiel auf, wie vorsichtig der Junge behandelt wurde, wie selten er wirklich das machen durfte, was er wollte und wie selten er aus den Augen gelassen wurde. Sie bemerkten auch, wie still und ernst er deswegen war.

Und dann wurden sie, ohne eigenes Verschulden, Zeuge eines Mordes unter Brüdern – ihren eigenen Brüdern. Dieser Mord war so kaltblütig, dass Schefatja und Jitream ihre Habseligkeiten zusammenpackten und das Haus Davids für immer verließen.

Als er zweiundzwanzig Jahre alt war, verliebte sich Amnon – der Sohn Davids aus seiner Ehe mit Ahinoam – so sehr in Tamar, dass er fast krank wurde. Doch es war eine verbotene Liebe, denn sie war ebenfalls Davids Kind. Ihre Mutter war Maacha, die auch Absaloms Mutter war. Amnon hatte sich in seine Halbschwester verliebt.

Tamar hatte orientalische Augen, rötlich schimmerndes Haar und eine dunkle Hautfarbe, und ihr Körper zeigte die ersten Rundungen einer Frau. Doch ihr Äußeres war reifer als ihr kindliches Gemüt und so war ihr völlig unbewusst, welche Leidenschaft sie in Männern auszulösen vermochte.

Und was sie in Amnon auslöste. Dass er das Mädchen nicht besitzen konnte, quälte ihn so sehr, dass er sich immer mehr zurückzog und schließlich sein Bett überhaupt nicht mehr verließ. Bald sorgten sich alle im königlichen Haus um ihn.

David kam zu seinem ältesten Sohn und fragte ihn: »Kann ich etwas für dich tun?«

Amnon sagte: »Ja. Ja, lass meine Schwester Tamar zu mir kommen, damit sie mir etwas zu essen macht.«

Der König stimmte zu. Er schickte Tamar zu Amnon und sagte zu ihr: »Bereite deinem Bruder das Essen zu.«

Tamar gehorchte. Sie ging in Amnons Haus, nahm Teig, knetete ihn und formte Fladen daraus. Nachdem das Brot fertig gebacken war, trug sie es zu ihm hinein und hielt es ihm hin, damit er etwas davon essen konnte.

Er aber weigerte sich zu essen.

Er sagte zu seinem persönlichen Leibwächter: »Schick die Diener weg – und du warte draußen im Hof.«

Als sie alleine waren, sagte er zu seiner Schwester: »Bring mir das Essen ans Bett.«

Wieder gehorchte Tamar. Sie trug die Kuchen in Amnons privates Gemach, nahm ein Stück, kniete sich hin und reichte es ihm vorsichtig zum Mund.

Plötzlich packte Amnon sie am Handgelenk. Sein Atem ging schnell, und er war schweißgebadet, vom kranken Verlangen besessen. Seine flehenden Augen waren glasig und feucht. »Schlaf mit mir!«, befahl er.

Tamar schrie verängstigt auf. »Nein! Du bist mein Bruder! Nein!«, rief sie. »Wie könnte ich nach so einer Schandtat noch leben? Nein . . .«

Aber Amnon ließ sie nicht los. Keuchend riss er ihr Gewand auf, warf sie auf sein Bett und vergewaltigte sie. Als er seinen Trieb befriedigt hatte, wandte er sich von ihr ab.

Tamar lag weinend auf dem blutbefleckten Laken. Ihr Gesicht war kreidebleich. Sie hatte die Knie angezogen und schien sich wie eine Larve in sich selbst zurückzuziehen. Amnon sprach: »Mach, dass du rauskommst!«

Sie schüttelte den Kopf und weinte unaufhörlich. Er fing an, im Zimmer umherzugehen.

»Steh auf! Raus aus meinem Bett!«, wiederholte er.

Tamar rollte sich zu einem festen Ball zusammen. Ihre Haare klebten in ihrem Gesicht. Mit einem verächtlichen Blick sagte Amnon: »Hör auf zu winseln. Was ist mit dir los? Weißt du denn nicht, wann du unerwünscht bist? Mach schon – verschwinde aus meiner Wohnung.«

»Nein«, schluchzte sie. »Ich werde bei dir bleiben.«

In diesem Augenblick wurde Amnons Hass auf sie größer als jede Liebe, die er je für sie empfunden hatte.

»Wenn du nicht verschwindest«, schrie er, »werde ich dich rauswerfen lassen!«

Sie aber erwiderte: »Mein Bruder, wenn du mich wegschickst, ist dein Unrecht noch größer als das, das du mir angetan hast.«

Amnon kochte vor Wut. Er rief nach seinem Leibwächter, der im Hof wartete. »Pack diese Hure und wirf sie aus meinem Haus!« Der junge Leibwächter trug Tamar vorsichtig aus dem Zimmer. Amnon brüllte hinterher: »Verriegle die Tür hinter dir!«

Als Tamar zu Amnon gekommen war, hatte sie das langärmelige Gewand getragen, das alle königlichen Töchter, die noch Jungfrauen waren, trugen. Jetzt riss sie das Gewand fast in Fetzen und rieb ihr Haar mit Asche ein. Dann ging sie zum Haus ihres Bruders Absalom.

»Was ist los, Tamar? Was ist geschehen?«, fragte Absalom entsetzt, als er sie so sah. Sie warf sich in seine Arme und er hielt sie fest, bis sich ihr Schluchzen etwas gelegt hatte. Dann flüsterte sie ihm ins Ohr: »Amnon, Amnon ...«

Absalom wurde sehr still. »Sei ruhig, meine Schwester«, sagte er. »Bleib hier bei mir und warte. Warte.«

Also blieb sie bei Absalom, zu Tode betrübt. Und sie warteten. Sie erfuhren, dass David von dem Verbrechen wusste. Und sie hörten auch, dass ihr Vater, der König, sehr böse auf Amnon war. Dennoch ging ein ganzes Jahr zu Ende, ohne dass er etwas unternahm, um Amnon zu bestrafen und das Unrecht zu sühnen.

Da sagte Absalom voller Bitterkeit: »Wie der Vater, so der Sohn! Vielleicht kann sich der eine Sünder nicht dazu durchringen, den anderen Sünder zu verurteilen. Warte, Tamar. Sei geduldig. Vielleicht finde ich einen Weg, mich selbst um die Angelegenheit zu kümmern.«

Ein weiteres Jahr verstrich.

Dann, in der Zeit, in der die Schafe geschoren werden sollten, gab Absalom bekannt, dass er ein großes Fest in Baal-Hazor geben werde. Er lud alle seine Brüder, die Söhne des Königs, ein mit ihm zu feiern. Sie kamen alle, gut gelaunt und hoch zufrieden.

Hier also versammelte sich die ganze Pracht im Königreich Davids. Achtzehn Männer und Jungen, die sich unterhielten und lachten. Sie aßen vorzüglich und tranken außergewöhnlich gute Weine. Als es Abend wurde und sie vom Wein betrunken waren, gingen die Diener Absaloms schnellen Schrittes durch den Saal. Unter ihren Gewändern hielten sie Dolche versteckt. Sie umzingelten Amnon. Und in dem Moment, als Amnon die Anwesenheit der Männer bemerkte, gab Absalom diesen ein Zeichen und seine Diener stachen auf den Mann ein, bis er starb.

Voller Entsetzen sprangen die anderen Söhne des Königs auf. Sie rannten aus dem Saal, sprangen auf ihre Esel und ritten, so schnell sie nur konnten, nach Jerusalem. Sie dachten nur daran, sich von dieser blutigen Szene zu distanzieren und ihre Unschuld zu beweisen.

Schefatja und Jitream hielten nicht in Jerusalem an. Diese zwei ritten weiter, tief in die Hügellandschaft Judas hinein. Dort blieben sie, weit ab vom Königshaus und dessen Verschwörungen. Sie entschlossen sich, den Schafherden zu folgen, wie es ihr Großvater und auch ihr Vater getan hatte, bevor das Königtum ihn beansprucht hatte.

Absalom floh in die entgegengesetzte Richtung nach Geschur, in den nördlichen Teil des Königreichs, in dem der Vater seiner Mutter als König geherrscht hatte. König David erließ ein Dekret, dass der Mörder seines Sohnes im Exil in Geschur verbleiben müsse und nie mehr nach Hause zurückkehren dürfe. Es war eine angemessene Bestrafung.

Aber das Herz Davids war voller Verlangen nach seinem Sohn. Wer sonst, außer Absalom, zeigte eine solche Grazie und Haltung? In welchem seiner übrigen Söhne entdeckte David das Spiegelbild seiner Vorstellungen eines Königs? Amnon war für immer verloren – und Absalom war so gut wie tot.

König David, der Herrscher über viele Völker, schritt traurig und zerstreut in seinen hoch erhobenen Gärten umher. Er ließ sich dort oben eine überdachte Laube einrichten, sodass er sich auch bei Regen und in der Mittagssonne auf dem Dach aufhalten konnte.

Joab gab nichts auf das Äußere eines Menschen – außer wenn es verborgene Wahrheiten verriet. In den letzten Monaten waren ihm unweigerlich Veränderungen im Auftreten des Königs aufgefallen. Davids Haar war grau geworden. Seine flinken Augen hatten ihr Leuchten verloren, und sein Körper wirkte kränklich blass und verhärmt. Er ernährte sich nicht richtig und verbrachte zahllose einsame Stunden auf dem Dach des Palastes.

Joabs Scharfsinn erkannte die innere Wahrheit hinter diesen äußeren Veränderungen: Der König vermisste Absalom.

Einen solchen Luxus hätte Joab sich nicht geleistet. Er war kein leidenschaftlicher Mensch. Und auch für Absalom hatte er keine besonderen Gefühle. Eigentlich fand er den Burschen zu geziert – er ließ sich die Haare nur einmal im Jahr schneiden und wog dann das abgeschnittene Haar, als wäre es eine feierliche Angelegenheit von irgendwelcher Bedeutung. Andererseits: Solange der König voll Selbstmitleid seinen Gedanken und Träumen nachhing, war das Königreich selbst gefährdet.

Aus diesem Grund heckte Joab einen Plan aus, um den König herauszulocken. Er ließ eine weise Frau aus der Stadt Tekoa kommen, kleidete sie wie eine Trauernde und schickte sie mit einer gut überlegten Rede zum König.

Und die Frau ging und wandte sich an David: »Hilf mir, oh König!«

»Was hast du für ein Problem?«

Sie erwiderte: »Ich bin Witwe. Einst hatte ich zwei Söhne, die den Namen meines Mannes fortführen sollten – sie aber lagen miteinander in Zwist. Einer meiner Söhne schlug den anderen nieder und tötete ihn. Nun verlangt die ganze Familie, dass ich meinen letzten

Sohn auch herausgebe, damit sie ihn vernichten können. Er ist aber der Erbe. Sie würden damit auch mein Leben auslöschen und meinem Mann den Namen und die Nachkommen auf dieser Erde rauben.«

König David traf schnell eine Entscheidung: »Geh zu deinem Haus«, sagte er. »Ich werde den Befehl erteilen, das Leben deines Sohnes zu retten.«

Die Frau drängte weiter: »Bitte, mein König, ruf den Herrn an«, flehte sie, »dass die Rächer des Blutes nicht mehr töten und mein Sohn nicht vernichtet wird.«

Also versprach David ihr: »So wahr der Herr lebt: Nicht ein einziges Haar auf dem Haupt deines Sohnes soll gekrümmt werden.«

Plötzlich richtete die Frau sich auf und wirkte gar nicht mehr wie eine Bittstellerin. »Ist es dem König nicht klar, dass er sich mit dieser Entscheidung selbst verurteilt?«, sagte sie.

David zuckte stirnrunzelnd zurück.

Die Frau sagte: »Herr, der König ist wie der Engel Gottes und kann zwischen Gut und Böse unterscheiden. Du hattest auch zwei Söhne. Der eine tötete den anderen und du hast den Lebenden ins Exil geschickt. Was aber ist das Ergebnis davon? Nicht genug, dass ein Vater seines Sohnes beraubt ist, nun ist ein ganzes Königreich seines Erben beraubt. Herr, Absalom ist der Erbe deines Throns! Hol ihn wieder nach Hause. Wir müssen doch alle sterben. Wir sind wie Wasser, das auf den Boden ausgegossen wird und nicht mehr eingesammelt werden kann. Amnon kann nicht wiederkehren, Absalom aber doch...«

David blickte die Frau argwöhnisch an. »Hat Joab etwas damit zu tun?«, fragte er.

Sie erwiderte: »Der König besitzt Weisheit wie der Engel Gottes. Ja, Joab bat mich, so zu sprechen, wie ich es getan habe.«

David nickte. Er wusste nicht, ob er wütend sein oder sich freuen sollte. »Der Mann braucht keinen Helm. Sein Schädel ist aus Bronze.«

Also widerrief David sein früheres Dekret. Er befahl Joab, Absalom wieder nach Jerusalem zurückzubringen. Dann fügte er hinzu: »Er soll aber in seinem Haus leben. Er ist weiterhin aus den Augen des Königs verbannt.«

Als Absalom durch das westliche Tor der Stadt in Jerusalem einritt, stand David auf dem Dach. Von dort aus beobachtete der Vater den schönen jungen Mann, dessen Haltung kriegerischer und königlicher war als die seiner übrigen Söhne. Er bemerkte, wie Absalom aufblickte und seine Hand zur Begrüßung hob – aber er, der König, sah ihn nur an und erwiderte den Gruß nicht.

Zwei Jahre lang beobachtete David seinen Sohn aus der Entfernung. Zwei Jahre lang hielt er es für nötig, diese schwierigen, disziplinarischen Maßnahmen aufrechtzuerhalten. Jedes Mal, wenn der junge Mann an ihm vorbeiritt, wurde sein Gesichtsausdruck abweisend. Dennoch beobachtete er ihn und war von Absaloms Kühnheit fasziniert. Ohne Scham schaute der Sohn dem Vater direkt ins Gesicht und sein Blick wich nicht von dessen Augen. Er starrte ihn an, als würde er in der Miene seines Vaters nach etwas suchen. Wie lange würde David diese strafende Haltung aufrechterhalten können? Manchmal war sein Königsamt eine größere Last, als er tragen konnte.

Eines Tages aber kam Joab mit finsterer Miene in die Räume des Königs gestürzt. Er roch nach Rauch und seine Kleidung war verschwitzt und mit Asche beschmiert. »Herr«, rief er ärgerlich, »was mich angeht, so kannst du mit deinem Sohn anstellen, was du willst. In meinen Augen hat sein Wort keine Bedeutung – ich will mit dieser Angelegenheit nichts zu tun haben. Aber er hat mich überredet, dir eine Nachricht zu bringen.«

»Absalom«, sagte David.

»Absalom, der Sohn von Macha. Ja.«

»Also«, sagte David mit leiser Stimme, »welche Botschaft?«

»Absalom lässt dir ausrichten: ›Warum bin ich aus Geschur gekommen? Es wäre besser gewesen, wenn ich dort geblieben wäre. Lass mich dem König von Angesicht zu Angesicht gegenübertreten, und wenn ich mich schuldig gemacht habe, dann soll er mich töten.‹«

»Das hat er gesagt? Er denkt, ich könnte ihn umbringen?«

Joab zuckte mit den Achseln. »Ich habe mir nicht angemaßt, ihn zu unterbrechen.«

»War denn sein Geist verwirrt? Ihn umbringen! Was sonst hat er gesagt?«

»Ich habe nicht abgewartet, um mir den Rest anzuhören.« Joab wandte sich zum Gehen. Er zögerte an der Tür zu Davids Gemach und sagte: »Herr, der Bursche ließ mich ständig zu sich kommen, als wäre ich eine Art Diener. Ich habe ihn einfach nicht beachtet – bis heute Morgen mein Gerstenfeld in Flammen stand. Und als ich nach draußen lief, um das Feuer zu löschen, stand er dort mit Fackeln in den Händen und gab mir diese Botschaft. Nein, sein Geist war nicht verwirrt.«

Mit einem Kopfschütteln verließ Joab das Zimmer.

David bemerkte es kaum. »Dass ich ihn umbringen könnte«, murmelte er. »Er kann sich vorstellen, dass die Strafe des Königs so weit gehen könnte, ihn umzubringen?«

Da ließ David von seiner strengen Haltung ab. Er rief Absalom zu sich, und als der schöne Mann festen Schrittes durch die Haupttür des Hauses hereinkam, lief ihm David entgegen, umarmte ihn und küsste ihn. »Absalom!«, weinte er. »Ach, mein Sohn, wie habe ich dich vermisst!«

In diesen Tagen holte sich Absalom einen Wagen mit Pferden und fünfzig Männer, die ihm überall als persönliche Leibgarde vorausliefen. Er pflegte sehr früh aufzustehen und den ganzen Tag am Tor der Stadt zu stehen. Wann immer jemand nach Jerusalem reiste, um in einer bestimmten Angelegenheit den Schiedsspruch des Königs zu suchen, rief Absalom den Mann zu sich und fragte: »Aus welcher Stadt kommst du? Von welchem Stamm? Wie geht es deinen Kindern?«

Nach solchen Fragen und nach einer intensiven Unterhaltung mit dem Bittsteller behauptete Absalom stets feierlich: »Weißt du, deine Ansprüche sind gut und richtig. Der König ist aber beschäftigt und es ist niemand da, der sich deiner annehmen könnte.« Stets schüttelte er mitleidig den Kopf. »Ach, wäre ich bloß Richter in diesem Lande«, seufzte er. »Dann könnte jeder mit seinen Ansprüchen zu mir kommen und ich könnte in euren Angelegenheiten Recht sprechen!«

Häufig verneigten sich die Menschen vor Absalom. Wo immer er in Israel – und besonders in Juda – reiste, brachten ihm die Menschen feierliche Ehrbezeigungen entgegen. Er aber hob sie hoch, packte sie an den Schultern und küsste sie. Und wenn er wieder abreiste, ließ er sie voller Bewunderung für den schönen Prinzen in seinem kostbaren Wagen zurück.

Im vierten Jahr, seit er wieder in der Gunst seines Vaters stand, fing Absalom an, geheime Absprachen mit anderen Anführern in Israel zu treffen. In der Nacht traf er seinen Vetter Amasa vor den Toren Jerusalems. Amasa war ein Krieger und verfügte über beträchtliche Erfahrungen im Kampf. Und er war der Neffe von Joab und hatte die Kunst der militärischen Führung vom Oberbefehlshaber höchstpersönlich gelernt.

Am Ende ihres Treffens umarmten sich die Vettern. Dann trennten sie sich. Amasa reiste in den Norden und traf sich dort mit allen Anführern der Stämme Israels.

Absalom ritt nach Süden, tief in die Hügellandschaft Judas hinein, bis zu der kleinen Stadt Gilo, ungefähr fünf Meilen von Hebron entfernt, und suchte Ahitofel in seinem Haus auf.

Ahitofel war ein weißhaariger, alter Mann von ernster Natur, der im ganzen Land verehrt wurde. Seit langer Zeit war er der weiseste Berater des Königs David, und seine Worte wurden von allen Bewohnern Israels aufgenommen, als wären sie einem Orakel Gottes entsprungen. Bis vor acht Jahren hatte er in Jerusalem in der Nähe des Königs gewohnt. Nun aber hatte er sich in seine Heimat Gilo zurückgezogen und diente David nur noch auf ausdrücklichen Wunsch.

Absalom meinte zu wissen, weshalb sich Ahitofel zurückgezogen hatte. Er setzte sich dem Mann gegenüber hin und schwieg lange, bevor er zu sprechen anfing. Das Schweigen sollte sowohl seine persönliche Hochachtung als auch die Bedeutung der Angelegenheit, die er ansprechen wollte, zum Ausdruck bringen.

Schließlich sagte Absalom: »Ich beabsichtige in deinem Namen Rache zu üben.«

Ahitofel zog seine Augenbrauen fragend nach oben. »In meinem Namen?«, sagte er. »An wem will ich denn Rache üben?«

Absalom erwiderte: »An David, meinem Vater. Für sein Verbrechen an deiner Enkelin Batseba.«

Absalom hielt einen Augenblick lang inne. Ein winziges Anzeichen einer längst vergessen geglaubten Erinnerung zeigte sich im Gesicht des alten Mannes. Ja, Absaloms Instinkt war richtig gewesen.

Also fuhr er überzeugt fort: »Um es einmal ganz deutlich zu sagen: David hat sie vergewaltigt. Und schlimmer noch, ich vermute, dass er den Tod Urias angeordnet hat.« Ahitofel schwieg eisern. Aber Absalom sah in den Augen des alten Mannes, wie er mit seinen Gefühlen rang.

Absalom fuhr fort: »Ich beabsichtige, meinen rechtmäßigen Platz auf dem Thron einzunehmen. Um dies zu erreichen, werde ich meinen Vater stürzen müssen. Er wird fallen, Ahitofel, für viele Sünden und nicht zuletzt für die fortwährende Demütigung deiner Familie und Batsebas. Gib mir jetzt keine Antwort! Bedenke nur, ob du bereit bist, mir als höchster Vertrauter und Berater zu dienen.«

Die Augenbrauen hatten sich wieder gesenkt. Absalom vermochte die Gedanken des alten Mannes nicht zu lesen.

Also beendete er die Unterredung mit den Worten: »In einigen Wochen werde ich in Hebron sein. Dort hat der König einst gelebt und dort bedauern die Menschen immer noch den Verlust deines Ansehens. Die Armeen Israels werden unter der Führung meines Vetters Amasa nach Hebron kommen. Sobald du die Trompete hörst und den Ruf: *Absalom ist König in Hebron!*, wirst du dich vielleicht entscheiden, mir bei der Wiederherstellung der Gerechtigkeit in diesem Land zu helfen.«

Kurze Zeit später sandte Absalom einen Bediensteten mit einer Botschaft zu David. Der Prinz bat um ein Treffen mit seinem König.
David lachte laut wegen der Förmlichkeit der Nachricht.
»Sag ihm, er soll kommen!«, sagte David zu dem Boten. »Sag ihm, dass wir zusammen speisen werden.«
Also ließ David ein Kalb schlachten und auf köstliche Art zubereiten. Er ließ die besten Weine zu sich auf das Dach heraufbringen und veranlasste, dass ein Tisch in den Gärten aufgestellt wurde. Gut gelaunt wollte David die Förmlichkeit seines Sohnes übertreffen. Er kleidete sich in königliche, purpurfarbene Gewänder und parfümierte Haare und Bart. Sein Haar war nun silberweiß, aber noch genauso weich wie einst, wenn es auch nichts im Vergleich zu Absaloms prächtigen, schulterlangen schwarzen Locken war. Aus einer Laune heraus vervollständigte er seine königliche Erscheinung noch mit einem goldenen Stirnreifen.
Dann ging er und nahm mit seinem ältesten Sohn an dem gedeckten Tisch Platz.
Absaloms Schönheit kam in der Laube des Königs voll zur Geltung. Kaum hatte er sich gesetzt, begann er: »Mein Herr, ich bitte dich, lass mich...«
»Warte!«, unterbrach David ihn. »Was immer du willst, ich gebe es dir. Aber lass uns mit den Bitten und Gaben noch eine Weile warten. Mein Sohn«, sagte er und ihm war, als wäre sein Herz von Sonnenlicht durchflutet, »wie geht es dir?«
»Gut.« Absalom wunderte sich über die Intensität der Frage. »Ich bin wohlauf.«
»Ach, dann ist der Herr zu uns beiden gütig gewesen. Auch mir geht es blendend«, sagte David. »Ja, ja – alles ist gut«, sagte er leicht verlegen. Es stimmte. Seit vielen Jahren herrschte nun Frieden. Die

Regenfälle kamen regelmäßig und reichlich. Und der König hatte seine Freude an der Musik wiederentdeckt und sang Lieder, die er zuvor nie gesungen hatte. Es waren Lieder, die von Lob und nicht von Klagen erfüllt waren.

Absalom blickte seinen Vater prüfend an.

Dann fragte er: »Du weißt also von keinem Ärger im Land?«

»Nein«, antwortete David. Er dachte einen Augenblick lang nach. »Nur, dass meine alte Hausdienerin gestorben ist«, sagte er. »Eine liebe Frau, die selbst in meiner Jugend schon alt war. Sie hat immer die Straßen vor meinem Haus in Hebron gekehrt. Nun ist die treue Seele tot. Das macht mich traurig.«

Absalom runzelte die Stirn. »Eine Hausdienerin. Der Tod einer Dienerin bedeutet für den König Ärger in seinem Land?«

»Ja«, erwiderte David. »Warum? Weißt du etwas, das ich wissen sollte?«

Eine Zeit lang widmete sich Absalom ganz dem Essen. Die Sonne war tiefer gesunken. Der Abend nahte.

David fuhr fort: »Für die Bundeslade gibt es kein Haus. Das ist ein Unrecht, das ich nicht ändern kann, und doch muss es geändert werden. Absalom, der Herr ...« David spürte, wie die Hitze in seine Wangen stieg, und er konnte sie nicht zurückhalten, »... der Herr hat mir gesagt, dass einer meiner Nachfahren ein Haus in seinem Namen errichten wird. Wenn er König ist, wird mein Sohn dieses Unrecht aufheben.« Davids Herz klopfte bei dem Gedanken daran, als würde er einer jungen Frau seine Liebe gestehen.

Absalom fragte: »Wo soll denn das Haus für den Herrn errichtet werden?«

»Dort. Dort drüben.« David deutete auf den höheren Hügel im Norden, der seine Schatten weit in den Osten warf.

»Auf Morija. Sieh mal! Der nächste König sollte diese Schlucht hier mit Steinen und Erde auffüllen und einen Weg von hier nach dort ebnen, sodass der Herr in der Stadt Davids wohnen kann!« Ein Lächeln breitete sich auf seinem Gesicht aus. Zum ersten Mal, seit er davon geträumt hatte, sprach er offen über seine Wünsche für die

Zukunft. »Was hältst du davon?«, fragte er. Absalom stand auf und ging zur nördlichen Seite des Daches. Dann ging er zur westlichen Seite hinüber und blickte hinunter auf die Straßen der Stadt. »Eine königliche Aussicht«, sagte er.

David erhob sich und trat neben seinen Sohn. »Was hast du gesagt?«

»Also das ist die Aussicht des Königs, wenn er seinen Blick auf das Leben der Menschen dort unten lenkt.«

»Ja, es ruft zugleich Mitleid und Zuneigung in mir hervor. Es erweckt in mir den Wunsch zu beten.«

»Kann der König von hier aus auch Einsamkeit erkennen? Kann der König ebenfalls in die Herzen der Kinder sehen und erkennen, wenn sie einsam und traurig sind?«

Bevor David antworten konnte, fing Absalom mit tiefer Stimme an, eine Melodie zu summen. Dann fügte er den Text hinzu: »Oh, Gott, mir steht das Wasser bis zum Halse. Erinnerst du dich daran?«, fragte er. Und er sang mit kräftiger, melodischer Stimme:

Oh, Herr, mir steht das Wasser bis zum Halse.
Ich versinke im tiefen Schlamm, wo kein Grund ist.
Ich bin des Weinens müde, mein Hals ist heiser.
Meine Augen sind vom Warten auf meinen Herrn
trübe geworden ...

»Erinnerst du dich daran?«, fragte Absalom. »Erinnerst du dich daran, diese Worte gesungen zu haben?«

David antwortete mit etwas gedrückter Stimme: »Ja, mir war nicht bewusst, dass mich damals jemand gehört hat.«

»Ich habe dich gehört und mir auch deine klugen Worte gemerkt.« Dann sang Absalom weiter:

Jene, die mich grundlos hassen,
sind mehr als ich Haare auf dem Haupte habe;
mit Lügen setzen sie mir zu, sagen, dass ich gestohlen habe
und wiedergeben muss, was ich gestohlen habe.

Absalom blickte hinunter von dem Dach des Palastes und hinüber zum westlichen Tor der Stadt. Er fragte: »Ist es dem König niemals in den Sinn gekommen, dass andere ebenfalls leiden müssen, so wie es im Lied beschrieben wird?«

»Doch. Häufig sogar.« Die Sonne ragte noch über den Rand des westlichen Horizonts. Die unter ihnen liegende Stadt versank allmählich im Schatten. Beide Männer starrten in die Dunkelheit hinaus.

»Einmal habe ich dir zugewunken, als du vom Dach hinuntergeschaut hast. Erinnerst du dich daran, dass ich dir zugewunken habe?«

David stand neben seinem Sohn und schwieg.

»Meine Schwester lebt als Witwe«, sagte Absalom. »Elf Jahre lang trägt sie schon die Kleider einer Witwe.«

David murmelte: »Tamar.«

»Ja, die einzige Tochter von Maacha, meiner Mutter.«

»Meine auch, Absalom. Sie ist auch meine Tochter.«

Plötzlich richtete sich Absalom zu seiner vollen Größe auf und sagte: »Herr, wenn du es erlaubst, möchte ich nach Hebron reisen. Als ich in Geschur war, habe ich dem Herrn einen Schwur geleistet. Ich habe ihm versprochen, dass ich den Herrn in Hebron anbeten werde, wenn er mich nach Jerusalem zurückbringt.«

»Natürlich.« David nickte. »Geh!«

Absalom drehte sich zu seinem Vater um. »Ich hoffe, dass es mir auch erlaubt sein wird, zweihundert Männer als geladene Gäste mitzunehmen. Sie sollten dabei sein, wenn ich die Opfer darbringe.«

David blickte weiter unentwegt in die Dunkelheit über der Stadt. Mit sanfter Stimme sprach er: »Geh in Frieden.«

Absalom streckte einen Finger seiner rechten Hand aus und berührte den goldenen Reifen, den sein Vater im Haar trug. Dann verneigte er sich tief in einer förmlichen Geste, wandte sich auf dem Absatz um, schritt auf die Steintreppe zu und ging hinab.

David blieb regungslos stehen.

In den frühen Morgenstunden des darauf folgenden Tages beobachtete der König, wie sein Sohn Jerusalem in einem prächtigen Streitwagen verließ. Ihm voraus gingen fünfzig Mann, und weitere zweihundert folgten ihm.

In den nächsten Monaten drangen viele Gerüchte aus weit entlegenen Teilen des Königreichs bis nach Jerusalem, besonders aber aus Juda: »Absalom ist in Hebron zum König ernannt worden.«

»Die Ältesten der zwölf Stämme lassen das Kriegshorn ertönen und verkünden: *Absalom ist König in Hebron!*«

»Ahitofel, der Giloniter, der alte Berater des Königs, hat sich Absalom in Hebron angeschlossen.«

»Aufruhr! Die Gefolgschaft Absaloms wächst stetig.«

Dann diese Nachricht: »Die Männer Israels folgen nun Absalom mit ganzem Herzen!« Überall bekundeten die Stämme ihre Trennung von David.

Und schließlich: »Oh, König, Amasa führt die Männer Israels aus dem Norden hierher! Und Absalom kommt mit Ahitofel aus dem Süden heranmarschiert!«

»Auf!«, sagte David. Er schickte schnelle Boten durch die Stadt zu jedem Offizier und Berater: »Lasst uns sofort fliehen, bevor der Fluchtweg abgeschnitten wird!«

Also verließ der König mit seiner Familie und seiner loyalen Gefolgschaft Jerusalem. Zu denen, die ihm treu geblieben waren, zählten Joab, Abischai, Benaja und die sechshundert Männer seiner Leibgarde. Zehn Nebenfrauen ließ er zurück, damit der Palast nicht verwaiste. Männer und Frauen weinten, als sie durch die Tore der Stadt hinauszogen.

König David machte neben dem kleinen Fluss Kidron halt. Er beobachtete, wie die Menschenströme seiner Gefolgschaft eilig in die Wildnis zogen.

Abiatar kam zuletzt. Seit den Tagen, in denen sie von Saul gejagt worden waren, war er Davids Priester gewesen. Abiatar und die Leviten trugen die Bundeslade des Herrn bei sich.

David ließ sie anhalten.

»Geht zurück«, sprach er. »Tragt die Bundeslade zurück in die Stadt. Wenn der Herr mir gnädig ist, wird er mich nach Hause bringen und mir erlauben, sie noch einmal zu sehen. Sollte er aber sagen: *An David finde ich keinen Gefallen mehr*, so soll er mit mir umgehen, wie es ihm richtig erscheint.«

David zog den Priester beiseite und sagte zu ihm: »Du auch, mein Freund. Bleib mit deinen Söhnen hier. Wenn Absalom nach Jerusalem kommt, hör dir seine Pläne an. Und dann schick mir eine Nachricht zu den Furten des Jordan.« Also kehrte Abiatar mit der Bundeslade nach Jerusalem zurück.

David aber stieg auf einen Berg östlich der Stadt, den Ölberg. Während er ging, liefen die Tränen über sein Gesicht. Er ging barfuß und mit bedecktem Haupt.

Als er auf dem Gipfel angekommen war, kam ihm ein Mann namens Huschai entgegen. Auch er hatte den Kopf bedeckt und sein Mantel war als Zeichen der Trauer zerrissen. »Ach, mein Freund«, sagte er zu David, »lass mich mit dir gehen.«

Einen Augenblick lang schloss David ihn in die Arme. Dann schüttelte er den Kopf und sagte: »Nein, Huschai, du wärst mir in der Stadt mehr von Nutzen. Biete deine Dienste als Berater Absaloms an. Nenn ihn ohne Scham König. Sag ihm, dass du ihm ein besserer Berater sein wirst, als du es für seinen Vater warst. Dann kannst du vielleicht den Rat Ahitofels zunichte machen. Und sobald dir die Pläne meines Sohnes vertraut sind, lass es den Priester Abiatar wissen. Er wird die Nachricht an mich weiterleiten.«

Huschai, der Arkiter, kam gerade in jenem Augenblick in Jerusalem an, als der in purpurne Gewänder gekleidete Absalom sich anschickte, den Triumphzug durch die Stadt zu führen. Von allen Menschen, die die Straße vor dem Eingang zur Stadt säumten, war Huschai der Einzige, der nicht weinte und jammerte.

»Lang lebe der König!«, rief er. »Lang lebe der König!«

Absalom erkannte den Mann. »Huschai, du dickköpfiger Berater! Sieht so die Treue aus, die du deinen Freunden hältst? Warum bist du nicht mit David gegangen?«

Huschai erwiderte: »Ach nein! Mein Platz ist bei demjenigen, der vom Herrn und vom Volk Israel auserwählt worden ist. Wer könnte sonst den Sieg davontragen? Herr, wenn ich deinen Vater gut beraten habe, dann werde ich dir noch besser dienen.«

Also lud Absalom Huschai ein, ihm zu folgen, und sie zogen feierlich in die Stadt ein. Von seiner treuen Gefolgschaft umgeben ritt Absalom mit triumphierendem Blick und erfüllt von jugendlichem Ehrgeiz durch die engen Gassen zum Palast seines Vaters.

Dort setzte Absalom sich auf den Thron Davids. Und Ahitofel, Amasa und Huschai, seine Berater, nahmen an seiner Seite Platz.

»Freunde«, proklamierte er, »ihr seht, wie die Bewohner der Stadt Davids leiden. Beratet mich! Wie kann ich diese Stadt zu meinem Eigentum machen?«

Ahitofel senkte den Blick, sodass man seine Augen nicht sehen konnte. Mit sanfter Stimme sagte er: »Herr, geh und nimm dir die Nebenfrauen des Königs. Ganz Israel wird hören, dass du ganz den Platz des Königs eingenommen hast und dass dein Vater dich dafür hassen wird. Dann werden alle, die dir folgen, gestärkt werden.«

»Hervorragend!«, erwiderte Absalom. »Und ich weiß auch genau den richtigen Platz dafür.«

So ging Absalom, während er in Jerusalem war, regelmäßig hinauf zu der Laube auf dem Dach des Palastes, wo alle Menschen sehen konnten, wie er kam und ging. Dort ging der vitale junge Mann mit den Nebenfrauen des Königs durch die Gärten. Er führte sie der Reihe nach zu der Laube und schlief mit ihnen.

Ahitofel aber drängte Absalom täglich mit einem weiteren Rat. »Du darfst nicht zögern«, sagte er. »Lass mich zwölftausend Männer aussuchen, die David verfolgen sollen. Wenn er müde wird oder entmutigt ist, wird er in seiner Angst in die Falle laufen. Seine Gefolgschaft wird fliehen. Dann aber werde ich nur den König töten. Die Übrigen werde ich zu dir zurückführen, wie die Braut zum Bräutigam heimkehrt.«

Absalom saß auf dem Thron und dachte über den Rat nach. Offensichtlich sagten ihm die Bequemlichkeiten des Königtums mehr zu als die Pflichten.

In Ahitofels Gesicht war die Anspannung deutlich sichtbar. Absalom aber wandte sich zu Huschai, dem Arkiter, um und sagte: »Was denkst du?«

Huschai schüttelte den Kopf. »Diese Ratschläge sind schwach, Herr.« Er verschränkte die Hände hinter dem Rücken und stellte sich auf die Zehenspitzen. »Du weißt, dass dein Vater und seine Männer mächtig sind. Und, was noch schlimmer ist, jetzt sind sie so wütend wie die Bärenmutter, die ihrer Jungen beraubt worden ist. Glaubst du wirklich, dass sich ein alter Krieger wie David auf offenem Gelände aufhalten wird? Schon jetzt hat er sich irgendwo verschanzt. Er hält sich versteckt. Überdies weiß Israel von seiner Stärke. Beim ersten Angriff werden die Menschen, unabhängig davon, wer tatsächlich gewonnen hat, behaupten, dass die Armeen Absaloms vernichtet worden sind. Nein, Herr, ich gebe dir den Rat zu warten. Bemächtige dich zuerst ganz Israels, von Dan bis Beerscheba. Versammle deine Truppen, bis sie so zahlreich sind wie die Sandkörner am Meer, und erst *dann* zieh selbst in den Krieg. Wir werden über David herfallen, wie der Tau vom Himmel herabfällt; und weder von ihm noch von denen, die ihm folgen, wird auch nur ein Einziger übrig bleiben. Dann, mein König, wird es keinen Zweifel mehr geben, wer in diesem Land herrscht.«

Ahitofel hatte den Kopf gesenkt. Die ganze Zeit, in der Huschai seine lange Rede gehalten hatte, war er ruhig geblieben. Sein Gesicht, und ebenso seine Gedanken, hielt er versteckt.

Absalom trug den schmalen Goldreif, den sein Vater zuweilen aufgesetzt hatte. Ein Lächeln breitete sich auf seinem Gesicht aus. »Huschai«, sprach er, »du hast recht. Ich sollte kämpfen. Zuerst aber sollte ich Streitkräfte um mich scharen, um den Kampf auch gewinnen zu können.«

Huschai verneigte sich und ging dann von Absalom fort, um dem Priester Abiatar die Nachricht zu überbringen.

Auch Ahitofel zog sich zurück. Der alte Mann sattelte seinen Esel und verließ Jerusalem. Von seinem Drängen war nichts mehr zu spüren; langsam ritt er nach Süden, seiner Heimatstadt entgegen. Dort angekommen, brachte er sein Haus und seine Geschäfte in Ordnung und erhängte sich.

In der Zwischenzeit war David mit seiner Leibgarde in Mahanajim angekommen. Er bezog die Häuser, in denen Abner und Isch-Boschet gewohnt hatten, als der arme Isch-Boschet darum kämpfte, König zu werden. Dort fing er an, sich die Strategie zu überlegen, mit der er seinen Sohn Absalom bekämpfen würde.

Er kannte den Jungen. Egal, wie sehr Absalom ihn verurteilen und ihm einen Mangel an Mitleid und Einsicht vorwerfen mochte – er war David so vertraut wie seine eigene Seele. Der König wusste, dass Absalom die Macht mehr liebte, als dass er sie verstand. Die Krone würde ihn beherrschen, weil er sich selbst noch nicht beherrschen konnte. Der redegewandte, diplomatische Absalom – sein Vater hätte ihm weitaus mehr geschenkt, als er sich aneignen konnte.

König David inspizierte seine Truppen. Er benannte Kommandeure von Hundert- und Tausendschaften und teilte seine gesamte Armee in drei große Divisionen ein. Eine Division wurde von Joab angeführt, die nächste von Abischai und die letzte von einem Söldner mit Namen Ittai, einem Gatiter.

Als die Späher zurückkamen und berichteten, dass Absalom und Amasa den Jordan durchquert und ihre Zelte bei Gilead aufgeschlagen hatten, rief David seine Kommandeure zu einem abschließenden Kriegsrat zusammen.

»Ich werde mit euch marschieren, wie ich es früher getan habe«, sagte er.

»Nein, mein Herr«, sagte Joab. »Das ist nicht praktisch. Wir werden selbst dann noch kämpfen, wenn sie die Hälfte von uns vernichtet haben. Wenn sie aber nur dich töten, ist der Krieg vorbei.«

David starrte seinen Vetter an. Er sah den von kaltem Selbstbewusstsein gezeichneten Mund und die Härte in seinen grauen Augen. Joab war ein Mann, der Zärtlichkeit oder Anzeichen von Reue noch nie gekannt hatte. »Was immer dir am besten erscheint«, sagte David.

Der König stand am Tor der Stadt. Er rief den Befehl, der seine Armeen in Bewegung setzte und salutierte vor den Hundert- und Tausendschaften, die an ihm vorbeimarschierten.

»Seid gnädig!«, rief er. »Seid meinetwegen gnädig mit dem jungen Absalom!«

Joab machte seine Sache so gut wie immer. Selbst im Alter hatte er weder geistige noch physische Kräfte eingebüßt. Joab war es, der die Entscheidung traf, die Armeen von Absalom und Amasa in den Wäldern von Ephraim zu überfallen. Er wusste, wie man sich in der Stille des Waldes vortrefflich und flink bewegen konnte und verstand es gut, den Feind in tausend kleine, sich zwischen den Bäumen verlierende Gruppen zu zerteilen, während die Kommunikation unter seinen erfahrenen Truppen in Windeseile vonstatten ging. Er veranstaltete Täuschungs- und Ausweichmanöver und plötzliche, heftige Überfälle. Die Pläne Amasas sahen vor, die hundert Streitwagen, die David in den Ställen Jerusalems zurückgelassen hatte, einzusetzen, doch es war unmöglich, sie in den Wäldern von Ephraim zu benutzen.

Und so wurden die Armeen von Absalom und Amasa völlig vernichtet. Zwanzigtausend Männer starben und der Wald kostete mehr von ihnen das Leben, als es das Schwert tat.

Absalom floh auf dem Rücken eines Esels, um sein Leben zu retten. Mit halsbrecherischer Geschwindigkeit kämpfte er sich durch das Gebüsch und die Dornenzweige, als sich sein langes Haar in den Zweigen einer Eiche verfing. Der Esel galoppierte weiter und ließ Absalom zwischen Himmel und Erde hängend zurück.

Absalom schrie auf. Sein Schwert war zu Boden gefallen, also konnte er sich nicht freischlagen. Er versuchte, sich mit den Händen nach oben zu ziehen, um sich aus der schmerzhaften Lage zu befreien.

Da trat ein junger Soldat aus den Büschen heraus und starrte ihn an. »Schnell«, rief Absalom. »Reich mir das Schwert!«

Als er jedoch die Stimme von Absalom erkannte, rannte der junge Mann wie ein verängstigter Hase davon.

Stille legte sich über den Wald. Nicht einmal eine leise Brise regte sich. Die Luft war erdrückend und heiß, und Absaloms Arme schmerzten. Sein Griff lockerte sich und der Schmerz zog nun unvermindert durch seine Kopfhaut.

Da hörte er schnelle, trampelnde Schritte im Walde. Und dann Stimmen.

»Der König hat uns aber befohlen, sein Leben zu verschonen!«

»Ach!« Ein verächtliches Lachen ertönte. »So werde ich meine Zeit mit dir nicht vergeuden!«

Die letzte Stimme erkannte Absalom.

Joab trat auf die Lichtung, blickte hoch zu Absalom, ging ihm weiter entgegen und zog dabei drei Pfeile aus seinem Köcher. Der junge Mann rührte sich nicht. Als er in Joabs Gesicht sah, fand er darin kein Gefühl – nichts als nüchternes Pflichtbewusstsein.

Absalom spürte, wie der erste Pfeil ihn mit solcher Wucht traf, dass sein Körper zurückgeschleudert wurde. Mit seinen eigenen Händen stieß Joab den zweiten Pfeil tief zwischen seine Rippen. Schmerz verspürte Absalom nicht, nur ein merkwürdiges Ziehen.

Der dritte Pfeil drang tief in sein Herz hinein.

David saß in der Nähe des Stadttores von Mahanajim. Ein Wachmann stand auf dem Dach des Tores und ließ seinen Blick über die Felder schweifen. Plötzlich hörte David von oben den Ausruf: »Ein Soldat nähert sich!«

Der König sah hinauf und rief: »Ist er alleine? Dann bringt er Nachricht vom Krieg.«

Der Läufer näherte sich, und es sah aus, als wäre er allein, aber dann kam ein zweiter Mann aus den weit entfernten Wäldern gerannt.

»Da!«, rief der Wachmann, »da kommt ein zweiter Mann, der auch alleine läuft!«

David war aufgestanden und erwiderte nun erfreut: »Dann hat auch er eine gute Nachricht.«

Der Wachmann rief: »Ich glaube, der erste Mann ist Ahimaaz, der Sohn des Priesters! Der Mann dahinter scheint ein Sklave aus Äthiopien zu sein.«

Als Ahimaaz sich den Toren näherte, rief er: »Alles ist im Lot! Alles ist gut!«

David erhob sich, um ihn zu begrüßen, und der Sohn seines alten Freundes verneigte sich bis zur Erde.

»Gelobt sei der Herr, dein Gott«, schnaufte Ahimaaz erschöpft, aber mit glücklicher Miene, »weil er die vernichtet hat, die ihre Hand gegen den König erhoben hatten.«

Davids erste Frage war: »Geht es Absalom gut?«

Ahimaaz richtete sich auf. »Als Joab mich losschickte, habe ich ein großes Durcheinander gesehen, aber ich konnte nicht erkennen, was vor sich ging.«

Der König sprach: »Komm, Ahimaaz, stell dich hier an meine Seite.«

Mit einer kleinen Verbeugung trat der Soldat zur Seite und stellte sich neben David.

Dann traf der Äthiopier ein. Er grinste den König an und klatschte in die Hände. »Gute Nachrichten!«, rief er. »Weil der Herr dich an diesem Tage aus der Macht derer befreit hat, die sich gegen dich erhoben hatten.«

Auch ihm stellte David die Frage: »Geht es dem jungen Absalom gut?«

Der Äthiopier antwortete: »Mögen alle Feinde meines Herrn sein, was er jetzt ist!« Vor lauter Begeisterung klatschte er erneut in die Hände. »Tot!«, rief er.

David starrte den Boten an. Er konnte nicht antworten. Ächzend taumelte er zur Seite, als wäre ihm eine schwere Last auf die Schultern gelegt worden. Schweren Schrittes begann er dann den Aufstieg in das oberhalb des Tores gelegene Zimmer. Während er ging, weinte er und murmelte: »Ach, mein Sohn Absalom, mein Sohn, mein Sohn Absalom! Hätte Gott mir doch gewährt, an deiner Stelle zu sterben. Ach, Absalom, mein Sohn, mein Sohn!«

Von diesem Moment an gab es keinen Tag, an dem der König nicht müde aussah.

Ein Jahr lang führte er eine Schätzung in seinem Königreich durch, um ein System für die landesweite Steuererhebung zu entwickeln. Gott, der Herr, aber sprach zu ihm: *Wie, willst du jetzt dein Vertrauen in Zahlen und in deine Macht setzen statt in mich? Bist du jetzt nichts als ein König unter den vielen Königen der Völker?*

Und in seinem Zorn sandte der Herr einen Engel durch das Königreich, und mit ihm die Pest. Der Todesengel kam immer näher an Jerusalem heran, um schließlich die Stadt zu vernichten – aber gerade als er nördlich der Stadt auf dem Berg Morija erschien, lenkte der Herr ein und sprach zu dem Engel: *Es ist genug. Verschone nun mein Volk.*

David stand gerade auf der Tenne des Jebusiters Arauna. Als er aufblickte und den Engel an der gegenüberliegenden Seite des Berges erkannte, rief er: »Oh, Herr! Ich habe gesündigt. Ich habe Böses getan. Aber die Menschen in meiner Stadt, was haben sie schon getan? Halte deine strafende Hand zurück, ich flehe dich an, wende dich gegen mich und das Haus meines Vaters . . .«

Das war der Augenblick, in dem die Pest aufhörte zu wüten. Kein Mensch fiel ihr danach mehr zum Opfer.

Daraufhin sagte David zu Arauna: »Verkauf mir deine Tenne, damit ich dort dem Herrn einen Altar bauen kann.«

Arauna antwortete: »Nehmt alles, was ihr wollt und opfert es. Hier sind die Ochsen für das Brandopfer; hier die Schlagstöcke für die Tenne und das Joch für die Ochsen. Daraus kann man Feuerholz machen. Mein König, das soll mein Geschenk für dich sein.«

David aber erwiderte: »Nein, ich werde diese Sachen zu einem gerechten Preis kaufen. Ich werde dem Herrn keine Opfer bringen, die mir nichts abverlangt haben.«

Also kaufte König David die Tenne und die Ochsen für fünfzig Schekel, baute einen Altar und brachte Brand- und Friedensopfer dar.

Und er kehrte zurück zu seinem Palast, noch erschöpfter als zuvor.

David war alt geworden. Sein ehemals muskulöser Körper war nur noch Haut und Knochen. »Die Zähne«, pflegte er einer jungen Frau mit Namen Abischag zu erzählen, »die Zähne geben auf, weil man nur wenige davon besitzt.« Er lächelte entschuldigend, um den Verlust seiner Zähne zu verdeutlichen. Dann legte er seine Finger an die Augen und sprach: »Diejenigen, die durch die Fenster meiner Augen blicken, erkennen, dass sie trübe geworden sind. Die Pforten meiner Ohren schließen sich auch allmählich, Abischag, sodass ich die Geräusche im Hause nur noch schlecht vernehme – obwohl sogar die Stimme eines Vogels mich erschrecken lässt.«

David empfand eine große Zuneigung für Abischag, die Sunamitin. Häufig legte er ihre Hände auf sein silbernes Haar und sagte: »Der Mandelbaum hat weiße Blüten. Die Heuschrecke schleppt sich müde den Weg entlang. Und nicht einmal die Früchte des Kapernstrauches vermögen es, ihr Lied neu zum Klingen zu bringen. Arme Abischag – nicht einmal die Kapern.«

Die meiste Zeit verbrachte König David auf dem Dach seines Palastes. Nur selten ging er durch die Stadt, und ihre Mauern verließ er nie.

In seinen Gärten fand er Trost, und seine kleine Laube wurde sogar zu seinem Schlafzimmer.

Er gab auch nur noch selten Audienzen, egal, ob es sich um Fremde handelte, die Verbündete suchten, oder um die Menschen seines Landes, die ihre Streitigkeiten regeln wollten.

Nicht einmal Joab empfing er. In letzter Zeit wollte König David seinen Oberbefehlshaber nicht mehr sehen. Dieser harte, graue Blick stieß ihn ab. Viele Jahre lang war es nötig gewesen, dem hartherzigen Mann die Befehlsgewalt über die Armeen Israels zu überlassen. Weitere Aufstände waren dem von Absalom gefolgt, und in wenigstens einem Fall hatten Davids Königreich und die Einigkeit der zwölf Stämme nur mit militärischer Gewalt aufrechterhalten werden können – und niemand außer Joab war in der Lage, dies mit solchem Geschick und solcher Wirksamkeit zu tun.

Und doch blieb die Tatsache bestehen, dass jene Hand, die um des Königreichs willen tötete, auch Absalom zugrunde gerichtet hatte.

Jetzt, in seinem hohen Alter, war David nicht mehr gewillt, die Anwesenheit des Mannes, der Absalom ermordet hatte, zu ertragen. Aus diesem Grund lehnte er jedesmal ab, egal, wie häufig Joab um eine Unterredung bat.

Königtum. Macht. Staatsentscheidungen. Die Verwaltung eines komplex gewordenen Königreichs – das alles waren Angelegenheiten, die David immer weniger und weniger kümmerten. In Decken gehüllt saß er in seinem Garten. Die Lider hingen tief über seinen trüben Augen und seine alten Lippen formten lautlose Worte. Aus den darunterliegenden Straßen schallten die Stimmen der Straßenhändler hoch und fünfzig lärmende Männer rannten den Streitwagen von Adonija, dem ältesten Sohn des Königs, voraus. Weit in die Ferne schienen sie zu rennen. Adonija, ein schöner Mann – David saß versunken im Nebel seiner Gedanken und Träume.

Da war Michal! Seine quicklebendige, leidenschaftliche Prinzessin. Sie klatschte in die kleinen Hände und lachte dabei. Ihr Lachen hörte sich an wie das Klingeln der winzigen Glöckchen der Priester. David liebte Michal. Sie war seine erste Liebe.

Aber sie war verbittert gestorben, wütend und enttäuscht und aufgedunsen. David hatte nicht vorausgeahnt, wie groß sein Kummer sein würde, als sie ihn verließ. Er vermisste Michal. Es gab so viele Menschen, die ihm fehlten.

Jonatan? Jonatan, mein Bruder. Hier bin ich, hier in der Ecke! Noch immer blitzten die weißen Zähne im Gesicht seines Freundes vor seinem inneren Auge auf. Noch immer lief er ihm durch die Palmen und Granatapfelbäume entgegen. In jenen Augenblicken fühlte sich David sofort wieder wie ein junger Mann, begleitet von seinem Freund. Sie jagten im Streitwagen aus Korbgeflecht, lachten, ließen sich sanft in das grüne Gras fallen. Und David fragte mit ernster Stimme: *Wo ist dein Bogen, Jonatan?* Er griff nach der Hand seines Freundes, um die Dringlichkeit der Frage zu unterstreichen: *Was hast du mit deinem Bogen gemacht, Jonatan? Mir war so, als hättest du ihn mir geschenkt, doch ich kann ihn nirgends finden.*

Nein! David hätte diese Frage nicht stellen dürfen. Sofort war Jonatan verschwunden. Jonatan war nicht mehr da. Sein wunderschönes Gesicht liegt unter der Erde.

Stundenlang saß David so in seiner Laube auf dem Dach und murmelte vor sich hin. »Die silberne Schnur zerreißt und die goldene Schale zerbricht. Der Krug zerspringt am Brunnen, das Rad zersplittert an der Zisterne. Abischag, setz dich zu mir. Abischag, leg dich zu mir und halt mich warm.«

Und Abischag gehorchte. Sie kam mit ihrem wunderschönen Körper und ihrer Sanftheit. Sie ging mit David in seine Laube und legte sich zu ihm. Sie wärmte ihn, wenn der alte König trotz der vielen Decken fror. Überall hatten seine Diener nach einem Mädchen gesucht, das ihn im Alter umsorgen würde. Ein schöneres Mädchen, als sie es war, hatten sie nicht gefunden. So lag der siebzigjährige David neben der jungen Abischag, aber sogar in ihren Armen wurde ihm nicht warm. Die Kälte, die ihm in die Glieder kroch, war das schleichende Eis der Sterblichkeit.

Jemand singt im Zimmer des Königs. Leise ist die Stimme, wie der sanfte Flügelschlag eines Vogels:

> *Schöner bist du als alle Frauen!*
> *Deine Lippen sind voller Anmut.*
> *Gott hat dich gesegnet...*

Vorsichtig kämmt jemand das Haar des Königs und singt:

> *Gürte dein Schwert um die Hüften.*
> *Ach, mächtiger Mann, Majestät;*
> *reite hinaus, dem Sieg entgegen...*

Die Tür öffnet sich plötzlich und Sonnenlicht durchflutet das Zimmer. Zwei Personen kommen herein. Eine der beiden Gestalten geht direkt zur Liege des Königs. Die andere, nur eine schwarze Silhouette, bleibt an der Tür stehen.

Tränen glänzen in den vom Licht geblendeten Augen des Königs.

Dann spricht die erste Person: »Danke, Abischag. Es ist genug für heute.« David erkennt die Stimme von Batseba, die nun neben ihm steht.

Er flüstert: »Bitte. Könnte jemand die Tür schließen?«

Wieder ist es Batseba, die spricht: »Salomo, schließ die Tür.«

Der im Sonnenlicht Stehende dreht sich um und schließt die Tür.

David blinzelt die Tränen fort. Jetzt sieht er Batseba, ihr graues Haar, ihre kräftigen Augenbrauen, ihre halbgeschlossenen Augenlider. Aufrecht und sehr schön steht sie vor dem König. Abischag hat sich in eine Ecke zurückgezogen.

Salomo bleibt bei der Tür.

»David, es ist wichtig«, sagt Batseba. »Du musst sofort etwas unternehmen. Bitte richte dich auf.«

Abischag nähert sich dem König. Zärtlich schiebt sie ihre Hände unter die Schultern des Königs und hilft ihm, sich aufzurichten.

»Herr«, sagt Batseba nun, »du hast beim Namen des Herrn, deines Gottes, geschworen, dass Salomo dir als König folgen soll. Es ist Zeit, dass du dich an dein Versprechen erinnerst. Du weißt noch nicht, dass Adonija heute zum König ernannt wurde. Er opfert Ochsen und Schafe bei dem Schlangenfelsen vor den Toren Jerusalems. Alle deine Söhne hat er eingeladen, nur Salomo nicht. Israel wartet darauf, mein König, dass du denjenigen auswählst, der an deiner Stelle auf dem Thron sitzen soll. Und wenn du jetzt nicht handelst, werden Salomo und ich in Zukunft leiden . . .«

Während Batseba spricht, geht plötzlich die Tür auf. Das Licht trifft David wie ein Schwert. Eine dritte Person betritt das Zimmer.

Schnell schließt Salomo die Tür.

Es ist der Prophet Nathan. »Hast du die Krönung Adonijas angeordnet?«, fragt er. »In diesem Augenblick isst er sein Krönungsmahl. Abiatar, der Priester, und Joab, der Oberbefehlshaber deiner Armeen, prosten sich mit Wein zu und rufen: ›Lang lebe König Adonija!‹ Die ganze Stadt kann es hören. Oh, mein König, ich wurde nicht eingeladen. Benaja und die Leibgarde ebenfalls nicht. Und Salomo hier auch nicht. Salomo ist das einzige deiner Kinder, das nicht eingeladen wurde. Hast du es so angeordnet?«

Einen Moment lang schließt David die Augen und verbirgt das Gesicht in seinen Händen. Bevor er die Hände wieder sinken lässt, sagt er: »Nathan, geh und hol Benaja. Und bring den Priester Zadok zu mir.« Die Tür öffnet sich und fällt wieder zu. David versucht im Halbdunkel Salomo zu entdecken. »Komm her, mein Sohn«, sagt er.

Der schlanke junge Mann geht auf seinen Vater zu.

David greift nach der Hand seines Sohnes. »Wie ich im Namen des Herrn geschworen habe, dass du nach mir regieren wirst, so wiederhole ich das Versprechen am heutigen Tage . . .«

Batseba sinkt auf die Knie. Sie neigt den Kopf bis zum Boden. David hält Salomo davon ab, sich ebenfalls zu verneigen.

»Sei stark«, sagt er. »Hör mir gut zu, Salomo. Zeig, dass du ein

Mann bist. Gehorche Gott, deinem Herrn. Wandle auf seinem Weg und halte dich an seine Gebote. Dann wirst du gedeihen.«

Salomos Augen sind groß und dunkel. Sein schwarzes, welliges Haar, das ihm auf die Schultern herabfällt, lässt seine Wangen noch bleicher erscheinen als sonst. Seine Schritte sind lautlos und seine Bewegungen geschmeidig. Aber wie standfest ist das Herz des jungen Mannes?

Leise sagt David nun: »Knie dich hin.«

Salomo gehorcht schweigend.

Dann legt David die Hände auf den Kopf seines Sohnes, und mit sanfter Stimme fängt er an zu sprechen:

Der Geist des Herrn weht durch meinen Körper.
Der Fels Israels hat zu mir gesprochen:
»Der König, der gottesfürchtig herrscht,
wird aufgehen wie das Morgenlicht,
wie die Sonne am wolkenlosen Himmel,
wie der Regen, der auf frisches Gras fällt!«

Steht mein Haus nicht so zum Herrn?
Mein Sohn, der Herr hat mit mir
einen immer währenden Bund geschlossen,
der in allem gesichert und gefestigt ist.

Wird er nicht, einer Wurzel in tiefer Erde gleich,
alle meine Wünsche zum Blühen und Gedeihen bringen?

Liebevoll fasst David das Kinn seines Sohnes und hebt das blasse Gesicht zu sich auf. Dann flüstert er ihm etwas ins Ohr, sodass es nur Salomo hört: »Wenn du König bist, geh nicht anders mit Joab um, als er mit anderen umgegangen ist. Das Ende dieses harten Mannes soll wie sein Leben sein.«

Die Tür geht auf. Drei Männer betreten das Zimmer. Das plötzliche Sonnenlicht blendet König David, aber er fährt fort: »Hier ist mein Leibwächter Benaja – erweise ihm Treue, dann wird er dir in alle Ewigkeit treu bleiben.«

Der Blick des Königs geht zu den beiden, die vor ihm knien. »Erhebe dich, Salomo«, sagt er. »Batseba, erhebe dich.«

Dann wendet er sich an seine Freunde: »Benaja, setze Salomo auf einen Esel und führe ihn hinunter zum Brunnen und zu dem Schacht, an dem wir vor langer Zeit zum ersten Mal um diese Stadt gekämpft haben.

Zadok, für deine Liebe danke ich dir. Sobald Salomo an dem Brunnenschacht angekommen ist, nimm ein mit Öl gefülltes Horn und salbe ihn zum König über Israel.

Nathan, lass die Trompeten erklingen und ruf: ›Lang lebe König Salomo!‹ Lass die Menge singen und tanzen und spielen und jubeln. Es soll so laut sein, dass die Erde vom Lärm ihrer Freude zu zerspringen droht. Ich will es selbst hier auf meinem Lager hören können. Dann sollst du Salomo zum Palast des Königs bringen und ihn auf dem Thron des Königs Platz nehmen lassen. An seiner Seite soll seine Mutter sitzen und sie soll für den Rest ihres Lebens Königin sein.«

Der treue Benaja, im Alter langsamer geworden, aber so stark und imposant wie einst, murmelt »Amen! Möge Gott, der Herr meines Herrn und Königs, es so befehlen!«

»Geht!«, flüstert David. »Geht, bevor Adonija gar an seine Wahnvorstellung zu glauben beginnt.«

Vier Personen verlassen der Reihe nach das Zimmer und werden vom blendenden Sonnenlicht verschluckt. Die fünfte, Batseba, zögert auf der Türschwelle. Wie ein aufrechter schwarzer Schatten steht sie da und blickt noch einmal zurück. Dann zieht sie die Tür zu und Dunkelheit breitet sich erneut im Zimmer aus.

David stößt einen langen Seufzer aus. Er rutscht tiefer unter die auf seiner Liege ausgebreiteten Decken. Ihm ist so kalt – zum Sterben kalt.

Ich werde dich preisen, mein Gott und König, deinen Namen werde ich in alle Ewigkeit loben . . .

Jene letzte Bürde seines Amtes hat ihm mehr abverlangt als eine Woche Kriegsstrapazen. Seine Hände sind ruhelos und zittern.

Nicht einmal am Saum seiner Decke kann er sich festhalten. Und das grelle Licht, das in seinen Augen gebrannt hatte, schmerzt noch immer.

Die silberne Schnur ist dabei zu zerreißen.

Ich gab einem Sohn einen göttlichen Namen, um zu sagen, dass Gott unser Herr ist: »Adonija«. Den anderen nannte ich »Schalom« für Frieden. Was nun – streiten sich also der Friede und die Göttlichkeit?

David schließt die Augen. Nun ist es nicht mehr die Finsternis des Zimmers, die ihn umgibt, sondern die Finsternis eines Erblindeten. Sein ganzer Körper zittert vom Schüttelfrost.

Es gab noch einen Sohn mit Namen – ach, wie hieß er doch noch, Batseba? Viele Frauen haben mir Kinder geboren, aber dieses – Batseba, wie war der Name unseres ersten Kindes? Das Kind, das um meiner Sünden willen starb? Wie haben wir es genannt?

So kalt sind Davids Füße, dass sie dumpf schmerzen, fast so, als würde ihm jemand auf die Fußsohlen schlagen. Die Kälte und der Schmerz steigen in ihm hoch, bis er seine Beine nicht mehr bewegen kann. Und doch zittern alle Gliedmaßen.

Schneit es etwa? Bin ich barfuß durch den Schnee gegangen? Ich habe das Gefühl in meinen Beinen verloren.

Draußen schreit eine tosende Menge etwas, und von irgendwo her ertönt die Musik von Flöten und Tamburinen. Doch der Lärm ist so weit entfernt, dass die Worte der Menge gedämpft sind. Es klingt wie etwas Seltenes, aber doch Bekanntes. David hat diese Worte schon gehört, wenn auch nicht oft.

Errichte den Tempel auf der Tenne von Arauna! Hörst du mich? Ich rufe, so laut ich kann. Jemand soll zu meinem Sohn laufen. Sag ihm, dass er ein Haus für die Bundeslade bauen soll, und dieses Haus muss auf dem Berg Morija stehen!

Auf einmal verebbt das Zittern. David spürt, wie sein Körper zur Ruhe kommt. Es ist ihm, als würde er zerfließen.

Liebste, hast du den Schnee weggefegt?

Jemand lässt einen Kamm durch die Haare des Königs gleiten.

Die Berührung ihrer Hand an seiner Stirn ist so liebevoll, dass ihm Tränen in die Augen steigen.
»Wer bist du?«, flüstert er.
Eine Stimme antwortet: »Deine Magd, Herr.« Dann singt die gleiche, federleichte Stimme:

*Du bist in süß duftende Gewänder gehüllt, mein Herr,
in Myrrhe und Aloe und Zimt;
in Elfenbeinzimmern erklingen Saiteninstrumente
und machen dich glücklich.*

*Zu deiner Rechten steht die Königin,
gekleidet in Gold aus Ofir...*

»Abischag?«, flüstert David.
In diesem Augenblick ist der Geist des Königs ganz klar. Seine Augen strahlen hell, und er sieht und hört mit erstaunlicher Klarheit. Nichts scheint ihm entfernt; er nimmt alles deutlich wahr.
Im Schein der schwachen Lampe kniet eine junge Frau an seiner Seite – eine Frau, die so schön ist, dass er weinen muss. Sie duftet so angenehm und ihre Haut ist zart wie eine Wolke. »Abischag, bist du das? Bist du es, die für mich singt?«
Abischag, die Sunamitin, antwortet: »Ja, Herr. Ich singe dir ein Lied vor.«
»Ja. Ja, ich wusste, dass du es bist.«
Mit einem dankbaren Lächeln schließt David die Augen und stirbt.

Nun war David bei seinen Vorfahren. In der Stadt, die seinen Namen trug, wurde er zu Grabe getragen. Vierzig Jahre währte seine Herrschaft in Israel, sieben Jahre in Hebron und dreiunddreißig in Jerusalem.
Und Salomo saß auf dem Thron seines Vaters, und sein Königreich wurde groß und stark.

*Ich will dich preisen, mein Gott und König,
und deinen Namen loben immer und ewiglich!
Groß ist der Herr und von ganzem Herzen zu loben;
seine Größe ist unausforschlich.*

*Kindeskinder sollen deine Werke loben
und unaufhörlich deine gewaltigen Taten verkünden.
Laut sollen sie singen von deiner Gerechtigkeit
und deine Güte rühmen.*

*Voller Gnade und Barmherzigkeit ist der Herr,
geduldig und voller Liebe.
Der Herr ist gut; seine liebende Gnade
gilt allem, was er geschaffen hat.*

*Treu ist der Herr in allen seinen Worten
und gnädig in allen seinen Taten!
Er fängt die Fallenden auf . . .*

17

Salomo

Tamar

Heute Morgen verließ ich mein Haus in der Nähe des Tores und schloss mich der fließenden Menge von Israeliten an, die durch die Straßen Jerusalems und hoch zu dem neuen Haus meines Bruders strömten. Erhaben und schön steht es da, wie ein kleiner Himmel unterhalb des Himmels. Die steinernen Mauern sind neu und weiß, und die Fenster sind wie die Augen Gottes, die auf die ganze Schöpfung blicken. Zwei Säulen aus Bronze stehen vor dem Portal, glänzen im Sonnenlicht und scheinen stark genug, das Firmament zu tragen. Wir haben viel getan. Die Stadt, meine ich. Steinstaub weht noch immer durch die Straßen und legt sich wie eine schneeweiße Decke auf den Boden. Ständig haben wir Sand zwischen den Zähnen.

Sieben Jahre brauchte der Bau des Tempels. Sieben Jahre und dreißigtausend von unseren Männern, jene nicht mitgerechnet, die König Hiram aus Tyrus geschickt hat.

Jerusalem platzte aus allen Nähten. Es war niemand da, der nichts zu tun hatte. Allein die Verköstigung der Zugereisten war eine Aufgabe für die gesamte Nation. Einen Kuchen aus Gerstenteig kann ich mittlerweile in zwei Atemzügen formen. Risse haben sich in die Haut meiner Hände gegraben, davon, dass ich den ganzen Tag lang, das ganze Jahr über Kuchenteig geknetet habe.

Aber der König verlangte es.

Jedenfalls das Arbeiten und Bauen. Das Backen habe ich mir selbst als Dienst ausgesucht. Ich habe mein Schicksal stets selbst in die Hand genommen, abgesehen von dem Witwendasein. Von dem Witwendasein und der Liebe, die sich von Zeit zu Zeit in mir regt.

König Salomo ließ den Tempel auf dem nördlichen Hügel errichten, der einst außerhalb Jerusalems lag. Er hatte aber angeordnet, dass die Erde, die für das Fundament des Tempels ausgehoben wurde, in die Schlucht gefüllt werden sollte, die früher den Hügel von dem Rest der Stadt abgetrennt hatte. Und als die ausländischen Steinmetze dabei waren, die riesigen Steinblöcke für die Tempelmauern zu formen, trugen die Arbeiter der Israeliten das Geröll zur gleichen Schlucht. Sie existiert jetzt nicht mehr. Jetzt nennen wir sie den Millo. Hier verändern sich die Dinge mit Schwindel erregender Schnelligkeit.

Nun hat der König damit begonnen, sich selbst ein neues Haus zu bauen, einen Palast, dessen Größe ich nicht ermessen kann, bis ich ihn mit eigenen Augen gesehen habe. Ich sah die in den Boden geritzten Grundrisse und kann mir einfach nicht vorstellen, wie es ist, wenn das Gebäude einmal fertig wird. Vermutlich werde ich bis dahin noch viele Gerstenkuchen backen.

So gingen wir am Haus meines Vaters vorbei und ich dachte: *Wie bescheiden ist es in nur elf Jahren geworden.*

Dann überquerten wir den Millo, auf dessen anderer Seite der Tempelberg lag. Wir gingen durch die Grundmarkierungen für den künftigen, prächtigen Palast meines Bruders. Und weil ich zusammen mit den ersten Gruppen eintraf, konnte ich dann den inneren Hof des Tempels betreten. Umgeben war der Hof von einem dreifachen Zaun aus gehauenen Steinblöcken und einem aus Zedernholzbalken.

Ach, Salomo! Woher kommen bloß diese Visionen? Wie wohlhabend du sein musst!

Die Einrichtung der äußeren Bereiche des Tempels ließ mich vor Verwunderung erstarren. Der hohe Altar, der direkt vor der Pforte in die Höhe ragte, maß dreißig mal dreißig Fuß und war fünfzehn Fuß hoch. Wie die Schale eines mächtigen Sees liegt er auf den Rücken von zwölf bronzenen Stieren und fasst, den Gerüchten zufolge, zwölftausend Gallonen Wasser! Heerscharen drängten sich in den inneren Hof.

Gegen Mittag konnte ich dem Lärm entnehmen, dass die Mengen nun Jerusalem füllten. Sie säumten den gesamten Weg, standen an den Hängen, um wenigstens zu sehen, wenn nicht zu hören, wie der Tempel dem Herrn geweiht wurde.

Dann verstummte die Menge. Zehntausende von Menschen wurden plötzlich unheimlich still. Ich hörte fremdartige Schritte. Das Trampeln von leisen Füßen im Rhythmus eines Marsches. Das Zurückdrängen der Massen. Ein Weg wurde durch die Menge gebahnt – über den Millo und in den inneren Hof des Tempels. Ich wandte mich um, versuchte auszumachen, was dort geschah, und trat mit den anderen einige Schritte zurück. Dann erschienen Priester, die die Bundeslade des Herrn auf Stangen mit sich führten.

Ihr folgte eine geschlossene Reihe aus Priestern und Leviten. Manche von ihnen trugen die geweihten Gefäße, die in dem Zelt mit der Bundeslade gewesen waren, andere brachten so viele Schafe und Ochsen mit, dass ich sie nicht zählen konnte.

Dann kam mein Bruder, der König.

Er kam als Letzter. Er ging an mir vorbei, ohne nach rechts oder links zu schauen. Seine Augen sind dunkel wie die der Rehkitze und umrahmt von langen Wimpern. Seine Blicke sind wie Pfeile. Sie verletzen.

Während die Priester, die die Bundeslade trugen, in der Vorhalle des Tempels standen und andere mit der Schlachtung der Tiere im morgendlichen Sonnenlicht begannen, stieg König Salomo selbst zum Altar hinauf und wachte über die Darbringung der Opfer. Immer noch lag ehrfürchtige Stille über dem Volk und ich hörte das Knistern und Zischen der Brandopfer. Und ich konnte die durchdringenden und köstlichen Düfte riechen. In meiner Brust überstürzten sich unzählige Gefühle. Ochsen und Schafe stiegen zu Gott empor, und inmitten der Geschehnisse stand Salomo, kein kräftiger Mann, weder groß noch muskulös, aber von unaussprechlicher Autorität und königlicher Ruhe erfüllt. Er wachte.

Plötzlich wandte sich der König zu uns um und rief den versammelten Völkern zu: »Gesegnet sei der Herr, der Gott Israels, der das Versprechen, das er David gab, erfüllt hat. Denn ich bin auf den Platz meines Vaters und auf den Thron Israels erhoben worden, und ich habe dieses Haus gebaut für den Namen des Herrn und Gottes über Israel. Darin habe ich einen Platz für die Bundeslade vorgesehen, das Zeichen des Bundes, den Gott mit Israel geschlossen hat, als er unsere Vorfahren aus Ägypten führte.

Im Tempel gibt es einen besonderen Raum, dort sollen die Priester die Bundeslade absetzen, zwischen den ausgebreiteten Flügeln zweier Cherubim.«

Ich glaube nicht, dass ich während der Zeit, in der Salomo seinen Segen sprach, einmal geatmet habe.

Dann hob er die Arme gen Himmel. Seine Stimme stieg hinauf, als er betete: »Oh, Gott, Herr über Israel, weder im Himmel noch auf der Erde findet sich ein Gott wie du, der du den Bund mit deinen Dienern hältst!«

Ich nickte und flüsterte: »Ja.«

»Herr, bestätige das Wort, das David, meinem Vater, gesagt wurde, dass nie einer seiner Söhne auf dem Thron versagen würde, solange sie sich nur an deine Gebote halten...«

Ich dachte an meinen Bruder, an denjenigen, der das Gebet sprach, und aus ganzem Herzen stimmte ich ihm zu: *Ja.*

»Wird der Herr aber auf der Erde wohnen? Seht her«, rief Salomo. »Der höchste Himmel kann dich umfassen, Gott! Wie viel weniger vermag es also dieses Haus, das ich gebaut habe. Und doch bitte ich dich: Achte auf das Gebet deines Dieners, oh Herr, mein Gott, dass dein Blick Tag und Nacht auf diesem Haus ruhen möge. Höre auf die Bitten deiner Kinder, wenn sie sich im Gebet an dieses Haus wenden. Höre sie im Himmel, deiner Wohnung, und wenn du hörst, vergib. Denn du hast sie unter allen Völkern der Erde auserwählt und sie zu deinen Erben gemacht, o Herr, unser Gott!«

Dann nickte mein Bruder den Priestern mit der Bundeslade zu. Langsam, feierlich betraten sie den Tempel. Es gab einen Moment, in dem kein Geräusch zu hören war und niemand sich bewegte. Ein erdrückendes Gewicht schien auf uns allen zu liegen. Der König stand regungslos da und beobachtete. Von seinem Platz aus konnte er in das Innere des Tempels sehen. Wir hingegen konnten das nicht. Ich beobachtete ihn. Seine Wangen waren eingefallen, und die Muskeln an seinem Kiefer spannten sich, als würde er etwas kauen. Dann blinzelte er, und ein kleines Lächeln umspielte seine Lippen. Im Tempel fiel eine Tür zu. Das Geräusch hallte durch das Gebäude. Plötzlich machte mein Bruder einen Schritt nach hinten und wandte seinen Blick ab. Ich schaute zurück und erblickte die Priester, die zur Tür des Tempels herausgerannt kamen, die Vorhalle durchquerten und die Treppe nach unten eilten. Schwarzer Rauch quoll hinter ihnen aus dem Tempel. Eine Wolke füllte das Haus des Herrn, sodass kein Priester es in der Nähe aushielt. Ich blickte hoch und bemerkte verwundert, dass mein Bruder lachte. Es war ein geräuschloses, vollkommen beherrschtes Lachen. Sein schlanker Körper war nach vorne gebeugt, sein Mund blieb geschlossen – und doch erheiterte irgendetwas ihn so sehr, dass ich, obwohl niemand sonst es zu sehen schien, ebenfalls anfing zu lachen. Ich aber lachte laut, ein peinliches Gackern.

Lachend fiel ich auf die Knie. Die umherstehende Menge wich zurück. Ich aber kniete in einem kleinen, vom Sonnenlicht durchfluteten Kreis und machte meinen Nachbarn allmählich Angst. Ich konnte aber nichts dagegen tun, vermochte nicht aufzuhören. Ich vergrub das Gesicht in beiden Händen und lachte und krümmte mich wie eine Wahnsinnige.

Ich sagte: *Es ist das Lachen Salomos! Ich lache für den König Salomo!*

Mehrere Hände griffen nach mir. Egal. Ich lachte weiter. Ich sagte ihnen, dass die Herrlichkeit des Herrn wegen meines Bruders wie Rauch in den Tempel eingedrungen war! Ich versuchte meine Ekstase zu erklären.

Aber dann kam der Grobian Benaja, packte mich und fing an, mich vom Tempel wegzutragen. Ich brüllte: *Salomo! Salomo!* Ich riss meinen Körper herum und sah den König oben auf dem Hochaltar stehen. Mir schenkte er keine Aufmerksamkeit.

Dann fragte ich mich, ob es nicht Salomo gewesen war, der seinem Befehlshaber ein Zeichen gemacht hatte, mich wegtragen zu lassen. Also verstummte mein Lachen und die Freude erlosch. Ich entsinne mich, daß ich anfing, nach Benaja zu treten. Ich biss zu. Eigentlich aber ohne Überzeugung. Was hatte ich nach all den Jahren erwartet? Dieser alte Krieger hasst mich eigentlich nicht. Er würde mir nicht wehtun. Dennoch biss ich ihn in den Unterarm und sagte: »Willst du mich umbringen, wie du Joab umgebracht hast?«

Benaja, der Sohn von Jojada, Oberbefehlshaber über alle Armeen meines Bruders – er ist wie ein Ochse, stumm und hünenhaft.

Joab hatte sich verzweifelt am Altar des Herrn festgehalten, um Zuflucht gefleht. Aber weil es König Salomos Befehl war, hatte Benaja den Altar ignoriert und den Mann ermordet. Er ist treu, und er ist eigentlich kein Unmensch. Er tut mir schon nicht weh. Aber ich mag ihn nicht.

Eigentlich glaube ich, dass niemand in Jerusalem übrig geblieben ist, den ich mag.

Nicht einmal Salomo mag ich. Er weiß nichts von meiner langen Trauer. Witwenschaft berührt ihn nicht. Armut, die Verachtung ganz Jerusalems, die Sünden anderer Männer – was weiß er schon von diesen Dingen? Hat David, mein Vater, seinem Sohn Salomo je erzählt, dass ich von meinem Bruder, Davids erstem Sohn, Amnon, vergewaltigt wurde? Gewiss hat mein Vater die Sünden von Joab in Salomos Ohr geflüstert, sonst wäre Joab nicht ermordet worden. Hat er aber auch geflüstert, dass Tamar vergewaltigt wurde? Hat es ihn gekümmert, dass Tamar vergewaltigt wurde?

Hat er Salomo erzählt, dass der einzige Mensch, der freundlich zu Tamar war, ebenfalls ermordet wurde? Dass Absalom ermordet wurde und Tamar verwitwet und ohne Freunde – eine Irre – zurückließ?
Ich mag Salomo nicht.
Ich schätze weder seinen Reichtum noch seine Macht.
Dennoch liebe ich ihn. Ich liebe ihn. Gott sei mir gnädig, ich halte die Qualen kaum aus, die ich um dieser Liebe willen leide. Genauso wenig aber kann ich sie kontrollieren. Ich lechze danach, ihn durch die Stadt gehen zu sehen. Mein Gesicht brennt. Ich habe mich in Salomo verliebt.

Sieben Jahre dauerte es, den Tempel des Herrn zu bauen. Weitere dreizehn Jahre vergingen, bis der König die Häuser und Hallen seiner eigenen königlichen Siedlung errichtet hatte.
Zwanzig Jahre lang betrachtete die Königinmutter die prächtigen Gebäude ihres Sohnes mit stiller Zufriedenheit. Er ließ nicht nur Prunkbauten für den Herrn und die Gesalbten des Herrn errichten, sondern umschloss Jerusalem außerdem mit neuen Mauern und erweiterte so die Fläche und auch die Bevölkerung der Stadt.
In weiter entlegenen Teilen des Landes befestigte er Städte, die von entscheidender Bedeutung für die Verteidigung des Königreichs waren. Für die Pferde seiner Kavallerie und jene, welche die Streitwagen zogen, errichtete er mächtige Ställe aus Stein. Lagerstätten ließ er an den Häfen bauen, um den Handel sowohl auf dem Land- als auch auf dem Seeweg zu kontrollieren. Aus diesen Häfen ließ er eine neue Flotte vom Stapel laufen, die ebenfalls nach seinen eigenen Plänen gefertigt worden war.
Doch inmitten all dieser staatlichen Aufgaben vergaß der König

seine Mutter nicht. In seinem Privatpalast richtete er Wohnungen für Batseba ein, und bei öffentlichen Feierlichkeiten saß sie stets an seiner Seite. Wann immer der König hinauszog, um Abgesandte fremder Länder zu empfangen, ging seine Mutter neben ihm her. In ganz Israel gab es keine Königin, die Batseba ebenbürtig war.

Nicht, dass es in Israel sonst keine Königinnen gegeben hätte. Salomo heiratete oft. Zwar konnte Batseba nicht die Frauen ihres königlichen Sohnes auswählen, aber sie legte großen Wert darauf, bei jeder Hochzeit dabei zu sein, um dann der neuen Frau ihre Vorherrschaft zu demonstrieren, indem sie die Braut zu den Räumlichkeiten des Hauses führte, in denen alle Frauen des Königs wohnten. Dieses Gebäude war größer als der Tempel und mit seinen vielen Säulen aus Zedernholz reich verziert. Entsprechend wurde es auch »Haus des Waldes vom Libanon« genannt. Allein im oberen Stockwerk verfügte das Haus über fünfundvierzig Zimmer und war durch mehrere öffentliche Räume, die Wartehalle und den Thronsaal mit Salomos Palast verbunden.

Dennoch musste Batseba nicht durch die öffentlichen Zimmer gehen, um ihren Sohn zu sehen, wenn es sie danach verlangte. Sie ging über Fußböden aus Zypressenholz in eine Halle, deren Wände aus gebohnertem Zedernholz gefertigt und mit Gold und Elfenbein verziert waren. Sie brauchte nur ihren Namen zu nennen und er eilte ihr sofort entgegen, verfügbar und wachsam.

Batseba liebte ihren Sohn, war stolz auf seine Macht und seine Errungenschaften, obwohl sie sich über beide eigentlich nicht wunderte. Hatte sie ihn nicht für diese Herrlichkeit ausgebildet? Batseba lobte Salomo in allen Dingen.

Aber sie kannte auch das Wesen dieses Mannes.

Die ganze Welt wusste von seiner Weisheit. Weil seine Urteile so gerecht und weise waren, standen die Menschen in Ehrfurcht vor ihm. Er bewegte sich unter den Nationen in einer ganz souveränen und ruhigen Art – doch die Mutter kannte das Wesen ihres Sohnes. Deshalb hielt sie die Verbindung zu ihm so eng, wie

Liebe und Mutterschaft es ihr erlaubten. Es war nicht das Prestige, das sie veranlasste, unmittelbar an seiner Seite zu gehen, sondern Vorsicht. Batseba war sechzig und immer noch Realistin. Ihr war bewusst, dass dieser großartige König eine Schwäche hatte, die ihn das Königreich kosten konnte.

Im zwanzigsten Jahr seiner Herrschaft, als er sich allmählich dem vierzigsten Jahr seines Lebens näherte, schloss König Salomo einen Bund mit Pharao Schischak, dem König von Ägypten, indem er seine Tochter zur Frau nahm.

Durch seine höchsten Diplomaten ließ Ägypten zu Israel sprechen: »Du bist jetzt mein Schwiegersohn.«

Und Israel erwiderte: »Der Friede wird unsere Pforten aufmachen und der Handel soll das Gespräch zwischen uns bestimmen.«

Vielleicht als dramatische Geste zur Öffnung der Pforten – und um zu zeigen, mit welcher Macht sich Israel nun verbunden hatte – griff Pharao Schischak eine Stadt an der großen ägyptischen Handelsstraße, die entlang des Großen Meeres von Norden nach Süden verlief, an. Die Stadt hieß Geser und lag unmittelbar westlich von Jerusalem, wurde aber noch von den Kanaanitern beherrscht. Schischak gewann die Schlacht, brannte die Stadt bis auf die Grundmauern nieder und übergab sie Salomo als Mitgift.

Es bestand keinerlei Zweifel daran, dass diese Ehe geschlossen worden war, um politischen Nutzen daraus zu ziehen.

Vom ohrenbetäubenden Schmettern der Trompeten begleitet erschien der König in der Pforte seines Palastes! Das Schlagen der Tamburine und die Klänge der Flöten untermalten seinen Abstieg die steinerne Straße hinab zu den Toren der Stadt, an denen er die Tochter von König Schischak empfangen sollte. In weißes Leinen gekleidet erschien Salomo dem Sonnenlicht gleich, und durch die Menge, die die Straße säumte, ging ein Schauer der Ehrfurcht, fast körperlich spürbar.

Der König ging ohne Kopfbedeckung. Hinter ihm kam die Königinmutter, die zwei Kronen trug. Und noch weiter dahinter bereiteten sich die Töchter Jerusalems darauf vor, den König und seine Braut auf dem Rückweg zum Palast mit Tanz zu begleiten.

Aber wenn der Anblick des Königs ein Raunen durch die Menge gehen ließ, dann löste die Braut Ausbrüche des Entzückens und Wellen des Beifalls aus.

In einer Sänfte wurde sie auf dem Rücken von acht Männern durch die Tore der Stadt getragen. Der ausgebreitete Baldachin spendete ihr Schatten, beschützte das Kind, dessen Gesicht die Farbe von Milch hatte, dessen Wangen wie zerbrechliches Alabaster und dessen Lippen wie scharlachrote Fäden waren. Das Volk jubelte. Dieses Mädchen verkörperte die ganze Schönheit und Lieblichkeit Ägyptens, sich spiegelnd in einem einzigen, vollkommenen Gesicht.

Die Sänfte war ein Geschenk Salomos an seine Braut, das er aus silbernen Säulen hatte fertigen lassen. Der Rahmen des Stuhls war aus Gold, der Sitz tief, weich, purpurfarben und das ganze Innere mit Leder ausgekleidet. Und doch wirkte sogar eine solche Kostbarkeit im Vergleich zu ihr, die darauf saß, nur grob. Die Sänfte wurde vor den Füßen des Königs abgesetzt. Dann erhob sich Schischaks Tochter lächelnd und streckte einen Fuß heraus, der so zart und beinahe durchsichtig wie eine Muschel schien.

Von dem Augenblick an, an dem die Ägypterin ihre Hand ausstreckte und Salomos Arm berührte, hörte der König Israels auf zu atmen.

Und diese Wirkung entging seiner Mutter keineswegs.

Offenherzig blickte die Ägypterin nun fest in Salomos dunkle Augen. Eigentlich war es unschicklich und anmaßend. Sie blinzelte nicht einmal. Sogar als die Königinmutter sich direkt vor ihr aufstellte, um ihr die Brautkrone auf das Haupt zu setzen, starrte die Ägypterin durch sie hindurch, als wäre sie Luft. Und Salomo erwiderte jeden ihrer Blicke, konnte seine Augen nicht abwenden. Er reagierte weder auf die förmlichen Worte seiner Mutter, als sie ihn ansprach, noch erwiderte er ihren Kuss oder zeigte irgendeine

Regung, als sie ihm die Krone des Bräutigams auf den Kopf setzte. Er stand da, staunend wie ein dummer Hirtenjunge.

Dann wandten sich die ägyptische Schönheit und die israelitische Pracht um und gingen gemeinsam auf den Palast zu. Nun folgten auch die Tänzer mit festlichen Bewegungen und zu guter Letzt schlossen sich auch die Bewohner Jerusalems dem Umzug an. Batseba aber hatte sich von den Feierlichkeiten entfernt. Sie stand abseits und beobachtete, wie ihr Sohn an der Seite dieser neuen Frau die Straße hinaufging. So leicht wie Raureif war sie. So zierlich und dünn und weiß ebenfalls. Vielleicht aber auch so kalt.

Die Bürger der Stadt hatten sich bereits in die Festivitäten zu Ehren jenes neuen, mächtigen Bundes gestürzt. Die Mutter des Königs aber hatte keinen Hunger. Sie hatte Angst.

Geschichten wie die folgende über die Weisheit ihres Königs Salomo machten unter den Bürgern Judas und Israels schnell die Runde:

Zwei Dirnen machten sich auf zum König Salomo. Zwischen ihnen herrschte ein Zwist, den niemand zu lösen vermochte.

Die erste Frau sprach: »Mein Herr, diese Frau und ich teilen ein Haus mit zwei Zimmern. In derselben Woche gebaren wir beide Kinder. Doch dann passierte es, dass das Kind dieser Frau starb, als sie sich in der Nacht versehentlich darauf legte. Gegen Mitternacht stand sie auf und nahm mir den Sohn weg, während ich noch schlief. Auf meine Brust legte sie ihren eigenen toten Sohn. Als ich am Morgen aufwachte, um mein Kind zu stillen, da war es tot. Dann sah ich genauer hin und stellte fest, dass es überhaupt nicht mein Kind war. Es war ihres.«

Die zweite Frau brüllte: »Nein! Das lebende Kind gehört mir! Deins ist das tote Kind!«
Die erste Frau erwiderte: »Nein, das tote Kind gehört dir!«
Also sprach der König: »Da ihr euch nicht einigen könnt, werde ich die Sache gerecht unter euch aufteilen. Gebt mir das Kind.« Die Frau legte dem König das Kind in den Schoß.
Und der König sprach: »Bringt mir ein Schwert!«
Nachdem dies geschehen war, sagte der König zu seinem Diener: »Schneidet das lebende Kind in zwei gleiche Teile. Dann gebt der einen Frau eine Hälfte und der anderen Frau die andere Hälfte.«
Sofort erhob die erste Frau klagend ihre Stimme: »Ach, mein Herr! Tut dem Kind nichts! Dann soll sie es lieber haben!«
Die andere Frau aber sagte: »So wird es weder mir noch dir gehören. Zerteilt es.«
Da wandte sich der König an seine Diener und sagte: »Gebt das lebende Kind der ersten Frau und tötet es nicht. Sie ist die wirkliche Mutter!«

Viele solcher Geschichten wurden bis weit über die Grenzen Israels hinaus erzählt. Der Ruhm des weisen Königs Salomo breitete sich in ganz Ägypten aus und noch weiter nach Afrika hinein und in den Osten bis zum Indusfluss. Menschen behaupteten, dass die Weisheit seines Verstandes so unfassbar sei wie die Anzahl der Sandkörner am Meer.

Auch von der Pracht und dem Reichtum seines persönlichen Haushalts erzählte man noch weit im Süden; bis zu dem in Arabien gelegenen Saba drangen Geschichten und Gerüchte. So wurde der Königin von Saba berichtet, dass Salomo – dessen Königreich die Handelsrouten kontrollierte, die von ihren Karawanen benutzt wurden – vierzigtausend Pferde und zwölftausend Reiter unterhielt. Sie erfuhr auch, dass er zur Verpflegung an einem Tag dreißig Maß vom feinsten Mehl, sechzig Maß Schrot, zehn gemästete Ochsen, zwanzig Rinder, einhundert Schafe und zusätzlich noch Hirsche, Gazellen, Rehböcke und gemästetes Geflügel benötigte. So

viel Essen war nötig, um die Offiziere und Berater des Königs, seine vielen Frauen und Diener, seine zahlreichen Familienmitglieder zu ernähren.
Und seine Gäste.

Die Königin von Saba war entschlossen, zu den Gästen dieses prächtigen Königs zu zählen, zum einen um sich mit eigenen Augen von dem sagenhaften Reichtum zu überzeugen, zum anderen um seine Weisheit mit gezielten Fragen auf die Probe zu stellen.

Es war kein geheimer Besuch. Sie hatte die Reise lange im Voraus geplant und brauchte für ihre Durchführung genauso lange. Die Nachricht verbreitete sich wie ein Lauffeuer in den Wüsten Arabiens, bis in die hohen Ebenen Afrikas hinein. Die Besatzungen von Schiffen, die auf dem Roten Meer unterwegs waren, erfuhren davon. Nomaden wussten es. Sie zogen hin zu den hohen Straßen, um die Karawane Sabas beim Vorbeiziehen zu bewundern. Es war eine mächtige Gefolgschaft mit schwer beladenen Kamelen, die Gewürze, Gold und Edelsteine trugen. Die Karawane erstreckte sich auf der Handelsstraße nach Norden und Süden so weit das Auge reichte. Und genau in der Mitte befand sich die Königin Bilqis mit ihrem Wagen aus reinem Gold.

Auch Jerusalem hatte die Nachricht erhalten – Jerusalem war bereit.

Südlich der Stadt wurde die Karawane aus Saba von den Wagen Israels empfangen. In dem vordersten Wagen standen drei Personen: der Fahrer, eine schöne Frau, stolz, aufrecht und Furcht einflößend, und ein Mann von dunkler, Aufsehen erregender Schönheit, in seinem Haar ein dünnes Band aus Gold. Es war Salomo selbst, der die Königin Bilqis mit gebührender Pracht nach Jerusalem hereinführte.

Der König von Israel hatte im Vorhof zum Tempel seines Gottes eine erhöhte Plattform errichten lassen, auf der Bilqis und er hoch über den Zuhörern sitzen konnten. Darüber hatte Salomo purpurfarbene Baldachine spannen lassen. Und als der Tag kam, an dem sie dort Platz nehmen sollten, erschienen Diener von allen Seiten, die mit ägyptischen Fächern für Abkühlung sorgten.

Vier Personen saßen nun dort – die Königin Bilqis von Saba und ihr Wesir, König Salomo von Israel und jene beeindruckende, schweigsame Frau, die Königinmutter. Sie war eine von Davids Frauen gewesen und Salomo stellte sie als Batseba vor.

Dann eröffnete Bilqis ihre formelle Befragung: »Salomo, Baumeister, ich habe eine Frage an dich«, sagte sie. »Du hast fünfzig neue Festungen an verschiedenen Orten im Negeb errichtet, südlich von deinem Königreich. Ich habe sie auf meiner Reise hierher gesehen. Um diese Stadt herum hast du eine neue Mauer gezogen. Ich konnte sie bewundern, als ich ankam. Du hast Wagen und Armeen, Schilder und Speere, unvorstellbare Befestigungen gegen deine Feinde. Und doch bin ich hier im Inneren dieser Festung, innerhalb der Mauern, inmitten deiner Soldaten. Was wäre, wenn ich, versteckt hinter einem Lächeln, dieser Feind wäre? Was nützt dir dann all das, o König? Was nützten dir dann alle Edelsteine, alles Gold der Welt?«

Salomo nickte. Sein schwarzes Haar fiel auf seine Schultern herab und seine braunen Augen waren nicht besorgt, aber doch nachdenklich. Königin Bilqis fand, dass sein Aussehen allein reichte, um sie abzulenken und ihm so einen Vorteil in der Diskussion zu verschaffen.

»Königin, du hast Recht.« Er schenkte ihr ein strahlendes Lächeln und sagte: »Für sich genommen sind meine Mauern und meine Munition nutzlos. Ihre Stärke liegt aber in einer bestimmten Schwäche und ihre Kraft findet sich in dem, was mächtige Männer verachten.«

Die Königin von Saba hob die Augenbrauen und fragte: »Welche Schwäche vermag schon eine Nation zu retten?«

König Salomo erwiderte: »Es gab eine kleine Stadt, die nur wenige Männer zu ihrer Verteidigung hatte. Ein großer König kam und belagerte die Stadt. Aber in jener Stadt wurde ein armer, weiser Mann gefunden und durch seine Weisheit rettete er die Stadt.

Die Königin von Saba hat noch nicht die letzte Verteidigung Israels passiert – sie sitzt nämlich neben ihr auf diesem Podium.«

»Du meinst dich selbst«, sagte die Königin, »und behauptest gleichsam, ein armer Mann zu sein. Dennoch strafen dich die Häuser um uns herum Lügen, Salomo. Wie kannst du ein solches Leben arm nennen?«

»Aber genau das hat mir der Reichtum gezeigt«, sagte Salomo, »die Armut *allen* Lebens.« Er hob die Stimme, damit alle Anwesenden ihn hören konnten. »Ich habe das Vergnügen studiert und festgestellt, dass alles Eitelkeit ist. Ja, ich habe große Werke vollbracht: Ich habe Häuser errichtet und Weinberge und Gärten angelegt. Brunnen habe ich gegraben, aus denen das Wasser für einen Wald voller Jungbäume entnommen wird. Ich besitze Vieh- und Schafsherden, die größer sind als die all meiner Vorgänger in Jerusalem. Die besten Sänger, sowohl Männer als auch Frauen, haben mich unterhalten. Aber als ich überlegte, was meine Hände vollbracht hatten, und die Mühe bedachte, die es mich gekostet hat, erkannte ich, dass alles nur Eitelkeit ist. Es ist, als wollte man den Wind einfangen, und nichts unter der Sonne war tatsächlich besser. Ich sage euch, zwischen Armen und Reichen gibt es keinen Unterschied, außer dass es dem einen gegeben ist, sich selbst mit Träumereien zu täuschen, und dem anderen eben nicht. Die Weisheit liegt darin zu wissen, dass man arm *ist*.«

Ein Prediger! Dieser Israelit war ein Mann der Ermahnungen. Königin Bilqis konnte sich eines Lächelns ob der Leidenschaft seines Vortrags nicht erwehren. Er war dabei, sie zu überzeugen. Dennoch beugte sie sich vor und flüsterte Salomo ins Ohr: »Mein Herr, die Worte der Weisen, denen in der Stille gelauscht wird, sind besser als das Brüllen von Herrschern vor Narren.«

König Salomo lachte angesichts ihrer Schlagfertigkeit. »Genau!«, konterte er. »Wie eine tote Fliege ausreicht, um einen faulen Geruch in einem Parfümfass zu schaffen, so reicht ein törichtes Wort, um ein Leben in Weisheit zu überschatten. Sollte ich jetzt friedlich sein?«

Doch Bilqis gab sich nicht geschlagen: »Derjenige, der den Graben aushebt, fällt auch hinein.«

»Wenn die Schlange beißt, bevor sie beschworen wird, was nutzt dann der Schlangenbeschwörer?«

Jetzt lehnte Bilqis sich zurück und blickte den König von Israel mit einem bewundernden Lächeln an. »Ah, der Beschwörer hat gute Arbeit geleistet«, sagte sie, »sehr gute sogar. Hier gibt es keine Schlange, die ihn beißen und auch keinen Feind, der ihn angreifen möchte.«

Königin Bilqis erhob sich und wandte sich dem Volk zu: »Glücklich bist du, Israel«, sagte sie, »weil dein König ein Sohn freier Menschen ist. Er feiert zu den richtigen Zeiten, um sich zu stärken und nicht um sich zu betrinken! Die Nachrichten, die ich von seiner Weisheit und seinem Reichtum in meinem Land gehört habe, sind wahr. Gesegnet sei der Herr, dein Gott, der Freude an diesem Sohn Davids hat! Nur weil der Herr dich liebt, Israel, hat er dir Salomo als König gegeben, damit er Gerechtigkeit und Rechtschaffenheit im ganzen Lande walten lässt!«

In den Tagen ihres Besuches gab Salomo der Königin von Saba alles, was ihr Herz begehrte. Sie wiederum schenkte ihm hundertzwanzig Goldtaler, Edelsteine und so viele Gewürze, wie danach niemals wieder nach Jerusalem gebracht werden sollten. Sie blieb eine ganze Weile in der Stadt Salomos. In dieser Zeit beobachtete sie den Bau eines neuen Gebäudes, das unweit vom Palast des Königs lag. Es war ein vergleichsweise kleines Haus, aber doch von nie dagewesener Schönheit. Ein Juwel.

Kurz vor ihrer Abreise fragte sie Salomo eher zufällig danach, welche Person denn von solcher Bedeutung sei, dass sie ein solches Haus bekam. Der König wurde rot, antwortete aber nicht. Aber die Königinmutter tat es. Es war das einzige Mal, dass Bilqis sie sprechen hörte, und obwohl die Frau ansonsten geduldig und großzügig zu sein schien, war ein beißender Sarkasmus in ihrer Antwort zu hören. »Ägypten verlangt ein eigenes Haus«, sagte die Königinmutter, »und Israel gehorcht.«

Die Tochter des Pharao, die Frau Salomos, hat sich in Jerusalem einen Namen gemacht. Sie mischt sich nicht unter das Volk und bleibt abseits von dem Hof des Königs. Doch sie singt von den hohen Fenstern ihres neuen Heimes:

> *Was zieht herauf wie eine Rauchsäule*
> *aus der Wildnis,*
> *süß duftend nach Weihrauch und Myrrhe,*
> *dem Parfüm der Händler?*
>
> *Siehe da, es ist die Sänfte Salomos.*
> *Umgeben ist sie von sechzig Helden,*
> *mit Schwertern gegürtet,*
> *um den Gefahren der Nacht zu trotzen!*
>
> *Ihr Töchter Jerusalems,*
> *kommt heraus und betrachtet den König Salomo*
> *in der Krone, mit der ihn seine Mutter gekrönt hat*
> *am Tag seiner Hochzeit*
> *und am Tag der Freude seines Herzens!*

Batseba schreitet durch die privaten Wohngemächer des Palastes und sucht nach ihrem Sohn. Sie muss ihm unbedingt etwas sagen. Es kann nicht länger warten. Sie muss ihn sofort sprechen.
    Doch er ist nicht in seinen Gemächern. Weder in den Offiziersräumen noch in seinem Arbeitszimmer. Auch an seinem Ort des Gebets ist er nicht. Es ist Abend. Vielleicht ist er zum Tempel gegangen.
    In der Dämmerung überquert Batseba den äußeren Vorhof des Tempels und betritt den inneren Vorhof.

In ihrem kleinen Häuschen hält Tamar einen Spiegel aus polierter Bronze. Er gehört zu dem wenigen, was ihr vom Luxus vergangener Tage noch geblieben ist, von der Zeit, als sie noch Prinzessin war.

Vier Öllampen hat sie angezündet. In einer Reihe stehen sie auf einem grob geschnitzten Holztisch. Tamar kniet am Tisch und starrt unentwegt ihr Spiegelbild an.

Dann fährt sie langsam mit einem Kamm aus Elfenbein durch ihr Haar. »Rot war es einmal«, flüstert sie ihrem Spiegelbild zu. »Genau wie das Haar meines Vaters.« Doch jetzt ist ihr Haar strohfarben, trocken und dünn. Das Gesicht, das im Spiegel zu sehen ist, sieht schmal und erschöpft aus. Sie hat es vor dem Zubettgehen gewaschen. Die Augen, die sie jetzt anstarren – wer könnte schon solche traurigen Augen lieben?

»Dunkel, dunkel«, flüstert sie, als wollte sie das in polierter Bronze erschienene Ebenbild anklagen. »Oh, Töchter Jerusalems, ich bin so schwarz wie Ziegenhaar, schwarz wie das grobe Gewebe der Zelte von Kedar. Ich wünschte mir, es wären die Vorhänge Salomos.«

Salomo! Kaum hat sie den Namen ausgesprochen, schon weiten sich die Augen im Spiegel vor Schrecken. Und sie kann ihren Blick nicht mehr beruhigen.

»Schau mich nicht so an«, zischt Tamar durch die Zähne. Sie legt den Spiegel ab. »Ich bin dunkel! Die Sonne hat mich verbrannt! Meine Brüder sind böse auf mich. Sie haben mich zur Hüterin ihrer Weinberge gemacht. Aber meinen eigenen Weinberg...«, Tamar vergräbt das Gesicht tief in ihren Händen, »meinen eigenen Weinberg durfte ich nicht hüten!«

Also löscht sie die vier Lampen in ihrem Häuschen. Spärliches Mondlicht fällt durch eine dünne Ritze in der Wand. Sie steht auf und geht zu ihrer Schlafmatte, die bereits ausgerollt in der am weitesten von der Tür entfernten Ecke liegt. Sie legt sich darauf und sieht starren Blickes in die Dunkelheit hinein.

Sie glaubt nicht, dass sie in dieser Nacht endlich Schlaf finden wird.

Die Tochter des Pharaos hat eine hohe, atemlose Stimme – die Stimme eines Kleinkindes, obgleich die Worte die einer Frau sind. Leidenschaftlich.

Auch wenn sie im Inneren des Hauses singt, wird ihre Melodie aus dem Fenster getragen.

Sie geniert sich nicht, dass alle Einwohner Jerusalems von ihren Gedanken erfahren. Eine solche Frau schert sich nicht um die Meinungen der Töchter Jerusalems. Aber vielleicht ist es ihr auch besonders wichtig, was sie denken.

Sie singt in die frische Dunkelheit der frühen Nacht hinein. Während sie singt, stößt sie immer wieder kleine Schreie aus. Vielleicht ist sie überwältigt von der Leidenschaft ihres Liedes.

Die Stimme meines Geliebten!
Sieh da, er kommt,
springt über die Berge,
hüpft über die Hügel!

Mein Geliebter
gleicht einer jungen Gazelle!
Sieh da, er steht
hinter meiner Wand,
blickt durchs Gitter
und sieht durchs Fenster!

»Erhebe dich«, ruft er.
»Meine Schöne, komm!
Der Winter ist vorbei,
die Regenzeit vergangen.
Die Blumen zeigen sich im Land
und die Zeit des Singens ist gekommen.

Mach dich auf, meine Freundin,
meine Schöne, und komm!

*Lass mich deine Gestalt sehen
und deine Stimme hören!
Denn deine Stimme ist süß
und deine Gestalt anmutig.«*

Mein Geliebter ist mein, und ich bin sein.

Die Königinmutter hat ihren Sohn gefunden. Er sitzt alleine im Thronsaal auf seinem mächtigen Thron aus Elfenbein.
»Hörst du den Gesang?« Jetzt kann Batseba sich nicht mehr beherrschen. Sie ist mit ihrer Geduld am Ende und die Worte schießen wie Pfeile aus ihrem Mund: »Ja, du hörst, wie sie singt! Du bist hier und hörst es dir an. Und bevor du zu deinem Gemach zurückkehrst, wirst du die Ägypterin besuchen. Sie wird dir eine kleine Gefälligkeit erweisen und du wirst ihr im Gegenzug etwas völlig Maßloses versprechen. Und das ist das Übel, Salomo. Nicht, dass du zu ihr gehst, nicht einmal, dass du ihr aufwendige Geschenke versprichst, sondern dass du bei dieser Frau deine Versprechen hältst! Du hörst sie doch, nicht wahr!«
Der König gibt keine Antwort und blickt seine Mutter auch nicht an.
Sein Thron ruht auf einem Podest, zu dem man sechs Stufen hinaufgeht, jede von ihnen von geschnitzten Löwen bewacht. Der Thron selbst ist wie ein Stuhl geformt, ausgestattet mit einem hohen Rückenteil und breiten Armlehnen. Auf der Rückseite ist der Kopf eines Stiers geschnitzt – ein Symbol der Macht, und an jeder Seite stehen zwei Furcht erregende Löwen mit nach hinten ausgestreckten Flügeln, so als würden sie fliegen. Das Ganze ist mit Intarsien aus Elfenbein verziert und mit Blattgold, das in die aufwendigen Motive eingehämmert ist.
Auf diesem Thron wirkt der König mächtig und gleichzeitig klein. Im Moment deutet kein Zeichen darauf hin, dass er überhaupt die Anwesenheit seiner Mutter wahrgenommen hat. Sein feines Gesicht

ist ohne Ausdruck – nichts als eine Art abwesendes Zuhören, so wie manche Menschen Musik benutzen, um vom Denken auszuruhen.

Batseba zügelt ihren Ärger. Mit der Diplomatie eines klugen Beraters sagt sie nun: »Mein Sohn, im Namen der Liebe und der Vernunft muss ich sprechen. Niemand sonst wird so aufrichtig zu dir reden, wie ich es tue. Es ist gut, dass die Menschen dich fürchten, aber nicht, wenn es *alle* sind. Ich bin diejenige, die dich nicht fürchtet.

Und ich würde heute nicht zu dir sprechen, hättest du ihr nicht ein Haus gebaut. Dieses Geschenk hat mir deine Schwäche gezeigt, Salomo.

Deine Schwäche ist nicht, dass du deine Liebe vielen Frauen schenkst, sondern dass du zulässt, dass dir die Frauen Befehle geben, die du auch noch befolgst. *Dich* hat Gott doch dazu auserwählt, Entscheidungen für Israel zu treffen. Nicht deine Frauen sind auserwählt worden, egal, wie mächtig ihre Väter sein mögen. Und doch wirst du von jenen beherrscht, die du liebst. Frauen beherrschen Israel!«

König Salomo dreht den Kopf zur Seite und antwortet nur mit einem Satz: »Mutter, *du* bist eine Frau.«

Einen Augenblick lang herrscht Stille, doch dann schreit Batseba plötzlich ihren Sohn an: »Eine Frau! Ja, deine Mutter ist eine Frau! Aber ist sie auch eine Ägypterin? Sieht sie denn aus wie eine Moabiterin? Eine Ammoniterin? Eine Edomiterin? Ist deine Mutter etwa eine eiserne Hetiterin, Salomo? Unter deinen Frauen gibt es derer unzählige und jede einzelne betet zu einem anderen als zu unserem Gott! Was soll ich im Namen deines Vaters David sagen, wenn ich sehe, wie du dich voller Ehrfurcht vor der heidnischen Göttin Astarte zum Narren machst? Ha, der König von Israel folgt nun Milkom, der Ausgeburt der Ammoniter . . .«

Salomo erhebt sich von seinem Thron und geht langsam die Treppe nach unten.

Batseba kann nicht aufhören. Sie weiß, dass sie mittlerweile kreischt. Sie weiß, dass ihr Gesicht vor Angst verzerrt ist – Angst, aber nicht *vor* dem König, sondern *um* ihn. Dennoch folgt sie ihm bis zur Tür des Thronsaales und schreit: »Der König hat einen Altar für Kemosch, das Scheusal Moabs, gebaut. Ebenso für den Moloch der Ammoniter, dort oben auf dem Berg, östlich von Jerusalem...«

Aber ihr Sohn ist nicht mehr da. Er ist durch die Seitentür in die Nacht hinaus verschwunden.

Batseba beißt sich auf die Zunge. Ihr Redefluss reißt ab wie ein Faden. Lange Zeit steht sie zitternd auf der Stelle. Sie überlegt, was für ein Gebet sie sprechen soll.

Tamar träumt. Ihr ist so, als würde ihr Liebster an die Tür klopfen.

Er ruft: »Öffne mir die Tür, meine Schwester, meine Liebe, meine Taube. Meine Vollkommene, tu mir auf die Tür! Mein Kopf ist voll Tau.«

Tamar lächelt.

»Meine Haare sind nass von den Tropfen der Nacht«, ruft ihr Liebster.

Sie zögert, denn ihre Kleider hat sie schon abgelegt und die Füße gewaschen.

Ihr ist so, als hörte sie seine Hand an dem Riegel. Das Herz pocht in ihrer Brust. Ja! Sie wird hingehen!

Sie steht auf, um die Tür zu öffnen. Sie hebt die Hände und öffnet die Tür – doch ihr Liebster ist verschwunden! Weil sie zögerte, ist er verschwunden.

Vielleicht träumt Tamar nicht mehr. Sie ist eine hagere, in Laken gewickelte Frau, die barfuß über die kalten Steine der Straßen Jerusalems rennt. Die Kälte gehört nicht zum Traum. Sie zieht durch die Häuser, sucht ihren Liebsten, ruft nach ihm. Aber er gibt keine Antwort.

In der Ferne hört sie die trillernde Stimme einer Nachtigall. Sie singt. So schnell, wie ihre Beine sie tragen, rennt Tamar dieser Stimme entgegen.

Keiner unter Zehntausend ist wie mein Geliebter ...

Das Lied, das sie hört, kommt von einem erhobenen Platz, von der Spitze eines Hügels und doch von einem Ort noch höher als der Hügel. Tamar läuft durch die finstere Nacht, dem Lied lauschend:

Sein Haupt ist das feinste Gold,
seine Locken sind schwarz wie ein Rabe.

Seine Augen sind wie Tauben
an Wasserbächen.
Wie in Milch gebadet sind seine Zähne,
fest und schön ...

Drei Männer versperren Tamar plötzlich den Weg.

Wachmänner, deren Pflicht es ist, den Palast des Königs zu verteidigen, haben zwischen dem Palast und dem neu errichteten Haus der Pharaonentochter Lärm gehört. Sie sehen, wie eine Frau dort tanzt. Mit ausgebreiteten Armen und weit zurückgerissenem Kopf tanzt sie dort, als wollte sie den Regen mit ihrem Gesicht auffangen.

Als die Wachmänner sie berühren, schreit sie und rennt auf die Türen des Palastes zu. Also schlagen sie sie. Doch sie läuft weiter, fühlt nicht die Schmerzen. Sie laufen ihr nach, schlagen auf sie ein, bis sie auf das Kopfsteinpflaster fällt und ihren Kopf bedeckt. Sogar die Laken reißen sie ihr vom Leibe.

Dann wird sie von den Wachmännern hochgehoben und zu den Toren der Stadt getragen.

Auf dem Weg dorthin schreit die Frau aus voller Kehle: »Ich beschwöre euch, oh, Töchter Jerusalems, wenn ihr meinen Liebsten findet, sagt ihm – sagt ihm, dass ich krank vor Liebe bin.«

Also wird sie in die Dunkelheit außerhalb der Stadt hinausgeworfen. Sie schließen die Tore der Stadt.

In dem von Kerzen und Lampen hell erleuchteten Haus der Ägypterin jedoch erklingt ein Lied, gesungen von einer hohen Stimme voll kindlicher Zuversicht:

Seine Wangen sind wie ein Beet,
das Würzkräuter sprossen lässt.
Seine Lippen sind Lilien,
von denen flüssige Myrrhe tropft.

Seine Arme sind poliertes Gold,
mit Türkisen verziert.
Sein Körper ist ein Kunstwerk aus Elfenbein,
mit Saphiren geschmückt.

Seine Beine sind Alabastersäulen,
gegründet auf goldenen Füßen.
Seine Gestalt ist wie der Libanon,
bewaldet mit Zedern.

Süß ist jedes seiner Worte
und alles an ihm ist begehrenswert.
Das ist mein Geliebter und das mein Freund,
ihr Töchter Jerusalems!

Das Gewicht des Goldes, das Salomo innerhalb nur eines einzigen Jahres einsammelte, betrug sechshundertsechsundsechzig Talente. Das war der von den Nationen bezahlte Tribut und noch mehr kam von den Händlern und Geschäftsmännern.

König Salomo ließ zweihundert Schilde aus gehämmertem Gold fertigen, jedes von ihnen im Wert von sechshundert Schekeln Gold. Außerdem wurden dreihundert kleinere Schilde gefertigt – sie alle sollten bei feierlichen Anlässen von seiner Leibgarde getragen werden. Diese rituellen Gegenstände bewahrte er im Haus des Waldes vom Libanon auf. Sämtliche Becher, die er besaß, waren aus Gold, keiner aus Silber. Denn der König hatte eine Schiffsflotte auf den Meeren, und regelmäßig alle drei Jahre brachte diese Flotte Gold, Silber, Elfenbein, Affen und Pfauen mit. So hatte Salomo Silber in Jerusalem zu einem ebenso gewöhnlichen Gebrauchsgut wie Stein gemacht. Zedernholz war so leicht zu haben wie die Bergahornbäume des Hügellandes.

Und er scharte Wagen und Reiter um sich. Der König besaß vierzehnhundert Wagen und zwölftausend Reiter, die er in der befestigten Städten und in Jerusalem stationierte. Seine Pferde importierte er aus Ägypten. Eine Stute beispielsweise kostete einhundertfünfzig Schekel Silber und ein Wagen sechshundert. Diese verkaufte er dann weiter an die Könige der Hetiter und der Syrer im Norden und im Osten Israels.

Es war ein lukrativer Handel.

Doch er wurde auf dem Rücken der Männer Israels getrieben, da der König eine Arbeitssteuer nicht nur von den Fremden erhob, sondern auch von den Männern Israels. Den Männern seines eigenen Stammes, Juda, bürdete er jedoch keine schweren Aufgaben auf. So florierte der Süden von Salomos Königreich unter seiner Gunst, während der Norden leiden musste.

Von denen, die in Jerusalem arbeiteten, um dessen Stärke und Sicherheit zu gewährleisten, waren viele Amoriter, Hetiter, Pereziter, Hiwiter und Jebusiter. Dreißigtausend Männer wurden aber auch aus Israel den Arbeitstruppen zugeteilt. Und genau wie jede andere gewöhnliche Truppe wurden sie von Aufsehern angeführt.

So etwas hatte David nie getan!

Und Saul hatte in einer einfachen Festung gelebt, die nicht viel größer als das Haus eines beliebigen Arbeiters war.

Einer der Aufseher hörte den Beschwerden der Israeliten zu und vergaß sie nie wieder. Er sah ihre schmutzigen Gesichter, nass vom Schweiß für den König, sah die Sehnsucht nach ihren Familien, die Wut darüber, dass ihre Felder brach liegen mussten – und er sah in denselben Gesichtern die Entrüstung, die nicht so schnell vergehen würde. Diese Männer waren Ephraimiter wie er auch, und es war nur einem glücklichen Umstand zu verdanken, dass er zum Aufseher ernannt worden war und nicht, wie seine Brüder, unter der Last der schweren Steine für die Häuser der ägyptischen Prinzessinnen gebeugt war.

Der Aufseher hieß Jerobeam und war der Sohn von Nebat. Eines Tages, als Jerobeam vor den Mauern Jerusalems spazieren ging, begegnete er dem Propheten Ahija, der ihn aufs offene Land hinausführte.

Ahija trug ein neues Gewand. Als er mit Jerobeam allein war, packte er den Stoff mit festem Griff und zerriss ihn in zwölf Teile. Dann sprach er zu Jerobeam: »Nimm dir zehn dieser Stücke. Denn so spricht der Herr, der Gott Israels: *Bald werde ich Salomo das Königreich aus den Händen reißen und dir gebe ich zehn Stämme. Im Gedenken an David und die Stadt Jerusalem werde ich den Nachfahren Salomos noch einen Stamm überlassen. Er soll Zeit seines Lebens über Israel regieren. Aber seinem Sohn werde ich das Königreich entreißen und dir werde ich zehn Stämme geben.*«

Am selben Tag floh Jerobeam nach Ägypten. Dort blieb er bis zu dem Tag, an dem Salomo starb.

Vierzig Jahre dauerte die Herrschaft Salomos über Israel und Juda. Danach wurde der, der in solcher Pracht gelebt hatte, im Sterben ganz einfach.

Noch am gleichen Tag, an dem er starb, wurde der Leichnam Salomos auf einer hölzernen Trage hinausgetragen zu einer außerhalb der Stadt liegenden Grabstätte. Eine Tür, die eine kleine Höhle versiegelte, wurde an der steinernen Nahtstelle aufgebrochen und die Steine wurden zur Seite gelegt. Dann beugten sich zwei Männer nieder und trugen die Überreste des Königs durch die tief gelegene Öffnung. Der eine Mann ging rückwärts, der andere vorwärts.

So wurde der in weiße Leinentücher gewickelte König ohne jeden Schmuck auf den bloßen Fels gelegt, in die Höhle, in der auch die Gebeine Davids, seines Vaters, lagen.

Sofort wurden die Steine mit Mörtel an ihrem alten Platz befestigt. Die Tür wurde geschlossen und die Grabstätte wieder versiegelt. Die Schatten der umherstehenden Menschen wurden länger, und der am Tag kräftige Wind legte sich. Für kurze Zeit entfachte die Abenddämmerung ein kaltes Feuer am westlichen Horizont. Alsbald aber blies der Osten eine gräuliche Dunkelheit über das Angesicht der Erde und die Nacht kam und verschluckte alles in ihrer Finsternis. Die Menge wandte sich um und kehrte heim in ihre Stadt.

Doch als der harte Mond erschien und fahles Licht auf die umliegenden Hügel Jerusalems warf, wurden zwei Figuren sichtbar. Zwei Frauen standen noch immer neben der Grabstätte Salomos. Die eine war so abgemagert, dass die Dunkelheit sich in ihren Augenhöhlen und in ihren Wangen fing und ihrem Gesicht den Anblick eines Totenschädels verlieh. Sie war tief nach vorne gebeugt und erbärmlich arm. Die andere Frau stand aufrecht und offenbarte ihren Reichtum und ihren Stolz. Und ihr fortgeschrittenes Alter.

Jeder Frau war ihre Einsamkeit anzumerken. Sie beachteten einander nicht. Vielleicht bemerkte keine der beiden Frauen überhaupt die Anwesenheit der anderen.

Wind kam aus dem Osten auf und fegte hinunter zum Meer. Es war eine kalte Nacht. Sie trug den frischen Duft des Mörtels, der nun in der Tür der Grabstätte Salomos trocknete. Beide Frauen zogen ihre Gewänder eng um den Körper. Beide verdeckten ihre Gesichter. Nur ihre Augen waren oberhalb ihrer Schleier sichtbar. Keine der Frauen weinte.

So ruhte Salomo mit seinen Vätern und sein Sohn Rehabeam regierte nun an seiner Stelle.

Fünfter Teil

Propheten

18

Der Mann Gottes aus Juda

Im siebten Jahr nach der bitteren Trennung der Königreiche Judas und Israels ging ein knochiger Mann die Klippenstraße gen Norden entlang. Seine Miene war ernst und ängstlich, aber dennoch unerschüttert.

Er war jung und von der Sonne verbrannt. Er ging mit dem festen Schritt eines Bauern und kam aus der Hügellandschaft Judas. Die Felder, die er dort bestellte, waren klein und mit Steinen übersät. Und wenn auf seinen Feldern Gerste wuchs, dann würde die Ernte seiner Reise zum Opfer fallen. Es war nämlich bereits der achte Monat des Jahres und eben jener Monat, in dem die Gerstenfelder der Hügellandschaft geerntet wurden.

An der unverblümten Art des Mannes merkte man, dass er vom Lande stammte. Dennoch schimmerte die Angst des Gejagten in seinen stets nach vorne gerichteten, starren Augen. Er schien wie gebannt von irgendeiner entsetzlichen Aufgabe.

Die ganze Zeit über murmelte er vor sich hin: »Oh, Altar, auf deinen Steinen werden die Knochen der Menschen verbrannt ...«

Der Mann aus Juda war ohne Kopfbedeckung und lief barfuß. Er machte weder zum Essen noch zum Trinken oder zum Ausruhen Halt.

Es war Mittag, als er auf seinem Weg nach Norden an Jerusalem vorbeikam. Eine Gruppe von Soldaten, die in der Gegend zwischen Juda und Israel patrouillierte, kam auf ihn zu.

»Geh zurück!«, riefen sie.

Doch der Mann hielt weder an, noch gab er Antwort.

Einer der Soldaten lief ihm nach. »Bruder«, rief er, »in Israel ist niemand, der dich beschützt. Jetzt, da sie einen eigenen König haben, sind sie mit Juda verfeindet!«

Der Soldat passte sich dem Schritt des Mannes an, als er neben ihm herging. Er schaute ihm direkt ins Gesicht und erkannte voller Mitleid sowohl Jugend als auch Entsetzen darin.

»Warum bist du so grimmig? Sinnst du irgendwie auf Rache?«

»Nein.«

»Bist du verärgert?«

»Nein.«

»Dann kehr um! Komm mit mir zurück.«

»Nein.«

»Warum nicht? Wohin gehst du überhaupt?«

»Nach Bethel.«

»Ach du liebe Zeit! Nicht nach Bethel! Nicht jetzt!« Der Soldat zog am Gewand des jungen Mannes, um ihn zum Stehen zu bringen. Aber der Reisende hatte die gedankenlose Kraft eines Esels und der Soldat wurde von ihm fast zu Boden gerissen.

»Heute veranstaltet König Jerobeam ein Fest in Bethel«, flehte der Soldat. »Er wird höchstpersönlich den goldenen Kälbern, die er hat anfertigen lassen, Opfer darbringen.«

Der Bauer sagte nur: »Ich gehe, um mit dem König zu reden.« Seine Stimme zitterte vor Schrecken. Offensichtlich quälte ihn der Gedanke. Und doch ging er unbeirrt weiter. »Gott hat mich geschickt, um mit König Jerobeam zu sprechen«, fügte er hinzu.

Der Soldat hielt mitten auf der Straße an und blickte dem Bauern auf dessen Weg nach Norden ins Königreich von Israel nach.

»Sie werden ihn umbringen«, sagte er.

Als Salomo starb, wurde dessen Sohn Rehabeam sofort an seiner Stelle zum König Judas gesalbt. Doch so wie David zweimal gekrönt worden war, einmal über Juda und einmal über die nördlichen Stämme Israels, wusste Rehabeam auch, dass er in den Norden reisen musste, um die Krönung auch jenes Landes in Empfang zu nehmen.

Israel hatte David geliebt, weil David es so sehr geliebt hatte wie seinen eigenen Stamm Juda. Salomo aber hatte zwischen Juda und Israel unterschieden und Israel eine ungleich größere Bürde, strengere Gesetze und umfangreichere Steuern auferlegt.

Als Rehabeam kam, um ihre Treue zu suchen, beschlossen die nördlichen Stämme, diese Treue nur gegen gleiche Behandlung einzutauschen. Bevor sie bereit waren ihn zu krönen, traten sie mit Juda in Verhandlungen, die von Jerobeam, dem Sohn Nebats, geführt wurden. So kam es, dass dieser Rehabeam gegenüberstand.

Mit förmlicher Würde sagte Jerobeam: »Sei willkommen, Rehabeam, König von Juda.«

Rehabeam erwiderte: »Hat Israel denn nichts Besseres zu bieten, als dass der König von demjenigen in Empfang genommen wird, der einstmals auf die Arbeiter im Königreich meines Vaters aufgepasst hat?«

»Genaugenommen«, sagte Jerobeam, »ist es der einzige Empfang, den ein König Judas erwarten kann.«

»Hast du dich nicht die letzten Jahre über in Ägypten versteckt? Warum erscheinst du so unvermittelt, wenn ich komme, um die Krone des Landes Israel in Empfang zu nehmen?«

Die beiden Männer saßen im Kreise ihrer Berater auf einem großen Podium. Die Bewohner der nördlichen Stämme umzingelten die Plattform und lauschten gespannt dem Gespräch, von dem ihre Zukunft abhing.

Jerobeam erhob sich und entfernte sich fünf Schritte von dem

König Judas. Dann wandte er sich um und sprach: »König Salomo hat uns ein schweres Joch auf die Schultern gelegt. Er ist nicht so sanft mit Israel umgegangen, wie er es mit Juda getan hat. Er hat uns mit Zwangsarbeit zermalmt, als wären wir ein besiegtes Volk. Wenn du, Rehabeam, uns von den schweren Diensten deines Vaters erleichterst, dann werden wir dir dienen.«

Rehabeam wandte sich zu seinen Beratern um.

Mit zögernden, unsicheren Worten riet einer seiner Berater ihm, einen Kompromiss einzugehen und das Angebot Israels anzunehmen. Die übrigen jungen Männer aber blieben hartnäckig: »Die Schwachen werden gefressen«, sagten sie, »die Starken dagegen werden geachtet.«

Also erhob sich Rehabeam auf dem Podium und gab seine Antwort: »Mein kleiner Finger ist dicker als die Taille meines Vaters. Hat er dich mit Peitschen zurechtgewiesen? Nun, ich werde dich mit Skorpionen zur Rechenschaft ziehen. Erwarte nicht, dass ich vor dir irgendeine Schwäche zeige.«

Jerobeam zögerte keinen Augenblick. Er erhob seine Stimme und rief zur Menge: »Geht nach Hause! Geht nach Hause, Kinder Israels. Wir haben nichts mehr mit dem Hause Davids zu tun.«

Dann zeigte er mit dem Finger auf Rehabeam und sprach: »Aber du – du solltest lieber in deinem eigenen Hause nach dem Rechten sehen!«

So weigerten sich die nördlichen Stämme, Rehabeam als König zu salben. Er versuchte sie zum Gehorsam zu zwingen, aber sie ermordeten die Offiziere, die er zu ihnen sandte.

Israel salbte Jerobeam zum König, was bedeutete, dass die nördlichen Stämme sich von den südlichen Stämmen Benjamins und Judas abtrennten, und obwohl sie durch eine gemeinsame Geschichte verwurzelt waren, gab es fortan zwei Königreiche.

Und nun befanden sich diese beiden Königreiche im Krieg.

Heerscharen von Pilgern drängten sich durch die Straßen Bethels. Sie hatten sich am fünfzehnten Tag des achten Monats zum Fest des Königs zusammengefunden. Der König höchstpersönlich war anwesend, strahlend in seinen priesterlichen Gewändern, die nach ägyptischem Schnitt gefertigt und von ebensolcher Pracht waren.

Da Jerobeam sich das Gebaren der absolutistischen Herrscher zu Eigen gemacht hatte, war der Tag würdevoll und die Feierlichkeiten majestätisch. In der Stadt Dan hatte er einen heiligen Schrein und ein goldenes Kalb zur Anbetung errichten lassen. In Bethel befand sich ebenfalls ein Schrein und ein Altar von Furcht einflößender Größe.

Jetzt hielt König Jerobeam, der zuvor die Treppen des Altars nach oben gestiegen war, eine Schale mit Weihrauch über dem königlichen Haupt und schickte sich an, die Flüssigkeit über die brennenden Kohlen zu gießen. Und die umherstehende Menge, die eifrig auf das Erscheinen ihrer Gottheit in dem weißen Rauch wartete, hielt den Atem an. Eine angespannte Stille hing über Bethel.

Die Schale kippte langsam, als plötzlich eine raue, ungebildete Stimme vom Fuße des Altars brüllte: »Oh Altar, Altar! So spricht der Herr: *Ein Sohn des Hauses Davids wird auf dir jene Priester opfern, die nun auf deinen Kohlen Weihrauch verbrennen.*«

Diese Ungeheuerlichkeit ließ die Menge verdutzt zurückweichen. Ein in Ziegenfell gekleideter Bursche, ein Bauer! Wie ein Irrsinniger, schwitzend und grimmig, richtete er seine Worte an den Altar.

»So spricht der Herr: *Auf dir werden die Knochen von Menschen verbrannt werden!*«

König Jerobeam schielte hinunter zur einsamen Figur. »Wer bist du, Mann? Dem Dialekt nach zu urteilen stammst du aus Juda, nicht wahr?«

»Und dies«, rief der junge Mann, ohne Jerobeam zu beachten, »ist das Zeichen, dass der Herr gesprochen hat: Dieser Altar wird niedergerissen und die Asche daraus wird in alle Himmelsrichtungen zerstreut werden.«

»Packt ihn!«, befahl der König. Er streckte seine rechte Hand aus, zeigte auf den Mann aus Juda und wiederholte: »Jemand soll ihn packen und . . .«

In diesem Augenblick jedoch verdorrte Jerobeams Hand. Sie schrumpfte und zerbrach wie die Knochen eines Skeletts.

»Mann Gottes!«, schrie er auf. Der König vermochte seinen Arm nicht wieder zurückzuziehen. Die Menge wich immer weiter zurück. Sogar der junge Bauer stand mit offenem Mund da, als er merkte, was geschehen war.

»Mann Gottes, fleh deinen Gott an, dass er mir meine Hand wieder zurückgibt!«

Ohne zu blinzeln, ohne sich zu regen, stammelte der junge Mann: »Herr, bitte, kannst du sie wiederherstellen, so wie er es gesagt hat?«

Unter den Blicken der Umherstehenden floss das Blut allmählich in die rechte Hand des Königs zurück, ließ die Blässe einer gesunden Farbe weichen und das Fleisch aufquellen, bis seine Finger sich wieder öffneten und schlossen. Er versteckte die Hand unter seinem Gewand und presste sie fest an seinen Körper.

Der Mann Gottes aus Juda seufzte vor Erleichterung laut auf.

Einen Augenblick lang fixierte ihn König Jerobeam mit festem Blick, und schließlich sagte er: »Begleite mich nach Hause. Erhole dich und ich werde dich belohnen.«

Doch der junge Bauer schüttelte den Kopf. Von diesem Augenblick an war er nicht mehr in der Lage, seinen Blick nach oben zu richten und in das Gesicht des Königs zu sehen. Leise erwiderte er: »Nein. Der Herr hat mir befohlen weder Brot zu essen noch Wasser zu trinken, bis ich wieder zu Hause angekommen bin. Nein.«

Alle Anzeichen nackter Angst in seinem Gesicht, blickte er unruhig um sich. Dann wandte er sich um und begann sich mit großer

Hast durch die Menge zu schieben. Offenbar wollte er sich tatsächlich auf den Heimweg machen.

Zur gleichen Zeit aber eilten fünf andere Männer zum Haus ihres Vaters, um ihn von den Geschehnissen zu unterrichten. Er war ein Prophet, der in Bethel einen beachtlichen Ruf hatte. Als er davon erfuhr, was ein anderer Prophet in seinem Gebiet zu erreichen vermocht hatte, sagte er: »Sattelt mir den Esel! Diesen Mann Gottes will ich treffen!«

Im siebten Jahr, nachdem er das nördliche Königreich an Jerobeam verloren hatte, starb Rehabeam. Sein Sohn Abija bestieg den Thron und tat, was in den Augen des Herrn ein Gräuel war: Er ließ zu, dass männliche Tempelprostituierte in Juda ihrem Gewerbe nachgingen.

So wandten sich beide Königreiche von dem Herrn, ihrem Gott, ab. Jerobeam hatte derweil Priester an allen erhabenen, heidnischen Orten eingesetzt. Seine Schreine, an der nördlichsten Grenze bei Dan und an der südlichen Grenze bei Bethel gelegen, sollten die Bevölkerung davon abhalten, in Salomos Tempel zu beten. Von den goldenen Kälbern, die an diesen Orten aufgestellt waren, behauptete er: »Sieh her, Israel, hier sind deine Götter – die Götter, die dich aus dem Lande Ägypten befreit haben.«

Das Haus Jerobeams war in solchem Maße vom Bösen durchdrungen, dass der Herr beschloss, es gänzlich auszurotten. König Jerobeam starb eines natürlichen Todes, danach aber regierte sein Sohn, allerdings weniger als zwei Jahre, bevor er von einem Offizier seiner Armee, Bascha, ermordet wurde. Daraufhin erklärte dieser sich selbst zum Herrscher Israels und in dem Bestreben, seine königliche Autorität zu demonstrieren, ließ er jedes Mitglied des ehemaligen Königshauses Jerobeams abschlachten.

Doch Bascha und sein Sohn Ela hielten sich ebenso wenig an Gott und seine Gesetze, wie Jerobeam es getan hatte. Ein immer wiederkehrendes Muster des Bösen hatte sich im Verhalten der nördlichen Könige eingeschlichen und der Herr – der Gott, der Israel wie auf Adlerflügeln aus Ägypten herausgeführt hatte – suchte rastlos nach einem Herrscher, der sich seines Bundes entsinnen und ihn ehren würde.

Die Vernichtung suchte das Haus Baschas auf die gleiche Weise heim, wie sie dem Hause Jerobeams zuvor widerfahren war. Als Nachfolger wurde deshalb der Oberbefehlshaber der Armeen Israels auf den Thron erhoben. Sein Name war Omri und er regierte weiser und weitsichtiger als alle ihm vorausgegangenen Herrscher des nördlichen Königreiches.

Als Regierungssitz ließ Omri sich eine neue Stadt errichten. Er gab ihr den Namen Samaria und befestigte sie mit starken Mauern und Soldaten, und so tat er es auch mit den Grenzstädten seiner übrigen Gebiete. Sein Ruf breitete sich in den umliegenden Nationen aus und als er starb, regierte sein Sohn an seiner Stelle. Dieser wurde einer der größten Könige Israels: Ahab.

Der junge Bauer aus Juda war erschöpft. Sobald die Aufgabe erfüllt war und die furchtbare Kraft des Herrn ihn verlassen hatte, stellte er fest, dass seine Knie zitterten.

Zwei Meilen südlich von Bethel bog er von seinem Weg ab und sackte im Schatten einer Eiche zu Boden.

Ihm war, als wäre er eingenickt, als plötzlich eine Stimme erklang: »He! Bist du der Mann aus Juda, der hergekommen ist, um gegen den Altar anzureden?«

Der Bauer öffnete die Augen. Er erblickte einen alten, weißhaarigen, vollbärtigen Mann, der gerade von seinem Esel abstieg.

»Der bin ich«, antwortete er.

»Komm!«, sagte der alte Mann. Er lächelte und kleine Fältchen gruben sich in die Haut um seine Augen. »Komm mit mir nach Hause und teile mein Brot mit mir.«

Der arme Bauer schüttelte den Kopf. »Das darf ich nicht«, sagte er. »Der Herr hat mir befohlen weder Brot zu essen noch Wasser zu trinken, bis ich wieder zu Hause bin.«

»Ja«, erwiderte der alte Mann, »von diesem Befehl habe ich gehört. Doch ich bin ein Prophet wie du einer bist, und ein Engel hat mit den Worten des Herrn zu mir geredet und gesagt: *Bring ihn zurück zu deinem Haus, damit er essen und trinken kann.*«

Doch der junge Mann schüttelte wieder den Kopf.

Der alte Mann streckte seine Hand aus und berührte ihn an seiner Schulter. »Du hast eine schwierige Aufgabe hinter dir und du hast sie gut erfüllt. Nun bist du erschöpft. Glaubst du, ich kenne nicht die heilige Erschöpfung, die einen Propheten heimsucht?«

Der Bauer spürte, wie sein Kinn zu zittern begann. Er war den Tränen nahe.

»Außerdem«, sprach der Weißhaarige, »ist die Tat vollbracht, oder? Natürlich ist sie es. Komm! Komm mit mir nach Hause.«

Er schob seine Hand unter den Arm des Bauern.

Mit Tränen in den Augen kämpfte sich der junge Mann auf die Beine. Der alte Prophet überredete ihn, auf dem Esel zu reiten, und gemeinsam kehrten sie zum Haus des Propheten nach Bethel zurück. Sie aßen und tranken und legten sich in der Dunkelheit der Nacht schlafen.

Am frühen Morgen erwachte der Mann aus Juda erfrischt aus dem Schlaf und schickte sich an, die Heimreise über die Klippenstraße anzutreten. Sein Gastgeber sattelte ihm einen Esel und machte ihn dem jungen Mann zum Geschenk.

Doch der junge Mann kehrte nie in seine Heimat zurück. Und auch die Ernte seiner Gerstenfelder brachte er nicht mehr ein.

Abija, der König von Juda, tat, was dem Herrn ein Gräuel war und regierte nur drei Jahre lang.

Als er starb, wurde sein Bruder Asa zum König gesalbt. Mit ihm gab es endlich wieder einen König, der Gott ehrte und seine Gebote hielt. Asa verbrannte die heidnischen Idole, die Abija zugelassen hatte. Mehr noch, er entfernte auch die Götzen seines Großvaters Salomo und machte die politischen Entscheidungen dieses großen Königs wieder rückgängig, um die ausschließliche Anbetung Gottes, des Herrn, in Juda wieder einzuführen.

Asa herrschte vierzig Jahre lang über Juda.

Als er starb, regierte sein Sohn Joschafat an seiner Stelle. Auch er war ein gerechter und treuer König. Er regierte während der Jahre, in denen Ahab König des Nordens war. Und dennoch: Obwohl Ahabs Frau, Isebel, mit ihrer fremden Herkunft auch die Priester Baals nach Israel brachte, betrat während der Herrschaft Joschafats über die südlichen Gefilde niemals ein solcher Priester den Boden Judas.

Joschafat reformierte das Rechtssystem in Juda, indem er unabhängige Richter in den Hauptstädten seines Landes ernannte. Gleichzeitig ernannte er ein Berufungsgericht in Jerusalem, um Ungerechtigkeit, wo immer sie sich auch zeigte, gleich im Keim zu ersticken. Vierundzwanzig Jahre währte seine Herrschaft.

Aber als er starb, zögerte sein Sohn Joram, der ihm auf dem Thron folgte, nicht, alle die Dinge zu tun, die dem Herrn ein Gräuel waren. Er ordnete die Ermordung aller seiner Brüder samt Offizieren und Gefolgschaft an, damit niemand seine Herrschaft anfechten konnte. Seine Taten hinterließen blutige Spuren in dem prächtigen Palast Salomos. Bald sickerten auch die heidnischen Bräuche aus dem Norden durch. Baalspriester fanden Arbeit in Juda und die Herrscher des Landes vernachlässigten den Herrn, ihren Gott.

Gott aber vergaß sein Volk niemals. Niemals vergaß er die zehn Stämme des Nordens; Benjamin und Juda im Süden ebenfalls nicht. Voller Leidenschaft rief er die Völker zur Umkehr und Treue. Um ihrer selbst willen flehte er sie an, sich seines Bundes mit ihnen zu entsinnen und seine Gebote zu befolgen, da sie ohne ihn nicht überleben würden. Sie würden das Land verlieren! Sie würden unter alle Völker verstreut werden – und sie würden sterben.

Das hatte der Herr gesagt, der ihnen auf dem Berg Sinai erschienen war. So sprach der mächtige Gott, der beschlossen hatte, mitten in seinem Volk zu wohnen.

Jahr für Jahr verkündete Gott seine Liebe zu diesem Volk durch den Mund von grimmigen und heiligen Figuren, von vereinsamten Seelen mit Furcht einflößender Beredsamkeit: den Propheten.

Am selben Tag, an dem er den jungen Mann zurück nach Juda geschickt hatte, wurde dem alten Propheten aus Bethel eine Nachricht überbracht. Sein Esel war am Wegrand der Klippenstraße gesichtet worden. Und auf der anderen Seite ein Löwe. Zwischen ihnen lag eine Leiche mit aufgerissener Kehle – getötet von dem Biss des Löwen.

Der alte Prophet ritt hinaus, um die Stelle zu besichtigen.

Tatsächlich war es sein Esel.

Und der Tote war der junge Bauer aus Juda.

Der weißhaarige Mann nickte traurig: »Er war wirklich ein Mann Gottes. Alles was er gesagt hat, war das Wort des Herrn. Als er ungehorsam wurde und Brot aß, wurde er bestraft.«

Der alte Prophet ging an dem weit aufgerissenen Maul des Löwen vorbei und schloss die Leiche des jungen Mannes in seine Arme.

»Ach, mein Bruder«, sagte er. Er legte den toten Mann auf den Rücken des wartenden Esels. Dann stieg er auf sein eigenes Tier und ritt trauernd zurück nach Bethel. »Ach, mein Bruder!«

Am Abend trug er den Mann aus Juda zu seinem eigenen Grab und sagte zu seinen Söhnen: »Wenn ich sterbe, legt meine Gebeine neben die dieses Propheten. Denn die Weissagung, die er dem Altar und Bethel und allen heidnischen Orten in den Städten Israels entgegengeschleudert hat – diese Weissagung wird wahrlich in Erfüllung gehen.«

19

Elia

In der Stadt Samaria wurde eine große Hochzeit gefeiert. König Ahab nahm sich eine neue Gemahlin – eine Frau aus Tyrus und Tochter des Königs Etbaal, denn die zwei großen Königreiche von Israel und Tyrus schlossen einen Bund. Fortan würden sie Güter austauschen und ihre militärische Kraft gegen die gemeinsamen Feinde in Damaskus und Mesopotamien vereinen. Um ihre kolonialistische Ausbreitung an der nördlichen Küste Afrikas zu unterstützen, sollte Tyrus nun Proviant von den Feldern Israels beziehen. Und vermögende Großgutsbesitzer würden die winzigen Bauernhöfe verschlingen, um den eigenen Reichtum zu vermehren. Nachdem er auf diese Art die eigene Position gestärkt hatte, würde Ahab die nötigen Mittel beisammen haben, um eine ähnliche Allianz mit dem südlich gelegenen Juda zu schließen. Frisches Blut sollte in die Familie von Omri und Ahab einkehren.

Die Frau des Königs hieß Isebel. Sie war stark und von eleganter Schönheit – eine Frau, die zur Königin geboren war. Ahabs Vater war nicht immer König gewesen, und Ahab spürte noch immer die Einengung des gültigen Gesetzes. Er wurde verdrießlich und launisch, wann immer Gesetze ihm seine Wünsche versagten. Die sorglose Isebel brach einfach das Gesetz – für das Königshaus galt es nicht. Ahab war von der Freiheitsliebe seiner prächtigen Königin geradezu entzückt.

In Samaria wurde Hochzeit gefeiert.

Die Braut aus Tyrus schminkte ihre Augen mit Antimon, zog schwarze Linien an den Rändern ihrer Lider entlang und ließ so jeden kleinsten Blick wie einen Brillanten aufleuchten. Nach gewohnter orientalischer Art schmückte sie ihren Kopf. Sie kleidete sich in schimmernde Purpurfarben und trug unterhalb der Brust eine verwobene, goldene Verzierung. Auf einer mit sanften Kissen gepolsterten Sänfte wurde sie durch die Stadt getragen und überall, wo sie erschien, erröteten die Umherstehenden und verneigten sich. Hinter ihr gingen vierzig Priester Baals, der Gottheit, die sie im eigenen Land angebetet hatte und die sie sicher auch in diesem Lande anbeten würde. Auf sie warteten ein mächtiger Gemahl und ein Bett, ein Meisterwerk aus Ebenholz mit Elfenbeinintarsien. Reichtum begleitete diese Frau. Reichtum ging ihr voraus. Und sie hätte den König von Israel nicht geheiratet, hätte Ahab nicht ein Elfenbeinhaus mit einem aus Edelsteinen geschmückten Zimmer besessen.

In Samaria wurde Hochzeit gefeiert.

Es gab eine Feier in dieser aus neuen Steinen und modernen Befestigungsanlagen errichteten Stadt. Einer Stadt, deren massive, mit Vorsprüngen und Nischen versehenen Mauern eine bessere Verteidigung darstellten als alles, was Salomo je gebaut hatte. Samaria, die Stadt der breiten Alleen und neu erbauten Häuser, deren Bevölkerung schon jetzt aus allen Nähten zu platzen drohte. Die Menschen jubelten dem Umzug der Königin zu. Der König hatte gesagt: *Seht her, die Zukunft!* Und diese Nachricht ließ ein großes Jubeln unter den Händlern und Soldaten, den Gutsbesitzern und Winzern, den Steinmetzen, Zimmermännern und Schmieden und den Kindern aufkommen. Ein dröhnender, ohrenbetäubender Lärm durchströmte die Stadt, eine freudige, von der hoffnungsfrohen Zukunft ins Leben gerufene Ausgelassenheit.

Aber gerade als der Umzug die Pforte des Palastes erreichte, an der Ahab zur Begrüßung lächelnd wartete, fiel Isebel ein in der Menge stehender Mann auf, der sich vor dem Blick aus ihren schwarz umrandeten Augen nicht verneigte. Wie eine Missgeburt der Wüste sah er aus, völlig ausgedörrt. Er trug einen aus Kamelhaar gewobenen Mantel. Sein Kopf war von einem wirren Haarschopf bedeckt und sein Gesicht unrasiert. Doch sein Körper war gestählt, als wäre er auf den Krieg vorbereitet. Er stand stolz und aufrecht da und erwiderte furchtlos ihren Blick. Ihr jedoch schien sein Blick viel zu kühn und direkt, ja, verächtlich! Das Verhalten des Mannes empörte die neue Königin zutiefst.

Nach der Hochzeit von Ahab und Isebel begann in Samaria eine erneute Zeit des Bauens. Die weiten Alleen wurden enger gemacht, um Platz zu bieten für die Häuser der Priester des Baal Melkart, den Isebel anbetete. Es waren nicht vierzig Häuser für vierzig Priester, sondern vierhundert und dann noch weitere fünfzig. Isebels Vater war nicht nur König von Tyrus, sondern zugleich Priester von Baal Melkart. Also befahl Ahab, dass ein Tempel zu Ehren des Gottes seiner Frau und ihres Vaters errichtet werde. Innerhalb der Mauern der Stadt, an einem erhöhten Platz, wurde ein wunderschönes Haus aus gehauenem Stein, aus Zypressen und Zedern gebaut. Nun konnten Tausende zu dem Gott beten, von dem die Tyrer glaubten, dass er den Himmel beherrschte und die Erde mit Regen und großer Fruchtbarkeit segnete: Melkart!

Doch Fruchtbarkeit bedurfte einer Frau. Um Früchte zu tragen, mussten männliche und weibliche Gottheiten zusammenkommen. So kam Aschera, eine Gottheit und Gemahlin Baals, ebenfalls nach Israel und Samaria. Auch sie benötigte Priester, die wiederum Häuser brauchten. Also verengten sich die Straßen zusehends: vierhundert Häuser für vierhundert zusätzliche Priester. Und alle diese Diener Baals, zusammen mit ihren Familien und Dienern – eine sehr große Gesellschaft –, aßen am Tisch der Königin. Der Staat unterhielt also achthundertundfünfzig Priester aus Tyrus.

Denn Isebel hatte mehr im Sinn, als nur die Gottheiten ihrer Heimat anzubeten. Zugleich hatte sie die Absicht, die Menschen dieses rückständigen Volkes zur Erkenntnis zu bringen, damit sie ebenfalls ihre Götter anbeten würden. Darum eine so große Anzahl Priester: Sie war mit einer Mission hergekommen. Der Gott Israels war gesetzlich und ernst, der Gott steinerner Regeln, eine auf den Bergen thronende Gottheit des Windes, des Erdbebens und Furcht erregenden Feuers. Einer solchen Heiligkeit mangelte es gänzlich an Süße. Israel sollte ruhig einen Vergleich zwischen den grünen Weiden und dem düsteren Berg ziehen und sich dann entscheiden.

Der Tempel, den Ahab für Baal Melkart und Aschera errichtet hatte, war so verschwenderisch wie deren Religion selbst. Zwischen seinen Säulen fanden sich weder Finsternis noch Furcht noch Strenge – sondern Leichtigkeit, Helle, sanfte Brunnen von lieblichem Wasser und Wohltuendes für alle Sinne des Körpers. An dem Tag aber, als dieses angenehme Gebäude seinen Göttern geweiht werden sollte, stand ein Mann in den Straßen der Stadt auf und rief: »Ahab! Ahab!«

Er hatte eine verärgerte, näselnde Stimme. »König Ahab, höre, was der Herr dir zu sagen hat!«

Ahab hatte den Tempel bereits betreten. Isebel, die zehn Schritte hinter ihm folgte, machte den Fehler sich umzudrehen. Sie wandte sich um und erkannte ein Gesicht, das sie schon einmal zuvor gesehen hatte.

Das Haar des Mannes war ungeschnitten und wild. Sein Mantel aus Kamelhaar hing lose von seinen Schultern hinunter und seine Arme hatten die sehnige Kraft eines Nomaden.

Ohne Unterlass brüllte er: »Ahab! Ahab!«, bis der König an der Schwelle des Tempels erschien. Dann rief er: »So wahr der Gott Israels lebt, vor dessen Angesicht ich stehe, wird in diesen Tagen weder Tau noch Regen fallen...«

Königin Isebel wurde plötzlich von einem überwältigenden Hass auf den Störenfried ergriffen, auf diesen Wahnsinnigen, der von Dingen sprach, über die nur Baal Macht hatte.

Er schrie: »In diesen Jahren wird weder Regen noch Tau fallen, es sei denn, ich befehle es!« Und dann verschwand er.

Isebel zischte: »Ich verabscheue diesen Mann!«

Ahab nickte: »Ich auch. Aber selbst die Ansichten der Könige haben diesen Mann nie gekümmert.«

»Wie wird er genannt?«

»Elia. Er stammt aus Tischbe in Gilead. Elia, der Tischbiter.«

»Er wäscht sich nicht.«

Ahab zuckte die Achseln. »Es gibt Gesetze für diejenigen, die dem Herrn besondere Gelübde ablegen. Bis es erfüllt ist, trinken sie keine starken Getränke und schneiden auch nicht ihr Haar ab. Aber sie waschen sich. Er wäscht sich auch.«

»Es sei denn, *er* befiehlt es!« Isebel zitterte vor Wut angesichts der Gotteslästerung und Überheblichkeit dieser Wüstenkreatur. »Baal ist Herr über den Regen, aber er behauptet, dass es nicht regnen wird, wenn er es nicht befiehlt. Ich hasse Elia, den Tischbiter.«

Doch die Worte des Gotteslästerers wurden wahr.

In den Monaten nach der Einweihung des Tempels für Baal Melkart und seine Gemahlin Aschera fiel in Israel ein ganzes Jahr lang kein Regen – weder im Frühjahr noch im Herbst. Eine Ernte gab es nicht. Sämlinge verdorrten im trockenen Boden und das Getreide glich dem Haar auf aussätzigem Fleisch.

Und König Ahab begann zu fragen: »Wo ist Elia?« Zuerst im Geheimen, doch bald schon ließ er in aller Öffentlichkeit ausrufen: »Hat jemand Elia, den Tischbiter, gesehen?«

Die Leute konnten ihm keine Antwort geben. Sie sagten: »Er reist auf den Winden des Herrn. Mal ist er da, dann wieder verschwunden. Wie sollte jemand wissen, wo Elia steckt?«

Ein zweites Jahr verging ohne Regenfälle. Die Dürre breitete sich so weit aus, dass sie bald auch Tyrus und Sidon im Norden plagte. Der König wiederholte seine Frage als königliches Dekret, begleitet von Wut und der Bürde der Bestrafung. »Sagt mir, wo Elia, der Tischbiter, steckt!«

Eines Tages meldete sich ein Junge: »Ich habe ihn gesehen.«

Das Kind wurde dem König vorgeführt.

»Wo?«, fragte der König, »wo hast du Elia gesehen?«

Der Junge antwortete: »Der Prophet lebt in einer Höhle am Fluss Krit, nördlich des Jordan.« Er sprach leiser und riss die Augen weit auf. »Raben«, flüsterte er. »An jedem Abend bringen die Raben dem Propheten Brot und Fleisch. Davon lebt er.«

Ahab schickte Soldaten nach Krit. Sorgfältig suchten sie das gesamte trockene Flussbett ab. Sie entdeckten zwar Zeichen von ausgebrannten Lagerfeuern, Elia aber fanden sie nicht.

»Wo steckt er?«, schrie Ahab wütend.

Ein drittes Jahr begann, ohne dass es regnete. Die Vorratskammern und Lagerhäuser Israels waren leer. Sogar die Reichen mussten hungern.

Auch verhungerten allmählich die Esel und die Pferde für die Streitwagen der Armeen, weil es kein Gras mehr gab. Ahab befahl den Soldaten, überall im Lande Israels nach Gras und Weideland zu suchen.

Gleichzeitig schickte Isebel ihre eigenen Truppen auf die Suche nach Elia, bis nach Tyrus und Sidon. Sie gab den Soldaten die Anweisung, die Menschen unter Druck zu setzen und, falls sie behaupteten, Elia nicht gesehen zu haben, dies auch durch einen feierlichen Eid bestätigen zu lassen.

In einem winzigen Nest namens Zarpat nördlich von Tyrus entdeckten die Soldaten eine Witwe, die behauptete, Elia, den Tischbiter, gesehen zu haben. Sie hatte ihm sogar Essen gegeben und ihm Zuflucht in ihrem Haus gewährt.

Als die Männer jedoch fragten, wo Elia nun hingezogen wäre, erwiderte sie, dass sie lieber sterben würde, als auch nur ein Wort zu sagen, das Elia schaden könnte.

Die Witwe erzählte den Soldaten Isebels davon, dass sie und ihr Sohn sich gerade zu ihrem letzten Mahl hingesetzt hatten, um anschließend auf den Hungertod zu warten, als dieser Mann, Elia, an die Tür klopfte und um Essen bat. Doch alles, was sie noch hatte, war eine Handvoll Mehl und etwas Öl in einem Krug. Elia aber hatte geantwortet: »Fürchte dich nicht, denn der Herr, der Gott Israels, spricht: *Das Mehl im Topf soll nicht alle werden und dem Ölkrug soll nichts fehlen bis zu dem Tage, an dem der Herr Regen über Israel schickt.*«

»Er muss ein Prophet sein«, sagte die Frau, »weil sein Versprechen wahr wurde. Es war immer genug Essen für eine weitere Mahlzeit da.«

Dann passierte es aber, dass der Sohn der Witwe krank wurde und aufhörte zu atmen. Elia legte sich dreimal auf das Kind und bat den Herrn darum, wieder Atem in den Körper des Jungen zu hauchen, was auch passierte. »Der Junge lebt«, berichteten die Soldaten, als sie wieder vor Isebel in Samaria standen. »Wir haben ihn gesehen. Und die Witwe sagt nun, Elia sei ein Mann Gottes, der die Wahrheit der Worte Gottes im Munde führt.«

An demselben Tag, an dem Isebel von dieser Geschichte erfuhr, gab sie ihren Soldaten den Befehl, die Suche nach Elia abzubrechen. Stattdessen sollten sie durch das Land reiten und alle Propheten des Herrn zum Schweigen bringen – sie sollten alle töten.

Doch die Propheten des Herrn versteckten sich. Sie wurden zu Höhlenbewohnern, und manche Bewohner des Landes gewährten ihnen Zuflucht und gaben ihnen Brotreste zu essen. Nach und nach lernten die Armeen der Königin jedoch das Gelände so gut kennen, dass es bald keine Höhle mehr gab, die wirklich sicher war.

Dann erschien Elia plötzlich vor den Toren Samarias. König Ahab ging gerade alleine über eines der trockenen Felder. Er sah hoch und erblickte die verwilderte Erscheinung des Propheten, rau wie die Bergfelsen.

»Bist du es?«, fragte er grimmig. »Bist du es, du Peiniger Israels?« Elia erwiderte aber: »Nicht ich bin es, der Israel quält, sondern du. Indem ihr die Gebote des Herrn missachtet habt und Baal gefolgt seid, habt ihr, du und dein Vater, das Land zerteilt.«

Da wurde Ahab wütend und rief: »Wie kannst du behaupten, dass ich den Herrn verlassen hätte? Ich gebe meinen Kindern seinen Namen. Ich fürchte mich vor seiner Herrlichkeit, die er am Himmel erweist. Ich weiß, dass er die Macht hat, den Regen aufzuhalten.«

»Und doch hat der König, der den Herrn fürchtet, eine Frau geheiratet, die den Herrn hasst und seine Propheten ermorden lässt! Beides geht nicht, König Ahab! Niemand kann Gott, den Herrn, und einen anderen gleichzeitig anbeten. Dennoch zwingst du Israel dazu, über dem Abgrund hängend zwischen zwei Klippen hin und her zu springen! Wenn Gott der Herr ist, dann halte dich an ihn! Aber wenn Baal es ist, dann folge ihm!«

König Ahab wandte sich von dem Propheten ab.

»Ich«, rief Elia, »ich alleine bin als Prophet des Herrn übrig geblieben!« Dann erhob er seine Stimme zu einem Sprechgesang, damit die Menschen Samarias ihn hören konnten. Die Menschen, die auf der Straße vor den Toren der Stadt gingen, hielten an, um zuzusehen, wie der König dort stand und mit dem Propheten des Herrn stritt. »Ich stehe alleine hier!«, brüllte Elia, »aber die Propheten Baals sind vierhundertfünfzig Mann! Nun hör mir zu, o König, und vernimm das Ende der Hungersnot und die Rückkehr der Regenfälle. Ich ziehe hin zum Meer und zum Berg Karmel. Bring zwei Stiere und alle Priester von Isebels Göttern zu diesem Platz. Wir werden jeder zu seinem Gott beten und dann werden alle sehen, wer der wirkliche Gott ist. Der Gott, der sowohl Feuer als auch Regen schicken kann, der ist der wahrhaftige Gott, nicht wahr?«

Nordwestlich von Israel ragte der Berg Karmel in das Meer hinaus. An seinem Südhang lag ein Streifen Land, das fruchtbarer war als alle anderen im Königreich. Deshalb nannte man es Karmel, die Gartenlandschaft. Gleich unterhalb des Berggipfels – ebenfalls am südlichen Abhang, aber sechzehnhundert Ellen oberhalb der Küste – befand sich eine natürliche Plattform, eine flache Ebene aus dünner Erde und Kalkstein.

An diesem Ort wurde Elia wiedergesehen.

Und an diesen Ort zogen nun alle Priester des Baal Melkart und seiner Gemahlin Aschera.

Da die meisten Bewohner Israels von der Herausforderung gehört hatten, stiegen sie ebenfalls den Berg hinauf und bedeckten ihn mit einer riesigen Schar von Neugierigen, Hungernden und Hoffenden.

Die Königin bequemte sich nicht, ihren Palast auf Bitten des Tischbiters zu verlassen. Auch König Ahab war nicht gekommen.

Aber es gab Stiere, die als Opfer gedacht waren. Und hier, in der Mitte der Bergplattform, lagen die alten Steine eines Altars, den Isebel niedergerissen hatte, verstreut auf dem Boden.

Inmitten dieser Steine stand Elia, in seinen Mantel aus Kamelhaar gehüllt, um sich gegen die Bergwinde zu schützen. »Sucht euch einen Stier aus«, rief er den Priestern Baal Melkarts zu. »Zerteilt den Stier«, brüllte er. »Legt die Teile auf Holz, aber zündet es nicht an. Beschwört dann den Namen eures Gottes und seht, ob er das Feuer schickt, um sein eigenes Opfer in Brand zu setzen!«

Sie taten, was er gesagt hatte. Sie schlachteten und zerteilten den Stier, dann legten sie das blutige Fleisch auf das Brennholz und fingen an zu beten. »Baal! Baal Melkart, erhöre uns!«

Den ganzen Vormittag lang rollte Elia die Steine des zerstörten Altars des Herrn wieder zusammen, während die heidnischen Priester zu ihrem Gott riefen. Doch es passierte nichts. Fast tausend

Priester waren versammelt und ihre Schreie wurden immer lauter. Um die Mittagsstunde fingen sie an, um das Opfer herumzulaufen, wobei sie weiter ihre Gottheit anflehten, sich zu zeigen – doch keine Stimme ertönte. Niemand antwortete.

Elia, der nun dabei war, die Steine aufeinander zu stapeln, hielt in seiner Arbeit inne und rief: »Lauter! Lauter! Baal schläft bestimmt. Vielleicht ist er auch auf Reisen.«

Die Priester zogen ihre Schwerter und schnitten sich, bis ihre Gesichter und ihre Gliedmaßen blutüberströmt waren. Während die Mittagsstunde verging, wirbelten sie tobend und kreischend im Kreise herum. Doch keine Stimme ertönte. Niemand antwortete.

Plötzlich wandte sich Elia dem Volk Israel zu und rief mit lauter Stimme: »Kommt näher zu mir!« Als die Menschen herandrängten, sahen sie, dass die zwölf Steine wieder zum Altar des Herrn zusammengefügt worden waren. Um den Altar herum hatte Elia einen Graben gezogen. Auf den Steinen lag Holz und darauf das Opfertier.

Elia sagte zu den Umstehenden: »Füllt vier Krüge mit Wasser und entleert sie über das Opfer und das Holz.«

Sie gehorchten ihm.

Darauf sagte der Prophet: »Tut das Gleiche nochmals«, und sie taten es.

»Noch einmal!«, befahl er erneut. So durchtränkte das Wasser den gesamten Altar und füllte auch noch den Graben. Elia, der Tischbiter, hob die Hände und sprach: »Oh, Herr, Gott Abrahams, Isaaks und Israels, tu heute kund, dass du Gott in Israel bist und dass ich dein Diener bin. Erhöre mein Gebet, Herr. Gib Antwort auf mein Wasser mit deinen viel mächtigeren Regenfällen. Erhöre mein Gebet, damit das Volk erkennt, dass du Gott bist.«

Urplötzlich, mitten an einem wolkenlosen Nachmittag, blitzte das Feuer des Herrn aus dem Himmel herab, traf auf die Erde, verzehrte das Opfer, das Holz, die Steine, den Staub und verschluckte das Wasser im Graben.

Das Volk Israel fiel zu Boden und schrie: »Der Herr, er ist Gott! Der Herr, er ist Gott!«

Elia aber, von heiligem Zorn ergriffen, war noch von Tatendrang erfüllt. »Greift euch die Priester Baals!«, befahl er. »Ergreift sie, wo sie stehen! Lasst keinen entkommen!«

Als sie die Stimme Elias hörten, verwandelten sich die Israeliten in eine Horde wilder Krieger. »Zerreißt die Kleidung dieser Heiden und bindet sie damit fest«, befahl er, »und dann folgt mir!«

Verwundet und verdutzt, wie die Priester Baal Melkarts und Ascheras waren, wurden sie bald von den Israeliten überwältigt und den Berg hinunter in das darunter liegende Kischontal getrieben. »Tötet sie!«, befahl Elia, und Israel metzelte die persönlichen Priester Isebels nieder. Wie in einem Rausch töteten sie jeden Einzelnen.

Nachdem die Stimme Baals im Blut ertränkt war und eine dumpfe Stille die kühle Abendluft erfüllte, wurden die Menschen sich schlagartig der grausamen Tat bewusst, die sie begangen hatten. Sie waren entsetzt. Zitternd starrten sie auf das Blutbad vor ihren Augen.

»Was wird uns die Königin jetzt bloß antun?«, jammerten sie. Dann sahen sie Elia, der auf einer vorstehenden Felsklippe stand. Sie schrien zu ihm: »Was wird Ahab jetzt von uns verlangen?«

In Elias Augen war nichts mehr von Leidenschaft zu sehen, als er nun den Blick über die umherstehende Menge schweifen ließ. Mit einem Seufzer hob er die Schultern und flüsterte nur: »Geht nach Hause.«

Es dauerte nicht lange und die Israeliten waren verschwunden. Sie liefen auseinander und bald war kein Mensch mehr in der Nähe des Karmel zu sehen, mit Ausnahme des Propheten und eines kleinen Jungen, dessen Arm Elia gefasst und festgehalten hatte.

»Komm mit mir, mein Junge«, sagte Elia, und gemeinsam bestiegen sie erneut den Berg.

An der oben gelegenen Plattform angekommen, wickelte der Prophet sich seinen Mantel um den Oberkörper und ging westlich die Klippe entlang bis zu dem Punkt, an dem sie in das Meer hinausragte. Dort setzte er sich auf den Boden, zog die Beine an und ließ den Kopf zwischen die Knie sinken.

»Junge«, sagte er, »geh hinauf und sieh hinaus über das Meer zum Horizont. Was siehst du?«

Der Junge ging hin, blickte umher und kam wieder zurück. »Ich sehe nichts«, sagte er.

Elia antwortete: »Geh wieder hinauf. Geh noch siebenmal und sieh.«

Sieben Mal ging der Junge zur Klippe des Berges und richtete seinen Blick nach Westen. Nach dem siebten Mal kehrte er zurück und sagte: »Ich sehe eine kleine Wolke. Sie sieht aus wie die Hand eines Mannes, die aus dem Wasser herausragt.«

»Dann lauf zu König Ahab«, sagte der Prophet, »und berichte ihm, dass das Wort, das gleich mit Wucht aus dem Himmel kommen wird, das des Herrn und keines anderen Gottes ist. Lauf schnell!«

Bald verfinsterte sich der Himmel von heranrollenden, schwarzen Wolken. Der Wind wurde stärker und blies nun aus dem Westen. Der Prophet saß noch immer mit gesenktem Kopf an seinem Platz, seinen Mantel jetzt fester um die Schultern gezogen. Und plötzlich brach der Regen los. Peitschende Regengüsse quälten die Hänge des Berges, Platzregen zog über die Täler und die Grenzen Israels hinweg und hinaus in die Wüste. Während Wasser von den Dächern Samarias hinabtropfte, saß der Prophet auf dem Berg Karmel.

Drei Tage später schlich sich ein Israelit zu der Schlucht in der Nähe von Tischbe, in der sich Elia versteckt hielt, und berichtete ihm, dass Königin Isebel ihm nach dem Leben trachtete.

Der Bote sagte: »Sie hat mich persönlich mit den Worten geschickt: ›So und noch schlimmer mögen die Götter mit mir verfahren, wenn Elia nicht bis zur selben Uhrzeit am morgigen Tag das Schicksal meiner Priester geteilt hat.‹«

Da bekam Elia Angst. Er verließ Tischbe und lief so schnell er konnte in den Süden, vorbei an Jericho, Jerusalem und Hebron. Er rannte durch die Nacht und bis zur Morgendämmerung erreichte er in der Nähe von Beerscheeba die südlichen Gebiete Judas. Und noch immer hielt der Prophet nicht an. Trotz der Sonne wanderte er den ganzen Tag lang in die Wildnis hinein.

In der Abenddämmerung fiel er erschöpft unter einem Wacholderbusch zu Boden und schrie: »Es ist genug! Oh, Herr, nimm mir das Leben. Ich bin nicht besser als meine Väter.«

Die Nacht legte sich über das Land und die Luft wurde kälter. Elia wickelte sich in seinen Mantel und schlief unter dem Wacholderbusch ein.

Plötzlich erschien an seiner Seite eine Säule aus weißem Licht. Ein Engel berührte ihn und sprach: »Steh auf und iss!«

Elia erkannte, dass ein auf Steinen gebackener Kuchen und ein Krug mit Wasser neben seinem Kopf standen. Er aß und trank und legte sich danach wieder schlafen.

Doch der Engel erschien ihm ein zweites Mal, und wieder berührte er Elia und sprach: »Steh auf und iss, sonst werden die Mühen der Reise deine Kräfte verzehren.«

Also stand Elia auf, aß und trank – und dann, von der Kraft dieses Mahls gestärkt, wanderte er vierzig Tage und vierzig Nächte lang den ganzen Weg zum Sinai, dem Berg des Herrn.

Am Fuße des Berges fand er eine Höhle und ging in die Dunkelheit hinein. Da hörte Elia, wie der Herr zu ihm sprach: *Elia, was machst du hier?*

Elia fuhr sich mit den Fingern durch das Haar. »Eifrig habe ich für den Herrn gekämpft«, sagte er. »Die Menschen Israels haben deinen Bund aufgegeben, Herr der Heerscharen! Sie haben deine Altäre niedergerissen und deine Propheten umgebracht. Ich, nur ich bin übrig geblieben und nun trachten sie auch mir nach dem Leben.«

Der Herr aber sprach: *Geh hin, Elia, und stelle dich auf meinen Berg.*

Also kroch der Mann aus seiner Höhle hinaus und stieg auf den Berg Sinai, den mächtigen Fels in der grenzenlosen Wildnis. Mühsam kämpfte er sich den gleichen Weg nach oben, den vor fünfhundert Jahren auch Mose genommen hatte. Dann trat er hinaus auf einen Felsvorsprung.

Augenblicklich fegte ein heulender Wind über den Gipfel und raste die Berghänge hinunter, wirbelte Kieselsteine durch die Luft, verschob mächtige Felsbrocken und zwang den Propheten, Zuflucht unter dem rostroten Überhang zu suchen. Elia wartete auf die Stimme Gottes, aber nichts deutete darauf hin, dass der Herr in dem Sturm sprechen würde.

Nachdem der Wind sich gelegt hatte, wütete ein Erdbeben und ließ den gesamten Berg erzittern. Tiefe Spalten gruben sich in die rauen Felswände, Gipfel und mächtige Felsbrocken brachen auseinander und stürzten krachend in die verdorrte Ebene. Doch auch in dem Erdbeben war der Herr nicht zu finden.

Nach dem Erdbeben spie der Berg Feuer aus den Rissen, die sich in die Felswände Sinais gegraben hatten. Rote Stichflammen schossen aus den Öffnungen heraus, schwarze Rauchwolken quollen nach oben, Asche stieg in den Himmel empor und der Prophet schrie seine Angst in die Welt hinaus. Aber der Herr war auch nicht im Feuer.

Nach dem Feuer war nur noch Stille – eine Ruhe so tief und still, dass Elia sie spüren, ja, hören konnte. Als er die Stimme der Stille vernahm, senkte er den Kopf, vergrub das Gesicht in seinen Armen und weinte.

Denn die Stimme sagte: *Elia, was machst du hier?*

Elias Antwort war nur ein Flüstern: »Das habe ich dir doch gesagt, Herr. Ich habe eifrig für dich gekämpft . . .«

Der Herr aber sprach zu ihm: *Elia, einen Rest der Getreuen werde* ich immer in Israel haben, siebentausend Menschen, die vor Baal nicht auf die Knie gefallen sind und siebentausend Lippen, die ihn nicht küssen werden.

Elia aber, von Kopf bis Fuß ausgemergelt und völlig erschöpft und von Kummer und Schmerz erfüllt, schluchzte wie ein kleines Kind.

Und der Herr sprach: *Geh nach Damaskus und salbe Hasaël zum König über Syrien. Dann salbe Jehu zum König über Israel. Er soll Ahabs Platz einnehmen. Geh dann zu Elisa und salbe ihn an deiner Stelle zum Propheten. Diejenigen, die dem Schwert Hasaëls entrinnen, wird Jehu töten, und jene, die dem Schwert Jehus entrinnen, werden von Elisa getötet werden.*

Langsam wurde Elia ruhiger. Diese Stimme Gottes, die aus der Stille zu ihm sprach, schien ihm ein Versprechen zu geben, einen Segen, der die Tränen aus seinem Gesicht wischen sollte:

Und wenn alles vollbracht ist, komm nach Hause. Komm heim.

Sechs Monate nach dem Ende der Dürre in Israel ging ein junger Bauer mit Namen Elisa hinaus, um die Felder seines Vaters zu bestellen. Seine Familie hatte große Besitztümer in der Gegend von Abel-Mehola, nahe bei Tischbe in Gilead.

An diesem Tag nun bewachte Elisa zwölf Ochsengespanne, die sich alle entlang einer langen Reihe bewegten, jedes Gespann der Furche der vor ihm arbeitenden Tiere folgend. Elisa trieb das zwölfte Gespann an und beobachtete die Männer an den Pflügen vor ihm.

Plötzlich fiel ihm ein Mann auf, der neben ihm herging. Es war ein älterer Mann mit kantigen Gesichtszügen, wildem Haarschopf und strenger Miene.

Der Mann streifte den Mantel ab, der um seine Schultern hing, schüttelte ihn und warf ihn Elisa über die Schulter.

Sofort war Elisa klar, wer da vor ihm stand: Elia aus Tischbe, der Prophet des Herrn, der mächtige Gegner jedes Götzenbildes und das Ende von Baal Melkart, den die Königin aus Tyrus mitgebracht hatte.

Elisa wusste sogar noch mehr: dass der Mantel aus Kamelhaar prophetische Kraft hatte und dass mit ihm ein Versprechen auf seine Schultern gelegt wurde – und obwohl Elia noch keinen Laut von sich gegeben hatte, hörte Elisa dennoch den heiligen Befehl: *Folge mir!*

Sofort verließ der junge Mann sein Ochsengespann und ging dem Älteren nach.

»Meister«, fragte er, »Meister, darf ich meinem Vater und meiner Mutter einen Abschiedskuss geben?«

Der alte Mann erwiderte: »Geh! Nichts von dem, was ich getan habe, hält dich davon ab. Geh!«

Hoch erfreut eilte Elisa zurück zu seinen Ochsen. Er führte sie nach Hause, schlachtete sie, zerteilte sie, machte ein Feuer aus dem hölzernen Joch, das die Tiere eben noch getragen hatten, briet das Fleisch und gab es seinem Vater, seiner Mutter und allen Menschen im Haus zu essen. Nachdem er sich verabschiedet hatte, erhob er sich, ging Elia nach und diente ihm von da an.

In den Tagen, in denen Ahab König von Israel und Joschafat König von Juda war, beendeten diese zwei Königreiche ihre Kriege gegeneinander und schlossen ein Friedensabkommen.

Ahab und Isebel gaben Joram, dem Sohn Joschafats, ihre Tochter Atalja zur Frau. Nun waren sie Blutsverwandte und Ahab nutzte diese Verbindung bald zu seinem eigenen Vorteil. Er bat Joschafat darum, mit ihm gegen den König von Damaskus in den Krieg zu ziehen.

»Wenn wir die Straße des Königs östlich des Jordan in unsere Gewalt bekommen«, argumentierte er, »dann können wir auch den

Handel entlang den nördlichen Routen von Saba und Arabien bis zu den Häfen von Tyrus und Sidon, den Städten meines Schwiegervaters, kontrollieren. Aber der Schlüssel zu der Straße des Königs ist Ramot Gilead.«

Und dort herrschte der König von Damaskus, als wäre die Stadt sein Eigentum.

Ahab schlug vor, den König dort anzugreifen.

Joschafat, dessen Bestreben es war, die Wirtschaft Judas zu stärken, willigte ein.

Also durchquerten die Armeen Israels und Judas den Jordan, angeführt von ihren beiden Königen. Sie rückten durch ein enges Tal vor, das die Städte Tischbe und Abel-Mehola voneinander trennte. In einer überwältigenden Demonstration militärischer Macht schlugen sie ihre Zelte auf den Feldern westlich von Ramot Gilead auf.

Der König von Damaskus erschien mit zweiunddreißig syrischen Offizieren und stellte auf der gegenüberliegenden Seite der Felder seine Kampflinien auf.

Doch Ahabs Mut fing allmählich an zu schwinden. Es gab einen Propheten, dessen Weissagung Ahab beunruhigte: »Ich sah Israel in den Bergen, zerstreut wie hirtenlose Schafe, und der Herr sprach: *Sie haben keinen Anführer.*« Zwar hatte der König den Befehl gegeben, diesen Propheten ins Gefängnis zu werfen; aber am Tag des Kampfes ging er zu Joschafats Pavillon und bat ihn darum, die Abzeichen des Königs von Israel zu tragen, während er, Ahab, sich in der schlichten Rüstung eines Wagenführers zeigen wollte.

Es war also Joschafat, der in der frühen Dämmerung des Tages Israel und Juda den Befehl zum Angriff gab. Er ritt in der Mitte der tapfer angreifenden Fußsoldaten und er war der Anführer, um den sie sich scharten.

Doch der König von Damaskus hatte seine eigenen Offiziere auf eine schlauere Taktik vorbereitet, als sie ein frontaler Angriff darstellte. »Kämpft weder gegen die kleinen Leute noch gegen die höhergestellten Soldaten«, sagte er, »sondern haltet euch nur an den König.«

Das Aufeinandertreffen der zwei Kampflinien löste eine seltsame Verwirrung unter den Kriegern aus. Damaskus schien zurückzuweichen, täuschte den Rückzug aber nur vor, schlug dann zurück und rannte schließlich in eine andere Richtung – stets auf der Suche nach dem Wappen des Königs.

Die Krieger Judas und Israels fühlten sich verspottet, und bald ließ ihre Konzentration nach, und der Ärger gewann die Oberhand.

Plötzlich hob ein syrischer Bogenschütze seine Waffe und schoss einen Pfeil wahllos in die unordentlichen Reihen des Feindes. Der Pfeil traf König Ahab und durchbohrte zwischen Kettenhemd und Brustharnisch hindurch seinen Unterleib.

Der König sackte in seinem Streitwagen nach vorne. »Dreh um!«, schrie er den Fahrer an. »Bring mich von hier weg. Ich bin verletzt.«

Mit großem Geschick ritt Joschafat derweil durch das Gemetzel und rief seinen Truppen aufmunternde Worte zu. Nie blieb er an einem Ort stehen, sondern erschien mal hier, mal dort. Und die Soldaten von Damaskus kamen nie in seine Nähe. Bis zum Nachmittag schleppte sich der Kampf hin und Ahab beobachtete das Schauspiel von den Hügeln im Westen, während er halb aufgerichtet in seinem Wagen lag.

Als die Nacht hereinbrach, ging ein Diener zu ihm und sah, dass der König gestorben war. Das Blut aus seiner Wunde bedeckte den Boden seines Streitwagens.

Nun erhob sich der Schrei: »Ein jeder Mann zu seiner Stadt! Ein jeder Mann zu seinem Land! Der König ist tot!«

Israel und Juda zogen sich zurück.

Die Leiche von König Ahab wurde nach Samaria gebracht, wo sie begraben wurde. Soldaten reinigten seinen Streitwagen an einem Teich bei Samaria und in der Nacht kamen die Hunde und leckten das Blut auf.

Zur Zeit der heftigsten Regenfälle hörte der junge Elisa, wie sein Meister eine ganze Winternacht lang unruhig in dem kleinen Häuschen, das sie gemeinsam bewohnten, auf und ab schritt. Der alte Elia schlurfte langsam, mühsam, wie ein verkrüppelter, gefangener Fuchs, in der Dunkelheit umher.

Kalt und trübe brach die Dämmerung über das Land herein und legte sich wie eine schwere Last auf Elisa. Plötzlich merkte er, dass er Elia nicht mehr hören konnte – die Stille war es, die ihn so bedrückte.

Elisa sprang auf und eilte hinaus. Die kleine Stadt Gilgal schlummerte noch.

Der Mann lief zu den Toren und verließ die Stadt. Dort sah er auch seinen Meister. Er war ihm ungefähr eine Meile voraus und kämpfte sich mühsam den Weg entlang nach Süden, über die Hügel Ephraims. Elisa beeilte sich ihn einzuholen.

Elias Haar und Bart waren schneeweiß geworden, und sein zäher Körper bestand nur noch aus Haut und Knochen. Sein raues, undurchdringliches Gesicht war zerfurcht wie der Sinai. Als Elisa ihn einholte, blickte er nicht einmal zu ihm hinüber, sondern sagte nur: »Geh zurück nach Gilead. Der Herr hat mich nach Bethel gerufen.«

»Es ist zu kalt für eine Reise«, sagte Elisa.

»Ich habe meinen Mantel.«

»Du bist zu alt.«

»Ich war schon immer alt.«

Elisa versuchte es noch einmal: »Es wird regnen.«

Aber Elia antwortete nicht. So gingen sie drei Stunden lang schweigend nebeneinander her.

Als sie durch Bethel kamen, nahm eine kleine Gruppe von Propheten Elisa beiseite, während der alte Mann schon weiterging. Elisa wollte sich nicht aufhalten lassen, aber die Propheten sagten zu ihm: »Weißt du denn nicht, dass der Herr dir heute den Meister wegnehmen wird?«

»Doch, ich weiß es«, sagte Elisa und lief dem alten Mann nach.

»Bleib hier«, sagte Elia. »Der Herr hat mich weiter nach Jericho geschickt.«

Doch Elisa schüttelte den Kopf und antwortete: »Ich werde dich nicht verlassen.« – Also gingen sie schweigend bergab bis nach Jericho. Die Propheten aus Bethel folgten ihnen in einiger Entfernung. Es fing an zu regnen.

In Jericho angekommen, wurden sie von anderen Propheten empfangen. Auch sie flüsterten Elisa zu: »Weißt du nicht . . .?«

Elisa aber wich nicht von der Seite seines Meisters. Diese Propheten schlossen sich den anderen an und gingen verstohlen wie eine Herde scheuer Tiere hinterher.

Der alte Elia schüttelte die Regentropfen aus seinem Haar. Das Wasser lief in Strömen über sein Gesicht, er aber machte keine Anstalten seinen Kopf mit dem Kamelhaarmantel zu bedecken. Stattdessen befahl er: »Elisa, bleib in Jericho!«

»Nein!«, antwortete Elisa abrupt.

Schweigend gingen sie zum Jordan hinunter.

Es wehte jetzt der kalte Wind des Abends und trieb den Regen wie Eiszapfen gegen die Ufer. Das Wasser war aufgewühlt, raste über das heimtückische Flussbett hinweg und machte ein Durchqueren unmöglich.

Elia jedoch rollte seinen Mantel zu einem starken Seil zusammen und schlug damit auf die Wasseroberfläche. Sofort teilte sich der Jordan in der Mitte und ließ den Propheten und seinen Schüler trockenen Fußes hindurchgehen. Hinter ihnen schlugen die Fluten zusammen und schnitten den hilflosen Propheten, die ihnen folgten, den Weg ab.

Während sie den mühsamen Weg aus dem Jordantal hinaus gingen, rief Elia plötzlich durch den wütenden Sturm: »Bitte mich um etwas, was ich für dich tun kann, bevor ich dir weggenommen werde!«

Elisa brüllte zurück: »Meister, ich möchte das doppelte Maß deines Geistes empfangen!«

Einen Augenblick lang zögerte Elia, bevor er sich dem jungen Mann zuwandte. Beide erschienen wie dunkle Gestalten inmitten eines noch dunkleren Sturms. Der alte Prophet legte seine Hand auf Elisas Schulter. »Du redest, als wärst du mein Erstgeborener«, sagte er. »Mein Sohn, wenn du die Heerscharen der Engel sehen kannst, wird dein Wunsch erfüllt werden.«

Dann ging Elia weiter. Diesmal rührte Elisa sich nicht von der Stelle. Er beobachtete, wie sein Meister sich entfernte. Die Gestalt des alten Mannes leuchtete kurz im blendenden Licht des Blitzschlages auf. Der Wind zerrte an seinem Mantel und Donner rollte über das Jordantal.

Und dann waren es plötzlich keine Blitze mehr, sondern zinnoberrote Flammen, die sich am Himmel zu einem prächtigen Flammenmeer vereinigten und dann auf die Erde herabkamen. Elisa starrte in das Feuer und erkannte einen flammenden Wagen, von Pferden aus Feuer gezogen. Sie stürmten zur Erde hinab, trennten den alten Mann von Elisa und nahmen ihn auf. Elisa beobachtete, wie er bei lebendigem Leib von einem Wirbelwind in den Himmel getragen wurde.

»Mein Vater! Mein Vater!«, rief er. »Die Streitwagen und die Reiter Israels!«

Plötzlich erloschen die Flammen. Dunkelheit legte sich über die heulende Nacht. Elisa griff nach seinem Gewand und fing an es zu zerreißen – als er plötzlich den Mantel seines Meisters erblickte, der vom Wind getragen zur Erde herunterschwebte. Elisa fing ihn auf und vergrub das Gesicht in dem groben Kamelhaar.

Als er wieder am östlichen Ufer des Jordans angekommen war, rollte Elisa den Mantel zusammen und schlug damit auf die Wasseroberfläche, genauso wie Elia es getan hatte. Doch der Fluss toste unaufhaltsam weiter.

Da schrie Elisa aus voller Kehle: »Wo ist der Herr, der Gott Elias, jetzt?« Und er schlug erneut auf die Wasseroberfläche.

Diesmal teilte sich das Wasser des Jordan und der junge Prophet durchquerte trockenen Fußes das Flussbett.

20

Amos und Hosea

Nachdem ihr Mann gestorben war, riss Königin Isebel die Macht über das Königreich Israel an sich.
Isebels ältester Sohn starb innerhalb eines Jahres nach seiner Krönung zum König. Joram, ihr zweiter Sohn, hatte nur Sinn für Luxus und Vergnügungen, sodass er für jeden Rat seiner Mutter dankbar war, als er den Thron bestieg – und sie war froh über ihre Machtposition.

Die Königin hielt an den engen Verbindungen mit Tyrus, der Stadt ihres Vaters, fest und ließ die Kostbarkeiten des Welthandels ins Land einführen. Während die Menschen in Juda unter sich blieben, die alten Brauchtümer pflegten und in ärmeren Verhältnissen lebten, erfreute sich Israel eines regen Handels mit den Nachbarländern. Und langsam veränderte sich das Volk.

Es war in jenen Tagen, dass Isebels Schwester Dido in Karthago, einer Stadt an der nördlichen Küste Afrikas, zur Königin ernannt wurde. Ihre Tochter Atalja wiederum war Königinmutter in Juda. Es war eine Familie starker, mächtiger Frauen. Isebel gefiel das Leben, das sie führte, und sie fühlte sich den Herausforderungen der Königreiche durchaus gewachsen.

»Joram, ich denke, dass du das Gleiche tun solltest wie David, als sein Königreich von Ägypten bis zum Euphrat reichte.« Königin

Isebel beobachtete den jungen König unter halb geschlossenen Lidern.

»Das war vor mehr als hundert Jahren«, antwortete ihr Sohn. »Was hat David denn getan?«

Sie saßen in den Gemächern der Königin im Palast von Samaria. Damaskus hatte einen neuen König, der seine Armeen bereits zusammengerufen hatte, um Ramot in Gilead, die Stadt, die Ahab das Leben gekostet hatte, erneut zu unterwerfen.

Der neue König von Damaskus hieß Hasaël. Er war Offizier in der Leibgarde des alten Königs gewesen – bis zu dem Tag, an dem er den König im Schlaf erstickte und mit Hilfe kühner Intrigen selbst den Thron bestieg.

Geh nach Damaskus und salbe Hasaël zum König über Syrien.

Isebel antwortete: »Er hat einen anderen an seiner Stelle die Kämpfe bestreiten lassen, und er wurde sehr alt. Joram, ich bin der Meinung, dass du einen Oberbefehlshaber für deine Armeen ernennen solltest, jemanden, der stark und dickköpfig, aber ohne jegliche Vorstellungskraft ist. Wenn du dich in Sicherheit zurückziehst, bis der Sieg gewiss ist, dann kannst du anschließend als triumphierender König zur letzten Schlacht hinausreiten.«

Joram überlegte: »Es gibt da einen Offizier, der vom Rang eines einfachen Fußsoldaten aufgestiegen ist. Er ist seit dem vierzehnten Lebensjahr Soldat und Angst kennt er nicht.«

»Kann er die Führung übernehmen?«

»Er ist ein Typ, dem selbst die härtesten Truppen folgen würden.«

»Aber wird er dir auch gehorchen, Joram? Ist der Anführer in der Lage, selbst Befehle zu befolgen?«

»Er kämpft, wie andere Felder bestellen – pflichtbewusst und routiniert. Ich bezweifle, dass er jemals einen eigenen Gedanken gehegt hat.«

»Kenne ich ihn?«, fragte Isebel.

Joram antwortete: »Kennst du Jehu aus dem Hause Nimschi?«

Isebel kannte jeden, der im Land Israel von irgendwelcher

Bedeutung war. Sie sagte: »Ein wahrer Israelit. Ein grimmiger und nüchterner Mann, nicht wahr? Minderbemittelt. Analphabet.«

Joram lächelte: »Genau!«

Also wurde Jehu, der Enkel von Nimschi, zum Oberbefehlshaber der Armeen Israels ernannt und Isebel schickte ihn los, um die Syrer bei Ramot in Gilead zu bekämpfen.

Diejenigen, die dem Schwert Hasaëls entrinnen, wird Jehu töten.

Wieder saßen Isebel und Joram in den Gemächern der Königin. Vor ihnen auf dem Tisch stand ein köstliches Mahl aus zartem Affenbraten und den berühmten Weinen Syriens aus Helbon und Usal.

Während der Mahlzeit bat ein Wachmann um eine Audienz bei König Joram. Er wurde hereingebeten.

»Herr«, begann er, doch sein Blick schweifte unwillkürlich hinüber zu Isebel, der wahren Herrscherin. »Während ich auf dem am Tor errichteten Turm stand und über das Land blickte, habe ich einige Männer gesehen, die aus dem Osten angeritten kommen. Es sind Soldaten und keinesfalls Boten, denn sie sind bewaffnet.«

Joram sagte zu ihm: »Schick einen Reiter hinaus, der sie empfängt und der sie fragen soll, ob sie in Frieden kommen.«

Der Wachmann verneigte sich und verließ den Raum. Innerhalb einer Stunde jedoch kehrte er besorgt und verwirrt zurück.

»Genau wie du befohlen hast, Herr, habe ich den Reiter hinausgeschickt«, sagte er. »Aber nachdem er zu der Gruppe gestoßen war und sich eine Weile mit ihnen unterhalten hatte, hat er sich ihnen angeschlossen! Er zog sein Schwert und reitet in diesem Augenblick mit ihnen in unsere Richtung!«

Isebel sagte: »Schick einen zweiten Mann. Schick einen Hauptmann und die gleiche Anzahl Reiter, wie diese Fremden haben. Und gib ihnen Waffen mit.«

»Zu Befehl«, sagte der Wachmann. Eilig verließ er das Zimmer. Weder die Königin noch der König aßen weiter. Isebel war aufgestanden und schritt nun im Zimmer umher. »Aus dem Osten«, überlegte sie. »Östlich von hier haben wir doch keine Feinde, jedenfalls nicht in der Nähe. Außer . . .«

Plötzlich stürmte der Wachmann ins Zimmer, diesmal ohne um Einlass zu bitten.

»Herrin! Herr! Der Hauptmann und seine Kompanie haben sich ebenfalls den Reitern angeschlossen! Sie kommen immer näher, wild entschlossen treiben sie ihre Pferde an!«

Isebel fragte: »Kannst du erkennen, woher sie kommen? Kennst du ihren Stamm oder ihre Rasse?«

Der Wachmann senkte den Blick. »Ja«, antwortete er.

»Also, rede! Wer ist es?« Isebels Augen leuchteten auf. Ihre Schönheit war tödlich.

»Es sind Israeliten«, sagte der Wachmann.

»Was? Unsere eigenen Truppen?« Die Königin ging mit drohender Miene auf den armen Wachmann zu. »Gib Antwort, Mann! Konntest du erkennen, wer sie anführt?«

Flüsternd erwiderte der Wachmann: »Jehu, der Enkel von Nimschi und Oberbefehlshaber deiner Armeen.«

Isebel wandte sich mit honigsüßer Stimme an ihren Sohn: »Joram, geh selbst hinaus. Er ist dein Untergebener.«

Der König war für den Kampf nicht gekleidet. Doch er ging und Isebel folgte ihm aus dem Palast hinaus. Während Joram aus den Toren der Stadt ritt, bestieg sie die Mauern und beobachtete ihn und seine Leibgarde. Als die anrückende Gruppe erkannte, dass König Joram persönlich die Stadt verlassen hatte und zu ihnen hinausritt, hielten die Männer in einem Halbkreis an. Jehu stellte sich vor sie.

Joram schrie: »Jehu! Jehu, kommst du in Frieden?«

Der grimmige Offizier erwiderte: »Welchen Frieden meinst du, wenn das Land von den Huren Isebels überfüllt ist?«

Diese Worte hatte er nicht laut geschrien, doch Isebel hörte sie trotzdem. Es war genau die gleiche Sprache, die auch dieser andere Mann aus der Wüste gesprochen hatte – Elia.

Die Szene, die sich dann vor ihren Augen abspielte, erschien der Königin fast wie ein Traum. Alles schien sich ganz langsam zu bewegen – und ihr war bewusst, was gleich passieren würde.

Jehu zog einen Pfeil aus seinem Halfter. Joram riss sein Pferd herum und peitschte es mit ganzer Kraft nach Samaria zurück, während er immer wieder brüllte: »Verrat! Verrat!«

Es kam ihr vor wie eine Ewigkeit, bis Jehu den Bogen gespannt hatte. Dann segelte der Pfeil in einer vollkommenen Kurve und durchbohrte ihren Sohn genau zwischen den Schulterblättern. Joram breitete die Arme aus und fiel dann – auch dies in quälender Langsamkeit – hintenüber von seinem Pferd. Isebel schloss die Augen und die ganze Szene verschwand.

Sie kehrte in den Palast zurück und ging hoch zu ihrem über dem zentralen Eingang gelegenen Gemach. In einem privaten Zimmer setzte Isebel sich an einen Tisch, auf dem Salben und Puder aufgereiht waren, und begann sich die Haare zu kämmen. Sie rieb sich mit duftendem Öl ein und band ihr langes Haar zu einem Knoten zusammen. Anschließend malte sie mit Antimon eine schwarze Umrandung um ihre Augenlider, sodass das Weiß ihrer Augen noch mehr leuchtete. Sie kleidete sich in ein purpurfarbenes Gewand, das auf der Brust mit einer goldenen Stickerei verziert war. Danach ging sie zum Fenster, öffnete das Gitter und beobachtete, wie Jehu, der Oberbefehlshaber der Armeen ihres Sohnes, in Samaria einritt.

Wie eine Zeder stand Isebel dort, majestätisch und unerschütterlich.

Als Jehu nahe genug herangekommen war, rief sie hinunter: »Kommst du in Frieden?«

Jehu sprang von seinem Pferd ab und blickte um sich, um zu sehen, woher die Frage kam.

»Kommst du in Frieden?«, wiederholte Isebel, und dann sah Jehu sie. Plötzlich klang ihre Stimme honigsüß. »Kommst du in Frieden zu meiner Stadt, du Mörder deines Herrn?«

Jehu gab ihr keine Antwort. Er war ein Flegel ohne Manieren, ungebildet und ungeschickt in allem, außer im Töten. Er hatte keine Ahnung, wie er mit der Königin reden sollte. Er entschied sich, sie einfach zu ignorieren und brüllte: »Wer ist auf meiner Seite?«

Isebel wusste, dass vier ihrer Diener, Eunuchen, in ihr Zimmer getreten waren – der Geruch des Öls, mit dem sie sich parfümierten, verriet sie.

»Wer ist auf meiner Seite?«, wiederholte Jehu. Die Eunuchen standen nun dicht hinter der Königin, zwei an jeder Seite.

»Werft die Frau den Hunden zum Fraß vor!«, befahl Jehu. Isebel spürte die Hände ihrer Diener, die sie hochhoben und über den Fenstersims schoben. Sie fiel geräuschlos, drehte sich einmal um ihre eigene Achse und prallte mit dem Schädel auf dem darunter liegenden Bürgersteig auf. Sie war sofort tot.

Sobald er die Macht an sich gerissen hatte, rottete Jehu die gesamte Familie Ahabs aus.

Er befahl den Bürgern Samarias, Ahabs Kinder zu töten. Sie gehorchten und brachten ihrem Anführer siebzig Köpfe in siebzig Körben – allesamt von den Söhnen Ahabs. Als Nächstes vernichtete Jehu die Diener des toten Königs, außerdem seine Berater und Verwalter und mit ihnen seine Politik, seine Regierungsstrukturen und die Führung selbst.

Als Jehu, der Enkel Nimschis, zum König über Israel gesalbt wurde, war das Königreich aufgrund der Vergeltungsschläge der Herrschenden so gut wie zerstört.

Hasaël von Damaskus machte sich diese Schwäche zunutze. Östlich des Jordan griff er Israel an und besetzte Ramot in Gilead, ferner die Handelsstraßen des Königs und die gesamten Gebiete im Süden des Landes, die an Moab grenzten. Auch westlich des

Jordan griff er an, zog über die Ebene von Jesreel hinunter zur Küste des Großen Meeres und umzingelte Israel mit dem eisernen Griff der Syrer.

Bis zu dem Tag, an dem König Jehu starb, verfügten die Armeen seines Sohnes nur noch über zehn Streitwagen, fünfzig Reiter und eine Truppenstärke von zehntausend Fußsoldaten. Israel litt unter der schwersten Armut, die es seit der Einführung der Könige im Land gegeben hatte.

Im Verlauf der darauf folgenden Generation jedoch setzte eine allmählich fortschreitende Veränderung in der ganzen Welt ein und die Schicksale von Israel und Damaskus kehrten sich um. Eine neue, noch größere Armee zog aus dem Osten herauf und kämpfte mit einer solch unbeschreiblichen Grausamkeit, dass manche Städte sich sogar kampflos ergaben. Assyrien, östlich des Euphrats am Tigris gelegen, war dabei, sein Imperium zu festigen. Den Assyrern war kein Verbrechen zu unmenschlich – ungerührt schnitten sie die Bäuche von Schwangeren auf oder warfen lebende Säuglinge in die Luft, um sie dann mit ihren Speerspitzen aufzufangen.

Assyrien belagerte Damaskus, das jetzt von dem Sohn Hasaëls, Ben-Hadad II., regiert wurde.

Auf offenem Gelände kämpften die assyrischen Armeen in riesigen Streitwagen mit mannshohen Rädern und die Soldaten ritten auf Pferden. Dies war auch der Grund für Assyriens bemerkenswerte Reichweite und Schnelligkeit: Sie waren die ersten, die große Kavallerien mit Speerwerfern und Bogenschützen in den Kampf schickten.

Und sie hatten besondere Methoden der Belagerung entwickelt.

In den sich nördlich und östlich von Damaskus ausbreitenden Hügeln fällten sie mächtige Bäume und bauten drei große Kriegsmaschinen. Eine bestand aus einer Plattform auf Rädern, die so hoch war wie die Mauern der Stadt. Von ihr aus konnten sie direkt auf den Feind schießen.

Die zweite, ebenfalls auf Rädern gebaute Waffe war ein Turm mit einem an der Konstruktion befestigten Rammbock. Oben auf dem Turm versteckten sich die Bogenschützen der Assyrer hinter Schilden.

Langsam rollten sie ihre Belagerungsmaschinen entlang der frisch geebneten Dämme Richtung Damaskus. Gleichzeitig untergruben ihre Soldaten die Mauern der Stadt, um sie zu schwächen.

Nach drei Monaten, als die Belagerer meinten, dass die Stadt besiegt werden könnte, ließen die Soldaten von der Plattform aus ihre Pfeile auf Damaskus niederprasseln, und der Turm wurde direkt an die Tore der Stadt herangefahren. Danach wurde die dritte Maschine zu ihrem Platz gebracht: eine Schleuder.

Nach einem Befehl der Offiziere rollten die Maschinen ächzend los. Felsbrocken schlugen in die Mauern der Stadt ein und der an dem fahrenden Turm befestigte Rammbock hämmerte immer wieder gegen die Tore der Stadt. Die bewaffneten Soldaten schnellten hinter den Schilden hervor, stellten tragbare Leitern an die Mauern und kamen von allen Seiten in die Stadt geklettert. Noch vor Einbruch der Dunkelheit gehörte Damaskus den Assyrern.

Fortan verlangte der König von Assyrien einen Tribut von Damaskus.

Auch Tyrus, Sidon, Edom und Israel zahlten einen jährlichen Tribut, doch waren sie weder geplündert noch besiegt worden.

Also verstärkte Israel erneut sein Militär, baute Festungen wieder auf und besetzte erneut die Gebiete entlang des gesamten östlichen Ufers des Jordan bis zu dem weit im Norden liegenden Hamat. Die Israeliten kontrollierten Ramot in Gilead und die Handelsrouten des Königs, und das Land erholte sich langsam.

Dreißig Jahre nach dem Tod von König Jehu regierte ein neuer König in Israel: Jerobeam II. Er war schlau und gebildet, und das wirksame aber zerbrechliche Gleichgewicht der in der Welt herrschenden Mächte war ihm wohl vertraut. Kupfer und Zinn wurde aus den Ländern östlich von Assyrien eingeführt. Gewürze und Parfüm wurden zusammen mit purpurfarbenem Leinen, Kämmen, Broschen, Edelsteinen und anderen Luxusgütern in Karawanen herbeigebracht.

Die Wände der Räume in Jerobeams Palast waren getäfelt, Elfenbein verzierte seine Möbel, und das Bett, in dem er schlief, war sogar ganz aus dem kostbaren Material gefertigt.

Angesichts dieser glücklichen Entwicklung waren die Israeliten überzeugt, dass Gott, der Herr, ihnen wieder wohlgesinnt sein musste. Die Priester, die am Schrein in Bethel lehrten, dass Reichtum ein Zeichen göttlichen Wohlwollens sei, bereicherten sich selbst bei der Ausübung ihrer Ämter, und ein dankbares Volk brachte zahllose Opfergaben dar. Das Goldene Kalb, das vor mehr als hundertfünfzig Jahren von Jerobeam I. an dieser Stelle errichtet worden war, bewies nun während der glorreichen Herrschaft des zweiten Jerobeam seine Macht.

Die Bevölkerung Israels wuchs, und die Zahl der Pilger, die nach Bethel kamen, nahm ebenfalls zu. Es war ein zufriedenes Volk, das seine Opfergaben in fröhlicher Selbstzufriedenheit darbrachte. Täglich stieg der kostbare Rauch von dem Altar in Bethel zum Himmel hinauf – ein süßer Duft, der dem Herrn gefiel, dessen waren sich die Menschen sicher. Laut und wunderschön war die Musik der Lauten, der Harfen, der Streichinstrumente, der Pfeifen und der klirrenden Becken am Hof des Kalbs.

In königliche Farben gekleidet stand Amasja, der Priester von Bethel, am Altar und wachte über die Zeremonien mit einem untrüglichen Gespür für die dramatische Handlung dieses Schauspiels. Das Volk liebte ihn abgöttisch, und der König ebenfalls. Alles war in bester Ordnung!

Dann streckte Amasja seine Hand aus, um das auf dem Altar schmorende Fleisch zu wenden. Er goss den Bratensaft über die heißen Kohlen, sodass ihnen eine große Wolke aus weißem, süß duftendem Rauch entströmte. Er warf die Arme in die Höhe und schickte sich an, den Segen über das Volk herbeizuflehen, als plötzlich eine schneidende Stimme die Luft wie mit einer Axt zerteilte: *Ich hasse, ja, ich verabscheue eure Feste! Ich habe keine Freude an euren feierlichen Zusammenkünften! Auch wenn ihr mir Brandopfer darbringt, ich werde sie nicht annehmen!*

In der Gegend von Tekoa, einige Meilen südlich von Bethlehem und Jerusalem, lebte ein Hirte, der ebenfalls seit einigen Jahren die grundlegende Machtverschiebung in der Welt beobachtet hatte. Seine Deutung der Ereignisse fiel jedoch nicht zugunsten von Israel aus. Er sah eine Strafe am Horizont heraufziehen.

Amos war ein Mann von schlichtem Gemüt. Er weidete eine Schafherde in den Hügeln Judäas, und im Tal hatte er einen Ahornhain. Wenn die Früchte noch klein und grün waren, brach Amos ihre Schale auf, damit die darin lebenden Insekten im Licht der Sonne starben und die Früchte genießbar wurden. Auch wenn sie nicht besonders schmackhaft und deshalb nicht kostbar waren, füllten sie den Magen und ernährten so die mittellose Landbevölkerung.

Obwohl man es seiner Körperfülle nicht ansah, kannte Amos die Armut aus eigener Erfahrung.

Amos trug ein Lederwams, das älter war als sein eigener Vater. Aus Gräsern und Steinen hatte er sich eine Hütte errichtet. Seine Freunde waren Bedienstete der Wohlhabenden, arbeiteten ein Leben lang für das Wohl anderer, um schließlich mit ansehen zu müssen, wie ihre Kinder ein ebenso armseliges Leben führten. Auch Amos war arm, aber einem armen Mann mangelte es nicht notwendigerweise an Intelligenz. Und der Gott der Armen war nicht zwangsläufig ebenfalls arm.

In Amos' Augen war Assyrien Teil des Plans eines mächtigen Gottes – es war nicht die Erlösung für Israel. Wenn sich die vorherrschende Einstellung der Menschen nicht änderte und die Treue zu ihrem Gott nicht wiederkehrte, würde Assyrien vielmehr die logische Folge der Sünde sein!

Es erfüllte ihn mit Trauer, dass Gottes Volk so wenig von seinem Gott wusste. Er hätte jedoch seinen Kummer allein und still ertragen, hätte ihn der Herr nicht an öffentliche Plätze getrieben, um dort zu predigen.

Amos war unfreiwillig Prophet geworden. Eigentlich hielt er nicht viel von Propheten. Zu viele von ihnen verlangten Almosen für ihre Prophezeiungen.

Im Frühling jenes Jahres jedoch, zwanzig Jahre nachdem Jerobeam II. zum König über Israel gesalbt worden war, sah Amos in der Erde die Brut der Heuschrecken. Es war gerade die Zeit, in der die Spitzen der zarten Sprösslinge den Ackerboden durchbrachen. Er sah die neugeborenen Heuschrecken, die wie Würmer aussahen. Und er beobachtete, wie sie aus ihrer ersten Haut schlüpften und anfingen zu springen.

Und dann ließ der Herr die gesamte Brut blitzartig heranwachsen. Vor den Augen von Amos vermehrten sich die Heuschrecken und ihre Zahl stieg auf das Fünffache an. Die Tiere wurden zehnmal so groß wie gewöhnliche Heuschrecken, und sie hatten große, kräftige Flügel. Sie schwärmten aus, und das Schlagen ihrer Flügel klang wie ein drohendes Surren. Überall flogen sie hin, um alles grüne Gras des Landes zu verzehren. Amos verstand die Bedeutung dieser Plage, aber er konnte und wollte sie nicht akzeptieren.

»Oh, Herr, mein Gott«, rief er, »vergib Israel! Wie kann Israel überleben, wenn du nicht vergibst?«

Da bereute der Herr seine Drohung und sprach: *Es soll nicht geschehen.*

Im Sommer desselben Jahres aber spürte Amos, wie die Sonne auf seinen Schultern immer stärker brannte. Sie strahlte so erbarmungslos heiß auf ihn herab, dass er die Stimme Gottes hörte, der ihm zurief, und plötzlich sah er ein loderndes Feuer, das die Urtiefen der Schöpfung verzehrte, die Quelle allen Wassers im Himmel und auf Erden. Er erkannte, dass das Feuer dabei war, auch das Land zu verzehren, und er schrie, »Hör auf, oh Gott! Ich flehe dich an, hör auf! Wie kann Israel überleben, wenn du nicht aufhörst?«

Wieder bereute der Herr seinen Plan und sprach: *Auch dies soll nicht geschehen.*

Ein drittes Mal jedoch, als er eine Mauer, die gerade von Arbeitern errichtet wurde, anstarrte, erkannte Amos ein aufgehängtes Senkblei, das die Geradlinigkeit der Ecken gewährleisten sollte.

Und die Stimme des Herrn sprach zu ihm und sagte: *Amos, was siehst du?*

Amos antwortete: »Ein Senkblei.«

Und plötzlich erkannte er, dass Gott selbst es war, der das Senkblei in der Hand hielt, und der Herr sprach: *Sieh her, ein Senkblei habe ich inmitten meines Volkes Israel aufgehängt. Ich werde sie nicht mehr verschonen.*

Dieses Mal konnte Amos den Herrn nicht mehr um Gnade bitten. Er war nicht in der Lage, für Israel zu beten.

Und der Herr sprach: *Pfeifend werden die Winde der Vernichtung durch ihre Altäre wehen. Die Felsen ihrer Heiligtümer werden bröckeln und zerfallen. Mit dem Schwert werde ich das Geschlecht ihrer Könige vernichten.*

Nachdem er diese Visionen gehabt hatte, hielt Amos nichts mehr zu Hause. Er wusste, was der Herr von ihm verlangte, und er hasste seine Aufgabe. Doch er konnte sich nicht verweigern.

Also verließ er seine Herde und seinen Ahornhain und reiste in den Norden nach Bethel.

Die Stadt erfüllte ihn mit Erstaunen. Einerseits wurde sie vom Luxus in den Tod getrieben, so wie die Fäule die Früchte des Sommers vernichtete; andererseits waren die Menschen fröhlich und zufrieden und gratulierten sich gegenseitig zu ihren vielen Erfolgen.

Als Amos so durch die Stadt ging, hörte er wieder die Stimme des Herrn: *Die Lieder im Palast werden Klagelieder sein und Berge von Leichen werden von Fliegen umschwärmt in den stillen Straßen liegen bleiben.* Amos blickte um sich, vergewisserte sich, dass nur er alleine diese schreckliche Erklärung gehört hatte. Und so war es auch.

Atemlos von der Anstrengung ging Amos durch die Stadt zu dem Altar, der auf dem höchsten Hügel Bethels gebaut worden war. Er schob sich durch die Menge, bis er schließlich den über allen erhobenen Priester erblickte. Amos war ein etwas untersetzter Mann, und so kletterte er auf den Sockel einer Säule, hielt sich mit dem linken Arm fest und lehnte sich weit hinaus, gerade als der Priester eine weiße Rauchwolke vor seinen Augen emporsteigen ließ. Dann rief Gott, der Herr, durch die Straßen Bethels: *Ich hasse, ja, ich verabscheue eure Feste! Ich finde keinen Gefallen an euren feierlichen Zusammenkünften!*

Aber die Worte kamen aus Amos' Mund! Sein Herz schlug mit solcher Kraft gegen seine Rippen, dass er Angst hatte, er würde gleich sterben.

Und der Herr sprach weiter durch ihn: *Auch wenn ihr mir Brandopfer darbringt, ich werde sie nicht annehmen! Geht mir aus den Augen mit dem Lärm eurer Lieder!*

Jetzt hatte der Priester Amos entdeckt.

»He, du!«, rief er Amos mit umgänglichem Ton zu. »Mein Freund, warum gehen wir beide nicht ein wenig zur Seite und unterhalten uns?«

Der Herr aber schrie: *Lasst Gerechtigkeit heranrollen wie Wellen und Aufrichtigkeit sprudeln wie einen Strom, der nie austrocknet! Entfernt diese Abscheulichkeiten und vernichtet die Götzen und Bildnisse, die ihr selbst gefertigt habt. Sonst schicke ich euch jenseits von Damaskus in die Verbannung, spricht der Herr, der Gott der himmlischen Heerscharen!*

Der Priester wurde blass. »Wache!«, rief er. Die vor dem Altar und dem Kalb versammelten Israeliten wurden allmählich unruhig und hielten sich die Ohren zu, um diese Worte, die gegen sie gesprochen wurden, abzuwehren.

Amos verspürte aufrichtiges Mitleid. Nur zu gut wusste er, was seine Prophezeiung bedeutete. Er schwitzte. Sein Herz schien sich zusammenzuziehen; er wollte nach Hause, fort von hier. Aber der Zorn des Herrn hatte sich noch nicht gelegt.

Angesichts der Verfehlungen Israels werde ich die Strafe nicht widerrufen – denn ihr habt den aufrichtigen Mann für Silbermünzen verkauft und die bedürftige Frau für ein paar Schuhe gekauft! Ihr zertrampelt die Köpfe der Armen im Staub und wendet euch von den Kranken ab . . .

Plötzlich wurde Amos von unten gepackt. Soldaten rissen ihn von der Säule und schleppten ihn zu dem Priester in ein kleines privates Zimmer. Die Tür wurde verschlossen. Amos und der Priester waren allein.

Mit wütendem Blick starrte der Priester den Hirten an. »Mein Name ist Amasja«, sagte er, » und ich bin der Priester Gottes in Bethel.« Stück für Stück legte er seine heilige Kleidung ab. »Es mag ja sein, dass du der Meinung bist, dein Geschimpfe käme von Gott. Ich bin es nicht. Wir halten uns strengstens an alle Rituale, die Gott Mose befohlen hat: Opfergaben, Feste, Gedenktage, Feierlichkeiten. Du solltest dich schämen, Judäer, vor meinem Angesicht den falschen Propheten zu spielen . . .«

»Amasja, Priester zu Bethel«, unterbrach Amos ihn. »Deine Verleumdungen sollen dir im Halse stecken bleiben. Mögen sie in deinem Innersten brennen! Ich wollte nicht kommen. Der Herr war es, der mich von den Herden weggeholt und hierher getrieben hat! Und du, Hüter aller Rituale – woran du dich vor dem Angesicht des Herrn *nicht* hältst, ist sein Bund!«

Amos schwitzte, schnaufte und schaute überaus unglücklich drein. Er hasste die Tatsache, dass er in seinem Kampf für den Herrn keine gute Figur machen konnte. Er war klein und dicklich und seine Stimme klang wie ein Winseln.

Amasja sprach: »Die ersten Früchte werden dem Herrn gewidmet. Unaufhörlich bringen wir ihm Opfergaben der aufrichtigen Dankbarkeit dar für die Güte, die er uns in Fülle beschert . . .«

»Was nützen schon die richtigen Worte«, rief Amos, »wenn die Menschen ihren Nachbarn Unrecht antun? Der Beweis der Gerechtigkeit liegt nicht darin, wie man ein Opfer darbringt, sondern darin, wie man sich *verhält*.«

»Aber die Güte des Herrn überflutet das Land! Schau dich doch um. Wie kannst du behaupten, dass Gott uns nicht liebt und belohnt?«

»Oh, ja, Gott hat euch geliebt. Aber ihr erwidert die Liebe nicht! Weder Gott noch sein Volk liebt ihr. Der Segen hat sich in euch zum Verderben gewandelt. Er spaltet das Volk, und diejenigen, die ihren Reichtum geizig hüten, fügen anderen Unrecht zu! Amasja, die reichen Herren verleihen Geld an die Bauern, um sich ihr Land anzueignen, wenn die Summe nicht zurückbezahlt wird! Ich habe es gesehen. Und wenn sie etwas bezahlen, benutzen sie falsche Gewichte. Einen armen Mann verkaufen sie für ein Paar Sandalen und bauen sich selbst Sommerhäuser aus gehauenem Stein. Sie schlafen auf Betten aus Elfenbein – und danken dem Herrn für ihre Belohnung!«

Während dieses Wortschwalls war Amasja sehr ruhig geworden. Er setzte sich an einen kleinen Tisch hin, nahm von einem Regal ein paar Tafeln und schrieb darauf.

Aber Amos redete weiter: »Deshalb wird Israel das erste Volk sein, das in die Verbannung geht. Die Ausgelassenheit derer, die sich auf ihren Liegen ausstrecken, wird vergehen...«

Amasja hatte aufgehört zu schreiben und erhob sich nun, öffnete die Tür und gab dem dort wartenden Wachmann die Tafeln.

»Bring sie zum König«, sagte er. »Und komm sofort mit seiner Antwort zurück.«

Sobald die Tür wieder geschlossen worden war, wandte er sich zu Amos um und sprach mit salbungsvoller, förmlicher Stimme:

»Es ist besser, wenn du nach Juda flüchtest, Seher. Iss dein Brot in Juda. Predige in Juda. Aber kehre nie wieder zurück, um in Bethel zu prophezeien. Es ist das Heiligtum des Königs, der Tempel seines Königreichs. Um deinetwillen rate ich dir zur Flucht. Denn die Botschaft, die ich dem König gerade geschickt habe, lautet: ›Hier ist ein Mann, der eine Verschwörung gegen dich plant. Er behauptet, dass Israel in die Verbannung gehen und Jerobeam durch das Schwert umkommen soll.‹«

Amasja erfuhr niemals, welche Erleichterung dies für den Hirten aus Tekoa bedeutete. Denn in diesem Augenblick verstummte die Stimme des Herrn und Amos war frei, nach Hause zu gehen.

Was soll ich mit dir machen, Israel?
Unerschütterliche Liebe begehre ich, keine Opfergaben!

Doch deine Liebe gleicht dem Morgennebel,
wie der Tau, der so schnell vergeht...

Ein weiteres Mal bemühte sich der Herr in Liebe, sein Volk wieder zu sich zu holen.

Im Land Israel gab es einen Propheten mit Namen Hosea, der eine Frau namens Gomer geheiratet hatte. In den frühen Jahren ihrer Ehe bekamen sie drei Kinder.

Der erste war ein Sohn, dem sie den Namen Jesreel gaben.

Als ihr zweites Kind, eine Tochter, geboren wurde, sprach der Herr: *Gebt ihr den Namen Lo-Ruhama, »Nichtbegnadigte«, da ich kein Mitleid mehr mit dem Geschlecht Israels haben und ihm auch keine Vergebung schenken werde.*

Nachdem Lo-Ruhama entwöhnt war, wurde Gomer erneut schwanger und gebar einen zweiten Sohn.

Und der Herr sprach: *Ihm sollt ihr den Namen Lo-Ammi geben, »Nicht-mein-Volk«, da Israel nicht mehr mein Volk ist.*

Einige Jahre lang zog Gomer ihre Kinder groß, ohne dass etwas Ungewöhnliches geschah. Nachdem sie aber zu großen, kräftigen Jugendlichen herangewachsen waren, packte Gomer plötzlich ihre Habseligkeiten zusammen und verließ ihr Haus, ihren Mann und ihre Familie.

Sie nahm sich einen Liebhaber und es dauerte nicht lange, bis sie wie eine Hure lebte.

Bald war sie einem anderen Mann hörig, war von ihm besessen, wie ein Sklave der Besitz seines Herrn ist.

Und der Herr sprach zu Israel:

Als du noch ein Kind warst, liebte ich dich. Und ich rief dich zu mir, mein Kind, aus Ägypten.

Doch je mehr ich nach dir rief, desto weiter entferntest du dich von mir. Dem Baal brachtest du Opfergaben dar. Für die Götzen verbranntest du Weihrauch. Doch ich war es, der dir das Laufen beigebracht hat. Wenn du müde wurdest, habe ich dich in meinen Armen getragen. Ich habe deine Erschöpfung gelindert und dich mit Mitleid geführt. Mit Bändern der Liebe führte ich dich durch die Wildnis zu mir. Wenn dich die Last zu sehr drückte, erleichterte ich sie. Und wenn du hungrig warst, habe ich mich heruntergebeugt, um dir zu essen zu geben.

Was soll ich jetzt tun, du mein Volk – da du dich jetzt weigerst, zu mir zurückzukehren?

Ich werde dich nach Ägypten zurückschicken!

Ich werde Assyrien über dich herrschen lassen!

Ich werde ein Schwert schicken, um die Balken deiner Tore zu brechen und in deinen Städten zu wüten!

Ich werde Kriege in deinen Festungen anzetteln und der Krieg wird dich verschlingen!

Oh, Israel!

Oh, mein Kind!

Wie kann ich dich verlassen? Wie kann ich dich der Vernichtung überlassen? Mein Herz schreckt davor zurück. Mein Mitleid wird warm und zärtlich.

Nein, ich werde meinen glühenden Zorn zurückhalten. Ich werde Israel nicht vernichten, denn ich bin der Herr und kein sterbliches Wesen. Ich bin der Heilige mitten unter euch. Ich werde nicht kommen, um zu vernichten.

Und zu Hosea selbst sprach Gott, der Herr:

Geh und nimm die Frau, die mit einem anderen Mann die Ehe gebrochen hat, wieder in Liebe auf. Liebe sie, Hosea, genauso wie ich, der Herr, das Volk Israel liebe, obwohl es sich anderen Göttern zugewandt hat.

Also kaufte Hosea seine Frau für fünfzehn Silberschekel und ein Maß Gerstenkörner zurück.

Und er sagte zu ihr: »Von jetzt an musst du mir treu bleiben. Du kannst nie wieder einem anderen Mann gehören. Und ich werde dir treu sein.«

Also nahm er sie wieder zu sich und liebte sie.

Und der Herr gab ihren Kindern neue Namen. *Nennt eure Tochter nicht mehr »Nichtbegnadigte«, sprach der Herr, denn ich erbarme mich über mein Volk. Und euer Sohn soll von nun an »Mein-Volk« heißen.*

Und der Herr sprach wieder zu den wenigen Getreuen, die noch in Israel lebten, und sagte:

Fleht zu eurer Mutter. Fleht sie an, dass sie die Hurerei verwirft und den Ehebruch aufgibt!

Sie hat gesagt: »Ich werde mir Liebhaber suchen, die mir Brot geben.«

Sie weiß nicht, dass ich es bin, der ihr Getreide und Wein gibt, der ihr Silber in Hülle und Fülle schenkt.

Aber nun werde ich sie locken. Wie am Anfang werde ich sie in die Wüste führen und zärtliche Worte zu ihr sprechen. Und sogar in der Wüste werde ich ihr Weinberge geben. Kein anderer Liebhaber kann das tun. Baal vermag es nicht. Und so wird sie mir genauso antworten, wie sie es in ihrer Jugend getan hat.

Sie wird mich Gemahl nennen.

Oh, Israel! Ich werde dich in Rechtschaffenheit und Gerechtigkeit, in unerschütterlicher Liebe und Güte zu meiner Verlobten nehmen.

Denn ich habe Mitleid mit »Nichtbegnadigten«!

Und zu »Nicht-mein-Volk« sage ich: Nein! Du bist mein Volk!

Antwortet mir jetzt, ich bitte euch. Bitte sagt zu mir: »Du bist unser Gott.«

Israel kehrte nicht mehr zum Herrn zurück.
Jerobeam II. änderte sein Herz nie. Er starb in dem Glauben, sein Königreich wäre wie eine Schale mit gesundem Obst. Als er jedoch starb, stieg das Verfaulte aus dem Kern an die Oberfläche und die süße Haut zerplatzte über der Verwesung.

Es vergingen nur fünfundzwanzig Jahre zwischen dem Todestag Jerobeams und dem Fall seines Königreichs. Sechs Könige regierten in schneller Abfolge, und keiner von ihnen setzte größeres Vertrauen in den Herrn als in das Schwert und die schnelllebigen Bündnisse der Völker. Jerobeams Sohn, Secharja, wurde von einem Mann namens Schallum ermordet, der selbst einen Monat lang in Samaria herrschte, bis er wiederum von Menahem, dem Sohn Gadis, ermordet wurde.

Menahem regierte sieben Jahre, indem er sein Volk unterdrückte, Menschen hinrichten ließ oder Geld von ihnen erpresste – fünfzig Silberschekel im Jahr von jeder Familie Israels –, um den Frieden mit Assyrien zu erkaufen.

Als Menahem starb, folgte sein Sohn ihm auf den Thron, wurde aber auf der Stelle von einem seiner Untergebenen, Pekach, dem Sohn des Remalja, ermordet.

Pekach kämpfte dafür, das Joch der Assyrer abzuwerfen. In einem Bündnis mit dem König von Damaskus lehnte er sich gegen das östliche Imperium auf. Daraufhin marschierte der König von Assyrien in Richtung Westen nach Israel, vernichtete die Völker auf seinem Weg und verschleppte ganze Stämme in die weit entlegenen Gebiete seines Reiches, wo sie von anderen Kulturen verschluckt wurden. Das war die assyrische Methode, aufständische Völker zu schwächen. Sie rissen die Menschen aus ihrer Heimat heraus und siedelten sie an anderen Orten wieder an.

Während Juda aus der Abgeschiedenheit des südlichen Hügellandes zusah, wie Jerusalem zum Herrn rief, dass er es vor einem solchen Unglück beschützen möge, warf der König von Assyrien seine ganze militärische Macht gegen das Bündnis Israels mit Damaskus und merkte schnell, dass es nicht stärker als trockenes Brennholz war. Er zermalmte es völlig.

König Pekach wurde von einem seiner eigenen Männer ermordet, Hoschea, dem Sohn Elas, der vor den Assyrern kapitulierte und ihnen Tribut zahlte. Ihm wurde erlaubt, auf einem kleinen Anwesen in der Nähe von Samaria zu wohnen, das dreißig mal vierzig Meilen maß.

Sechs Jahre lang zahlte Hoschea Tribut. Dann, als der König von Assyrien starb, sah Hoschea die Chance eines Bündnisses mit Ägypten gekommen, um mit Erfolg zu rebellieren.

Doch Ägypten kam ihm nicht zu Hilfe, als der neue König Assyriens gen Westen marschierte, um Israel völlig zu vernichten. Hoschea blieb nichts anderes übrig, als sich in seiner Hauptstadt zu verbarrikadieren. Assyrien zog einen Belagerungsring um die Stadt, baute mächtige Kriegsmaschinen, rollte sie an die Tore der Stadt heran und grub Tunnel unter den Mauern, um sie zu schwächen. Dann, an einem Sommertag, stürmte Assyrien Samaria und tötete den letzten König. Danach herrschte nie wieder ein König in Israel.

Mehr als siebenundzwanzigtausend Menschen wurden aus Samaria verschleppt. Die Anführer, die letzten Eliten des Landes, wurden nach Assyrien gebracht und zwischen Halach und der am Fluss Habor gelegenen Region Gosan verstreut. Manche gingen zu den Städten der Meder.

Man hörte nie wieder von ihnen.

Ein Prophet aus Jerusalem beobachtete die lange Abreise der nördlichen Stämme. Ihn quälte sowohl Mitleid als auch Angst. Mitleid hatte er mit Israel, Angst dagegen um seinen eigenen Stamm Juda.

»Und wird der König nun auf das Wort des Herrn hören?«, fragte er sich.

Der Prophet hieß Jesaja, und er war der Sohn des Amos. Sein König war Ahas, der den assyrischen Altar im Hof des Herrn errichtet hatte und von dem gesagt wurde: »Er hat seinen Sohn geopfert.«

Und Jesaja sprach: »Der Herr der Heerscharen hält einen Tag bereit für alles, was stolz und erhaben ist. Seht, wie diese Menschen ihre Götzen den Maulwürfen und Fledermäusen zum Fraß vorgeworfen haben und sich selbst in Höhlen und Schluchten vor dem Zorn des Herrn verstecken!

Der Herr aber spricht zu seinem Volk: *Komm, wir wollen verhandeln, wer von uns im Recht ist: Obwohl deine Sünden scharlachrot sind, so sollen sie doch weiß wie Schnee werden; obwohl sie blutrot sind, sollen sie wie Wolle sein. Wenn du gewillt und gehorsam bist, dann wirst du dich an den Früchten der Erde laben. Wenn du dich aber verweigerst und abtrünnig wirst...*«

21

Jesaja

Ein junger Mann überquert in Begleitung von sieben Priestern feierlich den inneren Hof eines Tempels. Sein Blick ist sanft und sein Bart ist gut geschnitten, seine kostbare Kleidung und das vornehme Äußere lassen seine adlige Herkunft erkennen. Die Gruppe entfernt sich vom Altar der Brandopfer und geht auf das östliche Tor zu. Der Sonnenaufgang steht bevor; es dämmert schon. Es ist Herbst und die Luft des frühen Morgens riecht frisch und würzig. Menschen drängen sich in den Hof: Gottesdienstbesucher, Bewohner Jerusalems und Judas. Einige wenige sind von den abgebrannten Weiden Israels hergekommen. Während die Priester die Menge von der Vorhalle des Tempels in Richtung Osten zum Tor hinführen, fangen die Menschen zu singen an. Es sind nicht die Stimmen ausgebildeter Sänger, doch dieses Lied haben sie schon oft angestimmt. Sie kennen es gut und lieben es. »Die Erde gehört dem Herrn«, singen sie, »und alles, was darin lebt. Denn er hat alles aus dem Meer geschaffen...«

Am östlichen Tor hält der Umzug an. Ein Priester geht einen Schritt nach vorne und greift nach dem Knoten, der das Tor das ganze Jahr über verschlossen hatte und der in einem Siegel aus hartem Ton eingebettet ist. Der Priester hebt ihn bis in Augenhöhe, und dann macht auch der junge Adlige einen Schritt nach vorne, zieht einen Hammer unter seinem Gewand hervor und zertrümmert das Siegel mit einem Schlag.

Das Seil wird aus seiner Spur herausgelöst.

Sechs Priester stemmen sich gegen die Tür, drei an jedem Flügel, das Tor des Tempelhofes wird aufgestoßen und bringt den vor der Stadt gelegenen Ölberg zum Vorschein. Dort! Genau dort über dem Ölberg wird die Sonne in einigen Minuten erscheinen. Der Himmel ist bereits blutrot. Heute ist *Rosch haschanah*, der erste Tag des neuen Jahres.

Die Prozession geht mit raschen Schritten über den Hof zurück. Die mächtigen Tore des Tempels stehen bereits offen, gesäumt von Jachin und Boas, den zwei mit Messing überzogenen Säulen, die Salomo dort errichtet hat.

Aus der Menge der umherstehenden Menschen ruft eine kräftige Stimme: »Wer wird den Berg des Herrn besteigen? Wer wird sein Heiligtum betreten?« Geschlossen antwortet die Menge: »Diejenigen, die saubere Hände und ein reines Herz haben, die werden den Segen des Herrn empfangen!«

Vor dem großen Altar löst sich der Umzug auf. Einige Priester stellen sich an der rechten Seite auf. Die anderen, die sich links halten, folgen dem jungen Mann, der den Hammer trägt. Dieser sieht durch das Tor zurück zum Berg und zum Rot des morgendlichen Himmels, das ihn umrahmt. Dann wendet er sich in freudiger Erwartung zum Tempel. Die Priester bleiben zwischen Altar und Vorhalle stehen.

Da! Die Sonne!

Ein Widderhorn ertönt. Eine Trompete durchschneidet die Luft mit einem langen, lauten Schmettern.

Und die Menschen singen: »Hebt euch, ihr Tore! Tut euch auf, ihr ewigen Türen und der König der Herrlichkeit wird eintreten!«

Die Sonne ragt schon über dem Gipfel des Berges hervor. Sie wirft einen einzigen Lichtstrahl durch das östliche Tor hindurch in den Tempel, den langen, mit dichtem Weihrauchdunst vom Altar gefüllten Mittelgang entlang und bis in das Heiligtum hinein. Hier, in diesem dunklen Raum, in jenem entlegenen Winkel des Tempels, wohnt der Herr! Dort! Das Allerheiligste! Seht!

Der Sonnenstrahl scheint im wehenden Rauch zu brennen. Er wird heller und breiter, und eine Stimme singt: »Wer ist der König der Herrlichkeit?«

Und das Volk antwortet: »Der Herr, stark und mächtig...«

Während die sieben Priester immer noch in der Vorhalle stehen, schreitet der junge Adelige, als würde er von unsichtbaren Händen gezogen, weiter. Er geht langsam die Treppenstufen vom inneren Vorhof hinauf und starrt in den vom Sonnenlicht durchdrungenen Tempel hinein. Dann, genau zwischen den mächtigen Türpfosten, sinkt er auf die Knie.

Und der Lärm ist so groß – der Gesang und die schmetternden Trompeten, das Schlagen der Tamburine –, dass die Türpfosten in ihren Sockeln zu beben beginnen. Der junge Mann murmelt: »Weh mir! Ich bin verloren.« Er kniet regungslos da, seine Augen sind vor Angst geweitet und seine letzten Worte klingen gequält. »Ich bin ein Mann mit unreinen Lippen«, flüstert er, »doch meine Augen haben den König, den Herrn der Heerscharen, gesehen!«

Dies ist die Vision von Jesaja, dem Sohn des Amos, in seinen eigenen Worten:

In dem Jahr, als König Usija starb, sah ich den Herrn auf einem hohen und erhabenen Thron sitzen.

Die Schleppe seines königlichen Gewandes wirbelte durch den Tempel.

Seraphim standen um ihn herum, jene flammenden Wesen, die ihm dienen. Jeder von ihnen hatte sechs Flügel. Mit zweien verdeckten sie das Gesicht, mit zwei anderen die Füße und mit den letzten beiden flogen sie.

Und einer rief zum anderen und sprach: »Heilig, heilig, heilig ist der Herr der Heerscharen! Alle Länder sind seiner Ehre voll!«

Und die mächtigen Tore bebten in ihren Sockeln von der Stimme ihres Rufens und das Haus des Herrn war voller Rauch.

Da sprach ich: »Weh mir! Ich bin verloren, denn ich bin ein Mann mit unreinen Lippen, und ich weile inmitten eines Volkes mit unrei-

nen Lippen! Doch ich habe den König, den Herrn der Heerscharen, gesehen!

Da flog mir ein Seraph entgegen mit einer glühenden Kohle in der Hand, die er mit der Zange vom Altar genommen hatte.

»Sieh her«, sagte er, »die Kohle hat deine Lippen berührt, dass deine Schuld von dir genommen werde und deine Sünde gesühnt sei.«

Und ich hörte die Stimme des Herrn im Rat des Himmels, die zu mir sprach: »Wen soll ich schicken? Wer will unser Bote sein?«

Sofort rief ich: »Hier bin ich! Schicke mich!«

Und er erwiderte: »Geh hin und sprich zu diesem Volk, auch wenn sie sich weigern zu verstehen. Zeig es ihnen wieder und immer wieder, auch wenn verstockte Herzen, taube Ohren und blinde Augen es nicht erkennen können.«

Ich fragte: »Für wie lange, Herr?«

Und er sprach: »Bis die Städte verlassen sind und die Häuser ohne Menschen, bis die Felder und Hügel ganz brach liegen und der Herr die Menschen von dort weggenommen hat! Aber wenn ein Rest übrig bleibt wie bei einer Eiche, deren Stumpf noch steht, obgleich der Baum längst gefällt ist, kann doch Neues daraus wachsen.«

In den zwei Jahrhunderten, in denen der Staat Israel existiert hatte, war das südliche Königreich Juda von elf Königen regiert worden, die ohne Ausnahme dem Hause und dem Geschlecht Davids entstammten. In all diesen Jahren war seine königliche Linie ungebrochen geblieben.

Doch nicht jeder dieser Herrscher hielt den Bund des Herrn. Der gegenwärtige König, Ahas, war der Ansicht, dass er, und nicht der Herr, Juda vor der Vernichtung, die die zehn nördlichen Stämme erlitten hatten, bewahrt hatte. Denn während Assyrien wie ein wütender Stier über die Völker hergefallen war und sie mit tödlicher Vernichtung heimgesucht hatte, hatte Ahas die Schätze aus seinem Palast und dem Tempel genommen und sie den Assyrern als Geschenk gesandt, ihren Schutz erfleht und ihnen Vasallentum angeboten.

Der Prophet Jesaja hatte ihm dringend geraten, auf den Herrn zu vertrauen. Er sagte Ahas, dass er Gott bitten sollte, ein Zeichen zu schicken. »Ob aus der Tiefe des Scheols oder aus den Höhen des Himmels – bitte, um was du willst, sodass er dir seine Stärke beweisen kann.«

Ahas aber hatte geantwortet: »Ich werde den Herrn nicht auf die Probe stellen.«

Darauf erwiderte Jesaja: »Dann wird der Herr dir ein Zeichen geben, ohne dass du darum bittest. *Eine junge Frau wird einen Sohn empfangen und zur Welt bringen und sein Name wird ›Immanuel‹ lauten – und noch bevor das Kind zwischen Gut und Böse wählen kann, wird das Land, vor dessen Königen du dich fürchtest, verlassen sein!*«

Dennoch schickte Ahas seine prächtigen Geschenke zum assyrischen König und sein Volk wurde nicht vernichtet, als Israel zerstört wurde.

Seit zwei Jahrhunderten stand Juda unter einem besonderen Schutz. Das Land war schon immer ärmer gewesen als das nördliche Königreich und das Leben bescheidener. Doch die Ursache der Armut war zugleich der Grund für die Bewahrung des Landes: Die Hügel von Juda waren nur schwer passierbar. Es durchquerten weder Handelsrouten das Königreich noch besaß das Land Güter, die andere begehrten. Also blieb Juda von der Außenwelt verhältnismäßig isoliert. Der Einfluss der Heiden und ihr Luxus waren dort schwächer, wo die Heiden nicht reisten.

Judas Wirtschaft war ländlich und der Boden weitestgehend unbeackert. Die Judäer waren ein Volk von Schäfern. Gleichzeitig waren sie jeglichen Veränderungen gegenüber misstrauisch und wild entschlossen in ihrer Unabhängigkeit.

Und die Hauptstadt Jerusalem war auch kaum als international zu bezeichnen: von starker nationaler Identität geprägt, schwer zugänglich, kulturell abgeschottet, dem Herrn verpflichtet, heilig. Denn Juda besaß einen Tempel, in den der Herr des Himmels und der Erde aus freien Stücken eingezogen war. Juda pflegte aufwendige Anbetungsrituale. Und es hatte einen König, einen Sohn Davids, mit dem der Herr einen immerwährenden Bund geschlossen hatte.

Doch Jesaja, der Sohn des Amos, hörte, wie der Herr zu ihm sprach: *Söhne habe ich groß gezogen, Töchter auch, doch sie vergessen mich. Der Ochse weiß, wo er hingehört, und der Esel kennt den Futtertrog seines Herrn, doch meine Kinder wissen nichts von mir und mein Volk versteht mich nicht.*

Die Frau des Königs von Juda gebar einen Sohn und nannte ihn Hiskia – »Der Herr ist meine Stärke«.

Von Geburt an war der Junge ein ernstes Kind. Als er heranwuchs, wurden ihm schon früh die grundlegenden Veränderungen in den umliegenden Völkern und der ganzen Welt bewusst – als würden die Berge zerbröckeln und ins Meer stürzen. Nichts war von Dauer. Insbesondere Juda erschien inmitten der Königreiche sehr klein. Edom griff aus dem Süden an; die uralten Städte der Philister sammelten ihre Kräfte, stellten Waffen her und griffen aus dem Westen an. Sogar Ägypten, ein Land, das so alt wie die Wüsten und die Flüsse war, war hoffnungslos geteilt. Die Dynastien starben allmählich aus.

Hiskia befragte die Berater seines Vaters auf der Suche nach Antworten, und er saß bei den Priestern im Tempel.

Dann geschah es, dass Assyrien seine Truppen gegen das nördliche Königreich in Bewegung setzte.

Als die Assyrer Samaria belagerten, war Hiskia achtzehn Jahre alt. Aufmerksam lauschte er den Berichten, die aus dem Norden ins Land drangen. Er hörte von den Greueltaten und ging selbst hinaus, um die bedrückende Verschleppung von Tausenden und Abertausenden zu beobachten, die einstmals seinem Volk angehört hatten. Nun zogen sie schleppend dahin, in Ketten gelegt, und trieben ihre Herden, ihre Tiere und ihre mit allerlei Gütern schwerbeladenen Karren nach Osten, zu den assyrischen Lagerhäusern.

Als Hiskia fünfundzwanzig Jahre alt war, starb sein Vater, und er selbst wurde zum König von Juda gesalbt. Die Krönung gab jedoch kaum Anlass zur Freude.

Der nachdenkliche König forschte in seinem Herzen: *Wie soll ich regieren? Welche Möglichkeiten bleiben einem König in Juda?*

In den sieben Jahren seit dem Untergang Israels hatten sich umherstreunende, wilde Tiere in der Hügellandschaft Ephraims angesiedelt. Das Land war nun seines blühenden Lebens und seiner freundlichen Bevölkerung beraubt. Und die wenigen, die jetzt dort lebten, gehörten einem fremden Volk an – Menschen mit unverständlichen Bräuchen und seltsamer Kleidung, die Assyrien aus anderen besiegten und entmutigten Städten hierher verschleppt hatte: Babel, Kuta, Hamat, Awa.

Wenn das Königreich Israel eine solche Niederlage erfahren konnte, überlegte Hiskia, *ist der Gott Israels vielleicht schwächer? Schwächer als Assur, der Gott der Assyrer?*

Wie konnte er eine solche Frage laut in den Straßen Jerusalems stellen? Wie konnte er – ein Sohn Davids, in dessen Person der Bund zwischen dem Herrn und David zum Ausdruck kam – öffentlich fragen, ob die Hand des Herrn schwächer geworden war? Juda versteckte sich hinter der uralten Zusage des Herrn, wie ein Gejagter sich in Felsspalten und Höhlen verkroch.

Welcher Gott war aber Herr über den anderen? Assur oder der Gott Israels?

Anders als die Judäer fertigten die Assyrer Bilder ihrer Götter an. Sie wurden aus Holz mit gehämmertem Gold hergestellt und mit starren, weißen Augen aus Edelsteinen geschmückt. Und wie sah der Gott der Assyrer aus? Nun, genauso wie ihr König! Hier stand ihr Anführer, im Himmel wie auf der Erde, sichtbar vor ihnen: jener, der Israel vernichtet und Juda sich vor ihm verbeugen ließ mit prächtigen Geschenken und Tributen.

Der Gott Judas dagegen war unsichtbar. Doch war er deshalb auch unerreichbar? Er war eine von dichter Dunkelheit umgebene Gottheit, ein Gott, der sich in seinem Wort zeigte, der aber nicht sichtbar anwesend war, eine nicht greifbare Erscheinung, flüchtig wie der Wind. War er also ein Wesen, das, wenn es keine Antwort gab, auch nicht da war?

Wer von den beiden war also nun der wahre Gott und damit Herr über den anderen?

In der Abgeschiedenheit seines Palastes, wo König Hiskia an einem Fenster saß, stützte er den Kopf auf seine Hände und wiederholte flüsternd diese Frage. Sie war nicht als Gebet gedacht, denn er hätte sich nicht getraut, Gott eine derartige Frage zu stellen. Der König gab nur dem Mysterium Ausdruck, das gelöst werden musste, damit er weiterregieren konnte.

Er flüsterte: »Was sollen wir nun vom Herrn, dem Gott Israels, sagen?«

Sofort ertönte eine Stimme vom Fenster her, die sprach: *Dass er vom Beginn der Gezeiten an bereits Gott der gesamten Schöpfung war!*

Nachdem König Ahas sich geweigert hatte, die Gebote des Herrn zu beachten, hatte Jesaja aufgehört zu prophezeien. In einer Schriftrolle schrieb er die ganzen Weissagungen seiner Jugend nieder. Anschließend zog er sich von den öffentlichen Plätzen zurück und wurde siebzehn Jahre lang nicht mehr gesehen.

Durch den Reichtum und den gesellschaftlichen Status seiner Familie hatte Jesaja Zugang zu den königlichen Höfen. Er war von adliger Abstammung, und wo immer sich die Reichen versammelten, stellte niemand seine Anwesenheit oder seine Beteiligung bei der Beratung von Königen in Frage. Auf Einladung des Hohen Priesters nahm er an den heiligsten Zeremonien des Tempels teil.

Obwohl seine Weissagungen die Ungerechtigkeit im Lande verurteilten, war Jesaja von Natur aus keineswegs ein grüblerischer Bursche. Er war gebildet, vornehm, redegewandt und immer ein gern gesehener Gast.

Deshalb verstanden die Menschen seinen plötzlichen Rückzug nicht. Gab es vielleicht einen Stein des Anstoßes, von dem sie nichts wussten?

Ahas aber starb und der Herr weckte in Jesaja erneut ein prickelndes Gefühl der Hoffnung. Ein weiteres Mal sandte der Herr den Propheten aus.

Jesaja war fünfzig Jahre alt, aber sein Haar zeigte noch keine Anzeichen seines Alters, keine grauen Strähnen. Er war bei bester Gesundheit und sein Verstand war so scharf wie eh und je. Eines Morgens stand Jesaja in aller Frühe auf, trimmte sein Barthaar, wusch sich und rieb sich mit Öl ein, zog seine feinste Kleidung an und zog hinaus in die Straßen Jerusalems, um das Gebot des Herrn zu erfüllen.

In der linken Hand trug er ein Widderhorn, in seiner rechten ein Becken. Eilig bestieg er den Tempelberg und stellte sich am Südtor zwischen dem Hof des Herrn und dem im Palast Salomos eingerichteten privaten Gemach des Königs auf.

»Hiskia!«, rief er. »Hiskia, komm heraus! Wir machen deine Krönung festlicher als sie war, damit deine Herrschaft reicher gesegnet wird, als sie es jetzt ist!«

Der Prophet hob das Widderhorn an seine Lippen und blies hinein. Überall in den Straßen Jerusalems war es zu hören. Er blies weiter, bis die Menschen anfingen, den ganzen Bereich zwischen dem Tempel und dem Palast zu füllen.

Als der junge König sich aus einem der oberen Fenster lehnte, fing Jesaja an zu singen. Er schlug auf das Becken, hob die linke Hand und tanzte wie auf einer Hochzeit.

Jene, die in der Finsternis gewandelt sind,
haben ein großes Licht gesehen!
Und über denen, die in der tiefsten Finsternis weilten,
erstrahlt ein helles Licht!

Denn uns ist ein Kind geboren,
ein Sohn ist uns gegeben,
und die Herrschaft ruht auf seinen Schultern.
Und er heißt:

Wunderbarer Berater,
Mächtiger Gott,
Ewiger Vater,
Friedensfürst.

Das Wachstum seines Reiches und der Frieden,
Gerechtigkeit und Rechtschaffenheit
werden kein Ende finden;
das bewirkt der Eifer des Herrn der Heerscharen!

König Hiskia trat nun aus seinem Palast heraus und ging über den Gehweg auf Jesaja zu. Eine Zeit lang standen sich Prophet und König gegenüber und starrten sich an, ohne dass einer den Blick senkte. Der ältere Mann lächelte dem jüngeren zu, doch in dessen Miene lag die Feierlichkeit einer ernsten Frage. Hiskia war größer als Jesaja, doch er schien gebeugt vom vielen Grübeln. Tiefe Falten hatten sich in seine Stirn gegraben und erweckten den Eindruck, als ob er sich stets sorgte. Schließlich sagte er: »Der Herr der Heerscharen wurde aber von Aschur, dem Gott der Assyrer, besiegt. Wie soll er diese Taten vollbringen, von denen du sagst, dass er sie versprochen hat?«

Trotz seiner kleineren Statur war Jesajas Haltung so aufrecht wie ein Baumstamm. Er lachte. »Nein, nein!«, rief er. »Ach, mein Sohn, der Herr wurde nicht besiegt«, sagte er, »sondern das Volk Gottes wurde besiegt, weil es sich geweigert hat, ihm zu vertrauen. Hiskia, du bist so jung und schon so schwermütig. Glaube mir: Sogar Assyrien ist ein Diener unseres Gottes. Hat der Herr den Assyrern nicht den Namen gegeben: *Stab meines Zornes und Stecken meines Grimms?* Es war der Herr, der sie plündernd über Israel herfallen ließ.

Und nun erklärt der Herr, dass er den König Assyriens für seine Arroganz und seinen Stolz bestrafen wird: *Das Licht Israels wird ein Feuer sein, und sein Heiliger wird eine Flamme sein, die die Dornen und Disteln Assyriens anzünden und verzehren wird – in nur einem einzigen Tag!*

An jenem Tag«, fuhr Jesaja fort, »werden sich die restlichen Bewohner Israels und die Überlebenden Jakobs auf den Herrn, den Heiligen Israels, stützen!«

Jesaja trat vor und legte seine Hände auf die hageren Schultern des Königs. »Vertraue auf den Herrn«, sagte er mit sanfter Stimme, »auch wenn dein Vater es nicht tat. Sei sein Diener und sei treu, dann wirst du durch die Hände deiner Feinde kein Leid erfahren müssen.«

Dann sprang der Prophet nach hinten und rief laut: »Wir wollen doch hier eine Krönung feiern! Juda, du hast einen neuen König!« Dann blies er in schneller Folge siebenmal in das Widderhorn und die Stimme des Herrn ertönte in Jerusalem:

Oh, mein Volk, fürchte dich nicht vor den Assyrern, wenn sie dich mit dem Stab schlagen. Denn es dauert nicht mehr lange, dann wird mein Zorn ihr Verderben sein. Wie in Ägypten werde ich meinen Stab gegen sie erheben! An diesem Tag wird das Joch Assyriens von deinem Nacken fallen!

Und es wird ein Spross hervorgehen
aus dem Geschlecht Jesses,
und ein grüner Zweig wird aus seiner Wurzel sprießen ...

Und der Geist des Herrn wird auf ihm ruhen:
Er wird nicht nach dem richten, was seine Augen sehen,
sondern mit Gerechtigkeit wird er die Armen richten,
und über die Elenden im Lande ein gerechtes Urteil sprechen.

Dann wird der Wolf friedlich neben dem Lamm liegen,
und der Leopard bei den Zicklein lagern,
der Löwe, das Kalb und das Mastvieh zusammen...
und ein kleines Kind wird sie führen.

Und es wird keine Verletzung oder Vernichtung geben
auf meinem ganzen heiligen Berg;
denn das Land wird erfüllt sein von der Erkenntnis des Herrn,
so wie Wasser das Meer erfüllt.

Wer konnte sich schon daran erinnern, wann ein Prophet zum letzten Mal vor Freude gelacht und getanzt hatte? Ach, lange Zeit war es her, dass der Herr so sanft zu seinem Volk gesprochen hatte.

Aber es gab wieder einen König in Juda, der dem Herrn gehorchte. Das war ein Grund zu feiern.

Den Rest des Tages saß König Hiskia in einer dunklen Ecke des Tempels und dachte über das nach, was der Prophet gesagt hatte. Es warf ein ganz neues Licht auf den Gott Israels. Und doch – was für herrliche Aussichten breiteten sich nun vor ihm aus! Ihm war, als stünde er auf einem Berg und die ganze Erde läge ihm zu Füßen.

Der Herr war nicht schwächer, er war viel größer, als der König es sich vorgestellt hatte! Und wenn ein Volk verging, dann nicht, weil der Herr die Menschen vergessen hatte, sondern weil sie den Herrn vergessen hatten.

»Er ist unsere Stärke«, murmelte Hiskia und die Bedeutung seines Namens wurde ihm ganz neu bewusst.

Und wie konnte es geschehen, dass Israel den Herrn vergessen hatte? Ihre Rituale waren aufwendiger als alles, was sich Juda leisten konnte. Ihre Feierlichkeiten waren reiche, laute und prachtvolle Angelegenheiten. Aber sie hielten sich nicht an den Bund. Sie hatten Demut und Gehorsam verloren. Und gute Taten.

»Gott ist meine Zuflucht und meine Stärke«, sagte der König. Seine Stimme hallte durch den menschenleeren Tempel. Hoch oben unter dem Dach berührte ein Sonnenstrahl den in die Luft gewirbelten Staub. Eigentlich war es ein schonungslos grausames Licht, denn es zeigte, dass der heilige Ort nur noch ein Wirrwarr von zusammengeworfenem Trödel, von hölzernen Bildnissen und von den Sünden seiner Väter war. Götzenbilder. Abscheulichkeiten.

Der König stand auf und sprach mit fester Stimme:

»Gott ist unsere Zuflucht und unsere Stärke! Deshalb werden wir uns nicht fürchten, auch wenn die Nationen sich verändern, wenn die Berge im Meer beben und die Gewässer tosen und schäumen!«

Er ging hinüber zu den Leuchtern, die Salomo vor zwei Jahrhunderten hatte fertigen lassen. In einer langen Reihe säumten sie die Wände der Halle, leblos und erloschen.

»Hier«, sagte er, »sollte die Wohnung des höchsten Gottes sein.« Danach ging er hinaus in die Vorhalle des Tempels. Er sah einen Priester und rief ihn zu sich.

»Gott«, sagte der junge König, »ist mitten unter uns. Uns kann nichts gefährden.«

»Ja, mein Herr«, sagte der Priester. »Uns kann nichts gefährden.«

Der König runzelte die Stirn, und die Falten zwischen seinen Augenbrauen gruben sich tiefer in sein Gesicht. Einen Augenblick lang sah er den Priester nachdenklich an, dann fragte er: »Glaubst du das?«

»Ich glaube, dass der Herr der Heerscharen mit uns ist. Ja, Herr, das glaube ich.«

Da fuhr der König fort: »Und noch etwas sage ich dir: Es ist der Herr, der Verwüstungen auf der Erde anrichtet! Aber genauso kann er auch die Kriege gänzlich beenden.«

»Und er zerschmettert die Lanze und verbrennt die Streitwagen mit Feuer.«

»Seltsam«, murmelte der König und musterte den vor ihm stehenden Mann verwundert. »Priester, wie heißt du?«

Der Priester antwortete: »Asarja.«

Und der König sagte zu ihm: »Asarja, arbeite mit mir zusammen. Ich ernenne dich zum Hohen Priester im Haus Gottes. Lass die Priester und Leviten herkommen. Befiehl ihnen, sich zu heiligen. Es ist an der Zeit, den Tempel zu reinigen und wieder zu weihen!«

In jenen Tagen fanden weitreichende Reformen in Jerusalem und in ganz Juda statt.

Die ganzen Götzenbilder, die sich im Tempel angesammelt hatten, wurden aus der Stadt getragen, in den Bach Kidron geworfen und anschließend in Brand gesetzt. Die Tore des Tempels wurden repariert und wieder geöffnet. Die Altäre wurden ebenso gereinigt wie die Utensilien, die Leuchter und der dunkle Raum, in dem die Bundeslade aufbewahrt wurde, das Allerheiligste.

Danach ließ Hiskia die Bevölkerung Judas ein Dankopfer darbringen, das er selbst überwachte. Sechshundert Bullen wurden geschlachtet und zusammen mit dreitausend Schafen auf dem großen Altar geopfert.

Anschließend schickte der König einen Erlass durch ganz Juda und sogar zu den Überlebenden Israels, die noch in diesem verwüsteten Land ausharrten: *Kommt! Kommt zum Passafest des Herrn nach Jerusalem.*

Seit dem Tag, an dem Mose die Einhaltung des Passafestes angeordnet hatte, hatten die Familien es in ihren eigenen Zelten und Häusern gefeiert. Das war etwas Neues, dass die Menschen sich zu dem Fest an einem Platz versammeln sollten! Dann waren in den Augen des Herrn alle Haushalte und Stämme Israels eine einzige Familie.

Hiskia riss die Hochaltäre nieder. Er zerschlug Götzenbilder im ganzen Land, und die Säulen, die zu Ehren von anderen Göttern errichtet worden waren, ließ er krachend umstürzen. Und er hielt sich an die Gebote, die Gott einst Mose gegeben hatte.

Und er hatte Frieden.

Denn der Herr war seine Festung.

Die Jahre gingen ins Land, die Mühlen der Macht drehten sich weiter und die Welt fing von neuem an, sich zu verändern. Es erhob sich eine neue Dynastie in Ägypten mit einem neuen Pharao. Er vereinigte die uralte Nation, stärkte seine Armeen und bemühte sich, diplomatische Beziehungen mit den kleineren Königreichen im Osten des Landes aufzunehmen. Es gehörte zur Strategie des Pharao, diese Königreiche als Steine einer Mauer zwischen seinem Land und dem der Assyrer zu benutzen.

Dann kamen die ersten Abgesandten Ägyptens in Jerusalem an. Sie baten um private Audienzen beim König von Juda.

Hiskia gewährte ihnen Einlass in seinen Thronsaal – einmal, zweimal.

Und der Prophet Jesaja wurde argwöhnisch. Während dieser offiziellen Besuche wurde weder sein Rat gesucht noch seine Anwesenheit erbeten.

Es war allgemein bekannt, dass der alte König von Assyrien gestorben war und dass überall in seinem Reich Aufruhr ausbrach. König Midas von Phrygien, die Stadt Karkemisch in Syrien, das mächtige Babel – alle waren dabei, die Stärke und die militärischen Mittel des neuen Assyrien auf die Probe zu stellen. Die Nationen wüteten erneut, und so wie Jesaja es sah, würde ein kleines Königreich, das sich auf der Suche nach Macht oder Vorteil in den allgemeinen Strudel hineinwarf, mit großer Wahrscheinlichkeit darin untergehen.

Hiskia erschien nicht mehr in der Öffentlichkeit. Jesaja konnte ihn nicht mehr finden und mit ihm sprechen.

Doch überall im Land erschienen die ersten Anzeichen für das, was der König vorhatte.

Eine neue Mauer wurde um Jerusalem errichtet, um die Gebäude zu schützen, die sich außerhalb der alten Gemäuer befanden. Neue Ställe und Lagerhäuser wurden gebaut. Ein Tunnel wurde in den Fels gehauen, wobei von beiden Seiten gleichzeitig begonnen wurde. Auf einer Länge von siebenhundert Metern führte dieser Tunnel von einer Quelle im Kidrontal hinauf in die Stadt und gewährleistete Jerusalem somit eine beständige Wasserversorgung – selbst während einer Belagerung.

Truppen und Streitwagen wurden hinausgeschickt, um strategisch wichtige Städte zu besetzen, und Wachtürme wurden aufgereiht wie eine Kette um den Hals Judas, eine Grenze aus Festungen!

In seinem sechsundsechzigsten Lebensjahr wurde Jesaja nun erneut vom Herrn in die Straßen Jerusalems gesandt, um dort zu prophezeien.

Bei der nächsten Ankunft der Abgesandten Ägyptens an den Toren der Stadt rannte ihnen ein in Sackleinen gekleideter, wütender Mann entgegen. Er schrie: »Ein Orakel!« und griff nach ihren Zügeln. Die Pferde wieherten und bäumten sich auf, während der Mann ihnen die Worte des Herrn entgegenschrie:

Ich reite auf Wolkenwagen nach Ägypten,
um deine Pläne zu durchkreuzen!
Dein Nil wird verdorrt und vertrocknet sein,
und deine Fischer werden Trauer tragen;
denn deine Prinzen sind irregeleitet
und deine Weisen Narren.
Die Fürsten Ägyptens haben ihr Land in die Irre geführt!
Wie ein Betrunkener taumelt es in seinem Erbrochenen...

Aber die ägyptischen Wagenlenker droschen mit der Peitsche auf ihre Pferde ein, bis die großen Tiere in Panik losgaloppierten und den Mann mit ihren Hufen beiseite traten.

Jesajas Kopf prallte gegen eine steinerne Balustrade und er lag eine Zeit lang benommen auf der Straße.

Als er seine Gedanken wieder gesammelt hatte, richtete Jesaja sich mühsam auf, ging ein paar unsichere Schritte, dann wandte er sich um und begann auf den Palast des Königs zuzugehen.

Je weiter er ging, desto aufrechter schritt er. Seine Miene war ausdruckslos, wie versteinert. Seine aufrechte Haltung allein ließ das Sackleinen wie ein königliches Gewand wirken.

Von seinem selbstsicheren Auftreten eingeschüchtert wichen die vor dem Thronsaal aufgestellten Wachmänner zurück und ließen ihn ungehindert eintreten. Sechs Stufen über dem Boden thronte König Hiskia, die Stirn in Sorgenfalten gelegt und mit schwermütiger Miene, auf seinem elfenbeinernen Sessel. Die Abgesandten Ägyptens waren offenbar gerade dabei, eine feierliche Begrüßungsrede zu halten. Als Jesaja krachend in die Versammlung eindrang, schauten alle hoch, doch niemand sprach.

Ohne die Ägypter auch nur eines Blickes zu würdigen, ging Jesaja geradewegs auf den Thron zu.

»Wann hast du aufgehört, auf den Herrn zu hören?«, fragte er den König.

Hiskia sah den Propheten an, die Lippen geschürzt. Er antwortete nicht.

Da packte Jesaja den Saum seines groben Gewandes und zog es über seinen Kopf. Einige der Anwesenden murmelten überrascht. Höflinge setzten beleidigte Mienen auf. Doch der Prophet beachtete sie nicht. Er schleuderte seine Sandalen in eine Ecke und riss, mit Ausnahme seines Lendenschurzes, alle Kleidungsstücke von seinem alten Körper herunter.

Nun stand Jesaja mit entblößtem Gesäß im Thronsaal und sprach: »Dies ist ein Zeichen gegen Ägypten, König Hiskia. Das ist alles, was das Königreich dir zu bieten hat. So spricht der Herr, dein Gott!«

Der alte Mann ließ seine Kleidung zur Erinnerung zurück und verließ den Saal. Und von diesem Tag an weigerte er sich auch, irgendeine andere Kleidung zu tragen – bis der König Hiskia wieder anfangen würde, sein Vertrauen in den Herrn zu setzen.

Drei Jahre lang ging Jesaja nackt und barfuß durch die Straßen Jerusalems. Die Sonne des Sommers verbrannte seine Haut, und im Winter war sie von der Kälte aufgesprungen. Und die ganze Zeit wandten die Menschen ihre Gesichter von ihm ab wegen seiner ungehörigen Nacktheit.

Hiskia jedoch ging Bündnisse mit den Königreichen der Erde ein. Moab, Edom, Aschdod und die Städte der Philister schlossen sich ihm an. Jedes Land war ein weiteres Bollwerk gegen die mächtigen Mauern der Assyrer. Aus weiter entlegenen Ländern empfing Hiskia Abgesandte, wie die von Merodach-Baladan, dem König von Babel. Es war eine Zeit der Abkommen, der internationalen Verschwörungen und des Strebens nach Macht.

In seiner Heimat trieb der König die Herstellung von Waffen für seine Soldaten voran und ließ Streitwagen für die Pferde bauen. In riesigen Tonkrügen schickte er Getreide zu den Festungen, in denen seine Garnisonen stationiert waren.

Und in den Bewohnern Judas keimte wieder die Hoffnung auf Unabhängigkeit und damit Freude auf. Hiskias Vater hatte die erdrückende Last der Assyrer über sie gebracht. Er hatte einen jährlichen Tribut eingeführt, der sie seither schwer belastete. Aber nun hatte der gute und gerissene König Hiskia durch Bündnisse mit den anderen verbitterten Königreichen seine eigene Machtposition vergrößert und beschlossen, dem eisernen Imperium den Tribut vorzuenthalten. Und Jerusalem, selbst verwundert angesichts des eigenen Wagemuts, war zusehends stolz auf seine unglaubliche Kühnheit: Jerusalem war frei!

Wie mein Diener Jesaja nackt und barfuß geht, so wird Assyrien die Ägypter nackt ins Exil schicken. Und jene, die ihre Hoffnung auf Ägypten setzen, werden bestürzt und verwirrt sein! An jenem Tag werdet ihr sagen: »Und wir – wie sollen wir entkommen?«

König Hiskia erkrankte an einer tödlichen Seuche. Er ging in seine privaten Gemächer und legte sich mit der Absicht hin, der Krankheit zu trotzen, bis es ihm wieder besser ging. Doch sein Zustand besserte sich nicht. Hiskia war immer ein verschlossener Herrscher gewesen, nachdenklich und still, der seine Gedanken für sich behielt. Doch jetzt wurden seine körperlichen Schmerzen so unerträglich, dass sein Stöhnen im ganzen Palast zu hören war.

Tag für Tag kamen seine Diener zu ihm, um ihn zu waschen. Sein Körper war überall von so brennenden und eitrigen Beulen übersät, dass er sich kaum noch bewegen konnte. Um das wütende Fieber zu lindern, hüllten die Diener seinen Körper in nasse Tücher. Sie reinigten die Laken und das Zimmer, parfümierten ihn mit wohlriechenden Salben – doch der faulige Gestank in seinem Raum wurde wie seine Schmerzen immer unerträglicher.

Eines Tages stand der Prophet Jesaja in der Wohnung des Königs. Trotz des ihn verzehrenden Fiebers spürte Hiskia, dass jemand Fremdes zugegen war. Durch den Nebel seiner Krankheit konnte er doch erkennen, dass Jesaja am Fußende seines Lagers stand. »Bist du gekommen, um mich zu trösten?«, flüsterte er.

Der Prophet, dessen Bart immer noch ordentlich geschnitten, aber nun schneeweiß war, sprach mit teilnahmsloser Genauigkeit.

»So spricht der Herr: *Regele deine Angelegenheiten, denn du wirst sterben. Du wirst dich nicht erholen.*«

Dann verließ Jesaja den Raum.

Der König starrte immer noch auf die Stelle, an der Jesaja gestanden hatte. Tränen stiegen ihm in die Augen. Er war sein Leben lang ein schwermütiger Mensch gewesen, doch bis zu diesem Morgen hatte er nie geweint. Unter Aufbietung aller seiner Kräfte drehte Hiskia sich zur Wand und fing leise an zu beten, als eine neue Welle des Schmerzes über ihm zusammenschlug. Sein Atem ging ungleichmäßig, während seine Lippen sich unaufhörlich bewegten:

»Oh, Herr, erinnere dich daran, dass ich treu und guten Herzens gewesen bin. Entsinne dich des Guten, das ich für dich vollbracht habe.«

Der König weinte bitterlich.

Plötzlich aber klang die Stimme des Propheten erneut in seinen Ohren:

»Noch bevor ich den Hof verlassen hatte, ließ der Herr mich anhalten und zu dir zurückgehen.«

König Hiskia hob den Kopf. Tatsächlich stand Jesaja erneut am Fuße seines Bettes.

Und er sprach die Worte des Herrn: *Hiskia, ich habe deine Tränen gesehen. Ich werde dich heilen. Am dritten Tag sollst du zum Tempel hinaufgehen und ich werde dir weitere fünfzehn Jahre deines Lebens schenken. Ich werde dich und dieses Land um meinetwillen und wegen meines Dieners David aus der Hand der Assyrer erretten.*

Danach gab Jesaja dem Arzt vor der Tür des Zimmers einige Anweisungen. »Bereite einen Umschlag aus Feigen zu«, sagte er, »und wickele ihn um die Wunden des Königs.«

Im fünfundzwanzigsten Jahr der Herrschaft Hiskias ließ der König von Assyrien seine mächtigen Armeen westlich bis zum großen Meer vorstoßen.

Das Königreich von Tyrus einschließlich seiner Häfen mit ihrem florierenden Handel machte er dem Erdboden gleich. Es war der endgültige Untergang von Tyrus.

Dann wandte der König von Assyrien seine Aufmerksamkeit den Ländern zu, die sich in einem großen Bündnis zusammengeschlossen hatten. Vernichten wollte er jene mächtigen Gemäuer, die zwischen ihm und Ägypten errichtet worden waren. Er bekämpfte sie der Reihe nach und Stein für Stein fielen sie angesichts seines blutigen, unabwendbaren Sturmangriffs: Byblos, Arwad, Aschdod, Moab, Edom und Ammon.

Nun waren nur noch drei Nationen übrig: Aschkelon, Ekron und Juda. Während Assyrien am großen Meer entlang nach Süden marschierte, erschien eine ägyptische Armee und stellte sich in Kampflinien auf, um die Stadt Ekron zu verteidigen. Doch sie wurde innerhalb eines Vormittags zurückgedrängt. Am Nachmittag wurde dann Ekron besiegt, seine Anführer wurden hingerichtet und das Volk verschleppt.

Nun setzte der König von Assyrien zu einem bogenförmigen Angriff an. Wie eine Sichel wollte er in Juda eindringen und alles von der Grenze bis nach Jerusalem niedermähen. Er nahm die Stadt Timna ein und schnitt so die Versorgungslinien zur Hauptstadt ab. Im Ela-Tal besiegte er Aseka und Gat und marschierte anschließend auf die Festung Hiskias bei Lachisch zu. Diese Stadt brannte er bis auf die Grundmauern nieder, und seine Soldaten warfen tausendfünfhundert Leichen in ein Loch und bedeckten sie mit Abfällen und Dreck.

Vierundsechzig befestigte Städte im Lande Juda überfiel und besiegte der König Assyriens. Sein gewaltiger Vorstoß trieb Hiskia und seine kleine Armee hinter die Mauern Jerusalems zurück.

Schließlich, während der König von Assyrien in den Lagern in der Nähe von Libna blieb, schickte er den Oberbefehlshaber aller Armeen seines Reiches nach Jerusalem, um die Kapitulation zu verlangen.

Der Oberbefehlshaber stellte sich vor den Toren der Stadt auf und brüllte in der Sprache Judas: »Hat irgendein Gott irgendeiner Nation sein Land bisher aus der Hand der Assyrer befreit? Wo sind die Götter Hamats und Arpads? Wo sind die Götter von Tyrus, Aschkelon und Ekron? Hiskia! König Hiskia! Hat der Gott Israels etwa sein Land errettet? Wo sind jene, die Assyrien vor einer Generation vernichtet hat?«

Hiskia hörte die Worte. Er hörte sowohl die Drohung als auch den Spott. Aschur war wie ein Bulle, der den Boden vor der Stadt zertrampeln und den Himmel mit dem lauten Geräusch seiner sich aufblähenden Nüstern zerschmettern wollte.

Doch der König hatte sich entschieden, was er tun wollte, und ließ sich nicht davon abbringen: Er kleidete sich in das Sackleinen der Büßer und ging zum Tempel des Herrn. Dort sprach er in leisen Worten mit dem Propheten Jesaja. Im Schein von zehn Lampen saßen sie zusammen und berieten sich. Von keinem anderen suchte der König Rat, nur von Jesaja.

»Ach, Prophet, die Worte Assyriens haben den lebendigen Gott verspottet«, sagte der König. Seine Schultern waren vom Alter und schwermütigen Gedanken gebeugt. »Aber du selbst hast vor langer Zeit gesagt, dass Gott den Stolz dieses Volkes zerstören würde. Alter Freund, tritt nun im Gebet für uns ein.«

Dann wandte sich der König dem Allerheiligsten zu, hob seine Arme und betete: »Oh, Herr, du Gott Israels, der du auf deinem Thron sitzt, hoch erhoben über den Cherubim, du allein bist der Gott aller Länder dieser Erde! Höre die Worte, die Assyrien gesprochen hat und die dich verspotten. Wahrlich, der König Assyriens hat die Nationen in Schutt und Asche gelegt und ihre Götter ins Feuer geworfen. Jene aber waren keine Götter. Sie waren von Menschenhand geschaffen, aus Holz und Stein. Darum bitte ich dich, oh Herr, unser Gott, komm und rette uns jetzt, damit alle Länder der Erde sehen, dass du allein Gott bist, oh, Herr!«

Dann sprach Jesaja, der aufrecht neben dem König stand, kleiner als er, aber mit Worten, die ebenso gewichtig waren wie die des Königs. Die beiden Männer bewegten sich nicht. Sie blieben dem Thron Gottes zugewandt und hielten ihre Stimmen gedämpft.

Flüsternd sagte Jesaja: »Der Herr hat dein Gebet gehört und der Herr hat ein Wort für Assyrien:

Gegen wen hast du deine hochmütige Stimme erhoben? Gegen den heiligen Gott Israels! Hast du nicht gehört, dass ich vor langer Zeit die Pläne für deine Triumphe geschmiedet habe? Aber ich kenne dich, ich weiß, wann du kommst und gehst. Und weil du gegen mich rebelliert hast, werde ich meinen Ring durch deine Nase ziehen und mein Zaumzeug an deine Lippen legen und dich auf demselben Weg zurückführen, auf dem du gekommen bist.

In derselben Nacht, während Hiskia und der alte Prophet im Tempel beteten, brach der König Assyriens seine Zelte bei Lachisch ab und ritt eilig fort. Ihm waren Gerüchte von Aufständen an seinem Hof zu Ohren gekommen, und er war deshalb sehr besorgt. Er nahm sich nicht einmal die Zeit, seinen Oberbefehlshaber von dem Rückzug zu unterrichten.

In den frühen Stunden des darauf folgenden Tages fanden die Diener des Königs Hiskia im Tempel. Sofort fingen sie an zu rufen und durcheinander zu reden. Was sie gesehen hatten, erfüllte sie mit Erstaunen.

»Herr, einhundertfünfundachtzigtausend Mann!«, schrien die Ärmsten mit weit aufgerissenen Augen.

»Die Armeen um Jerusalem«, berichteten sie atemlos, »die Armeen haben die ganze Nacht über kein Geräusch gemacht! Sie lagen immer noch in der Sonne und schliefen. Kein einziger Soldat war wach geworden.

Aber ein kleines Kind hat sich durch das Tor herausgeschlichen und das Gesicht eines der schlafenden Männer berührt. Und dann ist es zurückgerannt und hat uns erzählt, dass es sich ganz kalt angefühlt habe. Sie schlafen nicht! Sie sind tot!

Herr, vor unseren Toren liegen einhundertfünfundachtzigtausend tote Assyrer!«

22

Jeremia

Nach Hiskias Tod bestieg dessen Sohn Manasse den Thron und regierte fünfundvierzig Jahre lang in Juda, und das Land lebte in Frieden.
Dieser König war jedoch seinem Vater nicht ähnlich. Als ein diplomatischer Mann mit Blick für das Zweckdienliche weigerte er sich niemals, den Tribut an Assyrien zu bezahlen. Sein gesamtes Leben lang blieb er ein gefügiger Vasall, schickte Baumaterialien für Bauvorhaben in die Hauptstadt Ninive und unterstützte sogar die Armeen der Assyrer in ihrem Kampf gegen die Ägypter. Unter seiner Herrschaft genoss Juda den Schutz des assyrischen Stieres. Ungetrübt friedlich thronte Jerusalem auf seinem Berg.

Doch in seinem Gehorsam war Manasse sogar bereit, mehr als nur Geld zu geben, und obwohl die Schwerter Assyriens nie in Jerusalem einzogen, so tat es doch ihr Geist – und mit ihm die Götter, die Rituale und die Altäre des heidnischen Landes.

Manasse erwies den Gottheiten seines Oberherrn seine Ehrerbietung, und sogar im Innern des Tempels errichtete er ihre Altäre. Er widerrief die Reformen seines Vaters und ließ zu, dass heidnische Götzenanbetung sich im ganzen Land ausbreitete. Auch die Tempeldirnen Baals tauchten wieder auf. Erneut versuchten die Bauern mit Fruchtbarkeitsritualen eine gute Ernte herbeizuführen – sogar in unmittelbarer Umgebung des Tempels, den Salomo vor fast drei Jahrhunderten dem Herrn geweiht hatte. Und in den Straßen Jerusalems gingen Wahrsager und Zauberer, die bei den dort lebenden Edelleuten sehr beliebt waren, ihrer Tätigkeit nach.

Und in dem Maße, wie die Menschen sich der Stimme des Herrn verschlossen, gerieten auch sein Bund und seine Gesetze allmählich in Vergessenheit.

Wehe, sprach der Herr, doch niemand hörte es: *Wehe dir, Juda, das du aufständisch und geschändet bist: Deine Verwalter sind wie brüllende Löwen; deine Richter gleichen den Wölfen am Abend, die nichts für den nächsten Tag aufheben. Deine Propheten sind lüstern und deine Priester entweihen das Heilige . . .*

Niemand hörte diese Worte, denn die Prophetie war in Juda zum Schweigen gebracht worden, und jene, die protestierten, wurden bestraft. Ihr Blut versickerte im Boden. Ein Gerücht in Israel besagte, dass der König Jesaja mit einer hölzernen Säge getötet hätte.

Manasse aber hatte bereits den König von Assyrien, Assurbanipal, bei seinen Feldzügen begleitet. Er war Zeuge gewesen, wie der wilde Stier entschlossen und kraftvoll die Verteidigung Ägyptens niedergerissen und seine Armeen nach Süden getrieben hatte, bis nach Memphis, das er eroberte. In den nördlichen Gefilden Ägyptens und im fruchtbaren Nildelta baute Assurbanipal eine unangefochtene Vormachtstellung der Assyrer auf. Doch auch das reichte ihm nicht. Der Herrscher des kleinen Landes Juda sah zu, wie der König jenes grausamen Imperiums noch weiter in den Süden nach Theben vorstieß. Diese prächtige, uralte Stadt Ägyptens, jenes weiße Denkmal am oberen Nil war mehr als zwei Jahrtausende alt – und Assurbanipal legte sie in Schutt und Asche. Er nahm die Prinzen der Stadt gefangen, legte sie in Ketten und verschleppte sie nach Ninive, wo er sie hinrichten ließ.

König Manasse war ein realistischer, politisch denkender Mann. Er rettete die Steine seines Königreichs vor der sicheren Verwüstung. Die Seelen aber rettete er nicht.

Assurbanipal dehnte das assyrische Reich weit nach Osten, Norden und Westen aus. Nie wieder sollte es danach solche Ausmaße erreichen. Er war der letzte starke König dieser Dynastie, und nach ihm war keine wahre Kraft mehr in Assyrien.

In dem Jahr, als Assurbanipal starb, hörte ein junger Judäer die Stimme des Herrn, die zu ihm sprach:
Ehe ich dich im Mutterleibe bereitet habe, habe ich dich schon gekannt. Ich habe dich geweiht, ehe du von deiner Mutter geboren wurdest, und dich zum Propheten für die Völker ernannt.

Der junge Mann war kaum älter als zwanzig. Er wohnte in der kleinen Stadt mit Namen Anatot, die ungefähr zwei Meilen nördlich von Jerusalem lag. Sein Vater Hilkija war Priester dort gewesen – wie alle Männer in seiner Familie seit mehr als zweihundert Jahren.

Eines Abends rief Hilkija seinen Sohn in sein privates Zimmer. Er übergab ihm ein weißes Leinentuch, das er bei der Ausübung seiner Pflichten im Tempel von Jerusalem getragen hatte.

»Bring es deiner Mutter«, sagte Hilkija. Das Kleidungsstück war von Blut durchtränkt.

Eine Hirtengruppe aus Hebron hatte vierzig Tiere auf dem Hohen Altar als Opfer verbrannt. Hilkija hatte die Opferzeremonie geleitet. Nun war er verschwitzt und müde.

»Sag deiner Mutter, dass ich das Gewand morgen wieder brauchen werde. Sie muss es also heute Abend noch waschen.«

Der junge Mann drehte sich um und ging hinaus auf den winzigen Hof ihres Hauses. Die Sonne war bereits hinter dem Horizont verschwunden. Tiefrot glühte der Himmel im Osten, strahlend umrahmt vom Amethystblau des zu Ende gehenden Tages. Hinter ihm rief Hilkija: »Warte einen Augenblick! Ich habe vergessen, dir den Riss im Saum zu zeigen . . .«

Der junge Mann erstarrte. Wachsam und mit weit aufgerissenen Augen lauschte er. »Jeremia, komm her! Ein Bulle hatte sich losgetreten und den Saum meines Hemdes zerrissen. Deine Mutter soll ihn flicken . . .«

Doch sein Sohn rührte sich nicht. Was auch immer er gerade hörte, es war keine menschliche Stimme. Das Leinentuch war ihm aus den Händen geglitten. Er streckte die geöffnete rechte Handfläche in die Höhe.

»Jeremia!«

So angespannt war das Gesicht des jungen Mannes, dass die Adern auf seiner Stirn hervortraten und fast zu platzen drohten. Auf einmal blickte er zum Himmel hoch und schrie: »Ach, Herr, mein Gott! Ich bin doch fast noch ein Kind! Ich weiß nicht, wie man redet!«

»Wie bitte?«, rief Hilkija. »Was hast du gesagt?«

Trotz seiner Jugend hatte Jeremia einen hageren, ausgezehrten Körper mit solch heraustehenden Schulterknochen, dass sein Kopf und seine Augen wesentlich größer wirkten, als sie tatsächlich waren. Nun schlug er die Hände vor sein Gesicht und sank zu Boden, auf das blutige Tuch zu seinen Füßen. Seine schmächtige Brust hob und senkte sich, von stillen Krämpfen geschüttelt. Er rang nach Luft. Seine Augen waren voller Angst zum Himmel gerichtet. Er konnte nicht mehr atmen.

»Was ist los?« Hilkija stand auf der Türschwelle. »Jeremia, was ist mit dir los?«

Der alte Mann machte einen Schritt nach vorne – gerade in dem Moment, als sein Sohn mit einem Seufzer ausatmete und sich erschöpft zurücklehnte. Hilkija kniete sich neben ihn auf den Boden. Nach einer Weile wandte Jeremia sein Gesicht Hilkija zu und lächelte, verwirrt und entschuldigend. »Vater«, flüsterte er, »der Herr hat seine Hand auf meinen Mund gelegt. Er hat ihn verschlossen und wieder geöffnet.«

Hilkija runzelte die Stirn. Er begann die losen Haarsträhnen aus der schweißbedeckten Stirn seines Sohnes zu streichen. »Du bist so müde wie ich«, sagte er, »aber du hast weniger Kraft, um damit umzugehen.«

Jeremia schloss die Augen, und als er wieder aufblickte, sagte er leise: »Der Herr hat zu mir geredet. Er hat gesagt, er habe mich zum Propheten geweiht und ich müsse reden, wann immer er es mir befiehlt.«

Hilkija senkte den Blick und wieder trat der sorgenvolle Ausdruck in sein Gesicht. Er sah auf das am Boden liegende Leinentuch und griff danach. Doch er konnte es nicht aufheben, da Jeremia darauf lag.

»Ich sage dir, was er gesagt hat«, sagte Jeremia, der den zweifelnden Blick seines Vaters kannte.

Aber Hilkija sagte nur: »Steh auf. Du reibst mein Gewand in den Dreck.«

»Vater, das sind seine Worte.« Jeremia richtete sich auf. »Der Herr hat gesprochen:

Sieh her, ich habe meine Worte in deinen Mund gelegt, Worte wie Feuer für ein hölzernes Volk: Heute setze ich dich über Königreiche, um sie auszureißen und einzureißen, zu zerstören und zu vernichten und anschließend zu bauen und zu pflanzen . . .«

»Hör auf! Schweig! Steh auf!« Der Priester Hilkija zog an dem Leinentuch, auf dem sein Sohn immer noch saß. »Weißt du denn nicht, was du tust? Hör auf!« Mit beiden Händen nahm er den Saum in einen festen Griff, gab ihm einen solch heftigen Ruck, dass der Stoff nachgab und das Gewand in zwei Teile gerissen wurde. »Sieh dir das an! Sieh nur!«, schrie Hilkija. Er schleuderte das blutige Tuch neben Jeremia auf den Boden und stapfte zurück in sein Zimmer.

Es war sehr dunkel geworden. Noch hatte aber niemand damit angefangen, die Lampen im Haus anzuzünden.

Einmal, als Jeremia ein kleines Kind von fünf Jahren gewesen war, hatte sein Vater ihn mit nach Jerusalem genommen. In der Mittagsstunde hatten sie zufällig am Scherbentor an der südöstlichen Seite der Stadt gestanden, als ein alter Mann auf sie zukam und sagte, dass König Manasse gerade gestorben sei.

Diesen Augenblick hatte Jeremia nie vergessen. Der alte Mann hatte auf den Boden gespuckt und durch das Tor auf ein außerhalb der Stadt liegendes Tal gezeigt. »Dort!«, hatte er gekrächzt, zitternd vor Wut. »Dort drüben im Tal des Sohnes von Hinnom hat der König seine Kinder auf hölzernen Scheiterhaufen verbrannt – geopfert! Zumindest hat er behauptet, es seien Opfer gewesen. Es hat unangenehm süßlich gerochen wie der Rauch von verfaulten Früchten.«

Plötzlich hatte der alte Mann Hilkija an den Schultern gepackt. »Priester!«, hatte er ausgerufen, »muss ich um ihn trauern? Manasse ist tot! Wie aber sollten wir den Tod eines solchen Königs betrauern?«

Am Tag, nachdem der Herr zu ihm gesprochen hatte, betrat Jeremia den Hof, in dem seine Mutter Wasser in einem Tontopf zum Kochen brachte. »Jeremia?«, sagte sie.

»Was, Mutter?«

»Könntest du bitte den Topf vom Feuer nehmen und ihn dort drüben neben den Ofen stellen?« Mit diesen Worten erhob sie sich und ging hinaus auf die Straße.

Der Tontopf hatte zwei Griffe, damit man ihn, auch wenn er schwer oder heiß war, tragen konnte. Gerade als Jeremia danach griff, hörte er wieder die Stimme des Herrn, die zu ihm sprach: *Jeremia, was siehst du?*

Er antwortete: »Ich sehe einen Topf mit kochendem Wasser. Er ist dem Norden abgewandt.«

Der Herr sprach weiter: *Aus dem Norden wird das Böse über dieses Land hereinbrechen. Ich rufe die Königreiche des Nordens zu-*

sammen, damit sie sich und ihre Throne vor den Toren Jerusalems und rings um alle Städte Judas aufstellen. Weil sie mich verlassen haben, werde ich mein Urteil über sie sprechen.

Du aber, Jeremia, gürte dich und geh hinaus und sag ihnen, was ich dir gebiete. Erschrecke nicht vor ihnen. Denn sieh, ich mache dich zur eisernen Säule wider das ganze Land. Sie werden sich gegen dich stellen, aber sie werden dir nichts anhaben können, denn ich bin bei dir und werde dich retten!

»Jeremia!«, rief seine Mutter. »Jeremia! Ich habe den Topf immer rein gehalten! Warum verunreinigst du ihn?«

Die ärgerliche Stimme brachte dem jungen Mann mit einem Schlag seine Umgebung wieder ins Bewusstsein, und erst jetzt sah er, dass er den großen Topf umgekippt, das Wasser verschüttet und die Glut gelöscht hatte. Zwischen den in den Boden eingelassenen Steinplatten hatte sich eine schlammige Pfütze gebildet.

Nach dem Tod Manasses folgte sein Sohn Amon ihm auf den Thron. Der neue König übernahm alle Angewohnheiten seines Vaters, innerhalb wie außerhalb der Grenzen seines Landes. Er zahlte weiterhin den Tribut an die Assyrer und verehrte ihre Götter. Ja, alle Götter Kanaans und jene, die von jenseits des Flusses stammten, wurden in Juda willkommen geheißen und angebetet.

Dann, nach nur zwei Jahren der Herrschaft, wurde König Amon Opfer eines Attentats. Ein alter Mann erschien am Fenster des königlichen Palastes und schrie: »Er ist tot! Der böse Sohn eines bösen Königs ist tot! Reinigt sofort den Tempel!«

Doch während der alte Mann noch seinen Triumph von oben herunter verkündete, stürmten drei Großgrundbesitzer den Palast und packten ihn von hinten. Sie schnitten ihm die Kehle durch und warfen seinen Leichnam aus dem Fenster, wo er zwischen dem Palast und dem Tor des Tempels auf dem Weg aufprallte. Weniger als eine Woche später krönten diese Großgrundbesitzer Amons achtjährigen Sohn zum König über Juda. Der Junge hieß Josia. Solange er klein war, war er gefügig und aufmerksam. Und andere trafen die Entscheidungen für ihn.

Als jedoch das zwölfte Jahr seiner Herrschaft angebrochen war, betrachtete Josia sich nicht mehr als kleinen Jungen. Er hatte genug von den Königreichen gesehen, um seine eigenen Entscheidungen zu treffen, und er fing an, sich wie ein König zu verhalten. In diesem Jahr marschierte Josia mit seiner Armee nach Norden zu den ehemaligen Städten des alten Israel, Samaria und Megiddo. Er zog in diese Städte ein, erklärte, dass sie fortan seiner Herrschaft unterworfen seien und marschierte anschließend in südlicher Richtung am Großen Meer entlang, annektierte die dortigen Gebiete und errichtete südlich von Joppe und westlich von Jerusalem Festungen.

Dann, im dreizehnten Jahr seiner Herrschaft, als Josia einundzwanzig Jahre alt war, gab es zwei Ereignisse von weitreichender Bedeutung: Assurbanipal starb in Ninive, und nach sechzig Jahren göttlichen Schweigens erschien wieder ein Prophet des Herrn in den Straßen Jerusalems.

Dieser Prophet war ein junger Mann, obwohl sein Körper ausgezehrt und sein Gesicht so eingefallen war, dass er aussah wie von Krankheit gezeichnet. Sein Haarschopf war störrisch und dicht und seine Stimme hatte einen durchdringenden nasalen Klang, dem sich niemand entziehen konnte. Auf einmal stand dieser Mann vor dem Scherbentor, blickte in die Stadt Jerusalem hinein und sprach mit klagender Stimme von der Prophetie des Herrn:

Was haben eure Väter an mir Unrechtes gefunden, dass sie sich so weit von mir entfernt haben? Ich habe euch in ein fruchtbares Land gebracht, damit ihr seine Früchte genießen konntet. Als ihr aber in mein Land eingezogen seid, habt ihr es verunreinigt und mein Erbe zu einem Gräuel gemacht!

Und die Bewohner Jerusalems fragten: »Wer ist das? Was weiß er schon von dem Erbe, vom Überleben, von der Geschichte und von der Wirklichkeit?«

Doch trotz ihrer hinter vorgehaltener Hand geflüsterten abfälligen Bemerkungen versammelten sie sich am Tor und hörten ihm zu. Er war leidenschaftlich. Er war dramatisch und irgendwie Angst einflößend. Während er seine Reden vortrug, hüpfte er auf der Stelle, stolzierte hin und her oder krümmte sich sogar vor Schmerzen.

In diesem Augenblick aber entfernte er sich von der Stadt und deutete auf das darunter liegende Tal, während er rief:

Denn die Söhne Judas haben vor meinen Augen Böses getan. Ihre Götzen haben sie in meinem heiligen Tempel errichtet. Einen Hochaltar haben sie im Tal des Sohnes von Hinnom gebaut, dort! Dort! An jenem Ort haben sie ihre Söhne und ihre Töchter dem Feuer zum Fraß vorgeworfen. Darum wird der Tag kommen, an dem es nicht mehr Tal des Sohnes von Hinnom heißen wird, sondern Tal der Vernichtung! In diesem Tal werden sie Leichen begraben, für die es nirgends sonst Platz gibt! Die Leichen dieses Volkes werden den Tieren und den Vögeln zum Fraß dienen. In den Städten Judas werde ich die Stimme der Freude und die Stimme des Bräutigams und die Stimme der Braut verstummen lassen; denn das Land wird eine Wüste sein.

Der Prophet zögerte. Er wandte sich um und musterte das am Tor versammelte Publikum. Manche hielten sich die Ohren zu, um seine Stimme nicht zu hören, andere schienen aufrichtig erschüttert zu sein, wieder andere zuckten teilnahmslos die Achseln.

»Wer ist dieser Wilde?«, fragte Schafan, der Schreiber des Königs. »Und woher kommt er?«

Einige Männer aus Anatot hörten seine Worte und antworteten: »Er heißt Jeremia und ist der Sohn von Hilkija, dem Priester.«

»Ich kenne Hilkija«, nickte Schafan. »Ein zuverlässiger Mann. Ich hätte nicht gedacht, dass er so die Autorität in seinem eigenen Haus einbüßen könnte!«

»Nein, Herr! Seine Schuld ist es nicht.«

»Ihr habt doch gesagt, dieser Bursche sei sein Sohn.«

»Ja, der jüngste. Ein seltsamer Junge. Es ist bislang niemandem gelungen, ihm Gehorsam beizubringen.«

»Jeremia. Also ist er schon immer so gewesen?«

»Seit er ein Junge war, grübelt er. Manchmal redete er tagelang kein Wort und danach stellte er sich im Hof auf und brüllte, dass der Mandelbaum ihm Geheimnisse zugeflüstert habe. Bisher war es eigentlich nur peinlich. Doch jetzt ist er wütend und schreit unentwegt in den Straßen Jerusalems.«

»Und das stört euch?«

»Ja, es stört uns tatsächlich! Er behauptet, ein Prophet zu sein! Wer hat ihn denn zum Propheten erhoben?«

Schafan, der königliche Schreiber, musterte die Männer aus Anatot genau. »Warum regt ihr euch so über diesen Jeremia auf?«, fragte er.

»Wenn er weiterhin solche Prophezeiungen von sich gibt«, sagten sie, »dann werden wir ihn mit unseren eigenen Händen umbringen.«

»Ich sehe, dass ihr es ernst meint«, sagte Schafan. »Aber wer seid ihr? Woher kennt ihr den Burschen so gut?«

»Hilkija ist auch unser Vater«, erklärten die Männer übellaunig. »Dieser Bursche, Jeremia, dieser Seher – er ist unser Bruder.«

Als Jeremia einundzwanzig Jahre alt war, hatte er Anatot verlassen und eine Unterkunft in Jerusalem gefunden. Im vierzehnten Jahr der Herrschaft Josias fing er an, von der gewaltsamen Ankunft eines neuen Feindes im Norden zu predigen. Jeremia stellte sich jeden Tag vor ein anderes Tor der Stadt und bereitete der Bevölkerung überall, wo er hinging, Unbehagen.

»In jener Zeit wird man dem Volk und Jerusalem sagen: ›Ein heißer Wind kommt!‹« Jeremias hohe Stimme durchschnitt die Luft. Wie die Händler aus weit entfernten Städten oder die Abgesandten des Königs stellte er sich am Damaskustor auf. Er fixierte die Händler mit seinem durchdringenden Blick und rief:

»Siehe, er fährt dahin wie Wolken,
und seine Wagen sind wie ein Wirbelwind.
Seine Rosse sind schneller als der Adler ...
Weh uns! Wir sind verloren!

Oh, Jerusalem, wasch dein Herz rein von Boshaftigkeit,
damit du gerettet wirst!
Wie lange sollen böse Gedanken
in dir wohnen?«

Der Prophet torkelte rückwärts gegen die steinerne Mauer und schrie: »Mein Herz! Mein Herz! Die Wände meines Herzens! Es schlägt so heftig, ich kann es nicht beherrschen! Ich höre das Schmettern der Kriegsposaune! Ein Unglück folgt dem anderen! Das ganze Land liegt brach! Wie lange noch, oh Herr? Wie lange noch muss ich diese Gräuel mitansehen und die Kriegsposaune hören?«

Die neugierige Menge hatte sich inzwischen aufgelöst, seine Zuhörer waren verschwunden. Allmählich wurde ihnen dieser Mann unheimlich. Seine Gefühle schienen ausschließlich zwischen Extremen hin und her zu schwanken. Wer konnte diesen wilden Gedankensprüngen schon folgen? Woher sollten sie auch wissen, dass es die Liebe zu Jerusalem war, die den Propheten so an den Rand des Zusammenbruchs trieb? Jeremia liebte Juda, jene Tochter des Volkes, von tiefstem Herzen. Es war ihm eine Qual, der Stadt solches Leid zu prophezeien.

Bald aber stand der einsame, ausgezehrte Mann wieder aufrecht und artikulierte mit ruhiger, fast sanfter Stimme seine furchtbaren Verheißungen. »Ich sah die Erde an«, sagte er, »und sie war vollkommen leer und kein Licht fiel vom Himmel herab. Ich blickte zu den Bergen auf und erkannte, dass sie bebten. Ich sah um mich und – es war weder Mann noch Frau auf der Oberfläche der Erde zu finden und die Vögel waren geflohen. Das einstmals fruchtbare Land war zur Wüste verkommen und alle Städte lagen vor dem Angesicht des Herrn in Trümmern.«

Dann ging Jeremia fort. Er ging durch die Tore, verließ die Stadt und reiste weiter nach Kidron, wo er sich auf dem trockenen Boden niederlegte und sofort einschlief. Niemand störte ihn.

Drei Jahre lang prophezeite Jeremia in den Städten Judas und in den Straßen Jerusalems. Fünf Jahre lang lag er dem Volk mit seinen Worten in den Ohren. Dann wurde es still um ihn. Im achtzehnten Jahr der Herrschaft Josias zog sich Jeremia von den öffentlichen Plätzen zurück. Wenn er in der Stadt war, wurde er zumindest nicht mehr gesehen. Auf jeden Fall hatte er aufgehört zu predigen, und die Menschen, die schon so häufig den Peitschenhieb seiner scharfen Worte gespürt hatten, hatten wieder Ruhe und Frieden.

In diesem Jahr wurde das Gesetzbuch im Tempel gefunden. König Josia hatte bereits begonnen, den Tempel von den Götzen Judas zu säubern. Er hatte die Prophezeiungen Jeremias gehört und sie hatten ihre Wirkung auf den König nicht verfehlt. Gleichzeitig hatte auch der Vetter des Königs angefangen zu prophezeien – und aus seinem Mund klang das Wort des Herrn genauso wie aus dem Jeremias. Im Palast des Königs ließ Gott, der Herr, durch den Propheten Zefanja verkünden:

Ich werde alles vom Angesicht der Erde wegfegen! An jenem Tag werde ich die Beamten, die Königssöhne und all jene bestrafen, die sich in fremdartige Gewänder kleiden. Ich werde jeden mit der Rute schlagen, der Gewalt und Betrug in das Haus seines Herrn bringt.

Wie vor ihm Hiskia zerstörte auch Josia die Ebenbilder der assyrischen Götter. Das Bild der Aschera und den Hochaltar Baals riss er nieder. Er vertrieb die heidnischen Bräuche samt Priestern und Dirnen. Zauberei und Wahrsagerei verbot er im Land. Nicht nur in Juda, sondern auch in so entfernt gelegenen Regionen wie Galiläa im Norden schloss er die örtlichen Schreine und richtete alle Anbetung auf Jerusalem. Und im Zuge dieser Veränderungen befahl er auch, den Tempel von den Götzen seines Großvaters Manasse zu säubern.

Bei diesen Arbeiten nun wurde das auf einer langen Schriftrolle geschriebene Gesetzbuch entdeckt. Sie gaben es Josias Schreiber Schafan, der ein wenig darin las und dann die Rolle zum privaten Gemach des Königs brachte.

»Sieh«, sagte er, »die Priester haben ein altes Gesetzbuch aufgestöbert!«

Josia befahl: »Lies es mir vor.«

Also setzte sich Schafan hin und las laut vor, von Anfang bis Ende. Das Gesetzbuch, die uralten Satzungen des Bundes mit dem Herrn, die heiligen Gebote, die Mose einst empfangen hatte – älter als David und Jerusalem, älter als die Könige in Israel, so alt wie der Auszug aus Ägypten und der Berg Sinai. Als Josia die niedergeschriebenen Worte hörte, zerriss er sein Gewand und weinte heftig.

»Groß ist der Zorn des Herrn«, sagte er, »weil unsere Väter den Geboten dieses Buches nicht gehorcht haben.«

Dann ließ der König die Ältesten Judas und Jerusalems, die Priester und andere wichtige Persönlichkeiten zu sich kommen. Er versammelte sie im Hof des Tempels, stellte sich neben einer Säule auf und las ihnen die Worte des Gesetzes vor. Und König Josia schloss vor den Augen und Ohren der versammelten Menge einen Bund mit dem Herrn und versprach, seine Gebote und Satzungen zu halten – und mit ganzem Herzen und von tiefster Seele die Worte jenes Bundes, die in dem Buch niedergeschrieben waren, zu erfüllen.

Dann bat König Josia um eine dreijährige Kuh. Als sie nach vorne gebracht wurde, befahl er, sie in zwei Teile zu teilen und die eine Hälfte an die nördliche und die andere an die südliche Seite zu legen, in ausreichendem Abstand, um dazwischen durchgehen zu können. So wurde es getan, und dort, wo die Kuh in zwei Teile gerissen worden war, lief das Blut über die Erde. Außerdem ließ er eine dreijährige Ziege, einen dreijährigen Bock, eine Turteltaube und eine Taube zerteilen und neben die Kuh legen. Dann forderte König Josia das Volk auf, sich dem Bund anzuschließen, indem es zwischen den Hälften der Tiere hindurchging. So gingen die Bewohner Israels, alte und junge, an jenem Tag durch das Blut des Opfers und versprachen, die Satzungen des Herrn zu befolgen.

Und in ihrer Mitte befand sich ein fünfundzwanzigjähriger Mann. Sein Körper war ausgemergelt, der Kopf auf seinem dünnen Hals riesig, sein Haar ein wildes Durcheinander – aber sein Gesicht leuchtete vor Freude.

Er lächelte und schwieg. Jetzt waren keine scharfen Worte mehr nötig. Der König hatte sein Volk zur Gnade zurückgeführt.

Im siebenundzwanzigsten Jahr der Herrschaft Josias schlossen sich die Meder und die Babylonier in einer mächtigen Allianz zusammen. Ein Jahr später zogen sie einen Belagerungsring um Ninive, und die Hauptstadt Assyriens wurde innerhalb von drei Monaten bezwungen. Die Meder setzten die Angriffe fort und annektierten die Berglandschaft von Urartu und alle Gebiete nördlich und östlich des ehemaligen Reiches der Assyrer.

Der König von Babel jagte den erbärmlichen Rest der einstmals mächtigen Armeen der Assyrer bis nach Haran im Osten, das er in jenem und im nächsten Jahr angriff – bis die Übriggebliebenen des alten Assyrien über den Euphrat nach Karkemisch flohen und von dort aus verzweifelte Bitten an Pharao Necho in Ägypten schickten: »Hilf uns! Wir werden vernichtet!«

Ihre Botschaft brachte den Ruf der ganzen Welt in jenen Tagen zum Ausdruck: *Gott, hilf uns!* Überall lebten die Menschen in Angst und Unsicherheit. Ob Bauer, Händler, Priester oder König – niemand entkam der Bedrohung. Nationen kämpften und starben, und der Zusammenbruch jener uralten Imperien, die so beständig wie der sternenbehangene Himmel erschienen waren, verlieh der Erde selbst den Anschein eines flüchtigen und dem Tode geweihten Ortes. Sicher war nur die Unsicherheit.

Zwanzig Jahre zuvor war Assyrien in Ägypten einmarschiert und hatte die uralten Städte dort für immer vernichtet. Doch jetzt gab es ein neues Ägypten, dessen Pharao, Necho, sich den alten Feindschaften nicht mehr verpflichtet fühlte. Als dasselbe nun am Boden liegende Assyrien um seine Hilfe bat, zeigte Necho sich entgegenkommend. Er scharte zahlreiche Streitkräfte um sich und marschierte nach Nordosten, verließ Ägypten und folgte der Küstenstraße am großen Meer entlang.

König Josia, der jetzt im einunddreißigsten Jahr seiner Herrschaft und noch keine vierzig Jahre alt war, deutete den Vormarsch der Ägypter als eine Bedrohung für Juda. Also eilte er mit seinen eigenen Armeen nach Megiddo, um Nechos Vormarsch aufzuhalten, und bezog Kampfstellungen.

Necho ließ König Josia durch Boten ausrichten: »König von Juda, ich marschiere nicht gegen dich, sondern gegen Babylon. Darum lass mich passieren!«

Doch Josia zog sich nicht zurück. Stattdessen griff er, als Necho auf den weiten Ebenen von Megiddo erschien, mit seinen Truppen an. In vorderster Reihe stand er mit seinem Streitwagen und schwang kraftvoll sein zweischneidiges Schwert. Da traf ihn plötzlich ein Pfeil am Hals, und er brach in seinem Wagen zusammen. Sofort drehte der Wagenlenker um und flüchtete vor den Kämpfen. Er peitschte seine Pferde in halsbrecherischem Galopp voran und fuhr, so schnell er nur konnte, die sechzig Meilen nach Jerusalem. Als er das Schafstor passiert hatte, schaute der Fahrer hinter sich und ließ seine erschöpften Pferde in einen leichten Trab fallen. Eile war nicht mehr nötig, denn König Josia war tot.

An seiner Stelle wurde Jojakim zum König von Juda gekrönt – aber nicht in Freiheit und Unabhängigkeit. Und so kam es, dass, kurz nachdem Josia die Freiheit Judas erkämpft, sein Land gesäubert und die nördlichen Grenzen noch ausgedehnt hatte, sein Sohn nun König von Juda und ein Vasall Ägyptens war. Juda wurde gezwungen, den jährlichen Tribut von einhundert Silberschekeln und zehn goldenen Talenten zu zahlen, und Jojakim erlegte dem Volk hohe Steuern auf. Kein freier Mann konnte dem entkommen. Und der König selbst zog den Nutzen daraus.

Eines Tages hörte Jeremia wieder die Worte des Herrn, der zu ihm sprach: *Stell dich am Tor des Tempels auf und sage:* »*Hört das Wort des Herrn, ihr Bürger Judas, die ihr durch diese Tore geht, um den Herrn anzubeten*...«

Jojakim liebte kostbare Düfte und ein luxuriöses Leben. Am Tag seiner Krönung brach er das Siegel einer Kiste, die mit den Karawanen aus Alexandria gekommen war. Darin befanden sich kleine Taschen und Tüten, Krüge aus Alabaster und Flaschen aus Glas, von denen Jojakim ein würziges Kalmus-Öl auswählte, das er in seinen Bart rieb, bis er ihn zu einer Spitze formen konnte.

Dann stand der auserwählte König auf und verließ seine Privatwohnung, versammelte seine Diener um sich und ging würdevollen Schrittes durch die Tore des Palastes hinaus.

Es war in den frühen Morgenstunden, als er den äußeren Hof des Tempels betrat. Menschenmassen aus allen Teilen Judas drängten sich in beiden Höfen. Jubelnd begleiteten sie den feierlichen Auszug des Königs.

Die Priester warteten schon im Inneren des Tempels. Es war Neujahrstag und sie hatten bereits die Türen geöffnet, um das Licht der hell leuchtenden, im Osten aufgehenden Sonne hereinzulassen. Alle Anwesenden lächelten sich gegenseitig zu, als Jojakim den Tempel betrat – und jeder Priester kommentierte seine prachtvolle Erscheinung, seine kostbaren Kleider und die Süße seines Parfüms.

In einer feierlichen Zeremonie verliehen die Priester Jojakim die Symbole seines Amtes – die königliche Krone und der königliche Name, welcher von nun an von seiner neuen Identität zeugen sollte. Priester gossen über seinem Kopf Olivenöl aus, das über sein langes Haar, seine Wangen und seinen Bart rann und auf seine Schultern und seine Brust hinuntertropfte. Dann trat der Hohe Priester in die Vorhalle hinaus und rief: »Lang lebe König Jojakim!«

Die Menschen schmetterten ihm ihren Beifall entgegen, sie klatschten in die Hände und bliesen in Posaunen und Hörner.

Gerade als der König selbst in die Vorhalle hinausgehen wollte, um von dort aus die Prozession zum Palast und zu dem letzten feierlichen Akt seiner Krönung zu beginnen, durchschnitt eine hohe, klagende Stimme die Luft, machte die Musik zunichte und zerstörte die Freude des Tages:

»Hört auf die Worte des Herrn«, ertönte es klagend, »alle, die ihr durch diese Tore geht, um den Herrn zu lobpreisen. Denn der Herr der Heerscharen spricht:

Kehrt um, ihr Abtrünnigen, und ich werde euch an diesem Ort wohnen lassen. Verlasst euch nicht auf die trügerischen Worte: HIER IST DER TEMPEL DES HERRN, DER TEMPEL DES HERRN, DER TEMPEL DES HERRN!«

Die Priester eilten hinaus in die Vorhalle. Sie standen zwischen dem König und der umherstehenden Menge und suchten nach der Quelle der Gotteslästerung. Dort! Da war er, am Neuen Tor, zwischen dem inneren und äußeren Vorhof! Ein dürrer Mann mit wilden Haaren, der mit seiner durchdringenden Stimme rief:

Wenn ihr wirklich umkehrt, ihr abtrünnigen Kinder, und untereinander Gerechtigkeit walten lasst, wenn ihr weder die Fremden noch die Waisen oder die Witwen unterdrückt und keinen anderen Göttern nachjagt, dann werde ich euch an diesem Ort wohnen lassen – in dem Land, das ich euren Vorvätern für alle Zeit gegeben haben. Aber ihr! Ihr vertraut auf die trügerischen Worte...

»Packt ihn!«, schrien die Priester. »Packt den Mann und stopft ihm das Maul! Heute ist der Tag des Königs!«

Doch die Menschen, die unmittelbar am Neuen Tor standen, waren von der Sprache des Mannes, von ihrer Kraft, Kühnheit und von dem heiligen Zorn des Sprechers ergriffen. Sie sagten: »Er ist ein Prophet«, und standen wie gebannt. Die Priester aber brüllten: »Er verschmäht den Tempel!«

Auf einem Grundstein des Torpfostens stehend zeigte der Prophet auf die Priester:

Ihr seid Diebe, Mörder, Ehebrecher und Meineidige und verbrennt Weihrauch zu Ehren des Baal. Und dann kommt ihr und tretet vor mich in diesem Haus, sagt: »Wir sind erlöst!« – und tut weiter solche Gräuel. Ist mein Haus in euren Augen zur Räuberhöhle geworden? Siehe, mein Zorn wird über diesen Ort ausgeschüttet, über Menschen und Vieh, über die Bäume auf dem Feld und die Früchte des Landes. Er wird brennen, und er wird nicht mehr gelöscht werden können! Und diese Stadt werde ich zum Fluch für alle Völker dieser Erde machen!

Plötzlich schien der Prophet wie verwandelt. Seine Worte waren verstummt und in der seltsamen Stille, die nun herrschte, fing er an, den Menschen, die ihm am nächsten waren, direkt und unentwegt in die Augen zu starren. Tränen liefen über seine mageren Wangen.

»Ach, mein Herz schmerzt in meiner Brust«, flüsterte er. »Weil die Tochter meines Volkes verwundet ist, ist auch mein Herz verwundet. Ist in Gilead keine Linderung zu finden? Ist hier kein Arzt?«

Hatten seine Verfluchungen die Menschen im Bann der Angst gehalten, so wachten sie nun angesichts seiner plötzlichen Verletzbarkeit wieder aus der Starre auf. Einige Männer stürmten nach vorne und packten den Propheten. Plötzlich erschien er nur noch dünn und schwach. Verwirrung und Hektik brachen im Hof aus, und wutschnaubende Priester kamen mit der Tempelwache angerannt. »Du wieder!«, sagten sie verächtlich. »Jeremia, Sohn des Hilkija, wir dachten, dass wir nichts mehr von dir hören würden!«

Sie gaben der Wache den Befehl, ihn festzuhalten, bis die Krönung des Königs dem Gesetz entsprechend vollzogen worden war.

Dann ging König Jojakim durch das Neue Tor und starrte mit kaltem Blick auf den Propheten. Die Priester und ein großer Anteil der umherstehenden Menschen verschwanden im Palast. Es waren die Beamten, die Reichen und all jene, die einen wichtigen Posten am Hof des neuen Königs anstrebten. Viele blieben jedoch in den Tempelhöfen stehen, fasziniert von dem Gefangenen, der sie verfluchte und dennoch zu lieben schien.

Die Priester kamen am Abend zurück und verhörten Jeremia. »Für wen hältst du dich eigentlich?«, fragten sie. »Bist du etwa größer als König Josia? Er hat den Tempel zur einzigen Stätte der Anbetung in ganz Juda – *in ganz Juda* gemacht! Wie kannst du an diesem Ort eine solche Gotteslästerung begehen?«

Dann sprachen die Priester zu den Anführern Judas, die ihnen vom Palast hierher gefolgt waren. »Weil dieser Mann prophezeit hat, dass Jerusalem ein Fluch für alle Völker der Erde sein wird, verdient er den Tod!«

»Nein, nicht ich habe das gesagt! Es war der Herr!«

»Wie bitte?« Die Priester waren empört. »Was hast du gesagt?«

»Der Herr war es, der mich hierher geschickt hat, um gegen dieses Haus zu prophezeien«, sagte er. Seine Stimme war fest. Er wandte sich den Anführern des Volkes zu, um seine Beweggründe zu erklären.

»Ja, es stimmt, dass Josia den Herrn ausschließlich in diesem Haus anbeten ließ«, sagte er. »Doch die Priester des Tempels haben vergessen, dass nicht dieses Haus, sondern allein der Herr uns beschützt. Und ebensowenig sind es die Opfer, die der Herr liebt – er will euren Gehorsam!«

Ein Mann mit Namen Ahikam hatte sich unauffällig zu einem Platz begeben, von dem aus er einen freien Blick auf den Propheten hatte. Dieser Jeremia sah aus, als wäre er sechzig Jahre alt. Doch Ahikams Vater hatte ihn seit den ersten Tagen seiner Prophezeiungen gekannt, und so wusste Ahikam, dass er nicht älter als vierzig sein konnte.

»Kehrt um«, sagte der Prophet in diesem Augenblick. Sein Blick war starr auf Ahikam gerichtet. »Gehorcht dem Herrn, und der Herr, euer Gott, wird das Böse, das er vorhergesagt hat, bereuen und widerrufen. Was mich angeht, so bin ich euch ausgeliefert. Aber ihr sollt wissen, dass das Wort des Herrn Bestand hat, auch wenn ihr mich umbringt.«

Jeremia hatte seine Rede beendet und wartete.

Einige der Anführer sagten zu den Priestern: »Wenn ein Mann wirklich im Namen des Herrn gesprochen hat, wie kann dann irgendjemand sagen, dass er den Tod verdient?«

Und dann erhob Ahikam seine Stimme: »Mein Vater heißt Schafan. Er war königlicher Schreiber, bevor der König starb – ein gelehrter Mann. Er erzählte mir von einem Propheten namens Micha, der zur Zeit Hiskias predigte und gesagt hat: *Von Jerusalem wird nur noch ein Trümmerhaufen übrig sein und wild werden die Bäume auf dem Tempelberg wachsen.* Hat Hiskia den Propheten dafür hingerichtet? Nein, denn er war gottesfürchtig! Stattdessen bat er um Gnade und der Herr bereute das entsetzliche Urteil, das er gesprochen hatte. Priester, wenn ihr den Propheten umbringt, werdet ihr das Böse sofort heraufbeschwören!«

Ahikam setzte sich mit seinen Argumenten durch. Die Anführer glaubten ihm und Jeremia wurde nicht hingerichtet.

Im vierten Jahr der Herrschaft Jojakims marschierte Nebukadnezar, der Sohn des babylonischen Königs, bei Karkemisch am Euphrat gegen Pharao Necho von Ägypten. Sein Angriff war heftig und Ägypten wurde in die Flucht geschlagen. Anschließend verfolgte er Necho in den Süden bis nach Hamat, wo er ihm einen zweiten, noch vernichtenderen Schlag versetzte und die Herrschaft Ägyptens über die östlich vom Sinai gelegenen Gebiete beendete. Necho kehrte nach Hause zurück.

Auch Nebukadnezar wandte sich seiner Heimat zu. Sein Vater war gestorben, und nun war er unterwegs, um den alten König zu Grabe zu tragen und selbst den Thron Babels zu besteigen.

Jojakim von Juda war zufrieden. Plötzlich konnte er Steuern erheben, ohne diese an einen Oberherrn abführen zu müssen. Also gab der König eine ganze Reihe neuer Bauvorhaben bekannt. Das Steuergeld gab er für Material aus, und was die Arbeitskräfte betraf, so befahl er den Bewohnern seines Landes, für ihn zu arbeiten. Sie fingen damit an, den alten Palast von König Salomo wieder aufzubauen und richteten das Gemach des Königs neu ein.

Zur gleichen Zeit arbeitete der Prophet Jeremia draußen vor dem Palast. Er baute kalkweiße, vom Meißel des Steinmetz frisch gehauene Steine zu einem Haufen auf. Dann kletterte er zur Spitze seines kleinen Hügels hoch und rief hinab:

Weh dem, der sein Haus durch Sünde errichtet, der seine Zimmer durch grausame Ungerechtigkeit baut, die seinen Nachbarn ohne Entlohnung in die Knechtschaft zwingt.

Dein Vater aß, trank und ließ Gerechtigkeit walten! Er richtete sich nach den Bedürfnissen der Armen und Bedürftigen und es war gut für ihn! Aber deine Augen sind habgierig, deine Zähne schnappen nach Gewinn und deine Fäuste trachten nach Gewalt.

Im Palast gab Jojakim seinem Diener den Befehl, das Fenster zu schließen. Doch die Fensteröffnungen waren gerade erst in die Mauern gehauen worden, und so hörte der König auch die nächsten Worte, die der Prophet rief: »So spricht der Herr über Jojakim: *Keiner wird um ihn trauern, sondern er wird die Beerdigung eines Esels bekommen! Über den Boden geschleift und zu den Toren Jerusalems hinausgeworfen!*

Von diesem Tag an war es Jeremia verboten, die Tempelhöfe zu betreten oder sich dem Palast zu nähern.

Im fünften Jahr der Herrschaft Jojakims kehrte Nebukadnezar mit einer mächtigen Armee zur Küste des großen Meeres zurück. Er zerstörte die Stadt der Philister, Aschkelon, und wie die Assyrer es vor ihm getan hatten, verschleppte er die Einwohner. Im Winter desselben Jahres riefen die Bewohner Jerusalems eine Zeit des Fastens aus, und am kältesten Tag versammelten sie sich alle beim Tempel des Herrn.

Während sie sich auf das Gebet vorbereiteten, kletterte ein kleiner, gebeugter Mann auf das Dach einer im inneren Vorhof gelegenen Lagerhalle. Er öffnete eine Schriftrolle und fing an, laut daraus vorzulesen. Während er las, erkannte einer der königlichen Offiziere die Worte. Er hatte sie schon einmal gehört und wusste auch, wer sie gesprochen hatte. Er eilte zum Palast des Königs in die Zimmer des königlichen Schreibers und sagte: »Baruch, der Sohn des Nerija liest dem Volk laut aus einer Schriftrolle vor. Die Worte darin stammen von dem Propheten Jeremia!«

Da befahl der königliche Schreiber, den kleinen Mann zu seinem Gemach zu bringen, und kurze Zeit später betrat Baruch verschüchtert und verängstigt das Zimmer. »Wer hat diese Worte geschrieben?«, fragte der Schreiber.

Baruch antwortete: »Ich.«

»Und warum hast du die Worte geschrieben?«

»Jeremia sagte mir, ich solle es tun.«

»Warum?«

»Weil es Jeremia nicht gestattet ist, zum Haus des Herrn zu kommen, aber der Herr will, dass die Worte des Propheten dort gehört werden. Also hat er mich geschickt.«

»Sag uns«, sagte der Beamte, »wie du alle diese Worte geschrieben hast.«

»Jeremia sprach und ich habe seine Worte mit Tinte auf die Schriftrolle geschrieben.«

Der Schreiber blickte den schüchternen Mann wohlwollend an, dann sagte er: »Lass die Schriftrolle hier bei mir. Der König muss davon erfahren. Aber du und Jeremia, ihr solltet euch irgendwo verstecken, wo euch niemand finden kann.«

Baruch verschwand.

Der Schreiber gab die Rolle einem Mann namens Jehudi und schickte ihn zu einem Zimmer im Palast, in dem sich der König vor einem offenen Kohlefeuer wärmte. Die Luft war schwer von Weihrauch. Jehudi sagte: »Ich bin zu dir geschickt worden, um aus dieser Rolle vorzulesen.«

Der König runzelte die Stirn, sagte aber: »Gut. Lies!«

Jehudi las: »So spricht der Herr:

Warne die Nationen, sie kommen näher! Belagerer aus dem Norden ziehen gegen Juda ins Feld, weil es sich gegen mich erhoben hat. Deine Taten und deine Handlungen haben es über dich gebracht! Es ist dein Verderben! Es ist bitter! Es trifft dich ins Herz ...«

Jehudi hatte erst einige Spalten gelesen, als Jojakim plötzlich von seinem Stuhl aufsprang, die Rolle und ein Messer packte, den Teil abschnitt, der gerade vorgetragen worden war und ihn ins Feuer warf.

Dann gab er die Rolle dem erschrockenen, still gewordenen Jehudi zurück.

»Fahr fort! Weiter!«, forderte der König ihn auf. »Was hat der wiehernde Narr sonst noch zu sagen?«

Jehudis Stimme klang jetzt unsicher, als er weiterlas:

Kehrt um, ihr Abtrünnigen, und ich werde euch an diesem Ort wohnen lassen. Verlasst euch nicht auf die trügerischen Worte: HIER IST DER TEMPEL DES HERRN, DER TEMPEL DES HERRN, DER TEMPEL DES HERRN!

Erneut sprang Jojakim auf, schnitt die gelesenen Worte ab, warf das Pergament ins Feuer und befahl Jehudi weiterzulesen.

Und so las der eine die Worte Jeremias und der andere verbrannte sie, bis nur noch Asche davon übrig war. »Na, siehst du«, sagte der König. »Die Worte des Propheten haben mich gewärmt.

Nun sind sie verzehrt. Welches Unheil sollen sie jetzt noch anrichten?«

Doch der Herr sprach zu Jeremia an dem Ort, an dem er und Baruch sich versteckt hielten:

Nimm eine neue Rolle. Schreibe darauf die gleichen Worte. Füge nur für den König, der sie einst verbrannte, hinzu: Sein lebloser Körper wird in die Hitze des Tages und in den Frost der Nacht hinausgeworfen werden. Und über seine Nachkommen werde ich alle Übel hereinbrechen lassen, die ich ihnen bereits vorhergesagt habe, die sie aber nicht hören wollten.

Vier Jahre lang zahlte Jojakim Tribut an Babylon. Im vierten Jahr seiner Knechtschaft jedoch wähnte Pharao Necho seine erneut gewachsene militärische Macht stark genug, um sich dem Vormarsch der Armeen aus Babel in der südlich von Juda gelegenen Wüste entgegenzustellen. Es war ein erbitterter Kampf der beiden Imperien, der den grauen Wüstensand in ein Feld aus blutigem Schlamm und Leichenteilen verwandelte. Beide Seiten erlitten schwere Verluste, doch Nebukadnezar wurde von Necho aufgehalten – und nachdem Jojakim erfahren hatte, dass das mächtige Babel Schwäche gezeigt hatte, beschloss er ebenfalls zu rebellieren. Er behielt den für Nebukadnezar bestimmten Tribut zurück und schrieb Necho Briefe der freundschaftlichen Verbrüderung.

Jeremia fühlte sich so alt wie er aussah. Er wurde von ständigen Magenkrämpfen geplagt, und meist war es ihm unmöglich, etwas Festeres als Haferbrei zu sich zu nehmen. Da ihm das Essen deswegen kaum Freude bereitete, aß er wenig, blieb so dürr wie eh und je und war fahrig und von Schlaflosigkeit geplagt – und er hasste diesen Zustand.

Was aber noch schlimmer war: Jeremia hasste auch sein Amt. Er wäre viel lieber als Priester in die Fußstapfen seines Vaters getreten. Oder ein Ladenbesitzer geworden, wie seine Brüder, die sich schon vor vielen Jahren von ihm abgewandt hatten.

Doch Gott hatte ihm die Gabe der Prophetie gegeben, die wie ein Feuer in ihm brannte. Sein Magen war der Ofen, und seine Augen und alle seine Sinne der Rauchfang. Er konnte sein Amt nicht einfach ablegen wie ein Gewand. Die Prophetie brannte ihm Tag und Nacht auf der Seele. Sie ließ ihn das Unrecht verabscheuen und seine Abscheu mit lauter Stimme verkünden. Doch er liebte das Volk, das er beschuldigte, und deshalb verursachten seine Weissagungen ihm entsetzliche Qualen. Die Prophetie zerriss ihn innerlich und er hasste sie.

Im Alter von siebenundvierzig Jahren war Jeremia so erschöpft wie ein Mann von siebenundsechzig. Aber seine innere Anspannung war noch immer so groß, dass Nebukadnezar in Babel nur lachen musste und der Prophet schon Schmerzen litt.

Und der Herr sprach zu Jeremia: *Geh und kauf einen getöpferten Krug. Das Behältnis soll so kostbar sein und sein Hals so anmutig schlank, dass es unmöglich wäre, den zerbrochenen Krug wieder herzustellen.*

Jeremia jedoch erwiderte: »Ich bin so müde, Herr, so unvorstellbar müde. Ich bin es müde, zu wissen und doch nicht zu wissen – ich weiß so viel von den Gefahren, denen mein Volk ausgeliefert ist, und doch weiß ich nie genug. Warum sollte ich einen getöpferten Krug kaufen?«

Kauf ihn, sagte der Herr, *und dann ruf einige der Ältesten und Priester zusammen und geh mit ihnen zum Scherbentor, über dem Tal des Sohnes von Hinnom.*

Wenn Jeremia sich bewegte, taten ihm alle Knochen weh. So ging er langsam und vorsichtig zu dem Haus des Töpfers und unterbrach den an seiner Scheibe sitzenden Handwerker. Er kaufte einen zierlichen Krug und machte sich auf den Weg, um Ahikam, den Sohn Schafans, zu suchen – Ahikam, der sich ihm gegenüber stets freundlich verhalten hatte, seitdem er am Tor des Tempels verhaftet worden war.

Freundlichkeit: Was Ahikam Jeremia stets entgegenbrachte, waren Freundlichkeit und Ehrerbietung – doch was er ihm nicht geben konnte, war Liebe. Und auch die Liebe einer Frau blieb dem Propheten verwehrt, denn der Herr hatte befohlen, dass er niemals heiraten und niemals Söhne oder Töchter zeugen sollte.

In Begleitung von Ahikam versammelte Jeremia nun die Priester und Ältesten und führte sie hinauf zum Scherbentor an der Südwestecke der Stadt. Dort sprach der Herr zu Jerermia und entfachte das Feuer in seinem Innern, sodass der Prophet vor Schmerzen aufstöhnte.

Doch das Stöhnen hörte niemand. Stattdessen vernahmen die Menschen, wie Gott mit der Stimme Jeremias sprach:

Ich werde diesen Platz mit einem solchen Übel heimsuchen, dass es den Zuhörern in den Ohren klingen wird. Weil sich die Menschen von mir abgewandt haben, sollen sie durch das Schwert ihrer Feinde zu Fall gebracht werden. Ich werde aus der Stadt einen Schrecken machen, etwas, das man anspuckt ...

Jeremia holte aus und warf den getöpferten Krug hinab in das Tal, wo er zerschellte.

Und der Herr sprach: *So werde ich auch dieses Volk und diese Stadt zerbrechen, sodass sie nie mehr heil werden!*

Einer der Priester, ein Mann namens Paschur, spuckte verächtlich auf den Boden vor Jeremias Füßen. »Deswegen haben wir unsere heiligen Pflichten niedergelegt?«, spottete er. »Um dir zuzuhören, wie du Jerusalem verfluchst? Flüche wirken, Jeremia. Flüche wirken, du missgünstiger, übellauniger Schwarzseher! Warum stürzt du dich nicht einfach in das Hinnom-Tal hinunter und stirbst?«

Mit diesen Worten drehte der Verwalter des Tempels sich um und ging, und die übrigen Priester folgten ihm.

Sogar Ahikam war von der Weissagung beunruhigt. »Ich liebe diese Stadt«, sagte er zu dem Propheten gewandt.

Jeremia antwortete: »Ich auch, Ahikam. Ich liebe Jerusalem von ganzem Herzen. Das ist ja das Schreckliche an dieser Weissagung.«

Ahikam schüttelte den Kopf in trauriger Verwirrung und ließ Jeremia alleine am Scherbentor zurück.

Der Herr aber sprach zu Jeremia: *Folge den Priestern! Folge ihnen bis zur Tür des Tempels.*

Jeremia aber stöhnte: »Bitte, Herr, lass es genug sein! Ich habe in meinem ganzen Leben niemandem etwas getan – und doch verflucht mich jeder im Land. Lass es genug sein, Herr!«

Stell dich in der Ecke meines Hauses auf, sprach der Herr weiter, *und prophezeie!*

Jeremia seufzte und humpelte mühsam zum Tempelberg. Er betrat den inneren Vorhof, in dem die Pilger ihre Opfertiere darbrachten, die Priester die Gaben zum Altar trugen und der Rauch vom schmorenden Fleisch zum Himmel emporstieg.

Und mit der hohen, näselnden Stimme des Propheten ließ der Herr, der Gott Israels, verkünden:

Seht her, ich werde Unheil über diese Stadt bringen, denn ihr seid halsstarrig geworden und weigert euch, meine Worte zu hören.

»Jetzt reicht es!«, brüllte eine Stimme. »Wir haben genug von deinen erbärmlichen Flüchen, du Aasgeier!«

Jeremia sah hoch und erkannte, dass Paschur, der Priester, wutentbrannt und mit hochrotem Kopf auf ihn zulief. Der Prophet blieb regungslos stehen und wartete stumm, bis Paschur ihn erreicht hatte. Dann spürte er einen erstaunlich kräftigen Schlag auf seiner Brust, der ihn mit einer solchen Wucht traf, dass sein Herz für einen Moment aufhörte zu schlagen. Ihm wurde schwarz vor Augen und ein Summen ertönte in seinen Ohren. Wie durch einen Schleier sah er, dass Paschur erneut zum Schlag ausholte. Dann traf ihn die Faust des Priesters an der Stirn, sein Kopf wurde nach hinten geschleudert, während er noch versuchte, wieder zu Atem zu kommen – dann gaben seine Knie nach. Im Fallen merkte er noch, wie jemand auf seinen Hals, seine Schultern und seinen Rücken eindrosch, bis er schließlich das Bewusstsein verlor.

Jeremia wachte in der Abenddämmerung auf. Er war außerstande seinen Körper zu bewegen. Er saß, doch er hing dabei seltsam hintenüber, als hätte er vergeblich versucht sich hinzulegen. Irgendetwas hielt seine Arme geradeaus nach vorne gestreckt und seine Beine gespreizt. Um ihn herum hörte er die Stimmen und das Gelächter von Menschen.

Allmählich dämmerte ihm, dass er am öffentlichen Stock angekettet war. Um den Druck auf seine Handgelenke etwas zu lindern, beugte er sich vor und presste seine Stirn gegen das raue Holz dazwischen.

Es war Abend und die Dämmerung legte sich über die Stadt. Die Menschen suchten ihre Häuser auf, während Jeremia am nördlichen Tor des Tempels saß, vornübergebeugt und verlassen. Immer mehr Sterne sprenkelten den Himmel und er hasste sie. Irgendwo in der Nähe sang jemand ein fröhliches Lied und er hasste es.

Sein Körper war von Blutergüssen übersät. Jeder Knochen in seinem Leib schien gebrochen zu sein.

»Verflucht sei der Tag meiner Geburt«, sagte Jeremia. Immer wieder schlug er mit der Stirn gegen den hölzernen Rahmen des Stocks. »Verflucht sei der Mann, der meine Geburt angekündigt hat. Verflucht sei er, weil er mich im Leib meiner Mutter nicht tötete.«

Und dann hob der schmächtige Jeremia voller Wut und Leidenschaft sein Gesicht zum Himmel und brüllte: »Oh, Herr, du hast mich betrogen, ich wurde betrogen!« Seine Stimme hallte durch die menschenleeren Höfe des Tempels. »Du bist stärker als ich!«, brüllte er. »Du hast gewonnen. Ich habe nie bei den Feiernden gesessen. Immer sitze ich allein, weil deine Hand mich von den anderen abschirmt – aber jetzt leide ich unendliche Schmerzen, oh Herr, mein Gott! Warum wurde ich geboren? Für all die Mühen, für den Kummer und für tödliche Schande?«

Jeremia schüttelte den Stock so heftig, dass er seine Handgelenke blutig scheuerte. »Herr«, schrie er. »Du bist für mich wie ein trügerischer Wüstenfluss, der vertrocknet, während ich verdurste!«

Der Herr aber sprach: *Wenn du zurückgehst, werde ich dich wieder heilen und du wirst vor mir stehen – wenn du sagst, was kostbar ist, und nicht das, was wertlos ist.*

Am nächsten Tag, als Paschur kam, um Jeremia aus dem Stock zu befreien, sprach der Prophet zu ihm: »Der Herr nennt dich nicht mehr Paschur, sondern Magor-Missabib – ›Schrecken ringsum‹ –, denn er will, dass du dir selbst und allen deinen Freunden zum Schrecken wirst. Und dies sind die Worte des Herrn:

Ich werde ganz Juda dem König von Babel ausliefern. Er wird euch als Gefangene nach Babylon verschleppen und euch mit dem Schwert töten. Und du, Paschur, du wirst in die Gefangenschaft gehen, und du wirst dort sterben und begraben werden, und mit dir alle, denen du falsch geweissagt hast.«

So sprach der Herr – und so sprach Jeremia, doch das Feuer in seinem Inneren wurde nicht gelöscht, weder durch diese Rede noch durch irgendeine andere. Mit siebenundvierzig war er ein alternder, kranker Mann.

Im zweiten Jahr, nachdem Jojakim sich erstmals geweigert hatte, Babylon den Tribut zu entrichten, erschien Nebukadnezar mit Truppen und Streitwagen, so zahlreich wie Heuschrecken im Norden.

Er marschierte nach Süden in Richtung Jerusalem und verschlang im Vorbeigehen die auf dem Weg liegenden Städte. Es war Winter und es schneite in Jerusalem. Eines Morgens sahen die Bewohner, als sie erwachten, dass die Stadt in einen blendend weißen Mantel gehüllt war. Die Luft war kalt und still – kalt und still wie der König. In jener Nacht war er von unbekannten Tätern ermordet worden. Das blasse Gesicht zum Himmel gewandt, lag er von einer leichten Schneedecke begraben vor den Toren der Stadt. Sogar das Öl in seinem Bart war gefroren.

Ägypten machte keine Anstalten, die eigenen Grenzen zu verlassen, um dem Königreich von Juda zu Hilfe zu eilen. Wo immer Nebukadnezar durchmarschierte, hinterließ er eine schwarze Spur im frischen Schnee. Bald zog sich jene Spur der Armeen Babels, einer Schlinge gleich, um Jerusalem. Dann schlugen die Soldaten ihr Lager auf und warteten.

In ihrer Ratlosigkeit salbten die Menschen Jojachin, den Sohn Jojakims, in aller Eile zum König – obwohl niemand aus der belagerten, umzingelten Stadt hinaus konnte, um der Bevölkerung des Landes den neuen König zu verkünden.

Und der Prophet Jeremia sang ein Lied für das Volk.

Diesmal klang seine Stimme weder rau noch klagend. Er stand in der Kälte des Schaftores und sang, als wäre es ein Wiegenlied.

> *Hört und merkt auf!*
> *Seid nicht stolz,*
> *denn der Herr hat gesprochen.*
>
> *Gebt dem Herrn die Ehre,*
> *bevor er die Dunkelheit hereinbrechen lässt.*
> *Und deine Füße stolpern*
> *in den dämmrigen Bergen.*
>
> *Doch wenn du dich weigerst zu hören,*
> *dann wird meine Seele heimlich über deinen Stolz weinen;*
> *bitterlich werde ich weinen,*
> *und meine Tränen werden fließen,*
> *weil die Herde des Herrn*
> *gefangen ist.*

Drei Monate später kam der Frühling wieder, brachte Regen und bereitete die Erde auf die kommende Pflanzzeit vor. Doch in diesem Jahr wurde nichts gepflanzt.

Jerusalem ergab sich Nebukadnezar auf Gnade und Ungnade.

Der junge König Jojachin wurde nach Babylon verschleppt, und mit ihm zahlreiche hohe Beamte und führende Persönlichkeiten des Königreichs. Ahikam, der Sohn Schafans, entdeckte Jeremia, der am Fischtor auf dem Boden saß. Der Prophet war nur noch Haut und Knochen. Ahikam kniete sich vor ihn hin und sagte: »Ich bin gekommen, um mich von dir zu verabschieden.«

»Tu das.«

»Vielleicht werden wir uns bald wiedersehen...«

»Nein«, erwiderte Jeremia. »Wir werden uns nie wiedersehen.«

Ahikam blickte traurig drein. »Nie?«

»Nie. Es ist der Wunsch des Herrn, dass ich in dieser todgeweihten Stadt bleibe. Aber ich werde dir schreiben.«

Die Truppen Nebukadnezars plünderten den Tempel und den Palast, beraubten sie all ihrer Schätze und zerschlugen die goldenen Schalen. Zehntausend Menschen, allesamt Handwerker, Schmiede, Soldaten, Priester und hohe Offiziere, wurden in die Gefangenschaft verschleppt.

Nur jene, die das Land bestellten, wurden zurückgelassen. Sie säumten die Straßen und beobachteten den Auszug aus der Stadt.

Nebukadnezar benannte einen Gouverneur, der die neue Provinz seines Reiches verwalten sollte. Er hieß Zedekia, war einundzwanzig Jahre alt, ein Onkel von Jojachin und der letzte Sohn des guten Königs Josia. Nun war die Stadt Davids menschenleer. Nur ihre Mauern standen noch. Das war Jerusalem geblieben: Mauern und Straßen, Dächer und Gebäude – und der Tempel des Herrn. Wenigstens war der Tempel geblieben.

Vier Jahre vergingen, in denen Nebukadnezar nicht in den Westen kam. Nach diesen vier Jahren redeten die kleinen Königreiche sich ein, dass sie wieder stark genug seien, und versammelten sich in Jerusalem, um sich mit Zedekia über einen Aufstand zu beraten.

Abgesandte der Könige von Edom, Moab, Ammon, Tyrus und Sidon trafen sich im großen Saal des Gebäudes, das »Haus des Waldes vom Libanon« genannt wurde und das nun leer und verlassen dastand. Plötzlich flog die Tür auf. Sonnenlicht durchflutete den Raum, und mitten in diesem Licht stand der Prophet Jeremia. Und wo immer er hinging, dort war auch der Herr. Und der sprach nun zu den Völkern:

Ich war es, der die Erde samt Menschen und Tieren erschaffen hat und ich gebe sie, wem ich will. Diese Länder habe ich meinem Diener Nebukadnezar gegeben...

Was war denn das, was von Schultern und Nacken des Propheten herabhing?

Ein Joch aus Holz! Der Jochbalken eines Ochsen! Die Lederschlaufen für den dicken Nacken eines mächtigen Ochsen hingen locker um den dünnen Hals des Mannes, der so hager wie früher war und dessen Kopf immer noch viel zu groß wirkte. Er war kaum in der Lage, den Balken auf den Schultern zu tragen.

Und der Herr sprach:

Alle Völker sollen Nebukadnezar dienen! Das Königreich aber, das sich dem Joch des Königs von Babylon nicht unterwirft, das will ich heimsuchen mit dem Schwert, mit Hungersnot und mit Pest!

Dann verschwand der Prophet ebenso einfach, wie er gekommen war. Er schloss die Tür hinter sich und die Abgesandten der Länder saßen regungslos da und starrten Zedekia an.

»Ist er ein Prophet?«, fragten sie.

Zedekia nickte. »Ja, aber es gibt viele Propheten, die etwas anderes weissagen. Hananja behauptet, dass der Herr niemals seinen Bund mit David vergisst und dass er die Stadt Davids retten wird.«

»Und welcher Prophet spricht nun die Wahrheit?«

»Ich weiß es nicht«, sagte König Zedekia. »Ich weiß es wirklich nicht.«

Jeremia schrieb einen Brief an Ahikam und an alle anderen, die mit ihm ins Exil geschickt worden waren.

»Errichtet in Babel ein Haus«, schrieb er. »Legt Gärten an. Nehmt euch Frauen, setzt Söhne und Töchter in die Welt und lasst auch sie heiraten. Bemüht euch um das Wohl der Stadt, in der ihr euch befindet. Betet zum Herrn für jede dieser Städte, denn in ihrem Wohl liegt auch das eure.

Denn so spricht der Gott Israels: *Lasst euch von euren Propheten und Weissagern nicht täuschen.*

Nach siebzig Jahren in Babylon werde ich wieder zu euch kommen, mein Versprechen halten und euch wieder an diesen Ort zurückbringen.

Denn ich kenne ja die Pläne, die ich für euch habe. Es sind Pläne des Friedens, nicht des Unheils. Pläne, die euch Hoffnung und Zukunft geben sollen.«

Im neunten Jahr der Herrschaft Zedekias schlossen sich Ammon und Juda zu einem Bündnis zusammen und behielten ihren Tribut an Babel zurück. Wie so viele ihrer Vorfahren hofften auch sie auf Hilfe aus Ägypten. Nebukadnezar kam mit seinen Armeen nach Juda und sie belagerten Jerusalem.

Die Belagerung begann am zehnten Tag des zehnten Monats des Jahres. Es war Winter und bitterkalt.

Jeremia war inzwischen achtundfünfzig Jahre alt. Jede einzelne seiner Rippen war an seinem dürren Körper zu sehen.

Dann erfuhren die Soldaten Babels, dass die Ägypter tatsächlich auf dem Vormarsch waren. Also hoben sie die Belagerung auf und marschierten den heranrückenden Ägyptern entgegen.

Es war in diesen Tagen, dass Jeremia in seinen Heimatort Anatot reisen wollte. Als er durch das Benjamintor ging, trat ihm ein Wachmann in den Weg. Dieser befahl ihm stehenzubleiben, schlug ihn und führte ihn den Beamten Judas mit den Worten vor: »Hier ist ein Fahnenflüchtiger.«

»Nein«, sagte Jeremia. »Ich wollte nur nach Anatot.«

»Warum?«, fragten die Beamten.

»Um ein Stück Land zu kaufen.«

»Du willst in Zeiten der Katastrophe Land kaufen? Deine eigenen Worte verdammen dich, Prophet – du bist kein Patriot und liebst Jerusalem nicht!«

Jeremia wurde geschlagen und ins Gefängnis geworfen.

Ägypten war kein echter Gegner. Sobald die Babylonier ihre Streitkräfte vor den Ägyptern aufgebaut hatten, löste sich deren Armee auf und floh. Keine zwei Wochen später standen die Armeen Babels also wieder vor den Toren Jerusalems und die Stadt war erneut umzingelt. Da rief Zedekia Jeremia heimlich zu sich.

Der Prophet wurde zu Zedekias Privaträumen gebracht. Er zitterte vor Kälte und das getrocknete Blut seiner Wunden klebte an seinem Körper. Zedekia fragte: »Gibt es eine Nachricht vom Herrn?«

Jeremia antwortete: »Ja.«

Der König senkte den Kopf. »Das hier habe ich nicht gewollt«, sagte er. »Es war nicht meine Entscheidung. Ich wurde überstimmt.« Mit leiser Stimme fügte er hinzu: »Was sagt der Herr?«

»Du wirst dem König von Babel ausgeliefert werden. So lautet die Nachricht des Herrn.«

»Nein, ich habe es wirklich nicht gewollt.«

»Herr«, sagte Jeremia, »wenn du mich wieder ins Gefängnis schickst, werde ich sterben.« Einen Augenblick lang starrte Zedekia den Propheten an, dann nickte er: »Bleib im Hof bei den Wachen. Ich werde dir täglich einen Laib Brot schicken.«

Am neunten Tag des vierten Monats des elften Regierungsjahres Zedekias bröckelten und fielen die Mauern Jerusalems und die Armeen Babels zogen triumphierend in die Stadt ein. Zedekia entkam in dieser Nacht und ritt mit einer Hand voll Soldaten mit halsbrecherischer Geschwindigkeit nach Nordosten zum Jordan. In den frühen Stunden des darauf folgenden Tages sandten die Prinzen des babylonischen Königs ihre schnellsten Streitwagen hinter ihm her. Die Prinzen selbst warteten mit ihren Offizieren und Dienern vor den Toren der Stadt. Am Nachmittag wurde Zedekia in Fesseln gelegt und unter strenger Bewachung wieder in die Stadt gebracht. Er ging barfuß.

Die Prinzen Babels schenkten der Anwesenheit des letzten judäischen Herrschers kaum Beachtung. In ihren Augen war er ein Verbrecher und ein Schuldner noch dazu. Sie erhoben sich, schritten auf ihre prächtigen Streitwagen zu und führten den besiegten Judäer in einer langen Prozession ab.

Erneut musste Zedekia zu Fuß gehen, wie auch alle Beamten Judas – und die Kinder Zedekias, alle mit bloßen Füßen, hinter der Pracht Babels her.

> *Meine Augen sind rot vom Weinen.*
> *Meine Seele zittert.*
> *Mein Herz vergeht vor Trauer,*
> *weil die Tochter meines Volkes*
> *vernichtet worden ist.*

Der ganze traurige Zug wurde nach Ribla in Syrien gebracht, zu Nebukadnezars Hauptstützpunkt im Westen. Dort bekamen sie eine warme Mahlzeit und schliefen in Betten aus Zedernholz. Am Morgen wurden sie von babylonischen Dienern gebadet, mit Öl eingerieben, gekämmt, einparfümiert, in Leinentücher aus Damaskus gekleidet und dem König von Babel vorgeführt. Leidenschaftslos verkündete Nebukadnezar das Urteil über König Zedekia von Juda. Dann klopfte er mit der Spitze seines Schwertes auf den Tisch, was bedeutete, dass die Strafe sofort vollzogen werden sollte.

Zedekias Hände wurden hinter seinem Rücken gebunden. Er wurde fünf Fuß über dem Boden auf eine steinerne Treppe gestellt, von wo aus sein Blick auf einen kleinen Hinterhof fiel. Dann wurde sein ältester Sohn in königlich purpurfarbenem Gewand von Soldaten vorgeführt.

Der Junge musste niederknien und sich nach vorne beugen, sodass seine Stirn den Boden berührte. Mit einer Axt schlugen sie ihm den Kopf ab.

Zedekia stöhnte auf. Doch die Wachmänner, die an seinen Seiten standen, zwangen ihn zuzusehen, während alle seine Söhne in der Reihenfolge ihrer Geburt geköpft wurden. Es dauerte zwei Stunden. Als das letzte Kind tot auf dem Boden lag, wurde Zedekia von seinen Wachen an den Haaren gepackt. Sie rissen seinen Kopf nach hinten und stachen ihm die tränenden Augen aus. Der Tod seiner Kinder – so lautete ein Teil der Strafe – sollte das Letzte sein, was Zedekia je zu Gesicht bekam.

Als Jojakim zehn Jahre vorher ins Exil gegangen war, hatten die Babylonier ihn als König einer besiegten Nation empfangen, und so wurden ihm immer königliche Ehren zuteil.

Doch es gab kein Juda mehr, und genau an diesem Tag ging Jerusalem in Flammen auf. Also kam der blinde König Zedekia nun als Verbrecher nach Babylon. Er wurde nicht hingerichtet, sondern lebte bis zu seinem natürlichen Tod in den winzigen, trostlosen Gemeinden der in der Verbannung lebenden Juden. Für den Rest seiner Tage jedoch wünschte er, mit seinen Kindern hingerichtet worden zu sein.

Nebusaradan ist in Jerusalem. Der Oberbefehlshaber der persönlichen Leibgarde Nebukadnezars ist mit einer Horde Soldaten aus Ribla gekommen, um die Stadt in Schutt und Asche zu legen.

Ein anderer Befehl des Königs von Babel besagt, dass Jeremia, dem Sohn Hilkijas, besonderer Schutz zuteil werden soll. Deshalb wird er aus der Gefangenschaft entlassen, bevor die Verwüstung beginnt.

Der Prophet Gottes ist frei, doch nun muss er noch schlimmere Qualen erleben als die Gefangenschaft.

Denn die Stadt, die er von ganzem Herzen liebt, steht in Flammen, und Salomos Palast ist nur noch ein Meer aus loderndem Feuer und schwarzem Rauch. Die uralten, trockenen Holzsäulen im Haus des Waldes vom Libanon brennen wie Kerzen. Die Decke hängt, die Balken knacken und brechen. Donnernd und brüllend wie tausend Winde stürzt die Decke zu Boden, während Funken und Brandgeruch über Jeremias Kopf hinwegwehen. Weinend zieht er durch die Straßen Jerusalems. Der Thronsaal liegt offen und Babel zerlegt den mächtigen Elfenbeinthron Salomos in Stücke und wirft Gold und Elfenbein in Säcke. Die Löwen, die einst die sechs Stufen zum Sitz des Königs säumten, werden hinausgetragen und auf Karren geladen.

Jeremia geht zur Nordseite der Stadt und steigt die uralten Treppenstufen hinauf zum Turm der Hundertschaft. Von dort aus sieht er auf Jerusalem hinab und der Anblick überrascht ihn nicht. Es ist das geschehen, was er selbst vorhergesagt hat.

Der Tempel des Herrn brennt. Das Zedernholz steht in Flammen und die Wandverkleidung, die Balken und das wunderschöne Dach – sie brennen alle. Die geweihten Gerätschaften liegen aufgehäuft vor der Vorhalle, die mit heiligem Zorn brennt. Riesige Stichflammen schießen empor, über den Propheten im Turm hinaus, drehen sich und greifen wie gierige Hände in den Himmel hinein. Jeremia spürt die Hitze auf seinem Gesicht.

Meine Augen sind rot vom Weinen.
Meine Seele zittert.
Mein Herz vergeht vor Trauer,
weil die Tochter meines Volkes
vernichtet worden ist.

Überall in Jerusalem verrichten die Truppen Babels ausdruckslos ihre Arbeit. Hier ist weder Rache zu finden noch Wut noch Gefallen – es geht nur um ihren Auftrag. Was wertvoll ist, nehmt. Was nicht genommen werden kann, verbrennt. Was nicht verbrannt werden kann, zerstört. Reißt es auseinander oder reißt es nieder.

Jeremia blickt zur Straße hin, die nördlich zum Schafstor führt. So weit seine Augen reichen, ist sie voll mit gepackten Karren, die darauf warten abzureisen. Ihm ist schon klar, was sie befördern: Jachin und Boas, die bronzenen Säulen, die dreihundertfünfundsechzig Jahre lang an jeder Seite der Tempeltür standen. Er beobachtet, wie die Soldaten sie zerstückeln – zusammen mit den Leuchtern und den großen bronzenen Schilden des Tempelhofes. Feinstes Metall ist die Ladung der babylonischen Karren. Die Töpfe, die Schaufeln, die Kerzenlöscher und die Schalen für den Weihrauch, jedes Heiligtum, alle teuren und göttlichen Dinge – alles ist dort in der langen Karawane verstaut, die nach Babel ziehen wird. Und der Tempel selbst speit Rauch und Flammen – der Tempel des Herrn, der Tempel des Herrn.

»He, du Dieb! Du willst wohl sterben? Mach, dass du da wegkommst!«

Die Herrenhäuser Zions brennen! Ein träger Wind weht die Wolke des Verderbens von der Stadt in den Osten. Heiße Steine platzen. Hier und da, begleitet vom dumpfen und entsetzlichen

Krachen des rollenden Donnerschlags, stürzt ein Gebäude in sich zusammen.

»Du! Runter da, sonst fällst du mit den Steinen!«

Jeremia erwacht aus seiner Trance, spürt plötzlich einen stechenden Schmerz, die Hitze im Gesicht. Er ist so alt, er sollte mit der Stadt sterben.

Ein Soldat steht in der unter ihm liegenden Straße und wirft mit Kieselsteinen auf den Propheten. Ein Stein trifft ihn am Kopf. Jetzt sieht Jeremia nach unten und erkennt, dass der Soldat auf das Fischtor deutet.

»Siehst du nicht, was passieren wird?«, brüllt er.

Die beiden Pfosten des Fischtores sind zusammengekracht wie Stöcke, sind nach vorne gefallen, und aus den Trümmern steigt nun eine riesige Staubwolke hinauf. Mit Rammböcken und Seilen ausgerüstet reißen die Soldaten Babels die Mauern der Stadt nieder. Ja. Jeremia spürt die dumpfen Schläge im Turm der Hundertschaft. Ja. Er nickt dem Soldaten auf der Straße zu. Ja, er wird jetzt herunterkommen. Ja.

Kurze Zeit später verlässt der Prophet die Stadt und geht zum östlich gelegenen Ölberg.

In der unnatürlichen Finsternis der Mittagsstunde setzt er sich hin und betrachtet die Rauchwolken, die den über ihn gespannten Himmel verfinstern. Eine Sonne gibt es nicht. Und auch eine Stadt Davids gibt es nicht mehr.

Macht es euch gar nichts aus, ihr, die ihr da vorbeizieht?
Schaut her und seht,
ob es eine Trauer wie die meinige geben kann,
mit der mich der Herr geschlagen hat
am Tag seines wütenden Zorns.

Obwohl alle bedeutenden Bürger Judas in die Dörfer südlich von Babel verschleppt worden waren, wollte Jeremia in Juda, in dem toten Land seines Volkes, bleiben. Er war sechzig Jahre alt und todkrank. Aber es schien ihm so, als würden seine Worte am ehesten den armen, zurückgelassenen Bauern dienen.

Dennoch verlangte eine Gruppe von willensstarken Judäern, dass der Prophet für sie betete. Sie zwangen Jeremia, sie nach Ägypten zu begleiten. Auch sein Schreiber, Baruch, wurde verschleppt. Das Haar des Propheten war schneeweiß. Seine Augen waren groß und fanden nach allem, was sie gesehen hatten, keine Ruhe mehr. Sein Körper sah aus, als bestünde er nur aus Haut, Sehnen, Knochen und Knorpel. Die Ägypter verstanden nicht, wie das Herz noch in der Brust eines Mannes schlagen konnte, der so verdorrt aussah.

Ein weiteres Mal jedoch kam das Wort des Herrn zu Jeremia und er rief Baruch zu sich.

»Ich habe Neuigkeiten erfahren«, flüsterte er. »Halte die Tinte bereit und hol eine neue Rolle. Und dann, Baruch, dann schreib auf, was ich dir sage – weil der Herr befohlen hat, dass es aufgeschrieben wird.«

Baruch legte sich die benötigten Gegenstände zurecht und setzte sich erneut neben seinen Herrn hin.

So diktierte Jeremia in Ägypten die folgenden Worte, die für die Überlebenden in Babel bestimmt waren:

Die Tage kommen, in denen ich das Wohl meines Volkes, das Wohl Israels und Judas, wiederherstellen werde. Ich werde sie zu dem Land zurückbringen, das ich ihren Vätern geschenkt habe.

Es kommt der Tag, an dem ich einen neuen Bund mit meinem Volk schließen werde. Er soll nicht sein wie der Bund, den ich mit ihren Vätern schloss, als ich sie aus Ägypten führte – den Bund haben sie gebrochen, obgleich ich ihr Gemahl war.

Diesen neuen Bund werde ich mit ihren Herzen schließen. Wie ein Gesetz werde ich es ihnen in die Herzen schreiben und ich werde ihr Gott sein und sie mein Volk. Nie mehr wird der eine den anderen belehren und sagen: »Erkenne den Herrn«, denn sie alle, vom Größten bis zum Kleinsten, werden mich kennen. Ich werde ihnen ihre Missetaten vergeben und mich ihrer Sünden nicht mehr entsinnen.

So sprach der Herr zu Jeremia. Und Jeremia diktierte es Baruch, der es auf eine Schriftrolle schrieb, und die Schriftrolle wurde aufbewahrt.

Jeremia starb in Ägypten.

Das Versprechen des Herrn aber überlebte.

Sechster Teil

Briefe aus dem Exil

23

Ahikams Fluch

Von Ahikam, Sohn des Schafan, an den Propheten Gottes, Jeremia, Sohn des Hilkija: Friede sei mit dir!
Mein Vater, es heißt, du seist in Ägypten. Morgen wird sich eine Handelskarawane auf den Weg in dieses Land machen. Heute Abend also schreibe ich dir in der Hoffnung, dass du meinen Brief bekommen wirst und dass es dir gut geht. Nach so vielen Jahren des Elends – lass es dir gut gehen, Jeremia!
Meinen Brief schicke ich nach Tachpanhes. Ich habe gehört, dass dort eine kleine Gemeinde von Judäern lebt. Vielleicht bist du ja unter ihnen.

Erlaube mir, dass ich dir von meiner Wut und meiner Trauer erzähle!
Jeden Tag gehe ich von dem winzigen Ort Tel-Abib hinaus auf das flache Land. Zehn Jahre sind vergangen, seit ich meine Heimat zuletzt gesehen habe, und doch jeden Tag suchen meine Augen die Hügel Judas! Ich vermag sie nicht davon zu überzeugen, dass sie die Hügel nicht sehen können. Sie halten Ausschau nach den kargen, braunen Erhebungen und der felsigen Landschaft. Meine Ohren lauschen, ob sie nicht das tosende Wasser der Regenzeit in den Schluchten vernehmen können – doch alles, was ich erblicke, ist die weite blaue Kuppel des Himmels und das überfließende Grün der Ebenen.

Gestern, als ich so alleine wanderte, hörte ich in der Ferne trauererfüllte Laute – tiefe Männerstimmen, die langsam sangen. Ach, welch traurige Melodie!

Es waren Juden – meine Brüder. Ich näherte mich den Klängen, bis ich sie inmitten einer von Weidenbäumen umgebenen Lichtung erspähte, und plötzlich sang ich mit. Und als ich dann in ihrer Mitte stand, weinte ich.

Wir standen da, zehn Männer, mit gesenkten Köpfen am Ufer des Kebarflusses und sangen ein trauriges Lied. Ein Mann strich sanft die Saiten einer Leier. Und alle weinten wir.

Oh, Gott, erinnere dich an Zion! Entsinne dich des Berges, auf dem du wohntest...

Aber in Jerusalem ist nur noch Verderben! Ich dachte an den Tempel und musste weinen. Ich dachte daran, wie weit ich von den heiligen Hügeln des Herrn entfernt bin, und musste weinen.

Doch dann kam eine Gruppe von bewaffneten babylonischen Männern durch die Bäume auf uns zu und umstellte uns.

»Singt ein fröhliches Lied!«, riefen sie in ihrer eigenen Sprache.

Sofort hörte der Mann, der die Leier gespielt hatte, auf und hängte sie, ohne die fremden Soldaten auch nur eines Blickes zu würdigen, an dem Zweig einer Weide auf. Anschließend setzte er sich wortlos hin. Und wir alle setzten uns mit ihm.

»Steht auf!«, riefen unsere Bewacher unter Gelächter. »Steht auf und singt ein fröhliches Lied, etwas, das eure Mütter euch vorgesungen haben, wenn sie glücklich waren!«

Ein Bursche legte seine Hand auf meine Schultern und sprach: »Du, Ahikam, du hast eine schöne Stimme. Sing zu deinem Gott!«

Ich antwortete in seiner Sprache: »Wie könnte ich in der Fremde das Lied des Herrn singen?«

Ohne seine Hand von meiner Schulter zu nehmen, zog er einen kurzen, schmalen Dolch unter seiner Kleidung hervor und hielt ihn vor mein Gesicht.

Also sang ich. Ich sang in der hebräischen Sprache der Priester, damit nur meine Brüder mich verstehen konnten. Ich wählte eine

sanfte Melodie und ließ die Männer aus Babel in dem Glauben, dass man dumme Sklaven nur ein wenig singen lassen muss, damit sie wieder fröhlich werden.
   Ich sang:

> *Tochter Babylons, du Zerstörerin!*
> *Gesegnet sei der Mann,*
> *der dir die Kinder nimmt,*
> *all die lachenden Säuglinge, Jungen und Mädchen zugleich,*
> *und zertrümmert ihre Schädel auf den Steinen!*

Als ich dieses Lied sang, musste ich nicht mehr weinen.

Ach, mein Vater Jeremia, wenn du diesen Brief erhältst, lass mich doch wissen, dass es dir gut geht. Ich sehne mich danach, von dir zu hören. Den nächsten Brief sende bitte an die gleiche Adresse wie den letzten: Tel-Abib in der Nähe des Kebar.
   Ich bin sicher, dass Gott bei dir ist, Prophet!

24

Ahikams Entscheidung

Von Ahikam, Sohn des Schafan, an Jeremia, Sohn des Hilkija:
Mann Gottes, vergib mir. Ich brauche jetzt deinen weisen Rat. Ich sehe mich außer Stande, eine Entscheidung zwischen zwei Lebensweisen zu treffen – und an wen sonst sollte ich meine Fragen richten, wenn nicht an dich?

Du bist alt. Nach meiner Schätzung müsstest du fünfundachtzig Jahre alt sein. Bestimmt bist du auch sehr müde. Du hast deine Stimme nicht mehr erhoben, seit Baruch einigen von uns deine Weissagungen aus Ägypten sandte – dieses kleine, tröstliche Buch, das Versprechen eines neuen Bundes. Und das ist nun schon fünfzehn Jahre her.

Noch hat uns aber keine Nachricht ereilt, aus der wir schließen müssten, dass du tot bist.

Ein weiterer Grund für meine Verunsicherung ist, dass hier in diesem Land ein neuer Prophet aufgetreten ist, dessen Wort viel Hoffnung weckt. Er behauptet, dass die Zeit unserer Kriege vorbei sei und dass uns vergeben worden ist. »Tröstet!«, ruft er. »Tröstet mein Volk, sagt dein Gott!«

Dieser Prophet behauptet, dass Gott kommen wird, um uns zu erlösen und uns nach Hause zu bringen. »Macht den Weg für den Herrn bereit!«, sagt er. »Ebnet die Wüstenstraßen für unseren Gott!«

Was hältst du von einer solchen Weissagung? Sollte ich mein Vertrauen darauf setzen? Sollte ich das Leben, das ich hier lebe, aufgeben und mich auf den Heimweg machen? Doch gerade jetzt ist meinem Sohn ein hervorragender Posten angeboten worden, mit einem Einkommen, das uns ein viel besseres Leben ermöglichen würde, als wir es in unserer früheren Armut hatten. Entweder wir binden uns ganz an diesen Ort oder wir schenken dem Propheten Glauben und wenden uns nach Westen. Sollte der Prophet jedoch Unrecht haben, wird es meine Familie zerstören.

Lass mich erklären, was ich meine.

Als wir in Tel-Abib ankamen, bestellte ich ein kleines Feld neben dem eines Mannes mit Namen Muraschu. Fünfzehn Jahre lang teilten unsere Familien die Arbeit, bestellten, säten und ernteten gemeinsam die Felder.

Doch dann zog Muraschu nach Nippur, einer Stadt am Euphrat – ungefähr fünfzig Meilen südlich von Babel. Dort bemerkte ein Offizier zufällig die Tochter meines Nachbarn, als sie alleine auf dem Feld stand. Muraschus Tochter ist sehr schön, und der Offizier begehrte sie.

Also ging er zu Muraschu hin und sagte: »Verkauf mir deine Tochter, sodass sie meine Sklavin wird.«

Muraschu selbst ist ein kluger Mann. Eine solche Bitte hätte meinen Zorn entfacht, doch er rieb sich bloß am Kinn und sagte: »Sie ist so ein zartes Kind, mein Herr. Sklaventum würde ihren Tod bedeuten.«

Darauf sagte der Offizier, der vor Leidenschaft ganz krank war: »Dann will ich sie zur Frau nehmen!«

Muraschu fing an zu weinen: »Ach, wie gerne würde ich deinen Wunsch erfüllen, doch ich liebe meine Tochter zu sehr, als dass ich mich von ihr trennen könnte.«

Der babylonische Offizier lief fort und kam mit einem Kamel zurück. »Würdest du das als Mitgift annehmen?«

Muraschu heulte lauter und lauter.

Der Offizier ging wieder weg und kam mit drei Kamelen und schließlich mit vier Kamelen zurück.

Verzweifelt schrie Muraschu auf. »Mein Herr!«, jammerte er scheinbar schmerzerfüllt. »Meine Tochter ist mir kostbarer als mein eigenes Leben!«

Zum Schluss brachte der Babylonier eine ganze Karawane, bestehend aus fünfundzwanzig Kamelen, zu dem kleinen Haus, in dem Muraschu mit seiner Familie wohnte, und da wischte der Vater sich die vermeintlichen Tränen aus den Augen und wurde Schwiegervater. Er verwaltete seinen neu erworbenen Reichtum gut und nun ist mein alter Freund sehr wohlhabend.

Er besitzt sieben Karawanen, fünf Lagerhäuser, drei Ställe und ein Haus mit zwölf Zimmern, zwei offene Höfe und jeweils einen Brunnen in jedem Hof.

Aber Muraschu wendet sich im Gebet nicht mehr zum Herrn, dem Gott Israels. Nun betet er zu Marduk. Er behauptet, der Herr sei nur deswegen auf Erden so herrlich erschienen, weil wir noch nie zuvor die ganze Erde gesehen hätten. Aber eines Tages, bei einem Besuch in der Stadt Babel, hat ein Priester vorgeschlagen, ihm den Tempel zu zeigen, in dem Marduk lebt: Esagila. Zusammen durchquerten sie dann eine schier endlose Reihe von stets prächtiger werdenden Vorhöfen, bis sie schließlich zum inneren Raum gelangten.

»Das«, sagte der Priester, »ist Ekua.«

Mein Freund stand wie angewurzelt da.

Auf einem Podium saß das riesige Götzenbild Marduks. Die Dachbalken über ihm waren mit Gold und Silber überzogen, und auch die Wände glänzten golden. Und die große Statue von Marduk, der Thron auf dem er saß, das Podium selbst und der Altartisch waren alle aus reinstem Gold gegossen. Muraschu schätzt, dass es in diesem Raum namens Ekua Edelmetalle im Wert von mehr als achthundert Talern gibt.

Und meine Familie lebt in trostloser Armut.

Gestern kam Muraschu nach Tel-Abib und fragte, ob ich meinem ältesten Sohn gestatten würde als Aufseher einer seiner Karawanen zu arbeiten. Es ist für ihn ein Geschäft unter alten Freunden. Mein Sohn, der vier Sprachen beherrscht und für die Arbeit gut geeignet wäre, möchte, dass ich zusage, und seine Frau, meine Schwiegertochter, bittet mich inständig. Wir würden alle nach Nippur ziehen und in großen Häusern wohnen.

Was soll ich nur machen?

Du selbst hast einst geschrieben, dass wir mit dem Ort, in dem wir leben, Frieden schließen sollten. Du sagtest, wir sollten zum Wohle der Stadt, in die Gott uns verbannt hat, arbeiten, sodass es uns ebenfalls wohl ergeht.

Gilt dieser Rat auch heute noch?

Nun, in Ägypten musst du gehört haben, dass das Reich Babylon allmählich schwächer wird. Nebukadnezar ist schon vor zehn Jahren gestorben, und der jetzige König wird von seinen Bürgern verachtet.

Sollen wir uns endgültig hier niederlassen, wo mein Sohn sicherlich im Überfluss leben wird, wo aber die Gefahr besteht, dass sein Gönner ihn überredet Marduk anzubeten?

Oder sollen wir dem neuen Propheten Glauben schenken?

Aber es ist nicht leicht, das Wort des Propheten hinzunehmen. Er behauptet, dass der Herr, um sein Volk zu erlösen, Kyros, den König von Persien – also einen Heiden – salben wird!

Es ist schon immer meine Überzeugung gewesen, dass der Gesalbte des Herrn ein Sohn Davids sein muss.

Verändert sich der Herrgott? Kann es überhaupt sein, dass der Prophet die Wahrheit spricht? Wird Babel durch diesen Kyros zu Fall gebracht werden?

Ach, mein Vater, wem soll ich nur glauben?

Ich bin verwirrt. Diese Unsicherheit ist noch schlimmer als die Armut.

Lebst du überhaupt noch, Jeremia? Wirst du antworten?

Muraschus Karawane reist in einer Woche nach Ägypten. Mit ihr schicke ich sowohl diesen Brief als auch meinen Sohn. Vielleicht wird er dich persönlich in Tachpanhes sehen. Vielleicht wirst du ihm Gottes Willen offenbaren, wie du ihn mir einst offenbart hast.

Vielleicht gibst du ihm auch eine Nachricht für mich mit?

Friede sei mit dir, Prophet des Herrn!

25

Ahikam in Jerusalem

Es war kein besonders fröhliches Heimkommen. Kaum waren wir müde und erschöpft angekommen, da baute ein Priester namens Jeschua, der Sohn Jozadaks, einen Altar nach den Geboten Moses und wir brachten Dankesopfer dar. Damit begannen wir wieder, jeden Morgen und Abend Brandopfer zu bringen, und wir hielten uns auch wieder an die vom Herrn eingesetzten Feste.

Doch Jerusalem ist verwüstet und menschenleer. Unkraut hat Risse in die einst so schönen Gassen gegraben. Und dort wo früher der Tempel stand, fegt jetzt der Wind ungehindert über den leeren Platz. Die Menschen haben die alten Steinblöcke weggeschleppt, um sie selber zu nutzen.

Also fingen wir an, neue Steine zu hauen, um den Grundstein für einen neuen Tempel zu legen. Steinmetze formten die Steine gleich an Ort und Stelle – dort wo der Tempel wieder erstehen wird – und andere fügten sie in den Bau ein.

Unsere Arbeiter konnten wir allerdings nur mit Lebensmitteln und Öl bezahlen. Zwei Jahre sind ohne nennenswerte Regenfälle verstrichen, und unsere Ernte vertrocknete.

Und dann war das Fundament fertig. Die Priester in ihren Ornaten führten uns alle dorthin zur Tempelweihe. Während wir hinaufzogen, spielten sie auf Posaunen, und Leviten folgten mit Becken und sangen Loblieder auf den guten Herrn, »denn seine unerschütterliche Liebe«, so sangen sie, »zu Israel währt ewiglich.«

Und dann näherten wir uns dem neuen Fundament. Ein vielstimmiger Freudenschrei ertönte – die jungen Männer jubelten vor Dankbarkeit und Freude. Zusammen mit allen anderen seiner Generation erhob auch mein Sohn seine Hände im wogenden Meer der Arme.

Doch ich weinte. Wir weinten. Die Menschen meiner Generation weinten, als sie dieses neue Fundament erblickten. Weil wir uns an die Pracht des alten Tempels erinnerten. Verglichen damit war dies hier ein Spielzeug.

So laut war unser Klagen, dass die weiter entfernten Menschen keinen Unterschied zwischen dem fröhlichen Lärm der Feiernden und dem Weinen der Trauernden erkennen konnten.

Mein Vater Jeremia, du Prophet Gottes, diesen Brief wirst du nicht bekommen. Ich werde ihn nicht abschicken. Das Schreiben allein gibt mir Trost. Wenn ich schreibe, sehe ich dich.

Du aber siehst nichts.

Seit langer Zeit hast du meine Briefe weder gelesen noch empfangen. Als mein Sohn mit der Karawane nach Ägypten kam, fand er deinen Diener Baruch in Tachpanhes. Dich konnte er nicht finden, denn deine Gebeine lagen bereits unter dem Sand Ägyptens, wo auch unser Vater Josef einige hundert Jahre lang lag, bevor der Herr uns aus der Knechtschaft befreite.

Und nun hat uns der Herr erneut nach Hause gerufen.

Der Prophet hatte Recht. König Kyros von Persien besiegte alle Länder im Osten und im Westen und gründete ein Reich, größer als alle, die es je zuvor gegeben hatte. Danach ordnete er an, dass die Juden nach Juda zurückkehren dürften.

Als dieser Erlass in Tel-Abib bekannt gegeben wurde, betrat mein Sohn das kleine Zimmer, in dem ich wohnte, kniete sich neben mich hin und weinte. Wir zitterten vor Freude, dass wir Jerusalem wiedersehen würden.

Mein Sohn nahm das Angebot meines alten Freundes Muraschu nicht an. Meine Frau starb ganz plötzlich und der Gram ließ uns enger zusammenwachsen. Auch haben uns Gram und Leid näher zum Herrn gebracht, denn der Prophet, der Trost versprach, verstand auch etwas von Traurigkeit.

Diese Worte des Herrn trösteten uns: *Fürchte dich nicht, ich habe dich erlöst. Ich habe dich bei deinem Namen gerufen. Du bist mein. Wenn du über das Wasser gehst, so bin ich bei dir. Wenn du durch das Feuer gehst, so sollst du nicht verbrannt werden. Denn ich bin der Herr, dein Gott, der Heilige Israels, dein Erlöser. Weil du kostbar und geehrt bist in meinen Augen und weil ich dich liebe.*

Wir schenkten dem Propheten Glauben. Wir vertrauten auf den Herrn.

Und nun sind wir zu Hause.

Ich habe meinem Sohn das Grab seines Großvaters Schafan gezeigt. Dort möchte auch ich zu Grabe getragen werden – sehr bald, Jeremia, Prophet Gottes. Es wird nicht mehr lange dauern, vielleicht zwei oder drei Tage. In drei Tagen werde ich dir folgen.

Gott sei der Hand voll Juden gnädig, die nun alles wieder aufbauen muss: einen Tempel, eine Stadt, ein Leben.

Siebter Teil

Die Sehnsucht

26

Mein Bote

Ich habe euch geliebt, spricht der Herr.
Das Volk antwortet: »Wie hast du uns geliebt?«
Ist nicht Jakob Esaus Bruder?, spricht der Herr. Und Jakob habe ich auserwählt. Jakob habe ich geliebt. Und doch verachtet ihr Priester meinen Namen!

Die Priester, die in Jerusalem dienen, fragen: »Wie haben wir deinen Namen verachtet?«

Indem ihr unreines Essen auf meinem Altar verbrannt habt!

»Wie wurde es unrein?«

Durch eure Herzen! Ihr bringt mir blinde Tiere. Ihr opfert die kranken und die gelähmten. Ach, gäbe es nur einen unter euch, der die Tür zum Tempel verschlösse, damit ihr das Feuer nicht mehr umsonst entfacht!

In Jerusalem steht wieder ein Tempel. Das Priesteramt und einige Opferfeiern sind wieder eingeführt worden – doch von Heiligkeit ist wenig zu spüren.

Die Grundsteinlegung fand in einer seltsamen Stimmung von übersprudelnder Freude und zur Schau gestellter Trauer statt. Und schon kurze Zeit später raubte eine Hungersnot dem Volk seine noch verbliebenen, spärlichen Kräfte. Nur noch wenige Menschen waren da, und ihr Leben war so hart, dass keine weiteren Arbeiten am Tempel verrichtet werden konnten, und Missmut machte sich im Volk breit. Zwanzig Jahre lang kämpften die Juden nur um ihre nackte Existenz.

Vom alten Königreich Davids war nur noch eine spärliche Restprovinz übrig geblieben, eingebettet in das mächtige persische Reich. Und Jerusalem war nicht mehr als eine unbedeutende Stadt inmitten dieser Provinz, regiert von einem in Samaria sitzenden Samariter. Die Juden litten unter Herrschern, die keine Liebe für sie übrig hatten.

Dann gab der persische König Darius seine Einwilligung zum Weiterbau des Tempels. Nach den fünf Jahren, die man zur Fertigstellung benötigte, war das heilige Gebäude zwar klein und bar jeglicher Schönheit, aber benutzbar.

Die Jahre vergingen. In kleinen Gruppen kehrten die Juden aus der Verbannung in ihre Heimat zurück. Einige räumten die Trümmer von den alten, steinernen Gebäuden Tekoas beiseite und ließen sich dort nieder. Andere wiederum bauten kleine Häuser in Jericho und in den um Bethel liegenden Ebenen. In Jerusalem selbst gab es noch immer keinen Wohlstand. Die Bevölkerung war arm, und in der Stadt gab es weder Mauern noch neue Gebäude – mit Ausnahme des Tempels. Siebzig lange Jahre blieb Jerusalem verwahrlost und entmutigt.

Doch dann fassten die Menschen in der Stadt neuen Mut und fingen an, die Mauern wieder hochzuziehen. Der Statthalter aus Samaria gab ihnen den Befehl, damit aufzuhören. Aber sie gehorchten nicht. Stattdessen verdoppelten sie ihre Bemühungen. Da beschwerte sich der Statthalter bei den Mächtigen Persiens, und diese schickten bewaffnete Soldaten in die Stadt, die dem Volk im Namen des Königs befahlen, die Arbeit niederzulegen. Jetzt wehrten sich die Menschen nicht länger.

So liegen die Mauern noch immer da, in Trümmern und wirkungslos wie der Geist der Juden.

Vor zehn Jahren waren die Edomiter von den Arabern aus ihrer Heimat vertrieben worden. Nun besetzten sie die fruchtbaren Gegenden um Hebron, etwas südlich von Jerusalem. Seitdem bedrängen die Nachkommen von Esau die Kinder seines Bruders Jakob. Und es gibt keine Mauern mehr, die sie schützen könnten.

Das Volk betet: »Zerstöre die weisen Männer Edoms!«

Doch dies ist beinahe das einzige Gebet, das die Menschen sprechen. Ihnen scheint es, als wäre Gott fort.

Ich verändere mich nicht, ihr Kinder Jakobs, spricht der Herr. Ich habe euren Vater geliebt. Ich liebe euch noch immer. Kehrt zu mir zurück und ich wende mich euch wieder zu.

Das Volk antwortet: »Wie sollen wir zurückkehren?«

Der Herr spricht: *Hör auf, mich zu berauben.*

»Wie berauben wir dich?«

Indem ihr mir den zehnten Teil vorenthaltet.

»Aber Herr! Der Himmel enthält uns doch den Regen vor! Feinde setzen uns arg zu, im Norden wie im Süden. Wir sind müde. Die Zeiten sind schwer. Und siebzig Jahre lang haben sich die Verheißungen der Propheten nicht erfüllt.«

Kinder Judas, ihr fragt euch, wann ich meine Verheißungen erfüllen werde?

»Wir haben gesehen, wie gut es den Übeltätern geht. Wo ist Gerechtigkeit im Lande? Und wo ist der Herr, der Recht spricht?«

Wenn die Gerechtigkeit fehlt, spricht der Herr, *dann fehlt sie in euren Händen und in euren Herzen.*

Seht her!, spricht der Herr der Heerscharen. *Ich schicke meinen Boten, der mir den Weg ebnen soll. Wer wird aber den Tag seiner Ankunft ertragen? Er ist wie ein reinigendes Feuer, und er wird die*

Söhne Levis heiligen und sie wie Gold oder Silber reinigen, bis sie mir die gebührenden Opfer darbringen. Dann werden mir die Gaben Judas und Jerusalems wohlgefällig sein, wie sie es früher waren.

An diesem Morgen verließ ein Mann sein Haus und ging durch die verwinkelten Gassen Jerusalems zum Haus einer Frau. Dort schloss er einen feierlichen Bund mit ihr. Vor ihrem Vater und vor dem Schöpfer, dem Vater des ganzen Universums, gelobte er, bis ans Ende ihrer beider Tage ihr Mann zu bleiben.

Nun ziehen sie mit den Trauzeugen und den Brautjungfern durch die Straßen der Stadt. Tamburine erklingen und Menschen tanzen. Fröhlich und auch ein wenig hoffnungsvoll kehren sie zum Hause des jungen Mannes zurück.

An diesem Abend werden sie feiern. Für kurze Zeit werden die Menschen ihre Armut vergessen. Ein wenig Wein, viele Speisen, das Tanzen und Späße über die Ehe – und in der Nacht wird das Paar zusammen in der Dunkelheit ihres gemeinsamen Zimmers liegen.

Wer aber kann sagen, was morgen passieren wird?

Vielleicht wird sie sein Essen nicht richtig zubereiten, es gar verderben. Was wird der junge Mann dann tun? Dann kann es wohl sein, dass er in aller Frühe aufsteht und sie verstößt. Nicht selten wird der Ehebund so gedankenlos gebrochen.

Dann wird er womöglich eine andere Frau heiraten. Vielleicht eine heidnische Frau. Vielleicht aus dem Volk der Samariter, das reicher und mächtiger ist. Die Mitgift einer einzigen Samariterfrau reicht aus, um die Armut einer ganzen Generation zu bekämpfen – und ein Samariter als Schwiegervater ist allemal so gut wie ein gnädiger Gott.

Aber ich bin der Herr, spricht der Allmächtige. Ich verändere mich nicht. Deshalb, Kinder Jakobs, werdet ihr nicht ausgerottet.

Der Tempel in Jerusalem ist klein und nicht annähernd so prächtig wie das Bauwerk, das Salomo vor fünfhundert Jahren errichtete. Gleichwohl entsinnt sich der Herr seines kleinen Tempels und sein Wort wird dort verkündet. Doch der Herr redet nicht *durch* die Priester, sondern *zu* ihnen.

Denn es ist ein Bote in der Stadt. Ein Prophet.

Doch diese Generation wird die Propheten weder ehren noch anerkennen, und es gibt ohnehin kaum noch welche von ihnen.

Also bleibt der Prophet Gottes unerkannt. Niemand soll sich später an ihn erinnern. Allein durch seinen Dienst und seine Taten, für die der Herr ihn liebt, soll er bekannt sein. Als er ihn rief, gab ihm der Herr auch seinen Namen: Mein Bote, auf hebräisch: Maleachi.

Es kommt ein Tag, der wie ein Ofen brennt. Da werden alle Hochmütigen und alle Übeltäter wie verbranntes Stroh sein. Der Tag wird sie brennen lassen und er wird ihnen weder Wurzeln noch Zweige lassen.

Doch über euch, die ihr meinen Namen fürchtet, soll die Sonne der Gerechtigkeit aufgehen und Heil bringen. Ihr werdet herausgehen und springen wie Kälber. Und die Gottlosen werdet ihr zertrampeln – sie werden Staub unter euren Füßen sein, wenn ich all dies vollbringe, spricht der Herr.

27

Nehemia

Der Mundschenk von König Artahsasta I., dem König von Persien, ist ein wichtiger Mann im königlichen Palast zu Susa, der Hauptstadt des Reiches. Er ist Vertrauter des Königs und er bewacht und verwaltet dessen Gemächer. Sein Name ist Nehemia, Sohn des Hachalja. Nicht durch falsche Überheblichkeit und Schmeicheleien ist er in diese gehobene Stellung gekommen, sondern durch sein pragmatisches Geschick und einen festen Glauben an seine eigenen Überzeugungen. Als Mundschenk ist er dem König treu ergeben und vollkommen zuverlässig.

Und Nehemia ist ein Eunuch.

Außerdem ist er Jude und als solcher ein treuer Diener des großen und Furcht erregenden Gottes. Es mag sein, dass Nehemia sein ganzes Leben in der Hauptstadt Persiens verbracht hat. Möglich, dass seine Treue zu dem Herrscher des Reiches unter den Bürgern Persiens ihresgleichen sucht. Sicher ist, dass der König von Persien ihn sehr achtet. Und doch: Nehemia ist kein Perser.

Diese Tatsache wird dem König von Tag zu Tag klarer.

Es ist Frühling und die Regenzeit ist vorbei. Artahsasta ist eben aus seinem Winterpalast in Babel zurückgekehrt, um zu sehen, wie Susa zum Leben erwacht, um die sanften Morgen und die wohltuend frischen Abende zu genießen.

Nun hat der König sein köstliches und reichhaltiges Mahl beendet und will es mit etwas Wein abrunden. Neben ihm auf der privaten Terrasse sitzt die Königin Damaspia – es ist ein schöner Abend. Als er hochblickt, um den Wein von seinem Mundschenk entgegenzunehmen, sieht er einen unordentlichen und abgelenkt wirkenden Mann. Erstaunt zieht der König die Augenbrauen hoch. Eigentlich ist Nehemia doch immer sehr eigen, was seine Erscheinung angeht.

»Nehemia, was ist mit dir los?« spricht der König ihn an. »Bist du krank?«

Auch Damaspia blickt nun hoch.

»Nein.«

»Du hast dich nicht gewaschen! Damaspia, unser guter Freund ist schmutzig! Ist es dir je zuvor aufgefallen, dass er in seinem Dienst oder im Walten seines Amtes versagt hat?«

Die Königin aber berührt mit sanften Fingern den Arm des Königs. »Sei nicht so barsch«, sagt sie und blickt Nehemia unentwegt an. »Hier geht es nicht um ein Vergehen, sondern um ein trauererfülltes Herz.«

Artahsasta blickt den Mundschenk fragend an: »Bist du traurig, Nehemia?«

Auch die zweite Antwort seines Gegenübers ist einsilbig: »Ja.«

»Warum? Damaspia, weißt du, weshalb er traurig ist?«

Die Königin hebt wortlos die Schultern. Auch Nehemia schweigt einen Moment lang, doch dann beginnt er zu reden.

»Möge der König ewig leben!« fängt er an. »Wie könnte mein Gesicht nicht traurig aussehen, wenn die Stadt, in der meine Väter begraben sind, am Boden liegt? Ihre Mauern sind zerstört und ihre Tore durch Feuer verzehrt.«

»Du sprichst von Jerusalem?«

»Jerusalem – die Stadt Davids. Ja.«

»Das sind aber keine Neuigkeiten. Jerusalem wurde bereits vor einhundertdreißig Jahren zerstört. Warum macht dich diese Tatsache ausgerechnet jetzt so traurig?«

Auf einmal sprudeln die Worte wie ein Wasserfall aus Nehemias

Mund. Seine Haltung ist wie gewohnt aufrecht und wie immer schenkt er mit ruhiger Hand den Wein ein. Doch seine Stimme ist bewegt, ja, leidenschaftlich.

»Vor drei Monaten reiste mein Bruder Hanani von Juda nach Susa. Ich fragte ihn nach den Juden, die noch in Jerusalem ausharren. Er schüttelte den Kopf, ganz verzweifelt. ›Es ist ein Unglück‹, sagte er, ›ein großes Unglück und eine Schande.‹ Die ganze Nacht hindurch bedrängte ich ihn, um die ganze Geschichte zu erfahren. Und ich hörte, dass die Menschen meines Volks versucht haben, die Mauern wieder aufzubauen. Aber die ganze Zeit werden sie von Edomitern, Samaritern, Nomaden und Arabern gequält. Sie haben versucht, sich durch eine Mauer zu schützen. Welche Stadt, ob sie nun Schätze und Reichtümer hat oder nicht, kann ohne Mauer überleben?

Doch der Gouverneur von Samaria beschwerte sich bei dem ihm vorgesetzten Statthalter. Dieser wiederum erhielt Anweisung von den Dienern des Königs hier in Susa. Sie sollten den Juden im Namen des Königs befehlen, mit dem Bau ihres Mauerwerks aufzuhören. Also kamen die Mächtigen Samarias und zertrümmerten, was mein Bruder und mein Volk errichtet hatten. Sie zerbrachen die Steine, die gefertigt worden waren. Und sie zerbrachen die Hoffnungen der in Jerusalem lebenden Juden. Sie zerbrachen sie einfach.«

Nehemia ist mit seiner Klage am Ende und einen Augenblick lang ist es still auf der Terrasse des Königs. Dann sagt Artahsasta mit ruhiger Stimme: »Nehemia, bitte mich um etwas!«

Nehemia richtet sich auf, blickt zur Königin, die nickt. Dann schließt er die Augen und fängt an zu beten – leise, auf hebräisch - während er sich sanft hin und her wiegt.

Dann sieht er den König unverwandt an und sagt: »Wenn es dem König gefällt und sein Knecht Gnade in seinen Augen gefunden hat, dann schicke er mich nach Juda, in die Stadt, in der meine Vorfahren begraben sind, sodass ich sie wieder errichte.«

»Ich soll dich nach Juda schicken?« Artahsasta runzelt die Stirn.

»Und wo nehme ich einen so guten Mundschenk wie –«. Doch Damaspia berührt den König erneut am Arm und er verstummt. Schließlich fragt er: »Wie lange wirst du fort sein? Und wann kommst du zurück?«

Nehemia denkt kurz nach und als er spricht, ist seine Stimme wieder sachlich: »Vier Jahre werde ich brauchen, um Materialien zu sammeln und um dorthin zu reisen. Würdest du, Herr, mir Freibriefe für die Statthalter der jenseits des Flusses liegenden Bezirke geben? Und einen Brief für Asaf, den obersten Aufseher der Wälder des Königs, damit er mir erlaubt, Holz für die Balken der Tore und für die Tempelfestung, für die Mauern der Stadt und für das Haus, das ich bewohnen werde, zu holen?«

Der König nickt und wendet sich dann an die Königin.

»Offensichtlich hat sich unser Freund viele Gedanken über diese Angelegenheit gemacht, Damaspia. Hat er meine Antwort vielleicht schon vor mir gekannt?«

Nehemia und die Königin schweigen.

»Und ich bin mir sicher, dass er sich auch bewusst ist«, fährt der König mit zusammengekniffenen Augen fort, »dass er den König von Persien darum bittet, ein königliches Dekret zu widerrufen.«

Langsam weicht die Farbe aus Nehemias Gesicht. Artahsasta sieht die Furcht darin, und er bewundert die Haltung und den Mut des Juden, der nicht vor ihm in die Knie geht, sondern aufrecht und stolz vor ihm steht.

Plötzlich geht ein Lächeln über das Gesicht des Königs. »Also vier Jahre um dorthin zu kommen. Wie lange wirst du dann weg sein? Wann kommst du zurück?«

Die Angst ist noch in seiner Miene zu erkennen, aber Nehemia holt tief Luft und fährt fort: »Ein Anliegen habe ich noch«, sagt er. »Ich bitte dich, Juda zur eigenständigen, von Samaria getrennten Provinz zu ernennen und mich zu ihrem ersten Statthalter zu machen. Dann, mein König, würde ich weitere zwölf Jahre weg sein, insgesamt also sechzehn Jahre.«

Fast muss Artahsasta, der König von Persien, lachen. »Jude, du bist einmalig!« Dann greift er nach seinem Wein, hebt den Becher an seine Lippen und leert ihn in einem Zug.

»Der Frühling ist himmlisch, findest du nicht, Damaspia?« Er nimmt die Hand der Königin und führt sie an seine Wange. Dann sagt er zu seinem Mundschenk: »Wasch dein Gesicht, Nehemia. Geh! Rette deine Stadt und verwalte deine Provinz mit meinem Segen.«

Nehemia ist schon drei Tage in Jerusalem. Am ersten Tag hat er Hanani, seinem Bruder, einen Besuch abgestattet und am zweiten die Grabstätten seiner Vorfahren geehrt. Obwohl er als unangefochtener Anführer einer persischen Gefolgschaft gekommen ist, hat er niemandem von seinen Plänen für Jerusalem erzählt. Es gibt gute Gründe, sein Vorhaben heimlich und schnell voranzutreiben.

Nun ist es Nacht. Der volle Mond wirft sein blasses Licht über die Stadt, und die Luft ist frostig. In einen Wollmantel gehüllt ist Nehemia auf seinem Esel zur Ruine des Taltores an der südwestlichen Ecke Jerusalems geritten. Dort sitzt er nun, lässt seinen Blick über zersprungene Steine und verkohlte Balken schweifen und murmelt leise vor sich hin. In Gedanken geht er die Aufgaben durch, die noch vor ihm liegen.

Zwei Männer gehen durch das zerstörte Tor und setzen sich zu ihm. »Als ich ankam, habe ich die Nordseite begutachtet«, sagt Nehemia. »Dort werden wir mit dem Bau beginnen. Vom Schafstor werden wir uns westwärts bis zum Turm der Hundertschaft und zum Turm Hananel vorarbeiten. Dann werden wir in einem Halbkreis in entgegengesetzter Richtung zur aufgehenden Sonne weitermachen. Aber dies hier . . .« Nehemia seufzt.

Er treibt seinen Esel über die mit moosbewachsenen Felsen

übersäten Felder östlich der Stadt, vorbei an losen Steinen, die in das Tal zu seiner Rechten gestürzt sind, bis die Umrisse eines anderen uralten Tores vor ihm erscheinen. Nehemia bleibt stehen.

»Das Scherbentor«, flüstert er. »Vor einhundertfünfundsiebzig Jahren stand der Prophet hier und verkündete: *Oh, ihr Könige Judas, ich werde ein solches Übel an diesem Ort heraufbeschwören, dass die Ohren eines jeden Mannes, der es hört, brennen werden.* Ach, Jeremia!«

Nehemia steigt von seinem Esel ab und fährt fort, seine Berechnungen über Maßeinheiten und Materialien, Arbeiter und Zeiten zu flüstern. Dann geht er weiter, und die beiden anderen Männer folgen ihm schweigend.

Es ist Mitternacht. Nehemia hat die zerstörten, von einem Feuer vernichteten Mauern von dem Scherbentor bis hin zum Brunnentor begutachtet, und nun erblickt er Gihon. Dort unten im Kidrontal liegen die Quelle und der lange Brunnenschacht, durch den David seinen Oberbefehlshaber Joab hinaufgeschickt hatte, um die Stadt von innen zu erobern, die Einwohner in Angst und Schrecken zu versetzen und ihren Kampfgeist mit einem einzigen Feldzug zu vernichten. Wieder seufzt Nehemia. So viel ist zwischen den jungen, frohen Tagen Davids und den Klageliedern Jeremias passiert.

Aber Nehemia hat keine Zeit, in den Erinnerungen an vergangene Tage zu schwelgen. Es gibt noch zu viel zu tun.

Mittlerweile sind die Männer an einer Stelle angekommen, von der aus das Kidrontal vor ihren Füßen steil abfällt. Der Weg endet im Nichts. Nehemia flüstert seinen Begleitern zu: »Das reicht.« Dann treibt er seinen Esel rückwärts den Weg entlang zu einer breiteren Stelle und kehrt auf dem gleichen Weg, den er gekommen ist, zurück.

S anballat ist wütend. Wild brüllend und mit den Armen fuchtelnd schreitet der Statthalter der Provinz Samaria durch die Zimmer seiner Hauptverwaltung.

»Es ist schon schlimm genug, dass mir Juda entrissen worden ist. Ich kann die Gesetze der Meder und Perser nicht anfechten. Aber ich sollte doch wohl in der Lage sein, diesen lispelnden Narr, diesen Emporkömmling in Jerusalem in Schach zu halten. Wozu, sagst du, hat er die Juden angestachelt?«

Tobija, der Ammoniter, ein reicher Mann aus einer alteingesessenen und bekannten Familie und ebenfalls Statthalter, folgt seinem Verbündeten von Zimmer zu Zimmer und schnauft dabei wegen seines Übergewichts. »Sie wollen die Mauer der Stadt neu errichten.«

»Wie lange sind sie schon dabei?«

»Drei Wochen.«

»Mit Erfolg?«

»Nun, die Familie von Eljaschib, dem Hohen Priester, hat das Schafstor neu errichtet. Es ist bereits geweiht . . .«

»Was???«, brüllt Sanballat.

». . . und die Söhne Senaa haben die Balken des Fischtores angebracht sowie die Tür, den Riegel und die Stangen eingesetzt . . .«

»Das geht zu weit!«

»Zwischen den Toren wird gerade die Festung, die die nördliche Seite des Tempels bewacht . . .«

»Wie heißt der Bursche?«

»Nehemia.«

Sanballat macht auf dem Absatz kehrt, rennt fast durch die Halle, verlässt das Haus und betritt einen offenen Hof, in dem seine Offiziere und Truppen warten. Auch einige Verbündete aus den um Juda liegenden Gebieten haben sich dort versammelt.

»Was machen diese erbärmlichen Juden?« wütet der Statthalter nun. »Wer kann es mir sagen? Werden sie es schaffen, alles wieder herzustellen? Wollen sie danach nur ihre Opfer darbringen? Haben sie etwa vor, aus Müllhaufen Steine zu hauen? Können sie tatsächlich aus verbrannten Trümmern eine Mauer errichten?«

Lächelnd folgt Tobija dem wütenden Mann in den Hof. »Mach dir keine Sorgen darüber,« sagt er beruhigend, »was die bauen. Wenn ein Fuchs gegen die Mauer läuft, wird sie schon zusammenbrechen.«

Die Offiziere lachen.

Doch Sanballat stimmt nicht in das Gelächter ein. Er wendet sich an Tobija: »Hast du eigentlich persönlich mit diesem Nehemia gesprochen?«

»Das habe ich«, sagt Tobija. »Geschem, der Araber, und ich sind gemeinsam nach Jerusalem gegangen. Dort trafen wir auf einem verdreckten Marktplatz Nehemia. Ein eingebildeter Kerl, parfümiert und frisiert wie ein Höfling. Wir fragten ihn: »Was tust du hier? Willst du dich gegen den König auflehnen?« Er aber erwiderte mir in frommer Hochnäsigkeit: »Gott wird uns Wohlstand bringen, aber ihr bekommt nichts von dem Reichtum Jerusalems ab.« Ich fing an zu lachen. Ich konnte nicht anders. Der stinkende Marktplatz, dieser geckenhafte, persisch-jüdische, von grimmigen, heimatlosen Bürgern umgebene Eunuch. Die Ironie war wirklich zu schön. Doch der Bursche wurde ganz blass, und dann erhob er seine Stimme und verfluchte mich. *Oh, Gott*, brüllte er, *ihr Spott soll sie selbst treffen!«*

»Das reicht!« fällt Sanballat seinem Freund ins Wort. »Wir werden den Eunuchen nach Hause schicken!« Auf einmal lässt der Statthalter Samarias Befehle über die Köpfe seiner Verbündeten niederprasseln: »Geschem und die Araber, ihr greift aus dem Süden an. Tobija, du kommst mit deiner Truppen aus dem Nordosten. Männer Aschods, ihr kämpft euch einen direkten Weg aus dem Westen frei. Ich werde die Stadt von Norden aus angreifen. Ich schwöre, ich werde das Fischtor und das Schaftor verbrennen und die neuen Balken in Rauch aufgehen lassen! Los! Bewegt euch, solange es keine Mauer gibt, die uns aufhalten könnte!«

Allmählich schwinden die Kräfte der Steinträger in Jerusalem. Seit zweiundfünfzig Tagen tragen sie schon die gehauenen Steine zu den auf der Mauer wartenden Arbeitern hoch, und nun fangen sie an, unter der schweren Last zu wanken. Doch die Mauer, ein um die Stadt gezogener, steinerner Gürtel, ist nur zur Hälfte fertig. Sie dürfen jetzt nicht aufhören, nicht einmal um sich auszuruhen.

Aus sieben Dörfern Samarias ist an diesem Tag die Nachricht gekommen, dass die Feinde Jerusalems zum Angriff rüsten. Nun ist es Abend, und jüdische Wachen beobachten die Hügel und warten auf die kleinste Bewegung.

»Sie kommen um uns zu töten«, flüstern sich die erschöpften Bürger zu, »und wir haben nichts, um sie aufzuhalten. Nichts.«

Urplötzlich hallt das Schmettern einer Trompete durch die Stadt. Ganz oben auf dem Turm der Hundertschaft steht der untersetzte Statthalter aus Susa. In seiner rechten Hand trägt er eine Fackel, deren umhertanzende Flamme ein rötliches Licht auf sein Gesicht wirft.

»Habt keine Angst vor ihnen!«, schreit Nehemia den versammelten Bürgern Jerusalems entgegen. »Bedenkt, dass Gott, der Herr, groß und fürchterlich ist. Kämpft um eure Brüder, um eure Söhne und Töchter, um eure Frauen und um eure Häuser!«

Doch die Menschen sind verunsichert. »Wir haben nie zuvor gekämpft!« rufen sie. »Und du bist kein Anführer!«

»Aber der Herr ist es! Und ich bin sein Diener. Hört mir zu!«, schreit Nehemia, der bereits die Stärke des Feindes erkundet und die Kräfte seines eigenen Volkes daran gemessen hat. »Dies wird unsere Strategie sein: Erstens sollen alle Juden aus den umliegenden Dörfern Tag und Nacht in der Stadt bleiben. Jerusalem soll aus allen Nähten platzen. Zweitens ziehen wir einen Graben hinter der Mauer, in dem ihr und eure Familien euch, mit Schwertern, Speeren und Bögen bewaffnet, verschanzen werdet. Drittens, da ihr ziemlich weit voneinander entfernt sein werdet, achtet auf die Trompete. Sobald ihr sie hört, versammelt ihr euch dort, wo sie ertönt. Dort wird der Feind angreifen. Und viertens glaubt fest daran und lasst euren Mut davon stärken: *Unser Gott wird für uns kämpfen!*«

Ob die Menschen Vertrauen zu Nehemia haben oder nicht, so haben sie zumindest Arbeit für den Abend und Pläne für den nächsten Tag. Das ist neu. Zielstrebigkeit, Mut und sogar Hoffnung sind wieder in Juda eingekehrt. Die ganze Nacht hindurch schaufeln die Juden einen tiefen Graben. Am Morgen teilt Nehemia die Arbeiter in zwei Schichten ein, die in abwechselnder Reihenfolge Arbeiten an der Mauer verrichten und sie bewachen sollen. Tag und Nacht zeigen sie so ihre Kraft, tragen ihre Waffen durch die Stadt und rufen sich gegenseitig Befehle und Ermutigungen zu.

Der Brief, den Sanballat schreibt, ist der fünfte, den er zu Nehemia nach Jerusalem schickt. Sein erster Brief lautete: »Komm zu einem Treffen in einem der Dörfer in der Ebene von Ono.«

Es gibt einen guten Grund, weshalb er sich zu dieser Einladung herabgelassen hat. Weder er noch seine Truppen haben Jerusalem bisher angegriffen. Aus seinen eigenen Reihen war ihm berichtet worden, in der Stadt gebe es bessere und zahlreichere Truppen als die ihrigen. Sie seien stets wachsam und ihre unzähligen Waffen ragten stachelig und deutlich sichtbar über dem Rand der wachsenden Mauer hervor. Seine Truppen, vom andauernden Frieden in Persien kampfentwöhnt, weigerten sich schlichtweg anzugreifen.

Also bemühten sich Sanballat und Tobija, den wohlgepflegten, kleinen Statthalter aus der Stadt zu locken, um ihn zu töten.

Nehemia jedoch antwortete mit einem Brief auf das erste Schreiben: »Ich vollbringe hier Großes und kann es nicht unterbrechen, um dich zu besuchen.«

Danach schrieb Sanballat einen zweiten, einen dritten und schließlich einen vierten Brief. Die Antwort des Eunuchen blieb aber stets die gleiche. Also schreibt Sanballat nun einen weiteren Brief. Ihm ist klar, worauf Nehemia sich bezieht, wenn er davon spricht, »Großes zu vollbringen«. Sanballat weiß, dass alle Lücken in den Mauern Jerusalems wieder geschlossen sind. Und er weiß von den Spionen, die sich in den Hügeln im Osten der Stadt versteckt halten, dass die Tore selbst noch nicht wieder errichtet worden sind.

Die höfliche Förmlichkeit der ersten Briefe ist in seinem fünften Schreiben ganz verschwunden.

»Man erzählt sich überall«, schreibt Sanballat, »dass ihr, du und die Juden, zum Zwecke eines Aufstands eine Mauer errichtet. Du willst König über Juda werden. Entweder du kommst und redest mit mir oder ich berichte dem König von Persien von deinen Plänen.« Sanballat rollt das Pergament zusammen und versiegelt es. Dann übergibt er die Rolle einem Mann, der im selben Raum wartet, einem Juden. Sanballat zwinkert ihm zu und lächelt verschwörerisch.

»Schemaja, das tust du zuerst. Und die zweite Sache machst du danach. Verstehst du? Du weißt, was du zu tun hast?«

Schemaja nickt: »Ja.«

Langsam entleert der Statthalter einen kleinen Beutel persischer Goldmünzen in Schemajas ausgestreckte Hand. Auf den Münzen sieht man das kniende Abbild Artahsastas, der in seiner rechten Hand einen Speer trägt und in der linken einen Bogen.

»Du hast eine weise Entscheidung getroffen, Schemaja, Prophet des Herrn, deine Treue etwas auszuweiten. Nun hast du einen König in der Hand!«

Schemaja wohnt in Jerusalem. Auf seine Bitte hin betritt Nehemia nun mit ihm ein kleines Hinterzimmer seines Hauses.

In der dunklen Abgeschiedenheit dieses Raumes packt Schemaja den Statthalter am Ärmel und sagt: »Wir müssen uns beim Tempel treffen, du und ich.«

»Warum?« Nehemia sieht sein Gegenüber fragend an.

»Um dort Zuflucht zu suchen.«

»Zuflucht? Für mich oder für dich?«

»Für dich, Herr. Für dich. Sogar in Jerusalem gibt es Menschen, die dich nicht lieben. Sie wollen dich töten.«

Nehemia entfacht ein Licht im dunklen Zimmer und wirft einen nachdenklichen Blick hinüber zu Schemaja. »Woher weißt du das?«

»Bin ich nicht ein Prophet des Herrn?«, erwidert Schemaja.

»Gott hat also zu dir gesprochen?«

»Zu mir, Herr. Sieh doch, hier ist ein Schreiben von dem Statthalter Samarias, der mich bat es dir auszuhändigen. Lies und entscheide dann, ob es nicht besser ist, eiligst den Schutz des Tempels zu suchen.«

Nehemia nimmt die Schriftrolle, bricht das Siegel auf und liest langsam den Brief durch. »Alles Lügen«, sagt er verächtlich.

»Selbst wenn es so ist, so kannst du doch daran erkennen, wie sehr er dich hasst.«

Nehemia löscht das Licht und verlässt Schemajas Haus. Der Prophet muss sich beeilen um mit ihm Schritt zu halten. Sie gehen den Hügel zum Tempel hinauf.

»Also«, sagt Schemaja, dem der Schweiß nun über das Gesicht rinnt, »am besten gehen wir ohne Umwege zum Tempel und verschließen die Tür hinter uns. Schon diese Nacht werden sie kommen und dir nach dem Leben trachten ...«

Nehemia bleibt stehen. Bevor es Schemaja auffällt, ist er schon einige Schritte weitergegangen. Doch dann dreht er sich um, und der Blick, der ihn aus Nehemias Augen trifft, ist unbewegt und kalt.

Mit leiser Stimme und unterdrückter Wut stößt Nehemia hervor: »Du bist ein Verräter, Schemaja! Gott hat dich nicht zu mir gesandt. Du bist für diese angebliche Weissagung bezahlt worden.«

»Aber nein, Herr!«, ruft Schemaja. »Nein, nein, ich habe nichts als Achtung für ...«

Plötzlich schlägt Nehemia ihn mit der flachen Hand ins Gesicht. »Machen dir deine Worte keine Angst?« Er schlägt Schemaja ein zweites und dann ein drittes Mal. »Prophet, Prophet, fürchtest du deinen eigenen Gott nicht mehr? Tobija und Sanballat haben dich bezahlt! Ich weiß es – weil der Herr einen Mann wie mich niemals auffordern würde, den Tempel zu betreten. Das ist den Priestern vorbehalten. Ich bin ein Eunuch, Schemaja! Ich würde das Haus des Herrn beschmutzen!«

Inzwischen sind die Menschen auf der Straße stehen geblieben. Sie versammeln sich um den wütenden Nehemia und sein Gegenüber.

Schemaja steht die Angst nun im Gesicht geschrieben. Verzweifelt sucht er einen Fluchtweg, doch die Menschenkette um ihn herum ist lückenlos.

»Sanballat will mich zur Sünde verführen!«, ruft Nehemia.

»Tobija, der Ammoniter, will, dass ich vor Furcht fliehe. Sie wollen meinem Ruf schaden, meine Autorität zerschmettern und mich verspotten.«

Plötzlich packt Nehemia den Propheten und stößt ihn zu Boden auf die Knie. »Schemaja, Prophet des Herrn, diesen Fluch sollst du an deine Gönner weiterleiten. Sag es ihnen ins Ohr. Sag ihnen: So spricht Nehemia, der Errichter der Mauer und der Statthalter Judas: *Gedenke, mein Gott, Tobijas und Sanballats nach ihren Verbrechen. Ihre Schuld soll nicht vergehen und ihre Sünden sollen nicht aus deinen Augen weichen!*«

Ein neuer wolkenloser, wunderschöner Tag ist angebrochen. Seit zwei Jahrzehnten hat es einen solchen Tag in Juda nicht mehr gegeben. Die Bewohner der umliegenden Dörfer drängen sich in den Straßen Jerusalems. Pilger sind sogar aus den weit entlegenen Ebenen des Jordan angereist. Auch Leviten sind da und mischen sich unter die Juden, die Kinder Judas. Sie haben ihre Becken, ihre Harfen und ihre Leiern mitgebracht.

Die Stadt brodelt vor Leben und Lachen, und Freudengesänge erfüllen die Straßen. Neuankömmlinge bleiben stehen und berühren die neuen Tore, die aus leuchtendem Holz geschnitzt sind – ein sicherer Schutz für Zion gegen alle Feinde, Juwelen in der Krone, die Jerusalem umgibt. Wer vermag in Worte zu fassen, welchen Trost die Vollendung der Mauer in die Herzen der Juden gebracht hat?

Die hellen, klaren Töne einer einsamen Trompete schallen wie vom Himmel herab.

Die Menschen blicken um sich auf der Suche nach der Quelle des Klangs, dann strömen sie nach Südwesten zum Taltor, wo die Priester auf dem Hof vor dem Tor warten und der Statthalter sich auf dem Wall aufgestellt hat.

»Singt!«, ruft Nehemia der wartenden Menschenmenge zu. Nehemia, ein einfacher Mann und Mundschenk eines Königs – mit seinem Glauben und mit Leidenschaft für den Herrn hat er eine Mauer errichtet!

»Singt!«, ruft er jetzt. »Hier an diesem Tor werden wir uns in zwei große Gruppen aufteilen. Dann werden wir in entgegengesetzter Richtung um die Stadtmauer herumziehen. Ihr Sänger, teilt ihr euch zuerst auf! Die eine Hälfte soll nach rechts gehen zum Scherbentor, die andere soll mit mir nach links ziehen. Hinter jeder Hälfte sollen die Anführer Israels laufen, dann sieben Priester und schließlich acht Leviten. Und singt! Es soll Musik ertönen von beiden Seiten, während wir um die Mauer ziehen, den Herrn um Schutz bitten und unseren Gott loben!«

Und das Volk Judas erhebt sich und zieht die frischen Mauern Jerusalems entlang. Es ist, als wäre am Tor ein Feuer entfacht worden, das sich von dort aus in beide Richtungen ausbreitet. Laut und scheppernd ertönen die Becken, melodisch klingend die Saiteninstrumente. Aus voller Kehle singen die Menschen ihr ganz persönliches Lob Gottes.

Dann ist die Stadt vollkommen umzingelt und die feierliche Weihe vollendet.

Die zwei Menschenketten steigen von der Mauer hinab, die eine südlich des Tempels am Rosstor, die andere im Norden in der Nähe des Schaftores. Dann treffen sie im Vorhof des Herrn erneut aufeinander und bringen dort ihre Opfer dar. Frauen und Kinder klatschen und lachen – und bis tief in die Nacht hinein feiert das Volk seinen allmächtigen Gott in Jerusalem mit einer solchen Ausgelassenheit, dass man die Stimmen bis weit nach Norden und Süden, bis Samaria und Edom hören kann. Gott ist mit den Kindern Judas. Der Herr ist zu Jakob zurückgekehrt.

28

Esra

Nehemia macht sich keine Illusionen. Er weiß, was er in Jerusalem erreichen kann und was nicht.

Eine Mauer ist gut und nötig – eine Waffe, die die Stadt vor Feinden von außen schützt. Eine Mauer gibt den Bewohnern Mut, den Kriegern Kraft und den Händlern, Priestern und Gelehrten Frieden. Doch vor Angriffen von innen vermag sie nicht zu schützen.

Nehemia weiß, dass Treulosigkeit und Ungehorsam eine Nation im Kern zerstören können. Auch wenn ein Statthalter in der Lage ist, Mauern zu errichten, Verwaltungen aufzubauen und Verbrechen zu bestrafen, so kann er doch die Herzen nicht beherrschen. Er kann ein Volk nicht dazu bewegen, Buße zu tun. Das vermag nur das Gesetz des Herrn.

In Jerusalem jedoch gibt es keine Schriftgelehrten, die das Gesetz so sehr lieben. Und den Priestern mangelt es an moralischer Kraft. Sie sind so korrupt wie das Volk selbst, denn beide achten sie den Sabbat nicht.

In einem solchen Volk fordert eine Mauer Hochmut und trügerische Zufriedenheit geradezu heraus.

Aus diesem Grund hat Nehemia seinem Gönner, Artahsasta von Persien, einen Brief mit einer weiteren dringenden Bitte geschrieben: »Juda und Jerusalem brauchen den Priester Esra, einen Schriftgelehrten, der mit dem Gesetz des Herrn vertraut ist. Der

Tempel hier ist verarmt, und die Juden wissen kaum etwas von ihrem Erbe oder ihrem Gott.«

Acht Monate sind inzwischen vergangen, seit er um die Anwesenheit des Priesters Esra gebeten hat, und weitere acht Monate, seit der König eingewilligt hat und Esra eine große Karawane der angesehensten Juden Babylons versammelt hat, um nach Jerusalem zu reisen. Drei Tage ist es nun her, dass diese Karawane sich vor den Toren Jerusalems aufgelöst hatte, und an diesem Tag steht Nehemia vor dem neuen Tor der Stadt und beobachtet, wie Esra sich nähert, ein bedächtiger, hagerer Mann, der eine lange Reihe von schwerbeladenen Kamelen mit sich führt. Unentwegt starrt der Priester nach vorne. Noch bevor er das Tor erreicht hat, geht Nehemia auf ihn zu.

»Du bist Esra, der Sohn Serajas?«

»Der bin ich«, sagt der hoch gewachsene Priester und bleibt vor Nehemia stehen.

»Der Esra, der bewandert ist im Gesetz des Mose, das Gott, der Herr, Israel gegeben hat?«

Auch die Kamele sind stehen geblieben. »Und wer bist du?«, fragt der Neuankömmling.

»Ich bin Nehemia, der Statthalter Judas und Diener Artahsastas.« Nehemia streckt seine Hand aus. »Ich bin derjenige, der darum gebetet hat, dass du kommen mögest. Sei willkommen!«

Mit einer kaum merklichen Verzögerung ergreift Esra die ausgestreckte Hand des kleinen Mannes, während er dessen prächtige Kleidung begutachtet.

»Ich muss mich einer Pflicht entledigen«, sagt er dann. »Wo ist der Tempel?«

Nehemia führt den gemächlich Fuß vor Fuß setzenden Priester

durch die Straßen Jerusalems hinauf zum Tempelberg. Dort liefert Esra alle die Wertsachen ab, die er auf Geheiß von Artahsasta aus Babel mitgebracht hat. Er wiegt sie und schreibt die Gewichte nieder: sechshundertfünfzig Silbertaler, Silbergefäße im Wert von hundert Talern, hundert Goldtaler, zwanzig Schalen aus Gold im Wert von eintausend Gulden und zwei Gefäße aus feinster Bronze, so wertvoll wie Gold.

In den folgenden Tagen und Wochen veranlasst und beaufsichtigt Esra eine Opferzeremonie. Einen ganzen Monat dauern die Feierlichkeiten. Nehemia hätte das alles innerhalb einer Woche tun können, aber er ist schließlich kein Priester. Esra kümmert sich mit unendlicher Geduld um jede Einzelheit, dann überprüft er, was er getan hat, führt Buch. Die Juden, die ihn aus der Verbannung begleitet haben, bringen zwölf Stiere, neunundsechzig Widder und siebenundsiebzig Lämmer als Opfergaben sowie zusätzlich zwölf männliche Ziegen als Sühneopfer dar.

Und wenn es Nehemia auch verwehrt ist, Opfer darzubringen, so hat er doch Macht über die Bewohner seiner Stadt und seiner Provinz.

Nachdem Esra die Opferfeiern beendet hat, lässt der Statthalter Judas im ganzen Land ausrufen, dass alle Bürger seiner Provinz, alle Männer und Frauen, die alt genug sind, um zu hören und zu verstehen, sich am ersten Tage des siebten Monats des Jahres in Jerusalem einfinden sollen.

Gleichzeitig erteilt er den Arbeitern den Befehl, auf dem Platz vor dem Wassertor eine Plattform aus frisch geschnittenem Holz zu bauen – eine Kanzel von ausreichender Höhe, sodass Tausende die Person, die darauf steht, sehen können. Dann geht Nehemia zu Esra.

»Du musst dem Volk aus dem Gesetzesbuch vorlesen.«, sagt er, und er kann die Eindringlichkeit jetzt nicht mehr aus seiner Stimme verbannen. Festen Blickes starrt er in die von Tränensäcken umrandeten Augen des Priesters. »Lies es Wort für Wort vor. Lies alles laut und deutlich – und dann erläutere es, damit das Volk es auch verstehen kann. Sie wissen nichts mehr von Ägypten, von der Wüste und von dem Berg Sinai, nichts mehr von den Worten des Herrn, die Mose als Gesetz niederschrieb. Esra, sie entsinnen sich des Bundes nicht mehr!«

Der erste Tag des siebten Monats bricht an, schwer und leise schleicht sich die Dämmerung heran und rüttelt die Scharen, die sich in Jerusalem versammelt haben, wach. Es herrscht wortlose Stille.

Auf dem Platz vor dem Wassertor sitzt eine große Gemeinde auf dem Boden und blickt zu einer hohen, kargen Plattform hinauf, die aus frisch gefälltem Holz gefertigt ist.

Auf dieser Plattform steht Nehemia. Er lässt die Menschen sitzen und Ruhe bewahren. Er möchte warten und nicht ungeduldig werden. Er möchte vor den Menschen ruhig auftreten.

Schon bald aber sieht er, wie der Priester Esra vom alten Tempelberg herunterkommt und mit beiden Armen Schriftrollen umklammert.

Während Esra sich einen Weg durch die Menge bahnt, steigt Nehemia hinab und geht ihm entgegen. Eine Frau streckt die Hand aus und berührt eine Rolle, zieht aber ihre Hand sofort wieder weg und verdeckt ihren Mund. Ein alter Mann erhebt sich, küsst die Schriftrollen mit feierlicher Miene und setzt sich dann wieder. Auch Nehemia kann sich, als er dem Priester gegenübersteht, nicht mehr helfen. Er fällt auf die Knie. Auch er küsst das Gesetz und fängt an zu weinen. Er zieht sich zurück. Aus der Entfernung will er zusehen und zuhören und sein Gesicht und die sich darin offenbarenden Gefühle verbergen.

Dem Priester sind zwölf wichtige Persönlichkeiten aus Juda gefolgt. Während Esra zur Plattform hinaufsteigt, säumen sechs von ihnen die linke, die anderen sechs die rechte Seite. Doch keiner der zwölf erreicht auch nur annähernd seine Größe, und so steht er da in ihrer Mitte – eine hagere, blasse Erscheinung, die den Blick über die umherstehende Menge schweifen lässt.

Langsam öffnet er die Buchrolle so weit, dass die ersten Zeilen zu lesen sind. Ein Raunen geht durch das Volk. Einer nach dem anderen erheben sich die Menschen, bis alle im Hof stehen. Esra hält inne, dann hebt er die Arme und seine Stimme erklingt in einem Sprechgesang: »Errette uns, Vater unserer Erlösung! Erlöse uns aus der Mitte der Völker, dass wir deinem heiligen Namen danken und dich loben.« Nun wendet sich der Priester zum Volk hin und spricht mit langsamer, bedächtiger Stimme: »Gesegnet sei der Herr, der Gott Israels, von Ewigkeit zu Ewigkeit!«

Und das Volk antwortet: »Amen! Amen!«, rufen die Menschen. Sie heben die Hände, und immer wieder erklingt das Amen. Danach senken sie die Köpfe und beten den Herrn an. Esra sieht zu und wartet.

Nachdem sich die ganze Gemeinde erneut auf dem Boden niedergelassen hat und wieder Ruhe im Hofe herrscht, richtet Esra seinen Blick auf die vor ihm ausgerollten Texte und fängt an zu lesen.

»*Am Anfang*«, wie eine Liebeserklärung liest er die heiligen Worte vor. »*Am Anfang schuf Gott Himmel und Erde.*«

Diese Worte – Nehemia schließt die Augen.

Esra liest langsam und deutlich vor. Allmählich fällt er ein in den Rhythmus der Sprache und wiegt seinen Körper im langsamen Takt der Lesung:

Am Anfang schuf Gott Himmel und Erde. Die Erde war ohne Form und es war überall finster und leer. Doch der Herr schickte seinen Geist wie einen Sturm in die fürchterlichen Tiefen.

Und Gott sprach: »*Es werde Licht.*«

Und Licht durchflutete die Leere und Gott erkannte, dass das Licht gut war. Da trennte Gott das Licht von der Finsternis. Das Licht nannte er ›*Tag*‹*, die Finsternis dagegen* ›*Nacht*‹*. Und als Abend und Morgen vergangen waren, war das der erste Tag.*

Und Gott sprach: »Es werde eine Feste zwischen den Wassern, die die wilden Wasser der Höhe von denen der Tiefe trennt.«

So geschah es, und der Feste gab Gott den Namen ›Himmel‹. Das war das Ende des zweiten Tages.

Und Gott sprach: »Es sammle sich das Wasser unter dem Himmel an besonderen Orten, sodass Trockenes erscheint.« Und das Wasser floss in Strömen und Flüssen hinab und sammelte sich. Das Wasser blieb in seinen Grenzen, und Gott nannte das Trockene ›Erde‹ und die größte Wasseransammlung ›Meer‹, und er sprach: »Es ist gut.«

Danach sprach Gott: »Die Erde lasse Gräser und Kräuter sprießen, die Samen bringen sollen, und fruchtbare Bäume, von denen ein jeder künftig Früchte tragen kann.« Und so geschah es, und es war gut am Ende des dritten Tages der Erde.

Und Gott sprach weiter: »Es sollen zwei Lichter am Himmel hängen, um zwischen Tag und Nacht zu unterscheiden. Die Zeiten, die Jahre, die Gezeiten und die Tage sollen von ihnen regiert werden.« Also entzündete Gott zwei Lichter am Himmel, ein großes Licht, das am Tag scheinen sollte, und ein kleines Licht für die Nacht, und dann die Sterne. Und er sah wieder, dass es gut war.

Abend und Morgen gingen vorüber und der vierte Tag ging zu Ende.

Dann sprach Gott: »Das Wasser soll wimmeln mit allem, was lebt!« Und er fuhr fort: »Vögel sollen am Himmel fliegen!« – und so schuf er die großen Ungeheuer und kleinen Tiere des Meeres und alle gefiederten Vögel, jedes ganz einzigartig. Und Gott segnete sie mit den Worten: »Seid fruchtbar und vermehrt euch, erfüllt das Wasser im Meer, das Land und die Bäume und die klare Luft des Himmels!«

Das war der fünfte Tag.

Und Gott sprach: »Die Erde soll Vieh, Kriechtiere und ungezähmte Tiere hervorbringen.« Und es geschah so, wie er es gesagt hatte, und Gott sah, dass es gut war.

»Doch nun«, sprach der Herr, »will ich ein Wesen erschaffen, das mir gleich sei ...«

Also schuf Gott aus Ton die Gestalt eines Menschen und hauchte ihr durch die Nasenlöcher Leben ein – und der Ton wurde lebendig, erhob sich und lief.

Am selben Tage pflanzte Gott einen Garten im Osten, in Eden. Und er ließ auf der Erde allerlei Bäume wachsen, die verlockend aussahen und von denen man gut essen konnte. In die Mitte des Gartens setzte er zwei besondere Bäume: den Baum des Lebens und den Baum der Erkenntnis des Guten und des Bösen. Und er brachte den Menschen zum Garten und sprach: »Sieh her, ich gebe dir Pflanzen und Tiere, Fische und Vögel, alles was wächst und atmet – alles. Herrsche du darüber. In meinem Namen sollst du alles verwalten.

Und du darfst von allen Bäumen Edens essen, nur von dem einen in der Mitte des Gartens nicht. Nie darfst du die Früchte des Baumes der Erkenntnis des Guten und des Bösen essen, denn an dem Tag, an dem du das tust, wirst du sterben!«

Doch nachdem er den Menschen in den weiten, fruchtbaren Garten gesetzt hatte, sagte Gott nicht, dass es gut sei. Er betrachtete den einsamen Mann und sprach: »Es ist nicht gut, dass ein Mensch allein ist. Ich will ihm eine Hilfe machen, die bei ihm ist.«

Und Gott brachte ihm Tiere, damit er ihnen Namen geben sollte, und so wie er sie nannte, so hießen sie fortan. Doch unter all diesen Tieren fand sich keine Hilfe für den Mann.

Also legte Gott den Mann auf einer grünen Anhebung nieder und senkte einen tiefen Schlaf über ihn. Und während er schlief, nahm Gott eine Rippe, schloss die Stelle mit Fleisch und formte dann aus der Rippe die Frau.

Dann weckte er den Mann und zeigte ihm die Frau, die er gemacht hatte.

Der Mensch lachte und rief aus: »Endlich! Knochen von meinen Knochen, Fleisch von meinem Fleisch!« Vorsichtig näherte er sich dann dem Wesen an seiner Seite und fragte: »Du bist dem Mann entnommen – und deshalb sollst du Frau heißen.«

Von da an lebten Mann und Frau in Eden, und sie waren nackt und schämten sich trotzdem nicht. Und Gott sah alles, was er erschaffen hatte, und es war sehr gut.

Das war das Ende des sechsten Tages.

Und nachdem er Himmel und Erde vollendet hatte – und alle seine Werke –, da ruhte Gott, der Herr, sich aus. Und er heiligte diesen siebten Tag, seinen Ruhetag. Fortan sollte jeder siebte Tag heilig sein und dem Herrn gehören.

Esra, der Priester, hört auf zu lesen. Er hebt die Augen und lässt den Blick schweifen. Doch er scheint die Menschen um sich herum nicht wirklich wahrzunehmen. So schön die Worte, die er gerade gelesen hat, auch sind – so grundlegend, allumfassend – erscheint es Nehemia doch, als trüge der Priester eine riesige Last auf seinen Schultern.

Wie groß muss doch das Wissen eines Schriftgelehrten sein! Wie viel muss er im Gedächtnis behalten!

Es wird Nehemia auf einmal klar, dass Esra die Worte nicht lesen muss, um sie zu kennen. Er hat das ganze Buch des Mose verinnerlicht, er kennt alle Worte und Gesetze in- und auswendig. Und doch liest er. Er liest, weil er die Worte selbst liebt, und sie zu lesen bedeutet sie zu ehren.

Esra wendet sich erneut der Schriftrolle zu, atmet tief durch und fährt fort:

Nun war aber die Schlange listiger als alle Tiere, die Gott, der Herr, erschaffen hatte. Und sie sprach zur Frau: »*Hat Gott etwa gesagt, dass ihr nicht von den Bäumen im Garten essen dürft?*«

Die Frau erwiderte: »*Wir dürfen die Früchte von den Bäumen essen. Nur von dem einen Baum hat Gott gesagt, dass wir nicht essen dürfen, weil wir sonst sterben müssten.*«

Da entgegnete die Schlange: »*Ach was, ihr werdet keineswegs sterben, aber Gott weiß: An dem Tag, an dem ihr von diesem Baum esst, werden euch die Augen aufgehen, und ihr werdet sein wie Gott und wissen, was gut und was böse ist.*«

Da betrachtete die Frau den Baum und sah, dass die Früchte des Baumes süß und saftig waren – und verlockend, weil sie klug machten. Sie nahm eine Frucht, aß und gab ihrem Mann davon ab, und auch er aß.

Da wurden ihnen auf eimal die Augen geöffnet und sie wurden sich bewusst, dass sie nackt waren. Da flochten sie Feigenblätter zusammen und machten daraus Schurze.

Und sie hörten Gott, den Herrn, der in der Kühle des Abends im Garten spazieren ging und sie versteckten sich. Und Gott, der Herr, rief den Mann: »Wo bist du?«

Und der Mann antwortete: »Ich habe dich im Garten gehört und habe mich geschämt, weil ich nackt war. Also habe ich mich versteckt.«

Der Herr aber erwiderte: »Wer hat dir gesagt, dass du nackt bist? Hast du etwa von dem Baum gegessen, von dem ich gesagt habe, dass du es nicht tun sollst?«

Da verteidigte der Mann sich: »Die Frau, die du an meine Seite gestellt hast – sie hat mir die Früchte gegeben und da habe ich gegessen.«

Gott, der Herr, wandte sich der Frau zu und fragte: »Was hast du getan?«

Die Frau wies nun ihrerseits die Schuld von sich und antwortete: »Die Schlange hat mich verführt, und deshalb habe ich gegessen.«

Noch am selben Abend verkündete der Herr seinen Geschöpfen, welche Folgen ihre Sünde haben würde. Zur Schlange sprach er: »Von nun an sollst du für immer auf deinem Bauch kriechen und Staub fressen. Und zwischen Mensch und Schlange soll Feindschaft herrschen – du, Schlange, wirst den Menschen zwar in die Ferse beißen, aber er wird dir dann den Kopf zertreten.«

Und zu der Frau sprach er: »Unter Mühen und Schmerzen sollst du deine Kinder zur Welt bringen. Aber dein Verlangen nach deinem Mann soll groß sein und er wird über dich herrschen.«

Und zum Mann sprach er: »Weil du meinem Wort nicht gehorcht hast, ist die Erde selbst verflucht. Dornen und Disteln soll sie tragen und deine Arbeit mühsam machen. Im Schweiße deines Angesichts sollst du dein Brot essen, bis du wieder zu der Erde zurückkehrst, von der du genommen bist. Denn Staub bist du und zu Staub sollst du werden.«

Da trieb der Herr Mann und Frau aus Eden hinaus und vor dem Garten ließ er Cherubim mit flammenden, blitzenden Schwertern den Weg zum Tor bewachen.

Der Mann wurde Adam genannt, nach der Erde. Die Frau wurde Eva genannt, die Mutter alles Lebendigen.

Und Adam schlief mit Eva, nachdem sie den Garten Eden verlassen hatten, und sie wurde schwanger und gebar einen Sohn. Das Kind nannte sie Kain. Bald darauf gebar sie einen zweiten Sohn und gab ihm den Namen Abel.

Als er erwachsen war, wurde Kain Bauer.

Abel dagegen wurde Hirte.

Einmal geschah es, dass die Brüder dem Herrn ein Opfer brachten, jeder seiner Tätigkeit entsprechend. Kains Brandopfer bestand aus Getreide, während Abel ein Schaf als Opfergabe nahm. Und der Herr nahm Abels Opfer an, aber das von Kain nicht.

Als er das sah, wurde Kain wütend und senkte finster seinen Blick.

Da sprach der Herr: »Kain, warum bist du zornig? Wenn du Gutes tust, kannst du erhobenen Hauptes gehen, tust du aber Böses, dann lauert die Sünde vor der Tür. Kain, du musst die Sünde beherrschen!«

Doch in den darauf folgenden Monaten beobachtete Kain seinen Bruder voller Argwohn und sprach schließlich zu ihm: »Lass uns gemeinsam aufs Feld hinausgehen!«

Sie gingen und als sie auf dem Feld waren, erhob sich Kain gegen seinen Bruder Abel und schlug ihn tot.

Da sprach der Herr zu Kain: »Wo ist dein Bruder Abel?«

Er aber erwiderte: »Woher soll ich das wissen? Soll ich meines Bruders Hüter sein?«

Und der Herr sprach: »Was hast du getan? Das Blut deines Bruders schreit zu mir von der Erde. Deshalb soll die Erde für dich verschlossen sein und dir nie mehr Früchte tragen. Stattdessen sollst du von jetzt an auf der Flucht sein und keine Ruhe finden.«

Da flehte Kain: »Oh, Gott, die Last deiner Strafe ist zu schwer! Wenn du mich heute vom Acker treibst und ich vor dir fliehen muss, kann jeder, der mich findet, mich totschlagen!«

Der Herr aber antwortete und sprach: »Nein! Wenn jemand dich totschlägt, soll das siebenfach gerächt werden.«

Und der Herr versah Kain mit einem Zeichen, damit niemand ihn erschlüge. So ging Kain von dem Angesicht des Herrn weg und blieb im Lande Nod, jenseits von Eden im Osten.«

Esra, der Priester, hält einen Augenblick inne und blickt hinunter auf die Menschen, die im Hof versammelt sind. Je länger er sie anstarrt, desto weniger sind sie in der Lage, seine Blicke zu ertragen. Betreten senken sie die Köpfe.

»Wenn«, spricht Esra langsam, »wenn der Schöpfer den siebten Tag, an dem er ausruhte, geheiligt hat, wie könnt ihr dann diesen Tag entweihen?«

Niemand gibt Antwort. »Ich habe gesehen, wie ihr am Sabbat Wein getreten habt«, fährt Esra fort. »Ich habe auch gesehen, dass ihr am Sabbat die Ernte einbringt und die Esel damit beladet. Und ihr verkauft Wein, Trauben, Feigen am Sabbat. Warum versündigt ihr euch so?«

Stille. Stille herrscht über Juda. Die Worte des Priesters sind jetzt keine Geschichte mehr, sondern eine Predigt, die Jerusalem zum Schweigen bringt.

»Gerade habe ich euch von dem ersten Bund vorgelesen, den Gott mit den Vorfahren aller auf Erden lebenden Menschen geschlossen hat – von jenem Bund, den sie gebrochen haben, als sie das einzige Gebot missachteten. Was passierte, nachdem sie den Bund gebrochen hatten? Das Leben wurde mühevoll, die Arbeit schwer. Jene Menschen, die sich gegen Gott versündigt hatten, lernten bald, sich gegeneinander zu versündigen. Die Hand eines Menschen vergoss das Blut seines Bruders.«

»In den Jahren, die folgten, entwickelten die Nachkommen von Adam und Eva auch andere Lebensweisen.« Esra liest nicht mehr vor. Er lehrt. Doch sein Blick urteilt nicht, sondern spiegelt nur die Dringlichkeit seines Anliegens wider. »Einige Menschen gründeten Städte. Andere bestellten die Felder. Wieder andere bewohnten Zelte und zogen mit ihren Schafen und mit ihrem Vieh in der Wildnis umher. Die Menschen lernten die Fertigkeiten der Künste und der Musik. Sie fertigten Instrumente aus Kupfer und Bronze.

Einige wenige beriefen sich weiterhin auf den Namen des Herrn. Enosch war einer von ihnen.

Doch Enosch war ungewöhnlich. Als der Bund gebrochen wurde, kehrte das Böse in die Welt ein. Der Boden selbst war verflucht. Die Menschen wurden immer geschickter im Töten. Ein Mann namens Lamesch war so stolz auf seine Morde, dass er sie in Liedern besang, und andere lernten seine Lieder und sangen sie ebenfalls.

Hochmut herrschte in der Welt.

In jenen Tagen waren die Herzen der Menschen so vom Bösen erfüllt, dass Gott bereute, sie je erschaffen zu haben. Deshalb sprach er: ›*Ich will jene, die ich geschaffen habe, von der Erde auslöschen, angefangen vom Menschen bis hin zum Vieh und zu den Kriechtieren und Vögeln, denn es tut mir Leid, dass ich sie gemacht habe.*‹«

Die Stille, die auf dem Hof vor dem Wintertor herrscht, ist erdrückend. Darum hatte Nehemia gebetet. Es bekümmert ihn nicht, dass der Priester die Menschen aufrüttelt – doch es bekümmert ihn, dass die Menschen so sind und dass er selbst einer von ihnen ist. Doch Esra fährt jetzt mit ungewohnt sanfter Stimme fort: »Doch der Herr beschloss, einen zweiten Bund mit den Menschen zu schließen – noch einmal neu anzufangen. Höre, Juda. Jerusalem, höre!«

Der Priester senkt den Blick erneut auf die Buchrollen und liest weiter:

In jenen Tagen gab es einen Mann, den der Herr mit besonderem Wohlgefallen betrachtete. Sechshundert Jahre hatte er ganz nach Gottes Willen gelebt. Und Gott sprach zu Noah und sagte: »Ich werde alles, was lebt, zerstören und vernichten, denn alles auf der Erde ist verdorben.

Aber du, Noah, sollst eine Arche bauen. Fertige sie aus Tannenholz, vierhundertundfünfzig Ellen lang und siebenundfünfzig Ellen breit, und schmiere sie mit Pech ein. Denn ich will meinen Bund mit dir erneuern.«

Noah tat, was der Herr befahl. Auf trockenem Land baute er eine Arche mit drei Stockwerken, einem Dach und einer Tür.

Dann sprach der Herr: »Geht in die Arche hinein, du und deine Frau, deine Söhne und auch ihre Frauen. Nehmt von allen reinen Tieren sieben Paare und je ein Paar von den unreinen Tieren, immer Männchen und Weibchen zusammen. Und du sollst genug zu essen mitnehmen, damit ihr trotz allem, was ich auf der Erde anrichten werde, am Leben bleibt.

Denn von heute an in sieben Tagen will ich es regnen lassen, und alles Leben, das ich geschaffen habe, soll vom Erdboden vertilgt werden.«

Und wieder gehorchte Noah. In Paaren trieb er die laufenden, kriechenden und fliegenden Tiere in die Arche hinein. Danach gingen seine Söhne, Sem, Ham und Jafet, samt ihren Frauen hinein, gefolgt von Noahs Frau und schließlich Noah selbst. Und Gott, der Herr, versiegelte die Tür.

Am siebzehnten Tag des zweiten Monats im sechshundertsten Lebensjahr Noahs taten sich die mächtigen Brunnen der Tiefe auf und Wasser schoss aus ihnen hervor. Auch die Wassermassen des Himmels ergossen sich über die Erde. Vierzig Tage und vierzig Nächte lang toste das Wasser in wilden Sturzbächen und Wellen über das Land und die Meere. Die Arche wurde immer höher getragen, höher noch als die Berge, bis diese ganz bedeckt waren und es auf der Erde nichts als Wasser mehr gab.

Da gingen alle Lebewesen, die sich noch auf der Erde regten, unter

– alle Vögel, alles Vieh, alle wilden Tiere und alle Menschen. Alles, was Luft zum Atmen brauchte, starb. Nur Noah und alle, die bei ihm in der Arche waren, wurden verschont.

Nach vierzig Tagen fiel kein Regen mehr. Das Wasser aber bedeckte weiterhin die Erde. Doch Gott dachte an Noah.

Er schickte einen starken Wind, der über die Erde fegte und das Wasser vom Land vertrieb.

Im siebten Monat blieb die Arche auf der Spitze des Berges Ararat liegen. Noah öffnete die Tür und spürte den Wind auf seiner Haut.

Und er schickte eine Taube hinaus, aber die Taube kehrte zur Arche zurück und ließ sich am Fenster nieder. Sie hatte keinen trockenen Platz gefunden.

Da wartete Noah nochmals sieben Tage und schickte dann die Taube erneut los. Wieder kehrte sie zurück, doch jetzt trug sie das Blatt eines Olivenbaums im Schnabel. Nach einer weiteren Woche sandte Noah die Taube zum dritten Mal aus. Diesmal kam sie nicht wieder.

Da sprach Gott, der Herr, zu Noah: »Mach die Arche auf und lass alle Tiere frei, damit sie sich vermehren und die Erde bevölkern. Und auch du und deine Familie, Noah, geht hinaus! Seid fruchtbar und vermehrt euch.«

Und Noah öffnete die Tür, und zusammen mit seiner Familie ging er hinaus, baute einen Altar und opferte dem Herrn von allen reinen Tieren.

Da sprach der Herr: »Von jetzt an will ich die Erde nicht mehr verfluchen. Nie wieder werde ich alles Leben auf der Erde auslöschen. Solange die Erde steht, sollen nicht aufhören Saat und Ernte, Frost und Hitze, Sommer und Winter, Tag und Nacht.«

Und Gott segnete Noah und dessen Kinder mit den Worten: »Alles, was sich regt und lebt, das sei eure Speise. Nur blutiges Fleisch sollt ihr nicht essen, denn Blut bedeutet Leben. Und das Leben gehört mir. Deshalb sage ich: Wer Menschenblut vergießt, dessen Blut soll auch durch Menschen vergossen werden, denn ich habe den Menschen als mein Ebenbild gemacht!«

Dann sprach Gott weiter zu Noah: »Siehe, ich errichte mit dir und mit deinen Nachkommen einen Bund, dass nie wieder alles Leben durch das Wasser einer Sintflut vernichtet werden soll. Und hier ist ein Zeichen des Bundes, den ich zwischen mir und euch für alle Zeiten geschlossen habe: Ich setze meinen Bogen in die Wolken. Wenn ich Wolken über die Erde schicke und der Bogen darin sichtbar ist, denke ich an meinen Bund, einen immer währenden Bund zwischen Gott und allen Lebewesen.«

Die nach Noah kommenden Generationen vermehrten sich und breiteten sich aus. Sie sprachen eine gemeinsame Sprache. Eine Familie nach der anderen zogen sie nach Osten, bis sie eine fruchtbare Ebene in Schinar fanden, wo sie sich niederließen.

»Kommt«, sagten sie, »lasst uns Ziegel machen.«

Sie brannten die Ziegel im Feuer und fügten sie mit Mörtel aus Bitumen zusammen. Dann sagten sie: »Lasst uns eine Stadt und einen Turm bauen, dessen Spitze bis an den Himmel reicht, damit wir uns einen Namen machen, denn wir werden sonst in alle Länder zerstreut.«

Also machten sich die Menschen an die Arbeit und bauten ein Denkmal, das von der Ebene bis an den Himmel reichte.

Da kam der Herr auf die Erde, um zu sehen, was die Menschen bauten.

Als er das Bauwerk sah, sprach der Herr: »Sie sind alle ein Volk und sprechen dieselbe Sprache. Und dieser Turmbau ist erst der Anfang. Bald wird ihnen nichts mehr unmöglich erscheinen!«

Und der Herr sprach: »Ich will herniederfahren und ihre Sprache verwirren, sodass keiner mehr den anderen versteht!«

Darum heißt diese Stadt »Babel«, weil der Herr dort die Sprache der Menschen verwirrte. Sie arbeiteten nicht mehr zusammen, wohnten und bauten ebenfalls getrennt. Wie Staub zerstreute sich das Volk über die ganze Erde.

Die letzten Worte klingen noch in den Köpfen der Zuhörer nach, da spricht Esra auch schon mit lauter Stimme weiter. »Zweimal!« Er hält inne.

»Zweimal«, wiederholt er, »hat der Schöpfer einen Bund mit den Völkern der Erde geschlossen. Sein zweiter Bund mit Noah und dessen Nachkommen galt für immer. Auch der erste Bund sollte ewig dauern, doch er wurde von den Menschen gebrochen.

Was dann?

Was geschah danach?

Was konnte Gott, der Herr, schon mit jenen Völkern tun, die er erschaffen hatte und die jetzt in Stämme, Sprachen, Völker und Länder zerteilt waren?

Ach, Juda, weißt du es denn nicht? Entsinnst du dich nicht mehr der Taten des Herrn? Israel, weißt du denn wirklich nicht, wer du bist?

Gott wählte einen Mann aus, mit dem er wiederum einen Bund schloss – und mit diesem Mann wählte er auch sein Volk!«

Die plötzliche Leidenschaft, mit der der sonst so bedächtige Priester jetzt spricht, raubt Nehemia fast den Atem. Esra ist am Ziel seiner Predigt angelangt. Jetzt ist er nicht mehr müde, sondern voller Energie. Wieder senkt er nun den Blick und liest weiter:

Als Abram neunundneunzig Jahre alt war, erschien ihm der Herr und sprach: »Ich bin der allmächtige Gott! Geh auf meinem Weg und sei ohne Schuld. Und ich werde einen Bund schließen zwischen mir und dir und dich vermehren über alle Maßen.«

Und Abram fiel mit dem Gesicht zu Boden und Gott sprach zu ihm: »In dir ist mein Bund. Darum sollst du nicht mehr Abram heißen, sondern Abraham, denn ich habe dich zum Vater unzähliger Völker gemacht. Und ich will dich fruchtbar machen und will aus dir Völker erstehen lassen, und auch Könige sollen von dir abstammen. Und ich will meinen immer währenden Bund mit dir und deinen Nachkommen von Geschlecht zu Geschlecht aufrechterhalten. Und ich will dir und deinen Nachkommen nach dir das Land geben, in dem ihr wohnt, das ganze Land Kanaan soll euch für immer gehören und ich will euer Gott sein.«

Esra blickt auf. »Und wer«, ruft er. »sind die Nachkommen Abrahams? Könnt ihr mir das sagen? Und könnt ihr mir dann sagen, welches Volk diesen immer währenden Bund mit Gott hat? Die Moabiter sind die Nachfahren von Lot, Abrahams Vetter. Die Ammoniter ebenfalls. Erinnern sie sich an Abrahams Bund? Nein.

Die Ischmaeliter sind Kinder Abrahams. Aber entsinnen sie sich auch des Bundes? Erinnert sich irgendjemand überhaupt noch an *sie*?

Esau war auch ein Enkel von Abraham. Seine Kinder waren die Edomiter, die heute noch südlich von uns in Hebron leben, dort wo Abraham seine Zelte aufschlug. Doch entsinnen sie sich des Bundes?

Sagt mir: Mit wem wurde der Bund geschlossen?

Abrahams anderer Enkelsohn hieß Jakob, dem Gott den Namen Israel gab. Israel! Gott erneuerte seinen Bund mit Israel! Und als Gott Israel zu sich nahm, war er nicht mehr nur ein Mann, sondern ein Volk, eine Nation, die Gott aus den Händen Ägyptens, wo sie in Gefangenschaft lebten, befreit hat.

Du, Israel! Du, Juda!«

Fragt nach den vergangenen Tagen, seit dem Tag, an dem Gott die Menschen auf der Erde erschuf – dieses Mal zitiert Esra das Buch Mose aus dem Gedächtnis heraus, und seine Stimme klingt bewegt, als er die Worte spricht:

Fragt von einem Ende des Himmels bis zum anderen, ob es jemals etwas so Großartiges gegeben hat. Hat jemals ein Gott ein Volk vor allen anderen erwählt und beschützt, durch Bedrängnis, durch Zeichen und durch Wunder, durch Krieg, durch seine mächtige Hand und durch seinen ausgestreckten Arm oder durch große, furchtbare Taten, wie der Herr sie vor euren eigenen Augen für euch in Ägypten vollbracht hat? Euch wurde es gezeigt, damit ihr wisst, dass der Herr

Gott ist und dass es keinen außer ihm gibt. Deshalb müsst ihr seine Gebote und Gesetze befolgen, damit es euch und euren Nachfahren wohl ergeht und ihr die Tage in jenem Land, das der Herr euch gegeben hat, verlängern mögt.

»Also Juda« – Esra beugt sich vor und flüstert die nächsten Worte – »ergeht es dir wohl, Juda? Gehört dir das Land, das Gott dir geschenkt hat? Nein? Warum nicht?«

Esra zitiert weiter:

Beim Berg Sinai schloss der Herr einen Bund mit uns. Von Angesicht zu Angesicht sprach er mit uns aus der Mitte des Feuers.

Er sagte: »*Ich bin der Herr, dein Gott, der dich aus dem Land Ägypten, aus der Knechtschaft geführt hat. Du sollst keine anderen Götter neben mir haben.*«

Und weiter sprach er: »*Du sollst heilig sein, denn ich, der Herr, dein Gott, bin heilig! Achte den Sabbattag, damit du ihn heiligst. Du sollst deinen Vater und deine Mutter ehren, denn ich bin der Herr, dein Gott.*

Du sollst dir kein Bildnis noch irgendein gebranntes Abbild machen, denn ich bin der Herr, dein Gott.

Wenn du die Früchte der Felder heimträgst, so sollst du nicht bis zum Rand ernten. Du sollst die Weinberge nicht kahl ernten noch die gefallenen Trauben auflesen. Diese sollst du den Armen und den Umherziehenden lassen, denn ich bin der Herr, dein Gott.

Du sollst nicht stehlen oder betrügen und auch keine Lügen verbreiten. Du sollst nicht falsch schwören bei dem Namen des Herrn, deines Gottes. Ich bin der Herr.

Du sollst deinen Nachbarn nicht bedrängen oder bestehlen. Du sollst weder den Tauben verfluchen noch einen Stolperstein in den Weg des Blinden legen, sondern sollst den Herrn fürchten. Ich bin der Herr.

Du sollst nicht als Verleumder in deinem Volk leben. Ich bin der Herr.

Du sollst im Herzen weder Bruder noch Schwester hassen, sondern sollst Gerechtigkeit mit deinen Nachbarn suchen, damit du dich nicht um ihretwillen versündigst. Du sollst keine Rache suchen oder Groll hegen gegen Söhne oder Töchter deines Volkes, sondern du sollst deinen Nachbarn lieben wie dich selbst. Ich bin der Herr.

Da hält Esra inne. Ein Geräusch steigt vom Hof zu ihm hinauf, leise wie ein plätschernder Bach. Einen Augenblick lang ist der Priester verdutzt. Doch Nehemia, der unter den Zuhörern ist, kennt die Ursache für diese Laute.

Das Volk Juda weint.

Kein Aufschrei, keine lauten Klagen – stille Trauer liegt über dem Volk.

»Ja«, murmelt Esra, »ihr wisst es nun. Der Bund gilt auch heute noch, wie am ersten Tag. Er galt für Abraham, Isaak und Jakob, für Mose am Sinai. Er galt für David, als er das Land endgültig einnahm, und er gilt für euch. Gott hat einen Bund mit euch – haltet ihn!«

Doch die Menschen hören nicht auf zu weinen. Jahrhunderte der Trauer finden in den Tränen des Volkes ihren Ausdruck.

Du sollst heilig sein, heilig, heilig – denn ich, der Herr, dein Gott, bin heilig.

Esra steigt von der Plattform herab. Er geht durch die Menschenmenge und tröstet die Menschen. »Ruhig«, sagt er immer wieder, »trauert nicht, weint nicht. Dieser Tag ist dem Herrn, euerm Gott, heilig.«

Der Priester kommt nur langsam voran, so viele Menschen brauchen seinen Zuspruch. Bald knien in der Menge auch andere aus seiner Gefolgschaft, Juden, Leviten und Nehemia selbst, und trösten die Menschen.

»Geht nun«, sagt Esra, »und esst die gemästeten Tiere, trinkt süßen Wein und gebt auch den Armen davon ab. Dieser Tag ist dem Herrn heilig. Seid nicht bekümmert, denn die Freude des Herrn ist eure Stärke!«

Es ist früh am Nachmittag. Die Menschen erheben sich und

gehorchen Esra. Sie essen und trinken und lassen diejenigen, die nichts haben, an dem Mahl teilhaben. Und bald breitet sich Freude in Jerusalem aus, weil die Menschen die Worte verstanden haben, die zu ihnen gesprochen wurden.
So geht der Tag der Lesung zu Ende.

Wie lange dauert es, Buße zu tun? Wenn bestimmte Sünden sich über Jahrhunderte fortgesetzt haben und die Menschen sich die ganze Zeit über dieser Sünden gar nicht bewusst waren, hört dann die Sünde plötzlich auf? Folgen dann hundert Jahre der Gerechtigkeit? Oder stirbt die Trauer in der Dämmerung des nächsten Tages?

Die Tränen des Volkes machen Nehemia Mut. Doch er ist ein Realist. Und in den nächsten Monaten nutzt er seine Stellung im Volk, um die Bußfertigkeit der Juden in tatsächlichen Gehorsam zu verwandeln.

Vernachlässigen die Leviten ihre Pflichten im Tempel? Ja, weil die Schatzkammern leer sind. Sie erhalten keine ausreichenden Spenden, um den eigenen Lebensunterhalt bestreiten zu können, also suchen sie andere Arbeit. Und der Tempel zerfällt langsam.

Nehemia löst das Problem mit einem Erlass. Er verlangt, dass ein Zehntel aller Güter überall im Land eingesammelt wird. Um das Geld zu verwalten, ernennt er vertrauenswürdige Männer zu Schatzmeistern. Und er befiehlt, dass die Leviten zu ihren heiligen Pflichten zurückkehren.

Hat Esra dem Volk vorgeworfen, die Gesetze des Sabbats gebrochen zu haben? Gut. Nehemia wartet genau einen Monat, vier Sabbattage, um zu sehen, ob die Worte des Priesters auch tatsächlich eine Wirkung zeigen. Als diese ausbleibt, ordnet er an, dass die Tore

Jerusalems verschlossen werden und einen ganzen Sabbat lang verriegelt bleiben, um den Handel zu unterbinden und gottesfürchtige Ruhe zu erzwingen.

Am nächsten Sabbat aber bauen die Händler den Markt einfach vor der Stadt auf. Nehemia ist außer sich vor Wut. Er öffnet ein Tor, reitet in einem von bewaffneten Soldaten umgebenen goldenen Wagen hindurch, droht jedem Händler mit Verhaftung und vertreibt sie.

Dann findet Nehemia heraus, dass der Enkel eines Hohen Priesters sich von seiner Frau getrennt hat, um eine andere zu heiraten. Die erste Ehe hielt kaum zwei Jahre. Die zweite Ehe ist erst vor kurzem geschlossen worden, weniger als drei Monate nach der Lesung aus dem Gesetz. Die zweite Braut ist aber keine Jüdin. Sie ist Samariterin und mit einer prächtigen Mitgift ausgestattet. Und als wäre dies nicht genug, so ist sie auch noch die Tochter von Sanballat, dem Statthalter Samarias.

Mit welchem Erlass kann Nehemia dagegen etwas ausrichten?

Er besucht den Priester Esra, und lange reden sie hinter verschlossenen Türen.

Es ist Abend. Kalter Schneeregen peitscht durch die Lüfte. Dennoch sitzt ein Mann auf dem nassen Boden vor dem Tempel und stöhnt leise vor sich hin. Seine Kleidung ist zerrissen, sein Haar dreckig. Wasser rinnt über sein Gesicht. Seine Augen sind von schwarzen Ringen umrahmt.

Eine Menge hat sich um ihn geschart. Die Menschen blicken ihn voller Mitleid und Sorge an – sie lieben und verehren ihn. Sie hatten immer gedacht, dass es ihm gut ginge, weil sie Buße taten, nachdem er ihnen aus dem Gesetz vorgelesen hatte. Sie taten Buße und er hatte sie getröstet.

Doch hier ist Esra in einem erbärmlichen Zustand und niemand kann ihn überreden, aufzustehen und hineinzugehen. Er hat lange nichts gegessen oder getrunken. Immer wieder stöhnt er auf. Je länger er sich so erniedrigt, desto hilfloser fühlen sich die Menschen, verwirrt und traurig.

Schließlich fragt ein Kind den Priester: »Was machst du da?«

Und er erwidert: »Ich beweine die Treulosigkeit Judas.«

Diese unerwartete Antwort rüttelt die Menschen schlagartig auf.

»Was? *Unsere* Treulosigkeit?«

»Ja, eure! Habt ihr nicht gehört, wer den Bund des Herrn in sich trägt? Ich dachte, ihr hättet es verstanden! Trotzdem habt ihr euch nicht von denen abgewendet, die Greueltaten verüben. Ihr heiratet Ammoniter, Moabiter, Ägypter und Samariter.«

Esra senkt den Kopf. Der Wind peitscht noch erbarmungsloser durch den Tempelhof. Die Menschen ziehen ihre Mäntel über die Köpfe und fühlen sich schlimmer als hilflos: verängstigt.

Schließlich spricht Schechanja, Sohn des Jehiël: »Wir haben die Gebote Gottes missachtet, aber kann es nicht trotzdem Hoffnung für Israel geben? Esra, Priester, hilf uns, einen Bund mit Gott zu schließen, dass wir unsere ausländischen Frauen wegschicken. Bitte übernimm diese Aufgabe. Erhebe dich und sei stark! Es soll alles nach dem Gesetz geschehen.«

Nehemia, der in der letzten Reihe der Menge steht, hört die Bitte Schechanjas und macht sie sofort zu einem Erlass.

In jener Nacht ergeht ein Befehl in ganz Juda, dass sich innerhalb von drei Tagen alle Menschen in Jerusalem vorstellen müssen. Ansonsten werde ihnen ihr Hab und Gut weggenommen und sie würden aus der Gemeinschaft der Juden ausgeschlossen.

Am zwanzigsten Tag des neunten Monats desselben Jahres prasselt ein eisiger Wolkenbruch von morgens bis abends ohne Erbarmen auf Jerusalem nieder. Bis ins Mark frieren die Menschen, und doch drängt sich das Volk in den überfüllten Hof hinein. Die Straßen der Stadt sind so voll, dass sich niemand bewegen kann. Vor Kälte und Angst zitternd hat sich Juda versammelt, um Esra ein zweites Mal zuzuhören.

»Ihr habt euch versündigt, indem ihr Frauen aus anderen Völkern geheiratet und so die Schuld Israels vergrößert habt«, spricht der Priester. »Nun bekennt eure Sünden vor dem Herrn und gehorcht seinem Willen. Kehrt euch von den anderen Völkern und ihren Göttern ab und trennt euch von euren fremden Frauen.«

Der Himmel verfinstert sich. Der Regen wird stärker. Die Menschen sind inzwischen bis auf die Haut durchnässt. Der Atem der Menge hängt sichtbar wie grauer Nebel in der kalten Luft und verteilt sich mit den Worten des Volkes.

»Wenn es so ist . . .«, sagen sie und ihre Stimmen klingen so, als würde Jerusalem selbst vor Trauer aufstöhnen, ». . . dann müssen wir tun, was du gesagt hast. Jeder, der eine fremde Frau geheiratet hat, soll vor die Ältesten und die Richter treten und die Frau fortschicken, bis die Wut des Herrn besänftigt ist.«

Der kalte Regen lässt nur selten einen Blitz aufleuchten.

Nehemia jedoch hebt seinen Blick zu den schweren Wolken. Ihm ist so, als hätte er einen Donnerschlag, ein Raunen im Himmel gehört.

29

Die Sehnsucht

Ein Orakel

Freu dich, Tochter Zions!
Rufe laut, Tochter Jerusalems!
Sieh her, dein König kommt zu dir,
gerecht und siegreich.
Demütig reitet er auf einem Esel,
auf dem Fohlen eines Esels.

Er verkündet Frieden den Nationen,
und seine Herrschaft reicht von Meer zu Meer
und vom Strom aus über die ganze Erde.

Weil ich einen Bund mit dir geschlossen habe,
setze ich deine Gefangenen frei.
Juda, du bist mein Bogen, fest gespannt,
du, Ephraim, mein Pfeil,
deine Söhne nehme ich, Zion,
und führe dich wie das Schwert eines Kriegers.

Dann wird der Herr ihnen erscheinen,
sein Pfeil wird fahren wie der Blitz.
Gott, der Herr, lässt das Horn erschallen
und kommt in den Stürmen des Südens.

An jenem Tag wird Gott die Menschen seines Volkes erretten,
denn sie sind seine Schafe
und wie Juwelen in seiner Krone,
die über dem ganzen Land funkeln.

Wahrlich, wie schön und anmutig wird das Volk sein!
Getreide lässt die jungen Männer wachsen,
und Most tut den Mädchen gut.

Ein Orakel

So spricht der Herr, der den Himmel ausbreitete und die Erde erschuf, der dem Menschen den Atem des Lebens einhauchte. Sieh her, bald werde ich Jerusalem in einen Kelch der Trunkenheit für alle umliegenden Völker verwandeln!

An jenem Tag wird Jerusalem ein schwerer Stein für alle Völker sein. Alle, die ihn zu heben versuchen, werden sich ernsthaft verletzen. Und alle Länder der Erde werden sich zusammenschließen und sich gegen die Stadt erheben.

An jenem Tag, spricht der Herr, werde ich jedes Pferd mit Furcht schlagen und jeden Reiter mit Wahnsinn. Meine Augen werden für den Stamm Juda offen bleiben. An jenem Tag wird der Stamm Juda sagen: »Die Bewohner Jerusalems erhalten ihre Kraft von dem allmächtigen Gott.«

An jenem Tag verwandle ich den Stamm Judas in einen brennenden Topf mitten im Wald, in eine lodernde Fackel inmitten der Garben. Und sie werden alle Völker zur Rechten und zur Linken verzehren, während Jerusalem voller Menschen bleiben wird.

An jenem Tag wird der Herr einen Schild um die Bewohner Jerusalems stellen, dass der Schwächste unter ihnen David gleichen wird.

Das Haus Davids wird Gott gleich sein, wie der Engel des Herrn, der die Bewohner anführt.

Und ich werde über das Haus Davids und die Bewohner Jerusalems einen Geist der Gnade und des Flehens ausgießen. Dann werden sie jene ansehen, die sie getötet haben und werden um sie trauern, wie man nur um seine Kinder trauert, und werden sie beweinen, wie man nur den Erstgeborenen beweint.

An jenem Tag wird sich ein Brunnen für das Haus Davids und die Bewohner Jerusalems auftun, damit sie sich von ihren Sünden und Unreinheiten rein waschen.

An jenem Tag werden aus Jerusalem lebendige Wasser fließen, die eine Hälfte zum östlichen, die andere zum westlichen Meer, im Sommer wie im Winter wird es so geschehen.

Und der Herr wird König der gesamten Erde sein. An jenem Tage wird der Herr einzig sein, und auch sein Name wird einzig sein.

Der Psalmist singt für alle Völker

Ich warte auf den Herrn, meine Seele wartet,
und auf sein Wort vertraue ich.
Meine Seele wartet auf den Herrn,
mehr als jene, die auf den Morgen harren –
ja, mehr als jene, die auf den Morgen harren.

Achter Teil

Der Messias

30

Zacharias

Fünf Schritte nur, dann war der alte Mann mit den kräftigen Unterarmen bei der Werkstatt hinter seinem kleinen Haus. Der niedrige steinerne Schuppen, dessen Mauern im Inneren rußgeschwärzt waren, hatte nur drei Wände und war zur Südseite hin offen. Drinnen lagen auf Wandbrettern Hämmer, Zangen, Gussformen, kleine Schmelztiegel, Gießlöffel und Tongefäße mit Nägeln. Die ganze Werkstatt war voll von Nägeln aller Art.

Auf einem Steinfundament in der Mitte des Raumes lag ein massiver Metallklotz, aus dessen einer Kante verschieden große Vertiefungen herausgearbeitet waren; seine Oberfläche hingegen war glatt und glänzend. Drei Generationen von Nagelschmieden hatte er schon als Amboss gedient, und er selbst hatte ihn vor über fünfzig Jahren bekommen. Der Meister, der ihn sein Handwerk gelehrt hatte, hatte ihm diesen Amboss vermacht.

An der Rückwand des Schuppens befand sich eine aus Ziegeln gemauerte Esse, in der bereits das Schmiedefeuer brannte. Der Alte trat die Pedale eines ledernen Blasebalgs, um so die Weißglut hervorzubringen. Dann schob er mit einer Zange einen vierkantigen, spannenlangen Rohling ins Feuer. Als das eine Ende rot glühte, zog der Schmied ihn wieder heraus und legte ihn auf den Amboss. Er nahm einen Hammer und ließ ihn mit derartiger Wucht niederfahren, dass die Werkstatt sowie Körper und Gesicht des Alten mit Funken übersät wurden.

Das Gesicht des Nagelschmieds Zacharias war zerfurcht, seine Wangen voll von Narben. Er hatte weder Augenbrauen noch Behaarung auf den Unterarmen, und seine Finger waren stets schwielig und dick; sein Oberkörper aber war noch genauso kräftig wie vor fünfzig Jahren. Neunzehn war er damals gewesen, als sein Meister gestorben war und er seine eigene Werkstatt eröffnet hatte.

Mit kraftvollen, gleichmäßigen Schlägen flachte er den Rohling zu einem Ende hin ab und formte dieses dann zu einer Spitze. Sechs solcher Rohlinge hatte er gegossen. Heute fertigte er sie zu Nägeln.

Jerusalem war in jüngster Zeit von einem aufrührerischen Geist durchweht worden. Um ihre eigene Position für den Tag zu festigen, an dem der König starb, hatten die Kinder und Enkel von König Herodes Aufstände angefacht. Augustus hatte daher befohlen, dass eine Reihe von Herodes' Söhnen vor ein kaiserliches Gericht gestellt wurde – und da Rom seine Verbrecher durch Kreuzigung hinrichtete, hatte Herodes persönlich sechs neue Nägel bei Zacharias in Auftrag gegeben. Jeder der Nägel sollte eine Spanne lang sein, was dem Abstand zwischen Daumenkuppe und Spitze des kleinen Fingers eines erwachsenen Mannes entsprach, wenn dieser die Hand so weit spreizte, wie es ging.

Herodes war Idumäer und somit ein Abkömmling der Edomiter, die vor etlichen Jahrhunderten nach Judäa gezogen waren und ihren Wohnsitz in der Gegend um Hebron genommen hatten. Während der letzten hundert Jahre hatten sie sich zwar zu den jüdischen Bräuchen bekehrt, doch die Juden wollten sie nicht so recht als Verwandte und Mitglieder derselben Glaubensgemeinschaft akzeptieren. Sie mochten nicht glauben, dass ihre Bekehrung – und gerade die von Herodes – aus einem anderen Grunde als aus Eigennutz erfolgt war.

Tatsächlich gewann Herodes die Macht über Jerusalem, indem er die Stadt belagerte – was natürlich kaum Liebe oder Ergebenheit in ihren Bewohnern weckte. Schlimmer noch – er kam mit der Unterstützung Roms: Mark Anton, Herrscher über die römischen Besitzungen in Asien, und Oktavian, der künftige Kaiser Augustus, hatten den römischen Senat dazu bewegt, Herodes zum König von Judäa, Samaria und Idumäa zu krönen. So kam er nicht als Freund, sondern als Eroberer.

Während der Belagerung Jerusalems versuchte Herodes seine neuen Untertanen durch eine Hochzeit zu besänftigen. Er verheiratete sich mit einer Hasmonäerin, einer Frau, aus deren Familie während des vergangenen Jahrhunderts in Judäa Priester und Herrscher hervorgegangen waren. Ihr Name war Mariamne, und sie war von rein jüdischer Abstammung und die Tochter des Hohen Priesters.

In einer verschwenderischen Geste erwarb Herodes für seine Braut ein elegantes Perlenhalsband, das auf Elefanten den weiten Weg aus Indien gekommen war. Er legte es in eine glänzende Ebenholzschatulle aus Oberägypten, der allerdings Scharniere und Nägel fehlten. Da sich sein Feldlager wegen der Belagerung im Hügelland Judäas befand, war er auf die Handwerker jener Gegend angewiesen. König Herodes machte daher einen unbekannten Nagelschmied – einen sechsunddreißigjährigen, unvermögenden Menschen – ausfindig, der zwölf winzige Bronzenägel für ihn herstellte und sie überdies mit so glatter und herrlicher Goldfolie belegte, dass Mariamne sich bezaubern ließ. Der König sollte Zacharias nie vergessen.

In den Jahren nach der Belagerung befestigte Herodes seine Macht mit Hilfe von Gewalt und Intrigen. Als er endlich einen gespannten Frieden in der Region geschaffen hatte, schickte er sich an, Jerusalem in großem Stil umzubauen. Viele dieser Arbeiten erregten den Ärger der Juden. Er ließ in der Stadt ein heidnisches Theater sowie ein Amphitheater in ihrer unmittelbaren Umgebung errichten. Er eröffnete zu Ehren von Kaiser Augustus athletische

Spiele, bei denen die jungen Männer nackt gegeneinander kämpften. Er begann, für sich selbst einen großartigen Palast zu bauen – und er schickte zwei der Söhne Mariamnes nach Rom, um sich dort »der Gesellschaft des Kaisers zu erfreuen«, wie er sagte. Dort wurden seine Söhne, der eigenen Bedeutung angemessen, mehr römisch als jüdisch erzogen.

Allerdings beging er auch eine ruhmreiche Tat, für die kein Jude ihn tadeln mochte. Er ließ den kleinen, zweckbetonten Tempel, der fünfhundertundzehn Jahre – seit dem Ende des Exils – gestanden hatte, abreißen und verdoppelte die Größe der Terrasse auf dem Tempelberg. Er ließ den neu entstandenen großen Platz, an dessen Ostseite Salomos Halle lag, von allen Seiten mit Säulengängen umbauen. Über die ganze Südseite erstreckte sich die königliche Halle. Sie bestand aus vier Säulenreihen, die zusammen drei Gänge bildeten, und über diesen spannte sich in über dreißig Meter Höhe die Decke.

Herodes begann den Tempel des Herrn umzubauen. Das neu erstehende, leuchtend weiße Gebäude strahlte heller als alles, was Salomo je ersonnen hatte. Die jüdischen Gelehrten, die den Fortgang dieses Wunders verfolgten, sagten: »Er leistet Sühne für seine Sünden.«

Am Tag der Tempelweihe – bis zur Fertigstellung des Vorhabens sollten allerdings noch Jahre vergehen – war Jerusalem voll von Gelehrten, Pilgern und Priestern, die ein Freudenfest begingen.

Herodes selbst brachte dreihundert Ochsen als Opfer dar. Von der Höhe seines königlichen Baldachins aus betrachtete er zufrieden die prächtige, fromme Versammlung. Die Leviten bliesen auf ihren Widderhörnern und sangen; Musikinstrumente erklangen, dröhnten, zerschnitten die Luft; der große Altar spie Fett und verzehrte die fetten Teile des Opfers, während weißer Rauch und der süßliche Geruch von bratendem Fleisch von ihm emporstiegen. Den ganzen Tag über schlachteten Priester auf dem Steinboden vor dem Altar Opfertiere.

Aber ein Priester erregte die Aufmerksamkeit des Königs ganz besonders – ein älterer, aber nichtsdestotrotz kräftiger Mann: Mit seiner Linken packte er den Ochsen bei den Hörnern und riss den mächtigen Kopf zurück, um so seine Kehle freizulegen. Mit dem Messer in seiner Rechten öffnete er sodann gekonnt eine Arterie und ließ die ersten Strahlen Blut gezielt in eine Schale fließen. Das restliche Blut rann durch Vertiefungen im Boden zu einem Netz von Kanälen, durch die das Blut zum Kidrontal geleitet wurde.

Herodes fiel auf, dass der Priester weinte. Tränen liefen über sein Gesicht, während er ohne Anzeichen von Ermüdung Tier um Tier schlachtete. Sein Gesicht war von Narben und Wunden übersät, der Bart schütter, die Oberarme kräftig – welch ein Gegensatz dazu sein mitfühlendes Weinen!

»Wer ist das?«, wollte Herodes von den Priestern an seiner Seite wissen.

Sie schauten und sagten: »Zacharias, ein Priester der Gruppe Abija.«

Der König betrachtete den weinenden Priester, der ihm irgendwie bekannt vorkam, genauer. »Zacharias?«, fragte er. »Der Nagelschmied aus den Bergen Judäas?«

»Ja, genau der.«

König Herodes ermordete Mariamne, seine Frau.

Ihr jüngerer Bruder war ohne seine Zustimmung in Jerusalem zum Hohen Priester bestimmt worden. Der Junge war ein Hasmonäer von gerade einmal sechzehn Jahren: Ganz eindeutig war seine Erhebung ein politischer Schritt, der Herodes' Autorität untergraben sollte. Und als der junge Mann sein erstes Erntefest leitete, war die Bewunderung, die ihm entgegenschlug, so groß, dass Herodes beschloss, dieser Beliebtheit und dem Leben des Mannes ein Ende zu machen.

Er lud seinen Schwager ein, ihn zu den Teichen von Jericho zu begleiten. Der Sommer war heiß, das Wasser kühl, und der König wusste seine Freunde standesgemäß zu unterhalten. Der Junge nahm die Einladung an.

Eines Nachmittags badeten die Gäste in den Teichen des Königs und das Spielen und Lachen vor allem der Kinder und Jugendlichen erfüllte den Garten. König Herodes schwamm zu dem jungen Hohen Priester und drückte ihn wie im Spiel unter Wasser. Der Knabe tauchte nie mehr lebend auf.

Während der folgenden Monate weigerte Mariamnes Mutter sich, den Tod ihres Sohnes hinzunehmen. Sie bezichtigte Herodes des Mordes und sandte ihre Anklage nach Ägypten zu Kleopatra und Mark Anton. Diese bestellten den König zu sich, um ihn Rechenschaft ablegen zu lassen; und obwohl er es mit Beredsamkeit und Bestechung schaffte, die Freundschaft Roms zu bewahren, war er doch sehr gegen die Hasmonäer aufgebracht. Er verachtete seine Schwiegermutter und schenkte den Gerüchten, die ihm über seine Frau zugetragen wurden, nur allzu bereitwillig Glauben.

Der geringste Anlass genügte ihm, seine Schwiegermutter ermorden zu lassen. Doch dann wurde er von Eifersucht gepackt. Mariamne war eine schöne Frau. Römer wie Juden machten ihr den Hof. Eines Tages raunte Herodes' Schwester Salome ihm etwas von einem Ehebruch seiner Frau zu, und am nächsten Tag schon ließ er seine Frau ermorden.

Doch der Tod seiner Frau sollte stets auf ihm lasten.

Es war nicht das Verbrechen, das ihn bedrückte, sondern ihre Abwesenheit; denn er konnte nie aufhören, sie zu lieben.

Mariamnes Söhne hießen Alexander und Aristobul. Sie waren zwar nicht die ältesten Söhne von Herodes, aber die einzigen unter seinen Nachkommen, in deren Adern hasmonäisches Blut floss. Daraus glaubten sie das Recht ableiten zu können, ihren Vater auf dem Thron zu beerben. Sie kehrten aus Rom zurück, um sich um ihre Belange zu kümmern.

In demselben Jahr, in dem Herodes' neuer Tempel geweiht

wurde, begannen Alexander und Aristobul offen nach der Macht zu greifen. Sie intrigierten gegen die anderen Kinder von Herodes; sie logen und waren voller Heimtücke, schmiedeten gemeinsam mit anderen Mächtigen Pläne – und dabei schienen ihre Ansprüche immer nachdrücklicher zu werden. Herodes fürchtete, dass sie mehr wollten als nur die Thronfolge: einen Aufruhr, bei dem sie ihm noch zu seinen Lebzeiten die Krone vom Kopf reißen wollten.

So ließ er, nachdem er den Rat von Kaiser Augustus eingeholt hatte, die beiden Söhne Mariamnes verhaften, einkerkern und vor ein römisches Gericht stellen.

Der Prozess dauerte über ein Jahr, und als er zu Ende ging, bestellte König Herodes die Nägel.

Vielleicht spielte dabei der Gedanke an unschuldigere Zeiten zwischen ihm und ihrer Mutter Mariamne eine Rolle, als er ihr noch Geschenke aus Indien und Ägypten gemacht hatte; vielleicht war sein Herz schwarz vor Ironie; möglich auch, dass er sich nur zufällig erinnerte – was immer sein Beweggrund dabei gewesen sein mochte: Er gab bei Zacharias, dem Nagelschmied, sechs brandneue spannenlange Nägel in Auftrag, um damit seine Söhne zu kreuzigen.

Eines Vormittags stand in Galiläa, im gut drei Tagesreisen nördlich von Jerusalem gelegenen Dorf Nazareth, ein Mann mittleren Alters in geduckter Haltung vor der Tür eines kleinen steinernen Hauses. Immer wieder strich er mit der Hand über den rechten Türpfosten und brummte dabei in sich hinein: »Hmmm.«

Der Pfosten war alt. Das Holz war an den Stellen, wo frühere Türangeln herausgerissen worden waren, stark beschädigt. Die Tür selbst passte nur schlecht, war seit langem verzogen, hatte unter dem Nagen und den Tritten von Tieren gelitten und wetterbedingtes Ausdehnen und Zusammenziehen aushalten müssen. Die Spalten waren geschwärzt. Wenn das Gitter aufgerissen war, drang der häusliche Rauch nicht nur durch die Fenster, sondern auch durch die Türspalte ins Freie.

Es war ein ärmliches Häuschen – nur diese eine Tür führte in die drei Räume: den unmittelbar hinter der Tür gelegenen Hauptraum, in dem sich die Familie versammelte, an dessen niedrigem Herd sie kochte und sich aufwärmte; einen Raum zur Linken, wo die Schafe und Ziegen untergebracht waren; sowie einen Schlafraum an der Rückseite. Hier draußen, wo der Mann stand, lagen ein kleiner, von einer Mauer eingefasster Hof und ein Gemüsegarten.

»Hmmm«, murmelte er und streckte sich, um mit einer Hand den hölzernen Türsturz zu befühlen.

Sein Daumennagel war knorrig und schwarz, seine Handflächen fest wie die Stiele alter Werkzeuge.

Plötzlich wurde die Tür nach innen aufgerissen und ein anderer Mann trat aus dem Haus. Er war etwa ebenso alt wie der erste, jedoch kleiner und mit weniger Haaren auf dem Kopf. Verständnislos blickte er ihn aus kleinen Augen an.

»Josef, erkläre dich!«, rief er.

Der Mann namens Josef trat einen Schritt zurück und senkte den Kopf. Seine Hände hingen nun an seinen Seiten herab. Der dichte Bart verhüllte einen großen Teil seines Gesichtes.

Der kleinere Mann sagte: »Vergangene Woche warst du an meinem Gitter. Die Woche davor habe ich dich auf dem Dach herumkriechen hören. Und ich habe gewartet, o ja. Ich habe darauf gewartet, dass du etwas sagst. Wie jeder ehrbare Hausherr habe ich auf einen Gruß und eine Erklärung gewartet, aber da ist nichts gekommen, gar nichts.«

Da sein Gegenüber keinerlei Reaktion erkennen ließ, richtete er die folgenden Worte unter heftigem Gestikulieren ins Leere: »Josef kommt, Josef geht, und in Nazareth sagt man, er sei ein komischer Kauz«, redete er sich in Fahrt. »Ich aber bin ein gerechter Mann.

Ich bin durchaus gewillt, mir Erklärungen anzuhören, wenn man sie mir nur geben würde. Josef! Wieso interessierst du dich so für mein Haus?«

»Hmmm«, brummte Josef, wobei ein zaghaftes Lächeln seine Zähne sehen ließ.

Plötzlich waren aus dem Inneren des Hauses leise, rasche Schritte zu vernehmen. Josefs Blick zuckte hoch. Verlegen sah er gleich wieder zu Boden, doch der Hausherr konnte trotz des Bartes sehen, dass plötzliche Röte das Gesicht des Gastes überzogen hatte.

Er drehte sich um, spähte in sein Haus und als er sich wieder Josef zuwandte, warf er ihm einen scharfen Blick zu. »Sooo«, sagte er argwöhnisch.

Josef nickte und nickte. Er murmelte ein einziges Wort in seinen Bart: »*Mohar*.«

»Ahh, das *Mohar*. Bist du gekommen, um etwas mit mir auszuhandeln, Josef?«

Josef nickte.

»Um mir etwas für die Hand meiner Tochter zu zahlen?«

Wieder nickte Josef.

»Das kommt sehr plötzlich«, sagte der kleine Mann, der im Türrahmen stand und sein Gegenüber auch weiterhin fest im Auge behielt. »Das *Mohar*. Du hast also ohne mein Wissen mit Maria gesprochen?«

Josef schüttelte den Kopf.

»Ihr habt *nicht* miteinander gesprochen?«

Diesmal schüttelte Josef nicht mal den Kopf. Einmal hatte er gesprochen, ein zweites Mal war er dazu nicht mehr in der Lage. Er hatte den Blick gehoben und schaute über den Kopf des Hausherrn hinweg. Sein Blick war fest auf den Türsturz gerichtet, als ob es auf der ganzen Welt keinen so faszinierenden Türsturz wie diesen gäbe.

Und doch waren für ihn der Türsturz, die Tür, das ganze Haus und das strahlende Tageslicht von Nazareth selbst nur der Rahmen für das Gesicht im Inneren. Kaum sichtbar in der Dunkelheit des

Hauses, ihr Lächeln wie Atem, der in der Winterluft tänzelte – die Tochter des Hausherrn. Sie hatte dichte Brauen, eine hohe, ebenmäßige Stirn, dunkle Augen und einen entschlossenen Mund.

»Nein, Vater«, erklärte sie, »wir haben nicht ohne dein Wissen miteinander gesprochen.«

Ihr Vater drehte sich nicht nach ihr um, sondern blickte weiterhin unverwandt Josef an, der ebenso bewegungslos an ihm vorbei Maria ansah.

»Wir treffen uns von Zeit zu Zeit«, sagte sie. »Aber es hat nie vieler Worte zwischen uns bedurft.«

»Ist das der Grund, warum du um mein Haus geschlichen bist, Josef, Sohn Jakobs? Um dich mit meiner Tochter zu treffen? Um einen Blick auf sie werfen zu können? Mann, du bist so alt wie ich!«

»Vater! Josef ist redlich, das weißt auch du. Er würde nichts Unrechtes oder Unbesonnenes tun. Er hat sich niemals rücksichtslos gegen mich gezeigt – und das weißt du auch sehr gut! Er schleicht herum und wirft heimliche Blicke? Immer wenn wir uns treffen, Vater, liegst *du* doch in der Nähe auf der Lauer.«

»Jawohl!«, rief Marias Vater mit Nachdruck. »Und es hat in letzter Zeit sehr viel Getuschel gegeben, Geflüster, das ich nicht habe deuten können. Wie steht es denn damit? Habe ich denn nicht das väterliche Recht, mich danach zu erkundigen?«

»Vater!«

»Was denn?«

»Josef, der Sohn Jakobs, hat dich nach dem *Mohar* gefragt.«

»Oh, ja. Das *Mohar*.«

»Ja. Er will mich heiraten.«

Marias Vater legte die Stirn in Falten. Er räusperte sich, spitzte die Lippen und verkündete:

»Ein *Mohar* besteht nach altem, ehrwürdigem Brauch aus fünfzig Schekeln Silber, Josef. Bist du willens, mir den Verlust meiner Tochter mit vollen fünfzig Schekeln Silber zu entgelten?«

Eine ganze Weile herrschte Schweigen. Josef senkte seinen

Blick; sein dichter Bart allein hätte manche Menschen wohl eingeschüchtert – hätte seine Sanftmut ihnen nicht ein Gefühl der Überlegenheit gegeben, während sie von seiner gewöhnlichen Wortkargheit leicht zu plötzlichen Wutausbrüchen hingerissen wurden.

Doch schließlich trat Maria zur Tür und als sie sprach, klang ihre Stimme bewegt, fast heiser.

»Jedermann in Nazareth weiß, dass Josef beim Tod seiner Frau seine ganze Habe ihr zu Ehren aufgewendet hat. Das ist kein Geheimnis, Vater. Er hat sein Werkzeug verkauft, um eine Grabstätte erstehen zu können, eine schmale Felsenbank für ihre Gruft. Er hat ihr Leinen mit Aloe und Myrrhe getränkt, sehr kostspielig . . .«

Während ihrer Rede betrachtete Josef seine Anwältin mit offener Bewunderung. Was gab es da für ihn noch zu sagen? Maria war so jung, so unschuldig und warmherzig. Ihr Kinn jedoch verriet ihre Entschlossenheit ebenso, wie die Worte ihren Verstand bezeugten. Eigentlich war Maria es gewesen, die einen Plan für das *Mohar* gemacht hatte.

»Josef«, sagte sie nun zu ihrem Vater, »hat das Mahl für die Trauergesellschaft bezahlt – die, wie du weißt, beinahe aus ganz Nazareth bestand, eben jenen braven Leuten, die ihn jetzt so gerne einen komischen Kauz nennen –, während er selbst sieben Tage gefastet hat. Nur um anderer willen hat er sich zu einem armen Mann gemacht.«

»So, Josef«, sagte Marias Vater und schob die Unterlippe vor, »du willst also, dass meine Tochter sich an einen armen Mann bindet?«

»*Vater!*«

Doch Josef hob seine Hand.

»Es stimmt wohl, Joachim, dass ich arm bin«, sagte er, beständig nickend. »Doch es gibt ein *Mohar*, das ich dir geben kann.« Er wandte sich um und verließ mit schleppenden Schritten den Hof, während Maria und ihr Vater zurückblieben.

»Wo will er hin?« fragte Joachim leicht verärgert. Maria lächelte nur.

Wenig später kehrte Josef mit einem sehr langen und schweren Kasten zurück, der an einem Seil über seine rechte Schulter hing. Er stellte den Kasten zu Joachims Füßen ab, kniete hin, nahm ein glänzendes Beil heraus und blickte auf. »Verstehst du?«

Joachim blinzelte argwöhnisch, während er versuchte sich aus dem Ganzen einen Reim zu machen.

Josef holte einige Sägen hervor. Es folgten Ahlen, Feilen, verschieden große Holzhämmer, ein Zirkel, ein Stück feinster Kreide, ein Lineal und schließlich ein wunderbar gearbeiteter hölzerner Hobel mit scharfgeschliffenem Messer. Nun konnte Maria nicht mehr länger an sich halten. Sie kicherte leise. »Begreifst du jetzt, Vater?«

Josef strich voller Zartgefühl über den kostbaren Hobel, dann erhob er sich und blickte dem Hausherrn, Marias Vater, unverwandt in die Augen.

»Ich werde dir zwei Türpfosten machen«, sagte er, »und Türsturz und Tür werde ich einbauen. Das soll mein *Mohar* sein. Ich werde zwei Holzgitter flechten; und wenn dein Haus neue Balken braucht, dann werde ich auch die hobeln. Es wird allerdings eine Weile dauern, bis ich gutes Holz dafür bekomme.«

Maria ergriff Joachims Hand und küsste sie. »Josef ist ein stolzer Mann, Vater«, sagte sie. »Er hat stets ein Handwerk ausgeübt, wie du weißt. Gestern hat er sein neues Werkzeug fertiggestellt und ist nun wieder zum Heiraten bereit.«

»Nun«, sagte Joachim und betrachtete die Gerätschaften, die über seinen Hof verstreut lagen, »das kommt alles so unvermittelt, weißt du. Da wird einem Vater ja ganz schwindelig . . .«

In Marias Augen blitzte der Schalk.

»Natürlich, Vater!«, lachte sie. »Dann gibst du am besten eine Antwort, bevor du in Ohnmacht fällst. Nimmst du Josefs Angebot an?«

»Maria!« Joachim fühlte sich getroffen. Er entriss ihr die Hand und klemmte sie unter seinen Arm. »Wird einem Mann denn nicht ein wenig Zeit gegönnt, sich über die Zukunft seiner Tochter, über seinen Schwiegersohn und die künftigen Kinder Gedanken zu machen?«

»Schwiegersohn?«, rief Maria. »Hast du Schwiegersohn gesagt?«

Mit kummervoller Miene fuhr ihr Vater fort: »Sollte es einem Vater denn nicht gestattet sein, den Verlust der eigenen Tochter zu beklagen? Josef, du weißt doch ganz sicher auch um den Wert von Geduld und Umsicht.«

Josef nickte, sein Blick zeigte Verständnis.

Doch Maria klatschte in die Hände. »Genug, Vater!«, rief sie. »Hör auf! Leg den Tag für das Verlöbnis fest, damit Josef beginnen kann, dir ein schönes Haus zu bauen. Und wenn die Balken errichtet sind«, sagte sie leise und trat auf Josef zu, um ihre Hände auf die seinen zu legen, »genau an jenem Tag, an dem die Balken errichtet sind«, flüsterte sie, »soll unsere Hochzeit sein.«

Im Herbst, kurz nach der Ernte, als die Morgen kühl und die Abende trocken waren – es war ein Freitag, der Vortag des Sabbats – begannen gut dreihundert Priester in Jerusalem einzutreffen. Sie kamen, um ihre heiligen Pflichten für die folgende Woche zu übernehmen; gleichzeitig brachen dreihundert andere nach Hause auf, nachdem sie die ihren erfüllt hatten.

Allwöchentlich fand mit strenger Förmlichkeit und großer Würde diese Ablösung statt. Es gab vierundzwanzig Priestergruppen, nach Sippen eingeteilt, und jede tat zweimal im Jahr für eine Woche Dienst im Tempel. Wenn eine Gruppe ihren Dienst beendet hatte, übergab sie der nächsten während einer feierlichen Zeremonie die Schlüssel zum Tempel sowie neununddreißig geheiligte Gefäße.

An jenem Freitag versammelten sich aus den umliegenden Dörfern und Städten die Priester Abijas, die stets als achte an der Reihe waren. Morgen würden ihre heiligen Pflichten beginnen.

Zu dieser Priestergruppe des Abija gehörte auch der alte Zacharias. Er kam langsamen Schrittes; seine Kleider trug er in einem Sack, in einem anderen sechs brandneue Nägel.

Gewöhnlich kam er durch das Schaftor, das für ihn der nächstgelegene nördliche Eingang zur Stadt war. Die dahinter liegende Straße führte geradewegs zum Tempel. Heute jedoch lief er an der Nordmauer entlang nach Westen und wandte sich dann an ihrer Ecke nach Süden, vorbei an den alten aufgelassenen Steinbrüchen. Zu seiner Rechten befanden sich Gräber, von den Juden in den Kalkstein der Hügel gehauen; zu seiner Linken, nahe der Mauer, lagen kühle, grüne Gärten. Zacharias machte Halt. Er schätzte die wohltuende Ruhe hier: Olivenbäume, Pappeln, Myrtesträucher, Zedern, Ysopsträucher, Feigen, Maulbeeren, Weiden. Die Grundstücke gehörten reichen Leuten – es hieß, dass ein erst kürzlich umgepflügtes Eckchen von einem jungen Mann aus Arimathäa erworben worden war –; allerdings saßen die Besitzer nur selten hier, um sich ihres Besitzes zu erfreuen. Ganz anders Zacharias: Er war alt, und dass sein Leben zu Ende ging, stimmte ihn traurig; und so ließ er sich gerne an grünen Fleckchen Erde nieder, um dort nachzudenken.

Seine Frau und er näherten sich den Grabstätten allein, denn sie hatten nie Kinder gehabt. Es gab niemanden, der sich um sie würde kümmern können, wenn sie selbst dazu nicht mehr in der Lage waren. Keine Enkel – das war der größte Kummer in ihrem Leben.

Zacharias ging weiter. Die Stadtmauer machte einen scharfen Knick nach Westen, doch sein Weg führte zu einem Tor, das dort lag, wo die beiden Mauern sich trafen. Er betrat Jerusalem durch das Gartentor und war augenblicklich vom lebhaften Treiben und Gedränge zahlloser Menschen umgeben.

Zu beiden Seiten der Straße befanden sich auf ihrer ganzen Länge Werkstätten und Kaufmannsläden – Handwerker und Händler, die ihre Güter herstellten und verkauften: Wollwaren, Teppiche, Decken. Juweliere saßen unter geweißten Dächern. Flachshändler hatten ihre Erzeugnisse über glattgehobelte Holzgestelle gehängt; Bäcker verkauften ihr Brot, sobald es aus dem Ofen kam; Sandalenmacher saßen auf ihren Hockern und wechselten lautstark Worte mit benachbarten Schneidern. Die Straße war eine von zwei Marktstraßen Jerusalems, und der Handel in der Stadt blühte: Weine, Öle, Obst, Gerstenmehl, Käse, Eier und auch die Hühner selbst. Menschenmengen hasteten über das grobe Pflaster des Gehwegs. Die Metzger hatten ihre eigene Straße. Die Weber arbeiteten im südöstlichen Teil der Stadt. Die Gerber wurden dazu angehalten, ihre Werkstätten dort einzurichten, wo der Gestank weder Pilgern noch Priestern lästig fallen konnte.

Ernährt wurde Jerusalem von der reichen, lebhaften Geschäftigkeit des Tempels. Opfergaben und Zehnter füllten seine Schatzkammern, aus denen dann die Beschäftigten bezahlt wurden: Steinmetze, Bildhauer, Tapetenmacher, Zierbrunnenbauer, Ärzte, Friseure, Fachleute für Entwässerung und Zisternen. Der Tempel bestand aus Alabaster, Antimon und Marmor. Die Vorhöfe waren mit großen, glatten Steinplatten gepflastert. Ein graziles, drei Ellen hohes Steingeländer trennte den inneren Vorhof vom Vorhof der Heiden. Das alles bedurfte der Erhaltung durch Fachleute. Und der Lohn, den all diese Arbeiter erhielten, wurde von ihnen auf den Märkten Jerusalems gelassen.

Allein die Erhaltung der Tempelvorhänge hätte ein kleines Dorf ernähren können. Weber und Wirker mussten jährlich zwei neue Vorhänge herstellen, jeder zwanzig Ellen breit und vierzig lang. Sechsundzwanzig dieser Vorhänge gab es im Tempel, ein jeder aus zweiundsiebzig sechsfarbigen Litzen geflochten, jede Litze aus vierundzwanzig Fäden. Mit der Herstellung von zwei Vorhängen im Jahr waren allein zweiundachtzig Mädchen ständig beschäftigt.

Zacharias arbeitete sich mühsam durch die Menschenmenge vor, bis er an eine Straßenkreuzung gelangte. Er wandte sich nach rechts und blickte mit einem Seufzer zu der prächtigen Residenz von König Herodes auf. Hier auf den westlichen Anhöhen Zions stand ein Palast mit zwei prachtvollen Festsälen zu jeder Seite und Zimmern, die zweihundert Gästen Platz boten – ganz abgesehen von den Wohngemächern für seine zehn Frauen, all seine Kinder und deren Bedienstete. An der Nordseite des Gebäudes lagen unter drei mächtigen Türmen Soldaten in Garnison, und der ganze Palast war von Vorhöfen, Gärten und Spazierwegen umgeben, an denen künstliche Wassergräben und anmutige Teiche, Brunnen und kunstvolle Wasserspeier angelegt worden waren.

Zacharias war neunundsechzig, seine Frau Elisabeth fünfundsechzig. Fünfzig Jahre waren sie jetzt verheiratet. König Herodes war noch im Alter mit fünfzehn Kindern gesegnet worden. Wusste er es Gott zu danken? Wusste er, dass jedes Kind kostbarer als ein Palast und die Ehrfurcht, die dieses ihm entgegenbrachte, beständiger als Gold war?

Der alte Priester seufzte erneut und ging auf den Palast zu. Er musste seine Nägel abliefern.

Der König jedoch hielt sich nicht in seinem Palast auf. Er war schon seit langem an einem Gebrechen erkrankt, das ihm Schmerzen verursachte, die zeitweise unerträglich wurden und es ihm unmöglich machten, seine Finger, Arme oder Beine zu bewegen. Er reiste dann immer zu der am Ostufer des Toten Meeres gelegenen Stadt Kallirhoë, wo es natürliche heiße Quellen gab, die das Leiden in seinen Gliedmaßen linderten.

Dieses Mal hatte Herodes den ganzen Weg auf den Schultern von sechs Dienern in einer Sänfte getragen werden müssen. Eine ganze Woche hatte die Reise dadurch gedauert.

Und nun verbrachte er seine Tage nur mit einem Lendenschurz bekleidet in dem dampfenden Wasser liegend, umgeben von einem Schreiber und zwei Ratgebern.

König Herodes war recht zuversichtlich, dass er den gegenwärtigen Anfall lebend überstehen würde. Dennoch rief körperlicher Schmerz bei ihm immer eine erregte Besorgnis über seine Nachfolge hervor. Jäh entschlossen änderte er nun, während er in den Wassern von Kallirhoë lag, sein Testament für den Tag, an dem er endgültig würde abtreten müssen.

Er hatte das ursprüngliche Testament, das Alexander, den Sohn Mariamnes, zu seinem Nachfolger ernannte, schon einmal geändert und Aristobul, ihrem anderen Sohn, den Thron vererbt. Doch nun würden beide bald sterben. Zwei Prinzen und zwei Testamente wurden vernichtet, was Herodes zu einem dritten letzten Willen zwang.

»Antipater!«, rief der König und schlug energisch auf das Wasser in den gelben Bädern von Kallirhoë. »Antipater! Der Sohn meiner ersten Frau, meiner geliebten Doris. Schreib seinen Namen auf deiner Tafel nieder. Antipater – ihm werde ich meinen Thron vermachen und er wird über Judäa herrschen!«

Am Freitagmorgen, als ausgelost wurde, welcher Priester während des Tages welche Dienste zu verrichten hatte, fiel Zacharias das abendliche Rauchopfer im Heiligtum zu.

Der alte Mann war sprachlos vor Glück. Auch Elisabeth würde es freuen. Es war das erste Mal in all seinen Jahren als Priester, dass er auserwählt war, den Weihrauch darzubringen. Bei seinem Alter würde es zugleich das letzte Mal sein.

Am selben Nachmittag betrat Zacharias eine der Kammern auf der Südseite des Tempels, eine Zelle, die vom Sonnenlicht, das durch das Gitter fiel, nur dürftig erleuchtet wurde. Dort wusch er dem Reinigungsritual gehorchend sein Gesicht und seinen Körper, um sich anschließend anzukleiden: saubere, kurze Beinkleider für seine alten Hüften; eine weiße Tunika, die von den Schultern bis zu seinen Knöcheln reichte. Mit seinen gekrümmten Fingern schlang er einen schönen Gürtel um seine Taille, der ebenfalls aus Leinen war, jedoch mit einem einzelnen scharlachroten Faden bestickt. Zuletzt band er sich einen Turban, ebenso weiß wie seine Tunika, um den Kopf. Anschließend ging er auf den Vorhof der Priester hinaus und zur Vorderseite des Tempels, wo der große Brandopferaltar stand.

Das Ritual begann mit dem Hereinkommen zweier Priester, die frisches Holz auf die Kohlen des Hochaltars schichteten. Eine süßliche Rauchwolke stieg auf, während ein Levitenchor ein Lied anstimmte. Am Fuße des Altars beugte sich ein anderer Levit vor und tötete mit einer knappen Handbewegung ein Lamm. Ein Priester fing das Blut in einer Schale auf, stieg mit ihr die Altarstufen hinauf, hob die Schale zum Himmel und spritzte sodann das Blut gegen die Steine des Altars. Die Leviten schlugen ihre Musikinstrumente an und sangen. Zacharias stand an einer Seite und wartete darauf, dass er an der Reihe war. Neben ihm stand ein anderer Priester, der eine silberne Kohlenpfanne in Händen hielt.

Der den Gottesdienst leitende Priester kehrte nun wieder zum Lamm zurück, um es zu zerlegen. Er wusch es, trug dann die einzelnen Teile zum Brandopferaltar hinauf und legte sie auf das Feuer. Während das Fleisch zischte und eine leinenweiße Rauchfahne gen Himmel sandte, stimmte der Priester das Abendgebet an. Ein zweiter Priester trug ein Speiseopfer zum Altarfeuer hinauf, in Öl getränktes Mehl. Backgeruch erfüllte die Luft, und wieder sangen die Leviten.

Der Mann, der neben Zacharias stand, fasste ihn an der Schulter und trat vor. Nun waren sie an der Reihe.

Zacharias war wie gebannt, schien die Stufen der Tempelhalle hinaufzuschweben. Als er an der Tür innehielt und sich umwandte, merkte er, dass seine Knie unter der Tunika zitterten.

Der Priester, der ihm zur Seite stand, war zum Brandopferaltar gegangen. Mit einer Zange holte er nun glühende Kohlenstücke aus dem Feuer und legte sie in die silberne Pfanne; dann erklomm auch er die Stufen der Halle. Gleichzeitig kam ein weiterer Gehilfe mit einer Schale Weihrauch und einem Silberlöffel hinauf.

Einen Priester zur Linken und einen zur Rechten wandte Zacharias sich um und betrat durch die Türen das Heiligtum. Sein Herz hämmerte. Dann geschah eben das, was ihm schon vierzehn Jahre zuvor bei der Tempelweihe widerfahren war: Zacharias begann zu weinen. Kein Schluchzen, nur Tränen, die eigenmächtig seine Wangen herabliefen; er betrachtete es als Gabe Gottes, dass er den Tempel betreten und dabei weinen konnte.

Durch die hohen Fenster fiel das Abendlicht. An einer Seite des Raums befand sich ein einzeln stehender, prachtvoller siebenarmiger Leuchter, der ein gelbliches Licht verbreitete. Zacharias und seine Gehilfen gingen geradewegs auf den kleinen Räucheraltar zu. Der eine Priester leerte seine Kohlenpfanne auf den Altarrost, worauf ein flüchtiger Funkenschleier aufstieg. Der andere Priester stellte seine Schale mit Weihrauch am rechten Rand des Altars ab, und dann zogen die beiden sich zurück.

Zacharias war allein.

Wasser tropfte auf die Kohlen, ließ sie zischen und qualmen, bis er merkte, dass es seine Tränen waren.

Da strahlte der alte Priester. Er liebte die Glut seines Schmiedefeuers, die Behaglichkeit eines beständigen Lebens. Aber diese Glut hier, dieses kleinere, heilige Feuer, das dieselben Hände, das gleiche Fleisch und Gesicht anrührte – diese Glut erwärmte sein Herz in besonderer Weise.

Zacharias nahm den Silberlöffel, der leicht in seiner Hand lag, und füllte ihn mit Weihrauchpulver. Er hielt den Löffel über die glühenden Kohlen und verstreute dann das Pulver darüber. Es funkelte auf den Kohlen wie rote Sterne am Firmament. Er löffelte immer mehr Weihrauch auf den Altar, bis große Rauchwolken, die schließlich an der Decke von der einfallenden Abendsonne erfasst wurden, durch den Tempel wogten und zur Tür hinausquollen. Die Menschen draußen erblickten den Rauch und sie erhoben ihre Stimmen zum Gebet. Aus der Ferne vernahm Zacharias, was sie sprachen: *Komm doch! Komm doch, uns zu vernehmen, o Herr* ...

Doch plötzlich zerteilte sich die Luft zur Rechten des Altars, einem Vorhang gleich, und Feuer barst in den Raum, eine weiße Flamme, die den Boden berührte und bis zu den Balken der Decke hinaufreichte. Die Hitze hätte Zacharias' Kleider verzehren und seinen Leib versengen müssen!

Er riss den Mund auf, doch er konnte nicht schreien.

Und dann sprach die weiße Flamme zu ihm.

»Fürchte dich nicht, Zacharias, denn dein Gebet ist erhört. Deine Frau Elisabeth wird dir einen Sohn gebären, den sollst du Johannes nennen.«

Es kam Zacharias so vor, als erschiene in dem aufrecht stehenden Licht nun eine menschliche Gestalt – ein Funkeln wie Augen, ein Schatten als Mund, Strahlen, die sich zu Armen, Oberkörper und Beinen bündelten.

»Gebet? Welches Gebet?«, flüsterte er. Die Frage war nur ein Reflex. Er war so erschrocken, dass es ihm den Atem verschlug.

Das Licht sagte: »Ihr werdet beide jubeln und euch freuen, denn er ist vom Herrn zu großen Taten berufen. Euer Sohn wird viele aus dem Volk Israel zum Herrn, ihrem Gott, zurückführen.«

»Unser Sohn?« Verwirrt starrte Zacharias auf das gleißende Licht.

»Er soll weder Wein noch andere scharfe Getränke trinken. Schon im Mutterleib wird der Heilige Geist ihn erfüllen. Er wird mit der Kraft des Elija dem Herrn vorangehen, das Herz der Eltern den Kindern zuwenden, die Ungehorsamen zur Gerechtigkeit führen, das Volk für den Herrn bereit machen!«

Zacharias vergrub sein Gesicht in den Händen: »Bitte, verspotte mich nicht!«, sagte er von Angst erfüllt. »Ich bin ein alter Mann, und meine Frau ist auch nicht mehr jung. Es kann unmöglich geschehen, wie du sagst.«

»Schau mich an.«

Zacharias neigte den Kopf noch tiefer zu Boden.

Doch das Licht sprach noch einmal: »Ich bin Gabriel. Schau mich an!«

Der alte Mann ließ langsam die Hände sinken. *Gabriel?*

»Ich, der ich vor Gott stehe, bin gesandt worden, um dir diese gute Nachricht zu bringen.«

Gabriel, der Engel Gottes, hier in diesem gewaltigen Licht!

Staunend, mit offenem Mund stand Zacharias da. *Ja!* Ja, da stand tatsächlich eine menschliche Gestalt aus Licht vor ihm.

Der Engel sagte: »Alter Mann, weil du meinen Worten nicht geglaubt hast, sollst du taub und stumm sein bis zu dem Tag, an dem all das eintrifft.«

Draußen vor dem Tempel war der Levitenchor verstummt. Alle Musik war gespielt, es gab nichts mehr, das noch zu singen war. Und dennoch verharrte der Priester, der das Rauchopfer verrichten sollte, noch immer im Inneren des Tempels. Schließlich setzten zwei Priester lang gestreckte, silberne Trompeten an die Lippen, um ein langes Signal auszustoßen. Wo blieb nur Zacharias? Es war an der Zeit, das abschließende Trankopfer darzubringen.

Da! Da stand der närrische Alte an der Tempelvorhalle. Er hob seine Arme. Er öffnete den Mund und streckte die Zunge hervor. Jeder kannte den Satz, der nun folgen sollte: *Der Herr segne und behüte euch*...

Doch der Priester konnte kein einziges Wort hervorbringen. Keinen Segen, keine Erklärung.

Hilflos stolperte er die Stufen herab, das derbe Gesicht tränennass, die Augen weit aufgerissen. Er eilte zu der Kammer, in der er seine Kleidung gelassen hatte, und verschwand.

Ungesehen verließ Zacharias irgendwann im Laufe der Nacht den Vorhof und machte sich allein auf den Heimweg.

Am Tag seiner Verlobung fand sich Josef pünktlich am Mittag bei Joachims Haus ein. Er trug eine saubere Tunika aus grobem Wollstoff – sie war ärmellos, wurde über der Taille von einem Seil gerafft, und über der rechten Seite verlief von der Schulter bis zum Saum ein blauer Streifen. Über die Tunika hatte er einen Umhang mit seitlichen blauen Fransen geworfen.

Josefs Eltern waren bereits vor sieben Jahren verstorben, und so kam er allein. In seinen Händen allerdings trug er eine Pergamentrolle mit solch liebevoller Sorgfalt, dass man diesen Gegenstand für seinen Begleiter und Freund hätte halten können. Sie war vom Alter ganz brüchig. Auf der sichtbaren Seite war eine ungelenke Handschrift zu erkennen. Die Zeichen waren nicht aramäisch, sondern hebräisch. Joachim hatte nicht gewusst, dass Josef hebräisch lesen konnte.

Joachim hatte eine stattliche Zahl von Gästen eingeladen, die zum einen als Zeugen dienen, sich zum anderen später das Festmahl schmecken lassen sollten. Maria war nicht nur seine einzige Tochter, sondern überhaupt sein einziges Kind, denn Söhne hatte er keine. Und nun sollte also Josef, der beinahe ebenso alt wie Joachim war, sein Sohn werden. Der Tag verhieß Gutes – Grund genug zu feiern.

Und so stellten sich nun die Menschen in dem kleinen Hof vor dem Haus von Joachim und seiner Frau Anna auf. Links und rechts standen, den Rücken zur Mauer gewandt, die Gäste und bildeten so einen anmutigen Säulengang. Maria stand hinter der Türschwelle und strahlte über das ganze Gesicht. Ihre Mutter stand mit gesenktem Blick an ihrer Seite, einen leinenen Schal bis zu den Augen hochgezogen. Anna war um den angemessenen Ausdruck von Sittsamkeit bemüht. Nicht so Maria. Sie hatte diesen Tag sehnsüchtig erwartet. Ungeduld blitzte in ihren Augen, ihre Wangen schimmerten rosig vor Freude.

Joachim und Josef standen einander gegenüber, der Vater vor der Tür zu seinem Haus, der Bräutigam am Tor zum Hof.

Joachim warf nun mit förmlicher Gebärde den Kopf in den Nacken und sprach in feierlichem Hebräisch: »Für den verabredeten Brautpreis sollst du nun mein Schwiegersohn sein.« Er wiederholte es noch einmal: »Josef, Sohn Jakobs, du sollst fortan mein Schwiegersohn sein.«

Dann sprach Josef. Seine Stimme dröhnte viel zu heftig, als er die Formel sprach: »Ich bin zu deinem Haus gekommen, – auf dass du mir deine Tochter – Maria – zur Frau gibst! Sie ist von nun an und für alle Zeiten meine Frau und ich bin ihr Mann!«

Unversehens brach Maria in Gelächter aus. Anna drehte sich um und zog ihre Tochter am Ärmel, warf ihr drohende Blicke zu, doch das Mädchen ließ sich nicht mehr im Zaume halten. Liebe und Heiterkeit zeigten sich gleichermaßen in ihrem Gesicht, und ihr Lachen war so herzlich, dass keiner der Zuschauer sich ihm entziehen konnte.

Einige Gäste begannen zu kichern und verbargen ihren Mund hinter der Hand. Doch sie konnten die Fröhlichkeit, die von Maria ausging, nicht unterdrücken. Bald war der Hof des Schwiegervaters von Lachen erfüllt.

Josef war jedoch mit dem offiziellen Verlöbnis noch nicht zu Ende. Mit großer Feierlichkeit ging er durch die vergnügte Festgesellschaft hindurch auf Joachim zu und hielt das kostbare Pergament vor seinen Schwiegervater hin. Dieser hob seine Hände, um das Geschenk entgegenzunehmen, und als Josef sich seiner Gabe – und der Pflicht – endlich entledigt hatte, stieß er einen erleichterten Seufzer aus und ging ins Haus. Er gesellte sich zu Maria und betrachtete die Gäste im Hof. Viele Menschen an einem Ort waren ihm schon immer unangenehm gewesen.

Josef hätte wohl unter der Ausgelassenheit dieses Tages gelitten – wäre da nicht Maria gewesen, die sich ihm jetzt zuwandte. Sie berührte sacht seine Schulter und hob einen hauchdünnen Schleier vor ihr Gesicht. Voller Bewunderung und mit leuchtend roten Ohren blickte Josef auf seine Braut.

Nachdem Joachim das Schriftstück, das Josef ihm am Tag der Verlobung gegeben hatte, von Anfang bis Ende gelesen hatte, gab er es seinem Schwiegersohn stolz- und dankerfüllt zurück. Er sollte es nie wieder zu Gesicht bekommen; er sollte aber auch nie die Namen vergessen, die dort aufgelistet waren, denn sie gaben Auskunft über die Enkel, die er eines Tages haben würde:

Eine Abstammungsurkunde

Abraham war der Vater von Isaak.
Isaak war der Vater von Jakob.
Jakob war der Vater von Juda und seinen elf Brüdern.
Juda war der Vater von Perez und Serach, ihre Mutter war Tamar, deren Furchtlosigkeit sie selbst und ihre Söhne rettete, als sie von hochmütigen Männern abgewiesen wurde.
Perez zog mit seinem Vater Juda und allen Söhnen Jakobs nach Ägypten, wo Josef beim Pharao als Wesir diente. Dort wurde er der Vater von Hezron.
In Ägypten war Hezron der Vater von Aram.
Aram war der Vater von Amminadab.
Amminadab war der Vater von Nachschon.
Nachschon lebte zu der Zeit, als Mose die Kinder Israels aus Ägypten durch das Meer zum Gottesberg Sinai führte. In der Wildnis wurde er zum Vater von Salmon.
Salmon war der Vater von Boas, seine Mutter war Rahab, die eine Hure gewesen war; doch sie vertraute Gott und rettete den Männern, die gekommen waren, ihre Stadt – Jericho – auszukundschaften, das Leben. Ihr eigenes Leben wurde sodann verschont, als Josua eben jene Stadt eroberte und Israel das Gelobte Land erreichte.
Boas war der Vater von Obed, seine Mutter war Rut, eine Moabiterin, die ihre Schwiegermutter so sehr liebte, dass sie das Land ihrer Geburt verließ um bei Noomi in Israel zu wohnen.
Obed war der Vater von Isai.
Isai war der Vater von David, dem König Israels.

Von Abraham bis David sind es also vierzehn Generationen.

David war der Vater von Salomo, seine Mutter war Batseba, welcher der König in Sünde beigelegen hatte und die der Herr doch dazu erhob, selbst Mutter eines Königs zu werden.

Salomo war der Vater von Rehabeam, der König von Juda wurde, als der Rest Israels sich von ihm abgewandt hatte.
Rehabeam war der Vater von Abija.
Abija war der Vater von Asa.
Asa, der lange und gut herrschte, war der Vater von Joschafat.
Joschafat war der Vater von Joram.
Joram war der Vater von Usija.
Usija war der Vater von Jotam.
Jotam war der Vater von Ahas.
Ahas herrschte zu Zeiten des Propheten Jesaja. Er schenkte dem Wort des Propheten keine Beachtung. Er war der Vater von Hiskia.
Hiskia, den der Prophet liebte und dem der Herr seine Gnade bewies, war der Vater von Manasse.
Manasse war der Vater von Amon.
Amon war der Vater von Josia.
Josia war ein guter und gottesfürchtiger König. Er fand die Gesetzesrolle und befahl dem ganzen Königreich Juda, sie zu befolgen. Er war der Vater von Jojachin und seinen Brüdern zu Zeiten der babylonischen Gefangenschaft.

Von David bis zur babylonischen Gefangenschaft waren es also auch vierzehn Generationen – sie alle sind benannt nach Königen von Israel und Juda. Diese zweite Aufstellung von Abstammungen ist eine königliche.

Nach der babylonischen Gefangenschaft war Jojachin der Vater von Schealtiël.
Schealtiël war der Vater von Serubbabel, unter dessen Herrschaft der zweite Tempel von Jerusalem errichtet wurde.
Serubbabel war der Vater von Abihud.
Abihud, der in Jerusalem lebte, als unter Nehemia die Stadtmauern wieder errichtet wurden, war der Vater von Eljakim.
Eljakim war der Vater von Asor.
Asor lebte, als Alexander der Große an Jerusalem vorbeimar-

schierte, als er die ganze Welt zu seinem Reich machte. Asor war der Vater von Zadok.

Zadok war der Vater von Achim.

Achim war der Vater von Eliud.

Eliud lebte, als Judas der Makkabäer und seine Brüder gegen die Fremdherrschaft in Judäa aufbegehrten. Eliud freute sich an ihren Siegen, denn Judäa wurde dadurch wieder ein freies Land, der Tempel gereinigt und dem Herrn, dem Gott Israels, geweiht. Eliud war der Vater von Eleasar.

Eleasar war der Vater von Mattan.

Mattan zog aus der Gegend um Jerusalem nordwärts nach Galiläa, nachdem es den Gebieten, die von den Königen Judäas, den Hohen Priestern Jerusalems, beherrscht wurden, hinzugefügt worden war. Er ließ sich im Dorf Nazareth nieder und wurde dort der Vater von Jakob.

Jakob war mein Vater.

Er berichtete mir von jenem römischen Feldherrn, der zwölftausend Juden bekämpfte und tötete, um den heiligen Tempel in Jerusalem zu erobern. Er berichtete mir auch von Julius Cäsar, der Pompejus besiegte und Antipas, dem Vater von König Herodes, zur Macht verhalf.

Ich bin Josef.

> Kraft des hiermit niedergelegten Zeugnisses
> sollen die, die ihre Ahnen in Ehren halten, erkennen,
> was mein Sohn sein wird:
> ein Sohn Davids,
> ein Sohn Abrahams,
> ein guter und gottesfürchtiger Nachkomme.

Nach fünfzig Jahren Ehe ist sie zu der Überzeugung gelangt, dass sie ihren alten Gatten ziemlich gut kennt. Sie denkt oft an ihn, wenn auch nur unbewusst, genau wie sie an ihren vertrauten kleinen Stuhl denkt, wo sie sich an langen Nachmittagen niederlässt und einnickt. Wenn sie ein Schläfchen macht, hält sie einen Bronzelöffel in der Hand und lässt den Arm am Körper herabhängen. Ihr Kopf sinkt immer weiter nach vorn, Stück für Stück, und wenn der Löffel dann aus ihren Fingern gleitet und auf den steinernen Boden fällt, dann schreckt sie wieder hoch. Genug geschlafen! Wieder an die Arbeit. Der Gatte von fünfzig Ehejahren, unaufdringlich, vertrauenswürdig, den Gesetzen Gottes ergeben und gutmütig zu seiner alten Frau – er ist das segensreiche Möbelstück ihres Lebens geworden, ebenso sehr ihr Heim wie jedes erdenkliche Haus.

Nach fünfzig Jahren fallen ihr sogar die winzigsten Abweichungen in seinen Angewohnheiten sofort auf.

Zacharias kehrte eineinhalb Tage zu früh von seinem einwöchigen Tempeldienst aus Jerusalem zurück. Er reiste sonst nie am Sabbat. Sonst kam er immer montags nach Hause und stets bei Tage.

Doch lange bevor an diesem Sabbat die Sonne aufging, in der kühlen Dunkelheit des Herbstes, wurde Elisabeth von einem Hämmern geweckt, dem durchdringenden Klang eines Metalls auf einem anderen, noch härteren Metall. Sie zündete eine Kerze an und ging in Zacharias' Werkstatt. Dort stand er über den Amboss gebeugt, sein ernstes Gesicht im Schein des Schmiedefeuers orange leuchtend, die muskulösen Unterarme angespannt von der Arbeit mit Zange und Hammer.

Er arbeitete. Am Sabbat! Soviel sie wusste, hatte ihr Mann am Sabbat noch nie einen weiten Weg gemacht oder gearbeitet.

Unvermittelt blickte er auf und sah sie in der Dunkelheit stehen. Er schaute sie an. Seine Augen waren schwarze Teiche, vom Schatten verdeckt – doch sie spürte seine wache Aufmerksamkeit auf ihrem Körper ruhen. Auch das war neu an dem alten Mann. Elisabeth wurde sich der Leichtigkeit ihres Kleides bewusst, ihrer großen, plumpen Füße auf dem kühlen Boden, ihres langen, zu einem Zopf geflochtenen Haares und ihres zarten Halses. Es war seltsam: Während sie so dastanden, errötete Elisabeth.

Zacharias sprach kein Wort.

Er ließ sein Werkzeug sinken, legte die Zange zu der orangefarben schimmernden Glut, trat aus der Dunkelheit, nahm ihre Hand und führte sie liebevoll in den winzigen Hof hinaus. Dort legte er den Finger an seine Lippen und nickte, vielleicht um Schweigen bittend, vielleicht aber auch um Geduld oder Verständnis.

Doch sie verstand nicht. Elisabeth wusste nicht, was mit ihnen vor sich ging. Sie atmete schwer.

Ihr alter Gatte bückte sich zur Zisterne und füllte einen Krug mit Wasser. Wieder bat er seine Frau ohne ein Wort, ihm zu folgen. Er trug das Wasser ins Haus und in das gemeinsame Schlafgemach, wo die Decken auf ihrem Lager vom Schlafen zerwühlt waren. Sie verspürte einen Drang, sie glatt zu streichen. Sie steckte die Kerze in einen Halter, kniete hin und griff nach dem Saum der Decke – doch im gleichen Augenblick kniete Zacharias sich flink neben sie.

Er legte den Finger an ihre Lippen und blickte ihr dabei in die Augen.

Das derbe Gesicht des Alten war so sehr von Gefühl erfüllt, dass er plötzlich wie ein fremdes Wesen erschien. Schauder liefen über ihren Körper. Nie zuvor war Elisabeth sich der Gegenwart, der Nähe des lieben Mannes so bewusst gewesen.

Er goss das Wasser in eine Schüssel. Dann feuchtete er einen Lappen an, kniete vor ihr nieder und begann ihr Gesicht zu waschen.

Langsam und ohne Hast wusch er danach auch sich.

Er streifte das Gewand von ihren Schultern und wusch ihren Hals, ihre Arme, ihren Oberkörper.

Ach, sie war so alt! Ihre Rippen standen hervor, ihre Haut war runzelig und ihre Brüste hingen schlaff herunter wie leere Ärmel. Doch Zacharias streichelte ihren Körper mit solch liebevoller Hingabe, dass Elisabeth ihn zärtlich anblickte. Dann lächelte sie – ganz so, als ob sie am Ende doch voller Anmut wäre und beabsichtigte, ihm diese zum Geschenk zu machen.

Und dann blies der alte Mann die Kerze aus. Er strich ihren Zopf zur Seite, drückte ihre Schultern und ihr schönes Haupt sacht auf die Strohmatratze. Er küsste sie und drang dann, wunderbar zart, in sie ein.

Elisabeth weinte.

Zacharias sagte kein einziges Wort, weder in der Dunkelheit der frühen Morgenstunden noch in der Helle des darauf folgenden Tages.

31

Maria

Nazareth lag an den steilen, nach Osten und Südosten weisenden Flanken einer Anhöhe und bekam daher reichlich Morgensonne. Auch der Boden war gut für den Anbau von Wein und Gemüse. Durch den schützenden Berg war die Witterung freundlich, der Niederschlag reichlich. Da es jedoch für das ganze Dorf nur einen einzigen Brunnen gab, war Nazareth stets klein geblieben; so kannten die Bewohner einander sehr gut.

Sechs Monate nach ihrem Verlöbnis mit Josef – die Frühlingsregen waren vorbei und die Erde wieder grün – stieg sie die über dem Dorf gelegenen Hänge hinauf, um ein wenig allein zu sein. Auf dem Kamm angelangt, entdeckte sie einen schmalen Weg und wanderte auf ihm erst nach Westen und dann weiter südwärts. Sie nahm den Schleier ab, den sie als verlobte Frau in der Öffentlichkeit tragen musste, und löste ihr Haar. Sie ließ sich den hier oben stets wehenden Wind über das Gesicht streichen; er erfasste ihr Haar, als wäre es eine lange, schwarze Fahne, und fuhr durch ihre gelockerten Kleider. Dann kam sie zu einem nackten Felshang am Südrand des Berges. Sie blieb stehen und ließ den Blick über die weite, grüne Ebene Jesreel streifen. Plötzlich brach sie in Tränen aus.

Maria setzte sich hin, von heftigem Schluchzen geschüttelt. Es tat gut, so zu weinen, obwohl sie eigentlich keinen Grund dafür wusste – außer vielleicht, dass sie endlich allein war. Mit dem Tag ihrer Verlobung war sie offiziell zur Frau erklärt worden und doch beobachtete man sie, als wäre sie wieder ein kleines Mädchen. Seither war sie nicht mehr wirklich allein gewesen.

Das Tal zu ihren Füßen war schön anzusehen, von unregelmäßigem Gelb und Grün, in bäuerliche Parzellen aufgeteilt, wo Weizen und Gerste gerade zu sprießen begannen.

Ach, sie war so traurig. Ja, und zugleich froh. Aufgeregt. Nicht zufrieden, nicht wirklich. Ängstlich.

Maria senkte den Kopf, verbarg das Gesicht in ihren Armen und weinte.

Plötzlich fasste eine Hand mit festem Griff ihre Schulter. Im gleichen Augenblick krachte ein Donner neben ihrem Ohr. Fast wäre sie den Abhang hinuntergestürzt, wäre da nicht die Hand gewesen, die sie festhielt.

Und dann schien der Donner zu ihr zu sprechen: »Sei gegrüßt!«

Maria öffnete angsterfüllt die Augen. Doch da war niemand. Niemand, kein Mensch, keine Hand – lediglich eine blendende Säule aus Licht, den Fuß auf dem felsigen Berg, ihre Spitze sich im Himmel verlierend.

Das Licht sprach: »Sei gegrüßt, Begnadete, der Herr ist mit dir.«

Maria riss vor Angst den Mund auf und wich, sich auf dem Boden nach hinten schiebend, zurück.

Das Licht sprach: »Hab keine Angst, Maria.«

Maria. Das Licht kannte ihren Namen! Sie zögerte. Dann beugte sie sich vor und spähte in das Licht hinein. Sie meinte eine menschliche Gestalt darin zu sehen, ein Wesen von gewaltiger Größe und mit einem aufmerksamen Gesicht, das sie anblickte. Das Gesicht hatte »Maria« gesagt:

Oh, mein Herr! Das ist dein Engel!

Und der Engel sprach: »Maria, du hast Gnade bei Gott gefunden. Höre, du wirst schwanger werden und einen Sohn gebären, den sollst du Jesus nennen.

Er wird groß sein;
er wird ›Sohn des Höchsten‹ genannt werden;
Gott, der Herr, wird ihm den Thron
seines Vaters David geben,
und er wird herrschen über das Haus Jakob in Ewigkeit!«

Maria merkte nicht, wie sie da kniete, während sie in das Licht hinaufblickte, merkte auch nicht, dass ihr Körper keinerlei Schatten warf, obwohl ihr Gesicht von dem Licht gewärmt wurde. Sie sagte nur: »Oh, Herr, nein, Herr! Das ist unmöglich, ich bin doch noch Jungfrau. Ich bin noch mit keinem Mann zusammengewesen.«
   Doch der Engel sprach:

Der heilige Geist wird über dich kommen,
und die Kraft des Höchsten wird dich überschatten;
deshalb wird man das Kind, das dir geboren werden soll,
heilig nennen,
den Sohn Gottes!

Dann schien das Licht schwächer zu werden, als löste sich die himmlische Säule in eine weiße Wolke auf.
   Doch der Engel sprach weiter: »Überzeuge dich selbst, dass für Gott nichts unmöglich ist. Besuche Elisabeth, deine Verwandte, die schon alt ist. Auch sie hat einen Sohn empfangen. Man hat sie unfruchtbar genannt, und doch ist sie nun im sechsten Monat.«
   Maria flüsterte: »Ich bin die Magd des Herrn. Es soll geschehen, wie du gesagt hast.«
   Dann war der Engel verschwunden. Nur noch eine Wolke wehte über die Ebene Jesreel dahin, wandelte ihre Form und breitete einen Schatten über die gelben und grünen Felder, wie ein Adler seine riesigen Schwingen.

Joachims Haus war alt, mindestens fünf Generationen hatte es schon überdauert. Um die Dachbalken auswechseln zu können, musste Josef das ganze Dach abbauen. Er entfernte zunächst die zuoberst liegende Erde, auf der man im Frühling hatte Gras wachsen lassen – das Wurzelwerk sorgte für Festigkeit und das Gras selbst für Schutz. Dann brach er den gewalzten, luftgetrockneten Lehm von dem uralten, aus dünnen Leisten bestehenden Lattenwerk, das von den Dachbalken selbst gehalten wurde. Die Balken waren über die Jahre von zwei Bränden in Mitleidenschaft gezogen worden. Der dadurch entstandene Schaden war unter einem Deckenputz aus Lehm versteckt worden. Sein Schwiegervater hatte sich mittlerweile in den Kopf gesetzt, ein kleines Zimmer auf das Dach zu bauen, und Josef hatte festgestellt, dass die gegenwärtige Konstruktion fortgesetztes Umhergehen und Joachims und Annas gemeinsames Gewicht – zwei Körper, von Gott geliebt, gewiss, aber auch sehr rundlich – nicht tragen würde.

Während der winterlichen Regenzeit – unmittelbar nach den Verlobungsfeierlichkeiten – hatte sich Josef um die Tür und die Fenstergitter gekümmert und die notwendigen Arbeiten im Hausinneren erledigt, hatte den Deckenputz eingekerbt und abgekratzt. Jetzt, wo der Regen vorüber war, machte er sich daran, das Dach zu reparieren.

Er sah Maria tagtäglich. Bei seinem Kommen lächelte er stets, zupfte sich am Bart und winkte ihr zu. Bis zu ihrem Eheversprechen war er sich in ihrer Gegenwart immer wie ein Trottel vorgekommen, schwerfällig und um Worte verlegen, während sie unbeschwert lachte und Sätze von unerschrockener, scharfer Klugheit von sich gab. Nun aber trug sie einen Schleier und schien sich zurückhaltend zu geben! Josef sah das mit Erleichterung, doch der Schein trog. Unter dem Schleier kicherte Maria oft, und ihre dunklen Brauen hoben sich, den Flügeln von Spatzen gleich, wenn sie dabei ihr Gesicht verzog.

Nein, der wahre Grund dafür, dass Josefs Schüchternheit sich in Erleichterung gewandelt hatte, war, dass er sich mittlerweile mit der durch das Verlöbnis eingegangenen Verpflichtung angefreundet hatte und sie als tröstlich empfand. Josef war vierzig und neigte eher zu Beständigkeit denn zu Leidenschaft. Und er arbeitete wieder. Seine Tage hatten einen Sinn und einen gleichmäßigen Ablauf. Und er selbst war sich inzwischen Marias Liebe gewiss. Die Frau, so jung, klug und schön, würde beständig sein.

Sie beabsichtigten im Sommer zu heiraten, wenn Joachims Haus ganz fertiggestellt sein würde.

Doch im Frühjahr – genau drei Wochen, nachdem Josef die Arbeit am Dach aufgenommen hatte – war Maria plötzlich nicht mehr da.

Drei Tage lang kam Josef und wartete, um ihr zuzuwinken, aber sie ließ sich nicht blicken; er vermisste ihre Anwesenheit sehr. Manchmal konnte er seiner Arbeit kaum die notwendige Aufmerksamkeit schenken, doch verlor er gegenüber Joachim und Anna kein Wort darüber. Er verbarg seine wachsende Besorgnis, wie es seiner Natur entsprach. Nichts fiel dem großen Mann schwerer, als über seine Gefühle oder Ängste zu sprechen – vor allen Dingen, wenn Schuld und Verwirrung darunter waren. Unkenntnis raubte ihm jegliche Worte.

Ging Maria ihm aus dem Weg? Hatte er sie auf irgendeine Weise gekränkt?

Auch ihr Vater wechselte in diesen Tagen kein Wort mit Josef, aber er blieb wenigstens sichtbar. Von Zeit zu Zeit streckte er den Kopf aus dem Haus, um seinen Schwiegersohn mit stummer Wut finster anzublicken.

Was hatte Josef denn getan? Allein zu Hause, grübelte der arme Mann sich immer weiter in die Verzweiflung hinein.

Und dann, am Abend des vierten Tages, kam unangekündigt Anna zu Josefs Haus. Er trat vor die Tür, um sie zu begrüßen, und sah, dass sie einen Topf mit Linsen, Zwiebeln und Reis mitgebracht hatte. Sie betrat den kleinen Vorhof seines Hauses, und er sah ihr dabei zu, wie sie ein Feuer aus Reisig und Dung entzündete. Dung war bekannt dafür, dass er langsam brannte und unter großer Rauchentwicklung. Augenscheinlich hatte sie vor, eine Weile zu bleiben.

Als das Feuer hell brannte, goss sie Olivenöl über das Gemüse und Getreide in ihrem Topf und rührte dann langsam um. Josef aß gerne Linseneintopf.

Während sie umrührte, sagte Anna: »Joachim weiß nicht, dass ich hier bin. Du erzählst es ihm lieber nicht, und du brauchst auch keine Angst zu haben, dass ich es ihm verrate. Das geht nur uns beide an.«

Sie schwieg und musterte den Eintopf. Genau wie ihr Mann war Anna fast ebenso breit wie groß. Wenn sie nachdachte, spitzte sie immer die von einem Netz von Fältchen umgebenen Lippen.

Unvermittelt sagte sie: »Sollten wir nicht einmal deutlich miteinander reden?«

Der Eintopf begann Wohlgeruch zu verströmen. Josef hatte gemerkt, wie dankbar er für Annas Gegenwart war. Doch bei ihrer Frage zog sich augenblicklich etwas in seiner Brust zusammen. Er hatte keine Ahnung, wovon sie eigentlich redete.

»Was meinst du?«, fragte er.

»Willst du sie weiter von mir fernhalten? Sogar von mir?«

Josef blickte seine Schwiegermutter an, versuchte zu verstehen.

»Wen . . .? Wen von dir fernhalten?«

Anna wandte den Kopf zur Tür. »Maria!«, rief sie. »Maria, können wir uns darüber mal unterhalten?«

Josef riss die Augen weit auf, denn er hatte nun zu seinem Entsetzen begriffen. »Du weißt nicht, wo Maria ist?«

Anna hörte auf zu rühren. »Nein«, sagte sie leise, »du etwa auch nicht?«

Josef stand auf und fasste sich an den Bart. Die Schuldgefühle waren verschwunden, nur die Angst war geblieben. Er verspürte ein starkes Verlangen, auf die Felder hinauszulaufen, um dort nach Maria zu suchen.

Auch in Annas Augen war die Angst deutlich zu lesen.

»Aber sie hat ihre Kleider mitgenommen!«, sagte sie. »Vergangenen Sabbat sind Joachim und ich zur Synagoge in Jafia gegangen. Maria wollte lieber allein sein. Es war schon spät, als wir zurückkamen. Im Haus war es dunkel und sie war fort. Sie hat ihre Kleider mitgenommen. Josef, wenn sie nicht hier ist, wo ist sie dann? Hat sie dir denn nichts gesagt?«

Im sechsten Monat ihrer Schwangerschaft strahlte die fünfundsechzigjährige Elisabeth, die Frau von Zacharias, wie ein junges Mädchen.

»Gott hat meine Falten geglättet«, sagte sie. »Er hat meine Brüste wieder mit Leben gefüllt und meinem hageren Körper für ein Weilchen Fülle gegeben.«

Sie nannte sich selbst scherzhaft »Kürbis«, so schnell war sie dick geworden. Und in ihrem Schoß trug sie ein Kind! In drei Monaten, an ihrem sechsundsechzigsten Geburtstag, würde sie dieses Kind zur Welt bringen. Ach, sie hatte ihre Hausarbeit so verrichtet, als wäre sie wieder jung. Von den Nachmittagen einmal abgesehen, wenn sie auf ihrem Stuhl ein Schläfchen hielt, verbrachte sie den Tag mit Summen, Pfeifen und Singen.

Dann vernahm sie eines frühen Abends ein heftiges Klopfen an der Tür. Sie wischte sich die Hände ab, um nachzusehen, wer dort war.

Zacharias hatte das Klopfen nicht gehört. Er hätte nicht einmal einen Hammer auf seinem Amboss oder ein Donnern am Himmel gehört. Seit jener Nacht der »Erscheinung der Engel«, wie er sie schriftlich genannt hatte, war der alte Nagelschmied vollständig taub und stumm.

Daher öffnete Elisabeth selbst die Tür – und da stand vor ihr das Kind ihres Neffen, Joachims kleines Mädchen, das sie schon seit

Jahren nicht mehr gesehen hatte. »Maria!«, rief Elisabeth aus. »Maria, Kind – du? Aber du bist ja allein!«

Doch dies war kein gewöhnlicher Besuch.

Und Maria war auch kein Kind mehr.

Ihre hochgezogenen dunklen Brauen zeugten von einer dringenden Bitte, ihr Blick richtete sich flehend auf Elisabeth. Offensichtlich war sie mit einem Anliegen gekommen.

Dann geschahen mehrere Dinge so rasch, dass sie zu einem verschmolzen, und das eine war die Offenbarung Gottes.

Marias Blick fiel auf Elisabeths Brüste und dann auf ihren Bauch. Kaum vernehmbar sagte sie: »Sei gegrüßt, Elisabeth.«

Augenblicklich hüpfte das Kind in Elisabeths Schoß und die alte Frau schrie auf.

Denn plötzlich begriff Elisabeth alles: Das Kind, das sie in sich trug, den Grund für Marias Kommen, die Herrlichkeit der Tage, in denen sie lebten, Gottes großes Vorhaben!

»Oh, Maria!«, rief Elisabeth. Sie nahm ihre junge Nichte bei beiden Armen und zog sie ins Haus. »Maria, gesegnet bist du unter den Frauen, und gesegnet ist die Frucht deines Leibes!«

Meines Leibes?, bewegten sich lautlos die Lippen der jungen Frau.

Elisabeth schloss Maria fest in die Arme und rief: »Welch Geschenk, dass die Mutter meines Herrn mich besucht!«

»Du weißt, was mit mir ist?«, fragte Maria.

Elisabeth ließ sie los, verbarg ihr Gesicht und fing an zu weinen.

»Ja, Maria!«, sagte sie. »Ich weiß, welches Kind du jetzt in dir trägst. In dem Augenblick, als du mit mir gesprochen hast, hüpfte das Kind in meinem eigenen Bauch vor Freude, und das war eine Prophezeiung. Ach, meine Liebe, gesegnet bist du, denn du hast geglaubt, dass sich das Wort des Herrn erfüllen wird!«

»Er hat mir gesagt, ich würde ein Kind empfangen«, sagte Maria zu Elisabeth. »Er hat gesagt, das Kind würde heilig sein, der Sohn Gottes! Er hat gesagt, mein Kind würde Sohn Gottes genannt werden.«

Elisabeth trat an Maria vorbei und schloss die Zimmertür. Sie kam zurück, nahm ihre Nichte an der Hand und führte sie zu einem dreibeinigen Schemel. Sie drängte sie sanft, sich zu setzen und kniete sich dann vor ihr hin. Die beiden Frauen betrachteten einander – die eine, deren Haar vollständig weiß und zu einem Zopf geflochten war, die andere mit offenem Haar, das wie ein schwarzer Umhang über ihre Schultern fiel.

»Die Dinge ändern sich, Elisabeth!«, sagte Maria leise. »Gott stellt wohl die ganze Welt auf den Kopf. Oder was denkst du?«

Die ältere Frau begann zu nicken, doch nun strömten die Worte nur so aus Maria heraus: »Gott erhebt die kleinen Leute, eine niedrige Magd wie mich, Elisabeth. Er segnet mich! Als nächstes wird er die Mächtigen von ihren Thronen stürzen! Und die Hungernden werden essen und die Reichen werden nicht satt werden! Die Dinge werden sich ändern! Ich weiß es. Die Welt wird morgen nicht mehr die gleiche sein. Weiß noch jemand davon?«

Elisabeth nahm Marias Hände und legte sie auf die pralle Rundung ihres Leibes. »Dieses Kind weiß es«, sagte sie. »Und vielleicht weiß mein alter Mann auch etwas.«

»Gott erhebt sich, genauso wie er es seinerzeit für Israel in Ägypten getan hat.« Marias Augen leuchteten lebhaft. Elisabeth sah in dem Gesicht der jungen Frau, dass diese immer mehr verstand, was hier vorging. Maria sagte: »Gott erinnert sich an sein Volk! Er entsinnt sich der Versprechen, die er unseren Vorfahren gegeben hat, Abraham und seinen Kindern für alle Zeiten. Oh, Elisabeth, meine Seele erhebt den Herrn! Ich kann mich nicht länger zurückhalten. Mein Geist jubelt vor Freude über Gott, meinen Retter!«

Maria blieb danach drei Monate lang bei Elisabeth und Zacharias. Häufig flüsterten und tuschelten die Frauen miteinander, als ob sie gleichaltrig wären und nicht ein halbes Jahrhundert auseinander. Und wenn er ihre lebhaften Gespräche bemerkte, blickte Zacharias auf und lächelte ebenfalls; doch er war nur am Rande in das Geschehen einbezogen.

Andererseits war er nun stets zärtlich zu seiner Frau. Er strich ihr mit den Fingern über die Wange. Sein Blick sprach Bände, und Elisabeths Augen waren wie ein scharfes Gehör: Sie verstanden ihn.

Elisabeth war es schließlich, die sich an Joachim, Anna und Josef erinnerte. Sie ließ ihnen eine Nachricht zukommen, dass Maria bei ihr war, ihr als Gesellschafterin und bald auch als Hebamme diente.

Als die alte Frau schließlich in die Wehen kam, stieß sie fast genüsslich und laut die Schmerzensschreie aus. Aufmerksam verfolgte sie die Anspannungen, die erstaunliche Kraft, die ihr alter Körper besaß, und gab jeder neuen Stufe des Schmerzes lautstark Ausdruck. Sie schrie wie eine Sechzehnjährige. Jeder Dorfbewohner wusste, dass der Tag gekommen war – dass eine Frau, die länger unfruchtbar gewesen war, als sie überhaupt denken konnten, ein Kind bekam.

Es war ein Junge.

Elisabeth hatte gewusst, dass es ein Junge sein würde. Zacharias hatte es auf das Schreibtäfelchen geschrieben: *Ein Sohn, bereits in deinem Körper vom Heiligen Geist erfüllt. Ein Sohn, er soll Johannes heißen.*

Als ihre kräftigen Schreie verstummt waren und stattdessen die dünne Stimme des Säuglings zu vernehmen war, wussten die Nachbarn Bescheid. Bald schon kamen die ersten zu Besuch. Sie priesen das Neugeborene und freuten sich gemeinsam mit der Mutter; sie lächelten seinen bejahrten Vater an und nickten ihm heftig zu, so als hätte er nicht nur sein Hörvermögen, sondern auch den Verstand verloren.

Als das Kind acht Tage alt war, versammelten sich Freunde und Verwandte von Zacharias und Elisabeth zu seiner Beschneidung. Im Verlaufe der Zeremonie begann ein Rabbi von ihm als »Zacharias« zu sprechen. Sie nannten den Jungen nach seinem Vater: Zacharias.

Doch als Elisabeth begriff, was sie vorhatten, stand sie auf und rief: »Nein!« Sie ging zu ihrem Sohn und sagte: »Er soll Johannes heißen.«

»Johannes?«, fragte der Rabbi. »Niemand sonst aus deiner Verwandtschaft heißt Johannes.« Er wandte sich an Zacharias, der auf einem dreibeinigen Schemel saß und die Unterbrechung nicht mitbekommen hatte.

Um seine Aufmerksamkeit zu erlangen, baute sich der Rabbi unmittelbar vor dem Nagelschmied auf; dann deutete er auf Zacharias und formte mit übertriebenen Mundbewegungen die Silben ZA-CHA-RI-AS! Sodann wies er auf den Säugling und wiederholte die vier gedehnten Silben, wobei er Zustimmung suchend heftig nickte.

Der alte Zacharias schaute mit regungslosem Blick zu, ohne auf die Frage des Rabbis einzugehen. Stattdessen erhob er sich und ging ins Nebenzimmer. Er kehrte mit einem Schreibtäfelchen zurück und schrieb, sodass es für alle Anwesenden sichtbar war, in Aramäisch darauf: *Johannes ist sein Name.*

Jeder, der die Worte las, war verwundert.

Und augenblicklich löste sich Zacharias' Zunge. Er begann leise, sehr leise zu sprechen und Gott zu preisen.

Elisabeth schlug, von ihren Gefühlen überwältigt, die Hand vor den Mund. Er hatte nicht mehr gesprochen, seit sie sich in jener Nacht geliebt hatten.

Außer dem leisen Singsang der wiedergefundenen Stimme Zacharias' war nun in dem Zimmer kein Laut zu vernehmen. Selbst dem Rabbi hatte es die Worte verschlagen. Wer hätte bezweifeln können, dass dies das Werk des Herrn war?

In dem Land, wo das Volk seit Jahrhunderten keinen Propheten mehr reden gehört hatte, war nun Zacharias, ein Nagelschmied und Priester, ein alter Mann mit groben Gesichtszügen, vom Heiligen Geist erfüllt und sang die Weissagung Gottes.

»Gepriesen sei der Herr, der Gott Israels«, sang Zacharias, »denn er kommt zu seinem Volk! Wie er es uns versprochen hat, hat er ein Füllhorn des Heils im Hause seines Knechtes David aufgerichtet – auf dass wir aus der Hand derer, die uns hassen, errettet werden.

Gott gedenkt seines heiligen Bundes! Er gedenkt des Eides, den er Abraham, unserem Vater, geschworen hat, uns zu gewähren, dass wir, erlöst aus der Hand unseres Feindes, ohne Furcht ihm dienen, in Heiligkeit und Rechtschaffenheit all unsere Tage!«

Der alte Mann trat nun zu seinem Jungen. »Du, mein Sohn«, sagte er leise, »du, Johannes«, sang er mit lauterer Stimme, wobei er das Kind auf den Arm hob,

»du wirst ein Prophet des Höchsten genannt werden,
denn du wirst dem Herrn vorangehen, um seinen Weg zu bereiten,
seinem Volk Erkenntnis des Heils zu geben
durch die Barmherzigkeit unseres Gottes,
und um denen zu leuchten, die im Todesschatten sitzen,
und unsere Füße auf dem Weg des Friedens zu leiten.«

Aus dem Frühling wurde Sommer, und der Himmel blieb den ganzen Tag über strahlend blau und wolkenlos. Das Fehlen eines Daches bereitete in der Trockenzeit keine Probleme und so konnte Josef mit Umsicht zu Werke gehen, um sicher zu sein, dass niemand etwas an seinem *Mohar* auszusetzen hätte. Er vertiefte sich völlig in seine Arbeit, dachte allein an die Genauigkeit und Güte ihrer Ausführung.

Doch dann kehrte unversehens die schöne Maria wieder heim, lächelte ihn an und küsste die wenigen unbehaarten Stellen an ihm, sein Ohr, seine Stirn, seinen Nacken – und mit einem Mal war die Konzentration des armen Josef wieder vollständig dahin.

Er verspürte Angst und Wut zugleich, weil Maria sich Gefahren ausgesetzt hatte, indem sie allein gereist war, ohne jemanden etwas davon wissen zu lassen. Und doch konnte er dieser Frau nicht böse sein.

Er fühlte sich verletzt, weil sie ihm nicht genügend vertraut hatte, um ihm von ihrer geplanten Reise zu erzählen. Nicht einmal jetzt schien sie gewillt, ihr Verhalten zu erklären. Einerseits dachte er, dass es wohl ihre eigene Angelegenheit war, andererseits war er traurig, dass sie so wichtige Dinge vor ihm geheim hielt. Doch eben diese Traurigkeit hielt ihn davon ab, sie zu bedrängen. Zu fordern lag nun einmal nicht in seiner Natur. Und außerdem: Hätte er auch nur versucht darüber zu sprechen, Maria hätte zwischen seinem ersten Wort und dem zweiten schon eine äußerst wortgewandte Rede gehalten, und dann hätte er über ihren Gedankengängen die seinigen bereits völlig vergessen.

Und so behielt Josef seine Fragen für sich.

Doch bald sah er, dass Maria anders war als bei ihrer Verlobung, und seine Verwirrung nahm zu.

Sie sprach weniger. Ihre Augen waren fremd geworden, als würde sie über die Welt hinaussehen – vielleicht blickte sie auch nach innen. Ihr Gesicht war immer stark gerötet und wurde langsam runder. Sie selbst schien ihm besonders liebenswert zu sein. Irgendwie verändert. Ihre Figur schien weniger mädchenhaft, vielmehr sah er an ihr die weichere Schönheit einer Frau. Häufig stieg sie aufs Dach hinauf, um ihm bei der Arbeit zuzusehen. Sie stürzte dann zu ihm hin und drückte ihn fest an sich, ungeachtet der Tatsache, dass er schmutzig und verschwitzt war.

Unter diesen Umarmungen war sein Ärger bald verflogen. Das Gefühl des Gekränktseins war wie weggeblasen. Die Angst jedoch blieb – vielleicht, weil Maria nicht mehr so viel redete und schwatzte wie früher, obwohl sie ihn auch weiterhin anstrahlte, mit einem Lächeln, hell wie der Mond.

Und dann, während einer besonders innigen, langen Umarmung, während der Maria zu schluchzen begann, fühlte Josef plötzlich körperliche Veränderungen an ihr, die ihm bisher verborgen geblieben waren: Ihre Brüste waren üppiger geworden, ihr Körper überhaupt runder; ihr Bauch war gewölbt und fühlte sich fest an, als Josef sie an sich drückte. Josef trat einen Schritt zurück und blickte sie forschend an. Ja, das lächelnde Gesicht war runder und ihre Lippen waren voller als sonst.

Mit ungewohnter Kühnheit legte er eine Hand auf ihren Bauch. Marias Lächeln war verflogen. Nun betrachtete sie ihn mit vor Furcht leicht gerunzelter Stirn.

Maria trug ein Kind in ihrem Schoß!

Josef zog seine Hand zurück. Ohne ein Wort ging er zur Dachkante, stieg die Leiter hinab und begab sich durchs Dorf nach Hause. Er trat ins Haus, legte sich auf den Boden, verbarg sein Gesicht in den Armen und begann zu weinen.

Seit dem Tod seiner ersten Frau hatte Josef nicht mehr geweint.

Als es Abend geworden war, klopfte es an seine Tür. Er stand auf, um zu öffnen. Er hatte Maria erwartet, doch vor ihm stand stattdessen Anna, klein, rundlich, grau und traurig. Wortlos ging sie zu seinem Herd und zündete mit Reisig und Dung ein Feuer an. Josef stand abwartend im Dunkeln. Sie hängte einen kleinen Topf mit Suppe über die Flammen und rührte darin, bis es brodelte. Dann schüttete sie einen Teil davon in eine Schüssel und reichte ihm diese zusammen mit einem Messinglöffel. Sie stellte sich auf die Zehenspitzen, küsste seinen Bart, wandte sich sodann um und ging.

Josef hatte nun nur noch einen einzigen Gedanken im Kopf.

Bevor er an jenem Abend zu Bett ging, holte er sein Schreibzeug und ein Blatt Pergament hervor.

Mit seinen groben Händen schrieb er, jeden einzelnen Buchstaben mit peinlichster Sorgfalt, auf das Pergament die formellen Worte, mit denen Maria aus dem Verlöbnis entlassen wurde. In dem Dokument war die Rede von rituellen Unreinheiten, keine schwer wiegenden, die aber nichtsdestoweniger als rechtmäßige Gründe galten. Ehebruch erwähnte Josef nicht. Das zu schreiben, war er nicht fähig. Er brachte es nicht über sich, Maria – die er liebte und die zu lieben er nicht aufhören konnte – öffentlich des Ehebruchs zu bezichtigen.

Morgen würde er zwei Zeugen finden, um Maria in deren Gegenwart das Schriftstück persönlich zu überreichen.

Er rollte seine Strohmatte aus und bald darauf senkte sich gnädig der Schlaf über ihn.

Zu jener Zeit entdeckte König Herodes, dass Antipater, sein ältester Sohn und Thronfolger, für die Ermordung seines eigenen Onkels Pheroras, Herodes' Bruder, verantwortlich war.

Pheroras war ein fähiger Führer der Armeen des Herodes gewesen. Vor dreißig Jahren hatte er die Belagerung Jerusalems siegreich beendet, wodurch Herodes in die Stadt einziehen und dort herrschen konnte.

Derselbe Pheroras war nun vergiftet worden. Er starb schreiend und wimmernd in Herodes' Gemächern – und sein Tod erinnerte den alten König mit Schrecken an seine eigene Sterblichkeit.

Aus diesem Grunde vernichtete König Herodes sein drittes Testament. Er ließ seinen Sohn Antipater vor Gericht stellen und begann sodann zu überlegen, welcher seiner anderen Söhne wohl vertrauenswürdig und ihm ergeben sein mochte.

Während Josef seinen Entschluss, sich von Maria scheiden zu lassen, überschlief, sprach die Stimme eines Engels im Traum zu ihm.

»Josef, Sohn Davids«, sprach der Engel, »scheue dich nicht, Maria als deine Frau zu dir zu nehmen, denn das Kind, welches sie empfangen hat, ist vom Heiligen Geist. Sie wird einen Sohn gebären, dem du den Namen Jesus geben sollst, denn er wird sein Volk von seinen Sünden erretten.

Gott erfüllt die Prophezeiungen, Josef!

Siehe, eine Jungfrau wird schwanger werden
und einen Sohn gebären,
und man wird ihm den Namen Immanuel geben.

Immanuel«, sprach der Engel, »Immanuel: Gott steht uns bei.«

Als Josef am darauf folgenden Morgen erwachte, ging er rascher und leichtfüßiger umher als je zuvor in seinem Leben. Er entzündete ein Feuer aus Reisig und verbrannte in den Flammen das Pergament.

Er wusch sich, kämmte sich sorgfältig den Bart und ölte sein Haar. Anschließend zog er seine einzige saubere Tunika und sein Sabbatgewand über und begab sich sodann, beinahe im Laufschritt, zum Haus von Joachim.

Doch als er vor der Tür stand, hörte er, wie aus dem Inneren des Hauses ein Wehklagen drang, eine von Schmerz und Empörung erfüllte Stimme. Josefs Klopfen blieb unbeantwortet. Die Stimme schrie: »Wie kannst du eine derartige Schande über uns . . .«

Als er das hörte, hämmerte Josef mit aller Kraft an die Tür. »Joachim!«, brüllte er. »Joachim, mach die Tür auf und lass mich herein!«

Im Haus war plötzlich alles still, niemand sprach oder regte sich.

»Joachim«, donnerte Josef, »mach mir sofort die Tür hier auf!«

»Geh weg.« Es war die klägliche Stimme Joachims: »Du brauchst das Dach nicht fertigzustellen. Geh einfach weg und lass uns in Ruhe.«

Doch Josef brüllte nur noch lauter: »Nein, ich werde nicht eher gehen, als bis wir einen Tag für meine Heirat mit deiner Tochter festgelegt haben. Und du hast Recht: Ich muss dieses Dach nicht fertigstellen. Ich werde es aber trotzdem tun. *Nachdem* wir verheiratet sind.«

Die Stille im Inneren des Hauses hielt danach so lange an, dass es fast schien, als wäre es völlig verlassen.

Dann rief Joachim leise: »Weißt du, dass Maria ein Kind erwartet, Josef?«

»Ja, das weiß ich.«

»Und meine Tochter Maria sagt, du seist nicht der Vater.«

»Da hat sie Recht. Ich bin nicht der Vater.«

Die neue Holztür von Joachims Haus wurde einen Spalt geöffnet und heraus lugte ein fragend blickendes Auge. »Und du willst sie trotzdem heiraten?«

»Ja, das will ich.«

Joachim riss die Tür auf und brach in Tränen aus. »Ich bin von Glück überwältigt!«, rief er. »Ich ersticke vor Freude!« Er breitete die Arme aus und ging auf seinen Schwiegersohn zu. Der aber nahm nur eine Gestalt war.

In der Dunkelheit des Hausinneren stand Maria, bleich, schemenhaft, und blickte zögerlich zu Josef hinaus.

Der Kummer auf ihrem Antlitz brach ihm fast das Herz! Josef konnte nicht anders: Er drängte an Joachim vorbei, schloss Maria in die Arme und drückte sie fest an sich.

»Ich liebe dich«, flüsterte er ihr ins Ohr. »Nicht weinen, nicht weinen. Ich liebe dich, Maria; ich weiß, wer in dir heranwächst, und ich werde auch ihn lieben. Es ist doch gut. Alles ist gut. Ich weiß, was Gott geschehen lässt, und ich liebe dich.«

Im Jahr vor seiner Ermordung hatte Julius Cäsar ein Testament verfasst, in dem er seinen Neffen Oktavian zu seinem Sohn ernannte. Als der alte Diktator gestorben war, wollte der junge Oktavian sich im Ruhm seines Adoptivvaters sonnen und nannte sich Gaius Julius Cäsar Oktavian.

Die nächsten siebzehn Jahre in Rom waren von Machtkämpfen geprägt. Das römische Reich erstreckte sich von Britannien bis nach Kleinasien und Syrien, von Ägypten über Afrika bis nach Spanien. Es war eine blutige Zeit für Rom, aber für Oktavian auch eine des allmählichen, klugen und zielstrebigen Griffs nach der Macht, der obersten Macht schließlich über die ganze römische Welt.

Er maßte sich zwar nie die Insignien der Krone an, sondern befolgte gewissenhaft alle Förmlichkeiten der hergebrachten republikanischen Herrschaft. Niemals beschrieb er seine Stellung mit einem bedeutenderen Titel als Princeps, »erster Bürger«. Nichtsdestoweniger verliehen ihm der römische Senat und das Volk den Titel »Erhabener«, Augustus, ein Wesen, das das Göttliche in sich trug und das den Göttern ebenso wie den Menschen anbefohlen war.

So wurde Oktavian in seinem sechsunddreißigsten Lebensjahr zu Kaiser Augustus, dem mächtigsten Manne Roms – zu einer Erscheinung, die die Einwohner bestimmter Provinzen als einen von den Göttern geliebten Sohn zu verehren begannen. »Erretter« nannten sie ihn, denn mit ihm begann nun eine Zeit des Friedens, der so tief und umfassend war, dass in der ganzen bekannten Welt alte Kriege endeten, Kaufleute ohne Furcht überallhin reisen und der Handel frei von Gefahren erblühen konnte. Wohlstand breitete sich aus, ein Wohlstand, der sich auf erschöpften Ländern niederließ und ein freundliches Lächeln aufsetzte.

Im vierzehnten Jahr seiner Herrschaft brachte Kaiser Augustus den römischen Göttern ein großes Opfer für den Weltfrieden dar. Gleichzeitig befahl er zu Ehren dieser bemerkenswerten Situation den Bau eines großen Marmoraltars. In seinem achtzehnten Regierungsjahr weihte er diesen Altar, ein Muster an Bildhauerei, das von einer Mauer umgeben war, in dem die Geschichten Roms eingemeißelt waren: Romulus und Remus, wie sie von der Wölfin gesäugt wurden, Mutter Erde mit Kindern auf ihren Knien, Darstellungen von Luft und Wasser. Und er nannte dieses Denkmal »Friedensaltar des Augustus«.

In seinem zwanzigsten Regierungsjahr, als der Kaiser sechsundfünfzig war, wurden folgende Worte zur Feier seines Geburtstags in Stein gemeißelt: *Die Geburt des Gottes war der Anfang seiner guten Nachricht an die Welt.*

In seinem dreiundzwanzigsten Regierungsjahr verfügte Kaiser Augustus, dass sich die Bewohner sämtlicher Provinzen seines Reiches erfassen lassen müssten. Diese Erfassung sollte Grundlage einer allgemeinen Volkszählung sein; die gesammelten Erkenntnisse würden die Steuererhebung in jedem Haushalt eines jeden Gebietes der römischen Welt erleichtern. Damit jede Familie nur einmal erfasst wurde und man so ein dauerhaftes und brauchbares

Verzeichnis erstellen konnte, wurde allen Haushaltsvorständen befohlen, sich in die Städte oder Dörfer ihrer Vorfahren zu begeben – die Wohnorte ihrer Eltern –, um dort die urkundliche Erfassung abzuwarten.

So verließ Josef Nazareth in Galiläa und machte sich dem kaiserlichen Erlass gehorchend auf den Weg nach Judäa. Seine Frau Maria war bei ihm. Da Josef vom Hause Davids abstammte, gingen sie nach Bethlehem, der Stadt, in der König David vor einem Jahrtausend geboren worden war.

Maria ritt auf dem Esel. Vor der Reise hatte Josef, um ihren Rücken zu stützen, einen kleinen, gerollten Sattel hergestellt. Die Zeit ihrer Schwangerschaft würde bald zu Ende sein. Sie war müde und erschöpft, und ihre Hände, Hand- und Fußgelenke waren geschwollen. Ihr langes Haar hatte seine Schönheit verloren. Doch der Engel hatte von ihrem Sohn gesagt:

Gott, der Herr, wird ihm den Thron seines Vaters David geben.

»Seines Vaters David.« Und so hatte Maria sich entschlossen – und weder ihre Mutter noch ihr Mann konnten sie davon abbringen –, Josef zu begleiten und ihren Sohn in der Stadt seines Vaters zur Welt zu bringen.

Maria war fest davon überzeugt, dass der große und ferne Kaiser Augustus lediglich ein Werkzeug in der Hand des höchsten Gottes war. Sie wusste keinen Grund, der den Erlass des Kaisers mehr rechtfertigte, als dass ihr heiliges Kind nun in Bethlehem geboren würde.

Ein Schäfer trieb seine recht kleine Herde den Hang eines Hügels hinunter in ein grasbedecktes Tal. Der Abend dämmerte schon, und so stieg er in die Dunkelheit hinab. Niedrige Steinmauern umfassten eine Reihe geschützter Flächen, die als Weide für seine Tiere dienten. Er stand zwischen zwei Gattern in der Mauer, von denen jedes in eine andere Einfriedung führte, und lockte die Herden zu sich herab. Als sie näher kamen, lenkte er die dickschwänzigen Schafe durch das Tor zu seiner Rechten, die Ziegen hingegen stieß er nach links. Er zählte sie und musterte sie dabei sorgfältig auf Anzeichen von Krankheit oder auf etwaige Verletzungen hin, welche die Tiere sich den Tag über auf der Weide zugezogen haben konnten.

Der Hirte war noch jung, und sein Gesicht zeugte von Nachdenklichkeit und Eifer zugleich. Seine Lippen wirkten zusammengekniffen vom Grübeln, zu dem er neigte. Er trug Ledersandalen und einen Umhang aus Kamelhaar. An seinem Gürtel hingen zwei Lederbeutel, der eine prall gefüllt, der andere, ein Wassersack, mit einem Stöpsel verschlossen.

Als er mit dem Zählen fertig war, schloss er die beiden grob gezimmerten Gatter, setzte sich an das rechte und lehnte sich zurück. Dann holte er aus dem größeren der beiden Beutel Brot und Käse und begann zu essen.

Er ließ seinen Blick zu den Sternen hochschweifen – hell funkelnde Sandkörner am himmlischen Strand. Geistesabwesend hob er seine Rechte und verdunkelte damit zehntausend Sterne.

»Simon!«

Er nahm die Hand wieder herunter und drehte sich um.

Zwei weitere Schäfer kamen mit ihren Herden über den Kamm des westlich gelegenen Hügels. Die beiden Herden waren sehr viel größer, fahl im Sternenlicht, hunderte weißer Schemen, die sich den dunklen Hang hinab auf ihn zu bewegten.

»Simon, bist du da? Hast du schon Reisig gesammelt? Wo ist denn das Feuer? Warum hast du uns denn noch kein Feuer gemacht? Es wird kalt werden heute Nacht.«

Maria ritt langsam nach Bethlehem. Josef führte den Esel an der Leine, ihre Geschwindigkeit aber wurde von Marias Zustand bestimmt: Der Kopf des Tieres bewegte sich gemächlich auf und ab.

Als die kleine Familie in Bethlehem ankam, hatte die Registrierung bereits begonnen. Das normale städtische Treiben war in der

Flut herbeiströmender Juden nahezu untergegangen. Nachfahren Davids bevölkerten den Ort und die umliegenden Hügel. Römische Beamte hatten an der Kammstraße, die sich von Hebron nordwärts nach Jerusalem erstreckte und mitten durch Bethlehem hindurchführte, ihre Buden errichtet, und die Einwohner warteten vom Morgen bis zum späten Nachmittag in langen Schlangen darauf, sich registrieren zu lassen. Anschließend aßen sie und ruhten sich aus. Die meisten würden sich am folgenden Tag wieder zu den Zählern begeben. Alles ging unendlich langsam vor sich. Die Wirtshäuser waren überfüllt, Fremde schliefen auf dem nackten Fußboden oder auf dem Dachboden Seite an Seite und die Besitzer der Wirtshäuser zogen sich in die kleineren, privaten Räume auf den Dächern ihrer Häuser zurück.

Die Abenddämmerung war bereits hereingebrochen, als Josef den Esel mit seiner Frau durchs Stadttor ins Dorf hineinführte. Obwohl auf den Straßen nur wenige Menschen unterwegs waren, konnte man spüren, wie schwer Bethlehem unter der Menschenlast ächzte: Die Luft war vom Atem, dem leisen Gemurmel und den Gesprächen von zehntausend Menschen erfüllt – Hornissen gleich, die in einen Bienenstock eingefallen waren.

Marias Gesicht hatte im Mondlicht zu glänzen begonnen. Immer häufiger lehnte sie sich mit verzerrtem Gesicht gegen die Rückenstütze des hölzernen Sattels.

Nur ein einziges Mal hatte sie, als sie sich dem Tor näherten, geflüstert: »Es ist so weit, Josef. Es ist jetzt so weit.« Sie brauchte es nicht zu wiederholen. Die Worte beherrschten Josefs Gedanken: *Es ist so weit, Josef.*

Der Glanz auf Marias Stirn war Schweiß.

Einen Augenblick lang fühlte sich der Zimmermann vollkommen hilflos. Maria durfte ihr Kind unmöglich unter freiem Himmel, an irgendeinem finsteren Ort zur Welt bringen; und doch wusste er nicht, wo sie hätten unterkommen können. Jede menschliche Behausung war bewohnt. Die dunkle Stadt war gedrängt voll.

Plötzlich schüttelte der Esel den Kopf und begann sich aus eigenem Antrieb in Bewegung zu setzen, dann verfiel er in einen leichten Trab. Josef befahl ihm zweimal scharf, stehen zu bleiben. Da das Tier jedoch weiter trabte, war er gezwungen neben ihm her zu laufen, wobei er mit der einen Hand Marias Handgelenke hielt und mit der anderen ihren Rücken stützte.

Josef, es ist so weit!

Der Esel bog in eine Gasse ein. Sie führte bergab um ein großes Gasthaus herum zu dessen Rückseite, wo aus dem Kalkstein eine Höhle als eine Art Keller herausgehauen war. Der warme, tröstliche Geruch von Tieren und trockenem, sauberem Heu schlug ihnen entgegen. Die Höhle war von einem grob gezimmerten Zaun umgeben. Dort blieb der Esel an einem Gatter stehen und wartete.

Maria schnappte nach Luft. Josef konnte hören, wie sie mit den Zähnen knirschte und tief in ihrem Innersten stöhnte: *Es ist so weit, es ist so weit!*

Er hob den hölzernen Riegel des Gatters hoch. Der Esel ging sofort hinein und begab sich zur Rückwand der Höhle, wo eine Reihe von Futtertrögen in den Stein gehauen worden war. Andere Tiere, die auf dem Stroh lagerten, hoben die Köpfe, um den Eindringling zu beobachten.

Maria stieß einen Schrei aus und stürzte vom Esel.

Josef fing sie auf. Ihr Körper verblüffte ihn. Er war schwer und hart wie Eisenbarren, alle Muskeln waren angespannt.

Mit seinen Füßen schob Josef eilig einen großen Berg frischen Strohs zusammen und legte Maria so darauf, dass ihr Umhang als Unterlage diente.

Plötzlich warf Maria den Kopf in den Nacken, fuhr mit dem Oberkörper hoch, versuchte sich nach vorn zu beugen. Dabei schrie sie: »Josef!«

Zum zweiten Mal an jenem Abend ergriff Josef ein Gefühl völliger Hilflosigkeit. Sein Gesicht zeigte Angst und Verwirrung.

Er war doch keine Hebamme!

Doch Maria griff nach seinen großen Händen, drückte die Innenflächen gegen ihren Schoß und rief: »Noch nicht! Noch nicht! Halt es zurück, Josef. Halt es zurück, bis ich bereit bin – ahhh!«

Und dann spürte Josef das Kind! Josef fühlte den kleinen runden Schädel, der aus Maria herausdrängte! Der Zimmermann hatte ein Gefühl, als wäre er soeben von einer hohen Klippe gestürzt und würde gleich unten auf die Steine schlagen – doch der Sturz selbst war atemberaubend und aufpeitschend!

Maria warf sich herum, zuerst auf ihre linke Seite, danach auf Hände und Knie. Josef nahm seine Hände nicht von ihr, von der außergewöhnlichen Stärke und dem Wissen seiner Frau überwältigt.

»Stütz mich!«, rief sie. »Geh hinter mich, Josef – lass mich bitte nicht fallen!«

Sie setzte sich mit Schwung auf die Fersen und ließ sich gegen die breite Brust ihres Mannes fallen. Er ließ den kleinen Kopf zwischen ihren Beinen los und fing sie an den Hüften auf.

Maria saß nun in Hockstellung und krümmte sich zusammen, hatte die Knie dabei weit gespreizt. Dann begann sie zu schreien – doch der Schrei verstummte unter ihrer ungeheuren Anstrengung. Josef zitterte, seine Kehle war trocken. Staub und Stroh hingen in Marias wirrem, verschwitztem Haar, auf das er hinabsah. Dann ertönte ein Schrei in der Stallhöhle, dünn wie eine Harfensaite, endlos lang: *Iiiii* – Josef spürte den Ton zwischen seinen Armen. Es war Marias dünner Schrei, der immer lauter und kräftiger wurde, ohne dass sie zum Atmen absetzte, eine Woge der Kraft, die sich in ihr sammelte und mit Macht nach unten strömte und ihr Kind in die Welt hinaus trieb: *Jetzt!*

Und dann lag das Kind auch schon rücklings unter seiner Mutter, das Gesicht geradewegs dem von Maria zugewandt. Sie brach in Tränen aus. Gleichzeitig sank sie rückwärts gegen Josef, Tränen der Freude und Erleichterung, aber auch des Schmerzes liefen ihre Wangen hinunter. Das Kind strampelte, verzog das Gesicht und begann zu weinen. Maria griff nach oben, fasste ungeschickt den Bart ihres Mannes und zog sein Gesicht zu sich herab: »Wasch meinen

Sohn, wisch das Blut ab, damit er makellos sauber ist, und dann bring mir mein Messer.«

Josef stand auf, aber seine Muskeln wollten ihm nicht recht gehorchen. Wie ein Betrunkener ging er zu ihren Rucksäcken und fand darin das Leinentuch, das Maria für das Kind mitgenommen hatte, außerdem eine Lampe und ein Messer.

Als er sich hinkniete und die Lampe entzündete, sah er, dass Maria vornüber gebeugt saß und erneut presste, ganz so, als käme noch ein zweites Kind.

Beim Anblick des Strohs, das von Blut und Wasser durchtränkt war, wurde er von heftigem Mitleid mit seiner Frau erfasst.

Während er das blutverschmierte Kind wusch, konnte er sehen, wie sich die Farbe des winzigen Körpers von Blau über Blassrosa in einen rosenroten Ton verwandelte. Er säuberte die zarte Haut, und plötzlich seufzte das Kind. Er konnte die Herrlichkeit des Augenblicks kaum ertragen.

Gerade in diesem Moment kam die Nachgeburt, und Maria stieß einen letzten Schrei aus. Dann blickte sie erschöpft zu ihrem Mann auf.

»Josef«, sagte sie leise, »bitte gib ihn mir.«

Josef legte das Kind auf Marias Brust.

Maria riss mit den Zähnen einen schmalen Streifen von dem Leinentuch ab und knotete es um die Schnur, mit der ihr Sohn mit ihrem Körper verbunden war. Dann nahm sie das Messer und durchtrennte damit diese Verbindung auf immer. Mutter wie Kind stießen einen kurzen Schrei aus.

»Jesus«, sagte sie leise. Sie drückte ihn an ihre Brust und wiegte ihn. »Jesus. Kleiner Jeschi. Da bist du also. Und ich liebe dich, mein Kind.«

Maria schlug das Leinentuch auf und begann es vorsichtig um ihr Kind zu legen, fest genug, dass es auch weiterhin das Gefühl haben konnte, von Sicherheit und Wärme umgeben zu sein, fest genug, auch noch nach der Trennung ihre Liebe zu geben, und locker genug, um das Kind allein leben und atmen lassen zu können.

Im Schein der Lampe erblickte Josef die sie umgebenden großen Tiere. Sie hatten witternd die Köpfe gehoben, als ahnten sie etwas von der Bedeutung dieser Geburt.

»Josef?«

»Ja?«

»Möchtest du unser Kind halten?«

Vorsichtig hob der große, massige Mann den Säugling hoch. Er war so grob und Furcht einflößend, und das Kind in seinen Armen war so leicht und zerbrechlich. Doch der kleine Jesus lag ruhig da, und selbst Josefs tiefe Stimme schien ihm keine Angst zu machen. Da begann Josef zu weinen, ganz erfüllt von dem Gefühl, dieses Glück gar nicht verdient zu haben. Rasch legte er den Jungen in einen der Futtertröge, damit er geborgen war und schlafen konnte.

»Siehst du?«, flüsterte Maria, »auch du hast ihn jetzt getragen.«

Ach, Maria war so großherzig! Und schön. Sie hob ihre geschwollene Hand und strich sich die schwarzen, vom Schweiß strähnigen Haare aus der Stirn.

»Josef«, sagte sie leise, »komm doch bitte mit den sauberen Tüchern zu mir. Lösch die Lampe und komm, um auch mich zu waschen, mein Mann. Bitte wasch meinen ganzen Körper wieder rein.«

Als es Mitternacht geworden war, waren die Feuer der drei Hirten funkensprühend zu roter Aschenglut zusammengefallen. Simon und die beiden anderen, die ihre Herden vereint und die lange Nachtwache unter sich aufgeteilt hatten, schwiegen.

Von einem der Schäfer, einem zufriedenen, zähen alten Mann waren leise Schnarchgeräusche zu hören. Der andere saß Wache haltend auf der Steinmauer und schlug hin und wieder mit der flachen Seite seines Stabes dagegen, um wilde Tiere fortzuscheuchen.

Simon hatte sich zwischen die Schafe gelegt, um sich zu wärmen, aber er schlief nicht. Er blickte nachdenklich nach oben und lauschte auf das regelmäßige Schnauben der größeren Mutterschafe.

Mit einem Mal schienen die Sterne zu explodieren.

Simon sprang auf. Die Schafe erhoben sich schwerfällig, blökten und liefen zu den Steinmauern.

Die Sterne – erst nur zu wenigen, dann zu zehntausenden – blitzten wie weiße Feuer im Dunkeln.

Wie ein leuchtender, durcheinander wirbelnder Bienenschwarm am Nachthimmel bewegten sich die Sterne von Ost nach West.

Simon stand da, unfähig sich zu bewegen. Sogar die Schafe blieben vor lauter Angst regungslos.

Zwischen dem prächtigen Schauspiel am Himmel und der darunter liegenden dunklen Erde erschien nun eine einzelne, endlose Säule aus weißem Licht.

Und dann sprach das Licht, und Simon konnte verstehen, was es sagte. Es rief: »Fürchte dich nicht!«

Nein, es war nicht das Licht selbst – sondern eine Gestalt im Licht! Die hell leuchtende Gestalt eines Menschen, der auf dem Berg stand.

Ein Engel des Herrn!

Der Engel sprach: »Ich verkündige euch große Freude, welche das ganze Volk erfahren soll. Denn euch ist in dieser Nacht in der Stadt Davids ein Retter geboren worden – Christus, der Herr! Und das sei euch ein Zeichen: Ihr werdet ein Kind finden, das in Windeln gewickelt ist und in einer Krippe liegt ...«

Plötzlich kamen die leuchtenden himmlischen Heerscharen herab, erfüllten die unteren Himmelsregionen, lobten den Herrn und sangen:

Ehre sei Gott in der Höhe!
Und Friede auf Erden den Menschen,
an denen er Wohlgefallen hat!

Wie lange der gewaltige Chor dauerte, vermochte Simon nicht zu sagen. Die ganze Luft war erfüllt von der Musik der Engel. Aber als sie wieder in den Himmel zurückgekehrt waren und die Nacht wieder dunkel war, meinte Simon nichts anderes hören zu können als das *Gloria*, das noch immer in seinen Ohren klang. Es schien ihm, als sei er für die gewöhnlichen Dinge um ihn herum blind, für die Schafe und Steine, seine Gefährten, die eigene Hand.

Doch der alte Mann, der vorhin geschnarcht hatte, flüsterte fragend: »Simon?« – und das konnte Simon sehr wohl hören.

»Simon«, fragte der Hirte, »hast du das auch gesehen?«

Simon blickte seinen Freund im gewöhnlichen Licht der Sterne feierlich an und nickte.

Der dritte Hirte gesellte sich zu ihnen.

Der Alte blickte sie mit offenem Mund an und flüsterte: »Und habt ihr gehört, was der Engel uns gesagt hat?«

Simon nickte.

»Das war der Herr«, sagte der Alte. »Das war der Herr, der uns das mitgeteilt hat.«

Simon trat aus der Schafhürde und schloss sorgsam das Tor hinter sich. Er rüttelte noch am Tor der Ziegen, um die Verriegelung zu prüfen, und begann sodann den nordwestlichen Talhang hinaufzusteigen. Die anderen begleiteten ihn. Oben angelangt, fing Simon an zu laufen. Er lief immer schneller, bis er schließlich dahinflog. Ihm war leicht ums Herz, seine Beine waren unermüdlich. Seine Augen erblickten bereits die Feuer Bethlehems und er wandte den Blick, als sie im Herannahen immer größer wurden, nicht mehr von ihnen ab.

Nicht einmal am Stadtrand machte Simon Halt. Er rannte die Gassen entlang, ohne zu wissen wohin, doch vertraute er darauf, dass seine Füße die richtige Stelle finden würden. Und sie taten es.

Dort war eine Höhle, aus dem Kalkstein unter einem großen Wirtshaus herausgehauen. Innen war der schwache Schein einer Öllampe zu erkennen. Simon, der als erster von den dreien dort ankam, ging auf die Öffnung zu. Dann bückte er sich und ging hinein, von den Worten des Engels ermuntert.

Im Schein einer einzelnen Flamme sah Simon einen Mann sitzen, einen Mann mit einem großen, wilden Bart, der sein ganzes Gesicht bedeckte. Der Mann nickte, sagte aber keinen Ton. Der junge Hirte zögerte und schaute sich um. An den Knien des Mannes lehnte eine

Frau – sie war offensichtlich erschöpft, aber wach. Neben ihr befand sich eine steinerne Futterkrippe mit trockenem, gelbem Stroh. Und auf dem Stroh lag in Leinen gewickelt ein ebenfalls waches und freundlich aussehendes Kind.

Simon seufzte, plötzlich müde und doch unendlich froh: *Ein Retter! Der Messias!*

Als die beiden anderen hereingekrochen kamen und sich neben Simon hinknieten, sah die Frau auf und lächelte.

»Frau«, sagte Simon, »dein Kind ist das schönste Kind, das ich je gesehen habe. Zart wie die Nase eines Lamms.«

Der ältere Hirte stieß Simon unsanft in die Seite, der daraufhin etwas verlegen sagte: »Zart wie die Wolkensäule bei Tag.«

Das Kind schloss die Augen und schlief.

Kurz darauf wandten die Hirten sich wieder zum Gehen.

Als das Kind acht Tage alt war, hatte Josef für seine kleine Familie eine Unterkunft gefunden. Nun, da sie ein Zimmer hatten, gab es auch alles, was für die Beschneidung des Jungen nötig war: Schutz, Wasser, Ruhe und Ungestörtheit.

Maria legte das Kind nackt auf ihre Knie. Josef kniete sich vor ihm hin und entfernte dann, indem er mit der einen Hand an dem Fleisch zog und mit dem Messer in seiner anderen ringsum einen Schnitt machte, die Säuglingsvorhaut.

Das Kind riss die Augen auf. Einen Augenblick lang schien es darüber nachzudenken, welches grausame Unrecht ihm die Welt da wohl antat. Dann öffnete sich sein Mund, es holte Luft und stieß einen langen, lauten, kräftigen Schrei aus. Maria musste über diesen kindlichen Schreck lachen. Ihr Lachen ließ das Kind auf ihren Knien auf und ab hüpfen, und Josef, der die kleine Wunde zu waschen versuchte, bekam sie kaum zu fassen.

»Maria«, sagte er. Sie hörte seine leise Stimme nicht.

»Maria!«, rief er erneut.

Doch Maria lachte, und ihre schwarzen Wimpern waren feucht von Freudentränen, die ihre Augen noch mehr strahlen ließen. Die Tränen des Kindes dagegen waren Tränen der Wut.

»Maria!«

»Ja«, keuchte sie. »Ja, ich weiß, ich weiß es: Er soll Jesus heißen.«

Sobald sie den Namen ausgesprochen hatte, wurde sie plötzlich ernst. Sie nahm den kleinen Jungen an die Brust und auch sein Zorn war schnell verflogen. Es war nun still im Zimmer.

Josef murmelte: »Ja. Er heißt Jeschua – Jesus.«

Als die Zeit für die im Gesetz Moses festgelegte Reinigung gekommen war, gingen Josef und Maria mit dem Kind nach Jerusalem in den Tempel. Gegen Mittag näherten sie sich von Süden her dem Tempelberg und staunten dabei über die vor ihnen liegende langgestreckte weiße Eleganz der Königlichen Halle. Demütig schweigend betraten der Zimmermann und seine Frau die von Menschen wimmelnde Säulenhalle; sie gingen zwischen vier endlosen Reihen von Säulen hindurch, auf die sich hohe, vollständig mit Schnitzwerk verzierte Decken stützten, die reinste Pracht! Beim Vorbeigehen begutachteten sie auch die Tische, auf denen die Händler ihre Waren feilboten.

Schließlich erstanden sie zwei Turteltauben, die sie opfern wollten; dann gingen sie auf den weiten, offenen Vorhof der Heiden hinaus.

Sie begaben sich zur Ostseite der steinernen Brüstung, welche die inneren Vorhöfe und den Tempel selbst umgab – jene Schranke, die Nichtjuden unter Androhung der Todesstrafe nicht passieren durften –, und betraten schließlich durch das Schöne Tor den Frauenvorhof.

Dort angelangt, nahm Josef den kleinen Jesus auf seinen linken Arm; in der rechten Hand trug er die Turteltauben. Er wollte soeben allein in den noch tiefer im Inneren gelegenen Israelitenvorhof eintreten, um dann in den Priestervorhof mit dem Brandopferaltar zu gehen – da rief ihn eine Stimme an: »Warte!«

Die Stimme gehörte einem alten Mann, dessen Gang vom hohen Alter schwerfällig war. Sein Auftreten jedoch war so entschieden, dass Josef unwillkürlich gehorchte und wartete, bis der Mann bei ihm war.

»Das ist er!«, rief dieser aus. »Das ist er, den mit eigenen Augen zu sehen mir der Heilige Geist versprochen hat!«

Seine Stimme war hoch und durchdringend, und er zog schnell die Aufmerksamkeit der ringsum stehenden Menschen auf sich.

»Ach, Simeon!«, brummten die Leute. Sie waren es gewohnt ihn hier zu sehen. Er kam Tag für Tag hierher und erzählte, dass er vor seinem Tod noch den Messias sehen würde.

Doch der Alte beachtete sie gar nicht; er war so sehr von dem einen Gedanken erfüllt, dass kein anderer ihm etwas bedeutete.

»Gib mir das Kind«, keuchte er, als er bei Josef war. »Lass diese armen alten Knochen den Retter Gottes berühren und in den Armen wiegen. Ja! Ja...«

Und wieder gehorchte Josef.

Das Kind war wach und ohne Angst. Es blickte in das grimmige, uralte Gesicht des Mannes namens Simeon, und Simeon sagte leise: »Ja, ja. Oh, Herr, ja! Ich bin bereit. Nun kann ich in Frieden sterben, wie du es mir versprochen hast. Diese armen, schwachen Augen sehen das rettende Werk, das du für alle Welt bereit hältst, eine Offenbarung für die Heiden und Ehre für dein Volk Israel!«

Weder Josef noch Maria brachten ein Wort heraus. Sie starrten den Fremden an, der ihr Kind hielt, diesen ausgemergelten alten Mann, gebeugt und hager.

Unvermittelt hob Simeon den Blick und sah Maria in die Augen.

»Dein Kind hat seinen Platz als Baustein im Plan der Dinge«, sagte er. »Viele in Israel werden durch ihn zu Fall kommen und viele werden aufgerichtet werden. Doch er ist ein Zeichen, dem sich die meisten verweigern werden.« Simeon kniff die Augen zusammen und sagte mit einem vertraulichen Flüsterton: »Und ein Schwert wird auch deine Seele durchbohren, Frau, und all die geheimsten Gedanken der Menschen werden offenbar werden!«

Simeon reichte ihr das Kind. Maria nahm es schweigend auf den Arm. Aber sie sollte nichts von alledem vergessen. Alles, was in diesen Tagen gesagt und getan wurde, prägte sie sich genau ein – alles; und sie dachte stets darüber nach und versuchte es zu begreifen.

Der im Osten gängige Brauch, Herrschern bei wichtigen Anlässen zu huldigen, war König Herodes wohl bekannt. Vor sechs Jahren, als er mit dem Bau der Küstenstadt Caesarea fertig geworden war und sie mit einem großartigen Spektakel von sportlichen Wettbewerben der Öffentlichkeit übergeben hatte, waren Gesandte fremder Nationen mit äußerst wertvollen Geschenken gekommen, um Herodes zu huldigen. Mit Karawanen, auf Kamelen und Eseln und mit voll beladenen Wagen waren sie angereist und ebenso großartig empfangen worden.

Herodes selbst hatte Oktavian bei dessen Ernennung zum »Augustus« Geschenke gesandt. Zu anderen Anlässen hatte er den Kaiser von Angesicht zu Angesicht getroffen, um ihm persönlich zu huldigen. Als er seine Söhne nach Rom geschickt hatte, hatten sie Berge von Schätzen des Ostens bei sich gehabt. Und im Gegenzug hatte der Kaiser ihn als »Freund und Verbündeten« bezeichnet.

Dass in jüngster Zeit eine Karawane aus dem Osten eingetroffen war, war also nichts Ungewöhnliches. Sterndeuter waren offensichtlich zur Huldigung nach Jerusalem gekommen. Und obwohl man ihn nicht vom Kommen eines Gesandten in Kenntnis gesetzt

hatte, wartete König Herodes dennoch auf die Bitte zur Gewährung einer Audienz. Er wollte sich ihnen gerne wohlwollend zeigen.
Die Bitte wurde nie vorgetragen.

Stattdessen erfuhr Herodes, dass die Sterndeuter Erkundigungen nach jemand anderem einzogen – jemandem, der der kommende König der Juden sein sollte.

»Wir haben seinen Stern im Osten stehen sehen«, sagten sie, »und wir sind gekommen, um ihm zu huldigen.«

Ihm? Wem?

Herodes war sehr krank. Er konnte nicht laufen, noch konnte er ohne Schmerzen seine Knie beugen. Seine Beine und Füße waren eiskalt vor Blutmangel, in seinen Schienbeinen war ein Schmerz, der wie Feuer brannte, und seine Zehen verfärbten sich langsam schwarz.

Dennoch ließ er die Sterndeuter wissen, dass gute Herrscher ihren Gästen Beistand gewähren würden. Wenn sie etwas bräuchten, sagte er, so würde er sich ihnen gerne behilflich zeigen. Würden sie vielleicht in seinem Palast vorstellig werden wollen? Er könne zwar nicht zu ihnen herauskommen, aber sie seien ganz sicher bei ihm willkommen.

In der Zwischenzeit jedoch geriet er in höchste Aufregung. Was wussten Fremde von Abstammungen und Erbfolgen? Wer hatte ein größeres Anrecht auf den Thron als er? Juden, sicherlich; aber ein Jude *davidischer* Herkunft! Bis zum Exil hatte immer ein Sohn Davids auf dem Thron gesessen – und selbst dann war prophezeit worden, dass erneut ein solcher Sohn gesalbt werden würde. »Gesalbter« hieß auf Hebräisch *Messias*.

Beunruhigt befahl Herodes seinen Schriftgelehrten, gewisse Einzelheiten herauszufinden: Gab es eine Prophezeiung, die den Gesalbten Gottes betraf? Den Messias? Die sagte, wo er geboren würde?

Ja! Zu seinem Schrecken gab es eine solche Prophezeiung. Die Schriftgelehrten brachten Herodes die Schriftrolle des Propheten Micha und lasen sie ihm laut vor:

Und du, Bethlehem im jüdischen Lande,
bist keineswegs die kleinste unter den Städten in Juda;
denn aus dir wird der Fürst kommen,
der mein Volk Israel weiden soll.

»Aaah!« Wutentbrannt stieß der alte König den verhassten Namen aus: »Bethlehem!«

Die Männer aus dem Osten waren für Herodes' Einladung dankbar. Sie nahmen sie an und betraten mit großer Feierlichkeit den Palast und seine Wohnräume.

Herodes zwang sich zu lächeln. Er musterte die Sterndeuter, die weder Könige noch Männer von sonst einem hohen Rang waren, und lächelte.

»Wie lange ist es her, dass der Stern aufgegangen ist?«, wollte er wissen.

Unter Verbeugungen und Kratzfüßen – unterwürfige Trottel! – erzählten sie es ihm.

»Ah ja«, sagte Herodes. »Nun, der kleine König, den ihr sucht, ist wahrscheinlich in Bethlehem geboren worden. Das ist von hier aus eine kurze Reise nach Süden. Geht nach Bethlehem. Sucht gewissenhaft nach dem Kind. Und wenn ihr es gefunden habt, dann lasst es mich wissen, damit auch ich zu ihm gehen und ihm huldigen kann.«

Die Sterndeuter gingen wieder.

Und als es Nacht war, waren sie schon aus Jerusalem abgereist – rascher noch, als Herodes erwartet hatte.

Als Maria früh morgens wach wurde, hörte sie vor ihrer Unterkunft leise Geräusche – das unerwartete Schnauben von Kamelen.

Kamele?

Sie öffnete das Fenstergitter und blickte hinaus. Kamele – ja, tatsächlich. Auf der Straße lagerten Kamele, sie lagen auf dem Bauch und reckten die Köpfe, als gehörten sie dorthin, als wäre ihr Platz schon immer dort gewesen.

Hinter den Tieren waren einige Menschen versammelt, Bedienstete, wie es schien. Vor ihnen standen drei rätselhafte Männer, offensichtlich hohe Herren, und unterhielten sich mit Josef. Ihr armer Gatte fühlte sich dabei sichtlich unwohl. Seine großen Hände hingen hilflos an seinem grobschlächtigen Körper herab, wortkarg stand er da, unsicher, was er tun sollte. Doch die drei Fremden ließen sich von dem Mangel an Gastfreundschaft, die der Zimmermann ihnen entgegenbrachte, nicht in ihrer Höflichkeit beirren.

Einer von ihnen berührte Josef an der Schulter und zeigte zum Haus, worauf Josef heftig zu nicken begann. Er drehte sich um und ging zur Tür. Die drei Männer bückten sich, hoben verschieden große Kästen auf und folgten ihm dann.

Rasch entfernte Maria sich vom Fenster. Sie zog einen lockeren blauen Umhang über, eilte zu ihrem Kind, nahm es auf die Arme und stellte sich dann mit dem Gesicht zur Tür in die Zimmermitte.

Die Tür wurde geöffnet.

Josef trat ein, sagte aber kein Wort. Er zuckte die Achseln, hob ein paar Mal die Augenbrauen, versuchte verzweifelt Maria irgendetwas mitzuteilen – alles ohne einen Ton zu sagen.

Hinter ihm betraten, einer nach dem anderen, die fremd aussehenden und exotisch gekleideten Männer das Zimmer. Sie blickten Maria kurz an und nickten. Jesus aber betrachteten sie sehr lange.

Unvermittelt verbeugten sich die drei bis auf die Erde. Sie sanken auf die Knie und drückten die Stirn gegen den Boden. Vor Vergnügen über die Bewegung, das Rauschen der Umhänge, die neuen Gerüche, die ins Zimmer strömten, bewegte das Kind eifrig beide Arme, wobei es über das ganze Gesicht strahlte, auf den Armen seiner Mutter strampelte und vergnügt gluckste.

Die drei Männer richteten sich auf den Knien auf, und dann legte jeder von ihnen Maria ein Kästchen zu Füßen.

Der erste öffnete sein Kästchen und nahm ein mattglänzendes gelbes Medaillon heraus. Gold.

Der zweite holte kleine Weihrauchbrocken hervor.

Der dritte Mann zeigte dem Kind ein Fläschchen aus Alabaster, und nachdem er den Stopfen herausgezogen hatte, erfüllten geheimnisvolle Gerüche das Zimmer. »Myrrhenöl«, sagte er leise. »Ein Geschenk für den König der Juden.«

Feierliche Stille erfüllte nun den Raum. Lediglich das Schnauben der Kamele vor dem Haus war noch zu hören.

Maria nahm die Alabasterflasche und verschloss sie wieder mit dem Stopfen. Sie war ernst geworden und fühlte sich unbehaglich. Langsam senkte sie den Kopf und dankte den Sterndeutern für die Ehrbezeigung. Als sie wieder alleine waren, sagte sie zu Josef: »Räum diese Sachen weg. Versteck sie. Ich fürchte, sie sind gefährlich für unseren Sohn.«

Herodes sah und hörte nichts mehr von den Sterndeutern. So schickte er nach drei Tagen Bedienstete nach Bethlehem, um nachzusehen, warum sie so lange dort blieben. Als die Diener zurückkehrten, teilten sie ihm mit, dass die drei gar nicht mehr dort seien. Sie waren verschwunden.

Auf dem Gesicht des Königs war nun kein Lächeln mehr zu sehen. Sein Blick verfinsterte sich angesichts dieser Beleidigung – und aus Angst und einer alten, tief sitzenden Wut. Sein Gesicht wirkte plötzlich eingefallen, und in der Nacht konnte er nicht schlafen. Am Morgen des vierten Tages hatte König Herodes drei Entschlüsse gefasst, und noch bevor die Sonne ihren Scheitelpunkt erreicht hatte, war aus jedem dieser Entschlüsse ein öffentlicher Erlass geworden; und als es Abend war, waren sie bereits ausgeführt.

So hatte er den Gefängnisbeamten, die für die Bewachung seines Sohnes Antipater verantwortlich waren, folgenden Befehl erteilt: »Da der Mann der Verschwörung zum Zwecke der Ermordung meines Bruders Pheroras schuldig befunden worden ist und da ich, Herodes, keinen wie auch immer gearteten Grund zur Begnadigung finden kann: Kreuzigt ihn.«

In einem zweiten Erlass hatte der König ein ganzes Regiment seines Heeres nach Bethlehem geschickt, mit dem bedingungslosen, unwiderruflichen Befehl, in die Häuser seiner Bewohner einzudringen, jedes männliche Kind von zwei Jahren und darunter zu finden und zu identifizieren, diese Kinder auf einem Platz zusammenzubringen – und sie alle zu töten.

Und zuletzt hatte König Herodes seine persönlichen Bediensteten angewiesen, eine Karawane vorzubereiten und seinen privaten Palankin für eine ausgedehnte Reise bereitzustellen. Die Schmerzen in seinen Beinen waren unerträglich. Auch seine Finger waren mittlerweile kalt wie die Nacht und krampften sich starr zusammen. Er brauchte dringend Erholung. Er hatte jetzt nur noch einen Gedanken: seinen leidenden Körper in die heißen Bäder von Kallirhoë zu legen.

Zwei Tage später wurde der König auf Berge weicher Decken gelegt, in seine Sänfte gebettet und auf die Schultern seiner jungen, kräftigen Diener gehoben.

Doch jede noch so leise Bewegung bereitete ihm derartige Qualen, dass die Karawane häufig halten musste und so auf der steinigen Straße von Jerusalem nach Jericho nur sehr langsam voran kam. In der Tat forderte diese kurze Reise – nicht einmal die

Hälfte des Weges nach Kallirhoë war zurückgelegt – drei Tage im Leben des Königs.

Und so geschah es, dass König Herodes fünf Tage nach seinem letzten Morden, bei dem aberhunderte von Söhnen ihr Leben lassen mussten, selbst zu atmen aufhörte. Er starb in Jericho, auf Kissen gelagert, die Augen weit aufgerissen, ohne jedoch noch etwas zu erkennen.

Als die Soldaten in Bethlehem angelangt waren, um die Kinder zu ermorden, war Josef bereits fort. Der Herr hatte ihn in einem Traum gewarnt und so war er mit seiner Familie in den Süden, nach Ägypten, geflohen. Später, als sie vom Tod des Königs hörten, kehrten sie nach Nazareth zurück, wobei sie um Judäa einen weiten Bogen machten. In dieser Provinz herrschte nun Archelaus, Herodes' Sohn, der noch unmenschlicher war als sein Vater.

Nachdem sie glücklich zu ihrem eigenen kleinen Haus zurückgekommen waren, kehrte endlich wieder Ruhe in ihr Leben ein und das Kind Jesus konnte aufwachsen wie alle anderen Kinder.

Jesus war ein lebhafter und aufgeweckter Junge. Er hatte die breite Stirn seiner Mutter und auch die gleichen ebenmäßigen, ausdrucksstarken Augenbrauen. Überhaupt war er Maria sehr ähnlich - wenn er auch nicht so häufig und gerne lachte wie sie.

Seiner Mutter jedoch gab er Tag für Tag Grund zur Freude und zum Lachen. Jesus war ihr Ein und Alles. »Jeschi!«, rief sie oft und streckte die Arme hilflos zum Himmel. »Oh, Jeschi, von wenig Salz bekommt man großen Hunger, von viel ein schiefes Gesicht!«

Und dann lachte Maria und Jesus verzog dabei sein kleines Gesicht zu einer komischen Grimasse.

Er kletterte den Berg bei Nazareth hinauf. Er durchstreifte das

Hochland, und einmal drang er sogar bis zum Kamm des Berges vor, von dem aus man die Jesreel-Ebene überblickte. Als seine Mutter ihn dort fand, lachte sie nicht. Sie schrie aber auch nicht, obwohl er dort hätte zu Tode stürzen können. Schweigend ging sie zu ihm, setzte sich neben ihn, umfasste ihn mit kräftigem Arm und drückte ihn an sich, das Herz noch immer vor Angst rasend.

Sie zeigte auf den Flickenteppich aus Äckern, der den Talboden bedeckte.

Leise sagte sie: »Da unten, Jeschi. Vor hunderten von Jahren lebte dort eine Prophetin namens Debora, die Jabin, den König Kanaans, vernichtet hat – genau dort. Jabins Heer fuhr mit Streitwagen, und Gott schickte einen heftigen Regen und der Regen verwandelte das ganze Tal in Schlamm und die Räder der Streitwagen blieben darin stecken.«

Maria begann sich hin und her zu wiegen. Sie summte drei Töne, dann sang sie:

> *Da kamen sie, die Herrscher Kanaans,*
> *sie rückten an zur Schlacht bei Taanach,*
> *beim Bach von Megiddo kämpften sie;*
> *doch Silberbeute gab es nicht zu holen.*
> *Auf, auf! Auf, auf!*
>
> *Die Sterne selber nahmen teil am Kampf*
> *von ihren Himmelsbahnen aus.*
> *Der Kischon drang heran mit seiner Flut*
> *und riss die Feinde mit sich fort.*
> *Auf, auf, mein Herz, nimm allen Mut zusammen!*

Maria sang, und Jesus, den Blick auf die Felder unter ihm gerichtet, sah im Geiste einen Krieg aus alter Zeit. Nein, an jenem Tag lachte Maria nicht.

Sie brachte Jesus noch andere Lieder bei. Und sie zeigte ihm die Lilien, die Blumen, die Gräser und alles, was sonst noch wuchs, erklärte ihm das Saatgut und die verschiedenen Böden. Und sie lehrte ihn das Beten. Sie tat dies, indem sie selbst betete, und er sah ihr dabei mit rascher Auffassungsgabe zu. Außerdem lehrte Maria ihren Sohn, sparsam zu sein – nicht verbissen oder erbittert, sondern mit Erfindungsreichtum und heiterer Selbstgenügsamkeit. Und sie brachte ihm Nähen und Kochen bei.

Von Josef, unerschütterlich und arbeitsam, lernte Jesus Lesen und Schreiben, auf Aramäisch und Hebräisch.

Josef nahm Jesus auch in die Synagoge mit.

Anders als seine Frau lachte Josef nie.

Wenn Jesus ihn deswegen fragte, erzählte er seinem Jungen, dass er zu alt für das Lachen sei und er das Talent dazu vor langer Zeit verloren habe. Marias Lachen aber sei wie sein eigenes.

»Das genügt völlig«, sagte er.

Mittlerweile waren in Josefs mächtigem Bart die ersten weißen Strähnen zu sehen. Seine Brauen wurden immer dichter, sodass von seinem Gesicht außer der Nase fast nichts mehr zu sehen war.

Im Frühling des Jahres, in dem Jesus zwölf wurde, beschlossen seine Eltern, mit ihm nach Jerusalem zu gehen, um dort das Passafest zu feiern.

Es war eine beschwerliche Vier-Tage-Reise, die sie zusammen mit vielen anderen Familien aus Nazareth machten. Die meisten gingen zu Fuß, nur wenige ritten einen Esel. Der Weg von Galiläa nach Judäa war mühsam, da die Berge zwischen Samaria und Jerusalem von jähen steilwandigen, engen Schluchten durchschnitten waren, und am Weg gab es zahllose Höhlen, in denen Räuber lauerten. In Jerusalem angekommen, verstreuten sich die Leute aus Nazareth, und jede Familie suchte sich eine eigene Unterkunft.

Unmittelbar nach ihrer Ankunft – während sie sich einem zweigeschossigen Haus im Tal zwischen dem hohen Hügel Zions und dem Tempelberg näherten – hielten Maria und Josef Ausschau nach Zacharias. Da die Priester aller Gruppen zur Zeit des Passa im Dienst waren, kam Zacharias für gewöhnlich früh, um alles für seine Verwandten vorzubereiten und sie bei ihrer Ankunft vergnügt zu begrüßen.

Doch heute kam ihnen kein Zacharias aus dem Haus entgegen, weder im Priestergewand noch in der Arbeitskleidung des Nagelschmieds. Stattdessen trat winkend Elisabeth aus der Tür und versuchte zu lächeln. Doch als sie näher kamen, konnte Maria sehen, dass das Lächeln aus ihrem Gesicht verschwunden war. Die kleine alte Frau senkte den Kopf und hob die Arme – da wusste Maria Bescheid. Die beiden Frauen fielen sich um den Hals und weinten um Zacharias.

»Er ist im Schlaf gestorben«, sagte Elisabeth. »Johannes und ich sind dieses Jahr alleine zum Passafest gekommen. Oh, Maria, ich bin so froh dich zu sehen.«

Am Tag der Lämmeropfer ging Josef mit Jesus aus der Stadt hinaus nach Osten zum Ölberg, wo zwei große Zedern standen. Unter einem der Bäume verkaufte ein Mann junge Tauben. Unter dem anderen waren vier Läden, die alles anboten, was für die Opfer gebraucht wurde: Lämmer, Schafe, Öl, Mehl.

Josef erstand ein Lamm, einjährig und ohne Makel.

Als sie das Schaf durchs Kidrontal in die Stadt zurückbrachten, sagte er: »Jedes Jahr zu Passa bringt Rabbi Baba ben Buta dreitausend Stück Vieh zum Tempel, direkt in den Vorhof der Heiden, wo er die Opfertiere den Pilgern verkauft; aber ich kaufe unseres lieber hier.«

Josef zeigte Jesus, wie er sich bei der Vorbereitung des Opfers zu waschen hatte.

Gemeinsam betraten sie die weißen, dichtbevölkerten, lärmerfüllten Vorhöfe des Tempels. Rauch stieg auf zum strahlenden Himmel. Auf den Stufen des Tempels sangen Leviten und in gleichmäßigen Abständen ertönten Trompeten vom Turm an der Südwestecke der Königlichen Halle. Hunderte von Menschen strömten mit ihren Schafen zu einem Tor hinein, während ebenso viele andere durch ein anderes hinauskamen, blutige Fleischstücke und das saubere, ganze Fell des Tierleichnams tragend.

Im Inneren des Priestervorhofs kniete Josef sich hin, einen Arm um den Rumpf des Tieres gelegt, und wartete, dass er an der Reihe war. Jesus stand neben ihm und schaute zu.

Es dauerte nicht lange, da kam ein Priester, begleitet von einem Leviten. Der Priester untersuchte sorgfältig das Tier, Maul, Ohren, Bauch, die Wurzeln seines Fells; dann reichte er Josef eine kleine Schüssel aus Ton und trat einen Schritt zurück. Josef, der noch immer kniete, legte dem Schaf eine Hand auf den Kopf. Unvermittelt umfasste der Levit mit seiner Linken die Schnauze des Tieres, nahm ihm so den Atem und durchtrennte dann mit lautloser Klinge in einer einzigen Bewegung die Kehle des Lammes. In zwei roten Fontänen schoss das Blut aus der Wunde.

Der Levit drückte nun nach unten und ließ das Blut in Josefs Schüssel strömen. Als diese voll war, nahm der Priester sie zusammen mit dem schlaffen, wolligen Leichnam. Das Blut spritzte er gegen den Altar, und das Schaf häutete er und zerlegte es dann mit erstaunlicher Geschwindigkeit. Er wusch die Fleischstücke, streckte sie dem Herrn entgegen und gab sie dann Josef zurück. Dieser gab einen Teil davon Jesus, der mit festem Blick und ernster Miene zugesehen hatte.

Das war das Essen, das Josef, Maria und Jesus in jener Nacht mit ritueller Sorgfalt verzehrten – und nicht nur sie, sondern auch Elisabeth und Johannes. Zacharias' Familie legte sich in jener Nacht mit Josefs Familie zur Ruhe, man sang Loblieder und erinnerte sich.

Denn es war Passa. Wie jedes Jahr wurde die alte Geschichte wieder neu erlebt, wurde erzählt, wie der Herr durch Zeichen und Wunder das Volk Israel errettet, wie er sich seiner Kinder angenommen und sie aus Ägypten herausgeführt hatte – der gleiche Herr, der einen alten Nagelschmied geliebt hatte und ihn vor seinem Tod etwas Neues hatte sehen lassen. Zacharias hatte wie Mose damals auf dem Berg gestanden und das Gelobte Land gesehen.

Am darauf folgenden Tag kehrten Elisabeth und Johannes nach Hause zurück.

Maria und Josef blieben bis zum letzten Tag des Festes. Am frühen Morgen versammelten sie sich mit ihren Freunden aus Nazareth, und die Gruppe machte sich dann gemeinsam wieder auf den Weg nach Norden.

Bis zum Abend reisten sie, dann stellte man Zelte für die Nacht auf. Maria kochte einen Eintopf und ging anschließend Jesus holen.

Doch Jesus war verschwunden.

Maria lief von einem Zelt zum nächsten, aber überall zuckte man nur die Achseln und schüttelte den Kopf. Die Verwandten fühlten mit ihr, doch helfen konnten sie ihr nicht. Jesus war den ganzen Tag nicht gesehen worden.

»Er ist doch noch ein Junge«, sagte sie immer wieder. »Er ist doch erst zwölf!«

Und dann war es dunkel. Die Berge in der Ferne waren nur noch gleichmäßig schwarze Schemen. Licht spendeten einzig die Feuer der Familien, die sich zum Essen niedergelassen hatten.

Maria eilte zu Josef und rief: »Los, komm! Wir müssen zurück! Vielleicht hat er sich irgendwo am Wegesrand verirrt, oder er ist gar nicht mitgekommen. Dann ist er jetzt ganz allein in Jerusalem!«

Also gingen sie die ganze Nacht hindurch, ganz allein die mühsamen Straßen nach Jerusalem hinauf, so leise sie konnten, aus Furcht vor Räubern und Dieben.

Als sie in der Stadt waren und es Tag war, begannen sie eine lange Suche. Sie befragten Fremde und klopften an die Türen zahlloser Häuser. Maria bekam keinen Bissen hinunter. Sie machte sich solche Sorgen und Vorwürfe, dass ihr alles andere egal war. Sie kümmerte sich nicht um ihre ungekämmten Haare, die dreckigen Kleider. Leichenblass und mit starrem Blick lief sie umher, ihre Gedanken kreisten allein um ihren Sohn.

»Meine Schuld, meine Schuld«, murmelte sie immer wieder. »Er ist doch noch so klein. Ich hätte aufpassen müssen. Es ist doch meine Pflicht auf ihn aufzupassen.«

Sie waren im Tempel gewesen. Dort hatten sie als erstes gesucht, sowohl in den äußeren wie in den inneren Vorhöfen. Nichts –

obwohl Maria mehr als nur einmal die breite Stirn ihres Sohnes zwischen den Menschen zu sehen meinte. Nichts. Und so kehrte sie wieder in den Tempel zurück, diesmal nicht um zu suchen, sondern um zu beten. Es waren nun drei Tage vergangen.

Maria hielt sich fern von der Menge. Sie hatte vor, sich hinter eine Säule in der Halle Salomos zu begeben, abgeschieden von den anderen. Als sie hineinging, hörte sie zu ihrer Linken leise Stimmen, und so hielt sie sich nach rechts. Doch plötzlich begann eine hohe, kindliche Stimme zu sprechen, und Maria erkannte sie sofort. Jesus! Das war die Stimme ihres Sohnes!

Maria flog um die Säulen herum und entdeckte ein Dutzend im Kreis sitzender Männer unterschiedlichen Alters – und einen Jungen! Es waren Rabbiner, Lehrer, Studenten und . . .

»Jeschi!«, kreischte sie. Jegliches Gespräch verstummte. »Jeschi, was machst du hier?«

Alle Anwesenden drehten sich um und sahen sie an. Auch Jesus wandte sich um. Sein Blick war ruhig, geradezu aufreizend ruhig.

Ein Lehrer sagte: »Der Bursche lernt das Gesetz. Er hat einen wunderbaren Verstand . . .«

Maria nahm seine Worte kaum wahr. Sie lief auf Jesus zu und nahm sein Gesicht zwischen ihre Hände. »Was hast du uns da nur angetan?«, zischte sie. Sie war kurz davor zu weinen, spürte die Tränen in sich aufsteigen. Doch sie wollte nicht weinen und schrie deshalb mit lauter Stimme: »Dein Vater und ich, wir haben vier Tage lang die ganze Stadt abgesucht! Ich wäre niemals so mit meinen Eltern umgesprungen! Ich bin vor Angst fast gestorben, Jeschi!«

»Mama«, sagte der Junge, »warum habt ihr mich denn gesucht?«

»Was? Was sagst du da?«

»Wusstet ihr denn nicht, wo ich sein würde? Habt ihr nicht gewusst, dass ich im Haus meines Vaters sein musste?«

Maria hörte auf zu schreien und ließ den Kopf ihres Sohnes los. Auf seinem Gesicht zeichneten sich an der Stelle, wo sie ihn festgehalten hatte, rote Flecken ab.

Nein, sie wusste nicht, was er meinte. So deutlich wie nie zuvor erkannte sie, dass sie ihren Sohn nicht begriff. Da konnte sie die Tränen nicht länger zurückhalten. Ungeachtet des Ortes und der Anwesenden schlug sie die Hände vors Gesicht und begann zu weinen.

Es war dann Jesus, der aufstand, sie beim Arm nahm und zu einer ruhigeren Stelle der Halle führte, wo er ihr tröstend über die Schulter strich. Dann hielt er ihre Hand und saß bei ihr, bis sie sich beruhigt hatte.

Johannes, Sohn des Zacharias

An den unwirtlichen Ufern des Toten Meeres lebte in jener Zeit eine Gemeinschaft mit dem Namen Essener, die auf die absolute Herrschaft Gottes wartete. Sie beteten auf vielfältige Art: *Dein Reich komme.* Sie sonderten sich im täglichen Leben von den Verstrickungen des weltlichen Geschäftslebens und dem verderblichen Einfluss von Regierungen ab und behaupteten von sich, der Neue Bund zu sein. Die Essener waren überzeugt, dass ihre Gemeinschaft ein sichtbares Zeichen jenes Königreiches sei, in dem der Tempel Gottes nicht aus Stein, sondern aus ihm uneingeschränkt gehorsamen Menschen errichtet wäre.

Sie mieden Luxus und jegliche Unreinheit. Sie studierten das Gesetz des Mose und trachteten danach, es in jedem Punkt zu befolgen. Ganz besonderen Wert legten sie auf die Reinheitsvorschriften, denn ihr Anliegen war es, in der Gegenwart Zeugnis für das zukünftige, ewige Königreich abzulegen. Die gegenwärtige Zeit, so sahen sie es, war ihrem Ende nahe! Und da die Gläubigen lernen mussten, wie sie sich auf dieses Ende vorbereiten konnten, legten die Essener ihre Lehre in Schriftrollen nieder.

Angekündigt werde das Ende dieses Zeitalters, schrieben sie, durch die Ankunft zweier Erretter: des priesterlichen und des weltlichen. Sobald der rechtmäßig gesalbte Hohe Priester und der rechtmäßig gesalbte König erscheinen würden – *der Messias von Aaron und Israel* –, würden die verstreuten Stämme Israels versammelt werden, und *die Erde würde erfüllt werden von der Erkenntnis des Herrn, wie das Meer von den Wassermassen angefüllt ist.*

In äußerst förmlicher Sprache schrieben sie, werde der weltliche Messias, der König, *ein Spross Davids sein, der in den letzten Tagen in Zion herrschen wird, ein Opfer des Hauses David, das jetzt verfallen ist.* Mit dem »verfallenen Haus« meinten sie das Gesetz. Sie glaubten, dass das Gesetz Moses lange Zeit missachtet worden war, sowohl was das Recht als auch die Reinheitsvorschriften anging. Er, so schrieben sie, werde sich als gesalbter König erheben, um Israel Rettung zu bringen.

Der gesalbte Priester sollte ihren Worten zufolge *der Ausleger des Gesetzes* sein.

Das waren die erwarteten Anzeichen für ein Ende und einen Anfang – das Ende eines ungerechten Zeitalters und der Anfang der unmittelbaren Herrschaft Gottes, so wie er einst über Israel herrschte, als es in der Wüste umherzog.

Als daher ein Mann namens Johannes in der Wüste Judäas zu rufen begann: »Bereut und kehrt um, denn die Herrschaft Gottes steht bevor!«, da zitterte die ganze Gemeinschaft der Essener vor Aufregung. Denn Johannes war der Sohn des Priesters Zacharias, und seine Mutter war aus dem Hause Aaron!

Das musste der vorhergesagte Priester sein!

Seine Predigten waren eine entschlossene und furchtlose Auslegung des Gesetzes. Gewiss stand das Ende, welches die Propheten geweissagt hatten, nun endlich bevor! Hatte Jesaja nicht prophezeit: *In der Wüste ruft einer:* »*Bereitet den Weg für den Herrn! Ebnet den Weg für ihn!*«? Ja, und dieser Johannes machte keine Unterschiede zwischen den Menschen. Er sprach die Wahrheit, machte sich von niemandes Gastfreundschaft oder Reichtum abhängig. Und er befolgte die Reinheitsvorschriften ebenso streng wie die Essener selbst. Er bot Juden rituelle Waschungen an und predigte eine Taufe der Umkehr zur Vergebung der Sünden.

Aus der Wüste beim Toten Meer und aus den Häusern auf dem Zion kamen die Essener dorthin, wo Johannes, der Sohn von Zacharias, predigte.

Es kamen auch noch zahllose andere Menschen herbei, um ihn zu hören. Menschenmassen strömten aus Jerusalem und sämtlichen Gegenden Judäas an die Ufer des Jordan, um ihre Sünden zu bekennen und sich von Johannes taufen zu lassen.

Die Hände von Johannes, dem Sohn des Zacharias, waren ebenso breit und kräftig, wie die seines Vaters gewesen waren. Auch waren sie, obwohl Johannes kein Nagelschmied war, ebenso dunkel und voller Schwielen. Anders als sein Vater hatte er jedoch kein Handwerk erlernt, mit dem er seinen Lebensunterhalt hätte verdienen können. Er ernährte sich von dem wenigen, das die Wüste hervorbrachte – er aß Insekten, Heuschrecken und den Wildhonig, den er zwischen Felsen und in Bäumen fand; er trank Wasser und manchmal bekam er Ziegenmilch als Geschenk von Menschen, die er getauft hatte. Er sammelte so viel Holz, wie er brauchte, und nächtigte auf dem harten Erdboden. Es war ganz einfach der Kampf ums Überleben, der seine Hände hatte schwielig werden lassen. Er lebte so wie seine Vorfahren Abraham, Isaak und Jakob zweitausend Jahre vor ihm: ein Wüstenleben.

Gekleidet war er wie ein Nomade, in einen groben Umhang aus Kamelhaar. Den Essenern fiel auf, dass er wie der Prophet Elia angezogen war, denn wie dieser hatte er einen Ledergürtel um seine Hüfte geschlungen.

Den Bewohnern Judäas entging keine dieser Kleinigkeiten.

Nicht wenige sehnten sich nach einem Anzeichen für das Königreich und die Erneuerung des Heiligen Bundes. Sie hassten die Abhängigkeit, hassten Rom. Die Anwesenheit Roms war den Menschen ein ständiger Dorn im Auge. Wenn ein Heide auf den Boden spuckte, musste ein Jude dem aus dem Weg gehen, indem er auf die andere Straßenseite wechselte, damit er nicht unrein wurde. Heiden wurden allgemein mit Unreinheit gleichgesetzt. Sie aßen unrein, sie zogen sich für öffentliche Wettkämpfe nackt aus, sie würdigten das Land herab, lasteten Juden höhere Steuern auf, als diese bezahlen konnten, brachten sie nach Gutdünken um.

Pontius Pilatus, der neue Prokurator Roms in Judäa, war ein brutaler Herrscher, der sein Amt ohne Herz ausübte. Und die Söhne von Herodes waren keinen Deut besser. Das waren keine Könige! Sie gehorchten lediglich Rom. Es war kein echter Jude unter ihnen, keiner von ihnen versuchte auch nur den Anschein zu erwecken, als diente er Gott. Die Arbeiter, die für sie luxuriöse Paläste bauen mussten, waren gläubiger als sie! Ach, das Land war von solcher Sehnsucht erfüllt, einer tiefen, klagenden Sehnsucht nach der Herrschaft des Herrn, des Gottes Israels. Aus diesem Grunde schlossen sich einige – während ein Teil der Menschen versuchte, in Abgeschiedenheit das Gesetz Moses zu befolgen – zu gewalttätigen militärischen Einheiten zusammen. Mit Gewalt und Rebellion wollten diese Zeloten, wie sie genannt wurden, die Freiheit Israels wiederherstellen. Im Namen des eifersüchtigen Gottes prangerten sie öffentlich den schändlichen fremden Einfluss an, die Götzenanbetung, den Abfall vom jüdischen Glauben.

Die Sehnsucht der Menschen war so groß, dass sich die Gerüchte über Johannes, den Sohn des Zacharias – »Er trägt Leder, wie Elia! Er fügt sich nur Gott allein! Er weigert sich, mit Sündern zu essen! Er predigt das Gesetz, ohne Zugeständnisse zu machen!« – in Windeseile in Jerusalem verbreiteten und sie in Scharen hinauszogen, um ihne predigen zu hören und sich von ihm taufen zu lassen.

Selbst sein kompromissloses und oft Furcht einflößendes Reden vom Gericht wollten die Menschen hören. Zeiten wie diese verlangten nach klaren Formulierungen und harten Urteilen.

Johannes streckte die Arme aus und wies auf die vor ihm versammelte Menge. »Ihr Schlangenbrut!«, donnerte er, »wer hat euch gesagt, dass ihr dem brennenden Zorn entgeht? Was wollt ihr hier? Glaubt ihr etwa, dass ein bisschen Wasser euch rein waschen wird? Oder meint ihr, dass eure Herkunft euch schützen wird, wenn dieses Zeitalter endet und das Gericht Gottes den ewigen Bund herbeiführen wird? Ihr beruft euch auf Abraham und meint, weil ihr seine Kinder seid, wärt ihr etwas Besonderes. Aber Gott könnte sogar aus den Steinen, die hier liegen, Kinder von Abraham machen!«

Johannes hielt inne. Er richtete sich ruckartig auf und stand einen Augenblick lang regungslos da, wie eine Säule über den Köpfen der Menschen. Er schaffte es, bei ihnen und doch zur gleichen Zeit abwesend zu sein – als wären sie ihm gleichgültig. Das war eine beunruhigende Angewohnheit, da sie seinen Worten das genaue Ziel nahm.

Dann sagte Johannes mit leiserer Stimme: »Menschen, eure Taten sollen zeigen, dass ihr Buße getan habt! Ich sage euch, die Axt ist schon an den Wurzeln der Bäume angelegt. Jeder Baum, der keine guten Früchte trägt, wird abgeschlagen und auf die verdorrten Felder zurückgeworfen, wo das Feuer ihn verzehren wird.«

Johannes war ein Mann von großer, aber nicht sehr muskulöser Gestalt, mit hagerem Gesicht und tief in den Höhlen liegenden Augen. Mit elastischen, langen Schritten stieg er jetzt von seinem steinernen Podest und bahnte sich dann durch die Menschenmenge einen Weg zum Jordan hinab.

Fünf Männer, die augenscheinlich zu seinen Anhängern, seinen Jüngern zählten, folgten dicht hinter ihm.

Der Rest der Menge zögerte. Es gab keine Verhaltensvorschriften. Sollten sie ihm folgen? Sollten sie auf eine auffordernde Geste, ein einladendes Lächeln warten? Doch von Johannes war kein Lächeln zu erwarten. Wie ging man mit jemandem um, der sich sogar die Wüste zu seinem persönlichen Los erkoren hatte?

Einer der Zeloten eilte ihm nach und rief: »Was sollen wir denn nun tun?«

Johannes blieb stehen, drehte sich um und blickte ihn an. Der Zelot zuckte die Achseln und versuchte zu lächeln. Er war ein schlecht bewaffneter Soldat, einer jener Aufständischen, die sich in den Höhlen Judäas versteckt hielten und von den Erzeugnissen der Bauern lebten. »Was hältst du für richtig?«

»Hört auf, die kleinen Leute zu betrügen!«, sagte Johannes. »Beraubt niemanden, weder durch Gewalt noch durch Erpressung.« Unvermittelt erhob er seine Stimme. »Und ihr«, richtete er sich an die anwesenden Soldaten, »ihr von der Tempelwache, die ihr unter Herodes Antipas dient: Gebt euch mit eurem Sold zufrieden!

Und ein jeder hier soll großzügig sein: Wer zwei Hemden hat, soll dem eins geben, der keins hat. Und wer genug zu essen hat, soll es teilen!«

Johannes drehte sich wieder um und setzte seinen Weg zum Fluss hinab fort. Nach diesem Wortwechsel gaben die Menschen nun endgültig ihre Zurückhaltung auf. Die Menge strömte hinter ihm her.

Zwei Zolleinnehmer drängten sich an ihn heran und fragten leise: »Und wir, Lehrer?«

Ohne seinen Schritt zu verlangsamen, sagte Johannes mit lauter Stimme: »Verlangt nicht mehr, als von den Menschen gefordert wird, die in eurem Gebiet wohnen. Werdet ihr arm sein, weil ihr weniger Einkommen habt? Ja. Werden eure Familien darunter leiden? Ja. Werdet ihr deshalb wünschen, eure unbeliebte Arbeit aufzugeben? Ja. Und das wird eine Entscheidung sein, die ihr in euren eigenen Herzen treffen müsst. Doch von Menschen über den festgesetzten Betrag hinaus Geld zu verlangen, lässt sich mit dem Königreich Gottes nicht vereinbaren.«

»Bitte, Herr!«, sagte eine ältere Frau, als Johannes zu ihr herankam. Sie stand am Ufer des Jordan. »Lehrer, bitte! Bitte taufe mich!«

Johannes, der Sohn von Zacharias, ging auf die Frau zu und sah ihr in die Augen.

»Du weißt, dass du der Buße bedarfst?«

Sie nickte.

»Und du vertraust darauf, dass dir vergeben wird?«

Sie nickte wieder, am ganzen Körper zitternd. Johannes fasste sie mit seiner kräftigen Hand am Ellbogen und führte sie ins Wasser. Sie wateten gemeinsam zehn, fünfzehn Schritte hinein, wobei er die Frau stützte. Dann standen sie bis zur Gürtellinie im Wasser.

Was dann gesagt wurde, konnten die Menschen am Ufer nicht hören, aber sie wussten, dass die Frau sich alle ihre Verfehlungen, ihre Sünden von der Seele redete. Tränen liefen über ihre Wangen, doch als Johannes sie schließlich im Wasser des Jordan untertauchte, war die Freude in ihrem Gesicht deutlich zu lesen.

Er tauchte seine Arme ins Wasser und hob die Frau an ihren Schultern heraus. Dann wandte er sich zum Ufer um; die Bewegung schien den Bann der am Wasser zusammengedrängten Menschenmenge zu brechen. Wie eine Herde durstiger Tiere kamen sie jetzt auf Johannes zu ins Wasser gelaufen: Zolleinnehmer, Soldaten, Pharisäer, Sadduzäer, Hirten, Ladenbesitzer, Töpfer, Metzger, Schriftgelehrte, die ehrfurchtsvollen Essener – Menschen, die von einer furchtbaren Sehnsucht erfüllt waren. Sie stürmten in den Jordan, bereuten, beichteten in lautstarkem Durcheinander ihre Sünden, wollten alle von Johannes getauft werden, um so das Reich Gottes zu betreten.

Johannes rief: »Ja, ich taufe euch. Aber nach mir kommt einer, der viel mächtiger ist, als ich es bin. Ich bin es nicht einmal wert, mich zu bücken und den Riemen seiner Sandale zu lösen! Ich taufe euch nur mit Wasser, er aber wird euch mit dem Heiligen Geist und mit Feuer taufen.«

Inmitten der Menschenmassen, die Tag für Tag an den Jordan kamen, um sich taufen zu lassen, erschien eine Gestalt, die sich von der Menge abhob. Johannes wandte sich um und erblickte einen Mann, der ein Stück weiter flussaufwärts abwartend im Schilf stand. Auf seinem Gesicht spielte das vom Wasser reflektierte Sonnenlicht, erhellte die Partien unter seinen Brauen und Wangenknochen, unter Nase und Kinn.

Unverwandt blickte er Johannes an.

Johannes kannte diese Augen mit ihrem freundlichen und doch so eindringlichen Blick. Das musste der Vetter sein, den er zum letzten Mal beim Passafest kurz nach dem Tode seines Vaters gesehen hatte. Achtzehn Jahre war das jetzt her! Achtzehn Jahre – und noch immer hatten seine Augen diesen ausdrucksvollen Blick. Dies war der Mann, von dem seine Mutter einst gesagt hatte: »Er ist mein Herr.«

Der Mann im Schilf hob grüßend die Hand.

Johannes nickte. Jesus also! Es war Jesus!

Jesus kam nun langsam den Fluss hinuntergewatet, zu der tieferen Stelle, wo Johannes stand.

Einen Augenblick lang standen sie einander wortlos gegenüber. Dann sagte Jesus: »Taufe mich, Johannes.«

Johannes zögerte. Hatte er richtig gehört?

»Johannes«, sagte Jesus noch einmal, »taufe mich.«

Ungläubig starrte Johannes sein Gegenüber an: »Ich soll *dich* taufen? Aber... wie könnte ich das? *Du* bist es, der *mich* taufen müsste!«

Doch Jesus lächelte und erwiderte sanft, aber bestimmt: »Lass es geschehen, Johannes, denn wir müssen alles tun, was Gott will.«

Da sträubte Johannes sich nicht länger und taufte Jesus im Jordan, wie er all die Menschen vor ihm getauft hatte. Und in dem Moment, als Jesus sich wieder aus dem Wasser erhob, sah er, wie eine

Taube vom Himmel herabgeflogen kam. Ganz plötzlich war sie erschienen und Jesus wusste sofort, dass es keine gewöhnliche Taube war, die sich da auf ihm niederließ – es war der Geist Gottes!

Und dann hörte die staunende Menge, wie eine Stimme erklang, direkt vom Himmel herab: *Dies ist mein geliebter Sohn, an dem ich Wohlgefallen gefunden habe.*

Jesus ist in der weiten, trockenen Wildnis der Wüste. Abgesehen von den wilden Tieren, die seiner Spur folgen, ist er vollkommen allein.

Der Geist, der ihn bei seiner Taufe erfüllte, hat ihn weit in die Wüste hineingeführt, fort von den Menschen, von Behaglichkeit, Obdach und Speise. Vierzig Tage lang hat Jesus nichts gegessen, jeder Knochen sticht hervor. Nachts zittert er vor Kälte, und am Morgen sind seine Lippen rissig. Seine Zunge ist geschwollen, er kann nicht mehr schlucken. Um die Mittagszeit wird die Hitze unerträglich, wie ein schweres Gewicht lastet die Sonne auf seinen Schultern.

Jesus lehnt mit dem Rücken an einem Felsen. Ein flacher Stein, der auf überlebensgroßen Felsbrocken ruht, spendet ihm Schatten. Sein Kopf ist auf die Brust gesunken und mit den Armen hält er seinen Leib fest umschlungen.

Plötzlich spürt er Kälte. Nicht wie der kühle Luftzug eines Windes, sondern gegenständlicher, wie Eis dicht neben ihm.

Jesus hebt den Kopf und erblickt über sich auf dem Felsvorsprung ein Licht – eine weiße Lichtsäule, die sich von dem uralten Stein bis in den Himmel erstreckt, eine kalte, unentrinnbare Macht.

Im Inneren des Lichts ist das Bildnis eines schönen Mannes zu erkennen. Genau genommen ist das Licht selbst die großartige Gestalt über Jesus. Dieser krümmt sich unter dem dumpfen Hungerschmerz.

Voll herablassendem Mitgefühl spricht das Licht: »Jeschi«, sagt es, »wenn du der Sohn bist, an dem Gott so ein Wohlgefallen hat – warum solltest du dir dann nicht Erleichterung verschaffen und essen?«

Jesus steht weder auf noch gibt er eine Antwort. Er betrachtet das eisige Licht, als wäre es ein wildes, unberechenbares Tier.

Das Licht lächelt. »Befiehl diesen Steinen hier, sie sollen zu Brot werden«, spricht es. »Es steht in deinen Kräften.«

Jesus senkt sein Haupt, schließt die Augen und flüstert mit heiserer Stimme: »Es steht geschrieben: *Niemand lebt vom Brot allein, sondern von allem, was euch Gott durch sein Wort gibt.*«

»Ach ja, die Schrift zitieren können wir beide«, sagt das Licht, »du, um dich dahinter zu verstecken, ich, um dir die Augen zu öffnen und dir Wissen und Ruhm zu geben, dich weltweit bekannt zu machen.«

Unvermittelt wird die Kälte zu einer fesselnden Kraft, die Jesus von den Knöcheln bis zum Kopf umschlingt. Ein Wind kommt auf und beginnt zu heulen. Als Jesus die Augen öffnet, stellt er fest, dass das Licht sich vollständig um ihn gelegt hat und die Wüste hinter einem blassen Nebelschleier verschwunden ist. Dann spürt er einen Sockel unter sich. Er steht auf, das Licht lässt ihn los, tritt behände beiseite – und so kann Jesus sehen, dass er zur höchsten Ecke der Tempelmauer gebracht worden ist. Wie Kieselsteine verstreut liegen unter ihm die Häuser Jerusalems. Hier stoßen die Priester in Trompeten, um ein neues Jahr zu begrüßen; hier ist die Luft dünn, macht der Abgrund schwindelig.

Dann spricht das kalte Licht erneut. »Jesus«, sagt es, »wenn du der Sohn bist, den Gott liebt, so stürze dich hinab. Denn in den Psalmen steht: *Er wird seinen Engeln befehlen, dich zu beschützen. Sie werden dich auf Händen tragen, damit du dich an keinem Stein stößt.* Wer würde hier in aller Öffentlichkeit nicht begreifen, dass du der Liebling des allmächtigen Gottes bist?«

Doch Jesus bleibt regungslos in der Höhe stehen und sagt leise: »Es steht geschrieben: *Du sollst den Herrn, deinen Gott, nicht versuchen.*«

Jäh verschwindet Jerusalem und Jesus steht nicht länger hoch oben auf der Tempelmauer. Er ist unendlich höher als alles, was Menschenhand je geschaffen hat, und das eisige Licht ist nun, dort wo er steht, Schnee – die weiße Hülle eines unermesslichen Berges. Es ist jener Gipfel, der zuerst aus den Wassern auftauchte, als Gott in der Sintflut alles Leben, bis auf Noah und seine Familie, auf Erden ertränkt hatte. Es ist die Anhöhe, von der aus man die ganze Welt sehen kann, von Meer zu Meer zu Meer.

Jetzt ist es die riesige Eismasse, die spricht.

»Sieh her, Jesus von Nazareth!«, donnert sie. »Sieh die ganze Macht, alle Reichtümer und alles Wissen dieser Welt! Bedenke, was bisher gewesen ist und was in Zukunft sein wird. Das alles will ich dir geben, damit du darüber herrschst, wenn du dich nur vor mir niederwirfst und mich anbetest.«

Jesus jedoch würdigt die Reichtümer der Welt mit keinem Blick. Er lässt sich auf dem furchtbaren Berg nieder, schließt die Augen und flüstert: »Ich erkenne dich. Ich weiß, zu welcher Sorte Engel du gehörst. Satan, Versucher, Verräter – hinweg! Denn es steht geschrieben: *Du sollst den Herrn, deinen Gott, anbeten, und nur ihm sollst du dienen.*«

Im gleichen Augenblick lehnt Jesus wieder mit dem Rücken an dem Stein in der Wüste. Er sitzt in der sengenden Sonne, denn diese hat ihren Bogen am Himmel gemacht und ihn so des Schattens beraubt.

Mit einem Finger zieht er Linien in den Sand, schreibt auf Hebräisch die Worte: *Satan ist fort. Vorläufig.*

»Wer bist du?«

»Was fragt ihr? Ist das etwa ein Geheimnis? Ich bin Johannes, der Sohn von Zacharias.«

»Ja, gewiss, dein Name ist allgemein bekannt. Was wir jedoch nicht wissen, ist, mit welcher Autorität du handelst. Welchen Rang unter Gott behauptest du für dich? Mit welchem Recht taufst du die Menschen?«

Die Kühle des Abends war hereingebrochen. Der Himmel war von einer Schönheit, die, wie seine Jünger wussten, Johannes an der Tageswende stets Trost spendete. Heute Abend war er offensichtlich erschöpft. Keiner der Jünger hätte es gewagt, ihn zu diesem Zeitpunkt anzusprechen. Doch was wussten schon Fremde davon?

Nachdem die Menschenmassen heimgekehrt waren, um zu Abend zu essen, hatte Johannes sich auf einem grasbewachsenen Hügel in der Nähe eines winzigen, auf der anderen Seite des Jordan gelegenen Dorfes mit dem Namen Betanien zur Ruhe gelegt. Ein zusammengelegtes Ziegenfell diente ihm dabei als Kopfkissen. In einiger Entfernung saßen ins Gespräch vertieft vier seiner Jünger. Ein fünfter hockte in seiner Nähe vor einem Haufen glühender Kohlen und briet Fisch.

Und dann war die Abordnung aus Jerusalem erschienen – Priester und Leviten, die den Tempel und den Sanhedrin vertraten. Die Säume ihrer wundervollen Gewänder waren, da sie den Jordan auf Eseln durchquert hatten, trocken und sauber. Sie waren von ihren Tieren abgestiegen und hatten ihn gegrüßt, laut genug, um ihn zu wecken.

Johannes hatte zu ihnen hochgeblinzelt, sich auf einen Ellbogen gestützt und ihren Gruß mit einem Nicken erwidert.

Nun standen sie also vor ihm und fragten: »Johannes, Sohn des Zacharias, wer behauptest du zu sein? Die Gewalt deines Predigens kann von niemandem geleugnet werden; es leuchtet hell wie ein

Feuer in ganz Judäa. Doch ebenso weiß niemand, mit welchem Recht du das tust. Bist du etwa«, fragten sie, »der Messias?«

Niemand lachte, weder Johannes noch die Männer, die ihn vernahmen, noch der stille Jünger, der in ihrer Nähe das Essen zubereitete. Sie alle hatten sich diese Frage schon mehr als einmal gestellt. Immer wenn ein Prediger mit einer so ungewöhnlichen Ausstrahlung und derartig mitreißenden Reden erschien, fragten die Menschen, erfüllt von Sehnsucht nach dem Gesalbten, sich insgeheim: *Ist er das? Ist der Messias endlich gekommen?*

Andererseits gab eben diese Sehnsucht auch denjenigen, die sich zu Unrecht als der Messias ausgaben, die Gelegenheit, im Land Schaden anzurichten.

»Bist du der Messias?«, fragten die Abgesandten ein zweites Mal.

Johannes schüttelte den Kopf. »Nein«, sagte er, »ich bin nicht der Messias.«

»Wer bist du dann?«, fragten die Priester. »Bist du Elia, den zu schicken Gott angekündigt hat, wenn der Tag seines Gerichts bevorsteht?«

»Der bin ich auch nicht«, sagte Johannes.

»Dann vielleicht der Prophet?« Die Abordnung stand im Halbkreis um das Fußende des Nachtlagers, von dem Johannes sich noch immer nicht erhoben hatte. »Mose hat geschrieben, dass Gott einen Propheten wie Elia für uns kommen lassen wird. Und durch den Mund dieses Propheten, so steht es da, wird der Herr seinen Willen verkünden, und die, die diesem Willen nicht gehorchen, sollen dafür zur Rechenschaft gezogen werden...«

»*Ein Prophet aber*«, sagte Johannes, Mose zitierend, »*der im Namen des Herrn zu sagen vorgibt, was dieser ihm nicht aufgetragen hat...*«, Johannes hielt inne und seufzte, »*...ein solcher Prophet soll sterben.*«

»Richtig, auch das hat Mose geschrieben. Bist du also dieser Prophet?«

»Nein.«

»Wer bist du dann? Die Männer, die uns geschickt haben, verlangen eine Antwort von uns. Was sagst du selbst von dir?«

Johannes ließ eine Zeit lang den Blick auf der Abordnung ruhen, dann sagte er: »Eine Stimme.« Er ließ sich wieder auf den Boden sinken, legte den Kopf auf das Ziegenfellkissen und schloss die Augen. »Sagt euren Oberen, dass ihr in die Wüste hinausgegangen seid und dort eine Stimme getroffen habt, nicht mehr und nicht weniger. Und wo immer ihr auch vorbeigekommen seid, an Bergen, Tälern, kargen Äckern, Wassern, überall rief diese Stimme: ›Macht den Weg für den Herrn bereit!‹«

Johannes faltete die Hände über seiner Brust und bald darauf atmete er tief und gleichmäßig.

Priester und Leviten blickten einander verblüfft an. Dann wandten sie sich an den Jünger bei der Feuerstelle: »Du dort, Mann, wie ist dein Name?«, riefen sie.

»Andreas«, sagte der Jünger.

»Andreas«, sagten sie, »siehst du, was dein Meister dort tut?«

»Ja. Er schläft.«

»Nun, weck ihn auf! Was glaubt er denn, wer er ist? Nicht nur, dass er uns beleidigt, nein, auch die gesamte Priesterschaft Jerusalems, die uns zu ihm geschickt hat! Weck ihn auf, sonst tun wir es.«

Andreas stand lächelnd auf. »Der Mann ist erschöpft. Es tut mir Leid, meine Herrn, aber ich werde ihn nicht wecken; und ich werde auch nicht zulassen, dass Sie es tun. Aber ich habe hier etwas Fisch. Wenn Sie wollen, können Sie mit uns gemeinsam essen.«

Augenscheinlich wollten sie nicht. Ohne noch ein Wort zu verlieren, stiegen sie auf ihre Esel und ritten sodann im Dunkeln nach Betanien.

Es war schließlich Andreas, der am folgenden Morgen in aller Frühe mit einem lauten, freudigen Schrei von Johannes geweckt wurde.

Johannes stand auf dem grünen Hügel und hatte den Blick in

Richtung Osten gewandt. »Sieh!«, rief er, Andreas aus dem Halbschlaf reißend.

Johannes hob die Rechte und wies genau in die aufgehende Sonne. »Sieh! Dort kommt er!«

Andreas und ein zweiter Jünger gingen zu Johannes hinauf um zu sehen, worauf dieser zeigte.

»Dort! Seht ihr ihn nicht? Das ist das Lamm Gottes, das die Schuld der ganzen Welt wegnimmt!«

Andreas sah jemanden auf sie zukommen. Seine Haare hingen wirr herab, er sah ausgemergelt aus, die Wangen waren eingefallen. Sein Gang war langsam und unsicher, als ob all seine Knochen zerbrechlich wären.

»Vor vierzig Tagen habe ich diesen Mann getauft«, sagte Johannes, »und ich sah den Geist Gottes wie eine Taube vom Himmel kommen und bei ihm bleiben. Danach hat der Herr, unser Gott, der mich beauftragt hat, mit Wasser zu taufen, zu mir gesagt: *Der, den du siehst, auf den sich der Geist niederlässt und bei dem er bleibt – das ist der, der mit dem Heiligen Geist tauft!* Ja, und ich hörte die Stimme vom Himmel verkünden, dass er der Sohn Gottes ist. Das ist Jesus, Jesus aus Nazareth.«

Die einsame Gestalt war nun so nah herangekommen, dass Andreas seine Gesichtszüge erkennen konnte, seine Augen, den ruhigen Blick. Die Augen schauten Johannes freundlich an, dann musterten sie Andreas und den anderen Jünger.

Das Lamm Gottes – dieser Jesus, der dort zerzaust und abgemagert vor ihnen stand!

Er sagte zu Johannes: »Alles ist gut.«

Dieser nickte und antwortete: »Ja, Vetter, alles ist gut, jetzt und auch in Zukunft. Bist du hungrig?«

»Trockenes Brot«, sagte Jesus und wandte sich dann an Andreas. »Hast du vielleicht auch Fisch? Warst du heute Morgen schon fischen?«

Andreas schluckte. Er konnte ihm nicht sofort antworten. Er war zwar tatsächlich Fischer von Beruf, aber ...

»Ich würde das Fasten gern mit Fisch brechen«, sagte Jesus.
Sofort rannte Andreas los ins Dorf, um dort das Gewünschte aufzutreiben.

Als er zurückkam, erwarteten die anderen ihn schon. Jesus hatte sich gewaschen und gekämmt und saß nun am Feuer, erschöpft, aber mit wachen Augen, die Andreas nun freundlich ansahen.

»Kein Grund zur Eile«, sagte er. »Woher hast du das Frühstück?«

»Von meinem Bruder«, sagte Andreas, noch ganz außer Atem, »Simon. Er steht immer früh auf und hatte bereits im Fluss ein paar kleine Fische gefangen.«

Andreas konnte seine Aufmerksamkeit den ganzen Morgen nicht mehr von dem Besucher losreißen. Er sah Jesus beim Segnen des Brotes zu, beobachtete ihn im Gespräch mit Johannes, wie er diesen unverwandt anblickte und dabei mit leiser, eindringlicher Stimme sprach, wie er die einzelnen Worte sorgfältig mit den Lippen formte. Er beobachtete seine Art sich zu bewegen, die Würde, mit der er sich schließlich auf seinen Aufbruch vorbereitete – und plötzlich verspürte er ein heftiges, fast körperliches Verlangen ihm zu folgen.

Doch er sagte nichts. Jesus machte sich allein auf den Weg zum Fluss, zur Furt, die nach Jericho führte. Andreas sah ihm nach und seufzte.

Plötzlich spürte er eine Hand auf seiner Schulter und Johannes stand neben ihm. Sein Herz war hin und her gerissen zwischen der Treue zu seinem Lehrer und dem Mann, der jetzt nach Jericho ging.

Da sagte Johannes zu ihm: »Geh, mein Sohn. Geh! Das ist der Mann, von dem ich dir erzählt habe, dessen Sandalen zu öffnen ich nicht wert bin, weil er so viel größer ist als ich. Aus eben diesem Grunde taufe ich die Leute mit Wasser – damit er in Israel bekannt wird. Warum also sollte das nicht bei meinen eigenen Jüngern seinen Anfang nehmen?«

Johannes umarmte den Freund und sagte leise: »Es ist recht so, Andreas. Denn er wird groß sein und ich werde ein Nichts sein. Geh!«

Als Herodes eine Generation zuvor gestorben war, waren mit ihm auch seine Träume von einer rechtmäßigen Nachfolge gestorben.

Der letzte Zusatz zu seinem Testament hatte seinen Sohn Archelaus zum König ernannt, und kleinere, fest umschriebene Gebiete waren zwei anderen Söhnen zugeteilt worden, sodass diese zu Tetrarchen wurden. Philippus erhielt Ländereien nördlich und östlich vom See Genezareth, Antipas herrschte in zwei Provinzen: in den westlich des Sees gelegenen Gegenden Galiläas und in Peräa, das sich östlich vom Jordan und vom Toten Meer im Süden bis zur Festung Machärus und im Norden bis zur Stadt Pella erstreckte.

Doch wegen Archelaus' zahlreicher Streitereien mit seinen Brüdern und einer spontanen Revolte in seinem eigenen Herrschaftsbereich enthob Rom ihn seines Königstitels mit der Forderung, dass er sich erst als würdiger Herrscher erweisen müsse. Im Verlaufe des folgenden Jahrzehnts bewies der so Gerügte jedoch nur, dass er überhaupt keine Machtposition verdiente. Er behandelte sowohl Juden wie Samariter mit derartig unbarmherziger Grausamkeit, dass Kaiser Augustus ihn nach Gallien verbannte und Judäa und Samaria zu gewöhnlichen Provinzen unter der Herrschaft eines Prokurators machte.

Danach erlaubte Rom keinen einzigen »König« mehr in all den Gebieten, die Herodes der Große einst beherrscht hatte.

Tetrarch Philippus regierte achtunddreißig Jahre lang, ohne irgendwelches Aufsehen zu erregen, und da er kinderlos starb, gab es niemanden, dem er seine Gebiete hätte hinterlassen können.

Antipas hingegen tat es seinem Vater nach. Er erbaute am Westufer des Sees Genezareth eine Stadt im griechischen Stil und benannte sie nach dem römischen Kaiser Tiberius; und da er sich wie sein Vater kaum um jüdische Gesetze und Gefühle scherte, wählte er als Baugrund achtlos eine uralte Begräbnisstätte. Folglich hielten die Juden sich von dem schönen, aber unreinen Ort fern, worauf Antipas Heiden ins Land bringen ließ, um seine Stadt zu bevölkern. Auf diese Weise brachte die Überheblichkeit dieses Herrschers eine Invasion von Römern, denen alles Heilige gleichgültig war.

Doch wer konnte diese Taten öffentlich anprangern? Und so unterhielt Antipas ein ständiges Heer, das schwer bewaffnet, argwöhnisch und gewalttätig war – und wie sein Vater vor ihm ließ er jeden ermorden, der eine Gefahr für ihn darstellte. Wie sein Vater nannte auch er sich Herodes: Herodes Antipas.

Im Alter von vierzig Jahren verliebte sich Herodes Antipas in Herodias, die Frau seines Bruders Herodes Philippus. Sie hatte eine Tochter namens Salome. Da Herodes Antipas jedoch bereits verheiratet war, ließ er sich kurzerhand von seiner Frau scheiden, womit er den Zorn ihres Vaters, des Königs der Nabatäer, auf sich zog. Herodias verließ ihren Mann und heiratete ihren Liebhaber.

Auch hierin zeigte sich, welch große Macht ein Tetrarch besaß – sein Wille war Gesetz, egal ob er so seine Untertanen befremdete, seine Nachbarn beleidigte oder gegen die Gebote Gottes verstieß.

Je länger Johannes predigte, desto weniger Menschen verbanden seinen Namen mit dem seines Vaters. In ganz Judäa, Samaria, Galiläa und Peräa, auf beiden Seiten des Jordan, wurde er als »Johannes der Täufer« bekannt.

Und wo er war, erscholl wie eine Alarmglocke unablässig der Ruf: *Kehrt um, denn das Reich Gottes ist nahe.* Johannes versetzte Menschen in den Städten und auf dem Land in Aufruhr: Die einen litten unter ihrer geistlichen Unzulänglichkeit, wenn sie ernsthaft danach strebten, sich auf die Herrschaft Gottes vorzubereiten, die anderen fürchteten, das himmlische Königreich könne die weltlichen Reiche samt ihrem Geschäftstreiben hinwegfegen. Darüberhinaus befürchteten gewisse Machthaber, die Sehnsucht nach der Herrschaft Gottes würde die Zeloten so sehr zum Rasen bringen, dass sie die weltlichen Mächte sabotierten.

Die Alarmglocke erklang, wo immer Johannes auch hinging – und er schien überall dort aufzutauchen, wo auch das Wasser war. Den ganzen Jordan entlang taufte er die Menschen, vom Tiefland beim Toten Meer bis hinauf nach Salim, wo Quellen Wasser im Überfluss spendeten.

Und stets hatte sein Taufen die Schärfe des Gesetzes. Er forderte eine tiefe, innere Umkehr des Herzens. Er erklärte, dass ein unüberbrückbarer Abgrund die weltliche Macht von der Herrschaft Gottes trenne – und als Beispiel führte er immer wieder die schamlose Missachtung des Bundes durch den Tetrarchen an, genau in der Provinz, in der er, Johannes, und seine Zuhörer sich gerade befanden.

»Kannst du mich hören, Herodes Antipas?«, rief Johannes der Täufer. Bei der Erwähnung des königlichen Namens zuckte mancher zusammen, senkte den Kopf – doch Hunderte würden sich später an seine Worte erinnern.

»Ich stehe in einem tiefen Tal«, rief er. »Du sitzt zwar auf den Höhen der Macht, aber dennoch wird meine Stimme dich erreichen.« Fast schien es, als wolle er mit eben dieser Stimme bis zum Palast des Herrschers durchdringen, so laut schrie er: »Höre, Antipas! Keinem Menschen ist es erlaubt, einem anderen die Frau wegzunehmen! Wieso meinst du, für dich gelte das nicht? Wie sehr ihr die Vermählung auch rein zu waschen versucht, du und Herodias, ihr habt euch mit Stricken aus Sünde aneinander gebunden! Doch der Herr hat seinen Gesalbten geschickt – hierher! Und er kommt wie ein Bauer, der zur Ernte auf seine Tenne geht. Er hat die Schaufel bereits in seiner Hand und wird die Spreu vom Weizen trennen, Antipas. Den Weizen wird er in seine Scheune bringen, die Spreu aber wird er in einem unauslöschlichen Feuer verbrennen!«

Drei Monate, nachdem Jesus getauft worden war, machten Johannes und seine Jünger zur Abendzeit einen Spaziergang über die kahlen Anhöhen östlich des Toten Meeres. Plötzlich kam eine

Gruppe Soldaten auf kräftigen ägyptischen Pferden den Hang heraufgeritten. Es waren zwanzig Reiter und unter dem Donner der Pferdehufe bebte die Erde. Johannes blieb stehen und beobachtete sie abwartend. Ihre Helme waren in das rötliche Licht der untergehenden Sonne getaucht. Bis zum letzten Mann schienen sie wie zum Kampf gerüstet.

Doch sie folgten keinem Weg und auch keinem erkennbaren Pfad. Sie kamen wie eine tiefhängende Wolke heran, die, während sie sich den Hang hochschiebt, immer dichter wird. Es dauerte nicht lange, bis offensichtlich wurde, dass sie auf den Täufer zusteuerten.

Johannes befahl seinen Jüngern, ihn allein zu lassen. Sie traten ein paar Schritte zurück, doch fortgehen konnten und wollten sie nicht. Sie wurden zu schweigenden, hilflosen Zuschauern.

Mit den Reitern näherte sich auch ein auf leichten Rädern holpernder Karren. Plötzlich war Johannes von den lärmenden, Staub aufwirbelnden Soldaten umgeben. Zwei Männer sprangen von ihren Pferden. Der eine packte Johannes an den Haaren, während der andere ihm ein Seil um die Beine, den Oberkörper und schließlich auch den Hals wand.

Als sie ihn gefesselt hatten, wurde er hochgehoben und auf den Karren gepackt. Wortlos stiegen die Soldaten wieder auf ihre Pferde, rissen die Zügel herum und galoppierten auf gleichem Weg wieder den Hang hinab.

Eine Weile standen Johannes' Jünger schweigend da, dann gingen sie geschlossen los, die ganze Nacht hindurch, immer nach Süden.

Sie hatten die Abzeichen der Soldaten, die ihren Herrn geraubt hatten, erkannt. Nun war die Festung Machärus, ein massives, uneinnehmbares Bollwerk und eine der Residenzen des Tetrarchen, ihr Ziel.

Es stand für sie fest: Herodes Antipas hatte Johannes den Täufer dort ins Verlies werfen lassen.

33

Andreas

Möglich, dass die Brüder Simon und Andreas sich im Innersten ähnlich waren; möglich auch, dass sie Menschen und Ereignisse in ihrer Umgebung ähnlich wahrnahmen – der individuelle Ausdruck ihrer Wesenszüge war bei den beiden indes sehr verschieden. Sie gingen mit ihren Gefühlen auf unterschiedliche Weise um, und in ihrem Äußeren hätten sie sich obendrein kaum weniger gleichen können.

Andreas' Stimmung ging stets in jene Richtung, in die er von den Menschen, die um ihn her waren, mitgerissen wurde: In fröhlicher Gesellschaft war auch er fröhlich, mehr sogar als die meisten anderen, dann strahlte er alle an; bei Streit wurde er traurig und zog sich in sich zurück; wenn undurchdringliches Schweigen herrschte, kam Andreas sich einsam vor und sorgte sich um die Zukunft. Er war aufgeweckt, unruhig, wachsam. Allerdings war er so schüchtern, dass er alles vermied, was die Aufmerksamkeit auf ihn hätte lenken können – auch wenn die Gefühle und Gedanken sich in ihm überschlugen, wurde ihm doch in Gegenwart anderer Menschen die Zunge schwer und er fand seine Gedanken keiner Erwähnung mehr wert.

Simon hingegen war spontan, redegewandt und oftmals aufbrausend. Wann immer er mit anderen ins Gespräch vertieft war, schien er vor Worten schier zu bersten, und selten hielt er seine Zunge im Zaum. Er strotzte geradezu vor Selbstsicherheit. Simon war der

Sturm, der seinen Bruder herumwirbelte – in beinahe jeder Gesellschaft war er der Anlass für ausgelassene Fröhlichkeit oder auch für Streit. Doch hinter dem Zynismus, mit dem er wichtige Dinge und Gefühle gerne abtat, verbarg sich ein durchaus sensibler und verletzlicher Mensch. Vielleicht diente ihm das misstrauische Äußere auch nur als Schutz, sodass keiner den wahren Simon sah.

Doch eines war sicher: Er ließ sich niemals von seinem Weg abbringen.

Andreas dagegen ging nur den Weg eines anderen – den Weg Jesu.

»Er blieb stehen. Er drehte sich um und erblickte mich, dabei hatte ich überhaupt kein Geräusch gemacht.« Verwundert schüttelte Andreas den Kopf. »Ich bin lautlos geschlichen, weisst du – hatte mich geradezu versteckt gehalten. ›Was suchst du?‹, hat er mich gefragt. Und ich habe das Erstbeste gesagt, das mir durch den Kopf ging. ›Wo wohnst du?‹, habe ich ihn gefragt. Das heißt, nein – meine genauen Worte waren: ›Wo wohnst du, Rabbi?‹ Ich habe ihn ›Rabbi‹ genannt und bin rot geworden. Beinahe wäre ich wieder zu Johannes zurückgelaufen – wer hatte mir schließlich das Recht gegeben, ihn als meinen Lehrer zu bezeichnen? Aber er hat nur gesagt: ›Komm, dann wirst du es sehen.‹ Kein Tadel, keine Frage, kein Zögern. Er sagte mir, ich solle mitkommen, und das habe ich dann gemacht. Wir haben zusammen den Jordan durchquert. Stell dir das mal vor! Wir sind nach Jericho gegangen, zu einem kleinen Haus, und er hat mich hereingebeten. Ich bin hineingegangen und habe bei ihm übernachtet. Was sagst du dazu?«

»Was soll ich dazu sagen?«, meinte Simon.

»Das war immerhin Jesus!«

»Das hast du schon mal gesagt. Ich kenne sechs Leute, die so heißen, und fünf davon sind Verrückte.«

»Aber Johannes hat gesagt, er sei das Lamm Gottes.«

»Das was?«

»Das Lamm Gottes – das die Schuld der ganzen Welt wegnimmt.«

»Was soll das heißen?«

»Keine Ahnung. Vielleicht als Opfer?«

»Ich weiß ja, dass man für seine Sünden ein Tier opfert. Aber dass ein Lamm die Sünden *aller* Menschen tragen soll, ist eine seltsame Vorstellung.«

»Frag doch Johannes!«

»Andreas, ich mag Johannes ja. Schließlich bin ich ein ganzes Jahr lang mit ihm herumgereist, oder? Genau wie du. Aber ich habe das, was er gesagt hat, nicht immer verstanden – selbst wenn ich zu ihm gegangen bin und viermal nachgefragt habe. Davon abgesehen ist er jetzt im Gefängnis.«

Andreas schwieg eine Weile, dann richtete er sich auf und musterte seinen Bruder mit einem ängstlichen Blick. Seine Stimme war leise und eindringlich, als er wieder sprach: »Aber ich bin nicht im Gefängnis. Und ich weiß, was ich mit eigenen Augen gesehen und mit eigenen Händen berührt habe; ich weiß auch, was Jesus mit mir gemacht hat, Simon. Der hier ist kein Verrückter, sondern steht mit beiden Beinen fest auf dem Boden. Und fest in meinem Herzen. Sogar jetzt, wo ich weit von ihm entfernt bin, sehnt sich mein Herz danach, wieder bei ihm zu sein.«

Andreas' Augen glänzten. Simon hatte sich ebenfalls erhoben, doch sein Blick war auf die Nebelschleier gerichtet, die über dem Wasser des Sees trieben. Die beiden Brüder waren dabei, mit einem neuen Flachsseil Löcher in ihren Netzen zu flicken. Inzwischen senkte sich die Abenddämmerung herab, verschluckte die letzte Helligkeit des Tages.

»Tut mir leid, kleiner Bruder«, sagte Simon. »Ich wollte mich nicht mit dir streiten. Erzähl mir von dem, was du gesehen hast.«

»Auch ich hab das, was Johannes gesagt hat, nicht immer verstanden – ich habe mich nur nicht getraut nachzufragen.«

»Er hat immer von Feuer geredet. Der Mann war stets so hitzig, dass ich immer darauf gewartet habe, dass er in Flammen aufgeht.«

Simon und Andreas schüttelten jetzt zwei kleinere Netze aus und breiteten sie dann auf der Wiese aus. Es waren zwei spitz zulaufende, aus Hanf geflochtene Netze mit Gewichten an der größeren der beiden Öffnungen. Simon fing an, ein neues Seil durch die Ösen der kleineren Öffnung zu ziehen.

»Sie haben versucht, ihn zu töten«, sagte Andreas.

»Johannes?«

»Nein, Jesus. Sie haben versucht, ihn von einer Klippe zu stoßen. In seiner Heimatstadt. Die Leute, mit denen er aufgewachsen ist, aus seiner eigenen Synagoge.

Als Herodes Antipas Johannes verhaften ließ, hat Jesus sich jedenfalls entschlossen, nach Galiläa zurückzugehen. Dabei sind wir auch durch Samaria gekommen. Simon, alles was dieser Mann tut, ist von einer eigenartigen, ruhigen Kraft. Er ist beim Brunnen vor den Mauern Sychars einer Frau begegnet und hat, nur indem er mit ihr gesprochen hat – allein durch seine Worte – solche Ehrfurcht in ihr geweckt, dass sie mit der Frage ›Ob das wohl der Messias ist?‹ auf den Lippen in die Stadt zurückgelaufen ist.

Wir sind dort zwei Tage geblieben und daher sind wir erst am Vortag des Sabbats in Nazareth eingetroffen. Und gleich nach unserer Ankunft ist Jesu Mutter zu einem der Ältesten gegangen, um ihm zu sagen, dass er in Nazareth ist; und der hat Jesus dann gebeten, am nächsten Tag aus den Propheten vorzulesen und zu predigen.«

Andreas unterbrach seine Arbeit und richtete sich auf, während er begeistert in seinem Bericht fortfuhr: »Als wir dann am Sabbat die Synagoge betraten, kamen alte Männer auf ihn zu und sagten: ›Jeschi, Jeschi, du musst heute gesund machen.‹ Und ein paar kleine Kinder liefen zu ihm hin und riefen: ›Mich! Mich!‹ Jesus schien sich gar nicht daran zu stören. ›Siehst du, wie krank ich bin?‹, riefen die Kinder und rannten im Kreis um ihn her. ›Zwei gebrochene Beine. Ich sterbe. Mach mich gesund, Jesus.‹ Es hatte sich schon überall herumgesprochen, wozu Jesus fähig ist.

Und wie er auf die Kinder eingegangen ist! Er hat sich einfach hingekniet und zwei der Kinder in den Arm genommen. Dann hat er sie gedrückt und geküsst, bis sie vor Vergnügen lachten und quietschten, weil seine Barthaare so kitzelten. Er fühlte sich von ihren Neckereien überhaupt nicht angegriffen!

Dann begann der Gottesdienst. Erst kamen einige Gebete und eine Lesung aus dem Gesetz, und dann reichte man Jesus die Buchrolle mit den Worten des Propheten Jesaja. Er nahm sie und las daraus vor. Anschließend setzte er sich und begann zu predigen – und damit fing der Ärger an.«

Mittlerweile hatten die Brüder ihre Netze zusammengefaltet und in einem Ruderboot mit breitem Rumpf verstaut. Das Boot besaß in der Mitte einen niedrigen Mast, ferner hölzerne Bottiche, um darin die Fische zu sortieren, und ein paar Lanzen mit Widerhaken. Da die Fischer beim Auswerfen der Netze standen, um sich dann für das Einholen hinzuknien, war der Boden des Bootes mit grob gezimmerten Planken ausgelegt.

Gemeinsam schoben sie den Bug ins Wasser. Andreas sprang ins Boot und ging nach vorn. Simon lehnte sich gegen das Heck und stieß das Boot vom grasbedeckten Ufer ab. Dann kletterte er hinein und griff nach einem der Ruder. Es war mittlerweile völlig dunkel auf dem Wasser. Im Westen war das letzte Tageslicht verloschen. In diese Richtung steuerten sie jetzt.

Andreas erzählte weiter: »Jesus las die Stelle vor, wo es heißt: *Der Herr hat mich mit seinem Geist erfüllt, denn er hat mich gesalbt.* Und wo gesagt wird, dass jemand den Auftrag hat, die gute Nachricht zu bringen, die Blinden wieder sehen zu lassen und das Jahr auszurufen, in dem Gott sein Volk rettet. So weit, so gut. Doch bei seiner Predigt hat Jesus das auf sich selbst bezogen. Er hat einfach gesagt: ›Dieses Wort ist soeben in eurer Gegenwart in Erfüllung gegangen.‹

Sofort hörte ich, wie jemand brummte: ›Für wen hält der sich?‹

Aber Jesus hat weitergeredet und ihnen auf den Kopf zugesagt, dass sie ihm sowieso nicht glauben würden – so wie auch auf Elia und Elisa niemand gehört hätte.

Tja, da war's passiert. Das nahmen ihm alle Leute in der Synagoge übel. Sie riefen, dass er bloß der Sohn eines Zimmermanns sei und kein Recht habe, so stolz zu sprechen. Jesus machte aber keinen Rückzieher. ›In seinem eigenen Land gilt der Prophet niemals etwas‹, sagte er.

Woraufhin die Menschen nur noch lauter schrien: ›Prophet? So, Jeschi, du bist jetzt also ein Prophet? Du bist der Gesalbte *und* ein Prophet – beides gleichzeitig?‹

Ich habe keine Ahnung, *wie* es dazu kam, es ging alles so schnell – aber wenig später hatten ihn die Männer aus der Synagoge getragen und jagten ihn dann den Berg über Nazareth hinauf. Ich rannte mit, um bei ihm zu sein. Das war die reinste Meute. Diese Menschen waren blind vor Zorn. Sie trieben Jesus bis an den Rand des Berges. Sie wollten ihn die Klippe hinunterstürzen, Simon!

Aber Jesus ging ganz ruhig durch die aufgebrachten Leute hindurch, einfach so.«

Andreas schüttelte nachdenklich den Kopf. »Was ich deutlich machen will, Simon, ist, wie selbstsicher dieser Mann ist. Er weiß etwas. Er hat etwas, das sonst niemand hat. Ich weiß nicht genau, was es ist. Jedenfalls fange ich an ihm zu glauben. Wenn er von sich behauptet: *Der Herr hat mich mit seinem Geist erfüllt,* dann glaube ich, dass er die Wahrheit sagt.«

Andreas ging zum Bug des Schiffes und zündete eine Öllampe an. Ihr schwaches gelbes Licht erleuchtete so die direkte Umgebung, während der See ringsum finster war.

»Also gingen wir von Nazareth fort und kamen sechs Tage später hierher nach Kapernaum«, beendete der Fischer seine Geschichte.

Andreas rollte sein Netz aus und legte es locker auf den Boden. Simon tat im Heck das Gleiche. Die Brüder griffen sich die mit Gewichten beschwerten Ränder ihrer Netze, nahmen sie hoch und warfen sie dann mit Schwung in die Dunkelheit hinaus, wo sie dumpf auf das Wasser klatschten und dann darin versanken.

Eine Weile standen sie nachdenklich schweigend da, die Zugleinen der Netze in Händen, und starrten zu dem von Hunderttausenden Sternen erfüllten Nachthimmel hinauf. Dann knieten sie sich hin, um die Netze wieder einzuholen. Sie hätten sich nicht hinzuknien brauchen: Beide Netze waren leer.

Die ganze Nacht lang warfen sie ihre Netze aus – doch stets vergebens.

Am Morgen ihrer Ankunft in Kapernaum hatten Jesus und Andreas sich getrennt. Andreas wollte unbedingt seinen Bruder finden. Er hatte gehört, dass Simon dort bei der Familie seiner Frau war.

Jesus ging zur Synagoge. Das Gebäude selber war bemerkenswert wohlproportioniert und schön; es war von einem Heiden, einem Zenturio, erbaut worden – einem rechtschaffenen Mann, der die Juden mit diesem kostbaren Geschenk ehrte.

Jener Tag war jedoch ein Sabbat, und Jesus war gekommen um zu feiern, zu beten und jedem zu predigen, der ihm zuhören wollte.

Als es Nachmittag war, saß er inmitten einer Gruppe gläubiger Juden, die darauf brannten zu hören, wie dieser neue Rabbi die Schrift auslegte.

Doch je länger sie zuhörten, desto mehr wunderten sie sich: Der Mann hier legte nicht einfach die Schrift aus, wie andere Schriftgelehrte und Rabbis es taten. Stattdessen sprach er mit einer seltsamen Autorität. Er schien ganz selbstverständlich anzunehmen, dass das, was er sagte, die Wahrheit war, nur weil *er* es gesagt hatte!

Es war eine erstaunliche Darbietung – für manche Juden war sie verwirrend, andere aber fanden es mutig und bewundernswert. Da geschah etwas Neues in Galiläa!

Plötzlich passierte etwas, das am Sabbat unschicklich war – aus einer der Ecken der Synagoge erklang ein klagender Schrei.

»Aaaaaah! Fort, geh weg von mir!«

Es war ein zügelloses, gespenstisches Heulen. Dann tauchte aus der Dunkelheit ein Mann auf. Er hatte die Hände um seine Kehle geklammert, seine Augen waren vor Angst verdreht. Seine Haare waren fettig und wirr. »Was, was, was«, jammerte er, während er auf Jesus zutaumelte, »was hast du mit uns zu schaffen?«

Die Gläubigen wichen peinlich berührt vor dem Mann zurück. »Ach, Schobal«, sagten sie, »ach, Schobal.« Sie kannten ihn, bemitleideten ihn. Seit Jahren schon trieb er sich in den Seitengassen Kapernaums herum, brummte und schimpfte dabei in einer rätselhaften Sprache. Und sie fürchteten ihn auch, genauer gesagt den bösen Geist, von dem er besessen war. Schobal selbst war ein sanftmütiger Mann, sein böser Geist jedoch war grausam, Verderben bringend und unrein.

Jetzt kam Schobal herangewankt, mit verzerrtem Mund, die flache Hand gegen Jesus erhoben. »Bist du gekommen, uns zugrunde zu richten, Jesus von Nazareth? Ich kenne dich! Ich kenne dich! Ich weiß, wer du bist: *der Heilige Gottes!*«

Jesus hatte sich nicht gerührt. Mit halb geschlossenen Augen betrachtete er die Erscheinung – einen Mann, der von dem bösen Geist in seinem Inneren zerfressen war – und schüttelte dann den Kopf. »Schobal nennen sie dich?«, sagte er leise. »›Korb‹? Zu Recht, denn was in dir drin ist, ist kein Teil von dir.«

Dann zerteilte Jesus mit einem Wort die Luft wie mit einer Axt: *»Schweig!«* Seine Stimme hallte von den Wänden der Synagoge wider. Alle saßen regungslos da. Dann sagte Jesus mit leiserer Stimme: »Verlasse den Mann.«

Schobal stürzte nieder, wie ein gefällter Baum. Seine Glieder zitterten, trommelten auf den Boden. Der Schrei aus seinem Munde wurde lauter und lauter, schien sich schließlich von dem Mann zu lösen und fuhr aus der Synagoge hinaus und in den Erdboden.

Die Stille, die nun in dem Raum herrschte, senkte sich, beinahe greifbar, auf die versammelten Menschen. Jesus legte seine Hand auf Schobal und strich ihm die Haare glatt. Dann half er dem erschöpften Mann auf die Beine und ging mit ihm hinaus ans Tageslicht.

»Was ist das?«, fragten die Leute. »Eine neue Art zu lehren? Dieser Mann hat eine erstaunliche Macht! Er befiehlt den unreinen Geistern – und sie gehorchen ihm sogar!«

Sie liefen hinaus, hinter Jesus her.

Als es Abend war, hatte sich die ganze Stadt um ihn herum versammelt. Man hatte kranke Freunde und Verwandte, die von bösen Geistern besessen waren, mitgebracht. Und Jesus heilte sie. Er legte ihnen die Hand auf, strich ihnen mit den Fingerkuppen über Stirn, Gesicht, Lippen und Füße, blickte sie an. Und immer flüsterte er dabei: »Hier, hier ist die Gnade Gottes. Hier.«

Am nächsten Morgen verließ Jesus noch vor Sonnenaufgang lautlos seine Unterkunft, um sich außerhalb der Stadt einen abgeschiedenen Ort zum Beten zu suchen.

Doch Schobal hatte direkt vor der Tür sein Nachtlager aufgeschlagen und sprang nun auf und lief freudestrahlend hinter Jesus her, nach Süden am Seeufer entlang, und erzählte allen, die ihnen begegneten, von seiner Heilung.

Für Jesus war es nun mit der Ruhe und Abgeschiedenheit vorbei. Bald strömten zahlreiche Einwohner von Kapernaum aus der Stadt und folgten Schobal und seinem wundertätigen Freund.

Jesus drehte sich um und musterte einen Augenblick lang den Strom von Menschen. Dann traf er eine Entscheidung. Er wandte sich nach links und ging zum See hinab, wo zwei Ruderboote am Ufer lagen. Bei jedem waren zwei Fischer, die ihre Netze wuschen. Einer von ihnen war Andreas.

»Andreas!«, rief Jesus.

»Herr! Guten Morgen!«

»Siehst du all die Menschen hinter mir?«

»Ja. Du meine Güte – ja!«

»Würdest du mich mit deinem Bruder ein Stück hinausrudern und dort das Boot vor Anker legen? Ich möchte predigen. Aber dafür brauche ich Abstand von der Menge.«

Andreas lächelte. »Sicher doch. Simon?«

Simon schwieg, aber er lehnte sich mit der Schulter gegen das Boot und schob es ins Wasser.

Jesus und Andreas kletterten hinein.

»Nehmt eure Netze«, sagte Jesus. Und genau in dem Moment, als die Menge den Hang hinabgestürmt kam, stemmte Simon das Boot vom Ufer los, sprang dann an Bord und griff nach einem Ruder.

Jesus ließ sich im Heck des Bootes nieder, das Gesicht den Menschen zugewandt. Simon setzte sich hinter Jesus und hielt mit beiden Rudern das Boot so, dass Jesus immer zum Ufer hinüber blickte.

»Das Reich Gottes ist nah«, sagte Jesus. In der Stille des frühen Morgens war seine Stimme weit über das Wasser zu hören.

Am anderen Seeufer war soeben wie ein Feuerball die Sonne aufgegangen. Die Zuhörer hoben sich nun klar und deutlich vor dem Küstenstreifen ab; das Boot mit seinem Mast und der im Heck sitzende Prediger hingegen waren für die Menschen am Ufer nur als dunkler Schattenriss zu erkennen.

Jesus sprach: »Womit kann man das himmlische Königreich vergleichen? Mit welchem Bild kann man es anschaulich machen? Das Reich Gottes ist wie ein Senfkorn. Es gibt keinen kleineren Samen. Aber wenn er aufgeht, bekommt er Zweige, die so lang und stark sind, dass die Vögel in ihrem Schatten nisten können – und dann ist er von allen Sträuchern der größte!«

Unvermittelt wandte Jesus sich um und sagte dann leise zu Simon: »Denk mal darüber nach: Dein demütiger kleiner Bruder ist mein erstes kleines Samenkorn.«

Simon wollte darauf etwas sagen, doch Jesus hatte sich schon wieder dem Ufer zugewandt.

»Hört zu!«, rief er, »jetzt kommt etwas völlig anderes! Ein Bauer ging einst aufs Feld um zu säen. Mit kräftigen Armbewegungen verteilte er die Körner. Ein Teil von ihnen fiel auf den festgetretenen Weg, wo ihn die Vögel noch vor der Abenddämmerung aufpickten. Andere fielen auf felsigen Grund, der nur mit einer dünnen Erdschicht bedeckt war. Sie gingen rasch auf, doch sobald die Sonne auf sie herunterbrannte, vertrockneten die jungen Pflanzen, weil sie nicht genügend Erde hatten. Wieder andere fielen in Dornengestrüpp, das bald darauf das Korn überwucherte und erstickte.

Doch nicht wenige fielen auch auf guten Boden, wo sie reiche Ernte brachten, dreißig, sechzig, hundert Körner sogar!«

Jesus rief, so laut er konnte: »Wer Ohren hat zum Hören, der höre!« Dann erhob er sich und wandte sich vom Ufer und den Menschen ab.

Er blickte zu Andreas, der im Bug des Bootes saß. »Guten Morgen, Fischer«, sagte er und zeigte sein strahlendes Lächeln. »Andreas, ich habe Hunger bekommen. Gibt es Fisch zum Frühstück?«

Andreas schüttelte den Kopf. »Nein. Es tut mir leid, aber wir haben keinen einzigen.«

»Also, ich mache euch einen Vorschlag«, sagte Jesus. »Dort sind eure Netze. Rudert hinaus und werft sie aus. Ich kann mit dem Essen durchaus noch warten.«

»Herr!«, rief Simon. »Wozu soll das gut sein? Wir haben uns die ganze Nacht vergeblich abgemüht.«

»Die ganze Nacht?«, fragte Jesus schmunzelnd.

»Ja.«

»Und ihr habt nichts gefangen?«

»Nein, nichts.«

»Und das ist euer Beruf, damit verdient ihr euren Lebensunterhalt? Das ist das, was ihr am besten könnt? Ach, du Ärmster!« Jesus sah Simon an, und seine Augen funkelten vergnügt. »Werft die Netze trotzdem aus – weil ich euch darum bitte.«

Simon warf Jesus einen finsteren Blick zu, dann sagte er: »Weil *du* es sagst, will ich die Netze noch einmal auswerfen«, womit er eigentlich sagen wollte: auf *deine* Verantwortung.

Also ruderten sie aus den flacheren Gewässern heraus, holten die Ruder ein und ließen das Boot ein Stück treiben. Dann rollten die Brüder die Netze aus und warfen sie zugleich aus, jeder auf seiner Seite.

Kaum hatten die Netze das Wasser berührt, da geriet der See auch schon in Bewegung. Urplötzlich trieben sie über einem Fischschwarm, der so dicht war, dass die Netze davon überquollen, am Boot zerrten und zu schwer waren, um eingeholt zu werden.

»Johannes!«, brüllte Simon. Er hatte sich hoch aufgerichtet und schrie zum Ufer: »Johannes, Jakobus, kommt her!«

Das andere Boot, das am Ufer gelegen hatte, war mit einem Mal auf dem Wasser und kam mit langen Ruderschlägen auf sie zu.

»Die Netze reißen!«, schrie Simon.

Nachdem das zweite Boot bei ihnen angelangt war, zogen sie zu viert an den Netzen, kippten ihren Fang auf die Planken, bis sie knöcheltief in den Fischleibern standen, bis die Boote selbst fast versanken.

Während Andreas, Johannes und Jakobus hektisch arbeiteten und ihre Verwunderung lautstark zum Ausdruck brachten, warf Simon dem im Heck sitzenden Jesus immer wieder nervöse Blicke zu. Schließlich wandte er sich von den Netzen ab und watete durch die Fische ans Ende des Bootes, wo er vor Jesus auf die Knie fiel und sagte: »Oh, Herr, ich bin ein sündiger Mensch! Sündiger als ich je gedacht habe. Geh fort von mir!«

Die drei Freunde hielten in ihrer Arbeit inne und betrachteten das Bild, das sich ihnen bot: den stämmigen Simon, der inmitten der sich windenden Fische vor Jesus kniete. Auch sie ließen nun ihre Netze los. Augenblicklich beruhigte sich der See und über allem lag wieder die freundliche Morgenstille. Was Jesus als

Nächstes sagte, war, obwohl er es sehr leise sagte, deutlich zu vernehmen und sollte ihnen für alle Zeit im Gedächtnis bleiben.

»Hab keine Angst, Simon«, sprach er und ließ dabei den Blick von einem Mann zum nächsten wandern. »Folgt mir und ich werde euch zu Menschenfischern machen.«

Als sie die Boote wieder ans Ufer gebracht hatten, gingen sie mit Jesus. Simon, der Sohn von Jonas, Jakobus und Johannes, die Söhne von Zebedäus – wie Andreas vor ihnen verließen sie ihre Berufe, ihre Boote, ihre gesamte Habe, ihre Häuser und Familien. Von nun an gehörten sie zu Jesus.

Am Nachmittag des nächsten Tages ging Jesus zusammen mit Andreas und den Söhnen von Zebedäus zu Simon. Letzterer hatte darauf bestanden. Er wollte sich unbedingt demütig zeigen und ihnen zu Diensten sein, mit Fußwaschung, kühlen Getränken, Speisen und Unterkunft. Doch als sie bei seinem Haus angelangt waren, mussten sie feststellen, dass Simons Schwiegermutter mit Fieber im Bett lag.

Simons Bestreben, seine Gäste zu bedienen, wich augenblicklich der Sorge um die kranke Frau. Stattdessen erwies Jesus ihm einen Dienst.

Er betrat das Zimmer der Frau und kniete sich neben das Strohlager, auf dem sie lag und zitterte. Er betrachtete ihr schweißnasses Gesicht, strich ihr die grauen Haare aus der Stirn und nahm dann ihre Hand. Vorsichtig zog er sie hoch, bis sie saß. Sie öffnete die Augen und heftete seinen Blick auf ihn. Dann blinzelte sie und schluckte.

Langsam erhob Jesus sich. Er stützte die Frau und hob sie auf, bis auch sie stand. Als die Bettwäsche zu Boden geglitten war, war auch das Fieber von ihr abgefallen. Sie schluckte erneut, fuhr sich mit der Zunge über die Lippen und holte tief Luft – und dann war sie es, die mit freudig strahlendem Gesicht und wieder ganz bei Kräften für das Wohl der Gäste sorgte.

Die ganze Mahlzeit über schwärmte Simon von dem Wunder, das sein Herr vollbracht hatte. Immer wieder wollte er von seiner Schwiegermutter wissen, wie es war, geheilt zu werden, und teilte den anderen seine Freude lautstark mit.

Andreas schwieg lieber. Wenn nur ein oder zwei andere Menschen anwesend waren, brachte er es ja zuwege, sich an einer Unterhaltung zu beteiligen. Fünf aber waren zu viel. Da war kein Raum für die Worte eines schüchternen Menschen. Zuhören genügte ihm vollauf.

Und so war es, nachdem das Abendessen beendet war und alle ins Gespräch vertieft waren, einzig Andreas, der vor dem Fenster eine heisere Stimme bitten hörte: »Herr?« Und wieder, leise und geduldig: »Herr?«

Andreas stand auf und ging vors Haus. Es war bereits Nacht, doch im Schein des Mondes konnte er auf der Gasse eine Gestalt erkennen. Irgendjemand hielt sich im Dunkel versteckt und stieß ängstliche Klagelaute aus: »Herr? Bitte...«

»Was gibt es denn?«, fragte Andreas.

Der Bittsteller fuhr herum und drückte sich an die Mauer. Doch er wich nicht, auch nicht, als Andreas auf ihn zuging. Stattdessen wagte er sich einen kleinen Schritt vor und krächzte: »Bist du...?«

Der Mann war nun im Mondschein zu erkennen und Andreas sah plötzlich den Schimmer der kalkweißen Haut, den unwirklichen, porzellanartigen Glanz des Aussatzes: Das Licht fiel auf den haarlosen Schädel und den Hals des einsamen Mannes.

Ein Aussätziger! Andreas erstarrte. Aussätzige machten die Menschen unrein. Das Gesetz verbot ihnen jeglichen menschlichen Umgang. Allein das Betreten der Stadt war schon ein krasser Verstoß.

Der Mann warf sich zu Boden und sagte leise: »Herr.«

»Nein!«, rief Andreas. »Nein, der bin ich nicht!« Angsterfüllt taumelte er zurück und stolperte. Er wäre gestürzt, hätten ihn nicht von hinten zwei starke Hände aufgefangen.

»Herr!«, krächzte der Mann, »wenn du willst, kannst du mich gesund machen.«

Andreas wurde wieder losgelassen und Jesus trat vor, um sich den Aussätzigen genauer anzusehen.

»Ich will«, sagte er. Er legte beide Hände wie zum Segen auf die silbrig schimmernde Kopfhaut des Kranken; dann sprach er: »Sei rein!« Die weißen Flecken schienen sich in Puder zu verwandeln. Jesus strich ihm über Kopf und Hals und wischte den weißen Staub der Krankheit fort. Darunter erschien gesunde Haut; der Mann war wieder rein.

»So«, sagte er, »nun geh zum Priester und bring das Opfer für deine Heilung dar, so wie Mose es vorgeschrieben hat. Doch sprich mit niemandem darüber. Sag keinem, was ich für dich getan habe!«

Es überraschte Andreas, wie streng Jesus zu dem Mann sprach. Er klang beinahe verärgert. Doch am darauf folgenden Morgen war Andreas klar, dass Jesus genau wusste, was der Aussätzige tun würde.

Ganz offensichtlich hatte der Mann der Anweisung nicht gehorcht: Die Neuigkeit verbreitete sich in ganz Kapernaum. In immer größeren Scharen bedrängten die Menschen ihn während der folgenden Tage und Wochen.

Die Nachrichten über Jesus verbreiteten sich so rasch und weit, dass bald Menschen aus allen Städten der Umgebung herbeiströmten. Sie kamen aus Betsaida am Ostufer des Sees; aus Chorazin, einer Stadt in den Basaltbergen; und aus Magdala, einem Fischfang- und Schiffsbauzentrum, einer reichen Stadt mit zweifelhaftem Ruf.

Die Menschen kamen aus allen Gegenden der alten Gebiete der Stämme Naftali und Sebulon und auch aus den westlichen und nördlichen Landesteilen Galiläas.

Als Jesus eines Tages wieder einmal im Haus von Simons Schwiegermutter predigte, drängten sich die Menschen in solchen Mengen, dass Andreas floh. In jedem Raum waren sie, sie bevölkerten die Eingänge und die umliegenden Straßen; wer am Rand der Versammlung stand, hatte sich auf Zehenspitzen gestellt, um mitzubekommen, was Jesus sagte.

Andreas hatte sich vorgenommen, bis zum Abend, wenn die Menschen wieder heim mussten, dem Haus fern zu bleiben. Doch dann bemerkte er auf der Straße vier Männer mit einem leichten Bettgestell auf den Schultern.

Auf der Trage lag ein junger Mann, dessen Wirbelsäule stark nach hinten verkrümmt war. Dadurch traten seine Brust und seine Kehle hervor; seine Kopf war so weit in den Nacken gebogen, dass der arme Kerl sogar im Liegen in die Richtung blickte, aus der er soeben gekommen war.

Die vier Männer bogen um eine Ecke und blieben dann, von der Menschenmenge vor ihnen verblüfft, stehen.

»Oh, nein!«, sagten sie. »Da kommen wir nie durch.«

Der junge Mann auf dem Bettgestell stieß einen unverständlichen Laut aus, offensichtlich eine Frage.

»Nein«, sagten seine Freunde, »wir müssen wieder zurückgehen.«

Die Laute des gekrümmt daliegenden Mannes klangen nun heiser und zornig. Er hustete, röchelte, schien kurz vor dem Ersticken zu sein. Seine Freunde versuchten auf ihn einzureden: »Gimel«, sagten sie, »er ist von Hunderten von Menschen umgeben – unmöglich, da hindurch zu gelangen.«

Gimel begann mit aufgerissenem Mund zu weinen. Sein Schluchzen klang so verzweifelt, dass Andreas nicht anders konnte, als zu den Männern hinzutreten und sie anzusprechen.

»Ihr wollt zu Jesus?«, fragte er.

Die Männer zuckten die Achseln und schüttelten den Kopf. »Seit vier Jahren ist Gimel jetzt gelähmt«, meinten sie. »Wenn dieser Jesus von Nazareth ihm nicht helfen kann, wird er wahrscheinlich für den Rest seines Lebens gelähmt bleiben müssen.«

»Ahhh!«, weinte Gimel. »Ahhh-ah. Ahhh-ah.«

Andreas spürte, dass auch ihm die Tränen kamen. Also handelte er.

»Seht ihr die Hacke dort?«, fragte er. »Holt sie, und dann geht mit mir.«

Er geleitete die vier Männer mit ihrem Freund durch eine einsame Gasse, auf der sie zur Rückseite des Hauses gelangten. Dort führte eine Treppe aufs Dach hinauf. Im Hausinneren konnte er das Gemurmel der vielen Menschen und darüber deutlich vernehmbar die Stimme von Jesus hören. Andreas kletterte die Stufen hinauf und rief den anderen zu: »Kommt hoch, und bringt Gimel mit.«

Vorsichtig stiegen die vier Männer aufs Lehmdach hinauf.

Andreas zeigte auf eine nahe gelegene Stelle des Dachs und meinte dann: »Brecht es dort auf. Die Stelle liegt genau über dem Zimmer, in dem Jesus predigt. Genau dort müsst ihr durch.«

»Durch das Dach?«, fragte einer der Männer zweifelnd.

Andreas musste lächeln. »Ihr braucht doch irgendeinen Zugang zu Jesus, oder? Dort ist er.«

Derselbe Mann, der vorher gesprochen hatte, holte nun mit der Hacke aus und ließ sie mit Schwung aufs Dach niederfahren.

Andreas hörte, wie im Hausinneren Stücke der Decke hinabfielen. Danach herrschte Totenstille. Andreas hatte plötzlich das Gefühl, unbesonnen gehandelt zu haben. Sogar Jesus schwieg.

Während einer das Dach aufschlug, lasen die anderen Männer die Lehmstücke auf. Danach rissen sie gemeinsam die Zweige, von denen der Lehm zusammengehalten worden war, heraus. Nach und nach brachen sie so ein lang gestrecktes Loch ins Dach.

Aus dem Dunkel im Hausinnern blickten erstaunte Gesichter zu ihnen herauf. Die Menschen waren zurückgewichen und hatten direkt unter der Öffnung Platz gemacht.

Gimels Freunde rissen das Bettzeug in Streifen und befestigten diese an den Ecken des Gestells. Anschließend beugten sie sich gemeinsam über das Loch und ließen den mageren, verkrümmten

Körper ihres Freundes hinab, stellten ihn genau vor Jesus von Nazareth ab.

Dann ließen sie die Enden der Streifen los und legten sich auf den Bauch, um sehen zu können, was nun geschehen würde. Auch Andreas hatte sich neben sie gelegt.

Jesus schaute zu Andreas hoch, dann richtete er seine Aufmerksamkeit auf den Gelähmten zu seinen Füßen.

»Fasse Mut, mein Sohn«, sprach er. »Deine Sünden sind dir vergeben.«

»Gotteslästerung!« hörte Andreas die Menschen im Haus augenblicklich zischen. Das war eine schreckliche Beschuldigung: »Gotteslästerung.« Er sah, wie einige wohlbekannte Schriftgelehrte leise miteinander sprachen. Diese Männer studierten und lehrten das Gesetz Moses in allen gottesfürchtigen Einzelheiten. So tief, wie ihre Kenntnisse waren, so streng, wie sie das Gesetz befolgten, konnten sie angesichts seiner Entweihung unmöglich schweigen. Also murmelten sie, laut genug, dass auch die anderen es hören konnten: »Für wen hält er sich? Niemand außer Gott kann uns unsere Sünden vergeben!«

»Wie?«, richtete Jesus das Wort an die vornehmen Gesetzeslehrer. »Was ist euer Problem?«

Andreas konnte hören, dass Jesu Stimme von eiserner Strenge war. Sein Herr funkelte die Schriftgelehrten an, als wären sie in die Enge getriebene Schakale.

»Ich werde es euch sagen«, erklärte Jesus. »Ihr fragt euch, was zu sagen einfacher und zu beweisen schwerer ist: ›Deine Sünden sind dir vergeben‹ oder ›Steh auf und geh‹. Nun, meine Herren, um euch zu zeigen, dass der Menschensohn tatsächlich die Vollmacht hat, Sünden zu vergeben, werde ich das Einfachere tun – mit sichtbarem Beweis. Seht und hört!«

Jesus kniete sich hin und sprach mit gesenkter Stimme: »Erhebe dich, mein Sohn. Steh auf, Gimel, nimm deine Trage und geh nach Hause.«

Alle sahen wie gebannt auf den jungen Mann, dessen Körper sich langsam entspannte. Einen Moment lang lag er gerade auf seinem Bett, dann drehte er sich auf die Seite, streckte sich, noch zögernd und staunend – und stand auf.

Sofort kamen seine Freunde unter großem Freudengeschrei die Treppe vom Dach heruntergerannt.

Andreas freute sich für sie, doch er hatte auch mitbekommen, mit welcher Wut die Schriftgelehrten ihre Zurechtweisung durch Jesus aufgenommen hatten. Für sie war die Heilung des Gelähmten nicht sehr rühmlich ausgegangen.

Andreas konnte nun sehen, wie Gimel sich einen Weg durch die Menschen bahnte und zu seinen Freunden lief, wobei er freudig die Arme schwenkte. Ferner sah er, wie auch die kleine Gruppe mürrischer Männer sich in ein düsteres Gespräch vertieft aus der Menge entfernte.

Gegen Mittag des folgenden Tages ging Jesus die Hauptdurchgangsstraße Kapernaums entlang. Die Straße war auf beiden Seiten von Läden und Verkaufsständen gesäumt, die Nahrungsmittel und andere Waren verkauften, von Handwerkern, die ihr Können anpriesen – Kupferschmiede, Friseure, Fleischer, Ölhändler, Schneider, Töpfer.

Inmitten des Marktplatzes saß hinter seinem Tisch ein Zöllner, der die von Herodes Antipas geforderten Geschäftszölle einnahm.

Genau dort blieb Jesus stehen – vor seinem Zollhaus.

Er musterte den Zolleinnehmer, einen mürrisch dreinblickenden Mann mit grauem Gesicht, einer grobknochigen Nase und tief liegenden Augen. Als der Zöllner den Blick bemerkte und aufsah, fragte Jesus: »Du bist Matthäus?«

»Ja.«

»Geh mit mir«, sagte er nur. Keine Erklärung, nur: »Geh mit mir.«

Und ebenso unvermittelt, wie Jesus ihn angesprochen hatte, stand nun Matthäus auf, ließ alles zurück und ging mit ihm.

Da sie unter königlichem Schutz standen, zweigten die Zöllner einen großzügig bemessenen Teil ihrer Einnahmen für sich selbst ab und waren deshalb bei der Bevölkerung alles andere als beliebt. Allerdings schien Matthäus trotz seines reichlichen Einkommens ein sparsames Leben geführt zu haben. An jenem Abend aber öffnete er seinen Geldbeutel und gab Jesus zu Ehren ein großes Festessen.

Es kamen nicht nur Jesus – der für das reichhaltige Essen dankbar war – und seine Anhänger Andreas, Simon, Johannes und Jakobus, sondern auch viele von Matthäus' Bekannten: andere Zolleinnehmer, Menschen, die das Gesetz Moses nicht achteten, und andere, deren Lebenswandel augenscheinlich vollkommen unsittlich war. Sie alle versammelten sich am selben Tisch und führten dort eine lautstarke Unterhaltung.

In der Stadt verbreitete sich die Nachricht, dass Jesus beim Betreten dieses Hauses von fraglichem Ruf gesehen wurde, in Windeseile.

Als Jesus und seine Freunde sich von der restlichen Gesellschaft verabschiedeten und Matthäus' Haus verließen, bemerkten sie eine Gruppe von Schriftgelehrten, die sich im Dunkel versammelt hatten, um zu sehen, ob das Gerücht wirklich den Tatsachen entsprach.

»Wie kann sich ein Rabbi mit Zöllnern und Sündern an einen Tisch setzen?«

Jesus blieb stehen und sagte: »Die Gesunden brauchen keinen Arzt, aber die Kranken. Schreibt es irgendwo nieder, ihr selbstgerechten Schriftgelehrten, lernt es auswendig und singt es:

Ich bin nicht gekommen, um die Gerechten zu rufen,
sondern um die Sünder zur Umkehr zu bewegen.«

Als er das gesagt hatte, ging Jesus weiter, doch kurz darauf sprach er wieder, dieses Mal aber nur zu seinen Jüngern.

»Euch sind die Geheimnisse des Reiches Gottes gegeben«, sagte er. »Denen aber, die nicht dazugehören, wird alles in Gleichnissen gesagt werden, denn sie sehen, aber erkennen nichts, sie hören, aber verstehen nichts.«

Andreas stockte der Atem und er blieb stehen. »Ach, Jesus!«, klagte er.

»Andreas? Was ist denn?«

»Dann gehöre ich auch nicht dazu. Du hast gerade gesagt, dass ich außerhalb des Reiches Gottes bin.«

Jesus blieb ebenfalls stehen. »Wie das?«

»Weil ich nichts verstehe«, jammerte Andreas. Die Angst in seiner Stimme war deutlich zu hören. Andreas war den Tränen nah. »Neulich im Ruderboot hast du den Leuten ein Gleichnis von einem säenden Bauern erzählt. Ich habe es gehört, Jesus. Ich habe es wirklich gehört – aber verstanden habe ich es nicht.«

»Simon«, fragte Jesus, »hast du es verstanden?«

»Ich entsinne mich«, antwortete der stämmige Mann. »Harter Boden, steiniger Boden, Boden voller Dornen – ich entsinne mich.«

»Aber du verstehst es nicht.«

»Nein.«

»Johannes? Jakobus? Versteht denn keiner von euch dieses Gleichnis? Ach, wie wollt ihr dann all die anderen verstehen?«

Jesus ging nun wieder weiter. Den Jüngern blieb nichts übrig, als ihm zu folgen. Von den Bergen her kam jetzt ein kalter Wind und die Männer wickelten sich fest in ihre Umhänge ein.

Jesus sagte: »Der Säer sät das Wort aus. Seine Samen sind das Wort Gottes, das über den Menschen ausgesät wird. Jene, die wie der festgetretene Weg sind, hören es nur. Dann kommt sofort Satan und reißt es wieder aus ihrem Herzen heraus. Und dann gibt es Menschen, die wie die dünne Erdschicht auf felsigem Grund sind – sie nehmen das Wort begeistert auf und wachsen rasch in der Sonne. Doch ihnen mangelt es an Erde, in der die Wurzeln Halt finden können. Wenn sie bedrängt oder versucht werden, werden sie in der Hitze derselben Sonne versengt. Sie vertrocknen und sterben ab. Andere, die wie der Boden im Dorngestrüpp sind, hören das Wort. Es findet Halt in ihrem Herzen. Doch dann leben sie weiter wie bisher und ersticken allmählich in ihren Alltagssorgen oder in Reichtum und Vergnügungen. Deshalb tragen sie am Ende keine Frucht. Doch jene, die wie der gute Boden sind – die, Andreas, die nehmen die Botschaft mit gutem und willigem Herzen an, bewahren sie, leben danach und bringen reiche Ernte, dreißig, sechzig, hundert Körner sogar.« Jesus blieb mitten auf der Straße stehen. »Verstehst du die Geschichte jetzt, Andreas?«

»Ja«, sagte Andreas mit leiser Stimme. »Danke.«

»Mit dem Reich Gottes ist es wie mit einem Schatz, der in einem Feld vergraben wurde. Wenn jemand ihn findet, deckt er ihn schnell wieder zu; vor lauter Freude verkauft er all seine weltliche Habe, kehrt zurück und kauft das ganze Feld.

Oder auch so: Ein Kaufmann verbringt sein ganzes Leben mit der Suche nach schönen Perlen. Wenn er eine entdeckt, die besonders rein ist, verkauft er alles, was er hat, erwirbt dann dieses einzige Schmuckstück und schätzt sich glücklich und zufrieden.

Nun, Simon, hast du das alles verstanden? Und ihr, Johannes, Jakobus?«

»Ja«, erwiderten sie.

»Gut«, sagte er. »Dann geht jetzt zurück. Geht nach Hause und schlaft. Ihr gehört zu mir. Ihr braucht euch um nichts zu sorgen. Ich will jetzt zum Beten in die Berge gehen. Gute Nacht.«

Am Morgen stellten seine Jünger fest, dass Jesus die ganze Nacht fortgeblieben war. Bei Simon zu Hause war er jedenfalls nicht.

Sie gingen hinaus, um ihn zu suchen, doch in der Stadt war er nirgends aufzufinden.

Während sie von Haus zu Haus, von Straße zu Straße gingen, kamen immer mehr Menschen, die sich ihnen anschlossen. Auch Gimel war dabei.

Gimel sprang vor ihnen her, und als seine vier Freunde Andreas erblickten, gingen auch sie sofort mit der Gruppe mit. Schobal war da, mit seinem fröhlichen Grinsen. Dann gesellte Matthäus sich hinzu. Und Philippus, der in der gleichen Stadt wie Simon und Andreas aufgewachsen war. Es kamen Zeloten, Pharisäer und Essener; Menschen, die sich Johannes dem Täufer angeschlossen hatten; Männer und Frauen, Arm und Reich, Bewohner von großen und kleinen Städten. Zwei Frauen von einigem Rang und Vermögen gingen Seite an Seite: Susanna und Johanna, deren Mann Haushofmeister bei Herodes Antipas war. Sie trugen leichte, leuchtend rot gefärbte Kleider. Hinter ihnen kam eine bleiche junge Frau, die, bis Jesus sie im Geheimen von sieben bösen Geistern befreit hatte, in Magdala gewohnt hatte. Ihr Name war Maria. Um den zu finden, den sie *Rabbuni*, »mein Lehrer«, nannte, lief auch sie mit der Menge aus der Stadt hinaus.

Simon ging ihnen allen mit kräftigen Schritten voran. Er schien einen Entschluss gefasst zu haben.

»Weißt du noch, was Jesus gestern Abend gesagt hat?«, fragte er Andreas. Dieser konnte nur mit Mühe Schritt halten, denn die Kraft und Ausdauer seines Bruders fehlten ihm. Auf seiner Stirn waren Sorgenfalten zu sehen.

Andreas sagte leise: »Er hat gesagt, wir gehören zu ihm.«

»Nein, das meine ich nicht. Er hat gesagt, er wolle in die Berge. Weißt du das denn nicht mehr? Ich weiß es noch genau – in die Berge, um zu beten. Wir werden ihn finden.«

Sie hatten also ein Ziel. Simon führte die Menschenmenge nach Nordwesten in die Berge, immer höher hinauf, fast den ganzen Vormittag lang.

Andreas fand das Bergland abweisend und verwirrend, es gab seine Geheimnisse nicht preis – zwischen den Höhlen, Klippen und Schluchten dieser öden Höhenzüge konnte man sich hoffnungslos verlaufen.

Aber Simon stürmte voran, ungeachtet der Gefahren. Andreas folgte seinem Bruder einfach wegen dessen bewundernswerter Selbstsicherheit. Erst später fragte Andreas sich, ob er vielleicht, wenn auch unbewusst, dem Geist Gottes gefolgt war.

Denn mit einem Mal hatten die Menschen, die Simon gefolgt waren, alle gleichzeitig den Blick erhoben und eine einsame Gestalt erspäht, die hoch vor ihnen auf einem Felsen stand: einen Mann, dessen Blick sie alle selbst aus dieser Entfernung erkannten; einen, der sie alle beim Namen zu kennen schien.

Jesus.

Er machte ein paar Schritte zurück und verschwand.

Hals über Kopf stürmten die Menschen den Fels hinauf, auf dem er gestanden hatte; dahinter entdeckten sie ein kleines Hochgebirgstal. Sein Boden war grasbedeckt, mit kleinen Lilien, Enzian, Wintergrün und Brocken aus Kalkstein gesprenkelt, seine Wände rund wie eine Schale, die Ränder zerklüftet. Auf der gegenüberliegenden Seite hing der Fels über und bildete so einen natürlichen Baldachin.

Unter diesem Baldachin entdeckten die Menschen nun Jesus, der auf einem Vorsprung aus Kalkstein saß. Doch da richtete er auch schon das Wort an die Menschenmenge: »Friede sei mit euch.« Er sprach mit normaler Stimme, nicht lauter als sonst, und doch klangen seine Worte ganz nah, so als wären sie nur für das Ohr des Einzelnen bestimmt.

»Friede sei mit euch«, wiederholte Jesus und die Menschen begannen sich an den aufsteigenden Talwänden im Gras niederzulassen – nah und fern von Jesus erfüllten sie das kleine Amphitheater mit Leben und Farbe.

Jesus ließ seine Blicke schweifen und immer wieder auf den Menschen ruhen, Einzelne herausgreifend – Philippus, Matthäus, Schobal, Maria aus Magdalena, Gimel, Andreas, Simon.

Am blauen Himmel über ihnen kreiste ein Adler, in den Sträuchern flatterten Spatzen.

Und dann sprach Jesus.

»Selig sind die geistlich Armen«, sagte er, »denn ihnen gehört das Himmelreich.«

Andreas senkte den Kopf und hörte zu. Wieso nur hatte er sich Sorgen gemacht? Wie hätte Jesus sich je in den Bergen verlaufen können – er, der diese Welt in allen ihren Einzelheiten kannte, den sichtbaren wie den verborgenen? Andreas schämte sich und war doch zugleich sehr erleichtert. In aller Bescheidenheit – der Segen galt ihm.

Jesus sprach weiter: »Selig sind die Trauernden, denn sie sollen getröstet werden.

Selig sind die Sanftmütigen! Ihnen soll die Erde gehören.

Selig sind die, die nach Gerechtigkeit hungern. Sie werden gesättigt werden.«

Andreas musste an Johannes den Täufer denken, seinen ersten Lehrer und seinen Freund. Würde er im Verlies von Machärus gesättigt werden?

Derweil fuhr Jesus fort: »Selig sind die Barmherzigen, denn ihnen wird Barmherzigkeit zuteil werden.

Selig sind die, die reinen Herzens sind. Sie werden Gott schauen.

Selig sind die Friedfertigen, denn sie werden Gottes Kinder heißen.«

Jesus hielt einen Augenblick lang inne, dann sprach er mit Nachdruck: »Selig sind die, die der Gerechtigkeit wegen verfolgt werden, denn ihnen gehört das Reich Gottes...«

Wieder dachte Andreas an Johannes. Ja, er würde gesättigt werden.

»... und selig seid ihr, wenn andere euch wegen mir beschimpfen, verfolgen oder euch zu Unrecht alles Schlechte nachsagen! Freut euch dann und jubelt, denn ihr werdet im Himmel reich belohnt werden. Ach, meine Kinder, ihr begebt euch in heilige Gesellschaft, denn genauso haben die Menschen die Propheten vor euch verfolgt.«

Jesus schwieg und ließ seinen Blick über die vielen verschiedenen Menschen schweifen. Dann fuhr er fort: »Ihr seid das Salz der Erde.

Wenn aber das Salz seine Kraft verliert, wie kann es sie wiederbekommen? Es taugt zu nichts mehr, wird vors Haus geworfen und verdirbt dort den Boden und wird unter den Füßen der Menschen zermalmt.

Ihr«, sprach er, »ihr seid das Licht der Welt. Wer würde ein Licht anzünden und es dann unter den Scheffel stellen? Es gehört auf einen Leuchter, wo es das ganze Haus erhellt. Lasst euer Licht so leuchten, dass die Menschen eure guten Taten sehen können und euren Vater im Himmel preisen.

Glaubt nicht, dass ich gekommen bin, um das Gesetz oder die Propheten aufzuheben. Kinder, ich bin gekommen, um sie zu erfüllen.

Ihr wisst, dass unseren Vorfahren gesagt worden ist: *Du sollst nicht töten; wer aber tötet, soll sich vor Gericht verantworten.* Ich aber sage euch: Schon wer auf seinen Bruder zornig ist, soll vor Gericht. Ja, und wer seine Schwester beleidigt, soll vor den Hohen Rat. Und wer ›du Narr‹ sagt, verdient ins Feuer der Hölle geworfen zu werden.

Ihr wisst, dass es heißt: *Du sollst nicht ehebrechen.* Ich aber sage euch, dass ein jeder, der die Frau eines anderen begehrlich anblickt, in seinem Herzen schon Ehebruch mit ihr begangen hat.

Weiter habt ihr gehört, dass es heißt: *Auge um Auge, Zahn um Zahn.* Ich aber sage euch, widersetzt euch einem bösen Menschen nicht.«

Dann wandte Jesus sich an einen Mann, der in seiner Nähe saß: »Wenn jemand dich auf die rechte Wange schlägt, so halte ihm auch die linke hin. Wenn jemand mit dir um deine Jacke prozessieren will, so gib ihm noch deinen Umhang dazu. Und wenn dich jemand nötigt, ein Stück mit ihm zu gehen, dann geh mit ihm doppelt so weit. Wenn einer etwas von dir erbittet, so gib es ihm, und den, der etwas von dir borgen möchte – den weise nicht ab.«

Obwohl Jesus die ganze Zeit den Mann zu seinen Füßen ansah, hatte Andreas den Eindruck, als gälten die Worte nur ihm. An den Gesichtern rund um ihn her konnte er erkennen, dass es den anderen Zuhörern ebenso ging.

Doch da sprach Jesus auch schon weiter, diesmal wieder in die

Runde: »Ihr wisst auch, dass es heißt: *Liebe deinen Nächsten und hasse deinen Feind.* Ich aber sage euch: Ihr sollt auch eure Feinde lieben. Betet für die, die euch verfolgen, und ihr werdet Kinder eures himmlischen Vaters sein – denn Gott lässt seine Sonne für die Guten wie die Bösen scheinen, er lässt es gleichermaßen auf die Gerechten wie die Ungerechten regnen. Ihr sollt vollkommen sein, wie euer himmlischer Vater vollkommen ist.«

Jesus senkte den Kopf und blickte auf seine Hände. Seine Stimme jedoch war auf dem höchsten Fels ebenso gut zu hören wie an der tiefsten Stelle des Tales. »Wenn ihr betet«, sagte er, »dann häuft nicht wie die Heiden leere Worte aufeinander. Die glauben, sie werden wegen ihrer vielen Worte gehört. Euer Vater weiß, noch bevor ihr darum bittet, was ihr braucht.

Wenn ihr betet«, sagte er, »dann betet so:

Vater unser im Himmel,
geheiligt werde dein Name.
Dein Reich komme.
Dein Wille geschehe
wie im Himmel, so auf Erden.
Unser tägliches Brot gib uns heute.
Und vergib uns unsere Schuld,
wie auch wir vergeben unsern Schuldigern.
Und führe uns nicht in Versuchung,
sondern erlöse uns von dem Bösen.«

Jesus blickte wieder hoch. »Menschen«, rief er, »sammelt keine Reichtümer hier auf Erden, wo Motten und Rost sie auffressen können, wo Diebe einbrechen und stehlen. Sammelt lieber Reichtümer bei Gott! Denn dort gibt es weder Motten noch Rost oder Diebe – und wo euer Reichtum ist, dort wird auch euer Herz sein.

Deshalb sage ich euch: Sorgt euch nicht um euer Leben, um Essen, Trinken oder Kleidung. Seht dort, die Vögel. Sie säen nicht, sie ernten nicht, und ihr himmlischer Vater ernährt sie doch. Seid ihr denn nicht mehr wert als tausend Vögel? Wer von euch kann sein

Leben durch Sorgen auch nur um einen Tag verlängern? Und warum sorgt ihr euch um eure Kleidung? Seht euch die Lilien hier an, wie sie wachsen. Sie arbeiten nicht und spinnen kein Garn, und doch sage ich euch: Nicht einmal Salomo in all seiner Pracht war gekleidet wie eine von diesen. Wenn Gott aber sogar das Gras auf dem Feld so kleidet – obwohl es morgen in den Ofen geworfen wird –, wird er sich dann nicht erst recht auch um euch kümmern, ihr Kleingläubigen?

Darum sorgt euch nicht länger, sondern trachtet zuerst nach dem Reich Gottes und seiner Gerechtigkeit. Dann wird er euch auch alles andere geben.«

Jesus stand auf.

Der Wind war stärker geworden, am Himmel jagten Wolkenfetzen dahin, und seine Haare wehten ihm ins Gesicht.

»Richtet nicht«, rief er, »damit ihr nicht gerichtet werdet!«

Diesmal fiel sein Blick auf einen anderen Zuhörer: »Warum siehst du den Splitter im Auge deines Bruders, den Balken in deinem eigenen aber nicht? Du Scheinheiliger! Entferne erst einmal diesen Balken – dann kannst du gut genug sehen, um den Splitter aus dem Auge deines Bruders zu ziehen!«

Noch einmal wandte Jesus sich an die Menge: »Wer bittet, der bekommt! Wer sucht, der findet! Klopft, und euch wird geöffnet! Wer von euch würde seinen Kindern einen Stein geben, wenn sie um Brot bitten? Wenn ihr, die ihr von Natur aus böse seid, euern Kindern Gutes gebt, wieviel mehr wird euer Vater im Himmel denen Gutes geben, die ihn darum bitten?

Behandelt die Menschen so, wie ihr selbst von ihnen behandelt werden wollt!

Oh, meine Kinder, geht durch das enge Tor. Denn das Tor, das ins Verderben führt, ist weit und die Straße dorthin breit. Das Tor zum Leben jedoch ist eng und die Straße schmal.

Wer meine Worte hört und sie befolgt, der wird wie ein kluger Mann sein, der sein Haus auf felsigen Grund gebaut hatte. Wolkenbrüche gingen nieder, Flüsse traten über die Ufer, Stürme tobten und rüttelten am Haus – doch es stürzte nicht ein, denn es war auf Fels gebaut.

Wer meine Worte hört und sie nicht befolgt, der wird wie ein Narr dastehen, der sein Haus auf Sand gebaut hat. Wolkenbrüche gingen nieder, Flüsse traten über die Ufer, Stürme tobten und rüttelten am Haus – es stürzte ein und der Schaden war groß!«

Unvermittelt drehte Jesus sich um. Er trat durch einen Spalt in der Talwand und war verschwunden. Keiner versuchte auch nur ihm zu folgen – nicht einmal Simon. Die Art, wie Jesus gegangen war, war von einer gewissen Endgültigkeit. Simon machte sich schweigend wieder auf den Rückweg und die anderen folgten ihm.

Jetzt machte Andreas sich nicht länger Sorgen um Jesus. Vielleicht lag es daran, dass er selbst sich in der groben, lärmenden, überheblichen Welt so unwohl fühlte, aber irgendwie verstand er, warum sein Herr sich zurückzog. Die wichtigsten Entscheidungen müssen in der Abgeschiedenheit getroffen werden – und im einsamen Gebet.

Am Nachmittag des darauf folgenden Tages erschien Jesus südlich von Kapernaum am Ufer des Sees von Galiläa. Fast alle Jünger, die ihn am Vortag auf dem Berg hatten predigen hören, scharten sich wieder um ihn.

Es war deutlich, dass Jesus heute nicht zu predigen beabsichtigte. Er ließ sich nicht nieder, noch suchte er sich eine erhöhte Stelle. Stattdessen mischte er sich unter die Menge, legte mal seine Hand auf eine Schulter, blickte dann wieder einem anderen in die Augen.

Auch begrüßte er die Menschen nicht so herzlich und fröhlich wie sonst. Kein Lächeln zeigte sich auf seinem Gesicht. Jesus war ernst und nachdenklich.

Er blieb vor Simon stehen und blickte ihn so lange an, bis dieser vor Verlegenheit rot wurde.

»Du, Simon«, sagte er und ging dann zu Johannes und Jakobus, den Söhnen von Zebedäus. »Du«, sagte er, »und du.«

Dann wählte Jesus noch Philippus, Bartholomäus, Matthäus, Thomas, Jakobus, den Sohn von Alphäus, Thaddäus, Simon den Zeloten, und Judas Iskariot.

Andreas wusste sofort, was das zu bedeuten hatte. Sein Herz raste vor Aufregung, so ungeheuerlich war dieses Geschehen: Jesus wählte diejenigen aus, die in Zukunft an ihn gebunden sein würden, deren Leben ganz und gar bestimmt werden sollte vom Leben dieses Mannes, Jesus von Nazareth. Salz, Licht, die geistlich Armen, die Sanftmütigen, die Friedfertigen – die Verfolgten! Keiner der Erwählten würde je wieder so sein wie vorher. Und keiner von ihnen würde mehr seinen eigenen Weg wählen können.

Der letzte, den Jesus erwählte, war auch der erste gewesen: Andreas, der nun fortlief, weg von den Menschen und dem Seeufer, sich in einer Kammer in Kapernaum versteckte und dort in Tränen ausbrach.

34

Maria Magdalena

In jenen Tagen begann Jesus die Städte Galiläas und ihre Umgebung zu bereisen, um dort die gute Nachricht vom Reich Gottes zu verkündigen. Begleitet wurde er von den zwölf Jüngern und einigen Frauen, die von ihm geheilt worden waren und ihr Leben nun - genau wie Simon und Andreas – Jesus gewidmet hatten. Unter ihnen war auch Maria aus Magdala, von den Jüngern »Magdalena« genannt. Wohlhabendere Frauen, wie etwa Johanna, die Gattin von Chuza, unterstützten die Gruppe der Reisenden aus ihrem Vermögen. Die arme, blasse Maria diente Jesus auf andere Art und Weise, kümmerte sich unauffällig um die persönlichen Bedürfnisse wie Essen, Hygiene, Kleidung, Schlaf und Musik.

Stets blieb sie unscheinbar. Sie hatte keine Verwandten mehr in Magdala; das hier war nun ihre Familie. Wenn sie schon nicht mehr Tochter sein konnte, dann wenigstens Dienerin; wenn nicht Mutter, so wenigstens Gehilfin. Das genügte ihr völlig. Doch es war ihr auch lieb und teuer, und was einem lieb und teuer ist, so hatte sie feststellen müssen, bereitet auch Sorgen, dass es verloren gehen oder gestohlen werden könnte. Maria Magdalena blieb immer im Hintergrund. Nein, niemals würde sie die Aufmerksamkeit anderer auf sich lenken und das zerbrechliche Geschenk, das ihr zuteil geworden war, in Gefahr bringen.

Nachdem sie zwei Monate lang durch die nördlichen und mittleren Regionen gewandert waren, führte Jesus die Gruppe allmählich in Richtung Süden, an Nazareth vorbei fünf Meilen südostwärts durch das Tal Jesreel. Ihr Ziel war eine Stadt namens Nain.

Noch bevor Jesus und seine Jünger das Stadttor erreicht hatten, hörten sie Klagerufe hinter den Mauern der Stadt. Und gleich darauf erblickten sie auch die Ursache, einen Trauerzug, der sich gemessenen Schrittes durch das Tor aus der Stadt bewegte. Er bestand aus sechs jungen Männern, die eine Bahre – in weißes Leinen gewickelte Bretter – trugen, auf der ein Mensch lag, kaum älter als sie selbst. Und unmittelbar hinter ihnen ging eine schluchzende Frau, die immer wieder mit der Hand über den Körper des Toten strich.

Unter den Zuschauern war ein Mädchen mit weit aufgerissenen Augen. Jesus kniete sich neben sie und fragte leise: »Wer ist die Frau?«

Das Kind entgegnete flüsternd: »Seine Mama. Der Tote ist ihr Junge, ihr einziger Junge. Und ihr Mann ist auch schon tot.«

»Tut sie dir Leid?«

Die Kleine nickte. »Er war ein lieber Junge. Er hat seine Mama so lieb gehabt.« Ihre Unterlippe zitterte und mit Mühe hielt sie die Tränen zurück: »Ich bin furchtbar traurig.«

»Ich auch«, sagte Jesus.

Gesicht und Wangen der Frau waren von ihren Haaren verhüllt, ihr Umhang war zerrissen. Langsam verebbte ihr verzweifeltes Weinen und Klagen in Schluchzen.

Jesus strich dem kleinen Mädchen tröstend über die Schulter, stand dann auf und ging zu der unglücklichen Witwe.

»Weine nicht«, sagte er und berührte mit der Hand die Bahre und bedeutete so den Trägern anzuhalten.

»Haltet gut fest und wackelt nicht«, sagte er zu ihnen.

Die Unterbrechung brachte den Trauerzug in Unordnung und die Leute reckten die Hälse, um sehen zu können, was da los war. Aber niemand beschwerte sich. Der Mann an der Bahre handelte mit offenkundiger Autorität. Alle Blicke waren nun auf ihn gerichtet.

Jesus beugte sich über das Gesicht des Toten. Einen Augenblick lang musterte er es, dann sagte er: »Junger Mann, ich befehle dir: Steh auf!«

Ein gepresstes Niesen. Dann atmete der tote Junge einmal tief ein, nieste noch einmal und richtete langsam den Oberkörper auf. Die Bahre in den Händen der Träger schwankte und ruckte. Der Junge hielt noch einmal seine Hand vor die Nase und nieste ein drittes Mal.

Den Zuschauern blieb der Mund offen stehen. Die Träger zitterten und ließen beinahe ihre Fracht fallen. Doch der Junge, der gerade noch tot gewesen war, blickte sich fragend um. »Mutter?«, sagte er. »Wo bist du, Mutter?«

Jesus nahm die Hand des Jungen. »Dort«, sagte er und wies in die Richtung, wo die Frau stand, fast unkenntlich vor Kummer und Erstaunen. Dann nahm er auch ihre Hand und sagte dann: »Frau, hier ist dein Sohn.«

Einen Augenblick lang wagte niemand, sich den beiden Menschen, die nun wieder vereint waren, zu nähern. Man flüsterte einander zu: »Gott ist zu seinem Volk gekommen!«

Und Maria Magdalena, die sich zwischen den Jüngern verborgen hielt, dachte im Stillen: *Nun hat sie ihren Sohn zum zweiten Mal bekommen.* Marias Antlitz glühte vor Freude und Bewunderung. *Einmal hat sie ihn selbst bekommen und jetzt hat sie ihn von meinem Lehrer zurückbekommen!*

Jesus blieb noch ein paar Tage in Nain, dann machte er sich wieder auf den Weg nach Jerusalem, um dort das Passafest zu begehen. Ein Gerücht jedoch dringt schneller vor, als ein Mensch gehen kann.

Die Nachricht von seiner Wundertat in Nain verbreitete sich nach Süden, über Judäa und Peräa hinaus, sogar bis zur Festung Machärus, wo Johannes der Täufer eingekerkert war.

Als er von der Auferweckung des Jungen hörte, rief Johannes zwei seiner Jünger zu sich und sagte: »Aber er sollte doch mit Feuer taufen! Ich weiß ganz sicher, dass er den Weizen in seine Scheune bringen und die Spreu in einem unauslöschlichen Feuer verbrennen sollte. Und nun heilt er Kranke und setzt sich sogar an einen Tisch mit Sündern?!«

Johannes der Täufer war nur noch Haut und Knochen. Er steckte in einer winzigen Zelle, wo er nur wenig Wasser bekam. Sonne gab es dort gar keine. Speise und Licht waren ihm vielmehr seine Vorstellungen vom Reich Gottes. Er nährte sich allein von der Vorfreude auf ein Königreich, in dem vollkommene Gerechtigkeit herrschte.

»Geht zu Jesus«, sagte er zu seinen beiden Jüngern. »Fragt ihn, ob er wirklich der Retter ist, der kommen soll, oder ob wir nach einem anderen suchen sollen.«

So schnell sie konnten, liefen Johannes' Männer auf dem Weg, der auf der anderen Seite des Jordan Abila und Ammathus miteinander verband, nach Norden.

Schon am nächsten Tag erblickten sie am Ostufer des Jordan in der Nähe der Jabbokmündung eine große Menschenansammlung. Eine solche Volksmenge an einem unbewohnten Ort konnte nur bedeuten, dass Jesus sich dort aufhielt. Also verließen sie die Straße und stiegen ins Jordantal hinab, wo sie ihn wie erwartet inmitten des Treibens vorfanden – gleich der Nabe eines großen, sich um ihn drehenden Rades. Alle Gesichter, alt wie jung, spiegelten die Sehnsüchte der Menschen und die Hoffnungen, die sie in ihn setzten. Und er war niemals stumm oder abweisend.

Immer wieder fiel ihm das Haar ins Gesicht, wenn er sich vorbeugte und den Menschen die Hand auflegte: Krüppeln, Kindern, Kranken, die nur liegen konnten – und sie alle wurden geheilt. Sein Lächeln strahlte hell wie die Sonne auf dem Wasser eines Sees. Und wenn sich dunkle Wolken auf seiner Stirn zeigten, schwieg die Menge, reglos wie Felder vor dem Unwetter. Mit mächtigen Worten, einem vernichtenden Feuer gleich, trieb er böse Geister aus. Er legte seine Hand über die Augen der Blinden, und wenn er sie dann wieder fortnahm, nahm er auch das Dunkel mit. Ausdruckslose, ziellos umherstreifende Augen konnten plötzlich wieder die Sonne sehen.

Johannes' Jünger bahnten sich einen Weg durch die Menschenmassen, um in seine Rufweite zu gelangen.

»Jesus!«, riefen sie. »Jesus von Nazareth! Johannes der Täufer hat uns gesandt, dir eine Frage zu stellen!«

Jesus hielt inne und suchte in der Menge nach denen, die ihn da angerufen hatten.

»Ihr kommt von Johannes?«, rief er, als er sie gefunden hatte.

»Ja.«

»Ihr wart bei meinem Vetter?« Mit schnellen Schritten und gespannter Miene ging er auf die beiden zu. »Wie geht es ihm?«

»Er ist in Sorge«, erwiderten sie. Sie umarmten Jesus nicht. Stattdessen fragten sie barsch: »Bist du wirklich der Retter, der kommen soll, oder müssen wir nach einem anderen suchen?«

»Das ist es, was Johannes der Täufer wissen will?«

»Ja.«

»Aber zuerst sagt mir: Geht es ihm gut?«

Einer der Männer antwortete: »Er hält sich mit der Hoffnung auf Gerechtigkeit am Leben, zehrt von seiner Erwartung des Reiches Gottes. Johannes geht es so gut, wie es um dieses steht – und es wird ihm nicht besser gehen, wenn er keinen Glauben mehr an dich haben kann. Bist du also der Retter, der kommen soll?«

Die Spannung war aus Jesu Gesicht gewichen. Mit ruhiger und feierlicher Stimme sagte er: »Berichtet Johannes von dem, was ihr hier gesehen habt: Blinde sehen, Lahme gehen, Tote stehen auf und den Armen wird die gute Nachricht verkündet. Bestimmt wird Johannes bei den Propheten von diesen Zeichen gelesen haben. Ganz sicher wird er sie zu deuten wissen.«

In seiner Stimme lag eine gewisse Endgültigkeit und Johannes' Jünger wussten nichts zu entgegnen.

»Geht jetzt«, sagte Jesus, »und sagt meinem Vetter von mir: Selig ist, wer keinen Anstoß an mir nimmt.«

Sobald die beiden Jünger fort waren, wandte Jesus sich mit lauter

Stimme an die versammelten Menschen. »Gebt Acht! Was ich sage, soll kein Vorwurf sein! Erinnert euch stattdessen an das, was ihr gesehen habt, als ihr in die Wüste hinausgegangen seid, um euch von Johannes taufen zu lassen. War das etwa ein Schilfrohr, das jeder Windzug bewegt? Oder ein Mann in vornehmer Kleidung? Nein: Ihr habt einen Propheten gesehen, sogar mehr noch als einen Propheten! Ich sage euch, er ist der, von dem geschrieben steht: *Siehe, ich sende meinen Boten vor dir her, damit er den Weg für dich bahnt.*«

Nur diejenigen, die dicht bei ihm standen, konnten hören, was er sodann mit leiser Stimme hinzufügte: »Unter denen, die von Frauen geboren sind, ist niemand bedeutender als Johannes. Und doch: Die Geringsten im Königreich Gottes sind größer als er.«

Maria Magdalena hörte diesen so schwer verständlichen Satz: *Die Geringsten sind größer als Johannes.* Sie dachte noch oft darüber nach.

Vier Tage später war Maria Magdalena ganz außer sich vor Freude. Entgegen ihrer Gewohnheit eilte sie immer wieder der Jüngerschar voraus. Wenn sie zurückgelaufen kam, versuchte sie ihre Freude zu verbergen – ohne Erfolg. Bei jeder Wegbiegung, bei jeder neuen vor ihnen liegenden Kuppe rannte Maria voraus und hielt Ausschau, ob Jerusalem bereits in Sicht war. Simon hatte ihr von den Mauern und Türmen der Stadt erzählt, und auch vom dortigen Tempel. Sie wollte endlich die hohen Mauern sehen, mit ihren Steinen, deren Weiß – so sagte man – das Auge der Pilger blendete.

Bis sie von ihrer Besessenheit geheilt worden war, war sie nie weiter von ihrer Heimat entfernt gewesen als bis Tiberias, dessen römische Lebensart ihr eher zugesagt hatte. Damals hatte alles Religiöse sie zornig gemacht. Jetzt sog sie es in sich auf.

Zum ersten Mal in ihrem Leben war Maria Magdalena wie ein Kind, das keine Angst hat, vollkommene Freude zu spüren und andere daran teilhaben zu lassen. Heute waren ihre Füße flink, und ihre Beine schienen schnell wie Flügel und leicht wie Federn.

Sie gingen die meiste Zeit bergan, durch wunderschöne Gegenden. Der Frühling hatte die hügelige Landschaft mit zartem Grün bedeckt und es schien, als wären die Falten eines weiten grünen Umhangs auf der Erde ausgebreitet worden – Gottes Umhang. Immer wieder entdeckte Maria einen neuen Grund zu staunen. Seht, die ersten Feigen! Und das gewöhnliche Volk geht seinem Treiben nach, als bedeute es ihm nichts, im Schatten des Erhabenen zu leben!

Und dort lag es! Jerusalem!

Maria verschlug es beinahe den Atem.

Sie näherten sich Jerusalem von Nordosten. Zu ihrer Linken und Rechten lagen die mächtigen Stadtmauern – nicht reinweiß, aber gewaltig! Dort in ihrer Mitte – dort ragte der Turm der Burg Antonia mit seinen Zinnen auf. Und dahinter, obwohl dem Auge noch verborgen – der Tempel!

Jetzt näherten sie sich dem Schaftor. Mittlerweile waren Jesus und seine Jünger von einem Menschenstrom aufgesogen worden, vornehmlich Hirten, die auf dem unmittelbar hinter dem Tor gelegenen Markt ihre Schafe verkaufen wollten – Schafherden für die Pilger und deren Passaopfer.

Kurz vor dem Tor jedoch schlug Jesus eine andere Richtung ein und ging zu einer großen Einfriedung aus Stein. Maria rätselte, was das wohl sein mochte. Die vier ungleichen Seiten bestanden aus Säulenreihen und wunderbaren Balustraden, auf denen ein hüfthohes Geländer ruhte. Von außen sah das Ganze wie ein großer, oben offener Pavillon aus, mit einem gedeckten Portal an jeder Ecke sowie in der Mitte ihrer längsten Seite. Durch letzteres trat nun Jesus. Seine Jünger folgten ihm – Maria als letzte und mit vorsichtigen Schritten, während sie den Blick schweifen ließ.

Aber . . . hinter den Portalen lag ein Bassin! Ein Becken, so groß wie ein See! Mit Treppen, die zum Wasser hinabführten. Maria beugte sich vor und sah, wie die Stufen in der trüben, grünen Tiefe des Wassers verschwanden. Plötzlich wurde sie des beständigen Stöhnens um sie herum gewahr und richtete sich wieder auf.

Überall rings um die Stufen lagen auf ihren Lagern aus Lumpen kranke Menschen: Blinde, Gelähmte, Schwindsüchtige. Dass dieses wundervolle Bauwerk solches Elend beherbergte!

Jesus ging zwischen den Menschen umher. Manche wandten sich nach ihm um, andere streckten ihm bettelnd die Hände entgegen, riefen ihm etwas zu. Er blieb jedoch erst bei einem älteren Mann stehen, dessen Schienbeine spindeldürr und nach hinten gekrümmt waren. Der Mann warf ihm einen gleichgültigen Blick zu und wandte sich dann wieder von ihm ab.

»Willst du geheilt werden?«, fragte Jesus.

»Ha!« Das Lachen des Mannes klang schneidend und boshaft. »Was glaubst du wohl, warum wir alle hier sind?«, höhnte er.

»Willst du geheilt werden?«, fragte Jesus erneut.

»Achtunddreißig Jahre liege ich jetzt an diesem Teich«, fauchte er. Seine Wangen waren eingefallen und voller Falten. »Achtunddreißig Jahre, stets allein und ohne dass mir jemals einer geholfen hätte. Wenn der Engel des Herrn das Wasser in Wallung bringt, damit es seine heilenden Kräfte entfaltet, schleppe ich mich jedesmal dort hin, aber noch immer ist irgendeiner vor mir unten gewesen. Ob ich geheilt werden will! Ha!«

Jesus kniete sich nicht hin, legte dem Mann nicht die Hand auf, rührte sich auch sonst nicht. »Steh auf«, sagte er. »Nimm deine Matte und geh!«

Maria schaute mit jenem mütterlichen Gefühl zu, das sie stets erfüllte, wenn Jesus einen Menschen heilte. Mit gefalteten Händen und strahlendem Gesicht beobachtete sie, wie der Alte die Beine anwinkelte und aufstand. Als nächstes erwartete sie den Freudenschrei zu hören, der so einer Heilung stets folgte, doch vergeblich. Der Mann sah nach unten und trat ein paar Mal fest auf, als wollte er prüfen, ob seine Knochen halten würden. Sein zahnloser Mund mahlte dabei, er brummelte, dass sich sein linkes Bein noch immer steif anfühle.

Jesus war bereits auf dem Weg zum Ausgang. Maria folgte ihm, verwirrt von der Reaktion des Mannes auf seine Heilung.

»Halt! *Halt!*«, schrie es plötzlich hinter ihr. »Was soll das?«
Ein wütender Schrei! Maria zuckte zusammen.
»Mann, das geht nicht! Heute ist Sabbat!«
Sie drückte sich hinter eine der Säulen und schaute zum Teich zurück, wo sie den von Jesus geheilten Krüppel sah, umringt von fünf Männern mit den breiten Gebetsriemen der Pharisäer. Sie zerrten an der zusammengerollten Matte unter seinem Arm, die er mit neu erwachter Kraft umklammerte.
»Sünder!«, schnauzten ihn die Pharisäer an. »Die Mischna verbietet es dir, am Sabbat deine Matte zu tragen.«
»Na«, sagte der entschlossene Alte, »erzählt das lieber dem da! Der hat mir befohlen, sie zu nehmen.«
Alle blickten auf Jesus, der soeben zum Säulengang hinausging.
In Maria verkrampfte sich alles. Die Barmherzigkeit ihres Herrn bedeutete ihr so viel, dass sie einfach angenommen hatte, auch alle anderen würden ihn deswegen ehren und rühmen. Doch was ihm hier von den Pharisäern entgegenschlug, war Hass. »Jesus von Nazareth«, zischten sie mit zusammengekniffenen Lippen. »Wie oft hat er jetzt schon die Sabbatvorschriften übertreten? Man sollte dieses Kalb schlachten, sonst wird es noch zum Stier.«
Schlachten? Hatten sie *schlachten* gesagt? Maria begann zu zittern. Vielleicht hatte sie es ja nicht richtig verstanden. Wer konnte Jesus denn hassen? Bei allen bösen Menschen auf der Erde – warum sollte jemand Jesus hassen? Und was fiel denen ein, von Mord zu sprechen? Und wie leicht folgten den Worten Taten! Hier drohte Gefahr! Maria kannte jene Erregung, die man schon bei dem Gedanken ans Töten verspürte, aus eigener Erfahrung. Dann brachte man alles fertig!
Maria floh von dem Teich und lief, so schnell sie konnte, Jesus nach. Als sie ihn schließlich einholte, ging er gerade durch das Schaftor nach Jerusalem hinein. Sofort begab sie sich an seine Seite, ohne ihn jedoch anzufassen. Dazu hatte sie kein Recht. Dicht hinter ihm ging sie weiter, ihr Gesicht fast an seine Schulter gedrückt. Sie weinte nicht, nein. Aber sie sah auch Jerusalem nicht, als sie das

erste Mal in die Stadt kam – weder die glatten weißen Steine der Mauern noch die goldenen vom Tempel des Herrn.

Nachdem das Passafest vorüber war, wanderte Jesus mit seinen Anhängern wieder nach Norden, wobei sie eine Route durch Samarien einschlugen. Jesus wollte mit der gleichen Leidenschaft zu den Samaritern sprechen, mit der er auch den Juden predigte. Eine Nacht verbrachten sie in Sychar, wo die Bewohner der Stadt die ganze Gruppe fröhlich, gastfreundlich und mit lautstarken Glaubensbekundungen empfing.

Beim Abendessen gab es Fleisch – eine für gewöhnliche Leute und Reisende nicht alltägliche Speise, denn die Menschen taten besser daran ein Schaf zu scheren, als es zu schlachten. Doch die Samariter jener Stadt hatten Jesus bereits fast ein Jahr zuvor kennen gelernt und setzten seither ihr Vertrauen und ihre Hoffnung auf ihn. Sein erneuter Besuch war willkommener Anlass für ein Fest.

Außerdem wohnte hier eine Frau, deren Zuneigung zu Jesus so mitreißend war, dass es niemanden gab, der sich angesichts ihrer Begeisterung dem Lachen und Tanzen hätte entziehen können.

»Du!«, schrie sie, sobald sie ihn auf die Stadt zukommen sah. »*Du* bist es!«, rief sie und lief ihm entgegen.

Sie war ein Mensch von gewaltigen Ausmaßen und unbändiger Energie. Jesus blieb stehen und hob hilflos die Arme. Die Jünger wichen zurück. Mit ihren grün bemalten Augen, dem Rouge auf den Wangen und dem von Henna grell gefärbtem Haar war sie nicht nur ihres Gewichtes wegen ein Ereignis.

»Ju-huu! Lehrer! Herr!« Sie winkte mit hoch erhobenen Armen, lief immer schneller. Jesus stand mittlerweile völlig allein da. Fast sah es so aus, als wollte die Frau den Meister einfach umrennen.

»Oh, Herr, es ist so lange her, dass ich dich das letzte Mal gesehen habe!«

Er kannte die Frau noch vom letzten Jahr. Es hatte viele Gerüchte über sie gegeben, denn sie hatte bereits fünf Ehemänner unter die Erde gebracht. Und niemand wagte es, der sechste zu werden. Der Mann, mit dem sie dann zusammenlebte, hatte sich geweigert sie zu heiraten, weswegen sie von den Bewohnern Sychars geschnitten worden war.

Doch eines Tages war Jesus am Brunnen der Stadt erschienen und hatte trotz allem – ihrer Stammesherkunft, ihres Rufes, ihrer merkwürdigen Erscheinung und ihres grauenvollen Benehmens – so mit ihr geredet, als ob auch sie eine Tochter des Reiches Gottes wäre. Es war dann sie, die in der Stadt lautstark verkündete, wie wundervoll Jesus war. Und sie war es auch, die Menschen zu ihm brachte – durch ihren gewichtigen Sinneswandel, durch ihr grelles grün-rot-orangenes Beispiel: *Kommt her und seht diesen Mann, der alles weiß, was ich getan habe! Ob er wohl der Messias ist?*

Nun lief sie freudestrahlend auf Jesus zu, und vielleicht hatte sie in ihrer überschwänglichen Wiedersehensfreude nicht auf den Weg geachtet und sich mit dem Fuß in einer Wurzel verfangen. Was immer auch der Grund gewesen sein mochte – die Fröhlichkeit wich schlagartig aus ihrem Gesicht. Ihre grün bemalten Augen weiteten sich vor Angst. Die beleibte Frau schien buchstäblich vom Boden abzuheben, wobei sie laut aufschrie: »Herr! Hilfe!«

Mit Schrecken beobachteten die Jünger, was als Nächstes geschah.

Jesus fing die Frau auf.

Oder genauer gesagt: Er fing ihren Sturz ab.

Im allerletzten Moment, als die Frau mit dem Bauch voran auf ihn zuflog, drehte er sich um, beugte sich vor, ließ sie auf seinem Rücken aufprallen, taumelte drei Schritte vor und fiel dann der Länge nach hin.

Die Einwohner Sychars und die Menschen in Jesu Gefolge sahen die beiden einen Augenblick lang regungslos daliegen. Ganz klar – diese Frau hatte die Würde des Meisters verletzt. Aber hatte sie ihm vielleicht auch etliche Knochen gebrochen? Niemand vermochte es zu sagen.

Mit kleinlauter Stimme fragte die Frau nach einigen Schrecksekunden: »Herr? Bist du . . .«

Dort, wo Jesu Mund sein musste, stieg eine kleine Staubwolke auf. Ein kurzes Schnauben, dann wurde noch mehr Staub hervorgeprustet. Es hörte sich an, als ob jemand erstickte. Dann versuchte Jesus sich umzudrehen. Sein Gesicht war staubig und er rang um Atem. Erschreckt machte die Frau Anstalten aufzustehen, da holte Jesus tief Luft und begann laut zu lachen. Tatsächlich – er lachte! Er hatte bereits gelacht, als sein Gesicht im Sand vergraben war! Seine Augen waren geschlossen, Tränen liefen ihm vor Lachen über die Wangen.

Als er sich schließlich vollends umgedreht hatte, schlang er die Arme um seine beleibte Bewunderin und drückte sie an sich, worauf sie erstaunt blinzelte und zu kichern begann.

»Frau, du darfst mich nicht so heftig lieben!«, rief Jesus lachend. »Sonst erdrückst du mich noch mit all deiner Liebe!«

Nun hatten sich auch die Umstehenden von ihrem Schrecken erholt und seine Jünger und die Bewohner Sychars stimmten mit in das fröhliche Gelächter ein.

Und so begann das abendliche Fest mit Tanzen und gutem Essen – auch wenn Jesus betonte, die nahrhafteste Speise für ihn sei, seinem Vater zu gehorchen und sein Werk zu vollenden.

Ich sehe, du bist ein Prophet, hatte die Frau bei ihrer ersten Begegnung gesagt. Und dann hatte sie ihm die Frage gestellt, an der sich ein Großteil der Juden und Samariter entzweite. *Unsere Vorfahren verehrten Gott auf dem Berg Garizim. Dein Volk hingegen behauptet, dass Jerusalem der Ort sei, an dem Gott verehrt werden will.*

Wer hatte nun den rechten Glauben? Menschen töteten und starben wegen dieser Streitfrage. Und nun gab ein Wanderprediger einer bunt bemalten Frau, einer Außenseiterin, die abschließende Antwort:

Frau, hatte Jesus gesagt, die Zeit kommt – sie hat sogar schon begonnen –, da werdet ihr den Vater weder auf diesem Berg hier noch in Jerusalem anbeten. Gott ist Geist, und die ihn anbeten wollen, müssen ihn im Geist und in der Wahrheit anbeten.

Die Frau hatte geschwiegen, und all ihre Kosmetik war plötzlich unwichtig geworden. Die Ehrlichkeit in ihren Augen machte sie schön – eine menschliche Seele, die um Leben bat.

Ich weiß, dass der Messias kommen wird, hatte sie gesagt. *Wenn er kommt, wird er uns alles sehen lassen.*

Und Jesus hatte, ihren Blick fest erwidernd, gesprochen: *Ich bin es; ich, der mit dir spricht.*

Am ersten Sabbat nach seiner Rückkehr nach Kapernaum betrat Jesus die Synagoge, um dort die zu lehren, die gewillt waren ihm zuzuhören.

Maria Magdalena setzte sich zwischen die Frauen, doch ihr Blick ging häufig zu dem blau gesäumten Mantel, den Jesus trug. Sie hatte ihn am Vortag gewaschen, wobei sie eine neue Mixtur verwendet hatte, eine mildere Lauge und eine Flüssigkeit, die man durch die Asche einer weiteren Seifenkrautart hatte hindurchrinnen lassen. Der Stoff des Umhangs war empfindlich und vom zahllosen scharfen Waschen fadenscheinig geworden. Sie wollte ihn schonen – doch nicht auf Kosten der Sauberkeit.

Plötzlich sah Maria einen Mann auf Jesus zugehen. Auch die kleinen Gruppen aus Lehrern und Schülern verstummten, um zuzusehen. An der Länge der Quasten ihrer Gewänder und der Breite der Gebetsriemen erkannte Maria, dass viele der Lehrer Pharisäer waren.

Auch Jesus verstummte.

Er hob seinen Blick und hieß den Mann, der auf ihn zukam, mit den Augen willkommen.

»Ich bin Steinmetz gewesen, Herr«, sagte der Mann. »Ich habe von meiner Hände Arbeit gelebt.«

Der Steinmetz zog die rechte Hand aus seinem Umhang hervor: sie war verkümmert, bis auf die Knochen zusammengeschrumpft, vertrocknet und grau. Jesus betrachtete die Hand, wobei er von allen Anwesenden gemustert wurde.

In der Synagoge ging etwas vor sich, etwas, das Maria nicht verstand. Ihr wurde heiß im Gesicht. Sie hasste diese argwöhnische, lauernde, missbilligende Stille. Worauf warteten alle diese Menschen? Warum waren sie so wütend?

»Jesus«, sagte der Mann, »bitte heile mich, damit ich nicht mehr betteln muss.«

Plötzlich richtete Jesus sich zu voller Größe auf. »Komm her«, sagte er, »hab keine Angst. Stell dich hierher, sodass alle dich sehen.«

Während er zu Jesus ging, entschuldigte sich der Mann leise bei den Anwesenden. Befangen senkte er den Blick. Doch er gehorchte.

Jesus legte dem Mann eine Hand auf die Schulter und sah sich dann in der Synagoge um. »Ich weiß genau, was ihr denkt. Ihr denkt, dass es verboten ist, am Sabbat zu heilen. Ihr wollt wissen, ob ich das Gesetz, brechen werde. Schriftgelehrte, Pharisäer, Gesetzeskundige – ich will euch die Frage einmal anders stellen: Entspricht es dem Gesetz, am Sabbat Gutes zu tun – oder Böses? Darf man einem Menschen das Leben retten oder muss man ihn umkommen lassen?«

Keine Antwort.

Jesus klatschte einmal kurz und energisch in die Hände. Die Synagoge fuhr vor Schreck zusammen. Maria blieb fast das Herz stehen. »So sagt mir«, sagte Jesus laut, »wenn euer einziges Schaf am Sabbat in eine Grube fällt, wer von euch würde es dann nicht herausholen?«

Noch immer antwortete niemand.

»Und meint ihr nicht, dass ein Mensch – sogar im Sinne des Gesetzes – mehr wert ist als ein Schaf?«, rief er mit funkelndem Blick. »Also ist es auch erlaubt, an einem Sabbat Gutes zu tun!«

Jesu Miene verfinsterte sich, die Mundwinkel senkten sich vor Kummer und er schüttelte langsam, sehr langsam den Kopf. »Welche Hartherzigkeit!«, sagte er. »Mein Vater ist am Sabbat am Werk, und auch ich bin es. Die Wahrheit ist: Der Sohn kann nichts von sich aus tun, er handelt nur nach dem Vorbild seines Vaters; denn der Vater liebt seinen Sohn und zeigt ihm alles, was er selbst tut. Er wird ihm noch größere Werke als diese zeigen, damit ihr alle euch wundert.«

Dann fasste Jesus die Schulter des Mannes an seiner Seite fester. »Streck deine Hand aus, Steinmetz«, sagte er.

Der Mann hob seine Rechte und streckte sie so weit aus, wie er nur konnte. Sie öffnete sich und war – gesund.

Statt wieder Platz zu nehmen, verließ Jesus mit entschlossenen Schritten die Synagoge.

Maria jedoch blieb angsterfüllt regungslos sitzen. Ihr Herr schien die Gefahr zu suchen, schien hartherzige Menschen mit Absicht wütend machen zu wollen.

Die Pharisäer. Sie hörte ihr Flüstern sogar jetzt. Sie schloss die Augen und vergrub das Gesicht in ihren Händen, doch das änderte auch nichts: weiter drangen die zornigen Anschuldigungen an ihr Ohr. *Nicht nur, dass er die Sabbatvorschriften übertritt, nein, jetzt stellt sich der Mann sogar noch auf eine Stufe mit Gott!*

Nicht durch den Herrn heilt er, sagten sie. *Jesus von Nazareth steht mit dem Beelzebul im Bunde. Er treibt die bösen Geister durch den Obersten der bösen Geister aus!*

Und: *Wie sollen wir ihn vernichten?*

Doch am gleichen Nachmittag noch sprach Jesus ein Wort, das so gottgefällig und tröstend war, dass Marias Ängste von einer Woge der Dankbarkeit fortgeschwemmt wurden.

Die meisten seiner Jünger waren im Hause von Simons Schwiegermutter versammelt. Einige Pharisäer und Schriftgelehrte waren gekommen, um einen Beweis dafür zu verlangen, dass er tatsächlich zu dem, was er sagte, berufen war.

Jesus sprach: »Es ist eine böse und abtrünnige Generation, die Beweise will. Euch wird kein Zeichen gegeben außer das Zeichen Jonas.« In diesem Augenblick trat Andreas ins Zimmer und versuchte die Aufmerksamkeit seines Herrn auf sich zu lenken.

Jesus bemerkte es und nickte, doch er sprach weiter. »So wie Jona drei Tage und drei Nächte im Bauch des Wales war«, sagte er, »so wird auch der Menschensohn drei Tage und drei Nächte in der Tiefe der Erde verborgen sein.«

Dann wandte er sich Andreas zu: »Ja?«

Andreas versuchte sich einen Weg durch die Menschen zu bahnen, doch Jesus sagte: »Sag das, was du zu sagen hast, von dort, wo du stehst.«

Andreas machte ein unglückliches Gesicht, sprach aber dennoch:

»Deine Mutter ist draußen und bittet dich vors Haus zu kommen, um mit ihr zu sprechen. Deine Brüder sind auch hier.«

Jesus rührte sich nicht. Bedächtig ließ er den Blick über die Anwesenden schweifen, sah jeden einzelnen kurz an.

Die Frage, die er nun an Andreas richtete, galt nicht wirklich ihm. »Wer ist meine Mutter?«

Andreas musste schlucken und runzelte die Stirn.

Erneut fragte Jesus: »Wo sind meine Brüder?«

Andreas zuckte die Achseln.

Maria Magdalena stand plötzlich stockstill und hellwach da. Sie hatte das Gefühl, dass Jesus seine sanften Augen unmittelbar auf sie richtete.

»Hier ist meine Mutter, hier sind meine Brüder, hier ist meine Familie. Hier. Denn wer tut, was mein Vater will, ist meine Schwester, mein Bruder, meine Mutter.«

Ach, sie hätte vor Stolz und Dankbarkeit schier bersten können! Sie nahm nur noch sich selbst und ihren Herrn wahr. Wahrhaftig – Maria aus Magdala hatte ein Familie; dort wo der Herr war, würde sie zu Hause sein, für alle Zeit.

Die Menschen drängten sich auch den Rest jenes Sabbats dicht im Haus. Die Fragen und Anschuldigungen der Pharisäer und Schriftgelehrten waren so fordernd und scharf, dass Jesus bei Einbruch der Nacht vollkommen erschöpft war. Er nahm seine engsten Jünger bei Seite und sagte: »Lasst uns zu den Booten gehen.« Maria sah, dass seine Schultern gebeugt waren, der Rücken gekrümmt. »Wir fahren auf die andere Seite des Sees.«

So gingen im Schutze der Dunkelheit zwanzig Jünger auf verschiedenen Wegen ans Ufer hinab.

Insgesamt drei Boote fuhren auf das Meer von Galiläa hinaus. Maria wartete ab, in welches von ihnen Jesus steigen würde, und zwängte sich dann mit Mühe und Not auch noch hinein. Sie musste in der Mitte des Bootes auf dem Boden kauern.

Auch Jesus ließ sich nieder, legte den Kopf auf ein kleines Kissen und schlief bald ein.

Sie tat es ihm nach und rollte sich zusammen. Sie horchte auf das gleichmäßige Klopfgeräusch der Ruderdollen und das leise Flattern des Segels. Dann schlief auch sie ein und das Dunkel der Nacht legte sich wie eine Decke über sie.

Plötzlich spürte sie einen scharfen Schmerz.

Ein schwerer Fuß trat auf ihre Schulter, riss sie aus dem Schlaf. Keine Entschuldigung. Sie spürte den Schiffsboden unter sich wegsacken. Das Boot ging auf Grund, schlingerte; Gischt wurde trockenem Salz gleich von einem heulenden Wind hereingeweht. Ein Blitz flammte auf. Der Mann, der auf ihre Schulter getreten war, versuchte das Segel einzuholen, doch vergeblich. Neben ihnen krachte ein Donner. Die Männer an den Steuerrudern lehnten sich, um das Boot nicht außer Kontrolle geraten zu lassen, unter Aufbietung aller Kräfte zurück. Der Bug zeigte himmelwärts, nur noch das Heck war im Wasser. Dann prallte eine hohe Welle gegen das Heck, das Boot wurde hochgerissen, schwebte kurz in der Luft, stürzte dann in tiefste Tiefen. Die Wellen schlugen über ihnen zusammen, Wasser stürzte von oben in den Schiffsrumpf, Maria mittendrin. Sie hatte Angst zu ertrinken. Die Wellenberge waren gewaltig. Sie klammerte sich, um Luft zu bekommen, mit beiden Händen an die äußerste Deckplanke; beinahe wäre sie über Bord gerissen worden.

Ein Blitz erhellte die tief hängenden Wolken.

Heisere Männer schrien.

Zwecklos, das Boot ausschöpfen zu wollen.

Das Segel zerriss, die Fetzen krallten sich wie Finger in die Luft.

Und dann rief eine dröhnende Stimme: »Lehrer! Lehrer! Ist dir das alles egal?« Simon! Der Mann, der es nicht schaffte, das Segel zu raffen, war Simon. Jetzt schlang er die Arme um den Mast und stieß sich dann zum Heck hin ab. Seine Stimme war von Angst und Wut erfüllt: »Ist es dir egal, wenn wir hier zugrunde gehen?«

Im Schein der zuckenden Blitze sah Maria, wie Jesus sich aufsetzte. Er hielt sich mit beiden Händen oben an den Seiten des Bootsrumpfes fest, ließ sich von einer Welle tragen, dann von noch einer. Das heftige Auf und Ab des Bootes nicht beachtend stieg er auf die hintere Ruderbank, breitete die Arme aus und rief mit einer Stimme, die lauter als der Sturm und die aufgepeitschten Wellen war: »Sei ruhig!« Sein Körper wirkte klein im Licht der Blitze, von denen die gewalttätige Nacht durchzuckt wurde; dennoch war seine Stimme der Donner selbst: »Sei ruhig!«, befahl er. »Sei still.«

Und der Bootsrumpf seufzte und legte sich auf ruhige See. Die Fetzen des zerrissenen Segels klatschten auf Simons Schultern. Keiner sprach ein Wort. Allumfassende Ruhe sank herab, nur in den Ohren der Jünger toste der Lärm in der ungewohnten Stille weiter. Flache Wellen leckten am Rumpf des Bootes.

Simon stand mit aufgerissenem Mund da, ungläubig staunend; schließlich fragte er leise:

»Wer ist das? Was für ein Mensch ist das wirklich?«

»Wieso hast du Angst?«, fragte Jesus. »Hast du so wenig Vertrauen?«

Maria jedoch war ohne Angst, sie war stark und tapfer; sogar der See war ihr ein Zuhause, denn Jesus war hier.

Am Ostufer des Meeres von Galiläa lebten die Gerasener, ein Volk von Heiden. Als die Jünger ihre Schiffe am folgenden Morgen an einem einsamen Uferstreifen an Land zogen, begegnete ihnen jedoch niemand, denn die nächste Stadt lag um einiges entfernt.

Sie hatten in der Nähe einiger Kalksteinklippen angelegt, deren zerklüftete Wände alles andere als einladend waren. Der Stein wurde zur Gänze von schmalen Pfaden durchschnitten und war von unzähligen Grabhöhlen durchlöchert.

Während die kleine Schar der Juden am Fuße der Klippen saß, um zu frühstücken, drang ein herzzerreißendes Klagen zu ihnen herab, ein zarter, melodischer Laut wie von einer Flöte.

Maria suchte mit Blicken die Felswände über ihrem Haupt ab, konnte aber nichts sehen, vermochte die Quelle des wortlosen Jammers nicht zu entdecken. Doch allein vom Hören wurde sie unsäglich traurig. Das Brot blieb in ihrer Kehle stecken.

Das Klagen wollte nicht enden. Falls auch die anderen Jünger es hörten, so ließen sie es sich nicht anmerken. Maria stand auf und ging am Fuße der Klippen entlang nach Süden. Manchmal wurde der Laut zu einem hohen Wimmern, dann wieder war er ein tiefes Wehklagen. Er ertönte in einem fort, ganz so, als sängen die Gräber selbst.

Weiter im Süden waren die Hänge von Gras bedeckt. Maria sah eine Schweineherde über eine niedrige Kuppe kommen, viele Tiere, gefolgt von den Hirten. Sie lief zu ihnen hin und rief: »Hört ihr? Dort oben auf den Klippen weint jemand!«

Einer der Schweinehirten verschränkte die Hände auf der Spitze seines Stabes, um sie in Ruhe zu mustern.

»Dort hat sich jemand verletzt!«, rief Maria. »Es muss ein Verletzter sein. Wenn ich so weine, dann nur, wenn ich mir fürchterlich wehgetan habe. Hört ihr es nicht auch? Wisst ihr, wer das ist?«

»Lass ihn in Ruhe«, sagte der Schweinhirt und ging wieder zu seiner Herde.

»Was? Ihr wollt ihm nicht helfen?«

Doch der Hirte beachtete sie nicht mehr.

»Ihr wisst, wer das ist, stimmt's?«, schrie Maria.

Unvermittelt nahm der Hirte seinen Stab und richtete dessen Spitze auf sie. »Wer bist du?«, fragte er gebieterisch.

»Ich heiße Maria. Ich komme aus Magdala.«

»Eine Galiläerin.«

»Ja.«

»Eine Jüdin.«

»Ja.«

»Ihr und eure wichtigtuerischen Gesetze! Verachtet uns dafür, dass wir Schweinefleisch essen, und dann mischt ihr euch ungefragt in unser Leben ein. Geh wieder nach Hause. Du weißt ja nicht, wovon du eigentlich redest. Geh wieder dort hin, wo du hergekommen bist.«

Hieeeee! Hieee – das Klagen, hoch und schrecklich, zerschnitt die Morgenluft über den Grabhöhlen. Es drang Maria bis ins Herz. »Wie könnt ihr bloß darüber hinweghören?«, schrie sie.

»Schwachsinnige«, höhnte der Hirt und versetzte einem der Tiere einen Hieb mit seinem Stab. »Dem Mensch gefallen Gräber. Er ist besessen, schlägt sich mit Steinen gegen den Schädel, schlitzt sich sein Fleisch auf. Wenn wir ihn mit Seilen festbinden – er zerreißt sie. Fesseln wir ihn mit Ketten – dann sprengt er die auch!«

»Das macht ihr also mit denen, die von bösen Geistern besessen sind?« Maria war den Tränen nah. »Ihr legt sie in Ketten?«

»Verschwinde! Weg mit dir, du selbstgerechte, leichtfertige Jüdin!«, schrie der Schweinehirt. Dann stieß er ein krächzendes Lachen aus: »Sieh mal!«, rief er und deutete auf etwas. »Dort kommt dein Besessener, der Gegenstand deiner Begierde!«

Maria wandte sich um und erblickte einen splitternackten Mann, der von einem Felsvorsprung zum nächsten sprang, dabei mit Steinen nach den Jüngern unten am Strand warf und immer wieder *Hieeee! Hieee!* schrie.

»Jiiieeeesus!«, kreischte er. »Was willst du von mir, Jesus? Jesus! Jesus, du Sohn des höchsten Gottes!«

Plötzlich war der Wahnsinnige verschwunden. Und ebenso plötzlich tauchte er weiter unten wieder auf. »Jiiieeeesus, bist du gekommen, um mich schon vor der Zeit zu quälen?« Jetzt senkte er den Kopf und raste über die Steine zu Jesus hinab. »Tu mir nichts! Tu mir nichts! Tu mir nichts!«, schrie er dabei.

Auch Maria lief so schnell sie konnte zurück.

Jesus löste sich von der Schar seiner Jünger und ging auf den Mann zu.

Dieser sprang nun aufs flache Ufer, heulte auf und trat wütend Sand nach Jesus.

Jesus rief: »Wie heißt du?« Plötzlich schien es, als hätte der Nackte einen Schlag gegen die Kehle bekommen. Irgendetwas riss ihm die Beine unter dem Leib weg und er fiel auf den Rücken.

Dann wälzte er sich auf den Bauch und antwortete auf allen Vieren kniend mit vielstimmigem Knurren: »Ich heiße Legion. Wir sind nämlich viele!«

»Ah, Legion!« Jesus ging mit großen Schritten auf ihn zu. »Ihr wisst, wer ich bin!«, rief er. »Ich befehle euch: Verlasst diesen Mann!«

»Warte!« Mit wohltönender, flötengleicher Klage jammerte ein Stimmenchor durch den Mund des Nackten: »Jeeesus, wir bitten dich, verbanne uns nicht in den Abgrund! Lass uns in die Schweineherde dort am Berghang fahren.«

Maria hatte sich dicht hinter ihren Herrn geschlichen und hörte, wie er »Los!« murmelte.

Augenblicklich sackte der Mann zu Boden.

Plötzlich kam Bewegung in die Schweine. Sie stießen markerschütternde quiekende Laute aus und stürmten den Hang hinunter. Die Schweinehirten liefen fluchend hinterher, doch es gab nichts, womit sie ihren Herden hätten Einhalt gebieten können. Zweitausend Schweine stürzten wie eine lebende Schlammlawine den Hang hinab, über den Strand in den See, wo sie im Wasser zappelten, gurgelten und ertranken – bis schließlich der ganze See von den treibenden, schlingernden Schweinekadavern bedeckt war.

Der Berghang war nun leer – auch die Hirten waren geflohen.

Maria Magdalena jedoch war bereits zu Simons Boot gegangen, um die herabhängenden Fetzen des Segels abzuschneiden. Sie fand eine Stelle, an der das Wasser nicht von Schweinen verseucht war, griff dann nach ihrem Umhang und lief zurück. Der Mann, der vorher die Klagelaute ausgestoßen hatte, lag nun bewusstlos am Boden.

Mit langsamen, vorsichtigen Bewegungen wusch Maria ihn. Dann verband sie mit den schmaleren Streifen des Segeltuchs seine frischen Wunden, wobei sie immer wieder leise vor sich hin sprach: »Ich weiß, wie du gelitten hast, ich weiß es sehr genau.«

Vorsichtig betastete sie die Muskeln seiner Arme, doch nichts wies auf die Kraft hin, mit der er Fesseln und Ketten gesprengt hatte: Sein dünner Hals bestand nur aus Knorpel und Sehnen, in die Grube an seinem Schlüsselbein hätte ihre ganze Hand hineingepasst.

Zuletzt wickelte Maria ihn in ihren Umhang ein. Jesus hatte das Innere des Wahnsinnigen rein gewaschen. Sie hatte sein Äußeres gereinigt. Dieser geteilte Dienst erfüllte sie mit Freude.

Auch die Jünger schienen ihre neu gewonnene Unabhängigkeit gutzuheißen. »Danke«, sagte Andreas leise zu ihr.

Dann erschienen nach und nach im Süden am Rand des Hanges immer mehr Menschen, Einheimische, Gerasener. Argwöhnisch schlichen sie sich auf Zehenspitzen heran, bereit zur sofortigen Flucht.

Mit offenem Mund starrten sie den See voller ertrunkener

Schweine an. »Seht ihr?«, fragten die Schweinehirten, die die Menschen hierhergeführt hatten. »Glaubt ihr uns jetzt?«

Die Gerasener kletterten den Hang hinab und drängten sich staunend am Ufer: Der Mann, der von bösen Geistern besessen gewesen war, saß bei Jesus, gewaschen, angekleidet und gesund.

»Verschwinde!«, riefen die Schweinehirten aus sicherer Entfernung. »Geh weg, Jude, geh wieder nach Hause. Lass uns jetzt in Frieden!«

Bedächtig stand Jesus auf und schickte sich an, ihnen den Gefallen zu tun.

Zu dem Mann jedoch, den er geheilt hatte, sagte er: »Bleib hier bei diesen Leuten. Sie brauchen dein Wort und dein lebendiges Beispiel. Geh nach Hause und verkünde, was Gott für dich getan hat.«

Als Jesus und seine Jünger über den See zurückfuhren, war der Himmel strahlend blau – der Wind, der ihre Boote nachts zuvor fast zum Sinken gebracht hätte, hatte ihn von Wolken leergefegt.

Jesus nahm wieder seinen Platz im Heck von Simons Boot ein. Er saß, das Gesicht zum Bug gewandt, auf der hinteren Ruderbank, die bloßen Füße vor sich aufs Deck gesetzt, die Ellbogen auf seine Knie gestützt, das Gesicht in den Händen verborgen.

Maria saß ihm zu Füßen auf dem Deck und horchte auf das unruhige Atmen ihres Rabbis. Plötzlich vernahm sie einen Seufzer, so tief, dass sein ganzer Körper erbebte. Sie blickte auf, doch Jesus hatte die Augen geschlossen. Als sein Atem endlich gleichmäßig ging, lehnte Maria sich zurück und schloss ebenfalls die Augen. Ihr Herr schlief und sie war froh darüber.

Die Rückkehr der drei Schiffe war von den Menschen bemerkt worden. Als sie am Seeufer bei Kapernaum landeten, versammelte man sich dort bereits.

Jesus half Andreas und Simon dabei, ihr Boot aufs Ufer zu ziehen. Anschließend verstauten sie die Ruder und die anderen Geräte. Simon hatte gerade die letzten Fetzen des Segels von der Rah seines kurzen Mastes abgeschnitten, während die anderen schon begannen das Bootsinnere zu reinigen, da drängte sich ein kleiner Mann mit rotem Gesicht durch die Menge und warf sich Jesus zu Füßen.

»Herr!«, keuchte er.

»Jaïrus!«, sagte Jesus. »Was gibt es denn?« Der Mann war ihm wohl bekannt. Er hatte Jaïrus oft den Gottesdienst in der Synagoge von Kapernaum leiten sehen.

»Mein Kind liegt im Sterben, Herr!«

»Deine Tochter?«

»Mit jedem Atemzug wird sie schwächer! Sie stirbt in diesem Augenblick! Komm bitte und leg ihr die Hände auf. Bitte!«

»Bring mich zu ihr.«

Jaïrus sprang auf und flehte die Menschen an, beiseite zu gehen – dann lief er mit Jesus und den Jüngern durch die Straßen zur Anhöhe bei der Synagoge hinauf. Der Großteil der Menge strömte hinter ihnen her.

»Schnell, schnell«, jammerte Jaïrus und fuchtelte dabei mit den Armen. »Aus dem Weg! Schnell!«

Unvermittelt blieb Jesus stehen. Jaïrus, der das nicht mitbekommen hatte, drängte weiter; Jesus aber hatte sich der Menschenmenge hinter ihm zugewandt.

»Wer hat mich gerade berührt?«, wollte er wissen.

Simon stieß ein barsches Lachen aus. »Dich berührt?«, rief er. »Dich berührt! Wer hat dich bei dem Gedränge denn *nicht* berührt?«

Jesus nahm von seinem Spott weiter keine Notiz und rief: »Wer hat soeben meine Tunika berührt? Ich habe gespürt, wie Kraft aus mir gewichen ist.«

Jaïrus bemerkte, dass die Menge vollständig zum Stehen gekommen war. Er lief hilflos gegen eine Mauer aus Menschen an. Dann entdeckte er, dass Jesus nicht mehr bei ihm war und die Menge an anderer Stelle ein neues Schauspiel geboten bekam.

Die Menschen hatten sich von Jesus zurückgezogen und einen Halbkreis vor ihm frei gemacht. Dort hockte nun eine ausgezehrte, ängstliche Frau.

»Jesus!«, rief Jaïrus. »Wir haben jetzt keine Zeit! Meine Tochter hat keine Zeit mehr zu verlieren!«

Doch Jesus beachtete ihn nicht. Er hörte der Frau zu, aus der die Worte heraussprudelten, als ob es um ihr Leben ginge:

»Ich habe seit zwölf Jahren Blutungen und nichts hat dem Einhalt gebieten können. Nichts, nicht einmal die Ärzte. Ich habe ihnen mein ganzes Vermögen geopfert, aber sie haben alles nur noch schlimmer gemacht. Aber dann habe ich dich heute Morgen über den See kommen sehen und da habe ich bei mir gedacht: Wenn ich nur den Saum seines Gewandes anfasse, werde ich gesund.«

Unvermittelt hielt sie inne und wich erschreckt vor ihm zurück. Jesus hatte einen Schritt auf sie zugetan und sich dann auf ein Knie sinken lassen.

»Also habe ich deine Tunika berührt, verstehst du . . .«, sagte sie kaum hörbar, mit angsterfülltem Blick. Jesus streckte die Hände nach ihrem Gesicht aus.

». . . und jetzt bin ich gesund. Ich bin gesund. Ich blute nicht mehr.«

Jesus drückte das ausgemergelte Gesicht der Frau an seine Schulter und strich ihr sanft über den Rücken. »Tochter«, sagte er leise, »dein Vertrauen hat dich gesund gemacht. Geh in Frieden.«

Als Jesus sich erhob und zu Jaïrus zurückging, konnte der kleine Mann ihm nicht ins Gesicht sehen. Er versuchte auch nicht länger sich durch die Menge einen Weg zu seinem Haus zu bahnen. Sein Gesicht war weiß, zeigte keinerlei Regung mehr, der Blick war leer.

Der Mann neben ihm, offensichtlich der Überbringer schlechter Neuigkeiten, sagte leise und mit überheblicher Miene zu Jesus: »Vorbei.« Dabei nickte er, als ob er und Jesus vernünftige Männer wären, Jaïrus hingegen ein Kind, das eine starke Hand brauchte.

»Du kannst ruhig wieder deines Weges gehen«, sagte er. »Jaïrus' Tochter ist tot.«

Jaïrus ließ den Blick hilflos suchend umherwandern.

Jesus nahm ihn bei den Schultern und sagte, wobei er den Boten wütend anfunkelte: »Hab keine Angst, Jaïrus. Hast du mich verstanden? Hab einfach Vertrauen. Jetzt ist die richtige Zeit, um Vertrauen zu haben!«

Jesus nahm Jaïrus beim Ellbogen und führte ihn mit langen Schritten zu seinem Haus. Seine Augen blitzten angriffslustig wie Schwerter in der Sonne – auch dann noch, als er beim Näherkommen aus dem Hausinneren heftiges Wehklagen vernahm. Im Hof saßen Frauen, die auf hölzernen Trauerflöten spielten und mit lauter Stimme ihre Klagen anstimmten.

Jaïrus wurde blass und wich zurück.

Jesus zog ihn weiter ins Haus und rief: »Hört mit diesem Lärm auf! Das Kind ist nicht tot – es schläft nur!«

Die Frauen waren Klageweiber und meinten sich auszukennen. Sie wurden schließlich dafür bezahlt zu trauern. Es dauerte einen kurzen Augenblick, bis sie Jesu Worte verarbeitet hatten, dann brachen sie in hämisches Gelächter aus.

Doch Jesu Blick wurde davon nur noch feuriger. Er ließ Jaïrus los, riss sich das lederne Stirnband aus dem Haar und peitschte die Klageweiber damit aus dem Haus. Dann rief er Simon, Johannes und Jakobus zu sich und schloss hinter ihnen die Tür.

Auf einen Schlag war der Ärger aus seinem Blick verschwunden.

»Wo ist das Kind?«, erkundigte er sich.

»Hier entlang«, antwortete seine Mutter und führte sie in das von einer einzelnen Kerze erhellte Hinterzimmer.

Das Mädchen war in saubere Leinentücher gekleidet worden. Die großen Augen waren geschlossen, die Wangen schimmerten alabastern, die Finger waren weiß wie Lilien.

Jesus trat an ihr Lager, nahm ihre Hand und sprach:

»Mädchen, ich sage dir: Steh auf!«

Als würde sie aus dem Schlaf erwachen, öffnete das Kind die Augen, schaute sich um und lächelte.

Jaïrus sank neben ihr auf die Knie und weinte.

»Papa, was ist denn los?«, wollte sie wissen. Sie richtete sich auf und streichelte tröstend seinen Rücken.

Ihre Mutter sagte leise: »Sie ist erst zwölf. Aber sie ist sehr gescheit.«

Simon räusperte sich: »Weißt du, wer der Mann hier ist, Kind? Weißt du, wer dich geheilt hat?«

Jesus sagte zu ihrer Mutter: »Es stimmt, sie ist tatsächlich sehr gescheit. Aber sie ist auch hungrig. Geh und hol dem Kind etwas Gutes zu essen.«

Bald darauf verließ Jesus mit den ihm am nächsten stehenden Jüngern Kapernaum. Etliche Wochen lang reisten sie von einem Dorf zum nächsten, bis zu den zentralen Regionen der Provinz – nach Nazareth.

Unterwegs wurde Jesus immer schweigsamer. Er predigte immer seltener. Sein Blick wurde weniger lebhaft, ernster. Häufig schien er die Gespräche um sich herum nicht wahrzunehmen. Und jedesmal, wenn er sich von den Bewohnern eines Dorfes verabschiedete, schien etwas schwerer auf ihm zu lasten, war seine Stimmung nachdenklicher.

Schließlich nahm er die Jünger in einem einsamen Olivenhain beiseite, ließ sich nieder und schüttete ihnen sein Herz aus.

»Diese Menschen machen mich so traurig«, sagte er. »Sie sind erschöpft und irren umher – wie Schafe ohne Hirte. Sie brauchen die Gegenwart eines Hirten. Ihre Seelen sind reif zur Ernte für den Herrn.«

Jesus blickte jeden einzelnen der Zwölf an, die um ihn herum auf der Erde saßen und seinen Blick erwiderten. »Ich gebe euch Vollmacht, Krankheiten zu heilen und böse Geister auszutreiben. Der Herr der Ernte schickt euch. Ich schicke euch. Ihr sollt zu zweien gehen. Geht zu den verlorenen Schafen Israels und verkündet ihnen, dass das Reich Gottes nah ist. Heilt die Kranken, macht die Aussätzigen rein, treibt die bösen Geister aus. Nehmt nichts mit als euren Wanderstock: kein Brot, keinen Vorratsbeutel, kein Geld im Gürtel. Tragt nur einen Mantel. Geht in Sandalen. Wenn jemand euch aufnimmt, dann bleibt in seinem Haus, bis ihr das Dorf wieder verlasst. Wenn ihr zu einem Dorf kommt, wo man euch nicht anhören will, dann zieht weiter – und wenn ihr geht: Schüttelt den Staub von euren Füßen, damit die Bewohner gewarnt sind.«

Nach einer Pause fuhr Jesus fort: »Simon?«

Der Jünger stand auf. Auch Jesus erhob sich und umarmte ihn dann. Als sie sich wieder voneinander lösten, lächelte Jesus.

»Andreas? Jakobus? Judas? Matthäus?«

Er besiegelte seinen Auftrag, indem er sie nacheinander alle umarmte.

»Es gibt keinen Grund, länger hier zu bleiben. Ihr braucht nichts vorzubereiten oder zu kaufen. Wer euch anhört, soll euch auch zu essen geben. Betet zu eurem Vater im Himmel. Geht.«

Der Befehl war schnell erteilt worden und ebenso schnell sollte er auch ausgeführt werden. In weniger als einer Stunde hatten die Jünger sich zu zweien zusammengetan und gingen hinaus in die Welt.

Sie waren ängstlich – der Wechsel vom Jünger zum Prediger erschien ihnen allzu plötzlich. Wie konnten sie ihrem eigenen Wissen und Können trauen? Nur langsam fanden sie ihre eigene Stimme.

Von Anfang an aber gebrauchten sie die Worte, die auch Jesus gesprochen hatte, und forderten so die Menschen zur Umkehr auf.

Bald schon salbten sie Kranke mit Öl, und wenn diese dann tatsächlich geheilt waren, wurde ihnen ganz schwindlig vor Erregung.

In Nazareth, zu Hause bei Jesu Mutter – in eben jenem Haus, wo ihr Rabbi aufgewachsen war – buk Maria Magdalena einen Korb voll Rosinenkuchen mit Honig. Sie füllte einen Krug mit Sahne und einen Beutel mit reifen Feigen und Granatäpfeln. Dann nahm sie alles und ging einen gewundenen Pfad entlang, den Berg hinauf, bis über der Stadt.

Als sie aufbrach, war es früher Nachmittag. Sie genoss den Wind, der ihr hier oben entgegenwehte. Er kam von dem großen See im Osten her, roch noch immer salzig, gab ihr ein Gefühl von Weite.

Dann erblickte sie vor sich Jesus, der am Rand des Berges auf einem Fels saß und auf die grüne Jesreel-Ebene hinaussah, den Rücken ihr zugewandt. Maria blieb stehen.

Sie hatte eine Neuigkeit für ihn, die nur sehr schwer mitzuteilen und schwerer noch anzuhören war. Sie bedauerte in diesem Augenblick, dass sie immer so nachdenklich, immer ernst aussah. Sie wünschte, es läge in ihrer Natur, mühelos lächeln, fröhlich plaudern zu können.

Nun, sie hatte immerhin die Sahne und die Granatäpfel.

Jesus löste seinen Blick und wandte den Kopf nach links. »Rosinenkuchen, Rabbuni«, sagte Maria leise. »Ein kleines Mittagsmahl, während du hier so sitzt.«

Jesus drehte sich um und lächelte. Schnell ging sie auf ihn zu, das Gesicht vor Erregung gerötet; dann hob sie den Blick und sah den steilen Hang, sah, wie tief das Tal unter ihnen lag. Plötzlich zitterten ihre Knie und sie stürzte.

Doch Jesus fing sie am Ellbogen auf und Maria konnte gerade noch den Korb festhalten. Ein vereinzelter Granatapfel rollte über den Abgrund und wurde von der blauen Luft verschluckt.

»Du meine Güte!«, keuchte sie leise, wobei sie zurückwich, ohne allerdings den Blick vom Tal abzuwenden.

»Setz dich«, sagte Jesus.

Verlegen sagte Maria: »Ich wollte dich nicht behelligen, Rabbuni.«

»Nun setz dich«, wiederholte er. Er hielt sie immer noch am Ellbogen gefasst und führte sie nun zu dem Stein, an dem er zuvor gesessen hatte. »Setz dich mit dem Rücken zu den Felsen – dann ist das Gefühl, in den Abgrund stürzen zu müssen, schwächer. Hast du auch Essen für dich mitgebracht? Oh ja, ich sehe schon, es reicht genau für zwei.«

Er griff nach dem gefüllten Korb, nahm einen Rosinenkuchen heraus und reichte ihn ihr. »Maria aus Magdala«, fragte er mit einem förmlichen Kopfnicken, »würdest du mit mir essen?«

Maria nahm den Kuchen und biss zaghaft hinein. Sie wünschte sich, ihr Gesicht wäre rund und fröhlich – aber sie wusste, dass es stets einen sehnsüchtigen, schwermütigen Ausdruck trug.

Jesus nahm einen weiteren Kuchen, seufzte und fing an zu essen – wobei er den Blick wieder übers Tal hinschweifen ließ.

»Ah! Mit Honig gebacken«, sagte er. »Wie schön. Wie schön dieser Nachmittag jetzt doch geworden ist.«

Er warf Maria einen Blick zu: »Als Junge habe ich mich immer hier versteckt – wo ich eigentlich von allen hätte gesehen werden können – und die Beine hoch über der Welt baumeln lassen. Es ist wirklich eine Karte von der Welt unseres Volkes. Sieh einmal dort.«

Jesus hob seine Linke und wies hinüber zu dem riesigen Flickenteppich aus Feldern, Obstgärten und Weinbergen an den östlichen Ausläufern des Tales.

»Vor zwölf Jahrhunderten kämpfte genau dort die Prophetin Debora, Gottes Richterin, gegen König Jabin und die Kanaaniter. Jabin kam mit einem Heer aus eisernen Streitwagen in dieses Tal geritten. Aber die Erde bebte und vom Himmel stürzten Wasserfluten nieder! Die Wolken gossen ihren Regen aus. Der Kischon wurde zu einem reißenden Strom. Gott ließ Jabins Streitwagen im Schlamm stecken bleiben, und Deboras nur leicht bewaffnete Soldaten errangen einen schnellen Sieg.« Jesus wandte sich wieder um und lächelte. »Meine Mutter liebt diese Geschichte über alles. Immer wieder hat sie sie mir erzählt, genau dort, wo du jetzt sitzt.«

»Danke«, sagte Maria leise.

Jesus runzelte die Stirn. »Danke wofür?«, wollte er wissen.

»Nun ja, es ist dein Versteck«, flüsterte Maria, »und jetzt darf auch ich hier sitzen.«

»O ja, das darfst du, Maria! Das blasse Mädchen aus Magdala lässt die Beine hoch über der Welt baumeln.« Er lächelte erneut. Dann zeigte er mit der Hand auf einen entfernten Punkt im äußersten Südosten.

»Dort hinten«, sagte er. »Siehst du die Bergkette dort am Rand des Tales?«

Sie nickte und er fuhr fort: »Früher nannte man sie das Gilboa-Gebirge. Vor einem Jahrtausend sind dort König Saul und sein Sohn Jonatan in der Schlacht getötet worden. Und dann beweinte König David ihren Tod. Ihrer beider Tod, den seines Bruders und den seines Feindes.«

Jesus holte eine Feige aus dem Beutel, der neben ihren Knien lag. »*Saul und Jonatan*«, murmelte er, »*geliebt und hold, schneller als Adler, stärker als Löwen.* Das sang David in seiner Trauer.«

Jesus biss in die Feige.

»Rabbuni?«, fragte Maria.

»Ja?«

»Du bist ein guter Mensch.«

»Nun, mag sein. Aber niemand ist so gut wie Gott.«

»Du tust Gutes. Jedem, der zu dir kommt. Ich habe dich nie etwas Schlechtes tun sehen.« Sie hielt inne. Die nächste Frage war bedrückend: »Warum aber sind dann so viele Menschen böse auf dich?«

»Die Feigen sind köstlich«, sagte Jesus, »aber deine Rosinenkuchen schmecken mir noch besser, wegen des Honigs.«

Er kaute bedächtig, mit mahlenden Kiefern. Maria konnte hören, wie die winzigen Feigensamen zwischen seinen Zähnen knackten.

»Gott lässt etwas Neues geschehen«, sprach er. »Es ist die Veränderung, vor der die Menschen Angst haben. Der alte Bund ist vorüber, es kommt ein neuer. Doch neuer Wein gehört in neue Schläuche. Alte Schläuche würden platzen von dem neuen Wein, der noch gärt – und dann wäre aller Wein verloren. Die alten Gebräuche können das, was der Vater durch mich geschehen lässt, nicht fassen. Sogar die Sabbatvorschriften müssen sich ändern.«
»Bist du traurig, wenn die Menschen böse auf dich werden?«
»Traurig – ja.«
Maria sah ihn voller Mitgefühl an.
»Aber ich muss das tun, was ich meinen Vater tun sehe. Der Vater liebt den Sohn und zeigt ihm alles, was er selbst tut – und noch größere Werke wird er ihm zeigen, sodass ihr staunen werdet.«
»Größere Werke, Rabbuni?«, fragte Maria. »Oh, mir genügt es völlig, dir Rosinenkuchen zu backen, damit du etwas Gutes zu essen bekommst.«
Jesus blickte immer noch aufs Tal hinaus. Sein Blick war verträumt, seine Worte waren von ernster Förmlichkeit. »Die Stunde ist nah«, sprach er, »in der die Toten die Stimme des Sohnes Gottes hören werden, und wer sie vernimmt, wird leben. Sogar die, die in den Gräbern liegen, werden herauskommen.«
Maria senkte den Blick und starrte auf ihre Handflächen; sie waren so bleich, dass sie ihre blauen Adern erkennen konnte.
»Warum«, fragte sie leise und bang, »warum hast du mich geheilt? Ich habe dich nicht darum gebeten und du hast es dennoch getan.«
Jesus sah sie weder an noch gab er ihr Antwort.
Das ängstigte Maria. Vor drei Wochen noch hätte es sie auch verstummen lassen, doch sie war jetzt selbstbewusster geworden – der Augenblick unerwarteter Vertrautheit verlieh ihr einen gewissen Mut.
Deshalb sagte sie nun: »Die Gerasener haben mir erzählt, was sie mit Menschen anstellen, die von bösen Geistern besessen sind. Sie legen sie in Eisen, binden sie mit Fesseln und Ketten. Aber ich habe den Mann, den Besessenen, zwischen den Gräbern klagen gehört;

ich weiß genau, was in ihm vorging. Er verachtete sich selbst! Wegen der Dämonen in seinem Inneren hasste dieser Mann alles und jeden und verachtete sich selbst dafür. Eine schreckliche Einsamkeit! Oh, ja, ich kenne sie. Und wie ich sie kenne! Und von allen Menschen dieser Erde richtet sich dieser Hass am meisten gegen dich, Jesus. Doch du hast diesen Menschen geheilt. Warum?«

Jesus blickte weiter unverwandt in die Ferne.

»Hast du ihm geholfen, weil er dir Leid tat?«

Dann setzte sie hinzu: »Hast du ihn geheilt, weil es das ist, was du tun sollst?«

Arme Maria! Mutig oder nicht – ihr Herz raste bei solchen Fragen. »Hast du die bösen Geister aus ihm vertrieben, weil du ihn liebtest?«, fragte sie weiter. »Hast du ihn geliebt, Rabbuni? Kann es sein, dass du ihn geliebt hast?«

»Alles, was ich tue«, antwortete er nun mit leiser Stimme, »alle die Heilungen und Wunder – sie sind Zeichen, die auf die Tat weisen, die zu vollenden mein Vater mich in die Welt gesandt hat. Ja, das ist Liebe, Maria. Gott liebt die Welt.«

»Ich hätte dich am liebsten umgebracht«, sagte Maria kaum vernehmbar.

Jesus regte sich nicht, blickte nicht zu ihr hin.

Maria zitterte am ganzen Leib und ihre Finger waren wie aus Eis.

»Als ich dich am Ende der Straße stehen und mich anblicken sah, verspürte ich ein heftiges Verlangen, dich zu töten. Ein wunderbares Gefühl. Und wie habe ich mich dafür gehasst. Ach, Rabbuni, ich war von Hass und Leid erfüllt. Als meine Mutter starb, habe ich *gelacht*! Ich habe dieses Lachen verabscheut, aber ich habe gelacht! Als mein Vater starb, bin ich mit lautem Gelächter aus der Stadt gerannt. Bis nach Tiberias bin ich gerannt, habe die Römer dort mit mir lachen lassen. Ich war ausgelassen, habe Tag und Nacht mit gedankenlosem Gelächter verbracht. Und dann sah ich dich am Ende der Straße stehen, deine Augen wie stille Sonnen – und du hast nicht gelacht. Du warst ein kalter, unbestechlicher Richter, der die Dämonen in mir wie die Saiten einer Laute erzittern ließ.«

Maria hielt inne um tief Luft zu holen. Sie hatte die Geschichte bisher niemandem erzählt, hatte ihre Gefühle nicht einmal vor sich selbst zugegeben!

Langsam beruhigte sich ihr Atem und sie fuhr fort: »In jenem Augenblick hatte ich das Gefühl, als ob eine Flamme aus deinem Mund fahren würde und die Dämonen in mir versengte, bis sie endlich flohen. Die Hassgefühle, das Lachen, die Mordgelüste, der Ekel – sie alle fuhren aus mir heraus; ich sank in mich zusammen, wurde zu schwach zum Gehen. Doch du hast mein Gesicht berührt und ich bin aufgestanden und dir gefolgt; du hast mich nicht zurückgewiesen und das hat mich seitdem immer wieder getröstet. Es hat mir wirklich völlig genügt.

Manchmal nur frage ich mich, warum du das getan hast. Gibt es einen Grund, warum du jene Frau in Tiberias geheilt hast?«

Maria hielt den Atem an und es entstand eine lange Pause. Sie hatte nicht die leiseste Ahnung, wie Jesus auf ihre Fragen reagieren würde.

Schließlich sagte er: »Reichst du mir bitte mal den Krug mit der Sahne? Ich würde die Rosinenkuchen gerne mit einem Schluck Sahne hinunterspülen.«

Doch Maria saß da wie gelähmt, konnte sich nicht bewegen, so sehr schämte sie sich. *Oh, Maria, wieso nur kannst du nicht den Mund halten?*

Jesus griff selbst nach dem Krug. Maria hielt den Kopf gesenkt, die Schultern gebeugt.

»Warum hast du die Kuchen hier gebacken?«, wollte er wissen. »Hast du einen Grund zum Feiern?«

Ich bin doch ein Teil seiner Familie, dachte Maria. *Er hat gesagt, ich würde zu seinen Schwestern und Brüdern gehören, und mich dabei angeblickt.*

Jesus stieß sie am Ellbogen. »Möchtest du auch von der Sahne?«, fragte er.

Sie schüttelte den Kopf.

»Der Honig ist teuer«, bemerkte er. »Und ich kenne dich, Maria:

Du bist ein sparsamer Mensch. Wieso hast du für mich Honig hier heraufgebracht?«

Oh, Herr! Oh, mein Gott – die schlechte Nachricht! Maria hatte den wirklichen Grund für ihr Kommen völlig vergessen! *Vergib mir! Vergib mir!*

Doch sie brachte es nicht fertig ihn anzublicken. Sie fühlte sich viel zu unbedeutend, um Überbringerin einer solchen Nachricht zu sein.

»Johannes«, sagte sie leise und es schien ihr, als würde sie von der Last ihrer Worte fast erdrückt. »Seine Jünger sind heute Morgen nach Nazareth gekommen und haben uns mitgeteilt: Johannes der Täufer ist tot.«

Das war die Nachricht. Nun war es gesagt. Doch Jesus schwieg.

Maria füllte die Leere, indem sie weiterredete.

»Herodes Antipas hat ein Festmahl abgehalten. Die Tochter seiner Frau hat vor den Gästen getanzt. Das gefiel denen so gut, dass er schwor, ihr alles zu geben, was sie sich von ihm wünschte. Sie ging zu ihrer Mutter und die sagte zu ihr: ›Bitte darum, dass dir der Kopf von Johannes dem Täufer auf einem Teller überreicht wird.‹ Die Mutter hasste Johannes, weil er sie und Herodes Antipas des Ehebruchs bezichtigt und sie in aller Öffentlichkeit als Sünder gebrandmarkt hatte.«

All die zurückgehaltenen Gefühle, die sich in Maria angestaut hatten, drängten jetzt in ihr hoch – sie schluchzte.

»Das Mädchen tat, was ihre Mutter gesagt hatte«, fuhr sie fort. »Sie bat darum, den Kopf von Johannes auf einem Teller überreicht zu bekommen. Herodes Antipas wurde traurig. Aber da er seinen Schwur vor allen Gästen geleistet hatte, durfte er ihr die Bitte nicht abschlagen. Also schickte er einen Soldaten der Wache zum Gefängnis, wo man ihn dann enthauptet hat –«

»Ahhh!« Jesus stieß einen Schrei aus, der so durchdringend war, dass Maria aufblickte. Ihr Herr hatte die Arme um den Leib geschlungen und wiegte sich vor und zurück.

Marias Tränen flossen nun in Strömen. »Der Soldat kehrte mit

Johannes' Kopf auf einem Teller zum Fest zurück und händigte ihn Herodes aus. Herodes überreichte ihn dem Mädchen und das Mädchen gab ihn dann seiner Mutter.«

»*Ach, mein Vetter! Mein Vetter!*«, klagte Jesus. Seine Brust hob und senkte sich, den Kopf hatte er in den Nacken gelegt und so saß er mit geschlossenen Augen da, das Gesicht vor Schmerz verzerrt. »Oh, Johannes! Mein geliebter Täufer!«

Jesus beugte sich nach vorne und legte sich dann auf die Seite, sodass sein Kopf in Marias Schoß lag. »Frau«, bat er leise, »würdest du mich bitte eine Weile im Arm halten?«

Maria hob die Hände über das Gesicht ihres Herrn, berührte es aber nicht, sondern breitete sie nur darüber aus, so als wollte sie ihn segnen. Dann flüsterte sie: »Ja. Ja.«

Dann senkte sie ihre Hände und strich Jesus sacht über die Haare.

»Rabbuni, Rabbuni«, flüsterte sie immer wieder, bis es schließlich Abend geworden war und sie an seinem regelmäßigen Atem hörte, dass ihr Herr eingeschlafen war.

Und noch immer flüsterte sie: »Rabbuni.«

35

Simon Petrus

Ich hatte ja keinen Schimmer. Wie sollte ich auch? Jene Tage waren heiter, ungezwungen, voller Verheißung. Wir waren eine fröhliche Gesellschaft – und eine erfolgreiche noch dazu. Jesus schickte uns zwölf jeweils zu zweit los, um zu predigen und zu heilen, und wir waren stolz und aufgeregt, weil er ein solches Vertrauen in uns setzte und uns so viel Vollmacht gab. Freudestrahlend kehrten wir zurück, riefen *Herr!* und klatschten dabei in die Hände: *Herr, sogar die bösen Geister gehorchen uns, wenn wir sie in deinem Namen bedroht haben!*

Wir nannten ihn »Herr«.

Und dann sagte er etwas, das ich erst gar nicht verstanden habe: Wir hatten »böse Geister« gesagt – er aber sagte »Satan«. Er sagte: *Ich habe den Satan wie einen Blitz vom Himmel fallen sehen.*

Welche Kraft! Was für ein Mensch! Stark, standhaft, klug und ... stark. Damals war mir fast schwindelig vor lauter Fröhlichkeit. Ich hatte ja keine Ahnung, was kommen würde.

Er hat es uns erzählt, hat es ausgesprochen, sogar einige Male wiederholt, mit immer neuen Einzelheiten. *Das,* sagte er, *werden sie mir antun.* Und zwar *dort,* und bezeichnete den genauen Ort. *Drei Tage lang.* Er sagte, es würde drei Tage lang dauern.

Und trotzdem habe ich es nicht begriffen. Vielleicht war ich halsstarrig.

Vielleicht *wollte* ich es aber auch einfach nicht begreifen.

Jesus schien sich über Nacht verändert zu haben. Er hatte immer viel gelacht, war nie angespannt gewesen; er hatte einen federnden, ruhigen Gang gehabt, und er war immer ein guter Zuhörer gewesen. Wie oft hatten wir nach der Abendmahlzeit viel und laut durcheinander geredet, und er hatte sich zurückgelehnt und zugehört, den Blick dabei interessiert hin und her huschen lassen, von einem zum anderen.

Als wir zwölf jedoch von unserer Mission zurückkehrten, sahen wir, wie angespannt sein Gesicht geworden war. Er war unruhig und wollte nie länger an einem Ort bleiben.

Es herrschte ein solches Kommen und Gehen, dass wir kaum Zeit fanden, etwas zu essen.

Jesus behauptete, wir sähen müde aus von unserer Predigtreise. Jedenfalls nannte er das als Grund, als er bat: »Lasst uns irgendwo hinsegeln, wo wir ungestört sein können. Ihr braucht dringend ein wenig Ruhe.«

So angespannt hatten wir ihn noch nie gesehen. Er hatte keine Freude mehr daran, sich zurückzulehnen und uns einfach nur zuzuhören. Stattdessen schien er abwesend, grüblerisch. Offensichtlich hatte er etwas auf dem Herzen.

Also stiegen wir in unsere Boote und fuhren am Nordufer des »Sees von Galiläa« entlang nach Osten. Mein Boot war das erste. Jesus schlief nicht, er saß einfach nur mit gesenktem Kopf da. Aber ich sah zum Ufer hinüber und dort stand ein Rudel von Menschen, die uns an Land gefolgt waren. Immer mehr Einwohner der umliegenden Dörfer gesellten sich hinzu. Ich machte eine entsprechende Bemerkung und Jesus blickte hoch. Eine Zeit lang schwieg er und schien nur das eine zu sehen: diese Plage, die Geier, die ohne jegliche Rücksicht über ihn herfallen würden.

Dann zeigte er auf eine schmale, von Wiesen umgebene Bucht: »Fahr dorthin.«

Aber genau dort sammelte sich gerade die Meute. Die Menschen strömten auf die Wiesen, drängten zum Wasser.

»Dahin?«, fragte ich ihn. »Du glaubst, *da* sind wir ungestört?« Die Leute standen dicht gedrängt am Ufer.

»Dorthin«, sagte er. Ich hielt den Mund und steuerte das Boot Richtung Ufer. »Gott sei ihnen gnädig«, flüsterte er. Ich kannte diesen Tonfall genau und wusste, was er dachte. »Gott sei ihnen gnädig. Sie sind wie Schafe, die keinen Hirten haben.«

Aber es war anders als sonst. Jesus war nicht mehr fröhlich. Selbst dann noch, als er begann, all die Menschen zu unterweisen, war seine Miene finster, sein Blick angespannt.

Ich entsinne mich, dass er sie darum bat, stets zu beten und niemals den Mut zu verlieren. Und er erzählte ihnen Gleichnisse: *In einer Stadt lebte ein Richter, der Gott nicht fürchtete und die Menschen verachtete. Und in derselben Stadt lebte auch eine Witwe, die immer wieder zu ihm gelaufen kam und ihn bat:* »*Verhilf mir zu meinem Recht gegen meinen Feind.*« *Aber der Richter wollte davon nichts wissen. Doch schließlich war er so verärgert darüber, dass sie ständig zu ihm gelaufen kam, dass er sagte:* »*Ich werde ihr Recht verschaffen, sonst finde ich keine Ruhe!*«

Und dann erklärte der Herr den Menschen seine Gleichnisse, um sicher zu gehen, dass sie alles verstanden: *Genau so wird Gott denen, die ihn Tag und Nacht anflehen, zu ihrem Recht verhelfen!*

Er erzählte ihnen auch eine Geschichte über Menschen, die nur auf sich selbst halten und andere verachten: *Zwei Männer gingen in den Tempel um zu beten, der eine ein Pharisäer, der andere ein Zolleinnehmer. Der Pharisäer stellte sich hin und betete leise für sich:* »*Ich danke dir, Gott, dass ich nicht bin wie die anderen, kein Wucherer, Ungerechter, Ehebrecher – oder gar wie der Zolleinnehmer dort. Ich faste zweimal die Woche und gebe den zehnten Teil von meinem gesamten Einkommen.*« *Doch der Zolleinnehmer, der ganz hinten stand, traute sich nicht einmal aufzublicken. Er schlug sich an die Brust und sagte:* »*Gott sei mir gnädig, ich bin ein Sünder.*«

Die Menschenschafe hörten aufmerksam zu und nickten, doch

der Herr runzelte die Stirn und erklärte es lieber noch einmal: *Ich sage euch, der zweite Mann kehrte als Gerechter nach Hause zurück, der andere nicht. Denn wer sich selbst erhöht, der wird erniedrigt; aber wer sich erniedrigt, der wird erhöht werden.*

Den ganzen Nachmittag lang redete er so zu ihnen, nüchtern, flehend – beinahe so, als wären seine Augen Arme, die sich jeden einzelnen aus der Menge herausgriffen.

Es wurde Abend, aber Jesus machte keine Anstalten aufzuhören. Wisst ihr, so war es oft – er vergaß dann die ganz alltäglichen Dinge des Lebens. Also musste ich zu ihm gehen und ihn wieder daran erinnern.

Ich hockte mich vor ihn hin, den Rücken der Menge zugewandt, und sagte leise: »Weißt du, wie spät es ist, Herr? Die Menschen sind hungrig. Es wird nicht mehr lange dauern, und sie werden auch frieren und müde werden. Schick sie in die umliegenden Dörfer, damit sie dort essen und schlafen können.« Gesunder Menschenverstand. Grundbedürfnisse am Ende eines Tages.

Doch der Herr richtete seinen durchdringenden Blick auf mich und sagte: »Nein, sie brauchen nicht zu gehen.«

Es war höchste Zeit für das Abendessen und er meinte, sie müssten nicht gehen. Und dann sagte er zu mir: »Du wirst ihnen zu essen geben.«

Ich? Ich sollte ihnen zu essen geben?

Jesu Miene war undurchdringlich, kein Zwinkern, kein Lachen. Ich versuchte es mit einem Witz: »Ich soll wohl meine unermesslichen Schatztruhen aufbrechen und für zweihundert Tagelöhne Verpflegung kaufen...«

»Simon.« Er unterbrach mich ohne den geringsten Anflug eines Lächelns. »Wie groß *sind* unsere Vorräte?«

Woher sollte ich das denn wissen? Und was spielte es überhaupt für eine Rolle?

Aber mein beflissener Bruder drängte sich zwischen uns und sagte: »Hier ist ein Junge, der fünf Gerstenbrote und zwei Fische bei sich hat.«

Jesus starrte mich an, als wäre *ich* derjenige, der die Verantwortung trug, und sagte: »Bitte die Leute, sich ins Gras zu setzen, und dann bring mir, was wir haben.«

Also befahl ich ihnen sich zu setzen, und sie setzten sich. Schafe. Eine große, blökende Schafherde, verteilt über die ganze Wiese. Fünftausend Männer, dazu noch Frauen und Kinder!

Jesus aber stand allein am Seeufer. Er nahm die Brote und die Fische, blickte zum Himmel hinauf und segnete sie; dann brach er die Brote in Stücke und gab sie uns, seinen Jüngern, damit wir sie an die Menge verteilten. Genau das taten wir auch. Und was soll ich sagen: Als wir zu ihm zurückkamen, gab er uns noch mehr! Wir teilten so lange Brot und Fische aus, bis alle satt waren. Es war umwerfend! Wenn nicht alle anderen so ernst und feierlich gewesen wären, hätte ich laut losgelacht.

Er hatte Recht gehabt! Und ich hatte mich gründlich geirrt. Entgegen allem gesunden Menschenverstand und jeglichen Tatsachen konnte unser Herr ganze Volksstämme sättigen und hinterher immer noch genügend für seine engsten Vertrauten übrig behalten.

Ich wäre vor Stolz fast geplatzt, als wir hinterher noch einmal durch die Menge gingen und die Reste einsammelten. Zwölf Körbe füllten wir noch damit!

Ich ging zu Jesus, um ihm einzugestehen, wie dumm ich doch gewesen war, und wohl auch, um ihm für das getane Wunder auf die Schulter zu klopfen, aber dann ließ ich es lieber. Trotz des Dämmerlichts konnte ich erkennen, dass sich in seinem Blick keinerlei Siegesfreude oder Fröhlichkeit spiegelte, aber auch nicht Ruhe. Seine Lippen waren geschürzt: Er grübelte. Doch er sah mich auf ihn zukommen.

»Simon, sag den Jüngern, dass sie wieder in ihre Boote gehen und zurückfahren sollen. Ich werde die Menschen hier allein verabschieden.« Einen Augenblick lang entspannte sich sein Gesicht und er berührte kurz meine Wange mit seiner Hand. »Ich will in die Berge gehen, um zu beten. Allein.«

Wenn der Herr mich so ansieht, bringt mich das immer völlig durcheinander. Ich werde rot und bringe kein Wort mehr heraus.

Also ließen wir ihn am Ufer zurück und fuhren wieder aufs dunkle Wasser hinaus.

Maria Magdalena sitzt am liebsten genau in der Mitte des Bootes und damit im Weg, wenn ich das Segel hisse oder reffe; außerdem sitzt sie immer auf den Planken, nie auf einer Ruderbank. Ich hab ihr schon tausendmal gesagt, sie soll sich dorthin setzen, wo sie hingehört – aber sie antwortet mir gar nicht und rührt sich auch nicht vom Fleck. Sie ist schon ein seltsames Mädchen. Wie soll man gegen Schweigen und Mitleid erregende Augen ankommen? Ich geb's auf. Aber manchmal trete ich auf sie und frage mich, ob ihr das eigentlich nicht wehtut. Sie sagt jedenfalls nichts.

In jener Nacht musste ich das Segel ganz einholen. Der Wind stand ungünstig und die Wellen schlugen immer höher, sodass wir nicht kreuzen konnten. Wir mussten rudern, was kräftezehrend und zermürbend war – umso mehr, als Maria wie ein Häufchen Elend zwischen unseren Füßen kauerte.

Für die Strecke, die wir am Tag in zwei Stunden geschafft hatten, bräuchten wir nun fast die ganze Nacht. Jede einzelne Faser im Körper schmerzte. Das Boot wurde hochgehoben, die Ruderblätter tauchten nicht mehr ins Wasser: zwecklos!

Und dann schrie Andreas plötzlich, den Sturm übertönend: »Seht!«

Ich blickte nach Steuerbord und stieß einen Schrei aus. Irgendetwas war dort auf dem schwarzen Wasser, näherte sich uns – eine menschliche Gestalt, eine Erscheinung. Mir standen die Haare zu Berge.

Doch dann sprach die gespensterhafte Gestalt.

Sie sagte: »Nein, fürchtet euch nicht! *Ich* bin's!«

Es war Jesus! Und er kam über die Wellen auf uns zu gelaufen.

Ich war so erleichtert, dass ich laut loslachte – nicht nur, dass der Herr doch noch gekommen war, sondern auch mit welchem Auftritt!

»Herr? Bist du das?«, rief ich. »Kann ich das wohl auch? Lass mich auf dem Wasser zu dir kommen!«

»Komm«, sagte er.

Ich stand auf, stellte den linken Fuß auf die oberste Bootsplanke, hob den rechten hinüber und setzte ihn auf das Wasser. Die Wasseroberfläche war glatt und glänzend – ja! Aber sie trug mich.

Es ging! Ich hätte am liebsten den Kopf in den Nacken geworfen und lauthals geschrien vor Freude. Aber dann wurde Jesus von einer Welle hochgerissen und ich – der See, das Wasser, mein Körper – sackte in ein tiefes Wellental; das Herz schlug mir bis zum Hals hinauf und ich spürte, wie meine Füße vom Wasser verschluckt wurden. Ich stieß einen schrillen Schrei aus: »Hilf mir, Herr!«

Jesus war augenblicklich bei mir. Er streckte die Hand aus, nahm meinen Arm und sagte: »Oh, Simon, so wenig Glaube! Warum zweifelst du?«

Nachdem er mir ins Boot geholfen hatte und selbst ins Heck gestiegen war, legte der Sturm sich völlig. Ich zitterte am ganzen Körper, war völlig durchfroren. Dann spürte ich eine schlanke Hand auf meinem Knie und schaute hinab.

Die Hand gehörte Maria. Die stille Maria, die unter meiner Ruderbank kauerte, blickte mit ihrem kleinen, verängstigten Gesicht zu mir hoch und tätschelte mein Knie.

Als wir südlich von Kapernaum an Land gegangen waren, schickte Jesus Judas und Matthäus gleich auf den Markt der Stadt, damit sie dort Verpflegung für zwei Wochen besorgten.

Dieses Mal werden wir nicht in den Dörfern Halt machen.

Ich werde nicht predigen.

Wir werden nicht um Brot bitten, weder als Wanderer noch als Gäste.
Wir verlassen Galiläa. Wir gehen allein. Ich will mit euch reden.
Und wir gingen.

Jesus beteiligte sich nicht an unseren Gesprächen, sondern ging ein paar Schritte vor uns. Wir waren ungefähr zwanzig Frauen und Männer.

Jesus wandte den Blick nicht nach links noch rechts, so versunken war er in seine Gedanken. Was immer es war, das er uns mitteilen wollte – er hob es sich für später auf. Es musste wohl etwas Wichtiges sein, wenn dafür ein besonderer Ort nötig war, der auch noch außerhalb unseres eigenen Landes liegen sollte.

Wir nahmen die Straße, die sich von Kapernaum aus nach Südwesten ins Gebirge hinaufschlängelte und zum Tabor führte. Wir waren noch fünf Meilen von dem Berg entfernt, als Jesus nach Westen abbog. Von dort waren es noch zehn Meilen bis Sepphoris. Aber auch dort gingen wir nicht hin. Wir liefen in einem Bogen nördlich der Stadt und gingen weiter in westlicher Richtung. Westen! Bald würde ich zum ersten Mal das große Meer sehen!

Hinter Sepphoris stiegen wir in eine fruchtbare Ebene hinab. Die Kornfelder waren bald reif zur Ernte und überall wuchsen Obstbäume und Palmen. Als wir uns dem Meer näherten – die Luft roch schon salzig –, sah ich, dass das Land zu unserer Linken sumpfig wurde. Rechts ging es in Felsen über. Die Gärten zu beiden Seiten waren klein und unregelmäßig.

Und dann sahen wir die Sanddünen. Ha! Lachend ließ ich mir den schneidenden, salzigen Wind um die Nase wehen. Mein Kopf fühlte sich ganz leicht an. Das große Meer! Im Süden konnte ich die Wellen hören, die an die breiten Strände klatschten. Wir erstiegen eine Düne, und dann lag die See selbst vor uns! Im Norden, Süden, Westen, grenzenlos wie der Himmel. Das blaugrüne Wasser war so klar, dass man hätte meinen können, es wäre eine Art schwerere Luft. Ha! Und dort lag Ptolemaïs. Die Stadt leuchtete so weiß, dass es einen blendete! Eine Hafenstadt. Ich könnte dort an Bord der großen Schiffe gehen! Ich könnte nach Ägypten reisen. Oder nach Rom!

Doch der Herr ging nicht nach Ptolemaïs hinunter.

Stattdessen folgten wir der Straße, die nach Norden die Küste entlangführt. Fünfundzwanzig Meilen bis nach Tyrus. Wir hatten das vertraute Land schon verlassen und entfernten uns immer noch weiter von zu Hause. Die Menschen, die uns begegneten, waren Heiden. Wir blieben in jenen Gegenden stets eng beieinander, eilten als kleiner, dichtgedrängter Haufen dahin. Jesus verlangsamte seine Schritte zu keiner Zeit.

Seit wir Kapernaum verlassen hatten, hatte er keine fünfzig Worte mit uns gewechselt – und wir waren nun schon fünf Tage unterwegs. Seine Grübelei machte mir Sorgen. Was war geschehen, während wir predigend durch das Land gezogen waren? Jesus war ja noch jung. Zweiunddreißig. Rabbis haben ein langes Leben, werden dünn, runzlig und grau. Ich war der festen Überzeugung, ich würde ihn eines Tages, wenn seine Augen schwach wurden und ihm die Zähne ausfielen, versorgen – wollte seine alten Knochen auf meinen Schultern tragen. Doch gegenwärtig schien Jesus all seine Klugheit und Kraft aufs angestrengte Nachdenken zu verwenden.

Johannes der Täufer, der erste Herr meines Bruders, war enthauptet worden. Ich wollte von Jesus wissen, ob er über Johannes nachdachte, doch er meinte, das sei nicht mehr notwendig.

Dann bemerkten wir, dass eine Frau uns folgte – keine Jüdin, sondern eine Heidin, eine von der aufdringlichen Sorte. Irgendwann lief sie neben uns her, den Blick auf Jesus geheftet, und dann schrie sie auf einmal mit durchdringender Stimme und fremdem Akzent: »Herr! Herr! Sohn Davids, hab Erbarmen mit mir.«

Ich sagte zu ihr, sie solle sich fortscheren. Sogar in fremden Ländern wurde unser Herr jetzt bedrängt! Er wollte doch allein sein, wollte nachdenken.

Doch sie schrie noch lauter: »Meine Tochter wird von einem bösen Geist geplagt!«

Jesus ging weiter, ohne ihr zu antworten.

Ich stellte mich ihr in den Weg und sagte: »Du bist Syrierin, und deine Tochter auch. Wir aber sind Juden! Finde dich damit ab und lass uns in Frieden!«

Die Frau aber schob mich beiseite und lief Jesus hinterher, schrie, machte eine Szene. Bettelte!

»Tut mir Leid, Herr!«, rief ich. »Aber die Frau hört nicht auf mich. Sag du ihr, dass sie nach Hause gehen soll.«

Ausnahmsweise hörte er mal auf mich. Jesus blieb stehen und blickte die Frau finster an. Das allein hätte sie entmutigen sollen. Doch seine Worte waren noch grausamer: »Ich bin nur zu den verlorenen Schafen des Hauses Israel gesandt worden.«

Zu den Juden – wie ich gesagt hatte.

Aber anstatt beschämt aufzugeben, lief die Syrierin zu Jesus hin, warf sich vor ihm nieder und sagte: »Hilf mir, Herr.«

Und Jesus sagte: »Es ist nicht recht, den Kindern das Brot wegzunehmen und es den Hunden vorzuwerfen.«

Wenn das keine harten Worte waren! Er machte sogar *mir* Angst. Ich glaube nicht, dass ich zu der Frau derart grob gewesen wäre.

Doch sie ließ sich auch davon nicht einschüchtern: »Gewiss, Herr, aber sogar die Hunde bekommen die Brotkrumen, die vom Tisch ihrer Herren herunterfallen.«

Zum ersten Mal seit langer Zeit sah ich, wie sich der Blick des Herrn aufhellte. Er lächelte. Tatsächlich: Er lächelte. »Frau, dein Glaube ist groß!«, sagte er, streckte die Hand aus, nahm sie beim Ellbogen und zog sie zu sich herauf. »Geh nach Hause. Der Teufel hat deine Tochter verlassen. Sie ist gesund und hungrig und wartet darauf, dass du heimkommst.«

Die Frau war wie verwandelt. Sie raffte ihr Kleid und rannte, so schnell sie konnte, zurück. Und ich war glücklich, dass Jesus gelächelt hatte. Doch als ich ihn ansah, hatte sich sein Blick wieder verfinstert, funkelten seine Augen mich an.

»Nun, Simon«, sagte er, »habe ich richtig oder falsch an der Heidin und ihrem kleinen, kranken syrischen Welpen gehandelt? Was meinst du?«

»Herr«, sagte ich, »du tust immer genau das Richtige.«

Doch dann kam dieser junge Mann mit dem nicht gerade intelligenten Gesichtsausdruck. Ich fing langsam an zu bezweifeln, dass wir jemals dort wegkommen würden. Ich hatte es während der vergangenen Monate zur Genüge erlebt: Erst heilst du einen, und plötzlich hast du ganze Menschenmassen geheilt.

Der Bursche hier war taub und konnte nicht richtig sprechen, weswegen er seine Freunde als Sprachrohr mitgebracht hatte. Sie baten Jesus, ihm die Hände aufzulegen.

Genaugenommen tat Jesus mehr, als ihm bloß die Hände aufzulegen. Er führte ihn ein Stück von uns fort und legte die Finger in seine Ohren; dann berührte er seine Zunge mit Speichel. Er blickte zum Himmel empor und stieß einen Seufzer aus. Die Schwere dieses Seufzers ist mir unvergesslich. Jesu Gesicht ließ kein Lächeln erkennen, wahrscheinlich betete er stumm. Wahrscheinlich flehte er den Himmel an.

Dann sagte er zu dem Tauben: »Hefata!« – *Werde geöffnet!*

Nun, die Ohren des jungen Mannes öffneten sich, seine Zunge löste sich, und gleich darauf fing er an zu reden, klar und deutlich wie ein Rabbi.

Jesus unterbrach ihn: »Hör mir zu! Du darfst niemandem sagen, was ich für dich getan habe ...«

Doch der Bursche lachte und redete nur abwechselnd und lief dann zu seinen Freunden, voller neuer Wörter, ganz Zunge.

»Habt ihr das mitbekommen?«, rief er.

Und seine Freunde schrien zurück: »Dieser Jude macht alle gesund! Er lässt Taube hören und Stumme sprechen!«

Plötzlich schien Jesus zu fliegen. Seine Schritte waren so kraftvoll und schnell, dass ich rennen musste, um mit ihm mithalten zu können.

Wir gingen auch nicht nach Tyrus. Während der folgenden Tage wandte Jesus sich nach Osten und so gelangten wir in die Gegend um Cäsarea Philippi. Wir hatten nun einen großen Halbkreis beschrieben, der uns durch die unterschiedlichsten Gegenden geführt hatte.

Und dann eines Morgens, ganz plötzlich, redete der Herr wieder.
Wir saßen in der Nähe jener Höhle, wo einer der Quellflüsse des Jordan entspringt. In der Höhle steht ein Schrein, bei dem Heiden seit langer Zeit ihre Götter anbeteten. Aber das Wasser dort fließt seit Ewigkeiten zum nördlichen Eingang des Jordantals und dann in das Meer von Galiläa, immer weiter durch all unsere Stämme und Familien hindurch, vorbei an Pella, Samaria und Jericho und schließlich ins Salzmeer.

Hinter uns erhob sich der Hermon, der mit seinem Schnee und Tau ebenfalls den Jordan speist. Das ist der Ort, an dem der Fluss eigentlich beginnt.

Wir hatten gefrühstückt und lagerten entspannt auf dem Stückchen Wiese, dem die niedrigen schwarzen Basaltbrocken Platz boten. Jesus saß in der Mulde eines vereinzelten Felsens, als wäre dieser ein Thron.

Ich glaube wirklich, ich hätte diese Szenerie vergessen – jedenfalls würde ich mich nicht an ihre genauen Einzelheiten erinnern –, wenn Jesus an diesem Tag nicht etwas mit mir gemacht hätte.

»Was hört ihr die Leute über mich erzählen, wenn ich nicht dabei bin?«, fragte er leise.

Augenblicklich schwiegen wir alle und sahen ihn an. Seine Worte kamen völlig überraschend. Er saß da, die Haare aus dem Gesicht gestrichen, und betrachtete seine Handrücken und seine langen, schmalen Finger. Seht ihr, wie sich jede Einzelheit in meinem Gedächtnis festgesetzt hat?

»Für wen halten mich die Leute?«, wiederholte er seine Frage.

Erstaunlicherweise war es mein Bruder, der als Erster antwortete – er sagt sonst kaum etwas, wenn er von mehreren Menschen umgeben ist. Doch die Worte platzten einfach aus ihm heraus, und das erschreckte ihn selbst so, dass er danach den ganzen Tag über kein einziges Mal mehr den Mund aufmachte. Doch jetzt sagte er:

»Für Johannes den Täufer! Manche behaupten, du seist – Johannes.«

Jesus blickte zu Andreas auf und nickte.

Dann kam die zweite Überraschung: Maria Magdalena sprach. Die schüchterne, blasse Frau war der gleichen Meinung wie mein Bruder. »Das jedenfalls glaubt Herodes Antipas«, meinte sie. »Er befürchtet, dass Johannes wiedergekehrt ist, um ihn zur Verantwortung zu ziehen.«

Nun, danach sprudelten die Vorstellungen und Antworten nur so aus uns heraus.

»Manche glauben, du seist Elia«, sagte Philippus, »der wiedergekehrt ist, weil der schreckliche Tag des Herrn kommt, der brennen wird wie ein Ofen.«

Judas rief dazwischen: »Oder für Jeremia!«

»Ja, genau!«, bestätigte Jakobus. »Einer der alten Propheten, der wieder zum Leben erweckt worden ist!«

Jesus hob die Arme, wobei seine Augen funkelten wie Münzen, in denen sich die Sonne spiegelt. »Und ihr«, unterbrach er das Durcheinander, »für wen haltet *ihr* mich?«

Ich war es, der darauf antwortete. Was ich sagte, war für mich eigentlich selbstverständlich. Aber während Andreas und Maria Magdalena mich überrascht hatten, habe *ich* wohl die ganze Jüngerschar sprachlos gemacht.

Ich sagte: »Du bist Christus, der Sohn des lebendigen Gottes.«

Alles schwieg. Die anderen fuhren herum und sahen Jesus an, wohl um mitzubekommen, wie er darauf reagierte.

Und er reagierte so: mit einem stolzen Lächeln. Er strahlte mich an und schüttelte dabei verwundert den Kopf. Ich wurde dermaßen rot, dass ich im Dunkeln wahrscheinlich geleuchtet hätte.

»Selig bist du, Simon, Sohn des Johannes«, sagte er. »Nicht Fleisch und Blut haben dir das offenbart, sondern mein Vater im Himmel! Von nun an sollst du Petrus heißen. Auf diesen Felsen werde ich meine Kirche bauen – und die Mächte des Todes werden sie nicht überwältigen.«

Nun richteten alle Jünger ihren Blick auf mich. Vielleicht um zu sehen, wie *ich* darauf reagierte. Er nannte mich Petrus – *Fels*. Der Herr gab mir einen neuen Namen. Je länger ich darüber nachdachte, desto mehr wuchs ich innerlich – bis ich mich so groß und mächtig fühlte wie der Hermon.

Und jetzt kommt, was Jesus dann zu mir sagte: »Ich werde dir die Schlüssel des Himmelreichs geben; was du auf Erden binden wirst, wird auch im Himmel gebunden sein, und was du auf Erden lösen wirst, das wird auch im Himmel gelöst sein.«

Das mit den Schlüsseln verstand ich. Manchmal gibt ein Landbesitzer dem Ranghöchsten seines Gesindes die Schlüssel zu seinem Besitz – was bedeutet, dass er diesem seine eigenen Vollmachten und Befugnisse überträgt!

Und Jesus hatte zu mir gesagt: *Ich werde dir die Schlüssel des Himmelreichs geben!*

Du meine Güte! Dieser Tag hat sich für alle Zeit in mein Gedächtnis eingebrannt, samt Höhlen, Schreinen, Wasser, schwarzen Felsbrocken und Hermon. Ich hatte zwar Mühe, die Worte meines Herrn zu verstehen, ich war beschränkt wie ein Kind – aber ich war ein *erwähltes* Kind! Versteht ihr? Ein Lieblingskind.

Jesus erhob sich von seinem Steinthron und stieg dann zu der uralten heidnischen Höhle hinab. Er sagte, er habe Durst. Und während er ging, kehrte der nachdenkliche Blick zurück. Nach so einem Lächeln die gedrückte Stimmung wiederkehren zu sehen – oh, das beunruhigte mich.

»Die Dinge werden sich nun ändern«, sagte er und stieß einen Seufzer aus. Wir begleiteten ihn alle zu der kleinen Quelle hinab. »Ich muss nach Jerusalem gehen«, fuhr er fort. »Dort werde ich durch die Ratsältesten, die Hohen Priester und die Schriftgelehrten vieles erleiden müssen. Ich erzähle euch das jetzt schon, damit ihr nicht überrascht seid, wenn es dann tatsächlich eintritt. Und es wird eintreten.«

Jesus kniete sich neben der kalten Quelle nieder. Er tauchte beide Hände in das Wasser und schöpfte daraus. Doch bevor er trank, sagte er noch: »Ich werde dort getötet werden, aber am dritten Tag werde ich auferweckt werden...«

Und dann sagte ich das, was mir am selbstverständlichsten erschien. Seine Worte hatten mich einfach so getroffen – *getötet?* War er deswegen so schwermütig gewesen, hatte er darüber die ganze Zeit nachdenken müssen? Ich packte sein Handgelenk und schrie: »Nein!« Das Wasser spritzte aus seinen Händen. »Nein, das wird Gott nicht erlauben!«

In meiner Angst hatte ich mit aller Kraft zugepackt. Doch er löste sein Handgelenk aus meiner Umklammerung, bog meine Finger auf. Er hatte furchtbare Kraft in den Händen.

Ich redete weiter. Bestimmt wusste er, dass ich aus Liebe zu ihm mit ihm stritt! »Oh, Herr«, sagte ich, »das darf nicht sein, nie darf dir so etwas zustoßen!«

Er stand, hielt mich am Unterarm fest und sah mich an. Und in seinem Blick lag kein Lächeln, kein Stolz mehr, sondern Wut!

»Geh weg von mir, Satan!«

Mir stockte das Herz. Noch ein Name! Ein furchtbarer, abscheulicher Name!

Jesus stieß mich fort.

»Du bist mir ein Hindernis. Dir liegt mehr an den Dingen der Menschen als an der Sache Gottes!«

Dann ließ er mich los. Plötzlich war ich so schwach, dass ich zusammensackte und hinfiel.

Das stimmt nicht, mir liegt doch an der Sache Gottes! Und ich liebe dich, Herr Jesus! Das alles bringt mich völlig durcheinander. Erst bin ich Petrus, dann Satan – dabei habe ich mich überhaupt nicht verändert! Wie kann bloße Liebe den Herrn nur so wütend machen?

Ich hockte zusammengekauert auf der Erde und brachte kein Wort mehr heraus. In diesem Augenblick hatte ich Angst vor Jesus.

Er aber fuhr sich mit den Händen durch sein Haar und sagte dann zu den anderen Jüngern: »Wer mit mir gehen will, der muss sich verleugnen, sein Kreuz auf sich nehmen und mir auf meinem

Weg folgen. Wer sein Leben retten will, wird es verlieren. Wer sein Leben um meinetwillen verliert, wird es gewinnen.«

Mir wurde immer elender zu Mute. Ich wälzte mich auf die Seite und bedeckte mein Gesicht, denn ich spürte, wie Tränen in mir aufstiegen. *Meint Jesus denn, dass ich mich für ihn schäme?*

Dann rief er mit lauter Stimme: »Der Menschensohn wird den Menschen ausgeliefert werden. Man wird ihn töten, am dritten Tag aber wird er wiedererweckt werden.«

Da sagte er es zum zweiten Mal!

Oh, Herr Jesus, glaubst du etwa, ich schäme mich für deine Worte? Sind das die Worte, von denen du glaubst, dass ich mich für sie schäme?

»Wahrlich«, fuhr er fort, »ich sage euch: Einige von euch, die ihr jetzt hier steht, werden den Tod nicht schmecken, bis sie den Menschensohn in seiner königlichen Macht kommen sehen.«

Dann kniete er sich wieder hin, tauchte erneut die Hände ins Wasser und trank. Er trank lange. Sein Durst musste sehr groß gewesen sein.

Ich sah ihm zu und fühlte mich einsam und schuldig.

Fünf Tage lang wechselte Jesus kein Wort mit mir. Genausowenig sprach ich mit den anderen. Ich blieb auf Distanz.

Doch am Morgen des sechsten Tages kam er, während ich gerade alleine frühstückte, zu mir. Jakobus und Johannes drückten sich ein Stück hinter ihm herum – ganz so, als ob sie Angst vor mir hätten. Seltsamer Gedanke! Unmöglich.

»Komm mit«, sagte Jesus. »Ich muss euch dreien etwas zeigen.«

Ich stand auf und folgte ihm.

Wir gingen zum Hermon, und als es Mittag wurde, hatten wir den Aufstieg schon begonnen.

Schließlich zeigte er uns eine Felsspalte und bat uns, dort zu warten, während er selbst alleine weiterging.
»Um zu beten«, erklärte er.
Wir warteten. Wir ließen uns zwischen den Felsen nieder und beobachteten Jesus dabei, wie er den Hang weiter hinaufstieg. Er hatte einen schmalen, steilen Grat entdeckt. Zu seiner Linken war nackter Fels, rechts von ihm der gähnende Abgrund mit der tief unten liegenden Ebene.
Johannes flüsterte mir ins Ohr: »Wieso bist du eigentlich wütend auf uns, Simon? Haben wir dich beleidigt?«
Das war ein Schlag. »Ich bin überhaupt nicht wütend auf euch«, entgegnete ich.
»Die ganzen Tage schon sonderst du dich von uns ab und machst ein finsteres Gesicht.«
»Ich mache doch gar kein finsteres Gesicht!«
Johannes zuckte die Achseln. »Wenn ich dich grüße, hebst du die Fäuste, als ob du mich schlagen wolltest.«
»Nein, das stimmt nicht. Es liegt an mir. Das Problem ist meine Laune.«
»Du denkst doch nicht etwa daran, Jesus zu verlassen? So, wie du auch von Johannes fortgegangen bist?«
»Aber Johannes! Nein!« Ich war entsetzt. Hatte ich während der letzten Tage so einen feindseligen Eindruck auf die anderen gemacht? Dabei hatte ich gedacht, die anderen wären alle wütend auf *mich!* »Wo sollte ich denn hin? Nur Jesus hat die Worte vom ewigen Leben.«
Jesus: Er war auf einen Felsvorsprung geklettert, der in das Nichts ragte. *Herr, hast du denn auch geglaubt, ich würde dich verlassen?*
Er blickte zum Himmel empor, hatte die Arme ausgestreckt. Er betete. Er sah wie eine weiße Statue in einer künstlichen Felsnische aus. Hoch über uns!
Glaub mir, Jesus! Egal, was auch geschieht, ich werde dich nie, nie verlassen!

Plötzlich hatte ich den Eindruck, sein Kopf hätte Feuer gefangen! Nein, nicht Feuer: Glanz! Sein Gesicht strahlte wie die Sonne, seine Kleider wurden immer heller – weißer als ein Bleicher sie je hätte machen können!

Ich sprang auf, wollte schier vor Freude bersten!

Was für ein überwältigender Anblick war unser Herr! Ich wusste sofort: Dies war seine wahre Herrlichkeit!

»Wer ist denn das?«, fragte Johannes aufgeregt. »Wer ist dort bei ihm?«

»Mose!«, rief Jakobus. »Oh, Johannes, das ist Mose! Siehst du nicht den Schleier vor seinem Gesicht?«

Doch bei Jesus standen zwei Männer, auf jeder Seite einer. Sie sprachen und nickten, als ob die drei sich seit Ewigkeiten kennen würden.

Jesus! Jesus, wer ist noch gekommen, um dich zu ehren?

Und da hörte ich seinen Namen: *Elia.*

Ich rief Jakobus und Johannes zu: »Der andere ist Elia, der Prophet!«

Dann lief ich zwischen den Felsen hervor und schrie, so laut ich konnte: »Herr! Herr! Wie gut, dass wir hier sind! Lasst uns drei Hütten bauen, eine für dich, eine für Mose und eine für Elia . . .«

Ein plötzlicher Donnerschlag warf mich hintenüber, ich schlug mit den Schultern zu Boden.

Dann kam eine blendende Wolke, die den ganzen Berg verschluckte – und aus der Wolke kam eine donnernde Stimme, die sagte: *Dies ist mein geliebter Sohn, an dem ich Wohlgefallen gefunden habe; auf ihn sollt ihr hören!*

Ich war wie betäubt. Ringsumher wurde es dunkel. Das Donnergrollen verebbte. Ich hatte das Gefühl, unter Wasser zu treiben, und rang nach Atem.

Dann aber spürte ich, wie etwas ganz sacht meine Wange berührte. Ich schlug die Augen auf und erblickte über mir Jesus, nur Jesus.

»Komm«, sagte er. Er lächelte. Sein Blick war zugleich gewöhnlich und freundlich. »Hab keine Angst«, sagte er und zog mich an der Hand hoch. »Es ist Zeit, wieder hinabzusteigen.«

Und als Jakobus und Johannes auch bei uns waren, befahl er uns: »Sprecht mit niemandem über das, was ihr gesehen habt – bis der Menschsohn vom Tod auferstanden ist.«

Einige Zeit, nachdem wir nach Kapernaum zurückgekehrt waren, errichteten die Einnehmer der Tempelsteuer auf dem dortigen Marktplatz ihre Tische. Jeder Erwachsene muss für die Priester und Gottesdienste im Tempel jährlich einen halben Schekel abführen.

Als ich mit Judas an einem Stand in der Nähe Gurken kaufen ging, rief einer dieser kleinlichen Beamten plötzlich hinter mir her: »Bezahlt dein Lehrer eigentlich keine Tempelsteuer, Simon?«

»Natürlich tut er das«, entgegnete ich.

»Nun, dann lass mal sehen!«

Den Geldbeutel hatte Judas, und die geforderte Summe hätten wir auch gehabt. Doch dieser Wicht provozierte mich, indem er mit herablassender Geste auf den Tisch pochte. »Hierhin, bitte«, sagte er. »Leg das Geld hierhin, und die Sache ist erledigt!«

Bevor er wusste, wie ihm geschah, schlug ich mit der flachen Hand so heftig auf seinen Tisch, dass ihm fast die Augen aus dem Kopf fielen. »Was du vor dir siehst, gehört dir!«, rief ich.

Judas lachte. Dann drehten wir uns um und gingen.

Als wir wieder bei meiner Schwiegermutter waren, erzählten wir Jesus von dem zolleinnehmenden Lurch.

»Was meinst du?«, fragte Jesus da. »Von wem nehmen die Könige dieser Erde Tribut? Von ihren eigenen Kindern oder von Fremden?«

»Von Fremden«, antwortete ich.

»Also sind die Kinder frei«, erwiderte er darauf. »Und die Kinder des Königs werden für alle Zeit frei sein ...

Aber wie auch immer«, fuhr er fort und legte seine Arme um unsere Schultern, meine und Judas', »wir wollen die Beamten dieser Welt nicht unnötig verärgern – geht deshalb an den See, werft eine Angel aus und seht dem ersten Fisch, den ihr fangt, ins Maul.«

Gesagt, getan. Am selben Nachmittag noch holte ich einen ziemlich großen Karpfen heraus. Und als ich sein Maul öffnete, fand ich darin ein sauberes Geldstück. Einen Schekel.

Damit hatten wir sogar das Doppelte der geforderten Tempelsteuer.

Mit dieser Münze gingen wir schnurstracks zum Stand des Steuereinnehmers und ließen wortlos die doppelte Steuer auf den Tisch des kleinen Angebers fallen. Und den Karpfen noch obendrein, als Zinsen.

Dann konnte ich mir doch nicht die Bemerkung verkneifen, dass sein Blick und der des Fisches vieles gemein hätten.

Judas fand das ausgesprochen witzig. Er konnte die Obrigkeit noch weniger ausstehen als ich, und als wir zum Haus zurückgingen, kicherte er immer wieder über den fischäugigen Beamten – bis ihm dämmerte, dass ich zwar die Tempelsteuer für mich und für Jesus bezahlt hatte, nicht aber für ihn.

Augenblicklich schlug seine Stimmung um.

»Geh sofort zu ihm zurück!«, schimpfte er und baute sich vor mir auf. »Sag dem Mann, er soll statt deinem meinen Namen aufschreiben.«

Judas ist immer schon ein launenhafter Bursche gewesen, doch in letzter Zeit scheint er sich ständig streiten zu wollen.

»Nein«, entgegnete ich. »Vorbei und erledigt.«

Judas ließ nicht locker: »Sag ihm, es war meine Zahlung!«

»Wieso?«

»Weil meine Steuer noch nicht gezahlt ist.«

»Dann zahl sie doch selbst.«

»Zwei Drachmen kannst du ja wohl noch entbehren. Davon

abgesehen hast du dir deinen halben Schekel ja auch nicht verdient. Du hast ihn gefunden.«

»Ich habe dafür gearbeitet: ihn geangelt.«

»Jesus hat uns *beiden* befohlen, die Münze zu holen.«

»Bezahl die Steuer einfach, Judas. Das Geld dazu hast du ja. Glaub nur nicht, ich hätte nicht mitbekommen, dass du dein eigenes Geld getrennt von der gemeinsamen Kasse hältst.«

Er funkelte mich wütend an. Ich zuckte die Achseln und wandte mich zum Gehen.

»Simon, Sohn des Jona«, schrie er, »du bist es mir schuldig!«

»Ich bin dir überhaupt nichts schuldig«, sagte ich im Weggehen.

»Oh, doch, das bist du! Und nicht nur mir – *allen!* Petrus, der Liebling unseres Herrn. Anmaßend, stolz auf seinen funkelnagelneuen Namen!«

Jetzt kam Judas hinter mir her gelaufen: »Dir fällt ja alles nur so zu, und du glaubst auch noch, dass du es verdient hast! Du müsstest einmal sehen, wie du herumstolzierst und auf uns herabblickst! Du bläst dich auf und klopfst uns auf die Schultern, weil du meinst, wir würden uns alle glücklich schätzen, überhaupt in deiner Nähe sein zu dürfen. Du hältst dich wohl für den Größten im Reich Gottes.«

»Gut, lass uns das besprechen«, sagte ich. Ich war mittlerweile auf dem Platz vor dem Haus meiner Schwiegermutter angelangt und wandte mich jetzt zu Judas um, während ich das Tor versperrte, und hielt ihm den Finger vors Gesicht.

»Wer hält sich denn hier wohl für den Größten?«, schrie ich. »Ich kann es dir sagen. Der Bursche nämlich, der mit dem Herrn reisen darf, bereits mehr als genug hat und noch immer nicht zufrieden ist! Der Bursche meint, er verdiene noch mehr. Stolz, Judas! Das ist Stolz! Und wenn dann noch Selbstmitleid hinzukommt, ist es einfach nur noch *widerlich*!

Du jammerst wegen eines halben Schekels, Judas! Dabei bist du selbst von Jesus erwählt worden!«

Ich drehte mich abrupt zum Haus um und stand plötzlich vor Johannes und Jakobus.

»Judas hat ja nicht ganz Unrecht«, meinte Jakobus.
Wie bitte? Nicht ganz Unrecht? »Wird das jetzt eine Verschwörung gegen mich?«, wollte ich wissen.

»Du benimmst dich wirklich so, als ob wir nicht mehr gleich wären. Den Großteil deiner Zeit verbringst du mit Jesus.«

»Ich hab mich doch nicht selbst erwählt! Ich bin von Jesus erwählt worden. Den Namen habe ich mir auch nicht selbst gegeben! Auch das war Jesus. Was wollt ihr also?«

Eines muss man Johannes lassen: Er schreit niemals. Er ist immer freundlich und gibt sich stets den Anstrich, bei einem Streit die einsame Stimme der Vernunft zu sein. Die Selbstbeherrschung in Person. Dieser Widerling! Dieser überhebliche, scheinheilige Widerling!

»Wir haben nie die Gabe oder den Geber in Frage gestellt«, sagte er nachdenklich, »sondern das Verhalten dessen, der sie empfangen hat. Demut!«, setzte er lächelnd hinzu, wobei sich Fältchen um seine Augen bildeten. »Lerne Demut, Simon Petrus.«

Jakobus, wie immer ganz gewitzt, sagte etwas von »rauen Felsen« und »Abschleifen« und darüber, wie man aus großen Brocken Kiesel macht. Judas begann zu kichern, was Jakobus natürlich noch ermunterte. Mit einem Grinsen begann er die grundlegenden Verwendungsmöglichkeiten von Steinen aufzuzählen: als Mühlstein, Wetzstein, Grabstein ...

Ich bebte vor Wut, hätte ihm am liebsten seine Spitzfindigkeiten wieder in den Rachen zurückgestopft.

Doch Johannes sagte: »Na, na, auch an dem, was Simon sagt, ist etwas dran. Wenn wir uns über seinen Namen lustig machen, machen wir uns zugleich auch über Jesu Entscheidung lustig.«

»Aber er spielt sich uns gegenüber als Herr auf!«, sagte Judas.

»Und meint, er sei im Reich Gottes der Größte ...«, fügte Jakobus hinzu.

Mit genau denselben Worten, die Judas vorhin benutzt hatte! Ja, sie *hatten* hinter meinem Rücken über mich geredet.

Johannes sagte: »Nun, ist das nicht genau der springende Punkt,

Jakobus? Das Reich Gottes? Soll Simon doch seinen Lohn jetzt genießen. Wirklich, soll er nur. Wir werden unseren erhalten, wenn das Reich schließlich kommt.«

Jakobus setzte ein breites Lächeln auf.

Judas jedoch runzelte die Stirn und kniff die Augen finster zusammen, während Jakobus das Wort ergriff: »Ja, ja, Simon. Oh, ja! Wir haben Jesus gebeten, uns eine Gunst zu gewähren, wenn er in seiner Herrlichkeit kommt . . .«

Ah, hört die Donnersöhne. Eine andere Stimme! Jakobus fuhr herum und sah Jesus, der in der Tür stand.

»Hör dir die Aufschneider an«, sagte er.

Er nannte die Brüder »Donnersöhne«.

Mit einem Schlag veränderte sich unser aller Verhalten und wir verstummten. Ich fühlte, wie die alten Schuldgefühle in mir aufstiegen und meine Wangen glühen ließen. Wie ich dieses Rotwerden doch verabscheue! Ich hasse es, dass ich meine Gefühle immer so deutlich zeige.

Jesus kam auf den Vorplatz getreten und ließ sich gegenüber von Jakobus und Johannes nieder.

»Welche Gunst soll ich euch denn gewähren?«, wollte er wissen.

»Mir scheint, jetzt ist gerade die richtige Gelegenheit, mich darum zu bitten.«

Die Brüder sahen einander an. Dann warfen sie auch mir und Judas einen Blick zu, und ich sah, dass sie plötzlich gar nicht mehr selbstsicher wirkten. »Gewähre uns«, sagte Jakobus, »dass wir in deinem Reich links und rechts neben dir sitzen dürfen.« Er schluckte und lächelte verlegen.

Nun war ich wirklich sprachlos. Hatten wir denn nicht eben über Größe gestritten? Hatten wir nicht gerade den Stolz getadelt? Nun, diese »Gunst« war der reinste Turm zu Babel!

Doch Jesus nickte, ganz so, als ob er ernsthaft darüber nachdächte. Dann sagte er: »Ihr wisst nicht, was ihr da verlangt.« Mit feierlicher Stimme fragte er: »Könnt ihr den Kelch trinken, den ich trinke?«

Jakobus und Johannes antworteten einstimmig: »Ja!«

Jesus runzelte die Stirn und fragte erneut: »Könnt ihr die Taufe auf euch nehmen, die ich auf mich nehmen muss?«

Die Brüder grinsten wie Geistesgestörte und plapperten: »Ja, sicher, das können wir!«

Jesus stieß einen langen Seufzer aus. Ich hörte diesen Seufzer und richtete meinen Blick auf die Söhne des Donners.

Jesus sagte: »Nun, der Kelch und die Taufe werden auch für euch sein. Ja. Ihr werdet trinken und ihr werdet leiden. Aber darüber verfügen, wer an meiner Seite sitzen wird, das kann ich nicht. Simon Petrus«, wandte er sich an mich, »hol bitte die anderen Jünger her.«

Ich nickte ernst, verbeugte mich als Geste des Gehorsams – und ging.

Als wir alle auf dem Vorplatz versammelt waren, sprach Jesus: »Ihr wisst, dass jene, die über die Heiden herrschen, diese unterdrücken. So aber soll es bei euch nicht sein. Hört, was ich euch sage: Wer von euch groß sein will, der soll den anderen dienen, und wer von euch an der Spitze stehen will, der soll der Knecht aller anderen sein. Denn der Menschensohn ist nicht gekommen, damit man ihm dient, sondern um selbst zu dienen – und um als Lösegeld für viele Menschen sein Leben zu geben.«

Unvermittelt rief er mit lauter Stimme: »Berenike!«

Ein kleines Kind spähte von der Straße in den Hof.

»Komm her«, forderte Jesus das Mädchen auf, woraufhin sie zögernd näherkam. Jesus strich sein Haar zurück und breitete die Arme aus – und plötzlich rannte das Kind auf ihn zu und sprang auf seinen Schoß.

Von einer Sekunde auf die andere wich die Anspannung aus dem Gesicht des Herrn. Er lächelte das Menschlein auf seinem Schoß an – und die Kleine musterte uns nun aus ihrer sicheren Position heraus, geborgen in Jesu Armen, Brust und Kleidern – und seine Augen glitzerten freundlich.

Dann sprach er: »Was nun die Größe im Reich Gottes angeht, so sage ich euch, wenn ihr nicht umkehrt und werdet wie die Kinder, werdet ihr dort niemals Einlass finden. Denn diejenigen, die sich klein machen wie dieses Kind hier, die sind im Reich Gottes die Größten.

Und was die Größe hier auf der Erde betrifft, so sage ich euch, dass jene, die in meinem Namen solch ein Kind aufnehmen, mich aufnehmen. Diejenigen aber, die eine dieser kleinen Seelen, die an mich glauben, zur Sünde verführen – für die wäre es besser, wenn man ihnen einen Mühlstein um den Hals hinge und sie in den Tiefen des Meeres ertränkte! Verachtet auch nicht ein einziges dieser kleinen Wesen. Denn im Himmel sehen ihre Engel stets das Angesicht meines Vaters.«

Jesus beugte den Kopf und flüsterte der kleinen Berenike etwas ins Ohr. Während sie aufmerksam zuhörte, wurden ihre Augen immer größer; dann stellte sie ihm hinter vorgehaltener Hand eine Frage. Jesus zeigte auf Judas, der mit dem Rücken an die Mauer gelehnt auf dem Boden saß. Berenike kicherte. Sie rutschte von Jesu Schoß, ging auf Zehenspitzen zu Judas, dessen Augenbrauen sich misstrauisch hoben, und küsste ihn auf die Nasenspitze. Er lief feuerrot an und blickte ziemlich dämlich drein. Berenike lachte fröhlich und hüpfte zurück auf die Straße.

Und Jesus sagte: »Wenn dein Bruder dir etwas getan hat, dann geh zu ihm und weise ihn unter vier Augen zurecht. Hört er auf dich, so hast du deinen Bruder zurückgewonnen.«

Jetzt musste ich einfach fragen: »Ja, aber wie oft darf mein Bruder mir Unrecht tun und wie oft soll ich ihm vergeben? Siebenmal?« Immerhin hatte ich es mit einer ganzen Bande von Jüngern zu tun.

Jesus schüttelte den Kopf. »Nicht siebenmal«, sagte er, »sondern *siebzigmal* siebenmal.

Hört: Das Reich Gottes kann mit einem König verglichen werden, der noch ausstehende Geldangelegenheiten mit seinen Knechten klären wollte. Als er aber abzurechnen begann, wurde einer zu ihm gebracht, der ihm zehntausend Talente schuldete. Selbstverständlich konnte der Knecht nicht zahlen – also befahl sein Herr, dass er zur Tilgung der Schuld zusammen mit seiner Frau und seinen Kindern verkauft werden sollte. Der arme Kerl fiel vor dem König auf die Knie und bat ihn inständig um einen Aufschub. ›Gib mir Zeit‹, flehte er ihn an, ›und ich werde dir alles zurückzahlen.‹

Der König hatte ein Nachsehen mit dem Knecht. Und er verlängerte nicht nur die Frist, sondern erließ ihm die ganze Schuld und ließ ihn gehen.

Im Hinausgehen jedoch begegnete derselbe Mann einem anderen Knecht, der *ihm* hundert Denare schuldete. Er packte seinen Mitknecht bei der Kehle und sagte: ›Bezahl, was du mir schuldig bist.‹ Der arme Mann sank vor ihm auf die Knie und flehte den ersten Knecht an, er möge Geduld mit ihm haben. Er versprach, seine Schuld im Laufe der Zeit zu tilgen. Doch der erste Knecht wollte nichts davon hören und ließ den armen Mann stattdessen ins Gefängnis werfen, bis er seine Schuld beglichen hätte.

Als der König hörte, was vorgefallen war, rief er den ersten Knecht wieder zu sich. ›Du böser Mensch!‹, sagte er zu ihm. ›Ich habe dir deine ganze Schuld erlassen – hättest du da nicht mit deinem Mitknecht ebenso ein Nachsehen haben sollen, wie ich es mit dir hatte?‹

In seinem Zorn übergab der König ihn den Folterknechten, bis die zehntausend Talente bezahlt wären.

So wird es auch mein himmlischer Vater halten«, sagte Jesus, den Blick auf die Steinplatten unter seinen Sohlen geheftet, »mit denen, die ihren Brüdern nicht von Herzen vergeben.«

Und dann sagte Jesus, so leise, dass ich es kaum noch hören konnte: »Simon? Judas? Jakobus? Johannes? Wie oft, glaubt ihr, habe ich euch schon vergeben?«

Dann gingen wir.

Jesus verließ sowohl Kapernaum als auch die Provinz Galiläa für immer. Er richtete den Blick nach Jerusalem. Wir wanderten nicht mehr einfach umher, sondern hatten nun ein Ziel. Und wahrscheinlich mussten wir auch zu einer bestimmten Zeit dort sein.

Als wir uns ungefähr eine Tagesreise von Kapernaum entfernt hatten, kam plötzlich ein Schriftgelehrter auf Jesus zugestürmt!

»Lehrer!«, rief er. »Lehrer, ich will dir folgen, wohin du auch gehst!« Ich konnte dieses Verlangen so gut nachvollziehen. Ich erinnere mich, wie ich selbst es vor mehr als zwei Jahren in meinem Ruderboot gespürt hatte.

Doch Jesus sagte zu ihm: »Die Füchse haben ihren Bau, die Vögel ihr Nest – aber der Menschensohn hat nichts, wo er sein Haupt niederlegen kann.«

Wir gingen immer weiter. Wir, das heißt: seine ergebensten Gefolgsleute, Männer und Frauen, eine kleine, einzelgängerische Gruppe – obwohl die Menschen aus den Dörfern, an denen wir vorbeikamen, noch immer in hellen Scharen zu uns hinströmten. Immer in Scharen. Immer.

Einem der Jünger war wohl erst jetzt klar geworden, dass wir nie mehr gemeinsam nach Galiläa zurückkehren würden. Er ging zu Jesus und sagte: »Herr, lass mich vorher noch nach Hause gehen und meinen Vater begraben.«

Jesus aber antwortete ihm: »Folge mir; überlass es den Toten, ihre Toten zu begraben.« Begreift ihr? Sein Auftreten war fest, seine Verwandlung beendet – und sein Entschluss war gefasst.

Eine Frau aus einem der Dörfer beobachtete uns einige Tage aus der Ferne. Dann kam sie zu uns und sagte zu Jesus: »Ich werde dir folgen, Jesus, aber vorher muss ich mich noch von meiner Familie verabschieden.«

Er aber entgegnete ihr: »Niemand, der seine Hand an den Pflug legt und nochmals zurücksieht, taugt für das Reich Gottes.«

Irgendwie waren seine Aussprüche nun ernster, schwerer als sonst. Und auch sein Gang schien schwer. Er war eigentlich dünner geworden im zurückliegenden Jahr, doch er bewegte sich schwerfällig, als ob er Blei in den Knochen hätte.

Wir waren gerade in Samarien angekommen und Jesus schickte Johannes und Jakobus vor in ein Dorf, um die Einwohner auf sein Kommen vorzubereiten.

Eine Stunde später waren die Brüder wieder zurück. Jakobus grollte.

»Sie weigern sich, dich hereinzulassen«, sagte er. »Angeblich, weil du nach Jerusalem unterwegs bist. Du seist eine Gefahr für sie, behaupten sie. Herr, sollen wir wie einst Elia befehlen, dass Feuer vom Himmel fällt und sie vernichtet?«

Da haben wir ein Beispiel für dieses Schwere, das Jesus an sich hatte: Er blickte Jakobus so lange an, dass der Mann ganz unsicher wurde und seinen Blick senkte.

Schließlich stieß Jesus einen Seufzer aus und sagte: »Der Menschensohn ist nicht gekommen, um Leben zu vernichten, sondern um es zu retten. Wenn dieses Dorf uns nicht aufnimmt – ein anderes wird es tun. Kommt. Wir gehen weiter.«

Eines Nachts – wir schliefen unter freiem Himmel – sah ich, wie eine weiße Gestalt wie ein Gespenst zu der Stelle schlich, wo Jesus lag. Sie ließ sich neben ihm nieder und verharrte dort, über ihn gebeugt. Ich bekam eine Gänsehaut, so unheimlich und irgendwie bedrohlich schien diese Erscheinung.

Leise stand ich auf und schlich näher heran, um zu sehen, wer oder was da wohl bei meinem Herrn saß.

Aber natürlich war es überhaupt kein Geist – es war nur Maria Magdalena. Sie saß neben ihm und strich ihm zärtlich übers Haar.

»Was treibst du hier?«, zischte ich. »Die Dinge stehen auch so schon schlimm genug. Willst du ihn in Verruf bringen und seinen Feinden noch größere Knüppel an die Hand geben, mit denen sie auf ihn einschlagen können?«

Sie gab keine Antwort. Stattdessen blickte sie mich aus ihrem weißen Gesicht, ihren traurigen Augen an, und ihr Kinn begann zu zittern.

Ohne sich zu bewegen, sagte Jesus jetzt: »Siehst du, was du angerichtet hast? Deinetwegen weint sie nun. Gibt es einen vernünftigen Grund dafür? Niemand sonst ist gekommen, um mich zu trösten. Niemand sonst hat gedacht, dass ich für Trost dankbar sein könnte. Geh weg, Simon Petrus. Geh. Ich bin so müde. Geh!«

Also kehrte ich zu meiner Decke zurück, legte mich hin und weinte.

Ich bin ein einfacher Mann, der lediglich das zu tun versucht, was er für richtig hält. Mehr nicht. Einfach und geradeaus, mit aller mir zur Verfügung stehenden Kraft. Aber manchmal war mir der Herr ein solches Rätsel, dass ich anscheinend nicht anders konnte, als falsch zu handeln. Ich begriff ihn einfach nicht. Ich konnte ihn nicht verstehen. Und wenn er sich vollkommen in sich selbst zurückzog, machte mich das stets traurig, kam ich mir so einsam vor – so als ob das ganze Weltall nur von einer einsamen Laterne auf dem Bug eines Schiffes erhellt würde, während darüber tiefe Nacht herrscht und die finstere See darunter liegt; und dann flackert das Licht plötzlich auf und erlischt.

Es tut mir Leid, Maria. Du weißt Dinge, von denen ich keine Ahnung habe – dummer Kerl, der ich nun einmal bin! Verzeih mir, es tut mir Leid, dass du meinetwegen weinen musstest.

36

Sohn des Vaters

Der damaligen jüdischen Lehre zufolge gab es auf Erden zehn Stufen des Heiligen – zehn konzentrische Ringe, wobei die von geringerer Heiligkeit jene von größerer Heiligkeit umschlossen, und in ihrer Mitte, vollkommen dunkel, das Allerheiligste im Tempel.

Das Land Israel selbst war der erste Ring, die erste Stufe des Heiligen.

Jerusalem war der zweite.

In diese beiden Bereiche durfte sich jeder begeben, sei es freiwillig oder durch Zwang, gleichgültig ob er Jude, Samariter oder Heide war; seine Gegenwart minderte nicht die Heiligkeit dieser äußeren Kreise, und wer demütig kam, konnte am Heiligen teilhaben.

Der Tempelberg war der dritte Ring, in dem ein stetes Kommen und Gehen herrschte. Hier wurde Handel getrieben, vor allem der, aus dem sich Tempel und Opferrituale finanzierten.

Der vierte Ring jedoch war für alle Nichtjuden eine unüberwindliche Grenze. Unmittelbar hinter den Säulengängen des Tempels lag der Vorhof der Heiden, ein weiter, gepflasterter Innenhof, der von Proselyten betreten werden durfte, wo ein Pilger ein Opfertier kaufen konnte, wo sogar ein Römer umhergehen konnte, ohne die heiligen Stätten zu verunreinigen oder den Zorn Gottes auf sich zu ziehen.

Innerhalb dieses größeren Hofes aber befand sich eine Brüstung, eine Terrasse, die mit einem steinernen Zaun umfriedet war und nur ein einziges Tor besaß, durch das nur Juden und sonst niemand hindurchgehen durfte. Für alle sichtbar waren entlang dieser Mauer lateinische und griechische Inschriften in den Stein gemeißelt, die Heiden bei Androhung der Todesstrafe den Zutritt untersagten. Diese Mauer, die auf Hebräisch *hel* genannt wurde, war die vierte Stufe des Heiligen.

Die fünfte war der Vorhof der Frauen, innerhalb des Heidenvorhofes gelegen, mit Zugang durch das Tor, das Schönes Tor genannt wird.

Der sechste Ring war der Israelitenvorhof, den Priester und männliche Juden betreten durften, nicht jedoch die Frauen. Hier konnten Laien ihre Opfertiere schlachten und anschließend zerlegen. Die Priester fingen das Blut auf und brachten die Stücke der Tiere zum Brandopferaltar, wo sie für den Herrn verbrannt wurden.

Der Bereich, der unmittelbar den Altar und den eigentlichen Tempel umgab, war allein den Priestern und Leviten vorbehalten. Dies war der siebte Ring, die siebte Stufe des Heiligen auf Erden.

Das kurze Stück vom Altar bis zur Tempelvorhalle war der achte.

Der neunte war die Tempelhalle, in welcher der Räucheraltar, der Tisch für die Schaubrote und die goldenen Kerzenleuchter standen.

Und der zehnte – das Allerheiligste, das vom restlichen Tempel durch einen doppelten Vorhang aus fein gewebtem, blau-purpurscharlachrotem Leinen abgetrennt war –, der zehnte Ring war ein Raum, in dem Gottes unbeschreibliche Heiligkeit unter den Menschen weilte, der *Debir*, ein Raum – zwanzig Ellen tief, breit und hoch – in dem vollkommenes, fürchterliches Dunkel herrschte.

Er wurde nur von einem einzigen Menschen betreten, dem Hohen Priester – und auch das nur einmal im Jahr.

Zehn Tage vor dem Laubhüttenfest – während jener kühler werdenden Septemberwochen nach Datteleernte und Weinlese, in der kurzen Pause, bevor die Aussaat von Gerste und Weizen begann – versammelten sieben Männer aus dem kleinen galiläischen Dorf Jafia ihre Familien, um zum Fest nach Jerusalem zu reisen.

Das war weiter nichts Ungewöhnliches. Zu dem Freudenfest am Ende der Herbsternte strömten Jahr für Jahr Juden aus allen Provinzen – genaugenommen sogar Juden aus aller Herren Länder – in die heilige Stadt. Diese Gruppe von Galiläern jedoch wählte eine seltsame Route nach Süden und legte darüber hinaus unterwegs immer wieder ungewöhnliche Aufenthalte ein. So zogen die Reisenden die Aufmerksamkeit der römischen Behörden auf sich, die sich prompt an ihre Fersen hefteten.

Anstatt nach Südwesten in Richtung Jordan und dann geraden Weges nach Süden zu gehen wie die meisten anderen galiläischen Pilger, zogen sie erst genau nach Süden in die königlichen Besitzungen von Herodes Antipas, wo sie zwei Tage in ihren Zelten blieben, und dann in westliche Richtung direkt auf Cäsarea Maritima zu. Vor den Toren der Stadt kampierten sie noch einmal zwei Tage. Cäsarea war der Sitz des römischen Prokurators von Samaria und Judäa, der allerdings zur Zeit nicht anwesend war. Er hielt sich in Jerusalem auf, wo er wie stets zu den jüdischen Feiertagen im Palast von Herodes dem Großen Hof hielt. Nichtsdestoweniger gingen drei Männer jener galiläischen Gruppe morgens und abends vor seiner Residenz auf und ab, augenscheinlich um sie genau auszukundschaften.

Da schöpften die Römer Verdacht.

Nachdem die Galiläer ihr Lager abgebrochen und sich entlang der Küste auf den Weg nach Süden gemacht hatten, verließ ein kaiserlicher Bediensteter Cäsarea, um dem Prokurator in Jerusalem zehn Kelchgläser aus Kristall zu bringen. Der Mann war ein korpulenter, munterer Höfling, der jedem wohl gesinnt war, ganz gleich ob er Römer oder Fanatiker war. Er fuhr mit einem Wagenlenker in einem Streitwagen, begleitet von zwei bewaffneten Soldaten.

Man hatte beobachtet, wie die Galiläer bei Joppe wieder landeinwärts gegangen waren. Eine einleuchtende Route, die auch der kaiserliche Bedienstete kurz darauf wählte.

Nachvollziehbar war auch der kurze Umweg, den die Galiläer in Scharon, der Küstenebene zwischen Joppe und Lydda, machten. Sie kauften dort sieben Kälber eines Herdenbesitzers, und der römische Höfling besaß genügend Kenntnisse über die jüdischen Rituale, um sie als Opfertiere zu erkennen.

Merkwürdiger war allerdings der Halt, den sie bereits kurze Zeit später, etwa zwölf Meilen östlich von Lydda einlegten. Der Ort, Bet-Horon, befand sich auf dem Höhenzug, der entlang der von der Küstenebene ins unwirtliche Bergland westlich von Jerusalem ansteigenden Straße verlief. Im Laufe des Vormittags hielten die Reisenden an. Die Frauen waren bald in lebhafte Gespräche vertieft. Tratsch, höchstwahrscheinlich. Während ihre Männer sie allein ließen, kümmerten sie sich um die Kinder, ihr Hab und Gut und die Tiere.

Die sieben Männer erstiegen den Bet-Horon-Kamm, was kein schwieriges Unterfangen war – doch zurück gingen sie durch scharfkantige Felsen und Dornbüsche, die so dicht standen, dass ein Römer von beträchtlichem Körperumfang einige Opfer bringen musste, um ihnen zu folgen. Doch wenn er ihnen nicht gefolgt wäre, hätte er auch niemals herausgefunden, wohin die Galiläer gingen: eine schmale Senke, in der sich eine natürliche Kalksteinterrasse und eine Höhle befanden, die vor den Blicken eines Außenstehenden verborgen war.

Der kaiserliche Bedienstete machte gar nicht erst den Versuch, die zerklüftete Felswand hinunterzuklettern. Einen der beiden Soldaten, die mit ihm reisten, hatte er zusammen mit dem Wagenlenker zurückgelassen; der andere legte sich nun neben ihm am Rand des Hanges auf die Lauer und beobachtete, wie weitere vierzehn Juden aus der Höhle auftauchten, die Galiläer begrüßten und sich mit ihnen zum Gespräch niederließen.

Vielleicht Straßenräuber, die sich die Höhle hier als Versteck gewählt hatten. Oder Umstürzler.

Die Zusammenkunft dauerte eine Stunde, und wäre sie nicht gestört worden, hätte sie wohl bis in den Nachmittag hinein angedauert.

Das Gespräch wurde von einem einzigen Räuber dominiert, einem ebenso hageren wie graziösen Mann. Er war ganz behende. Er machte beim Sprechen allerhand Gesten, ein hitziger Kerl, sogar für römische Ohren außerordentlich beredt – und, ja, ein Aufrührer! Wenn er lauter sprach, konnte man hören, wie er alles Heidnische schmähte.

». . . eifersüchtig!«, rief er. »Eifersüchtig über die Gesetze des Herrn wachen, das Geld der Heiden und ihre Steuern verabscheuen . . .«

Urplötzlich verspürte der kaiserliche Bedienstete ein heftiges Verlangen zu niesen. Gleichzeitig begann er aus jeder Pore seines Körpers zu schwitzen, und bald rann ihm der Schweiß in die Augen. Er hatte soeben erkannt, wer der Redner war – und das Glück, eine solche Entdeckung gemacht zu haben, brachte ihn ganz aus der Ruhe.

Dort saß der Sohn eines bekannten Jerusalemer Rabbis, eines Mannes, dessen Hass auf Rom so unbändig und unerschütterlich war, dass es in diesem ganzen Volk von Hassern keinen gab, dessen Verachtung sich mit seiner messen konnte. Außer seinem Sohn – eben jenem Redner, den er jetzt vor sich sah! Der Vater war ein Unruhestifter, aber sein Sohn war wild und gefährlich, ein Mörder, der imstande war sogar Juden anzugreifen, wenn diese weniger Eifer als er besaßen. Er war so berüchtigt, dass man ihn allgemein nur unter einem Namen kannte, der eigentlich keiner war: »Sohn des Rabbis«, nannte man ihn, und »Sohn des Vaters«.

Ha, was für ein Schlangennest! Sieben Galiläer, vierzehn Zeloten – und ein Anführer! *Der* Anführer! Der schwergewichtige römische Höfling wandte sich zu seinem Begleiter um und flüsterte: »Kennst du den Mann dort? Das ist Barabbas!«

Dann nieste er – einmal, zweimal, dreimal –, er konnte es nicht unterdrücken. Er hob den Kopf, und vor ihm stand, sein kurzes Schwert gezückt, der Umstürzler namens Barabbas.

Der Römer versuchte dem kaltherzigen Juden, der auf ihn herabstarrte, ein friedfertiges, freundliches, wohlwollendes Lächeln entgegenzubringen, doch irgendwie gelang es ihm nicht. Dann spürte er, wie die Schwertklinge in seinen Hals fuhr.

Das Römische Reich wurde damals von Tiberius Claudius beherrscht. Kaiser Augustus hatte ihn, um die Wahl seines Nachfolgers nicht dem Zufall zu überlassen, vor seinem Tod adoptiert.

Als er an die Macht kam, war Tiberius bereits sechsundfünfzig Jahre alt. Er hatte sich entschlossen, das Reich, das Augustus geschaffen hatte, nicht weiter zu vergrößern, sondern es zu erhalten und zu stärken. Vom Beginn seiner Herrschaft an war es sein Ziel, sämtliche römischen Provinzen nicht nur unter einer Regierungsgewalt zu vereinen, sondern auch unter einem geistigen Dach zusammenzubringen. Zu diesem Zweck hielt er jedes Volk seines Reiches dazu an, den toten Augustus als Göttersohn zu verehren, als einen Mitgott, egal, zu welchen Göttern sie sich auch sonst bekennen mochten. Tiberius hoffte in der Gestalt des Augustus ein Symbol, eine Kraft zur Bündelung der Ergebenheit sämtlicher Stämme und Sprachen des Reiches durchzusetzen.

Wenn die Menschen Augustus beschworen, würde der Staat ihre Seelen im Griff haben.

Aus diesem Grunde stießen fremde Kultgemeinschaften beim Kaiser auf Ablehnung. Die Juden wussten nur allzu gut, dass seine Politik eine schreckliche Bedrohung für sie darstellte, deren Gesetze nur einen Gott zuließen. Jerusalems geistige Führer unterzogen daher jeden neuen Erlass, der von Rom ausging, einer äußerst gründlichen Prüfung. Und die Legionen, die ins Land strömten, die Zenturionen, Legaten, Prokuratoren – jeder römische Neuankömmling gab dem Sanhedrin und den Priestern, die in eng gesteckten Grenzen die Gewalt über die Juden innehatten, neuen Anlass zur Besorgnis.

Druidische Riten und Bräuche hatte Tiberius bereits im ganzen Reich verbieten lassen. Außerdem hatte der Kaiser vor einem Jahrzehnt – angeblich aufgrund der skandalösen Vorgänge dort – den Tempel der ägyptischen Muttergottheit Isis zerstören lassen. Danach hatte er ihre Priester öffentlich kreuzigen lassen und die ganze Bevölkerung aufgefordert, die qualvolle Hinrichtung mit anzusehen.

In Rom selbst hatte Kaiser Tiberius, als ihm das Gerücht zu Ohren gekommen war, vier Juden hätten sich verschworen, die Reichtümer einer Römerin zu stehlen, die gesamte jüdische Gemeinde aus der Stadt vertreiben und in die Verbannung schicken lassen.

Keiner war sicher vor solchen Übergriffen, und man konnte weder Einspruch noch Berufung dagegen einlegen. Und was noch schlimmer war: Die Römer drangen immer weiter ins Heilige ein, kamen dem Allerheiligsten immer näher.

In den letzten Jahren nämlich hatte man in Rom Pontius Pilatus zum Prokurator für Samaria und Judäa bestellt, einen unverschämten und gottlosen Menschen. Erst kürzlich hatte er begonnen, Münzen mit heidnischen Symbolen für seine Provinzen prägen zu lassen. Den Juden blieb keine andere Wahl: Sie mussten diese Münzen benutzen, sie berühren, entgegennehmen, damit bezahlen. Die Absichten des Prokurators waren kein Geheimnis – er beabsichtigte, und sei es durch Spott und Hohn, den Juden die wenigen Privilegien zu nehmen, die ihnen noch aus der Zeit Herodes' des Großen verblieben waren.

Dieser Prokurator wollte die Gesetze, durch die die Juden sich noch unterschieden, aufheben.

Pontius Pilatus hatte seinen Regierungssitz in Cäsarea Maritima, doch es war Jerusalem, dem er größere Aufmerksamkeit schenken musste. Unmittelbar nach seiner Ankunft befahl er seinen Truppen, ihr Lager innerhalb der Stadtmauern aufzuschlagen – im zweiten Ring der Heiligkeit.

»Hängt eure Insignien hoch«, befahl er seinen Offizieren. »Alle Juden sollen die Symbole des Kaisers darauf erkennen können.«

Und das taten sie. Sie reagierten sofort mit schärfstem Protest.

Pharisäer, Zeloten, Schriftgelehrte – Männer, die eifersüchtig über die Gesetze Gottes wachten, gingen zum Sitz des Prokurators und protestierten auf der Straße heftig gegen ihn.

Pilatus drohte ihnen, sie an Ort und Stelle niedermetzeln zu lassen.

Doch sie gaben nicht nach, schrien nur noch lauter. Ein alter Rabbi trat einem jungen Soldaten von Angesicht zu Angesicht gegenüber, worauf dieser zögernd sein Messer zog. Der Rabbi riss mit einem Ruck seinen Umhang auf, packte den Soldaten beim Handgelenk und führte dann die Klinge über seinen hageren Brustkorb, so schnell, dass der entsetzte Soldat keine Zeit hatte, seine Hand zurückzuziehen.

Der Rabbi stand ungerührt blutend da und seine Augen funkelten vor frommem Eifer. Es war der gleiche wilde Blick, den alle diese jüdischen Protestierenden hatten. Als der frisch ernannte Prokurator sah, dass sie tatsächlich bereit waren zu sterben, gab er nach und befahl, die anstößigen Symbole aus ihrer heiligen Stadt entfernen zu lassen.

Pontius Pilatus ließ nach diesem Vorfall im Umgang mit den Provinzbewohnern größere Vorsicht walten, jedoch ohne sich dabei allzu große Zurückhaltung aufzuerlegen. Er traf auch weiterhin einige Juden durch sein Verhalten ganz empfindlich – mit mehr Umsicht zwar, aber eben auch mit Grausamkeit – und wenn es nötig war, ging er auch über Leichen.

Im siebzehnten Jahr der Herrschaft von Kaiser Tiberius, während des jüdischen Laubhüttenfestes, gab Pontius Pilatus im Palast von Herodes dem Großen den Befehl zur Hinrichtung sieben galiläischer Männer.

»Notwendige Vergeltungsmaßnahmen«, sagte er. »Der Mord an einem kaiserlichen Bediensteten und römischen Bürger darf nicht ungestraft bleiben.«

Zehn Soldaten, die mit Messern, Speeren, Schwertern, Schilden, Helmen, Beinschienen und Brustpanzern ausgerüstet waren, marschierten in Reih und Glied zum Palasttor hinaus. Den Blick starr nach vorn gerichtet, eine eiserne militärische Einheit – so marschierten sie durch die Stadtmitte ins Tal hinab und wieder hinauf zu den an der Südseite des Tempelkomplexes gelegenen Hulda-Toren. Ohne dort Halt zu machen, gingen sie durch die Königliche Halle auf den Vorhof der Heiden, auf dem sich die Pilger drängten. Man wich hastig vor ihnen zurück, machte den grimmig voranschreitenden Soldaten eilig den Weg frei. Einige riefen nach der Tempelwache, andere wieder schleuderten den Römern Flüche und Schimpfwörter hinterher. Die bewaffneten Soldaten jedoch gingen weiter, ohne sie auch nur eines Blickes zu würdigen. So geschwind, dass niemand vor ihrem Kommen warnen konnte, marschierten sie durch das Schöne Tor und an der vierten Stufe der Heiligkeit, der Balustrade, vorbei erst in die fünfte und dann in die sechste: den Israelitenvorhof.

Dort schlachteten sieben Galiläer ihre Opferkälber. Bis auf eines waren bereits alle getötet, und das letzte hatte die Klinge bereits an der Kehle. Drei der Tiere wurden gerade zerlegt, und ihr Blut lief durch die Rinnen im Tempelpflaster – dunkle Ströme, die ostwärts durch ein unterirdisches Kanalsystem ins Kidrontal flossen und es fruchtbar machten.

Der Anführer des Trupps schrie nur einen einzigen, kurzen Befehl.

Ansonsten herrschte plötzlich vollkommene Stille – ganz so, als würde die Welt angesichts eines Wunders stillstehen. Was die Menschen lähmte, war jedoch blankes Entsetzen, so unvorstellbar war die Anwesenheit von Heiden an diesem Ort. Niemand, weder Priester noch Israelit, brachte auch nur ein Wort hervor. Alle standen regungslos da.

Und während dieser befremdlichen Ruhe führten die Soldaten den Befehl ihres Hauptmanns aus – zügig und gewandt traten sie hinter die Galiläer und durchtrennten sechs Kehlen. Das Blut der Männer vermischte sich mit dem Blut der Kälber, ihrem Opfer.

Der Anführer ging auf den siebten Galiläer zu, der kreidebleich und mit offenem Mund dastand. Er sah so jung und unschuldig aus, ungewöhnlich für einen jüdischen Umstürzler.

Ungerührt fragte der Hauptmann: »Mit wem habt ihr euch in Bet-Horon getroffen?«

»Keine Ahnung.« Die hohe, brechende Stimme eines Jugendlichen.

Der Hauptmann gab ihm eine Ohrfeige. »Wer hat den Bediensteten des Prokurators ermordet? Und die zehn Kristallpokale gestohlen?«

Der Junge machte eine Geste der Unschuldsbeteuerung. »Wirklich, ich kenne den Mann nicht.«

Der Hauptmann schlug ihn erneut.

»Ich habe keine Ahnung, wie er heißt!«, rief der Junge. »Sein Name ist nie gefallen! Ich weiß ja nicht mal richtig, was wir eigentlich dort gemacht haben!«

»Du hast ihn also gesehen?«

»Ja, sicher!«

»Du kannst mir also mehr über diesen Mörder erzählen, ja?«

Zitternd stand der halbwüchsige Galiläer da, seine Füße riesig, seine Beine aber nur Haut und Knochen. Sie würden brechen wie trockene Äste. »Der Name, mit dem sie ihn angeredet haben, könnte auf jeden zutreffen«, jammerte er. »›Sohn des Vaters‹ haben sie ihn genannt.«

»Auf Hebräisch?«

»Ja.«

»Also Bar-abbas?«

»Ja.«

»Gut.« Der Hauptmann griff mit den Fingern seiner Linken in das Haar des verängstigten Aufständischen. »Und wie heißt du?«

»Gimel«, sagte der junge Mann leise, »weil ich früher gekrümmt war – wie der hebräische Buchstabe Gimel.«

»Nun, Gimel, es sollte dich nicht überraschen, dass die Morde von Barabbas auch den Tod von Juden verursachen.«

Und mit seiner Rechten schnitt der Römer auch ihm die Kehle durch. Das Blut rann mit dem seiner Brüder auf die Erde des Kidrontals.

Dreimal innerhalb von zwei Wochen berief der Hohe Priester den Rat der Juden ein, um mit ihm die Verschlechterung der Beziehung zwischen Römern und Juden zu besprechen. Ort der Zusammenkunft war die Quaderkammer unter dem Israelitenvorhof, ein kalter Raum mit mächtigen Säulen, der nur von Lampen ein wenig erhellt wurde.

Das erste Treffen des Rates fand unmittelbar nach der Hinrichtung der Galiläer statt, eine hastige mittägliche Zusammenkunft, bei der gerade einmal vierzig Mann anwesend waren. Die anderen dreißig Ratsmitglieder waren irgendwo in der Provinz unterwegs oder wussten noch nicht, dass Heiden in die heiligen Stätten der Juden eingedrungen waren.

Der Hohe Priester Kaiphas ließ den anderen eine Stunde Zeit, ihren Gefühlen Luft zu machen. Während er selbst schweigend dasaß, liefen Priester und Pharisäer jammernd und klagend in der Kammer umher und verurteilten das begangene Sakrileg; sie flehten Gott an, er möge die Heiligkeit seines Namens bewahren. Was die meisten dieser Männer so erboste, war nicht allein der Mord an den Galiläern, sondern viel mehr noch die Entweihung des Tempels.

Endlich ergriff Kaiphas das Wort. Mit ruhiger Redekunst und einer wohl überlegten Abfolge von Vernunftgründen gab er den Ratsmitgliedern zunächst Recht in der Frage, die sie so bewegte, lenkte aber dann ihre Aufmerksamkeit auf einen anderen Feind.

»Im Vorhof der Israeliten haben zehn römische Soldaten sieben Galiläer getötet. Deshalb seid ihr wütend auf die Römer. Und nicht zu Unrecht. Doch was könnt ihr dagegen unternehmen?

Mitglieder des Sanhedrin, wir müssen sachlich bleiben. Wer gibt uns denn das Recht, Urteile zu sprechen? In Glaubenssachen Gott, gewiss. Und es handelt sich hier um eine Glaubenssache. Andererseits können wir aber unsere Religion und den gesamten Dienst hier im Tempel nur insofern frei ausüben, als uns diese Freiheit von den Römern zugestanden wird. Bei allem, was das römische Recht und die Herrschaft über die Juden als *Volk* angeht, sind wir vollkommen vom Kaiser und dem Prokurator dieser Provinz abhängig: von Pontius Pilatus – und der war es, der den Soldaten befohlen hat, unser Heiligtum zu betreten.

Ich möchte euch nun, wenn ihr erlaubt, einige Fragen stellen. Erstens: Was geschieht mit unseren Befugnissen, wenn Rom beschließt, uns die Erlaubnis, die sonst kein Volk in diesem Reich besitzt, zu entziehen? Zweitens: Was erregt das Missfallen der Römer mehr als umstürzlerische Reden? Und was stachelt ihren Zorn mehr an als aufrührerische Taten? Drittens: Wer ruft lauter nach Revolte als die Zeloten? Und als *alle*, die einen Messias militärischer Natur haben wollen? Mitglieder des Sanhedrin, *das* sind die Gefährlichen! Wenn diese Menschen – über die wir immerhin noch einige Macht haben – nicht in Schach gehalten werden, dann sind unser Einfluss, unsere Herrschaft, der Tempel und die ganze Gottesdienstordnung verloren. Es wäre nicht das erste Mal.

Vierte Frage: Und woher kommen die schärfsten Zeloten, die unseren Sitz der Macht hier gefährden? Nun, aus Galiläa! Immer aus Galiläa.

Meine Brüder, die sieben Männer sind selbst nicht ohne Schuld gewesen. Die Römer mögen nicht unsere Freunde sein, ganz sicher fließt nicht unser Blut in ihren Adern – doch sind sie es, die wir beschwichtigen müssen, auch wenn wir dabei die Feuer der Radikalen, die *tatsächlich* unsere Blutsverwandten und Kinder sind, ersticken müssen.

Das, ihr Herren, ist das, was zweckmäßig ist«, schloss der Hohe Priester.

Dann stand er auf und fügte hinzu: »Geht hinaus. Geht gleich zu den Priestern und den Menschen in den Vorhöfen des Tempels. Besänftigt sie. Dann begebt euch zu den Menschen in Jerusalem, zu seinen Bewohnern und auch zu den Pilgern, und beschwichtigt auch sie. Beruhigt sie durch eure eigene Gelassenheit. Ich werde einen triftigen Grund für die Hinrichtung der Galiläer durch Pilatus finden, irgendetwas, womit wir die Fragen der Pilger zufriedenstellend beantworten können. Doch ihr müsst ihre Herzen auf die Einhaltung des Festes lenken. Erinnert sie daran, dass wir das freudigste unserer Feste begehen. Geht nun.«

Während der folgenden Stunden verteilten sich die Ratsmitglieder in der Stadt, zeigten Gesichter wohlwollender Freundlichkeit, spendeten Worte des Trostes, gaben Versprechen auf Beständigkeit.

Nein, nein, es sei alles in Ordnung, sagten sie. Der Tempel sei gereinigt worden. Das Opfer gehe weiter. Niemand brauche zu zögern. Es bestehe für niemanden Gefahr. Es sei ein Einzelfall gewesen, beteuerte der Rat. Die Galiläer selbst hätten die Schuld an ihrer Verurteilung getragen.

Was hatten sie denn getan?

Nun, sie hatten abscheuliche Verbrechen begangen. Was für Verbrechen? Die Priester und die Ältesten versicherten den Menschen, dass sie ihnen, sobald sie dazu in der Lage wären, die Art ihres Vergehens mitteilen würden. Ganz bestimmt.

Am nächsten Morgen rief der Hohe Priester in aller Frühe den Rat erneut zusammen. Dieses Mal waren alle siebzig Mitglieder anwesend.

Kaiphas ergriff das Wort: »Pontius Pilatus hat mir gesagt, es sei bewiesen, dass die Galiläer einen kaiserlichen Beamten ermordet haben, einen unschuldigen Höfling, einen römischen Bürger, der bei dem Prokurator in Cäsarea in Diensten stand.«

»Bewiesen? Wo hat er denn Beweise her?«

»Ein Wagenlenker und ein Infanterist haben die Leiche des Beamten gefunden. Er war den Galiläern bei Bet-Heron in die Berge gefolgt. Als es spät wurde und er immer noch nicht zurück war, haben sie sich auf die Suche nach ihm gemacht. Man hatte ihm die Kehle durchgeschnitten. Er war, in ihren Worten, eine schwere Leiche in schwierigem Terrain. Deshalb dauerte es eine Weile, bis sie ihn hinausgeschleppt hatten.«

Kaiphas sprach langsam, voller Umsicht, Ruhe und Erfahrung. Er saß auf einer steinernen Bank, in das weiße Leinen seines Amtes gekleidet, und rieb sich das Kinn. Private Leidenschaften waren ihm fremd. Sein Interesse galt eher dem reibungslosen Funktionieren öffentlicher Maschinerien.

»Aber hat dieser Wagenlenker den Mord auch gesehen?«, wandten einige Pharisäer ein. »Und wenn nicht, wie kann er dann wissen, wer ihn begangen hat?«

»Eine ausgezeichnete Frage«, sagte Kaiphas. »Aber Pilatus weiß durch das Geständnis des einen Galiläers, dass sie in die Berge gegangen waren, um dort den Mann zu treffen, den die Leute ›Sohn des Vaters‹ nennen.«

»Barabbas? Den Hitzkopf und Unruhestifter?«

»Genau den.«

»Der ist ein dreister Räuber! Ein gewitzter Dieb! Geißel der Kaufleute und Römer. Und die Menschen bewundern ihn.«

»Das tun sie. Obwohl sie es besser nicht täten.«

»Tja, aber er gibt einem armen Juden Hoffnung. Er lässt alte Männer wieder jung werden, indem er ihr Blut in Wallung bringt.«

»Er macht Juden zu Zeloten«, erklärte Kaiphas, »und er beunruhigt die Römer, was mich wiederum sehr beunruhigt.«

»Aber die Menschen bewundern ihn!«

»Wohl wahr. Und je mehr, desto größer wird die Gefahr, die er für uns darstellt.«

»Wie gedenkst du dann mit ihm fertig zu werden, ohne einen Aufruhr zu verursachen?«

»Brüder, ich schlage vor, dass wir den einen unserer Feinde gegen den anderen aufhetzen, während unser Interesse geheim und unsere Weste weiß bleibt.«

In der Quaderkammer machte sich Schweigen breit. Der gesamte Rat, der sich der Spannung in den gegenwärtigen Ereignissen eben so sehr bewusst war wie der Hohe Priester selbst, stimmte dessen Absichten schweigend zu, auch wenn sie noch nicht offen seinen Vorschlag unterstützten.

»Indirekt, ohne etwas zu versprechen oder mich zu etwas zu verpflichten«, fuhr Kaiphas fort, »habe ich dem Prokurator angedeutet, dass wir vielleicht die Verstecke des Zeloten kennen und ihm ihre Lage – wiederum mit Hilfe von Andeutungen – eventuell mitteilen könnten.«

»Damit würdest du ja den Römern dienen!«

»Ich würde den Tempel retten! Um die Heiligkeit des Tempels zu erhalten, wäre mir jedes Mittel recht!«

»Aha! Und ich nehme an, dass du mit deinem feinen Leinen auch den Aufenthaltsort dieser Ratte Barabbas ermitteln kannst, ja?«

»Ich schlage Folgendes vor«, sagte Kaiphas. »Fragt den Rabbi. Und wenn der Rabbi, sein Vater, uns das Versteck seines Sohnes nicht preisgeben will, dann werden wir den Rabbi deswegen tadeln.

Wir werden Rom mit dem *Vater* bekannt machen, dann können die Römer mit ihm verfahren, wie sie wollen.«

Zwei Wochen später versammelte sich der Rat erneut in der Quaderkammer.
Das Laubhüttenfest war inzwischen ohne weitere Vorfälle zu Ende gegangen. Die Pilger – über einhunderttausend Menschen – hatten sich auf den Heimweg gemacht, und Jerusalem gehörte wieder ganz den Einwohnern, fünfzigtausend an der Zahl. Das weiße Pflaster seiner Straßen war vom Unrat der Beter gereinigt und wieder zu seinem gewöhnlichen Treiben zurückgekehrt. Auch Pontius Pilatus war über die Bet-Horon-Straße nach Cäsarea zurückgekehrt und mit ihm ein Großteil seiner Soldaten.
Der Sanhedrin hatte sich zu einer planmäßigen Sitzung versammelt, und es gab einen Tod und eine Verhaftung zu besprechen.
Der Mann, den die einfachen Leute »Sohn des Vaters« nannten, war entdeckt und in eine Zelle unter dem Palast von Herodes dem Großen gesteckt worden. Das war die Verhaftung.
Der Vater selbst aber, der bekannte Rabbi, war mit der entschlossenen Beharrlichkeit eines unverminderten Hasses gestorben. Was das Versteck seines Sohnes anging, hatte er völliges Stillschweigen bewahrt. Die Römer sahen sich gezwungen ihn hinzurichten und Barabbas auf ihre brutale Weise selbst zu finden.

Vor einem kleinen Haus aus getrocknetem Lehm stand ein Zenturio. Um Fenster, Türsturz und Pfosten herum war das Haus schwarz von Ruß, und seine halb verkohlte Tür lag auf der Straße. Aus dem Inneren stiegen noch immer Rauchfahnen in den blauen Himmel auf. Das Dach war fort. Die Balken und das Astgeflecht waren verbrannt, der Lehm selbst war ins Haus gestürzt. Der Asche entströmte ein stechender Geruch.

»Ob du sie siehst oder nicht«, rief der Zenturio, »aber meine Truppen haben dich von allen Seiten umstellt. Steh auf und komm heraus, oder wir kommen hinein, und dann wirst du nie wieder aufstehen können.«

Der Zenturio wartete. Er senkte den Kopf und seufzte. Sein Name war Longinus, und er war seit neunzehn Jahren Offizier der Armee, war von einer Einheit zur nächsten versetzt und dabei nach und nach befördert worden. Inzwischen war er alt und sehr müde. Seine Männer stammten aus Gallien, während er selbst römischer Bürger war. Die gallischen Soldaten kannten einander sehr gut. Von ihm kannten sie Disziplin, den Hieb seiner Weinrute auf ihrem Rücken, absoluten Befehl und Gehorsam, doch den Menschen kannten sie nicht. Das sollten sie natürlich auch nicht. Und doch war er auch der Einsamkeit müde.

Plötzlich sah der Offizier, dass sich die Tür auf der Straßenseite bewegte. Sie glitt ein Stück zur Seite, Staub wirbelte auf.

»Was war das?«, rief Longinus. »Soldat, die Tür hat sich bewegt. Heb sie hoch. Vorsicht – das Holz schwelt noch!«

Um das ausgebrannte Haus herum standen in einer Reihe die bewaffneten Soldaten, ihre Brustpanzer und Helme funkelten in der Sonne. Einige standen krumm da, andere wieder in Habt-Acht-Stellung, und zusammen erinnerten sie an einen kaputten Holzzaun.

Die Soldaten, die am dichtesten bei Longinus standen, gingen zu der Tür hin, fassten sie vorsichtig an der Seite und hoben dann langsam das eine Ende hoch. Die Tür bestand aus drei schweren Bohlen, die oben, in der Mitte und unten durch Querbalken zusammengehalten wurden.

»*Di meliora*!«, sagte der Zenturio leise; dann schrie er: »Ja nicht fallen lassen!« Er lief zur Tür und kniete in ihrem Schatten nieder.

Darunter lag ein Kind, ein Mädchen. In ihren Haaren klebte Blut, und auch ihr Unterkörper und die Beine und Fußsohlen waren mit Blut und Ruß beschmiert. Ihre schmalen Schultern, weiß wie Alabaster, waren unversehrt und makellos sauber – ihre Hände aber waren vom Feuer versengt. Sie atmete, war aber ohne Bewusstsein.

Als er das Kind auf den Arm nahm, waren es seltsamerweise diese zarten, nackten Schulten, die dem Zenturio am meisten das Herz brachen. Er blickte wütend zum Haus und brüllte mit heiserer Stimme: »Sind dir die Menschen, die deinetwegen leiden, völlig egal? Hier ist ein Kind, das stirbt, weil du es in deinem Haus versteckt hast. Komm raus, du *scelus*! Komm raus und sieh nach, ob sie deine Schwester ist oder nur ein weiteres jüdisches Opfer!«

Longinus spürte, wie die Tränen in seinen Augen brannten. Er war einfach zu alt für so etwas.

Aus dem Haus ertönte eine Stimme: »Wer tötet hier Kinder?« Und dann laut, dröhnend: »Wer hat denn sämtliche Dörfer rund um Bet-Horon niedergemetzelt? Ein Jude oder ein Heide?«

Die Stimme wurde von runden, hohlen und offensichtlich verputzten Wänden verstärkt. Longinus hatte den Flüchtigen also in die Enge getrieben.

»Zumindest war es ein Jude«, rief er zurück, »der unsere notwendige und gerechte Antwort ausgelöst hat!«

»Ach, Römer! Eine ganze Kohorte geht auf einen einzigen Mann los! Zehn Zenturionen, eintausend Soldaten, die die Gegend durchkämmen, Menschen auf der Straße niederknüppeln und ihre Häuser in Brand stecken. Ihr Römer! Soll das etwa eine gerechte Antwort sein?«

Mit der einen Hand presste Longinus das Kind an seine Brust; mit der anderen winkte er seine Leute in den winzigen Vorhof des Hauses, wobei er mit den Lippen das Wort *Zisterne* formte. Sie bewegten sich langsam und geräuschlos zu dem Loch, das einst eine Tür gewesen war – vier mit Speeren und vier weitere mit Schwertern.

Longinus schrie: »Aber um den Kohorten Einhalt zu gebieten, hätte sich nur ein einziger Jude ergeben müssen. Du, Barabbas, du Held des Volkes – aber dein Hals war dir wichtiger als die Sicherheit der anderen. Und weißt du, was nun passiert? Nun werde ich einmal in die Hände klatschen und man wird dir das Genick brechen; und du wirst nichts gewonnen haben.«

Es war sein Ernst. Er hatte diese Zeloten, die ihr Anliegen für heiliger als menschliches Leben hielten, gründlich satt. Zerstörerische, hasserfüllte Leute. Religiöse Fanatiker! Und blind für den Segen römischer Ordnung, römischer Straßen und des von Augustus herbeigeführten Friedens in der Welt!

Der achte Soldat war soeben in die stinkende Hütte gekrochen. Der Zenturio schob das Kind so, dass er es mit einem Arm halten konnte und den anderen frei hatte, um diesen Aufständischen zu Tode zu prügeln.

Doch da hustete die Kleine. Sie schlug die Augen auf und hob den Kopf. Doch dann sah sie den Ausdruck im Gesicht des Mannes, der sie hielt, und begann zu schreien – kräftige, durchdringende, angsterfüllte Schreie: »Mama! Mama! Mama...«

Augenblicklich kam aus dem Haus ein wildes Brüllen, das noch lauter als das Kreischen des Kindes war: »Römischer Schakal! Was tust du?«

Und über die Mauer gesprungen kam der Zelot Barabbas, schlank, athletisch, wütend. Er landete direkt vor dem Zenturio. Doch bevor er auch nur Luft holen konnte, hatten ihn zehn Soldaten gepackt, seine Beine gefesselt und ihm die Arme hinter dem Rücken verschnürt.

Das Kind verstummte angesichts dieser Rohheit und begann in den Armen des Zenturios zu zittern.

»Nichts«, sagte Longinus. »Ich tue nichts, außer dass ich ein Kind in meinen Armen wiege, das Angst vor mir hat. Nichts, das so bedeutend ist, wie das, was du tust.«

In Barabbas' schneidender Stimme lag unverhüllter Hass, als er sprach: »Sie hat versucht die Tür zu öffnen, Römer, und mich aus dem Feuer zu retten, das deine Leute gelegt haben. Aber die Tür stand innen in Flammen. Ich konnte nicht herankommen. Und dann fiel sie nach außen.«

»Weißt du, wer das Mädchen ist?«

»Sie ist eine Jüdin.«

»Gut, aber kennst du sie?«

»Alle Juden sind mir lieb und teuer.«

»Ja, ich weiß schon: Du bist ein großer Mann, und sie ist nur eine Jüdin. Ein jüdisches Kind. Ein Mädchen. Ist dir der einzelne Jude auch lieb und teuer?«

Barabbas hielt inne und blickte das Kind an. »Sie ist die Tochter meiner Schwester.«

»Gut«, sagte Longinus. »Ich bringe sie zu deiner Schwester. Und wo wohnt deine Schwester?«

»Meine Schwester ist tot. Meine Brüder sind tot. Unser Vater ist vorgestern gestorben. Nur unsere Mutter lebt noch. In Jerusalem. Vielleicht wirst du sie verschonen, wenn sie ein Kind ernähren muss. Aber vielleicht wirst du sie auch beide töten.«

»Barabbas«, sagte Longinus. Er war zu müde, um zu streiten, zu alt und zu einsam, um den kalten Hass dieser aufständischen Provinzbewohners noch länger ertragen zu können. »Nur für die Akten: Wie lautet dein richtiger Name? Ich werde meinen Bericht schreiben, und dann sind wir ein für alle Mal miteinander fertig.«

Barabbas spuckte nur verächtlich auf den Boden.

Der Zenturio seufzte. »Dann sag es mir wenigstens um deiner Nichte willen, damit ich sie nicht bei der falschen Familie unterbringe – wie lautet dein Name?«

Barabbas, der gefesselt am Boden kniete, verzog sein Gesicht in echtem Schmerz. »Jehoschua«, sagte er, wobei er seinen Namen auf Hebräisch und in ganzer Länge aussprach: Jehoschua – »Jahwe ist Erlösung«.

Das Mädchen streckte seine kleine, blutige Hand aus. »Jeschi, Jeschi«, sagte sie leise. »Jeschua.«

Longinus wandte sich an den Soldaten, der auf einer Schreibtafel Notizen machte. Er diktierte Zeit, Datum und Ort der Verhaftung, dann wiederholte er den Namen des Gefangenen in seiner eigenen Sprache: »Jesus Barabbas«, sagte Longinus. »Der Name des Gefangenen lautet Jesus.«

37

Nach Jerusalem

Judas

Als er von Barabbas' Verhaftung erfuhr, rief Judas Iskariot entsetzt: »Das Volk! Die Leute!«
Plötzlich begriff er! Endlich konnte er es verstehen! Die Erkenntnis traf ihn wie ein Blitzstrahl. Er hätte bei der Eingebung beinahe geweint. Wieso nur hatte er es zuvor nicht so deutlich erkannt?

Er war in Peräa einem Freund aus Judäa begegnet, einem Zeloten.

Mitte Oktober hatte Jesus mit seinen Jüngern nördlich von Pella den Jordan überquert. Sie zogen gerade durch die nördlichen Regionen Peräas, als der junge Zelot aus Jerusalem ankam und Judas beiseite nahm, um ihm die schrecklichen Neuigkeiten mitzuteilen: Zuerst hatte Pontius Pilatus einige Galiläer im Tempelbezirk überrascht und ihr Blut mit dem ihrer Opfer vermischt; danach hatte der Prokurator sich in den Orten rings um Bet-Horon auf die Suche nach Barabbas gemacht, die Menschen dort gequält, ja, sogar ihre Kinder getötet, nur um zu erreichen, dass der Rebellenführer sich ergab. Barabbas selbst war in einem winzigen Ort gefangen genommen worden.

»Ein winziger Ort«, sagte der Zelot, »ein verlassenes Haus, bis auf die Grundmauern niedergebrannt ...«

Schlagartig wurde Judas der ganze Plan klar. Er schlug sich mit der flachen Hand an die Stirn. »Die Menschen!«, rief er.

»Das hätte in Jerusalem passieren müssen«, sagte er, noch ganz verwirrt von der plötzlichen Erkenntnis. »Dann wären hunderttausend Juden dabeigewesen. Wenn es vor ihren Augen geschehen wäre, dann wären sie zum Aufstand bereit gewesen! Vorbereitet! Aber die Galiläer waren es nicht. Barabbas hat den entscheidenden Augenblick um eine Woche verpasst. Es hätte während des Laubhüttenfestes geschehen sollen. Fromme Zeit, frommer Ort, fromme Menschen, das ganze Volk, Menschenmassen aus aller Herren Länder, von den Offenbarungen Roms empört und kampfbereit! Ja!«

Der Plan gab Judas genug Stoff zum Nachdenken.

Vielleicht wäre es nur ein Traum geblieben, ein weiterer Plan zur Rettung Israels, wären da nicht die Ereignisse des folgenden Tages gewesen.

Eine Gruppe Pharisäer aus dem Südteil der Provinz Peräa sahen Jesus mit seinen Jüngern. Sie erkannten ihn und blieben stehen, um sich mit ihm zu unterhalten. Ausnahmsweise schien es so, als wollten sie tatsächlich behilflich sein.

Sie waren zu dritt. In einem von ihnen erkannte Judas sogar einen Anhänger von Johannes dem Täufer. Judas hatte selbst einmal erwogen, Johannes zu folgen. Seine Kühnheit und die Schärfe seiner Reden hatten ihn beeindruckt. Doch um der Wahrheit die Ehre zu geben – Johannes war ein abweisender Mensch, der nicht in der Lage zu sein schien, den Beitrag anderer anzuerkennen, die persönlichen Eigenschaften, die jemand wie Judas in die Gruppe einbrachte.

Als Jesus den Pharisäern seinen Gruß entboten hatte, sagten diese mit einigem Nachdruck zu ihm: »Lehrer, es wäre besser, wenn du von hier verschwinden würdest. Geh nach Norden in das Zehnstadt-Gebiet oder nach Samarien im Westen, aber bleib auf keinen Fall im Machtbereich von Herodes Antipas. Er will dich töten. Er hat es selbst gesagt. Heutzutage sind Könige nervöser denn je, und die Herrscher beraten sich untereinander. Die Zeiten sind gefährlich für Menschen, die das Wohlwollen des Volkes genießen.«

Jesus lächelte. *Sein Blick ist so undurchschaubar wie der einer Katze*, dachte Judas. Wie gelassen er doch ist – fast spöttisch angesichts von Gefahr!

»Ihr habt also Gelegenheit, mit Herodes zu sprechen?«, wollte Jesus wissen.

»Hin und wieder.« Die Pharisäer nickten.

Auch Jesus nickte, noch immer lächelnd, und sagte: »Geht und sagt diesem Fuchs: *Ich treibe böse Geister aus, heile Kranke, heute und morgen, und am dritten Tag werde ich am Ziel sein. Aber heute und morgen und auch am Tag danach muss ich meinen Weg gehen. Denn ein Prophet kann nur in Jerusalem umkommen.* Sagt ihm dies wortwörtlich.«

Jetzt lächelten die Pharisäer nicht mehr, und ihr Bedürfnis zu plaudern war auch verschwunden. Sie versprachen, Herodes die Botschaft zu überbringen. Dann sagten sie ein paar ernste Abschiedsworte und gingen weiter auf ihrem Weg nach Norden.

Judas konnte die gemischten Gefühle in seiner Brust kaum für sich behalten.

Jerusalem – natürlich! Jesus ging nach Jerusalem, langsam zwar, aber es war offensichtlich. Sein Weg und Ziel konnten niemandem entgehen. Er war aus irgendeinem Grund so berüchtigt, dass die Herrschenden selbst Angst vor ihm hatten. Ha! Vielleicht entbehrte sein Plan doch nicht jeglicher Grundlage.

Judas Iskariot blickte zu Jesus, wobei er mit Tränen des Stolzes rang. Keiner der übrigen Jünger schien die wahre Natur des Menschen, dem sie folgten, zu erkennen, das explosive Potential in seinem feinsinnigen Gesicht.

Welches Potential? Nun, die Macht eines Messias!

Jetzt, wo die Pharisäer fort waren, sprach Jesus erneut. Die anderen hatten sich um ihn geschart – doch vielleicht war Judas der einzige, der die wirkliche Bedeutung seiner Worte erkannte. Er prägte sie sich ein. Seine stolze, leidenschaftliche Aufmerksamkeit konnte nicht anders, als sie im Gedächtnis zu behalten, als Programm für die Zukunft.

Es waren folgende Worte, die ihm die Tränen in die Augen trieben und seinen Traum in eine feste Absicht verwandelten: »Ich bin gekommen um Feuer auf die Erde zu werfen und – ach! – wie sehr wünschte ich, es würde schon brennen!«

Jesus war augenscheinlich hingerissen von dieser Vision – sicherlich derselben, die auch Judas hatte.

»Meint ihr, ich sei gekommen, um Frieden auf die Erde zu bringen? Nein, sage ich euch, sondern Spaltung! Von jetzt an werden bei fünf Menschen in einem Haus drei gegen zwei stehen und zwei gegen drei, der Vater gegen den Sohn, der Sohn gegen den Vater, die Mutter gegen die Tochter und die Tochter gegen ihre Mutter.«

Judas dachte an die viel älteren Worte, die Jesu Rede in Erinnerung rief: *Der Tag kommt, brennend wie ein Ofen, da werden alle, die Böses tun, wie Stoppeln sein; und an diesem Tag werden sie alle verbrannt, spricht der Herr der Heerscharen.*

Judas' Herz hämmerte. Er prüfte das Wort, sagte leise: *Messias.*

Jesus erhob nun seine Stimme, damit das Folgende von allen gehört wurde:

»Wenn ihr im Westen eine Wolke aufsteigen seht, sagt ihr: ›Es gibt Regen.‹ Und so geschieht es auch. Wenn der Südwind aufkommt, sagt ihr: ›Es wird heiß werden.‹ Und so geschieht es auch. Ihr Heuchler!«

Irgendwer kicherte. Es war Judas – er konnte einfach nicht anders. *Heuchler* hatte Jesus gesagt.

»Ihr Heuchler!«, wiederholte Jesus. »Das Aussehen von Himmel und Erde könnt ihr deuten. Warum versteht ihr dann nicht die Ereignisse dieser Zeit zu deuten?«

Judas wurde von Dankbarkeit übermannt. Er senkte das Haupt und vergrub sein Gesicht in den Händen. Er war es, der jene Gabe besaß! Er konnte die Zeichen der Zeit deuten. Und es schien ihm, dass Jesus das Geheimnis mit ihm allein teilte.

Ja, ganz sicher eher als mit dem rundköpfigen Simon Petrus – denn er wusste sehr viel besser als Simon, was solch ein Ehrenname wirklich bedeutete – und so legte er in seinem Innersten sein persönliches Glaubensbekenntnis ab: *Du bist der Christus! Und wir werden die Gottlosen zertreten! Wenn dein Tag kommt, werden sie zu Asche unter unseren Füßen werden, o Herr, o Messias, Jesus, Sohn Davids, der, der kommen sollte – du!*

Maria aus Betanien

Jesus nimmt immer wieder Herberge bei uns. Er taucht unangemeldet auf, nicht selten mitten in der Nacht. Nach dem Aufstehen entdecken wir ihn, wie er in unserem Hof in der Weinlaube sitzt und sich ausruht. Er sagt, er könne sich im Sitzen am besten ausruhen.

Meine Schwester ist stets hocherfreut, ihn zu sehen. »Schön!«, ruft sie und klatscht vor Freude in die Hände. »Schön! Da wollen wir Fladen backen!«

In den vergangenen drei Jahren ist er meist in Begleitung seiner Jünger zu uns gekommen. Als Erstes sorgt er dafür, dass sie alle Unterkunft und Speise in Betanien haben, und dann kommt er zu uns.

In den Jahren, in denen er noch keine Jünger hatte, ist er ganz allein bei uns erschienen – und danach auch noch ein paar Mal.

Ich bin mir sicher, dass Jesus die eine oder andere Nacht in unserer Laube verbringt, und sich vor Sonnenaufgang, während wir noch schlafen, wieder davonstiehlt. Marta streitet das ab. Sie ist der Überzeugung, dass ein Mann wie Jesus niemals etwas anderes als ein perfekter Gast sein würde, der Begrüßung, Speise und Ehrbezeugungen entgegennimmt, und dass er einem Gastgeber immer erlauben würde – wie sie es ausdrückt – auch Gastgeber zu sein. Ich glaube aber, dass er hier betet. Und wenn er wieder geht, bleibt etwas von ihm hier. Manchmal meine ich ihn förmlich riechen zu können, einen besonderen Geruch in der Morgenluft.

Unser kleines Dorf liegt etwa anderthalb Meilen von Jerusalem entfernt auf der Rückseite des Ölbergs. Die Stadt ist von uns aus leicht zu erreichen – und Jesus muss immer wieder nach Jerusalem. Er kann der Stadt nicht fernbleiben. Das Passafest zieht ihn hierher, hat es schon immer getan. Und auch das Pfingstfest nach Abschluss der Gerstenernte. Nicht zu vergessen das Laubhüttenfest. Vergangenes Jahr, am letzten Tag eben jenes Festes, waren Marta und ich dabei, als Jesus sich in der Säulenhalle Salomos erhoben und ausgerufen hatte: *Wenn ihr durstig seid, dann kommt zu mir! Jeder, der an mich glaubt, soll kommen und trinken! Wie die Schrift es sagt:* »*Aus seinem Innersten werden Ströme lebendigen Wassers fließen!*«

Dieser Ausspruch war Ursache eines heftigen Streits unter den Leuten. Manche fragten sich, ob selbst der Gesalbte noch mehr Zeichen geben könnte, als Jesus es tut. Ich fand das so wunderbar, dass es mir davon geradezu unter den Füßen kribbelte. Gleichzeitig gab es Gerüchte, dass die führenden Priester Wachleute in den Tempelbezirk geschickt hätten, um Jesus verhaften zu lassen. Aber das war nur ein Gerücht. Das Fest endete friedlich. Doch er war bis zum Schluss jeden Tag beschäftigt – und das ist der springende Punkt: Jesus ist abends immer so erschöpft, wenn er in Jerusalem war, dass er einen stillen, abgeschiedenen Ort braucht. Ein verschlafenes Dorf, einen abgeschlossenen Innenhof, eine Weinlaube.

Dieses Jahr war er zum Laubhüttenfest nicht hier. Vielleicht wusste er, dass es Gewalttätigkeiten geben würde. Ich sollte ihn einmal danach fragen.

Zum Fest der Tempelweihe, *Chanukkah*, war er allerdings wieder da. Es war ein besonders grauer, kalter, feuchter Dezember. Aber wir hatten trotzdem schöne Tage. Als ich morgens aufwachte, wusste ich sofort, dass er gekommen war.

»Marta«, sagte ich zu meiner Schwester, noch bevor eine von uns aufgestanden war, »Marta, Jesus ist da.«

Sie war augenblicklich hellwach. »Woher weißt du das?«, fragte sie mich.

»Ich kann ihn riechen.«
»Du kannst was?«
»Ist doch egal, woher ich es weiß. Wichtig ist nur, wie wir ihm begegnen. Marta?«
»Was denn?«
»Gönn dem Mann seine Ruhe. Er soll sich seinen Tag so einrichten, wie es ihm am meisten zusagt. Marta?«

Marta antwortete nicht. Sie warf ihre Bettdecke zur Seite, stand auf und ging zum Ofen, um Feuer zu machen.

Jesus war da. Er saß in der Laube und hatte die Arme über der Brust verschränkt. Sein Kopf war zur Seite geneigt, die Stirn lag in Falten und seine Augen waren geschlossen. Ich glaube, er schlief. Und er zitterte vor Kälte. Ich war gerade ins Hinterzimmer gegangen, um eine Decke zu holen, als ich meine Schwester wie eine Henne glucken hörte:

»Jesus, Jesus, du wirst dir dort draußen noch den Tod holen. Komm ins Haus. Es wird gleich Regen geben, aber hier drinnen brennt ein schönes Feuer – außerdem müssen wir Fladen backen.«

Ich sah, wie die beiden das Haus betraten: Jesus voran, den Kopf wegen des niedrigen Türsturzes leicht eingezogen. Als er mich erblickte, lächelte er und es war offensichtlich, dass er sich freute mich zu sehen. Er hat ein so großzügiges Lächeln, auch wenn sein Blick – wie so oft in letzter Zeit – dabei ernst bleibt.

Jesus trat also ins Haus und lächelte mir zu. Ich erwiderte sein Lächeln achselzuckend, während Marta ganz flatterig vor Aufregung und Beflissenheit hinter ihm hereinkam. Wir beide lieben meine Schwester sehr, aber sie hat keinen Sinn für eine solche wortlose Verständigung. Jetzt eilte sie zum Lehmofen, um zu fühlen, ob er schon heiß genug war. Niemand weiß so gut wie Marta, wann ein Teig aus Gerstenmehl die beste Konsistenz und der Ofen die richtige Hitze hat.

Es war die Zeit der Olivenernte, und das Pressen der Früchte war in Gethsemane bereits in vollem Gange. Marta ging frisches Öl holen.

Während sie fort war, nahm Jesus auf einem Hocker Platz. Ich ließ mich zu seinen Füßen nieder und wir fingen an zu reden.

Ich wollte von ihm wissen, wie er betete, wenn er allein war. Ich musste dabei an die Weinlaube denken.

»Herr«, bat ich ihn, »lehre mich zu beten.«

»Sag ›Vater‹, wenn du betest.«

»Vater?«, fragte ich zurück und dachte dabei: *Gott, den Herrn, Vater nennen?*

Jesus stützte das Kinn in seine Hand und fuhr fort: »Vater, geheiligt werde dein Name. Dein Reich komme. Unser tägliches Brot gib uns heute...« Er lächelte plötzlich. Wahrscheinlich musste er an Marta und ihre täglichen Fladenbrote denken. Dann fuhr er fort: »Vergib uns unsere Schuld, wie auch wir vergeben unseren Schuldigern. Und führe uns nicht in Versuchung.

Ich sage dir, Maria«, sagte er und beugte sich dabei leicht vor, »bitte und dir wird gegeben werden. Suche und du wirst finden. Klopfe und dir wird geöffnet werden. Welcher Vater gibt seinen Kindern eine Schlange, wenn sie um Fisch bitten? Nun, wenn menschliche Eltern ihren Kindern gute Dinge zu geben wissen, wie viel mehr wird dann der himmlische Vater denen Gutes geben, die ihn darum bitten?«

Ich hing wie gebannt an seinen Lippen. Wenn mich etwas tief bewegt, vergesse ich alles um mich herum. Und wenn Jesus spricht, habe ich das Gefühl, von seinen Worten umhüllt zu werden wie von einem wärmenden, schützenden Zuhause. Ach, mein Herr Jesus, du bist so unermesslich großzügig!

Marta kam ins Haus geeilt, die Arme beladen und die Wangen gerötet von Eile, Arbeit und Freude.

»Ich habe Lazarus erzählt, dass der Herr hier ist«, verkündete sie. »Er wird vorbeikommen, um Fladen zu holen. Ach, es gibt so viel zu tun!«

Wenn meine Schwester so richtig in Fahrt ist, liegt immer Anspannung in der Luft – als würden kleine Blitze durch den Raum zucken. Es macht mich ganz nervös.

Bald hörten wir es brutzeln und der Duft von gebratenem Fisch zog durch das Haus. Wo hatte sie den nur um diese Tageszeit her?

»Meine Schwester«, rief ich lachend, »die Wundertäterin!«

Dann hörten wir einen dumpfen Laut, wie wenn Teig auf ein Holzbrett geworfen wird. Als ich mich umdrehte, stand Marta mit finsterem Blick hinter mir, die Fäuste in die Hüften gestemmt.

»Herr«, sagte sie, »ist es dir eigentlich gleichgültig, dass ich hier allein schuften muss? Heute Morgen hat Maria noch gesagt, ich solle dich nicht belästigen, du bräuchtest Ruhe. Und jetzt sitzt sie hier, unterhält sich mit dir, hört dir zu, ganz deine Privatschülerin, behält dich ganz für sich allein. Wer, bitteschön, fällt dir also zur Last!?«

Da wurde mir klar, dass ich mich getäuscht hatte: Sie bekommt sehr wohl mit, wie der Herr und ich uns verstehen. Auch sie liebt ihn, da bin ich mir sicher. Ich hatte nur immer gedacht, ihre Liebe wäre handfester, gröber, weniger zärtlich. Ich glaube, ich habe ihr wirklich Unrecht getan.

»Sag Maria, sie soll dich in Ruhe lassen«, sagte Marta. »Sag ihr, sie soll aufstehen und mir helfen.«

Doch Jesus wandte seinen Blick nicht von ihr ab.

»Marta, Marta«, meinte er, »du zerbrichst dir über so vieles den Kopf, wo es doch nur wegen einem nötig wäre. Maria hat sich den richtigen Teil ausgesucht und der wird ihr niemals genommen werden.«

Bei der darauf folgenden Mahlzeit saßen wir schweigend da.

Als unser Bruder Lazarus hereinkam, war ihm sofort klar, dass er besser keine Fragen stellte. Martas Wangen glühten und ihre Blicke schossen wie Pfeile über den Tisch. Wir kannten die Launen unserer Schwester und wussten, wie wir die Signale zu deuten hatten.

Kurz nach dem Frühstück aber ging Jesus zu ihr, legte eine Hand auf ihre Schulter und sagte: »Komm mit mir, Marta.«

Er lud Lazarus und mich auf die gleiche Art und Weise ein. »Wir feiern das Fest der Tempelweihe«, sagte er zu uns. »Zieht euch etwas Warmes über und geht mit mir nach Jerusalem.«

Und das taten wir dann auch. Wir stiegen den Ölberg hinauf und meine gute Laune kehrte zurück. Der Anblick des Tempels – die Säulenhallen, die hohen massiven Steinmauern mit ihren Zinnen und die großen Tore zum Heiligtum selbst – erfüllt mich jedesmal mit Trost und Zuversicht.

Mir war inzwischen klar, dass Jesus diesmal allein gekommen war; seine Jünger musste er auf der anderen Seite des Jordan in Peräa zurückgelassen haben. Ob er allerdings geplant hatte, seine Ruhe dafür zu opfern, dass er uns drei in den Tempel mitnahm – nun, das ist eine andere Sache. Es war wohl die gedrückte Stimmung am Morgen, durch die er dazu verleitet worden war.

Doch der Herr ließ es sich nicht nehmen, uns selbst im Gehen Dinge zu erklären.

»Marta«, sagte er, »wie oft hast du schon den Psalm *Der Herr ist mein Hirte* nachgesprochen? Nun, sieh mich als deinen guten Hirten an. Der gute Hirte opfert sein Leben den Schafen. Der bezahlte Knecht aber, dem die Schafe nicht gehören, der sieht den Wolf kommen und rennt davon. Er lässt die Schafe im Stich, worauf diese vom Wolf gerissen und auseinander gejagt werden. Er flieht, denn die Schafe sind ihm gleichgültig. Ich aber werde euch niemals im Stich lassen.«

Jesus ging mit langen, gemächlichen Schritten. Mir war klar, dass er wegen Marta langsamer lief als sonst. Ihre Beine sind nicht die längsten, und obwohl sie kräftig ist, gerät sie bergauf schnell außer Atem.

Jetzt senkte er vertraulich die Stimme, und ich merkte, dass ihm die nächsten Worte schwer fielen.

»*Ich* bin der gute Hirte. Ich kenne meine Schafe und sie kennen mich, so wie der Vater mich kennt und ich ihn. Marta, ich werde mein Leben für sie hingeben. Der Vater liebt mich, und ich bin bereit, dafür mein Leben zu opfern. Niemand wird mir das Leben nehmen – ich werde es aus freiem Entschluss hingeben. Ich habe die Macht, es hinzugeben, und auch die Macht, es wieder an mich zu nehmen. Das ist der Auftrag, den ich von meinem Vater empfangen habe.«

Jesus verstummte und auch wir schwiegen, alle drei in unsere eigenen Gedanken versunken.

Ich hatte Angst.

Er ging mit uns an der Nordostecke zum Tempel hinein, durch das Tor, zu dem die Priester immer die junge Kuh hinausführen, um sie auf dem Ölberg zu opfern.

Der Ostwind war kalt. Bisher hatten wir ihn im Rücken gehabt, nun aber fuhr er in unsere Kleider. Lazarus war aschfahl. Marta klapperte vor Kälte mit den Zähnen und ihre Augen waren gerötet – ich glaube, sie hat bei Jesu Worten geweint.

Jesus führte uns in die Säulenhalle Salomos, die nach Osten hin zugemauert war und so Schutz vor dem Wind bot. Während wir zwischen den Säulen entlanggingen, begannen die Menschen uns zu folgen. Jesus wurde von vielen erkannt, und bald hatte sich eine dichte Traube von Menschen gebildet, sodass wir kaum noch vorwärts kamen.

Plötzlich rief ein Mann: »Wie lange willst du uns denn noch im Ungewissen lassen? Wenn du der Messias bist, dann sag es uns geradeheraus!«

Ich spürte, wie Marta neben mir zusammenzuckte. Ihr Atem ging schneller.

Jesus wandte sich nach dem Mann, der ihn angesprochen hatte, um und rief über die Köpfe der Menge hinweg: »Ich habe es euch bereits gesagt, aber ihr wollt mir ja nicht glauben!«

Seine Worte hatten etwas Endgültiges. Er stritt nicht, begann keinen Disput. Jesus gab eine Erklärung ab, die unumstößlich wie ein Berg war.

»Die Werke, die ich im Namen meines Vaters vollbringe, sprechen für mich«, rief er. »Aber ihr gehört nicht zu meinen Schafen und darum glaubt ihr mir nicht!«

Jesus nahm Martas Hand. Ich glaube nicht, dass sonst noch jemand die Geste sah. Martas Gesicht glühte.

Dann fuhr Jesus fort, so laut, dass alle es hören konnten: »Meine Schafe hören auf meine Stimme – ich kenne sie und sie folgen mir.

Ich gebe ihnen das ewige Leben, und sie werden niemals umkommen. Niemand wird sie mir entreißen! Mein Vater, der sie mir gegeben hat, ist mächtiger als alle! Niemand kann sie der Hand meines Vaters entreißen. Der Vater und ich sind eins!«

Ein Raunen ging durch die Menschenmenge. Einige fingen an zu weinen, als ob sie Schmerzen hätten. Andere wieder, mit finsteren Mienen, bückten sich nach Steinen und holten aus, um sie nach Jesus zu werfen.

Seine Augen blitzten auf. »Ich habe viele gute Werke vor euren Augen getan!«, rief er. »Für welches steinigt ihr mich nun?«

»Nicht für deine Werke«, schrie jemand zurück, »sondern wegen Gotteslästerung. Du stellst dich als Gott hin, dabei bist du nur ein Mensch!«

»Wenn das, was ich tue, nicht die Werke meines Vaters sind, dann braucht ihr mir nicht zu glauben. Sind sie es aber, dann glaubt, wenn schon nicht mir, dann wenigstens diesen Werken – damit ihr begreift, dass der Vater in mir lebt und ich im Vater!«

Genau in diesem Augenblick bahnten sich drei Soldaten der Tempelwache einen Weg durch die Menge. Am linken Arm trugen sie jeder ein Seil, um damit einen Gefangenen zu fesseln – und der, auf den sie zugingen, war Jesus. Viele Menschen machten ihnen unter zustimmendem Gebrüll Platz, andere wiederum versuchten sie am Fortkommen zu hindern.

Einer der drei war schneller als seine beiden Kameraden. Er brach aus der Menge hervor, stürzte sich auf Jesus – und prallte auf meine Schwester Marta, die mit geballten Fäusten vor unserem Herrn stand. Dann traf ihn unvermittelt ein Faustschlag am Kinn, und einen Moment lang sah er völlig verdutzt aus. Marta war so klein, dass er überhaupt nicht mitbekommen hatte, wo der Schlag hergekommen war.

Im gleichen Moment war Jesus verschwunden. Niemand sah ihn weggehen. Er war einfach fort.

Also kehrten wir allein nach Hause zurück, die Köpfe wegen der Kälte eingezogen, immer dicht beieinander bleibend. Wie auf dem

Hinweg waren wir in Gedanken versunken. Doch jetzt zitterte Marta nicht mehr.

Das alles geschah vor zwei Monaten. Seitdem haben wir Jesus nicht mehr zu Gesicht bekommen. Wir haben aber gehört, dass er und seine Jünger sich in der Nähe am anderen Jordanufer aufhalten, an der gleichen Stelle, wo Johannes seinerzeit zu taufen begonnen hatte.

Und seit gestern liegt unser Bruder Lazarus im Bett und ist nicht mehr in der Lage aufzustehen. Er ist schwer krank. Marta meint, wir sollten es Jesus umgehend wissen lassen.

Ich selbst meine ja, wir sollten ihm eine Zeit lang Ruhe gönnen, ihn seine Tage so gestalten lassen, wie er es für richtig hält.

Thomas

Thomas versuchte sich über die Veränderungen, die um ihn herum vor sich gingen, klar zu werden. Nicht nur die Orte, die Jesus ansteuerte, waren andere – die Zeiten selbst hatten sich geändert. Der Wind blies aus einer anderen Richtung, sogar die Luft roch anders.

Auf jeden Fall hatten sich auch die Jünger verändert. Solange er Andreas gekannt hatte, war dieser immer still und zurückgezogen gewesen. In den zurückliegenden Monaten aber war Thomas aufgefallen, dass Andreas' Schweigen anders geworden war – es zeugte weniger von Schüchternheit, sondern vielmehr von stummer Angst.

»Was ist denn los mit dir?«, wollte Thomas von ihm wissen.

Andreas schluckte und wandte den Blick ab. »Keine Ahnung«, antwortete er.

Matthäus hatte Thomas einmal den Esau unter den Jüngern genannt. Der Witz eines Gelehrten. »Was meinst du damit?«, hatte

Thomas ihn gefragt. Matthäus hatte ohne eine Miene zu verziehen erklärt, Thomas sei, was Fragen anging, ein einfacher Jäger. Thomas beschloss, das als Kompliment aufzufassen.

»Keine Ahnung?«, sagte Thomas nun zu Andreas. »Du hast in der letzten Woche nachts kein Auge zu getan. Wenn jemand niest, fährst du vor Schreck zusammen. Was also ist los mit dir?«

Zögernd erzählte Andreas ihm von seinen Gedanken: »Die Stelle dort, die Steine, das Flussufer – hier sind wir Jesus zum ersten Mal begegnet. Johannes hat hier gepredigt.« Andreas sprach mit gedämpfter Stimme. »Genau dort«, sagte er und zeigte zum Jordan. »Das ist genau die Stelle, wo er den Herrn getauft hat.«

»Ja? Und was ist nun damit?«, fragte Thomas.

Andreas blickte ihn an, die Augen feucht und gerötet und irgendwie ängstlich. Dann schüttelte er den Kopf und ging fort.

Verändert.

Judas hingegen war die Ausgelassenheit selbst. Vor allem, wenn Jesus vor den Menschen, die seinetwegen gekommen waren, eine flammende Rede hielt, war er gespannt wie die Saite einer Leier; dann hüpften seine Augenbrauen vor Vergnügen auf und ab.

Nun, die beunruhigendste Veränderung war allerdings das, was Thomas »Die neue Strafpredigt« nannte. Jesus. Der Lehrer selbst.

Seit seiner Rückkehr vom Fest der Tempelweihe schien er gereizter als nötig. Oder wie konnte man es sonst nennen? Erbittert? Verärgert? Schwer zu sagen. In ihm brannte irgendein Feuer, hinter seinen Augen war ein schmerzlicher oder heiliger Eifer entzündet worden.

Thomas war ja auch der Meinung, dass Sünden und Sünder öffentlich verurteilt werden sollten. Jede Zeit muss ihren Propheten haben und Propheten müssen kühn sein. Manchmal aber schien Jesus keinerlei Vernunft oder Vorsicht mehr walten zu lassen. Die Mächtigen in Jerusalem hassten ihn auch so schon, aber mit Dingen wie dieser neuen Strafpredigt brachte er seine Feinde endgültig gegen sich auf, und wenn diese Männer wütend waren – dann töteten sie.

Die Jünger waren also am Ostufer des Jordan und Jesus stand auf einem flachen Stein, die allzeit gegenwärtige Menge um Haupteslänge überragend, und predigte das, was er von Anfang an gepredigt hatte. »Kein Diener kann zwei Herren dienen«, sagte er, »denn entweder wird er den einen hassen und den anderen lieben, oder er wird dem einen ergeben sein und den anderen verachten. Ihr könnt nicht beiden dienen: Gott und dem Mammon.«

Da flüsterten die Pharisäer, die auch unter den Menschen waren, einander zu: »Zwei Herren? Was ist mit dem, der Gott *und* dem Teufel dient – dem Fürsten der Teufel?«

Jesus wandte sich abrupt zu ihnen um: »Ihr! Ihr wollt den Leuten weismachen, ihr wäret gerecht!«, rief er, und seine Stimme war wie ein Schlag ins Gesicht der Zuhörer. »Gott aber weiß, wem ihr dient, ihr Scheinheiligen! Was ihr in den Ruhmeshallen menschlicher Macht erhebt, das ist in den Augen Gottes ein Gräuel!«

Ein Pharisäer rief: »In dir ist ein böser Geist! Du bist ja wahnsinnig!«

Jesus aber ließ sich nicht beirren. Der ganzen Menge rief er nun zu: »Nehmt euch vor dem Sauerteig der Pharisäer in Acht – vor der Scheinheiligkeit!«

»Was soll das heißen, Jesus von Nazareth?«, schrien die Pharisäer. »Was meinst du mit dem ›Sauerteig‹?«

»Mit dem Sauerteig meine ich das Böse!«

Thomas stieg auf einen Stein, um sehen zu können, wer Jesus da herausforderte. Es war der größte unter den Pharisäern, der jetzt seiner Wut freien Lauf ließ.

»Du beschuldigst *uns*?«, brüllte er. »Wir kennen Mose und die Propheten! Wir kennen das Gesetz besser als du, Jesus! Oder falls du es doch kennst – umso schlimmer für dich, da du es nicht befolgst!«

»Hüter des Gesetzes«, sagte Jesus mit leisem Hohn.

Thomas sah das Lächeln im Gesicht seines Herrn, ein freudloses, bitteres Lächeln, kalt wie Eis.

»Hüter des Gesetzes, ja?« Er wiederholte die Worte wie einen

Kehrreim. »Hervorragende Hüter jeglichen sichtbaren Gesetzes, zugegeben. Ihr reinigt Becher und Teller von außen, und eure Körper wascht ihr makellos rein, bis zu den Fingerspitzen.«

Plötzlich riss Jesus seinen rechten Arm hoch. Seine Augen blitzten bei den folgenden Worten: »Ihr Narren! Innerlich seid ihr voller Dreck! Hat der, der das Äußere gemacht hat, nicht auch das Innere gemacht?«

Jetzt würde es kommen – Thomas kannte die Vorzeichen. Er fürchtete die Folgen, aber es gab nichts, was Jesus jetzt noch hätte Einhalt gebieten können.

»Kleingeistige Rechtgläubige! Scheinheilige – weh euch!«, schrie er. »Ihr gebt den Zehnten von Minze, Dill und Kreuzkümmel, aber das Wichtigste im Gesetz vergesst ihr darüber – Gerechtigkeit, Barmherzigkeit und Treue. Blinde Führer seid ihr: Ihr siebt Mücken aus und verschluckt Kamele!

Weh euch, Scheinheilige! Ihr macht eure Gebetsriemen breit und die Quasten an euren Gewändern lang. Bei jedem Festmahl wollt ihr auf dem Ehrenplatz sitzen, und in der Synagoge in der vordersten Reihe. Und auf dem Marktplatz wollt ihr, dass man euch Ehre erweist und euch Rabbi nennt. Ihr seid wie weiß getünchte Gräber, von außen schön anzusehen, aber drinnen nichts als Knochen, denn in eurem Inneren seid ihr voller Heuchelei und Schlechtigkeit!

Weh euch! Ihr ladet den Menschen Lasten auf, die sie kaum tragen können, aber selbst macht ihr keinen Finger krumm.

Weh euch! Ihr baut Grabmäler für die Propheten, die von euren Vätern umgebracht worden sind. Und doch wiederholt ihr die Taten eurer Väter. Ihr Schlangenbrut! Wie wollt ihr den alles vernichtenden Flammen der Hölle entgehen? Darum sagt die Weisheit Gottes: *Ich werde ihnen Propheten und Apostel schicken, von denen sie einige verfolgen und töten werden* – sodass das Blut aller Propheten, das seit Anbeginn der Welt vergossen wurde, von dieser Generation zurückverlangt werden wird! Ich sage euch, alles Blut – vom Blut Abels bis zu dem von Zacharias – wird noch über diese Generation kommen!«

Plötzlich verstummte Jesus. Die Menschen schienen den Atem anzuhalten. Selbst die Luft regte sich nicht.

Dann blickte Thomas in das Gesicht seines Herrn und auch ihm verschlug es die Sprache. Das Feuer war erloschen. Plötzlich war Jesus blass, traurig, sterbensmüde.

Schwerfällig stieg er von seiner Steintribüne und ging zum Jordan hinab, den Blick in die Ferne gerichtet, nach Westen.

Die Menschen wichen vor ihm zurück, machten ihm den Weg frei.

Dann begann Jesus wieder zu sprechen – kaum lauter als ein Flüstern und doch für jeden vernehmlich. Von den vorderen Reihen der Versammlung bis in die allerletzten vernahm jedes Herz seine Worte, in jeden Kopf prägten sie sich ein.

»Jerusalem, Jerusalem«, klagte er, »du tötest die Propheten und steinigst die Boten, die zu dir gesandt sind! Wie oft wollte ich deine Kinder um mich scharen, wie eine Henne ihre Küken unter ihre Fittiche nimmt; aber du wolltest nicht! Oh mein Volk, dein heiliges Haus ist nun verlassen. Ich sage euch, ihr werdet mich erst wiedersehen, wenn ihr ruft: *Gesegnet ist der, der im Namen des Herrn kommt.*«

Jesus ging zum Jordan hinab, hinein ins Wasser. Er stand mit dem Rücken zur Menge, bis zur Taille im Wasser, sagte kein Wort, wandte sich nicht um.

Es war, als ob die Sonne sich verdunkelt hätte. Die Menge zerstreute sich, und die Menschen zogen sich zurück in ihre Städte in Peräa, Judäa und Samaria: nach Bethabara, Qumran, Jericho, Jerusalem, Bethlehem, Emmaus, Lydda, Joppe, Sychar. Sie gingen heim und kehrten nicht mehr zurück.

Am Abend waren nur noch die Jünger zurückgeblieben.

Maria Magdalena halbierte einen Granatapfel, ging zu Jesus hinaus in den Fluss und blieb eine Weile neben ihm stehen.

Andreas sagte zu Thomas: »Das ist genau die Stelle, an der Johannes ihn getauft hat. Und Johannes haben sie getötet. Was glaubst du werden sie mit Jesus machen?«

Judas war ganz aufgeregt, er genoss die Situation geradezu.

Einmal sagte er zu Thomas: »Hast du eine Ahnung, wie viele Menschen zum Passafest nach Jerusalem kommen?«

»Wieso willst du das wissen?«, fragte Thomas zurück. »Warum interessiert dich das?«

»Ich weiß es! Ich weiß schon, wie viele es sind.«

»Warum fragst du dann *mich*?«, fuhr Thomas ihn an.

Doch Judas konnte nicht an sich halten. »Einhundertfünfundzwanzigtausend!«, rief er. »Nimm noch die Menschen hinzu, die in der Stadt leben, dann kommst du auf einhundertachtzigtausend!«

»Worauf willst du hinaus, Judas?«

»Darauf, dass nicht einmal hundert römische Legionen gegen eine derartige Armee ankommen.«

Ein Lied klang vom Fluss herauf, und Thomas ließ Judas stehen und schlenderte zum Ufer hinab. Maria sang mit dünner, unsicherer Stimme uralte Verse, ein wohlbekanntes Tanzlied:

Fangt uns die Füchse,
die kleinen Füchse,
die im Weinberg wühlen,
wenn unsere Reben blühen – kommt!

Dann schwieg sie. Nach einer Weile drehte sie sich um und ging zu den anderen Frauen im kleinen Lager der Jünger zurück.

Je näher man zum Toten Meer gelangt, desto weniger Fische schwimmen im Jordan. Simon Petrus, Jakobus und Matthäus verbrachten daher den Nachmittag mit dem Fangen von kleinerem Federvieh. Johanna, Susanna und Maria Magdalena rupften die Vögel, nahmen sie aus, steckten sie an hölzerne Spieße und begannen dann, sie über dem Feuer zu garen. Das Fleisch zischte und strömte einen angenehmen Bratengeruch aus. Die Stimmung unter den Jüngern besserte sich wieder.

Obwohl er die Vorgänge immer noch nicht begriff, fühlte Thomas sich getröstet, als er die Feuer sah und den Bratenduft roch. Die vertraute Zubereitung der Abendmahlzeit beruhigte ihn.

Bei Einbruch der Dunkelheit kehrten Philippus und Andreas

von einem Abstecher nach Machärus zurück. Sie hatten dort einige brandneue Schwerter besorgt, jedes etwa einen halben Meter lang, mit Scheiden, die sich gut unter einem Umhang verbergen ließen. Judas hatte ihnen dafür aus der gemeinsamen Kasse Geld gegeben.

Als es dunkel war, gesellte Jesus sich wieder zu den anderen, und alle ließen sich gemeinsam auf dem Boden nieder.

Jesus blickte zum Himmel empor und sprach ein Dankgebet, anschließend wurde das Essen herumgereicht.

Während sie aßen, begann Jesus zu sprechen. »Ich weiß, wie euch zu Mute ist«, sagte er. »Und zu Recht – denn nichts wird mehr sein, wie es war. Doch hört, meine Freunde: Fürchtet nicht die, die nur den Körper töten können. Vielmehr sollt ihr den fürchten, der die Macht hat, in die Hölle zu werfen.

Verkauft man nicht fünf Spatzen für zwei Groschen? Und doch vergisst Gott nicht einen von ihnen. Nun, sogar jedes Haar auf eurem Kopf ist gezählt. Also fürchtet euch nicht, denn ihr seid mehr wert als ein ganzer Schwarm von Spatzen.

Wenn sie euch vor die Gerichte der Synagogen und vor die Herrscher und Machthaber schleppen, dann macht euch keine Sorgen darüber, wie ihr euch verteidigen oder was ihr sagen sollt. Denn der Heilige Geist wird euch im richtigen Augenblick eingeben, was ihr sagen sollt.

Seid ohne Angst, meine Lieben. Eurem Vater gefällt es, euch das Königreich zu schenken.«

Danach schwieg Jesus wieder. Und als das Mahl beendet war, ging er alleine fort.

Thomas hatte gesehen, dass Maria Magdalena bei Jesu Worten geweint hatte. Er ging zu ihr hin und sagte: »Was hast du denn?«

Sie blickte ihn aus ihren verweinten Augen an. »Was geschieht nur, Thomas? Jesus gleicht einem Mann, der durch ein Gewitter geht; nur dass niemand sonst den Sturm und den Regen sehen kann. Wo ist er, Thomas? Was geschieht hier mit uns?«

»Er ist zu heftig geworden in den letzten Tagen. Ich fürchte, wir werden deswegen wohl Ärger bekommen.«

»Nein, ich glaube nicht, dass Jesus wütend ist.«

»Hat er nicht heute erst gegen die Pharisäer gewettert?«

»Er macht sich wohl eher Sorgen, Thomas. Ich glaube nicht, dass er die Pharisäer hasst. Vielleicht ist er ja so traurig, dass es sich wie Wut anhört.«

»Möglich«, gab Thomas zu. »Aber wenn er sagt, dass wir keine Angst haben sollen, wird mir immer ganz anders.«

Am nächsten Tag tauchte ein Mann bei den Jüngern auf und fragte nach Jesus – er hätte eine Botschaft für ihn.

»Gib mir die Botschaft«, sagte Simon Petrus. »Ich bringe sie ihm.«

»Ich bin ein Freund von Marta und Maria aus Betanien. Sie lassen ihm ausrichten: *Herr, dein Freund ist krank.*«

Danach unterhielten sich die beiden Männer noch etwa eine Stunde lang miteinander. Thomas hörte ihnen zu, und auch Judas hielt sich unauffällig in der Nähe und spitzte die Ohren.

Simon erkundigte sich bei dem Besucher nach Spannungen in Jerusalem, nach Truppenbewegungen; wollte wissen, wie die Stimmung bei den Herrschenden war; befragte ihn zu Gerüchten die Provinzen betreffend. Obwohl der Mann nur ein gewöhnlicher Einwohner der Stadt war, waren die Gerüchte auch bis zu ihm durchgedrungen; so konnte er Simon berichten, was die Menschen sich erzählten. Der Name Jesus sei allen dort bekannt, sagte er, und die meisten hätten auch irgendeine Meinung über ihn.

»Du hast ihn gern, stimmt's?«, fragte er. Dann klatschte er in die Hände und gab sich selbst die Antwort auf seine Frage: »Ja, ja, Jesus ist der Liebling der einfachen Leute. Sie bewundern ihn!«

Als Jesus nachmittags zurückkehrte, teilte Simon ihm die Nachricht mit: *Dein Freund ist krank.* Jesus seufzte. Sein Gesicht wurde noch sorgenvoller, doch er schwieg. Er ging zum Fluss hinab, setzte sich ans Wasser und sagte kein Wort.

Der Tag verstrich, und der folgende auch. Jesus ging wie ein Gespenst zwischen den Jüngern umher. Einmal erlaubte er Maria Magdalena, während er dasaß und nach Westen starrte, mit langsamen Strichen sein Haar zu kämmen: *Fangt uns die Füchse, die kleinen Füchse.*

Mit einem Mal begann sie seine Kleider zu waschen, woraufhin auch die Jünger alle ihre Gewänder wuschen. Und so waren am Morgen des dritten Tages die Büsche entlang des Jordan mit weißem Leinen geschmückt, das dort zum Trocknen hing.

Als es Mittag war, sprach Jesus zu den Jüngern: »Wir gehen nach Judäa zurück.«

Simons Blick schnellte von einem Jünger zum nächsten, als ob er jemand suchen würde, der darauf etwas zu sagen hatte. Da alle schwiegen, stieß er selbst hervor, was ihm durch den Kopf ging: »Rabbi, man will dich dort *töten*! Verstehst du das denn nicht? Wir würden uns geradewegs ins Verderben begeben!«

»Hat der Tag nicht zwölf Stunden?«, entgegnete Jesus. »Wer am hellen Tag wandert, stolpert nicht, denn er sieht das Tageslicht. Wer aber in der Nacht läuft, der stolpert, weil er das Licht nicht bei sich hat.«

Simon Petrus blickte nur verständnislos drein.

Auch Thomas begriff nicht, was dieser Ausspruch mit Judäa zu tun hatte.

Dann sagte Jesus: »Unser Freund Lazarus ist eingeschlafen. Ich werde hingehen und ihn aufwecken.«

Simon platzte beinahe. »Wenn er schläft, dann lass ihn! Dann wird er wieder gesund.«

»Petrus, er ist tot«, sagte Jesus da. »Doch euretwegen bin ich froh, dass ich nicht bei ihm war. So werdet ihr lernen, mir zu vertrauen. Bitte, lasst uns nun zu ihm gehen.«

Tot! Lazarus war tot! Natürlich erforderte das eine angemessene Reaktion. Aber hier war die Rede von Judäa, wo Hass und Wut sie erwarteten. Hin- und hergerissen zwischen Freundschaft und Furcht wusste niemand etwas zu sagen.

Es war schließlich Thomas, der sprach, jener einfache Jäger, einfältige Esau.

»Ich verstehe es nicht und deshalb kann ich es auch nicht erklären«, sagte er an die anderen Jünger gewandt. »Außerdem habe ich Angst vor den Folgen. Aber ich glaube, wir sollten mit dem Herrn mitgehen. Wir sollten bereit sein, mit ihm zu sterben.«

Marta

Es war Frühling, die Regenzeit ging bald zu Ende. Zwei Wochen noch, und dann könnten die Gerstenfelder bei Jericho abgeerntet werden; vierzehn Tage darauf wären die Felder im Tiefland reif und in einem Monat die höher gelegenen und jene in den Bergen.

Die trübe Jahreszeit war fast vorüber, und jetzt beherrschte die Sonne wieder den Himmel. Die Böden waren fett, die Halme schwer und die Zweige voller Knospen.

Die Schafhirten bereiteten sich darauf vor, große Herden einjähriger Lämmer nach Jerusalem zu treiben. Bald würden beim Passafest hunderttausende Schafe gekauft und geopfert werden.

Jene Juden, die in fernen Ländern und Provinzen lebten – in Parthien, Mesopotamien, Asia, Kreta, Kyrene, Ägypten, Arabien – waren bereits auf dem Weg nach Judäa, um in Jerusalem das Passafest zu feiern.

Das Wetter weckte neue Energien und die Menschen waren aufgeregter als sonst.

Doch Marta aus Betanien, Lazarus' Schwester, hatte keine Freude am Frühling; für sie hatte die Welt alle Liebenswürdigkeit verloren.

Sie saß in der Ecke des gemeinsamen Schlafzimmers, ihr Bettzeug war zerknittert und schmutzig. Es kümmerte sie nicht. Ihre Haare waren ungekämmt und sie hatte sich schon seit Tagen nicht mehr gewaschen. Von Zeit zu Zeit warfen Freunde oder Nachbarn einen Blick zur Tür herein. Es war ihr gleichgültig, was sie zu sehen bekamen. Sie fragten, ob sie etwas für sie tun könnten, ihr Essen bringen oder bei ihr sitzen, um mit ihr zu weinen. Marta gab nicht einmal Antwort darauf. Es kümmerte sie nicht.

In dem großen vorderen Raum saßen einige Freunde bei ihrer Schwester Maria. Hin und wieder stimmten sie laute Klagelieder an, was Marta, die mit verschränkten Armen dasaß und keinen Laut von sich gab, verärgerte.

Lazarus war in eben diesem Zimmer gestorben. Auf ihrer Strohmatte.

Er hatte eine Woche lang krank darniedergelegen. Während dieser Woche war er immer schwächer geworden, und zum Schluss war er ganz gelb und ausgezehrt gewesen. Dann war er gestorben. Vier Tage war das nun her.

Er war am späten Abend gestorben, als die kleine Familie völlig allein gewesen war. Auf Martas Wunsch hin hatte Lazarus die ganze Nacht hindurch auf ihrer Strohmatte gelegen, und Maria und Marta waren bei ihm geblieben und hatten ihn mit süßlich riechendem Öl gesalbt, während sie weinten und leise Erinnerungen austauschten.

Bei Tagesanbruch hatten sie dann seinen Tod bekanntgegeben, worauf sich die Trauernden in ihrem Haus versammelten. Zahllose Menschen hatten zu klagen begonnen, ihre Kleider zerrissen, geschluchzt und immer wieder Schreie ausgestoßen, die so schrill waren, dass Marta vor Schreck verstummte. Sie hatte die Nacht mit ihrer Schwester und ihrem Bruder allein verbringen wollen. Nur der Stille wegen.

Dann hatten einige Frauen Lazarus in lange Leinenbinden gewickelt, und die Männer hatten eine neue Bahre geholt. Von der Tür ihres Hauses war Lazarus in einem Trauerzug fortgetragen worden. Gute Freunde hatten die Bahre mit dem weißen Leichnam auf ihre Schultern gehoben und so war die trauernde Gesellschaft hinter Marta und Maria aus Betanien hinaus zu den in einiger Entfernung gelegenen Grabhöhlen gezogen.

Dort war Lazarus begraben worden – vor drei Tagen.

Danach waren die Trauernden zu ihnen nach Hause zurückgekehrt, worauf Marta sich in ihr Zimmer zurückgezogen hatte. Und dort saß sie seitdem – gestern, heute und von ihr aus auch morgen. Ihr war alles gleichgültig.

Sein Gesicht. Selbst das Gesicht ihres Bruders hatten sie in den weißen Stoff gewickelt. Ohne Gesicht war er durch den Ort zur Gruft getragen worden, und nun lag er ohne Gesicht hinter einem Stein, einer grob behauenen Felsplatte, die Tür für alle Zeit verschlossen.

Eine ältere Frau schaute zu Marta herein. Sie sagte leise etwas, drehte sich wieder um und wollte schon gehen, da hob Marta plötzlich den Kopf.

»Warte!«, rief sie. »Was hast du gerade gesagt?«

»Ich habe gesagt, Jesus kommt. Er ist von Jericho unterwegs hierher.«

»Ha!« Es war ein mattes, sarkastisches Lachen. Kein einziges Wort hatten sie vor Lazarus' Tod von ihm gehört! Nicht einmal ihr Bote hatte bei seiner Rückkunft eine Nachricht von Jesus gehabt.

Marta drückte sich mit einer raschen, energischen Bewegung vom Boden hoch, dann lief sie durchs Zimmer und zur Haustür hinaus.

»Von Jericho!«, rief sie. »Wann war es noch, dass wir Freunde dorthin geschickt haben, um ihn um Hilfe zu bitten? Ha!«

Marta war nicht gerade leichtfüßig und lange Schritte konnte sie auch nicht machen, aber sie war kräftig und entschlossen. Sie ging schnell und gleichmäßig, und als sie Jesus von weitem erblickte, fing sie an zu rennen.

Jesus blieb stehen und wartete.

Als Marta bei ihm war, ballte sie die Fäuste und begann gegen seine Brust zu hämmern. Immer wieder schlug sie auf ihn ein, wollte gar nicht mehr aufhören – und zum ersten Mal seit Lazarus' Tod brach sie in Tränen aus.

»Warum bist du nicht hier gewesen?«, jammerte sie.

Jesus betrachtete Marta schweigend.

»Wenn du bei uns gewesen wärst, würde mein Bruder jetzt noch leben!«

Da umfasste Jesus ihre Handgelenke und Marta ließ ihre Fäuste sinken, presste ihre Stirn an seine Brust und begann zu schluchzen.

»Aber auch jetzt weiß ich«, sagte sie leise, »dass Gott dir alles, worum du ihn bittest, geben wird.«

»Dein Bruder wird auferstehen«, sagte Jesus leise zu ihr.

»Ich weiß«, jammerte Marta. »Ich weiß, ich weiß – bei der Auferstehung am letzten Tag.«

»Ich bin die Auferstehung und das Leben. Wer an mich glaubt, wird leben, auch wenn er stirbt. Und wer lebt und an mich glaubt, der wird niemals sterben. Marta?« Jesus tat einen Schritt zurück, sodass sie ihn ansehen musste.

»Marta«, fragte er, »glaubst du das?«

Sie nickte. Dann hob sie den Blick und sah ihm fest in die Augen. »Ja, Herr, ich glaube, dass du der Christus bist, der Sohn Gottes, der in die Welt kommen soll.«

Jesus ließ sie los und legte seine Hände auf Martas Kopf. Er glättete ihr widerspenstiges Haar und sagte: »Geh zu Maria und sag ihr, dass ich sie gern sprechen möchte.«

Also eilte Marta wieder nach Hause. Jesus hatte Recht: Ihr Haar war ungekämmt. Ihre Kleider waren dreckig, und ihr Atem roch streng. Sie sollte sich waschen. Sie sollte kochen und Fladen backen.

Zu Hause angekommen überquerte sie den Vorhof, lief ins Haus, das noch immer voller Menschen war, kniete neben Maria hin und flüsterte: »Der Lehrer ist da. Er ruft nach dir.«

Maria stand augenblicklich auf und verließ mit Marta das Haus. Gemeinsam gingen sie zur Straße nach Jericho, und die Trauernden folgten ihnen.

Sobald Maria Jesus erblickte, verlor sie die Fassung und fing an zu weinen. Sie ging zu ihm hin und warf sich vor ihm nieder. »Herr«, sagte sie, »wenn du bei uns gewesen wärst, hätte mein Bruder nicht sterben müssen.«

Jesus holte tief Luft und richtete den Blick dann auf all die trauernden Menschen.

»Wo habt ihr ihn bestattet?«, fragte er.

»Komm und sieh«, sagte Maria leise.

Und dann sah sie, dass auch Jesus Tränen über die Wangen liefen. Er weinte.

»Siehst du?«, sagte eine Frau zu Marta. »Siehst du, wie sehr er deinen Bruder geliebt hat?«

Nun folgte der ganze Zug Maria, Marta und Jesus auf einem gewundenen Pfad zu den Grabhöhlen im Osten des Dorfes. Jesus schwieg. Marta und Maria gingen links und rechts von ihm.

»Dort«, sagte Marta und wies auf eine kleine Höhle, deren Eingang von einer Steinplatte verschlossen war. »Dort liegt mein Bruder.«

Jesus löste sich von der Gruppe und trat an die Grabhöhle. Er fuhr mit einem Finger über die frischen Meißelspuren im Stein, dann wandte er sich um und zeigte auf drei Männer: »Kommt bitte her und nehmt den Stein fort.«

Marta war entgeistert. »Er liegt doch schon vier Tage dort, Herr. Es wird fürchterlich stinken.«

Jesus blickte sie unverwandt an und sagte: »Habe ich dir nicht gesagt, du würdest die Herrlichkeit Gottes sehen, wenn du glaubst?«

Darauf wusste Marta nichts zu erwidern.

Jesus drehte sich um und sah den Männern beim Entfernen des Steins zu. Dann blickte er zum Himmel empor und sagte: »Vater, ich danke dir, dass du mich erhört hast. Ich weiß, dass du mich immer erhörst, doch wegen der Leute hier spreche ich es aus – damit sie glauben, dass du es warst, der mich hierhergeschickt hat.«

Dann rief er mit lauter Stimme: »Lazarus! Komm heraus!«

Marta rang nach Atem. Ihr Herz stockte.

Das dunkle Grabinnere füllte sich mit einem unscharfen weißen Schemen. Dann wurden die Umrisse deutlicher, der Schemen bewegte sich – und der Tote kam heraus. Seine Hände und Füße waren noch immer mit Leinenbinden umwickelt, sein Gesicht von dem weißen Tuch verhüllt.

Jesus ging zu Marta und legte ihr eine Hand auf die Schulter. »Nimm ihm das ab«, sagte er, »damit er gehen kann.«

Josef von Arimathäa

Sobald unter den Männern in der Quaderkammer Ruhe eingetreten war, gab der Hohe Priester bekannt, warum er den Rat erneut unter ungewöhnlichen Umständen zusammengerufen hatte.

»Jesus von Nazareth«, sagte er. »Dieser Jesus von Nazareth macht sich die Einbildungskraft der Leute zu Nutze. Zehntausende wollen schon zu ihm gehören. Genaugenommen behaupten sie, sie würden an ihn *glauben*. Sie sind von den Zeichen hingerissen, bestaunen seine Wunder, und jetzt wird auch noch erzählt, er habe einen Toten wieder zum Leben erweckt. Vier Tage war er tot, seine Seele hatte den Körper ganz sicher verlassen, und doch – das behaupten diese Schwärmer jedenfalls – hat Jesus von Nazareth ihm das Leben zurückgegeben. Er befindet sich *hier*, meine Herren, hält sich in diesem Augenblick in Betanien auf, und man kann hingehen und den Beweis mit eigenen Augen sehen.«

»Nun – was sollen wir tun?«, wollte eines der Ratsmitglieder wissen.

Ein anderer, ein Pharisäer, sagte: »Es sind nicht allein diese Zeichen, sondern auch, was und wie er redet. Jesus von Nazareth macht uns schlecht, wohin er auch kommt. Nicht die Römer, sondern uns, sein eigenes Volk.«

»Er ist Galiläer, oder?«, fragte ein dritter. »Wie viele Messiasse aus Galiläa haben wir während der letzten Jahre gehabt? Dort scheinen die Umstürzler nur so aus dem Boden zu sprießen.«

»Aber der hier verdammt uns in aller Öffentlichkeit und die Menschen sind davon begeistert! Seine Worte haben Feuer. Und ihre Wirkung ist verheerend.«

»Was unternehmen wir also?«

»Wenn wir ihn so weitermachen lassen, wird bald das ganze Land an ihm hängen.«

»Und wenn er dieses Jahr zum Passafest hier erscheint, gibt es womöglich einen Aufruhr, der die ganze Stadt verwüstet.«

»Ja, und dann? Nun, dann werden die Römer kommen und sowohl unseren Tempel als auch unsere Nation zerstören.«

»Was sollen wir also tun?«

»Am besten bringen wir den Burschen, den er von den Toten erweckt hat, um.«

»Wo steckt Jesus denn jetzt? Ist er immer noch in Betanien?«

»Nein, das haben wir schon überprüft. Er und seine Jünger waren schon verschwunden, bevor die Gerüchte von dieser Auferstehung Jerusalem erreicht hatten.«

»Also wissen wir nicht, wo er sich aufhält.«

»Vielleicht wäre es gar nicht schlecht, wenn er zum Passafest hier auftaucht – dann können wir ihn ausfindig machen.«

»Na, auf jeden Fall sollten wir den Befehl geben, dass jeder, der seinen Aufenthaltsort kennt, uns diesen unverzüglich meldet.«

»Das ist bereits geschehen.«

»Wisst ihr, dass schon jetzt die ersten Passa-Pilger in Jerusalem eintreffen? Die Leute kommen dieses Jahr besonders früh, weil sie diesen Jesus von Nazareth sehen wollen.«

»Was sollen wir seinetwegen nur tun?«

Der Hohe Priester Kaiphas erhob sich, um wieder das Wort zu ergreifen. Er hatte das nutzlose Geschwätz lange genug geduldet.

»Hört genau, was ich euch nun sage. Es ist zweckdienlich für uns, dass ein einziger Mensch für das Volk stirbt, damit nicht das ganze Volk vernichtet wird.«

Die Männer verstummten. Einer flüsterte: »Ah – wie Barabbas!«

Die dreißig Fuß hohe Decke der Halle, in der sich der Rat traf und die sich unter den Vorhöfen des Tempels befand, ruhte auf achtundachtzig massiven Steinsäulen.

An einer dieser Säulen saß ein Mann in teuren Kleidern und mit sauber gestutztem Bart. Während die anderen ihre Meinungen austauschten, lehnte sich dieser Mann zurück und schwieg. Er neigte weder zu vorschnellen Urteilen noch dazu, sein Urteil zu ändern, sobald er ihm erst einmal Ausdruck verliehen hatte. Er war bei den anderen Ratsmitgliedern hoch angesehen, denn er hatte sein großes Vermögen durch Geschäftstüchtigkeit, öffentliche Hochachtung und persönliche Ehrlichkeit gemacht. Und er war jemand, der aufrichtig nach dem Reich Gottes strebte. Sein Name war Josef von Arimathäa.

Josef hegte große Bewunderung für diesen Jesus von Nazareth, und als Kaiphas es als »zweckdienlich« bezeichnete, wenn ein einziger Mensch anstelle des ganzen Volkes starb, hörte Josef sehr genau zu. Und er verstand – vielleicht sogar mehr, als Kaiphas mit seinen Worten eigentlich sagen wollte. Denn er glaubte, dass er die Worte einer Prophezeiung gehört hatte: *Ein Mann wird für das Volk sterben – und nicht für das Volk allein, sondern auch für die Kinder Gottes, die in aller Welt verstreut leben.*

Zur gleichen Zeit erhoben sich die anderen Ratsmitglieder und verkündeten in leidenschaftlicher Einstimmigkeit: »Dann soll er sterben! Damit wir vor Aufruhr und den Römern bewahrt bleiben, muss Jesus von Nazareth getötet werden!«

Judas

Jesus hatte sich mit seinen Jüngern für einige Wochen in eine kleine Stadt zurückgezogen, die östlich des Jordan am Rand der Wüste lag.

An einem frühen Sabbatmorgen sagte er plötzlich: »Gehen wir!«

»Wohin denn, Herr?«, wollte Simon Petrus wissen.

»Nach Jerusalem. Zum Passafest.«

Judas Iskariot stieß einen Freudenschrei aus, und sein Magen zog sich vor lauter Aufregung zusammen. Es war so weit! Jesus und er – sie hatten einen gemeinsamen Plan. Und nun galt es, ihn zu verwirklichen.

Wie auch immer die Jünger die Ankündigung ihres Herrn aufnahmen, sie sprachen nicht darüber. Sie gingen den ganzen Morgen schweigend, die Frauen gesellten sich zueinander und die ganze Gruppe blieb dicht zusammen. Judas war als Einziger vergnügt. Aber die anderen wussten ja auch nicht, was Judas wusste.

Als sie in die Nähe von Jericho kamen, hatte sich wieder eine große Menschentraube um sie herum gebildet.

Am Straßenrand saß ein Blinder und bettelte.

Unvermittelt streckte er einen Arm aus und fasste mit der Hand den Saum von Andreas' Umhang. »Wer geht hier gerade vorüber?«, wollte er wissen. »Es hört sich an, als ob es jemand Wichtiges wäre.«

Der arme Andreas war vor Überraschung völlig verwirrt. »Jesus. Das ist, äh, Jesus von Nazareth . . .«, stotterte er.

Augenblicklich begann der Blinde mit den Armen zu fuchteln und schrie: »Jesus! Jesus! Sohn Davids! Hab Erbarmen mit mir!«

Überall blickten Menschen sich suchend um. »Jesus? *Jesus* ist hier?«

Simon Petrus, der offensichtlich sehr angespannt war, fuhr den Bettler harsch an: »Halt's Maul!«

Doch der schrie nur noch lauter: »Jesus! Jesus!«

Simon bedeutete ihm mit einer drohenden Geste, dass er endlich Ruhe geben solle.

Judas musste laut lachen. »Völlig zwecklos, dem Mann drohen zu wollen, Simon. Der Bursche ist *blind*!«

Simon zog ein finsteres Gesicht. Judas fing an zu kichern, und der Bettler schrie immer wieder: »Sohn Davids!«

»Andreas!«, rief Jesus. »Bring den Mann zu mir.«

Andreas tat, was Jesus ihm aufgetragen hatte, und als der Blinde schließlich vor ihm stand, fragte Jesus ihn: »Was soll ich für dich tun?«

»Herr, ich möchte wieder sehen können.«

»Du sollst sehen können«, sagte Jesus da. »Dein Glaube hat dich geheilt.«

Mit einem Schlag verloren die Augen des Mannes ihren starren, toten Blick, sein Gesicht, ja, seine ganze Gestalt leuchtete. Und mit der gleichen lauten Stimme, mit der er eben noch gebettelt hatte, begann er nun Gott für das geschehene Wunder zu preisen. Dann schloss er sich der Menge an, die Jesus folgte.

Auf Jerichos Straßen, die von Teichen, Parks, Gärten und großen Villen gesäumt waren, herrschte ein lebhaftes Treiben. Jericho war eine jener Städte, in denen Herodes der Große eine rege Bautätigkeit entfaltet hatte und die dadurch zu neuer Pracht gelangt waren. Hier hatte er immer den Winter verbracht und hier war er gestorben. Er hatte eine reiche Stadt hinterlassen – wovon den meisten Nutzen die Zolleinnehmer hatten.

Jesus blieb bei einem geschmackvoll gestalteten Garten stehen, ebenso sein Gefolge. Dann legte er den Kopf in den Nacken und rief: »Zachäus! Zachäus, komm herunter!«

In der Baumkrone über ihm saß ein Mann. Ein kleiner Mann.

Als er aus den Ästen geklettert war und verschüchtert vor Jesus stand, sahen alle zu ihrem Erstaunen, dass er auch ein *reicher* kleiner Mann war. Ein Zolleinnehmer! Er nannte die luxuriöseste Villa von ganz Jericho sein eigen.

»Ich muss heute dein Gast sein«, sagte Jesus.

Zachäus strahlte. »Du, Herr, und auch deine Jünger!«

Judas platzte fast vor Bewunderung für seinen Herrn. Es gab wirklich keine Gesellschaftsschicht, die nicht von ihm berührt und gefesselt war. Ein Bettler und ein Reicher, beide an einem Tag – und der Reiche würde sehr hilfreich für ihre Zwecke sein!

Am darauf folgenden Tag näherten sie sich Betanien am Ölberg, nicht einmal anderthalb Meilen von Jerusalem entfernt. Jesus rief die Söhne von Zebedäus zu sich und wies auf ein gegenüberliegendes winziges Dorf namens Betfage.

Dies war für Judas die einzige Enttäuschung an einem ansonsten in jeder Hinsicht vollkommenen Tag: dass Jesus nicht ihn ausgewählt hatte.

»Geht in dieses Dorf«, sagte Jesus zu Johannes und Jakobus. »Dort werdet ihr gleich am Ortseingang einen jungen Esel angebunden finden, auf dem noch niemand geritten ist. Bindet ihn los und bringt ihn her. Und wenn jemand euch fragt, warum ihr ihn losmacht, dann sagt einfach: ›Der Herr braucht ihn.‹«

Jesus blickte ihnen nach. Sogar aus dieser Entfernung konnte er den Esel erkennen, den die beiden losbanden. Ein paar Leute hielten die beiden an und stellten eine Frage, doch als die Brüder zu Jesus auf dem Hügel deuteten, ließ man sie weiterziehen.

Dann kamen sie, den Esel an der Leine.

Judas wusste genau, was nun geschehen würde. Darum war er es auch, der den Jüngern – nein, der ganzen Menge! – nun vorführte, was sie jetzt tun sollten. Er riss sich seinen Umhang vom Leib und warf ihn über den Rücken des Esels. Simon bekam das mit. Er lächelte und tat es Judas nach. Ebenso Matthäus und Maria Magdalena – sie beluden den Esel mit einem bescheidenen Sattel aus Mänteln. Anschließend hoben Jakobus und Johannes ihren Herrn selbst auf den Esel. Dann setzte er sich langsam in Bewegung. Der König! – er ritt nach Jerusalem.

Immer mehr Menschen warfen ihre Kleider vor dem Esel auf die Straße. Es wurde ein Teppich aus Kleidern und Lobpreisungen.

Andere liefen zu Bäumen, schnitten Äste ab und breiteten diese dann ebenfalls auf der Straße aus. Eine riesige lachende Menschenmenge umgab ihn nun, manche liefen voraus, andere folgten hinterher. Die Erregung sprang von einem Herzen zum nächsten über, wie eine Flamme auf einem verdorrten Feld. Überall hörte man freudiges Rufen und Gesang.

Als sie schließlich den Berg hinabstiegen und sich den Toren Jerusalems näherten, wurde aus den tausenden Stimmen eine einzige, die kraftvoll sang: *Gepriesen sei der Sohn Davids! Gesegnet sei der König, der im Namen des Herrn kommt! Hosanna! Gepriesen sei Gott in der Höhe!*

Judas war im reinsten Freudentaumel. Aus den Stadttoren ergoss sich eine Menschenmenge, die ebenso groß war wie jene, die Jesus gefolgt war. Die beiden vermischten sich und der Gesang wurde so laut, dass das blaue Himmelsgewölbe von dem Lärm zu zerspringen drohte. Man hätte meinen können, ganz Judäa versammle sich an diesem einen Ort, um Jesus von Nazareth zu bejubeln. Oh, was für ein mächtiges Heer! Wahrlich, die Legionen Roms würden um Gnade winseln!

Einige wichtige Männer mit hochroten Gesichtern waren gleichfalls herausgekommen. Sie bahnten sich mit Gewalt einen Weg zu Jesus. »Lehrer!«, schrien sie, »halte deine Jünger im Zaum! Befiehl ihnen zu schweigen!«

Doch Jesus rief: »Ich sage euch, wenn sie schweigen würden, dann würden die Steine selbst schreien!«

Judas musste vor Schadenfreude laut auflachen, er konnte nicht anders. Er segelte auf einem Meer des Triumphs! Die Menschen waren das Wasser, sein Herr war das Schiff und sie hatten den Wind im Rücken! Ja!

Laut lachend warf er Jesus einen flüchtigen Blick der Verbrüderung zu – und plötzlich senkte sich eine schreckliche Stille über die Erde! So schien es jedenfalls. Judas hatte das Gefühl, zusammen mit Jesus in den Tiefen des Meeres zu treiben, wo sich kein Laut vernehmen ließ – bis auf die Stimme seines Herrn.

Denn Jesus weinte! Er freute sich weder über die allgemeine Bewunderung, noch war er glücklich darüber, dass sein Reich nun gekommen war. Er weinte! Er betrachtete die Mauern der Stadt und ließ die Tränen über seine Wangen laufen.

War Judas der einzige, der die unglücklichen Schluchzer des Herrn hören konnte? Er hätte Jesus am liebsten genommen und geschüttelt. *Verlier jetzt nicht den Mut!*, schrie er innerlich.

Jerusalem, hörte er Jesus sagen, *oh, Jerusalem, wenn du doch heute erkennen wolltest, was dir Frieden bringt. Aber du bist blind dafür. Es kommt eine Zeit, da werden deine Feinde dich umringen und dich und deine Kinder zerschmettern. Kein Stein wird auf dem anderen bleiben, denn du hast den Tag nicht erkannt, an dem Gott dir zu Hilfe kommen wollte.*

Einen Moment lang spürte Judas, wie ihn Panik überkam. Die Worte mochten die eines trotzigen Messias sein, der Ton aber war der von Niederlage und Verzweiflung. »Die Königreiche der Welt, Herr!«, rief Judas laut. »Die Juwelen der Schöpfung! Ihre Kraft und ihre Herrlichkeit gehören dir, wenn du dafür kämpfst!«

Dann war der Bann gebrochen: Der gewaltige Gesang der Menschen war wieder da – von allen Seiten vernahm Judas ihre Stimmen. Jesus und er ritten wieder auf der Woge königlicher Macht, die durch die Stadt brandete! Und sie befanden sich unmittelbar vor den Tempeltoren.

Jesus stieg vom Esel herab. Zu Fuß durchschritt der Herr nun majestätisch und zornig das Hulda-Tor in der Südmauer des Tempels. Sein Blick war starr und voller Feuer. Die Jünger vermochten kaum mit ihm Schritt zu halten.

Da begriff Judas, wohin Jesus wollte. Zu den Ständen der Händler, den zahlreichen Läden in der südlichen Säulenhalle, den Opfertierverkäufern und Geldwechslern.

Während er sich dem geschäftigen Treiben näherte, flocht Jesus drei Schnüre zu einer Peitsche. Dann rief er mit durchdringender Stimme: »Fort mit euch!«, und ließ die Peitsche über den Köpfen der Händler knallen.

Judas konnte sich kaum noch beherrschen – jetzt fing es an. Hier war der Messias! Jesus, der Feuer auf die Erde warf! Jesus, der Schrei Gottes, seine Stimme eine eiserne Faust: *Das Gericht ist da, ihr Menschen!* Seht, wie der Herr die Münzen der Geldwechsler zu Boden wirft! Wie er ihre Tische umstößt! Und dann die, die Schafe, Ochsen und Tauben verkaufen – sie jagt er aus dem Tempel, mit dem Zorn eines Zeloten: »Weg damit! Weg! Es steht geschrieben: *Mein Haus soll ein Haus des Gebets sein.* Ihr aber habt eine Räuberhöhle daraus gemacht! Weg!«

All das geschah am ersten Tag der Woche, dem Sonntag vor dem Passafest. An diesem Tag sagte Judas zu sich selbst: *Das ist der, dessen Kommen wie das Feuer im Schmelzofen ist – wer kann das ertragen? Wer wird immer noch bestehen, wenn die Woche vorüber ist?*

Den ganzen Rückweg nach Betanien wischte Judas sich die Tränen aus dem Gesicht und seufzte dabei vor Erregung.

Doch es sollte das letzte Mal sein, dass er solche Freude empfand, das letzte Mal, dass ihm froh zu Mute war – für den Rest seines Lebens.

Am nächsten Tag weckte Jesus vor Sonnenaufgang, als sich noch kein Mensch regte, Johannes, verließ mit ihm Betanien und schlüpfte durch das Scherbentor in den alten Teil Jerusalems hinein. Judas folgte ihnen in gespannter Erwartung der Herrlichkeit dieses Tages.

Das Scherbentor führt in das Tal, das Jerusalem von Nord nach Süd durchschneidet. Jesus und Johannes gingen mit gesenkten Köpfen ein Stück nordwärts, dann stiegen sie die uralten Stufen hinauf, die am Westhang des Tals in die Oberstadt führten. Hier lagen, durch schmale Gassen getrennt, die Häuser der Wohlhabenden.

Damit er sie nicht aus den Augen verlor, musste Judas näher zu den beiden aufschließen. Es gefiel ihm überhaupt nicht, dass er in die Rolle eines Spions gezwungen wurde – aber niemand wusste so gut wie er, was in dem Messias vor sich ging. Er musste einfach dabei sein.

Jesus und Johannes gingen an den Ritualbädern der Essener im Südwesten der Stadt vorbei, wandten sich dann nach Norden und stiegen den Berg Zion hinauf, wo der Palast von Herodes lag. Bis zum Ende des Passafestes hielt Pontius Pilatus sich dort mit seinen Legionen auf. Judas nickte. Der Herr würde sich erheben und einen gewaltigen Volksaufstand anführen: Natürlich würde er da zuerst den Sitz des Prokurators auskundschaften, das Zentrum der römischen Macht in Jerusalem.

Doch so weit sollte Jesus gar nicht kommen.

An der Südwestseite des Berges Zion wohnten einige Essener, Mitglieder der gleichen Gemeinde, die auch in der Wüste lebte, um dort das Gesetz Moses zu befolgen und auf das Reich Gottes zu warten. Das waren die Leute, die glaubten, Johannes der Täufer wäre der Prediger am Ende der Zeiten – so wie andere dachten, Jesus wäre jener andere, der König am Ende der Zeiten.

Jetzt blieben Jesus und Johannes vor einem der Essener-Häuser stehen, einem kunstvollen Gebilde aus weißem Stein und Eisengittern. Jesus klopfte leise an eine Tür, die sich nach Westen zum Tal hin öffnete. Kurz darauf kam ein Mann heraus. Der Boden des Eingangsbereiches war mit einem prächtigen Mosaik ausgelegt. Hinter dem ersten Gebäude befand sich im Schutz des Innenhofes ein höher gelegenes zweites.

Die Männer sprachen kurz miteinander und gingen dann wieder auseinander.

Judas war zum zweiten Mal irritiert: Die kurze Zusammenkunft hatte sehr nach einem heimlichen Treffen ausgesehen – als würden hier Pläne geschmiedet, an denen er, Judas, nicht teilhatte!

Mit raschen, entschlossenen Schritten kehrten Jesus und Johannes nun auf dem gleichen Weg zurück, auf dem sie auch hergekommen waren. Sie bogen um eine Ecke und standen plötzlich zu ihrem Schrecken Judas gegenüber.

»Was machst du hier?«, wollte Jesus wissen.

Einen Augenblick lang war Judas sprachlos. Er merkte, wie seine Augenbrauen zu zucken begannen. »Irgendwer musste dir doch den Rücken freihalten.«

»Warum?«

Warum?

Die Antwort war in Judas Augen so offensichtlich, dass die Frage ihn verblüffte. Es sei denn, Jesus stellte ihn auf die Probe; oder er wollte damit vor Johannes ihr gemeinsames Geheimnis verborgen halten.

»Herr, du weißt schon«, flüsterte er mit einem Lächeln.

Das Lächeln blieb unerwidert. Stattdessen legte Jesus die Stirn in Falten. »Ich weiß nur, dass du Schwerter besorgt hast«, sagte er. »Judas, du solltest wissen, dass ich keine Schwerter brauche.«

Der Messias braucht keine Schwerter! Der Ausspruch löste in Judas wieder jene Erregung aus, die er so oft in der letzten Zeit verspürt hatte. Doch so groß wie sie würde an diesem Tag, dem Montag, auch seine Enttäuschung sein. Jedes Zeichen von Stärke, Zielstrebigkeit und Aufruhr war hier zu Ende. Jesus seufzte. Sein Gesicht sah plötzlich fürchterlich müde aus. Die Melancholie ergriff wieder Besitz von ihm, was Judas verwirrte.

»Herr? Herr, was werden wir tun?«

Doch Jesus und Johannes hatten sich bereits wieder auf den Weg ins Tal gemacht.

Am Fuß der Treppenstraße, die in die Unterstadt hinabführte, trafen sie auf Philippus, Andreas und eine erste morgendliche Menschenansammlung.

»Herr«, sagte Philippus, »hier sind einige Griechen, die eigens zum Fest gekommen sind, um dich kennen zu lernen.«

Jesus stieß einen weiteren tiefen Seufzer aus und sprach dann, ohne dass Judas einen besonderen Grund dafür entdecken konnte, über den Tod: »Die Zeit ist gekommen, dass der Menschensohn verherrlicht wird. Wahrlich, ich sage euch: Das Weizenkorn muss in die Erde fallen und sterben, sonst bleibt es nur ein Weizenkorn. Aber wenn es stirbt, bringt es viel Frucht.«

Jesus heftete seinen Blick auf Judas und fuhr fort: »Wer sein Leben liebt, wird es verlieren. Wer aber sein Leben in dieser Welt gering achtet, wird es bewahren bis ins ewige Leben ...«

Plötzlich stöhnte der Herr auf und sank auf die Knie. Er umklammerte seinen Leib mit den Armen und krümmte sich. Es herrschte Grabesstille unter den Anwesenden. Judas merkte, wie er rot wurde. Er schämte sich für den Herrn, weil er plötzlich solchen Schmerz, solche Schwäche zeigte!

»Oh, meine Seele!«, stieß Jesus hervor. »Meine Seele ist so betrübt. Was soll ich nun sagen? ›Vater, lass diese Stunde an mir vorbeigehen‹? Nein.«

Er hob den Kopf und stand langsam wieder auf. »Nein, denn aus diesem Grund bin ich doch gekommen. Deshalb sage ich: ›Vater, verherrliche deinen Namen ...‹«

Wie zur Antwort zerriss ein Donnerschlag die Luft.

»Es hat gedonnert!«, riefen die Menschen.

Doch Johannes flüsterte: »Ein Engel hat mit ihm gesprochen.«

»Nicht mir galt diese Stimme, sondern euch«, sagte Jesus leise. »Jetzt nimmt das Gericht über diese Welt seinen Anfang. Jetzt wird der Fürst dieser Welt vertrieben. Und ich, wenn ich von der Erde erhöht werde – ich werde alle zu mir ziehen.«

»Herr, was meinst du damit: *erhöht*?«, wollte Judas wissen. Erhöhung, das war es doch, was er für Jesus wollte.

Doch Jesus sah betrübt und krank aus. »Das ist der Grund, warum ich keine Schwerter brauche, Judas. Wer Ohren hat zu hören, der weiß nun, welchen Tod ich sterben werde.«

Tod und Sterben. Morbides, zusammenhangloses Gerede: Das war alles, was am Montag passierte. Die heftigen Gefühlsbewegungen der Menschen zerstreuten sich wieder. Das Überraschungsmoment war vorbei. Sicherlich überlegten die Mächtigen schon Wege, wie sie Jesus unter Kontrolle bringen konnten – seine Person, seine Kräfte, seine Wirkung.

Und Judas bekam allmählich Angst.

Am Dienstag begab Jesus sich mit seinen Jüngern in den Tempel.

Es fiel ein leichter Regen und so versammelte man sich unter dem Dach der Säulenhalle Salomos. Hier setzte Jesus seine Reden fort, doch ließ er ihnen keine Taten folgen. Nichts.

Er erzählte die Geschichte eines Grundbesitzers, der seinen Weinberg verpachtet hatte. Als die Lese eingebracht war, schickte er einen Knecht zu den Pächtern, um seinen Anteil holen zu lassen. Doch die Pächter verprügelten ihn. Er schickte einen zweiten, doch auch dieser wurde verprügelt. Der dritte wurde sogar ermordet. Also beschloss der Grundbesitzer, seinen Sohn zu schicken. »Seinen geliebten Sohn«, sagte Jesus. »Ganz sicher würden sie vor seinem Sohn Achtung haben.«

Doch als die Pächter den Sohn sahen, beschlossen sie, den Weinberg ganz an sich zu reißen, indem sie den einzigen Erben des Grundbesitzers töteten.

»Was wird der Grundbesitzer nun machen, wenn er herausfindet, dass die Pächter seinen Sohn hingerichtet haben? Seinen geliebten Sohn? Meint ihr nicht auch, dass er zu ihnen gehen und ihnen ein schreckliches Ende bereiten wird?«

Judas sah einige Ratsmitglieder in der Menge, die sich in der Säulenhalle Salomos versammelt hatte. Er bemerkte, wie nervös sie wurden, als Jesus von Hinrichtung sprach. Eilig gingen sie davon. Doch Jesus ließ sie ziehen. Er hatte sie kaum ins Gespräch einbezogen. Keine Taten, nur Worte.

Jetzt sagte ein Schriftgelehrter zu ihm: »Sag uns: Welches ist das wichtigste aller Gebote?«

Es war eine ganz gewöhnliche Frage, eine alte rabbinische Prüfung – und dennoch beantwortete Jesus sie: »*Liebe den Herrn, deinen Gott, von ganzem Herzen, mit ganzem Willen und mit deinem ganzen Verstand*«, sagte er. »Dies ist das größte und wichtigste Gebot. Und das zweite ist genauso wichtig: *Liebe deinen Nächsten wie dich selbst.*«

Judas konnte es nicht fassen. Wie versöhnlich diese Worte klangen! Genau das lehrten die sanftesten Rabbis ihre Schüler! Diesem

Gerede fehlte es an jeglicher prophetischer Kraft. Wo war das Messianische an Jesus geblieben? Wo war der Herr der himmlischen Heerscharen und Auslöser des Umsturzes auf Erden?

Bis zum Passafest waren es nur noch wenige Tage. Die Menschenmengen füllten Jerusalem mit Tatkraft und Vorfreude.

Und Jesus redete von Sanftmut und Liebe!

Später, als sie den Tempel wieder verließen, sah Judas, wie Thomas, dieser begriffsstutzige Dummkopf, stehenblieb, um die Mauern zu bestaunen.

»Sieh nur, Lehrer«, sagte er, »wie dicht die Steine trotz ihrer Größe gemauert sind.«

Jesu Antwort klang seltsam zerstreut: »Es kommt eine Zeit, in der nicht ein Stein auf dem anderen bleiben wird. Alles wird bis auf den Grund zerstört werden.«

Judas war abermals verwirrt. Der Messias sollte Jerusalem und den Tempel doch erneuern! Und nun hatte Jesus schon zum zweiten Mal von der Zerstörung der Stadt gesprochen.

Beim Ölberg wandte Jesus sich um und blickte auf Jerusalem zurück. Der Regen hatte aufgehört, die Wolken waren fort. Im hellen Schein der Sonne strahlend lag die Stadt dort auf den Hügeln, zehn Stufen der Heiligkeit, die Krone Gottes!

Aber Jesus trieb Judas mit einem weiteren endlos tiefen Seufzer fast in den Wahnsinn.

Um ihn zu reizen, fragte Judas: »Wann, Herr? Wann werden die Mauern zusammenfallen? Und woran werden wir erkennen, dass das Ende nah ist?«

»Wenn ihr von Kriegen nah und fern hört, dann erschreckt nicht – sie sind noch nicht das Ende. Völker werden sich gegeneinander erheben; es wird Erdbeben und Hungersnöte geben – doch das ist erst der Anfang der Geburtswehen.

Hört mir gut zu: Erst muss das Evangelium allen Völkern gepredigt werden. Und die, die es tun, werden um meines Namens willen gehasst werden.«

Jesus richtete den Blick auf Judas. »Doch du hast mich nach den

Anzeichen gefragt, Judas. Deine Träume sind zugleich größer und kleiner, als du weißt. Aber ich will dir sagen, was die Zeichen sind: Wenn das Heilige durch heidnische Götzen entweiht wird – dann sollen alle Bewohner Judäas in die Berge fliehen. Denn was in jenen Tagen geschieht, wird furchtbarer sein als alles, was jemals seit Anbeginn der Schöpfung geschehen ist.

Nach dieser Schreckenszeit wird die Sonne sich verfinstern und der Mond nicht mehr scheinen, und die Sterne werden vom Himmel fallen!

Dann kommt der Menschensohn in Wolken mit göttlicher Macht und Herrlichkeit, und alle Engel werden um ihn sein. Er wird auf seinem herrlichen Thron sitzen; alle Völker werden vor ihm versammelt werden und er wird die Menschen voneinander trennen, so wie ein Hirte die Schafe von den Ziegen trennt. Er wird die Schafe zu seiner Rechten versammeln und die Ziegen zu seiner Linken. Und was glaubst du, Judas, wer von ihnen errettet wird? Und warum meinst du, dass sie errettet werden? Weil sie Kriege gewonnen haben? Wegen triumphaler Siege oder Unterwerfungen?

Mein letztes Gleichnis wird es dir erklären. Hör zu!

Der König wird zu denen zu seiner Rechten sagen: *Kommt her, die ihr von meinem Vater gesegnet seid, nehmt das Reich in Besitz, das seit der Erschaffung der Welt für euch bestimmt ist. Denn ich war hungrig und ihr habt mir zu essen gegeben; ich war durstig und ihr habt mir zu trinken gegeben; ich war ein Fremder und ihr habt mich willkommen geheißen; ich war nackt und ihr habt mir Kleider gegeben; ich war krank und ihr habt mich besucht; ich war im Gefängnis und ihr seid zu mir gekommen.*

Die Gerechten aber werden fragen: ›Herr, wann haben wir dich jemals hungrig gesehen oder dir zu essen gegeben? Oder durstig und haben dir zu trinken gegeben? Wann haben wir dich willkommen geheißen, dich gekleidet oder besucht?‹

Und der König wird ihnen antworten: *Wahrlich, als ihr dies für einen meiner geringsten Brüder getan habt, da habt ihr dies für mich getan.*«

Judas senkte das Haupt und wandte sich zum Gehen.

»Warte! Das Gleichnis ist noch nicht zu Ende. Zu denen zu seiner Linken wird der König sagen: *Geht mir aus den Augen, ihr Verfluchten! Fort mit euch in das ewige Feuer, das für den Satan und seine Helfer vorbereitet ist! Denn ich war hungrig, aber ihr habt mir nichts zu essen gegeben; ich war durstig, aber ihr habt mir nichts zu trinken gegeben; ich war ein Fremder, nackt, krank, im Gefängnis, doch ihr habt nichts für mich getan.*

Doch auch sie werden fragen: ›Wann haben wir dich jemals hungrig oder durstig gesehen, wann kamst du als Fremder, wann warst du nackt oder krank oder im Gefängnis – und wir haben uns nicht um dich gekümmert?‹

Dann wird der König antworten: *Wahrlich, als ihr dies bei einem meiner geringsten Brüder versäumt habt, da habt ihr es an mir versäumt.*

Nun, Judas, zieh deines Weges. Höre mit deinen Ohren, sieh mit deinen Augen. Halte dich bereit für den Tag, an dem das Reich Gottes kommt. Sei wachsam, sage ich, denn es wird dich sicher überraschen!«

An jenem Abend waren Jesus und die Jünger zum Essen bei Lazarus in Betanien. Alle saßen um einen Tisch und ließen sich von Marta auftragen.

Da betrat Maria das Zimmer und ging, ein Alabasterfläschchen mit reinem Nardenöl in Händen, zu Jesus. Sie kniete sich dort, wo er seine Füße auf dem Boden ausgestreckt hatte, nieder, öffnete die Flasche und salbte die Füße ihres Herrn mit dem kostbaren Öl. Dann trocknete sie seine Füße mit ihren Haaren und das Zimmer wurde von dem Duft erfüllt.

Judas Iskariot schüttelte verständnislos den Kopf. »Und die Armen?«, fragte er. »Was ist mit jenen, die am wenigsten zählen auf dieser Welt? Hätte man dieses Öl nicht für dreihundert Silberstücke verkaufen und das Geld an *sie* verteilen sollen?« Er war vor Ärger ganz rot im Gesicht.

Doch auch Jesus klang verärgert, als er erwiderte: »Was ist los mit dir? Wer bist du denn, dass du diese Frau tadelst?«

Judas' Augenbrauen hoben sich bis zum Haaransatz. Er konnte kein Wort herausbringen.

»Lass sie in Ruhe«, fuhr Jesus fort. »Sie hat ein gutes Werk an mir getan, das zu tun sonst niemand in den Sinn gekommen ist. Sie hat meinen Körper gesalbt, um ihn für mein Begräbnis vorzubereiten. Arme wird es immer bei euch geben, mich hingegen werdet ihr nicht mehr lange bei euch haben. Maria hat das verstanden. Und du? Hast du es begriffen? Hast du nun verstanden, was ich meine?«

Judas brachte nur ein Nicken zustande. Er erstickte fast an dieser unglaublichen Demütigung.

Als am Mittwoch die Sonne aufging, hatte Judas einen Entschluss gefasst.

Mit dem Durcheinander sollte es vorbei sein. Er begriff Jesus nicht, konnte die jüngsten Worte des Herrn nicht ergründen. Aber er konnte die Dinge selbst in die Hand nehmen und die Klarheit schaffen, die er und die Zeiten brauchten.

Alles was Judas vorhergesehen hatte, war auch eingetroffen: Menschenmassen hatten sich in der Heiligen Stadt versammelt und lebten nun in angespannter Erwartung. Wie Reisig, das nur auf den Funken wartete. Ein Funke, der durch eine Tat seines Herrn geschlagen werden müsste.

Nur: Jesus handelte nicht. Doch vielleicht konnte Judas selbst ja diese Tat auslösen.

Die Kraft zum Umsturz hatte Jesus von Nazareth durchaus. Es war Jesus gewesen, den die Menschen vor gerade mal drei Tagen als Messias gepriesen hatten. Und er hatte im Tempel einen göttlichen Zorn an den Tag gelegt. So kühn, wie er den Mächtigen entgegentrat, so groß wie seine Wunder und so aufwühlend, wie seine Reden waren, musste Jesus der Messias sein! Vielleicht war er in den vergangenen Stunden ein widerwilliger Messias geworden, aber niemand erfüllte die Prophezeiung so wie er.

Also hatte Judas beschlossen, nicht weiter auszuloten, warum Jesus jetzt zögerte. Stattdessen wollte er den Herrn lieber zu Taten zwingen. Er würde eine Begegnung einfädeln, der Jesus einzig und allein dann entkommen konnte, wenn er seine messianische Macht offen zeigte.

Judas würde die Feinde direkt zu Jesus führen – ja, und auch zu seinen Jüngern! Wenn er und die, die er liebte, angegriffen wurden, würde der Herr keine andere Wahl haben, als seine königliche Macht ins Feld zu führen und sich als der Gesalbte zu erkennen zu geben – als der König!

Also wurde Judas am Mittwochmorgen bei den führenden Priestern und dem Kommandanten der Tempelwache vorstellig: »Ihr habt Befehl gegeben, dass jeder, der den Aufenthaltsort von Jesus von Nazareth kennt, euch diesen meldet.«

»Stimmt, das haben wir«, nickten die führenden Priester.

»Und ich nehme an, ihr würdet ihn gerne irgendwo festnehmen, wo nicht so viele Menschen sind.«

»Fahr fort.«

»Nun, ich kann euch zu ihm führen, wenn er sich an einem abgelegenen, ungeschützten Ort aufhält.«

Doch die Priester zögerten: »Wir kennen dich und wir wissen, dass du einer von seinen Jüngern bist. Wieso solltest du deinen eigenen Herrn verraten?«

Judas' Antwort war prompt und einfach. »Des Geldes wegen«, sagte er. »Bezahlt mich und ich werde es tun. Bezahlt mir genug und es wird bald geschehen.«

Die führenden Priester verhielten sich genau so, wie Judas es von ihnen erwartet hatte. *Der* Teil des Plans war hervorragend gelungen. Damit er ihnen auch wirklich verpflichtet war, wogen sie an Ort und Stelle dreißig Silberstücke ab und füllten sie dann in einen Beutel, den Judas eigens zu diesem Zweck mitgebracht hatte.

38

Jesus

Simon Petrus steckte den Kopf zur Tür herein und fragte: »Wo sollen wir das Passafest vorbereiten? Weißt du schon einen Ort?«

Jesus blickte von der Schriftrolle auf, in der er gerade las. »Oh, ja«, sagte er, stand auf, ging zum Gitterfenster und rief: »Johannes, kommst du bitte einmal herein?« Dann ließ er sich wieder auf dem Boden nieder, schmiegte den Rücken in die Zimmerecke und legte die Unterarme auf seine Knie, wobei er die geöffneten Hände vor sich hinstreckte.

»Was liest du da?«, wollte Simon wissen.

»Lieder des Trostes, Petrus«, antwortete Jesus. »Lieder von Trost und Kraft.«

Johannes kam herein und blieb an Simons Seite stehen.

Jesus musste unwillkürlich über das ungleiche Paar lächeln: Der bullige Simon, mit dicken Wangen, schwer atmend, die Arme immer tatbereit – und Johannes, der liebe Johannes mit seinen großen Augen und geschwungenen Brauen, er, der zwar hin und wieder lautstark mit seinem Bruder stritt, dann aber Jesus mit einem so sanften Lächeln anblicken konnte, dass dieser dabei in seiner Brust den warmen Hauch der Liebe verspürte. Von allen Jüngern liebte Simon Jesus am lautesten und heftigsten. Johannes hingegen schien solche intensiven Gefühle gar nicht zu kennen – und doch war er es, der bei anderen die stärksten Gefühle weckte.

Mit einem Lächeln sagte Jesus: »Geht nach Jerusalem. Hört genau zu: Geht um das Kidrontal herum und durch das Essener-Tor im Südwesten in die Stadt. Wenn ihr einen Mann mit einem Wasserkrug trefft, der zum Berg Zion hinaufsteigt, dann folgt ihm. Johannes kennt den Weg. Er kennt sogar das Haus, wo der Mann Halt machen wird. Wir werden allerdings nicht wissen, ob wir uns dort heute gefahrlos aufhalten können. Bittet daher den Hausbesitzer, euch das Gästezimmer zu zeigen, in dem wir das Passamahl zu uns nehmen können. Wenn alles in Ordnung ist, wird er euch in ein Zimmer im Obergeschoss führen, wo alles hergerichtet ist. Dort bereitet unser Mahl zu.«

Sie gingen. Jesus schloss die Augen und stellte sich die beiden bildlich vor: Simon, wie er schnaufend und in tapferem Gehorsam voranging, ganz von seiner Mission erfüllt. Obwohl Johannes besser wusste, wohin ihr Weg sie führte, würde es ihm bei seiner Gemütsruhe niemals einfallen, voranzugehen.

Bald verschwanden die Gestalten von Simon und Johannes vor seinem inneren Auge, und mit ihnen verschwand auch sein Lächeln. Der Moment der Liebe, den er erleben durfte, war vorbei. Tiefe Seufzer stiegen in seiner Brust auf.

Jesus nahm wieder die Schriftrolle zur Hand und las:

Ich liebe den Herrn, denn er hat mein Flehen erhört.
Die Fesseln des Todes umfingen mich;
ich litt unter Angst und Verzweiflung.
Da rief ich den Namen des Herrn an . . .
»Ach, Herr, ich bitte dich, rette mein Leben!«

Er hielt inne und senkte das Haupt. Seine Haare fielen nach vorn, und wenn in diesem Augenblick jemand das Zimmer in Betanien betreten hätte, wäre sein Gesicht wie von einem Vorhang vor dessen Augen verborgen gewesen.

»Abba«, sagte er leise.

Es war Donnerstag. Der Donnerstag in der Passawoche; in seinem dreiunddreißigsten Lebensjahr.

»Abba, Abba«, flüsterte er.
Donnerstag, der fünfte Tag der Woche, in der er sterben würde.

Als es Abend geworden war, betrat Jesus mit zehn von seinen Jüngern das Zimmer im Obergeschoss, wo Simon und Johannes bereits auf sie warteten. Der Tisch war sorgfältig gedeckt. Die vorgeschriebenen Speisen – Lamm, ungesäuerte Brote, eine Tunke aus bitteren Kräutern, Wein – waren bereits hereingebracht worden und erfüllten das Zimmer mit Wohlgeruch.

Im Zimmer stand ein niedriger Tisch, der die Form eines Hufeisens hatte, damit die Bediensteten von seiner Mitte her zu jedem Sitzplatz gelangen konnten. Bei einem so feierlichen Mahl saß man nicht – vielmehr war der Tisch an drei Seiten von niedrigen gepolsterten Liegen umgeben, auf denen Jesus und seine Jünger sich nun niederließen.

Es war ein kärgliches Zimmer – die Essenerhäuser waren nur sparsam geschmückt. Auf einem schmalen Tisch an der Wand befanden sich Wasser und Handtücher, und ein Teppich dämpfte die Schritte der Eintretenden. Da es draußen schon dämmerte, waren die Kerzen entzündet. Ihre Flammen wurden von einem sanften Luftzug bewegt. An der hohen Zimmerdecke tanzten dunkle Schatten.

Nachdem er seine Sandalen abgelegt hatte, begab sich Jesus zu einem Platz in der Mitte des Tisches. Die anderen verteilten sich zu seiner Linken und Rechten. Jesus bedeutete ihnen, Platz zu nehmen. In angeregter Stimmung ließen die zwölf Jünger sich nieder, wobei sie den Körper auf den linken Ellbogen stützten und den Kopf in die Hand legten.

Jesus blieb noch stehen und ließ seinen Blick um den Tisch schweifen.

»Ich...«, sagte er. »Aus ganzem Herzen habe ich mich danach gesehnt, dieses Passamahl mit euch zu feiern, bevor ich leiden muss...«

Die Gespräche verstummten. Alle Gesichter wandten sich ihm zu: stirnrunzelnd, fragend, überrascht, mit plötzlichem Mitleid. Seine Freunde, seine unwissenden Freunde. Noch immer hatten sie nicht begriffen, was geschehen würde – obwohl er es ihnen gesagt hatte. Deutlich und häufig genug. Seine armen Schafe, seine unbedarften Anhänger, seine Jünger.

»Ich sage euch, ich werde das Mahl erst wieder feiern, wenn es seine Erfüllung im Reich Gottes findet.«

Dann legte Jesus seinen Umhang ab. Er ging zu dem Tisch an der Wand, nahm ein sauberes Handtuch und schlang es wie ein Diener um seine Hüfte. Mit einem zweiten Tuch band er die Haare aus seinem Gesicht. Dann goss er Wasser in einen Krug und trug diesen zu dem Jünger, der am nächsten bei ihm und zugleich am äußersten Rand der um den Tisch versammelten Gruppe lag. Er kniete sich hin und begann die Füße des Jüngers zu waschen. Im Zimmer herrschte vollkommenes Schweigen.

Er begab sich zum nächsten und wusch auch dessen Füße.

Und die des dritten.

Man konnte jeden einzelnen Wasserspritzer hören – so still war es.

Andreas begann leise zu weinen.

Auch Judas hatte Tränen in den Augen, aber sein Blick war dabei von einer eigenartigen Wildheit. Jesus merkte, wie Judas zusammenzuckte, als er dessen Füße berührte. Er wusste, dass in der armen Seele seines Jüngers die elementaren Kräfte miteinander rangen: Licht und Finsternis.

Danach wusch Jesus die Füße von Philippus, Matthäus, Jakobus und dem ratlos dreinblickenden Thomas.

Als letztes kam er zu Simon.

Simon Petrus, immer stolz auf seine Bescheidenheit! Mit einem Ruck zog er die Füße unter seinen Umhang zurück. »Wie? Du, Herr, willst mir die Füße waschen?«

Jesus seufzte und antwortete: »Vielleicht verstehst du jetzt noch nicht, was ich tue, doch später wirst du es begreifen.«

»Nein!«, rief Simon und schüttelte energisch den Kopf. »Niemals sollst du mir die Füße waschen!«

Jesus schluckte. In seinem Hals zog sich etwas zusammen. »Wenn ich dir nicht die Füße wasche«, sagte er und versuchte seiner Stimme einen freundlichen Klang zu geben, »wenn ich dir nicht dienen darf, dann wirst du keinen Anteil an mir haben.«

Simons Füße kamen wieder unter dem Umhang hervorgeschossen. »Dann auch meine Hände, Herr!«, bat er nun. »Wasch mir auch die Hände und den Kopf!«

Während er die harten Fußsohlen von Simon Petrus wusch und anschließend mit dem Tuch trocknete, sagte Jesus: »Wer gebadet hat, der braucht sich – von den Füßen abgesehen – nicht mehr zu waschen, denn er ist ganz rein.«

Inzwischen war das Tageslicht vor den Gitterfenstern einem tiefdunklen Blau gewichen. Der Raum zitterte und ruckte im gelblichen Kerzenschein.

Jesus nahm die Handtücher ab und legte sie wieder auf den Tisch an der Wand. Er steckte die Arme durch die kurzen Ärmel seines Umhangs, schüttelte sein Haar zurück und nahm dann seinen Platz zwischen den anderen Jüngern ein.

»Begreift ihr, was ich soeben für euch getan habe?«, wollte er wissen. »Ihr nennt mich Lehrer und Herr, und zu Recht, denn das bin ich. Nun: Wenn ich, euer Herr und Lehrer, euch die Füße gewaschen habe, dann sollt auch ihr euch gegenseitig die Füße waschen. Ich habe euch nur ein Beispiel gegeben. Gesegnet seid ihr, meine Freunde, wenn ihr danach handelt!«

Er hielt einen Augenblick lang inne. »Kommt«, sagte er dann, »wir wollen essen.«

Die zwölf Jünger begannen zu essen, doch jetzt hatte das Mahl nichts Gewöhnliches mehr, saß man nicht mehr nur aus Tradition zusammen, mochte der Brauch auch noch so alt sein. Die Männer nahmen die Speisen sehr überlegt zu sich, ganz so als erforderte jede Geste eine bewusste Entscheidung.

Jesus aber aß nicht.

Er musterte die Gesichter der Anwesenden, als wollte er sich gewissermaßen an dem Anblick seiner Freunde sattsehen. Doch er musste sich beherrschen – schon sein Blick ließ Andreas im Kauen innehalten und wieder mit den Tränen ringen.

Jedes einzelne Gesicht, jeden Jünger betrachtete er. Thomas, der seine ganze Aufmerksamkeit dem Essen widmete. Matthäus, der ergraute Gelehrte, der sein Essen sorgfältig in kleine Stücke schnitt. Judas mit seinen verwirrten Augen unter den schwarzen, beweglichen Brauen.

Unwillkürlich stieß Jesus einen Seufzer aus. Plötzlich zerrte Kummer wie mit schweren Widerhaken an seiner Seele, und der unerwartete Schmerz ließ ihn aufstöhnen. Sofort sahen die Jünger schuldbewusst von ihrem Essen auf.

Dann flüsterte Jesus kaum hörbar: »Einer von euch wird mich verraten.«

Die Jünger hielten den Atem an. Es war, als ob Jesus mit einem Axthieb den Tisch gespalten hätte.

»Bitte?«, fragte Thomas. »Was hat er gesagt?«

»Bin ich es?«, wollte Andreas mit angsterstickter Stimme wissen.

Jesus bemerkte, dass Simon Johannes ein Zeichen gab. Johannes nickte. Und dann legte er, der auf dem Ehrenplatz unmittelbar rechts von Jesus lag, die Hand auf den Arm seines Herrn. »Wer, Herr? Wer ist es?«

In eben diesem Augenblick streckte Judas den Arm aus, um sein Brot in die Soße aus bitteren Kräutern zu tunken. »Rabbi«, fragte er, »bin ich es?«

Jesus nahm ein Stück Brot und tauchte es gemeinsam mit Judas in die Schüssel. »Derjenige, der die Soße mit mir teilt – der ist es.«

Judas erstarrte. Er hob die Augen und blickte Jesus an. Sein ganzes Gesicht verzerrte sich, flehend und trotzig.

Jesus erwiderte den Blick. »Der Menschensohn wird zwar sterben, wie es in der Schrift vorausgesagt ist. Aber wehe dem Menschen, der den Menschensohn verrät! Es wäre besser für ihn, wenn er nie geboren worden wäre.«

»Was?«, fragte Thomas wieder. »Was hat er gesagt? Ich kann ihn nicht hören.«

Mit einem Ruck, als ob Wurzeln aus dem Boden gerissen würden, wandte Judas seinen Blick von Jesus ab und vergrub sein Gesicht in den Händen. »Herr.« Er sprach ebenso leise wie Jesus. »Was willst du von mir?«

Jesus hielt seine Augen immer noch auf Judas geheftet: »Dass du keine Zeit mehr verlierst«, flüsterte er, »und das, was du zu tun beschlossen hast, rasch tust.«

Judas atmete tief ein, dann stemmte er sich mit seinen dünnen Armen hoch. Er ging zur Tür, öffnete sie und wurde von der Dunkelheit verschluckt.

Feuchte, kalte Abendluft strömte in das Zimmer. Simon stand auf, schloss die Tür und legte sich dann wieder hin.

Danach konnte niemand mehr essen oder sprechen. Die Kerzenflammen standen bewegungslos wie Soldaten in der Luft – und auch die Schatten an den Wänden schienen erstarrt zu sein.

Jesus schien es, als würde das Licht selbst verlöschen. Es blieb nicht mehr viel Zeit um zu leben und seine Jünger zu lieben.

»Kinder«, sagte er, »ich werde nicht mehr lange bei euch sein. Ihr werdet mich suchen, aber dorthin, wohin ich gehe, könnt ihr nicht gelangen.

Ein neues Gebot will ich euch geben«, setzte er hinzu. Er formte die Worte in seinem Mund, als würde er sie in Stein meißeln – unvergängliche Worte, ein Denkmal, das er unbedingt hinterlassen musste:

»Liebt einander! Wie ich euch geliebt habe, so sollt auch ihr einander lieben. Daran wird die ganze Welt erkennen, dass ihr meine Jünger seid – wenn ihr einander liebt.

Liebt ihr mich in diesem Augenblick? Dann werdet ihr auch, wenn ich nicht bei euch bin, mein Gebot befolgen.

Ich werde den Vater bitten, und er wird euch einen anderen Beistand geben, der für immer bei euch bleiben soll, den Tröster, den Heiligen Geist, den Geist der Wahrheit.

Doch ich lasse euch nicht wie Waisenkinder allein, sondern werde zu euch zurückkehren. Nur noch kurze Zeit und die Welt wird mich nicht mehr sehen. Ihr aber werdet mich sehen – weil ich lebe, werdet auch ihr leben.

In der Zwischenzeit werdet ihr jammern und weinen, Kinder. Es schmerzt mich, euch das sagen zu müssen. Die Welt wird sich freuen und ihr werdet traurig sein. Schlimmer noch, ihr werdet Anstoß an mir nehmen, heute Nacht noch. Ihr alle, so wie es geschrieben steht: *Ich werde den Hirten erschlagen und die Schafe werden auseinander laufen.*«

»Nein!« Jesus erkannte sofort, von wem der Schrei kam: von Simon Petrus. Er hatte die Sprache wiedergefunden, hatte sich aufgerichtet und kniete jetzt: »Nein, Herr! Die anderen vielleicht – ich aber werde niemals Anstoß an dir nehmen!«

Jesus fragte sich, ob dieser laute Jünger eigentlich wusste, wie jämmerlich sich seine Stimme oft anhörte. »Simon, Simon«, sagte er, »Satan wollte dich haben, dich aussieben wie Weizen. Ich aber habe für dich gebetet, damit dein Glaube dich nicht verlässt.«

Simon schlug mit der Faust auf den Tisch. »Herr, ich bin bereit, mit dir ins Gefängnis zu gehen.«

»Ins Gefängnis? Ach, Petrus, heute Nacht noch, bevor der Hahn zweimal kräht, wirst du mich dreimal verleugnen.«

Simon sprang auf und rief: »Selbst wenn ich mit dir sterben muss – ich werde dich nicht verleugnen!«

Aber Jesus kannte die überschwänglichen Beteuerungen des Jüngers zur Genüge. Er hatte eine feierliche Haltung eingenommen und saß nun mit gekreuzten Beinen am Tisch. Er nahm das ungesäuerte Brot in beide Hände und hob es mit einer Bewegung hoch, die so würdevoll, erhaben und heilig war, dass Simon und jeder, der sonst noch im Raum war, dadurch zum Schweigen gebracht wurde.

Dann segnete er mit lauter Stimme des Brot. Er senkte es wieder, brach es in Stücke und verteilte diese an die Jünger. »Nehmt und esst.«

Sie gehorchten. Jesus sah ihnen zu. Und als sie alle das Brot aßen, verkündete er: »Das ist mein Leib, der für euch geopfert wird. Tut dies zur Erinnerung an mich.«

Sie kauten daraufhin sehr langsam.

Jesus nahm den Becher mit Passawein, hob ihn in die Höhe, sprach ein Dankgebet und ließ ihn dann unter den Jüngern herumgehen. Während sie tranken, sagte Jesus: »Das ist mein Blut, das Blut des Bundes, das für alle Menschen vergossen wird zur Vergebung ihrer Sünden. Tut dies, so oft ihr daraus trinkt, zur Erinnerung an mich.«

Und während sie den Becher herumreichten, begann Jesus zu singen. Er wiegte seinen Körper wie die Alten beim Gebet in der Synagoge. Er schloss die Augen und sang mit kräftiger Stimme:

Preist den Herrn, alle Völker!
Rühmt ihn alle, ihr Nationen!
Groß ist seine Liebe –
seine unerschütterliche Liebe
und seine Treue währen ewiglich.

Die, die aus dem Becher getrunken hatten, stimmten, wenn auch leise, in seinen Gesang ein.

Als das Lied zu Ende war, senkte Jesus das Haupt, schloss die Augen und nahm Johannes' Hand.

»Kommt«, sagte er. »Es ist Zeit zu gehen.«

Also standen alle auf und gingen hintereinander in die Dunkelheit hinaus. Sie stiegen wieder zu dem tiefer gelegenen ersten Gebäude hinab, durchquerten den Hof und traten hinaus. Dann führte Jesus die anderen den Osthang des Berges hinab. Im Gehen betete er leise: *Abba, Abba, Abba.*

Der Wind hatte sich gelegt. Die Häuser waren gegen den nächtlichen Dunst verschlossen. Jesus führte seine kleine Gruppe die Treppenstraße zur Unterstadt hinab.

Vater, ich habe ihnen die Worte mitgeteilt, die ich von dir erhalten habe. Sie haben erkannt, dass ich von dir gekommen bin. Sie glauben, dass du mich gesandt hast ...

Sie gingen durch die Davidsstadt, durch tausend Jahre alte finstere Straßen. Die Sterne leuchteten nur schwach. Die Jünger hatten weder eine Lampe noch eine Fackel dabei. Jesus betete unentwegt weiter.

Heiliger Vater, bewahre sie in deinem Namen, damit sie eins werden, so wie du und ich eins sind ...

Sie gingen durch das Scherbentor zur Stadt hinaus und wieder hinab ins Kidrontal. Zu ihrer Linken ragten die Mauern Jerusalems empor und zu ihrer Rechten lagen wie tote Augen die weiß getünchten Gräber der Reichen. Und Jesus betete immer noch:

Ich habe ihnen die Herrlichkeit gegeben, die du mir gegeben hast, denn sie sollen eins sein, wie wir eins sind, ich in ihnen und du in mir; so sollen sie vollkommen eins werden, damit die Welt erkennt, dass du mich gesandt hast und sie ebenso liebst wie mich ...

Und so ging Jesus, wie üblich, wenn er in Jerusalem war, im Dunkel der Nacht zum Ölberg und machte dort Halt.

»Bleibt hier!« Seine Worte waren knapp und scharf.

Zu den Jüngern sagte er: »Bleibt hier sitzen. Ich gehe beten.«

Dann berührte er Simon und Jakobus an der Schulter, nahm Johannes bei der Hand und betrat dann zusammen mit den dreien einen privaten Olivenhain namens Gethsemane. Es gab kein Tageslicht zwischen den uralten Bäumen, deren Stämme dunkel und verkrümmt waren: Jesus wusste den Weg zwischen ihnen hindurch nur aus der Erinnerung.

Während er ging, wurden seine Beine taub und schwer, und das Atmen bereitete ihm immer größere Mühe.

»Auf meiner Seele liegt eine Last, die mich fast erdrückt«, stöhnte er.

Er blieb stehen. Seine Kehle schnürte sich immer weiter zusammen, und er konnte es nicht verhindern.

»Wartet hier«, sagte er und ließ Johannes' Hand los. Seine Stimme klang rau. Er wusste, es würde noch schlimmer werden. »Wacht mit mir!«, flüsterte er und eilte in den Hain hinein. Einen Steinwurf entfernt stolperte er und stürzte mit dem Gesicht voran zu Boden. Wie ein Verwundeter krümmte er die Beine unter seinem Leib. Er krallte die Finger in die Erde und schrie: »Abba! Abba!«

Dann brach der Sturm los. Jesus klagte mit lauter Stimme zum Himmel hinauf: »Abba, Vater, lass diesen Kelch an mir vorübergehen!

Lass diesen Kelch an mir vorübergehen.
Nimm ihn von mir, oh, mein Gott.
Ich will diesen Leidenskelch nicht leeren.
Abba, Abba – ich will nicht.«

Stille. Jesus lag reglos da, die Stirn an die Erde gepresst. Kein Lufthauch. Kein Licht. Kein Laut, weder Laubrascheln noch das Zirpen eines nächtlichen Insektes. Nichts.

Ohne den Kopf zu heben und unter Aufbietung aller Kräfte gab Jesus nun seinem Aufschrei noch einmal Ausdruck, diesmal ruhiger, überlegter: »Vater, bei dir ist alles möglich. Du kannst diesen Kelch von mir nehmen, diese Stunde an mir vorübergehen lassen . . .«

Zwischen seinen Brauen sammelte sich Schweiß, tropfte herab, brannte in seinen Augen, fiel dick wie Blut zu Boden. Jesus wurde von widerstrebenden Kräften hin und her gerissen: Sein Gebet sollte zugleich voller Aufrichtigkeit *und* voller Gehorsam sein – doch schienen diese Gegner in seinem Innersten zu sein, von denen jeder seine Seele ganz einforderte.

Jesus knirschte mit den Zähnen, sein Mund war verzerrt und eine

Zeit lang konnte er kein Wort mehr hervorbringen. Doch dann schaffte er es, seinen Geist, seine Atmung und seine Angst so weit zu bändigen, dass er mit matter Stimme den letzten Teil seines Gebets sprechen konnte:

»Doch nicht mein Wille, Abba, sondern deiner geschehe.«

Einen Augenblick lang lag er regungslos da, schwach, leer, erschöpft.

Schließlich erhob er sich. Seine Beine zitterten von der seelischen Anstrengung, während er zu Jakobus, Simon und Johannes zurückging.

Als er bei ihnen ankam, wurde sein Herz von noch größerer Einsamkeit ergriffen. Seine engsten Freunde lagen seelenruhig gegen zwei Bäume gelehnt, und an ihrem gleichmäßig gehenden Atem erkannte Jesus, dass sie schliefen – alle drei.

»Wie, Simon?«, sagte er zu seinem Jünger, ohne dass dieser es mitbekommen hätte. »Könnt ihr nicht einmal eine Stunde bei mir wachen? Nun, der Geist ist willig, doch das Fleisch ist schwach.«

Jesus riss sich zusammen. Er richtete sich entschlossen auf, nahm eine aufrechte, würdevolle Haltung ein. Dann erblickte er am Fuß des Ölbergs ein schwaches Licht, darum beugte er sich zu seinen Jüngern herab und rüttelte sie wach.

»Steht auf und seht«, sagte er. »Seht, dort unten am Fuß des Berges. Dort! Seht ihr? Es ist so weit. Der Verräter, der mich ausliefern wird, ist da . . .«

Simon schaute schlaftrunken um sich und versuchte mit viel Getue einen gewissenhaften Wächter darzustellen, da erblickte er die Fackeln, die den gewundenen Weg vom Kidrontal heraufkamen, eine lange Kette flackernder Lichter.

Jesus ging zu den anderen Jüngern zurück und weckte auch sie. Ebenso wie die anderen drei waren sie von Müdigkeit übermannt worden. Sie machten dumme Gesichter, räusperten sich, maulten wie Kinder – sie begriffen weder so recht, wo sie waren, noch was gleich geschehen würde.

Doch dann waren die qualmenden Fackeln ganz nahe bei ihnen,

begleitet vom leisen Klirren von Rüstungen und Schwertern. Und plötzlich, von drei Seiten zugleich, tauchten sie aus dem Dunkel auf – Soldaten und Offiziere vom Heer des Herodes Antipas, aber auch Hauptleute der Tempelwache. Jesus erkannte die nervöse, kleine Gestalt, die die Männer anführte, einen angespannten Burschen, dessen Fackel heller leuchtete als die der anderen: Judas. Auf seinen Lippen lag ein erwartungsvolles Lächeln und seine Augenbrauen zuckten, während er freundliche Gefälligkeit demonstrierte.

Judas hob seine Fackel, trat zu den Jüngern hin und leuchtete damit einem nach dem anderen ins Gesicht, wobei er im Vorbeigehen immer wieder »Ja, ja, sei gegrüßt, ja« murmelte.

Jesus, der dem kleinen Zeloten wortlos zusah, wurde von einer tiefen Traurigkeit überwältigt.

Schließlich hatte Judas ihn erblickt. Sein Lächeln wurde verkniffener, seine Augen aber flehten. Er streckte den Kopf vor, nickte ein paarmal auffordernd, ganz so, als ob er und Jesus ein Geheimnis teilten.

Er trat so dicht an Jesus heran, dass dieser jeden Zug seines Gesichts erkennen konnte. Mit lauter Stimme rief Judas aus: »Sei gegrüßt, Herr!« Dann reckte er sich, um Jesus zu küssen.

Ein Bediensteter des Hohen Priesters rief: »Ist das nun unser Mann?«

Judas wich zurück. Er sagte nichts, sondern starrte nur Jesus an.

Der Bedienstete kam mit langen Schritten auf sie zu. Er trug ein Messer und ein Seil bei sich.

Unvermittelt rauschte eine massige Gestalt an Jesus vorbei. Sie brüllte und schwang ein Schwert wahllos durch die Luft.

»Simon! Simon!«, schrie Judas. »Überlass das dem Messias!«

Doch Simon Petrus war nicht aufzuhalten. Mit einer heftigen Armbewegung schlug er dem Diener Seil und Messer aus den Händen und hieb ihm dann ein Ohr ab.

Da sprang Jesus vor und packte Simon von hinten. Sein linker Arm umklammerte den Hals des kräftigen Mannes, während er ihm mit der Rechten das Schwert entriss.

»Steck das weg!«, raunte er Simon ins Ohr. »Wer zum Schwert greift, wird durch das Schwert umkommen.«

Simons Körper entspannte sich und Jesus ließ ihn wieder los. »Weißt du denn nicht, dass mein Vater mir sofort zwölf Legionen von Engeln schicken würde, wenn ich ihn darum bäte?«

Dann beugte Jesus sich nach unten und hob das abgetrennte Ohr des Bediensteten auf. Wortlos hielt er es an die Stelle, wo es zuvor gesessen hatte – und der Mann war wieder völlig unverletzt! Zur gleichen Zeit entdeckte Jesus Judas in der Menge und warf ihm einen wütenden Blick zu. Dann verkündete er: »Doch ich würde meinen Vater niemals um dergleichen bitten, denn sonst würde sich nicht erfüllen, was in der Schrift steht.«

Judas ließ seine Fackel fallen. Es schien nicht seine Absicht gewesen zu sein, aber er hob sie dennoch nicht wieder auf. Ein kurzes Zögern, dann war er verschwunden.

Jesus stand nun aufrecht vor den Leuten der Tempelwache. »Seid ihr mit Schwertern und Knüppeln angerückt, um mich gefangen zu nehmen wie einen Räuber? Jeden Tag war ich bei euch im Tempel, um zu lehren; da aber habt ihr euch nicht getraut, mich festzunehmen. Aber jetzt«, sagte er und ging auf sie zu, »jetzt ist eure Stunde gekommen. Jetzt hat Gott den dunklen Mächten Gewalt über mich gegeben.«

Wie auf Befehl traten die Soldaten zu ihm hin und begannen dann im Schein der Fackeln seine Arme zu fesseln.

Einer der Jünger schrie vor Angst auf. Der Trupp von Soldaten schien immer größer zu werden. Je mehr Männer sich um Jesus versammelten, desto weiter wichen die Jünger vor ihnen zurück.

Jesus sah, wie sich Panik unter seinen Kindern ausbreitete. Manche stahlen sich davon, andere rannten plötzlich kopflos weg. Alle ergriffen sie die Flucht, ohne Ausnahme, und schließlich war Jesus ganz allein zurückgeblieben.

Johannes!« Es war ein heiseres, kehliges Flüstern, dessen Urheber nicht auszumachen war. »Johannes! Bist du es?«
Johannes war durch die schmalen Gassen der Unterstadt geeilt. Er erstarrte und drückte sich an eine Hauswand. Die nächtliche Finsternis war undurchdringlich.

»Johannes, Sohn des Zebedäus! Wo bist du?«

Der junge Mann hätte sich beinahe niedergeduckt, um nicht erkannt zu werden. Dann aber rief er zu seiner eigenen Verblüffung: »Wer bist du? Wer ist da?«

Das Flüstern hörte auf. Bis auf das Geräusch sich entfernender, eiliger Schritte war die Stadt vollkommen still. Einen Moment lang war Johannes starr vor Angst – da legte sich eine Hand auf seine Schulter. Er fuhr herum und traf mit seiner Faust irgendwen am Kopf. Schmerz durchzuckte seine Knöchel und er stieß einen kurzen Schrei aus.

Da sagte die Stimme leise: »Nicht! Ich bin's, Simon.«

»Simon!«, stieß Johannes hervor. »Was fällt dir ein?!«

»Tut mir Leid«, sagte Simon. »Wo willst du hin?«

Johannes ging mit schnellen Schritten weiter, rieb sich dabei die Hand. Simon folgte ihm.

»Ich weiß ganz sicher, dass du irgendeinen Plan hast«, sagte er.

Johannes winkelte die Arme an und verfiel in Trab. Simon keuchte hinter ihm her.

»Zuerst bist du wie alle anderen auch nach Betanien gerannt; aber dann bist du stehen geblieben. Ich habe dich gesehen. Du hast kehrtgemacht und bist in die Stadt zurückgegangen. Und da bin ich dir gefolgt. Du hast bei irgendwem geklopft. Bei wem? Wer war das? Ich habe gesehen, wie er losgestürmt ist, noch bevor er seinen Umhang richtig übergezogen hatte. Ihm läufst du gerade hinterher, stimmt's?«

»Ja, Simon – und wenn ich nicht zugleich mit ihm eintreffe, ist meine Chance vertan. Wegen dir habe ich schon mehr Zeit vergeudet, als ich eigentlich habe.«

Johannes lief nun noch schneller.

»Wo eintreffen?«, rief Simon. »Welche Chance?« Der bullige Jünger hatte Mühe, mit Johannes Schritt zu halten.

»Bei ihm zu sein!«

»Ihm? Wem?«

»Bei Jesus! Um bei Jesus zu sein!«

»Jesus? Wo?«

»Im Palast des Hohen Priesters!«

»Jesus!«, rief Simon aus. »Genau den Gedanken habe ich auch gehabt!«

Johannes erwiderte darauf nichts mehr. Mit langen Schritten stürmte er die alte Treppenstraße zum Berg Zion hinauf. Simon rang nach Luft, fiel immer weiter zurück.

Auf den Höhen Zions eilten noch andere Menschen durch die dunklen Straßen; von überall her strömten sie an der Nordostecke des Essenerviertels zusammen. Johannes lief langsamer, passte sein Tempo dem ihrigen an. Er wollte nicht, dass man auf ihn aufmerksam wurde. Diese Leute waren Mitglieder des Sanhedrin, den Kaiphas in aller Eile in seinem Palast einberufen hatte. Johannes wusste von der Zusammenkunft. Eine Gerichtsverhandlung! Josef von Arimathäa hatte es ihm erzählt.

Er bog um die nächste Ecke und lief eine niedrige Mauer entlang. Schließlich blieb er beim Hoftor des Hohen Priesters stehen. Das Tor war geschlossen, doch Josef stand direkt dahinter und spähte nervös in die Nacht hinaus.

Sobald er Johannes erkannte, wandte er sich an die Magd, die auf das Tor aufpasste, und zeigte auf Johannes; dann hastete er über den Hof zu einer Treppe, die zu einem höher gelegenen Saal hinaufführte.

Die Magd öffnete Johannes das Tor.

Hier drinnen war es viel zu hell. Bei einem Feuer in der Mitte des Hofes standen Offiziere, um sich zu wärmen. An den Mauern hingen ringsum Lampen. Johannes war unbehaglich zu Mute. Er senkte den Kopf und wollte gerade auf die Treppe zugehen, als von draußen eine laute Stimme ertönte: »Johannes! Johannes – hier! Hier draußen!«

Es war Simon, der schweißgebadet und außer Atem am Tor stand.

Rasch ging Johannes zu der Magd, die ihn eingelassen hatte, und warf ihr ein Lächeln zu. »Der Mann hier ist ebenfalls ein Freund des Hohen Priesters«, teilte er ihr mit.

Argwöhnisch ließ die Magd ihren Blick zwischen den beiden Männern hin und her wandern, doch schließlich ging sie zum Tor und öffnete es.

Wenn Simon hereinkam, musste er allein klarkommen.

Johannes war bereits auf der Treppe. Aus den Fenstern des Saals drang ein schwacher Lichtschein. Je näher er kam, desto lauter wurden die Stimmen, das allgemeine Gemurmel vieler Männer in seinem Inneren. Johannes versuchte gar nicht erst hineinzugelangen; stattdessen schlich er den steinernen Balkon entlang, der den Saal von außen umgab. Schließlich war er außer Sichtweite der Männer im Hof. Vorsichtig hielt er sein Gesicht an ein Fenstergitter und warf einen Blick ins Innere.

Männerköpfe versperrten ihm die Sicht. Sie standen mit dem Rücken zur Mauer. Doch sie nickten, wandten sich murmelnd ihren Nachbarn zu und reckten die Köpfe, sodass Johannes hin und wieder einen kurzen Einblick in das bekam, was dort drinnen vor sich ging.

Wo war Jesus? Ein Kopf bewegte sich zur Seite, und da sah Johannes ihn! Sein Herzschlag setzte eine Sekunde aus. Dort stand Jesus, ganz allein in der Mitte des Raumes, bewegungslos wie eine weiße Kerze; seine Kleider und seine Haut waren allerdings voller Schmutz und das Haar war verfilzt.

Eine Stimme sagte: »Zeugen!«

Die Köpfe drehten sich alle in eine Richtung und nahmen Johannes so die Sicht.

»Zeugen!«, wiederholte die Stimme gebieterisch und selbstsicher.

Eine schwächere Stimme weiter hinten im Saal rief: »Er hat meinem Sohn ins Gesicht gespuckt.«

Die Köpfe wandten sich dem zweiten Sprecher zu, und so konnte Johannes Jesus wieder sehen, wenn auch nur im Profil, denn sein Blick ging zur Wand mit der Eingangstür, die Johannes allerdings wegen der Dicke der Mauern an der Fensternische nicht sehen konnte.

Seine Arme waren noch immer auf dem Rücken gefesselt! Doch er schien bewusst regungslos dazustehen. Er hatte die Lippen geschürzt, als formte er einen bestimmten Buchstaben, immer denselben Laut.

»Deinem Sohn ins Gesicht gespuckt?«, fragte die ebenso gebieterische wie schmeichlerische Stimme – und sofort war Jesus wieder hinter den Köpfen verschwunden. »Was ist das für eine Anklage?«

»Unreinheit! Eine körperliche Ausscheidung – der Speichel hat meinen Sohn unrein gemacht.«

Jemand anderes rief: »Nein, er hat ihn von der Blindheit geheilt.«

»Er ist deswegen aber auch aus der Synagoge geworfen worden!«

»Das reicht nicht!«, verkündete der erste Sprecher. Das musste Kaiphas sein, der Hohe Priester. »Ich möchte schwerwiegendere Anschuldigungen hören!« In seiner Stimme lag etwas Bösartiges.

Jetzt riefen die Männer verschiedene Anklagepunkte in den Raum.

»Er hat sämtliche Sabbatregeln gebrochen, die das Arbeiten, Gehen und Kochen am Sabbat verbieten.«

»Zur Kenntnis genommen«, sagte der Hohe Priester.

»Er isst an einem Tisch mit Sündern.«

»Ist auch notiert!«

»Er verspottet Abraham, unseren Vater!«

»Er treibt böse Geister mit der Macht böser Geister aus!«
»Er behauptet, Sünden vergeben zu können...«
»Notiert! *Notiert!*« Der Hohe Priester klang unzufrieden. »Das wissen wir doch alles. Aber nichts davon rechtfertigt eine Hinrichtung.«

Es herrschte ratloses Schweigen.

Der Kopf unmittelbar vor Johannes wurde vorgebeugt und gab so wieder den Blick auf Jesus frei. Er stand immer noch aufrecht da, die schöne Stirn in Falten gelegt.

»Wer bringt den Beweis für ein Kapitalverbrechen, ein Verbrechen, auf das die Todesstrafe steht?«

Plötzlich fuhr der Kopf am Fenster hoch. Nur wenige Zentimeter von Johannes entfernt ertönte eine Stimme: »Ich!« Fast hätte Johannes aufgeschrien. Sein Körper zitterte, so nah war die Stimme gewesen.

Der Mann entfernte sich vom Fenster, bewegte sich zur Mitte des Saals und blieb schließlich vor Jesus stehen.

»Was hast du zu sagen?«, fragte der unsichtbare Richter.

Der Zeuge rieb sich bei seinen Worten das Kinn: »Ich habe gehört, wie der Angeklagte verkündet hat, er würde den Tempel zerstören.«

»Gut, sehr gut! Sabotage und Gotteslästerung – darauf steht Tod! Sehr gut!«

»Ja«, rief ein anderer Mann und trat an die Seite des ersten. »Das stimmt! Er hat gesagt, er würde den von Menschenhand gebauten Tempel einreißen und ihn in drei Tagen *ohne* Hände wieder aufbauen!«

»Warte«, sagte Kaiphas.

Doch ein dritter Mann lenkte mit einem Händeklatschen die Aufmerksamkeit der anderen auf sich. »Das habe ich auch gehört! Diese Woche erst!«, schrie er.

»Nein, das stimmt nicht!«, rief der Erste da. »Vor genau drei Jahren hat er es gesagt.«

»Schweig!« Die Stimme des Hohen Priesters beherrschte den

Raum. »Leichtfertiger Zeuge, du machst deine eigenen Beweise zunichte.«

Die drei Männer schlichen zur gegenüberliegenden Wand und Jesus blieb allein in der Mitte des Raums zurück.

Dann erschien Kaiphas höchstpersönlich.

Johannes sah den Hohen Priester auf Jesus zugehen. Er war ein kleines, verhutzeltes Männlein mit gebeugten Schultern und leisem Gang. Über reinweißem Leinen trug er eine blaue gewebte Robe, die mit goldenen Glöckchen und Granatäpfeln aus Stoff gesäumt war. Auf dem Kopf hatte er einen prächtigen Turban.

Kaiphas baute sich unmittelbar vor der schlanken Gestalt des Herrn auf, wobei ein Lächeln um seine Lippen spielte.

Jesus erwiderte den Blick, aber nicht das Lächeln.

»Wie?«, fragte Kaiphas. »Hast du nichts zu deiner Verteidigung gegen diese Anklagen vorzubringen? Du hast doch sonst keine Angst zu sprechen. Los! Verteidige dich.« Kaiphas neigte demonstrativ den Kopf, um ihm zuzuhören.

Doch Jesus schwieg.

Johannes hämmerte das Herz, als er sah, wie die beiden sich so gegenüberstanden.

Jesu Haltung war die eines Königs. Nur dass er schmutzig war, während Kaiphas mit seinem Priestergewand im vollen Glanze Aarons erstrahlte.

»Du ziehst es vor zu schweigen? Dann werde ich eben dafür sorgen, dass du keine andere Wahl hast als zu sprechen!«

Der Hohe Priester richtete sich zu voller Größe auf. »Ich stelle dich unter Eid und frage dich im Namen des lebendigen Gottes: Bist du der Messias, der Christus, der Sohn Gottes?«

»Der bin ich«, antwortete Jesus mit leiser Stimme.

Johannes hielt den Atem an und schlug sich die Hand vor den Mund, um nicht laut aufzuschreien.

»Und ihr werdet den Menschensohn an der rechten Seite des Allmächtigen sitzen und auf den Wolken des Himmels kommen sehen«, fuhr Jesus fort.

»Der Mann ist gefährlich«, murmelte Kaiphas. Dann sagte er: »Gotteslästerung.« Noch einmal, lauter: »Gotteslästerung!« Er packte den Kragen seines Gewandes und zerriss es. »Wozu brauchen wir Zeugen, wenn dieser Mensch vor dem versammelten Rat Gott lästert?«

Kaiphas entfernte sich von Jesus und verschwand so wieder aus Johannes' Blickfeld. Seine schmeichlerische Stimme aber erfüllte den Saal: »Was meint ihr, ehrwürdige Herren? Welche Strafe verdient der Nazarener?«

»Den Tod.«

Einer hatte es gesagt, dann sagte es ein Zweiter: »Den Tod.«

Dann rief die ganze Versammlung von Zeugen und Räten in freudiger Einstimmigkeit das Urteil: *Den Tod!*

Es war, als ob ein Bann gebrochen wäre – plötzlich drängten die Männer alle zu Jesus hin. Johannes umklammerte angesichts dieser Szene vor lauter Schmerz krampfhaft die Stäbe des Fenstergitters. Man spuckte Jesus ins Gesicht, schlug ihn auf den Kopf. Sie hielten ihm die Augen zu und riefen: »Prophezeie es uns, Christus! Wer war es, der dich gerade geschlagen hat?«

Krank vor Kummer wandte Johannes sich ab.

In diesem Augenblick vernahm er in der Gasse, die hinter dem Haus des Hohen Priesters entlangführte, Schritte. Dort rannte ein Mann. Im Schein des Lichtes, das aus dem Saal drang, erkannte er die schmächtige Gestalt von Judas Iskariot, die wild davonstürzte. Es war das letzte Mal, dass einer der Jünger ihn zu Gesicht bekommen sollte.

Simon Petrus

Johannes hatte mich allein gelassen, war einfach verschwunden. Ich hatte nicht die leiseste Ahnung, wohin er gegangen sein mochte, und ich hatte dort auch keine Freunde. Er ja. Ich nicht.

Schon als sie mir öffnete, starrte mich die Dienerin so merkwürdig an. Das war schon entnervend genug. Aber dann sprach sie mich an, und ich war so abgelenkt, dass ich Johannes in dem Hof aus den Augen verloren habe.

»Gehörst du nicht zu den Jüngern dieses Mannes?«, fragte die Dienerin mich.

Das traf mich völlig unvorbereitet. Ich war doch eben erst durchs Tor getreten!

»Welchen Mann meinst du?«

»Du weißt schon. Den sie festgenommen haben.«

»Nein, ich gehöre nicht zu ihm.«

Ich schob sie zur Seite, und da Johannes nirgends zu sehen war, ging ich zu dem Feuer, das in der Mitte des Innenhofes brannte – so als ob ich dort etwas zu erledigen hätte und genau wüsste, wohin ich wollte.

Es war ein ganz normales Feuer, das man angezündet hatte, um sich in der nächtlichen Kälte daran zu wärmen. Rings um das Feuer standen Offiziere der Tempelwache, aber auch einige Bedienstete. Ich streckte die Hände aus und zog den Kopf ein. Jesus befand sich irgendwo im Palast. Und ich war fest entschlossen zu bleiben.

Doch diese Magd ließ mich einfach nicht in Ruhe!

Bald spürte ich die Blicke der Menschen auf mir. Eine richtige Gänsehaut bekam ich davon. Ich hob den Kopf und da stand sie und sprach mit den Offizieren. »Der gehört auch dazu«, sagte sie. »Das ist einer der Jünger des Nazareners.«

»Frau«, rief ich, »ich habe nicht den blassesten Schimmer, wovon du redest oder worauf du hinauswillst.«

Ich begab mich in den Vorhof zurück, wo es zwar kälter, aber auch dunkler war.

Ich liebe Jesus. Ich liebte Jesus auch damals – heftig sogar. Die ganze Nacht lang hatte ich Beklemmungen, denn immer wieder sah ich vor mir, wie man ihn fesselte. Er war irgendwo im Haus des Hohen Priesters, bei Menschen, die ihn töten wollten. Wie hätte ich da wieder gehen können? Ich rang verzweifelt und hilflos die Hände. Am liebsten hätte ich die Türen eingerannt und ihn mit Knüppeln herausgehauen!

Ich weiß nicht, wie lange ich dort im Dunkeln auf- und abgegangen bin.

Vielleicht eine Stunde.

Aber dann – ich versuche es so wahrheitsgetreu zu erzählen, wie ich kann – dann geschahen vier Dinge, Schlag auf Schlag.

Zuerst das Geschrei. Urplötzlich drangen aus einem höher gelegenen Saal die undeutlichen Rufe zahlloser Männer. Sie lachten lauthals, ganz so, als ob sie betrunken wären. Ich ging in den Innenhof zurück, um nachzusehen, was da los war. Doch ein Soldat versperrte mir den Weg: »Du *bist* einer von ihnen.«

»Nein«, erwiderte ich.

»Lüg mich nicht an. Du kommst doch aus Galiläa.«

»Nein«, rief ich und versuchte mich an ihm vorbeizudrängen.

Doch er hieb mit der Faust gegen meine Brust und sagte: »Erkennst du mich nicht?« Er schlug mich erneut. »Ich war doch dabei, als du meinem Vetter das Ohr abgeschlagen hast!«

»Zum Teufel mit dir!«, schrie ich. »Zum Teufel!« Die Leute begannen zu uns herüberzusehen, die Leute im Hof und Leute, die aus dem Saal strömten. Zwei Wachen griffen nach ihren Waffen. Es machte mich wahnsinnig. Ich hob die Rechte und schrie: »Ich schwöre bei Jerusalem, ich weiß nicht das Geringste von dem Mann! Ich . . .«

Jetzt geschah das Dritte: Jesus kam aus dem Saal, die Arme auf dem Rücken gefesselt. Er wandte sich um und blickte auf mich herab. Er sah meine erhobene Rechte.

Und dann Nummer vier.

Irgendwo im Dunkel der Nacht begann ein Hahn zu krähen.

Ich ließ die Hand sinken und presste sie vor meinen Mund. Dann drehte ich mich um und lief aus dem Hof, in die Stadt hinein. Ich lief eine dunkle Gasse entlang, fiel zu Boden, das Gesicht in meinen Händen vergraben, und brach in Tränen aus. Ich weinte und weinte, konnte nicht mehr aufhören.

Das ist die ganze Wahrheit.

Der Freitagmorgen zeigte sich unbeständig. Es waren die letzten Regentage des Frühjahrs. Vom Meer her waren tief hängende Wolken hereingeweht und nun lag Jerusalem unter einem Himmel, der von ebenso undefinierbarer Farbe war wie das Meer selbst. Es wurde ein grauer, feuchter Morgen mit schmutzigem Licht.

Hin und wieder fing es an zu nieseln.

Der Palast, den Herodes der Große vor mehr als fünfzig Jahren erbaut hatte, war von einer dreißig Ellen hohen, massiven Mauer umgeben. Hinter den Mauern lagen grüne Gärten, überdachte Spazierwege an Kanälen, anmutige Teiche und seltsame Springbrunnen. Der Palast, dessen Dächer auf langen, reich verzierten Balken ruhten, besaß über hundert Zimmer, zwei prachtvolle Bankettsäle, Unterkünfte für mehrere Legionen von Soldaten sowie zahllose Ställe. Doch Herodes war seit dreiunddreißig Jahren tot und nun – da sein Glanz und der seines Sohnes verblichen war – war der Bau nach dem römischen Prokurator benannt, der hier während der hohen jüdischen Festtage Hof hielt: Prätorium. Die Spazierwege wurden von Pontius Pilatus benutzt, die Unterkünfte von seinen Soldaten. Hier herrschte Rom.

Eines der Haupttore des in der Oberstadt gelegenen Prätoriums führte auf einen großen öffentlichen Platz. Die Türme links und rechts des Tores waren mit Wachen besetzt, die dessen riesige Flügel aber nicht verschlossen hielten: Juden, die in der Stadt das Passafest begehen wollten, würden sich niemals unrein machen, indem sie den Wohnsitz eines Heiden betraten.

Das römische Recht verlangte allerdings, dass Gerichtsverfahren öffentlich stattzufinden hatten. Um rechtmäßige Urteile fällen zu können, kam Pilatus daher mit der Bevölkerung Judäas auf jenem Platz an der Ostseite des Königspalastes zusammen. Dort hatte man eine erhöhte Rednertribüne errichtet. Bei einer Gerichtsverhandlung wurde ein großer Holzsessel auf diese Tribüne gestellt, der als Richterstuhl diente. Wenn Pontius Pilatus auf diesem Stuhl saß, dann repräsentierte er Rom nicht nur, dann *war* er Rom.

An jenem trüben Freitagmorgen stand der Hohe Priester Kaiphas am unteren Ende der gepflasterten Rampe, die zum Tor des Prätoriums hinaufführte, und pochte dort mit seinem Stab auf die Steinplatten.

»Eine Anhörung und ein Urteilsspruch!«, rief er.

Hinter ihm auf dem Platz hatte sich eine kümmerliche Schar versammelt: Soldaten der Tempelwache, einige führende Ratsmitglieder und in ihrer Mitte – die Hände vor dem Körper gefesselt, das Gesicht schmutzig und müde, aber ansonsten unverändert – Jesus von Nazareth.

»Pontius Pilatus, Prokurator!«, rief der Hohe Priester laut und vernehmlich, aber wenig unterwürfig. »Wir haben hier einen Verbrecher, der eine derartige Gefahr für die Öffentlichkeit darstellt, dass Rom umgehend die Anklageschrift anhören, ein Urteil sprechen und dieses auch vollstrecken muss! Heute noch, vor Sonnenuntergang, ehe der Sabbat beginnt!«

Nachdem er diese formelle Bitte vorgetragen hatte, kehrte der Hohe Priester zu den anderen zurück, die auf dem offenen Platz im grauen Nieselregen standen. Andere Mitglieder des Sanhedrin waren nervöser als er. Leise sprachen sie über die Anschuldigungen, die man vorbringen würde.

Jesus ließ seinen Blick über das weite Pflaster wandern, richtete ihn auf die entfernt gelegene Südostecke. Seine Lippen wurden schmal, er biss die Zähne zusammen.

An jener Ecke lungerten ein Mann und etliche Frauen, die Kapuzen ihrer Umhänge gegen den Regen über den Kopf gezogen. Ihre Gesichter waren größtenteils verborgen, aber er erkannte sie dennoch. Andreas, sein erster Jünger. Er musste die Frauen hierhergebracht haben. Maria Magdalena, bleich und elend. Johanna, Susanna und Maria aus Betanien. Und ihre Schwester Marta, klein und rundlich.

Jesus schloss die Augen, erfüllt von unaussprechlicher Traurigkeit.

Plötzlich schoben zwei römische Soldaten von hinten einen hölzernen Speer durch seine Armbeugen. Dann nahm jeder ein Ende, und so führte man ihn zu den Stufen der Tribüne. Der Stuhl von Pontius Pilatus stand schon bereit und der Prokurator selbst stieg soeben die Treppe an der Rückseite der Plattform hinauf. Der Richter und der Angeklagte kamen gleichzeitig oben an.

Ein Diener hielt einen Regenschutz über den Stuhl.

»Nun denn«, sagte Pilatus. Er setzte sich und winkte den Hohen Priester zu sich. »Was liegt gegen den Mann vor?«

Der Römer hatte kurz geschnittene Haare und weiche, dicke Hände. Seine Oberlippe war in der Mitte tief heruntergezogen und außen nach oben gebogen, wodurch sein Gesichtsausdruck stets etwas Spöttisches hatte.

»Wir mussten feststellen«, sagte Kaiphas, »dass dieser Mann unser Volk verführt.«

»Ja? Und?«

»Und dass er es aufhetzt, aufwiegelt. Er behauptet, er sei der Messias, ein König.«

Pilatus runzelte die Stirn. »Wieso seid ihr da zu mir gekommen?«, wollte er wissen. »Das mit dem ›Messias‹ betrifft ja wohl nur eure Religion. Richtet also nach euren Gesetzen über ihn.« Der Prokurator war im Begriff aufzustehen und wieder zu gehen.

Kaiphas nahm blitzartig Haltung an. »Nein! Wir mussten zu dir kommen!«, rief er. »Wir haben nicht die Befugnis, jemanden hinzurichten!«

Pilatus stand nun tatsächlich auf. »Hinrichten? Ihr meint, er hätte ein Kapitalverbrechen begangen?« Er ging zu Jesus und musterte ihn argwöhnisch. »Führt ihn hinein. Ich werde ihn drinnen verhören.«

Die Soldaten zerrten Jesus hinter dem Prokurator her durch das Tor und ins Prätorium.

In einer breiten Halle setzte Pilatus sich erneut nieder. Die Wachen stellten Jesus direkt vor ihn hin. Zur Linken des Prokurators stand eine Schale mit Obst.

»Ich habe für so etwas keine Zeit«, sagte Pilatus ärgerlich. »Kurze und knappe Antworten, bitte. Jesus von Nazareth, bist du der König der Juden?«

Jesus, der wegen der Stange in seinen Armbeugen vornübergebeugt stand, hob den Kopf und sah Pilatus in die Augen. »Sagst du das von dir aus? Oder haben dir andere von mir erzählt?«

»Wie? Bin ich etwa ein Jude?«, fragte Pilatus höhnisch lächelnd. »Deine eigenen führenden Priester haben dich mir übergeben. Was hast du getan?«

Jesus antwortete: »Mein Königreich ist nicht von dieser Welt, denn sonst würden meine Untertanen für mich kämpfen – nein, mein Königreich ist von ganz anderer Art.«

»Also bist du doch ein König?«

»*Du* sagst, ich sei ein König. Ich bin geboren worden und in die Welt gekommen, um Zeugnis abzulegen für die Wahrheit. Wer zur Wahrheit gehört, hört auf meine Stimme.«

»Wahrheit?«, fragte der Prokurator und stand auf. »Was ist das?«

Er schüttelte den Kopf und ging wieder in den regnerischen Morgen hinaus. Der Angeklagte wurde hinter ihm her gestoßen, wieder die Stufen zur Tribüne hinauf.

Als er oben stand, sah er auf Pilatus' Rücken und hörte, wie dieser mit Bestimmtheit verkündete: »Ich kann keinen Grund finden, ihn zu verurteilen.«

Sofort erhob sich auf dem Platz lautes Geschrei. In der Zwischenzeit hatte sich eine größere Menschenmenge versammelt. Nun traten einige Ratsmitglieder vor, um weitere Anschuldigungen gegen Jesus vorzubringen.

»Er stachelt die Menschen zum Aufruhr an, von hier bis nach Galiläa!«

Pilatus drehte sich zu Jesus um und gab ihm so die Erlaubnis, sich zu verteidigen.

Jesus schwieg.

»Er ist ein bekannter Umstürzler!«

Pilatus nickte, doch Jesus schwieg weiter.

»Er hat seinen Jüngern und Anhängern verboten, Steuern an den Kaiser zu zahlen!«

Bei jeder Anschuldigung gab Pilatus Jesus Gelegenheit, sich zu verteidigen – Jesus aber sagte kein Wort. Stattdessen schürzte er die Lippen. Er blickte jedem Ankläger direkt ins Gesicht, blieb dabei jedoch stumm.

Schließlich bat Pilatus mit einer Handbewegung um Ruhe. Dann trat er an den Rand der Tribüne, um seine Entscheidung zu verkünden.

»Ich habe den Mann verhört, ohne dabei Beweise für auch nur eine eurer Anschuldigungen zu finden. Doch eure Entrüstung ist echt, und deshalb soll ihr Genüge getan werden. Ich werde also befehlen, dass er ausgepeitscht wird, mit einer Geißel, deren Stricke Knoten und Metallgewichte haben. Danach gedenke ich eurem Brauch zu folgen, der besagt, dass zum Passafest ein Gefangener freigelassen werden soll. Ich werde Jesus die Freiheit geben.«

Einen Augenblick lang herrschte Totenstille. Selbst der Hohe Priester war unfähig zu jeglicher Entgegnung.

Plötzlich rief jemand aus den hinteren Reihen der Menge: »Jesus? *Welchem* Jesus?«

Es war eine Frau von etwa fünfzig Jahren. Sie drängte nach vorn und rief: »Jesus von Nazareth? Nein, nicht ihn!« Sie war gekleidet wie die Frau eines Rabbis.

Jesus heftete seinen Blick auf sie. Und auch Pontius Pilatus und Kaiphas, der Hohe Priester, beobachteten sie. Ihr Gesicht war von Angst und verzweifelter Hoffnung gerötet.

»Nein«, rief sie, »nicht Jesus von Nazareth, sondern Jesus *Barabbas!* Meinen Sohn! Meinen Sohn! Lasst meinen Sohn frei!«

Jesus sah die Wut und Entschlossenheit mütterlicher Liebe und er bewunderte die Frau.

Kaiphas schien plötzlich Feuer zu fangen. Er packte den Ellbogen der Frau und geleitete sie bis direkt vor die Tribüne. Voller Mitgefühl rief er Pilatus zu: »Ja! Den Sohn der Frau hier. Wenn du unseren Brauch befolgen willst, dann gib uns Jesus Barabbas frei!«

Eine Hand voll Zeloten klatschte in die Hände und schrie: »Barabbas! Barabbas!«

Der Prokurator war wie gelähmt. »Der Mann ist ein Mörder«, sagte er. »Ihr selbst habt um seine Verhaftung gebeten und ich habe mich damit einverstanden erklärt!«

Aber Kaiphas erwiderte mit eindringlicher Stimme: »Ich weiß, wer von den zwei Männern uns beiden gefährlicher werden kann!«

»Aber nur einer von ihnen hat einen Römer ermordet«, stieß Pilatus hervor.

Doch Kaiphas und die führenden Priester feuerten bereits die Menge an, einfache Menschen, treu ergebene Untertanen, und so wurden die Worte des Prokurators von ihren Rufen übertönt: »Barabbas! Sohn des Vaters! Gib uns Barabbas frei!«

Von überall her kamen die Menschen herbeigelaufen. Immer mehr Stimmen stimmten in den Ruf mit ein. Die Menge schwoll zu einem Mob an.

»BARABBAS! BARABBAS!«

Nur wer auf der Tribüne stand, konnte hören, wie der Prokurator einem Zenturio den Befehl gab: »Nehmt ihn und peitscht ihn aus. Aber so, dass richtig Blut fließt!«

Jesus wurde von vier Soldaten gepackt und durch das Tor des Prätoriums zurückgeschleift. Sie waren rücksichtslos, brutal, voller Eile. Die Menge hatte sich nun in einen Zustand hochgeschaukelt, den jeder Römer fürchtete, weil sein Kern Aufruhr war.

Lasst Blut fließen!

Die Soldaten rissen Jesus die Kleider vom Leib. Seine Hände wurden mit Riemen an einen Pfosten gefesselt. Wie aus dem Nichts sauste eine Peitsche mit einem pfeifenden Geräusch auf ihn nieder – erst war es ein feiner, stechender Schmerz auf der Schulter, dann brannte sein ganzer Rücken.

Wieder das Pfeifen der Peitschenschnur, das Brennen wie von Nesseln. Und wieder riss hörbar seine Haut. Dann vernahm er, wie jemand mitleidig aufschrie.

Wieder hörte er das pfeifende Geräusch, und Jesus fuhr unwillkürlich zusammen. Noch ein Pfeifen! Er zog ein Knie an seinen Bauch hoch. Ein weiteres Pfeifen – nun begriff Jesus, wer da aufschrie. Ein Pfeifen: Er selbst war es.

Das Pfeifen. Immer wieder. Jesus begann Blut zu schmecken. Er hörte auf, Schmerzenslaute von sich zu geben. Dann senkte sich Dunkelheit über seine Sinne. Das Pfeifen. Er sackte zusammen. Sein Körper hing schwer an den Handgelenken.

Das Pfeifen.

Wie durch einen Schleier nahm Jesus wahr, wie ein paar Soldaten einen Ring aus dornigen Zweigen in seine Stirn drückten. Als Nächstes warfen sie einen weiten purpurfarbenen Umhang über seine Schultern.

Heil, König der Juden! Ha ha! Heil, in eine Robe aus Blut gekleidet, du blutbesudelter König!

Doch dann stand Jesus wieder auf den Beinen. Er ging. Die Haut unter dem Mantel war feucht und klebrig. Das Blut rann seine Beine herab, hinterließ Spuren auf dem Pflaster. Er stolperte immer wieder. Seinen Rücken spürte er gar nicht mehr. Doch Jesus wusste, dass er bald umso mehr schmerzen würde. Dies war der Wille des Vaters.

Dann stand er am Rand des Podestes der Menge gegenüber. Pontius Pilatus wies mit einer ausladenden Armbewegung auf ihn und rief: »Seht, was für ein Mensch!«

Am anderen Rand der Tribüne stand nun ein weiterer Mann mit muskulösem Körper und dunklen Augen voller Feuer. Er war frisch gewaschen. Und wie ordentlich gekämmt er war! Jesus versuchte aufrecht zu stehen, schaffte es aber nicht. Sein Umhang schien aus Eisen und Stein gewebt.

Pilatus rief: »Was sagt ihr jetzt? Welchen der Männer soll ich euch freigeben – Jesus Barabbas oder Jesus von Nazareth?«

Die Menge schrie wie aus einer Kehle: »BARABBAS!«

Pilatus zog ein besorgtes Gesicht: »Was soll ich dann mit dem Mann hier machen?«

»Ihn kreuzigen!«, riefen Priester, Jerusalemer, Zeloten und Pilger ohne Unterschied, Inbegriff des hirnlosen Pöbels: »KREUZIGEN!«

Jesus hob den Blick und richtete ihn zur Südwestecke des Platzes, wo er in der trüben Morgendämmerung einige seiner Jünger hatte stehen sehen. Plötzlich schnappte er nach Luft und wäre beinahe zusammengebrochen.

»Wieso soll ich ihn kreuzigen?«, rief Pilatus jetzt. »Was hat er denn verbrochen?«

Kaiphas sprang auf das Podest und rief, so laut er konnte: »Wir haben ein Gesetz – und nach diesem Gesetz muss er sterben, weil er sich zum Sohn Gottes gemacht hat!«

Jesus hatte seine Mutter erblickt. Sie klammerte sich an Johannes fest. Dort stand sie, eine Frau ohne jegliches Vermögen, die Frau, die ihn geboren hatte und deren Kleider jetzt vom Regen durchnässt waren – sie starrte ihn voller Entsetzen an, den Mund weit aufgerissen. *Der Wille des Vaters! Der Wille des Vaters!*

Pilatus brüllte Jesus an: »Was ist mit dir, Mensch? Hast du denn gar nichts dazu zu sagen?«

Auch Kaiphas schrie: »Kreuzige ihn, Richter, andernfalls bist du kein Freund des Kaisers, denn er gibt vor, ein König zu sein, ein Herrscher wie der Kaiser!«

»Kreuzigen!« Immer lauter schrie die dichtgedrängte Menge, immer mehr drohten Aufruhr und Tumult. »Kreuzigen!«

»Was denn? Soll ich euren König kreuzigen?«

Der Hohe Priester wurde vor Wut dunkelrot im Gesicht: »Wir haben nur einen König und das ist der Kaiser!«

Das einstimmige Rufen der Menge ging in ein grenzenloses, gewaltiges Gebrüll über: »*KREUZIGEN!*«

Da sank Pilatus in seinen Richterstuhl, umklammerte die Armlehnen und verkündete sein Urteil. Er ließ den Mann frei, der wegen Rebellion und Mordes verhaftet worden war.

Jesus von Nazareth aber lieferte er dem Volkswillen aus. Er befahl einem Zenturio und einem kleinen Trupp Soldaten, ihn zur Stadt hinauszuführen und zu kreuzigen.

Jesus schleift einen schweren Holzbalken die Straße hinauf.

Zwei Soldaten hatten versucht, ihn auf seine Schultern zu legen, aber das Gewicht des rohen Holzes hatte ihn die Wunden auf seinem Rücken schlagartig spüren lassen – so heftig waren die Schmerzen geworden, dass er ohnmächtig niedergesunken war.

Und so hält er nun ein Ende des Balkens mit seinem linken Arm umfasst, während das andere Ende über die Steine holpert.

An den Enden des Balkens befinden sich Löcher von Nägeln. Er ist schon einmal benutzt worden.

Langsam bewegt er sich nach Norden, zum Gartentor.

Er trägt wieder seine eigenen Kleider, die allerdings ihre Form verloren haben, mit Kot besudelt sind.

Sein Haar hängt, da er so tief gebeugt geht, weit über sein Gesicht hinab.

Vor ihm gehen, gerade noch in seinem Blickfeld, die sandalenbekleideten Füße eines Zenturios. Diesen Füßen folgt er.

Hinter ihm werden Klagerufe laut. Er hört sie nicht zum ersten Mal; manchmal waren sie aufrichtig gewesen, manchmal nur förmlich. Sie hatten Lazarus gegolten, der Tochter von Jaïrus, dem Sohn der Witwe aus Nain.

Der Balken verkantet zwischen zwei Steinen, und Jesus stöhnt auf und fällt auf die Knie. Er gibt die Schuld nicht dem Querbalken, an den er genagelt werden wird. Er schafft es nur nicht mehr, ihn zu tragen.

Bei jeder Bewegung verspürt er rasenden Schmerz in seiner Haut, und seine Knochen sind müde und schwach.

Irgendwer streicht ihm das Haar aus der Stirn. Er kann sehen. Eine ältere Frau mit Tränen in den Augen befeuchtet mit einem Stück Leinen sein Gesicht, drückt ihm den Stoff dann in die Hand.

Der Zenturio macht einen einigermaßen freundlichen Eindruck; er ist mittleren Alters und wortkarg. Er hat mit seinen Soldaten – ihrem Aussehen nach Gallier – gesprochen, die nun sogar den Balken auf den Rücken eines anderen laden. Jesus wird von Dankbarkeit überwältigt, und ein Seufzer der Erleichterung steigt in seiner Brust auf.

Er erhebt sich, fühlt sich plötzlich ganz leicht.

Dann geht er weiter.

Augenblicklich ertönt das Klagen wieder.

Kopfschüttelnd wendet Jesus sich um: »Töchter Jerusalems, weint nicht um mich«, sagt er. »Weint um euch selbst. Bald kommt eine Zeit, in der es heißen wird: ›Selig sind die Schöße, die nie geboren haben, und die Brüste, die nie gestillt haben.‹ Die Menschen werden die Berge bitten, auf sie herabzustürzen, und die Hügel anflehen, sie unter sich zu begraben.«

Jesus gibt der Frau, die ihm die Stirn gewischt hat, das Leinentuch zurück. »Denn wenn man schon einen Baum fällt, der noch grün ist, was wird dann erst mit dem Baum geschehen, der abgestorben ist?«

Das Tuch ist voller Blut, was ihm Leid tut. Doch er wendet sich wieder um und geht weiter.

Aus dem morgendlichen Nieseln ist ein stetiger Regen geworden, der alle durchnässt. Der Himmel ist jetzt nicht mehr nur grau – von Westen her kommen immer wieder dunkle Wolken. Ein leichter Wind weht. Es ist Freitag, neun Uhr morgens.

Dann geht es zum Gartentor hinaus, immer weiter nach Norden. Auf der rechten Seite erstrecken sich nach Norden und Süden hin die Stadtmauern. Links befinden sich, in den Fels gehauen, jüdische Grabhöhlen. Neben der Straße liegt ein kleiner, steiniger Hügel, auf dem vier stabile Pfähle errichtet sind, allzeit bereit, die Querbalken und mit ihnen die Körper der Verbrecher, die zum Tod durch Kreuzigen verurteilt sind, zu tragen. An diesem Ort kann die Öffentlichkeit die Hinrichtungen mitverfolgen. Der Hügel heißt Golgatha.

Hier macht der Zenturio Halt und reicht Jesus einen Krug mit einer Flüssigkeit. Er hebt ihn an die Lippen und kostet, weigert sich dann, davon zu trinken. In dem Krug ist mit Myrrhe versetzter Wein, ein Betäubungsmittel. Das ist nicht der Wille seines Vaters.

Vier Soldaten entkleiden ihn bis auf den Lendenschurz.

Zur gleichen Zeit trifft ein weiterer Trupp Soldaten ein. Mit sich führen sie zwei weitere Männer mit Querbalken auf dem Rücken. Jesus starrt zu den schwarzen Wolken hoch, die immer tiefer zu hängen scheinen. Auf seinem Rücken wütet eine Feuersbrunst. Er ist unfähig zu schlucken. Wie gerne würde er schlucken, doch seine Zunge klebt am Gaumen.

Jemand zerrt seinen Kopf an den Haaren hoch, legt ihn gegen Holz.

Seine Arme werden so weit wie möglich nach beiden Seiten auseinander gerissen, mit den Handflächen nach außen.

Er spürt eine kalte Spitze an seinem Handgelenk.

Dann hört er einen schweren Holzhammer dumpf auf Metall

schlagen: einmal, zweimal. Ein Nagel dringt in die Knochen seines rechten Arms. Als sich die Knochen teilen und der Nagel ins Holz fährt, schießt ein dumpfer Schmerz Achseln und Hals hinauf. Das ist der Wille des Vaters.

Ebenso wird auch sein linker Arm an den Querbalken genagelt.

Dann wird Jesus unter Zuhilfenahme von Lanzen mit vereinten Kräften hochgehoben. Soldaten steigen hinter dem Pfahl auf Leitern, ziehen ihn hoch, sodass Jesus allein an seinen Armen hängt, bis der Balken an den Pfahl gebunden wird und so ein Kreuz entsteht. Die Soldaten steigen wieder hinab. Von vorn winkeln sie seine Beine an und treiben dann durch seine Fußgelenke einen dritten Nagel. Seine Muskeln ziehen sich krampfhaft zusammen. Er beginnt zu zittern, als würde er frieren. Seine Zähne schlagen aufeinander, wobei er sich, ohne es zu merken, auf die Zunge beißt; er schmeckt nur das Blut.

»Vater.«

Seine Stimme gehorcht ihm kaum noch. Hinter ihm steigt einer der römischen Soldaten den Pfahl hinauf.

»Vater, vergib ihnen, denn sie wissen nicht, was sie tun.«

Der Soldat hängt eine Schindel an die Spitze des Pfahls, darauf steht auf Pilatus' persönlichen Befehl in hebräischen, griechischen und lateinischen Buchstaben folgende Inschrift: *JESUS VON NAZARETH, KÖNIG DER JUDEN.*

Nun lassen sich die für die Kreuzigung zuständigen Soldaten auf der Erde nieder und verlosen dann die Kleider der Verbrecher unter sich.

Es regnet ohne Unterlass, und der Wind ist frischer geworden. Dessen ungeachtet strömen noch immer Pilger über die Straße zur Stadt. Sie sehen die Inschrift über seinem Kopf und grinsen.

Einige Pharisäer schauen zu, stoßen sich gegenseitig an: »Andere hat er gerettet«, lachen sie. »Was meint ihr? Ob er auch sich selbst retten kann? Ha!«

Hohn und Spott sind bei Kreuzigungen nicht ungewöhnlich. Es dauert lange, bis ein Mensch stirbt. Doch Jesus spürt schon bald, wie seine Schultern nachgeben. Hinter seinen eigenen Schmerzensschreien vermag er menschliche Stimmen kaum wahrzunehmen.

»Wenn du der Sohn Gottes bist, so beweis es, indem du dich befreist!«

»He du, König! König der Juden, spring doch von deinem Kreuz herunter, dann glauben wir an dich!«

Der Verbrecher zu seiner Linken lacht. »Messias! Messias!« Der Mann bekommt vor lauter Lachen kaum noch Luft. »Ha ha, *jetzt* begegne ich dem Messias! Mein Leben lang habe ich darauf gewartet! Seit den Zeiten Daniels! Und jetzt sieh dir das an! Jetzt taucht er hier am Kreuz auf! Also, Messias«, zischt er Jesus zu, »rette dich und auch mich!«

»Wie kannst du so etwas sagen?« Der andere Verbrecher lacht nicht. »Hast du noch immer keine Furcht vor Gott? Wir beide sind zu Recht verurteilt, aber der da hat nichts Unrechtes getan. Jesus?«, fragt er dann leise.

Jesus hebt, vom Ernst der Worte aufgerüttelt, den Kopf und sieht den Sprecher an. Die Sehnen am Hals des Mannes sind bis zum Zerreißen gespannt.

»Jesus von Nazareth, du hast meine Mutter von ihren Blutungen geheilt«, flüstert der Verbrecher. »Sie wäre von den Ärzten beinahe umgebracht worden. Wie habe ich sie dafür gehasst, diese Wichtigtuer. Aber du hast gesagt, ihr Glaube hätte sie gerettet. Jetzt berühre ich dich, Jesus, wie damals sie dich berührt hat. Und ich bitte dich – denk an mich, wenn du in dein Reich kommst.«

Das arme Kind! In seiner Angst vor dem Sterben vertraut er sein Leben dem Gekreuzigten neben ihm an. Jesus ringt nach Luft und antwortet: »Ich sage dir: Du wirst noch heute mit mir im Paradies sein.«

Urplötzlich legt sich der Wind. Schwarze Wolken ballen sich wie Fäuste am Himmel zusammen. Sogar die wilden Tiere verstummen. Die Pilger beeilen sich, in die Stadt zu kommen. Ein Unwetter zieht auf.

Jesus lässt den Kopf sinken und sieht zu seinen Füßen Frauen, die er kennt. Unwillkürlich schreit er auf. Dies ist das Leid! Ein Leid, schlimmer als Peitschen, Nägel und aller Spott. Seine Mutter ist hier. Maria, die sich noch immer am Arm von Johannes festhält, hat seinen Blick auf ihn geheftet, fleht ihn an. Sie weint. Sie ist fünfzig, zerbrechlich und grau. Und ihr Blick fragt: *Warum? Warum stirbst du?*

Jesus möchte seinen Kummer zum schwarzen Himmel hinausschreien. Nie mehr kann er seine Mutter berühren, nie mehr ihre Liebe empfangen. Oh Gott! – in seinem Zustand ist er keiner Liebe mehr würdig. Und das hier! Ist der Wille . . . des Vaters!

»Frau«, sagt er leise zu seiner Mutter und deutet mit einer Kopfbewegung auf Johannes. »Er ist von nun an dein Sohn.«

Zu Johannes aber sagt er leise: »Und sie ist von nun an deine Mutter. Bitte, bring sie fort von hier. Pass auf sie auf.«

Er schließt die Augen. In ihm streiten Leben und Tod. Schwer hängt sein Körper an den ausgestreckten Armen und den Nägeln in ihnen. So oft er sich bewegt, geben seine Knochen ein mahlendes Geräusch von sich; dann schießt der Schmerz in sein Becken und er verliert jegliche Gewalt über seine Körperfunktionen. Er leidet im Kot des Menschen.

Jesus öffnet die Augen wieder. Seine Mutter und Johannes sind fort.

Tiefes Dunkel hat sich auf den Tag gesenkt.

Am Himmel grollt der Donner, doch ansonsten herrscht eine übernatürliche Stille. Schwache Blitze durchzucken die Wolken, sofort gefolgt von einem ohrenbetäubenden Krachen – und urplötzlich fährt der Wind mit lautem Heulen in die jüdischen Grabhöhlen. Bäume werden hin und her geworfen, ihre belaubten Zweige flattern wie Haare im Wind.

Die Straße nach Jerusalem leert sich rasch. Die Soldaten hocken zusammengedrängt auf der dem Wind abgewandten Seite des Hügels.

Es ist Mittag. Jetzt gibt es keine Blitze mehr, auf der Erde herrscht vollkommenes Dunkel. Eine Stunde lang herrscht Finsternis – während der Wind die Regentropfen auf der Haut stechen lässt wie einen Sandsturm. Jesus und sein geschundener Körper sind ganz allein auf der Welt. Wenn er riefe – wer könnte ihn hören? Der Wind zerrt und reißt an seinen Haaren wie an einer Fahne. Alle seine Wunden haben Zungen, sie schreien – und doch kann kein Mensch es hören.

Eine zweite Stunde der Finsternis – undurchdringliches Dunkel, eine Macht, die ihn umschlingt, sich ihm um Brust, Herz und Geist legt. Jesus kann weder denken noch atmen. Er versinkt in der alles verschlingenden Flut der Toten, den Tiefen, die unter der Schöpfung brodeln. Er ist vom Chaos verschlungen worden. Hier wird es geschehen: Hier wird er sterben.

Die dritte Stunde – jetzt weiß er, was es heißt, ausgelöscht zu werden. Jesus ist aus dem Buch des Lebens getilgt worden. Nicht einmal Gott ist hier.

»Eli?«

Nein, nicht einmal sein Vater, dessen Willen er sogar jetzt noch gehorcht, der Vater, der ihn von Anfang an geliebt hat, den er geliebt und Abba gerufen hat.

»Eli? Eli?«

Wo ist sein Vater jetzt? Ist der Sohn so unrein geworden, dass nicht einmal Gott ihn ansehen kann?

Es ist Jesus von Nazareth, der aus der Hölle hinaufschreit. Kein anderer als er. Er kann die Worte hören. Es sind seine eigenen Worte. Er brüllt sie zum Himmel empor.

»*Mein Gott!*«, schreit er. »*Mein Gott, warum hast du mich verlassen?*«

Stille.

Das Universum ist von diesem Schrei zum Schweigen gebracht worden.

Jesus wirft den Oberkörper vor, sein Brustkorb will unter der Anstrengung schier bersten.

Irgendwer sagt: »Hat er nach Elia gerufen?«

»Ich weiß nicht«, sagt eine andere Stimme. »Nun, wir werden ja sehen.«

Ein Dritter kommt durch die Finsternis zu den Kreuzen gelaufen.

Jesus lässt seinen Körper hängen. Das Gewicht reißt seine Arme aus, zerrt die Reifen um seine Brust enger, raubt ihm die Luft. Sein Atmen ist nur noch ein mattes Keuchen. Doch er schafft es, leise »Durst!« zu rufen.

»Ja! Ja!«, ruft derjenige, der auf ihn zugerannt war. »Ja, trink das.«

Der mitfühlende Mensch streckt Jesus mit einer langen Stange einen Schwamm entgegen, sodass seine Lippen ihn berühren. Er saugt daran und schmeckt Wein. Er trinkt. Nie zuvor hat Jesus einen so lieblichen Wein getrunken.

Der Regen hat aufgehört und der Wind sich gelegt. Wie Mehlstaub rieselt ein wenig Licht durch die Wolken.

»Es ist vollbracht«, flüstert Jesus. »Vater. Ich lege meinen Geist in deine Hände.«

Sein Körper kippt nach vorn, zwischen den Flügeln seiner erhobenen Arme sackt sein Kopf herab. Sein dichtes schwarzes Haar fällt wie ein Vorhang über seinen Kopf. Ein endloser Seufzer kommt aus seinem offenen Mund hervor. Es ist das Ende. Er stirbt.

Der Zenturio, unter dessen Aufsicht am Freitag der Passawoche vor den Toren Jerusalems drei Männer hingerichtet wurden, kehrte kurz darauf nach Hause zurück. Seine zwanzig Jahre Dienst waren um. Er hätte selbstverständlich weiter beim Heer bleiben können, sich weiter hinaufdienen, doch mit seinem Herzen war er nicht länger bei der Armee, fühlte sich ihr nicht mehr verpflichtet.

Und was das betraf: Rom auch nicht.

Endlich fühlte er sich frei von all den Anforderungen, die an sein Leben gestellt worden waren.

Der Name dieses Zenturios war Longinus.

Er erzählte häufig, wie rasch der Mann am mittleren Kreuz gestorben war, beinahe so, als ob es ein Willensakt gewesen wäre, eine Entscheidung, die er selbst hatte treffen können.

Jesus von Nazareth, der König der Juden: Ein Frühlingsgewitter war herniedergegangen, schrecklicher als alle Unwetter, die Longinus je miterlebt hatte; und dann, als die Welt wieder aus dem Dunkel hervortrat, bat Jesus um etwas zu trinken und er, Longinus, er hatte die Bitte schon vorausgeahnt und war bereits mit einem mit verdünntem Wein getränkten Schwamm zu ihm unterwegs. Jesus trank und schenkte dem Römer ein solch gütiges, nur ihm allein geltendes Lächeln, dass Longinus davon der Atem stockte. *So durchschaut zu werden!*, dachte er bei sich. *Woher in aller Welt kann er mich kennen?*

Doch der Mann sagte etwas wie: »Es ist vorbei«, ließ den Kopf sinken und starb. Als ob er es beschlossen hätte. Als wäre der letzte Atemzug nicht schwieriger als der erste. Als hätte er diesen besonderen Augenblick dem Mann, der ihm zu trinken gegeben hatte, zum Geschenk gemacht. *Hier, dies ist für dich.*

Das war der Grund, warum Longinus gesagt hatte: »Er war wirklich Gottes Sohn.« Und obwohl es eine impulsive Äußerung gewesen war, nahm er es nie zurück. Er glaubte daran.

Und er war nicht der Einzige. Von Anfang an hatten ein paar Frauen seinem Sterben zugesehen. Sie waren auch während des Unwetters dageblieben. Und als er gestorben war, hatten sie es sofort gewusst und waren zu ihm gegangen. Wie sie seinen Körper betrachteten, zeugte von mehr als nur Zuneigung. Sie sahen ihn mit solch glühender, wortloser Sehnsucht an, dass sie nicht einmal weinen konnten.

Trotz allen Schmerzes, den diese Sehnsucht in den Frauen auslöste, wünschte sich Longinus, dass irgendetwas in seinem Leben ihm so viel bedeuten würde.

Im weiteren Verlauf des Tages sah er diesen Ausdruck unergründlicher Sehnsucht noch einmal, dieses Mal in den Augen eines Mannes. Eines Mannes von einigem Reichtum und Ansehen.

Gegen fünf Uhr rief Pilatus Longinus zu sich, weil er wissen wollte, ob Jesus von Nazareth tatsächlich tot war.

»Ja«, antwortete der Zenturio.

»Was, nach nicht einmal einem halben Tag? Alle anderen brauchen Tage, um zu sterben.«

»Es ist ungewöhnlich, ich weiß. Aber ich habe ihn mit eigenen Augen sterben sehen. Er ist tot.«

»Und du hast dich ganz genau davon überzeugt?«

»Nun ja, eigentlich wollte ich ja nicht, aber die Juden verlangen, dass alle drei noch vor Abend vom Kreuz abgenommen werden. Weil dann der Sabbat beginnt.«

»Ich weiß, ich weiß«, sagte Pilatus. »Bei mir war einer, der will den Leichnam von Jesus, dem Nazarener, unbedingt haben. Einer der Mitglieder von ihrem Sanhedrin. Josef heißt er. Er will ihn in seiner eigenen Grabhöhle bestatten. Und du bist wirklich sicher, dass er tot ist?«

»Herr, wir wollten den Verbrechern die Beine brechen, um ihr Sterben zu beschleunigen. Jesus aber war bereits tot. Ein Soldat hat ihm zum Beweis mit einem Speer in die Seite gestochen. Das Blut aus der Wunde war mit Wasser vermischt.«

Pontius Pilatus wedelte ein paar Mal mit seiner fetten Hand vor seinem Gesicht hin und her. »Ich werde diese Leute nie verstehen. Nie. Sag dem Mann, dass er meine Erlaubnis hat. Er wartet unten beim Tor. Geh!«

Es waren die Augen von Josef von Arimathäa, in denen Longinus jene Sehnsucht zum zweiten Mal sah. Deshalb begleitete er den Juden.

Gemeinsam gingen sie nach Golgatha zurück.

Josef – ein gepflegter und in feine Gewänder gekleideter Mann – kniete nieder und entrollte ein Leinentuch. Ein kostbares Stück, weiß und fest gewebt. Dann lehnte er eine Leiter an die Rückseite des Kreuzes, an dem Jesus hing. Er nahm ein Seil und einen Eisenhaken und stieg die Leiter hinauf. Der Leichnam hing noch immer an den Armen, während der Oberkörper sich von dem Pfahl gelöst hatte. Josef schlang das Seil um den Brustkorb des Toten, dann zog er die Enden unter seinen Achseln durch über den Querbalken und warf sie schließlich Longinus zu.

Mit dem Eisenwerkzeug riss Josef den Nagel aus Jesu linkem Handgelenk. Jetzt, da der Körper nur noch an dem rechten Arm hing, fiel er nach vorne. Longinus straffte das Seil, zog ihn so ein Stück zurück. Josef widmete sich nun dem rechten Nagel. Das Holz knirschte, und dann sank Jesus ganz in die Seilschlinge. Longinus spürte das größere Gewicht und griff beide Enden des Seils fester.

»Halt ihn fest«, sagte Josef leise. »Halt ihn fest.«

Er hastete die Leiter hinunter und blieb unter dem gekrümmt herabhängenden Leichnam stehen, unter dem schmerzverzerrten Gesicht und dem schwarzen Haar. Dann legte er den Haken an den Nagel in Jesu Fußgelenken an. Longinus konnte hören, dass er weinte, als er auch diesen Nagel aus dem Holz zog.

Josef breitete die Arme aus, um den Leichnam aufzufangen, dann blickte er zu dem Zenturio hinüber und sagte leise: »Jetzt.« Longinus ließ das Seil los. Josef fing Jesus auf, den einen Arm unter der Kniebeuge und den anderen unter den Schultern, wobei der Kopf des Toten hintenüber fiel. Und wieder sah Longinus die unbeschreibliche Sehnsucht in seinen Augen.

In seinen Armen hielt Josef, was ihm in dieser – und auch in der nächsten – Welt am liebsten und teuersten war.

Er legte seinen Herrn auf das weiße Leinentuch und wickelte ihn darin ein.

Und da waren sie wieder, die Frauen. Sie knieten neben dem kostbaren Leichnam. Jede einzelne von ihnen berührte die breite, blutleere Stirn des Toten, bevor auch sie zugedeckt wurde. Unter ihren Augen nahmen Josef und Longinus den Körper auf und trugen ihn gemeinsam zu Josefs Grabhöhle, die dort lag, wo sich auch die anderen jüdischen Gräber befanden.

Josef kniete sich hin und kroch rückwärts in die Höhle hinein. Longinus folgte ihm auf Knien in das niedrige Gewölbe. Sie hoben den Körper auf einen schmalen Sims, der rechter Hand aus dem

Fels gehauen war. Nachdem sie wieder draußen waren, rollten sie in einer unmittelbar vor dem Grab in den Boden gegrabenen Rinne einen Stein von der Form und Größe eines Rades vor dessen Öffnung.

Jesus von Nazareth war begraben.

Der Abend brach herein und mit ihm begann der Sabbat.

Longinus hielt den Sabbat nicht, denn er war ja kein Jude. Aber er war auch nicht mehr der Römer, der er gewesen war. Die Ereignisse dieses Tages hatten ihn für immer verändert. Und die kommende Zeit würde eine Zeit lähmender Verwirrung für ihn sein.

Während der darauf folgenden Tage tat er zweierlei:

Er ließ die Armee restlos hinter sich, ohne eine Villa, in der er sich hätte zur Ruhe setzen können, noch sonst einen Lohn zu seinem Abschied anzunehmen. Nach allem, was seine Vorgesetzten wussten, war Longinus wie vom Erdboden verschluckt.

Und dann machte er sich in Jerusalem auf die Suche nach einem Kind, dessen Hände vor einem halben Jahr von Flammen versengt worden waren und das von einem Schlag auf den Kopf beinahe gestorben war. Dieses kleine Mädchen hatte keine Eltern mehr. Seine Großmutter war alt und verwitwet. Die Kleine hatte zwar einen Onkel – doch ob der sich dazu verpflichtet fühlte, für sie zu sorgen, wusste Longinus nicht.

Darum beschloss der Römer, das Kind, wenn es sich selbst überlassen worden war, so großzuziehen, als wäre es sein eigenes. Denn er war derjenige, der für seine Nöte und Wunden verantwortlich war.

Falls ihr Onkel sie jedoch liebte und für sie sorgte, dann würde Longinus Barabbas seine brüderliche Hilfe anbieten, seiner Nichte ein zweiter Onkel sein. Und wenn dieses Angebot nicht willkommen war, dann würde er ihnen als Knecht dienen.

39

Der neue Bund

An jenem Samstag kamen die Klageweiber nicht zusammen. Es erhob sich überhaupt keine Stimme zu öffentlicher Klage.

Am Sabbat untersagte das Gesetz die Verrichtung neununddreißig verschiedener Arbeiten. Als Verwandter oder Freund durfte man die Trauernden trösten, nicht aber, wenn man es als Beruf tat.

Andererseits konnte sowieso keiner verlangen, dass man den Tod eines Verbrechers beklagte.

Jesus von Nazareth war hingerichtet worden. Sein Tod war vollkommen rechtmäßig und daher kein Verlust gewesen, den es zu betrauern galt. Er hatte nur der Wiederherstellung von Recht und Ordnung und damit dem Wohl der Bevölkerung gedient. Und kein Mensch beklagt eine Heilung.

Aber was war mit denjenigen, die ihn geliebt hatten?

Nun, sie hielten sich versteckt.

Sie dämpften ihren Kummer. Niemand in Jerusalem konnte ihr Weinen hören, weder die Machthabenden noch die große wogende Herde von Pilgern. Irgendjemand hatte ausgerechnet, dass sich die Zahl von Schafen, die in jener Woche geschlachtet wurden, auf mehr als zweihundertfünfundfünfzigtausend belief. In einem solchen Meer von Blut machte der Tod eines einzigen Galiläers gerade einmal ein paar Spritzer aus. Und wenn Hunderttausende von Lämmern in Todesangst brüllen, wer vernimmt da die Stimmen zweier weinender Menschen?

Doch das war auch gut so.

Die, die Jesus geliebt hatten, wollten gar nicht gehört werden, denn sie hatten Angst.

Simon Petrus, Johannes, Matthäus, Jakobus, Andreas, Thomas, Philippus – alle Jünger, bis auf Judas – waren einer nach dem anderen, einem inneren Antrieb folgend, zum Haus des Esseners und in das Zimmer im Obergeschoss zurückgekehrt, in dem sie die letzte Mahlzeit mit ihrem Herrn eingenommen hatten. Sie saßen den ganzen Samstag zusammengekauert hinter verschlossenen Türen.

Und die Frauen gingen nach Betanien.

Gemeinsam saßen sie im Haus von Lazarus. Dessen Schwester Maria sorgte für sie, holte in kaltem Wasser angefeuchtete Handtücher. Währenddessen saß Marta schweigend da und hörte dem Singen zu.

Eine andere Maria, die Mutter des Herrn, hielt den Kopf gesenkt und auch sie schwieg zunächst. Doch dann, als der Kummer sie plötzlich überwältigte, erhob sie ihre Stimme zur Klage. Ihr Haar war einst so dunkel wie das ihres Sohnes gewesen, doch inzwischen war sie vollkommen ergraut. Und in ihrer Seele steckte ein Schwert. Johanna und Susanna, die links und rechts von der trauernden Mutter saßen, fächelten ihr Luft zu. Sie nickten und spendeten ihr leise Worte des Trostes, bis ihr Schluchzen wieder nachließ. Dann wandten auch sie sich um und lauschten auf das Singen.

Maria Salome, die Frau von Zebedäus und Mutter von Johannes und Jakobus, war auch anwesend, zog es aber vor, etwas abseits hinter Martas großem Kochtopf aus gebranntem Ton zu sitzen. Sie war bei den Gräbern gewesen, als man Jesus bestattet hatte, aber auch dort hatte sie sich im Dunkeln verborgen gehalten. Aber sie hatte auch die Worte des Herrn am Kreuz gehört, jedes einzelne – einschließlich des schrecklichen Satzes, mit dem er *seine* Mutter mit *ihrem* Sohn verbunden hatte. Dieser Satz war praktisch sein letzter

Wille gewesen, und so hatte er etwas Feierliches, Unauflösliches, fast wie eine Hochzeit. Maria war verwirrt, was nun ihre eigene Rolle anging. Hatte auch sie nun einen Sohn verloren? In ihrer Unsicherheit hatte sie sich nun für eine Weile ins Dunkel zurückgezogen.

Und dann Maria Magdalena – ihre Lippen waren blutleer, ihre Augen von dunklen Ringen umgeben, und ihre Finger zuckten nervös. Sie zitterte am ganzen Körper. Aber sie weinte nicht. Sie sang. Ihre Stimme war zwar dünn wie die eines Kindes, aber doch fest. Und die Melodie war wunderbar.

Deshalb hörten die Frauen zu – weil die Melodie lieblich war. Es war ein fröhliches Lied, das nicht vom Leid handelte, sondern ein Lied für Zeiten der Liebe und des Tanzens war.

»Fangt uns die Füchse«, sang sie, »die kleinen Füchse, die im Weinberg wühlen.« Und dann leise, ganz leise: »Unsere Reben blühen – kommt!«

Und wieder sang sie: »Mein Geliebter spricht zu mir:

Erhebe dich, du Schöne, meine Liebe, komm her!
Denn der Winter mit seinem Regen ist vorüber.
Die Blumen, sie singen
von neuem Beginnen;
im ganzen Land gurren die Turteltauben...«

Mitten im Vers verstummte Maria Magdalena. Einen Augenblick saß sie nachdenklich da, dann sagte sie: »Seine Locken waren kraus, schwarz wie ein Rabe. Seine Augen waren wie Tauben an Quellen, schön, wie in Milch gebadet.«

Die Frauen nickten. Seine Augen waren wie Tauben. Sie verstanden, was Maria damit meinte.

Am frühen Sonntagmorgen, sobald die Sabbatverbote aufgehoben waren und sie mit reinem Gewissen wieder weite Wege zurücklegen konnten, machten sich drei Frauen von Betanien auf den Weg nach Jerusalem: Maria Magdalena, Maria Salome und Johanna.

Sie hatten den Ölberg zur Hälfte erklommen, da blieb Maria Magdalena plötzlich stehen.

»Habt ihr das auch gespürt?«, fragte sie und schaute die anderen Frauen dabei an. »Hat die Erde gebebt?«

Unter dem Arm trug jede der Frauen Tücher und einen Krug; in einem war Myrrhe, in den anderen Weihrauch und Nardenöl.

Sie waren gekommen, um den Leichnam des Herrn zu salben und ihm, den sie so geliebt hatten, einen letzten Dienst zu erweisen. Nicht einmal anderthalb Tage war es her, dass er bestattet worden war.

»Es kam mir so vor, als hätte sich der Boden unter meinen Füßen bewegt.«

»Er *hat* sich bewegt«, sagte Johanna.

Maria Salome meinte: »Es war aber gar nichts zu hören.«

Und zu sehen auch nicht, obwohl die Sterne am pechschwarzen Himmel langsam verloschen und es hinter ihnen zu tagen begann.

»Weiter.«

»Schnell. Bitte beeilt euch.«

Sie liefen in einem Bogen nördlich von Jerusalem und wandten sich dann nach Süden, dem Garten zu, wo Josefs Grabhöhle jüngst in den Fels gehauen worden war. Maria Magdalena spähte angestrengt in die Dämmerung, konnte aber nicht herausfinden, welches der Gräber nun das von Josef war. »Wer wird uns nur den Stein zur Seite rollen?«, fragte sie sich leise.

Plötzlich stieß Johanna einen Schrei aus und ließ den Krug fallen.

Auch Maria Salome ließ den ihren fallen, und das Gefäß zerschellte am Boden.

Eine Säule aus weißem Licht, glänzend wie Metall, war aus dem Himmel herabgekommen und stand nun auf dem Stein vor Josefs Grabhöhle. Der Stein lag flach auf dem Boden.

Maria Magdalena stockte der Atem. Die Morgenluft roch nach Myrrhe.

Eine Stimme sagte: *Fürchtet euch nicht.*

Maria meinte in dem Licht eine menschliche Gestalt sehen zu können, die von allen Seiten glänzte und so hell strahlte, dass man sie kaum ansehen konnte.

Da sprach die Gestalt: *Ihr sucht Jesus von Nazareth, den Gekreuzigten. Er ist nicht hier. Kommt her und seht die Stelle, wo er gelegen hat. Und nun lauft zu seinen Jüngern und sagt ihnen, dass er euch voraus nach Galiläa geht. Dort werdet ihr ihn sehen, so wie er es euch gesagt hat.*

Das Licht erhob sich wieder und stieg hinauf zum Himmel, ließ die Frauen geblendet und zu Tode erschrocken zurück. Ein Trost war die Stimme nicht gewesen.

Maria Salome raffte ihren Umhang und machte sich eilig auf den Weg zurück.

Maria Magdalena aber begab sich zum Grab selbst, ihr Gesicht wie versteinert.

»Maria, nein!« Johanna stürzte hinter ihr her und hielt sie am Ärmel fest; dann aber schreckte sie vor dem offenen Grab zurück. »Maria! Bitte!«, jammerte sie laut. »Das war das Erdbeben! Oder die Römer! Oder der Zorn Gottes! Was immer auch geschehen ist – es ist vorbei. Maria, bitte lass uns gehen!«

Doch Maria reagierte nicht. Die kleine, ernste, bleiche Frau kniete sich unmittelbar vor die schwarze Graböffnung.

Das war zu viel für Johanna. »Das glaubt uns *niemand*!«, rief sie hilflos. Dann machte sie kehrt und eilte Maria Salome nach.

Maria beugte sich vor und streckte die Hand ins Dunkel der Grabhöhle. Kalte, abgestandene Luft, aber kein Geruch. Ihre Rechte spürte behauenen Stein. Sie ließ die Hand ein Stück hochgleiten: Das war die Steinbank, auf die der Körper des Herrn gebettet worden war. Sie fühlte tiefer ins Dunkel hinein, in der Erwartung, jeden Moment seinen unbeweglichen Leichnam zu berühren – aber da war nichts. Die Nische war leer.

Marias Magen zog sich zusammen. Tatsächlich, er war *fort!* – so, wie die blendend weiße Gestalt es gesagt hatte.

Maria sprang auf.

Über den Mauern Jerusalems leuchteten goldene Farbtupfer – der Tag war angebrochen. Maria lief durch das Gartentor in die Stadt hinein und die Straße zum Zion hinauf. Sie rannte zum Haus des Esseners und hämmerte an sein Tor. Dann eilte sie über den Vorplatz und hastete die Stufen zum Obergeschoss hinauf. Die Tür war verschlossen. »Simon!«, rief sie. »Simon! Simon, mach auf!«

Seit Jesus die bösen Geister aus ihrem Körper vertrieben hatte, war Maria Magdalena nicht mehr so stark und wild gewesen. Wenn Simon die Tür nicht bald öffnete, würde sie sie eintreten. *Seht euch Maria an! Maria ist wieder besessen!*

Simon aber öffnete die Tür.

Die Worte sprudelten förmlich aus Maria heraus: »Jemand hat den Herrn aus dem Grab geholt, aus dem *Grab*, Simon, aus Josefs Grab! Er ist weg, und wir wissen nicht, wohin sie ihn gebracht haben...«

Simon packte sie bei den Armen: »Bist du sicher?«

»Es war zwar dunkel, aber ich habe meinen Arm hineingestreckt und...«

Doch Simon Petrus war bereits auf dem Weg zur Straße.

»Simon, ich komme mit!«, rief Johannes und stürmte an ihr vorbei. Er lief so schnell, dass er Simon weit hinter sich ließ.

Maria folgte den beiden. Beim Gartentor hatte sie Simon eingeholt, und als die beiden zum Grab kamen, kniete Johannes bereits vor der Öffnung und spähte in das Innere.

Simon schob ihn beiseite und ging hinein.

Da es inzwischen heller geworden war, konnte auch Maria erkennen, worauf Simons Blick gerichtet war: Das Grabtuch. Es lag noch immer zusammengewickelt da – aber es war leer. Und da lag auch das Tuch, das Jesu Kopf bedeckt hatte, säuberlich zusammengefaltet.

Nun kroch auch Johannes hinein. Da sie keinen Platz mehr gefunden hätte, blieb Maria draußen stehen. Unruhig verlagerte sie ihr Gewicht immer wieder von einem Bein auf das andere.

Als die beiden Männer wieder herauskamen, schüttelten sie schweigend den Kopf.

»Simon?«, flehte Maria. »Johannes?«

Doch sie gingen langsam fort, ganz in Gedanken versunken.

Maria lief ihnen nach und baute sich dann vor Simon auf: »Was gedenkst du deswegen zu tun?«, wollte sie von ihm wissen. »Wie sollen wir seinen Leichnam wiederfinden?«

Simon beugte sich zu ihr herunter, bis sein Gesicht ganz nah vor ihrem war. Sie konnte sehen, wie er zitterte. »Kümmere dich nicht weiter darum. Meinst du nicht, dass die Gefahr, in der wir uns befinden, auch so schon groß genug ist?« Dann ließ er sie stehen. Johannes folgte ihm.

Maria sah ihnen nach, bis sie in der Stadt verschwunden waren, und dann endlich begann sie zu weinen.

Nein, Maria Magdalena war nicht stark. Sie fühlte sich schwach, traurig und verlassen. Und jetzt, da die Tränen flossen, war sie vollkommen hilflos. Sie ging zu der Stelle, wo Maria Salome ihren Krug mit Myrrhe hatte fallen lassen. Dort kniete sie nieder, sammelte die Scherben auf und versuchte sie wieder zusammenzufügen. Doch sie schaffte es nicht. Sie war fast blind vor Tränen, die ganze Welt verschwamm vor ihren Augen.

Sie ließ die Tonscherben wieder fallen und heulte wie ein kleines Kind, das sich verlaufen hat. *Ja, Maria ist wieder verrückt, und es schert sie nicht. Es ist ihr alles gleich.*

»Frau?«

Irgendjemand rief nach ihr.

»Frau?« Die Stimme war klar und deutlich vernehmbar, drang durch den Morgen und das Dröhnen in ihrem Kopf.

»Frau?«, fragte die Stimme noch einmal. »Warum weinst du?«

Sie versuchte ihr Schluchzen zu unterdrücken. Als sie den Kopf hob, meinte sie den Gärtner auf sich zukommen zu sehen.

»Weil sie meinen Herrn weggenommen haben«, schluchzte sie, »und ich nicht weiß, wohin sie ihn gebracht haben.«

»Wen suchst du denn?«, fragte der Mann.

»Ach, bitte!«, sagte Maria und stand auf. »Wenn du ihn weggenommen hast, dann sag mir doch, wohin du ihn gebracht hast, sodass ich hingehen und ihn holen kann.«

Der Mann blieb nun unmittelbar vor ihr stehen. Durch den Tränenschleier konnte sie sein langes, dunkles Haar sehen.

Mit sanfter, unendlich vertrauter Stimme sagte der Mann: »Ach, Maria.«

Ihr stockte der Atem.

Und dann erkannte sie das Gesicht, das rabenschwarze Haar ihres geliebten Herrn Jesus, seinen festen, liebevollen Blick!

»*Rabbuni!*«, rief sie da.

»Still, still, Kind – schweig.« Jesus legte einen Finger auf seine Lippen. »Halte mich nicht zurück. Ich bin noch nicht zu meinem Vater zurückgekehrt. Aber geh zu meinen Freunden und sag ihnen von mir: Ich gehe hinauf zu meinem und eurem Vater, zu meinem und eurem Gott.«

Oh, ja, jetzt war Maria voller Kraft und Stärke; sie war schneller als der Nordwind, der über Jerusalem hinwegwehte. Jetzt war sie schön und anmutig, ihre Lippen waren scharlachrot und ihre Wangen leuchteten wie Granatäpfel.

Es war noch immer früh am Morgen, als sie zum zweiten Mal bei dem Obergeschoss ankam. Sie blieb im Türrahmen stehen und lachte in die dunkle Höhle der niedergeschlagenen Jünger hinein.

Maria konnte nicht anders, es lag an seinem breiten, grimmigen Mund. Sie streckte die Arme aus und lief zu Simon Petrus. »Simon, tanz mit mir! Drück mich an dich und wirbel mich herum, denn ich habe gerade den Herrn gesehen. *Er lebt!* Simon, Simon, er ist von den Toten auferstanden!«

An demselben Morgen, dem dritten Tag ihrer Verzweiflung, beschloss einer der Jünger, nach Hause zurückzukehren, vielleicht für immer.

Kleopas sagte den anderen, er wolle seine Tochter in Sicherheit bringen – also fort von Jerusalem, von den Mächtigen, die den Tod ihres Herrn veranlasst hatten. Und davon abgesehen: Was hielt ihn hier noch länger? Der Wagen saß fest, das Rad war abgefallen, die Achse gebrochen – niemals mehr würde er wieder in Fahrt kommen. Jesus war tot. Das Leben selbst war nur noch ein armseliges Häuflein Asche. Kleopas hatte das Gefühl, den Ruß der Sinnlosigkeit zu schmecken.

Was er verschwieg, war, dass er wütend war.

Er wusste, wenn er bei den anderen Jüngern blieb, würde er sich früher oder später auf sie stürzen. Sein Zorn auf diese elenden Trottel war gewaltig. Und es würde vielleicht nicht nur bei bösen Worten bleiben – wenn er einen Knüppel in die Finger bekam, könnte es auch geschehen, dass er ihnen die Schädel einschlug.

Deshalb holte er seine Tochter und ging.

Ihr Haus lag in Emmaus, ungefähr sieben Meilen westlich der Stadt. Es war eines der Dörfer, die Pilatus bei der Jagd auf Barabbas hatte verwüsten lassen. Oh, ja, in seinem Herzen brannte eine ungeheure Wut. Während sie nach Emmaus zurückgingen, zählte er noch einmal alles auf, was seit ihrer Ankunft in Jerusalem geschehen war.

Jede Einzelheit war neues Öl auf dieses Feuer.

Seine achtzehnjährige Tochter ging schweigend neben ihm her, stellte lediglich von Zeit zu Zeit eine Frage, damit er weitersprach. Auch sie war Jesus gefolgt. Aus eigenem Entschluss. Doch hatte sie, wie Kleopas wusste, diesen Entschluss auch gefällt, um auf ihn, ihren Vater, Acht geben zu können.

»Abba«, sagte sie, »du bist nicht nur traurig, nicht wahr? Da ist noch etwas anderes.«

Er schob die Unterlippe vor. »Ich bin so wütend, dass ich kaum noch Luft bekomme.«

»Warum? Auf wen bist du wütend?«

Er hätte ihr auf diese Frage mit der Nennung unzähliger Namen geantwortet – wenn er nicht in diesem Augenblick vor ihnen einen Fremden entdeckt hätte, der in die gleiche Richtung ging wie sie.

Sobald Kleopas ihn anblickte, drehte der Fremde sich um und sagte: »Freunde, worüber sprecht ihr?«

Unvermittelt blieb Kleopas' Tochter stehen, schlug die Hände vors Gesicht und begann zu weinen. Bis zu diesem Augenblick war ihm der Gedanke, dass sie genauso traurig sein könnte wie er, gar nicht gekommen. Kleopas ballte eine Faust und knurrte: »Was glaubst du wohl, worüber wir sprechen?«

»Ich weiß es nicht«, sagte der Fremde mit einem Achselzucken.

»Was ist nur los mit dir? Du bist wohl der Einzige in Jerusalem, der nicht weiß, was dort in den letzten Tagen geschehen ist.«

»Was denn?«

Doch seine Tochter kam ihm zuvor. »Das mit Jesus von Nazareth«, sagte sie beschwichtigend. »Er war ein Prophet, mächtig in Wort und Tat vor Gott und dem ganzen Volk. Doch die führenden Priester und die anderen Mächtigen haben ihn zum Tode verurteilt. Sie haben ihn gekreuzigt«, sagte sie leise. »Er ist gestorben. Und wir hatten doch gehofft, er würde der Befreier Israels sein.«

Als er die verzweifelten Worte seiner Tochter hörte, wusste Kleopas plötzlich, auf wen er wütend war.

»Heute Morgen hat uns eine Schwachsinnige erzählt, sein Grab sei leer und Jesus würde leben«, sagte er. »Simon ist hingegangen um nachzusehen. Sie hatte Recht – das Grab war leer. Aber das hat gar nichts zu bedeuten. Und er, der Grund für unsere Hoffnung, ist nun der Tod unserer Hoffnung! Jesus, Lehrer, Messias – *pah!* Ich will dir sagen, was dieser Tote mich gelehrt hat: Dass alles sinnlos ist und man genauso gut versuchen kann, den Wind einzufangen!«

Kleopas war wütend auf Jesus.

»Ach, du törichter Mensch«, sagte der Fremde da, »wie schwer tust du dich zu glauben, was die Propheten geweissagt haben!«

Wenn seine Tochter nicht die Arme um ihn gelegt und ihn an sich gezogen hätte, hätte Kleopas den Mann geschlagen.

Freundlich und ernst fragte sie: »Was haben die Propheten denn geweissagt?«

»Dass der Christus dies alles erleiden muss, um zu seiner Herrlichkeit zu gelangen.«

»Abba?«, flüsterte sie. »Abba, lass uns weitergehen.«

Kleopas gehorchte ihr.

Während sie ihren Weg nach Emmaus fortsetzten, sprach der Fremde weiter. Er fesselte ihre Aufmerksamkeit mit der Tiefe seine Wissens, versetzte sie immer wieder aufs Neue in Erstaunen. Denn er erklärte ihnen, angefangen bei Mose und den Propheten, durch alle Schriften hindurch, alles, was sich auf den Messias bezog – wie alles, was geweissagt worden war, sich in Jesus erfüllt hatte.

Nur, dass er uns im Stich gelassen hat, dachte Kleopas. *Der Messias hätte uns niemals allein gelassen.*

Als sie in Emmaus ankamen, war es fast Abend geworden.

Kurz bevor sie ihr Haus erreicht hatten, nahm Kleopas' erstaunliche Tochter die Hand des Fremden und sagte: »Es wird gleich dunkel. Bleib doch bei uns und iss mit uns zu Abend.«

Der Mann sah sie mit seinem sanften, furchtlosen Blick an. Dann willigte er lächelnd ein. Zu seiner eigenen Überraschung freute Kleopas sich darüber, dass der Fremde die Einladung annahm.

Doch als sie sich zum Essen niederließen, begannn der Besucher sich so aufzuführen, als ob das Haus *ihm* gehörte und *er* der Gastgeber wäre. Er nahm das Brot, segnete es, brach es in Stücke und gab es ihnen.

Und sobald sie das Brot berührten, gingen ihnen die Augen auf. Als wäre er gerade aus einem Traum erwacht, erkannte Kleopas plötzlich die Gesichtszüge des Herrn. Er hatte die ganze Zeit mit Jesus gesprochen! Doch in demselben Augenblick verschwand Jesus. Kleopas saß mit seiner Tochter allein am Tisch.

»Jetzt begreife ich«, flüsterte die junge Frau, und ihre Augen leuchteten so ehrfürchtig, dass ihr Vater zu Tränen gerührt war. »Deshalb wurde mir ganz warm ums Herz, als er unterwegs mit uns sprach!«

Sie erhoben sich – beide, Vater und Tochter, wie verwandelt vor Freude – und eilten nach Jerusalem zurück, um den Jüngern von dem zu berichten, was sie unterwegs erlebt hatten, und wie sie den Herrn erkannt hatten, als er ihnen das Brot gegeben hatte.

Am Abend desselben Tages saßen die Jünger noch immer in dem Haus des Esseners. Seit mehr als drei Tagen waren die Tür nun versperrt und die Fenster gegen neugierige Blicke verschlossen. Die Luft stank.

Verärgert über die Untätigkeit der anderen war Thomas aus dem Haus gegangen, um etwas zu Essen aufzutreiben.

Einige der Männer lagen auf dem Boden und versuchten zu schlafen. Andere wiederum saßen wie zum Gespräch beieinander, wechselten aber kein Wort.

Die Tafel, an der sie das Passamahl gefeiert hatten, war hinausgeschafft worden. Der andere Tisch stand noch an der Wand. An seinen Enden standen zwei flackernde Kerzen, die den Raum mit zittrigen Schatten erfüllten.

Simon Petrus schritt im Raum auf und ab wie ein Löwe im Käfig. Es lag an seiner Unruhe, dass die Kerzen flackerten und tropften.

»Ich habe den Überblick verloren«, sagte Matthäus.

»Worüber?«, wollte Jakobus wissen.

»Darüber, wie oft sich dieser Felsenmensch in unserem kleinen Reich nun schon nach Osten und Westen geworfen hat.«

»Der Mann ist gemeingefährlich«, meinte Jakobus darauf.

»Wenn er gegen irgendjemanden prallt, wird er ihn zerdrücken – dann sind wir nur noch zehn.«

»Düsteres Gerede, Jakobus.«

»Düstere Zeiten, Matthäus. Wir halten uns hier versteckt, weil die Mächtigen uns auslöschen wollen. Simon ist ja noch nie ein ruhiger, gelassener Mensch gewesen. Aber sieh ihn dir *jetzt* an. Er hat völlig die Beherrschung verloren. Wer weiß, was er noch anstellt? Ja, er bringt es noch fertig und begeht eine Dummheit.«

»Irgendwas macht meinem Bruder Sorgen«, meinte Andreas.

»Ach, der Ärmste!«, rief Jakobus aus. »Als wenn sonst keiner Sorgen hätte! Jesus ist tot. Betrauert dein zartfühlender Bruder ihn etwa heftiger als der Rest von uns?«

Den Tränen nah senkte Andreas den Blick.

Matthäus brummelte: »Kein Grund, sich lustig zu machen, Jakobus.«

»Vielleicht ist Jesus ja doch nicht tot«, sagte Johannes.

»Unsinn!«, fauchte Jakobus ihn an. »Hysterisches Weibergeschwätz!«

»Ich bin doch an seinem Grab gewesen, Jakobus«, hielt ihm Johannes entgegen. »Er war nicht mehr da.«

»Das allein ist noch kein Beweis«, sagte Matthäus beschwichtigend.

»Der Leichnam ist gestohlen worden!«, verkündete Jakobus.

»Aber das Grabtuch war noch dort«, erwiderte Johannes. »Und das Tuch, das sie ihm um den Kopf gebunden haben, lag zusammengefaltet daneben. Was sollen das für ordentliche Diebe gewesen sein, Bruder?«

»Kein Grund, sich lustig zu machen!«, schrie Jakobus jetzt fast. »Ich will ja lediglich Beweise sehen.«

Andreas hob den Blick und flüsterte: »Der Vorhang, hinter dem das Allerheiligste im Tempel verborgen ist – als Jesus starb, ist er in zwei Stücke zerrissen, von oben bis unten.«

»Woher weißt du das?«, höhnte Jakobus. »Bist du dabei gewesen?«

»Nein«, murmelte Andreas und zog sich wieder in sich selbst zurück. »Simon hat es mir erzählt. Er war dabei.«

Jakobus, der Sohn von Zebedäus, sprang auf und schrie: »Was ist nur los mit dir, Steinschädel? Hast du den Verstand verloren?«

Simon hielt inne und blickte zu Jakobus. »Bitte?«

»Bringst du uns absichtlich in Gefahr oder bist du bloß dumm?«

»Wovon sprichst du?«

»Arrrhhh!«, knurrte Jakobus und drehte sich weg. »Der nächste Judas.«

Andreas stockte der Atem.

Mit einem Ruck war Simon in Kampfstellung. »Jakobus!«, brüllte er. »Erkläre dich!«

Jakobus fuhr herum und brüllte ebenso laut zurück: »Nein, erkläre du dich, du öffentliches Schauspiel! Was hast du im Tempel getrieben, als Jesus gestorben ist?«

»Ich habe gebetet!« schrie Simon. Er ging mit gesenktem Kopf auf Jakobus zu, die Arme angewinkelt, die Finger gekrümmt wie Enterhaken. »Ich habe um Vergebung gebeten.«

Auch Jakobus brachte sich in kampfbereite Stellung und hob die Arme.

Matthäus stand vorsichtig auf. »Brüder, es gibt andere Feinde...«

Im gleichen Augenblick stürzte Andreas zu Simon hin, während Johannes sich vor Jakobus aufbaute.

Doch dieser funkelte Simon an und sagte mit gewollter Boshaftigkeit: »Geh weg von mir, Satan!«

Simon heulte auf wie ein wildes Tier. Sein Gesicht war ganz verzerrt. Er schwankte ein paar Schritte rückwärts, dann beugte er sich vor, um sich mit Schwung auf seinen Widersacher zu stürzen. In seinem Blick lag solche Wut, dass die anderen Jünger unwillkürlich vor ihm zurückwichen.

Da wurde plötzlich die Mitte des Raumes von einem blendend weißen Lichtstrahl zerrissen.

Und dann war es kein Licht mehr, sondern die strahlende Gestalt eines Menschen, der genau zwischen Simon Petrus und Jakobus stand.

Jesus.

»Friede sei mit euch«, sagte er.

Simon fiel hintenüber und saß mit ausgestreckten Beinen da. Jakobus blieb vor Staunen der Mund offen stehen. Niemand sagte ein Wort. Andreas fiel auf die Knie und schlug die Hände vors Gesicht.

Jesus ließ den Blick über jeden Einzelnen im Raum wandern. Er war so sauber! – seine Kleider strahlten, seine Arme waren wie gegossenes Gold, sein Körper eine Alabastersäule. Er schlug den Umhang auf, damit sie die Narbe in seiner Seite sehen konnten. Er zeigte ihnen auch die Male, die die Nägel an seinen Handgelenken hinterlassen hatten.

Johannes hauchte: »Du bist es, Herr.«

Die Furcht wich aus den Augen der Jünger und machte stattdessen einem Leuchten Platz: »Oh, Herr, du bist es wirklich!«

Noch einmal sagte Jesus zu ihnen: »Friede sei mit euch«, und nickte dabei jedem Einzelnen zu. Dann fuhr er fort: »Freunde, ihr wisst, dass mich der Vater in diese Welt gesandt hat. Wie er mich gesandt hat, so sende ich nun euch. Ihr sollt nicht länger nur Jünger sein – ich mache euch zu meinen Aposteln.«

Jesus stellte sich vor Andreas und legte dem schüchternen Mann die Hände auf den Kopf. Der Herr schien nach Myrrhe zu duften, als er jetzt leise zu Andreas sagte: »Empfange den Heiligen Geist.«

Genauso legte er die Hände auch auf den Kopf von Johannes, um ihm zuzuflüstern: *Empfange den Heiligen Geist.* Und auch auf Jakobus, Matthäus, Philippus, Natanaël und die anderen Jünger. Als letzter war Simon Petrus an der Reihe.

Während dieser zärtlichen Zeremonie sagte Jesus: »Wem ihr die Sünden vergebt, dem sind sie vergeben; wem ihr die Vergebung verweigert, dem ist sie verweigert.«

Dann ging er fort und niemand versuchte ihn aufzuhalten.

Alle zehn Männer blieben regungslos sitzen, jeder in seine eigene Verwunderung gehüllt.

Jakobus flüsterte: »Maria Magdalena hat Recht gehabt.«
Andreas sagte zu sich selbst: »Judas hätte warten sollen.«
Simon, der allein in einer Ecke saß, murmelte: »Was soll ich tun? Oh, Gott, was soll ich nur tun?«
Unvermittelt flog die Tür auf. Die Jünger sprangen auf, bereit sich zu verteidigen. Wer hatte die Tür aufgelassen? Doch herein kam Kleopas, der freudestrahlend in die Hände klatschte und rief: »Wir haben den Herrn gesehen!«
Hinter ihm stand seine Tochter, die mit glänzenden Augen nickte: »Ja, es stimmt. Wir haben den Herrn gesehen.«

Eine Woche verstrich. Die Leute erzählten sich heimlich von dem Erscheinen des Herrn. Auch Lazarus, Maria und Marta hörten davon. Ebenso Josef von Arimathäa. Nun, es war sein Grab. Irgendwer musste ihm ja erzählen, dass es nicht ausgeraubt worden war, wie er gedacht hatte.
Die Jünger wurden von einem Mann namens Nikodemus ausfindig gemacht, einem Mitglied des Sanhedrin. Jakobus traf sich heimlich mit ihm und ließ dabei äußerste Vorsicht walten. Doch der Mann gestand ihm, dass Jesus ihn immer mehr faszinierte – und jetzt, wo man sich von seiner Auferstehung erzählte, könne er nicht mehr länger schweigen.
»Ist es wirklich wahr?«, wollte er mit Nachdruck von Jakobus wissen.
»Wieso willst du das wissen?«
»Vor drei Jahren erzählte er mir, ich müsse wiedergeboren werden, um ins Reich Gottes gelangen zu können. *Wiedergeboren*, sagte er, *durch Wasser und durch den Geist*. Wenn er nach seinem Tod lebt, dann war sein Wort wahr. Und weiter hat er gesagt: *Wer an den Menschensohn glaubt, wird durch ihn das ewige Leben finden.*«
Jakobus, der Sohn von Zebedäus, sagte zu Nikodemus: »Ja, es stimmt. Jesus ist von den Toten auferweckt worden.«

»Ahhh!« Das Mitglied des jüdischen Rates konnte sich nicht länger beherrschen. Er zog an seiner Robe, rieb sich das Kinn, lächelte und runzelte die Stirn, sah froh, verwirrt und aufgewühlt zugleich aus. »Begreifst du?«, sagte er. »Ach, begreifst du? Genau das hat er mir gesagt: Dass Gott die Welt so sehr liebt, dass er ihr seinen einzigen Sohn geopfert hat, und dass, wer an ihn glaubt, niemals sterben, sondern das ewige Leben haben wird.«

Und wie man sich von seiner Erscheinung erzählte, so erinnerte man sich auch immer mehr an seine Lehre. Die Freude unter den Menschen wurde immer größer.

Eines Tages kam Schobal, der seltsame Mann, dem Jesus seinerzeit einen bösen Geist ausgetrieben hatte, in das Zimmer im Obergeschoss gestürzt und begann laut loszulachen. Und er konnte gar nicht mehr aufhören. Er lachte und lachte, und die erste, die in sein Lachen einstimmte, war Maria, die Mutter Jesu; sie hatte schon viele Jahre nicht mehr gelacht. Maria und Schobal lachten wie die Kinder, hielten sich an den Händen und hüpften im Kreis. Und die meisten der Jünger ließen sich anstecken. Sie kicherten und prusteten einfach drauflos.

»Schobal«, rief Philippus, als er sich wieder etwas beruhigt hatte, »wie hast du nur den Weg von Kapernaum hierher gefunden?«

Doch Schobal zwinkerte nur und nickte und lachte.

Simon Petrus stand etwas abseits und lächelte, doch er lachte nicht. Er konnte einfach nicht lachen.

Thomas zeigte sich gereizt angesichts dieser grundlosen Ausgelassenheit.

»Ihr macht euch doch nur selbst etwas vor!«, knurrte er.

»Nein, wir haben den Herrn wirklich gesehen«, entgegnete Simon ihm.

»So wie Maria Magdalena, ja?«

»Auch sie hat ihn wirklich gesehen.«

»Die Leute *wollen* glauben, dass er lebt«, sagte Thomas. »Ich kann ihnen das nicht verübeln. Das ist ja nur normal. Nicht normal aber ist es, seine Wünsche mit der Wirklichkeit gleichzusetzen. Das ist gefährlich.«

Simon Petrus hatte keine Lust, sich auf diese Debatte einzulassen. Ganz anders Jakobus. Mit Nachdruck erklärte er: »Er ist hier gewesen, Thomas, hier in diesem Raum, während du Essen geholt hast. Jesus ist, obwohl die Türen verschlossen waren, hier erschienen und hat uns seine Narben gezeigt und jeden einzelnen von uns gesegnet!«

Thomas, der einfache Jäger, schüttelte den Kopf: »Was ich nicht mit eigenen Augen sehe, kann ich nicht glauben. Ich will dir was sagen, Jakobus: Lass mich die Narben an seinen Händen fühlen und meine Hand in seine Seite legen – *dann* werde ich es glauben.«

Am Sonntagabend waren die Jünger erneut in dem Zimmer zusammengekommen. Und wieder brannten Kerzen an den Enden des Tisches. Es war spät und allgemeines Schweigen herrschte im Raum. Einige hatten sich bereits zum Schlafen hingelegt. Simon Petrus betete leise vor sich hin – Psalmen, wie es schien. Seit zehn Tagen schaute er jetzt schon finster und bedrohlich drein.

Thomas aber kam sich hier wie ein Fremder vor. Alle anderen schienen von irgendeiner überirdischen Erfahrung zusammengehalten zu werden, die ihn nun zum Außenseiter machte. Er war übler Laune und er hatte sich bereits vorgenommen, von hier fortzugehen, nur wusste er noch nicht, wohin. Auf jeden Fall stand ihm der Sinn jetzt nicht nach schlafen.

Dann sagte jemand unmittelbar hinter ihm: »Friede sei mit dir.«

Die Worte waren leise und nur an ihn gerichtet gewesen. Thomas drehte sich langsam um – dann sprang er auf. Jede Faser seines Körpers bebte.

Jesus! Dort zwischen den Kerzen stand, aufrecht und erhaben, Jesus! Der Schein der Kerzen warf ein warmes, gelbliches Licht auf sein Gesicht. Er hielt seinen Blick fest auf Thomas gerichtet, auch dann noch, als die anderen Jünger langsam aufstanden und einen Halbkreis um ihn bildeten.

»Komm her zu mir«, sagte Jesus.

Alles stand regungslos da. Thomas blickte sich verstohlen nach allen Seiten um, doch die anderen warteten nur auf ihn. Jesus sprach einzig mit ihm: »Thomas, komm her.«

Vorsichtig trat Thomas auf ihn zu.

Jesus zeigte ihm seine Hände und sagte: »Leg deinen Finger hierher und untersuche meine Wunden.«

Nicht nötig, Herr, nicht nötig, wollte Thomas sagen, doch überwältigt, wie er war, brachte er keinen Ton heraus.

Jesus öffnete seinen Umhang, sodass sein Körper vom Brustkorb bis zur Hüfte zu sehen war. »Streck deine Hand aus und leg sie in meine Seite«, sagte er.

Doch Thomas schlang die Arme um seine eigene Brust und begann auf die Knie zu sinken. *Nicht nötig, Herr.*

»Thomas, ich sage dir nun ein für alle Mal: Sei nicht ungläubig, sondern gläubig!«

Der arme Jünger, der nun ganz auf den Knien lag, flüsterte: »Mein Herr und mein Gott!«

Jesus legte Thomas die Hände auf. Der Duft von Myrrhe erfüllte den Raum, als Jesus sprach: »Bist du jetzt überzeugt, weil du mich gesehen hast? Hör meine letzte Seligpreisung: Selig sind die, die nicht gesehen haben und dennoch glauben.«

Simon Petrus

Anfangs war ich einfach nur traurig. Doch dann stand der Herr von den Toten auf, genauso, wie er es vorhergesagt hatte – wie er es *gesagt* hatte, wisst ihr? Und da liegt ein Teil des Problems, denn ich hatte dem, was er sagte, niemals wirklich Aufmerksamkeit geschenkt. Ich hatte ja nie geglaubt, dass er *sterben* würde, wie sollte ich da auch nur in Erwägung ziehen, dass er auferstehen könnte?

Doch genau das hat er gemacht, wie er es vorhergesagt hatte; und dann erschien er vor unseren Augen, in Person, und ich war so verblüfft, dass mir die Worte fehlten. Ich freute mich ja so für ihn, für die ganze Welt, überglücklich war ich – aber gleichzeitig war ich von mir selbst angewidert. Ich kann das nicht erklären. Unmöglich. Es ist so großartig, dass es durch nichts übertroffen werden kann. Gott ist hier. Gott ist in Jesus. Das Reich Gottes beginnt in Jesus! Und so sehr wie ich es *weiß*, so sehr wie ich es begehre und *glaube*, so sehr hasse ich mich selbst. So elend fühle ich mich. Denn ich werde niemals in jenes Reich kommen. Ich verdiene es nicht. Ich habe mein Anrecht darauf verwirkt. Ich habe meinen Herrn verleugnet. Um mich zu retten, habe ich ihn zurückgewiesen. Versteht ihr das? In Krisenmomenten kommt die Wahrheit an den Tag, und ich . . . ich bin derjenige, der geschworen hat, Jesus nicht zu kennen.

Maria Magdalena meinte, wir sollten nach Galiläa gehen. Maria Salome und Johanna waren der gleichen Meinung. Ein Engel hat ihnen gesagt, Jesus würde uns dort treffen. Also gingen wir. Alle Jünger – eine fröhliche Schar, mit viel Singen und Lachen. Das Wetter war schön und die Luft war klar und trocken. Die Gerste stand auf den Feldern, fast reif genug, um abgeerntet zu werden. Ich sah das alles voller Dankbarkeit – und auch voller Kummer.

Jesu Mutter ging stets neben Johannes her. Sie sah so schön aus, dass ich hätte heulen können. Thomas und Matthäus wurden gute Freunde. Und mein Bruder verbrachte die meiste Zeit mit Maria Magdalena. Auch Schobal war mitgekommen. Die ganze Zeit hatte er sein blödes Grinsen im Gesicht.

Als wir schließlich in Kapernaum ankamen, konnte ich es nicht länger ertragen. Ich musste etwas zu tun haben. Etwas, das meinen Körper forderte, aber nicht meinen Geist; irgendetwas, bei dem ich nicht nachdenken musste!

»Ich gehe Fischen«, sagte ich und lief von den anderen fort.

Mein Boot hatte ich meinem Schwager gegeben, einem umsichtigen und sorgsamen Fischer. Netze, Leinen, Spieße, Mast, Segel,

Ruder – es war alles bestens in Schuss. Mein Schwager war irgendwo anders; und ich habe ihn auch nicht gesucht, um ihn zu fragen, ob ich das Boot haben könnte. Ich überprüfte das Gerät und machte das Boot startklar. Ich wollte es gerade zu Wasser lassen – es dämmerte bereits –, da kamen ein paar von den anderen Jüngern angetrottet. Anscheinend wussten sie nichts Besseres, als mir alles nachzumachen.

Mein Bruder fuhr mit mir. Auch Maria Magdalena kam mit, hockte sich in die Mitte des Bootes.

Während wir schon mal hinausfuhren, machten auch Jakobus, Johannes und Natanaël ihr Boot bereit. Sie kannten die Stelle, wo wir die Netze auswerfen würden. Sie würden uns finden auf dem See.

In jener Nacht war der Himmel von Sternen übersät. Maria war eingeschlafen. Andreas und ich schwiegen. Und wir arbeiteten. Ich war dankbar für die Dunkelheit und die Arbeit. Dass wir nichts fingen, ärgerte mich nicht weiter.

Als der Morgen anbrach, hörte ich Jakobus rufen: »Simon? Simon?«

In einiger Entfernung erkannte ich das Boot der Zebedäus-Söhne im Nebel. Es lag ebenso flach im Wasser wie das unsrige. Sie hatten also auch nichts gefangen.

»Simon, lass uns zurückfahren.«

Also wechselten wir unsere Plätze. Maria rutschte in den Bug. Mein Bruder und ich gingen an die Ruder, und wir begannen zum Ufer zurückzufahren. Die rote Morgensonne schien uns direkt ins Gesicht, als sie über den Horizont kroch und den See in Brand steckte.

Plötzlich fragte Maria: »Wer ist das?«

Wir drehten die Köpfe über die Schultern. Am Ufer stand ein Mann; sein Umhang leuchtete im Licht der Morgensonne wie eine einzelne Flamme.

»He, Kinder!«, rief er zu uns herüber. »Habt ihr was gefangen?«

»Nein!«, schrie Johannes. Ihr Boot war direkt hinter uns.

Der Mann am Ufer rief: »Werft eure Netze an der rechten Seite des Bootes aus und seht, was ihr fangt!«

Augenblicklich erhob Johannes sich von der Ruderbank und befolgte den Rat. Das Netz sank hinab und plötzlich begann das Wasser vor Fischen zu tosen und zu wallen.

Jakobus drehte durch. Fast hätte er die Lotleinen verloren, als er sein Netz auswarf. Es quoll auch sofort von Fischen über. Andreas warf sein Netz zur gleichen Seite hin aus, und ich machte es ebenso; erst da wurde uns klar, dass jedes der Netze so schwer war, dass es zwei Leute zum Einholen brauchte.

»Simon!« Es war Johannes, der da rief. Wir mühten uns ab, die Netze überhaupt bis an den Rand des Bootes heraufzuziehen. »Simon, das ist Jesus! Der Mann am Ufer ist Jesus!«

Seine Worte trafen mich wie ein Schwert – es war zugleich ein wohliger und furchtbarer Schmerz. Ich blickte zu ihm hinüber und konnte unerklärlicherweise jeden einzelnen seiner Gesichtszüge erkennen.

Nun, ich konnte nicht still halten. Ich zurrte mein Netz am Bootsrand fest, band mir meine Arbeitskleidung um die Taille, stürzte mich in den See und schwamm, so schnell ich konnte, auf das Ufer zu.

Ich bin ja so ein Trottel! Als ich aus dem Wasser stieg, fiel mir nichts ein, was ich hätte sagen können. Ich stand einfach da und fühlte mich elend.

Jesus hatte ein Holzkohlenfeuer gemacht. Auf dem Feuer lag bereits sein Frühstück, Fische und Brot. Er würdigte mich keines Blickes, stattdessen beobachtete er, wie die anderen Boote sich abmühten, an Land zu gelangen. Also waren dort jene, die zu ihm gehörten, die arbeiteten und sich seiner würdig zeigten – und hier stand ich, müßig und seiner unwürdig.

Andreas hatte sein Netz ebenfalls am Boot festgemacht. Er ruderte allein. Natanaël und Johannes ruderten das andere Boot, während Jakobus ihren riesigen Fang dicht beim Boot hielt.

Als sie herankamen, watete ich ins Wasser zurück, um ihnen zu helfen, die Netze ans Ufer zu schleifen. Wir breiteten einen großen Teppich aus glitzernden Fischen aus.

Jesus sagte: »Bringt ein paar von den Fischen; und dann kommt her und frühstückt mit mir.«

Wir setzten uns. Jesus saß in unserer Mitte. Er reichte nacheinander jedem von uns zu essen, mir als letztem. Ich brachte keinen Bissen hinunter.

Jesus allerdings aß auch nicht, sondern ließ seinen Blick eine Zeit lang auf mir ruhen.

Ach, diese Augen! Sein ruhiger, fester Blick! Er hörte einfach nicht auf, mich anzusehen. Ich wäre am liebsten davongekrochen. Ich hätte es fast getan, doch da fragte er mich etwas.

»Simon, Sohn des Johannes, liebst du mich mehr als die anderen hier?«

»Ja, Herr!« Ich habe die Antwort wohl herausgebrüllt. Sie kam wie von selbst. »Ja, Herr, du weißt, dass ich dich liebe.«

Er lächelte nicht, zuckte nicht einmal mit der Wimper. Feierlich sagte er: »Füttere meine Lämmer.«

War das sein Ernst? Gewährte er mir einen Platz an seiner Seite? Ich wagte nicht, diesen Gedanken zu Ende zu denken.

Aber noch immer ließ er seinen Blick nicht von mir.

Und dann fragte er noch einmal.

»Simon, Sohn des Johannes, liebst du mich?«

Dieselben Worte. Das zweite Mal.

Und ich antwortete, die Worte sorgfältig aussprechend, denn es war mein voller Ernst und ich wollte, dass er das auch glaubte: »Ja, Herr. Du weißt, dass ich dich liebe.«

Er sagte: »Weide meine Schafe.«

Und noch immer war die Sache nicht ausgestanden. Er blickte mich weiter an.

Jetzt aber wusste ich, was kommen würde, und tatsächlich – er fragte mich zum dritten Mal: »Simon, Sohn des Johannes, liebst du mich?«

Ich senkte den Kopf und begann zu weinen wie ein Kind. Er stellte seine Frage und gab mir gleichzeitig die Antwort. Er wusste es. Er wusste, wie oft ich gesagt hatte, ich würde ihn nicht einmal kennen. Er wusste es.

Ich vermochte nicht zu ihm aufzusehen. Ich sagte: »Herr, du weißt alles; du weißt auch, dass ich dich liebe.«

Danach entstand eine lange Pause. Irgendjemand rutschte hin und her, aber niemand sprach auch nur ein Wort.

Und dann fühlte ich seine Hand auf meiner Schulter. Jesus kniete vor mir. Er legte einen Finger unter mein Kinn und hob meinen Kopf, und obwohl mein Blick von Tränen getrübt war, sah ich eine solche Liebe in seinen Augen, dass ich nur umso heftiger heulen musste.

Und noch einmal sagte er: »Weide meine Schafe.«

Ja! Jesus bot mir einen Platz im Reich Gottes an.

Sei ein Hirte meiner Herde.

Ja, Herr! Ja!

»Petrus, als du jung warst, hast du dir selbst deinen Gürtel umgebunden und bist gegangen, wohin du wolltest. Aber wenn du einmal alt bist, wirst du deine Hände ausstrecken, und ein anderer wird dir den Gürtel umbinden und dich führen, wohin du nicht willst. Verstehst du?« Sein Gesichtsausdruck war ernst und bedeutungsschwer: *Petrus, verstehst du? Ich sage dir, welchen Tod du sterben wirst, um Gott zu verherrlichen.*

Ich nickte. Ich verstand.

Dann stand er auf und sagte zu mir noch einmal das, was er ganz zu Anfang gesagt hatte.

Er sagte: »Folge mir.«

In jenen Tagen erwarben die Priester von Jerusalem südlich der Stadt den Töpferacker.

Sie bezahlten dreißig Silberstücke für das Stück Land und bestimmten, dass es fortan als Friedhof für Fremde, die in Jerusalem gestorben waren, dienen sollte.

Sie hatten entschieden, dass dieses Geld für keinen anderen Zweck mehr zu verwenden war. Ganz sicher konnte es jedenfalls nicht mehr in den Tempelschatz zurückgetan werden. Es war, so sagten sie, Blutgeld.

Es war von zwei Toden befleckt.

Judas Iskariot hatte Jesus mit den Worten *Sei gegrüßt, Herr*, geküsst.

Jesus hatte den Gruß nicht erwidert. Noch hatte er die Gelegenheit ergriffen, um seine Macht zu zeigen. Stattdessen hatte er von *verraten* gesprochen. Er hatte sein Vorgehen Verrat genannt.

Simon hatte versucht für den Herrn zu kämpfen. Judas hatte seinen Ehrennamen ausgerufen: *Messias!* Jesus aber hatte den einen entwaffnet und den anderen zurechtgewiesen. Jeder Traum war zunichte gemacht worden, und die ganze Welt war in Finsternis versunken: *Es werden keine Legionen von Engeln kommen. Du hast mich verkannt, Judas! Von allen meinen Jüngern hast du mich am tiefsten enttäuscht.*

Judas ließ seine Fackel fallen.

Er zog sich in die Nacht zurück.

Als die Soldaten Jesus durch die Stadt zum Haus des Hohen Priesters abführten, folgte Judas ihnen. Dann wartete er hinter dem Haus.

Alles was er für seinen Herrn gewollt hatte, war Macht, Glanz und Herrschaft gewesen. Aber nicht, verhaftet zu werden und gefangen zu sein. Oder gar sterben zu müssen. Nein, seinen Tod hatte er am wenigsten gewollt.

Jesus ist ein beredsamer Mensch. Er wird sie von seiner Unschuld überzeugen.

Dann aber war aus den Fenstern der Ruf *Gotteslästerung!* gedrungen.

Und die Frage: *Welche Strafe verdient er?*

Als der Rat *Den Tod! Den Tod!* zu rufen begann, war Judas davongestürzt. Er rannte ins Tal hinab und dann den Tempelberg hinauf. Er durchquerte sieben Stufen der Heiligkeit und drang sogar in die achte ein: durch den Vorhof der Frauen, durch den Israelitenvorhof stürzte er in den Priestervorhof und warf sich zwischen Hochaltar und Vorhalle zu Boden.

Priester kamen herbeigeeilt, um zu verhindern, dass er noch weiter vordrang.

Ich habe gesündigt!, jammerte Judas Iskariot. *Ich habe gegen unschuldiges Blut gesündigt!*

Das ist dein Problem, nicht unseres, stießen die Priester wütend hervor. *Verschwinde von hier!*

Judas riss einen Beutel von seiner Schulter. Er packte die lange Lederschlaufe, die daran befestigt war, und wirbelte ihn wie eine Schleuder über seinem Kopf herum. Die Priester stoben auseinander. Der Beutel war so schwer wie eine Waffe. Dann aber platzte er auf und Silbermünzen verteilten sich laut klimpernd auf dem Steinboden der Vorhalle, flogen sogar bis ins Tempelheiligtum, die neunte Stufe der Heiligkeit.

Dann ging er fort.

Judas Iskariot überquerte die Vorhöfe und ging zur äußersten Südostecke des Tempels. Hier war die Mauer, die Herodes hatte errichten lassen, am höchsten, von geradezu unmenschlicher Größe in Entwurf und Ausführung. Die Mauerblöcke waren an dieser Stelle über zehn Meter lang. Sie wogen einhundert Tonnen. Judas stieg die Stufen zu einem alten, im Inneren dieser Mauern gelegenen Lagerraum hinauf. Er besaß nach Osten hin ein hohes, schmales Fenster. Davor fiel die Mauer senkrecht bis ins Kidrontal ab. Das Fenster ließ erstes Morgenlicht herein.

Judas blickte sich in dem dunklen Raum um. Von der Decke hing an einem festen Hanfseil eine einzelne Lampe herab. Judas stieg auf einen Schemel, um das Seil erst von der Decke und dann von der Lampe loszubinden.

Ein Ende knotete er um eines der Beine des Schemels, dann stellte er diesen unter das Fenster und stieg hinauf.

Er blickte zum Ölberg hinüber, der sich schwarz vor dem heraufdämmernden Tag erhob. Der Himmel war schwer von Wolken. Es würde heute ein Unwetter geben.

Judas band sich das andere Ende des Stricks um den Hals und dann stieg er auf die steinerne Fensterbrüstung. Er drehte sich um und kniete eine Weile dort, als wartete er auf etwas. Dann ließ er sich langsam nach hinten fallen, bis er das Gleichgewicht verlor. Das Seil riss den Schemel vom Boden hoch. Er verkantete sich in der Fensternische und blieb dort stecken.

Was die dreißig Silberstücke betraf, die Judas Iskariot in den Tempel geworfen hatte, sagten die Priester: »Es ist nach dem Gesetz verboten, solches Geld in den Tempelschatz zu tun, denn es ist Blutgeld.«

Daher nannten sie das Stück Land, das sie von diesem Geld kauften, *Hakeldamach* – »Blutacker«.

Eines Morgens erwachte Maria in Betanien mit dem wohlbekannten Gefühl, dass der Herr vor ihrem Haus war, unter der Weinlaube saß und betete. Einen Augenblick lang blieb sie still und zufrieden liegen, in dem Wissen, dass er gekommen war. Dann aber fielen ihr die Ereignisse des letzten Monats wieder ein und sie rief: »Marta, Marta!« Rasch zog sie sich an und sprang vor die Tür, um nachzusehen, ob er tatsächlich da war. Doch er war nicht da.

Maria konnte nicht ins Haus zurückgehen, unruhig, wie sie war.

Nach allen Seiten blickend lief sie durch Betanien, als würde sie etwas Wichtiges suchen. Marta musste Lazarus geweckt haben. Die beiden holten sie am Dorfrand ein.

»Wo willst du hin?«, wollte Marta atemlos von ihr wissen.

»Ich weiß es nicht«, sagte Maria. »Ich weiß es nicht.«

Aus den umliegenden Häusern kamen noch andere Menschen herbei, die sich der Frau anschlossen, von ihrer Entschlossenheit mitgerissen.

»Wo will sie hin?«, fragte man.

Marta sagte: »Meine Schwester weiß schon, was sie tut.«

Maria ging ein Stück die Straße nach Jericho entlang, dann bog sie auf einen schmalen, steinigen Pfad ab, der zu den Gräbern führte.

Dort wollte sie also hin. Zu den Gräbern!

Und die anderen taten es ihr nach!

Aus allen Städten der Gegend kamen nun Menschen dazu, einzeln, zu zweien, in Gruppen; sie alle strömten zu jenen weißen Felsen, in denen ihre Familien bestattet lagen.

Was war das für eine allgemeine Sehnsucht?

Sie erzählten einander, dass sie an jenem Morgen mit dem Gedanken an ihre Toten erwacht waren. Sie seien gekommen, so sagten sie, um ihre Erinnerungen zu ehren.

Anfangs schätzte Maria etwa hundert Menschen, die aus allen Richtungen über die Felder herbeigelaufen kamen. Doch je näher sie zu den Gräbern gelangte, desto mehr waren es, die sie erblickte. Wie die Speichen eines Rades liefen die Menschen zusammen, immer dichter wurde die Menge, wuchs schließlich auf vier-, fünfhundert an!

Es herrschte allgemeine Aufregung.

Maria verspürte ein solches Ziehen in ihrer Brust, dass sie zu laufen begann, den anderen voraneilte.

Und so war sie die erste, die Jesus vor dem leeren Grab von Lazarus stehen sah. Er betrachtete sie lächelnd aus seinen sanften Augen.

Der Lärm hinter ihr verebbte, da auch die anderen nun den Herrn erblickten.

Und als die gesamte Menge schließlich vor Ehrfurcht verstummt war, fing Jesus an zu sprechen.

»Wahrlich, ich sage euch, die Stunde naht, in der die Toten hier und anderswo die Stimme des Sohnes Gottes hören werden – und alle, die sie hören, werden leben.«

Jesus stand aufrecht da, weißgekleidet, das schwarze Haar floss über seine Schultern, und sein ganzes Wesen war ruhig und würdevoll.

»Alle, die mein Vater mir gibt, werden zu mir kommen, und wer zu mir kommt, den werde ich nicht abweisen; denn ich bin vom Himmel herabgestiegen, um den Willen des Vaters zu tun. Es ist sein Wille, dass ich keinen von denen verliere, die er mir gegeben hat. Und es ist sein Wille, dass alle, die den Sohn sehen und an ihn glauben, das ewige Leben haben sollen und am letzten Tag von mir auferweckt werden!

Ich bin das Brot des Lebens«, fuhr Jesus fort. »Wer zu mir kommt, wird niemals Hunger leiden.

Ich bin das Licht der Welt. Wer mir folgt, wird nicht in der Finsternis umhergehen, sondern das Licht des Lebens haben.«

Er sagte viele Dinge an jenem Morgen. Und so seltsam es war – Maria konnte sich später genau an alles erinnern: *Ich bin der Weg und die Wahrheit und das Leben.*

Seine sanfte Stimme blieb stets leise. Sie erschien Maria wie Musik, ein leises, vertrauliches Murmeln, wie ein Wiegenlied: *Erinnerst du dich an den Hirten, Maria?* Sie senkte den Kopf und lauschte. *Den Hirten, der für die Schafe stirbt? Den guten Hirten? Und erinnerst du dich, dass ich einst gesagt habe, der sei ich? Nun, ich bin es.*

Bald wurde ihre Aufmerksamkeit allein von seiner Stimme in Anspruch genommen, ein plätschernder Fluss, stets anders und doch immer gleich. Nach einer Weile hob sie den Blick und sah, dass er nicht mehr da war.

Doch die Stimme des Herrn sprach leise weiter in ihr: *Ich bin es. Ich bin es. Ich bin . . .*

Es war an einem Dienstag, achtunddreißig Tage, nachdem Jesus von den Toten auferstanden war, da erhielten die Jünger eine kurze, dringliche Nachricht von Maria, Marta und Lazarus: *Wir haben in Betanien den Herrn gesehen!*

Simon Petrus zögerte keine Sekunde und machte sich augenblicklich auf den Weg nach Judäa. Die anderen gingen mit ihm.

Andreas verbrachte die Reise größtenteils schweigend, hörte dem fröhlichen Schwatzen der anderen zu. Es freute ihn auch, dass Maria sich häufig zu ihm gesellte. Ihr gemeinsames Schweigen war wohltuend.

Die erste Nacht ihrer Reise nach Süden verbrachten die Jünger in Sychar. Dort erzählten sie den Samaritern, was sie gesehen und gehört hatten: dass Jesus lebte, dass er ihnen erst in Jerusalem und dann in Galiläa erschienen war, dass er sich vor kurzem über fünfhundert Menschen zugleich gezeigt hatte, und dass sie nun nach Judäa gingen, um ihn wiederzusehen.

Man meinte die Erregung mit Händen greifen zu können! Eine beleibte Frau mit hennagefärbten Haaren und Reifen an beiden Armen schlug mit der Faust auf den Tisch und rief: »Ich habe es gewusst!«

Die zweite Nacht verbrachten sie bei Zachäus in Jericho. Sie aßen fürstlich zu Abend und schliefen in seinem prächtigen Haus.

Von Jericho bis Jerusalem waren es fünfzehn Meilen, wobei die steinige Straße stets bergan führte. Wenn sie sich beeilten, brauchten die Jünger für den Weg sechs Stunden. Da der Himmel aber klar und wolkenlos war und sie selbst gelassen und heiterer Stimmung waren, brachen sie erst am späten Vormittag auf und gingen gemächlichen Schrittes.

Als sie unterwegs waren, ging Andreas zu seinem Bruder und fragte ihn leise, damit es niemand sonst hören konnte: »Verzeih, Simon Petrus, dass ich dir nicht so recht Glauben schenken will, aber – ist der Vorhang im Tempel tatsächlich in zwei Teile gerissen?«

Die Augen seines Bruders leuchteten wieder und sein Gesicht hatte wieder die alte gesunde Farbe. Sein Haar war geschnitten, gewaschen und gebürstet. Energisch schritt er voran, voller Tatendrang und Zuversicht. Das war wieder ganz der alte Simon. Nur deshalb konnte Andreas die Frage riskieren.

»Ja«, antwortete Simon. »Ich habe es zwar nicht mit eigenen Augen gesehen, verstehst du – aber ich glaube fest, dass er von oben bis unten zerrissen ist.«

Eine Weile schwieg Simon nachdenklich, dann sagte er: »Weißt du, die Priester kamen aus dem Tempel gestürzt, offensichtlich zu Tode erschrocken. Sie haben *gesagt*, dass er zerrissen sei. Und ich habe die Furcht in ihren Augen gesehen – es war die nackte Angst; und das bewiesen mir ihre Worte. Man sah ihnen an, dass sie ins Allerheiligste gesehen hatten. Sie hatten die Finsternis Gottes gesehen und dachten nun, sie müssten sterben.«

Simon betrachtete seinen Bruder und überlegte, ob er noch weiter erzählen sollte.

Er tat es.

»Es gibt noch einen anderen Grund, warum ich glaube, dass es stimmt«, sagte er mit nüchterner Stimme. Er starrte vor sich auf den Boden.

»Ich habe diese Finsternis auch gesehen. Ich kenne diese Angst. Die Priester und ich – wir haben das Gleiche erfahren.

Andreas, weisst du noch, wie Jesus gesagt hat, ich würde ihn verleugnen?«

Andreas erinnerte sich. Leise sagte er: »Ja.«

»Er hatte Recht. Um mein Leben zu retten, habe ich ihn dreimal verleugnet. Und während ich ihn das dritte Mal verleugnete, war er plötzlich da und blickte mich an, mir genau in die Augen! Dieser Schmerz in seinem Blick! Ach, Andreas, ich dachte, ich hätte ihn verloren. Ich stand im Dunkeln, und es war die Finsternis Gottes! Ich dachte, ich würde sterben. Nein, ich *wollte* sterben. Die Priester wurden durch den Riss des Vorhangs im Tempel getötet, ich aber durch meine Sünde.«

Die Jünger waren mittlerweile von Osten her beim Ölberg angelangt. Andreas aber bekam von der Landschaft nichts mit. Er verspürte so heftiges Mitleid mit seinem Bruder, dass er Tränen in den Augen hatte.

Simon bemerkte es. »Nein! Warte!«, rief er aus. »Es ist ja wieder alles in Ordnung! Andreas, begreifst du nicht, was Jesus an dem Morgen, als wir die vielen Fische gefangen haben, gemacht hat? Er hat mir vergeben.«

Simon knuffte Andreas in die Seite. »Lächle, Bruder! Ich weiß nun, was es mit dem Vorhang auf sich hat. Er ist gerissen und Gott hat sich befreit. Ich meine, nichts trennt uns mehr von ihm. Das ist es, was Jesus gemacht hat. Genau das ist Vergebung.« Simon trommelte sich auf die Brust: »Die Gnade Gottes – genau hier und jetzt!«

Plötzlich rief Thomas: »Seht!« Er klatschte in die Hände, zeigte nach vorn und schrie: »Da ist er!«

Die Jünger begannen den Berg hinauf zu laufen.

Andreas' Herz tat einen Freudensprung. Jesus stand auf der höchsten Stelle des Ölbergs und wartete.

Doch dann lief Andreas langsamer als die anderen. Der Wind zerrte an dem weißen Umhang des Herrn. Unter dem blauen Firmament glich er einer Marmorsäule.

Der Grund, warum Andreas nicht lief, um bei ihm zu sein, war der: Er fürchtete sich vor dem, was geschehen würde. Die Erscheinung des Herrn im Licht der Sonne war so herrlich, dass es Andreas beunruhigte. Ein königlicher Herr Jesus! Er hätte ein Zepter in der Rechten halten können oder ein Schwert oder sieben leuchtende Sterne.

Auch Thomas war von der Herrlichkeit der Gestalt beeindruckt. »Herr!«, rief er, als er zur Kuppe des Berges gelangte. »Wirst du *jetzt* das Reich Gottes in Israel aufrichten?«

Jesus sagte: »Es steht euch nicht zu, Zeit oder Stunde zu wissen, die der Vater bestimmt hat.« Seine Stimme hatte einen seltsam fremden, metallischen Klang.

Die Jünger stellten sich unterhalb von ihm nebeneinander auf. Andreas blieb noch ein Stück tiefer stehen.

Jesus sagte: »Ihr seid nun meine Zeugen. Predigt Umkehr. Predigt in meinem Namen die Vergebung der Sünden. Macht den Menschen die Schriften zugänglich. Zeigt ihnen, dass der Christus leiden und sterben und am dritten Tage auferstehen musste.«

Andreas begann zu weinen. Er wusste plötzlich, dass dies die Abschiedsworte des Herrn waren.

Die Jünger schwiegen, niemand rührte sich. Der Zauber des Augenblicks wäre dadurch gebrochen gewesen. Von Westen her kam eine kleine Wolke herbeigeweht und verharrte schließlich über Jesus.

Jesus sagte: »Ihr seid meine Zeugen. Geht in die Stadt und wartet dort, bis ihr mit der Kraft aus der Höhe gekleidet seid. Aber wenn ihr den Heiligen Geist empfangen habt, dann geht hin und predigt! Predigt erst in Jerusalem, dann in ganz Judäa und Samaria und schließlich bis ans äußere Ende der Erde.«

Während er dies sagte, wurde Jesus emporgehoben. Er stieg immer höher, sein schwarzes Haar wehte im Wind – dann nahm die Wolke ihn auf und er war den Augen der Jünger entzogen.

Andreas schaute der Wolke nach. Sie verschwand im Osten, und zurück blieb nur der strahlend blaue Himmel. Doch die Jünger starrten weiter dorthin, als erwarteten sie, dass noch irgendetwas geschah.

Plötzlich standen zwei weißgekleidete Männer neben ihnen.

»Männer aus Galiläa«, sagten sie – und die Welt stürzte wieder über Andreas herein, laut und grell.

Die Jünger regten sich wieder, der Bann des Heiligen war gebrochen. Der Himmel hatte sich geschlossen.

Doch die beiden Männer sagten: »Warum steht ihr hier und schaut nach oben? Wisst ihr nicht, dass dieser Jesus, der von euch fortgegangen und in den Himmel aufgenommen worden ist, auf dieselbe Weise wiederkommen wird, wie ihr ihn habt weggehen sehen?«

Andreas, der als letzter den Berg hinaufgestiegen war, war nun der erste, der ging. Ohne auf die anderen zu warten, stieg er den Westhang des Ölbergs hinab, durchquerte das Kidrontal und ging in die Stadt hinein. Soweit er wusste, trennten sich die anderen Jünger und ein jeder von ihnen nahm seinen eigenen Weg in die Stadt.

Doch er fühlte sich vollkommen leer. Kein Satz, kein Gedanke war mehr in ihm. Sein Herz war leer, sein Gesicht wie betäubt, ohne Ausdruck. Als er Jesus nicht mehr hatte sehen können, hatte er auch zu weinen aufgehört.

Einige Tage später – mehr als eine Woche war vergangen – saß Andreas in dem Zimmer im oberen Geschoss des Essenerhauses auf dem Zion. Er nahm an, allein zu sein. Er hatte keine Ahnung, wie lange er nun schon hier saß oder warum er ausgerechnet diesen Ort aufgesucht hatte, doch langsam wurde er sich wegen des allgemeinen Aufruhrs vor dem Haus wieder seiner Umgebung bewusst.

Die Stadt war wieder voll von Pilgern. Man beging das Wochenfest, bei dem die Menschen dem Herrn, der Quelle von Regen, Wachstum und Güte, die Erstlinge ihrer Frucht darbrachten. Pfingsten – der fünfzigste Tag nach Passa. Während jener sieben Wochen seit dem Passafest waren zuerst die Gerste und danach der Weizen eingebracht worden.

Es war Sonntag. Daher rührte der Lärm, den Andreas vernahm – das Trampeln zehntausender Menschen, die zum Tempel gingen. Heute würden Gott durch den Priester im Namen der Leute zwei Brote geopfert werden. Die Laibe waren mit Sauerteig aus Mehl von der neuen Weizenernte gebacken worden.

Aus aller Herren Länder waren fromme Juden eingetroffen, denn dies war ein Fest der Freude. Ein Fest! Noch vor Anbruch der Dunkelheit würde jedermann essen: die Verarmten, die Fremden, die Leviten.

Andreas kannte das Fest. Andreas kannte auch die Zeiten. Andreas hatte seit seiner Jugend immer nach dem Gesetz gelebt, alle Riten und Zeremonien des Mose befolgt. Es war dieser Gehorsam gewesen, durch den er sich zu Johannes dem Täufer hingezogen gefühlt hatte.

Vielleicht würde dies der Tag werden, an dem er anfing, das Gesetz zu missachten.

Andreas war sehr, sehr müde.

Dann aber hörte er ein Rauschen, ein leises Seufzen direkt vor dem Haus.

»Was ist das?«, fragte er sich leise.

Zu seiner Überraschung antwortete ihm jemand. »Der Wind.« Philippus war mit ihm im Raum. »Der Wind in den Fenstergittern.«

Allmählich schwoll das Geräusch immer weiter an – zuerst klang es wie eine Flöte, dann wurde es zu einem gleichmäßigen, durchdringenden Pfeifen.

Andreas Körper begann vor Erregung zu zittern. Nervös kratzte er sich am Kinn.

Um ihn herum erhoben sich Menschen, um zum Fenster zu gehen. Erstaunt sah Andreas, dass sechs, nein, sieben Jünger hier waren!

»Klingt wie ein Sturm«, sagte Matthäus, »doch draußen regt sich kein Blatt! Jedes Pilgerhaar liegt noch dort, wo es liegen soll.«

»Und man sieht hierher«, bemerkte Thomas. »Die Leute blicken in unsere Richtung, so als ob wir der Sturm wären.«

Plötzlich kam Simon Petrus hereingestürzt, grelles Tageslicht im Rücken. »Fühlt ihr es?«, rief er. »Er kommt! Er kommt!«

Und schon war er wieder draußen.

Maria Magdalena kam herein.
Andreas sprang auf, er konnte nicht länger still sitzen.
»Wovon redet er?«, wollte er wissen.
Simon Petrus brüllte auf die Straße hinab: »Hier oben! Hier oben sind wir!«
»Wem ruft er das zu?«, fragte Jakobus.
Johannes war beim Fenster. Seine Miene hellte sich auf. »Der Menschenmenge, glaube ich. Sie haben vor dem Tempel kehrt gemacht und kommen jetzt langsam zu uns herauf!«
Nun kam Maria Salome, die Mutter von Johannes, herein. In ihrem Gesicht spiegelte sich Verwirrung. Johannes erblickte sie, lief zu ihr hin und umarmte sie. »Mutter«, sagte er, »Simon hat Recht. Er kommt, jetzt und hier.«
Dann war Petrus wieder zurück. Hinter ihm strömten immer mehr Menschen durch die Tür. Und plötzlich erblickte Andreas auf dem Kopf seines Bruder eine Art Flammenzunge. Und Simon redete, heftig und laut. Nur, dass er in einer Sprache redete, die Andreas nie zuvor gehört hatte.
Das Rauschen des Windes war nun nicht mehr ein Klang von außen, es war vielmehr ein Sturm in seiner eigenen Seele. Andreas hatte ein Gefühl, als müsste er platzen. Darum öffnete er nun den Mund und begann ebenso begeistert zu sprechen wie Simon – doch in einer völlig anderen Sprache. Zehn Fremde blickten ihn an, und sie verstanden, was er sagte.
Nun hatten alle Jünger Flammenzungen über ihren Köpfen. Und jeder sprach eine andere Sprache. Und Fremde verstanden sie. Dies war der Heilige Geist! Ja, dies war die Kraft aus der Höhe, die Jesus versprochen hatte, und *das* war es auch gewesen, wovon Simon gebrüllt hatte.
Andreas konnte gar nicht mehr aufhören zu reden. Sein ganzes Wesen war vom Atem Gottes erfüllt. Es gab so viel, das er anderen mitteilen konnte! Und obwohl es nur so aus ihm herausströmte, leerte sich sein Inneres nicht. Im Gegenteil. Nie mehr würde er leer sein.

Leute, die draußen auf der Treppe standen, sagten: »Die sind betrunken! Statt ihren Wein für das Fest aufzusparen, haben sie ihn schon am Morgen getrunken!«

»Nein!« Simon Petrus rannte zur Tür und dröhnte: »Nein, wir sind *nicht* betrunken!«

Der Jünger hatte seine Begabung gefunden. Sein Sprechen brachte die Menschen im Zimmer, vor dem Haus und noch in einigen Straßen Entfernung zum Schweigen.

»Ihr seid Zeuge dessen, was Joel vor langer Zeit prophezeit hat«, sagte Petrus. »Gott gießt seinen Geist aus, wie Joel es gesagt hat: *Wenn die letzte Zeit anbricht, werden eure Söhne und Töchter Propheten sein, und ich werde Wunder erscheinen lassen, spricht der Herr, oben am Himmel und unten auf der Erde: Blut und Feuer und dichte Wolken aus Rauch. Die Sonne wird sich in Finsternis verwandeln, und der Mond in Blut* – doch wer den Namen des Herrn anruft, der wird gerettet.«

Petrus wandte sich in alle Richtungen, umfing mit seiner Stimme jeden Einzelnen, hier im Raum und unten auf der Straße.

»Hört mich an«, rief er. »Ihr habt Jesus von Nazareth ans Kreuz schlagen lassen. Er hat machtvolle Taten und Wunder vollbracht. Er hat stets gerecht gehandelt, und doch habt ihr ihn von Gesetzlosen töten lassen.

Doch dies war Gottes Absicht! Und Gott hat ihn wieder zum Leben erweckt. Wir sind Zeugen dieser Tatsache.

Er wurde auf den Ehrenplatz an Gottes rechter Seite erhoben. Was ihr heute seht und hört – das ist sein Werk!

Oh, lasst das ganze Haus Israel wissen, dass Gott uns Jesus geschenkt hat als unseren Herrn und Christus!

Kehrt um! Menschen, kehrt um und lasst euch taufen im Namen von Jesus, dem Christus, zur Vergebung eurer Sünden. Das Versprechen gilt euch, euren Kindern, jedem!«

Solange Petrus predigte, schwieg Andreas. Ebenso die restlichen Jünger. Doch nun wehte der Geist, der in ihn gefahren war, auch über die Menschen, und die, die eben die Sprache verstanden hatten, mit der er gesprochen hatte, kamen nun zu ihm und fassten seinen Umhang.

Bitte, sprachen sie in ihrer fremden Sprache, *taufe uns*

An jenem Tag verlor Andreas alle Schüchternheit. Die Ängstlichkeit, durch die ihm die Welt so gefährlich und unsicher erschienen war – auch sie streifte er ab. Er wurde nie ein lauter Mensch, und noch immer gab er lieber eine Antwort, als dass er eine Frage stellte – doch passende Worte oder eine angemessene Geste zu finden fiel ihm nun leicht. Wieder und wieder sprach er die Worte, die zu sprechen der Herr ihn gelehrt hatte: »Ich taufe dich im Namen des Vaters, des Sohnes und des Heiligen Geistes.«

Und so sollte es sein, denn bevor er fortging, hatte der Herr gesagt: *Seht, ich bin bei euch alle Tage bis zum Ende der Welt.*

Epilog

Dies also ist die Geschichte, die in den kommenden Jahren, Jahrhunderten, Jahrtausenden erzählt wurde.
 Die Jünger predigten in Jerusalem und vermehrten ihre Schar immer weiter, bis die Zahl der Getauften schließlich in die Tausende ging.
 Zur gleichen Zeit waren der Rat und die führenden Priester in Jerusalem bestrebt, sie zum Schweigen zu bringen. Für sie ging von den Jüngern die gleiche Gefahr aus wie einst von Jesus, denn die Gemeinschaft, die sich um sie bildete, war groß, hielt eng zusammen und war diesem Jesus so tief ergeben wie einem Lebenden und Mächtigen. Es war eine Gemeinschaft, die sich von der Synagoge absetzte – eine *ecclesia*, eine Kirche. Petrus, Jakobus und Johannes bildeten den Kern ihrer Leitung. Deshalb wurden sie von den Priestern und der Tempelwache verhaftet. Man untersagte ihnen, weiter zu predigen. Als die Jünger das Verbot missachteten und das Volk weiter aufwühlten, verhaftete der Hohe Priester sie erneut, ließ sie auspeitschen und befahl ihnen unter Androhung der Todesstrafe zu schweigen. Doch jedesmal, wenn sie freigelassen wurden, erzählten sie die Geschichte trotzdem weiter.
 Nach zwölf Jahren zunehmender Spannungen ergriff König Herodes Agrippa blutige Maßnahmen gegen die wachsende Kirche. Er befahl die Hinrichtung von Jakobus, dem Zebedäussohn. Jakobus, der erste Jünger, der für das Erzählen dieser Geschichte sterben musste, wurde geköpft.

Und dennoch wurde sie weiter erzählt.

Simon Petrus reiste nach Judäa und die Küste des großen Meeres hinauf. Nach einigem Zögern predigte er nicht nur den Juden, sondern auch den Heiden – besonders in Cäsarea, dem lebendigen Seehafen und Sitz des römischen Prokurators. Als ein römischer Zenturio namens Cornelius die Geschichte vernahm, empfing er den Heiligen Geist, genau wie seinerzeit die Jünger zu Pfingsten. »Sogar den Heiden, die an Jesus glauben, werden ihre Sünden vergeben!«, wunderte sich Petrus. Und dann taufte er auch Cornelius und die Menschen in seinem Haus im Namen Jesu Christi.

Von dort verbreitete sich die Geschichte entlang der Meeresküste nach Norden.

Unter denen, die die Jünger verfolgten, war auch ein Mann aus Tarsus, einer am nordöstlichen Bogen des Meeres gelegenen Stadt. Er war Pharisäer, ein Jude von ungebändigter Intelligenz und leidenschaftlicher Gesetzestreue. Wer die Gesetze Gottes gering achtete, wurde von ihm gehasst. Er hielt die Kirche für subversiv und gefährlich. Doch dann erhob sich die Geschichte, die er zu zerstören trachtete, und überwältigte ihn, wurde zu seiner einzigen Wahrheit. Der Name dieses Mannes war Saulus.

Als Saulus mit einem vom Hohen Priester ausgestellten Befehl, dortige Gläubige zu verhaften, nach Damaskus unterwegs war, wurde er von einem Licht so geblendet, dass er von seinem Pferd stürzte. Dann hörte er eine anklagende Stimme: *Saulus, Saulus, warum verfolgst du mich?*

»Wer bist du, Herr?«, rief er.

Die Stimme sagte: *Ich bin Jesus, den du verfolgst. Doch nun steh auf und geh in die Stadt! Dort wirst du erfahren, was du tun sollst.*

Von da an zweifelte er nie daran, dass Jesus nach seiner Auferstehung ihm, Saulus, »einem Mann, geboren zur falschen Zeit«, als letztem erschienen war. Die Geschichte war also wahr. Der Mann bereute seine Verfolgungen. Drei Tage später wurde er getauft. Als Zeichen für die radikale Veränderung, die in ihm vorgegangen war, änderte er seinen Namen in Paulus. Und nach einer Zeit der Vorbereitung und des Gebetes begann auch er die Geschichte zu erzählen – auf Griechisch, sodass die Griechen es verstehen konnten.

Als Paulus durch das Römische Reich zu reisen begann, war die Kreuzigung von Jesus fünfundzwanzig Jahre her. Paulus predigte auf Zypern und in vielen Städten Kleinasiens. Auch in den nördlichen Städten predigte er, dann setzte er nach Mazedonien über und reiste von dort aus südwärts nach Griechenland, besuchte dabei Philippi, Thessalonich, Beröa, Athen und Korinth.

Und an die Gemeinden, die er dort gründete, schrieb Paulus Briefe, in denen er die Geschichte immer wieder aufs Neue erzählte. An die Gemeinde in Korinth schrieb er:

> *Denn vor allem habe ich euch überliefert, was auch ich empfangen habe: dass Christus für unsere Sünden gestorben ist, gemäß der Schrift; dass er begraben und am dritten Tag auferweckt wurde, gemäß der Schrift ...*

Zwölf Jahre lang erzählte Paulus die Geschichte mit Leidenschaft und Klugheit. Schon durch seine Worte konnte er Menschenmassen erstarren lassen. Und so wurde er – wie alle Jünger vor ihm – für die Mächtigen zur Gefahr. Als er einmal in Jerusalem im Tempel war, riefen einige Leute: »Da ist er, der überall gegen das Gesetz und gegen diesen Tempel spricht!« Die Anschuldigungen sorgten dafür, dass sich ein Pöbel zusammenrottete, der Paulus aus dem Tempel und hinaus auf die Straße schleifte und anfing, ihn zu Tode zu prügeln. Ein Aufruhr begann.

Um den Frieden wiederherzustellen, schickte der römische Tribun Zenturionen und Soldaten. Paulus wurde verhaftet. Sie fesselten ihn mit zwei Ketten und brachten ihn ins Gefängnis, und der Pöbel lief hinter ihnen her und schrie: »Weg mit ihm! Schlagt ihn tot! Er hat kein Recht zu leben!«

Während Paulus im Gefängnis saß, entdeckte man, dass seine Gegner beabsichtigten, ihn zu ermorden. Also brachte der Jerusalemer Tribun ihn nach Cäsarea, wo sein Fall vom römischen Prokurator verhandelt werden sollte.

Paulus hatte einen Vorteil gegenüber den anderen Jüngern: Seine Eltern hatten die römische Staatsbürgerschaft erworben. Er war also von Geburt an Römer. Als seine Gefangenschaft in Cäsarea länger als zwei Jahre dauerte, ohne dass in der Zwischenzeit ein abschließendes Urteil gefällt worden wäre, nahm er sein Recht als römischer Bürger wahr und wandte sich, um Gerechtigkeit zu erlangen, direkt an den Kaiser.

Das verlangte seine Anwesenheit in Rom selbst. Deshalb wurde der Gefangene auf einem Schiff durch Stürme und trügerische See in die Hauptstadt des Reiches gebracht.

Dort lebte Paulus weitere zwei Jahre unter Hausarrest.

Aus seiner Haft in Rom schrieb er einen Brief an die Gemeinde in Philippi, worin stand:

> *Freut euch im Herrn zu jeder Zeit!*
> *Noch einmal sage ich euch: Freut euch!*
> *Eure Güte soll allen Menschen bekannt werden.*
> *Der Herr ist nahe.*
> *Sorgt euch um nichts, sondern bringt in jeder Lage*
> *betend und flehend eure Bitten mit Dank vor Gott!*
> *Und der Friede Gottes, der alles Verstehen übersteigt,*
> *wird eure Herzen und eure Gedanken*
> *in der Gemeinschaft mit Christus bewahren.*

Ab hier schweigt die Bibel.

Die Kirche lebte weiter. Und die Geschichte wird nun seit zweitausend Jahren erzählt.

Es heißt, Paulus sei vor den Mauern Roms, an der Straße nach Ostia, hingerichtet worden.

Es heißt, dass Simon Petrus ebenfalls nach Rom reiste, wo er der erste Bischof der Kirche wurde, und dass sein Leben mit ausgebreiteten Armen an einem Kreuz am Fuße des Mons Vaticanus endete.

Es heißt, dass Andreas, der Bruder von Simon und Jesu erster Jünger, die Geschichte seines Herrn in Skythien und Griechenland erzählte und dass er an einem X-förmigen Kreuz starb.

Es heißt, dass Johannes, der Sohn von Zebedäus und Salome, der einzige Jünger war, der keinen Märtyrertod sterben musste. Noch heute sagen die Menschen, dass Johannes bei Maria, der Mutter Jesu, war, als diese sich zum Sterben legte.

Aber eines ist gewiss: dass jeder Kontinent dieser Erde die Geschichte gehört hat. Zahllos sind die Sprachen, in denen sie noch immer erzählt wird – und nicht zu zählen auch die Herzen, die durch sie geformt worden sind.